| 蓟汉丛书 |

章太炎研究中心 主编

章太炎研究中心 —— 编

章太炎研究的新展开 上

上海人民出版社

工作指导委员会

刘　颖　王　华　温泽远　汤丽玉　倪伟俊
王乐芬　李松涛　邵素萍　孙　瑜　徐娟妹
俞建新　陆春松　章明徕

常务联系人

章明徕　唐立春　费　杰　孟　琢　张钰翰

总　序

余杭章太炎先生是中国近代首屈一指的革命家、思想家、学问家，德业文章，世所景仰。太炎先生哲思深湛，接续吾华国故之统绪，洞达小学、经学，为乾嘉汉学之殿军；更承先启后，熔铸西学、佛学之精微。洋洋大观，径行独往，卓然成一家之言。其所试图重构的思想和文化，其所试图重新阐释的中国传统，是有着普遍主义的价值的。它是"国学"，却又远远超出"国学"的范畴。我们以为，太炎先生的思想和学术，不仅属于中国，也属于世界。

章太炎是故乡余杭的一张"金名片"，太炎先生故居、太炎中学、太炎小学、太炎路（街）等都体现了余杭对太炎先生的崇高敬意与深厚感情。长期以来，余杭对太炎先生相关的研究、普及、出版等工作都给予了大力支持。在余杭的支持下，2017 年，《章太炎全集》由上海人民出版社出齐，标志着章太炎研究进入了一个新的阶段。

太炎先生嫡孙章念驰先生，多年来持续关注、支持"章学"的出版与研究工作。近年来，他将家藏的大量珍贵文物捐赠给余杭章太炎故居纪念馆，并提出"以捐助研"的新理念，希望进一步推动章太炎相关研究。这一想法得到了余杭区委、余杭区政府、余杭区文广旅体局等单位的大力支持，并由章太炎故居纪念馆负责落实具体事务。

经过一系列筹备工作，在各方的支持与配合下，章氏后裔、余杭区委、余杭区政府、余杭区文广旅体局、余杭章太炎故居纪念馆、上海人民出版社及学术界相关章学研究学者成立章太炎研究中心。中心主编《章太炎研究》集刊，推出以太炎先生及其弟子相关研究为主的"莉汉丛书"，定期联合海内外研究机构组织召开章太炎学术研讨会、学术工作坊，希望可以不断推动"章学"研究的拓展与深化，传承并发展太炎先生的学术、思想与精神。

章太炎研究中心

2023 年 10 月

目 录

前　　言

本书收录了中文学界近十年来章太炎相关研究的新成果,作者既有知名学者,更以 70、80 后的学人为主,涵盖了哲学、史学、文学、语言文字学、文献学、社会学等不同领域,展现出"章学"新生代研究者的整体面貌。

章太炎是中国近代政治、学术、思想的中心人物,"章学"不仅是学术史的重要领域,更成为学者呼应时代变革、重建学术范式的起点,形成了深厚的研究传统。面对这一传统,这本论文集中的"新展开",不仅体现为创作时间之"新"与作者群体之"新",更体现为学术研究的全面推进。

整体上看,近十年来的"章学"研究具有以下推进。首先,对章太炎哲学思想的研究体现出显著进展,研究者在"真谛"层面阐明章太炎哲学的精神特质,更为深刻地把握了"章学"的义理内核。其次,随着经学研究的复兴,对章太炎经学的认识也不断深化。研究者更完整地展现出章太炎经学的复杂面貌,反思他在现代经学命运中的独特影响。再次,在现代学术的多学科视域中,对章太炎学术思想的不同侧面的理解都有充分推进。无论是语言文字学、文体学、社会学还是跨文化研究领域,都出现了具有高度专业品质的研究成果。最后,新材料、新手稿的发现也推进了"章学"的微观研究,学者对《检论》《膏兰室札记》等重要文献都得出了新的认识。

究其根本,"章学"研究的新展开源自章太炎学术思想的特质,更与中国学术的当代发展密不可分。章太炎哲学思想具有高度的独立性与创造性,在中国文化的自主道路上,他的思想被不断激活,成为中国哲学"自立吾理"的重要资源。章太炎的学术世界浩瀚广阔,展现出对中国文化独具特色的判摄与整合。这不仅在不同学科传统中得到深入理解,更为跨学科研究提供了积极启发。章太炎的学术研究是对社会、文化危机的深刻回应,这也让它与中国社会的新矛盾与新问题内在相联,具有了高度的现实意义。

可以说,"章学"研究的生命力既来自当代人文研究的新气象,更源自章太炎思想学术赅括真俗、融贯中西的历史高度,这也是它能够吸引当代学人的根本所在。"章学"研究日新不已,在总结这十年的研究成绩的同时,我们更期待下一个十年的"新展开"。

章太炎研究中心

2023 年 10 月

对黑格尔式现代性的首击

——章太炎的批判

无论我们是否把黑格尔看作"死狗",事实上他对近现代中西方的思想及历史都产生了深刻的影响。有不少论者把黑格尔看作现代性的集大成者。法国后现代大师利奥塔说:"在《后现代状况》中我关心的'元叙事'是现代性的标志:理性和自由的进一步解放,劳动力的进步性或灾难性自由(资本主义中异化的价值的来源),通过资本主义技术科学的进步整个人类的富有,甚至还有——如果我们把基督教包括在现代性(相对于古代的古典主义)之中的话——通过灵魂皈依献身的爱的基督教叙事导致人们的得救。黑格尔的哲学把所有这些叙事一体化了,在这个意义上,它本身就是思辨的现代性的凝聚。"①21世纪初风行一时的《帝国》的作者则指出黑格尔作为现代性的集大成者实际上扼杀了启蒙时代具有活力的现代性观念。②在中

---

① ［法］利奥塔《关于叙事的旁注》,《后现代性与公正游戏:利奥塔访谈、书信录》,谈瀛洲译,上海:上海人民出版社,1997年,第167页。

② 参［美］麦克尔·哈特、［意］安东尼奥·奈格里《帝国——全球化的政治秩序》第四章《两个欧洲,两种现代性》,杨建国、范一亭译,南京:江苏人民出版社,2003年。在其他的著作中也显示了类似的观点,参看［美］维塞尔《启蒙运动的内在问题——莱辛思想再释》,北京:华夏出版社,2007年,第93—94页;拜塞尔编《剑桥哲学研究指针:黑格尔》,北京:三联书店,2006年。

国本土,虽然现代性成为一个研究范式是 1990 年代之后的事,但是,批判黑格尔主义对中国的影响的思想从顾准、张中晓、李泽厚到王元化一直不绝如缕。①现在本文要把这条线索追溯到 20 世纪初的章太炎。②章太炎的深刻性就表现在这里:当黑格尔主义尚未成为中国思想与历史的某种内在偶像之前,他便指出了它的思想逻辑的现代性,即总体性、虚幻性与侵略性。

诚如蔡元培先生在其名作《五十年来中国之哲学》中所说:"这时代的哲学大家里面,认真研究哲学,得到一个标准,来批判各家哲学的,是余杭章炳麟。"③综观章太炎对西方哲学大家的评述,事实上他都以自己的真如哲学体系为标准进行剪裁,所以似乎并未见到他对某位哲学家的全面的肯定。然而,他对黑格尔的态度又有所特殊。如果说对于别的西方哲学家章氏总是在有所批评的同时有所肯定,这种肯定甚至可以看作章氏在建构自己哲学体系的过程中一定程度上吸收了此人的若干因素,那么,章氏对于黑格尔主要是采取批判的态度。这种批判又主要体现在真如哲学本体论的建构、对单线进化观以及社会达尔文主义("齐其不齐")的批评等章氏哲学体系的关键处,似乎表明章氏思想中有意识地将黑格

① 单世联《告别黑格尔》,《反抗现代性——从德国到中国》,广州:广东教育出版社,1998 年。

② 中国的知识人什么时候开始反省黑格尔? 这本身就是一个值得研究的问题。但是毋庸置疑,章太炎虽然没有比较系统地介绍、引进黑格尔哲学,但是在其运思过程中黑格尔总是一个存在。在这个意义上,学界有的学者在论述黑格尔在中国的历史时忽略了章太炎的作用似乎总是有点缺憾。当然,他们可以以章氏相关思想的不系为托词,可是,他们同时又注意到了章氏对于康德哲学的零星评述。这似乎是一个矛盾。(参看杨河《康德黑格尔哲学在中国》,北京:首都师范大学出版社,2002 年)事实上,笔者以为如果说康德成为章氏建构真如哲学体系的德国思想资源,那么,黑格尔则是另外一个比较消极的资源:他是章氏大力批评的对象。

③ 蔡元培《五十年来中国之哲学》,高平叔编《蔡元培全集》(第四卷),北京:中华书局,1984 年,第 377 页。

尔定位为自己的直接思想对手。

一　本体论：以真如哲学代绝对理性主义

　　章太炎认为，黑格尔式的现代性在本体上的根本特征是"以力代神，以论理代实在"①，实际上巧妙地把黑格尔当作了其真如本体论的两大对手唯神论和唯物论的代表。

　　章氏多次表明，他的理论宗旨是"依自不依他"："仆所奉持，以'依自不依他'为臬极。"②所谓"自"，在本体论上主要指的是真如、如来藏或者阿赖耶识。依自不依他的意思就是整个世界就是由阿赖耶识自己所产生的，而不是由一个外在的上帝（神）或某种原始性的物质（物）产生。章氏立足于唯识学的"八识""三性"创造了整个世界。"八识"就是阿赖耶识、末那识和意眼耳鼻舌身等六识。"三性"就是遍计所执自性、依他起自性和圆成所实自性。遍计所执自性由意识所执而成，也就是认为名言具有真实的存在。依他起自性由阿赖耶识、末那识和眼耳鼻舌身五识而成，产生了世间万有。圆成所实自性就是真如本体。章氏认为世界的本根是阿赖耶识，它自己产生，同时它是种子识，包含了世间万有的种子。阿赖耶识产生末那识，又产生意眼耳鼻舌身等六识。作为本根的阿赖耶识可以单独而起，但是意眼耳鼻舌身等六识必须相对于境、五尘而起。一方面没有六识固然没有境和五尘，另一方面，没有境和五尘也没有六识。见分和相分彼此紧密相联，同起同消。末那识恒审思量，总是把阿赖耶识执为我，堕入人我执。俗见以为万物皆有自性，堕入法我执。

---

① 《四惑论》，《章太炎全集》（四），上海：上海人民出版社，1985 年，第 445 页。
② 《答铁铮》，马勇编《章太炎书信集》，石家庄：河北人民出版社，2003 年。

　　章氏以为,唯物论和唯神论都可以从真如本体论的唯心论获得说明。所谓唯物论实际上就是把五尘当作世界的本体,没有看到实际上五尘是必须依傍着五识而产生,在根本上它们都是阿赖耶识的产物。所以唯物论本质上是唯心论的一个组成部分,如果推到极处,必然会产生唯心论的主张。[①]所谓唯神论就是错误地把阿赖耶识认作神或者上帝。章氏细致地批判了基督教的上帝观念。[②]从和阿赖耶识相比较的本体论的角度说,这种观点的根本错误在于认为阿赖耶识是有人格的。而黑格尔在讲绝对理念时总是把它称为神或者上帝。他说:"就真理的最高意义而言,上帝即真理,而唯有上帝才是真理。"[③]所谓的真理就是指的绝对理念。对于黑格尔将神和绝对理念等同起来的做法,罗素也早有所见。在其《西方哲学史》中他这样评判:"《逻辑学》末尾讲的'绝对理念',是一种像亚里士多德'神'似的东西。"[④]无疑,黑格尔的如上理论特征在章太炎眼里就有堕入唯神论的嫌疑。另一方面,绝对精神立足于辩证法产生整个世界及历史,无疑是将"论理"当作了实在。在这个意义上,章氏从其真如本体论的角度对黑格尔本体论的批判的确对症。

　　由于思想来源相当多元,章氏对真如的理解比较复杂。学界一般都将章氏的真如和柏拉图的理念、康德的物自体相比较,其重点在于真如能否自我认识。[⑤]事实上章氏的真如本体除了为其明

---

　　① 《论佛法与宗教、哲学以及现实之关系》,马勇编《章太炎讲演集》,石家庄:河北人民出版社,2004年,第30—31页。

　　② 《无神论》,《章太炎全集》(四)。

　　③ 〔德〕黑格尔《小逻辑》,贺麟译,北京:商务印书馆,1995年,第37页。

　　④ 〔英〕罗素《西方哲学史》(下卷),马元德译,北京:商务印书馆,1997年,第280页。

　　⑤ 参姜义华《章太炎思想研究》第六章,上海:上海人民出版社,1985年;麻天祥《晚清佛学与近代社会思潮》关于章太炎的篇章,开封:河南大学出版社,2005年;郭应传《真俗之境——章太炎佛学思想研究》第二章,合肥:安徽人民出版社,2006年。

确道出的受到柏拉图和康德的影响之外,还有为其不大称道的若
干影响,其中便包含着叔本华的唯意志论。而叔本华对于黑格尔
的批判之明确和强烈乃是哲学史上的常识。

　　章氏有时认为真如在阿赖耶识之前,真如不能自我认识,所以
产生无明,再产生阿赖耶识。①有时,章氏则将真如等同于意志,认
为真如产生世界万物就像意志产生世界万物一样:"若夫有机无机
二界,皆意志之表彰,而自迷其本体,则一切烦恼自此生。"②显然,
从真如不能自我认识所以产生无明的角度看,意志与真如有几分
相似性,从中也可以看到章氏受到叔本华唯意志论哲学的内在影
响。而所谓"自迷其本体,则一切烦恼自此生",也就是章氏一再说
的末那识恒审思量,执阿赖耶识为我,所以产生我见我痴我爱我慢
四大烦恼。也正是在这个意义上,"依自不依他"中的"自"便可以
解释成意志,"依自不依他"便有了唯意志论的色彩,它在伦理学领

────────────

　　① 至于如何从真如(无明)发展到阿赖耶识,章氏似乎总是代之以一些模糊而虚
幻的语言,始终没有说清楚。有时,章氏把真如界定为庵摩罗识。真如、无明是一个东
西,从不同侧面说而已。真如、如来藏、庵摩罗识也是一个东西。但是,不能将真如和阿
赖耶识简单等同。有时章氏又将真如理解为就是如来藏,等同于藏识,也就是阿赖耶
识。但无论如何处置真如的位置,只要认为阿赖耶识不是最根本的,我们必须要考虑真
如的存在,那么,中国化佛教的根本如来藏思想就已经体现在其中。如来藏思想的引入
为我们理解章太炎的真如本体论提供了新的视野,也就是说,如果仅仅立足于玄奘一系
的唯识学,实际上我们不能正确地解读章氏的本体思想,也对理解下文将要论述的齐物
哲学造成了诸多困难。虽然章氏自己宣称他的唯识学是完全立足于玄奘一系的唯识学
的,可是,哲学家的自我认识有时似乎不是那么可靠。非常有趣的是,当他应对蓝公武
对他俱分进化论的批评时,他建议蓝公武去阅读《大乘起信论》。之所以这么说当然首
先因为《大乘起信论》比起玄奘唯识学的《成唯识论》等经典来显然分量轻、阅读方便,但
内在的思想预设似乎是《大乘起信论》和玄奘唯识学的宗旨大同小异。事实上,在对真
如、如来藏的看法上两者恰恰是有矛盾的。这个矛盾促成了当年玄奘西去取经的一个
根本契机,还引起了中国近代欧阳渐等人对于中国佛教的真实性的怀疑。或许也正是
对于这个问题缺乏意识,使得章氏在真如和阿赖耶识的关系上总是没有一个明确的说
法。所以,章氏不是在讲佛法,而是在讲自己的哲学思想。

　　② 《四惑论》,《章太炎全集》(四),第446页。

域的应用便是一种唯意志论的道德哲学。鉴于叔本华的唯意志论对于黑格尔的理性哲学的反抗,章氏将真如解释成意志,似乎也更加突出了真如的无明的特征,避免了将阿赖耶识等同于绝对理念的危险。如果联系章氏对于统一性、总体性的反对,他的这一举措有着相当的意义:避免了将为其反对、称为"四惑"之一的"公理"换个"阿赖耶识"的头衔转运进来,并成为本体性存在。

二　发展论:以"俱分进化论"代黄金世界

黑格尔的绝对理念在辩证法的推动下不停地发展,直到到达一个完美的终极目的而停歇。正如众多论者已经指出的,设定最终目的本身和辩证法的精神是相矛盾的。然而,暂且不考虑这种矛盾,黑格尔的哲学恰恰表现出向着终极目的不停发展的特征。正是在这个意义上,章太炎将黑格尔和当时已成为某种弥漫性思潮的进化论联系起来了。在其名文《俱分进化论》里面,章氏开门见山就说:"近世言进化论者,盖昉于海格尔氏。虽无进化之明文,而所谓世界之发展,即理性之发展者,进化之说,已蘖芽其间矣。"①章氏明确表示了对于这种决定论的、目的论的进化观的反对,提出了俱分进化论的观点。正是在此,我们看到了章氏一向为世人所称道的俱分进化论在理论上的针对者首先就是黑格尔。

章氏立足于真如本体论展开了他对于单线进化观的批判。他的批判主要从阿赖耶识的根本性、唯识学的人性论以及认识论几大角度展开,矛头直指单线进化论的目的论、必然性等维度。

首先,章氏从总体上论证了这个世界本身的虚幻性。正如上

① 《俱分进化论》,《章太炎全集》(四),第 386 页。

文所说,章氏认为世界的本根是阿赖耶识,世间万物都是阿赖耶识幻化而成。因此,所谓进化之类都是阿赖耶识迷妄而成,实际上并不存在。这个论证可谓章氏批判单线进化论的最强的论证。从"真"的层面看自然是有效的,但是,其问题在于章氏毕竟还要考虑"俗"的层面,他毕竟还是相信地球是进化的,生物是进化的,所以有人类产生,人类也是进化的。也就是说,对进化论的批判除了需要考虑根本的阿赖耶识之外,还要考虑由阿赖耶识与其他七识联合而成的整个世界。无疑,直接从阿赖耶识批判进化论过强,也过于普遍。事实上在真如本体论中,只有真如是真实的,所以,从根识出发而作的批判可以适用于任何对象。

其次,章氏批判了进化论中所包含的目的论思想。对于黑格尔体系中的目的论因素章氏有着清醒的认识:"或窃海格尔所说,有无成义,以为宇宙之目的在成,故惟合其目的者为是。"[①]章氏用了一个二难推理来反驳:"夫使宇宙而无知,则本无目的也;使宇宙而有所知,以是轻利安稳之身,而傺焉生成万物而自蠹。譬诸甘食不休,众生蛲蚘之害,其卒必且自悔,或思得荒华巴豆以下之矣。然则宇宙目的,或正在自悔其成,何成之可乐?"[②]诚如当代哲学家冯契先生所评判的,这个论证是机智的,但在哲学上未必有效。[③]

章氏这个批判的意义之一在于指出对于无知的宇宙是不能使用目的论的。它暗含的另一层意思是对于有知的人类则可以使用目的论,但是章氏以为人类的完美目的并不成立。章氏并非全盘反对进化,他反对的是善、乐单线发展直至"至善醇美之区"的单线进化观。章氏立足于唯识学的人性论,认为知识的确是单线发展的,

① 《五无论》,《章太炎全集》(四),第439—440页。
② 《五无论》,《章太炎全集》(四),第440页。
③ 冯契《中国近代哲学的革命进程》,上海:上海人民出版社,1989年,第196页。

但是善恶苦乐双线并进,所以最终纯善无恶、纯乐无苦的黄金世界并不存在。章氏认为世界的本体是阿赖耶识,①它产生末那识,末那识恒审思量,执着阿赖耶识以为我,产生我见我痴我爱我慢等四大烦恼。我慢就是好胜心。荀子正是有见于人之有好胜心所以把人性定为恶。另一方面,就阿赖耶识本身来说无善无恶,但是阿赖耶识包含着万有的种子,种子和现行之间存在"互熏":种子发展为现行,现行反过来影响种子。所以世间的恶行必然反过来熏阿赖耶识里面的种子,从而产生恶。从苦乐言,章氏以为要求得更高的快乐就要有更大的付出,忍受更大的痛苦。所以苦乐也是并进的。

　　章氏以为,人之好胜心也就是人的审恶的维度并不能用善(审善或者伪善)或者伪恶去除。这一论断消除了所有的培养纯善无恶的完美人格的可能,消除了达到积极的黄金世界的可能。章氏以为,我慢去除的途径只有一条,那就是在多个好胜心互相对抗的过程中,突然从根本上醒悟原来这个世界本身以及对抗的主体都是阿赖耶识的幻现。即,去除我慢的关键在于去除"我执":连世界和主体都是幻有,好胜心何从而发?作为世界本体的阿赖耶识是无善无恶的。可见,章氏从唯识学的人性论出发批判了单线进化论的目的论。②

---

　　① 诚如上文指出的,世界的本体究竟是阿赖耶识还是真如其实章太炎并未给予一个明确的说法,但是,在别的语境内,真如和阿赖耶识的具体差别可以暂时不管。所以,本文在此处和别处并不严格区分真如和阿赖耶识的本体地位。

　　② 但是,也正是在此我们看见了章太炎真如本体论的复杂或者说内在冲突。上文说到,真如本体论实际上糅合了一定的中国如来藏佛学的因素。其特点就是相信人性本善,所以能够"放下屠刀,立地成佛"。或许是为了弥补本体论上的某些问题(对此本文将在第三部分中有所涉及),章氏引进了真如、如来藏思想。可是,在伦理学—人性论上章氏并未作相应的改变,而是的确如其所说,一意以玄奘的唯识学为宗旨。众所周知,玄奘唯识学和中国佛学的一大区别就在于人性的善恶的判定。他设定了一阐提人终不能成佛。中国的佛教则主张众生皆有成佛的可能性。于是我们看到了章氏思想中本体论和伦理学之间一定的紧张。联系下文第三部分将要论述到的真如还要内在于世间万物,那么一个逻辑的推论是人性本善,这种紧张更加明显。

　　再次,章氏还从唯识学的认识论的角度批判了单线进化论的必然性观念。他认为世界的本体是阿赖耶识,认识的对象和认识的能力都由内在于阿赖耶识之中的种子发展而成。因此所谓的必然性只是意眼耳鼻舌身六识赋予境和五尘的,本身并无自性。章氏大力批评了将规律认为实有、甚至将之上升为"公理"的做法。章氏批评规律还有一个类似于休谟的做法。众所周知,规律之所以为规律,就在于它不仅规范过去,而且能够指示将来。休谟却对太阳明天是否还会从东方升起提出质疑。章氏立足于真如本体论,也认为说到根本上明日之有无并不是今日能够预言的,因为"未至明日,而言明日之有无,即无证验"①。那么,连明天有没有都很难说,如何能够判定立足于明日有无的进化观念的必然性呢? 同时,必然性是从科学领域扩展到本体层面的,它预设了物质本体的存在。但是,章氏早已说过多次:"惟物论者,惟心论者之一部也。"②在本体上必然性承认了唯物论的成立,可是,唯物论只是对于五尘的判定,并没有深入到五尘之根——阿赖耶识上。如果深入到这个层面,原先以为内在于五尘或者内在于六识的必然性规律则为虚妄的。

　　正如研究者所指出的,黑格尔对思想和历史的影响主要表现在目的论、必然性等观念(它们可以囊括进决定论观念),顾准、张中晓等便对它们提出了质疑,从而展开了对于中国黑格尔主义的批判。③本文以上的分析表明,尚在 20 世纪初黑格尔还没有广泛传入中国本土之时章太炎就已经从目的论和必然性等角度对之展开了批判。本文的目的不在争夺中国批判黑格尔式现代性的头把交椅,而在说明当现代性的集大成者黑格尔裹挟着目的论和必然

①　《四惑论》,《章太炎全集》(四),第 452 页。
②　《四惑论》,《章太炎全集》(四),第 453 页。
③　单世联《告别黑格尔》,《反抗现代性——从德国到中国》。

性在"理性""进化"的名目下突入东方世界时,敏锐如章太炎便对它的内在理路有着充分的警醒。

三 多元论和一元论:"齐其不齐"与"不齐而齐"

对单线进化论的批判必然逻辑地延伸到对所谓"齐其不齐"的批判上。所谓"齐其不齐",就是以某种外在的统一标准("齐")强制性地把多样化("不齐")的存在扭曲为一致。"齐其不齐"集中体现在"文野之见"上。以黑格尔为代表的单线进化论主张一元论,预定了有先有后的历史发展阶段论,将处于较高阶段的定为文明,处于较低阶段的定为野蛮。目的论和必然性的去除则从一个侧面将如此井然有序的阶段论打破,各个文明并无先后、高下之别,一元论变为多元论。在被章太炎许为"一字千金"的《齐物论释》中,如上的逻辑推论变为现实。对此,章太炎针对性地提出了"不齐而齐"的主张。所谓"不齐而齐",其基本意思是说世间万物无论在外在表现形态上存在多么巨大的差异("不齐"),其实质是一致的("齐"),因此并不需要外在的强制性统一。

章氏"不齐而齐"的齐物哲学之所以构成对黑格尔的又一重狙击,原因就在于和当时大多数人将进化论理解为单纯从达尔文的生物学领域扩展到斯宾塞的社会学领域不同,章氏把进化论理解成对黑格尔"有无成义"的发展观在生物学和社会学领域的渗透:"近世言进化论者,盖昉于海格尔氏。虽无进化之明文,而所谓世界之发展,即理性之发展者,进化之说,已蘗芽其间矣。达尔文、斯宾塞尔辈应用其说,一举生物现象为证,一举社会现象为证。"[①]所

---

① 《俱分进化论》,《章太炎全集》(四),第 386 页。

以,当社会达尔文主义者打着"生存竞争、适者生存"或者传播文明的幌子进行侵略时,其实质是在贯彻黑格尔的一元论、总体性的历史哲学。黑格尔正是"齐其不齐"的理论根本。

章氏主要立足于唯识学、庄子哲学以及《周易》哲学等,展开了对"不齐而齐"的三重论证。

第一重论证:本体论层面的论证。诚如上文所说,章氏成立了真如本体论。章氏认为,只有真如、如来藏、阿赖耶识是真实的,世间万有是真如幻化而成的,那么,世界上的一切相对于真如本体来说都是假有,无论表现形态有什么差别,本质是一样的。①也就是说,"不齐"指的是世间万有的表现形态之多样化,"齐"指的是它们的本质是真如之幻现。这是将真如作为在阿赖耶识之前的一元本体论来理解。

本体论论证中的另一种理解依旧将真如理解成在阿赖耶识之前的存在,而阿赖耶识无疑是多元的,其实质就是人心。人心各个不同,世间万物的差别都是因为人心立场不同而产生,就其本身来说没有彼此、是非、文野的区别。此时,"齐"指的是脱离了人心认识的万物的本然状态,"不齐"指的是人心介入之后万物所呈现的种种人造的区别。②

① 麻天祥就持这种观点。参其《晚清佛学与近代社会思潮》中论述章太炎的章节。这种观点恐怕对于真如和阿赖耶识之间的复杂关系没有足够的认识。看到了真如的一元性,没有看到阿赖耶识可以是多元的。但鉴于章太炎本人的模糊,其观点也是一说。

② 王玉华在其著作《多元视野与传统的合理化——章太炎思想的阐释》(北京:中国社会科学出版社,2004年)中就持类似的观点,但是,其问题在于没有认识到多元的阿赖耶识之外还有一个真如本体,也就是说没有认识到章太炎在真如和阿赖耶识关系上的含糊性。事实上,按照王玉华的观点,去除了真如而得的阿赖耶识多元本质上是唯我论,也就是各个人心之间的交流是不可能的,每人处于自己的世界之中,根本无从谈起"不齐而齐"。

笔者以为,章氏设置真如本体的一个目的就在于克服这种唯识学的唯我论的危险。但是,由于他没有明确表示真如和阿赖耶识是不同的,所以当他将阿赖耶识理解成人心时就难免唯我论的危险。或许由于真如的存在,这种唯我论又可以被解读成多元论。但是,引进真如之后这种多元论之成色似乎又是可疑的。不过,在承认真如本体的基础上,由洞见人心不同而得的"不齐而齐"观点还是可以成立的。

第二重论证:语言学层面的论证。主要表现在章太炎从名言的虚幻性的角度破除"文野之见"。章氏以为,彼此、是非的观念比较容易破除,最难破的是"文野之见"。所谓文野之见就是依照某种人为的标准将自己定为高级文明,将他人定为低级文明、甚至为野蛮民族,于是能够打着传播文明的幌子行侵略之实:"怀着兽心的强国,有意要吞并弱国,不说贪它的土地,利它的物产,反说那国本来野蛮,我今灭了那国,正是使那国获享文明幸福。"①无疑,章氏对于进化、公理等的批判从若干侧面对文野之见进行了清洗。他进而以为,世界上最可怕的,不是相,而是名;名破了则彼此、是非、善恶、文野的观念便不成立。《齐物论释》在方法论上的一个特点就是"以名遣名,斯为至妙"②。章氏认为,名言根本上是由遍计所执自性执着而产生。它误将空洞的名号理解成实在的存在,导致产生种种迷妄。"一切名种分别,悉属非真"③,众人不解,所以将神、上帝误认为是真实的存在。章氏以为,只有真如、法性等表示真实存在的名词才可以成立,但那也是"假施设名"④。意眼耳鼻舌身六识和境、五尘同时而起,所以,能诠与所诠必然相应。如果只有能诠没有所诠那就只有空名而已。⑤上文多次说过,章氏立足于真如本体构建哲学体系,设定认识能力为见分,认识对象为相分。他认为,从真如本体的角度看,无疑相和名都是分别妄念所成;从俗谛角度说,相为真、名为假。⑥也就是说,无论从真还是从俗的层面说,名都是虚幻的。因此,文明和野蛮只是心上产生的幻相。

① 《论佛法与宗教、哲学以及现实之关系》,马勇编《章太炎讲演集》,第37页。
② 陈平原编校《中国现代学术经典——章太炎卷》,石家庄:河北教育出版社,1996年,第408页。
③④ 《无神论》,《章太炎全集》(四),第402页。
⑤ 《建立宗教论》,《章太炎全集》(四),第404页。
⑥ 《四惑论》,《章太炎全集》(四),第455页。

第三重论证：境界论层面的论证。它融合了《周易》"殊途同归"的思想。章氏认为真如本体不仅仅是万物的本根，而且内在于万物之中。章氏反对斯宾诺莎的泛神论的关键在于"神"的称号有唯神论的嫌疑，但同时章氏吸取了"泛神论"提倡的本体的普遍内在性的主张。章氏认为，庄生所说的"道在屎溺"并非说道只在屎溺，而是强调道无所不在的一种极而言之的说法。总之，"一切众生，同此真如，同此阿赖耶识，是故此识非局自体，普遍众生，惟一不二"①。因为真如内在于万物，所以具体的表现形式虽然有诸多差别，但是，殊途同归，其抽象的原理和最终的归宿则为一致。比如印度的因明、欧洲的三段论和中国墨子的《经说》上下，都是形式逻辑的推理形式，借助它们都能够推演出真理。②在此，"不齐而齐"的意思是由于真如内在于万物，并且万物最终必然走向真如的境界，所以无论外在的表现形式多么不同，内在本质则为一致。

这种理解和本体论层面的论证的差别之一在于突出了真如的内在性，从而在更深的层次说明为什么世间万物根本上是一致的；差别之二强调了结局的一致性。显然，本体论层面的论证更多的从本体发生论的角度入手，这种理解则有从境界论的角度入手的意味。联系章氏的另一个著名的无政府、无聚落、无人类、无众生、无世界的"五无论"观点可以更加明确。"五无论"的最终境界是无世界，为所有文明一致的走向，但是，具体的道路却是多样化的。按照章氏的观点，走向无生主义的最佳道路恰恰为各式各样坚持自身特色的民族主义。

----

① 《建立宗教论》，《章太炎全集》（四），第414—415页。
② 章太炎著，虞云国标点整理《菿汉三言》，沈阳：辽宁教育出版社，2000年，第41—42页。

余　　论

　　章太炎敏感地感觉到了黑格尔式的现代性对于异质文明的侵略性。他虽然没有系统介绍或者评述过黑格尔哲学,但是他根据自身的真如哲学体系对其的零星批判恰恰击中了黑格尔式现代性哲学维度的诸多要害。事实上我们的研究还可以进一步展开。比如,当章氏在论述"不齐而齐"的齐物哲学时已经触及了如何重新理解竞争的问题。因为既然在逻辑上文明与野蛮只是语词的差别,本质上一致的,那么主张不同主体之间比较的竞争观念是否还成立?章氏已经意识到了这个问题。那么,这种新的理解如何应对社会达尔文主义的竞争观念?由于在章氏的理解中社会达尔文主义本质上是黑格尔主义的应用,所以这个问题实质上也是针对黑格尔而发。再比如,在国家问题上章氏主张个体本位的反国家主义,章氏说,"个体为真,团体为幻"①,其直接针对者就是以伯伦知里(Bluntchli Johann Caspar)的国家主义为理论后盾的梁启超。而我们知道,伯伦知里的国家主义正是黑格尔国家哲学的展开。在这个意义上,章氏对国家主义的批判在根本上又指向了黑格尔式的现代性。还如,章氏的道德哲学在总体上强调个体的崇高地位,这与章氏所谓黑格尔的"有无成义"打着公理的旗号以社会压制个人的伦理思想又是针锋相对的。更加重要的是,这一切都不是单单对于黑格尔一个人而发。正如利奥塔指出的,黑格尔是现代性的集大成者。所以,章氏在论述时对于黑格尔的零星判断实质上从不同侧面显露出了他对于现代性问题的根本见解。也正是

---

　　① 《国家论》,《章太炎全集》(四)。

在这个意义上,章氏对黑格尔的批判可以当作对现代性的批判来解读。

但是,章氏构建的真如哲学体系应对以黑格尔为集大成者的现代性在理论上并非是无懈可击的。①

第一个问题:真如与阿赖耶识的关系究竟如何? 这个问题涉及本体究竟是一还是多,以及立足于此的"不齐而齐"究竟在什么意义上成立。章氏在这个问题上表述的含糊一方面为我们多角度理解其思想提供了可能,另一方面也造成了理论建构的困难。

第二个问题:本体论和人性论——伦理学的矛盾。本体论上,章氏有时认为存在一个真如本体,它同时内在于万物、众生之中。由于这么讲真如实质上是引进了中国化佛教的众生皆佛的思想,所以,也就肯定了人性是善的,是有成佛的可能的。但是,章氏同时又坚决主张从末那识的角度看永远存在我见我痴我爱我慢四大烦恼。无疑,本体论和伦理学存在冲突。

第三个问题:现代性有着必然的逻辑还是仅仅是种名相? 章氏从唯识学的角度批判彼此、是非、善恶、文野之见,不仅指出它们在相上的虚妄,而且指出其作为名词的无意义。对此的深入探讨无疑需要联系语言哲学来展开。这里只想试问:现代性的逻辑是否是可以用语言的技巧来打发的?"以名遣名"妙则妙矣,但或许正如章氏自己所指出的,只是"上哲之玄谈"。玄则玄矣,实质上依然难以抵挡现代性逻辑的侵袭。正如安东尼·吉登斯所主张的,现代性在体制上表现为资本主义、工业主义、监管和军事力量。②

---

① 对于这三个问题的更详细的展开,可参见拙作《一场夭折了的哲学革命》,载《学术月刊》2010 年第 7 期。

② [英]安东尼·吉登斯《现代性的体制维度》,收入汪民安、陈永国、张云鹏主编《现代性基本读本》(下册),开封:河南大学出版社,2005 年,第 413—417 页。

显然,列强的侵略绝非仅仅靠着"文野之见"说教而来的;面对帝国主义的枪炮也绝非凭借上哲之玄谈即能破解。当然,我们不能要求一个思想家面面俱到地考虑到问题的所有方面,而且,武器的批判必须辅之以批判的武器,需要理论的清算。然而,以真俗二分为结构特征的真如本体论随时准备着将世俗的启蒙或者救亡任务用"真"来解决,却不料"真"从俗的层面看本身就是虚幻的。在这个意义上,章氏最终走向无生主义是逻辑的必然。然而,粗暴地说:如此一来,和"鸵鸟政策"又有什么分别? 从这里反映出的是章氏整个真如哲学构建的有效性问题。

本文原载《杭州师范大学学报(社会科学版)》2014 年第 5 期,
人大报刊复印资料《中国哲学》2014 年第 12 期全文转载;
原题《论章太炎对黑格尔式现代性的批判》。

"孔子"形象的现代转折

——章太炎的孔子观

陈壁生[*]

陈壁生 *

在 20 世纪初的中国现代学术转型中,经学瓦解,现代学科建立,其中,最典型的表征,莫过于对孔子的评价。在传统学术中,孔子不仅仅是一个历史人物,而且是中国文明的代表,对孔子的不同评价,直接决定了对经学、儒学的不同看法。大体而言,两汉今文经学以为孔子作六经,立一王大法,所以孔子是立法的"素王";汉唐之间古文经学抬高周公的地位,认为孔子"述而不作","从周",是圣王时代文献的整理者,是"圣人";而宋明理学则认为孔子是"道统"中的承前启后者,传六经以教人,因此孔子是最后的"圣人"和"先师"。

而在现代学术转型中,对孔子的评价,关键在于将孔子与六经分离,夷经为史,夷孔子于诸子,于是孔子成为"思想家""教育家",成为诸子中的儒家的代表。于是,孔子走下"圣坛",成为《论语》中那个有教无类的老师。而在这一过程中,转捩点是章太炎。[①]章太炎将六经视为古史,将孔子视为史家,开启了对古代学术的新理解,并且影响了五四之后的"新学"。

---

* 作者单位:中国人民大学国学院。

① 参见笔者的《章太炎的"新经学"》,《中国哲学史》2013 年第 2 期。

一 孔子:"古良史也"

李源澄《章太炎先生学术述要》有云:"先生于孔子之评论,可分为三期:一为《诸子略说》时期,二为《订孔》时期,三为《菿汉微言》时期。"①李源澄虽曾亲炙章太炎,深知章氏之学,但其议论,仍然大有可商之处。首先,章太炎对孔子的评价,在具体问题上有早期晚期之别,而在大方向上则一生无异。其次,李源澄的分期本身有误。此三书,《诸子略说》(即《诸子学略说》)首次发表于《国粹学报》第二年丙午第八、第九号,即西元 1906 年 9 月 8 日、10 月 7 日两期,又发表于同年《国学讲习会略说》,更名为《论诸子学》,对孔子大加诋毁。而《订孔》则首见于 1902 年修订、1904 年出版的《訄书》重订本,与 1914 年章氏据《訄书》修改增删而成的《检论》。与《诸子学略说》立场有异者,应为《检论·订孔》,但《检论》所作,又与《菿汉微言》同时。在 1913 年到 1916 年,章太炎被袁世凯软禁,吴承仕向章氏问学,录而为《菿汉微言》。李源澄的分期,大意为章氏早年《诸子学略说》纯为诋孔,《订孔》则将孔子视为"良史"而有所肯定,《菿汉微言》以后则尊孔,晚年尤甚。

但是章太炎一生对孔子的评价,多随机而发,尤其是辛亥革命前的政论文字,更加如此。章太炎在 1922 年致柳诒徵信中说:

> 鄙人少年本治朴学,亦唯专信古文经典,与长素辈为道背

---

① 李源澄《章太炎先生学术述要》,《李源澄著作集》,台北:"中研院"中国文哲研究所,2008 年,第 1460 页。

驰。其后甚恶长素孔教之说,遂至激而诋孔。中年以后,古文经典笃信如故,至诋孔则绝口不谈。①

　　章太炎在此非常明确地承认,早年的"诋孔",是为了对抗康有为提倡的孔教。事实上,辛亥之前,章太炎论孔子之言,多有互为龃龉、自相矛盾之处,都是出于政治的需要,而非学术之使然。如1897年9月7日在《实学报》发表《后圣》,称孔子为"水精",有"制作",是为了表彰荀子为继孔子之"后圣"。②1899年5月20日发表的《客帝论》,称"《春秋》以元统天,而以春王为文王。文王孰谓?则王愆期以为仲尼是已"③。是以《公羊》传《春秋》,孔子为素王,而其目的则在论证当时可以孔子后代为帝。但同年12月25日,章氏在《亚东时报》发表更有学术性的《今古文辨义》,马上又变换立场,言"孔子贤于尧舜,自在性分,非专在制作也"④。此则是为了通过驳廖平之尊孔,而反康有为之学说。

　　但是,透过章太炎政论的言辞迷雾,章氏对孔子有一个稳定的基本看法,这个看法不是随一时议政所变化,而是由章氏一生立场所决定,这个立场就是章氏自述的"唯专信古文经典"。在今文经学中,孔子作《春秋》,立一王大法,《春秋》其事则齐桓晋文,其文则史,而最重要的是其"义",是孔子之义,即《公羊传》所发明的微言大义。而古文经学则强调孔子"述而不作",即便其"作《春秋》",也只不过是据鲁史而笔削,《春秋》之正传,是《左氏传》中的历史事迹。章太炎的古文经学研究,一开始便落在《春秋》上,其早年最重

① 马勇编《章太炎书信集》,石家庄:河北人民出版社,2003年,第741页。
② 章太炎《后圣》,汤志钧编《章太炎政论选集》,北京:中华书局,1977年,第37页。
③ 章太炎《客帝论》,汤志钧编《章太炎政论选集》,第85页。
④ 章太炎《今古文辨义》,汤志钧编《章太炎政论选集》,第109页。

要的著作是《春秋左传读》(成书于西元 1896 年,先于《訄书》初刻本三年,时章氏 29 岁)、《春秋左传读叙录》,而其晚年最重要的著作则是《春秋左氏疑义答问》(作于 1929 年)。①《春秋》学是章氏经学观的基本底色。而对于《左氏传》的看法,章氏早年从贾逵、服虔,晚岁从杜预。其《汉学论》云:

> 余少时治《左氏春秋》,颇主刘、贾、许、颖以排杜氏,卒之娄施攻伐,杜之守犹完,而为刘、贾、许、颖者自败。晚岁为《春秋疑义答问》,颇右杜氏,于经义始条达矣。②

而发生这一转变,实际上是因为章太炎发现"刘、贾诸公,欲通其道,犹多附会《公羊》"③。因为东汉时立博士的是《公羊传》,所以《左氏》学者在解释不通之处,多引《公羊》为证。而杜预则完全依传断经,故《左氏春秋》杜预学才是真正彻底的史学。章太炎自早年之学至晚岁之论,都在寻求一条将经学彻底史学化的道路,并且,他既将六经视为史籍,那么删削六经的孔子,最重要的身份只有一个,那就是史家。

1902 年,章太炎重订《訄书》,新增一篇《订孔》,其中对孔子有明确的定位:

> 孔氏,古良史也。辅以丘明而次《春秋》,料比百家,若旋

---

① 章太炎 1932 年给吴承仕的信,说此书"为三十年精力所聚之书,向之烦言碎辞,一切芟薙,独存此四万言而已"。见马勇编《章太炎书信集》,第 360 页。

② 章太炎《汉学论》,《章太炎全集》(五),上海:上海人民出版社,1985 年,第 23 页。

③ 章太炎 1932 年致吴承仕书,见马勇编《章太炎书信集》,第 361 页。

机玉斗矣。谈、迁嗣之,后有《七略》。孔子死,名实足以伉者,
汉之刘歆。①

以孔子为"古良史也",实在是石破天惊、前所未有之论。而将
孔子拉到下接左丘明、司马谈司马迁父子、刘歆的脉络中,同样是
发前人所未曾发。在历史上,对孔子的认识确有不同的侧重,如今
文家以孔子为有德无位的素王,古文家以孔子为述而不作的圣人,
理学家以孔子为至圣先师。而章太炎直接将孔子视为"良史",其
实是为了与今文家的"素王"之说相对抗。"良史"义,徐复注曰:
"良史,能秉笔直书,记事信而有征的史官。"②这一解释是错误的,
章太炎以六经皆史官之遗,即史书,而孔子以私人的身份而非史官
的身份删削六经,那么孔子便是史家,而非史官,况且孔子一生也
从未做过"史官"。章氏对作为史家的孔子,有认同之处,一是孔子
非宗教,《儒术真论》(1899 年发表)云:

> 仲尼所以凌驾千圣,迈尧舜,轹公旦者,独在以天为不明
> 及无鬼神二事。……惟仲尼明于庶物,察于人伦,知天为不
> 明,知鬼神为无,遂以此为拔本塞原之义,而万物之情状
> 大著。③

非常明显,对孔子这方面思想的强调,是为了从理论上直接对
抗康有为以孔子为教主的思想。但是经过章氏这一矫枉过正,孔
子变成一个科学的哲学家。二是孔子布历史,在《訄书》修改而成

---

①② 章太炎著,徐复注《訄书详注》,上海:上海古籍出版社,2008 年,第 51 页。
③ 章太炎《儒术真论》,汤志钧编《章太炎政论选集》,第 120—121 页。

的《检论·订孔》(1914 年发表)中，章太炎一改《訄书》之非孔，而多加上一些"理解之同情"的文字：

> 继志述事，缵老之绩，而布彰六籍，令人人知前世废兴，中夏所以创业垂统者，孔氏也。……自老聃写书征臧，以诒孔氏，然后竹帛下庶人。六籍既定，诸书复稍出金匮石室间。民以昭苏，不为徒役；九流自此作，世卿自此堕。朝命不擅威于肉食，国史不聚奸于故府。①

此处"老"即老子，为周代史官。而孔子的贡献，在于将老子所送的秘府典籍，布于民间。章氏既认为六经之要义，在于"令人人知前世废兴，中夏所以创业垂统"，那么孔子之伟大，就在于将秘府中的史籍，整理以教弟子，使此后诸子皆得以窥见这些古史。这样，孔子便是一个史学的教师。

章氏对孔子这两方面的贡献，即便是在极力诋孔的《诸子学略说》中，也不敢抹杀，其中概括为："虽然，孔子之功则有矣，变機祥神怪之说而务人事，变畴人世官之学而及平民，此其功亦复绝千古。"②这样，孔子之所以卓绝者，实际是作为哲学家和史学家。这种思路与评价，已经与后来经过"现代"与"科学"洗涤的孔子观，没有根本性的区别。而早在光绪三十一年，即西元 1905 年 6 月 20 日，许之衡在《国粹学报》发表了《读〈国粹学报〉感言》，便已经说到章太炎对孔子的重新评价带来的社会影响，许之衡说："余杭章氏《訄书》，至以孔子下比刘歆，而孔子遂大失其价值。一时群言，多

---

① 章太炎《检论·订孔》，《章太炎全集》(三)，第 423—424 页。
② 章太炎《诸子学略说》，汤志钧编《章太炎政论选集》，第 291 页。

攻孔子矣。"又言:"近一二年来,有某氏之论保教,章氏之论订孔,而后生小子,翕然和之,孔子遂几失其旧步。"①某氏,即梁启超,当时之文为《保教非尊孔论》。许氏之论,可谓见微知著也。

章太炎的经学观,是"夷六艺于古史",随之而来的孔子观,必然是夷孔子于"良史"。五经由法而史,则孔子必然由圣人而至于史学家。在章太炎看来,孔子以下,相承接的是左丘明、司马迁、班固这一谱系。《诸子学略说》云:"孔子删定六经,与太史公、班孟坚辈,初无高下,其书即为记事之书,其学惟为客观之学。"②如果说《诸子学略说》以后经过了章氏的自我否定,不足为据,那么,《国故论衡·原经》之说愈明,章氏云:

> 令仲尼不次《春秋》,今虽欲观定哀之世,求五伯之迹,尚荒忽如草昧。夫发金匮之藏,被之萌庶,令人不忘前王,自仲尼、左丘明始。且苍颉徒造字耳,百官以治,万民以察,后世犹蒙其泽。况于年历晻昧,行事不彰,独有一人,抽而示之,以诒后嗣,令迁、固得续其迹,讫于今兹。则耳孙小子,耿耿不能忘先代,然后民无携志,国有与立,实仲尼、左丘明之赐。③

章氏学之根柢在《春秋》,《春秋》主《左氏》,因此,对他而言,谈《春秋》必接《左氏》,而后是《史》《汉》,因此,章氏言孔子,亦多与左丘明并言,而后接司马迁、班固。在现代学术中,这完全是一个

---

① 许之衡《读〈国粹学报〉感言》,《国粹学报》第六期,1905 年出版。当时章太炎之《訄书·订孔》、梁启超之《保教非尊孔论》影响一时,而许之衡文章对此二者进行了反驳,其文之精在于从宗教角度反思中西文明的区别。

② 章太炎《诸子学略说》,汤志钧编《章太炎政论选集》,第 286 页。

③ 章太炎撰,庞俊、郭诚永疏证《国故论衡疏证》,北京:中华书局,2008 年,第302—303 页。

"史"的系统,而不是"经"的系统。

二 孔子的历史功绩

章太炎对孔子的评价,更集中的是在与康有为论战的文章《驳建立孔教议》(作于 1913 年),此文畅论章氏心目中孔子的贡献:

> 盖孔子所以为中国斗杓者,在制历史、布文籍、振学术、平阶级而已。……孔子于中国,为保民开化之宗,不为教主。世无孔子,宪章不传,学术不振,则国沦戎狄而不复,民居卑贱而不升,欲以名号加于宇内通达之国,难矣。今之不坏,系先圣是赖!是乃其所以高于尧、舜、文、武而无算者也![①]

"制历史"的,是作《春秋》的孔子。章太炎说到,在孔子之前,史书之记录少。"自孔子作《春秋》,然后纪年有次,事尽首尾,丘明衍传,迁、固承流,史书始灿然大备,椠则相承,仍世似续,令晚世得以识古,后人因以知前。故虽戎羯荐臻,国步倾覆,其人民知怀旧常,得以幡然反正。此其有造于华夏者,功为第一。"[②]作《春秋》的孔子,在章氏看来,最重要的贡献是开创了编年体的写作,使真正的史学得以确立。这与《国故论衡·原经》的说法是完全一致的。在这里,孔子最重要的身份是史家。

"布文籍"的,是删定六经的孔子。章太炎说到,从《周礼》中看出周代的政典教育完全掌握在官府,虽有史书,齐民不识,而孔子

---

① 章太炎《驳建立孔教议》,《太炎文录初编》,《章太炎全集》(四),第 196—197 页。
② 章太炎《驳建立孔教议》,《太炎文录初编》,《章太炎全集》(四),第 196 页。

改变了这一状况。"自孔子观书柱下,述而不作,删定六书,布之民间,然后人知典常,家识图史。其功二也。"①孔子删定古王官六经,以教弟子,使教育从官府转至平民。在这里,孔子是教育家。

"振学术"的,是作为子家的孔子。诸子皆出王官,但典籍不足,学无大成,自孔子发明思想,开启了诸子争鸣的局面,故章氏说:"自孔子布文籍,又赞《周易》,吐《论语》以寄深湛之思,于是大师接踵,宏儒郁兴。虽所见殊涂,而提振之功在一,其功三也。"②孔子的个人思想激发了后来的儒家,并对诸子百家产生影响。在这里,孔子成为思想家。

"平阶级"者,是孔子的教育结果。章氏言春秋时代,官多世卿,父子相继,但是,"自孔子布文籍,又养徒三千,与之驰骋七十二国,辨其人民,知其土训,识其政宜,门人余裔,起而干摩,与执政争明。哲人既萎,曾未百年,六国兴而世卿废,民苟怀术,皆有卿相之资,由是阶级荡平,寒素上遂,至于今不废。其功四也。"③这里强调孔子的教育活动,在春秋战国的政治、思想变局中的影响。

章氏《驳建立孔教议》作于辛亥革命之后,当时他的思想,已经与辛亥前之诋孔不同。而这里所总结的四项,既包括了章氏早年所承认的孔子功绩,同时又包含其晚年尊孔崇经之后的议论,可以说是章氏对孔子的集中评价。即便如此,在章氏心目中,孔子也不是一个超越古今(时间)的圣人,而是落实在具体的春秋时期,对中国历史文化作出巨大贡献的"史家"。可以说,章氏以史观孔,而导出的是以孔为史。

章太炎以孔子为古代"良史",说到底,就是要否定孔子删定五经,尤其是作《春秋》有"立法"的意义,褫夺孔子的"立法权"。孔子

---

①②③ 章太炎《驳建立孔教议》,《太炎文录初编》,《章太炎全集》(四),第197页。

作《春秋》，制素王之法，这是两汉、晚清今文家最普遍的共识，汉末古文大师如贾逵、郑玄也认同之。章太炎既以六经为历史，那么作为历史的《春秋》经、《左氏》传，便成为章太炎探究的一个重要问题。章太炎晚年作《春秋左氏疑义答问》，在杜预的基础上，提出了一个更为大胆的推论：

> 孔子观周，本以事实辅翼鲁史，而非以剟定鲁史之书。又知《左氏春秋》，本即孔子史记，虽谓经出鲁史，传出孔子，可也。①

也就是说，孔子已经看到鲁国国史，但仍和左丘明到周王室去观诸侯国史，就是要通过多国国史共同考定鲁史的事实，使《春秋》更加精详。诸侯国史集合而成的《左氏春秋》，简直可以视为孔子编《春秋》的传记。章门弟子黄侃在为《春秋左氏疑义答问》所作的序言中说得更加明白："孔子作《春秋》，因鲁史旧文而有所治定；其治定未尽者，专付丘明，使为之《传》，《传》虽撰自丘明，而作《传》之旨悉本孔子。"②如此，《春秋》没有所谓的微言大义，一字褒贬，《公羊》《穀梁》二传，不过后师末学，而正传惟在《左氏》。《春秋》经文与《左氏》传文，都可以视为孔子所作。通过《春秋左传疑义答问》的改造，《春秋》经与《左氏》传，合二而一，孔子与丘明，不可分割。章太炎的《春秋》学，是比杜预更加彻底的史学。通过章氏的改造，《春秋》不但不是孔子的素王大法，而且也不是周公的史法旧章，而是记述春秋时期十二公二百四十二年史实的作品。杜预将《春秋》

---

① 章太炎《与吴承仕》，《章太炎书信集》，第 361 页。
② 黄侃《春秋左氏疑义答问后序》，《章太炎全集》（六），第 341 页。

由孔子法变成周公法,而章太炎则更进一步将孔子法转变成春秋时期的历史记载。在这个意义上,孔子成为真正的"良史"。

但是,章太炎之《春秋》学,有一事终其一生不能解释融洽的,那就是《孟子》中的两段话。其一是《孟子·离娄下》云:"其事则齐桓晋文,其文则史,孔子曰:'其义则丘窃取之矣。'"其二是《孟子·滕文公下》云:"《春秋》,天子之事也。是故孔子曰:'知我者其惟《春秋》乎,罪我者其惟《春秋》乎。'"如果传《春秋》的是《左氏》,根本不存在"窃取"的问题,《春秋》的重要,也不至于在六经中独至"知我罪我"的地步。历代《孟子》注解,多同《春秋》今文之义。而章太炎不得不竭尽其智,曲为解说。在《检论·春秋故言》中,章太炎说:

> 自孔子以鲁故臣,依大史丘明为主,而修《春秋》,躬处小国陪台之列,故君弑皆讳言"薨"。丘明虽箸其事,本孔子意,不曰其君。故曰:"罪我者其惟《春秋》乎!""其事则齐桓、晋文,其文则史,其义则丘窃取之矣。"义者,《春秋》凡例,掌在史官,而仲尼以退吏私受其法,似若盗取,又亦疑于侵官,此其言"罪"言"窃"所由也。[①]

以章氏之见,《左传》不为其君讳,故言"罪我",孔子非史官而偷盗史官之法,故言"窃取"。这样的解释,非常牵强,尤其是与今文家之言孔子作《春秋》是立法而僭王章,朱子之注《孟子》用今文之义相比,章氏之说更加显得扞格不通。至 1933 年,章氏在无锡国专讲《〈春秋〉三传之起源及其得失》,也说:

---

① 章太炎《检论·春秋故言》,《章太炎全集》(三),第 408 页。

　　盖《春秋》者官史也,孔子不在其位,不当私修官史。班固坐私修官史而得罪,以后例前,所谓"罪我者其惟《春秋》"者,信矣。孔子又曰"其义则丘窃取之"者,当时国史,不容人看,"窃取"即偷看之谓矣。①

1935 年,章氏在苏州国学讲习会讲《经学略说》,也说到:

　　后人解《孟子》,以为孔子匹夫而行天子之事,故曰"罪我者其惟《春秋》",此大谬也。周史秘藏,孔子窥之,而又洩之于外,故有罪焉尔。……岂徒国史秘藏,其凡例当亦秘密,故又曰:"其义者丘窃取之矣。"义即凡例之谓,窃取其义者,犹云盗其凡例也。②

　　根据章氏的解释,孔子作《春秋》,是为了"制历史"的大业,而不惜行窃盗之事。

三　章氏三"原":以历史瓦解价值

　　当孔子成为"古之良史",孔子整理的六经,便成为历史的记载,经学转化成史学。章太炎以历史的眼光探求经学中几个重要概念的"本原",而且,在这种"本原"化的历史追溯中,瓦解了这些概念的价值,兹以经、儒、素王三个概念为例,看经学概念在"历史化"之后的变异。

---

① 章太炎《〈春秋〉三传之起源及其得失》,章念驰编《章太炎演讲集》,上海:上海人民出版社,2011 年,第 355 页。
② 章太炎《经学略说》,《章太炎演讲集》,第 529 页。

（一）原"经"

章太炎承认孔子删削过六经，因此，六经与孔子到底关系如何，决定着章太炎的孔子观，章太炎通过"原经"，将孔子彻底变成一个只"述"不"作"的"先师"。对"经"的理解，两汉今古文经师皆无异义。今文如《白虎通》云："经，常也。"①古文如郑玄云："经者不易之称。"皆以经为常道。自汉魏至于明清，言经学之"经"字义，皆在此一理解中。章太炎既具历史之眼光，故求经字之"本义"。1910年《教育今语杂志》载章氏在日本演讲稿《经的大意》，首发高论云：

> 甚么叫做经？本来只是写书的名目，后来孔子作《孝经》，墨子有《经上》《经下》两篇，韩非子的书中间也有经，就不一定是官书了。但墨子、韩子的书，向来称为诸子。孔子的《孝经》，也不过是传记。真实可以称经的，原只是古人的官书。《庄子·天下》篇说六经的名号，是《易》《诗》《书》《礼》《乐》《春秋》。《礼记·经解》篇也同。难道古人只有六经么？并不然。现在存的，还有《周髀算经》，是周公和商高所说。更有《逸周书》，也是周朝的史官所记录。《易经》的同类，还有《连山》《归藏》。《礼经》的同类，还有《司马法》。汉朝都还完全。这些都是官书，都可以唤作经。不过孔子所删定的，只有六经。也不是说删定以后，其余的书一概作废，不过这六件是通常讲诵的，其余当作参考书罢了。②

---

① 陈立《白虎通疏证》，北京：中华书局，1997年，第447页。
② 章太炎《经的大意》，《章太炎演讲集》，第70页。

在《国故论衡·原经》中,章太炎追溯先秦之称"经"数义:"《吴语》称'挟经秉枹',兵书为经。《论衡·谢短》曰'《五经》题篇,皆以事义别之,至礼与律独经也',法律为经。《管子》书有'经言''区言',教令为经。"①下又列"世经""图经""畿服经"等等之称"经",证"经"之名非官书。是从本义讲,经不但非官书,也非儒书,古代之书皆可称"经"。至 1935 年,章太炎在苏州章氏国学讲习会讲《经学略说》,其时章氏已知辛亥鼎革,道德沦丧,古文经说,因史而亡,然讲经学,犹云:"经之训常,乃后起之义。《韩非·内外储》首冠经名,其意殆如后之目录,并无常义。今人书册用纸,贯之以线。古代无纸,以青丝绳贯竹简为之。用绳贯穿,故谓之'经'。经者,今所谓线装书矣。"②

此处胪列三说,贯穿章氏一生,而皆以历史眼光"原经",而"原"至于最古时代,"经"只是古书之统称。究章氏之原意,是为了反对明确的以六经为常道的今文经学,所以,超过汉代今文家说,而至于孔子以前的王官六经,而且将孔子之前的六经视为历史的记载,这样一来,便自然而然瓦解了"经"的神圣性。可以说,章太炎为了瓦解今文经学,而将经学视为史籍,经学一旦成为史籍,无形中,却连古文经学视经为"法"的意义,也被完全瓦解。

章太炎的这一做法,直接开启了经学溃亡,连经学研究也一并崩溃的"新学"。章门弟子朱希祖据章氏之"经"字定义,于 1919 年直接提出:"经学之名,亦须捐除。"其说云:"经学之名,何以必须捐除呢? 因为经之本义,是为丝编,本无出奇的意义。但后人称经,是有天经地义,不可移易的意义,是不许人违背的一种名词。……

---

① 章太炎撰,庞俊、郭诚永疏证《国故论衡疏证》,第 276 页。
② 章太炎《经学略说》,《章太炎演讲集》,第 485 页。

我们治古书,却不当作教主的经典看待。况且《易》《诗》《书》《礼》,本非孔子一家之物,《春秋》以前的书,本非孔子一人所可以垄断的。"①章氏另一弟子曹聚仁在《从疑古到信古》中也列举了章氏《国故论衡·原经》言古代兵书、法律、教令、历史、地制、诸子皆可以称"经",而云:"总之依章师的主张,一切书籍都是经,这对于提倡读经尊孔的腐儒们,是最有力的讽刺。"②最后曹氏的结论,是奉劝青年们:"爱惜精神,莫读古书!"③其中,朱希祖纯为史学研究者,且主政北大历史系,辛亥之后,经学科废,举世趋新,本待有识之士,重振绝学。而章太炎对经学的瓦解,使其弟子一辈,自然而然接上西来现代学术的思路。

同时,章太炎对"经"的定义,也直接接上了新派学者的思路。顾颉刚直到 1962 年作《中国史料的范围和已有的整理成绩》,还在说:"近人章炳麟早就解释过,'经'乃是丝线的意思,竹木简必须用了丝线编起来捆起,才可以使它不散乱。可见这原是一种平常的工具,没有什么崇高的意义可言。"④

必须特别注意的是,章太炎释"经"字本义,已非"经学"之经。当时学出廖平,又曾私淑章氏的李源澄,在这一问题上洞若观火,李源澄《经学通论》有云:"经学之经,以常法为正解,不必求经字之本义。然经学虽汉人始有之,而经之得名,则在于战国之世。故常法为经学之本义,而非经之达诂。近世释经义者,皆释经字之义,

① 朱希祖《整理中国最古书籍之方法论》,《朱希祖文存》,上海:上海古籍出版社,2006 年,第 95 页。
② 曹聚仁《中国学术思想史随笔》,北京:生活·读书·新知三联书店,1996 年,第 40 页。
③ 曹聚仁《中国学术思想史随笔》,第 44 页。
④ 顾颉刚《中国史料的范围和已有的整理成绩》,《顾颉刚古史论文集》(卷七),北京:中华书局,2011 年,第 454 页。

而非经学之经之义也。"①"经"字本义与"经学"之"经"是两回事，要解释"经学"之经，不必求诸"经"字之本义，就像要解释"人性"，不必追溯到猿性，更不必追原到单细胞原始生物之性一样。以章氏之博学深思，谅不至于不知此，惟其好古过甚，厌汉儒过深，又纵横其博闻多知，故夷经为史，无所不用其极。经只是史，孔子自然也成了一个历史文献的整理者。

（二）原"素王"

章氏之二"原"为原素王。素王之说，为今文经学立学之根基，而汉世古文家也多接受之。盖承认孔子有立法，则孔子为素王也。孔子之立法，在《春秋》。主《公羊传》者，董仲舒对汉武帝云："孔子作《春秋》，正先王而系万事，见素王之文焉。"②卢钦《公羊序》曰："孔子自因鲁史记而修《春秋》，制素王之道。"③主古文、《左传》者，贾逵《春秋序》云："孔子览史记，就是非之说，立素王之法。"④是皆以孔子之作《春秋》，为立素王大法者也。章太炎以孔子为史家，史家者，整理历史，使后人明朝代兴亡者也。而素王则是提出价值，以为后世制法者。是故章氏必瓦解素王之义，而其方法，仍是以"历史"记载瓦解价值，《国故论衡·原经》云：

> 盖素王者，其名见于《庄子》（原注：《天下》篇）。伊尹陈九主素王之法，守府者为素王；庄子道玄圣素王，无其位而德可比于王者；太史公为《素王眇论》，多道货殖，其《货殖列传》已

---

① 李源澄《经学通论》，《李源澄著作集》，台北："中研院"中国文哲研究所，2008年，第4页。

② 班固《汉书·董仲舒传》，北京：中华书局，2012年，第2509页。

③④ 杜预注，孔颖达疏《春秋左传正义》，台北：艺文印书馆，2007年，第16页。

著素封,无其位,有其富厚崇高,小者比封君,大者拟天子。此
三素王之辨也。仲尼称素王者,自后生号之。①

章太炎以历史上可见的三种不同的"素王",证明孔子之称"素
王",非其本来,不过是后儒为尊崇孔子,臆加"素王"之号而已。孔
子是素王,则《春秋》为孔子法,孔子非素王,则《春秋》为孔子整理
春秋时代之旧史而已。故章太炎以为,孔子作《春秋》为后世立法,
是"以不尽之事,寄不明之典,言事则害典,言典则害事,令人若射
覆探钩,卒不得其详实。故有《公羊》《穀梁》《驺》《夹》之《传》,为说
各异,是则为汉制惑,非制法也"②。今文家言孔子"为汉制法",而
章氏以为《春秋》今文有四传,义各不同,是"为汉制惑"。而他认
为,《春秋》只是史,故云:"言《春秋》者,载其行事,宪章文武,下尊
时王,惩恶而劝善,有之矣;制法何与焉?"③依章氏之说,孔子实为
史家,其作《春秋》,《左氏》为正传,乃在于整理春秋正史,布于人
间,使民间得而习之。

章氏之破素王之说,仍然是以史籍之歧说,破经典之神圣。孔
子之前,皆有圣德,而有王位,故制作礼乐。而至于孔子,有德无
位,故立空王之法以垂世,是称素王。而章氏则列"三素王之辨",
使专属孔子之素王,可属之守府者,可与之货殖者,孰不知伊尹之
言,史公之论,非经学之谓素王也。

(三) 原"儒"

章太炎三原为原"儒"。《国故论衡·原儒》开头即云:

① 章太炎撰,庞俊、郭诚永疏证《国故论衡疏证》,第 296、297 页。
②③ 章太炎撰,庞俊、郭诚永疏证《国故论衡疏证》,第 298 页。

儒有三科，关达、类、私之名。达名为儒：儒者术士
也。……类名为儒：儒者，知礼、乐、射、御、书、数……私名为
儒：《七略》曰："儒家者流，盖出于司徒之官，助人君顺阴阳明
教化者也。游文于六经之中，留意于仁义之际，祖述尧舜，宪
章文武，宗师仲尼，以重其言，于道为最高。"①

章氏此篇，极尽坟典，而立论大意，则追溯"儒"之歧义。章氏
搜集古之言"儒"者，据《墨子·经上》言："名：达、类、私"，而分儒为
三种。其一"达名为儒"，指的是古人有将"儒"学概括一切"术士"，
即一切有术之士者，凡道家方士、法家、杂家，九流之人都可以称
"儒"。其二为"类名为儒"，指的是《周礼》诸侯有保氏之官，以礼、
乐、射、御、书、数"六艺"教人，通此六艺者称"儒"。其三为"私名为
儒"，指的是刘歆《七略》所云，王官失守，衍为诸子，司徒之官变成
"儒家"。言至于此，则仅分析古书中"儒"本有异说，虽同一字，意
旨有别。然章太炎之意不在此，分别三科之后，乃云："是三科者，
皆不见五经家。往者商瞿、伏胜、穀梁赤、公羊高、浮丘伯、高堂生
诸老，《七略》格之，名不登于儒籍。"②也就是说，古之儒者三种含
义，无一含义包括了传五经的经师，易言之，经师不是"儒"，而在
《七略》的图书分类中，传五经之周秦大师，皆不在"儒家类"中，而
在"六艺略"中。是"经学"与"儒学"，截然分开，古"儒"之三科，皆
无经师，《七略》之六艺，皆无儒者。盖刘歆之《七略》，以六艺为王
官学，而诸子为百家言，儒家止为诸子之一，非能跻于王官。但是，
早在刘歆之前，司马迁著《史记》，其《儒林传》皆传经之士，且自《史

---

① 章太炎撰，庞俊、郭诚永疏证《国故论衡疏证》，第481—485页。
② 章太炎撰，庞俊、郭诚永疏证《国故论衡疏证》，第488页。

记》之后,历代正史,因之未改,则五经之学,岂非"儒家经典"? 章氏于此解释道:"自太史公始儒林题齐、鲁诸生,徒以润色孔氏遗业。又尚习礼乐弦歌之音,乡饮大射之礼,事不违艺,故比而次之。"①如此说来,司马迁将经师行迹题为"儒林传",不是因司马迁认为传经即儒者之业,而是因为这些传经者能够发展"作为诸子之一的孔子"的学说——勉强可以列入"私名为儒",而且,他们也司《周礼》六艺的礼、乐、射——勉强可以列入"类名为儒",在章太炎看来,司马迁大抵上是搞错了。章氏接着说:"晚有古文家出,实事求是,征于文不征于献,诸在口说,虽游、夏犹黜之。斯盖史官支流,与儒家益绝矣。"②因为古文经师研究的是王官学,不是百家言,是《七略》中的"六艺",不是"诸子"之"儒家类",所以,古文经师是"史官之支流",并不"润色孔氏遗业",与孔子关系不大,也非"事不违艺",不符《周官》保氏之教,所以,古文经师更不应列入《儒林传》。章太炎以他所概括的儒者三科为标准,评议道:"今独以传经为儒,以私名则异,以达名、类名则偏。……传经者复称儒,即与私名之儒相殽乱。"③传经者传的是作为官书(历史)的六经,与作为诸子的"儒",已然不同,而将其放在一切术士的"儒"与周官保氏"六艺"的儒中,又只执一偏,所以说,经师与儒士,判然有别。

这样,章氏以历史的眼光,总结出"儒"的原意,断定"儒"是子,"经"在经部,二者不应相混淆。如此一来,呈现出章氏的用意,是将经学与孔子区别开来。孔子不是经学的开创者,而只是经学的传承者,并且经学只是历史的实录,在这种逻辑中孔子的删削述作事业,铸就的是一个"史学家"。章氏通过"原儒",裂分儒家与经

---

① 章太炎撰,庞俊、郭诚永疏证《国故论衡疏证》,第489页。
②③ 章太炎撰,庞俊、郭诚永疏证《国故论衡疏证》,第490页。

学,夷孔子为诸子,这就是以历史瓦解价值。章氏之后,胡适《说儒》诸论,继章氏之"儒者三科"而作,儒家与经学渐行渐远。我们还可以从章门弟子曹聚仁的《原儒》来看章氏之说的影响。曹氏说道:"太炎师是首先提出了'题号由古今异'的历史新观点,使我们明白古人用这个'儒'字,有广狭不同的三种观点。他的大贡献在于使我们知道'儒'字的意义,经过了一个历史的变化,从一个广义的包括一切方术之士的儒,后来缩小到那'祖述尧舜,宪章文武,宗师仲尼'的侠义的'儒'。我们已经把孔丘的本来面目暴露出来,让大家明白不独宋明理学的观点,跟孔子不相干,即魏晋清谈家的论点,也和孔氏相去很远;西汉今文学家更是鬼画符,连春秋战国的儒家,也不是真正的孔子之学呢!从历史观点看儒家的演化,是有了新的意义。"①

四　结　　语

在经学史上,对"经""儒""素王"诸关键词的理解,决定了对经学大方向的认识。章太炎解释这三个概念,都以"历史"的眼光,纵横其博闻多识的才华意气,追究其本意,胪列其歧义,结果不是使其意旨大明,而是使其价值全失。章氏原经而夷经为史,进而为史料,原儒而夷儒为子学,孔子为诸子,原素王而孔子不立法。章氏之"三原",都已经超出了传统古文经学的范围,而导夫现代史学之先路。而在现代史学中,已没有独立的"经学"的位置。

而章太炎将孔子视为史家,虽然承认孔子删削六经之功绩,但是作为"古之良史"的孔子,已经与古代学术中的理解,完全不同。

---

① 曹聚仁《中国学术思想史随笔》,第68页。

章太炎之后,孔子的形象发生了更加重大的变化,顾颉刚《春秋时的孔子和汉代的孔子》一文便说:"春秋时的孔子是君子,战国的孔子是圣人,西汉的孔子是教主,东汉后的孔子又成了圣人,到现在又快要成君子了。"①而冯友兰为了将孔子解释成"哲学家",则否认孔子作《春秋》,认为孔子只是以六经教弟子,这样,孔子最重要的身份,是一个"教育家",既不是"素王",又不是"至圣",而只剩下"先师"。而只有"先师",才可能对接西方的"哲学家"。因此,冯友兰说:"孔子的行为及其在中国历史上的影响,与苏格拉底的行为及其在西洋历史上的影响相仿佛。"②通过这样层层剥落孔子身上的神圣光环,冯友兰重新确立了孔子的新地位,即像苏格拉底那样的"哲学家"。这样,经学时代的孔子身上的神圣光环,被彻底剥落。

本文原载《中国人民大学学报》2015 年第 3 期。

① 顾颉刚《春秋时的孔子和汉代的孔子》,《顾颉刚古史论文集》卷四,第 12 页。
② 冯友兰《孔子在中国历史中之地位》,《三松堂全集》第 11 卷,郑州:河南人民出版社,2001 年,第 143 页。

章炳麟与明治佛教

——以《日本及日本人》杂志为中心(上)

陈继东 *

引　言

和晚清其他思想家相比,章炳麟(1869—1936)独放异彩之处,便是将其对个人、社会、国家乃至世界的思考置于佛教理论之上,形成了一个独特的思想体系。然而,这在章炳麟思想研究中却始终是一个薄弱的环节。中国近代思想研究的著名学者坂元弘子指出,以往的章炳麟研究虽然也重视其与佛教的关系,但是往往只把佛教作为解决其政治思想课题的手段或武器,而不认为是与章炳麟思想、哲学的本质相关联的具有根本意义的问题。甚至有的研究很轻视章炳麟思想中佛教的作用,以为对章炳麟思想而言,佛教只是一时性的,而且是非本质的因素。实际上,章炳麟直到晚年也没有切断与佛教的缘分,其"回真向俗",并非要告别佛教,而是意味着以佛教教理为核心,来与道家、儒家传统思想相调适,不仅如此,章炳麟与佛教的相遇,也决非偶然,即使其早年的"转俗成真"这一转变,也是由于其思想根源使然。①在"章炳麟的个体思想与

＊　作者单位:日本青山学院大学。

①　[日]坂原弘子《中国近代思想的"连锁"——以章太炎为中心》,郭驰洋译,上海:上海人民出版社,2019 年,第 33、34 页。

唯识佛教——中国近代万物一体论的走向"一章中,坂元弘子卓有成效地论证了上述的主张,成为解读章炳麟佛教理解的必读之作。

然而,章炳麟的思想体系并非如同教科书一般系统明晰,而是分散在他众多的论著之中,需要摸索与重建。这既是章炳麟思想研究的难点,也是其魅力之所在。而章炳麟的佛教理解正是造成这一困难局面的主要原因。因为不论是唯识或华严,章炳麟的理解都不是师承某一教学传统而展开的,而是由其独自的阅读经验而进行的抉择取舍,因此对于传统的佛学理论往往有尖锐的批判,有不同于前人的诠释。为了把握章炳麟哲学中的佛学的意义,只是将其言说的断片,配合某种预设的问题意识进行笼统的解释,已经难以实现这一目的。因此,对其每篇涉及佛教的论述进行文本性研究,则显得十分必要。就是说,为了准确把握章炳麟每篇著述中所阐述的佛教思想,要对每篇著述进行细致的文献考证,包括对他引述的经典原文、对传统佛教理论的批评、对佛教经典的阐释以至写作背景等等,都要作具体而实证的考察。为此,笔者曾尝试对《訄书》初刻本中的佛教理解进行逐篇分析,近年又发表了专门探究其《大乘起信论》真伪之辨的论文,同样做了文献上的考察,试图通过这种文本性研究,更准确深入地揭示和理解佛教在章炳麟思想中所具有的地位和意义①。

明治时期的日本佛教,对于章炳麟思想的形成产生了不可忽视的影响。章炳麟不仅对明治的佛教学(即佛学研究)有许多批判的吸收,也与明治佛教界有密切的交往。而章炳麟与明治时期的日本直接关系始于变法自强运动的失败。至此为止,他承继考据

---

① 上述两篇论文分别为《章炳麟〈訄书〉(初刻本)中早期佛教认识》(2009)和《章炳麟与〈大乘起信论〉真伪之辨》(2016),均收入与龚隽合著的《作为"知识"的近代中国佛学史论——在东亚视域内的知识史论述》(北京:商务印书馆,2019 年)。

学传统,埋头于中国古典研究的同时,对于由西方和日本传入的新思想和学术抱有强烈的关心。但是,在与日本有了直接的接触之后,他的思想有了飞跃性的展开。小林武在其《章炳麟与明治思潮——又一种近代》(东京:研文出版,2006 年)中,具体地探讨了章炳麟的思想与西方近代思想以及明治思潮的关系,展示了在全球化的知识传播中其思想形成的轨迹。但是,章炳麟思想的核心部分,即关于他的佛教理解与明治佛教的关系,并没有深入讨论。利用佛教的学说建构革命的理论,正是以明治佛教学为媒介逐步完成的,因此,揭示章炳麟与明治佛教(佛教学与佛教界)的关系,是考察章炳麟思想形成的一个不可忽视的问题①。

日本净土真宗僧人妻木直良(1873—1934),在 1911 年 9 月 15 日发行的《日本及日本人》杂志上发表了《访章太炎》一文,不仅记述了与章炳麟相见的情形和谈论内容,而且还附载了章炳麟对其所著《灵魂论》的书评即《读〈灵魂论〉》一文。尽管这是一篇仅有近一千四百字的短文,但涉及章炳麟哲学与佛教的主要论点,而且可以说是章炳麟在日流亡期间撰写的最后一篇有关佛教学与哲学的文章。笔者曾在十年前的一次章炳麟研究会②上做过报告,并将这篇采访译成中文,但是始终没有公开刊出。此次,值逢在杭州师范大学召开此盛会③,激起了重新整理这篇时过境迁的旧稿的欲望,借此机会重加修订,进一步拓展和加深对章炳麟与佛教关系的研究。

---

① 最新的研究有彭春凌《章太炎对姊崎正治宗教学思想的扬弃》(《历史研究》2012 年第 4 期)、《章太炎与井上圆了——一种思想关联的发现》[《杭州师范大学学报(社会科学版)》2018 年第 2 期]等。

② 即由香港城市大学林少阳博上主持的"章学会"。

③ 2019 年 11 月 29 日至 12 月 2 日,"章太炎与近代中国"国际学术研讨会在杭州师范大学召开。

本文将首先概述章炳麟与日本佛教的关系,介绍章炳麟对明治佛教中的学术研究的吸收与批判,以及他和日本佛教界的交往状况。其次,将考察《日本及日本人》何以要采访章炳麟的原因和背景,主要介绍和分析以往该杂志对章炳麟的专文报道,即《支那革命家章炳麟》(1907 年)和《〈学林〉与章太炎》(1911 年)两篇文章的内容。接着,叙述妻木直良的《访章太炎》(1911 年)的详细内容。最后,解读章炳麟的《读〈灵魂论〉》。

一 章炳麟与日本明治佛教之概观

章炳麟对日本佛教的认识是一个很少受到关注的问题。实际上,章炳麟对日本佛教界的现状一直保持批判的态度,这与他热心吸收明治佛教学的姿态形成了鲜明对比。而厘清章炳麟对日本佛教的认识,也将有助于理解章炳麟佛学思想的具体内涵。

(一) 对明治佛教的批判

因从事反清革命活动,章炳麟多次流亡日本。1898 年,戊戌变法失败后,章炳麟逃到台湾。翌年初,在给友人汪康年的信中,讲述了日本净土真宗的状况:

> 亦有本愿寺,问其与上海本愿寺同派否? 则云:真宗有十派,惟大谷派、本愿寺派最广。上海松林师本大谷派,今权理此耳。本愿寺派所奉者,则《无量寿经》《观无量寿经》《阿弥陀经》,及龙树菩萨之《十住毗婆娑论》、天亲菩萨之《往生净土论》。盖彼尊阿弥陀佛,则无量寿佛,而不尊释迦牟尼,斯亦可怪矣。真宗贵信,禅宗贵悟。真宗近基督,禅宗近儒。二宗互

相诋毁，或言钝根，或言魔道。①

其中所说的松林师，即为东本愿寺上海别院的负责人松林孝纯，从中可以看出章炳麟与他相识，有过交往。不过，净土真宗虽是日本最大的佛教教团，却不尊奉释迦牟尼佛，而尊崇阿弥陀佛、无量寿佛，让章炳麟颇感怪异，并认为真宗贵信，接近基督教，并与贵悟且接近儒教的禅宗相对立，暗示了其批判立场。

1899 年 6 月，章炳麟又从台湾航至神户，游访京都等地，写下了《游西京记》。首先，金阁寺藏有多达六七十种宋明图书以及各种绘画和文物，让他颇为感慨，并说日本僧人不单传承佛法，也保留着大量中国的文物。其次，在清水寺，他参拜了月照（1813—1858）墓地，对这位虽退隐于方外，而献身于维新事业的僧人表达了敬意。然而，京都佛教寺院的宁静优美以及经典文物的繁多，并没有使他消除对日本佛教的异样感受。

日本沙门多蓄妻妾，求食人间，与贾竖无以异。②

其中，将日本僧人与卑贱的商人相提并论，显示了对日本佛教现存方式不可苟同的态度。

他力的净土信仰以及戒律颓废，是章炳麟日本佛教批判的主要论点。1906 年，当他度过三年牢狱关押之后，再次流亡日本，受到了在日中国留学生的热烈迎接。7 月，在东京神保町景辉馆，面对两千多人听众，章炳麟发表了著名的演说。他指出，要推翻清朝

---

① 《与汪康年》(1899)，马勇编《章太炎书信集》，石家庄：河北人民出版社，2003年，第 78 页。

② 《章太炎全集》(四)，上海：上海人民出版社，1985 年，第 143 页。

统治,建立以汉民族为主体的国家,有两个途径,一是用宗教发起信心,增进国民的道德;一是用国粹激励民族(种姓)意识,增进爱国热肠。而在宗教方面,他将孔教(儒教)和基督教排除在外,因为孔教变成了追逐名利的装饰物,而基督教则与哲学不相符合,钳制自由思想,对于中国有损无益。只有佛教才是最适合中国革命的思想。因为佛教的理论可让有知识的人信服,其戒律可让一般民众信服。但是,佛教里也有许多杂质,如净土教、密教,追求个人现在的康乐和子孙的福泽,与迷信相结合,烧纸拜忏,在人格上卑鄙,没有勇猛无畏的气概[1]。虽然其批判是针对中国佛教的密教和净土而说的,但实际上也将净土真宗归为净土信仰一类了。

在 1906 年的《人无我论》这篇重要的论文中,不仅阐述了为何要以佛学(佛教理论)来拯救日趋衰颓的道德,而且着重申明不可模仿日本佛教的立场:

> 至欲步趋东土,使比丘纳妇食肉,戒行既亡,尚何足为规范乎? 自非法相之理,华严之行,必不能制恶见而清污俗。若夫《春秋》遗训,颜、戴绪言,于社会制裁则有力,以言道德,则才足以相辅。使无大乘以为维纲,则《春秋》亦《摩拏法典》,颜、戴亦顺世外道也。拳拳之心,独在此耳。[2]

其中明言纳妇食肉、抛弃戒行的日本明治佛教,不足以成为效仿的对象,完全否定和拒绝明治佛教作为晚清佛教模式的想法和可能性。

---

[1] 章炳麟《演说录(东京留学生欢迎会演说辞)》,《民报》1906 年第 6 号,第 47 页。

[2] 《章太炎全集》(四),第 429 页。

1907 年,章炳麟为反对清朝政府的庙产兴学政策,并针对由此政策,江南的一些寺庙归附日本净土真宗,以寻求保护的动向,与在日的僧人苏曼殊共同撰写了《儆告十方佛弟子启》,呼吁政府停止迫害佛教,而佛教必须自主进行改革,反对投靠日本佛教的行为。为此,在该文中,章炳麟对日本佛教再次进行了严厉的批判。

> 顷者,日本僧徒,咸指板垣退助(日本勋臣,创议废佛法者也)以为佛敌。其实百万哑羊,娶妻食肉,深着世法,隳废律仪。纵无板桓,彼僧自当为人轻蔑。不自克责,于人何尤。吾土诸德,犹有戒香。不务勇猛精进,以弘正法,而欲攀援显贵,借为屏墙,何其左矣?[1]

> 又今南土沙门,多游日本,日本诸师亦欲于支那传教。俗士无知,谓宜取则。详东僧分明经教,实视汉土为优。至于修习禅那,远有不逮。置短取长,未妨互助。若其恣噉有情、喜触不净……既犯僧戒,即难共处。[2]

即日本佛教的肉食妻带,戒律废弛,不足以为中国佛教所归信,也不可能兼容共处,而中国佛教在经教研究与戒律守持方面要远远优越于日本佛教,也为其所认可。但是他同时指出中国佛教徒缺乏勇猛精进、锐意弘法的气概,对此必须进行自我反省,以图改善。

1912 年,因辛亥革命的成功,由日本回国的章炳麟,在繁忙的政治事务之外,还积极参与了僧人黄宗仰在上海出版《频伽大藏经》的

---

① 《章太炎书信集》,第 169 页。
② 《章太炎书信集》,第 171—172 页。

活动。他在给其友黄宗仰的信中,重申了对日本佛教的批判:

> 大法东渐,阅岁二千。大乘经论,惟留此土。西瞻佛国,
> 盈细有殊焉。仁山居士昔云:"中夏当为佛法之宗。"此非虚
> 语。绛居东国五岁,数从彼沙门宴游,标宗谈理,殊胜故乡。
> 其于持戒习禅,则又弗逮远甚。①

流亡日本五年,尽管与日本僧人有过密切交往,对于佛学理论也曾切磋琢磨,虽觉其"标宗谈理,殊胜故乡",可是对日本佛教戒禅松弛的世俗化形态,章炳麟始终不能认可。从上述的资料中可看出,章炳麟始终将勇猛精进、习禅持戒,看作是佛教的道德依据和体现,而这种不畏牺牲、自律的品格,恰恰是其革命道德的重要来源。

(二) 对明治佛教学的吸收及其与明治佛教界的交往

与对日本佛教现存方式的批判相对照,章炳麟对日本的佛教研究即佛教学却积极吸收,成为其革命理论不可或缺的部分,而且,与明治佛教界也有密切的交往。就笔者现有的把握,主要体现在下述五个方面,即原型观念的提出、大乘非佛说批判与《大乘起信论》真伪考辨、与梦庵(武田范之)展开作民声还是佛声之论争、和净土真宗学僧妻木直良的交流,以及与南条文雄等著名佛教学者共同举办杨文会的追悼会。以下略作概述。

1. 原型观念与阿赖耶识

东京大学教授姊崎正治的印度佛学和宗教学研究,对章炳麟

---

① 《与黄宗仰》(1912),《章太炎书信集》,第88页。

产生了深远影响。小林武氏在《章炳麟与姊崎正治——从〈訄书〉到〈齐物论释〉的思想联系》①一文中,十分详细地考察了两者之间的密切关联,特别提到了章炳麟用"原型观念"来对阿赖耶识进行哲学的说明,成为其唯识学理论的基本概念,并指出这一概念是直接来自姊崎正治的。小林武说:

> 实际上,"原型观念"一语,可见之于姊崎的《上世印度宗教史》。姊崎说"即作为根本的阿黎耶识是一切法之所依,是含蓄一切现象的种子即原型观念之执持(Adaana)。即这些原型观念种子依据意识(Manas)呈现出分别认识(略,21页)",已经将阿赖耶识与原型观念结合在一起,原型这一词语,当时是对柏拉图的理念的翻译词,具有"元子、基本、起端"之意思。井上圆了等人将阿赖耶识与莱布尼兹的"元子"进行附会,"原型观念"一语,据现有的调查,除了姊崎同书,不见于其他资料,有待今后的检讨,不过,可以推定太炎是从姊崎那儿得到启发,用"原型观念"来理解阿赖耶识的。②

但是,小林武仅仅指出这一事实,没有做思想上讨论,因此原型观念与阿赖耶识的思想意涵,仍有探讨的必要。

2. 大乘非佛说与《大乘起信论》真伪之辨

大乘是否为佛说,《大乘起信论》之真伪,是日本明治时期佛学研究上的一个重要问题,也是依据近代佛学研究方法,即运用客

---

① 《章炳麟と姊崎正治─〈訄書〉より『齐物論释』にいたる思想的関系》,《东方学》107,东京:东方学会,2004 年。

② 《章炳麟と姊崎正治─〈訄書〉より『齐物論释』にいたる思想的関系》,《东方学》107,第 99 页。

观、合理、科学、历史的方法而获得的一个重要成果。而在近代中国佛教史上，却很少看到同步相应的介绍与回应，也很难找到与之匹敌的独自探讨。直到 20 世纪 20 年代，中国才出现梁启超的《大乘起信论考证》，而在日本的争论业已持续了二十年。

不过，1908 年，章炳麟撰写的《大乘佛教缘起考》和《辩〈大乘起信论〉之真伪》[《民报》第十九号，《辨〈大乘起信论〉之真伪》则作为《大乘佛教缘起考》的附录附于其后，而《章太炎全集》（四）则题为《〈大乘起信论〉辩》]，可以说是迄今可看到的中国学者最早的回应。作为一位用佛教学说来构筑其革命理论的思想家，为什么在这一时期，章炳麟将其兴趣和精力投入一个十分具体的学术问题的讨论，这本身就是一个十分耐人寻味的问题。

章炳麟的《大乘佛教缘起考》和《辨〈大乘起信论〉之真伪》是两篇几乎被遗忘的，然而在近代中国佛教研究史上却是难得的论考。其基于文献学与历史学的方法，不仅正面回应了日本明治佛学界的动向，也与中国的传统教学式的研究相区别。如果说杨文会的"马鸣宗"学说缺乏对马鸣和《起信论》进行文献学和历史学的批判考察，仍然局限于传统的判教性研究的话，那么，章炳麟则积极将近代的研究方法与其考据学相结合，从文献和思想的两个方面，对马鸣和《起信论》进行了历史的批判性考察，可以说在同一时期的中国佛教研究界极为罕见，无出其右者。尽管章炳麟的推断，大多没有被后来的研究所认可，但是，他所展示的方法论上的转换却是必须予以高度评价的[1]。

——————————

① 参见本文首页注①。实际上近年的研究表明，章炳麟的一些推断并非臆测，如 Christopher I. Beckwith 在其 *Greek Buddha: Pyrrho's Encounter with Early Buddhism in Central Asia*（Princeton, NJ: Princeton University Press, 2015）中就主张大小乘教义在佛陀时代就并存了，与章炳麟的推断几乎一致。

3. 与梦庵的论争

可以说,章炳麟的上述两篇纯为学术考证的文章,表面上几乎与他所从事的革命思想的宣传毫无关联。正因为如此,梦庵(即武田范之,1863—1911)在黑龙会主办的刊物《东亚月报》第二号(1908年5月)上,撰文批判章炳麟忘却了《民报》宗旨,将《民报》变为佛报,指出"《民报》宜作民声,不宜作佛声"。所谓《民报》的宗旨,共有六条,即(1)倾覆现今之恶劣政府,(2)建设共和政体,(3)土地国有,(4)维持世界真正之和平,(5)主张中国、日本两国之国民的联合,(6)要求世界列国赞成中国革新之事业。针对这一批判,章炳麟撰写《答梦庵》一文,刊载于《民报》第二十号(1908年6月),予以反驳。章炳麟承认《大乘佛教缘起考》是一篇考证之文,的确不关《民报》之宏旨,但有关这方面的论说已经在《民报》上发表过多篇。为此,章炳麟较为详细地阐述了要振兴民众的道德,和儒教、基督教等相比,只有依靠佛教才能实现这一主张。对此,梦庵又撰文进行反驳。这一争论的全貌依然需要做进一步的探究。

4. 与妻木直良的交流

妻木直良作为《真宗全书》的编辑者,是活跃于明治后期佛教界的净土真宗学僧。他于1906年出版了《灵魂论》一书,对佛教的轮回说作了哲学和科学性的论述。1911年8月15日,他访问了章炳麟,以栖庵道人笔名撰写了题为《访章太炎》的记事,发表在有名的《日本及日本人》杂志上,而且还附载了章炳麟撰写的对其《灵魂论》的书评即《读〈灵魂论〉》一文。这显示了章炳麟与明治佛教界交流的又一个侧面,而以往的研究没有给予应有的关注,将成为本文主要考察的对象。

5. 与明治佛教界共同筹办杨文会居士的追悼会

1911年11月8日于东京一桥学士会馆,由大内青峦、高楠顺次郎、高岛米峰、妻木直良、南条文雄、村上专精、前田慧云、赤松连城、水野梅晓、岛地大等、章炳麟共同发起，为杨文会居士举行了追悼会。午后二时开会，高岛氏致开会辞，然后，与会者一同面向安放居士肖像及遗墨的祭坛就座。南条博士诵经之后，由妻木氏代读赤松连城寄来的挽诗，一一上前焚香。接着，有南条博士对故人的怀旧谈，至此，仪式结束。又于别室，水野梅晓氏叙述了当时在南京数次和居士会面的情形，以及释庆淳氏为故人门生教授密教之事。四时左右，散会。章炳麟氏因故缺席，由其门生傅铜代理出席。这篇刊载于同年 12 月 1 日出版的《新佛教》杂志上的记事，除了表明章炳麟与杨文会的密切关系之外，还显示他与明治佛教学界有着广泛的交流这一事实。所记参会者都是明治佛教界的著名人物，其与章炳麟交往的情形至今尚不清楚，有待考察①。

二　章炳麟与《日本及日本人》杂志

《日本及日本人》是由政教社创刊的杂志《日本人》与新闻《日本》于 1907 年合并，而改名的半月刊杂志。于 1888 年创立政教社和《日本人》杂志的三宅雪岭（1860—1945）为该杂志的主笔，其创刊号②《题言》明确制定了该杂志的方针，"在《日本及日本人》的名称下，从事说明日本应如何为世界的人文作贡献，而世界又应如何为日本着想，这绝非是野卑之事业"。正是这一既继承了《日本人》杂志以来的"保存国粹""显彰国粹"的国粹主义立场，同时又面向世界，具有向世界开放的性格，因而聚集了众多当时舆论界和学术

---

① 陈继东《有关在日本举行的杨文会居士追悼会之资料》，龚隽、陈继东《作为"知识"的近代中国佛学史论——在东亚视域内的知识史论述》，第 115—116 页。

② 因接续《日本人》杂志终刊号第 449 号，故为第 450 号。

界的著名人物,为其撰文投稿。而且,由于该杂志坚持在野的立场,批评时政、拥护民权的言论,充溢于纸面,因此,在明治末期的舆论界和学术界中依然扮演着重要角色,成为与《中央公论》《太阳》等主流杂志相抗衡的媒体,具有很大的影响力①。

晚清的局势以及革命动向,也是《日本及日本人》杂志关注的一个焦点。其创刊号(1907年1月1日发行)"人物评论"专栏就登载了《孙逸仙》一文,长篇介绍了孙文的革命生涯及其与日本的关系,紧接着在第二期(451号)上又刊登了孙文撰写的《支那革命论》日文翻译②。直至1911年辛亥革命,该杂志先后在"人物评论"专栏上,登载了介绍黄兴、张之洞、袁世凯、康有为、梁启超、光绪帝与慈禧太后等文章,还有其他大量的有关晚清局势的报道与分析③。其中,对章炳麟的介绍尤为突出,专门的报道就有三篇。其第454号(1907年3月1日)刊登了署名为金陵生撰写的《支那革命家章炳麟》一文,四年之后的第562号(1911年7月15日)上登载了稻叶君山撰写的《〈学林〉与章太炎》,第566号(1911年9月15日)又有栖庵道人的《访章太炎》的专访,还有其他多篇涉及章炳麟的文章。从中可看出,《日本及日本人》杂志似乎一直在跟

① 参见松本三之介《明治思想における伝統と近代》,东京:东京大学出版会,1996年,第165—221页。
② 即1906年孙文于东京神田锦辉馆为纪念《民报》创刊一周年而举行的讲演《三民主义与中国革命》。《孙逸仙》一文作者与此文译者,疑为同一人,很可能是熟悉孙文的宫崎滔天或关系相近之人。下文的金陵生,与其或是同一人物。
③ 王晓秋《近代中日启示录》(北京出版社,1987年,第146—147页)介绍了辛亥革命爆发后,《日本及日本人》第569号(1911年11月1日)有关孙文、黄兴、章炳麟等革命人物的报道,以及辛亥革命形势与趋势的论说。佐藤美奈子《辛亥革命をめぐる日本の世論——〈日本及日本人〉を中心に》[《思想史研究》(1),日本思想史、思想论研究会,2001年,第128—140页]则具体分析了该杂志上发表的种种对辛亥革命的论说和立场,是了解该杂志对辛亥革命认识的最为详细的研究。但是,他们都没有关注辛亥革命爆发之前,该杂志对孙文、黄兴以及章炳麟等革命党人的报道、评论与访谈。

踪章炳麟的活动和思想。究其原因,固然因章炳麟是革命派的主要人物,对于晚清局势的变化具有举足轻重的影响力,或许比之更为重要的是章炳麟的国粹主义的主张、佛教哲学的论说和对世界的思考,与该杂志有不少共鸣之处,而且,他对日本汉学研究的严厉批评也倍受瞩目。

《日本及日本人》杂志从一开始紧密关注章炳麟的动向这一事实,对于考察妻木直良何以要采访章炳麟的背景具有重要意义。又因这些资料在以往章炳麟研究中,虽在其年谱中有简单的提及,但看不到对这些资料的成立和内容的全面考察,以及思想意义的具体分析,没有得到应有的关注①。所以,以下逐篇介绍上述的报道与专访,从中揭示日本舆论界和知识界对章炳麟的认识和评价,试图从另一个侧面展示章炳麟思想的特征。

(一) 金陵生撰《支那革命家章炳麟》一文中章炳麟的革命者形象

"支那革命家章炳麟"这篇文章,全面介绍了章炳麟如何从维新变法的参与者最终走向了"反清排满"革命的历程。笔名为金陵生的作者,尚不知其真名,暂时无法确定他与章炳麟的关系。但是,从作者如此详知章炳麟事迹来看,可断定是与章炳麟有着密切交往的人物。不仅如此,两个月后,金陵生又撰写了《支那革命党领袖黄兴》,刊载于《日本及日本人》第 458 号(1907 年 5 月 1 日),对于黄兴的革命事迹以及在日本与孙文的合作,叙述得十分周详。据此可知,金陵生无疑是一位与孙文、黄兴、章炳麟等革命党人有

---

① 汤志钧编《章太炎年谱长编》(增订本下册,2013 年,第 705—708 页),对稻叶君生的文章有简短的介绍,对妻木正良的访谈录有节译,而没有记述金陵生的文章。

着广泛交往、熟知内情,并支持革命的人物。以下详述《支那革命家章炳麟》一文的内容。

首先,该文对章炳麟当下的工作做了介绍:

> 牛込区新小川町有支那革命党机关杂志《民报》,在其杂志上发出堂堂议论的太炎则是其号,社中同仁称其为"神人"。

章炳麟曾自称"疯子",而此文在披露了流传于其同事之间的另一称呼"神人"(日文为"神様")。孙中山领导的同盟会机关报《民报》的所在地牛込区新小川町,现位于新宿区饭田桥一带,也是当时章炳麟寄宿之地①。

其次,在扼要介绍章炳麟的学术背景以及走向革命前的主要著作《訄书》的同时,对章炳麟在当时的中国知识界以及中国学术史上的地位给予了很高的评价。

> 他是浙江省杭州府余杭县人,不仅为现今支那读书界之泰斗,也是支那四百年以来的大学者。他身为考据学者,学识深远赅博,其文章尤为迫近先秦诸子文章。显示其学识与文章的则是其所著《訄书》,阐明民族之原,主张革命。据云他在上海发行此书时,若清廷衙门知此訄字之意,则会禁止此书的发售,可是,在不明其义的情况下一直得以销售。《说文》有"訄者为迫也",吾人也只是模模糊糊地粗解其意而已。

---

① 1908年10月《民报》被查封,其后章炳麟移居《学林》杂志所在地,其地址为"东京小石川区小日向台町一丁目四十六番地"。见黄侃《学林缘起》,《学林》第1册,1910年,第3页。

该文将章炳麟的革命思想,直接追溯到1900年出版的《訄书》,指出此书"阐明民族之原,主张革命",这是十分确当的认识,显示了作者对章炳麟思想有很深的理解。而且,指出因清朝当局不知《訄书》之訄的革命性含义,侥幸没成为禁书,得以发行。该文更将章炳麟视为中国读书界的泰斗,晚明以来的大学者,其学术承继考据学,近乎于先秦诸子,这一评价可以说在当时也独具只眼,并非是一般性的看法,表明作者对章炳麟学问的推崇。

再次,该文详述了章炳麟参与维新变法活动,与康、梁分手,走向革命的经过:

> 他数年前在上海与康有为、梁启超诸人创办时务报馆,因主义不合,与康、梁等人分手绝交。当时,张之洞欲开办一家报馆,驳斥时务报派的言说,招聘了他。因此,太炎应招前往张之洞处,恰好在前来商议的梁鼎芬面前,指着满洲皇帝的名字痛骂,为此,又与张之洞不和,飘然去了台湾。

> 其后,他来东京,于是初次与孙逸仙相识。此时,他与一部分留学生相谋,要举办"支那亡国纪念会",可是当时驻东京清国公使蔡均与我国政府交涉,因取得了我国政府进行干涉的方针,最终此会没能举行。从此,支那留学生中,谈论革命的人逐渐增多。

对照《章太炎年谱长编》,上述记述颇为准确,而且与张之洞不和的原因也详知原委,可见该文作者对章炳麟的深知程度。章炳麟在1906年流亡日本之前,曾数次来过东京。其与孙文初次见面是在1899年6月,而举办"支那亡国纪念会"则是在1902年第二次来日之际。尽管因清廷和日本政府的阻扰,致使纪念会未能开成,然而,由章炳麟起草的《宣言书》广为流传,的确如该文指出的那样,传播了革命的火种,使得赞同革命的人日益增多。

该文对章炳麟因为邹容的《革命军》撰写序文而与之一同遭到逮捕的事件,叙述尤为详细。

> 其后,他又回上海,开办了国学社,大肆鼓吹革命主义。因当时康有为主张保皇立宪,攻击排满革命的主义,故太炎又著《驳康有为政见书》,论述不得不实行革命的理由。恰逢邹容从日本逃回上海,著《革命军》一书,登载太炎的序文而发行了。清国政府忌讳他们鼓吹革命主义,派遣江苏候补道俞明震,要严加惩治爱国学社。当时,爱国学社里有叫吴眺的人,将《革命军》以及《驳康有为政见书》交给了俞明震,密告此两人为鼓吹革命的首谋者。加之,苏报馆主干陈范,喜好革命主义,时时将爱国学社人的论文刊登在其报上。因此,俞明震要将章、邹、陈三人捕获,押送到内地。可是,因英国领事的反对,决定将其拘留于上海。陈闻风早早溜之大吉,所以,巡捕便到爱国学社将章炳麟抓获,投入牢狱。此时,邹容躲藏于英国传教士处,听到了太炎逮捕的消息,邹容自首下狱。此二人在狱中,每日以读书为乐。一日,邹容作题为《涂山》一绝,其诗曰:"苍崖坠石连云走,药叉带荔修罗吼。辛壬癸甲今何在,且向东门牵黄狗。""向东门牵黄狗"是将自己比拟于李斯具五刑之事。太炎笑曰:"未也,未也。"

> 清国衙门为章、邹断罪,本应判为枭首,而因逢皇太后的万寿节,减罪一等,当处以终身禁锢。然而,由于英国领事不认可此判决,最终判决邹容二年,章太炎三年禁锢。他们在狱中期间,狱卒暴行实为不堪言状。章炳麟自思道:我身体本不

强壮,所以,三年中必死无疑,与其在狱中受凌辱而死,不如自行早死。若我死去,衙门或畏惧外界之舆论,会宽大处理邹容。可是狱中无法得到刀具或毒药,所以只有饿死。在支那,饿死的首位是伯夷,其次是龚胜,第三是司空图,第四是谢枋得,第五是刘宗周,第六则轮到了我。七日绝食却不得死。随后,邹容因过于愤懑得病,卒于狱中。同牢囚犯皆谓是被毒杀致死。

值得关注的是对章炳麟与邹容逮捕下狱事件所涉及的人物、前因后果叙述得十分生动,若没有确切的资料作为依据,是很难写出的。尤其是章炳麟为了让邹容获得释放,而要绝食饿死的描述,若非亲自听章炳麟的讲述,难以知晓。依据初步考察,上述记述主要依据了章炳麟的两篇文章,即《邹容传》和《狱中与威丹唱和诗》。后者详细讲述了绝食七日的前后情形,而前者则叙述了被捕入狱的经过。然而,与邹容的唱和诗是刊登在1907年1月发行的《汉帜》第二期上的,据金陵生的这篇文章不过两个月,而《邹容传》则最早公刊于1907年3月25日发行的《革命评论》第十号上。因此,这意味着在《邹容传》公刊之前,金陵生就先阅读到了。若果真如此,这篇文章的作者金陵生与章太炎毋庸置疑具有着不同一般的关系。

接着,着重讲述了流亡来日的章炳麟在东京举行的演讲会上,有关国粹的论述:

太炎服完三年之刑,受到民报社同仁的迎接,成为该报主笔。留学生闻其来东京,便召开欢迎会,他即席做了一场演说,论述宗教与支那的国粹。这里姑且略去宗教部分,只介绍其国粹论之大要。其曰:

国粹不是要人尊信孔教,只是要人爱惜我们汉种的历史。

这个历史,就广义而言,可以分为三项:一是语言文字,二是典章制度,三是人物事迹。

先说语言文字。因为中国文字,与地球各国绝异,每一个字,有他的本义,又有引申之义。若在他国,引申之义,必有语尾变化,不得同是一字,含有数义。中国文字,却是不然。且如一个天字,本是苍苍的天,引申为最尊的称呼,再引申为自然的称呼。三义不同,总只一个天字。所以有《说文》《尔雅》《释名》等书,说转注、假借的道理。又因中国的话,同是一字,而有不同的读音;同是一物,而有不同的名号。所以《尔雅》以外,更有《方言》,说那同义异文的道理。这一种学问,中国称为"小学"。更有一事,是从来小学家所未说的,因为造字时代先后不同,有古文大篆没有的字,独是小篆有的;有小篆没有的字,独是隶书有的;有汉时隶书没有的字,独是《玉篇》《广韵》有的;有《玉篇》《广韵》没有的字,独是《集韵》《类篇》有的。因造字的先后,就可以推见建置事物的先后。且如《说文》兄、弟两字,都是转注,并非本义,就可见古人造字的时代,还没有兄弟的名称。又如君字,古人只作尹字,与父字一样,都是从手执杖之象,就可见古人造字的时代,专是家族政体,父权君权,并无差别。小学要如此研究的话,这爱国保种的力量,自然会伟大的。

第二要说典章制度。中国政治,总是君权专制,没有甚么可贵,但是官制为甚么要这样建置?州郡为甚么要这样分划?军队为甚么要这样编制?赋税为甚么要这样征调?都有一定的理由,不得因其皆专制政府遗物而一概抹杀。将来建设政府,必须对那项须要改良,那项须要复古等问题胸有成竹,才可以见诸施行。至于中国特别优长的事,有欧、美各国所万不能及的,就是均田一事,合于近世的社会主义。不说三代井田,便从魏、晋至唐,都是行这均田制度。所以贫富不甚悬绝,地方政治容易施行①。

这些记述,依据的是《民报》第六号(1906 年 7 月 25 日)刊登的《演说录》(即"东京留学生欢迎会演说辞")。

最后,作者金陵生对章炳麟的气质容貌做了生动的描绘,并与孙文作了对比,认为两者是相得益彰的革命伙伴:

> 他容貌古雅,让人以为是伏羲、神农时代的人。他对所有事情毫不介意,不炫耀,也不修饰,毫无做作。在民报社洗澡时,女佣人来洗,太炎展开双臂,任其擦洗。一入浴盆,一个小时也好,两个小时也好,只是仰望天空。女佣人来打招呼,他便从浴盆出来,交给她擦身,拂拭完了,光着身子,走进客厅,站在那儿读起书来。碰巧来访的客人见之,惊吓得逃走。民报社同仁称其为"神人",是指他如此这般的本来面目。
>
> 孙逸仙如同加里波第[译者注:Giuseppe Garibaldi(1807—1882)],是实行革命的猛将,而太炎则如同马志尼[译者注:Giuseppe Mazzini(1805—1872)],是革命传道的勇将。孙逸仙周游天下,进行革命运动的时候,太炎则守在《民报》,是鼓吹革命主义的人。孙逸仙回到故国举起革命义旗的时候,太炎则是于帷幕中起草陈琳(译者注:?—217)檄文的人。在众多清国腐儒之中,学识操行皆高,超越时代潮流。他真正是顾亭林以后之第一人。

---

① 这段引文据日文译出,与章炳麟的原文略有出入。其他如刑名法律、科场选举以及第三项人物事迹等内容在此省略。

章炳麟不拘小节的生活风貌,可以说描写得淋漓尽致,宛然现前。而孙文的革命运动,有了章炳麟则如虎添翼。文中高度唱赞章炳麟的学识操守,以为是顾炎武之后最高的学者和思想家。这些并非是溢美之词,在清末的知识界中章炳麟的确是独树一帜的先行者。章炳麟来日不到一年,就以革命家的形象,与孙文并列,出现在日本的重要媒体上,这在当时也是极为罕见的①。

(二) 稻叶君山《〈学林〉与章太炎》中的日本汉学批判

《日本及日本人》第 562 号(政教社,1911 年 7 月 15 日)发表了稻叶君山的《〈学林〉与章太炎》的文章。②这是该杂志时隔四年之后,再次专篇报道章炳麟的记事。此时的章炳麟不再是革命运动智囊的陈琳,而是离开了《民报》,与孙文分手了的一介书生。然而,尽管旁落于草野,依然热心于创办学刊,执笔撰文,而且其锋芒直刺明治汉学界。这又引起了该杂志的关注。

稻叶君山(名岩吉,1876—1940),正是锐气勃发的汉学者,私淑史家内藤湖南,尤为擅长史学和考证学。1897 年为《万朝报》记者,发表了众多有关中国的论说,引人注目。自 1900 年经白鸟库吉的介绍,往中国留学两年,回国后,在勤务于一家商社的同时,又为《太阳》杂志撰文投稿,发表了《清国硕儒吴汝纶传》(1902 年)、《支那剧之由来》(1903 年),1904 年后转入陆军,充任中文翻译,

---

① 例如,同时期的《太阳》杂志,主要报道晚清宪政动向,采访张之洞,特别关注袁世凯,还刊登了梁启超的有关宪政的文章,而对孙文、章炳麟的革命派没有介绍。至 1909 年 1 月号,只有犬养毅的《清国之革命党》一篇,而在 1911 年武昌起义爆发后,才出现了数篇分析革命局势的文章,参见铃木正节《博文馆"太阳"の研究》,东京:亚洲经济研究所,1979 年,第 26～32 页。

② 同号目录尚有稻叶君山《太平天国逸闻》,紧接其后便是本文,署名为"同上",即指稻叶君山。不过,文中另有"艮维生"之署名,当是稻叶君山之笔名。

分配到驻扎鸭绿江的部队,从军之余,开始调查清朝祖先的陵墓,自此转入清朝历史的研究。在《太阳》杂志上发表了《西太后之前半生》(1907 年)。退役后,受白鸟库吉和内藤湖南之介绍,1908 年至 1914 年,供职于"满铁"设置的"满鲜历史地理调查室",其成果收录于由白鸟库吉主编的《满洲历史地理》二卷(1913 年)。其后有《清朝全史》(1914 年)等著作多种。

其实,稻叶君山在《日本及日本人》杂志创刊之际,便是其撰稿人。据笔者调查,他先后撰写了《读〈热河日记〉》(451 号,455 号,1907 年)、《长春在满洲之地位》(462 号,1907 年)、《太平天国逸闻》(562 号,1911 年)、长篇连载《反清朝之思想》(566—568 号)、《错误的对清史论》(570 号,1911 年)以及《明末清初乞师日本始末》(572 号,1911 年)等文,在清史研究领域崭露头角,为人瞩目。譬如,稻叶重新发掘朝鲜文人朴趾源撰写的《热河日记》,指出这篇为祝贺乾隆七十寿辰的使清记录,是研究清史的重要文献。对于晚清的反清思想,稻叶追溯其源流,认为自朱元璋建立明朝始,就形成了"汉人本位"的思想,至明末而大为发扬,尤其是在东南地区,至清代依然绵绵相传,列举顾炎武、黄宗羲、史可法、张煌言(字苍水)等人的"民族思想"及其在清代的流传,还在文中多处引用章炳麟的叙述以为证据。如章炳麟为《张苍水集》的跋文(1901 年)"余生后于公二百四十岁,公所挞伐者益衰。然戎夏之辨,九世之仇,爱类之念,犹湮郁中国"①。因此,该文的撰述很可能受到了章炳麟的启发。

那么,稻叶君生为何在此时要报道章炳麟呢?恐怕与章炳麟在其参与创刊的《学林》(1910 年)杂志上,公然批评林泰辅、安野重绎、白鸟库吉等明治汉学家有密切关系。这篇报道虽是短文,然

---

① 《日本及日本人》第 566 号,1911 年 9 月 15 日,第 25—28 页。

而，将章炳麟的学术概貌以及对日本汉学的尖锐批判作了如实介绍，无疑显示了章炳麟在学术界举足轻重的存在感及其对日本汉学批判所不容忽视的分量。其全文如下：

> 余姚章太炎，近来发刊《学林》，据说是一年四期的计划。太炎学问渊源之深远，而今毋庸再多絮说，不过，读其《学林》之文章，我不得不更加佩服此人。太炎的学问并非别有师承，然而，德清俞樾与瑞安孙诒让之学，影响此人应为最深。《学林》第一号收有名言部（《文始》）、制度部（《封建考》）、学术流别部（《五朝学》）、文史部（《信史》）、通论部（《思乡愿》）等篇，近九十页的文章竟然出自其一人之手，足可让人感到太炎学问殊为赅博。而且，其文章若与《章谭合钞》相比，也让人有迥然不同之感。太炎学问之进步已是不争之事实。《学林》"缘起"有一节言"老聃曰死而不亡者寿，雅曰大命近止，无弃而成。若载其言，国虽亡，其神宜不没"。噫！其文字何其悲怆，太炎之志令我深为哀叹。
>
> ……
>
> 以上是太炎批判日本汉学之言，附载于《学林》之末，我等莫如将之视作他山之石。日本之汉学是否如太炎所言日趋衰颓，尽管是一个疑问，但是，至少从像太炎这样的人物之口，能听到如此激越的批评，或许倒是显示了（日本汉学的）发达。

原文中有"与农科大学教习罗振玉书"全文①，此处略去。章炳麟在此书简中，对日本的汉学历史以及现在的林泰辅、白鸟库吉等中

---

① 该书信刊登于《学林》第 1 册《杂文录》，第 85—87 页。

国思想、历史研究进行了严厉批判,显示了极大蔑视。如说:

> 林泰辅者,尝在大学治古典科,非能精理,其所作说文考,特贾贩写官之流。非独泰辅也,东方诸散儒,自物茂卿以下亦率末学肤受,取证杂书,大好言《易》,而不道礼宪。日本人治汉土学术者,多本宋明,不知隋唐以上。然宋人治礼者亦尚多,日本即无其人。盖浮夸傅会,是其素性,言礼则无所用此也。其学固已疏矣。

> 今东方人治汉学,又愈不如曩昔。长老腐朽充博士者,如重野安绎、三岛毅、星野恒辈,其文辞稍中程,闻见固陋,不知康成子慎。

> 白鸟库吉自言知历史,说尧舜禹三号,以为法天地人,尤纰缪不中度程。

这些刺痛明治汉学家(中国研究者)神经的尖锐批判,大有全盘否定之论断,作为师承白鸟库吉等人的弟子,稻叶君山自然不能坐视不问。然而,稻叶并无激情反驳之意,而是最大限度地保持了克制,以虚心欣赏的姿态向日本读者介绍了这位独放异彩却处在失意中的流亡学者。或许是因稻叶君山的这篇报道,激起了《日本及日本人》杂志以及日本读者的兴趣,于是在一个月后,又特派佛教学者妻木直良直接拜访章炳麟,而且稻叶君山也亲自同往,对章炳麟的近况和佛学理论及其哲学做了难得的采访和介绍。

三 妻木直良的《访章太炎》：
章炳麟在日本的最后写照

1911 年 8 月 15 日，净土真宗学僧妻木直良与其他三人同伴，专程前往章炳麟住居，拜访了章炳麟，并以栖庵道人笔名，撰写《访章太炎》一文，刊载于翌月 15 日发行的《日本及日本人》上（第 566 号），还附录了章炳麟关于其著作的书评《读〈灵魂论〉》，从中显露了章炳麟与明治佛教界交流的一个侧面，这也是以往的研究未给予足够的关注和讨论的资料①。

妻木直良(1873—1934)是活跃于明治后期佛教学术界的人物，由其编辑刊行的日本净土真宗典籍全集即《真宗全书》及其续编(1913—1916)，在佛教界评价甚高。妻木直良出生于和歌山县真宗僧侣家庭，30 岁时毕业于龙谷大学前身的"大学林高等学科"，先后担任高轮大学、日莲宗大学讲师以及龙谷大学教授，既是新锐的佛教史学者，又是近代日本中国道教研究的开拓者②。他在 1906 年出版了《灵魂论》一书，对于佛教的轮回学说(业论、心识论)，试图进行哲学和科学性的诠释，在佛学界崭露头角。以下逐段介绍其"访章太炎"全文。

（一）访问章炳麟的缘由

妻木直良何以要登门拜访章炳麟？在此之前，两人之间有无交往？与其同行的人与章炳麟又有何关系？要解决这些疑问，从其访谈录的开头对章炳麟所作的描述，以及对同行人的介绍，可以

---

① 汤志钧先生著《章太炎年谱长编》(增订本下册)以及《乘桴新获：从戊戌到辛亥》(2018)有节译。本译文为全文，出于行文考虑，未参照汤译。

② 参见《故妻木直良先生追悼录》，《龙谷史坛》1935 年第 15 号，第 47—66 页。

找到相应的线索。

> 发行《学林》，藐视日本学者，傲称"国虽亡而文不灭"之学林主人，何许人也？草《国故论衡》，于哲学、宗教、历史、文学诸方面，悉能发挥独特见识之章太炎，又为何等风采？尤其《章谭合钞》所收《建立宗教论》一篇，滔滔数万言，提取法相之教义，比照泰西之哲理，谆谆发挥佛教之真谛，恰似慈恩、淄州之再来，翱翔于明治之学界。据闻，太炎原本投身于革命党之漩涡之中，图谋故国之维新，而事不如意，于是志绝当世，倾其毕生气力，专注学术钻研，以学遣闷。余爱孙诒让之朴学，而章太炎乃其知心之友。余好法相之教义，而章太炎是其鼓吹者。若遥隔山河万里则已，而其今在我江都（译者注：即东京），同为砾川（译者注：即小石川町一带）之居民，岂非凿齿（译注：习凿齿）、弥天（译注：释道安）互相叩问之良机乎？

妻木直良对章炳麟的代表著述以及当下的学术活动，可以说了如指掌，尤其推崇章炳麟《建立宗教论》中所发挥的唯识哲学，以为是唐代法相唯识学大家窥基（慈恩）和智周（淄州）之再来，而且表示在朴学（考据学）和法相唯识学两方面，与章炳麟有着同样的学术嗜好。从中也可看出他此次来访的目的之一，便是要与章炳麟切磋佛教与哲学的问题。但是，两人在此之前并不相识，那么，是谁促成了此次访问呢？

> 八月十五日，相约同行的有东道之水和尚、邻友之君山子①，

---

① 汤志钧编《章太炎年谱长编》（增订本下册）第706页误作"君代子"。

加之太炎门第之傅铜君。水和尚在中国有十年,傅君来我国已有五个春秋,对话武器十二分够用。

同行者有三人,一是作为东道的水和尚,即安排此次访问的水野梅晓,其次是友人稻叶君山,以及章炳麟的弟子傅铜。傅铜(1886—1970)便是前述日本佛教界举办杨文会追悼会之际,代替章炳麟出席的人物,1905 年由河南来日留学,曾就读早稻田大学,后转入东京大学哲学科,1913 年回国后又赴英留学,专攻哲学。可能因其日语娴熟,故常充当章炳麟的翻译。稻叶君山则与妻木直良的佛教哲学的兴趣不同,要与章炳麟探讨清史研究以及孔子教问题(见后文),这无疑也是此次访谈的又一目的。

在中国有十年经历的水野梅晓是此次访谈的主要策划者,他与章炳麟的关系值得关注。水野梅晓(1878—1949)是与清末革命党人有着广泛交流,并直接投身于辛亥革命战场的少见的日本奇僧。他出生于广岛福山市,自幼为当地具有亲缘关系的曹洞宗法云寺僧收为养子,后成为该寺主持。1894 年,水野前往东京就学东洋大学前身哲学馆时,就寄宿在小石川某家寺院。因得到在上海创办东亚同文书院的根津一院长的知遇,于 1901 年前赴上海,成为该校的第一届学生。[①]1902 年,水野梅晓撰写了两篇有关中国佛教现状的调查报告,一是《天童小志》,一是《湖南佛教视察报告》[②],至今也具有较高的学术价值。湖南之行使他结识了不少寺

---

① 参见《学僧・日中友好の先駆者 水野梅暁(1)》,大学史编纂委员会编《東亜同文書院大学史——創立八十週年記念誌》,东京:沪友会,1982 年,第 370 页。

② 水野梅晓著《天童小志》(高田道见编,非卖品,1902 年 11 月发行)有《天童山小志》和《天童参拜日记》两篇,除了水野的绪言之外,卷末附有编者高田的《天童小誌出版に就いて》的跋文。水野 1902 年夏赴湖南南岳、长沙等地,踏访寺院,于该年撰成《湖南佛教考察报告》,后收入安井正太郎编《湖南》(1905 年,第 566—624 页)。

僧,1904年,于长沙开福寺,与当地僧人共同创办了近代中国首家"僧学堂"。而前赴浙江天童寺的缘由,乃因该寺为其宗祖道元禅师留学之地,所以要向该寺呈献道元的著述,同时考察该寺的现状。在《天童小志》中,他记述了因得到宗仰和尚的介绍信,才得以实现此行之经纬。而且,此行的又一收获,便是结识了时任天童寺方丈的八指头陀敬安禅师。

> 第二天(译注:1902年7月29日),我因(调查)手中的教案问题出门,将名片交给宗仰和尚,始得会见。交谈中偶及天童山参拜之事,(宗仰)和尚以其友为天童客堂(译者注:即知客),要为我写一信介绍,于是相约出发之际,前去领取书信,便告辞返回。本月7日(译注:即8月7日),(宗仰)和尚冒着大雨来我寓所,说接到老友患大病消息,正要明日出发,去看病友,故前来践约,将信交给我。而且,对水陆路程,做了无微不至的指示,深为感激其厚意①。

> 胜境一览之后,上方丈室,与和尚细谈。和尚生于湖南,俗姓黄,盖为黄山谷后裔,道心坚固,年齿五十,兼诗文巧妙。关于净祖(译注:宋如净禅师,道元之师)塔,和尚大为发愁,要我先上古天童拜开山祖义兴及宏智禅师塔,去中峰拜密庵师塔。我时而问道:南谷庵(译注:如净离开天童,晚年住处)在否?答道:如今已无,不过有南谷和尚塔,须一一拜访一过,或许也就拜了净祖,未必可知。明日和尚与我一起搜寻拜访②。

---

① 《天童小志》,第35页。
② 《天童小志》,第45页。

被称为"革命和尚"的宗仰与章炳麟有着密切的交往。1902年宗仰就撰写《赠太炎》诗,称扬章炳麟的革命志向。1903年,章炳麟为邹容的《革命军》撰写序文,而宗仰则出资刊行。1921年宗仰圆寂时,章炳麟便撰写了《栖霞寺印楞禅师塔铭》,叙述了两人的深厚交谊①。因此,可以推测水野梅晓很可能由宗仰的关系而得以与章炳麟相识。在此次采访之后,因辛亥革命爆发,水野便迅疾赶往上海、镇江、南京等地,参与救护活动,其事迹可详见于《水野梅晓在清日记》②。该日记中多处记载了与孙文、黄兴、宋教仁等见面商谈的场面,显然早已相熟知。因此,水野也有可能因与革命党人交流的关系而结识了章炳麟③。不过,此时的水野梅晓不再是因敬仰宗祖道元而参拜天童寺的禅僧,已是改宗皈依了净土真宗,与妻木直良同为本愿寺派的僧人④。

(二) 章炳麟印象

或许因是初次相见,所以妻木直良对章炳麟的住居场景和容貌格外关注,描述得细致而生动:

> 于大冢终点站下车,沿着一条寂静小路,过了五六个路口,又拐了数次弯曲,看见靠右手稍高之处,有一徒有形式的

---

① 参见沈潜《清末民初章太炎与黄宗仰交谊述录》,《近代中国》第17辑,2007年,第205—226页。

② 中村义整理《辛亥革命研究》第6号,1986年,第99—131页。

③ 据松田江畔《鸟居観音と水野梅晓》(1979),1907年以后,在一次晚餐会上,由头山满介绍孙文和水野梅晓相识。

④ 水野梅晓之所以改归真宗,主要出于想借助真宗本愿寺派的力量,最终使日本佛教在外交上获得在华传教的权益,扩大在华的传播和影响。有关水野梅晓在华活动的详细情况,可参见广中一成《日本の中国侵略と水野梅晓》,《爱知大学国际问题研究所纪要》146,名古屋:爱知大学国际关系研究所,2015年,第39—62页。

栅门，门前的"学林处"挂牌①，与杂志之题字正相仿佛。熟知
内情的水和尚走在前头，推开栅门，径自领着大家走进了榻榻
米房间。尾行其后，只见站在阳台与和尚说话的蓬头乱发的
巨汉，腰下缠着裤子，披着一件陈旧的网眼衬衫，半裸着身子，
此人当是久闻大名的乐在陋巷之章太炎。八叠大的屋子，摆
着六七张类似在私立小学用的小桌子，拼成方形。面对者床
（译注：日式榻榻米房间一角所设木质地板小隔间，通常挂字
画、摆花盆等），挂着一块黑板，无疑这正是砺川村夫的住处。
半开的隔扇的架子上，藏有《缩刷大藏经》，正面的桌子上，有
和刻书两三部，当下正是滥读之境。

　　章炳麟离开《民报》后，失去了经济来源，只有靠讲学撰文获取
细微的收入。妻木直良所目睹的狭小而简陋的住居，如实地反映
了章炳麟的生活窘态。而蓬头乱发、衣冠不整的容姿，与前述金陵
生的描述几无二致，可以说放达不拘是章炳麟一贯的生活态度。
尽管如此困穷，可是陋室却充溢着书香，《缩刷大藏经》和线装书透
露出主人的读书状况。后年章炳麟正是依据这一《缩刷大藏经》，
协助宗仰和尚在上海刊行了《频伽大藏经》，开启了近代中国活字
版大藏经出版的历史。"熟知内情"的水野和尚想必是"学林处"的
常客，可知在此之前与章炳麟就有了交往。

（三）有关佛教理论问题的问答

　　紧接着便是此次访谈的具体内容，就佛教的基本学说及其与

---

　　① 《学林缘起》（《学林》第 1 册）文末记有《日本东京小石川区日向台町一丁目四
十六番地学林处》，应是章炳麟当下居住地址，不同《民报》时期的住处。

科学、哲学的关系,两人之间展开了紧张而富有思想内涵的对话。

首先,是关于天堂地狱以及须弥山的存在与认识问题。

> 水和尚作了介绍,我往椅子(类似公园里的长凳)上一坐下,突如其来的则是发问信不信天堂地狱这样的问题。因事出突然,弥天庵子,稍有迟疑,便应酬道:"我信焉。"不待其问理由,接着说到如下。
>
> 庵子:我信天堂地狱。而所言信其存在,并非说是现实的存在,现实存在与否,本在我等思虑之外。对照社会之状态,善恶苦乐之情形,高低上下极为不同。以此相推,善与乐的极点为天堂,恶与苦的极点为地狱。准此,若以具体之词语表示此两极端,则称天堂地狱,未尝不可。
>
> 章子:然。大凡人所思议之物,不得不依据比量和现量。比量是比较推论,现量则是现在的实验(体验)。天堂地狱之存在,当依据比量的结果而决定其信与不信。而现在,如飞蛾投火、南美有大人种之类,即使在现量方面,尚得以发现想象之外的有情(生命)。若就现量说明之,恐应考虑此等情形。然而,你是否相信须弥山为佛说?
>
> 庵子:余不信。须弥山之说合理与否,本与佛教无关。
>
> 章子:固然。佛陀只是取印度之古老传说,塞进到自家的说法而已。若以须弥四洲之说应用于今日,有关天体星辰界之研究,可以发现有与其类似之处。总之,敝人以为,比量为总相,现量为别相;总相之精神,是佛教亘古不变之真理,而至于别相之说明,则不得不与世道的进步,一同推移和发展。

佛教的天堂(净土)地狱以及须弥山的说法,在近代遭到了科学的否定和批判。如明治初期"排佛毁释"的运动，就以佛教的地狱说、须弥山的宇宙观为不合科学的谬论，而加以排斥。章炳麟对于佛教的净土和地狱说法，本来就是否定的，很少论及。那么，章炳麟为什么向妻木直良劈头发问这一问题呢？这值得玩味。妻木直良是净土真宗僧人，对于净土的实在性，在信仰上是不能否定的。章炳麟或许以此来试探对方的反应，观察对方在佛教理论上的思考深度，以便主导对话的进程。果然，妻木直良沉思片刻后的回答，没有让章炳麟失望。章炳麟则利用唯识学的比量和现量的认识理论，进一步指出天堂地狱不是存在论问题，而是认识论问题，正如妻木直良所答复的那样，是出于解释社会现状的要求而设定的。须弥山的存在与否，也是如此，在章炳麟看来佛家早就形成了与天体星辰的科学相类似的学说，但其具体的说法则要与科学相一致，需要与时俱进。从中可以看出，章炳麟确信佛教理论具有哲学和科学的价值。

其次，是有关章炳麟《建立宗教论》所阐发的以佛教唯识学为基础的哲学能否救度广大民众的问题。

> 庵子：高论甚是。以智力之进步、学术之精粗而言，今日有胜于昔日之处。然而今日之科学，并非将现象界研究净尽，如天文学，如心理学，尚有人智难及之事物。泰西之科学亦当有待东洋之古说相发明之处。而佛教之说明必须要与时世之进展、科学之发达相同步，自不待言。贵著《宗教论》（《建立宗教论》），欲依法相宗而建设将来之宗教，所说一一切中时弊。然法相宗乃哲学，乃智力性的，以此可满足智者和学者，而救度四亿之民，不能没有其他之方法，就此请教。
>
> 章子：对于一般民众，自有其法。彼愚民本无所有，故与

其何物则领受何物。佛教实行之方面有十善五戒,或者,大善根之念佛也可用之。今余所欲言者,乃为折伏识者之宗教,说服智者之宗旨。

佛教的学说要符合科学,要与科学同步发展,同时,佛教的学说也包含了许多启发科学发展的内容,在这一点上,两人取得了一致意见。接着,由妻木直良开始发问,他认为章炳麟的《建立宗教论》(1906年)针对时弊,阐发了法相唯识哲学,可以满足知识阶层的需要,然而对于广大的民众,是否适用,有无其他救度方法,则表示怀疑,提出了疑问。章炳麟则认为针对民众的理解力,可以用佛教的十善五戒,甚至念佛的方式,进行道德上的教化,而自己的主要目的则是建立能够说服知识阶层的宗教和学说。其实,关于这一问题,章炳麟就曾遭到过武田范之的批判,两人之间展开了所谓"佛声"与"民声"的争论,的确是其思想中的一个薄弱环节。

最后,是有关中国佛教的现状以及进一步发展佛教哲学的问题。

庵子:深领贵旨之所在。贵国明末之际,有学德兼具之高僧如藕益(智旭),其著《宗论》,日本佛学者,在今日也至为赞叹推赏,其感化现今尚存否?

章子:明末垂示教化之高僧可数憨山、藕益、莲池。藕益之感化今虽尚存,其影响莫如莲池之深广。大凡清朝之人,上中之人大抵归往华严,如金陵之居士杨文会,举此一例便可知。而好学深究者则往往倾向于法相。若欲说服今日我国之人,则须与泰西哲学相比较,显示佛教之长处。彼所谓十二范畴,岂非我法相之不相应行,彼哈德曼、叔本华之盲动盲意(盲目意志），不正是我法相之末那识吗？彼所言大我，虽欲至我法相之阿赖耶识而尚未企及，恰与神我（数论哲学）相类似。

庵子：余亦以十二范畴说明不相应行，所论悉皆不胜同感。贵论以法相之教义，欲风靡当今之哲学，余深为赞赏。不日欲论评贵著《宗教论》之大旨，以介绍与我国之识者。云云。

紫柏真可、德清憨山、云栖祩宏（又称莲池）以及蕅益智旭被后世称为明末四大家，其中祩宏与智旭，自江户时期就流传较广，在明治时期也有不少介绍。如妻木直良主办的《六条学报》第 102 号（1910 年）就刊载了"云栖祩宏及其著作"（作者是佐佐木宣正）一文。而智旭的影响则更大，除了妻木直良举出的《宗论》之外，如岛田蕃根编辑刊行了近代首部活字版大藏经《缩刷大藏经》（1880—1885），其体例便依据了智旭的《阅藏知津》，与妻木直良同派僧人赤松连城曾向杨文会索求智旭的《蕅益四书解》①，并将之刊行，寄赠给了杨文会。妻木直良本人在后年撰写的《淄溪笔谈》②一文中，设"云栖之禅，蕅益之教"一节，称二人是中国佛教最后阶段的两大明星。在这里，妻木直良可能借此询问章炳麟对中国佛教界现状的看法。

然而，章炳麟对于唐以后的中国佛教历史少有兴趣，尽管也认识到云栖、智旭等人对后世的影响，但是对他们提倡净土、念佛，在思想上很难认可。章炳麟认为晚清佛教界的代表当推南京杨文会居士，承继了清代以来偏重华严的学风，但是好学深究之士则推崇法相唯识学。杨文会曾以"教宗贤首，行在弥陀"来表明自己的佛学立场，而且受到了清代初期重视华严与净土的彭绍升居士的影

---

① 陈继东《清末仏教の研究——楊文会を中心として》，东京：山喜房佛书林，2003 年，第 162—163 页。

② 《六条学报》151 号，京都：大学林同窗会，1914 年，第 100—102 页。

响。不过,杨文会也致力于法相唯识典籍的收集和刊刻,提倡法相唯识学的研究。章炳麟在三年囚禁中所阅读的法相唯识典籍中不少就是由杨文会主持的金陵刻经处刊行的,如《成唯识论》《成唯识论述记》《瑜伽师地论》等,而大多又是由杨文会通过南条文雄从日本收集而来,重新翻刻的。尽管如此,在章炳麟看来,杨文会对唯识学尚未有值得关注的思考,而且对杨文会的"行在弥陀"的净土立场也不赞同①。其所说的好学深究者,恐怕包括了对章炳麟学佛有极大影响的宋恕以及孙宝瑄、宗仰、文廷式等人,他们都崇尚法相唯识学,是将佛教与哲学、科学相联结的主要推动者。

而更为重要的是,章炳麟再次表明了要通过与西方哲学的比较,来显示佛教的长处的立场。其所举出的康德、哈德曼、叔本华,都是其以往的著述中常常出现的西方哲学家。但是,此时的章炳麟对他们的认识和态度有了很大变化,已经由早期重视他们与唯识学的相似性,而转向批判其不足,尝试建立和完善自身的"齐物哲学"。关于这一问题,《读〈灵魂论〉》有进一步的阐发,将在下篇中具体探讨。

(四) 访谈的场面以及稻叶君山的提问

上述富有深度的思想对话,又是如何进行的呢? 妻木直良笔锋一转,对访谈场面做了生动而风趣的描写:

> 居于其间的水和尚,奔命于传译,彼此之交谈,直至水和尚疲累不堪而止。太炎上颚门齿缺失,口中时时泄出好似打

---

① 有关章炳麟与杨文会的交往,参见陈继东《有关在日本举行的杨文会居士追悼会之资料》,《作为"知识"的近代中国佛学史论——在东亚视域中的知识史论述》,第122—123 页。

在树叶上的风声,而乘兴滔滔不绝地讲述,果真是怀有识见之
论客。其宽阔的额头,付着污垢,蓬散的头发,一件网眼衬衫
的款式,也都与其肥大的体格浑成一体,反衬出其优雅之人
格,毫无丑恶之感。时辰将近正午,话题让给了同行的君山
兄。与君山子相问答的则是清朝史学源流、曾国藩与太平天
国、君山欲撰写摄政王多尔衮传之想法、对孔子教之批评,这
些当交由君山子之笔,另作介绍。于是,饮下一杯苦茶,小润
干喉,离开了此地,已是午后一点半。

据此可知,水野和尚居于两人之间,充当传译,疲于奔命;而章
炳麟的谈吐风貌,透露出其放达、优雅的人格,恰似魏晋风度之再
现,令人油然起敬。访谈话题并不止于佛教,同行的稻叶君山就清
朝史学源流、曾国藩与太平天国以及孔子教等问题,与章炳麟也展
开了讨论。稻叶君山想撰写多尔衮传的想法,在其《读〈热河日记〉》
中就有显露。他在此文中指出朝鲜赴清使者朴趾源的记述透露了
清初摄政王多尔衮不见史籍记载的讯息,是研究清初历史的重要资
料,显示了要利用中国周边国家的文献来研究清史的观点①。这一

————————

① 稻叶君山《读〈热河日记〉》中引用了该日记中有关多尔衮的一节,其原文为:余
求见乙未十一月内阁奉谕崇祯死诸臣奖忠诏,鹄汀许夜间誊示。余问中国所称摄政
王谁也,鹄汀曰这是睿亲王讳多尔衮,我皇清之一个周公。顺治元年四月,自盛京统领
大军进向宁远,而流寇已碎皇城,则平西伯吴三桂,迎我师入关,复雠除凶,睿亲王喻示
官民取残不杀共享太平之意,民大悦。五月睿亲王进朝阳门,御辇,陈明卤簿,受明文武
众官朝贺。余曰是时天下都是睿亲王得之,何不遂自效天子? 鹄汀曰故是我皇清之周
公,当时事亦还有做不得处。当时诸亲王个个英雄、人人豪杰。(中略)余问睿亲王身后
缘何被籍? 鹄汀摇手曰多少说得长,鸥鹦之诗所以作也。程子称金縢如近世祝文当焚
埋而重其事故,藏之金縢,此巧就周公著,然则李宸妃水银殡殓,亦一金縢华林鸣为公乎
为私乎。对此,稻叶君山说:"如此一节,可想象国初顺治之时,睿亲王之权威如何熏灼,
而足可推知对于亲王薨逝之秘史。此绝不见清史,独存此集,据此得以洞察几分。"(《日
本及日本人》第451号,1907年1月15日,第75页)

想法想必也传达给了章炳麟。而其先前撰写的《太平天国逸闻》一文与其《〈学林〉与太炎》刊载在同一期《日本及日本人》（562号，1911年7月15日）上，对此两文恐怕章炳麟也已有所闻。尤其是关于孔子教问题，两人之间展开了怎样的议论，对于康有为等人所宣扬的孔子教，章炳麟又是做了什么样的批判，让人不禁想象。此后，稻叶君山并没有将与章炳麟的对谈整理发表出来，使后世不得其详，极为可惜。

（五）对章炳麟的评价

在此篇访谈录的最后，妻木直良对章炳麟的学问在晚清学术界的地位做了独自的评价。

> 若问其小学造诣如何，则可读其《新方言》，若想知其人物性行，则可看《章谭合钞》。依我等肤浅见闻，现时清朝之学者，才识明敏，盛为讨究者，则推罗振玉。至谓学识渊博，特富创见，则当无出章氏之右者。太炎自可安居陋巷，乐其学问，而若置之不顾，则又非我学界之庆事。

妻木直良认为章炳麟的学术成就可从语言学和思想两个方面来看，其代表作分别为《新方言》（1909年）和《章谭合钞》（1910年）。后者虽然收录了章炳麟的主要论文，如《建立宗教论》等，但其思想的集大成《齐物论释》一书虽已写就，尚未出版，妻木直良未得阅读，所以才有上述的评价。不过，妻木直良将章炳麟与罗振玉视为当时中国学术界的代表，而未提及康有为和梁启超，颇有意味。在此次访谈之前，《日本及日本人》杂志发表了署名为易水郎撰写的《康有为与梁启超》一文，其中举出作为政治家要具有四种资格,即节操、见识、学问和胆力,而康、梁于此四条皆不相符,只是一个学究而非政治家,与御用新闻记者德富苏峰同属一类,对康、梁批判颇为严厉,评价甚低。①因此,妻木直良对章炳麟的评价也显示了《日本及日本人》杂志乃至当时日本学术界的一般看法。

结　　语

以上,在将"访章太炎"全文译出的同时,考察了此次访谈的目的、一行四人与章炳麟的关系,并对访谈内容做了整理和介绍。从中可知,促成此次访谈的主要人物是水和尚即水野梅晓,他与宗仰和尚以及孙文、黄兴、宋教仁等革命当人的密切交往,使得他在此之前就与章炳麟相识了,似乎也是学林处的常客。而稻叶君山因从事清史研究,很关注章炳麟的著述,想必也是此次访谈的重要推动者。章门弟子傅铜可能因其师的关系与水野等人也已相熟。妻木直良本人则因学术研究上与章炳麟有接近和共鸣之处,即对于清朝考据学和佛教法相唯识学具有共同的兴趣,对佛教与科学、哲学的问题,与章炳麟进行了罕有的对话,为确认章炳麟此时的思想提供了难得的资料。

《日本及日本人》所刊登三篇章炳麟的介绍和访谈,作为明治后期的主要杂志是极为罕见的,无疑显示了章炳麟的独特的历史地位。而此三篇无意中凸显了章炳麟思想的三个特征,即革命、学术和以佛教理论为基础的哲学。可以说这是日本舆论界和学术界对章炳麟所作的最早的实时观察和研究,也是理解章炳麟思想与活动的不可多得的历史文献。不仅如此,对于章炳麟在上述三个

---

① 《日本及日本人》第 563 号,1911 年 8 月 1 日,第 42 页。

方面的成就都给予了很高的评价。而且这些评价并非是孤立地只从晚清历史的变化来看的,而是结合了明治的政治、学术和思想的发展而进行的。这三篇文章的日本作者,如此热心而严肃地去认识和宣传章炳麟,也显示了章炳麟在思想上与明治思潮以及明治佛教有着深厚的联系。

章炳麟在完成《齐物论释》之后,仍然坚持以佛教理论来建立和发展哲学的立场,显示了《民报》的一贯主张。这一点,在其《读〈灵魂论〉》中则有进一步的阐述。因此,考察妻木直良的《灵魂论》与明治佛教哲学的关系,揭示章炳麟对《灵魂论》的评论及其对自身的唯识哲学的阐发,将是下一篇的内容。

本文原载《汉语佛学评论》2021 年第 1 期。

由训诂通义理*

——以戴震、章太炎等人为线索论清代汉学的哲学方法

陈少明**

汉学与宋学,同属儒家经学。把两者对立起来,则始于清代。汉学擅考据,而宋学精义理,各有所长。转用现代学术的语言,便是就哲学方面的成就而论,宋学高于汉学。王国维说:"近世哲学之流,其胶浅枯涸,有甚于国朝三百年间者哉!"[①]然清代汉学,以戴震为代表,其治学问道,本系在义理上与宋学立异。戴氏生前辩称,重视其考据而忽略其义理成就者,"是犹误认轿夫为轿中人也"[②],这意味着义理的探求才是其学问的根本目标。因此,通过进一步分析,揭示汉学与宋学义理追求之差别,不仅有助于深入探讨清代学术的哲学意义,也有利于讨论传统哲学晚近的走向。更重要的是,对其中训诂与义理关系这一核心问题的再探讨,对时下"做中国哲学"的努力,在某种意义上有更深刻的启示。[③]不过,本

---

* 本文系国家社会科学基金重大项目(15ZDB005)"四书学与中国思想传统研究"的阶段性成果。

** 作者单位:中山大学哲学系。

① 王国维《国朝汉学派戴阮二家之哲学说》,《静庵文集》,沈阳:辽宁教育出版社,1997年,第95页。

② 段玉裁《戴东原集序》,载《戴震集》,上海:上海古籍出版社,1980年,第452页。

③ 20世纪50年代,发生在台湾的徐复观与毛子水等人关于考据与义理的论战,20世纪90年代在香港《二十一世纪》上,杜维明与何炳棣等学人围绕"克己复礼"诠释展开训诂与义理之争,表明问题仍有继续探讨的价值。

文的任务不在对整个清代汉学的哲学成就作全面的描述与评估，也非试图对汉学的训诂方法作深入的研究，①而是借助其代表性成果，探讨训诂对义理建设的价值，包括蕴含在前人的实践中而尚未被清晰讨论的内容。

一　分歧的评价

对清代汉学的哲学认识，在现代学术界存在一定的分歧。了解矛盾之所在，是掌握其理路的关键。为了减少枝蔓，我们以戴震、阮元等代表人物为对象。同时，兼取那些本身对汉学造诣较高，且有自己哲学主张的学者，如章太炎、王国维、胡适等人的观点，分哲学、方法与伦理等不同方面，刻画其基本形象，以彰显本文论题对理解清代哲学的核心意义。②章太炎被梁启超誉为清代学术之殿军，他就持既重考据，也尊义理的立场："朴学稽之于古，而玄理验之于心。事虽繁赜，必寻其原，然后有会归也；理虽幽眇，必征诸实，然后无遁辞也。"③但章太炎对戴震则予以直白的批评：

> 戴东原之学，根柢不过二端，曰理丽于气，性无理气之殊；理以挈情，心无理欲之界，如是而已。其排斥宋儒以理为如有

① 关于清代汉学及其哲学成就的研究成果很多，目前内容最丰富者为吴根友、孙邦金等著的《戴震、乾嘉学术与中国文化》三册（福州：福建教育出版社，2015年）。其中第一编便包括对20世纪相关成果的系统评述。

② 因此，为减少枝蔓，与论题关联度不高的其他学术思想人物，例如清初三大儒中讲考据但不专义理的顾炎武，追随宋学讲义理的黄宗羲、王夫之，还有戴震之前倡汉学甚力且治《易》有成的惠栋，与戴震同时代，有重大义理贡献但非训诂专家的章学诚等，均不论列。

③ 章太炎《与吴检斋论清代学术书》，《章太炎学术史论集》，北京：中国社会科学出版社，1997年，第345页。

一物者得之;乃自谓理在事物,则失之甚远也。然要其归,则
主乎忠恕……①

清末民初,同样学植深厚,且被冯友兰评价为那个时代"在哲
学方面理解比较透彻,见解比较深刻"的王国维,②对清代哲学成
就评价同样不高:

近世哲学之流,其胶浅枯涸,有甚于国朝三百年间者
哉!……至乾、嘉之间,而国朝学术与东汉比隆矣。然其中之
巨子,亦悟其说之庞杂破碎,无当于学,遂出汉学固有之范围
外,而取宋学之途径。于是孟子以来所提出之人性论,复为争
论之问题。其中之最有价值者,如戴东原之《原善》《孟子字义
疏证》,阮文达之《性命古训》等,皆由三代、秦、汉之说以建设
其心理学及伦理学。其说之幽元高妙,自不及宋人远甚,然一
方复活先秦之古学,一方又加以新解释,此我国最近哲学上唯
一有兴味之事,亦唯一可纪之事也。③

王国维认为:"戴、阮二氏之说实代表国朝汉学派一般之思
想。"④依其说法,第一,清学与宋学的哲学竞争,靠"取宋学之途
径",实际是指进入传统儒学的人性论领域。第二,以戴震和阮元
为代表的清代义理之学,其成就导向心理学与伦理学,也即广义的
哲学建设,而非形上学。第三,虽然这种古经新解在复活古学方面

---

① 章太炎《论戴学根柢》,《章太炎学术史论集》,第 359 页。
② 冯友兰《中国哲学简史》,北京:北京大学出版社,1985 年,第 374 页。
③ 王国维《国朝汉学派戴阮二家之哲学说》,《静庵文集》,第 95 页。
④ 王国维《国朝汉学派戴阮二家之哲学说》,《静庵文集》,第 101 页。

有其意义,但在哲学思辨的深刻程度上,仍"不及宋人甚远"。其实,无论章太炎还是王国维,都有自己的哲学追求。特别是喜欢叔本华、尼采之浪漫精神的王国维,这种褒宋贬清的倾向尤好理解。

但是,站在另一哲学立场上的胡适,对戴震的评价就很不一样:"人都知道戴东原是清代经学的大师,音韵的大师,清代考核之学的第一大师。但很少人知道他是朱子以后第一个大思想家,大哲学家。"①其特色在于:

> 戴氏是一个科学家,他长于算学,精于考据,他的治学方法最精密,故能用这个时代的科学精神到哲学上去,教人处处用心知之明去剖析事物,寻求事情的分理条则。他的哲学是科学精神的哲学。②

在王国维看来,哲学有意味的地方,也许就在它的"玄",所谓"幽元高妙"就是不要"太实际",要有观念的想象力,或者有理念。而胡适相反,认为科学才是衡量哲学的价值所在。尽管胡适只是说明科学精神的世界观意义,而没有揭示戴氏具体哲学成就之所在。

上述评论,仅就戴震的哲学论说水平而言,而不涉及其社会伦理倾向。其实,戴震哲学的独特,不仅在他的方法论,还在于他的道德观念。章太炎概括它为"主乎忠恕"。"震自幼为贾贩,转运千里,复具知民生隐曲,而上无一言之惠,故发愤著《原善》《孟子字义

---

① 胡适《戴东原在中国哲学史上的位置》,姜义华主编《胡适学术文集·中国哲学史》下册,北京:中华书局,1991年,第1105—1106页。

② 胡适《几个反理学的思想家》,姜义华主编《胡适学术文集·中国哲学史》下册,第1163页。

疏证》，专务平恕，为臣民恕上天，明死于法可救，死于理即不可救。又谓衽席之间，米盐之事，古先王以是相民，而后人视之猥鄙。其中坚之言尽是也。"①王国维把它归结为伦理学的建设，而后来几乎所有具有启蒙倾向的评论者，对此均予以表扬。②

但是，从戴震复活孔孟伦理的抱负，以及后人有分歧的评价看，义理是否高超与道义是否高尚，两者似无必然联系。也就是说，站在学术的立场上，伦理观念的正确不一定保证哲学的深刻，两者可以分别开来。同时，可靠的知识方法，如何获致丰富、深刻的哲学成果，仍然是有待继续讨论的问题。如果我们承认，戴震代表的清代学术在义理上挑战宋学并不成功，③进一步的问题便是：究竟是这种科学方法本质上不能达致其义理目标，还是清儒对其方法的运用不够成熟？如果是后者，那我们就得认真面对这份有待进一步评估的思想遗产。

二 训诂及其问题

严格说，我们要讨论的是训诂在义理探究中的运用及其带来的问题，而非训诂学的问题。以训诂求义理是清儒在方法论上的自我标榜。清儒反宋学，目的是寻求对古圣先哲之道的切实理解。其途径当然也是解经，但解经的方法有所不同。对此，戴震有很经典的阐述，我们有必要再来回顾一下：

> 六经者，道义之宗而神明之府也。古圣哲往矣，其心志与

① 章太炎《释戴》，《章太炎学术史论集》，第356—357页。
② 不仅章太炎、梁启超、胡适，甚至侯外庐、萧萐父等对此均持肯定立场。
③ 一个显然的事实是，有声称继承宋学，而绝少标榜传承清代汉学的现代儒家。

天地之心协,而为斯民道义之心,是之谓道。士生千载后,求道于典章制度而遗文垂绝。今古悬隔……仅仅赖夫经师故训乃通,无异译言以为之传导也者。又况古人之小学亡,而后有故训,故训之法亡,流而为凿空。数百年以降,说经之弊,善凿空而已矣。虽然,经自汉经师所授受,已差违失次,其所训释,复各持异解。……后之论汉儒者,辄曰故训之学云尔,未与于理精而义明。则试诘以求理义于古经之外乎?若犹存古经中也,则凿空者得乎?呜呼,经之至者,道也;所以明道者,其词也;所以成词者,未有能外小学文字者也。由文字以通乎语言,由语言以通乎古圣贤之心志,譬之适堂坛之必循其阶,而不可以躐等。①

同样视圣人为传道之主,同样以六经为载道之具,但在戴震看来,宋儒距原典时代遥远,字义了解模糊,且不通故训,故"说经之弊,善凿空而已矣"。表面上义理规整,实际则是求道于经外,是道的迷失。问题的解决,是回归原典,其方法是通过训诂来达成:"经之至者道也,所以明道者其词也,所以成词者字也。由字以通其词,由词以通其道,必有渐。"②宋儒是否无视故训,凿空说经,暂且不论。但读经从识字开始,这一观点,则是清代学术的基本教义。钱大昕也说:"尝谓六经者,圣人之言,因其言以求其义,则必自诂训始;谓诂训之外别有义理……非吾儒之学也。"③"有文字而后有

①　戴震《古经解钩沉序》,《东原文集》卷十,《戴震全书》第六册,合肥:黄山书社,1995 年,第 377—378 页。
②　戴震《与是仲明论学书》,《东原文集》卷九,《戴震全书》第六册,第 370 页。
③　钱大昕《臧玉林经义杂识序》,《潜研堂文集》卷二十四,陈文和主编《嘉定钱大昕全集》第九册,南京:江苏古籍出版社,1997 年,第 375 页。

诂训,有诂训而后有义理,训诂者,义理之所由出,非别有义理出乎训诂之外者也。"①阮元甚至说:"圣贤之言,不但深远者非训诂不明,即浅近者亦非训诂不明也。就圣贤之言而训之,或有误焉,圣贤之道亦误矣。"②至是,从义理不出乎古经之外,径直变成义理仅出于训诂。

所谓训诂,即对故义的解释。以训诂求义理,最具代表性者,莫过于戴震和阮元。前者开其端,后者竟其绪。《孟子字义疏证》与《性命古训》是常被称引的对象,自然也是我们检验其方法论的实践价值的依据。不过,问题仍然是有争议的。王国维也肯定:"自汉学盛行而学者以其考证之眼转而攻究古代之性命道德之说,于是古代北方之哲学复明,而有复活之态度。"③但他评论戴、阮关系时说:

> 故阮氏之说,全袒戴氏,其所增益者,不过引《书·召诰》《诗·卷阿》之说,为戴氏之未及,又分析性之字义而已。二氏之意,在申三代秦汉之古义,以攻击唐宋以后杂于老佛之新学。……其说与唐宋以来千余年之说,其优劣如何,暂置勿论,要之以宋儒之说还宋儒,以三代之说还三代,而使吾人得以明认三代与唐宋以后之说之所以异,其功固不可没也。④

① 钱大昕《经籍纂诂序》,《潜研堂文集》卷二十四,陈文和主编《嘉定钱大昕全集》第九册,第377页。
② 阮元《论语一贯说》,《揅经室集》(上),北京:中华书局,1993年,第53页。
③ 王国维《国朝汉学派戴阮二家之哲学说》,《静庵文集》,第101页。
④ 王国维《国朝汉学派戴阮二家之哲学说》,《静庵文集》,第100页。

对这种古义的发掘是否优于唐宋新说,王国维持有怀疑的态度。但他肯定"以宋儒之说还宋儒,以三代之说还三代,而使吾人得以明认三代与唐宋以后之说之所以异,其功固不可没也",这是有保留的肯定,保留的是对其义理水准的评价,肯定的则是思想史的意义。胡适则将其"科学意义"表达为在哲学史上做"剥皮"工夫:

> 阮元是有历史眼光的,所以指出古经中的性字,与《庄子》的性字不同,更与佛书中的性字不同。这种方法用到哲学史上去,可以做到一种"剥皮"工夫。剥皮的意思,就是拿一个观念,一层一层地剥去后世随时渲染上去的颜色,如剥芭蕉一样。越剥进去,越到中心。①

剥芭蕉不如比作剥洋葱,后者才可以一层一层剥下去。而这种剥皮工夫如果做彻底,越剥进去,中心越小,最终将无物存在。这样做哲学史,实质变成对哲学的解构。因此,与胡适同一条战线,对考据积极追捧的傅斯年,便将其应用领域从哲学史改为思想史,并断定这种方法的思想史作用比哲学建设更重要。傅斯年这样评价戴、阮之异:

> 然而戴氏之书犹未脱乎一家之言,虽曰疏证《孟子》之字义,固仅发挥自己之哲学耳。至《性命古训》一书而方法丕变。阮氏聚积《诗》《书》《论语》《孟子》中之论性命字,以训诂学的

---

① 胡适《戴东原的哲学》,姜义华主编《胡适学术文集·中国哲学史》下册,第1082页。

方法定其字义,而后就其字义疏为理论,以张汉学家哲学之立场,以摇程朱之权威。夫阮氏之结论固多不能成立,然其方法则足为后人治思想史者所仪型。其方法惟何?即以语言学的观点解决思想史中之问题,是也。①

傅斯年的《性命古训辨证》,正是其立场的继续伸张。他肯定阮元,但只承认其有思想史贡献,而否认其哲学价值。问题在于,作为一种思想史方法的清学,在什么意义上对一种哲学论说的宋学构成挑战?在经学时代,宋学与清学不是现代学术体系中的哲学与史学,而是经典研究中追寻意义的两种方法。两者共同的问题意识,是如何让蕴含在经典文本中的义理得到呈现或复活。清学反宋学,在于其具体的思想内容,而非义理追求。换言之,反对某种哲学主张不等于反对哲学本身。有西学背景的王国维,对哲学与思想史的区分已有清楚的了解,因此,他对戴、阮的评价顾及并区分两方面的不同意义。傅斯年的观察与王国维其实相近,但学问立场不同。他用思想史取代哲学史,想否认的不是某种哲学,而是整个哲学本身,所以他也不屑于戴震"发挥自己之哲学"。因此,这种敌视哲学的立场,引起了原本是思想史家,但对义理之学持更多同情的徐复观的反对。徐复观的批评从训诂问题上立论:

　　清阮元《揅经室集》中有《性命古训》一文,用训诂字义的方法,欲复"性命"一词的原有字义;由此原有字义以批难宋

————

① 傅斯年《性命古训辨证》引语,《民族与古代中国史》,石家庄:河北教育出版社,2002年,第241页。

儒;其固陋可笑,固不待言。傅斯年氏作《性命古训辨证》,以为阮氏"训诂字义之方法,足以为后人治思想史者所仪型";遂沿阮氏之方法,而更推进一步,以为"性"字出于"生"字,遂以"生"字之本义为古代性字之本义;更倡言"独立之性字,为先秦遗文所无;先秦遗文中,皆用生字为之"。……傅氏所用的方法,不仅是在追寻当下某字的原音原形,以得其原义;并进而追寻某字之所自出的母字,以母字的原义为孳乳字的原义。……这在语言学上,也未免太缺乏"史"的意识了。①

徐复观指出,用原义批判宋儒采用的引申义,特别是用原型字代替孳乳字道理更不通。不但义理之学如此,即使对于研究思想史而言,简单追寻文字本义的方法,对理解变迁中的思想史而言,也是历史意识不足的表现。徐复观当然不是简单反训诂,而是反对唯有训诂才能讲义理的主张,以及用训诂解构义理之学。他要守住宋明理学中由其义理主张所支持的思想性的内容。戴震批评宋儒解经有凿空之弊,就是"缘词生训",而"缘词生训者,所释之义,非其本义"②。词由字组成,自然比字后起,且含义趋于抽象。观念需要更抽象的词义表达,宋儒取义以义理自洽为准。如天理、义理之理,如果局限于原义,那就是攻玉或纹理而已。问题在于,故训是否只有还原本义,甚至如傅斯年所期待的,起瓦解抽象义理的作用?戴、阮传道的抱负,可能远超出胡、傅经验主义的知识视野之外。阮元同戴震一样,强调训诂与问道不悖:"圣人之道,譬若宫墙,文字训诂,其门迳也。门迳苟误,跬步皆歧,安能升堂入室

---

① 徐复观《中国人性论史(先秦篇)》,上海:上海三联书店,2001年,第4—5页。
② 戴震《古经解钩沉序》,《东原文集》卷十,《戴震全书》第六册,第378页。

乎。……或者但求名物,不论圣道,又若终年寝馈于门庑之间,无复知有堂室矣。"①傅斯年本来就非阮元同道。其实,清儒未有比肩宋学的义理成就,也可能是学业积累未足,未必就是意图或方向的错误。说不定,它也可以是重新理解或者继续寻找义理的新的出发点。

三 解蔽与见道

通过训诂解释文字的故义,不仅对一般经典解释有用,对义理的阐明同样重要。虽然章太炎对清学的哲学成就评价不高,但作为清代学术殿军且又倾心于义理之学的大师,依然强调训诂与真理的相关性:"弟近所与学子讨论者,以音韵训诂为基,以周、秦诸子为极,外亦兼讲释典。盖学问以语言为本质,故音韵训诂,其管籥也;以真理为归宿,故周、秦诸子,其堂奥也。"②所谓"以音韵训诂为基""以真理为归宿",正好表明其力图将训诂与义理相贯通的立场。③章太炎关于语言演化的观点有助于对问题的理解:

> 语言者,不冯虚起。呼马而马,呼牛而牛,此必非恣意妄称也,诸言语皆有根。先征之有形之物,则可睹矣。……一实之名,必有其德若,与其业相丽。故物名必有由起。虽然,太古草昧之世,其言语惟以表实,而德业之名为后起。……故

① 阮元《拟国史儒林传序》,《揅经室集》(上),第37—38页。
② 章太炎《致国粹学报社书》,《章太炎政论选集》上册,北京:中华书局,1977年,第497页。
③ 石井刚对章太炎哲学的清学背景,以及他同戴震的思想关系有深入的分析,参见石井刚《"言"和"文"的真理表述——章太炎的语言实践,或者哲学话语方式》,《齐物的哲学:章太炎与中国现代思想的东亚经验》,上海:华东师范大学出版社,2016年。

> 牛、马名最先;事、武之语,乃由牛、马孳乳以生。世稍文,则德、业之语早成,而后施名于实。故先有引语,始称引出万物者曰神;先有提语,始称提出万物者曰祇。此则假借之例也。①

根据这个观察,语词最初起于对"有形之物"的称呼,其指称的对象可以为人类的感官所感知,也即具体名词。但名词在运用过程中,其含义会转移到相关对象的属性,或者其活动后果上来,即从表实,到表德或表业,具体名词变抽象名词。当语言进一步发展后,通过假借,又可把抽象词汇应用到其他具体对象上。在章太炎看来,导致语义变化的机制,是通过假借与转注两种方式实现的。

> 引申之义,正许君所谓假借。转注者,繁而不杀,恣文字之孳乳者也;假借者,志而如晦,节文字之孳乳者也。二者消息相殊,正负相待,造字者以为繁省大例。知此者希,能理而董之者鲜矣。②

所谓假借,造成一名多义。转注,则致一意多字。两者思维方式相反,但共同推动知识、思想的联系、转化与繁荣。章太炎说,"盖字者,孳乳而浸多。字之未造,语言先之矣;以文字代语言,各循其声。"③其所论之语言包含语音与文字,就经典而言,其论语义更多是指字义。章太炎与前贤立异之说准确与否,可以搁置不论。

① 章太炎《语言缘起说》,《国故论衡》,上海:上海古籍出版社,2011年,第31—32页。
② 章太炎《转注假借说》,《国故论衡》,第39页。
③ 章太炎《转注假借说》,《国故论衡》,第36页。

但是，他指出以字为单位的词语，其含义的历史演变具有一定的内在机制（从表实到表德、表业），正是阅读古典需要从训诂开始的原因或理由。①就哲学或观念史而言，语义之变化，一方面是新见迭出的表现，另一方面则可能导致原意（或故义）屡被新义所遮蔽。因此，在研治经典中，训诂具有解蔽的意义，是治学的基本功。章太炎还引申荀子，把解蔽用到认知评论上来。他认为，今人把过去的道、道学（或理学、心学）称为哲学，其实在古人那里，就叫做"见"：

> 九流皆言道。道者彼也，能道者此也。白萝门书谓之陀尔奢那，此则言见，自宋始言道学（理学、心学皆分别之名）。今又通言哲学矣。道学者，局于一家；哲学者，名不雅故，搢绅先生难言之。孙卿曰："慎子有见于后，无见于先；老子有见于诎，无见于信；墨子有见于齐，无见于畸；宋子有见于少，无见于多。"（《天论》）故予之名曰见者，是葱岭以南之典言也。见无符验，知一而不通类，谓之蔽（释氏所谓倒见见取）。诚有所见，无所凝滞，谓之智（释氏所谓正见见谛）。②

见是一妙喻。见也即观，观看总是基于一定的角度，有见则有蔽。因此，观察全局之见，就不是一次性的观看行为，而是一个不断解蔽的过程。对字义的理解是如此，对事物的领悟也是这样。

---

① 假借、转注之说源于汉代，含于《汉书·艺文志》与《说文》所述六书之法中，其意义后世众说纷纭，参见张其昀《"说文学"源流略考》的相关论述（贵阳：贵州人民出版社，1998年，第229—251页）。章太炎立论与前贤有同有异，本文引其说，焦点不在证实其转注假借说，而在于其对语言现象的观察所带来的思想启发。

② 章太炎《明见》，《国故论衡》，第124页。

前者通过训诂去掌握,后者则是拨开观念积习的迷雾,洞察事物真相的智慧行动。戴震就声称,其作《原善》的目的,"惧学者蔽以异趣也,复援据经言疏通证明之",解蔽就是杜绝"习所见闻,积非成是"。①在古典哲学研究中,两者正是一致的。

以见道为例。诸子百家皆言道,《老子》声称"道可道,非常道",而《庄子·天下》以为那正是"道术为天下裂"的表现。道家虽然一度争得"道"的冠名权,但没能完全垄断对它的使用。历经汉唐之后,宋儒仍将其学问目标定为求道,《宋史》为之专设"道学传"。除《淮南子·原道训》外,后世以《原道》题文者,便有韩愈、章学诚、章太炎,还有今人唐君毅、庞朴等。面对"道"头绪纷繁的意义,戴震反宋学时,虽非难"理",但维持"道"。不过,两者都借训诂的手段。先说"道":

> 问道之名义。
>
> 曰:古人称名,道也,行也,路也,三名而一实,惟路字专属途路。《诗》三百篇多以行字当道字。大致在天地则气化流行,生生不息,是谓道;在人物则人伦日用,凡生生所有事,亦如气化之不可已,是谓道。故《易》曰"一阴一阳之谓道",此言天道也;《中庸》曰"率性之谓道",此言人道也。②

这是说,道之初义为行,即走路。而行既引申出路,也喻生生不息,变化流行。既可以言天道阴阳,自然之现象;也可以言人道,人伦日用之行。这是通过训诂来剥离宋人对道的形而上

---

① 戴震《孟子字义疏证》,北京:中华书局,1982年,第61页。
② 戴震《孟子字义疏证》,第79页。

的发挥。①如果我们用太炎之说释道，其衍生义之复杂可通过假借的线索来理解。按《说文》，道的初始义是行。地上本无路，人行之而成，因而有了路义。路是达到特定目的地的必经之途，途径便引申为达致目的之手段。但是，由于达到目的地的途径不止一条，且实际上不同的路途长短与方便程度不一样，甚至有些只是歧路，因此有正道邪路之别。能够带路指方向者，就是导引或引导。在社会实践中，目标有具体抽象或规模大小之别，那些远大的社会理想需要思想纲领来指引，凡是有抱负者都宣称自己的主张最符合社会公共理想，因此自称为道或道术。而有序且稳定发展的社会，就誉为天下有道。反之，则是无道。最后，每家每派都声称自己的谈论是在传道，结果说话竟变成"说道"。这也引来老子的反对："道可道，非常道。"老子那个"非常"之"道"，则存在于经验以外的领域。这一过程，是道字由实名向章太炎所说的表德与表业交替转移的过程。人走而成路是表业，而由具体道路比喻抽象手段，则是表德。诸子之道就是在社会或人生理想意义上的展开。

与戴震不同，章太炎不反形上学。但其《原道》三篇，也非申幽玄飘渺之义，而是围绕着与老子思想的关系，对韩非、墨子及庄子诸家社会政治观点展开的一些评论。②倒是今人庞朴，论道一方面讲训诂，一方面探讨形而上的义理问题。他的参照系，是西方的逻各斯。他说："人生在世，除了行走以外，更多的活动是在行各种事。行事正是生命的行走。所以，行走之路的道字，很自然便引申

---

① 戴震同时或其后的学者，如钱大昕、凌廷堪、焦循等人，论道均取戴震强调气化流行，人伦日用之倾向。阮元在方法上更效仿戴震，直言"圣人之道，譬若宫墙，文字训诂，其门径也"。参见吴根友、孙邦金等《戴震、乾嘉学术与中国文化》中册，第295—328页的相关论述。

② 参见章太炎《原道》（上、中、下）、《国故论衡》。

为行事之路，以及所行之事之路，成为一个抽象名词'道'，指称各种活动以及事物的法术、规范、法则等等。"①而《老子》"道可道"中的后一个"道"的含义，则是从前者引申出来的后起义。在西方，由赫拉克利特引入、而后被亚里士多德定型的逻各斯，"多被用来表示事物的定义或公式，以致铸成了西方各门学科的名字都以-logy缀后的习惯。所有这些，以及由此更引申开去的哲学的、神学的种种解释……万变不离其宗，都并未跳出言谈及展示言谈让人来看这个原始樊篱"。②西方理性主义的根源由此而来。如果道与逻各斯都被看成形上学，对比而言，一动一静。以道为最高范畴的中国哲学，体现的主要是一种实践的智慧。由庞朴的观点引申开来，对道的理解，与其论道器，不如讲道技。

宋明道学也称理学，核心范畴为理。戴震反宋学，自然要反"理"，而且也是借助训诂的方法：

> 理者，察之而几微必区以别之名也，是故谓之分理；在物之质，曰肌理，曰腠理，曰文理；亦曰文缕。理、缕，语之转耳。得其分则有条而不紊，谓之条理。孟子称"孔子之谓集大成"曰："始条理者，智之事也；终条理者，圣之事也。"圣智至孔子而极其盛，不过举条理以言之而已矣。……天下事情，条分缕(晰)[析]，以仁且智当之，岂或爽失几微哉！《中庸》曰："文理密察，足以有别也。"《乐记》曰："乐者，通伦理者也。"郑康成注云："理，分也。"许叔重《说文解字序》曰："知分理之可相别异

---

① 庞朴《解牛之解》，《当代学者自选文库·庞朴卷》，合肥：安徽教育出版社，1999年，第433页。
② 庞朴《解牛之解》，《当代学者自选文库·庞朴卷》，第435页。

也。"古人所谓理，未有如后儒之所谓理者矣。①

宋儒合仁、义、礼而统谓之理，视之"如有物焉，得于天而具于心"，因以此为"形而上"，为"冲漠无朕"；以人伦日用为"形而下"，为"万象纷罗"。盖由老、庄、释氏之舍人伦日用而别有所（贵）［谓］道，遂转之以言夫理。②

这种强调对事物的观察，由此而具分类推论作用的"理"论，当然是为对抗宋儒"视之而有物焉，得于天而具于心，因以此为形而上"的那个理。戴震的思路，后来也为王国维的《释理》所承袭。他说，依《说文》及段注，理原意为治玉，即剖析之意。"类推而种种分析作用皆得谓之曰理"③。即《中庸》所谓"文理密察"。往后动词变名词，一切物都具有可分之条理如地理、物理之谓。进而，又分出广义的理由与狭义的理性。最终，才被假定为客观存在之天理。其基本理路，就是：

吾人对种种之事物而发见其公共之处，遂抽象之而为一概念，又从而命之以名。用之既久，遂视此概念为一特别之事物，而忘其所从出，如理之概念，即其一也。④

故理之为物，但有主观的意义，而无客观的意义。易言以明之，即但有心理学上之意义，而无形而上学上之意义也。然以理性之作用为吾人知力作用中之最高者，又为动物之所无，而人之所独有，于是但有心理学上之意义者，于前所述形而上

① 戴震《孟子字义疏证》，第1页。
② 戴震《孟子字义疏证》，第45—46页。
③ 王国维《释理》，《静庵文集》，第38页。
④ 王国维《释理》，《静庵文集》，第37页。

学之意义外,又有伦理学上之意义。此又中外伦理学之所同,
而不可不深察而明辨之者也。①

　　王国维的讨论,显然比戴震走得更远。但就其依训诂方法,以
原义为出发点而言,在反形上学的倾向上,两者恰好是一致的。
　　依章太炎的语言缘起说,由假借而来的字义的变化,导致新见
遮蔽旧识。随着时间的拉长,关键字眼意义转折的机会就增加。
同时,原义就会被掩盖更深。故后世读者,常会被流行的意义所误
导。哲学史上有些重要的学说,可能就是建立在误解的基础之上。
因此,训诂成了解蔽的基本手段。它在寻求原义的同时,也是对既
成学说解构的过程。就如戴、阮为代表的清儒,矛头直接指向宋
儒,包括其伦理观的形上学基础。从不少现代学者的评论看,其哲
学建树并没有超过被解构的对象。但是,形上学未必是哲学的全
部,从王国维、章太炎以至庞朴的论述可见,训诂导致的思考,未必
一定是观念的解构,也可以是对更根本的思想特质的揭示。解蔽
为了见道,但这种见不是寻找某种超验的东西,而是获取对事物意
义的洞见。哲学不是知识,而是一种有态度的思想方式。即使以
徐复观对傅斯年的批评为例,傅说以性均为生固然可疑,但是,至
少它显示性本于生,这本身就有其意义。现代汉语常常"性质"连
用,基本上只是以事物的规定性理解本质,而这个事物当然也包括
与生命无关的东西。但由生观性,不但有助于理解中国哲学中人
性论包括生命观及天人观的关系,同时也透露中国传统文化看待
万物的眼光中蕴含的生命意识。这也意味着,某些关键字眼的本
义,有可能与人类的生命或生活有着更根本的关联。

---

① 王国维《释理》,《静庵文集》,第46页。

四　可扩展的图景

　　一般而言,现代新儒学承续的学脉是宋学而非汉学,李泽厚就称其为现代的宋明理学。①但这并不意味着,汉学在当代哲学领域已成绝响。除了启蒙派强调戴学对下层社会的同情心及平等意识外,其借训诂通义理的方法,也不乏新的实践者。有人把庞朴的学问特点,概括为“汉学的方法,宋学的结论”。庞朴对此曾加以推辞,其原因有他的谦虚,但也有他的自负,自认为是超越两者之外的所谓“三”。②但平心而论,说他是“宋学的结论”,也许可以商榷,而“汉学的方法”则是能够举证的。

　　众所周知,在《老子》中,道有一义叫“无”。它本是对道的非物质特征的某种理解,但至魏晋时代,则演化为王弼的“以无为本”说,且由此而产生玄学中的贵无、贵有之争。庞朴的探讨别出蹊径,在《说“無”》中,他一开始就谈训诂:“汉字有形、音、义的纠纷,或一字多形,或一字多音,或一字多义。……研究这些,是文字学的任务。但另有一种情况,例如‘亡’‘無’‘无’三字一也,便不仅仅是字形演化的问题,更涉及了人类认识的发展,乃至哲学范畴的深化等等。”③庞朴借助训诂,从语源史的探究,看“亡”“無”“无”三字的演化。甲骨文中,“无”由有的亏欠而来,故为亡;而“無”则与敬神的舞相关,与巫同音,表面上无形无象的背后,存在某种神秘的力量;而“无”则是后起字,表达纯粹空无之意。从而提出“無”(或

　　① 参见李泽厚《何谓“现代新儒学”》,《杂著集》,北京:生活·读书·新知三联书店,2008 年,第 273 页。
　　② 参见《当代学者自选文库·庞朴卷》“自序”,1999 年。
　　③ 庞朴《说“無”》,《当代学者自选文库·庞朴卷》,第 348 页。

"无")有三义:(1)有而后无;(2)似无实有;(3)无而绝无。据此,不仅试图揭示这些转化的思想逻辑,或者思想史的深化过程,同时以此为参照,说明老子、王弼的无,是其中的第二义;崇有派的无,其实是第三义。后者并不构成对前者的有效否定。这样,通过训诂阐明字义的演变,成为一个解蔽明见的过程。这一分析并不造成意义的退化,而是为它提供一种根植于传统且更丰富的理解。

谈玄说无属于本体论领域,论仁释义则是伦理学问题。《易·说卦》:"立人之道曰仁与义。"韩愈站在为儒家卫道的立场上,强调"博爱之谓仁,行而宜之之谓义;由是而之焉之谓道,足乎己无待于外之谓德。仁与义,为定名;道与德,为虚位。"(《原道》)以仁义为儒学核心,当无疑问。然后世仁义连缀为一词时,常是以仁带义,甚至以仁掩义,即侧重点在于弘扬本性中仁爱良善的一面。而孟子"四端"之说中仁、义对举的涵义,则常被忽略。庞朴讲儒家辩证法,从字字的训诂入手,恢复且深化对孟子为何重义的理解。《礼记·中庸》:"义者,宜也。"而甲骨文中的宜是杀俘或杀牲以祭的意思,至战国中后期才用义代宜,但《说文》界定:"义,己之威仪也",虽然相关的血腥气味有所掩盖,但义与宜相连的意义仍然保留着。孟子的义是与仁并提的重要德目,其"羞恶之心,义也",依后人解释,羞是羞己之非,恶则是恶人之恶,强调的是悔过疾恶的一面,与仁的好善乐施形成对立统一。后世义正词严、大义灭亲、舍生取义、义不容辞、义愤填膺等等成语,依然透露出义的本义固有的某种威严肃杀的历史信息。这意味着,虽然儒家倡言性善说,但它正视现实世界中恶的现象的存在,同时对之持有刚直严正的态度。它刷新我们对儒学正义形象的认识。①

---

① 参见庞朴《"中庸"评议》,《当代学者自选文库·庞朴卷》,第 659—707 页。

庞朴论义,有揭蔽之功,言仁则仍停留于"爱人"层面。延续其方法,在仁的背后,我们也可作更深入的发掘。《中庸》说"仁者人也,亲亲为大",孟子讲"亲亲,仁也","亲亲而仁民,仁民而爱物"(《孟子·尽心上》),意味着爱源于亲。而亲字也有深义可究。《说文》:"亲,至也。从见,亲声。"段玉裁注为:"至部曰:到者至也。到其地曰至,情意恳到曰至,父母者,情之最至者也,故谓之亲。"准此,造字的原意取眼光所向,视线与目标相切之义。而人的眼光随时能直接打量到的,就是自己的身体。亲的原义即为亲身。《广雅·释亲》的内容,既包括与婚姻及血缘相关的社会关系即亲属关系的介绍,也包括人从结胎、诞生到身体各个部位的说明。其中亲属名目 31 条,而身体名目则有 42 条。这意味着,在古代,己身是亲的基本含义。今日讲亲身、亲自、亲眼、亲口、亲手,均沿此而来。其引申义则是主体与对象无距离,无中介,直接相即的意思。而能与己身血脉相连的,便是父母双亲。由此而派生出人与人态度的亲情义,以及人与人关系的亲属义。后世描述情感态度的相关词如亲密、亲热、亲近、亲切,亦由此来。相反之义,则是疏离、疏远。一个显然的事实是,亲亲是最直接最根本的人类情感经验。无论古今,不分中西,父亲与母亲均为最普遍的赞美对象。这一解释的意义在于,儒家的伦理起点,基于人性的基本经验。其情感伦理的扩展逻辑,是由己及人,由近及远,由人及物,由兹热爱人生,承担责任。

训诂不仅有益于我们深化现成的思想范畴的哲学内涵,而且有助于发现某些常用字被日常用法所掩盖的内在意义,即从中发现未被揭示的义理问题。例如,从"我"到"自我"的哲学探讨,案例来自《庄子·齐物论》中"吾丧我"。依常规,"吾""我"是自称,即两者在同一使用者那里,其指称对象均系使用者本身。故两字也可互换使用,饱学如章太炎,也有这种看法。但只看日常用法或单纯关注指称对象,则为何是"吾丧我"而非"我丧吾"或"吾丧吾",问题就难以索解。而追索其语源便知,"吾"在古语中一般是自称,它常作为主语使用;"我"则相对于与非我时使用的自称,如今天沿用的你我、人我甚至物我等说法,它可以用作宾语,也可以用为主语。这样看,"吾"是自足的我,而"我"是与非我相对立的存在,丧我或无我则是对立的消除,是回到自立的吾的根本途径。置于《齐物论》的语境中,便能理解王夫之的诠释:"夫论生于有偶:见彼之与我异,而若仇敌之在前,不相下而必应之。而有偶生于有我:我之知见立于此,而此以外皆彼也,彼可与我为偶矣。"①同时,"我"通过非我来确定,"我"自然也呈现在非我的世界中。在非我者的心目中,所谓"我"只是你。因此,自我认同与被非我辨认,不是一回事。由此可推,吾与我本指称同一对象,但在"吾丧我"的主宾结构中,分裂为主体与客体,我成了吾的对象,这就是"自我"的哲学问题的提出。这一分析不仅适应于解释庄子,也有助于理解先秦儒家。②

当然,即使对字义的训诂意见一致,也不意味对它只能表达相同的义理见解。我们可以在"吾丧我"中导出关于自我的概念框架,有学者已发现其中隐含着"主体间性"的问题:"追索庄子思想的基本线索,'吾丧我'的'吾',乃就己而言,乃单性个体之吾,即主体间性之外的本身。我,乃谓因人而言,是与他人共在之我,即主体间性之中的本身。吾本体的忘己忘物,超然自得,是且仅是吾本体弃我、忘我的结果。庄子如此主张彻底地忘我,更加深刻地证

---

① 王夫之《庄子解》,北京:中华书局,1981 年,第 11 页。
② 参见陈少明《"吾丧我":一种古典的自我观念》,《哲学研究》2014 年第 8 期。

明,人世间的我是一种共在,共在之我不可摆脱。"①可见训诂之一致不妨碍思想的创新。

借助训诂展开的哲学或思想史探寻,可能发挥解构狭义的形上学的作用,就如阮元以至傅斯年所为。但如上述数例所示,由训诂入手对原义的再探讨,对广义的形上学或者一般哲学仍可有深耕力作之功。前者可以撕破一张先验的观念之罩,后者则力图重建经验背后的义理结构。因此,它并非魔法般地给出只有上帝才能掌握的全知的理念图景,而是一起参与思想的拼图游戏。每一个论题,可能只是提供一个相对独立的图景,但它可以从不同的角度出发,或呼应、或扩展、或调整、或更新,使观念的图景不断充实与整合。这一图景不是先天预定图式的复活,而是人的创作,与知识的其他园地一样,是一个可以持续发展的领域。与其说是拼图,不如理解为众多艺术家参与的中国画长卷的创作。因此,哲学是观念的艺术。

五 重提语言的哲学意义

训诂与义理的关系,本质上是语言特别是历史语言学与哲学的关系问题。不过,这种关系可以存在正反两方面的理解。②清代汉学从训诂入手反宋学,至少在戴震的心里,并非一般反义理之学,而是指向不同的义理目标。之所以要借训诂说事,是因

---

①　张江《"阐""诠"辨——阐释的公共性讨论之一》,《哲学研究》2017年第12期。

②　从语言哲学角度谈清代训诂学的意义,已有若干可资参考的作品。例如,李开的《戴震评传》专章谈"戴震的人文科学语言解释哲学"(参见李开《戴震评传》,南京:南京大学出版社,1992年);吴根友等在《戴震、乾嘉学术与中国文化》中也专章论"戴震的语言哲学思想"及"阮元哲学思考的语言学路径及其得失"。本文通过区分两种相反的语言哲学观念展开对问题的分析。

为无论汉宋,都以经典为载道之具,故都需要通过经书的解释来表达自己的见解。然以原义为目标的思想运动,有可能产生反形上学的义理之学,甚至可能是对义理的解构。例如,从阮元到傅斯年,便是导向后者,而且傅的思想性格,还颇有科学色彩。傅斯年便直接提出"以语言学的观点解决思想史中之问题"的纲领性主张:

> 思想既以文化提高了,而语言之原形犹在,语言又是和思想分不开的,于是乎繁丰的抽象思想,不知不觉的受他的语言之支配,而一经自己感觉到这一层,遂为若干特殊语言的形质作玄学的解释了。……希腊语言之支配哲学,前人已多论列,现在姑举一例:亚里斯多德所谓十个范畴者,后人对之有无穷的疏论,然这都是希腊语法上的问题,希腊语正供给我们这么些观念,离希腊语而谈范畴,则范畴断不能是这样子了。①

> 思想不能离语言,故思想必为语言所支配,一思想之来源与演变,固受甚多人文事件之影响,亦甚受语法之影响。思想愈抽象者,此情形愈明显。性命之谈,古代之抽象思想也。吾故以此一题为此方法之试验焉。②

哲学是语言的产物,但依傅说,不仅特定的哲学受限于特定的语言,甚至哲学本身就是语言的误用,即"为若干特殊语言的形质作为玄学的解释"的后果,故回到"语言之原形",便是对这种玄思

---

① 傅斯年《论哲学乃语言之副产品》,《民族与古代中国史》,第187—188页。
② 傅斯年《性命古训辨证》,《民族与古代中国史》,第244页。

的解构。听起来,很像早期分析哲学拒斥形上学的立场。艾耶尔曾这样分析形上学"实体"论的根源:"它是从这种情况产生的,即在我们的语言中,我们不能涉及一个事物的感觉属性,而没有引进一个用以代表事物本身、并且与表述这个事物的词相对立的词或短语。而由于这种情况,那些沾染了原始迷信的人,认为每一个名字必须有一个单一的实在的东西与之符合,他们假定有必要在逻辑上把事物本身与它的任何的或全部的感觉属性区别开来。所以,他们用'实体'一词去指事物本身。"①简单说,这谬误是以为每个名词后面都有一个对应的东西的思想产物。其实,王国维对"理"的起源的分析,也颇近这种思路。②

然而,反形上学未必就是反对任何义理之学,而谈语言也可以谈得很哲学。讨论语法还是讨论语义,后果可是大异其趣。大名鼎鼎的海德格尔,其基础存在论,也包含来自古典语言的灵感。请看他借古希腊语词论哲学的例子:

> 希腊存在论像任何存在论一样,其成问题之处必须从此在本身觅取线索。此在,也就是说,人的存在,在流俗的"定义"中正如在哲学的"定义"中一样被界说为 ζου λογου εχου[会说话的动物],即这样一种生命物,它的存在就本质而言是由能说话来规定的。如果我们着眼于存在谈及存在者,从而使存在者前来照面,那么,λεγειν[说](参见第七节 b)就是一条

---

① 艾耶尔《语言、逻辑与真理》,尹大贻译,上海:上海译文出版社,1981年,第42页。

② 有的研究者认为,在戴震那里,也能找到通过语言分析,消除形上学的某种尝试。如他通过虚、实词性的区分,对理的实体化的质疑。参见刘梁剑《汉语言哲学发凡》,北京:高等教育出版社,2015年,第37—38页。

指导线索,引导我们获得以这种方式前来照面的存在者的存在结构。因而在柏拉图时期形成的古代存在论就变成了"辩证法"。随着对存在论的进一步清理,也就是说,随着对 λoγoς[逻各斯]的"诠释"的进一步清理,就越来越有可能更彻底地把捉存在问题了。①

来自《存在与时间》的这则引文中,由"会说话的动物"揭示"说"导向对存在结构的洞悉,以及古代存在论与辩证法,甚至是逻各斯与诠释的内在关系的领悟。就方法论而言,引用海德格尔的重点,不在于判断他对希腊语言的理解是否精确,而是假定其语义解释无误的情况下,如何导出重要的哲学思路来。

比较语言学告诉我们,所有古老语言的语义大都经历一个复杂的变迁过程。因此,只懂通行的语义未必能够对经典文本获致正确的理解,这也是汉语训诂学存在的理由。但是训诂所取之义系语义之义,它与义理之义不同。义理是个复合词,要点不在义,而在理,系超越字面含义,背后更深广的意义脉络。因此,它往往不是对字义的孤立理解,而是对文本的整体领会。无论清儒还是宋儒,解经都需要释文义,只是清儒强调从识字开始才能掌握原义。但宋儒并非不讲训诂,只不过字义本身就是演变的,经典也非文字草创之初的作品,因此,需要掌握的不是文字的原始意义,而是最恰当的意义。以"物"字的训释为例,朱子释"格物"为:"格,至也。物,犹事也。穷至事物之理,欲其极处无不到也。"②而王引之则说:"物之训为事,常训也。又训为类。""物训为类,故又有法则

① 海德格尔《存在与时间》(修订译本),陈嘉映等译,北京:生活·读书·新知三联书店,2014 年,第 30 页。
② 朱熹《四书章句集注》,北京:中华书局,1983 年,第 4 页。

之义。《大雅·烝民》:'天生烝民,有物有则。'《孟子·告子》篇引此而释之曰:'有物必有则。'言其性有所象类,则其情必有所法效。"①其实,训物为类,固然有本有义,但释物为事,就《大学》文本而言,意义更为妥帖。阮元的《大学格物说》同样循汉儒训物为事。②就如道并非都是走路,理也非只是攻玉一样,未必需要事事追求本义。完整理解文本,其解释的基本单位便不限于字,有时还要转移到词及语句上来。同时,由于宋儒的抱负在于把握事物的总体意义,其观念的逻辑指向便是形上学。

现在的问题是,字的原义为何具有理解义理的条件,以及如何把字义转变为理义? 这可能涉及对人类思维中隐喻机制的理解。简言之,"隐喻的本质就是通过另一种事物来理解和体验当前的事物。""隐喻不仅仅是语言的事情,也就是说,不单是词语的事。相反,我们认为人类的思维过程在很大程度是隐喻性的。我们所说的人类的概念系统是通过隐喻来构成和界定的,就是这个意思。"③前述章太炎关于假借导致字义变化的论述,也可以从隐喻的角度来理解。一如借道路理解途径,借途径理解手段,或者借手段理解策略,等等,可以通过具体理解抽象。隐喻导致字义的引申。或者说,对于眼不能看,手不能抓的对象,只有借助隐喻才能在观念上建立它的存在。这些观念上的存在一旦建立起结构性的关系,它就形成思想甚至学说。因此,那些对理解生活或文化有重大价值的概念,背后往往是借助某些原始经验来理解的。进言之,一种伴随着文字发展的源远流长的文化,其关键字的字源中,必定

---

① 王引之《经义述闻》,南京:江苏古籍出版社,2000年,第738页。

② 参见阮元《揅经室集》(上),第54—55页。

③ 莱考夫、约翰逊《我们赖以生存的隐喻》,何文忠译,杭州:浙江大学出版社,2015年,第3页。

包含有根基性的意义。但这种意义会因历史的变迁而被后起的观念所遮蔽,而后起的观念不一定能取代原始经验的全部价值,有时甚至会误导对生活的理解。

关于生、性渊源关系的探讨,同样是一有力的例证。阮元说:"'性'字本从'心'从'生',先有'生'字,然后造'性'字,商、周古人造此字时即已谐声,声亦意也。然则告子'生之谓性'一言本不为误,故孟子不骤辟之,而先以言问之曰:'生之谓性也,犹白之谓白与?'盖'生之谓性'一句为古训,而告子误解古训,竟无人物善恶之分,其意中竟欲以禽兽之生与人之生同论,与《孝经》'人为贵'之言大悖。"①《说文》云:"生,进也。象草木生出土上。"段注:"下象土,上象出。"《广雅》:"生,出也。"《广韵》:"生,生长也。"戴震此前说过:"有天地,然后有人物;有人物,于是有人物之性。人与物同有欲,欲也者,性之事也;人与物同有觉,觉也者,性之能也。事能无有失,则协于天地之德,协于天地之德,理至正也。"②其实,再往前溯,荀子也有清晰的表述:"水火有气而无生,草木有生而无知,禽兽有知而无义,人有气、有生、有知,亦且有义,故最为天下贵也。"(《荀子·王制》)这是从生命开始理解物性及人性的内容线索。这意味着,就儒学而言,生命的认识不仅是理解人性的前提,甚至也是理解自然宇宙的关键。这种古典的人生观同那种以工业制作模式为背景的世界观,形成鲜明的对比。因此,通过澄清语义的手段,去追寻积淀在文字中的原始意义,可以为理解生活提供更深远的思想资源。海德格尔对希腊语言中蕴涵的哲学意义的揭示,对我们的论题,构成一种比较研究上的方法论支持。

---

① 阮元《性命古训》,《擘经室集》(上),第 230 页。
② 戴震《孟子字义疏证》,第 181 页。

哲学是追求普遍意义的学问。通过训诂发掘义理问题，意味着这种研究受特定语言条件的约束。这很容易引起一种疑问，这种思想成果可以称作哲学吗？这个问题其实同样可以提给海德格尔。然而，如果《存在与时间》的中译可以传达作者精深的思想，那就意味着，类似的研究虽然需要或得益于特定语言的馈赠，不懂古希腊语的人无法获得海德格尔那样的灵感，但其研究包括论述方式，有超越特定语言的可理解性，因此不会妨碍哲学的普遍性理想。对古希腊语如此，对古代汉语亦如是。从哲学的观点看，这些始源性的概念有两类，一类如道与德、仁与义、性与命，是中国文化中特有的观念，另一类则是超越文化限制的概念，如有无、是非、物我等。前者未必能在其他文化中找到恰当的可对译词汇，后者则比较容易，两者均为意义挖掘提供语言基础。相对而言，在中国哲学中，汉学是借助字义澄清义理，宋学是透过语义构思义理。汉学是对思想源头的挖掘，宋学则是思想景观的构筑。宋儒强调所谓"天理"是自家体贴出来的，就表示它是思想构造的产物。总之，思想而非语言才是精神世界的内容。

现象世界丰富多彩。采用化约的方式，从中整理一套系统或者局部性的观念体系，是哲学的一种冲动。用形而上的眼光看，整个观念领域都可以归结为某一基本原理所引导的概念系统。宋学的义理形态对理解文化及其意义，自有其整体掌握的价值。但人类生活赖以进行的知识或观念，并非只是从单一或者若干原则为起点的可演绎系统，很多前提就如生活中的常识，是离散并存的，有些也互相联系或缠绕，甚至互相冲突。因此，正视精神的自然状态，从不同的线索入手，追索各种观念的起源，揭示在文化或经验的堆积层覆盖下的各种原型或要素，也是哲学的使命。汉学的义理目标，更贴近这种形态。就此而言，中国哲学便不是不同观念学说互相倾轧的斗兽场，而是一片可以合作开垦的广袤的原野。当然，训诂不等于义理，从前者到后者，也非一个自动生成的过程。今日中国优秀传统文化之复兴，重要的是精神价值的发展。它不是对经典的自动承受，而是需要在新时代背景下做创造性转化的工作，以期有创新性发展。哲学的洞见，需要超越语言的思想功夫才能呈现。总结清代汉学的哲学遗产，正视其方法论的启发，绝非主张退回传统的训诂学领域，①更非在汉宋之争中为一方摇旗呐喊，它是在展望中国哲学的发展前景时，回望传统的一个必要环节。

本文原载《中国社会科学》2018 年第 7 期，日译刊于日本中国社会文化学会主办《中国社会与文化》第三十四号，张瀛子译，令和元年（2019 年）7 月；ISSN0912—9038。

---

① 强调经典诠释必须突破传统训诂学的限制，参见景海峰《从训诂学走向诠释学——中国哲学经典诠释方法的现代转化》，《天津社会科学》2004 年第 5 期。

"分离"与"统一"的多元辩证

——章太炎联省自治思想的特质

陈学然[*]　韩子奇[**]

绪　言

1926 年,随着广东国民政府发动北伐战争,"联省自治"运动逐渐退出时代舞台,距今已逾九十周年。但这场在当时引起巨大社会回响的政治运动,其来龙去脉甚或当中的一些思想内涵、时代意义或其留给后世的历史回忆,至今仍值得一再思索。

有关联省自治运动的前因后果,目前已有不少研究专著,有的从宏观角度观察这场运动从兴起到式微的各路政治势力如何相互争逐、如何各行其是;[①]有的针对个别地区例如作为自治模范省的湖南,进行深入研究;[②]也有上承古代中国的自治传统,强调 20 世

---

　　[*]　作者单位:香港城市大学中文及历史学系。

　　[**]　作者单位:北京师范大学珠海校区历史文化中心。

　　[①]　相关研究见胡春惠《民初的地方主义与联省自治》(北京:中国社会科学出版社,2011 年);李达嘉《民国初年的联省自治运动》(台北:弘文馆出版社,1986 年);谢从高《联省自治思潮研究》(北京:中国社会科学出版社,2009 年)。

　　[②]　相关研究见王无为编著《湖南自治运动史(上编)》,上海:泰东图书局,1920 年;刘建强《湖南自治运动史论》,湘潭:湘潭大学出版社,2008 年;何文辉《历史拐点处的记忆:1920 年代湖南的立宪自治运动》,长沙:湖南人民出版社,2008 年;Stephen R. Platt, *Provincial Patriots: The Hunanese and Modern China*, Cambridge, MA: Harvard University Press, 2007。

纪 20 年代的"联省自治"只是这个传统的一个表现；有探讨在晚清立宪风潮下，清廷派遣官员考察明治日本地方自治经验以及如何与自身传统相互结合的关联。①也有以联省自治直接参与者为研究主轴的专著。②在众多的研究成果中，李达嘉的著作至今仍是最为精辟与全面者。对于联省自治的关键人物章太炎（1869—1936），李达嘉论及不少他的政治主张与实践，称章氏"不但是联省自治的倡导者，也是鼓吹自治及联治最力的人物"。然而，李著也不讳言他并不太了解章太炎大力推动联治运动的"真正的政治动机"。虽然如此，李著从未否定章氏作为在野政治人物或文人名流在当时大力推动联治运动的努力，并明言在他的推动下，"联省自治运动确曾蓬勃一时"。③

　　本文目的，不在分析联省自治兴起的时代背景，也不在探讨章氏在这场运动中的角色与政治参与，而是尝试梳理章太炎联省自治的思想内涵及其不同时期的变迁之迹，当中也会触及他掀起这场运动的目的，并借上述数点而展开关于章太炎思想连续性与多元性的探讨，从而厘清时人对章太炎联治思想或主张的一些偏颇看法。④

　　所谓连续性是指章氏不论强调"统一"还是"独立"，都不是一

　　①　黄東蘭《近代中国の地方自治と明治日本》，東京：汲古書院，2005 年。
　　②　20 世纪 20 年代初期主政广东的陈炯明曾积极参与联省自治，其子陈定炎撰有专书研究乃父在联省自治中的作为及影响。见 Leslie H. Dingyan Chen, *Chen Jiongming and the Federalist Movement：Regional Leadership and Nation Building in Early Republican China*, Ann Arbor, MI：Center for Chinese Studies, University of Michigan, 1999。
　　③　李达嘉《民国初年的联省自治运动》，第 126 页。
　　④　有关联省自治兴起的时代背景以及章太炎在这场运动中的实质角色与政治参与，参陈学然、徐全《章太炎对联省自治运动的贡献》，《汉学研究》第 36 卷第 1 期（2018 年 3 月），第 241—280 页。

分为二、黑白分明的。反过来,他是在统一的前提下要求个体独立,也在维护个体独立的前提下要求国家统一。所谓多元性则是指把个体的独立与团体、乡村、省县、国家、亚洲、全人类,一环一环地紧紧相扣。这一"环环相扣"是指个体独立的条件,必须先建基于团体、乡村的独立。至于团体或乡村独立的条件,则有赖于更广大一层的省县、国家的独立;而国家的独立则建基于区域的独立,如是类推至世界各国独立而不受专制权力或帝国主义霸权控制。从个体到团体乃至国家以及国际,彼此循环往复、互为因果地发展,最终实现人类大解放的真正大同世界——达至无政府、无聚落、无人类、无众生、无世界的"五无"境界。①

　　研究章太炎的联省自治的思想内涵,就是要放在他本人关于实现人类大解放、进至多元共和的大同世界思想脉络下考察,如此方能厘清他在不同时代对于"独立""统一"不同看法背后的连贯性与一致性。这样对于章太炎何以大力提倡和推动联治运动的目的有所认识外,也给我们一种更开放、多元和更深刻的角度去了解联治运动的历史意义。

　　本文所要说明的"联省自治"运动(时人即简称为"联治"),乃是一种基于扩大地方自治权力以制衡,甚至是对抗中央集权的军事、政治大改革。它的目的是联合起各个已经自定义宪法、拥有自治权的省份,通过建立联省政府来维系国家的统一,从而促进世界和平。从这个意义来说,联治可说是一次从下而上、以地方为本位的政治变革。这场政治变革也是章氏在 20 世纪 20 年代的主要政治活动。他给这场变革赋予其他人难以企及的思想高度与深度,

---

　　① 章太炎《五无论》,载《章太炎全集》(四),上海:上海人民出版社,1982—1986 年,第 432—435 页。本文所用《章太炎全集》,除《太炎文录补编》及《书信集》用 2017 年版外,其余一律依据此本。

使得这场变革对中国未来的政治发展仍具启示作用。

　　在这场政治变革中,章太炎与昔日革命同志孙中山(1866—1925)、北洋政府官员乃至新文化运动领袖陈独秀(1879—1942)、鲁迅(1881—1936)等人的立场迥异。①他对联治信念的坚定支持与一往无前的推动,反映他背后有一套严密的政治哲学。如上所说,这套哲学的特色是从个人出发,把个体、群体、族群、国家、世界秩序视为环环相扣、互相重叠的人群网络。更重要的是,章太炎对"统一"和"自治"持不偏不倚态度,视两者为"你中有我、我中有你"的相互依存关系。他一方面鼓励地方自治,另一方面主张联合各自治省、地,在各自定义立省宪法的基础上建立联省政府,压缩中央政府的权力,实现中国真正的和平与统一。

　　一省一地的自治,常被反对者诬为分离中国,但在章太炎的思想中,"分离"在当时的社会背景下反而是救国救时的实事求是之举,是杜绝各方竞夺大总统、中央政府权力所酿成兵燹人祸的有效方法。相反,民元以来,北方的中央政府或南方的国民政府都试图用武力追求统一,高压或强权求统一的结果反而造成各种战祸,促成各种对立与社会的分崩离析。章太炎深刻认识到这个现象,他用极富哲学思辨的语言总括出事物的两面性:"分离反是统一之母,统一反是涣散之源。"②这两句话清晰反映章太炎是以地方的

---

　　①　陈独秀《联省自治与中国政象》,《东方杂志》第 19 卷第 17 期(1922 年 9 月 10 日),第 127—128 页。陈独秀只把联省自治简单地贬斥为"武人割据""分省割据""联督割据"。鲁迅对章太炎在二十年代推动联省自治期间与地方军阀过从甚密,多有批评,并视之为保守落伍的表征。见《关于太炎先生二三事》,载《且介亭杂文末编》,收入《鲁迅全集》,北京:人民文学出版社,2005 年,第 6 卷,第 565—567 页;《趋时与复古》,载《花边文学》,收入《鲁迅全集》,第 5 卷,第 564—565 页。
　　②　章太炎《在湘军总部欢迎会上之演说》(1920 年 10 月 19 日),载章念驰编订《章太炎演讲集》,上海:上海人民出版社,2011 年,第 203 页。

分权甚至是分离作为统一的手段,显示他大开大阖、大破大立的思想特质。由此观之,章太炎的统一与分治是相对的,也是辩证地存在的,既在统一之中讲求分权分治,但也在地方分离、独立时讲求统一,形成他在不同时期对于分治或统一都有不同的看法和思考,以求共和理想的最终实现。

为了凸显章太炎联治思想的特质,本文试从他活动的三个不同时期进行论述。

第一个时期是他旅居东京时期(1906—1911),即他有关"自治""独立""联治"以抗强权的政治思想萌发时期。在这期间他撰写了不少重要著作,诸如《明独》《国家论》《五无论》《四惑论》《齐物论释》。从中看到章太炎是从哲学的高度探索个体与群体、国家与族群、中国与国际的复杂交错关系。这个时期的章太炎,特别强调民族国家(nation-state)是"假有",个体才是"实有";同时,他把建国与"联亚"——联合亚洲各国共抗帝国主义强权的志业贯穿起来,将中国革命放在整个亚洲的民族自救运动之中。

第二个时期是民国建元时期(1911—1919),即章氏有关美国联邦政体不利于当前"排满"成功后亟需国家民族融和、统一政局的论述。作为建国元勋的章太炎虽然鼓励个体独立,但在民国建元初期极力主张统一,反对各省独立。表面上章太炎好像与他东京时期的言论大相径庭,但实质上凸显了他对"统一""分离""自治"持守不偏不倚且具连贯性的思想立场。他试图透过汇聚因排满而呈现独立的省份,最终建立一个统一、人人平等的共和政府。

第三个时期是 20 世纪 20 年代初的联省自治运动时期(1920—1925),即章太炎联合地方自治力量以筹组联省政府,进而凸显非武力的统一局面,最终能够达成再造共和的理想。这个时期,特别是在联治运动风起云涌之际,章太炎全力支持湖南自治运动,反对北方军阀和南方孙中山的"统一"行动。他把湖南自治视为促进国家政体改变、再造共和以实现国家民族统一的新尝试。这种新造宪法、复位国本的尝试,用他的话来说,就是一种"大改革"。①这场大改革最后因为南北政府的打击而落幕。然而,从它的兴起与式微的过程中,我们看到了章太炎自清末到北伐前一段时间里,对"国家统一"和"地方自治"的多面性态度:在"排满"时期他构思国家新政体,倡言三权分立的中央集权以维系国家统一;在民国初年当推行中央集权的南北政府倡行武力统一中国时,他站出来提倡地方自治。

纵观章太炎三个时期的"联治"论述,反映他身为革命家的不同面貌。他既为革命思想铺垫(东京时期),也为革命实践尽力(民国建元时期),又为革命的转向摇旗呐喊(联省自治运动)。但这些不同面貌的背后,总离不开他对个/群、国/族、中国/世界的探索。更重要的是,无论政治环境是疾风劲雨还是风平浪静,他都以清醒、理性的态度面对种种困难和冲击,从维护个人独立、自由出发,建立一套既鼓励统一又容许自治的"共和政体"。他的"共和政体"构想一方面来自中国本土的历史背景(西周的"封建")和思想观念(庄子的"齐物"),另一方面源于他与时俱进的国际视野(近代西方政治哲学、美国联邦制和明治日本地方自治经验),②清楚展露章太炎思想的深度和广度。今天,不论是重新研究"联省自治"运动,还是在章太炎逝世八十多年后重探其晚年的政治活动,都可以发现近代中国人事物的复杂性与多元性,远超我们的想象。

---

① 《章太炎改革法制之新主张》,《申报》1922 年 6 月 25 日,第 13 版。
② 章太炎《代议然否论》,《章太炎全集》(四),第 300—311 页。

东京时期主张"联亚"的章太炎

一、个体独立性与国家建构:地方分权自治缘起

章太炎因"苏报案"系狱三年后出逃日本,1906 年至 1911 年间滞留东京,在这期间他进深一步把入狱前针对康梁维新派而有的"排满"理念学术化与理论化。从 1894 年至 1911 年辛亥革命成功的十数年间,他从批判康梁的群体与国家学说、主张亚洲各国反抗专权压迫的革命者大联合,到 20 世纪 20 年代推动的联治运动,无不体现他对个体价值的大力维护,使国家在国际竞争中获得独立自主的地位,使地方政府在国家进行武力统一之际获得独立自主的地位,同时也使个人在团体、政党、国家、组织的层层权力框架下获得独立自主的地位。

章太炎推崇个体独立自主的思想,可追溯至他在 1894 年发表的《明独》一文。他在文中提出"大独必群,群必以独成。……小群,大群之贼也;大独,大群之母也"的思想观念,认为国家不至于沦为一盘散沙、能够团结起来抵抗强权,首先便要清楚群独的分野。没有大群,国人只知小群层面的家庭、宗族、乡里乃至党派而不知道国家民族的重要性,故小群只会戕贼大群的发展。相反,只有真正尊重个人的独立性与维护个人的自我价值,并且能够造福于社会、心怀天下的人,方是真正的不随流合俗的耿介不阿之士。否则,只是拘泥于个人的亲族团体,或只是独善其身的"鸷夫""蒿夫""旷夫",如此道德情操的人,没有真正个人意识的解放,也没有自尊自立的意识,更难以心怀所谓"大群"的国家天下。[1]

---

[1] 章太炎《明独》,《訄书初刻本》,收入《章太炎全集》(三),第 53—54 页。

章太炎在其他文章中进一步强烈地阐明个性解放,提出诸如"人本独生,非为他生"的个人主义思想。①然而,个体与群体之间并非对立难容。相反,维护个体自由或尊严,与维护国家的公共利益有直接和必然的关系。问题在于,个人的价值或独立不能沦丧于其他物事,不论是大群还是小群,不能对个人有所压抑。在他看来,国家是由"个体所集成",个体才能说得上是"实有";不但国家是"无实有之可言",即使是小群的村落、集会、团体、组织等等,亦非"实有"。②

章太炎更加剖析国家与人民的本质,视国家只是"有作用而无自性"的"机关木人",也是有名无实的"蛇毛马角"。③换句话说,国家与人民之间,只有人民才是真实与最为本质地存在的,故章太炎提出民先于国的观念:

> 一、国家之自性,是假有者,非实有者;二、国家之作用,是势不得已而设之者,非理所当然而设之者;三、国家之事业,是最鄙贱者,非最神圣者。此义云何?第一义者:凡云自性,惟不可分析、绝无变异之物有之;众相组合,即各各有其自性,非于此组合上别有自性。……凡诸个体,亦皆众物集成,非是实有。然对于个体所集成者,则个体且得说为实有,其集成者说为假。国家既为人民所组合,故各各人民,暂得说为实有,而国家则无实有之可言。非直国家,凡彼一村一落,一集一会,亦惟各人为实有自性,而村落集会,则非实有自性。要之,个体为真,团体为幻,一切皆然,其例不可以偻指数也。④

---

① 章太炎《四惑论》,《章太炎全集》(四),第 444 页。
② 章太炎《国家论》,《章太炎全集》(四),第 458 页。
③ 章太炎《五无论》,《章太炎全集》(四),第 430 页。
④ 章太炎《国家论》,《章太炎全集》(四),第 457—458 页。

章太炎这段文字把国家、组织、团体,甚至是有血缘关系的一村一落都视为虚幻的,这些集体的名相及其功能一旦破除,便立刻凸显只有个体才是真实存在,显示国家往往是因应政治需要而被建构出来的。因此,国家、政府、团体等等本来都不是实有,而是依附实有的假有。然而,在现实生活上,人们又不可以没有国家的保障以自存。关于这点后文将另作探讨,但必须指出的是,章太炎的政治主张往往因应时宜变化,自由而灵活地看待实有与假有的流变,不执滞一端以追求整体的均衡秩序和社会的和谐。进深而言,当章太炎以国家为假有,省便是实有;而当他以省为假有,县市乡村便是实有;当县市乡村为其假有,则个人便是实有。故此,实有、假有,不是玄而又玄、脱离现实的哲学讨论,而是章太炎看破世界、国家的本质,最后把真正的关怀回归至个体。当然,以个体为真而国家为假时,则国家的概念与神圣性亦尽可破除。由此可见,章太炎的论述充满了革命的力量。

二、民族主义与国家的建构

在所有主义之中,章太炎的目光往往集中于民族主义。然而他心目中的民族主义并不是封闭排外的,而是开放的,是把一己追求独立自主之心推及弱者,让彼此联合起来共抗强权,最后一起获得独立、平等的权利。①章太炎提出:"排满洲即排强种矣,排清主

---

① 张志强把章太炎的"民族主义"与"无生主义"连贯起来,说明章太炎的"民族主义"并不是单纯追求民族解放和民族独立,而是在各国各自完成民族独立后,建立一种超越民族主义的世界秩序。见张志强《一种伦理民族主义是否可能?——论章太炎的民族主义》,载章念驰编《章太炎生平与学术》,上海:上海人民出版社,2016 年,第 1016—1035 页。然而,章太炎这种往外延伸的理念,同时也应倒过来往内深化,即是同时追求本被视为组成政府的各个省、市、县、乡的个体解放以至联合起来以组装成新的国家政体,讲求内部的解放与独立。由是,本文讨论"联省自治",更要进一步指出章太炎的民族解放和民族独立,同时包含了国家内部的各个省、市解放与独立的目标。故此,不论是对外(国与国之间)或是对内(县、市、省与国之间),章太炎都是一个"批判民族主义的民族主义者"。他以建立民族国家(nation-state)为手段,去达成个体独立、各省独立和国家独立。

即排王权矣。"①可见他"排满"革命的目的是要维护自身民族主权。他在《五无论》中又说:"欲圆满民族主义者,则当推我赤心救彼同病,令得处于完全独立之地。"②这些言论均见出章太炎提倡民族主义的目的,是要实现一个真正的大同理想世界。

章太炎认为达至大同世界的民族主义,必须包含两个部分:其一是独立的民族个体在遭受外力环伺时,内部人民基于爱国之心不断凝聚而成的共同历史感情;其二是维护民族个体的独立性,使人民在未实现最高尚的"平等自由"的无生主义之前,让每个个体的权利均得到维护。然而,无生主义实质上就是尽绝人类众生的境界,包括了他于"五无"论中的无政府、无聚落、无人类、无众生、无世界。但是,在现实上由于帝国主义强权环伺,无生主义其实是难以实现的;无政府主义在清末以来受到帝国主义、殖民主义欺压,对于千疮百孔的中国而言,为了保存种族,实际上也不能将无政府主义付诸实践。③在这种情况下,中国人民还是需要那个被章太炎自身讥刺为"秽恶"如"乾矢鸟粪"的国家、政府以作自我保护。④他清楚意识到,国家、政府之所以建立,正是因为国外势力压迫所使然;只要外国势力一天尚存,则己身所处的国家,其生存之前提就不可以一天无政府。⑤国家之建立,在他看来本身就是一种

① 章太炎《复仇是非论》,《章太炎全集》(四),第 274 页。
② 章太炎《五无论》,《章太炎全集》(四),第 430 页。有关太炎民族主义的开放性及其道德伦理主义的论述,详见张志强《一种伦理民族主义是否可能?——论章太炎的民族主义》,《章太炎生平与学术》,第 1034—1035 页。
③ 林少阳便曾详论章太炎的无政府主义是充满积极反抗专制权力的深意,表现出对国家权力、资本权力的批判和对社会主义及民众解放的追求。详见林少阳《批判无政府主义的无政府主义者:1906—1908 年章太炎与中日无政府主义运动的关系》,载张志强主编《重新讲述蒙元史》,北京:生活・读书・新知三联书店,2016 年,第 309 页。
④ 章太炎《官制索隐》,《章太炎全集》(四),第 87 页。
⑤ 章太炎《国家论》,《章太炎全集》(四),第 464 页。

迫不得已的做法。生当其时，建立共和政体，相对而言是众多国家机制中祸害较轻的一种，这也就构成了太炎既批判国家机制但又倡言无政府主义、维护共和体制之所谓"矛盾"思想。①

总的来说，章太炎的政治思想可以归纳为"始则转俗成真，终乃回真向俗"。②他从否定国家政府是"假有"出发，进而推崇无政府主义、无生主义，然后转而提倡民族主义，建立民族国家以抗强权，直至实现个体的独立性与自主性。这些反映了他既能"转俗成真"——从现实的政治斗争中去思考高远的哲学问题，同时也能"回真向俗"——从本体论、认识论、心性论的学术思想角度去疏通、解决现实政治的纷争矛盾，不"局促于一曲之内"。③这种以批判"假有"去建立"实有"，又反过来发展"假有"去完成"实有"的双重辩证法，便是章太炎的政治思想特色。

三、联合亚洲各国共抗帝国主义强权

章太炎的"假有""实有"双重辩证法，亦见于他的"联亚"言论。太炎提倡联合亚洲各国以抗衡西方霸权，最早见于他在戊戌变法之前和中日甲午战争后的文字。他的联亚思想的核心，也是鼓励个体"自主"，完成个体"独立"。对他来说，联合亚洲革命者及广大民众，目的并不只是对抗外国帝国主义与殖民主义的国家政府之间的联合，同时也是为了凸显革命者对内反抗专制、追求民主的联合与相互奥援。④故此，"联亚"与"联治"是连贯的。章太炎对外提

---

① 相关论述另见于陈学然、徐全《章太炎对联省自治运动的贡献》，第247—249页。

②③ 章太炎《菿汉微言》，载章太炎著、虞云国标点整理《菿汉三言》，沈阳：辽宁教育出版社，2000年，第61页。

④ 有关章太炎联亚思想的形成与亚洲主义、日英同盟、印度独立运动等国际政局联系的探讨，见林少阳《章太炎"自主"的联亚思想——〈民报〉时期章太炎与日本早期左翼运动及亚洲主义、日英同盟、印度独立运动的关系》，载《章太炎生平与学术》，第970、1015页。

倡"联亚",目的是联合亚洲其他国家人民来对抗国家政权、政府,维护个体的独立与自主;对内提倡"联治",目的是从内部范围讲求各个自治省的联合,反抗中央政府强权以及摆脱帝国主义操控中央以殖民中国的压迫。

章太炎联弱制强的联亚方案,最早见于1897年2月所发表的《论亚洲宜自为唇齿》一文。他鉴于当时的国际形势,倡言同为黄种的中日联盟"远可以敌泰西,近可以拒俄罗斯",①由此而使太平洋区域和平安定。章太炎1906年滞留日本期间,也曾倡言中国与印度联合起来互为屏蔽,共同对抗帝国主义的侵凌。他的《支那印度联合之法》指出:"支那、印度既独立,相与为神圣同盟,而后亚洲殆少事矣。联合之道,宜以两国文化,相互灌输。"②

章太炎1907年4月在日本东京成立"亚洲和亲会",主张"反对帝国主义,而自保其邦族"。③可谓是继其"论亚洲宜自为唇齿"一文里"庶黄人有援,而亚洲可以无蹶"的基础上,④进一步阐发其更为宏大的亚洲联合思想(联亚思想)。这一思想的特征表现于借着联合亚洲区内各个独立自主的国家,共同对抗帝国主义、强权主义。具体做法无过于是使大家团结起来互为屏蔽、互为扶助达至"无受"白种帝国主义的"陵暴",以图"使各得独立自由"为其宗旨。不过,当强权不只是来自外部势力还源自内部时,则联盟间亦要团结起来推翻内部强权。他说:"亚洲诸国,若一国有革命事,余国同

① 章太炎《论亚洲宜自为唇齿》,原刊《时务报》第18册(1897年2月22日);收入汤志钧编《章太炎政论选集》,北京:中华书局,1977年,第6页。
② 章太炎《支那印度联合之法》,载《章太炎全集》(四),第368页。
③ 章太炎《亚洲和亲会约章》,载《太炎文录补编》,收入《章太炎全集》,上海:上海人民出版社,2017年,第280页。
④ 章太炎《论亚洲宜自为唇齿》,第6—7页。

会者应互相协助,不论直接间接,总以功能所及为限。"①

故此,联亚思想得以付诸实践,前提必须是要大家能够先接受亚洲各国彼此间平等而相互独立和自主,在面对强种侵略时各各联合起来保护邦族。既然彼此之间平等、自立,那么"亚洲和亲会"这个推动相关运动的组织,其内部就顺理成章不设立会长、干事职分。章太炎在《亚洲和亲会约章》指出:"各会员皆有平均利权,故各宜以亲睦平权之精神,尽相等之能力,以应本会宗旨。无论来自何国之会员,均以平权亲睦为主。"②这种平等互助互立的思想,借用林少阳的论点,就是源于章太炎更为根本的具备"浓重的世俗的道德主义及革命色彩"的宗教概念。这一宗教概念是他糅合儒学、老庄哲学,尤其是佛教等思想资源而成者。③用章太炎自己的话说,就是:"用振我婆罗门、乔答摩、孔、老诸教,务为慈悲恻怛,以排摈西方旃陀罗之伪道德。令阿黎耶之称,不夺于晳种,无分别之学,不屈于有形。"④在这种既复先秦诸子之古以开启当下时代的多元性情况下,再结合佛教崇尚平等的教义,构成章太炎有关各国在当下世界应如何平等、自立地相互对待的主张,以及宣扬弱国在受到帝国主义外力入侵时应该联合起来共同对抗外敌的共同政治纲领。

必须指出的是,章太炎从联亚到联治,所体现的联弱抗暴、解放个体的思考方式乃至对真俗问题的看法,与他 1910 年完成的《齐物论释》一书息息相关。他视国家、政府、团体、乡村乃至一切制度都是假有和无自性时,当中对权力的反抗和追求个体自主独立的思想是不言可喻的。然而,这些都建立在"涤除名相",打破国

---

①②　章太炎《亚洲和亲会约章》,《章太炎全集·太炎文录补编》,第 281 页。

③　林少阳《章太炎"自主"的联亚思想》,《章太炎生平与思想》,第 984 页。

④　章太炎《亚洲和亲会约章》,《章太炎全集·太炎文录补编》,第 280 页。

体/群体、省市/中央、国家/世界等等的界限。为了证明"涤除名相"的重要,章太炎特别重视《齐物论》中尧和舜对谈的一段话:尧告诉舜他主张讨伐南方小国,目的是把高尚的文化散播远方,但他发现南方小国不单不欣然接受教化,反而心中充满不悦之情,对尧的美意表示"不释然"。舜回答说,南方小国犹在"蓬艾之间",因文化水平的关系,没法一下子接受高尚文化,需要时间慢慢熏陶。针对舜的回答,章太炎写了很长的评语,其中一段把舜的话与帝国主义甚至是曾为他一度阐扬的无政府主义连结起来。

> 今之伐国取邑者,所在皆是,以彼大儒,尚复蒙其眩惑,返观庄生,则虽文明灭国之名,犹能破其隐慝也。……或言《齐物》之用,廓然多涂,今独以蓬艾为言,何邪?答曰:文野之见,尤不易除,夫灭国者,假是为名,此是梼杌、穷奇之志尔。如观近世有言无政府者,自谓至平等也,国邑州闾,泯然无间,贞廉诈佞,一切都捐,而犹横箸文野之见,必令械器日工,餐服愈美,劳形苦身,以就是业,而谓民职宜然,何其妄欤![①]

章太炎对"涤除名相"的重视在这里显露无遗。他指出,就是圣人如尧、舜也常常自以为是,从自己的立场出发侵略人家。这种虚伪的行为,不单见于帝国主义者的"教化工程"(civilizing mission),也见于无政府主义者的平等博爱言论。[②]章氏认为两者同样虚伪,帝国主义者打着"文明教化"的旗号侵略人家,无政府主义者口中

---

① 章太炎《齐物论释》,收入《章太炎全集》(六),第 40 页。
② Viren Murthy(慕唯仁)曾对章太炎《齐物论释》中如何借"齐物"以批评无政府主义作出论述。见 Viren Murthy, *The Political Philosophy of Zhang Taiyan:The Resistance of Consciousness* (Leiden:Brill, 2011), pp.213—216。

虽大喊消除人类界限,但实际上也是抱着"文野"的偏见进行帝国主义式的侵略活动。

进言之,章太炎源于"齐物论"的反抗强权思想,凸显了从国家到个人的个体解放与独立。就抗衡列强而言,章太炎维护的个体专指国家的自治权或自主权;就国家机器或中央强权而言,章太炎维护的个体专指地方的自治权或自主权。当然,如果就组织或团体而言,章太炎维护的无疑就是个体的自主与自由的权力。章太炎当时联合亚洲各国的黄种之国,目的是共同抵抗欧美的白种帝国主义,是要联合弱国以抗强权大国,这也是在无国家、无政府不可能的情况下而各国人民依赖民族主义团结起来,再与各国民族主义之士共同携手对抗强权。在追求自身民族独立自主的同时,再"推我赤心救彼同病",以令其他弱国"得处于完全独立之地",这反过来也是"圆满民族主义"的深意所在。以联合弱者对抗强权来维护自身独立自主的思考模式或方法,在 20 世纪 20 年代由联亚转变为内部的联合,使受欺压的地方共同抵抗不合民国法统的中央强权。

民元强调"统一"而排拒"联邦制"的章太炎

从早年仍与"尊清者游"的时期,章太炎因赞成立宪、主张地方自治而有其分镇之说。[①]至其"排满"时期,他以一名为建立共和政体而献身的战士投入革命行列时,反对清廷借君主立宪方式让皇权苟延残喘的做法。章太炎发表的《分镇匡谬》,全面转向共和体制而不碰当时由清廷主导的地方分权或地方自治问题。然而,这

① 章太炎《分镇》,载《訄书初刻本》,收入《章太炎全集》(三),第 72—74 页。

不代表章太炎否定地方分权或地方自治。他这时表达了欲以共和政体取代帝制皇权以实现国家统一的构想,地方自治在他眼中也只是清廷用以延续其统治的手段罢了。

"排满"反清革命成功后,章太炎为了推动落实共和政体,首先提出促进民族融和、实现文化齐一的思想,不再攻击强种的满清种族在过去如何欺压汉种的历史往事,也不再坚持晚清十年里主张用血缘、种族来区分民族的差异。相反,他主张深入认识、理解全国各地的文化风俗差异,派遣官员到各省"分科巡视,知其政俗,以告于执政,以周知天下之故";又大力起用前清政府的"退官废吏",借助他们"审知向日利病者"的经验,不但政府要"引为顾问","议院亦当取为师资"。唯有尊重文化差异,国家才有统一的希望,进而"政无戾民,法无辅恶"。①然而,"综核"文化、民俗,任用不同政治背景官员,广开视听,只是新建之国的起点。章太炎指出还应该促使文字、语言尽早统一,最后实现民族共融、相互了解而文化齐一的团结局面。②不难看见,他在民国初建数年的各种努力,是欲以在野力量促成一个融合南北以及不同文化族群的"强有力"共和政府。

1912 年 1 月 1 日南京临时政府正式成立。1 月 3 日,以章太炎为正会长的中华民国联合会宣告成立,这个联合会被章太炎看

---

① 章太炎《先综核后统一论》,原刊《大共和日报》,1912 年 1 月 11 日;收入《章太炎政论选集》,第 551 页。

② 正如汪荣祖在论及章太炎文化多元的表述时,便着重论述章氏《齐物论释》如何对抗"一元论",又引申其意指出所谓"齐","绝非整齐统一";并明言章氏"不要强齐,就是为了存异;能够相互存异,才算平等"。他的"齐物渺义"对于不同的文化而言就是要"互相尊重文化的特性",大家并行不悖,彼此一往平等,共荣共尊。见汪荣祖《章太炎对现代性的迎拒与文化多元思想的表述》,《中央研究院近代史研究所集刊》第 41 期(2003 年 9 月),第 166—175 页。

作是"大有功于民国者也"。据该会《缘起》,"创设中华民国联合会,期在联合全国,一致进行,以扶助完全共和政府之成立"。这段文字也成为该会《章程》中的第一、二条条文,代表了该会的创立宗旨。①同年 3 月 1 日,该会随着袁世凯(1859—1916)的"北京统一共和政府"成立,后也公开宣告改为"统一党"。该党《通告》指出:"南北混一,区夏镜清。共和之政府成,而艰难复逾于昔。经营构划,在强有力之政府。谋议监督,在有智识之国民。夫惟集天下之智勇,聚天下之精材,然后一者不复分,合者不复涣。"②这份《通告》表明章太炎及其领导的在野政治力量,随着时代政局转变而亟亟于联合全国,既告别昔日严分种族与政治背景的革命话语,又践行"排满"时所勾勒的建国蓝图。1912 年 3 月 1 日,章太炎主编的《大共和日报》发表中华民国《联合会改党通告》,正式将联合会改为"统一党"。他阐释"统一"之意曰:"统一二字,若当国势巩固之后,本无庸说,现在则不得不有所需求。以中国此时,南北尚未和合,外藩尚未亲附,政权、兵权,尚未集中,故宜标示此义。"③

　　民国肇造,时政纷乱,章太炎与同人倡言加强中央权力以维系国家统一,这是太炎从分离扰乱的复杂时局中强调国家的统一。他在《通告》再次强调,如要实现中国统一,必须深刻了解中国的地理和文化。他认为中国幅员广袤,必须"合蒙、藏各地而为一国",方可保全国家的统一。④但在面对行政区域过大而又不能行美国的联邦分治之法,则在行政上应效法法国的责任内阁制。《通告》

① 曹业英(整理)《统一党第一次报告(上)》,《近代史资料》第 84 期(1993 年 11 月),第 21 页。
② 曹业英(整理)《统一党第一次报告(上)》,《近代史资料》第 84 期(1993 年 11 月),第 30 页。
③④ 曹业英(整理)《统一党第一次报告(上)》,《近代史资料》第 84 期(1993 年 11 月),第 31 页。

也继承中华民国联合会的宗旨,倡言中国内部要相互了解,"辅助共和","泯除畛域",做到"齐其文化","共进文明"。①与此相呼应的是统一党的《宣言》,同样以宣扬为宗旨,无不说明新建之民国要融合各族以求共存共荣。将此《宣言》理念再作更为具体阐释的就是统一党"融和民族,齐一文化"的党纲了。②这一党纲的提出,据说是为了要纠正清朝统治中国三百年来未有推行民族"融和齐一"的"恶政",最终实现汉、满、蒙、回、藏五大民族的融和。③

　　章太炎在民国建元时期主张国家民族统一,是因应中国的实际情形,强调全国的统一和主张各独立省份重新汇聚于共和立国的中央政府之下,地方分权或地方自治绝非这时期政局之所需。相对来说,他的思想在民国成立前后的十多年,即"排满"时期与第一次护法运动时期,与他在20世纪20年代的思想迥然不同。

　　在"排满"时期,基于"排满"反帝制的立场,章太炎试图驳斥当前一切被用以维护满清皇权及帝制的说词。他当时的思想核心是分离"中国",提倡地方脱离作为中央政府的清廷而独立,透过"分离"以实现历史文化意义上真正"统一"的中国。他认为结合中国历史背景、地理疆域广袤、人口众多等因素,美国联邦制作为建国后的政体模式只会让国情更加复杂纷歧,用美国代议制作为监督政府的方法也徒添争斗。④他从不同角度提出中华民国成立后的新政体不能够效法美国联邦制和设立议会的理由,目的是避免中

---

① 曹业英(整理)《统一党第一次报告(上)》,《近代史资料》第84期(1993年11月),第32、31页。

② 曹业英(整理)《统一党第一次报告(上)》,《近代史资料》第84期(1993年11月),第33页。

③ 曹业英(整理)《统一党第一次报告(上)》,《近代史资料》第84期(1993年11月),第40页。

④ 章太炎《代议然否论》,《章太炎合集》(四),第305页。

国进一步分裂,防止政权为少数权贵所把持所操纵。他从中国千古人情风俗、悠长文化历史演变等方面出发,阐明中国难以"联州"形式组成类似美国的联邦政府:

> 自宋以降,南人视北人则有异,荆、扬、益三州人视岭外人则有异。地方自治始萌芽,而湖南、江苏、安徽比邻之民,又且相视若戎狄;滨海通商之地,其民羯羠不均,顾反有贱其宗国,而厚爱欧美人者。若一日分为联州,其迤离则愈甚,而南北美之战争将亟见于汉土,于民族主义甚反矣。夫山人诮泽人则以为蛙黾;泽人诮山人则以为貙狸;将由老死其乡无交通之利便故然耶?斯又未谛合震旦冠带之区,大于英德法三国。彼以政俗不同,转相鄙贱,虽交通利便不为损。今若分置联州,其相蔑相陵可知已。①

如前所述,章太炎在中华民国联合会成立大会上发表的演说,也警戒新政体切勿模仿美国推行联邦制,否则全国陷于分离。他认为:"中国本因旧之国,非新辟之国,其良法美俗,应保存者,则存留之,不能事事更张也。"他又具针对性地指出中国历史文化与美国"绝不同";美国是一个新建国家,"其所设施,皆可意造,较中国易,无习惯为之拘束也"。美国所行之联邦制尤其不能为中国所效法:"美之联邦制,尤与中国格不相入,盖美之各州,本殖民地,各有特权,与吾各省之为行政区划、统一已久者不同,故不能破坏统一而效美之分离。"②他认为中国若用美国的联邦体制,无异于本末倒

---

① 章太炎《代议然否论》,《章太炎全集》(四),第 305 页。
② 章太炎《在中华民国联合会成立大会上之演讲》(1912 年 1 月 3 日),载《章太炎演讲集》,第 113 页。

置。由此而论,这种"统一"倒是"涣散之源"和致乱之源,结果只会加速国家的分崩离析。

章太炎在民元时不主张中国推行联邦制,是鉴于中国当时的实际政局使然。清廷的覆亡是因各省纷纷举起独立大旗所致,但在推翻清廷后则"新建之民国"便不能再言"所谓独立"。为了收束各路势力以免国土四分五裂,章太炎呼吁全国速求统一,统合于共和政体下。他更倡行"国家社会主义",建议"速谋语言统一"来增进文化融和。①当中央政府做到"统一以后",便要将各省都督稍加裁汰,或者将各省都督对调,以利于办事。②章太炎理想中的民国政体需由民众普选总统,司法、教育二权独立,借以制衡大总统权力;而大总统权力也被限于行政、国防以及代表外交事务,在地位上宜与司法、教育首长/学官相等。总统有罪,司法首长可予以"逮治罢黜",而监督政官之权责也在"法司";至于本由议会或代议士主导之立法权,章太炎则将其权柄归在"学官"之下。根据他的论说,学校、学官与政权、政官相抗,其源有自,直到孔子、老子才将官学转移至庶民阶层。对于民国之学校,除了小学与军校可交由政官管理,所有学校都须由具独立地位、且在权位上能与总统互成"敌体"的学官管理,由此构成既有类似于西方大总统主掌行政而提高国家行政效率的政权,同时又使行政、司法、教育三权相互独立以避免权力被总统把持的局面。③

上述诸种论述,反映章太炎这时期要实现一个权力受到约束

---

① 章太炎《在中华民国联合会成立大会上之演讲》(1912 年 1 月 3 日),载《章太炎演讲集》,第 113—114 页。

② 章太炎《在统一党南通县分部成立大会上之演说》(1912 年 4 月 8 日),载《章太炎演讲集》,第 118 页。

③ 章太炎《代议然否论》,《章太炎全集》(四),第 306—308 页。

但又能够具集权管治能力的中央政府。他主张建立总统、司法、教育三权分立的中央集权政体,借以提高国家施政效率。更准确地说,他这个阶段乃是在集权之中讲分权,在分离之中求统一。集权是为应对四分五裂之中国政象而论,统一亦是在倡谈重新规划行政区域时所言,但同时也有其主张地方自治、分离于权力过大的中央政府武力操控,进而达成非武力的文化融和、民族统一的目标。章氏于清末、民元期间围绕统一与分离的种种思辨与构想,成为他在 20 世纪 20 年代酝酿联治思想以及勠力推行这一运动的思想基石,同时也是他追求国家大统一思想的延续,其中尤着重于限制中央及大总统的权力。由此观之,章氏由清末求地方自治以联合革命力量,求联合亚洲各国以共抗帝国主义,再到民元时期推动五族共和、倡议民族融合以排拒美国的"联邦制",都是他再造共和、实现国家民族统一过程中与时俱进的救时主张,当中无疑有其思想的延续性与统一性。

二十年代"联治"时期的章太炎:倡议自治

一、章太炎的联治主张与实践

随着民初混乱政象扩散,章太炎的政治理想愈来愈难实现。1916 年袁世凯逝世,随之而至的是护国战争以及章太炎参与其中的第一次护法运动。章太炎苦苦追求的共和理想在第一次护法运动失败后完全落空,他与昔日的革命同志孙中山在统一中国的问题上产生诸多矛盾。从袁世凯称帝到孙中山意图以武力统一中国(甚至是被章太炎后来看作是以"赤化"形式统一中国)时,中国不但未能统一,反而出现更多势力拼命竞逐中央权力与大总统权力。

在章太炎眼中,把民国合法总统黎元洪(1864—1928)驱赶下台的北洋政府固然不合民国法统,凭借非法国会选举出来的大总统孙中山同样不合法统,而且违反共和理想。他没有响应孙中山发起的第二次护法运动,甚至将当前的护法运动斥为"借名护法,阴图割据"。①

民国成立以来无日无之的政治争斗,改变了章太炎的政治立场。一方面,中央政府在违反共和理想和民国政统的情况下,无法驾驭各地军政势力,促使民国后各地军政难以统一于中央政府的权力框架之下;另一方面,掌握实权的各路军政首领,在国家权力中枢疲软的状态下,试图问鼎总统、总理大权与国会控制权,进而抢夺中央政府的控制权以实行专制统治。②中央集权或总统权力够大,本应可以透过强有力的中央政府维持国家平稳,达至统一;但当前问题是缺乏共同认可的宪法,掌握实权的各路军政首领无所依从。南北政府和西南军阀间的合纵连横也造成了政权中枢愈是疲软溃散,各路试图问鼎总统、总理大权与国会控制权的势力便愈是热切竞夺权力。

1920 年底开始,章太炎私下和公开都提出先求自立省宪、实现省自治的见解。他在写给四川将领熊克武(1885—1970)的信函中指出:"省宪未成,则联省亦是假定;国宪未就,则政府何自产生?"③此论可谓一针见血,清楚指出订立宪法、制度是确保国家达至统一的根本保障。他在寄给熊克武与赵恒惕(1885—1970)、陈

---

① 王无为《章太炎联省自治之建议》,载《湖南自治运动史(上编)》,第 104 页。

② 王无为《章太炎联省自治之建议》,载《湖南自治运动史(上编)》,第 104—105 页。

③ 章太炎《与熊克武》(1920 年 12 月 10 日),载马勇编《章太炎书信集》,石家庄:河北人民出版社,2003 年,第 714 页。

炯明（1880—1971）等人的信中，清楚指出："有省自治而后有联省自治，有联省自治而后有联省政府，节次稍差，便为躐等。"①

章太炎自此便公开大力呼吁各省举起自治、立宪的大旗，让人民成为国家的实体，享有自主权和选举权，使国家政权从中央到地方的管治得到人民的监察。这种国家权力装置的监管举措，不但监察中央政府权力，同时也使中央政府在复杂纷扰的国际竞争格局下，免受列强操控而影响民族国家的整体利益。用章太炎的话说就是："必推翻外人所凭借以欺凌国人之中央，方能建成完全独立之健全国家。"②

然而，值得注意的是，这种联省政府毕竟是在"中国既不能绝对无政府"的情形下出现的，③它是在没有更好的选择之下最能重新彰显共和理想的一种政体。章氏这样说："中央政府，一变而为卖国机关，有之不如其无。然因代表全国之关系，又不能废此政府名称，不得已乃有联省自治之主张，以冀限制其卖国之权。"④他又在一篇名为《各省自治共保全国领土说》的文章中，清晰表明了当前中国强用武力统一，只会加剧军事争斗以及让全国尽为外敌控制。⑤正如他排帝国主义必先"排满"的思维一样，欲对抗当前的外力，莫过于对抗当前欺压百姓的中央政府，由此而有其必须借联省自治以厘清中央与地方的角色与功能，甚至外交、财政、军事大权

---

① 章太炎《与熊克武》（1921 年 3 月 11 日），载《章太炎书信集》，第 714 页。
② 章太炎《在湖南省省长饯送宴上之演说》（1925 年 10 月 15 日），载《章太炎演讲集》，第 292 页。
③ 章太炎《与各省区自治联合会电》（1921 年 1 月 6 日刊于《申报》），载汤志钧《章太炎年谱长编（增订本）》，第 353 页。
④ 章太炎《在国是会议上演说天坛宪法之缺点》（1922 年 9 月 10 日），载《章太炎演讲集》，第 273 页。
⑤ 章太炎《各省自治共保全国领土说》（手稿，潘承弼旧藏），收入《章太炎政论选集》，第 755 页。

都不得由中央操控而应交还地方专主,借以对付外患。①章太炎这些说法清晰反映了他在 20 世纪 20 年代初期已经否定 1912 年的中央集权,因为他于这时已看清楚中央政府已远远告别了民元初建时那个或有可能实现共和理想的政府;相反,这时的中央政府完全是欺压人民、凌暴省地的专制强权。他遂因应时变,大力主张还政于民,分权于民,让各省自治自保。

章太炎所倡议中央与地方的分权限度,远大于欧美国家。中央由是只成虚位,地方占有绝对实权。地方由本来受压的弱者,在改变角色后拥有独立、自主的自治权力。由此可见,章太炎的联省自治是要"联合"弱者、虚置中央政府以对抗强者的政治方案,并且压缩大总统权力以免它成为致乱之源,使人民成为国家的实体,享有自主权和选举权,让国家政权从中央到地方的管治都受到人民监察。这种国家权力装置的监管举措,不但监察中央政府权力,也使中央政府在复杂纷扰的国际竞争格局下免受列强操控,影响民族国家的整体利益。这种联弱御强的思想方案,与他在 1906 年构想的联亚思想,在反抗强权方面有本质上的相同之处。

回到联治运动的政治构想或其实践的问题上。章太炎一方面借着地方自治、分权以求削弱权藉过大的中央政府与大总统权力,由此消弭各路势力为争权夺利而产生的祸患;②另一方面也透过联省自治的实施,既保一省自治,同时又推进各省联合以成一联省政府,实现中国的真正统一。为了打破当前军阀政权及制造乱源的中央政府、总统、国会,章太炎已不再如辛亥前夕那样主张三权分立和反对议会制度,转而倡言强化地方、弱化中央之策。他把组

---

① 王无为《章太炎联省自治之建议》,第 104—105 页。
② 章太炎《联省自治虚置政府议》(1920 年 11 月 9 日),《章太炎政论选集》,第 752 页。

成国家权力架构的宪法、国会、总统讥刺为"三蠹",明言三者是权力争斗、引起战祸的致乱之源,只要"三蠹"不除,则中国难有一天安宁。①既然要废弃大总统一职,那么日常的国家行政工作可以透过另设一行政委员会以集体负责制的形式处理政事,进而确保中央不得干预省级政事,确保联省自治政体得以有效实现,重新缔造"共和"的理想。至于各地方的省内自治模式,章太炎以下一段话可略见其梗概:"自今以后,各省人民,宜自制省宪法,文武大吏以及地方军队,并以本省人充之,自县知事以至省长,悉由人民直选;督军则由营长以上各级军官会推。令省长处省城,而督军居要塞,分地而处,则军民两政,自不相牵。其有跨越兼圻,称巡阅使或联军总司令者,斯皆割据之端,宜划去,此各省内治之大略也。"②

章太炎的联治政体,其兴起因由、权力分配与除授乃至具体实施步骤,另见于《申报》的一篇公开电文。他在文中透过自治之途,厘清国家实现和平统一的步骤。即实现第一步的省份自治后,进而实现第二步的联省自治,再在联省自治的基础上实现第三步的具备中央性质的联省政府。③进言之,没有地方自治,则地方权力不能彰显;自治而不联省,则难以维持自治局面。有了联省自治,方才有联省组成的中央政府。由是可知,单纯讲求一省一域自治,不是章太炎的最终意愿。他要把自治的经验或模式一层一层如波纹扩展般推及其他各省,最后联合起各个自治省组成联省政府,实现全国的和平统一。

为了响应时人对联邦制不合中国历史、破坏统一的批评,章太

---

① 章太炎《弭乱在去三蠹说》(手稿,潘承弼旧藏),收入《章太炎政论选集》,第756页。

② 王无为《章太炎联省自治之建议》,第104页。

③ 章太炎《与各省区自治联合会电》,汤志钧《章太炎年谱长编(增订本)》,第353页。

炎重新阐述他对联邦制的看法,放弃了中国自古以来是国家统一、省为行政区划之说,转从中华民国的构成作为起点,说明中华民国由所有脱离"满清"政权的省份组成,故中华民国是先有省后有国:"以目前中华民国之历史论,实先有省而后有国。盖自武昌起义,南北响应,计宣告独立者十有五省,省皆自主,非受武昌命令,亦未尝以武昌为中央政府,当时固只有省,未有国也。及各省分派代表,组织临时政府,而后国家之形可见。是民国之历史,以省集成为国甚明。"①章太炎以舍远取近的方式重新阐释可为其使用的历史资源,尝试为其大改革提供合理合法的依据。至于其政治改革的推动方案,先在中国各省地推行自治,然后联合各自治省组成联邦政府,这种组成国家的方式切合中华民国发展的客观历史。顺应这一建国步骤,重新厘清中央与地方的权责,设立集体负责的行政委员制,取代国家元首集权的大总统职权,杜绝"一人独治,适为乱源故也"的弊害。同时也倡导修订宪法,达成"群才当位",止息纷争,让人民获得"少安"。②

既然民国之乱是源于一人独治的元首集权,而各路势力又争逐这一作为国家元首的总统、总理权位;为止息乱源而促成群才当位以作分权管治,便是解决问题的一法。不过,在章太炎看来,各路势力竞夺所反映的一个根本问题是:中国缺乏一个真正能驾驭全局的人,而这也是造成各路竞逐、争端战祸频生的原因。他在1924年一封写给段祺瑞的信中,便敦促对方不要打压联省自治,同时也说明他与唐继尧、孙中山、黎元洪等人势均力敌,如果继续

① 章太炎《在国是会议上演说天坛宪法之缺点》(1922年9月10日),《章太炎演讲集》,第273—274页。

② 章太炎《与段祺瑞》(1924年11月19日),载《章太炎书信集》,第626页;《与段祺瑞》(1924年9月27日刊于《申报》),载《章太炎书信集》,第625—626页。

追求"统于一尊,则争端又起"。①

在缺乏有才干、具卓识之士或可孚众望者的情况下,南北政府盲目追求统一,只会徒增战祸,加速国家分离,故"统一"就是前文所说的"涣散之源"。至于"分离反是统一之母"则反映了在章太炎的认识里,如果真正要达至统一,则必然要收束横行于当世的各路军事政权;而收束之道则在于先实行联省自治,让各省以平等、自主、自立的状态自定义宪法,联合各自治省以成联省政府。联省政府中设以行政委员负责国家日常事务,但军事与财政仍属地方管辖,由此打破大总统的国家元首集权,并解决中国当前被西方帝国主义及殖民主义霸权操控的乱局。

章太炎在 1924 年的一封批判叶德辉的信函中,也表达了他对于如何解决国家分离以保统一的论述。如不能破除北洋政权,亦当借自治以保一方净土。中国当前既没有超卓领袖统合全局,各路实力相当的军政势力践行联省自治之策,方是解决国家分裂以及实现国家统一的希望所在。他的见解是这样的:

> 诚欲统一,则当号师仗顺,致届宛平,歼厥渠魁,届此群丑,然后万方和会,自无分离之势矣。苟不能然,即应为南方留干净土。……讨贼不成,就自治之说也。中土自秦汉以来,或分或合,本非一轨,孙、刘之才,纵不可望于今日;然北廷之僭位者,果有丕、叡之能,其为伪廷将相者,果有陈长文、司马仲达之望乎?②

---

① 章太炎《与段祺瑞》(1924 年 9 月 27 日刊于《申报》),载《章太炎书信集》,第 625 页。

② 章太炎《与叶德辉》(1924 年 4 月 3 日),载《章太炎书信集》,第 603 页。

基于上述诸种因素,他竭力维护湖南的自治局面——"欲其保存自治,维护省宪,不与内乱诸贼同污";①并且敦责北洋政府首脑段祺瑞不要试图改变西南各省固有的自治格局。②章太炎相信,只有推行联省自治,制定宪法,方能阻止国家因各路军阀争斗或武力统一中国所酿成的分离局面。

要之,章太炎的联治构想与行动,面对的是以武力反分离以求国家统一的北洋政府,同时还有借武力统一以反分离的南方政府。他提出了第三条道路,彻底放弃曾经共事的南、北政府,转而联合起其他军政势力,借着联省自治的政治方案解决危局。他以地方分权与自治为手段,实现国家统一的目标,与"联亚"在反抗强权方面的思想主张有本质上的相同。不难看见,他在清末至 20 世纪 20 年代的思想变化过程中,乃以民族统一、融和民族、齐一文化为思想归趋,致使他审时度势,提出救助时弊的方法,一以贯之地体现他集权之中讲分权、分离之中求统一的思想特质。

湖南自治受挫后章太炎与联治运动的落幕

1923 年,湖南自治运动处于波谲云诡的南北政争及湖南内部政局裂变而举步维艰。湖南当局多番撰信请求章太炎给予支持,章氏也密切注视湖南政局及联省自治的发展走向。③他在报刊发表大量文章之余,聚集一大批学者名流声援自治运动。在这过程

---

① 章太炎《与叶德辉》(1924 年 4 月 3 日),载《章太炎书信集》,第 603 页。
② 章太炎《与段祺瑞》(1924 年 9 月 27 日刊于《申报》),载《章太炎书信集》,第626 页。
③ 本节主要阐述湖南自治受挫之后章太炎的思想发展,有关章太炎与湖南自治运动兴起的关系,参陈学然、徐全《章太炎对联省自治运动的贡献》,第 263—275 页。

中,他与反对联省自治的南北政府为敌。究其原因,是章太炎视联治运动为重建民国法统、再造共和政体的希望所在,更将联治运动直接看作是彻底解决当前政治困局的根本方法。他在一封寄给赵恒惕及西南中国军政要人的公开信里,便清楚表现其深层而多元的政治思想:

> 联省自治之议,造端民九,鄙人实建其谋。盖以政治言,地大非一政府所能独理;以历史言,则中华民国之建立,本由各省军府集合所成;以时局言,非联治不足以戢军阀之野心也。……今者,南北十省,唯当以自治名义联拒寇仇,然后兵以义举,不为苟动,远作新共和之根本,近杜旁观者间言,较之虚言革命,驰想和平统一者,其于人心违顺,必相去远矣。①

由此可知章太炎之所以被视为"鼓吹自治及联治最力的人物",实缘于他欲借联治再造共和。不过,时局剧变,远非章氏其人可以预料。1923 年 7 月,推动湖南实行自治的前省长、总司令谭延闿(1880—1930)与湖南湘西镇守使蔡巨猷(1875—1933),接受孙中山的差遣与调度。谭延闿受命取代民选省长赵恒惕,成为湖南新省长与湘军总司令;蔡巨猷则宣告脱离湖南省政府,对湖南自治大肆攻击。另一方面,赵恒惕当局也面对吴佩孚(1874—1939)废省宪、弃自治的军事威胁。赵氏亲函章太炎征求解决时艰方法,章氏覆函直指赵氏应不惜个人身家性命讨伐违宪抗命的蔡巨猷——"既为保障省宪,慎固封守而战"。对于煽动蔡氏叛变的孙中山,章

---

① 章太炎《与赵恒惕》(1923 年 4 月 12 日),载《章太炎书信集》,第 748 页。

氏直言"罪不容诛";①又视孙中山以大元帅的身份行事为有违"吾国法定之职名",径视为"祗与前代废官相等而已","不能加入省长之上",建议赵氏毋需理会。②

然而,面对南北政府压力及湖南内部矛盾,湖南自治政府陷于废止省宪、修宪的风潮中。1924 年 9 月,湖南省议会最终在内忧外患的情况下通过修宪提案。新省宪扩大并集中了省长权力而趋向于总统制精神,承认北京的国家政府权威,甚至变成亲段祺瑞政权。③湖南省议会也加入了段氏筹办的"善后会议"。拒绝段氏邀请加入善后会议的章氏对湖南省议会大感失望,直视此举为"全国之羞"。④

章太炎在推动拥有军政实权的领袖实现联省自治之余,也联合了一大批社会名流推动联省自治的主张。这固有为声援实行联省自治的省份大张其军之意,同时也有自组有力政党以更全面实现政治主张的目的。⑤1924 年 7 月下旬,章太炎联结同仁创立"联治社",以"打破旧有一切团体,以联治主义为结合之中心",⑥继续鼓吹借联治改造国家的主张。章氏在他撰写的这篇颇有类于筹备宣言的函件中,力数当前国家的祸国殃民政令,提出打破现存权势以求国家真正统一的构想:

---

① 章太炎《与赵恒惕》(1923 年 7 月 23 日),载《章太炎书信集》,第 751 页。

② 章太炎与赵恒惕函(1923 年 7 月 30 日),原刊长沙《大公报》,1923 年 8 月 6 日;收入上海人民出版社编、马勇整理《章太炎全集·书信集》,上海:上海人民出版社,2017 年,第 987 页。

③ 刘建强《湖南自治运动史论》,第 217—218 页。

④ 《章太炎在湘之两演讲》,《申报》1925 年 10 月 11 日,第 9 版。

⑤ 李达嘉《民国初年的联省自治运动》,第 126 页。

⑥ 章太炎《与各省议会》(1924 年 7 月 28 日),载《章太炎书信集》,第 823 页。

　　自民国成立以来,未有悖乱若斯之甚者也。同人等困心积虑,原始要终,以为欲谋民国之统一,为在打破蹂躏省权之势力,而以各省为同流共进之单位。欲谋国宪之成立,首在消灭谬托法统之国会,而以联省会议为根本解决之枢纽;欲得联省自治之实际,首在却还伪宪赋予之自治,而以人民自决为特立独行之主张。由是集合同志,共筹联治社之发起,以贯彻上述政策为职志。①

上函反映章太炎不甘于湖南自治受挫而与褚辅成(1873—1948)、但焘(1881—1970)、章士钊(1881—1973)等结社求变,亟亟于扩大影响力。章氏 20 世纪 20 年代数年间,身处战祸连绵的国度,以置诸死地而后生的决心,推动国家统一,力求地方分权、自治,反对各路武人争斗造成中央与地方对立。但是,他同时也是以地方分权、自治及自主为前提,追求国家的非武力和平统一。值得注意者,是章太炎在反对联邦乃至推动联治过程中,一直贯彻其"分离反是统一之母,统一是涣散之源"的信念。他以彻底打破当前政治权势的思维,透过中央与地方自治、自立省宪的分离形式达至国家的和平统一,反过来批判南北政府强用武力统一为中国带来的种种祸患。透过"不齐而齐"②、"实有"与"假有"的辩证思考方法,他阐明了对现实政治制度的构思,并力求付诸实践,成就学术辅翼政治改革的经世志业。

――――――――――

① 章太炎《与各省议会》(1924 年 7 月 28 日),载《章太炎书信集》,第 823 页。
② 章氏有言曰:"齐其不齐,下士之鄙执;不齐而齐,上哲之玄谈。自非涤除名相,其孰能与于此。"见章太炎《齐物论释定本》,收入《章太炎全集》(六),第 61 页。另外慕唯仁在讨论章太炎的佛学思想时,也曾论及章太炎《齐物论释》中如何"破名相"的问题。见 Murthy, *Political Philosophy of Zhang Taiyan*, pp.208—212。

虽然章太炎勠力推动联省自治,但联治的主张与革命时代转向越来越激烈的社会思潮始终格格不入。时人抱持激进的形形式式主义宣扬社会革命,反抗军阀。在解救个人、国家乃至世界的强烈意愿下,"主义"与"党"提供了新路径、新方法,让人感到为个人与国家找到出路。①联治运动这种存在不少争议的政治改革,其决定权最终仍由各路军政强人所操纵,随着革命风潮激荡而沦为割据自保的渊薮,遭受各方的批判。②

章太炎重造共和的理想,有其削弱军人地方势力与倡扬人民自治思想的成分。他要求在联省自治的基础上再实现"联省政府",最终实现中国大统一理想。这与拥有主导力量的军人,多欲借联省自治之名以行其自保权力之实的目的大有落差,致使未能诱导军人真心实现自治的构想。再加上南北政府干涉以及地方内部权力分化——湖南省省长赵恒惕修改省宪法以利于集权,其下属唐生智(1889—1970)又与他争夺政权,再加上追求武力统一中国的激进思潮及共产革命风潮勃兴等等,均迫使联省自治在1925年逐渐偃旗息鼓。

1925年,联治风潮虽已陷入低谷,但以章氏为中心的"联治派"仍在北京活动,请求中央政府实现联省自治。然而地方军阀本来就不愿听命于中央,他们的目的只在于扩张自身势力与地盘,因此联治派主张的裁督为长(裁撤督军,改为省长)无异于与虎谋皮。在当时的舆论看来,联治的真正出路在于联治派要把改革的理念与行动面向民众:"要之,联治派在北京运动,已经大误特误,用这种请愿主义、叩头主义,要求省民自治,无异与虎谋皮;所以我希望

---

① 王汎森《"烦闷"的本质是什么——"主义"与中国近代私人领域的政治化》,《思想史1》(2013年),第92—95页。

② 李达嘉《民国初年的联省自治运动》,第119页。

联治派'向民间去'培养民众实力,使各省民众去革各省军阀的命!"①然而,以文人名流为骨干的联治派最终因为自身的局限,未能在民间培养起民众实力。自今视昔,培养民众实力以行革命之实而得以成功的,只能说是 20 世纪 20 年代中后期崛起的共产党。曾经一度大力支持地方自治甚至宣扬湖南独立建国的毛泽东(1893—1976),②于其领导下共产党更把"向民间去"这一口号演化为一个新时代的思想旗帜。毛泽东从 1920 年大力支持联治运动,在 1922 年已转变成激烈的批判者。他领导民众革命运动,推翻现有政体,以大破大立姿态重立政统、道统。章太炎等人推行的联治运动,在 1927 年北伐运动拉开序幕后便离开了时人视线。

前半生深受时人推崇的"有学问的革命家"章太炎,晚年因为"联省自治"而饱受讥评,被昔日学生鲁迅斥为思想落伍、倒退、颓唐而僵化的标志。③鲁迅也把乃师与西南军政要人来往简单地看作是与军阀勾结、沆瀣一气。④类似于鲁迅的批评普遍见于今天的学术界,不少人把章太炎积极推动联省自治运动径视为他的人生污点。鲁迅有关章太炎"拉车屁股向后"的讥刺,一甲子以来学界批判章太炎联治思想时一再隔代重现。学者有的把章太炎在联治运动中的言行斥为"反动","敌我不分,……影响十分恶劣,对大局

---

① 掖神《评联治派在北京活动》,《孤军》第 2 卷第 11 期(1925 年 4 月),第 5 页。

② 中共中央文献研究室、中共湖南省委《毛泽东早期文稿》编辑组编《毛泽东早期文稿(一九一二年六月——九二〇年十一月)》,长沙:湖南人民出版社,2008 年第 2 版,《湖南改造促成会复曾毅书》,第 440—444 页;《湖南建设问题的根本问题——湖南共和国》,第 453—455 页。

③ 见鲁迅《关于太炎先生二三事》,第 565—567 页;鲁迅《趋时与复古》,第 564—565 页。

④ 鲁迅《致曹聚仁》,载《书信》,收入《鲁迅全集》第 12 卷,第 185 页。此信写于 1933 年 6 月 18 日。

极为不利","彻底失败和破产";①也有的指章太炎这期间与军阀勾结,"颐指气使,……反做了军阀政府争权夺利的旗号。……成了许多地方军阀掌中的玩物"。②汤志钧在谈及章太炎联省自治一事时也极不以为然,认为这反映了章太炎在"思想上的逆转","为地方军阀所包围利用";他反对孙中山出任非常大总统也是在"思想已跟不上形势的发展",连带而至的就是批判他在这段时间思想右倾、学术"陵替"、建树远不如前。③

不难看见,上述的连串论说对章太炎面对的时代问题及其联治思想欠缺深入把握,致使出现不少十分偏颇而亟待补正的论述。正如王汎森所说的,章太炎本身是一个"奇特的复合体"。在他的思想世界里,复古与趋新、复古与反传统是复合而不是相互矛盾的。④如果只从太炎生命的某个片段或某一事件来观察他的思想,只会沦为瞎子摸象般破碎、偏废,同时也无法捕捉其"始则转俗成真,终则回真向俗"的思想变迁之迹,对于其"实有""假有"之辨也就更加难有体会。

结　　语

当我们回到历史现场,章太炎在晚清"排满"革命时期强调独立而主张地方分离于"中央",进而实现历史、文化上的国家统一,在1911年则又以革命元勋的身份主张统一而批判联邦制,至20

---

①　李润苍《论章太炎》,成都:四川人民出版社,1985年,第351—362页。
②　姜义华《章太炎评传》,南昌:百花洲文艺出版社,1995年,第322—328页。
③　汤志钧《章太炎传》,台北:台湾商务印书馆,1996年,第332—333、340页。
④　王汎森《从传统到反传统——两个思想脉络的分析》,载王汎森《中国近代思想与学术的系谱》,台北:联经出版事业股份有限公司,2003年,第123页。

年代同样因为要求统一之故而转向"联治"。外表上这三个变化好像显示章太炎的政治立场摇摆不定,但内里其实是缘于他以辩证态度对待"独立"/"分离"和"统一"。如果从政治实践的角度来评价章太炎,他推动的"联省自治"无疑是失败的;但从政治理论的角度来评价他,则他提倡的"联省自治"理念无疑是丰富和深邃的。这一丰富和深邃的思想特质,基本上可从以下三点反映出来:

第一,章太炎的联治思想在三个阶段有其前后一致的连贯性。这种特质是围绕着"统一"与"分离"的辩证关系下多层次、多维度重叠构成的。这一构成遍见于他在不同时段的政局发展下,因应世变而对自治、集权、统一、独立等都有不同但前后并不互相矛盾的看法。其中的复杂性与多变性,当时的人很难了解,这就是章太炎其人其学何以受到严重误会的因由所在。

第二,贯穿章太炎三个不同时期的政治思想是有其多元性的。透过上文论述,我们可见所谓多元就是指个体(individual)独立必须在族群(local and communal)独立的前提下出现,而族群独立或者相对于国家中央政权的地方政权独立必须在国家(national)独立的前提下出现。国家独立必须在区域(regional)的独立下方能实现,而作为区域的亚洲的独立必须在西方列强、帝国主义的全球(global)霸权解体的情况下方能实现。

第三,章太炎政治思想强调所有物事的相互关连性,彼此一层复一层、环环相扣;因此,当要维护个体独立和自由时,必须把个体与群体、国族、世界连贯起来,形成一条连绵不断的布带。在这条布带上,每个部分或每个段落都是首尾呼应,一个是假有,一个是真有。个体是实有时,群体便是假有;省市是实有时,国家便是假有。把国家放在亚洲的专制权力下时,国家是实有而亚洲便是假有;把亚洲放在西方帝国主义霸权下时,则帝国侵略者所操纵的这个"世界"是假有而亚洲才是实有。但是在现实上,每一个部分的"实有"往往受制受压于"假有",难以展现其真实而独立的价值。①在《齐物论释》中,章太炎批判下士鄙执于"齐其不齐",就是指出在现实社会之中,专制权力对个体的压迫是无处不在、无孔不入、无远弗届的;而民元以来,南北政府推行武力统一,在章太炎眼中也就是以"齐其不齐"的粗暴方式对付一切对立势力。然而,章太炎所憧憬和追求的是"上哲"之士"不齐而齐"的理想社会政局与多元文化环境。

综合以上三点,章太炎基于对现实社会政局的深刻观察与哲学思想的超越性,强调不论是个人团体、地方政权、民族国家、亚洲各国、甚至全球各地不同的国家,其实都应该抱着"不齐而齐"的态度去建立共存共荣的关系,并在提倡、维护个体到群体乃至众生都完全平等的前提下,建构各式各样的团体制度和群体组织。我们从中也清楚看到章太炎思想的高度与深度,他以超越宇宙万物的高度来看待世界的本质;并且以超越无生主义的无限性来发展包括"排满"、反帝、联治等内容的民族主义。职是之故,太炎的民族主义最终是实现人类的解放与平等,更是以超越国家的本质来思考地方自治与联省政府的作用。质言之,我们其实不应完全以一时的政治成败得失去衡量某件历史事件的价值与意义,而应将历

---

① 就布帛而言,章太炎尝于《国家论》借"线缕"与"布帛"的关系说明个体与组织的"实有""假有"关系,瓦解组织的权威与神圣而凸显个体的自性与永恒的真实性,其言洞见本原:"当其为布帛时,此一线一缕者,未尝失其自性;及其解散,则线缕之自性犹在,而布帛则已不可得见。是故线缕有自性,布帛无自性。布帛虽依组织而有,然方其组织时,惟有动态,初无实体。若尔,组织亦无自性,况其因组织而成者,可得说为实有耶?"(第 458 页)

史事件放在一个更加广阔以及更加长远的历史角度来加以研究。这样得出来的结论,很可能会出人意料之外。

本文原载《中国文化研究所学报》(Journal of Chinese Studies)
第 67 卷(2018 年 6 月)。

章太炎《说文解字》授课笔记史料新考

董婧宸 *

1908 年 4 月起,章太炎先生在日本东京为留学生讲授《说文解字》,这是学术史上的一段佳话。2008 年,《章太炎说文解字授课笔记》(以下简称《笔记》)整理出版,收录了钱玄同、朱希祖、鲁迅三家七种笔记,较为完整地保留了章太炎早年的《说文》授课情况。主持《笔记》整理的王宁先生,在《章太炎说文解字授课笔记前言》①中,详实地介绍了《笔记》的整理经过,并结合章门弟子的回忆,从章太炎的生平、革命思想与学术特点,梳理了《笔记》的相关背景和学术价值。参与整理的万献初,曾撰文记述《笔记》的原始面貌②。此外,汤志钧、周振鹤、侯桂新等学者,也围绕章太炎及章门弟子的交游、讲学的具体情况,进行了相关考察③。

正如王宁先生在《前言》中指出的:"这份《笔记》记录了太炎先生研究《说文》的具体成果,反映了太炎先生创建的以《说文》学为

---

* 作者单位:北京师范大学文学院、民俗典籍文字研究中心。

① 王宁《章太炎说文解字授课笔记前言》,北京:中华书局,2008 年。

② 万献初《章太炎说文解字讲授笔记的梳理及学术价值》,《北京师范大学学报(社会科学版)》1994 年增刊。

③ 参汤志钧《章太炎年谱长编(增订本)》,北京:中华书局,2013 年。周振鹤《鲁迅听章太炎课事征实》,《东方早报·上海书评》2014 年 9 月 7 日。侯桂新《章太炎东京讲学史实补正》,《鲁迅研究月刊》2016 年第 1 期。

核心的中国语言文字学的思路与方法,也记载了三位原记录者向
太炎先生学习《说文》的经历,是一部中国近现代学术史上难得的
原始资料。"但课堂记录不可避免地存在着部分材料的零碎和语境
的不足:在学术语境方面,笔记包含了章太炎早期的《说文》研究,
要结合章太炎同时期的语言文字研究来理解其讲课思路;在历史
语境方面,《笔记》出版时,朱希祖、钱玄同的日记尚未完全整理刊
布①,学界只能依据朱希祖、钱玄同、周树人、周作人、许寿裳等章
门弟子的事后回忆,事隔多年,弟子的追述难免在时间、地点上有
失准确②。从笔记本身看,朱希祖的笔记为三次课堂实录,钱玄
同笔记则尚有辗转抄录的痕迹。本文拟结合朱希祖、钱玄同等听
课弟子的日记,还原章太炎《说文》讲课的前后经历,并尝试考订
《笔记》的源流,以期更好地认识《章太炎说文解字授课笔记》的学
术背景、学术价值。

一 章太炎在大成中学的国学讲学

1908 年,正是章太炎在《民报》社担任主笔,写战斗的文章,
"所向披靡,令人神旺"的时候,章太炎缘何临席宣讲,为在东京的
留学生讲授《说文》? 钱玄同曾在《我对于周豫才君之追忆与略评》

---

① 钱玄同日记现藏鲁迅博物馆,朱希祖日记现藏国家图书馆。钱氏日记先后有
影印本及整理本,分别见《钱玄同日记(影印本)》,福州:福建教育出版社,2002 年。杨
天石主编《钱玄同日记(整理本)》,北京:北京大学出版社,2014 年。朱氏日记参朱希祖
著,朱元曙、朱乐川整理《朱希祖日记》,北京:中华书局,2012 年。

② 参见汤志钧《章太炎年谱长编(增订本)》1908 年条。这些文章,包括朱希祖
《口授少年事迹》、钱玄同《我对于周豫才君之追忆与略评》、许寿裳《亡友鲁迅印象
记》、许寿裳《纪念先师章太炎先生》、周树人《章太炎先生二三事》、周作人《知堂回想
录》等。

中说,"民元前四年,我与豫才都在日本东京留学。我与几个朋友请先师章太炎(炳麟)先生讲语言文字之学(音韵、《说文》)"①,周作人则追忆往民报社听讲,"这事是由龚未生发起的"。据钱玄同是年日记,促成者为钱玄同、龚宝铨(未生,亦作味生)和董修武(特生):

> 3月22日　上午与味生至太炎处,意欲请太炎来讲国学(先讲小学)。炎首肯。惟以今日有蜀人亦请其教,言当与蜀人接洽云。
>
> 3月25日　午后至太炎处,味生言四川人那边已接洽过,知太炎系令人看段注《说文》云。因与太炎讲及最好编讲义,用誊写版印之。太炎似首肯。太炎言程度较高者可看段注,次即看《系传》,一无所知者止可看《文字蒙求》矣。
>
> 3月29日　午后至太炎处,询讲小学事。言昨日四川人业已拟定。场所:帝国教育会;日期:水、土曜;时间:二时至四时。先讲小学,继文学。此事告成,欢忭无量。(浙人凡五:1余;2逖;3大;4复生;5未生。)

案,蜀人指四川籍的董修武。一开始,龚宝铨和钱玄同拟请章太炎讲授国学,后经与董修武的合议,章太炎决定编写讲义,并以小学开始国学讲授。钱玄同日记中的"欢忭无量",正写出了他商定讲课之后的愉悦心情。

据3月29日的钱氏日记,初步确定的听课人员,有浙籍的

---

① 钱玄同《我对于周豫才君之追忆与略评》,收入《钱玄同文集》第2卷,北京:中国人民大学出版社,1999年,第305页。案,钱玄同此段,为检其日记而来,钱氏作文,有查阅日记的习惯。

五人,即钱玄同、龚宝铨、朱希祖(逖、逖先,亦作遏先)、朱宗莱(大、蓬仙)、沈钧业(复生)①。在大成中学听《说文》课的人员,还有范拱薇(古农)、张传梓(敬铭)、任鸿隽(叔永)等21人,均系章太炎早年弟子②。这一次《说文》的讲课,一周两次,时间一般在周三(水曜)、周六(土曜)下午,从4月4日开始,一直持续到7月25日③。除了4月4日和4月8日的前两次听讲设在帝国教育会的清风亭外,从4月9日起,经董修武联系后,设在神田的大成中学④。

课程安排上,章太炎的讲授,是以《说文解字注》为底本。在清代《说文》学中,章太炎最推崇段玉裁的学术成就,在《訄书·清儒》中,章太炎盛赞"玉裁为《六书音均表》以解《说文》,《说文》明"。章氏的第一次讲课,即先讲授《六书音均表》及古音旁转、对转、双声诸例。在段玉裁发明古韵的基础上,章太炎进一步指出训诂音变还当以双声为标准。如《笔记》"铨"下,钱玄同笔记云:"权与垂非双声,故不可对转。凡可对转者,亦必双声也",实即针对《段注》"权为垂之假借,古十四部与十七部合音"而发⑤。其后,章氏先讲

---

① 其中,沈钧业旋于4月13日离开,恐怕没有长期听课。

② 参鲁迅博物馆藏钱玄同记录的1908年四、五月间国学讲习会收支帐单,北京鲁迅博物馆、湖州市博物馆编《疑古玄同——钱玄同文物图录》,郑州:大象出版社,2016年,第22页。

③ 据钱玄同、朱希祖日记,只有7月16日在周四,其余均在周三、周六。就上课的具体时间,钱氏日记,3月29日云一次两小时,至4月4日日记,则改为"一星期共五小时,三:三至五,六:二至五。"而朱氏4月22日(周三)日记:"二句钟,至大成中学聆讲《说文》",则或有变动。

④ 4月9日,章氏致书钱玄同,曾拟改迁入"小石川大冢町五十番地",至4月10日,董修武商议改租神田大成中学。其事始末,具见章太炎与钱玄同书信及钱玄同4月9日、4月10日日记。

⑤ 见《笔记》第584页。又,"钤""璙"两条,章太炎亦就双声驳段,可见章太炎对训诂音变的声、韵把握较为严格,见第583、564页。

授了《说文》叙,随后则是按照《说文》部首和正文的顺序,采用逐条讲授的方式。至 7 月 26 日,在大成中学的第一遍《说文》讲授完毕,现存的朱希祖第一套笔记,及钱玄同的两套笔记,就是对这一次讲课的记录和整理。

在结束了《说文》授课之后,章太炎每逢周三、六,仍在大成中学讲授国学。8 月暑假期间,为避免下午天气炎热,改在上午进行(与民报社每周二、五上午错开),9 月后恢复在下午①。从 8 月 1 日至 10 月 31 日,章太炎先后讲授了音韵、《庄子》《楚辞》《尔雅义疏》《广雅疏证》的课程,涵盖了文学、诸子、小学的内容。但随后钱氏、朱氏日记失记,未见在神田授课的相关情况②。

二 章太炎在民报社的"小班"授课情况

1908 年暑假起,章太炎在为钱玄同、朱希祖在大成中学讲授《说文》的同时,又在民报社章太炎的寓所(牛込区二丁目八番地),为朱希祖、朱宗莱、钱玄同、龚宝铨、周树人、周作人、许寿裳、钱家治单独开设小班,讲授《说文》。

据周作人《知堂回想录》回忆,"鲁迅与许季茀和龚未生谈起,想听章先生讲书,怕大班太杂沓","于星期日午前在民报社另开一班"。这一次的"小班"上课,其具体时间是在星期日么? 和大成中学的讲课的关系如何? 在日记材料公布前,研究者多忽略了两次

---

① 钱玄同 8 月 1 日日记:"自今日始,大成课改上午,每星期四上,冀避下午至酷热也。"这一阶段,在大成中学的课,改至上午。9 月 9 日朱希祖日记、9 月 12 日钱玄同日记,均言"午后"。

② 翌年春,章太炎每逢周三、周六讲授《汉书》《毛诗》,时已改在章太炎寓所。侯桂新推测,"在《民报》被封禁后,章太炎经济非常拮据",这是合理的。

课程在时间、地点上的交叉进行。据朱希祖日记，二次授课的第一次开讲，乃安排在 7 月 11 日（周六）：

> 八时起，至太炎先生处听讲音韵之学，同学者七人，先讲三十六字母及二十二部古音大略。……午后，至大成中学校聆讲《说文》，至女部完。

朱希祖的记载明确表明，上午的课程，在"太炎先生处"，讲授的是音韵学，同学连朱希祖在内共有八人。下午，朱氏仍到大成中学听课，续讲至《说文》女部结束。也就是说，当天的两门课虽安排在同一天，但时间、地点、内容不同。

随后，据两人日记，自 7 月 14 日起至 9 月 8 日，民报社的讲课一直安排在周二、五上午，与每周三、六大成中学的讲课错开。至于许寿裳《亡友鲁迅印象记》中所说的"每星期日清晨，我们前往受业……自八时至正午，历四小时毫无休息，真所谓诲人不倦"，其实是九月之后的情形。是年 9 月 11 日，钱玄同日记记载："因各人校课多有冲突，故今日停上《说文》课，容后再议。"到了 9 月 20 日（周日）起，章太炎恢复在民报社上课，时间改在每周日上午，每次大约四个小时①。

这一次《说文》结束于何时？据周作人、许寿裳回忆，大约均持续到第二年②，而《章太炎说文解字授课笔记》的整理者则根据朱

---

① 据钱玄同日记，9 月 7 日，《说文》教"日至录"，为《说文》卷七上，见《笔记》第 281—295 页。至 9 月 27 日，"教寮至人，未毕"，为《说文》卷七下，自《笔记》第 315 页起。周振鹤在《鲁迅听章太炎课事征实》中推测，9 月 20 日（周日）上了《说文》课，盖讲授禾部至穴部，极是。

② 周作人："听章太炎先生讲《说文》，是一九〇八年的事，大约继续了有一年少的光景。"见《知堂回想录》，石家庄：河北教育出版社，2002 年，第 252 页。许寿裳："我听讲时间既短，所得又极微，次年三月，便因事而告归耳。"

希祖日记,推测课程结束于 1908 年 9 月①。实际上,《笔记》整理者的依据,即《尔雅义疏》的讲授,是大成中学班上的授课。据钱玄同日记,1908 年 11 月 1 日,民报社的课程才到《说文》卷十的兔部。1909 年 3 月 3 日,警局封禁民报社,3 月 4 日(周四)钱氏日记云:"礼拜日之《说文》班,本应移今日,以昨晚事,今日辍讲。"这说明,1909 年 3 月之前,章太炎仍在周日讲授《说文》,后来又改至周四。自第二周的 3 月 11 日(周四)起,章太炎开始在民报社讲《文心雕龙》②。许寿裳回忆,鲁迅曾在课堂与章太炎讨论"文学的定义"③,并与章太炎就"有句读和无句读""文字与文学"有意见的不同。据钱玄同的《文心雕龙札记》④,章太炎在这门课上,首先讲的

①　整理者认为,"至九月二十三日,'下午,上《尔雅》及新制《说文》部首均语',这期间太炎先生所讲,应是朱氏第二套笔记五册所记内容",见《前言》第 13 页。案,1908 年 9 月 9 日至 10 月 28 日,章太炎每逢周三、周六下午,在大成中学讲《尔雅义疏》,与周日在民报社的《说文》课同时。由于忽略了民报社、大成中学的授课时间地点的不同,造成了对日记材料的误解。

②　据钱玄同日记,1909 年 3 月 11 日至 4 月 8 日,每周四上午,章氏在寓所讲授《文心雕龙》。与此同时,2 月 20 日至 3 月 27 日,每周三、六下午,章太炎在寓所讲授《汉书》。这两门课程也是交叉进行。

③　许寿裳:"章先生问及文学的定义如何……鲁迅默然不服,退而和我说:'先生诠释文学,范围过于宽泛,把有句读的和无句读的悉数归入文学。其实文字与文学固当有分别的。'"见许寿裳《亡友鲁迅印象记》。其中反映的章太炎文论观,与《文心雕龙札记》《国学讲习会略说》及《国故论衡·文学总略》相合。

④　钱玄同《文心雕龙札记》两种,现藏于上海图书馆。甲种为蓝格线装,竖行稿纸,封面以隶书题"籛棘澋记　文心雕龙札记　藁本",内页题"蓝本五人　钱东潜　朱逖先　朱蓬仙　沈兼士　张卓身",钱东潜、籛棘澋,俱为钱玄同别名,亦见于钱玄同自署的《说文解字笔记》(见《笔记》前言)。关于该《文心雕龙札记》的情况,参周兴陆《章太炎讲演〈文心雕龙〉》,《中华读书报》2003 年 1 月 22 日;周兴陆《章太炎讲解〈文心雕龙〉辨释》,《复旦学报》2003 年第 6 期;童岭《章太炎〈文心雕龙〉讲录两种》《上海图书馆藏章太炎先生〈文心〉讲稿述谊》,《历史文献》第九辑;徐复《章先生早年〈文心雕龙〉讲录两种序》,《徐复语言文字学晚稿》,南京:江苏教育出版社,2007 年,第 635 页,笔者另有《章太炎〈文心雕龙札记〉史料补正》,《国际中国文学研究丛刊》第七集,上海:上海古籍出版社,2019 年。

就是"文学定谊"。这或即意味着 3 月 4 日前后，是最后一次《说文》课。随后，鲁迅继续在周四的班上听章太炎讲授《文心雕龙》。此外，1909 年 4 月，钱玄同曾向朱希祖借《说文》笔记。日记透露，钱玄同在课程结束前后，有过录同学的听课笔记的习惯。这也可以作为课程结束于 1909 年 3、4 月间的旁证。朱希祖的第二套笔记，就是对这次讲课的记录。

比较朱希祖第一次和第二次笔记中，也能看出章太炎讲授中，对考察本字、探求孳乳的学术认识的发展，如卷十二"戚"字下，第一套笔记云"亲戚不知由何假借"，第二套则云"乃㠊之借，㠊，至也"，这反映出了章太炎对"戚"的本字认识的发展，也与章太炎1909 年撰成的《小学答问》"戚"下的考察一致。另外，章太炎在第二次讲授中，增加了音韵部分的课时。在前四讲中，章太炎专门讲授了三十六字母及二十二部古音、江永《四声切韵表》、钱大昕及章太炎的古声纽说，涉及中古声韵、上古声韵、等韵等基本内容。特别需要关注的，则是章太炎学术研究和课堂讲授的互动。据朱希祖日记记载，7 月 17 日，章太炎讲授了《古音娘日二纽归泥说》《古双声说》《古今音损益说》。这三篇讨论声纽和古音的文章，分别刊于《国粹学报》戊申年第五号（6 月 18 日）、第六号（7 月 18 日）、及第七号（8 月 24 日），此时有两篇尚未刊出，实际上是根据钱玄同印发的讲义而来①。周树人笔记"瑾瑜"下对深喉、浅喉的讨论，朱希祖第二次笔记"入"下所记的"古无半齿音"的解说，也与章太炎发明喉牙相通、娘日归泥的古声纽理论一致。

另外，朱希祖另有第三套笔记，封面题"说文札记，第三次第一

---

① 钱玄同承担了章太炎授课的讲义印发等工作。1908 年 6 月 1 日钱玄同日记："为讲习会印太炎《古双声说》《古今音损益说》五纸，未毕。"

册,遏先",内容自《四篇上·目部》至《六篇下·口部》"圂"字,讲授
中亦有新解。由此可知,朱希祖在大成中学、民报社两次讲课听课
后,还听过章太炎第三次的《说文》授课。朱希祖于 1909 年 7 月中
旬回国,并应沈钧儒之聘在浙江任教员。这次不完整的笔记,当是
在他归国前未完成的听讲记录。不过由于史料的有限,章太炎第
三次《说文》授课的具体情况,还有待进一步材料的证明。

三 《说文》听课笔记的记录与整理

章太炎的《说文》讲授,朱希祖、钱玄同、许寿裳、周树人等听课
弟子,有课堂笔记传世。据《前言》介绍,朱希祖的笔记较为完整,
"无按语和参照他人而补的墨迹,忠实于太炎先生所讲,确属原始
记录",而钱玄同笔记,"第一册开始几页用工笔小楷抄得十分清
晰,后渐变得潦草,抄定后又有别种笔迹添补内容,有浓墨补、淡墨
补、硬笔别种字体补"。万献初指出,钱玄同"这套笔记不是原始记
录,而是参照他人笔记整理重抄过的"①。这一点在钱玄同日记
中,也能得到印证:

> 4 月 16 日　午后录部首诸字杂记稿。余不善抄讲义,故
> 讲堂所述,归家时即自己亦不知道。因此须四面翻书,始可得
> 之。今日弄好六十余条。
> 7 月 2 日　将《说文》札记玉部至丨部,又正部至行部录
> 出一遍,不明者多。一则积日太久,脑中弥觉胡涂,一则初抄

---

① 万献初《章太炎说文解字讲授笔记的疏理及学术价值》,《北京师范大学学报
(社会科学版)》1994 年增刊,第 64 页。

是更外行也,好在不久尚要听第二遍,再版再订正矣。

8月2日　将第一次所教《说文札记》录一录,自支至隹①。

"杂记""讲义""札记",均指课堂笔记。如许寿裳笔记题《说文杂记》,朱希祖4月15日日记,"灯下重阅所受部首之讲义",而周树人笔记则题《说文解字札记》②。钱玄同自认为"不善抄讲义",故在课后整理笔记。当年的4月至9月的钱玄同日记中,仅《说文》笔记整理,就有14次之多,而朱希祖的日记里则并没有整理笔记的记录。不仅如此,钱玄同还会向同学借笔记来整理。如:

1908年9月7日　抄《札记》稿七上。……午后至未生处还《札记》稿,至董特生处取借去之《札记》稿。

1909年4月27日　上午札逖先之《说文札记》数页。

1909年4月30日　晚间札《说文札记》之一册,抄朱逖先者。

这分别是钱玄同向龚宝铨、董修武、朱希祖借录笔记的记录。虽然笔记中没有过录董本的痕迹,但第一套笔记中"尉"条下,有"龚(宝铨)本"一条。

同时,笔记整理者也指出,钱玄同的第一套笔记中,"二篇'啧'字后列四种不同记录","钱氏至少借过三家笔记来汇抄整理,加他自己笔记便有五家"。笔记的这五家为谁?随着钱玄同日记的刊

---

① 案,4月16日,是章太炎第一次部首讲课之后;7月2日整理的"玉"至"丨"在《说文》卷一上,是章太炎4月22日授课的内容,"正"至"行"则在卷二下,是章太炎5月2日授课的内容。至8月2日整理的"支至隹"则是5月9日授课的内容,此时,第一次《说文》刚刚讲授完。

② 以上均见王宁《章太炎说文解字授课笔记前言》的介绍。

布,为后人了解其中的缘起,提供了重要的线索。1912 年冬,也就是从日本归国的两年后,钱玄同从嘉兴造访朱宗莱后,回到杭州:

> 12 月 5 日　昔年国学讲习会中所述《说文札记》**余及逖先、镜明、士衡、蓬仙诸人所录均在蓬仙处。**各人所录详略不同,且有缝异之处,盖由听时各记而有误者,蓬仙汇录一册,取读时便查。已录至四上,因假归录之。

知最初有五人笔记,因详略不同,朱宗莱曾汇录一册,1912 年,钱玄同曾借得朱宗莱整理的笔记,并录副出来。今《笔记》中不仅有参考章太炎早年《新方言》《说门》等著作,也有 1911 年刊成的《小学答问》,均反映出钱玄同整理的痕迹①。

1938 年,在章太炎东京讲学整整三十年后,钱玄同在北京孔德学校整理旧物时,重新找出笔记:

> 11 月 9 日　**找出一大搭三十年前《说文》等杂记。**拟暇时将笔录本作底本而一一整理之,使成书。
> 11 月 11 日　午后在荃室理杂物,将民初大公所抄之《说文杂记》及其原稿(大、逖、未、敬、夏五人)理在一处,今后暇时拟将此杂(记)再细勘一过,异日拟出版以惠嘉士林也。
> 11 月 12 日,上午至孔,理《说文杂记》。

对比 1912 年、1938 年钱玄同日记,知朱宗莱笔记的来源,分

---

① 《笔记》"鳏""孔"两条下,引《新方言》,分别见《笔记》第 475、481 页;而第 119 页"□"字一条,见《小学答问》。章太炎的《小学答问》初版开雕于 1909 年,刊成于 1911 年,系据钱玄同手书上板。

别是钱玄同（夏）、朱希祖（逖、逷先）、朱宗莱（大、蓬仙）、龚宝铨（未、士衡）、张敬铭（镜明、敬）①。这样，钱玄同第一套笔记中所提及的 3 次"四说"、6 次"三说"、11 次"二说"，其来源也就非常明确了。此外，笔记尚有"龚本""朱氏""钱氏"之说各一次，整理者分别推断为朱希祖、龚宝铨、钱家治。但钱家治并没有参加第一次大成中学的讲课，也不在以上五人之列。"钱氏"是谁？细考此条，系朱氏、钱氏合见：

> 赓　钱一　《说文》无廊庑之廊字，殆即赓字之声转，赓在鱼模，廊在阳唐，鱼阳对转也。闽人以郎为贱称，（○朱氏曰：此闽字一本作广东。钱氏曰：疑作广东者是也。）古人骂人曰虏，此亦郎、虏声通之一证也。

案，朱希祖笔记"广东骂人曰郎（佬）"，和钱玄同的"闽人以郎为贱称"，小有差别。考虑到这套笔记是钱玄同过录朱宗莱汇校本并进行校勘，"钱氏"即钱玄同本人在整理中增加的案语②。

另外，钱玄同第二套笔记，"字迹清楚，语句完整"，也是对章太炎第一次授课笔记的整理③。这与朱希祖三套笔记反映章太炎三

----

① 龚宝铨，字士衡，号未生。张敬铭（传梓），一作"镜明"，省作"敬"，与张卓身（传琨）为兄弟，系章太炎早期弟子之一，1912 年章门弟子发起的国学会，发起人即有张传梓、张传琨昆仲。

② 《笔记》第 388 页，此条以○隔开，据整理凡例，是钱玄同整理时所加。

③ 笔记中有多组钱一、钱二与朱一说法相同，但与朱二不同的例子。如"涂"（第 443 页）下钱一、钱二与朱一相同，以涂的本字为"徐"，在朱二中则为"道涂之正字当作场字"，说法不同；又"池"（第 458 页）为段玉裁补篆，钱一、钱二与朱一，均说为"陂、也"，第二次授课则明确"池之正字为隄，借字为沱"。朱二的笔记，又均与《小学答问》相合。

次讲课的不同内容,性质有所不同。钱氏第二套笔记共有 12 处提及"逊本",集中在十卷下至十四卷中(第一套笔记则散见于全书各卷)。"逊"即朱希祖之字。考笔记"渠"下,有"渠眉(逊本作湄)"的校勘。这则笔记,朱一作"湄",朱二则作"眉"。由此可见,这套笔记上的校勘,是参考第一次课堂讲授而来①。据整理者介绍,朱希祖第一套笔记第四册的内容,为十卷下至十四卷②。可以推测,钱玄同第二套笔记中的"逊本",可能即是直接抄录朱希祖原始的第一次听课笔记,而不是朱宗莱的汇录本。至于笔记中的"悳本",整理者云"'悳本'(未知为谁记)"。考此条在"嫛"下,系同时引用逊本、悳本。校语中,悳本的"男人自称阿婆",亦见钱玄同第一次笔记"唐人男人有自称阿婆者"③。钱玄同原名钱师黄,字德潜,德、悳通用,"悳本"亦即钱玄同自己的校语。

由此可知,钱玄同的两套笔记,均是 1908 年 4 月至 7 月章太炎第一次授课的记录,并经过钱玄同的整理;朱希祖三套笔记,则是章太炎三次不同讲课的记录。厘清笔记的不同层次,有助于梳理和认识章太炎的学术发展。

1938 年 11 月 14 日的日记中,钱玄同曾拟将这份《说文解字》笔记称为"《说文觚》"并整理出版④。"觚"字见于《广雅》,通"觚",即古代小学习字所用的木觚。晚年的钱玄同,对"觚"情有独钟。他曾请人刻一方印章,将自己的名号从中年怀疑一切的"疑古",改

---

① 渠,见《笔记》第 458 页。考钱玄同第二套笔记中"概""挂"两例,也仅与朱一相同,见《笔记》第 506、509 页。

② 关于朱希祖三套笔记原始的分册情况,据万献初《章太炎说文解字讲授笔记的梳理及学术价值附表》,第 73 页。另外,上举的 1909 年日记,也有钱玄同"札《说文札记》之一册,抄朱逊先者"之事,也可以视为钱玄同曾直接抄录朱希祖笔记之证。

③ 见《笔记》第 520 页。

④ 见 1938 年 11 月 14 日日记:"(章太炎授课)第二次,一九〇八,戊申,说文觚。"

为与之谐音的"肄籀",并自嘲说:"籀叟,研究小学的老头儿"①。
《说文籀》之名,正寄寓着他校勘一过,"异日拟出板以惠嘉士林也"
的美好愿望。然而,天不假年,钱玄同不幸于 1939 年 1 月辞世,这
段尘封在钱玄同日记中的遗愿,一直到章太炎在日本讲学的一百
年后的 2008 年,才由章黄后学实现。《笔记》中蕴含的史料价值和
学术价值,仍然值得更深入的研究和挖掘。

本文原载《北京师范大学学报(社会科学版)》,2017 年第 1 期。

---

① 关于钱玄同籀叟的含义,参 1938 年 10 月 17 日日记。"此觚字含三义。一,借
为籀,言肄籀也。二,借为孤……谓孤介而非固执,此言甚好。三,借为菰,湖州旧名菰
城。菰,《说文》作苽。湖州也。"

读章太炎《春秋左传读》记

郭鹏飞 *

余杭章炳麟(1869—1936,字枚叔,号太炎)是中国近代史上的杰出人物,既是"有影响的民主革命家和思想家,也是一位著名的学者"①。他治学的层面十分广泛,举凡哲学、经学、小学及历史等均有精湛的研究。于经学方面,章氏首重《春秋左传》,而其《春秋左传读》,被誉为"近代《左传》学中举足轻重的经疏"②。可惜专门研究此书的著作不多,③未能深入了解其中幽微之处。今读是书,于章氏精湛的小学功底,敏锐的触觉,以及勇于创新的精神,深有所感;但其文亦屡有不及周详的地方。现就书中所及,略陈己见,以观其要。

一

《春秋左传读》一书,处处显露章太炎深厚的学养,巧妙的心

---

* 作者单位:香港城市大学中文及历史学系。

① 上海人民出版社编《章太炎全集·出版说明》,上海:上海人民出版社,1982年,第1册,第1页。

② 黄翠芬《章太炎春秋左传学研究》,台北:文津出版社,2006年,第7页。据黄氏考证,《春秋左传读》一书撰写于光绪17年(1891)到22年(1896)之间(页142),而迟至1913年始有石印本面世(页145)。

③ 单周尧教授著有《论章炳麟〈春秋左传读〉时或求诸过深》一文,乃导夫先路之作。见氏著《左传学论集》,台北:文史哲出版社,2000年,第111—130页。

思,今略举数例以明之:

(一)叔父有感于寡人　隐公五年十二月:

隐五年:"叔父有感俗作藏。于寡人,寡人弗敢忘。"案:感当读为箴规之箴,皆从咸声。即谏观鱼。是弗敢忘者,弗敢忘其箴,非弗敢忘其因不听而恨也。①

笔者案:《尚书·盘庚上》:"无或敢伏小人之攸箴。"②陆德明《经典释文》:"箴,马云:'谏也。'"③《左传·宣公十二年》:"箴之曰:'民生在勤,勤则不匮。'"杜预注:"箴,诫。"④"箴"本有"谏"义,章氏以"感"(憾)为"箴",虽无版本上的证明,但文意通达,可备一说。

(二)不庭　隐公十年六月

隐十年:"以王命讨不庭。"杜预注:"下之事上,皆成礼于庭中。"麟案:不庭之常训为不直,故《韩奕》:"榦不庭方。"传:"庭,直也。"笺云:"当为不直,违失法度之方,作桢榦而正之。"但据上年《传》言"宋公不王",则此不庭自谓不朝王,与常言不庭者异。此说须有左证。考《管子·明法解》云:"故群臣皆务其党,重当脱一重字。臣而忘其主,趋重臣之门而不庭,故明法

---

① 上海人民出版社编《章太炎全集》(二),第100页。案:"俗作藏"之"藏"似应作"憾"。

② (汉)孔安国撰,(唐)孔颖达疏《尚书注疏》卷九,《十三经注疏附校勘记》,北京:中华书局影印,1980年,上册,第169页上。

③ (唐)陆德明著,黄焯断句《经典释文》卷三,《尚书音义》上,北京:中华书局影印,1983年,第43页上。

④ (晋)杜预注,(唐)孔颖达疏《春秋左传注疏》卷二十三,《十三经注疏附校勘记》本,第1880页中。

曰:十至于私人之门,不一至于庭。"是臣不朝君,曰不庭也。
《庄子·山木》云:"庄周反入,三月不庭。"司马注:"不出坐庭
中三月。"是亦不至庭曰不庭之证。①

笔者案:"不庭"一词历来有两种解释,一为"不朝",一为"不直"。
主张前者如杜预、南宋林尧叟、今之杨伯峻等,杜注见上,林尧叟《左
传句解》引用杜说,并曰:"犹言不趋走于王庭也。"②杨伯峻《春秋左
传注》曰:"庭,动词,朝于朝廷也。"③主张后者如惠栋《春秋左传补
注》,曰:"《尒疋·释诂》:'庭,直也。'谓诸侯之不直者。"④洪亮吉
《春秋左传诂》曰:"《尔雅》:'庭,直也。'按:谓诸侯之不直者。杜注
殊属曲说。韦昭《周语注》即云:'庭,直也。'不直,谓不道也。"⑤刘
文淇《春秋左氏传旧注疏证》曰:"按:洪说是也。《周语》云:'以待
不庭不虞之患',义与此《传》'不庭'同。《诗·大田·传》:'庭,直
也。'"⑥衡诸文意,"不庭"释为"不朝",实较训"不直"为佳。⑦章氏

---

① 上海人民出版社编《章太炎全集》(二),第 112 页。
② (明)王道焜、赵如源编《左传杜林合注》卷二,上海:上海古籍出版社,1987 年
影印文渊阁《四库全书》,第 171 册,第 354 页下。
③ 杨说最为详细,而文中亦引《管子·明法解》作证,可见杨受章太炎影响。参杨
伯峻《春秋左传注(修订本)》,北京:中华书局,1990 年,第 1 册,第 68—69 页。
④ (清)惠栋《春秋左传补注》,影印文渊阁《四库全书》第 181 册,第 125 页上。
⑤ (清)洪亮吉撰,李解民点校《春秋左传诂》,北京:中华书局,1987 年,上册,第
203 页。
⑥ (清)刘文淇《春秋左氏传旧注疏证》,京都:中文出版社,1979 年,第 53 页。又
见《续修四库全书》,上海:上海古籍出版社,1995 年,第 126 册,第 122 页。
⑦ 案:"不庭"一词,《左传》三见,除本《传》外,亦见于《成公十二年》:"谋其不协,
而讨不庭"(页 1910 中);《襄公十六年》:"晋侯与诸侯宴于温……盟曰:'同讨不庭。'"
(页 1963 上)前者乃晋、楚会盟,相约讨伐背叛晋、楚之侯国,"不庭"正指这个特定情况。
后者是说一起征讨不敬盟会的人,故无论"不朝"或"不直",均不能切合这两个语境。考
彝器铭文不见"庭"字而只见"廷","不廷"是"不来王廷",后引申为"不直""不敬""不从
命"之意,其义扩大,于不同语境便有不同的含义。详见郭鹏飞《洪亮吉左传诂斠正》,台
北:台湾商务印书馆,1997 年,第 23—27 页。

举《管子·明法解》"趋重臣之门而不庭"以明"不庭"为"不朝君",
甚有识见。

(三) 成事也　桓公二年冬

桓二年:"特相会。往来称地,让事也。自参以上,则往称
地。来称会,成事也。"麟案:"成"与"让"对文。"成"之言"贞"
也,《书》"我二人共贞"是也。"成"之言"丁"也,《诗》"宁丁我
躬"是也。"成"之言"正"也,《易》"正乎凶也"是也。"成"之言
"听"也,《传》"戎昭果毅以听之也"是也。"成"之言"鼎"也,
《汉书》"天子春秋鼎盛"是也。皆当任之意,言肯为会主,正与
让反也。杜预注以为成会事,遂以让为不成会事。不知二人
相会,莫适为主,非谓事竟不成也。①

笔者案:杜预曰:"特相会,公与一国会也。会必有主,二人独
会,则莫肯为主。两让,会事不成,故但书地。"②二人相会,让不为
主,所谓"让事"也,并非"会事不成"。杨伯峻曰:"参同三,会者
三国以上,必有一国担任主人,成有当、任之义,此与让事之让相
对成文,说详章炳麟《春秋左传读》。"③章氏批评杜说言之成理,
而释"成"有"当任之意,言肯为会主,正与让反也",则更鞭辟
入里。

(四) 将王　庄公二十一年

庄二十一年:"郑伯将王,自圉门入。"按:《释言》:"将,送

①　上海人民出版社编《章太炎全集》(二),第127页。
②　杜预注,孔颖达疏《春秋左传注疏》卷五,第1743页下。
③　杨伯峻《春秋左传注(修订本)》,第1册,第91页。

也。"《诗·召南·鹊巢》:"百两将之。"《庄子·大宗师》云:"其为物,无不将也,无不迎也。"《应帝王》云:"不将不逆。"《知北游》云:"无有所将,无有所迎。"《寓言》云:"其往也,舍者迎将。"以将与迎逆对文,是将为送也。送王自围门入,犹今人言护送也。或曰:《诗·周颂·我将》云:"我将我享。"笺云:"将,犹奉也。"将王,言奉王,亦通。①

笔者案:竹添光鸿《左氏会笺》曰:"将,扶进也。《诗·小雅》'无将大车'之'将'。"②杨伯峻曰:"《诗·周颂·我将》:'我将我享。'《郑笺》云:'将犹奉也。'"③"将"有多义,《诗·小雅》"无将大车"之"将",郑玄释为"扶进",孔颖达申之,曰:"言将犹扶进者,以大车须人傍而将之,是为扶车而进导也。"④"扶车而进导"之"将"与"将王"有别,竹添之说犹有间格。章氏"奉王"之训,是杨伯峻所本。至于"将送"的解释,章氏见"将""迎"往往对举,故训为"护送",此亦见其敏锐之思。

(五)岂敢以至 僖公十五年九月

僖十五年:"岂敢以至。"林氏《句解》云:"岂敢至于已甚?"麟按:林于《传》意得之,然未通训诂也。《孟子》:"充类至义之尽也。"注:"至,甚也。"古字"以""已"通,"以至"即"已甚"也。"至"与"质"声通,"至"之训"甚",犹"质"之训"椹"矣。《考工·

① 上海人民出版社编《章太炎全集》(二),第200页。
② 竹添光鸿《左氏会笺》,成都:巴蜀书社,2008年,第1册,第301—302页。
③ 杨伯峻《春秋左传注(修订本)》,第1册,第216页。
④ (汉)毛亨传,(汉)郑玄笺,(唐)孔颖达疏《毛诗注疏》卷十三之一,《十三经注疏附校勘记》本,第463页下。

弓人》注、《穀梁》昭八年传注、《汉书·张苍传》注皆训"质"为"椹"。或曰：至借为整，《说文》："整，怨戾也。"言"己所以行此事者，以践晋之妖梦。岂敢以私怨乎？"亦通。①

笔者案：《左传》本文曰："秦获晋侯以归。晋大夫反首拔舍从之，秦伯使辞焉，曰：'二三子何其戚也！寡人之从君而西也，亦晋之妖梦是践，岂敢以至？'"②"岂敢以至"杜无注，林尧叟训为"岂敢至于已甚"，刘文淇从其说。③竹添光鸿曰："以至，与下请以入应，言非縶缚以入国，不使纵归也。"④竹添以"入"释"至"，"岂敢以入"与上下文不协，说非。章氏举《孟子·万章下》"夫谓非其有取之者盗也，充类至义之尽也"，⑤释"至"为"甚"，较林尧叟说更为透彻，杨伯峻亦从章氏之言。⑥今考《庄子·人间世》："克核大至，则必有不肖之心应之。"唐成玄英疏："夫克切责核，逼迫太甚，则不善之心歘然自应。"⑦此亦"至"为"甚"之证。

（六）以我为虞　成公八年秋

成八年："其孰以我为虞？"杜预注："虞，度也"此未塙。

案：《方言》："虞，望也。"当从此为训。以我为望者，以我之国

---

① 上海人民出版社编《章太炎全集》（二），第260—261页。

② 杜预注，孔颖达疏《春秋左传注疏》卷十四，第1806页中。

③ 刘文淇《春秋左氏传旧注疏证》（中文出版社本），第320页。手稿本只见林尧叟名而不录其文，见《续修四库全书》第126册，第802页。

④ 竹添光鸿《左氏会笺》，第1册，第476页。案：下文曰："大夫请以入"，竹添光鸿曰："以入，即上文以至也。"（第477页）

⑤ （汉）赵岐注，（宋）孙奭疏《孟子注疏》卷十下，《十三经注疏附校勘记》本，第2743页下。

⑥ 杨伯峻《春秋左传注（修订本）》，第1册，第357页。

⑦ 郭庆藩《庄子集释》，北京：中华书局，1961年，第160页。

邑可取，而望得之也。望犹觊觎云尔。①

笔者案：自杜预训"虞"为"度"，历来无甚异议，如刘文淇、②安井衡、③竹添光鸿④等皆循杜注。章氏另提新说，引《方言》为证，释"虞"为"望"，⑤犹"觊觎"之意。此说十分巧妙，比杜注更能切合文意，杨伯峻亦从其解说。⑥

二

以上数例，均可见章氏对典籍文献十分娴熟，对文章语境有极其敏锐的触觉，从而发掘问题，提出新解，并列举相关文例以证，往往有出人意表的创获。章氏才识甚高，时有发明，读书但有己见，便勇于立说，故难免有不备之处，今亦举例以明之：

(一) 贱妨贵　隐公三年冬

隐三年："且夫贱妨贵，少陵长，远闲亲，新闲旧，小加大，淫破义。"案：《管子·五辅》云："贱不逾贵，少不陵长，远不闲

---

① 上海人民出版社编《章太炎全集》(二)，第 444 页。
② 刘文淇《春秋左氏传旧注疏证》(中文出版社本)，第 850 页。《续修四库全书》所收稿本止于宣公十八年，未有此条。
③ 安井衡《左传辑释》卷十三，台北：广文书局影印，1979 年，上册，第 15 页。
④ 竹添光鸿《左氏会笺》，第 2 册，第 1026 页。
⑤ 案《左传》桓公十一年："日虞四邑之至也。"(《春秋左传注疏》，卷 7，第 1755 页下)王引之《经义述闻·春秋左传上·日虞四邑之至》："'《杜注》'曰：'虞，度也。'家大人曰：'《方言》曰：虞，望也《广雅》同。言日望四邑之至也。昭六年《传》：始吾有虞于子，今则已矣！《杜注》曰：虞，度也。言准度子产以为己法。案：虞亦望也。言昔也吾有望于子，今则无望矣！'"(见《续修四库全书》第 174 册，第 649 页下)
⑥ 杨伯峻《春秋左传注(修订本)》，第 2 册，第 840 页。

亲,新不闲旧,小不加大,淫不破义。"下五句谊皆同,而妨独作逾,然则妨不当训害矣,当借为斜。《说文》:"斜,量溢也。"《东京赋》:"规摹逾溢。"是溢与逾同谊。故薛综注云:"逾,越也。本《说文》。溢,过也。"而《说文》云:"越,度也。""过,度也。"是越、过同谊,则逾、溢同谊可知。然则斜训溢,亦得训逾矣。斜、逾同谊,犹嘮、喻同谊。《说文》:"嘮,謞声。嘮,喻也,从口,旁声。司马相如说淮南、宋、蔡舞嘮喻也。"嘮字列"嗑,多言"之下,"噶,高气多言""呇,高气"之上,《说文》无喻。凡高气者,亦有逾越之意,是知嘮喻亦取谊于此矣。贱逾贵与少陵长,谊又相比。①

　　笔者案:"妨",《说文·女部》训"害",②孔颖达曰:"妨,谓有所害。"③刘文淇亦引《说文》为证,并以《管子·五辅》作比较,曰:"与《左传》略同,当是古语……《晋书·荀勖传》:'时帝欲省吏,勖议曰:"重敬让,尚止足,令贱不妨贵,少不陵长,远不间亲,新不间旧,小不加大,淫不破义,上下相安,远近相信。"又以此为用人之法,盖犹诗之断章取义也。'"④古籍文辞互见,寻常可觅,略有更动,亦本自然,刘说相当通达,朱骏声、⑤竹添光鸿、⑥杨伯峻⑦亦主"妨害"说。"以贱害贵",语义清晰,历来无甚异议,章氏固守《管子》之文,

①　上海人民出版社编《章太炎全集》(二),第96页。
②　(汉)许慎《说文解字》,北京:中华书局影印,1963年,第263页上。
③　杜预注,孔颖达疏《春秋左传注疏》卷三,第1724页中。
④　刘文淇《春秋左氏传旧注疏证》(中文出版社本),第23页。又见《续修四库全书》第126册,第49页。
⑤　(清)朱骏声《说文通训定声》,北京:中华书局影印,1984年,第926页下。
⑥　竹添光鸿《左氏会笺》,第1册,第56页。
⑦　杨伯峻《春秋左传注(修订本)》,第1册,第32页。

以"妨"为"斜"之借字,并无确证,实觉不必。

(二) 以三军军其前　隐公五年四月

隐五年:"郑祭足、原繁、泄驾以三军军其前,使曼伯与子元潜军军其后。"案:《说文》:"军,圜围也。"《广雅·释言》:"军,围也。"《疏证》曰:"《吕氏春秋·明理篇》注:'气围绕日周币,有似军营相围守,故曰晕也。'《淮南子·览冥训》注:'运读连围之围。'运者,军也。将有军事相围守,则月运出也。军、运、围,古声并相近。"以上《广雅疏证》。然则军其前、军其后者,围守其前、围守其后也。①

笔者案:章氏以"围守"释"军",稍有不及。"军"于此为"攻",《周礼·秋官·朝士》:"凡盗贼军乡邑及家人,杀之无罪。"孙诒让曰:"王安石、郑锷并释军为攻围,属下读之,江永云:'军犹攻杀也。'"②《左传·桓公十三年》:"及罗,罗与卢戎两军之,大败之,莫敖缢于荒谷,群帅囚于冶父。"③又《襄公二十六年》:"楚师轻窕,易震荡也。若多鼓钧声,以夜军之。楚师必遁。"④杨伯峻曰:"军之,犹言全军合攻之。"⑤此皆"军"为"攻"之证也。

(三) 不赖盟矣　隐公七年十二月

隐七年:"不赖盟矣。"案:赖,训赢,训利,训蒙,训恃,训

①　上海人民出版社编《章太炎全集》(二),第100页。
②　(清)孙诒让撰,王文锦、陈玉霞点校《周礼正义》,北京:中华书局,1987年,第11册,第2830、2831页。
③　杜预注,孔颖达疏《春秋左传注疏》卷七,第1757页上。
④　杜预注,孔颖达疏《春秋左传注疏》卷三十七,第1991页下。
⑤　杨伯峻《春秋左传注(修订本)》,第3册,第1121页。

取,训善,训雠,于此文皆迂远。当是借为懒。《孟子》:"富岁
子弟多赖。"阮芸台谓赖当借为懒,其说是也。此亦同。《说
文》:"懒,懈也,怠也。"不,为发语之词,犹不显、不宁、不康之
类。不懒盟,即懒盟。懒盟,谓怠于盟。上《传》:"歃而忘。"从
《说文》。服子慎注云:"临歃而忘其盟载之辞,言不精也。"惟其
懈怠,是以不精。怠盟则不念邻国之好,是以知五父不免,卒
为蔡人所杀,其以此夫!①

笔者案:章氏否定"赖"的各个意义,而以"赖"为懒之借。"懒"
为"懈怠","懈怠于盟",甚为不辞,章说并不可取。以"利"训"赖"则
较合文意。《说文·贝部》曰:"赖,赢也。从贝,剌声。"②清儒对此多
有考证,指出《说文》另本"赖"为"利"。桂馥《说文解字义证》卷一八
曰:"赢也者,《汉书音义》引作'利也'。《史记·高祖纪》:'大人常以
臣无赖',晋灼曰:'无利入于家也。'③《晋语》:'君得其赖。'韦云:
'赖,利也。'《卫策》:'为魏则善,为秦则不赖矣。'高云:'赖,利也。'
《史记·樗里子传》集解云:'赖,利也。'《晋语》:'已赖其地。'韦云:
'赖,赢也。'"④段玉裁《说文解字注》同。席世昌《读说文记》曰:
"赖注赢字,当是传写之误,宜从《汉书》注改正。《史记正义》晋灼
注同。"⑤沈涛《说文古本考》更指"今本盖二徐所妄改。"⑥"赖"意为

① 上海人民出版社编《章太炎全集》(二),第105页。
② 许慎《说文解字》,第130页下。
③ 案:裴骃《史记集解》引晋灼曰:"许慎曰:'赖,利也。'无利入于家也。"见司马迁
《史记》卷八,北京:中华书局,1963年,第2册,第387页。
④ (清)桂馥《说文解字义证》,上海:上海古籍出版社影印,1987年,第539页下。
⑤ (清)席世昌《读说文记》,丁福保编纂《说文解字诂林》,北京:中华书局影印,
1988年,第7册,第6490页下。
⑥ (清)沈涛《说文古本考》,《说文解字诂林》,第7册,第6490页下。

"利",先秦文献多见其用,《国语》《战国策》之外,又如《吕氏春秋·离俗》:"其视富贵也,苟可得已,则必不之赖。"高诱注:"不之赖,不赖之也。赖,利也,一曰善也。"①《传》文"不赖盟矣",是以五父不以盟为国之利,故泄伯言其将不免。

(四) 晋　桓公二年冬

　　桓二年:"晋穆侯之夫人姜氏。"洪氏诂曰:"高诱《吕览》注'暗,国名也,音晋,今为晋,字之误也。'此说未详。然古人或有依据。"麟案:瞽从珏,即古文日字,见《汗简》。《褺王彝》"褺"字,阮释为炅字,是也。暗从三日,则即晶字,盖古韵真、臻与耕、青得通,故晶、晋通用,今诸经史无暗字,盖亡新以三日大盛,尽改为晋耳。瞽字非古文所无,以为字误,说大过。②

　　笔者案:"晋",甲文作拾一三·一,③金文作格伯作晋姬簋、晋人簋、屬羌钟等,④上从,即"珏",为二矢,非日字,《汗简》"晋"字作,⑤上为之讹变,亦非日字,章氏"暗从三日"说,误。

(五) 其能久乎　桓公二年冬

　　桓二年:"今晋,甸侯也,而建国。本既弱矣,其能久乎?"

　　① 陈奇猷《吕氏春秋新校释》,上海:上海古籍出版社,2002 年,下册,第 1243、1249 页。
　　② 上海人民出版社编《章太炎全集》(二),第 128 页。
　　③ 中国社会科学院考古研究所编《甲骨文编》,北京:中华书局,1992 年,第 284 页。
　　④ 容庚编著,张振林、马国权摹补《金文编》,北京:中华书局,1985 年,第 456—457 页。
　　⑤ 黄锡全《汗简注释》,武昌:武汉大学出版社,1990 年,第 249 页。

按：此久，与它言久者稍别。《说文》引《周礼》曰："久，诸墙以观其桡。"今《考工·庐人》久作灸，注云："犹柱也。"然则久者，支柱之义。言本即弱矣，其能支柱所建之国乎？即末大必折之义。襄十八年云："君固无勇，而又闻是，弗能久矣。"亦谓弗能支也。①

笔者案：《说文·久部》："久，以后灸之，象人两胫后有距也。《周礼》曰：'久诸墙以观其桡。'"②又《火部》曰："灸，灼也，从火，久声。"③"久"与"氒"甲文、金文同形，作ㄅ甲二九〇八、ㄋ菁三·一、④ㄟ盂鼎、⑤ㄋ都公簋，⑥形构不明，詹鄞鑫释为铜格的侧面视图，本义为炮烙，"久"为"灸"的初文，⑦其说甚巧，可参。何琳仪认为二者为一字分化，曰："秦国文字ㄟ形释久，六国文字ㄟ形释氒。"⑧今考《睡虎地秦墓竹简·封诊式·贼死》："男子丁壮，析（皙）色长七尺一寸，发长二尺；其腹有久故瘢二所。"整理者注："久，读为灸。灸故瘢，灸疗遗留的疤痕。"⑨又《睡虎地秦墓竹简·秦律十八种·工律》："公甲兵各以其官名刻久之，其不可刻久者，

---

① 上海人民出版社编《章太炎全集》（二），第129页。文中引《周礼》曰："久，诸墙以观其桡。"案：此语应作"久诸墙以观其桡。"今本《周礼·考工记·庐人》作"灸诸墙以视其均也。"见（汉）郑玄注，（唐）贾公彦疏《周礼注疏》卷四十一，《十三经注疏附校勘记》本，第927页上。《全集》本断句误。
② 许慎《说文解字》，第114页上。
③ 许慎《说文解字》，第209页上。
④ 中国社会科学院考古研究所编《甲骨文编》，第488页。
⑤ 容庚编著，张振林、马国权摹补《金文编》，第817页。
⑥ 许慎《说文解字》，第818页。
⑦ 李圃主编《古文字诂林》，上海：上海教育出版社，2004年，第5册，第719—720页。
⑧ 何琳仪《战国古文字典：战国文字声系》，北京：中华书局，1998年，上册，第30页。
⑨ 睡虎地秦墓竹简整理小组编《睡虎地秦墓竹简》，北京：文物出版社，2001年，第157、158页。

以丹若黛书之。"整理者注:"刻久,刻上标记。"①火灸留痕,自为标记,引申为"长久",而从火的"灸"如何为"支柱"义,则未能解释。《左传》"久"字凡六十七见,皆作"久长"义,章氏释"久"为"灸",作"支柱"解,虽别出心裁,但稍觉牵强。

(六)善自为谋　桓公六年六月

　　桓六年:"善自为谋。"案:若因太子言"自求多福,在我而已",故为此言美之,则弃援无可美。预谓"独絜其身,谋不及国",又与因太子之言而为言之意不合。案:善借为嬗。《说文》:"嬗,好枝格人语也。"好枝格人语者,好抵拒人语也。如是者,其人必刚执慢戾。《说文》:"奲,不顺也。""婞,很也。""娿,易使怒也。""嬗,好枝格人语也。""嫉,疾悍也。"疾,即嫉。嫉悍,犹妒悍也。五篆相连,谊训必近,故《说文》:"嬗,一曰靳也。"靳,即好枝格人语之谓。一曰者,一名也。张衡《应闲》曰:"婞很不柔,以意谁靳也。"言婞很不柔,欲以意抵拒谁人乎?《广韵》训"嬗"为"偏伎",盖嬗与婞音谊同。婞亦作悻。《论语》"硁硁然小人哉",《孟子》注引"硁硁"作"悻悻",则悻、硁通作怪。《说文》"怪,恨也。"《广雅·释诂》:"很,恨也。"然则怪训恨,即训很,与婞实一字也。嬗之同婞、怪,犹缮之通劲也。忽拒齐意,故曰偏伎。欲以我致福而不恃大援,故曰自为谋嬗,与自为谋相因,嬗自为谋,谊与刚愎自用同文法,与"强不可使""忍弗能与"等同,盖忽引《诗》而言"在我",君子谓其言诚是也。而身无致福之才,则徒有其言,而不能如其言之

---

　　① 睡虎地秦墓竹简整理小组编《睡虎地秦墓竹简》,北京:文物出版社,2001年,第44页。

实，是嬗自为谋而已矣。又忽初辞齐昏，时尚未知文姜之恶，则固因不欲昏齐，而非以文姜淫乱也。若使丑声早播，则鲁桓必不聘矣。故其后齐侯欲以他女妻之，而忽亦辞之不许，明其非为文姜矣。君子探其不欲昏齐之意，而责其坐失大援，故以嬗自为谋为刺，乃括前后二次辞昏言之，非专指辞取文姜也。①

笔者案：章氏认为君子曰"善自为谋"的"善"为"嬗"的借字，并同"婵""悼"，指郑太子忽推辞齐婚，是刚愎自用的举措，而非君子赞扬太子忽的言词。②今考《左传》原文以检讨章说。文曰："公之未昏于齐也，齐侯欲以文姜妻郑大子忽。大子忽辞。人问其故。大子曰：'人各有耦，齐大，非吾耦也。《诗》云："自求多福。"在我而已，大国何为？'君子曰：'善自为谋。'及其败戎师也，齐侯又请妻之。固辞。人问其故，大子曰：'无事于齐，吾犹不敢；今以君命奔齐之急，而受室以归，是以师昏也，民其谓我何？'遂辞诸郑伯。"杜预注："言独絜其身，谋不及国。"③杜预虽然批评太子忽"谋不及国"，但亦以"善自为谋"的"善"如字解说。章氏以太子忽拒婚则失齐国后盾，因而认为"弃援无可美"，进一步解"善"为"嬗"。君子之言遂有美、刺两个说法。按文意，郑太子忽两拒齐婚，君子"善自为谋"之言是针对第一次拒婚时作的，以小辞大，"自求多福"，太子忽有过人之见，"善自为谋"应为嘉美之辞。此外，章氏以"善"为"嬗"说亦可斟酌。先秦两汉典籍不见"嬗"字用例，《说文·女部》曰：

① 上海人民出版社编《章太炎全集》（二），第151—152页。
② 杨伯峻认为"善自为谋"是"美郑忽辞文姜之词"，并反对章太炎的说法。见《春秋左传注（修订本）》，第1册，第113页。
③ 杜预注，孔颖达疏《春秋左传注疏》卷六，第1750页下。

"嬽,好枝格人语也。一曰靳也。从女,善声。"①《段注》:"谓不欲人语而言他,以枝格之也。"②王筠《说文解字句读》曰:"谓傫言也。"③不欲人语而掺言之,是"嬽"的本义,与章说"好抵拒人语"稍异。章氏更引而申之,指"如是者,其人必刚执慢戾"。从"好抵拒人语",想象其人"必刚执慢戾",终连结于"婞",这种推论实在过于迂回。"嬽"字典籍不见,章氏遂以"嬽"与"婞"音义皆同。但"嬽"上古音为章母元部,"婞"为匣母耕部,二字声音远隔。由是观之,"嬽"与"婞"音义皆不相同。总括而言,"善自为谋","善"作"美善",文从字顺,亦符合《左传》原意。章以"善"为"嬽",则曲折难通。

(七) 不念寡人　庄公十四年六月

庄十四年:"入又不念寡人。"案:《说文》:"念,常思也。"既入国矣,无所用其常思。此念即埝字。《方言》:"埝,下也。"《广雅疏证》曰:"《灵枢经·通天篇》:'太阴之人,其状埝然下意。'埝、念同。"麟案:《史记·项羽本纪》:"未能下。"正义:"以兵威服之曰下。"《史》《汉》多谓降为下,念字由陷下据《方言》注。引申为降下。不念寡人,即不下寡人;不下寡人,即不降寡人也。又案:《说文》:"恁,下赍也。"《后汉书》注引《说文》:"恁,念也。"《玉篇》《广韵》亦云:"恁,念也。"然《说文》"恁"接"愞"下,"愞"云:"驽弱也。"《广雅》亦云:"恁,弱也。"则"下赍"不误。下赍,即下资,谓下劣之资也。凡下劣者,多临事不断,思念较多,故谊相引申。资下劣者,

---

① 许慎《说文解字》,第 263 页下。
② (清) 段玉裁《说文解字注》,上海:上海古籍出版社,1988 年,第 623 页下。
③ 王筠《说文解字句读》,《续修四库全书》第 219 册,第 40 页。

未有不念然下意，故惁、念引申之谊同。①

　　笔者案：章氏以"念"为"惗"，据《方言》卷一三"陷下"之"惗"，辗转释之为"降"，解"不念寡人"为"不降寡人"。作"降服"之"下"，先秦两汉文献习见，如《左传·桓公八年》："季梁请下之：'弗许而后战，所以怒我而怠寇也。'"杜预注："下之，请服也。"②《僖公七年》："既不能强，又不能弱，所以毙也。国危矣，请下齐以救国。"③《韩非之·十过》："襄子谓张孟谈曰：'粮食匮，财力尽，士大夫羸病，吾恐不能守矣，欲以城下，何国之可下？'"④"下"既为普遍用语，不必以"惗"字代之，何况文献未见"惗"作"降"的例证。考"念"为"思念"，亦有"感念"之意，《左传·哀公二十七年》："二月，盟于平阳，三子皆从。康子病之，言及子赣，曰：'若在此，吾不及此夫！'武伯曰：'然。何不召？'曰：'固将召之。'文子曰：'他日请念。'"杜预注："言季孙不能用子赣，临难而思之。"⑤此谓感念子赣之能，可证"念"不徒"思念"而已，章言"既入国矣，无所用其常思"，不确。本《传》"不念寡人"，犹言心不在寡人，《左传·襄公二十六年》："甲午，卫侯入。书曰'复归'，国纳之也。大夫逆于竟者，执其手而与之言；道逆者，自车揖之；逆于门者，颔之而已。公至，使让大叔文子曰：'寡人淹恤在外，二三子皆使寡人朝夕闻卫国之言，吾子独不在寡人。古人有言曰："非所怨，勿怨"，寡人怨矣。'对曰：'臣知罪矣，臣不佞，不能负羁绁以从扞牧圉，臣之罪一也。有出者，有居

---

①　上海人民出版社编《章太炎全集》（二），第 194—195 页。
②　杜预注，孔颖达疏《春秋左传注疏》卷七，第 1754 页中。
③　杜预注，孔颖达疏《春秋左传注疏》卷十三，第 1798 页下。杨伯峻曰："下齐，下于齐也，犹言屈服于齐。"见《春秋左传注（修订本）》，第 1 册，第 316 页。
④　陈奇猷《韩非子新校注》，上海：上海古籍出版社，2000 年，上册，第 214 页。
⑤　杜预注，孔颖达疏《春秋左传注疏》卷六十，第 2183 页上一页中。

者,臣不能贰,通外内之言以事君,臣之罪二也。有二罪,敢忘其死?'乃行,从近关出。公使止之。"①

以上语境与本《传》相近,今录其文以兹比较,文曰:"厉公入,遂杀傅瑕。使谓原繁曰:'傅瑕贰,周有常刑,既伏其罪矣。纳我而无二心者,吾皆许之上大夫之事,吾愿与伯父图之。且寡人出,伯父无里言。入,又不念寡人,寡人憾焉。'对曰:'先君桓公命我先人典司宗祏。社稷有主,而外其心,其何贰如之?苟主社稷,国内之民,其谁不为臣?臣无二心,天之制也。子仪在位,十四年矣;而谋召君者,庸非二乎?庄公之子犹有八人,若皆以官爵行赂劝贰而可以济事,君其若之何?臣闻命矣。'乃缢而死。"②上文"吾子独不在寡人",顾炎武说:"在,如'乃心罔不在王室'之'在'。"③"不在寡人,寡人怨矣",与本《传》"不念寡人,寡人憾焉"几乎同调,可见"念"与"在"义近,章氏以"降"释之,伤之太露。杜预释"念"作"不亲附己",④是说"不念寡人"的言下之意。竹添光鸿曰:"不念寡人,犹曰不以己事置念头,责其不为己谋也。"⑤亦为通达之言。

(八) 因重固　闵公元年冬

> 闵元年:"亲有礼,因重固。"案:因亦亲也。《诗·大雅·皇矣》:"因心则友。"传:"因,亲也。"《仪礼·丧服》传:"继母之配父,与因母同。"注:"因,犹亲也。"《广雅·释诂》:"因,亲也。"《贾子·傅职》云:"天子不姻于亲戚,不惠于庶民。"姻亦

---

①　杜预注,孔颖达疏《春秋左传注疏》卷三十七,第 1989 页上—页中。
②　杜预注,孔颖达疏《春秋左传注疏》卷九,第 1771 页中—页下。
③　顾炎武《左传杜解补正》卷中,《顾炎武全集》,上海:上海古籍出版社,2011 年,第 1 册,第 73 页。
④　杜预注,孔颖达疏《春秋左传注疏》卷九,第 1771 页中。
⑤　竹添光鸿《左氏会笺》,第 1 册,第 280 页。

亲也,即《周礼》"孝友睦姻古文姻"、"任恤之姻",《诗·小雅·我行其野》"不思旧姻",《白虎通》引作"不惟旧姻",是因、姻同之证。此亦可补训故者也。服子慎注:"重不可动,因其不可动而坚固之。"此本襄十四年"因重而抚之"为义,然文不妥。①

笔者案:"因重固"的解释大致有二,一为服虔注,二为杜预注。杜曰:"能重能固,因而成之。"②赞同服说者如李贻德《春秋左氏传贾服注辑述》、③刘文淇《春秋左氏传旧注疏证》。④赞同杜说者如孔颖达《春秋左传正义》、⑤林尧叟《春秋左传句解》,⑥与杜相类的有惠栋《春秋左传补注》。⑦章氏批评了服虔说之不妥,但不加解释。如服说,"因"如为"就",乃介词,如作"因为",则为连词,皆不合本文句法,本《传》文曰:"公曰:'鲁可取乎?'对曰:'不可。犹秉周礼。周礼,所以本也。臣闻之:"国将亡,本必先颠,而后枝叶从之。"鲁不弃周礼,未可动也。君其务宁鲁难而亲之。亲有礼,因重固,间携贰,覆昏乱,霸王之器也。'"⑧就句式看,"亲""因""间""覆"皆为动词,无论"因"字作为连词或介词,都会破坏这四句句式的严谨性。"有礼""重固""携贰""昏乱"四者之后均有省略的名词,性质同属受词,如以"重"作形容词,"固"作动词,亦不合于整体语法,文

---

① 上海人民出版社编《章太炎全集》(二),第219页。
② 杜预注,孔颖达疏《春秋左传注疏》卷十一,第1786页中。
③ (清)李贻德《春秋左氏传贾服注辑述》,《续修四库全书》第125册,第438页下。
④ 刘文淇《春秋左氏传旧注疏证》(中文出版社本),第221—222页。又见《续修四库全书》第126册,第491页。
⑤ 杜预注,孔颖达疏《春秋左传注疏》卷十一,第1786页中。
⑥ 王道焜、赵如源编《左传杜林合注》,第405页下。
⑦ 惠栋《春秋左传补注》,第132页上。
⑧ 杜预注,孔颖达疏《春秋左传注疏》卷十一,第1786页中。

意亦不通顺。故孔颖达批评服虔之说曰:"服虔云:'重不可动,因其不可动而坚固之。'杜以此《传》四句相类,间携贰,携贰者皆间之;覆昏乱,昏乱者皆败之。知此重固皆因之,则非因重而固之。"①孔氏之言甚中肯綮。高本汉(Bernhard Karlgren)亦就句法方面质疑服说。②今考《说文·口部》:"因,就也。从口大。"③段注:"就,下曰:'就,高也。'为高必因丘陵,为大必就基址,故因从口大,就其区域而扩充之也。《中庸》曰:'天之生物,必因其材而笃焉。'《左传》曰:'植有礼,因重固。'"④段氏之言"就",即今之"依据""凭借"之意,高本汉曰:"'因'字之被解说为'就',着重在'依据''专意于'。如《国语·郑语》云:'不可因也。'韦昭注云:'因就也。''就'的意思便是'凭借''依靠'。"⑤高说言之成理,考《吕氏春秋·尽数》:"精气之来也,因轻而扬之,因走而行之,因美而良之,因长而养之,因智而明之。"高诱注:"因,依也。"⑥据文意,"因重固"的"因"当训"依","依靠"之意。章太炎释"因"为姻亲的"姻",与上文"亲有礼"重复,亦不如释"依"之切合。

(九) 不以阻隘　僖公二十二年十一月

僖二十二年:"不以阻隘也。"《宋微子世家》作:"君子不困人于阸隘。"阸字本通以,困训阻者,读阻为祖也。《尧典》:"黎民阻饥。"《汉书》作"祖",是阻与祖通。《荀子·大略》云:"患

---

① 杜预注,孔颖达疏《春秋左传注疏》卷十一,第1786页中。
② 高本汉著,陈舜政译《高本汉左传注释》,台北:中华丛书编审委员会,1979年,第59页。
③ 许慎《说文解字》,第129页下。
④ 段玉裁《说文解字注》,第278页上。
⑤ 高本汉著,陈舜政译《高本汉左传注释》,第59页。
⑥ 陈奇猷《吕氏春秋新校释》上册,第139、141页。

至而后虑者谓之困。"是困者，失诸后也。《史记·三王世家》褚先生《补传》云："祖，先也。"《始皇本纪》："祖龙者，人之先也。"《小雅·甫田》传："田祖，先啬也。"是祖训先，正与后对。古字祖作且。《檀弓》："夫祖者，且也。"故《墨子·经说》云："自前曰且，自后曰已。"亦以且为前，与后相对。按下文云："隘而不列。"则此祖隘，即上文之"既济而未成列"，司马欲击之也。击其未列，故曰"祖隘"，言先隘者而动也。己先，则使楚后于事，是在楚为患至而后虑也，故曰："困人于阨。"史公以楚之后，见宋之先，彼此互推，其谊益明，非承荀子之旧训，有此精墙乎？①

笔者案：章氏训"阻"为"祖"，论证较为牵强。章氏先举《史记》"君子不困人于阨隘"作证，说："阨字本通以，困训阻者，读阻为祖也。""阨字本通以"，如以"以"代"阨"，则文不可读。"困训阻者，读阻为祖也"，则以史迁亦读"阻"为"祖"，这恐怕是强加之辞。"困人于阨隘"，目寓即明，何劳以《荀子》为祖训？且"困"训"阻"，可，训"祖"，则不可。章氏以"困者，失诸后"，推衍史迁下"困"字之由，实毫无根据。今录本《传》原文，以作分析，文曰："公曰：'君子不重伤，不禽二毛。古之为军也，不以阻隘也。寡人虽亡国之余，不鼓不成列。'子鱼曰：'君未知战，勍敌之人，隘而不列，天赞我也；阻而鼓之，不亦可乎？犹有惧焉。且今之勍者，皆吾敌也。虽及胡耇，获则取之，何有于二毛？明耻、教战，求杀敌也。伤未及死，如何勿重？若爱重伤，则如勿伤；爱其二毛，则如服焉。三军以利用也，金

---

① 上海人民出版社编《章太炎全集》(二)，第270—271页。

鼓以声气也。利而用之,阻隘可也;声盛致志,鼓儳可也。'"①文中明言"隘而不列,天赞我也;阻而鼓之,不亦可乎?"则知"阻"决不训"祖",章氏则只言"隘而不列",而忽略"阻而鼓之"一语,因而致误。"阻隘",杜预曰:"不因阻隘以求胜。"②刘文淇曰:"阻隘,犹阨也。"③安井衡曰:"衡案:阻,隔也,言不以兵隔绝之险隘之地也。下文'隘而不列',自彼言之;'阻而鼓之',自我言之,阻、隘分言,可以见矣。"④俞樾曰:"樾谨按:《传》文曰:'古之为军也,不以阻隘也。寡人虽亡国之余,不鼓不成列。'下文子鱼曰:'隘而不列,天赞我也;阻而鼓之,不亦可乎?'是阻与鼓对,隘与不成列对,故又曰:'利而用之,阻隘可也;声盛致志,鼓儳可也。'鼓、儳二字不平列,则阻、隘二字亦不平列。阻者,挖也。《尚书·尧典篇》:'黎民阻饥。'《正义》引《郑注》曰:'阻,挖也。'方楚人之未既济,即挖而击之,是谓阻其隘。杜解未得其旨。"⑤笔者案:从"阻而鼓之"一语可知"阻隘"并非平列同义词,而如俞说"阻其隘",为动宾结构。"阻"当如安井衡说为"隔",《周礼·夏官·司险》云:"司险掌九州岛之图,以周知其山林川泽之阻,而达其道路。"郑玄注:"达道路者,山林之阻则开凿之,川泽之阻则桥梁之。"⑥此"阻"为"隔"义之证。

---

①② 杜预注,孔颖达疏《春秋左传注疏》卷十五,第 1814 页上。

③ 刘文淇《春秋左氏传旧注疏证》(中文出版社本),第 353 页。《续修四库全书》本不见此语。

④ 安井衡《左传辑释》卷六,上册,第 16 页。

⑤ 俞樾《群经平议·春秋左传》,《续修四库全书》第 178 册,第 406 页下。竹添光鸿全录俞说而不具名,见《左氏会笺》,第 2 册,第 520—521 页。杨伯峻赞同俞说,并谓阻其隘为动宾结构,较《杜注》以阻与隘为同义词平列连用为长。说见《春秋左传注(修订本)》,第 1 册,第 398 页。高本汉赞同杜注而非议俞说,见高本汉著,陈舜政译《高本汉左传注释》,第 98 页。

⑥ 郑玄注,贾公彦疏《周礼注疏》卷三十,第 844 页上。

(十) 以务烈所　宣公十二年六月

宣十二年:"抚弱耆昧,以务烈所,可也。"麟案:所,借为旷,为户。《方言》:"旷,文也。"《西京赋》:"赫旷旷以弘敞。"李善引《埤仓》云:"旷,赤文也。"《论语摘衰圣》:凤有九苞,"八曰音激扬,九曰腹文户"。王怀祖曰:"户,赤文采貌也。"所,从户声,故得通旷、户。古烈文多并言。《周颂·烈文》云:"烈文辟公。"雍云:"既右烈考,亦右文母。"哀三年《传》云:"烈祖康叔,文祖襄公。"是也。①

章氏以"所"为"旷"的借字,释"文采"。笔者案:"所""旷"未见通假之例。②章所举《诗经·雝》及《左传·哀公三年》的"文母""文祖","文"实为"文德"之称。王引之《经义述闻·毛诗下·亦右文母》曰:"引之谨案:文王之'文',谥也。文母之'文',则美大之称,犹言皇姒、皇母耳。……《汉书·元后传》'太皇大后当为新室文母大皇大后'、《后汉书·邓骘传》'伏惟和熹皇后圣善之德,为汉文母'、《何敞传》'伏惟皇大后秉文母之操',皆本《周颂》为义。彼言文母,并是文德之称,非因其夫之谥文而称之也。古人赞美先世多谓之文,《尧典》'受终于文祖',传曰:'文祖者,尧文德之祖庙。'……此诗以烈考、文母对举,烈、文皆赞美之词。《周颂·烈文篇》'烈文辟公',传曰:'烈光也。'《晋语》及哀三年《左传》并曰'烈祖康叔,文祖襄公',韦昭注《晋语》曰:'烈,显也。文,言有文德

---

① 上海人民出版社编《章太炎全集》(二),第395页。案:章氏原文作"烈祖康叔",《左传》原文为"祖烈康叔"。又此乃哀公二年《传》文,非章云"三年"。见杜预注,孔颖达疏《春秋左传注疏》卷五十七,第2157页上。

② 案:"所"为生母鱼部,"旷"为匣母鱼部,韵部相同而声纽远隔。

也。'其明证矣。"①王说掷地有声,杨树达赞扬王说,并于《静殷再跋》曰:"《静殷》铭末云:'王锡静鞞刻,静敢拜頜首对扬天子丕显休,用作文母外姞尊殷,子子孙孙其万年用。'按彝铭称'文祖''文考'者屡见不一见,'文考'或称'文父'……其女子称文者,《庚嬴卣》有'文姑',其文云:'庚嬴对扬王休,用作氒文姑宝尊彝。'是其例也。'文姑'外有'文母',见于此铭及《帅隹鼎》。《帅隹鼎》云:'帅隹懋兄念王母勤䐓疑读为劳,自乍后王母厌商氒文母鲁公孙用鼎。'是也。……吾人今日幸得读多数之彝铭,于王氏所举'文祖''文考''文人'诸证外,又得上述'文父''文姑'诸例,而此器铭之'文母外姞'尤足申证王氏文母不关文王之说者也。"②

　　"烈""文"并列,固有"光明显赫"之意,"烈"字独用,亦有"功业"之意,《尔雅·释诂下》云:"烈,业也。"③郭璞注:"谓功业也。"《尚书·盘庚》:"今不承于古,罔知天之断命,矧曰其克从先王之烈?"《孔传》:"天将绝命,尚无知之,况能从先王之业乎?"④本《传》"烈所"之"烈",当为"功业"解,原文曰:"德立、刑行、政成、事时、典从、礼顺,若之何敌之? 见可而进,知难而退,军之善政也。兼弱攻昧,武之善经也。子姑整军而经武乎! 犹有弱而昧者,何必楚? 仲虺有言曰:'取乱侮亡',兼弱也。《汋》曰:'于铄王师,遵养时晦',耆昧也。《武》曰:'无竞维烈。'抚弱耆昧,以务烈所,可也。"⑤孔颖达曰:"士会言不须敌楚,兼抚余诸侯弱者,致讨诸侯昧者,以务武

---

① 王引之《经义述闻》,第 421 页上—下。
② 杨树达《积微居金文说·余说》,上海:上海古籍出版社,2007 年,第 348—349 页。林义光亦有相类说法,见氏著《诗经通解》,台北:台湾中华书局,1985 年,第 259—260 页。
③ 周祖谟《尔雅校笺》,南京:江苏教育出版社,1984 年,第 16 页。
④ 孔安国撰,孔颖达疏《尚书注疏》卷九,第 168 页下。
⑤ 杜预注,孔颖达疏《春秋左传注疏》卷二十三,第 1879 页中—下。

王烈业之所可也。"①刘文淇曰："陆粲云：'烈所者，功烈之处所也，犹民知义所之所。'"②《传》文为随武子论攻敌之道，"兼弱攻昧，武之善经"，是其要旨，接着更引《诗经·武》"无竞维烈"为佐，"烈"者，《毛传》训为"业"，郑笺更云："无强乎其克商之功业，言其强也。"③引诗之后，便结以"抚弱耆昧，以务烈所，可也"，明示以"烈"为"业"。孔颖达、陆粲之言中其肯綮，章太炎以"所""旷"通假，释作"文采"，非是。

（十一）投袂而起　宣公十四年夏

宣十四年："投袂而起。"《吕览·行论篇》："庄王方削袂，闻之曰：'嘻！'投袂而起。"孔氏《经学卮言》曰："投袂，投其所削之袂也。《传》文未备，杜氏遂以投为振，壹若拂袖之义，误已。"麟案：《淮南·主术训》："楚庄王伤文无畏之死于宋也，奋袂而起。"《释言》："奋，振也。"《说文》："振，一曰奋也。"《释言》奋、振，又皆训讯。则预说亦有所本。且《广雅·释诂》："振，弃也。"振讯而弃之，正是投所削之袂，非是拂袖，不必致驳。但预不引《吕览》，不明投袂之由，则可訾耳。④

笔者案："投袂而起"一语解释素有分歧，今录《传》文，再行讨论。文曰："楚子使申舟聘于齐，曰：'无假道于宋。'亦使公子冯聘

---

① 杜预注，孔颖达疏《春秋左传注疏》卷二十三，第1879页下。杨伯峻亦用《孔疏》，见《春秋左传注（修订本）》，第2册，第726页。
② 刘文淇《春秋左氏传旧注疏证》（中文出版社本），第688页。又见《续修四库全书》第127册，第665页。竹添光鸿《左氏会笺》亦引亦陆说为证而不具名，见是书第2册，第885页。
③ 毛亨传，郑玄笺，孔颖达疏《毛诗注疏》卷十九之三，第597页下。
④ 上海人民出版社编《章太炎全集》（二），第408页。

于晋，不假道于郑。申舟以孟诸之役恶宋，曰：'郑昭、宋聋。晋使
不害，我则必死。'王曰：'杀女，我伐之。'见犀而行。及宋，宋人止
之。华元曰：'过我而不假道，鄙我也。鄙我，亡也。杀其使者，必
伐我。伐我，亦亡也。亡一也。'乃杀之。楚子闻之，投袂而起。屦
及于窒皇，剑及于寝门之外，车及于蒲胥之市。秋九月，楚子围
宋。"①杜预注："投，振也。袂，袖也。"②孔广森《经学卮言·春秋左
氏传》曰：《吕氏·恃君览》曰：'楚庄王使文无畏于齐，过于宋，不
先假道，还反。华元曰："是以宋为野鄙也鄙我义如鄙留之鄙，乃杀文
无畏于扬梁之堤。"庄王方削袂，闻之曰："嘻！"投袂而起。履及诸
庭，剑及诸门，车及之蒲疏之市。'然则投袂者，投其所削之袂也削，
裁也。此《传》文未备，杜遂以投为振，壹若拂袖之义，误矣。"③孔氏
以《传》文未备，并以《吕览》作证，则孔氏以"投袂"一词不可解，故
引《吕览》"方削袂"，以明袂之可投。洪亮吉、④马宗琏⑤亦赞同孔
说。刘文淇则反对孔、洪之言，曰："因削袂而投袂，此《吕览》异文，不
与《传》合。孔、洪取之非。《后汉书·朱浮传》：'浮上书曰："昔楚、宋
列国，俱为诸侯，庄王以宋执其使，遂有投袂之师。"'投袂与《传》同。
《淮南·齐俗训》：'楚庄王裾衣博袍，令行乎天下，遂霸诸侯。'注：
'裾，裒也。衣，裾也。'衣袍裒博，临事奋兴，振袖而起，彼事情事如
此。又《主术训》云：'楚庄王伤文无畏之死于宋也，奋袂而起。'奋袂，
即用《传》投袂意。注亦云：'庄王闻之怒，故投袂而起。'"⑥杨伯峻遵

---

① 杜预注，孔颖达疏《春秋左传注疏》卷二十四，第 1886 页上—中。
② 杜预注，孔颖达疏《春秋左传注疏》卷二十四，第 1886 页上。
③ （清）孔广森《经学卮言》，《续修四库全书》第 173 册，第 306 页上。
④ 洪亮吉著，李解民点校《春秋左传诂》上册，第 426 页。
⑤ （清）马宗琏《春秋左传补注》，《续修四库全书》第 124 册，第 735 页上。
⑥ 刘文淇《春秋左氏传旧注疏证》（中文出版社本），第 727 页。又见《续修四库全书》第 127 册，第 737 页。

循刘说,亦引《淮南子·主术训》"奋袂而起"为证,认为"投袂"盖即"奋袂"。①

今考《说文·手部》:"投,擿也。"②而先秦文献,与"投"相配的字词、语境,皆从其"掷"义,如《诗经·小雅·巷伯》"取彼谮人,投畀豺虎。豺虎不食,投畀有北。"孔颖达疏:"豺虎若不肯食,当掷予有北太阴之乡。"③或引申为"弃置"。如上引《诗》,毛传:"投弃也。"又《左传·文公十八年》"投诸四裔,以御螭魅。"杜注:"投,弃也。"④"投"并无"振""奋"等义,本文"投袂",即从"掷"义引申为"挥袖"可也。章氏批评杜预"不引《吕览》,不明投袂之由,则可訾耳。"《吕览》所记,庄王削袂在先,始有投袂之举,"投"即"掷",⑤此本不与《传》文合,《淮南》"奋袂而起",亦是另作描绘,并非解释《传》意。章氏沿旧说以"投"为"振""奋",本有未安,又将之训"弃",则是推衍过度。另竹添光鸿曰:"《庄子·渔父》:'被发投袂。'《释文》引李注云:'投,挥也。'《后汉·皇甫嵩朱儁传论赞》:'斯诚叶公投袂之义。'注云:'投袂、奋袂也。言其怒也。'"⑥按《庄

---

① 杨伯峻《春秋左传注(修订本)》,第 2 册,第 756 页。
② 许慎《说文解字》,第 253 页下。
③ 毛亨传,郑玄笺,孔颖达疏《毛诗注疏》卷十二之三,第 456 页下。
④ 杜预注,孔颖达疏《春秋左传注疏》卷二十,第 1863 页上。
⑤ 陈奇猷《吕氏春秋新校释·行论》曰:"削之本义为刀室,所以套刀者,引申其义则以物套入某物之中谓之削……此文'削袂'者,谓两手套入衣袖之中,正形容庄王消闲自得之状。孔训削为裁,庄王裁其袂,是何意义? 庄王为万乘之主,岂亲自裁袂缝补耶? 孔说殊不可通。又案:投,掷也。投袂犹言掷袂,即今语所谓甩开袖子。盖庄王正套着两手于袖中,闻文无畏被杀,因甩开袖子振作而起也。"见是书下册,第 1409—1410 页。又是书《慎人》"削迹于卫",陈氏注:"《说文》'削,鞞也',又云'鞞,刀室也',则套刀之室为削,引申之以物套入某物之中亦谓之削,如《行论》'庄王方削袂',谓庄王将手套入袖中(详彼),即其例。"见是书上册,第 817 页。案:陈氏言之有理,"投袂"亦为"挥袂"。
⑥ 竹添光鸿《左氏会笺》,第 2 册,第 916 页。

子·渔父》本作"被发揄袂。"①郭庆藩集释:"揄,挥也。袂,袖也。"陆德明《经典释文》释"揄"曰:"李音投。投,挥也。"②"揄""投"《广韵·平侯》俱为度侯切,③上古同属定母、侯部。据之,本《传》之"投",亦有可能是"揄"之借。《韩非子·内储说下》:"御者因揄刀而剔美人。"④《史记·货殖列传》云:"今夫赵女郑姬,设形容,揳鸣琴,揄长袂,蹑利屣,目挑心招,出不远千里,不择老少者,奔富厚也。"⑤"揄"有"挥动"之意。

(十二) 不可为谋　昭公十三年五月

昭十三年:"不可为谋。"《楚世家》作"不可救也"。按:《荀子·非相》云:"起于上,所以道于下,正令是也;起于下,所以忠于上,谋救是也。"正、令同谊,则谋、救亦同谊,故史公以救训谋。⑥

笔者案:《左传》本文曰:"王至矣,国人杀君司马,将来矣。君若早自图也,可以无辱。众怒如水火焉,不可为谋。"⑦《史记·楚世家》亦记此事,曰:"王至矣,国人将杀君,司马将至矣!君蚤自图,无取辱焉。众怒如水火,不可救也。"⑧《左》《史》文字大致相同,而句式稍异。考《左传》众多"谋"字用法,无作"救"者。而定公

---

① 郭庆藩《庄子集释》卷十上,第 1023 册,第 1024 页。
② 《经典释文》卷二十八《庄子音义》下,第 401 页上。
③ (宋)陈彭年、邱雍等编撰《巨宋广韵》,上海:上海古籍出版社影印,1983 年,第 142 页。
④ 陈奇猷《韩非子新校注》上册,第 635 页。
⑤ 司马迁《史记》卷一百二十九,第 10 册,第 3271 页。
⑥ 上海人民出版社编《章太炎全集》(二),第 646 页。
⑦ 杜预注,孔颖达疏《春秋左传注疏》卷四十六,第 2070 页上。
⑧ 司马迁《史记》卷四十,第 5 册,第 1708 页。

十四年记:"晋人围朝歌,公会齐侯、卫侯于脾、上梁之间,谋救范中行氏。"杜预注:"齐鲁叛晋,故助范中行也。"①"谋""救"本不同义甚明。"不可为谋",意谓不可与之商量。"不可救也",不可止息之意,是太史公加强行文语气的写法,并非为《左传》训诂。至于《荀子·非相》曰:"是以小人辩,言险;君子辩,言仁也。言而非仁之中也,则其言不若其默也,其辩不若其呐也。言而仁之中也,则好言者上矣,不好言者下也。故仁言大矣,起于上所以导于下,政令是也;起于下所以忠于上,谋救是也。"②仁言起于上,则为政令;仁言起于下,则为谋救。《说文·攴部》云:"救,止也。"③"谋救",筹谋劝止之谓。王念孙认为"谋救"本作"谏救",④亦可备一说。章炳麟说则非。

总绾前言,《春秋左传读》一书处处流露章太炎深湛的学养与细腻的心思,故能推陈出新,新意间出;而其勇于立说,或轻言通假,或求诸过深,亦每每及见。然《春秋左传读》一书凡五十万言,纵有瑕疵,亦无损其书在近代《左传》经疏的重要地位。

　　本文原载《中华文史论丛》2013 年第 3 期(总第 111 期)。

---

　　① 杜预注,孔颖达疏《春秋左传注疏》卷五十六,第 2125 页中。
　　② 王天海《荀子校释》卷三,上海:上海古籍出版社,2005 年,上册,第 192 页。"起于上所以导于下,政令是也",王天海曰:"'导''政'二字,今诸本分别作'道''正',并有杨倞注文:'道与导同,正或为政'八字。然宋浙本无。"见同书,第 195 页。
　　③ 许慎《说文解字》,第 68 页下。
　　④ 王念孙《读书杂志》卷八之二,北京:中华书局,1991 年,第 2 册,第 655 页下。

"四 玄"

——章太炎的"新经学"构想

黄燕强 *

　　中国古代尊崇儒家经书,但从经学史来看:一者,儒家经书不是单数,而是复数,如五经、十三经;二者,经书系统是一个开放的体系,在不同时期会有若干典籍被升格为经,如"四书"的升格;三者,这种升格的方式,或是改解经类传记为经,如《左传》《礼记》,或是改儒家类子书为经,如《孟子》;四者,群经之间地位的关系是变动的,如汉人重五经,宋儒重四书。[①]经书系统的重建表明,经学家虽然相信儒经具有超越的常道性质,但在解经、注经的过程中,经学诠释与特定历史时期鲜活的时代精神及当下意识相交融,呈现为新的思想形态,或是偏离了经书原旨,而致使人们疑经疑传,令经书遭遇信仰危机。如汉代今文经学与古文经学的论争,唐宋学者对汉魏注疏的质疑,皆属此类。这是经学诠释史上常有的现象。为了维护经书的绝对权威,维持经书义理与经学诠释的一致性,当危机出现时,思想灵敏而勇于创新的经学家,就会回到先秦儒家的原始经典,从中选择某些具有典范意义的经解类传记或儒家类子书,将其升格为经而与原来的经书组成新的经书系统,据此建构新

---

　　* 　作者单位:暨南大学哲学研究所。

　　① 　参见陈少明《中国哲学史研究与中国哲学创作》,《学术月刊》2004 年第 3 期。

的经学体系,使经书信仰重获活泼泼的生命力。这就是林庆彰所指出的,中国经学史每隔数百年就会发生一次回归原典运动,①从五经到七经、九经、十三经的演变印证了这一点。

乾嘉时期,汉学与宋学之争在使汉学家和宋学家质疑对方的经学诠释已然偏离经书原旨的同时,也向人们展示了经书与经学之间的疏离,并引发人们的疑问:究竟是汉学还是宋学,更契合孔孟原义和经书本旨呢? 这样的疑问必然会动摇人们的经书信仰,促使人师法经学史上的回归原典运动,选择一些典籍而升格为经,重建新的经书系统,如段玉裁的"二十一经"、沈涛的"十经"、刘恭冕的"二十一经"和龚自珍的"六艺之配"等。②到了晚清,今文经学与古文经学之辩更为激烈,彼此指责对方所解释的文本是伪书,其经学因而自然是伪学。这不仅使人怀疑经学诠释的准确性——今文经学家更将疑经辨伪思潮推向极致而直接导致经书信仰瓦解,古文经学家则把儒经当作历史典籍而令经书名义无存。当此之时,是否仍有学者通过回归先秦原典的方式,选择若干足以代表中华文化思想的典范之作,而建立新的经书系统、打造出新的经学范式,以之作为民族文化精神与思维模式的基础呢?

晚清的章太炎曾致力于斯。作为古文经学家,章太炎在与今文经学家的论辩中清楚地认识到,经学诠释严重地偏离了经书原旨,十三经已不足以维系那正处在三千年未有之变局中的世道人心,不再能为社会—政治与文化—道德秩序之建构提供合适的精

---

① 　关于经学史上的"回归原典"运动,参见林庆彰《明末清初经学研究的回归原典运动》,《孔子研究》1989 年第 2 期;林庆彰《中国经学史上的回归原典运动》,《中国文化》2009 年第 2 期。要说明的是,本文在借用"回归原典"一词时,"原典"所指称的对象不限于先秦的经解类传记和儒家类子书,而泛指先秦时期的诸子百家之书。

② 　关于乾嘉时期的回归原典运动及经子关系问题,参见拙文《乾嘉时期经子关系之转向》,《社会科学》2016 年第 10 期。

神要义,其瓦解是不可避免的。但作为传统文化的守成者,章太炎相信历史与文化是一个民族存在的根本,而经典一方面记载着民族历史的演变,一方面则萃聚了民族文化之精华。所以他在打破十三经的同时,又建构了一个"四玄"经典系统(《周易》《论语》《老子》《庄子》),力求使其成为民族语言、文化和思想的象征符号。

如果说,章太炎的"六经皆史"观最终把传统经学转化成为考证典章制度、风俗事迹的历史学,那么,"四玄"就是他建构的用以取代十三经的新经典系统,而他根据"四玄"文本所诠释的思想就是他的新经学。学者只见章太炎的古文经学,便将经学瓦解的责任归咎于他,却未曾注意到他在终结一个范式的同时,又尝试以新典范来取而代之,从而开启一种新的思想境界。有见于此,本文将深入考察章太炎究竟是如何打破十三经,进而建构"四玄"经典系统及其一贯之道与修养工夫论的。

一　经、传正名

传统经学著作的体式有经、传、记、笺、注、疏、章句等,仅就经与传记的关系言,[1]隋唐以前,经与传记在性质、名分上的界限是很鲜明的。刘勰说:"常道曰经,述经曰传。"[2]所谓"述经",亦如王凤曰:"《五经》传记,师所诵说。"[3]经为常道,是圣人的创作而具有文化与思想的典范性和权威性;传记是儒家诸子或经师绍述经书、

---

① 　笺、注、疏、章句等是诠释经与传记的,其少独立成篇而流行于世,也未被选取而升格为经,这与独立成篇,且被选取而升格为经的传记,不可等同。

② 　刘勰撰,范文澜注《文心雕龙注》卷九《总术》,北京:人民文学出版社,1958年,第655页。

③ 　班固撰,颜师古注《汉书》卷九十八《元后传》,北京:中华书局,1962年,第4022页。

诠释道体的作品,不具有常道价值和典范意义。这种观念体现于目录学,就是《汉书·艺文志》的"序六艺为九种"说,将六经与经解类传记分别开来。魏晋以后,传记的地位上升,到了唐人编《隋书·经籍志》,就把经书与传记等同起来,其经部类目不再单独列出经书文本,而直接用传记取代了经书。孔颖达等编《五经正义》,选用《左传》和《礼记》,也体现了等同经书与传记的观念。宋儒更是从《礼记》中选取《大学》《中庸》,而与《论语》及儒家类子书《孟子》组成"四书"。这不仅是等同经与传记,还有"改子为经"。①

直到乾嘉时期,章学诚才回归分别经与传记的传统。他说:"依经而有传……因传而有经之名。"②经与传相对而不可等同。他重申《汉志》的"序六艺为九种"说,宣称:"经之有六,著于《礼记》,标于《庄子》,损为五而不可,增为七而不能,以为常道也。"③唯有六经是常道之书,其余则是人们"尊经而并及经之支裔"而已。④所以他要将十三经中的传记等,还原为解经类著作或儒家类子书。这种分别经传所带来的结果是为六经正名。龚自珍就发挥章学诚的观点,进而提出"六经正名"说。他认为,传记如《春秋》"三传"和大小戴《记》等,"群书"如《论语》《孟子》等,皆应取消其经书名义,盖经书只有六部,不可增益或减损。⑤

章太炎继承清代的文史传统,他不仅发扬章学诚、龚自珍的

① 关于汉魏的分别经传和唐宋的等同经传等说法,参见吴根友、黄燕强《经子关系辨正》,《中国社会科学》2014年第7期。
② 章学诚著,叶瑛校注《文史通义校注》卷一《经解上》,北京:中华书局,1985年,第93页。
③ 章学诚《校雠通义》卷三《汉志六艺》,章学诚著,叶瑛校注《文史通义校注》,第1022页。
④ 章学诚著,叶瑛校注《文史通义校注》卷一《经解上》,第94页。
⑤ 龚自珍《六经正名》,龚自珍著,王佩诤校《龚自珍全集》,上海:上海古籍出版社,1975年,第37—38页。

"六经皆史"说,以建构其古文经学,他还接受章、龚的分别经传和六经正名说,主张把"经"之名与实还归六经。他在《訄书》重订本的《清儒》篇说:

> 然流俗言"十三经"。《孟子》故儒家,宜出。唯《孝经》《论语》,《七略》入之六艺,使专为一种,亦以尊圣泰甚,徇其时俗。六艺者,官书,异于口说。礼堂六经之策,皆长二尺四寸,《孝经》谦半之。《论语》八寸策者,三分居一,又谦焉。以是知二书故不为经,宜隶《论语》儒家,出《孝经》使傅《礼记》通论。即十三经者当财减也。①

章太炎明确表示,经书的数目要裁减,《论语》《孟子》应降格为儒家类子书,《孝经》也要降格而傅之《礼记》,则《礼记》被还原为传记,其中的《大学》《中庸》自然就被取消了经的名义。如此一来,十三经被还原为六经,而六经又是王官史书,然则儒家经书的名义就荡然无存,经书信仰随之失落。在日本讲学时,章太炎重论旧说:

> 《论语》《孝经》是孔子私家的书,本来只称传记,不称为经。从唐朝定《五经正义》,经的名目,渐渐混乱。五经中间的礼经,不用《周礼》《仪礼》,只用《小戴礼记》,这真是名称不正。到了宋初,本经和传记统统有疏,却只《大戴礼记》没有疏,《孟子》倒反有疏,所以后来退去《大戴》,收进《孟子》,称为"十三经"。十三经的名目原是蒙混相称的,只看着十三部有注有

---

① 章太炎《訄书(重订本)·清儒》,《章太炎全集》(三),上海:上海人民出版社,1984年,第160—161页。

疏,就唤作十三经。其实,《孟子》分明是子书,非但不是经典,也并不是传记。所以,这种名目不可执定。①

章太炎结合经学史的事实指出,传记之升格为经,是唐宋人混同经传、改子为经的结果,故十三经名目是蒙混相称、名不副实的。他再次以"正名"之义,取消了经解类传记和儒家类子书的经书名分,把儒经从十三之数还原为六,即《诗》《书》《礼》《乐》《易》《春秋》。

　　章太炎分别经与传记和为六经正名,隐含着消解儒经权威性与神圣性的意思,即取消附着于儒经的意识形态,将学术与政治相隔离,还思想以独立、自由的环境。这也是他用文字训诂法释"经"的深意。他说,"经"是"编丝缀属之称"②,是古代图书的型制,经书就是线装书,没有常道的性质,并非确定性的知识。在章太炎之前,钱大昕曾以丝帛之属解"经",他说:"予唯经之义取乎治丝,制布帛者,聚众丝而积之,使其有条不紊,是之谓经。"③但钱大昕没有取消儒经名义、消解儒经权威的意思,而这是章太炎以"编丝缀属"解"经"的目的。章太炎反对经书的意识形态化,他说:"老聃、仲尼而上,学皆在官;老聃、仲尼而下,学皆在人家。"④显然,他更赞赏"学在人家",而非"学在王官",他讲"诸子出于王官论"的义旨,即在表彰周代王官学下落为诸子百家之学所带来的"古学之独立"与思想之自由。⑤

---

　　①　章太炎《经的大意》,章念驰编订《章太炎演讲集》,上海:上海人民出版社,2011年,第70—71页。
　　②　章太炎《国故论衡》中卷《文学总略》,上海:上海古籍出版社,2006年,第42页。
　　③　钱大昕《潜研堂文集》卷二十一《抱经楼记》,钱大昕撰,吕友仁校点《潜研堂集》,上海:上海古籍出版社,2009年,第349页。
　　④　章太炎《国故论衡》中卷《原经》,第47页。
　　⑤　章太炎批评历史上的思想专制,说:"以道莅天下者,贵乎微眇玄深,不排异己。不知其说而提倡一类之学,鼓舞泰甚,虽善道亦以滋败。李斯之法律,平津之经术,西晋之老庄,晚年之王学,是已!"章太炎《菿汉微言》,虞云国校点《菿汉三言》,上海:上海书店出版社,2011年,第69页。

　　章太炎以"编丝缀属"解"经"的另一目的在于,把儒家所私有的经书名义,转化为诸子百家所共享的类名。他赞同章学诚的"经皆官书"说,认为秦汉以前"教令符号谓之经"。章氏举例言之,《国语·吴语》称"挟经秉枹",是兵书为经。《论衡·谢短》称"礼与律独经也",是法律之书为经。《管子》有经言、区言,则教令为经。这些都是官书而称经者。但经书不限于官书,章太炎指出"经之名广矣"①,秦汉以前的诸子书也可称经。如《墨子》有《经》上、下,贾谊书有《容经》,韩非的《内储》《外储》先次凡目,亦署"经"名。而《老子》在汉代复次为"经传",荀子所引《道经》亦不在六艺之目。②还有《山海经》《周髀算经》《九章算经》等,都不是儒家类著作。由古书体式看,章太炎说"经"之名与实随世俗人事的迁流而变化,不仅方书、官书和儒家书等称经,诸子书也可称经。这种说法来自章学诚《文史通义》的《经解上》篇。章太炎在申述章学诚的观点时,表达了两层意思:其一,儒经是记事的史书而非常道,不代表确定的、普遍的知识;其二,诸子书有称经的传统,学术史上有"改子为经"的现象。如此说来,经非常道而是指称纲要性的知识,诸子书中凡论述纲要性知识的篇章,均可称之为经,解经之作即为传记,故经与传记之名为诸子百家所共享。

　　由此可见,作为古文经学家的章太炎,自觉地继承了浙东学派的学术传统。他不仅接受章学诚的"六经皆史"说,他的分别经传、六经正名及考订"经"之名实等观点,都直接源自章学诚的《文史通义》和《校雠通义》。当然,晚清今文经学家的疑经辨伪和改制立教等观点,也在一定程度上刺激了始终反对今文经学与建立孔教的

---

① 章太炎《国故论衡》中卷《原经》,第 44—45 页。
② 章太炎《国故论衡》中卷《原经》,第 45 页。

章太炎,而他主张经子平等,提倡先秦诸子学,这促使他要消解儒经的权威,打破十三经系统。但这不等于说章太炎要把民族文化的经典都转化为史书,更不意味着他会像胡适等民国学者那样,把民族历史与文化归结为失去现代生命力的国故学。因为,章太炎还继承了清代的另一个学术传统,那就是段玉裁、沈涛、龚自珍和刘恭冕等的重建经书系统。章氏师法段、龚等回归原典,重建了一个"四玄"经典系统。

二　重建"四玄"经典系统

只要超越儒家范围来定义"原典"所指称的知识对象,我们便会发现,回归原典的运动不仅发生在经学史上,它也是中国传统学术思想自我更新的有效方式。如魏晋的"三玄"、乾嘉以降段玉裁的"二十一经"、龚自珍的"六艺之配"等,都突破经解类传记和儒家类子书的局限,把要升格的经书扩展至子、史、集部,表现为改子书为经,甚至是改史书、集书为经。回归原典的目的不只在修正经书与经学之间的疏离现象,建构新的经学体系,且寄望于新体系能够赓续传统,实现传统的创造性转化,维持中华民族的精神信仰与文化认同感。这在 20 世纪初,在中华民族文化意识陷入危机的年代,在儒家经书与经学倍受冲击的时代,是尤其迫切需要解决的文化议题。然而狂热的保守主义者必要复古而尊儒经、立孔教,激进的西化论者则要把古书扔进茅厕而全盘地仪型西学,章太炎则在古今中西之间谨守中道,他通过回归原典的方式,重建了"四玄"经典系统,以回应复古派的孔教说和激进派的西化论。

1916 年春,被袁世凯幽禁于北京龙泉寺的章太炎,辑录他与其弟子吴承仕论学的语录,共 167 则,汇编为《菿汉微言》(以下简称《微言》）。此书内容涵括中国学术思想史上的诸多领域和问题，如佛学、孔学、老庄学、宋学及典籍、史学、文学、音乐、音韵、历算、数学、医学等，内容似乎过于庞杂而无中心，实则自有其一贯之道。书中最后一则自述学术思想变化之迹，曰：

> 癸甲之际，厄于龙泉，始玩爻象，重籀《论语》，明作《易》之忧患，在于生生，生道济生，而生终不可济，饮食兴讼，旋复无穷。故唯文王为知忧患，唯孔子为知文王，《论语》所说，理关盛衰，赵普称半部治天下，非尽唐大无谅（一作验）之谈。又以庄证孔，而耳顺、绝四之指，居然可明，知其阶位卓绝，诚非功济生民而已。①

这段话表露了章太炎作《微言》的目的及其宗旨，乃至规范了章氏晚年思想的发展理路。他早年分别经传时说，《论语》是孔子私家之书，属于解经类传记，不可称经。如今重读《论语》，始知文王作《易》所表现的忧生民如何"生生之道"，唯有孔子的《论语》最能体会而发明之，故"唯孔子为知文王"，亦唯《论语》是与《周易》一脉相承的。孔子《论语》的耳顺、绝四等义旨，流衍而为庄子哲学，要"以庄证孔"，然后孔学乃"居然可明"，故《论语》与《庄子》也是一脉相承的。

因《检论》修订于章太炎幽禁龙泉之时，其述作时间与《微言》相近，故《检论·订孔下》有意思相近的话语。其文曰：

> 往时定儒家，莫若孟荀，私以《论语》晻昧。……逼于舆

---

① 章太炎《菿汉微言》，《菿汉三言》，第71—72页。

台,去食七日,不起于床,俶然叹曰:余其未知羑里、匡人之
事!……始玩爻象,重籀《论语》诸书,粲然若有寤者。圣人之
道,笼罩群有,不亟以辩智为贤。上观《周易》,物类相召,势数
相生,足以彰往察来。审度圣人之所忧患,与其卦序所次时物
变迁,上考皇世而不缪,百世以俟后生群盗而不惑。洋洋美德
乎!诚非孟、荀之所逮闻也。诸所陈说,列于《论语》者,时地
异制,人物异训,不以一型锢铸,所谓大道固似不肖也。……
道在一贯,持其枢者,忠恕也。……体忠恕者,独有庄周《齐
物》之篇,恢恑憰怪,道通为一。……兹盖老聃之所流传,儒道
所以不相舛误,夫何晻昧矣哉?①

章太炎自我反思说,早年以为《论语》的义理幽晦不明,不如《孟子》
《荀子》。晚年重读《周易》《论语》,始知文王与《周易》之道,诚非孟
荀所能体察,唯有孔子及其《论语》才是真正地承袭圣人之道者。
圣道是一以贯之的,其中心思想即为孔子的"忠恕"说;在先秦诸子
百家中,唯有庄子的《齐物论》篇最能体会和发明"忠恕"之道,而庄
子哲学又是"老聃之所流传",故老庄之学与文王的《周易》、孔子的
《论语》是"道通为一"的。

　　章太炎在上述两则材料中,表达了一种新的构想,即文王、孔
子、老子、庄子及其所代表的著作《周易》《论语》《老子》《庄子》,这
些人和书的思想是一脉相承的,而其一贯之道是"无我"。章太炎
在《微言》及其续篇《菿汉昌言》(以下简称《昌言》)里,反复地申
述道:

①　章太炎《检论》卷三《订孔下》,《章太炎全集》(三),第 425—427 页。

无意则我不立。文王、孔子所明一也。①

老以诏孔，其所就为无我；孔以诏颜，其所就为克己。授受不爽如此，而儒者多忽之。②

诸胜义谛，非老子不能言，非仲尼不能受，非颜回无与告也，所谓传正法眼臧者欤？③

仲尼所以告颜回者，亦曰"克己复礼"而已，正本老子义耳。④

庄生传颜氏之儒，……此与克己相应者也。……人我与法我同尽，斯谓"克己"。⑤

文、孔、老、庄，是为域中四圣。⑥

凡"文王孔子所明一也""老以诏孔；孔以诏颜""老子授仲尼""仲尼告颜回""庄生传颜氏之儒""传正法眼臧"等语，呈现了一个文、孔、老、庄等"四圣"的传道脉络，这与韩愈《原道》篇建构"尧舜禹汤文武周孔孟"的圣人传道谱系近似。孔子与庄子之间有颜回，因颜子无著述传世，故其所处为"闰位"，不列席"四圣"之右。在章太炎看来，文王作《易经》卦爻辞，解说世间法，孔子作《易传》《论语》诠释《易经》，发明忠恕、克己、绝四等义旨。孔子曾师事周太史老子，他理解的周代文化之"诸胜义谛"，多渊源于老子，然后传授给颜回，再转而由庄子所发挥，故曰："尽忠恕者，

① 章太炎《菿汉昌言》，《菿汉三言》，第78页。
② 章太炎《菿汉昌言》，《菿汉三言》，第80页。
③ 章太炎《菿汉微言》，《菿汉三言》，第24页。
④ 章太炎《菿汉微言》，《菿汉三言》，第37页。
⑤ 章太炎《菿汉昌言》，《菿汉三言》，第82页。
⑥ 章太炎《菿汉微言》，《菿汉三言》，第38页。

是唯庄生能之。"①所谓"无意则我不立""人我与法我同尽",皆为"无我"之意,而"无我"是"四圣"与"四玄"的一贯道体。

　　章太炎"域中四圣"的构想,使人联想到魏晋的"三玄"。玄学家尊文王、老子和庄子为圣人,以其代表的著作《周易》《老子》和《庄子》为理论基础,深入地探讨了诸如本末有无的关系、自然与名教的关系、言与意的关系、才与性的关系、声有无哀乐和圣人有情无情等哲学命题,关涉宇宙论、本体论、认识论、伦理学、美学、语言哲学等领域。较之"三玄","域中四圣"的圣人谱系多了孔子,经典书目多了《论语》。然魏晋玄学家尊孔子为圣人,老庄则是"上贤亚圣",何晏、王弼都说"老不及圣",②亚圣之老庄不如至圣之孔子。且玄学家大都研究《论语》,何晏有《论语集解》,王弼有《论语释疑》,郭象有《论语隐》《论语体略》,他们在诠释《论语》和老庄之学时,往往以沟通二者为职志。然则,"三玄"实际上已经隐括了孔子和《论语》,章太炎的"域中四圣"把这一隐含的内容呈显出来,又在孔子与庄子之间增列颜回,说庄子传颜氏之儒,体忠恕之道,旨在强调"域中四圣"的学脉是一以贯之的。基于二者在形式上的相似性,我们暂且将章太炎以《周易》《论语》《老子》《庄子》而建构的经典系统称之为"四玄",著明其乃魏晋"三玄"的扩展版。

　　"四玄"是章太炎建立的新经典系统。只要我们突破儒家范围来定义"原典",就能承认《老子》和《庄子》同样是中华文化的原典,且在汉唐时代曾被赋予经书名义,而"三玄"就是魏晋玄学家超越

---

①　章太炎《菿汉微言》,《菿汉三言》,第32页。此句与前引《检论·订孔下》篇的"道在一贯,持其枢者,忠恕也。……体忠恕者,独有庄周《齐物》之篇,恢恑憰怪,道通为一"意思一致。二书撰作时间相近,思想内容也多关联。不过,章氏早前的《诸子学略说》否定老庄之学有关联,还否定庄子传儒学。

②　道宣编《广弘明集》卷八《二教论》,见僧佑、道宣《弘明集　广弘明集》,上海:上海古籍出版社,1991年,第203页。

儒家五经、七经而建构的新经典系统,玄学是玄学家的"新经学"。三国吴人阚泽说,在汉武帝建立五经博士之前,景帝就"以《黄子》《老子》义体尤深,改子为经,始立道学"①,然则黄老之书曾先于五经而被确立为王官经书。《庄子》之称"经"虽在隋唐,然东汉末年道教兴起,道教徒就赋予《庄子》以常道之经的性格。既然《周易》《老子》和《庄子》都是经书,也是魏晋玄学的理论根据和诠释文本,玄学家又尊老庄为圣人,那在一定意义上,"三玄"就是与六经相类的经典系统。②作为"三玄"扩展版的"四玄",则是章太炎的经典系统。章氏说:"《老》《易》并称,非始魏晋,太史谈受《易》于杨何,习道论于黄子,即《老》《易》并称之端。"③他有意地考察了《老子》与《周易》并称的历史,是要为其"四玄"寻找思想史的根据。因《周易》与《论语》是一体的,《周易》又与《老子》《庄子》是一脉的,故《易》《论》《老》《庄》就是"道通为一"的。

我们还可参照唐宋儒者升格"四书"、建立道统的过程,④来反观章太炎的"四玄"。章太炎的"域中四圣"犹韩愈、朱熹的圣人谱系。如"诸胜谛义,非老子不能言,非仲尼不能受,非颜回无与告也"⑤,"庄生传颜氏之儒""传正法眼藏"等语,犹圣人道统之授受。

---

① 道宣《广弘明集》卷一《吴主孙权论叙佛道三宗五》,见僧佑、道宣《弘明集　广弘明集》,第102页。

② 《陈书·张讥传》载,梁简文帝在东宫时,每有讲集必遣召张讥讲《老》《庄》,"及侯景寇逆于围城之中,(张讥)犹侍哀太子于武德后殿讲《老》《庄》"。同样,陈后主在东宫时也曾召张讥"于温文殿讲《庄》《老》,高宗(陈宣帝)幸宫临听"。唐代儒释道三教并行,《老》《庄》被奉为半官学的形态。如果要以政治意识形态来定义经书的权威性与神圣性,这些文献记载可证明《老》《庄》曾与儒家经书一般,获得了官方的承认和崇尚。

③ 章太炎《菿汉微言》,《菿汉三言》,第110页。

④ 关于四书的升格与四书学的形成,参见束景南、王晓华《四书升格运动与宋代四书学的兴起——汉学向宋学转型的经典诠释历程》,《历史研究》2007年第5期。

⑤ 章太炎《菿汉微言》,《菿汉三言》,第24页。

章氏根据"四玄"阐发的"无我""忠恕""克己""绝四"等范畴,犹韩愈、周敦颐、张载、二程等揭示的"诚""仁义""天地之性""气质之性""格物致知"等。所谓"犹",不是说二者的内涵相对等,而是指章太炎在论证"四玄"经典系统时,仿效唐宋儒者创建四书学的做法,一是建立经典系统的传道脉络,二是阐述经典系统的一贯之道及其道德修养工夫论。比较而言,由韩愈、李翱提出"四书"构想,经周、张、二程等建立宇宙论、本体论和工夫论,至朱熹完成《四书章句集注》,确立道统谱系,其间亘三百余年,而四书学始成立。章太炎则凭一己之思,为"四玄"建构了"域中四圣"的圣人谱系、"圆成实自性"的道德形而上学、"无我"的一贯道体及忠恕、克己、绝四等道德修养工夫论。因此,参照魏晋"三玄"与唐宋"四书"可知,"四玄"就是章太炎的新经典系统,而"四玄"学是他的新经学。

　　章太炎的"四玄"表现出两大特点。其一,改子为经。《论语》是儒家类子书,《老子》和《庄子》是道家类子书,《周易》则是六经之一;按照阚泽的说法,章太炎通过"改子为经"的方式,将《论》《老》《庄》等由子书而升格为经,与《周易》组成一个"经子一体"的经典系统。所谓"经子一体",如江瑔说的"子中有经,经中有子"①,即经书与子书、经学与子学相统一。

　　其二,"四玄"的建构是维新式的,而非革命式的。所谓"维新式",指经典系统的重建并未全盘地否定旧经典系统的价值,新是对旧的改良,且有所继承;"革命式"则是以全盘地否定旧经典系统为前提,新与旧相互断裂,没有传承关系。儒经从五经到十三经,乃至段玉裁的"二十一经",其数目一直在增加,并不因系统的重建而减少,就是因为新系统保留了旧经典。尽管在新系统中,旧经典

<hr />

① 　江瑔《读子卮言》,上海:华东师范大学出版社,2012年,第10页。

的重要性有所弱化,如宋明儒重视四书胜过五经,但仍奉五经为确定性的常道。

"四玄"也不以彻底地否定五经为前提。一方面,"四玄"保留了五经中的《周易》,还保留了儒家类传记《论语》。另一方面,章太炎在诠释四玄学的同时,也认同儒家经学(古文经学),晚年还倡导读经。章太炎的《訄书》(初刻本、重订本)和《国故论衡》,这两部自成体系、内容丰赡的著作,都没有收录经学论文。《国故论衡》甚至把研究经学的文章收入中卷"文学七篇"之内,体现了以经学为文史之学的观念,取消了经学的独立性。但这种情况在1914年增订的《检论》中改变了。此书独辟一卷,收录经学论文十篇,且遵循《七略》体例来排列儒经次序,即《易》《书》《诗》《礼》《乐》《春秋》,史书附录之。这是古文经学家的观点。但不可据此就说章太炎晚年回归经学,他只是在建构新经典系统与新经学思想时,特意地保留了传统的经学知识,就像宋明儒者以诠释"四书"为中心,而仍尊五经为确定性常道那般。《昌言》的一段话很能反映这种文化心理,章太炎说:"《易》《论语》有无我之法,《中庸》多天趣之见,若《孝经》与《大学》《儒行》《缁衣》《表记》《坊记》,唯取剀切世务,不及玄旨也。"①《易》《论语》隐括了"四玄"。在章氏看来,"四玄"是谈玄的哲学著作,阐述"无我"的一贯道体,《孝经》《大学》等经解类传记和儒家类子书虽有益于世道人心,但却"不及玄旨",与哲学或道体无关。就像宋儒论形而上的天道性命之理,是以"四书"为文本根据(还有《周易》),五经则附属焉,章太炎的四玄学同样以"四玄"为主,而五经从属之。所以,章太炎晚年主张读经,宣讲《孝经》《大学》《儒行》《丧服》等书的要义,这可解读为认同经学,甚至是主张

---

① 章太炎《菿汉昌言》,《菿汉三言》,第113页。

经学致用,但不能说是"回归经学"。因"回归"颇有"以……为归趋"的意味,然章氏晚年哲学思想的要旨寄寓在"四玄",而非"不及玄旨"的经学。

需要说明的是,"改子为经"是中国尊经传统里特有的名词,章太炎崇尚自由、独立的学术精神,他用"编丝缀属"释"经"而取消经书的权威性与神圣性,自然不希望"四玄"像儒经那样,获得意识形态上的绝对威权,而禁锢了思想的自由。所以,我们用"改子为经"来描述"四玄"的重建方式,"经"是指"经典",而非"圣经",作为经典的"四玄"旨在追求确定性常道,但不以道统或正统自居。事实上,"四玄"虽是经子一体的,但只有《周易》是经书,孔老庄等是诸子,《论语》《老子》《庄子》是子书,故"四玄"思想是以诸子学为中心,具有先秦诸子自由的、多元的和开放的性格。

三　"无我"的一贯道体

一个经典系统的成立,必定是基于其内在道体的一贯性。经典系统与道体是一体相生的,没有经典系统则道体必如游魂,无所着落,若无道体则经典系统亦如散落的珠子,不能彼此相通。乾嘉时期,戴震、章学诚等批判宋学道统而未建立经典系统,没有文献基础的新道体,如何传承而发扬之,这是一大问题。段玉裁、龚自珍等建立了经典系统,但呈现的仅仅是一种构想,因他们既未说明新系统的思想根据,又未回答新系统与历史文化、时代精神的关系,遑论要论证所谓的一贯之道。缺乏一以贯之的核心精神,段玉裁等人的经典系统完全是"形不散而神散"罢了。章太炎则不然,他用儒释道来融通"四玄",以回应现代中国的孔教、西学和新儒学等思潮,为传统文化的创造性转化独辟蹊径。那么，"四玄"的一贯之道是什么？其与人们的身心生活如何关联？"四玄"反映的经子关系命题，对当代的回归原典运动有何启示？这些问题是下文讨论的重点。

前文提示，章太炎为"四玄"建构了"无我"的一贯道体，然行文简略，现在按照《周易》《老子》《论语》和《庄子》的次序，分别论述之。首先，关于《周易》的"无我"道体。章太炎说：

> 乾以资始而行健，坤以得主而有常。乾即阿赖耶识，为万法缘起，故曰资始；恒转，故曰行健。坤即意根，执阿赖耶识为人，故曰得主；恒审思量，故曰有常。按《维摩诘经》："无住则无本。"乾元虽曰资始，其实曷尝有始？坤之有常，承天而时行耳，亦非真常也。是故能用九六，则证得转依，乾坤于是息矣。……用九称"见群龙无首"，所谓"觉心初起，心无初相"。用六称"利永贞"，所谓"心即常住"。觉心无初相而乾元尽，心常住而后为真常。用九，《象》曰"天德不可为首也"；用六，《象》曰"以大终也"。所谓无明无始而有终，二用实一事，特于乾言因，于坤言果耳。斯乃佛道究竟之地，则如来乘义也。艮卦辞称："艮：其背，不获其身；行其庭，不见其人。"此即断人我见者，则声闻乘义也。观爻辞数称"观我生""观其生"，此即辟支佛由观缘生而悟者，其人不说法，但以神变示化，故《观·象》言"圣人以神道设教而天下服矣"，则辟支佛乘义也。如是，《易》中微言，具备三乘，故足以冒天下之道。……艮观之人，世或有之，能用九六者唯文王。……吾今乃知文王之圣也！①

---

① 章太炎《菿汉昌言》，《菿汉三言》，第77页。

《微言》的第37、38、39条可与此相参考。首句概述乾卦、坤卦的《彖》辞、《象》辞之义，章太炎的解读是，乾为天地万物之本因，犹阿赖耶识为万法缘起之种子，故谓"资始"。阿赖耶识生生不已，是为"恒转"，乾之称"行健"，犹阿赖耶识的"恒转"，具有生生之义。坤即意根，所谓"得主"者，指意根妄执阿赖耶识以为实有之"我"。坤之"有常"，犹意根的"恒审思量"，无时无刻地起作用，对事物不间断地做出反应区分和判断决定。如此说来，乾和坤似乎都有"生动"的意思。实则不然，根据《维摩诘经》的说法，"无住则无本"，盖无住即是根本，立一切法。同样道理，乾元虽资生天地万物，但乾元和"无住"一般，随缘而起，缘尽而灭，其自身实未曾有"生"或"动"。坤也如此，因坤的"有常"既是恒转思量的，那就不过是顺承天道、应时而行罢了，并非真的常行不已。所以，人们如能应用好乾卦的"用九"和坤卦的"用六"之义，便可断除烦恼障和所知障，证悟"圆成实自性"的涅槃境界，令乾坤之动（资始、行健、时行、恒审思量等）由是止息，不生不灭。何以见得是如此呢？因"用九"的爻辞说"见群龙无首"，其意犹《大乘起信论》（梁译本）的"觉心初起，心无初相"；"用六"的爻辞说"利永贞"，其意则犹《大乘起信论》的"心即常住"。觉心最初发动时，自心本体原未感觉到事物的最初相状，乾元本来是不动的，其所谓因资始而动者，犹觉心之初起，并无"初相"，断尽一切因万千相状而生之烦恼障和所知障。坤的"用六"有心常住之义，自心本体无生灭变迁，这才是真的常住。再者，"用九"的《象》辞说"天德不可为首也"，"用六"的《象》辞说"以大终也"，皆谓一念无明，没有初起之始，而有断尽之终，二者意思一致，《易》不过以乾坤分言因果而已。故能践行"用九""用六"的道理，则进入涅槃矣。

以上是佛家圆满觉悟的境界，属如来乘，即乘真如之道而成佛之义。艮的卦辞说:"艮:目施止于面前,如所止之物在背后,则不得见其身,如行于庭中,两两相背,虽近而不见有人。"由是无我相、人相而断人我见,证得声闻乘,悟苦集灭道之真理而成佛。观的爻辞屡称"观我生""观其生",这是辟支佛见因缘和合而悟道,它虽不说法,但通过神变显示教化,故观卦的《象》辞说"圣人法则神道而教化众生,使天下服从",与辟支佛乘之义相同。如此看来,《易》精深微妙的言辞里,具备大中小三乘义谛,故足以弥纶宇宙万物之道。然世上或有了悟艮卦、观卦义理之人,而能应用"用九"和"用六"于世道,引导世人修持无我之道德善境者,唯有文王而已,这是文王所以为贤圣的原因。

其次,关于《老子》的"无我道体"。章太炎说:

> 至于老子之道最高之处,第一看出"常"字,第二看出"无"字,第三发明"无我"义,第四倡立"无所得"三字,为道德之极则。①

老子的常、无、无我、无所得等,皆归结为"无我"义。又:

> 《唯识三十颂》曰:"现前立少物,谓是唯识性;以有所得故,非实住唯识。若时于所缘,智都无所得;尔时住唯识,离二取相故。"《老子》云:"上德不德,是以有德;下德不失德,是以无德。"德者,内得于己也。有所得反无德,无所得反有德,是即唯识义也。②

---

① 章太炎《诸子略说》,张昭军编《章太炎讲国学》,北京:东方出版社,2007 年,第314 页。

② 章太炎《菿汉昌言》,《菿汉三言》,第 81 页。

《老子》:"……夫何故?以其无死地。"按:"无死地"者,达生空也。①

第一则材料引《唯识三十颂》的第二十七、二十八颂,前者讲加行位,指现前安立一点名相,以为已达唯识真胜义性,实则未离能取、所取相,空有二相之未除,心与境尚未了空,非实安住真唯识性。后者讲见道位,破尽最后一点名相(少物)的执着,于所缘之心与境皆空,无分别智,即无分别心,如此乃实住唯识真胜义性,体证真如本体,由离能取、所取相,悟空、有二宗的缘故。章氏认为,老子讲"上德不德"者,"德"者得也,指得之于心,但不执着于心(不德),而达生空之理。"有所得"是未离能取、所取相,未悟空、有二宗,心执着于名相而不能内证,是以"无德";"无所得"则离能取、所取相,悟空、有二宗,破名相之执着而内证于心,是以"有德",是谓"通达位""地上圣者",体会真如,得见中道。第二则材料的"生空",亦属唯识义,指了悟众生为五蕴之假和合,无有实体,无有自性,一切皆空。《大乘义章》曰:"无我与空,义同前释。"生空即无我,老子的"无死地"犹"达生空"之义,指达致"圆成实自性"的无我境界。

在"四玄"经典系统里,老子、孔子和庄子的思想一脉相承,《庄子》书中记录的老孔言论,真实不虚。章太炎引《庄子·田子方》篇曰:

孔子见老聃,老聃曰:"吾游于物之初。"孔子曰:"何谓邪?"曰:"心困焉而不能知,口辟焉而不能言。"游于物之初者,谓一念相应,觉心初起,心起无有初相可知。而言知初相者,

---

① 章太炎《菿汉昌言》,《菿汉三言》,第87页。

> 即谓无念离念境界,唯证相应,非一切妄心分别所能拟似,故曰"心不能知,口不能言。"及孔子请问游是之方,老聃曰:"草食之兽,不疾易薮;水生之虫,不疾易水。天下者,万物之所一。"天下指器界,依报也;万物指众生诸趣,正报也。所依之土,为此能依者之同业所感,故曰"万物之所一也"。次言:"贵在于我,而不失于变,且万化而未始有极。"此则老子自说菩萨地,穷法身平等,随处示见,不受正报依报之果。及孔子问以修心,而老子言:"如水之于汋,何修之有?"此既自道阶位,又自一念相应以还,觉心初起,心无初相,正所谓如梦渡河者。乃至菩提之法,众生具有,非可修相,其言玄眇,直到佛界。①

此则文献记录老子与孔子的对话,乃章太炎所谓"传正法眼藏者"。据章氏的解读,"游于物之初"指始觉与本觉灵知之自性相应和,虽有觉心初起,然心之起在"物之初",故未引起任何最初的相状。当有初相兴起时,心亦知之,这是无念离念的境界,指见一切法而不着一切法,脱离能念与所念之对立而归一,见得自心本性清净,亦即证得始觉与本觉之自性相应,如此乃非一切妄生分别之心所能比拟,所以说"心不能知,口不能言",盖无名言之执而了达"无我"之道。孔子问游于此等境界的方法,老子说:天下指器界,属心身以外诸物之依报;万物指众生所依之国土,属有情自性之正报。所依之国土是与依之者共业相感,所以说"万物之所一也"。老子接着自言一切菩萨学道及学道之圆满结果,即自性身平等,随处皆可显见,不受正报、依报(器界、万物)的约束。孔子又问:如何修心?老子的回答则是自道菩萨阶位,因自始觉与本觉之自性相应后,觉

---

① 章太炎《菿汉微言》,《菿汉三言》,第24页。

心初起之时,未在自心本体中引起最初的相状,就像"如梦渡河"般的灭定无我之境。孔子由是知众生皆具足能觉法性的智慧,它内在于心而非可经外在修持而来之名相,故其言玄远奥妙,(使人)直达诸佛境界,即"无我"善境。

其三,关于《论语》及孔颜的"无我"道体。章氏说:

> 《论语》《易传》所说无我、无生……①
>
> 《系辞》:"一阴一阳之谓道。"依真如起无明,觉与不觉,宛尔对峙,是之谓道,非常道也。"继之者,善也。"继,谓相续不断;善者,《释名》云:"善,演也。演尽物理也。"此所谓一切种子如瀑流者也。"成之者,性也。"《荀子》云:"生之所以然者谓之性。"由意根执前者为我,于是有生也。②

章太炎相信"《论语》真孔子书"③,《易传》是孔子绍述文王之道的书,他以"无我""无生"来定义二书的思想性质,"四玄"的核心理念于此可见。因而,章氏对《系辞》的解读,可视作发明孔子的思想。他说,"一阴一阳之谓道"是指真如不守自性而生一切烦恼之根本的无明,觉之与不觉若真如之与无明,二者明显相对,如此之道,即非永恒的常道。④"继之者善也",继指相续不断,善指演变、演化,

---

① 章太炎《菿汉微言》,《菿汉三言》,第35页。
② 章太炎《菿汉昌言》,《菿汉三言》,第78页。
③ 章太炎《菿汉昌言》,《菿汉三言》,第126页。这是针对民国有学者质疑《论语》与孔子之关系而言的。
④ 章太炎《四惑论》说:"若夫有机无机二界,皆意志之表彰,而自迷其本体,则一切烦恼自此生。"《章太炎全集》(四),上海:上海人民出版社,1985年,第446页。所谓"依真如起无明",即"自迷其本体,则一切烦恼自此生"的意思,由末那识恒审思量而执阿赖耶识为实有之我,然后生人我执和法我执,起烦恼障和所知障,真如本体因而自迷,无明随之兴起。

犹一切种子引起烦恼流转不已之意。"成之者性也"与《荀子》"生之所以然者谓之性"义同,皆由意根执着眼耳鼻舌身等以为实有之我,于是有缘生之说,且又即生言性,其实原非真如常住之自性。章太炎讲"无生""无我"的人性论,自然不赞成"生之谓性"说。实际上,他是以"无善无恶"性体为其"圆成实自性"的道德形而上学之人性论基础,而非"生之谓性"的自然属性,或"有善有恶"的社会属性。①

要说明的是,章太炎并不把前引《系辞》的话语,当作孔子的真正思想,而是认为《系辞》的其余篇幅都在排遣这种有生、有我的妄见,故孔子及其《系辞》的义旨,仍归结于"无生""无我"。他说:

> "易者象也",易无体则相无自性性矣;"生生之谓易",易无体则生无自性性矣;"易无思无为也,寂然不动",易无体则胜义无自性性矣。②

此处解释《系辞》的三句话。"易无体"指易随变而适,无固定形体;"无自性性"即空性,指缘起法性为空。概括言之,第一句讲"相(万物)空",第二句讲"生(人我)空",第三句讲"法(胜义)空",即一切万物、人我、法我皆为空。反观之易,易也是空,《系辞》即在阐明"一切皆空"的道理,以排遣名相,而趣入"无我"之境。

再者,《微言》第 42 条解释《说卦》的"穷理尽性以至于命",以为证得生空、法空之义,其旨趣亦归宗于"一切皆空",即"无我"道

---

① 关于章太炎的人性论思想,参见张春香《章太炎主体性道德哲学研究》第三章第一节《人格与人性》。张春香认为章氏人性观前后没有变化,王中江有不同意见,参见王中江《章太炎的近代祛魅与价值理性——从"自然"、"人性"到人的道德"自立"》,《中山大学学报(社会科学版)》2013 年第 4 期。笔者认为,章太炎是以"无善无恶"的先天善性为人性本体,此观点与张、王略有不同。

② 章太炎《蓟汉微言》,《蓟汉三言》,第 19 页。

体。至于《论语》，例证亦多，举一言之，如：

> 孔子川上之叹云："逝者如斯夫，不舍昼夜"，即佛家阿赖耶识恒转如瀑流之说也。……观其无意、无必、无固、无我，则已断末那，八识将全舍矣。①

章太炎用阿赖耶识恒转如瀑流来解释孔子"川上之叹"的时间意识。孔子通过"绝四"的修养工夫，不仅将末那识断尽，不再恒审思量或恒转如瀑流，忘却时间与空间，且将八识全部舍去，达致"无我"境界。

章太炎又引《庄子》的《田子方》《人间世》《大宗师》等篇，论述孔子和颜回的心斋、坐忘。其文曰：

> 夫告以为仁之道而能忘仁，告以复礼而能忘礼，离形去知，人我与法我同尽，斯谓"克己"。同于大通，斯谓"天下归仁"，此其造诣之极也。……盖非与仁冥，不能忘仁；非与礼冥，不能忘礼。所见一豪不尽，不能坐忘。忘有次第，故曰"屡空"。②

所谓"忘仁""忘礼"是"离形去知"，指了悟五蕴皆空而识得"我"无自性、非实有，破除分别智而舍离主观、客观之名相，令人我执与法我执一同断尽，这就是"克己"。因悟诸法皆空，而与大道同一，是谓"天下归仁"，其造诣达如斯极致。因为，如非与仁冥合则不能忘仁，如非与礼冥合则不能忘礼，心中所见若未断尽，则不可能坐忘。③而忘

---

① 章太炎《菿汉微言》，《菿汉三言》，第 34 页。
② 章太炎《菿汉昌言》，《菿汉三言》，第 82 页。
③ 章太炎说："今按颜子自述，先忘仁义，次忘礼乐，次乃坐忘，若所乐在道，则犹有法我执，非坐忘也。"（章太炎《菿汉昌言》，《菿汉三言》，第 85 页）意思与此相近。

亦有次序,所以说"屡空",屡者,数也,频数而空,直至人我、法我皆空。另外,孔子的"忠恕""克己""绝四"等范畴都指向"无我"道体,此处不表,详见下节。

其四,关于《庄子》的"无我"道体。章太炎说:

> 《消摇》一篇,纯是发挥"常乐我净"一语……以无待,故无有大年、小年、大知、小知,是常德也;以无待,故无不消摇之地,是乐德也;以无待,故绝对不二,自见平等法身,是我德也;以无待,故不见幻翳,证无垢识,是净德也。①

在章氏看来,《逍遥游》的主旨可一言蔽之曰:常乐我净。因无所待,故无时空、无分别智,是为恒常之德;因无所待,故无时无处不逍遥,是为安乐之德;因无所待,故无可比对,得大自在而自性不变,是为无我之德;因无所待,故解脱一切虚幻、翳障,证得无垢染的自性,是为清净之德。章氏在《说真如》一文道:"常乐我净者,即指真如心;而此真如心,本唯绝对,既无对待,故不觉有我……"②"真如心"即"圆成实自性","不觉有我"即是"无我"。他说《逍遥游》纯是发挥"常乐我净"一语,就是发挥"圆成实自性"的"无我"道体。章氏又云:

> 庄生临终之语曰:"以不平平,其平也不平;以不征征,其征也不征。明者唯为之使,神者征之。夫明之不胜神也久矣,而愚者恃其所见入于人,其功外也,不亦悲乎!"夫言与齐不齐,齐与言不齐,以言齐之,其齐犹非齐也。以无证验者为证

---

① 章太炎《菿汉微言》,《菿汉三言》,第 25 页。
② 章太炎《说真如》,转引自汤志钧编《章太炎年谱长编(增订本)》(上册),北京:中华书局,2013 年,第 359 页。

验，其证非证也。明则有分别智，神则无分别智。有分别智所
证，唯是名相，名相妄法所证，非诚证矣。无分别智所证，始是
真如，是为真证耳。①

文中所引庄子临终之言，参考成玄英疏，其意谓：如用主观情感以
均平万物，有情心才起，已见不平；如有心应物，此非无心有感之真
应，必也不能应。自炫明智而运情以应物者，必为物所驱使，惟神
者无心，乃能无不应。明者有心应物，神者无心应感，则有心不及
无心，存应不及忘应；然愚者专用己智，矜伐功绩，迷妄如此，深可
悲哀！章太炎的解读是，名言之与齐平犹齐平之与名言，两两相对
而不可等同，如以名言来齐平万物，其所齐者终非真齐。就像以无
根据者为根据，此根据必非真的根据。因"明"必有分别智，"神"则
没有分别智。有分别智所证验的，只是名相而已，而名相由一切妄
法所证验，并非真的内证于心。无分别智所证得的才是真如实体，
是真的内证于心。内证于心，达我空、法空之义，破人我、法我之
执，然后舍离遍计、依他而入无我之境。

凡此种种，章太炎用"无我"道体来融通"四玄"系统，使"四圣"
的思想一贯相承。其中，《周易》《老子》为四玄学的始端，孔子的《论
语》和《易传》是中心，《庄子》为集大成者②，犹四书学以孔子为创始

---

① 章太炎《菿汉微言》，《菿汉三言》，第 28 页。
② 章太炎多次表述，"四玄"的集大成者是庄子。他说："释迦应之，故出世之法
多，而详于内圣。……孔老应之，则世间之法多，而详于外王。兼是二者，厥为庄生。"
（章太炎《菿汉微言》，《菿汉三言》，第 27 页）又曰："文王、老、孔，其言隐约，略见端绪，而
不究尽，可以意得，不可质言。至若庄生，则曲明性相之故，驰骋空有之域，委悉详尽，无
隐乎尔。"（章太炎《菿汉微言》，《菿汉三言》，第 38 页）庄子兼通佛家的内圣之学和孔老
的外王之学，且文王、老、孔的思想隐晦、简约，庄子乃极尽委曲而申明其说，使四玄学得
以昌明。而庄子的集成之学即在齐物哲学，参见章氏的《齐物论释》。

而思孟为集成者。章氏认为,《庄子》与大乘教义最贴切,他诠释四玄学时的"以庄证孔",实则是以佛学化的庄学来转化孔学,故四玄学以庄学为主,应属自然之事。因此,章氏对"无我"道体的论证,其意义不仅使"四圣"的传道谱系和"四玄"的经典系统得以成立,更因"四玄"本以诸子学为主体,从而为其诸子学的研究,建构了一套融通儒释道的思想体系。侯外庐在评论章太炎的诸子学思想时,曾说章氏"只有偶得的天才洞见或断片的理性闪光",却未能根据自己的判断力,重建一个近代人眼光之下所看见的古代思维世界,即没有建立系统。①这实在是误解,因侯氏没有体认到章太炎的四玄学。

当然,即便体认到了章太炎的四玄学,是否同意"四玄"系统及其"无我"道体,这又是"仁者见仁,智者见智"的问题。尽管我们承认章太炎的思考足以成一家之言,且对传统文化的现代性转型作了富有启发性和建设性的探索,值得我们研究和阐扬。但是,我们又不得不追问:第一,文、孔、老、庄之间果然存在一个传道脉络吗?这一说法的问题是,文王与老子的关系如何? 文献所载孔子问道于老子之事是否可信? 庄子果然是"传颜氏之儒"的吗? 关于这些,章太炎没有很好地说明,尤其是后者,学界还有庄子出于子夏或子游的说法,其中是非尚难判断。②第二,《易》《论》《老》《庄》之

---

①　侯外庐《中国近代启蒙思想史》,北京:人民出版社,1993 年,第 158 页。胡适曾说:"到章太炎方才于校勘训诂的诸子学之外,别出一种有条理系统的诸子学。"(胡适《中国哲学史大纲·导言》,北京:东方出版社,1996 年,第 23 页)胡适认为章太炎的诸子学思想是有条理系统的,但他没有指出是怎样的系统,他更不可能看到章氏的"四玄"经典系统及其思想。

②　关于章太炎论庄子与儒家的关系,参见杨海文《"庄生传颜氏之儒":章太炎与"庄子即儒家"议题》,《文史哲》2016 年第 2 期。至于章太炎为何在晚年积极地主张"庄生传颜氏之儒""庄子即儒家",杨氏从思想史的角度来比较分析,虽有新见,但不周圆。笔者以为,章太炎讲"庄生传颜氏之儒",是要建立"四圣"的传道谱系,他讲"庄子即儒家"是要强调孔庄之学和四玄学的一以贯之。因此,对章太炎四玄学的体证,是理解其晚年思想的最大关键。

间果然存在一贯之道吗？我们知道，《论语》与《老子》及《周易》与
《老子》《庄子》之间有很多歧异的观点，而《庄子》记录的孔子和颜
回的言论，究竟是真实的，抑或是寓言？这实在难以论定。第三，
即便"四圣"和"四玄"真的是一以贯之的，然这个一贯之道会是章
太炎从佛家唯识学借来的"无我"道体吗？宋明理学自其创始就因
涵化了佛学而倍受正统派和原教旨派的非议，章氏的"无我"怕也
难服卫道者之心。不过，这又何妨呢！中国思想史上从来不缺乏
"异端学者"（相对正统而言），而且他们的异端思想往往"在当时的
学术前沿和整个思想文化战线上能够开拓创新，作出贡献"①。章
太炎的"四玄"体系和"无我"道体的确是千古未有的新思想体系，
就算日后被判作"异端"，那又有什么所谓呢？②

四　忠恕、克己与绝四的工夫论

章太炎在建构四玄学时，发明了"无我"道体，又在论证"无我"
道体的合理性与一贯性时，批判了宋明道统。但这当然不意味着
四玄学与宋明道学全无关联，其实章太炎的《微言》已对宋学有所
认同，并接受宋明儒的"本体即工夫"理念，将其"无我"道体与修养
工夫论相统一。"无我"属佛学概念，佛学给人的印象是玄远、出
世，章太炎主张建立"以自识立宗"的圆成实自性道德形而上学时，
未尝不是倾心于佛学的玄奥，甚至成了他的信仰皈依（章氏当时曾

①　萧萐父《道家·隐者·思想异端》，氏著《吹沙集》，成都：巴蜀书社，2007年，第169页。
②　章太炎曾表示，他用佛家的"无我"来解释《论语》，乃至"四玄"，如此而发明之义理，"以之讲说则可，以之解经则不可。何者？讲说可以通论，解经务守家法耳。"（章太炎《诸子略说》，张昭军编《章太炎讲国学》，第296页）他明确表示，他的四玄学并非谨守家法或师法的解经之学，而是贯通诸家思想的议论，经学家和卫道者可以不必赞同。

有远赴印度刹度修行的念想）。诚然,他的《建立宗教论》《人无我论》等文章,的确有"贵玄"的倾向,很少说明圆成实自性的道德形而上学或无善无恶的"无我"道体,如何内化为道德心,又如何转化为身体行动。但章氏在撰写《齐物论释》时,重新认识到哲学是一种生活方式,始用庄子的齐物哲学来阐释"无我"与心、身及生活的关系。到章氏演论《微言》和《昌言》,建构"四玄"经典系统时,他已自觉地为"无我"道体配上了一套道德修养工夫论,使形而上道体与自我身心及经验世界相即一体。可见,章太炎的哲学思想是在变化中发展,前后有一贯相承者,而不必定地表现出否定的意向。①

这套修养工夫论主要由《论语》的忠恕、克己、绝四和《庄子》的心斋、坐忘等范畴构成。据章太炎的论述,有三点值得注意:一者,诸范畴虽取自《论语》《庄子》,但均为"四圣"与"四玄"共享的理念。二者,由"工夫所至即其本体"的理论看,诸范畴既是身体工夫,亦可谓之形而上的道体。三者,诸范畴并非独立不相关的,实则彼此因果相依、互为前提。以下将随文分析之。

首先,"忠恕"的工夫论。这是儒家处理人际关系的伦理范畴。朱熹说:"尽己之谓忠,推己之谓恕。"②"尽己"和"推己"的目的在

---

① 和田悌一称章太炎为"否定的思想家",这是有偏颇的说法(和田悌一《否定的思想家——章炳麟》,章念驰编《章太炎生平与学术》,北京:生活·读书·新知三联书店,1988年,第488—506页)。他列举的例证,如"反满共和""反对帝国主义""反封建"等,这些是晚清民初中国多数学者、学生和有识之士的共同信念,是那个时代的思想潮流,非章太炎所独具者,不足以概述其思想的本质特征。一方面,章太炎固然否定了许多思想,但也继承了很多传统,如学术、典章、制度等,所在皆有;另一方面,章太炎思想前后固然有自我否定的地方,而更多地是在修订中承前启后地保持一贯,如从《訄书》初刻本至定本《检论》,虽修订再三、数易其稿,令前后说法稍有变化,但无妨其一脉相承者,及其对传统的赓续。

② 朱熹《论语集注》卷二《里仁》,朱熹撰《四书章句集注》,北京:中华书局,1983年,第72页。

尽心知性,在扩充恻隐之心,忠恕则是如何尽与推的方法,属成德工夫。然"尽己"和"推己"都预设了"己"的存在,以意根念念执着的"我"为实体,儒家这种意义的忠恕,与章太炎所讲的"无我"道体,旨趣全然不同。由此,章氏借用"忠恕"这一范畴时,作了新的解释:

> 道在一贯,持其枢者,忠恕也。……心能退度曰恕,周以察物曰忠。故夫闻一以知十,举一隅而以三隅反者,恕之事也。……守恕者,善比类。……周以察物,举其征符而辨其骨理者,忠之事也。故疏通知远者恕,文理密察者忠。身观焉,忠也;方不障,恕也。……体忠恕者,独有庄周《齐物》之篇,恢诡谲怪,道通为一。①

《微言》有类似语录:

> 仲尼以一贯为道为学,贯之者何? 只忠恕耳。……尽忠恕者,是唯庄生能之,所云"齐物"即忠恕两举也。……举一隅以三隅反,此之谓恕。……圣人者,以己度者也。故以人度人,以情度情,以类度类,以说度功,以道观尽,古今一度也。……故凡事不可尽以理推,专用恕术,不知亲证,于事理多失矣。救此失者,其唯忠。忠者,周至之谓,检验观察必微以密,观其殊相,以得环中,斯为忠矣。②

---

① 章太炎《检论》卷三《订孔下》,《章太炎全集》(三),第 426—427 页。
② 章太炎《菿汉微言》,《菿汉三言》,第 32 页。《太炎学说》卷上有《说忠恕之道》篇,文字、意思与此相近。

今不避文繁,备引两则材料,一方面是要提示《检论》的修订和《微言》的编撰都在幽禁龙泉寺时,《检论》虽沿用早年著作《訄书》,然就其与《微言》的一致处看,《检论》的确反映了章太炎当时当地最新的思想动态,这种变化既与《微言》相近,而《微言》是由《建立宗教论》《人无我论》及《齐物论释》等发展而来的。如此看来,尽管从《訄书》至《检论》至《微言》,章氏的思想前后颇有变化,但其中隐然有其一贯的学脉在。正因《检论》与《微言》有相通的地方,这可印证前文说的,《检论》独辟经学卷体现了章太炎重建经典系统属维新式,而非革命式,且《检论》收录经学文章及章氏晚年提倡读经,表明他对儒家经学的回归从属于他的四玄学。

另一方面,《检论》将孔子的"忠恕"与庄子的"齐物"相格义,又将二者的渊源归宗于老子,这隐括了《微言》的"四圣"和"四玄",故两则材料在详略不一的地方可互证。如《检论》释"忠"为"身观",《微言》则以"亲证"解之。仅看前者,或以为"观"只限于身体向度,然"亲证"是章太炎多次说过的"内证于心"。比较这两个词,乃知"忠"兼有身体与心性的内涵,"恕"既为"以人度人,以情度情",人与情即身与心,故"忠恕"隐示了一种身心转换结构。章太炎批评西洋哲学重物质而证验少,表扬中国哲学重人事而可从心实验,证知心之本体[1],"忠恕"即其证验的方法之一。同时,章氏在"较诸康德辈绝无实验者"后,说孔子内证于心的方法有"绝四,故能证生空法空"[2]。同样地作为身观、亲证的方法,"忠恕"与"绝四"的义旨相近,目的在证得人我空、法我空,破人我执、法我执,亲证"无

---

① 章太炎《说新文化与旧文化》,姚奠中、董国炎编《章太炎学术年谱》,太原:山西古籍出版社,1996 年,第 309 页。
② 章太炎《与吴承仕书》,马勇编《章太炎书信集》,石家庄:河北人民出版社,2003 年,第 308 页。

我"道体。如《微言》云：

> 皇侃言："己若欲自立自达，必先立达他人。"此佛家所谓
> 自未得度，先度他人，为大乘初发愿心也。①

孔子以"己欲立而立人，己欲达而达人"释"忠"，如康德所谓"行为
的主观原则、准则在任何时候，都必须同时能够当作客观原则，当
作普遍原则"②。忠的"欲立立人，欲达达人"和恕的"己所不欲，勿
施于人"正是把自我行为的主观原则、准则当作客观的原则和普遍
的道德律令。在此，章太炎用大乘菩萨发菩提心而度人至"圆成实
自性"的涅槃境界作解。由立人达人而己亦得立与达看，则"自未
得度先度他人"者，自己终究也会得度而入涅槃，盖度人者必有大
慈悲之心和大觉悟的智慧。忠的"身观"和"亲证"犹"自度"，恕的
"以人度人，以情度情"犹"度人"，据章太炎的解释，忠恕把度己与
度人相统一，即是把主观原则转变为普遍的道德律令。忠恕作为
行为原则和道德律令，相当于宋学的成德工夫，其"证生空、法空"
的目标，通过即工夫以即本体而实现，达致"无我"的善境。

其次，"克己"的工夫论。就像"忠恕"原是孔子的一贯之道，章
太炎却说是老子之流传，体忠恕者唯有庄子，从而建立老孔庄"道
通为一"的学脉。对于"克己"也是如此，他特别说明孔颜相传的
"克己"是源自老子，而庄子传颜氏之儒，则"克己"与"忠恕"一般，
同为"四圣"的成德工夫论。

为证明老子确有"克己复礼"说，章太炎对老子思想和"克己复

---

① 章太炎《菿汉昌言》，《菿汉三言》，第89页。
② 苗力田《德性就是力量》，伊曼努尔·康德著，苗力田译《道德形而上学原理》，
上海：上海人民出版社，2012年，第17页。

礼"的内涵,重作新解。他说:

> 老聃所以授仲尼者,《世家》称:"为人臣者,毋以有己;为
> 人子者,毋以有己。"《列传》称:"去子之骄气与多欲,态色与淫
> 志。""毋以有己"者,无我也。骄气,我慢也;多欲,我爱也;态
> 色,我慢所呈露也;淫志,我爱所流衍也。是皆去之,与"毋以
> 有己"相成。不言去欲,而言去多欲者,已欲立而立人,已欲达
> 而达人,亦欲也。老以诏孔,其所就为无我;孔以诏颜,其所就
> 为克己。[①]

《史记·孔子世家》和《老子列传》均记载孔子适周问礼于老子,引
文中的两则语录,是老子送孔子的话,即"传正法眼臧"者。其中,
"毋以有己"即生空、法空的"无我","骄气"为"我慢"而呈露的"态
色","多欲"为"我爱"而流衍的"淫志",这些都根源于末那识妄执
阿赖耶识而生虚幻之我相。故去"骄气"与"多欲"则"我慢""我爱"
因而遣除,了悟"我"为幻相而非实相之理,破人我执、法我执而亲
证"无我",与"毋以有己"同义。由此,据老子所传授给孔子的成德
工夫来修养身心,可进入"无我"善境;据孔子所传授给颜回的成德
工夫来修养身心,可达致"克己"境界。如此说来,"克己"既是工
夫,亦可谓形而上道体,正所谓工夫所至即其本体,故曰:"孔颜之
乐,就在无我、克己。"[②]章氏还特别指出,"欲立立人,欲达达人"的
忠恕也是一种"欲",但与"我爱"之"多欲"不同,不必去之,并非所
有的欲望都要去除,合乎情理的自然欲望应该得到尊重和满足。

---

① 章太炎《菿汉昌言》,《菿汉三言》,第 80 页。
② 章太炎说:"孔颜之乐,由于无我克己,则常变不足论。"章太炎《菿汉昌言》,《菿
汉三言》,第 85 页。

既然"态色"和"淫志"是由我慢、我爱所生的烦恼障，那么，去我慢、我爱的克己工夫就有断尽烦恼障和所知障的意思。如章太炎说："克己有二：断人我见，则烦恼障尽；……断法我见，则所知障尽。"①断人我见、法我见而悟生空、法空，破烦恼障、所知障而入圆成、涅槃，由克己工夫可至无我善境。

然则，克己工夫是用何种修行方法来排遣一切妄执的呢？章氏说：

> 佛家本以六度四无量为至行……域中贤者，子路得其四，颜渊得其六。……颜渊又过之：愿无伐善，无施劳，此行施度也；非礼勿视，非礼勿听，非礼勿言，非礼勿动，此行戒度也；犯而不校，此行忍度也；吾见其进，未见其止，此行精进度也；心斋，此行禅度也；坐忘，此行智度也。……夫一日克己而天下归仁，自非上圣，何以得此？②

这里，章太炎用《论语》《庄子》记载的颜回言行，比附佛家的施、戒、忍、精进、禅和智等六度，六度成了克己工夫的六种修行方法，或称道德原则、道德律令。佛家由身体之六度而修炼成四无量的同情心和慈悲心，由身心交相养而达涅槃，故由克己工夫而臻至的自然为"圆成实自性"的无我善境，由此而实现的"天下归仁"，则是一个众生自性具足的清净世界。

引文中，章太炎提到心斋、坐忘是克己工夫的修行方法，他曾说心斋与克己相应，坐忘而离形去知，使人我、法我同尽，斯谓"克

① 章太炎《菿汉昌言》，《菿汉三言》，第81页。
② 章太炎《菿汉昌言》，《菿汉三言》，第88—89页。

己",三者异名同实。①章氏还说:

> 依何修习而能无意无我? 颜回自说坐忘之境,仲尼曰:
> "同则无好也,化则无常也。"一切众生本无差别,是之谓同。
> 知同,故能无好;能无好,而我爱遣除矣。结生流注本是递嬗,
> 是之谓化。知化,故达无常;达无常,而我见我痴遣除
> 矣。……初晓颜回,但以"克己复礼"见端耳。凡人皆有我慢,
> 我慢所见,壹意胜人,而终未能胜己,以是自反则为自胜。自
> 胜之谓"克己",慢与慢消,故云"复礼"。我与我尽平等,性智
> 见前,此所以"为仁"也。②

那么,"无我"道体表现为何种修行工夫? 答案是:坐忘、克己复礼。
由坐忘而了悟众生平等,然后能无所偏好,我爱因而遣除,进而通
达诸法无常之理,遣除我见、我痴。这与孔子晓示颜回的"克己复
礼",意思一致。因我慢与我爱、我见、我痴等相依,由克己复礼的
成德工夫遣除胜人之心的我慢,则无人我执,见众生平等,自性与
智慧呈现眼前,这种"为仁"的境界,实乃无我善境。故谓:

> 有分别智此谓智,无分别智此谓仁。人心本仁,徒以我相
> 人相隔之,则彼此不相喻。一日克己,则彼此之心通而为一,
> 自见天下皆归于仁,亦如释迦成佛而知众生本来是佛也。③

章氏对智与仁作了区别,智是尚有分别心,执着于主观、客观相,未

---

① 章太炎《菿汉昌言》,《菿汉三言》,第82页。
② 章太炎《菿汉微言》,《菿汉三言》,第34页。
③ 章太炎《菿汉昌言》,《菿汉三言》,第86页。

曾证得生空、法空；仁则无分别心，舍离主观、客观相，无我相、人相之隔碍，缘一切法之真如，达平等之般若智慧。如天下人都能用克己工夫来充实天生的仁心（无善无恶的至善性体），世间必无主客、人我相之碍隔，彼此精神相喻而心通为一，天下归于仁，皆如释迦一般地成佛，进入"圆成实自性"的无我境地。

"坐忘之境"一词还暗示了，坐忘是修行工夫，亦可谓道德本体，心斋也如此。那么，心斋、坐忘之境又用何种工夫来修持呢？章太炎说："庄周始言心斋、坐忘……故知，静坐乃礼家恒教，何容咤为异术。"①心斋、坐忘离不开健康、宁静的身心。静坐能够调和生命气息，澄清精神思虑，从而保持身心的灵敏与祥和，使"知与恬交相养"②，经由恬静的身心，晓悟般若智慧。这样，我们就能理解何以章氏会说"艮为道心"③，因《易》的"艮"犹佛家的"止观""静坐"和庄子的"心斋""坐忘"，如斯之"艮"，"生空观成，无我无人"④，已入"圆成实自性"，清净无记，必然为道心。

其三，"绝四"的工夫论。前文讨论忠恕工夫时，引用"孔子唯绝四，故能证生空法空"一语，由"绝四"可证得一切皆空之理，破种种妄执，趣入"圆成实自性"。"绝四"原为孔子的一家言，为建立"四玄"的一贯学脉，章太炎将其与文王的《周易》相关联。他说："文王尚不见道，何有于人我见？《周易》皆说阿赖耶识与意根，而用九、艮卦独舍是，此文王所以为圣也。孔子绝四：无意，无必，无固，无我。"⑤文王与道相冥而忘道，无分别智而破法执，又何况人

---

① 章太炎《菿汉昌言》，《菿汉三言》，第83页。章太炎说："颜李之流，以晏坐寂静为忌，云古圣不为是。宁知无意无我，动止皆定，固与修习者殊。若夫心斋、坐忘之说，载在庄书，彼则以为异端也。"（章太炎《菿汉微言》，《菿汉三言》，第48页）这里也以"静坐"为心斋、坐忘的修行方法。

②③④ 章太炎《菿汉昌言》，《菿汉三言》，第83页。

⑤ 章太炎《菿汉昌言》，《菿汉三言》，第84页。

我执呢？必已断尽。《周易》所说义理，虽大多不离恒审思量的意根和清净杂染的阿赖耶识，然乾元用九和艮卦爻辞已具备三乘，超脱意根和阿赖耶识，断人我见与法我见，契合"圆成实自性"的无我道体。孔子的"绝四"能证生空、法空，与用九、艮卦同义，故"文王、孔子所明一也"。

章太炎指出，近世西洋哲学少证验，偏向外在的经验世界，不注重灵明觉知之心性的修持，他要用孔子的"绝四"来纠正这种缺失。那么，"绝四"究竟如何而能内证于心呢？他说：

> 子绝四：无意，即末那不见；无必，即恒审思量不见；无固，即法执、我执不见；无我，即人我、法我不见。意根、末那，我见之本也。恒审思量，思此我也。一切固执，执此我也。是故，意为必固所依，我为意之所见。绝四则因果依持，皆已排遣。①

意者，意根也，即末那识；无意则意根消泯，末那识因而灭尽。必者，定也，常也，无必即无定、无常，了悟一切诸法生灭不定、变异无常，乃知世上并无恒常的确定性，那些以此为理想而对一切事理进行审察、思虑和量度的工作，终究难得亲近道体。"固"指固执，"无固"则不固执，一切人我执、法我执皆断除。"我"是俄顷之谓，"言

---

① 章太炎《菿汉微言》，《菿汉三言》，第33页。《诸子略说》："修己、治人，不求超出人格；孔子自得之言，盖有超出人格者矣。'子绝四：毋意，毋必，毋固，毋我。'毋意者，意非意识之意，乃佛法之意根也。有生之本，佛说谓之阿赖耶识。阿赖耶无分彼我，意根执之以为我，而其作用在恒审思量。有意根即有我，有我即堕入生死。颠狂之人，事事不记，惟不忘我。常人作一语默，绝不自问谁行谁说，此即意根之力。欲除我见，必先断意根。毋必者，必即恒审思量之审。毋固者，固即意根之念念执著。无恒审思量，无念念执著，斯无我见矣。然则绝四即是超出三界之说。"（章太炎《诸子略说》，张昭军编《章太炎讲国学》，第295页）此段文献可与引文相参。

其念念生灭如灯中焰炷"①,俄顷即逝,凡意识计度对境而生的人
我相,或依托因缘而起的法我相,不过迷情所现的妄执罢了,明白
这一道理而趣入无我,则人我见、法我见归于寂灭。所以,章太炎
解释道,意根和末那识是人我见、法我见的本源,恒审思量是把虚
幻之我相当作拥有自性的实体来念念思度,一切固执不过是执着
于意根缘生的我相而已。故意为必、固的依止者,我由意之妄执而
生,四者互为因果、彼此依持,"绝四"则将意必固我及其因果关系,
悉皆排遣。末那意根既已断除,"八识将全舍"②,证得生空、法空,
一切缘此而生的我见、我执、无明烦恼等,都将解脱,趣入"圆成实
自性"的无我善境。

　　所谓"工夫所至即其本体","绝四"既为成德工夫,又是道德本
体。前文论"克己"时引证的"依何修习而能无意无我"一段,章太
炎就把"绝四"中的"无意""无我"当本体看待,要用坐忘、克己的工
夫来修持。论"忠恕"时,我们曾说,忠恕和绝四同为身观、亲证的
方法,同是"无我"的无善无恶道体,二者义旨相近。如此看,正如
前文提示的,忠恕、克己、心斋、坐忘、绝四等即本体即工夫的道德
范畴,并非独立不相关,实则因果依持、相辅相成。诸范畴的相通
性绾合了"四圣""四玄"的一贯性。

　　道德与宗教存在因果依持的关系,这当然不是章太炎的一家
言。那些虔诚的宗教家,或者那些信仰天道的思想家,他们愿意把
存在论的基础和道德的形而上学建筑在神或天的意志上,基督教
伦理属神意志论的,先秦的思孟讲"天命之谓性",同样赋予了道德
心性以超自然的先验性格。那种追求神人相契或天人合一的道德

---

① 章太炎《菿汉昌言》,《菿汉三言》,第 84 页。
② 章太炎《菿汉微言》,《菿汉三言》,第 34 页。

情怀,及其道德修养工夫,以神秘经验为身心修养的法门,又以神秘境界或神秘的精神体验,如万物一体、天人冥契等,为道德尽善尽美的最高境界,因而透显出浓厚的神秘主义色彩。出世的宗教自然如此,入世的宋明理学在成德成圣的工夫论上,也有一个长远的神秘主义传统。宋明儒以静坐的工夫,摒除心中的念虑,观未发的气象,这样地寻求心体的呈露,即纯粹意识的呈现,的确近于"内在的神秘经验"①。当章太炎说,康德、肖宾开尔(叔本华)的哲学虽精微而证验少时,他主张哲学智慧应能通过身观、亲证的方式,冥绝心行而内证于心、付之于行,从而体验"心之本体何如? 我与物质之有无何如"?②用虚寂的工夫去朗现纯粹的心体,去体知人与道、人与宇宙的纯粹的同一。在他看来,程朱的证验方法不足道,阳明的良知虽进一层,亦仅知自证分,尚有泥滞,知不住涅槃而未知不住生死。若罗洪先称:"当极静时,恍然觉吾此心中虚无物,旁通无窒,有如长空,云气流行,无有止极;有如大海,鱼龙变化,无有间隔。无内外可指,无动静可分,上下四方,往古来今,浑成一片。"如此可谓神秘,章氏以为仅见心相,只验得阿赖耶识而已,③终究未能亲证无善无恶的"无我"道体,可见他是以神秘经验为其成德工夫的目标和境界。如心斋、坐忘,诚然显露了某种神秘主义的意向。

① 陈来《心学传统中的神秘主义问题》,氏著《有无之境:王阳明哲学的精神》,北京:生活·读书·新知三联书店,2009 年,第 440—471 页。杨儒宾有相似看法,见《理学家与悟——从冥契主义的观点探讨》一文,刘述先编《中国思潮与外来文化:第三届国际汉学会议论文集(思想组)》,台北:"中研院"文哲所,2002 年。

② 章太炎《与吴承仕书》,马勇编《章太炎书信集》,第 307 页。

③ 章太炎《与吴承仕书》,马勇编《章太炎书信集》,第 307—308 页。章氏所引罗洪先的语录也参见此信。

　　不过,忠恕、克己、绝四作为儒家的道德工夫论范畴,①其中内涵的尽己、推己、复礼等身心活动,本来就在人与人、人与物的具体的关系域中展开。换言之,这些成德工夫的践行就是一种生活方式或生活本身,一点也不抽象,更没有分毫的神秘主义。章太炎虽然为忠恕、克己和绝四等建立了"圆成实自性"的"无我"道体——这一源自法相唯识学的道德形而上学,论述了诸范畴如何破人我、法我的修养过程,又如何证验生空、法空的目标。但他也强调道德工夫与真实物事、现象生活的密切关系,如他说:"以法施人,恕之事也;以财及无畏施人,忠之事也。"②忠恕是在人际交往中,在一个情感真实的世界里,互相地施设、彼此地给予中完成的。又如,章太炎用佛家的六度解释克己,所谓施、戒、忍、精进、禅、智等,相当于六种道德总则,至于如何地施、戒、忍、精进、禅、智,则可建筑在生活基础上,将其细化为各种具体的普遍的道德律令。所以,忠恕等成德工夫决非直指宇宙天道而漠视现实生活,而是始终保持着温情脉脉的生活关怀,具体性和真实性才是其本质。

结　　论

　　王夫之说,理在势中,势之必然处见理。思想史的发展和社会史一般,是由理势相乘来驱动的。"理"指经系统的逻辑论证而形成的理论体系,"势"指社会环境、时代精神及由此形成的社会运动或文化思潮。就章太炎的"四玄"经典系统而言,其"无我"的一贯

---

①　章太炎曾表示,要"以孔子之道为修身之大本",这或许是他主要地采用《论语》的忠恕、克己、绝四等道德范畴的原因。见章太炎《在孔子诞辰纪念会上的演说》,马勇编《章太炎讲演集》,石家庄:河北人民出版社,2004 年,第 250 页。

②　章太炎《菿汉微言》,《菿汉三言》,第 33 页。

道体和忠恕、克己、绝四等道德修养工夫论就是"理",而"四玄"之所以未能引起当时及后来学者的注意,乃因其缺乏一个思想或思潮之"势"。因五四运动之后,文化的激进主义演变为西化思潮,文化的保守主义又持守儒家传统。前者假"整理国故"之名,宣称国故为无用之学,自然不可能接受章氏的"四玄"系统;后者受二千年来经学与儒学信仰之文化心理的熏染,也不会赞成章氏"改子为经"而将经书与子书融通为一体的经典系统。再者,民国是学术自由争鸣、思想多元纷呈的时代,学者信守精神独立、思想自由的理念,逍遥于自我耕耘的"一亩三分地",不愿"为他人做嫁衣裳",因而也就不理会章太炎的四玄学。总之,民国学术思想之"势"正与"四玄"之"理"相背离,这与魏晋"三玄"之"理"恰好与当时社会之"势"相契不同。

当代国学思潮方兴未艾,回归原典的呼声引起了一些学者的响应。但正如有人指出的,当代国学的发展态势有一个突出的倾向:"就是尝试把学术性的'国学'转换为'儒学'式的'国学'。"①站在"儒学式的国学"的立场,其所要回归的原典就限定在六经、经解类传记和儒家类子书的范围,而不愿接纳其余部类的子书,甚或史书和集书。郭沂的"五经七典"和梁涛的"新四书"即是如此,这两个经典系统中的典籍全属经部和子部儒家类。②相比而言,饶宗颐

①　张志强《经学何谓? 经学何为? ——当前经学研究的趋向与"经学重建"的难局》,中国社会科学院哲学研究所编《中国哲学年鉴 2013》,北京:中国社会科学出版社,2013 年,第 96 页。
②　参见郭沂《当代儒学范式——一个初步的儒学改革方案》,单纯编《国际儒学研究》(第十六辑),北京:九州出版社,2008 年。郭沂《五经七典——儒家核心经典系统之重构》,《人民政协报》2006 年 12 月 18 日、2007 年 1 月 15 日连载。梁涛《回到"子思"去——儒家道统论的检讨与重构》,氏著《郭店楚简与思孟学派》,北京:中国人民大学出版社,2008 年。

先生提出"新经书"构想时,他说:"儒、道两家是中国本有文化的二大宗教思想基础,儒、道不相抵触,可以互补,各有它的优越性,应予兼容并包。《老子》《庄子》等书原已被前人确认为经,自当列入新的经书体系之内,作为一重要成员。"①承认老、庄的经书名分,这是博学鸿儒的通达之见,与章太炎的理念相一致。故章太炎的"四玄"经典系统及其"新经学"给予我们的启示是,新经典系统可以是经书与子书,或经书与子书、史书、集书等融通为一体的。而新经典系统的成立应符合三个条件:一是阐述系统的一贯之道,二是证明新系统具有文化的典范价值,三是说明新系统中传统与现代的关系,即一贯性、典范性与现代性。

本文原载《文史哲》2018 年第 2 期。

---

① 饶宗颐《新经学的提出——预期的文艺复兴工作》,《饶宗颐二十世纪学术文集》卷四《经术·礼乐》,北京:中国人民大学出版社,2009 年,第 6—7 页。

论章太炎晚年的治经困局

——以《春秋左氏疑义答问》为讨论中心

黄梓勇

第一章　引　　言

　　章太炎的《春秋左氏疑义答问》(下简称《答问》)是章氏晚年治经的代表作品,本文以此为讨论中心,分析书中章氏实践其"古文经学"①时所呈现的矛盾,以及形成这种矛盾的原因,并说明在经学没落的大背景下,旧式学人尝试重新为经学定位的困局。

　　早在 20 世纪 30 年代,钱玄同已指出自章太炎始,才有所谓古文经学家的说法,最近有学者重新论证钱氏的说法,指出章太炎的"古文经学",是他于 1906 年至 1910 年间渐次建立的学术观念,而非接续清代今文经学家所指的古文经学而来。章太炎受民族主义思潮启发,发展出结合民族主义、史学和经学的思想,认为孔子因目睹外族侵凌中国,故修六经以保中国旧有历史文化。此见解认为历史藏有一国之精神,经的价值所在,既非部分清代今文经学家所说的微言大义,支持改制变法,也非抽象的道德说教;而是在于记载前王事迹,感动国民。由于经即为史,主于记事,故章氏云:

---

　　① 案:本文以"古文经学"指称章太炎建立出来的经学学说,而以古文经学来指称清代今文经学家所限定的古文经学学说。详参黄梓勇《论章太炎的今古文经学观》,《汉学研究》第 29 卷第 4 期(2011 年 12 月),第 223 页。

"六经皆史之方,治之则明其行事,识其时制,通其故言。"①章氏的
"古文经学"观念,由经的本质,以至治经的方法都有具体说明。这
一点是过往学界所忽略的。②本文建基于此一研究基础上,进一步
研究章太炎晚年研治《左传》学。

侯外庐研究章太炎思想时曾指出:

> 我们评价章氏的哲学思想,却用不着从他各种具体研究
> 的字缝里来推论、抽绎,在一部《章氏丛书》中,其直接论证哲
> 学问题的整册、整篇,及章节,实在已多不胜举。③

学界过去研究章太炎的经学,由于章太炎自身论述研治经学的文
章很多,因而往往不会在其"具体研究"中推论、抽绎当中的经学思
想,此情况于章氏晚年经学著作尤其严重。故侯外庐这段话虽是
针对研究章氏哲学思想而言,但却很可以借来说明有关章太炎经
学的研究状况。1930 年章太炎致书黄侃讨论《答问》时说:

> 鄙言于凡例虽取征南,亦上推曾申、吴起、贾谊、史迁之
> 说,以相规正。贾、服有善,亦采焉。迩来二三月间又加修治,
> 且增入向所未备者十余事……如是之类,驳杜者甚著,然亦不
> 欲如前世拘守汉学,沾沾以贾、服为主。盖上则寻求传文,次
> 或采之贾谊、史迁,是鄙人著书之旨也。④

---

① 章太炎撰,庞俊、郭诚永疏证《国故论衡疏证》,北京:中华书局,2008 年,第
356—357 页。
② 黄梓勇《论章太炎的今古文经学观》,第 221—251 页。
③ 侯外庐《中国近代启蒙思想史》,北京:人民出版社,1993 年,第 215 页。
④ 马勇编《章太炎书信集》,石家庄:河北人民出版社,2003 年,第 204—205 页。

又 1932 年致书吴承仕时，提及自身《左传》学转变的过程：

> 仆治此经近四十年。始知《公羊》之妄，乃于《左氏》大义，犹宗刘、贾。后在日本东京，燕闲无事，仰屋以思，乃悟刘、贾诸公，欲通其道，犹多附会《公羊》。心甚少之，巫寻杜氏《释例》，文直辞质，以为六代以来，重杜氏而屏刘、贾，盖亦有因。独其矫枉过正之论，不可为法。因欲改定《释例》而未能也。①

1935 年章氏撰《汉学论下》云：

> 余少时治《左氏春秋》，颇主刘、贾、许（惠卿）、颍（容）以排杜氏，卒之娄（屡）施攻伐，杜之守犹完，而为刘、贾、许、颍者自败。晚岁为《春秋疑义答问》，颇右杜氏，于经义始条达矣。由是观之，文有古今，而学无汉晋。②

另 1936 年致书徐哲东亦曾言及自身《春秋左传》学演变的情况。章太炎这几篇书信及文章大抵交代了自己由始治《左传》到晚年撰成《答问》之间，其《左传》转变的情况。过去一般运用这几段自述来说明及交代章氏晚年《左传》学的特点，或谓其晚年《左传》学"平分汉晋"，或谓其晚年《左传》学为"尊杜"，而并没有深入分析被章氏号为"三十年精力所聚"③的《答问》，即使偶有论及《答问》的，大

---

① 马勇编《章太炎书信集》，第 361 页。
② 《章太炎全集》（五），上海：上海人民出版社，1985 年，第 23 页。
③ 马勇编《章太炎书信集》，第 360 页。

都是作为例证而附于上引几段文字之下。①迄今为止，就笔者所知，只有一篇文章是集中讨论和分析《答问》的内容和部分相关的问题，但讨论仍有深化的必要。②至于《答问》中所反映的内容及当中的问题，如《汉学论下》谓晚年《左传》学"颇右杜氏"，但致书吴承仕时又谓杜氏相较东汉贾、服亦有"矫枉过正之论，不可为法"之处，因欲改定杜氏《释例》而未能；致书黄侃时则提到《答问》一方面有"驳杜"的内容，但另一方面亦不欲拘守汉学。到底章太炎如何落实自己这种不欲偏倚的治经方法？又他是否真的能够落实？过去在"尊杜"的表象之下，未有对《答问》再作详细分析，致使章太炎晚年《左传》学仍未有较为深入的讨论。

《答问》大约撰成于 1930—1931 年间，③全书共五卷，以答问体的方式，讨论各种《春秋》及《左传》的问题。全书共发 74 问，所讨论的内容十分广泛，但有很多是以前提出过的，而在《答问》再作总结，例如总结性的反驳《春秋》改制、"黜周王鲁"、"张三世"等《公羊》经义，以及再次强调三《传》的创作先后为：《左传》《穀梁》《公羊》，凡此皆是章太炎过往在不同的文章以及《左传》学专著中不断强调和说明的，故这里不拟再作讨论。反而此书在各条经义的答

---

① 黄翠芬《章太炎春秋左传学研究》，台北：文津出版社，2006 年，第 226—242 页；宋惠如《晚清民初经学思想的转变——以章太炎"春秋左传学"为中心》，台北：辅仁大学中国文学研究所博士论文，2009 年，第 53—55、79—82 页。黄、宋二氏讨论面较广，故未很深入地分析章太炎的《答问》。

② 张素卿《诠释与辨疑——章太炎〈春秋左氏疑义答问〉略论》，载《经学研究集刊》第 6 期（2009 年 5 月），第 23—40 页。

③ 据章太炎 1930 年 4 月 4 日致书黄侃时说："去冬示以《春秋疑义》。"即是书初稿成于 1929 年，唯信中又说："迩来二三月间又加修治，且增入向所未备者十余事。"即 1929 年冬至 1930 年 4 月间，章又对此书进行修改。案：是书后有黄侃于 1931 年 4 月的跋语，而收入 1932 年交付钱玄同等校刊的《章氏丛书续编》，故当是 1930 年 4 月致书黄侃至 1931 年黄侃撰成跋语间写成定稿的。

问中,反复讨论杜预和汉儒间的优劣,是章氏以往尚未解决而又很能反映出他晚年治经风格的内容,故这里第一个分析重点是:章太炎晚年对汉儒和杜预《左传》学的取舍及其反映出的治经方法,此或可揭示一些过往忽略了的章太炎晚年的学术心态。而另一点是,虽然以往章太炎也多次说明《春秋》本质及《春秋》与《左传》关系等课题,但在认同《春秋》为史的前提下,如何面对历史书写追求"直笔"和《春秋》存在隐讳的矛盾,向来都是研治《春秋》所必须面对的,而《答问》对此亦有所阐发,且从中可以看出章太炎《春秋左传》学的一些矛盾点,也可以看出章氏要将传统经学与当时的学术接轨的困难。

第二章　学术思想向魏晋的转移: 章太炎晚年经学思想的背景

　　章氏自言他是在 1906 年到日本以后,才想到汉儒《左传》学附会《公羊》学的问题,但事实上他于 1902—1903 年间撰《春秋左传读叙录》已经指出这一点,[①]唯他直至前往东京以后,才以杜预的《左传》学去代替过往寻绎汉说的系统。这里先对章太炎出狱东渡日本后,学术思想的轮廓作一简述,以说明章氏发现杜预之学与其整体学术观念向魏晋转移的关连。

　　章太炎在 1913 年撰《自述学术次第》,当中仔细说明了他由少年至 1906 年出狱后几年间各方面学术的变化,结合章氏的著作来考察,可见他整体学术观念有一核心转移的趋向。

　　章氏在《自述学术次第》中指出,年少时不好名理,自三十岁前

---

　　①　黄梓勇《论章太炎的今古文经学观》,第 232—233 页。

后与宋恕定交，①始读佛书，虽渐近玄门，唯未有专精。至因"苏报
案"入狱，方专研佛书，而辄有所得。出狱后即对年少时"未得统
要"的老庄学说，尝试以佛理贯通之，此为其向名理之学寓目的转
移。②至于《易》学，章氏则谓年少时读惠栋、张惠言诸家的研究，虽
认为他们详细地阐明了汉代《易》学的真实情况，但却不满意汉儒
《易》说，同时认为"《易》道冥昧，可以存而不论"。出狱后"因究
老庄"（因精研佛法，而渐深名理，再究老庄），而重寻王弼《易》学旧
说，发现其说"超绝汉儒"，③此即其对魏晋《易》学的重新发现。
《左传》学方面，则说明自己由宗尚汉学到发现杜预的过程，甚至指
出："知《释例》必依杜氏。古字古言，则汉师尚焉。"即从杜预《左
传》学得到贯通《左传》之法。④诸子学方面，章太炎在《论式》中（收
入 1910 年刊刻的《国故论衡》）云：

> 当魏之末世，晋之盛德，钟会、袁准、傅玄皆有家言，时时
> 见他书援引，视荀悦、徐干则胜，此其故何也？老庄刑名之学
> 逮魏复作，故其言不牵章句，单篇持论，亦优汉世。然则王弼
> 《易例》、鲁胜《墨序》、裴颜《崇有》，性与天道，布在文章，贾
> （谊）、董（仲舒）卑卑，于是谢不敏焉。⑤

---

① 章太炎早于 1900 年 10 月 1 日致书宋恕时便云："每念夏峰有言：'晦翁没而学
者之实病宜泻，伯安没而学者之虚病宜补。'鄙人凤治汉学，颇亦病实，数年来，以清谈玄
理涤荡灵府，今实邪幸已泻尽，于是又可用补，再治汉学，则症结尽而元气壮矣！"马勇编
《章太炎书信集》，第 15 页。

② 章太炎《自述学术次第》，载陈平原编《现代中国学术经典·章太炎卷》，石家
庄：河北教育出版社，1996 年，第 643 页。

③④ 章太炎《自述学术次第》，第 644 页。

⑤ 章太炎撰，庞俊、郭永诚疏证《国故论衡疏证》，北京：中华书局，2008 年，第
390—391 页。

此可见,章氏认为在阐发名理方面,魏晋诸家要比两汉儒生优胜。而此魏晋玄理的重新发现和推崇,又与章氏从文学层面肯定魏晋"持论"互为表里。《自述学术次第》中,有一段描述文辞变迁的内容,当中章氏自述年少已好文辞,初崇韩愈之文,尚法秦汉,①故为文古奥。三十四岁(约 1901 年)以后,欲变文风,因读三国、两晋文辞,以为至美,由是为文始变。他更具体说明自己何以独标魏晋"持论"的原因:

> 汪(中)、李(兆洛)两公,犹嫌其能作常文(案:二者均主张文法六代俪语),至议礼论政则踬焉。仲长统、崔寔之流,诚不可企。吴、魏之文,仪容穆若,气自卷,未有辞不逮意、窘于步伐之内者也。而汪、李局促相斯,此与宋世欧阳、王、苏诸家务为曼衍者,适成两极,要皆非中道矣。匪独汪、李,秦、汉之高文典册,玄理则不能言。余既宗师法相,亦兼事魏、晋玄文。观夫王弼、阮籍、嵇康、裴颜之辞,必非汪、李所能窥也。尝意百年以来,诸公多谓经史而外,非有学问,其于诸子、佛典,独有采其雅驯,摭其逸事,于名理则深慁焉。平时浏览,宁窥短书杂事,不窥魏、晋玄言也。其文如是,亦应于学术耳。②

章氏高度评价魏晋文章,在议礼论政和剖析玄言名理这两方面,明

---

① 案《自述学术次第》原文谓:"余少已好文辞,本治小学,故慕退之告词之则。"并没有提到上法秦汉,唯《太炎先生自定年谱》又云:"初为文辞,刻意追蹑秦汉,然正得唐文意度。"是章氏本以上法秦汉为本,进而推崇韩愈古文之证。见章太炎《太炎先生自定年谱》,香港:龙门书店,1965 年,第 9 页。

② 章太炎《自述学术次第》,第 647—648 页。

显比秦汉、六朝、唐宋更为优胜。且有清一代只重经史、忽略魏晋玄言，章氏更深以为弊。章氏又撰《国故论衡·论式》说明魏晋"持论"之文的优点。①当中分析魏晋"持论"超逸前后的原因：当时经术沉陨，"不行于王路"，故为学之士既可"不牵章句"而为文；加之久在经学之下的"老庄刑名之学"亦得时而复显，在思想界的解放下，魏晋"持论"因而更能综核名理；另一方面，汉代经师常牵制于阴阳家说，议论多采灾异应变；及至经学没落，灾异之说渐息，魏晋的论政议礼，以至奏议，方能摆脱两汉竞说灾异之风，相较秦汉文章更为务实。②综合上述所论，章太炎的学术思想在 1906 年出狱以后，至撰成《国故论衡》《自述学术次第》间有十分明显的转化，可以说无论是经学、文学，以至诸子学，章氏都将核心由以往的先秦、两汉（如早年诸子则尊荀、说经则尚汉说、为文则尚秦汉）转移到魏晋时期。当中种种转变，似可上溯至章氏入狱以前，尤其此演变之兆与章太炎 1902—1903 年间，改订《訄书》的时间，似有一定的重叠。且十分明显，章氏在狱期间潜心法相，使其思想维度大大增加，学术更呈现出系统性的追求。自 1906 年出狱后，约十年间，章氏撰成了《文始》《齐物论释》《国故论衡》等重要的著作，胡适即视当中的《文始》和《国故论衡》为中国自古及今少数有系统、有体系的学术著作。③章氏这段时期又改订《訄书》为《检论》，当中的篇次：卷一论人类及中华民族起源，卷二论六经，卷三、卷四通论诸子及学术史，卷五以后则是一些经世和史论文章。正可见章氏要以

---

① 当中云："魏晋之文，大体皆埤于汉，独持论仿佛晚周。气体虽异，要其守己有度，伐人有序，和理在中，孚尹旁达，可以为百世师矣。"章太炎撰，庞俊、郭永诚疏证《国故论衡疏证》，第 402 页。

② 章太炎撰，庞俊、郭永诚疏证《国故论衡疏证》，第 390—401 页。

③ 陈平原《〈国故论衡〉导读》，载章太炎《国故论衡》，上海：上海古籍出版社，2006 年，第 1—21 页。

系统性来综论、检讨中国学术思想的目的。①而此系统性、贯通性的追求,亦反映在章太炎对今古文经学观念及方法的讨论。②

　　章氏代表性的学术作品,大部分撰写于这十年左右的时间之中,可以说这段时期是章氏确立学术思想,及治学最具创发能力的阶段。1915 年由上海右文社铅字排印出版的《章氏丛书》,当中已包括了《春秋左传读叙录》《文始》《太炎文录》《检论》《国故论衡》,至 1919 年浙江图书馆再行刊印,当中增加了《齐物论释定本》《菿汉微言》等著作。而相较之下,1934 年刊印的《章氏丛书续篇》在学术的创发性上,似乎就有点失色,诸如《广论语骈枝》《太史公古文尚书说》《古文尚书拾遗》等,都是以乾嘉治学路径来研治古书文献的札记式作品。胡适在 1922 年 8 月 28 日的日记便说:

> 现今的中国学术界真凋敝零落极了。旧式的学者只剩王国维、罗振玉、叶德辉、章炳麟四人;其次则半新半旧的过渡学者,也只有梁启超和我们几个人。内中章炳麟是在学术上已半僵了,罗与叶没有条理系统,只有王国维最有希望。③

胡适在 1922 年已察觉到章太炎的学术已过高峰,在研究方法上已难再有突破,故评章氏学术已呈"半僵"状态。就《章氏丛书》和《章氏丛书续篇》所收论著看来,胡氏的评语并非全无根据。但若以《章氏丛书》重刊本为界线,即 1919 年,章氏此后尚有十多年的研究生涯及为数不少的学术著作,当中呈现出什么,似乎

---

　　① 宋惠如《晚清民初经学思想的转变——以章太炎"春秋左传学"为中心》,第 48 页。

　　② 黄梓勇《论章太炎的今古文经学观》,第 230—243 页。

　　③ 曹伯言整理《胡适日记全集》,台北:联经出版公司,2004 年,第 3 册,第 734 页。

仍有探讨的必要。

就《左传》学来说,章太炎晚年撰《汉学论下》,对于汉学和魏晋之学的高下评判,基本上正是学术核心由两汉转为魏晋的展现,当中讨论两段时期的经学时指出:

> 余谓清儒所失,在牵于汉学名义,而忘魏晋干蛊之功。夫汉时十四博士,皆今文俗儒,诸古文大师,虽桀然树质的,犹往往偊而汲之,如贾景伯、郑康成皆是也。先郑(众)、许、马濡俗说为少,然其书半亡用。后人欲窥其微,难矣……《春秋》言《公羊》者不足道,清世说《左氏》必以贾、服为极。贾、服于《传》义诚审,及贾氏治《春秋经》,例本刘子骏,既为杜氏《释例》所破,质之丘明《传》例,贾氏之不合者亦多矣……若《春秋》者,语确而事易见,凡例有定,不容支离。杜氏所得盖什七,而贾氏财一二耳。夫若是者,非汉人之材绌,而魏晋之材优也。汉人牵于学官今文,魏晋人乃无所牵也。①

章氏称许无所拘牵的学术思想,认为汉儒《左传》学既牵于官方今文《公羊》之说,故远不如杜预精审。②因而他撰《答问》亦追求无所拘牵的学术态度,一方面不欲牵于杜预的学说,但又不欲回归到清代因循贾、服之学的《左传》学范式之中,因而他说:"盖上则寻求《传》文,次或采之贾谊、史迁,是鄙人著书之旨也。"③这是章氏自

---

① 《章太炎全集》(五),第 22 页。

② 章太炎对汉、魏经学的评价,牵涉到二者是否受官方学说影响,而有关章氏对官学与私学的优劣讨论,陈平原曾有详细分析,详参氏著《中国现代学术之建立》,北京:北京大学出版社,2005 年,第 53—87 页。

③ 马勇编《章太炎书信集》,第 204—205 页。

己对《答问》的评价。由崇汉到尊魏，反思官学影响下的汉朝经说，不如魏晋时期经说无所拘牵、有条贯，这是章氏晚年撰《答问》的思想背景。

第三章 《答问》探讨《左传》学义例

章氏撰《答问》既有反思两汉、魏晋经学优劣的背景，章氏提及《答问》时，亦多次强调于汉儒和杜预《左传》学均有取舍，且谓判衡各家对错的方法在于"寻求传文"。《答问》中有一条直接讨论刘、贾、许、颖之学与杜预之学之间的优劣：

> 自刘君（歆）以上，吴起、荀卿、贾生（谊）之属，已及《左氏》大义，惟科条未备，故待刘而成。依《后汉书·贾逵传》，逵奏："摘出《左氏》三十事尤箸明者，斯皆君臣之正义，父子之纪纲。其余同《公羊》者什有七八。"今寻《左氏》凡例与诸书法，绝异于《公羊》，而言同者"什有七八"，盖刘、贾诸公欲通其道，不得不以辞比傅，所作条例，遂多支离。杜氏于古字古言，不逮汉师甚远，独其谓"《经》之条贯出于《传》，《传》之义例总归诸凡，推变例以正褒贬，简二《传》而去异端"，实非刘、贾、许、颖所逮，终之子干父蛊，禹修鲧功，所以伸其难遂之怀，成其未竟之绪，非以相伐也。①

此对刘、贾《左传》学的评价，与 1902 年撰成《春秋左传读叙录》及

---

① 《章太炎全集》（六），上海：上海人民出版社，1986 年，第 258 页。

章氏其他著作所言正同。①刘、贾的《左传》学因应时势而杂入二《传》科条，反而杜预能简去二《传》科条，因应《传》文，发明凡例，自然要比刘、贾来得确切。唯章氏仍认为，杜预除了训诂能力"不逮汉师"外，于条例的发明亦有其不足之处。其一是关于"凡"例的。杜预《春秋左氏经传集解序》认为《左传》称"凡"，是用以说明《春秋》所书为周公所订太史的"策书"书法，而《左传》中称"书""不书""先书""故书""不言""不称"等，则用以明孔子于《春秋》之变例。②对于"凡"例，章氏指出：

> 《左传》"在礼，卿不会公侯，会伯子男可也"，此不言"凡"而亦凡之类。③

案：僖二十九年《经》："夏，六月，会王人、晋人、宋人、齐人、陈人、蔡人、秦人，盟于翟泉。"《左传》："夏，公会王子虎、晋狐偃、宋公孙固、齐国归父、陈辕涛、秦小子慭，盟于翟泉。寻践土之盟，且谋伐郑也。卿不书，罪之也。在礼，卿不会公侯，会伯子男可也。"④意即卿会伯子男可书于策，而会公侯则不可。此即章氏谓虽不称"凡"，

---

① 章太炎《春秋左传读叙录》："贾（逵）实通谶……贾于纬书，素非所学，藉此以通其道，则诚所谓曲学阿世矣。而谶纬之本，谁为之耶？太史公称燕、齐怪迂之士，则齐学实为谶纬之魁，非仲舒、睦孟，谶纬必不肯乱经术。至于举国若狂之世，虽卓拔者犹将自陷，子骏、景伯多不能免。"又云："适会其时，谓之阿世，则董仲舒亦阿武帝而兼阿公孙弘者也。吾亦不谓侍中（贾逵）非曲学阿世者，观其以图谶求通，又谓'《左氏》同《公羊》者，什有七八'，（今案：侍中《左传解诂》亦有同《公羊》者，然云什有七八，则去实远矣。）奏对之言，违其本志，诚哉其曲学阿世也。虽然，真阿世者，孰有过于何邵公邪？"见氏著《春秋左传读叙录》，《章太炎全集》（二），上海：上海人民出版社，1982年，第848、849页。

② （晋）杜预注，（唐）孔颖达疏《春秋左传正义》，台北：艺文印书馆影印阮元校刻《十三经注疏附校勘记》本，1965年，第11—12页。

③ 《章太炎全集》（六），第258页。

④ 《春秋左传正义》，第283页。

亦为策书之体。另又指出：

> "凡分至启闭，必书云物"（见僖五年《传》），此乃太史以属保章氏，书于官府，而不书于策以示朝。"凡诸侯之丧，异姓临于外，同姓于宗庙，同宗于祖庙，同族于祢庙"（襄十二年《传》），此乃太史以授礼官之考丧事者，使之不失部署，而不为策书之法。是二者与诸"凡"者有职掌之异，杜于此则皆未审辨也。①

案：今《春秋》经春分、秋分、夏至、冬至、立春、立秋、立秋、立冬，皆未有所谓"书云物"的记录，章氏因谓此处书"凡"与策书之体无关。而襄十二年《经》载"吴子乘卒"，与其他诸侯书卒无别，《传》称"吴子寿梦卒，临于周庙，礼也"，故"凡诸侯之丧"一段文字，实是用以解释《传》文"临于周庙，礼也"，乃礼制上的解释，而与《春秋》策书之体无关。②

其次，是关于杜预取舍二《传》经义及先秦两汉《左传》学先师经说的问题。章氏说：

> （杜预）有自用过当者。如《公羊》贤纪季，贾谓其背兄归雠、书以讥之，而杜务与贾异，反取《公羊》，则矫之过甚也。又《谷梁》陈义平雅，甚有善者，自荀卿、尹更始、胡常已兼《左氏》《谷梁》二学，其间无关义例而可为鉴戒者，如先书"肆大眚"，后书"葬我小君文姜"，云"为嫌天子之葬"语亦近实，又合《左

---

① 《春秋左传正义》，第283页。
② 《春秋左传正义》，第548页。

氏》绝不为亲之义,杜之排摈《穀梁》与《公羊》等,亦其短于裁
别也。要之,杜君《释例》,视刘、贾、许、颍为审谛,其于吴起、
荀卿、贾傅之说,苦未能攀取尔。①

这段文字包括了很多重要的讯息,其一认为杜预有矫枉过正之处,
不能善取刘、贾,他举了纪季为例以作说明,这里暂不讨论章氏以
此例说明杜预之不取贾氏说是否正确。问题在于,章太炎如何去
判断杜预的说法有误而贾说为正? 他强调,杜预未能取"无关义
例"而"语亦近实"的二《传》经说,以及刘、贾以前《左传》先师学说
来加以论证《左传》经义,但正如他在致书黄侃时指出"盖上则寻求
《传》文,次或采之贾谊、史迁,是鄙人著书之旨也"②,若以寻求《左
传》传文为本,则又何以需要采刘、贾以前先师之说,以至援引二
《传》之文去加以建立《左传》经说? 这些问题都是可以深入探讨
的。简言之,杜预"凡"例之说,历来批评者众,章氏的修正亦大抵
公允,但亦没有什么可供讨论的余地。反而第二点,章氏对《左传》
先师、刘、贾、杜预之经说,以及二《传》经说的看法,如何在《答问》
中加以反映及实践,以及其中所包括的矛盾,便应当加以讨论,下
文将以称人及阙文二例,说明此问题。

第一节 "人"与不书"人":戎狄称人

章太炎在《答问》中指出"戎狄不称人,所以分北异族"③是《春
秋》的义例。僖公十八年《经》:"邢人、狄人伐卫。"杜预云:"狄称人

① 《章太炎全集》(六),第258—259页。
② 马勇编《章太炎书信集》,第205页。
③ 《章太炎全集》(六),第247页。

者,史异辞,《传》无义例。"①今考《春秋经》书"戎",除去"山戎"(庄
三十年)、"北戎"(僖十年)、"姜戎"(僖三十三年)、"雒戎"(文八
年)、"陆浑之戎"(宣三、十七年)以外,单称以为国名的共 9 次,始
自隐二年"公会戎于潜",终庄二十六年"公至自伐戎"。至于"狄"
为国名,《经》共见 29 次,其中僖十八年、僖二十年称"狄人",其余
均单称"狄"。对于"狄人"之见于《经》,诚如杜预所言《左传》并无
明文解说。这里先简述各家对于此例的看法。

有关《穀梁》狄称人不称人之义例,见僖十八年《穀梁》:"狄其
称人,何也? 善累而后进之,伐卫,所以救齐也,功近而德远矣。"②
又庄二十三年《穀梁》:"荆人来聘,善累而后进之。其曰人,何也?
举道不待再。"③《穀梁》认为"狄""荆"本不应称人,而称人即为了
褒扬。此义例亦应用到昭十二年《经》"晋伐鲜虞"的解说上,对于
此《经》,既不称"晋侯""晋人""晋师",也没有举出为晋国率师的大
夫名字,正与"狄""荆"同,故《穀梁》云:"其曰晋,狄之也。其狄之,
何也? 不正其与夷狄交伐中国,故狄称之也。"④唯成三年《经》"郑
伐许",郑不书"人",《穀梁》则没有解说。

至于《公羊》,则没有于"狄人"发《传》,唯于庄十年《经》"荆败
蔡师于莘"下云:"荆者何? 州名也。州不若国,国不若氏,氏不若
人,人不若名,名不若字,字不若子。"⑤此说牵涉更多义例,但这里
集中讨论称"人"的问题。简言之,《公羊》的意思是,称人相对于不
称人而单举国或州名要正面。故于庄二十三年《经》"荆人"下云:

① 《春秋左传正义》,第 238 页。
② 《春秋穀梁传注疏》,第 86 页。
③ 《春秋穀梁传注疏》,第 59 页。
④ 《春秋穀梁传注疏》,第 171 页。
⑤ 《春秋公羊传注疏》,第 89 页。

"荆何以称人,始能聘也。"①但《公羊传》既没有应用此例分析成三年《经》"郑伐许",也没有用以分析昭十二年《经》"晋伐鲜虞"。董仲舒在《春秋繁露·楚庄王》中引《经》"晋伐鲜虞"谓:"奚恶乎晋而同夷狄也……谓之'晋'而已,婉辞也。"②又《竹林》则对"郑伐许"为"夷狄之"有所说明,③明显均是应用单称国名之例。于"狄人",董仲舒《灭国下》解释僖十八年《经》"邢人、狄人伐卫":

> 邢未尝会齐桓也,附晋又微,晋侯获于韩而背之,(僖十五年)淮之会是也。(僖十六年)齐桓卒,竖习、易牙之乱作。(十七年)邢与狄伐其同姓,取之,(十八年)其行如此,虽尔亲,庸能亲尔乎。④

相较《穀梁》认为僖十八年《经》称"狄人"为褒词,董仲舒并没有解释《经》书为"狄人"有何意义,但却指出邢、卫同姓,而邢人却与狄人伐卫,则《春秋》自以邢、狄伐卫为贬词。在单举国名为"夷狄之"的前提下,要如何解释"狄"向不称"人",而《经》于僖十八年称"狄人"为贬义呢?董仲舒并没有作进一步的说明。因此东汉何休有折衷的解释,僖十八年《经》"五月戊寅,宋师及齐师战于甗。齐师败绩。狄救齐……冬,刑人、狄人伐卫",他说:"狄称人者,善能救齐,虽拒义兵,犹有忧中国之心,故进之。不于救时进之者,辟襄公,不使义兵壅塞。"⑤据《左传》所载,齐桓公有六子,太子孝公本

---

① 《春秋公羊传注疏》,第100页。
② 苏舆《春秋繁露义证》,北京:中华书局,2002年,第5—8页。
③ 苏舆《春秋繁露义证》,第63—66页。
④ 苏舆《春秋繁露义证》,第136页。
⑤ 《春秋公羊传注疏》,第141页。

当即位,唯桓公宠臣易牙、寺人貂杀群吏而立公子无亏,故孝公奔宋。至僖十八年正月宋襄公率诸侯杀公子无亏而立孝公,但尚受四公子(除孝公、无亏以外)之党羽阻挠,故五月宋师与齐师又战于甗,而狄出兵救之。"狄救齐"之"齐"乃指四公子之徒。何休便因而认为《春秋》称"狄人"是褒词,但同时于其"救齐"时称"狄",以避免宋襄公出兵平齐乱之义兵,被后人解读成不义之师。

《左传》于庄十年《经》"荆"、庄二十三年《经》"荆人"、僖十八年和二十年《经》的"狄人"、成三年《经》的"郑",以至昭十二年的"晋",均没有为单称国名以及称人不称人的《传》文作解释。而贾逵于"郑伐许"则谓:"郑,小国,与大国争诸侯,仍伐许。不称将帅,夷狄之,刺无知也。"[1]又昭十二年"晋伐鲜虞"《正义》谓贾、服取《穀梁》以为说,则贾、服亦以不称将帅、不称"人"而单称国名为贬词。[2]杜预则认为《左传》既然没有发凡起例,则称人不称人与褒贬义例无关,不认同"狄人"称人为义例,于"郑""晋"之单称国名,一则谓"告辞略",另一则谓"史阙文",[3]《正义》更云:"《左氏》无贬中国从夷狄之法。"[4]杜预更在《春秋释例》中,否定《公羊》《穀梁》以"荆""楚""荆人"等为义例的说法。[5]

章太炎并不认同杜预"狄称人……无异例"的看法,指出《春秋》有"戎狄不称人"的义例。他解释《春秋》两书"狄人"时云:

齐桓公存三亡国,邢、卫、鲁皆姬姓也,而邢、卫同为狄所

---

① 《春秋左传正义》,第436页。
② 《春秋左传正义》,第788页。
③ 《春秋左传正义》,第436、788页。
④ 《春秋左传正义》,第788页。
⑤ 杜预《春秋释例(附校勘记)》,北京:中华书局,1985年,第10—11页。

攻破,赖桓救得以仅存,此在同姓中独为戚挚。乃齐桓没方逾年,"邢人、狄人伐卫"(僖十八年),卫侯惶恐,欲以国让父兄子弟。是邢人忘其同患而介恃寇仇,于人理为至悖,是故《春秋》不责邢人,而特进狄称"人",示狄非自能滑夏,教之升木者则邢人,其文过于直责邢人远矣。[逾年(僖十九年)"卫人伐邢",又逾年(僖二十年)"齐人、狄人盟于邢",《传》曰:"为邢谋卫难也。"齐不直自救邢而间以狄人,是亦齐之教猱升木,故狄亦书"人"。]①

章太炎认为《经》两称"狄人"是为了责"邢""齐"以及"狄"的一种书法,从而否定了《穀梁传》、何休"狄人"为褒词的看法,而与董仲舒之说十分接近。董仲舒没有解决称人而示贬的问题,而章氏则谓"狄人"之称"人"乃指斥"邢""齐"教狄人"猾夏"而书之特笔。至《经》单称"晋""郑",《答问》更另设一问,以作解说:

> 问:昭公《经》"晋伐鲜虞"。《穀梁》以为"狄之"。贾、服取以为说。杜以"《左氏》无贬中国从夷狄之法",故云:"不书将帅,史阙文。"其说孰是?
>
> 按:杞之用夷,明见《传》文,于《经》犹书其爵,则知贬列国以同夷狄,诚《春秋》所无。夫军旅之事,将卑师众称某师,将卑师少称某人,戎狄荆吴,直以国见,此《穀梁》"狄"晋之说所由来。然自"晋伐鲜虞"外,成公三年亦书"郑伐许"矣。晋犹可以不忧中国为辞,郑则何为者也? 故二《传》于彼亦无所说。若一为辞略,一为特贬,则不复成文例。故知两皆辞略矣。亦

① 《章太炎全集》(六),第318—319页。

或不特遣将帅,但令疆吏为之,视将卑师少者更损,故并不书
人耶?①

他首先援引《左传》传文杞国用夷而《经》犹书其爵,来证明杜预的
说法。又指出《经》单称"晋""郑"的原因,有两个可能,其一是"辞
略",另一则援引《左传》传文"将卑师少称人",而推论这里的"晋"
"郑"率师者只是"疆吏",因更损其文,单曰"晋""郑"。可是,章氏
曾引纪季的例子,指杜预"自用过当",因驳贾逵而反用《公羊》,这
里章氏对"狄人"的解释,既不取他认为"陈义渊雅"的《穀梁》,也不
以杜预"无义例"的解说为然,反与董仲舒同流而不顾《传》文,似亦
未能免于"自用过当"之讥。

第二节　阙文与非阙文:黑肱来奔、仲孙忌、夫人氏

昭三十一年《经》:"黑肱②以滥来奔。"《公羊传》认为"邾黑肱"
不书"邾"③,是因为"通滥",意思是将滥升格为一国之名而非邾国
的地名。"通滥"是因为黑肱的祖上叔术有"让国"之德,故《春秋》
以"贤者子孙宜有地也"为由,使滥上通为国。④《穀梁传》则认为不
言"邾黑肱"是"别乎邾也",意即不将滥视为邾国的一部分,唯"别
乎邾"而又不称滥的主人为"滥子",原因是其"非天子所封也"。⑤
《左传》于不言"邾黑肱"并无解释。故杜预云:"不书邾,史阙
文。"⑥襄二十一年《经》:"邾庶其以漆闾丘来奔。"及昭五年《经》:

---

① 《章太炎全集》(六),第323—324页。
② 《公羊》作"黑弓"。
③ 《公羊》作"邾娄"。
④ 《春秋公羊传注疏》,第307—309页。
⑤ 《春秋穀梁传注疏》,第182页。
⑥ 《春秋左传正义》,第929页。

"莒牟夷以牟娄及防兹来奔。"书法正与此处黑肱来奔相同,而庶其、牟夷既系于国,故《公》《穀》为黑肱不言邾发《传》。唯《左传》于邾庶其事云:"庶其,非卿也,以地来,虽贱必书,重地也。"①于莒牟夷则载莒人愬于晋,晋欲讨鲁,并云:"牟夷非卿而书,尊地也。"②《左传》认为若非一国之卿,其名并不应见于《经》文,此处"牟夷""庶其"均书名,是因为以地来奔,兹事体大,故特书其名。同样地《左传》于黑肱来奔亦云:"冬,邾黑肱以滥来奔。贱而书名,重地故也……邾庶其、莒牟夷、邾黑肱,以土地出,求食而已,不求其名,贱而必书。"③亦只是集中解释"黑肱"贱而书名的原因,而与系国不系国无涉,故杜预判"黑肱"不系国为"阙文"。

章太炎不认同此为阙文,但同时亦不同意《公》《穀》的解释。他认为若如《穀》所言此处是"别乎邾",则《经》所书当与庄五年"郳犁来"④同例,而书"滥黑肱"。他说:

> 寻夫披邑叛君,非徒《春秋》以大谴,虽当时列国之交,亦以内叛者为应受讨。鲁受牟夷之叛,莒人诉于晋,晋侯欲止公,范献子请以师讨(昭五年),即其事也。邾庶其、莒牟夷以邑来奔,是时公皆在晋,受叛者季氏也,而时君臣无衅,公地居南面,名实所归,简书之责,非公莫任,故依例书"邾""莒",则邾人、莒人得以邦交之法责公也。邾黑肱以滥来奔,是时公在乾侯(昭二十九年始"次于乾侯"),郓已先溃(昭二十九年《经》

---

① 《春秋左传正义》,第 590 页。
② 《春秋左传正义》,第 748 页。
③ 《春秋左传正义》,第 930 页。
④ 此以"郳"为国名,"犁来"为人名。《左传》:"名,未王命也。"《穀》:"未爵命者也。"

"冬十月郓溃"),不能内外矣。公之于鲁,徒有赘游之名,且无守府之实,一民尺土,悉非其有,则受叛者季氏而公不与焉。故于黑肱事不书"邾",明邾人不得以邦交之法责公也。自昭公孙齐以后(昭二十五年),《春秋》据公为主,而书法即异。齐侯取郓,不言伐我(昭二十五年);据公而言,则鲁非我也。黑肱以滥来奔,文不系邾;据公而言,则邾非敌对也。《左氏》力明三叛当书,顾不言公当受讨与否,以公在乾侯业以发《传》,则公不受讨可知尔。①

他认为"黑肱"不言邾,是因为鲁昭公已从鲁国出奔,因而《春秋》经变易书法,不系黑肱于邾,以示邾不能以邦交之法责鲁昭公。且他指出昭公出奔以前,别国伐鲁,《经》均言"伐我",唯昭二十五年齐人"取郓"则不言,以此说明鲁昭公出奔国外后,《春秋》书法的改变。因而判定"黑肱"不书"邾"并非"阙文"。但他的说法明显没有三《传》作为依据。

另一个与"黑肱"事相似的例子,而有阙文非阙文之争的,是《经》每书"仲孙何忌"。但定六年《经》只书"仲孙忌"而非"仲孙何忌"。《公羊》沿此而有"讥二名"之说,②且何休更以之联系到"张三世"加以发挥。③章氏指出:"定、哀之间,仲孙何忌见《经》者十有一事,皆无裁削,独围郓一事乃'讥二名'?且同时叔孙州仇未尝

① 《章太炎全集》(六),第331—332页。
② 《春秋公羊传注疏》,第327页。
③ 何休曾解释"三世":"于所传闻世,见治起于衰乱之中,用心尚麤觕,故内其国而外诸夏,先详内而后治外,录大略小。"又:"于所闻之世,见治升平,内诸夏而外夷狄。"又:"至所见之世,著治大平,夷狄进至于爵,天下远近小大若一,用心尤深而详,故崇仁义,讥二名。""讥二名"是《春秋》第三世的其中一个特点。见《春秋公羊传注疏》,第17页。

讥，独于仲孙何忌讥之，此之不通，无待深辩。当断为阙文。"①此
处他据《经》《左传》而判"仲孙忌"为"阙文"。

还有一个比较特殊的情况，僖元年《经》："夫人氏之丧至自
齐。"《公羊》："夫人何以不称姜氏？贬。曷为贬？与弑公也。然则
曷为不于弑焉贬？贬必于重者，莫重乎其以丧至也。"②《穀梁》：
"其不言姜，以其杀二子，贬之也。或曰：为齐桓讳，杀同姓也。"③
《左传》："夫人氏之丧至自齐。君子以齐人之杀哀姜也，为已甚
矣。女子，从人者也。"④《公》以为哀姜参与闵公之弑，且解释了《经》文
于他处不去姜示贬，独于丧至而贬的原因。《穀》则以为哀姜不称
姜氏，因为参与了杀子般和闵公的行为，但随即引别说，以为此乃
为齐桓公讳。反而《左传》的解说是否针对不称姜氏则难以确认。
贾逵谓此处书"夫人氏"，原因是"杀子轻，故但贬姜"，⑤他的解释
是以庄元年《经》："夫人孙于齐。"《左传》："不称姜氏，绝不为亲，礼
也。"⑥作根据的，意思是哀姜杀子比弑君罪轻，故只去姜称"夫人
氏"，而不直以"夫人"称之。杜预则以为"阙文"。章氏则指《左传》
亦书"夫人氏"，当知并非"阙文"，而《左传》谓齐人杀哀姜为太甚，
应指哀姜之讨当由鲁国来执行，故"去'姜'以示见绝于父母之
家"。⑦章氏是认定《左传》这段《传》文，是在解说《经》文去姜的书
法，并非单单是君子评论此史事。

---

① 《章太炎全集》(六)，第 331 页。
② 《春秋公羊传注疏》，第 122 页。
③ 《春秋穀梁传注疏》，第 70 页。
④ 《春秋左传正义》，第 198—199 页。
⑤ 《春秋左传正义》，第 197 页。
⑥ 《春秋左传正义》，第 137 页。
⑦ 《章太火全集》(六)，第 332 页。

第三节 《答问》"一字褒贬"的说经方法及其所产生的矛盾

以上不厌其烦,抽取两条《答问》与义例相关的线索,是想借此为个案去分析《答问》中所呈现的矛盾及《春秋》学传统中所存在的根本性问题。上述两个面向其实是一体的两面,"狄"向来不书人似为《春秋》书法的通例,但却突然有两次例外,因而传统的《春秋》学家便要寻求解释,这是《经》文比惯例上多书一些字词的情况(以下简称为增字例)。其反面,即是一些特别的《经》文,比惯常书法少了一些字词(以下简称为减字例),如上文提到的"黑肱""夫人氏""仲孙忌",过去治《春秋》者亦每视这些《经》文减字的情况为大义所关。而"晋伐鲜虞""郑伐许"更是结合增字例、减字例的例子,据过去的解说,我们要先明白"狄人"称人此增字例之褒贬所关,及明白此处单称"晋""郑"为减字例,方达《春秋》之义。可以说,《公羊》《穀梁》的系统便是以解说增字例和减字例背后的意义为主,《公羊》学的"张三世""异内外"这些经义,也以此为基础。①而东汉研治《左传》学的学者,往往也很难避免参与到这股增字、减字表达什么"微言大义"的潮流之中。贾、服说"晋伐鲜虞""郑伐许"取《穀梁》之说作解释便是显例。故杜预于《春秋经传集解·序》云:

> 《春秋》虽以一字为褒贬,然皆须数句以成言,非八卦之爻,可错综为六十四也。固当依《传》以为断。古今言《左氏春秋》者多矣,今其遗文可见者十数家。大体转相祖述,进不成为错综《经》文,以尽其变;退不守丘明之《传》,有所不通,皆没而不说,而更肤引《公羊》《穀梁》,适足自乱。预今所以为异,

---

① 所谓的日月时例,其实也是增字例、减字例的一种而已。

> 专修丘明之《传》以释《经》,《经》之条贯,必出于《传》,《传》之义例,总归诸凡,推变例以褒贬,简二《传》而去异端,盖丘明之志也。①

非议那些不依《传》文,而以"一字为褒贬"解释《春秋》的学说。杜预的《春秋左传》研究,有一个学术上的预设,就是只有左丘明的《左传》才是正确解释《春秋》经义的著作。当然杜预这个预设,可以商榷和讨论,②如《左传》是否左丘明作、左丘明和孔子的关系、《左传》与《春秋》的关系等,在杜预以后的《春秋》学研究中便不乏讨论。杜预秉持这个假设,以《左传》因史传《经》的方式,解释种种《经》文特例的情况,如有发《传》就按《传》文的意思去解说,若无《传》文的依据,则判为"史异辞"或"承赴告",又或判为旧史"阙文"。

章太炎在《答问》中,对《春秋》和《左传》的关系及性质,都有明确的说明。有关孔子修《春秋》的原因,他认为并非如杜预等人所谓感麟而作:

> 四夷交侵,诸夏失统,奕世以后,必有左衽之祸,欲存国性,独赖史书,而百国散纪,难令久存,故不得不躬为采集,使可行远,此其(孔子修《春秋》)缘起一也。
>
> 王纲绝纽,乱政亟行,必绳以宗周之法,则比屋可诛;欲还就时俗之论,则彝伦攸教;其惟禀时王之新命,采桓、文之伯

---

① 《春秋左传正义》,第 15 页。

② 如《四库全书总目提要》即谓"杜注多强《经》以就《传》"。部分强《经》就《传》的例子,可参叶政欣《杜预及其春秋左传学》,台北:文津出版社,1989 年,第 59—61 页;又赵伯雄《春秋学史》,济南:山东教育出版社,2004 年,第 292—294 页。

制,同列国之贯利,见行事之善败,明祸福之征兆,然后可施于乱世,关及盛衰,此其缘起二也。①

章氏以为孔子之修《春秋》一方面为了以史来保存国性,另一方面则为了比合史事,观盛衰成败得失,以为乱世鉴戒。在这段文字之后,他更详述左丘明修《传》与孔子修《经》的关系,认为《十二诸侯年表》以左丘明害怕孔子弟子"口受其传旨",于《春秋》各生歧解,故作《左氏春秋》的说法,并不恰当,且从根本上否定了孔子口授《春秋》经义给七十子后学的说法。章氏取《严氏春秋》引《观周》孔子与左丘明同往周,观书周史,孔子归而修《春秋》,丘明为之《传》,《经》《传》互为表里的说法。②他说:

> 桓谭《新论》称"《左氏传》于《经》,犹衣之表里,相持而成,《经》而无《传》,使圣人闭门思之十年,不能知也",言相持而成,则《经》《传》同修可知。所以尔者,《经》有从赴告讳国恶之文,不以实事付之于《传》,则远惭南、董之直;必改赴告忌讳以从周室史记,则非鲁之《春秋》,是以相持成书,事义始备。观周之役,本兼为《经》《传》行也,且后人作史,尚不得有本纪而阙列传,岂以圣哲参会,鉴不及斯乎?③

概括而言,章氏以为孔子依鲁史之法修《春秋》,而史所书既从赴告,而各国又讳国之大恶,故便要左丘明同时述《传》,以事、义互见。故《左传》并非《春秋》撰成之后,左丘明害怕孔子弟子各生歧

---

① 《章太炎全集》(六),第249—250页。
② 《章太炎全集》(六),第250页。
③ 《章太炎全集》(六),第252页。

解，才写成的著作。章氏又阐释：由于《左传》篇简繁重，故传《左传》者每多删简以传，如"铎椒为楚威王傅，为王不能尽观《春秋》，采取成败，卒四十章，为《铎氏微》。赵孝成王时，其相虞卿上采《春秋》，下观近势，亦著八篇，为《虞氏春秋》"，而汉代桓谭、郑玄均谓《穀梁》后《左氏》百有余年，《公羊》又在《穀梁》之后，故二者之《传》"大事同于《左氏》者什有一二，其余则异，义例乃不尽同"，更见二《传》即以简本《左传》为主，而傅以各种口说所写成的。①两相对照之下，章氏在解释《春秋》与《左传》关系、创作原因等，虽与杜预有细微的差别，但以左丘明所传的《春秋》经义才是唯一的正统，二《传》为后学旁出的说法则一。

既然《左传》才是《春秋》最正确的解释，而《公》《穀》所载之事只有十分之一、二与《左传》相同，且"义例乃不尽同"，则章氏批评杜预未能采取"无关义例"而"语亦近实"的二《传》经说，以为《春秋左传》学研究之资，是在理论层面上完全说不通的。除非章氏认为我们现在所看到的《左传》有很大篇幅或经义解说上的脱失，否则在认同《左传》的正统性而否定二《传》的合法性的情况下，从逻辑上根本没有采取二《传》的必要。若要采二《传》来证明《左传》无明文的经义，便正说明了《左传》并没有传述《春秋》的全部经义，而与所谓《经》《传》同修的解释有所矛盾。而最重要的是，章太炎根本没有指出《左传》的《传》文有重大的脱失。

回到上面所提到的那些增、减字例之中。章氏在上述几个例子中，除了"夫人氏"那个例子在《左传》传文的理解上似乎有一点依据以外，其余均是《左传》所没有明言的。"狄人"书"人"；单称"晋""郑"；"黑肱"不书"邾"，《左传》均没有作解释。章氏在没有

---

① 《章太炎全集》（六），第 256 页。

《传》文明据下对这些增、减字例的解释,除了在理论上有矛盾之处外,更与他自己所提倡的研究《左传》及"古文经学"的意见相背离。"六经皆史之方,治之则明其行事,识其时制,通其故言,是以贵古文"①,这是章氏建立"古文经学"概念时所提倡的治《经》方法,②且在《答问》中,更可以找到此具体研究方法:

> 问:《公羊》以书"尹氏""崔氏"为"讥世卿",③《左氏》无此义。然张敞修《左氏春秋》,亦云"《春秋》讥世卿",何哉?按……《左氏》虽不明诋世卿,然于其不职者,则箸文于释《经》;于其偏主者,则见意于记事;其人则非尹氏、崔氏也。④

> 问:桓四年《经》、七年《经》皆无秋、冬二时,定十四年《经》无冬时。三《传》皆无说。何休说桓四年"天子不能诛"桓公,"反下聘之";桓七年春"焚咸丘"为"以火攻人君",故各贬去二时;定十四年孔子去,故去冬贬之。杜说三者皆阙文。然二家皆无《传》文诚证,谁为得失?按:阙文之说是也。下聘篡贼、火攻人君及孔子去,自可就事加责,安得以去时寓意?若然,则《春秋》竟是廋辞矣。⑤

这里章太炎指出了很重要的一点,《左传》用事来说明义,"讥世卿"

---

① 章太炎撰,庞俊、郭诚永疏证《国故论衡疏证》,第356—357页。
② 黄梓勇《论章太炎的今古文经学观》,第242页。
③ 隐三年《经》:"尹氏卒。"《公羊传》:"尹氏者何?天子之大夫也。其称尹氏何?贬。曷为贬?讥世卿。世卿,非礼也。"宣十年《经》:"齐崔氏出奔卫。"《公羊传》:"崔氏者何?齐大夫也。其称崔氏何?贬。曷为贬?讥世卿。世卿,非礼也。"案:此谓本当称名而称氏。
④ 《章太炎全集》(六),第300页。
⑤ 《章太炎全集》(六),第332—333页。

《左传》没有用书法异辞、"一字褒贬"去解释，而以记述世卿偪主之事，及世卿不称职之事来达到"讥世卿"的目的。又其批评去秋、冬二时之说，谓《春秋》《左传》若要贬"下聘篡贼、火攻人君及孔子去"等事，也可"就事加责"，若真的以去时寓意，《春秋》便与"廋辞"无异。然则，《左传》既没发《传》，则即使上引"狄人"事，《春秋》真的有贬责"邢""齐"之意，按照章氏的说法，亦应在《左传》记载相关事迹，而非加"人"以作"廋辞"。同理，"黑肱"事，若真的要彰明鲁昭公无罪，亦当就事发《传》，而非去"邾"示义。因而，章氏批评杜预未能采用"无关义例"的二《传》之说，以及脱离《传》文以解说增、减字例，都与自己同书中所说明的《春秋》《左传》本质，以及研治《春秋左传》学的方法相违背。

1922年章太炎在上海讲国学，其中第十次演讲"国学之进步"时云：

> 经学以比类知原求进步。夫求学而以略明大致即为满足，此清代之曾国藩、张之洞辈，为官而不能悉心求学者则然，清代所以缺乏好文学家也。如欲真为学问起见：甲，为教员者，参考互证，析疑问难，所谓温故知而以为师，然此未必有独特之发明者；乙，学者，不仅如上所述，必依前人之条例，而更有所发明，以成新条理，使众人认为学者。[1]

当中对研究经学的学者，要求是"成新条理"的"发明"。考1930年4月4日及14日，章太炎致黄侃的两封书中，第一封言及汉儒不

---

[1] 姚奠中、董国炎《章太炎学术年谱》，太原：山西古籍出版社，1996年，第341—342页。

及杜预之精,似乎黄侃曾向章氏就尊杜之事相询,故章氏于第二封信谓:"足下再审杜著,评其得失,何如?"①第二信则再解释《答问》虽尊杜而非尽从杜,更举例说明"驳杜者甚著"。②从根本上讲,他似是要在寻求《左传》学的新条理上有所突破,却反而"自用过当",使自己在理论和操作的层面上得不到统一。

他于1933年5月在无锡的一次《春秋》学演讲中云:

> 有谓《春秋》以一字定褒贬,是尤可笑,杜预云:"《春秋》不如《易》之爻卦,可相错综。"盖增减字句,自所难免,如吴人、郧人皆曰人,盖用字之关系耳!非以褒贬,义至了然也。③

以"一字定褒贬"为"可笑",更明言称人不称人乃用字的详略,非关经义,可他于《答问》在否定杜预的层面上,却阐释了一字褒贬的内容。更见《答问》中他不顾一切地以"一字定褒贬"来非议杜预解说的那种"求进步"的心情。有学者分析《答问》时谓"章太炎之释《经》《传》其实是贯彻杜预之言'经之条贯,必出于《传》'、'《春秋》虽以一字为褒贬,然皆须数句以成言;非如八卦之爻可错综为六十四也,固当依《传》为断'的诠释原则",且更进一步以推行"不能单就书法凡例定褒贬",而以考订史事的方法研究《经》《传》意义。④就以上所举出的《答问》个案看来,此说并不能看出章太炎在删简汉学《左传》学的同时,尊尚杜预而又苦思不出学术突破的学者心

---

① 马勇编《章太炎书信集》,第203—204页。
② 马勇编《章太炎书信集》,第204—205页。
③ 马勇编《章太炎演讲集》,石家庄:河北人民出版社,2004年,第178页。
④ 宋惠如《晚清民初经学思想的转变——以章太炎"春秋左传学"为中心》,第102页。

态,而此亦正是章氏学术思想转移到魏晋以后,治《经》不欲纯从魏晋,又不欲区牵汉儒章句,但同时又未能突破经学预设的困境。

第四章 直书与隐讳——经与史之间的疑惑

这里换另一角度讨论《答问》中所呈现的矛盾。有关《春秋》的"隐讳"问题,向来解者甚众。由汉代至杜预的《左传》学确立内大恶讳和《经》承赴告两条律则,解决了很多《春秋》不直书其事或书法有变的难题。唐代刘知幾的《史通·惑经》发"十二不谕",便针对《春秋》"隐讳"、从赴告等有违史官直笔精神的书写方法,提出了深刻的批判。[①]宋代的刘敞则认为"隐讳"正是经、史之间的分别所在,直笔、不隐是史的最高价值,而"讳国恶"则为孔子修《经》新意,以彰大义微言。[②]叶梦得则详细分析《春秋》讳鲁国恶,在儒家君臣父子伦理层面上的合法性,但又同时指出"大恶虽讳必婉其辞而微见之"。[③]凡此种种,皆是对《春秋》直、隐之间所存在的矛盾性的诠释。固然,刘知幾从史学角度出发,认为一直以来《春秋》得到很多"虚美",并从根本上指出《春秋》受时代约制而有隐恶的问题,并非良史之作。这种判断其实是脱离传统经学以《经》为万世法典的前提预设,而以渐进的眼光评价《春秋》。刘氏认为《春秋》之为编年史始祖,草创之初,自难完全符合后世史学的记事原则。相较而

---

① 刘知幾著,浦起龙通释,王煦华整理《史通通释》,上海:上海古籍出版社,2009年,第369—388页。相关的讨论,详参赵伯雄《春秋学史》,第378—381页。

② 刘敞《春秋权衡》卷三,第19a—20b页,《景印文渊阁四库全书》第147册,台北:台湾商务印书馆,1983年,第202—203页。又参赵伯雄《春秋学史》,第447—448页。

③ 叶梦得《春秋考》卷一,第7b—12b页,《景印文渊阁四库全书》第149册,第253—255页。

言、宋代刘、叶的解释,则仍以《经》为万世法典,在别视经、史的前提下,指出《春秋》的伦理价值。

《春秋》之"隐讳"、从赴告,可以说是章太炎认为《春秋》与《左传》同修的主要原因。约成于 1914 年的《春秋故言》(收入《检论》)在论述孔子、左丘明同修《经》《传》,以及《经》中有左丘明之作后云:

> 此其为书,犹谈、迁之《记》,彪、固之《书》,父子勠力,丸揉不分……《经》何嫌有丘明,《传》何嫌有仲尼邪? 令《传》非出仲尼、丘明同箸者,即《春秋》为直据鲁史无所考正之书,内多忌讳,外承赴告,以蔽实录。《史通·惑经》之难,虽百大儒无以解也。①

章氏认为《经》《传》同修之说,正可解刘知幾"十二不谕"之惑。而《经》《传》之间有记事互异的情况,章氏则谓"大抵《经》有忌讳承赴之文,《传》以实事箸之。其他《经》《传》互异者,犹《太史公书》一事兼存二说,以列国旧史稿草本有互歧,不能质定"。②

《答问》承接此思路,发展《经》《传》同修之说,以解释"隐讳"的问题。他指出"《春秋》讳恶,多本旧史",即大抵因仍"忌讳承赴之文",而非仲尼新意。至董狐、齐史,可不用"讳国恶",则源于二者为周太史陪属,于晋、齐并非纯臣,故可直书"弑君"之事。反倒鲁自始建国,即有史属,鲁史官于鲁君为纯臣,故有"讳国恶"之书法。孔子既尝为鲁司寇,亦为鲁臣,故依旧史体例修《经》,《经》因而有

---

① 《章太炎全集》(三),上海:上海人民出版社,1984 年,第 409 页。
② 《章太炎全集》(三),第 409 页。

"讳国恶"之例,而实事则付以丘明撰《传》。①

他更进一步解释《春秋》与《左传》在"直书"与"隐讳"之间的问题:

> 鲁非天下之主,《春秋》(《鲁春秋》)非易代之史,敬承版法,自与迁、固、寿、晔以下不同。《周官》"太史掌建邦之六典,以逆邦国之治",是故诸侯史记皆藏周室,各书其国之事,不待行人传达而后知之。汉时天下上计皆集太史公,是故司马迁父子录郡国之事,亦不待遍窥方志,此王者之制然也。后代之史,皆阅世始成,是故时史记录,取之片言,后修者复得以他书互核,以治定旧记之文……夫鲁之为国,不过藩侯,非能使邦国之治皆萃于鲁,其作《春秋》(《鲁春秋》)者,日月相次,临时取办,而又不见他国所记,虽有行人觇国之所得,盖亦仅矣,自非依于赴告,当何所隐据以书外事? 是其法守不得不然也。及孔子观周,具见百国与诸官府之所记载,甚翔实矣,然犹弗敢窜易者,鲁非周室,身非天王左右之史,不得取鲁史而刬定之,使同于王室之史也。是故存其旧文于《经》,而付其实事于丘明以为《传》,错行代明,使官法与事状不相害,所谓《经》《传》表里者此也。②

章氏既说《经》《传》同修,是为了"官法"和"事状"不相害。但在这个前提之下,章氏所描述的孔子,是完全了解"官法"和"事状"之间存在着矛盾,因而才要将"事状"托于丘明之《传》,而自身则以"官

---

① 《章太炎全集》(六),第 259 页。
② 《章太炎全集》(六),第 260—261 页。

法"修《经》。那么,按照章氏的思路,孔子所修的《经》显然不是以"事状"为第一义,而是以"官法"为第一义了,从而引申出以下几个问题:

第一,按照《答问》中所述,孔子修《春秋》的缘起有二,其一谓孔子修《春秋》是为了"赖史书"以"存国性",而鉴于其时"百国散纪",故"不得不躬为采集,使可行远",即以史事记录来延续中华文化。若孔子的《经》是以"官法"而非"事状"为第一义,是否还是以采集史事,"赖史书"来"存国性"的"史"? 又实事既付于《传》,则"存国性"者,是否在《传》而不在《经》? 宋刘敞正是以《春秋》不以"事状"为第一义,因谓《春秋》是经非史。章太炎到底认为《春秋》是经还是史?

第二,章氏于《答问》指出孔子修《春秋》的另一原因,是鉴于其时"王纲绝纽",既不能行宗周之法,也不能单纯跟随时俗之论,故"禀时王之新命,采桓、文之伯制,同列国之贯利",[①]以为乱世鉴戒。那么,孔子既认为宗周之法及时俗之论,皆不能准绳天下,则《经》所守的"官法",具体指称什么就应当有更详细的说明。按照章氏之说孔子修《春秋》的"官法",既是时王新命,又是桓、文伯制,同时似乎参以列国的取向,则是否孔子自己依照各种"命""制""利",参酌出一套书写或褒贬准则? 若是,则孔子便是创造了"官法",而非单纯的传述"官法"、乃至史事了。这亦是以往别视经、史的最重要原因,同时亦是孔子改制立法说的基础。

第三,章氏谓孔子修《经》,因为身非"天王之史",故不能以百国史记,剟定鲁史,以成《春秋》,只能以"官法"来修正之。又尝谓孔子为鲁司寇,身为鲁臣,不能不"讳国恶"云云。"官法"具体到底

---

① 《章太炎全集》(六),第250页。

是甚么,章氏固然没有明确的解释。唯左丘明亦非天子之史,何以可以直书事状? 又丘明据传统的记载,或是鲁太史,或是鲁君子,何以其又可以直书鲁国之大恶? 章氏亦没有加以解释。或许章氏认为《经》《传》体例有别,《经》承"官法",记于"策书";《传》传"事状",别为记注,但那反倒更加强调了《经》在书写体例上,并非为了传述实事,而只是为了维持"官法",进一步分判了经、史。

第四,章太炎在《答问》中说:

> 他《经》皆起于数百年之上,其《传》成于数百年之下,独《春秋》经、传同时观周论史者所录,《经》无《传》,则宝而非用,《经》合于《传》,则备而非名,故知二者相需,有不能踦举者矣。呜乎! 使孔子见许于周室之史官,得修周《春秋》,则《经》与事实相应,其《传》财如笺注而已。以周史不许而鲁史许之,是以有此表里也。自唐以降,惑《经》弃《传》,背道而驰,未知《经》《传》异能,其实一体,《经》据鲁以守官,《传》依周以阅实,苦心作述,正在于斯。其为《公羊》之说者,乃云《春秋》是经非史,重在义法,无取实事,此则无可奈何而以大言抵谰者也。①

这里又说明,孔子若是"天子之史",则《经》自可与事实相应,而《传》亦流为笺注之用。正由于孔子只能守官、据鲁而修《经》,故他将"事状"托之丘明而成《传》,以揭示在守"官法"之下的《经》,有不能与事实相符之处。那么将"事状"托诸丘明之《传》的举动,从目的上说,似只为了揭示"官法"有损记事真实性的本质。引申出来的结论是孔子修《经》的行为,只是为了加强丘明之《传》的记实性,

---

① 《章太炎全集》(六),第 263 页。

以及揭示在"官法"之下不能以实事书于《经》的情况。可是正如上文说到,章氏似乎暗示了"官法"乃孔子依时王之命、桓文之制、列国之利,所参酌修订出来的,那将"实事"付于《传》的行为,便是同时在损害自己所参酌修订的"官法",这又是扞格难通之处。

这里指出章氏在阐释《经》《传》同修的观点时,背后存在的问题,并非要负面评价章氏晚年的《春秋左传》学,实则在传统经学的预设之下,以往各家在面对《春秋》"隐讳",与史学追求"直书"之间的矛盾时,往往都难以自圆其说,因而每推出《春秋》为经,非为传述史事的传统理解以回避此问题。章太炎在建立"古文经学"概念时,明确指出孔子是为了使华夏国性不坠而修史,其功绩在于保存国性于一线,而非建立了完美的撰史原则。[①]而此基本上正可承刘知几《史通·惑经》"十二不谕"之绪,指出《春秋》作为史学的开端,有不完美及可改善的地方。但当章氏展开其《经》《传》同修的论点时,却又回复到传统经学以孔子为完美的立场上来。因而他花了大量笔墨来阐释孔子《春秋》和《左传》一体,以堵塞过往对《春秋》经的批评。但却换来更多的问题。刘知几云:"世人以夫子固天攸纵,将圣多能,便谓所著《春秋》,善无不备。"[②]虽章氏不以"《春秋》为万世作法"[③]为然,也不以《春秋》为"善无不备"的治世法典。但无论如何,他在《答问》中对"隐讳"和"直书"之间的论述,只是变换

---

① 黄梓勇《论章太炎的今古文经学观》,第 238—243 页。

② 刘知几著,浦起龙通释,王煦华整理《史通通释》,第 410 页。

③ 《答问》于"将《春秋》果垂法万世,抑无用于今耶"之问,答云:"君臣之与长属,名号少殊,典礼有隆杀,之纲之纪,亦何差池? 作乱犯上之诛,于今未替也……如戎狄不称'人',所以分北异族;以地叛必书,所以严为国防;王人必尊于诸侯,列国不得相役属,诱执有诛,失地示贬,并于时务为要。其余推极成败,表箸贤佞,《经》《传》具有其文,斯之法戒,百代同之,安得至今而废哉? 若徒举当时典礼,则秦、汉以还,浸已变易,岂独不用于今也。苟易衣裳以鳞介,降民德于毛宗,当尔之时,圣道长绝,又宁独《春秋经》乎?"《章太炎全集》(六),第 247 页。

了一个方式，来延续传统经学以《春秋》为完美的看法。故就章氏《春秋左传》学的具体研究而言，其早年不脱以"通经致用"的传统经学理想来治经；[①]中年以来，始摆落汉注，转向魏晋，其时在理论的层面上，创建"古文经学"的系统，融经入史；至晚年再治《左传》学，则又显被传统经学的前提预设，及希望突破前人的想法所牵，反而未能贯彻自己所定立的"古文经学"的治经标准，在理论和实践之间，出现落差。

此出现落差的情况，可以连结清末民国经学，以及章太炎个人儒学观念的发展，加以理解。周昌龙分析章氏儒学时云：

> 章太炎整个儒学论述从早期改革儒学开始，到后期重建儒学告终。改革部分的论述主要集中在 1914 年前，首要工作即在调整儒学之知识内容及社会功能。重建儒学则以义理为宗，这部分的工作在太炎后期肯定儒学之义理价值后始全面展开。[②]

章氏早年确有改革儒学的举动，一方面清末中国知识分子之接触西学，国人有西化之思；另一方面则有将孔子神圣化的今文经学和"孔教"，面对"西化"和孔教，章氏敢于重订孔子地位，由圣人订为良史，尝试令儒学与当时的新知识接轨。在经学上则有"古文经学"概念的确立，以史学转化经学，希望借着激发"国性"的民族主

①　参黄梓勇《章太炎早年的〈春秋左传〉学与清代〈公羊〉学的关系——以〈春秋左传读〉为讨论中心》,《中央研究院中国文哲研究集刊》第 35 期（2009 年 9 月），第 176—184 页。

②　周昌龙《典制、知识、义理——章太炎儒学论述中的现代转换》，载《中国学术思想论丛：何佑森先生纪念论文集》，台北：大安出版社，2009 年，第 310 页。

义情绪,为经学订定现代学术的位置。而儒学在章太炎心目中的地位,亦历经数变,由"苏报案"入狱前之以荀子为本,到出狱后以佛法为中心,再到后来之以为"仲尼之功贤于尧舜,其玄远不敢望老庄"。①最后又回归以儒学为中心,认为"孔子唯绝四,故能证生空法空,此所以为大圣欤",②更认为"佛法本宜独修……居贤善俗,仍以儒术为佳"。③章氏之于儒学由肯定到怀疑再到肯定;由倡改革、诋孔,至倡重建儒学、认为孔子为大圣。此过程在1922年与柳诒徵的书信中,有充足的说明。柳氏1922年于《史地学报》第一卷第一期,发表《论近人讲诸子之学者之失》,认为时人研究诸子学"大抵诵说章炳麟、梁启超、胡适诸氏之书,率好抨击以申其说",不能实事求是。④文中针对章氏1906年《诸子学略说》之诋孔言论,提出反驳。章氏得知,即致书柳氏云:"是说向载《民报》,今《丛书》中已经刊削,不意浅者犹陈其刍狗,足下痛与箴砭,是吾心也。感谢感谢。"⑤肯定柳氏的批评,并云:

> 鄙人少年本治朴学,亦唯专信古文经典,与长素辈为道背驰,其后深恶长素孔教之说,遂至激而诋孔。中年以后,古文经典笃信如故,至诋孔则绝口不谈,亦由平情斠论,深知孔子之道,非长素辈所能附会也。而前声已放,驷不及舌,后虽刊落,反为浅人所取。又平日所以著书讲学者,本以载籍繁博,

---

① 章太炎著,虞云国整理《菿汉三言》,沈阳:辽宁教育出版社,2000年,第60页。
② 1917年致书吴承仕语,马勇编《章太炎书信集》,第308页。
③ 1918年致书吴承仕语,马勇编《章太炎书信集》,第309页。章氏之由诋孔到修订对孔子的看法,详参周昌龙《典制、知识、义理——章太炎儒学论述中的现代转换》,第331—337页。
④ 柳诒徵《论近人讲诸子之学者之失》,载《史地学报》第1卷第1期,第1页。
⑤ 马勇编《章太炎书信集》,第740页。

难寻条理,为之略陈凡例,则学古者可得津梁。不意后生得吾辈书,视为满足,经史诸子,束阁不观……其弊正未有极。①

正是由于康有为之大力尊孔,且将孔子神化,章氏因而订孔,甚至激而诋孔。但至民国建立,知尊孔之论,已然无可推行,可演变下来并非学界更客观地理解儒学和国故,反而或是视之为无关宏旨的学问,或视之为一些未经审视的史料,此皆为章氏之所不虞。故章氏于信中批评胡适:

> 胡适所说《周礼》为伪作,本于汉世今文诸师;《尚书》非信史,取于日本人;六籍皆儒家托古,则直窃康长素之唾余。此种议论,但可哗世,本无实证。且古人往矣,其真其伪,不过据于载籍,而载籍之真伪,则由正证、反证勘验得之,墨家亦述尧、舜,并引《诗》《书》,而谓是儒家托古,此但可以欺不读书之人耳。长素之为说,本以成立孔教;胡适之为是说,则在抹杀历史。②

康有为等人之疑经,与尊孔相随,目的是剔除经书中与他认定的圣人义理不合的部分。胡适之考古,则在"整理国故",将章学诚"六经皆史"的"史",解读成史料,故以考证史料的方法治经,个中并无尊孔的前提。后来古史辨派出,更发展为声势浩大的疑古潮流。1935 年章氏撰《汉学论上》云:"今《公羊》之学虽废,其余毒遗蠚尚在。人人以旧史为不足信,而国之本实蹷矣。"③可知章氏认为疑

---

① 马勇编《章太炎书信集》,第 741 页。
② 马勇编《章太炎书信集》,第 740 页。
③ 《章太炎全集》(六),第 20 页。

古乃清末《公羊》学的延伸,但与清世《公羊》有别的,是疑古绝不尊孔。疑古者之不信古籍,可谓得之《公羊》,唯不尊孔,正为章氏启其先。①1926 年 6 月,顾颉刚出版《古史辨》,时美国学者恒慕义(Arthur W. Hummel)在中国,亲见疑古史学之盛,1931 年恒慕义即英译《古史辨自序》,并撰一序文,当中概括疑古辨伪之几种学术特点和趋势:一、对于经典态度之改变;二、学派统治的解放;三、寻求绝对真理的放弃;四、新疑古态度的出现。②第一和第三点正好说明了经学到了顾颉刚一辈人手里,已没了"载道"的功能,治经亦不是为了求"道"了,因而第二和第四点便由是而生。恒氏的说明,正可作为章氏晚年治经的学术背景。由是观之,章氏晚年治《春秋》有过尊孔子的倾向,且未能贯彻"古文经学"治经方法,若将之结合其时疑古之风,以及论古多主批判的情况,则可以理解此举似有意矫正时人对孔子及儒学的印象,试图再次为儒学、经学注入新的学术动力,与此前诋孔以防国人错误认识孔子,用意相同。可惜此举反使其经学思想出现理论和实践的矛盾。

总括而言,章氏晚年,虽不认同"一字褒贬",但却在《答问》中多次以增减字例来说明经义,以至他运用《经》《传》同修的理论来解释"直书"与"隐讳"之间的难题,均可以看到他中年虽尝试以史学来理解《春秋》,从而建立"古文经学"的观念,作为转化经学为史

---

① 顾颉刚于《古史辨自序》便曾记载自己听了章氏的国学演讲后:"我愿意随从太炎先生之风,用了看史书的眼光去认识《六经》,用了看哲人和学者的眼光去认识孔子。"载《古史辨》第 1 册,海口:海南出版社,2003 年,第 14 页;另参王汎森《古史辨运动的兴起》,台北:允晨文化出版公司,1987 年,第 24—25 页注、53、57 页。

② 原文见 Arthur W. Hummel, The Antobiography of a Chinese Historion being the pretace to a symposium on ancient Chinese history.这里引用恒慕义(Arthur W. Hummel)著、郑德坤译《近百年来中国史学与古史辨》,载《史学年报》第 1 卷第 5 期(1933 年 8 月),第 152—156 页。

学的先导,但在晚年实际操作层面上,却牵于传统经学的前提预设而不能自拔。这不是章太炎个别的情况,而是大部分以经学为研究中心的传统学人,在面对新知识转型时的共同情况。他们一方面受新知识的推动,打破传统以神秘的圣人思想去解释经学的迷信,但在新知识确立后,又不甘经学变为纯粹的史料而忽视当中的精神价值。在这一进一退下的牵扯之下,反而形成左右弥缝、矛盾丛生、在经与史之间徘徊的经学学说。

本文原载《饶宗颐国学院院刊》第 2 期,2015 年。

历史的无意义与意义

——论章太炎《易》学、《春秋》学中的历史观

江　湄[*]

一　一个令人感到"迷惑和疑难"的思想家

在中国近现代史上,章太炎是一个非常重要而独特的思想家。他自述平生思想经'转俗成真'之变(1903—1911 年)和"回真向俗"之变(1911 年以后),[①]而以"齐物"哲学为旨归,构成了一套独特的哲学体系和社会政治思想。他不但激烈破除中国"传统",导五四新文化运动之先声,更对作为西方资本主义社会、政治模式及其观念基础的"现代性"进行了同样激烈的批判,坚决反对中国走西方资本主义式的现代化道路。汪荣祖颇能道出中外学者对章氏思想感到的"迷惑和疑难":

---

[*]　作者单位:首都师范大学历史学院。

[①]　章太炎在写于 1915—1916 年间的《菿汉微言·结语》中说"自揣平生学术,始则转俗成真,终乃回真向俗"。根据他的自述,在 1903—1906 年的监禁期间以及出狱之后,他在思想上发生了"转俗成真"之变,以佛教唯识学、德国唯心论哲学为媒介,形成一套独特的哲学思想体系,反对所有形而上学的绝对主义,反对一切宿命论与机械论,不但对中国传统也对现代西方的种种思想信条进行攻驳。"回真向俗"之变,以《齐物论释》的撰写为标志,酝酿于辛亥革命前后,完成于 1913 年至 1916 年幽禁之中。他以"齐物"哲学为理据,构想现代世界的理想秩序,并重新评价和肯定了孔子以及儒家传统。关于章太炎思想的这两次重大转变,请参见姜义华《章太炎思想研究》第六章《一场夭折了的哲学革命》,北京:中国人民大学出版社,2009 年。

一般认为章氏的思想与言论,难以捉摸,有时显得十分保守而有时又十分激烈;有时似乎很积极,而有时却甚消极。他是个儒者,却提倡佛教;他要革命,又要保存国粹;他讲民族主义,又谈无生主义;他倡导共和,却又谴责代议政府。因此,他那不一致的思想"犹如一幅荒谬的壁画,显示一个与自己以及整个世界相冲突的人。"……章氏不能真正配合辛亥革命的节拍,他与孙中山之间的严重争执,更加深此一印象,认为章氏不仅不是革命的主流,甚至是逆流!①

自80年代末尤其是90年代以来,中国深刻地参与到"全球化"之中,但同时又必须自主地探索一条没有任何现成模式可以遵循的发展道路,这时,与其他中国近现代思想家相比,章太炎那难以用"现代/传统""激进/保守"之框架来定位的思想主张遂显示出特别的价值和活力,更能与当今现实进行持续的对话。汪荣祖在1986年曾提示说:"再看中国,经过一世纪的仿效外国,总感格格不入,终于还是要回头追寻具有中国特色的思想与制度。岂不就是章氏早已指出的思想趋向!"②在90年代中后期,汪晖提出,中国现代思想史的主线是追求"反现代性的现代性",力求批判、超越西方资本主义式的"现代性",探索一条自主的现代化道路。他将章太炎定位为一个最典型的反"现代性"的中国"现代"思想家。③

在《訄书》成书时期(1899—1904年),章太炎基本上是吸收和

① 汪荣祖《康章合论》,北京:新星出版社,2006年,第81页。
② 汪荣祖《康有为章炳麟合论》,《中央研究院近代史研究所集刊》第15期上册,1986年6月,第170页。
③ 汪晖《现代中国思想的兴起》下卷第一部,北京:生活·读书·新知三联书店,2004年,第1012—1014页。

赞同进化论的,如《訄书》重订本中的《中国通史略例》对进化论的态度与梁启超等并无不同。但经过"转俗成真"之变,章太炎开始将批判的矛头指向"现代性"的种种教义,而对"进化进步史观"的批判是其"反现代性"思想的观念核心,学者们大多就《俱分进化论》(1906)、《五无论》(1907)、《四惑论》(1908)等文来对章氏的"反进化进步史观"进行阐析。①在学习相关研究论著的同时,我认为,作为清代"汉学"嫡系传人的章太炎,他的《易》学和《春秋》学呈现出其历史观的全面结构和成熟定论,具有其他文本所不可取代的重要意义。

在两汉的经学系统中,《易》与《春秋》具有最重要的位置,《易》明天道,《春秋》具人事,代表"究天人之际""明古今之变"的两大思想主题,相互配合以形成和表达着完整的历史观。②章太炎自觉地继承了这一传统,他说:

> 太史公说:"《易》本隐以之显,《春秋》推见以至隐。"引申他底意思,可以说《春秋》是胪列事实,中寓褒贬之意;《易经》却和近代"社会学"一般,一方面考察古来的事迹,得着些原则,拿这些原则,可以推测现在和将来。简单说起来,《春秋》

---

① 参见王汎森《章太炎的思想及其对儒学传统的冲击(1868—1919)》,台北:时报文化出版事业有限公司,1985 年,第 109—115 页;王远义《独立苍茫:辛亥革命前章太炎的激进思想及其乌托邦与反乌托邦性质》,《学术思想评论》第十辑,长春:吉林人民出版社,2003 年,第 419—454 页;汪晖《现代中国思想的兴起》下卷第一部,北京:三联书店,2004 年,第 1027—1037 页;王玉华《多元视野与传统的合理化——章太炎思想的阐释》,北京:中国社会科学出版社,2004 年,第 158—189 页;Viren Murthy(慕唯仁),*The Political Philosophy of Zhang Taiyan—The Resistance of Consciousness*, Leiden, The Netherlands: Koninklijke Brill NV, 2011, pp.135—169.

② 参见杨向奎《司马迁的历史哲学》,《绎史斋学术文集》,上海:上海人民出版社,1983 年,第 126 页。

是显明的史,《易经》是蕴着史的精华的。①

在 1914 年成书的《检论》中,章太炎自述"回真向俗"之变:

> 间气相揗,逼于舆台,去食七日,不起于床,喟然叹曰:余
> 其未知羑里、匡人之事!夫不学《春秋》,则不能解辨发,削左
> 衽。不学《易》,则终身不能无大过,而悔吝随之。始玩爻象,
> 重籀《论语》诸书,舋然若有寤者。②

《周易》是与"齐物论"相贯通的一套高深的历史哲学,而《春秋》则是贯穿着孔子"史识"的"良史之学",我们只有将章太炎的《易》学和《春秋》学结合起来,才能真正理解其历史观的全部要义。

在《易》学中,章太炎从其"唯识"学、"齐物"论出发,对文明发展的起源和动力、历史的目的和意义,以及历史是否存在必然规律性等问题,讲出了非"传统"又反"现代"的一套,他彻底批判对历史的形上学预设及其"起源"观念,既破除了儒家"天人合一"的世界观历史观信仰,又对"进化进步史观"这一现代的历史形上学进行拆解、痛下针砭,否定了"进化进步"的历史及其意义。更为重要的是,他的《易》学内涵"齐物"世界观和"缘起"历史观,以此为理据,章太炎从未否定特殊、具体的历史连续性,并积极肯定一种自觉的历史连续性和对"传统"的创造——这就是他所发明的《春秋》大义,从而鼓励每一种文化追求价值自足和自立,促进现实秩序的批

---

① 章太炎《国学概论》(1922 年),张昭军编《章太炎讲国学》,北京:东方出版社,2007 年,第 76 页。

② 章太炎《检论》卷三《订孔下》,《章太炎全集》(三),上海:上海人民出版社,1984年,第 426 页。

判性更新和改造。当代中国步入反思"现代性"的后现代之境,身处一个文化多元化的"全球化"时代,不得不承继历史传统并取鉴他人探索自己的历史道路,在这样的现实语境中,章太炎的历史哲思具有丰富的启示意义。

二 《易》的"真审之义":历史无目的、无规律、无意义

在疑古思潮兴起之后,学者们经过对《周易》的科学研究,一般认为,《易经》成书于西周,是卜筮之辞的汇编,而《易传》"十翼"则是战国至于秦汉时代的儒生伪托孔子所作。但章太炎却终其一生坚持司马迁所说,《易经》的卦、爻辞表达的是周文王身处易代废兴之际的忧患之思,而《易传》"十翼"则出于孔子之手。他之所以要如此固执"古文经说",那是因为他相信"仲尼赞易而易独贵"[1],《周易》中超绝的智慧只能来自孔子。

经 1913—1916 年的幽禁之中的"回真向俗"之变,他发现,孔子其实已经达到了佛陀、老、庄的境界,是人类历史上最高明的思想家之一,其哲思笼罩万世,就表现在《论语》和《易传》之中。《论语》所说"忠恕"之道,与"齐物"论异曲同工;《周易》则是一套高深而独到的历史哲学:

> 圣人之道,笼罩群有,不亟以辩智为贤。上观《周易》,物类相召,势数相生,足以彰往察来。审度圣人之所忧患,与其

---

[1] 章太炎撰,庞俊、郭诚永疏证《国故论衡疏证》中卷《原经》,北京:中华书局,2008 年,第 284 页。

卦序所次时物变迁,上考皇世而不谬,百世以俟后王群盗而不
惑。洋洋美德乎! 诚非孟荀之所逮闻也。①

当然,章太炎借《周易》所表达的,乃是他身经"数千年未有之变局"
以及生死之大忧而获得的思想突破,他以杂糅了佛学、庄子、德国
唯心论的独特哲学思想来释《易》,完全超出了《周易》本身"天人合
一"的思维模式,更远非孔子所能想见。章太炎有关《易》学的思想
论述主要集中于 1913 年所写《自述学术次第》、1914 年所成《检
论》以及 1915 年所写《菿汉微言》之中,虽然前两种用较多的篇幅
论述文明早期发展的一般进程,但更值得注意的是,他借《易》学的
形式表达了一个较成系统的历史哲学论述,由于文意简奥,必须结
合相关文献加以疏解,其说有与《俱分进化论》《四惑论》《五无论》
《齐物论释》相印证补充之处,也有后者所未及言者,而这是以往研
究者较少论及的。②

　　首先,章太炎将《序卦》对六十四卦的排列次第,阐发为一套有
关人类文明起源演进的社会学、历史学理论,认为《序卦》从"屯"到
"同人"的排列次序说的是人类从渔猎文明到农耕文明的进化历
程。上述内容,多有学者加以阐发,兹不赘述。但有一点值得特别
注意:章太炎强调,从"屯"卦以至于"同人",即人类社会从起源到
国家的形成,可以总结出一般性规律,但"过此以往,未之或知也"。
所以说,要想把握人类历史的全部发展规律,实在是要等到历史终

---

① 章太炎《检论》卷三《订孔下》,《章太炎全集》(三),第 426 页。
② 参见唐文权、罗福惠《章太炎思想研究》,武汉:华中师范大学出版社,1986 年,
第 351—359 页;夏金华《章太炎"易"学蠡测》,《学术季刊》(上海)1992 年第 4 期;张昭
军《儒学近代之境——章太炎儒学思想研究》,北京:社会科学文献出版社,2002 年,第
128—130 页;张昭军《章太炎对周易义理的多维阐释》,《周易研究》2004 年第 3 期。

结之后:"易之尽见,亦在乾坤将毁之世。"①对于从历史发展中抽象出一般因果规律并据以判断现实走向的科学社会学、历史学理念,章太炎早有批判。在《社会通诠商兑》(1907 年)中,他指出,所谓社会演化的"条例"其实都是从欧洲历史中抽象概括所得,不一定适用于中国历史实况。②在《征信论》(1910 年)中,他对标榜"科学"的机械主义"因果律"以及史学主张进行了更为透彻的批评,他说,使得"因"能得出如此"果"的偶然、特殊的"缘"也是同样重要的,而"愚者"常常排除了具体环境中的偶然性、特殊性因素而得出"类例",其结果往往是使"成事"削足适履以就"类例";更何况,史书之记载往事总是有选择的,不可能把当时所有的事都网罗在内,在这种条件下想悉知事变的所以然之故再给出定理乃是徒劳无益的。③章太炎深知所谓"历史"并没有任何先验性的规律作用其间,不能以任何"成型""类例"规范乃至预见"历史",所以,对于他在《易》学中表述的这一套社会学理论,我们不能按照当时流行的强调"科学"和"因果律"的实证主义去加以理解。

章太炎对《周易》基本精神的看法,与《易传》本意及其阐释传统大异其趣,简直令人惊骇!《易传》结合儒、道思想所讲出的宇宙观世界观,注重的是"有",把"生生"当作宇宙存在的实相——这也是一切儒家哲学最根本的出发点,且有着一种积极进取、促进"生生"的"动"的精神。④但是,章太炎却说,蛊卦才是《周易》全书的灵魂,从"无"的视角出发讲宇宙万有,讲"生生之道",才是《易》的真

---

① 章太炎《检论》卷二《易论》,《章太炎全集》(三),第 381 页。
② 章太炎《社会通诠商兑》,《章太炎全集》(四),上海:上海人民出版社,1985 年,第 323—324 页。
③ 章太炎《征信论》下,《章太炎全集》(四),第 57—60 页。
④ 参见冯友兰《中国哲学史新编》第二册,北京:人民出版社,1984 年,第 348—353 页。

义所在：

> 夫生生之谓《易》，原始要终，知死生之说者，莫备乎
> 蛊。……广言之，释氏所谓惑、业、苦者，大略举之矣。沉溺蛊
> 惑，斯非惑乎？蛊者事也，斯非业乎？蛊食心腹，斯非苦乎？①
> 章炳麟读《易传》曰：呜呼！伏曼容见之矣。《传》曰："蛊
> 者，事也。"伏曼容曰："蛊，惑乱也。万事从惑而起，故以蛊为
> 事。"二经十翼，可贵者此四字耳。②

一切人生事业、历史文明都起于对"有"的迷妄执着。执着于在世
的自我生命，有所"沉溺惑蛊"，必然有所"事"而造成"业"。追求将
自我生命客观化而获得存在感，又必然被自身的意欲情结所困所
扰，感受人生之"苦"。从"无"的视角来看，一切具体的生命形态、
一切功名成就、人类的文明事业，作为具体、有限、生灭无常的
"有"，都不是实在的。在《俱分进化论》中，他曾论述，根植于人类
自我意识的"我慢"即自尊好胜之心带来生存竞争，而生存竞争导
致文明、社会的进化，也就是说，人类文明进化的根源更在于人性
之"恶"，所以"善"进"恶"亦进、"乐"进"苦"亦进。③在他的价值视
野中，人类被"沉溺蛊惑"所催动，无限制地追求幸福和生存价值的
实现，带来文明的进化发展，这实在是令人"忧狄如疾首"的命运，
无可如之何，但若将"进化"当作绝对价值加以肯定，当作理想加以
追求，那实在是"惑"上加"惑"，"惑"不可及了。在他的辞典里，"幸

---

① 章太炎《自述学术次第》，陈平原编校《中国现代学术经典·章太炎卷》，石家
庄：河北教育出版社，1996年，第646页。
② 章太炎《四惑论》，《章太炎全集》（四），第443页。
③ 章太炎《俱分进化论》，《章太炎全集》（四），第389—390页。

福""进步"并不是美好的词汇:"以善恶言,求增进幸福者,特贪冒之异名。""日进不已,亦惟是扩张兽性。"太炎期勉当代人类能自断"其追求无已之心,使归安稳"。①时至今天,人获取"幸福"的欲望和能力似乎已经到了极限,章太炎的这些"反动"言论倒像是先见之明了。

《易传》是一套完整的"天人合一"的形上学体系,宇宙万物有从而发生的总根源,万物资之以始,又复归于之;宇宙万物的生成和运动有根本规律,"道"贯通自然界和人生界,使整个宇宙成为一个秩序井然的世界。②但是,章太炎却说,这只是《易》教化一般大众的"通俗之言",而《易》的"真审之义"恰恰与之相反,《易》否定所谓"本源""本体"的实在,否定宇宙、世界生成运动的目的性和秩序性,从而否定万物的运动变化有所谓根本法则和规律:

> 圣人吉凶与民同患,易"鼓万物而不与圣人同忧"。生生者,未有迄尽,故大极为旋机,群动之所宗主,万物资以流形。乾元恒动曰"龙"(即今所谓永动力),坤元恒静曰"利永贞"(即今所谓永静力),而"天德"固"不可为首",是则**群动本无所宗,虽"太极"亦粪除之矣**。(《易》言大极为群动宗,又言"群龙无首",则群动本未有宗。言非相反。**"大极",通俗之言,"无首",真审之义**,此非守文者所知。)③

经过"转俗成真"的思想转变,章太炎从根本上反对那种设定并推

---

① 章太炎《四惑论》,《章太炎全集》(四),第450页。
② 参见朱伯崑《易学哲学史》上册,北京:北京大学出版社,1986年,第95—105页;冯友兰《中国哲学史新编》第二册,第341—344页。
③ 章太炎《检论》卷二《易论》,《章太炎全集》(三),第383页。

求"本体"的形上学思维。①在《四惑论》中,他指出,"公理""因果律""自然规则"等都是人心所造设的"知识",不能以之为实有而加以崇信,崇拜所谓"自然规则""进化法则"者,不脱将一切归结为上帝的"神教"思维,同样都是虚设一种外在的无上权威来获得依靠和支持,同样都是迷信和卑贱的表现。②

章太炎说,《易》所讲"生生之道"的真义见于"观"卦之爻辞和象辞,这正是他在《齐物论释》中阐发的"缘生""缘起"法:

> 观之"观我生""观其生",展转追寻,以至无尽,而知造物无本⋯⋯而"用九"乃言"群龙无首",《象》曰:"天德不可谓首",义又相及。盖强阳之气,群动冥生,非有为之元本者。其曰穷理尽性,岂虚言哉!③
>
> 观之《象》曰:"圣人以神道设教,而天下服。"教所由兴,则曰"观我生""观其生"。上者浮屠之说"缘生",进退相征,不失其道;其下以为上帝所胎乳,最下事生乞奉神女而已矣。④

章太炎于 1910 年写成《齐物论释》,又在 1911 年以后加以改定。其中,章太炎破"因果律"而立"缘生""缘起"法。按照"万法唯识"的道理,人的思维造设一切事物皆有"自性",从而要透过现象去追究实质,为此就要追究事物产生的根本原因,这是认识的基本

① 章太炎以"唯识"学批评西方哲学如"唯名论"、"本体论"、柏拉图之"理念"说,都是设定并推求事物的本质乃至存在的"本体",并将所得之抽象概念当作了实在真有,犯了"法执"的错误。见《建立宗教论》《人无我论》,《章太炎全集》(四),第 403—418、419—429 页。

② 章太炎《四惑论》,《章太炎全集》(四),第 443—456 页。

③ 章太炎《自述学术次第》,《中国现代学术经典·章太炎卷》,第 647 页。

④ 《检论》卷二《易论》,《章太炎全集》(三),第 381—382 页。

方式和范畴,即所谓"原型观念",章太炎又以"种子"名之。①章太炎通过分析、推理指出,追究原因到了最后,只能以"自然动"为究极,只能说"自尔""法尔"。②也就是说,我们无法追究到什么"根本原因""第一因",种种事物互为产生、存在的原因和条件,相互依存并转化,所以,与其讲"因果",不如讲"缘生":

> 佛法立十二缘生,前有后有,推荡相转,而更无第一因。
> 世尊所说果待于因,因复待因,如是展转,成无穷过。

章太炎说,庄子和孔子都懂得"缘生"的道理,《庄子·寓言》篇说:

> 莫知其所终,若之何其无命也! 莫知其所始,若之何其有命也!

《田子方篇》引孔子之言说:

> 日出东方而入于西极,万物莫不比方,有目有趾者,待是而后成功,是出则存,是入则亡。万物亦然,有待也而死,有待也而生。吾一受其成形,而不化以待尽,效物而动,日夜无隙,而不知其所终;薰然其成形,知命不能规乎其前,丘以是日徂。③

---

① 章太炎对《齐物论》中"随其成心而师之,谁独且无师乎?"一段的解说就是在阐明"种子""成心"即"原型观念"的产生,他认为康德所立十二范畴实属"繁碎",并提出包括"因果识"在内的"七种子"说。见《齐物论释定本》,《章太炎全集》(六),上海:上海人民出版社,1986年,第73—74页。
② 《齐物论释定本》,《章太炎全集》(六),第80—81页。
③ 以上引文均见《齐物论释定本》,《章太炎全集》(六),第111—112页。

这就是说,一切事物皆有所"待",都是在多种因素和条件的相互作用下产生并变化,即所谓"因缘和合""因缘际会",有着很大的偶然性和随意性。而所有事物的存在又都有一定的条件限制,都是暂时性的,在这个意义上,"缘生"亦是"空"。①如此说来,《系辞上》所说"故神无方而易无体",才是《易传》关于"生生之道"的最根本纲领,更进一步地说,"易无体而感为体"。②宇宙万物的生成运动没有究竟的"起源",也就没有任何先验的目的性,也就没有必然、普遍的规律性,任何事物皆处于流转不停的"缘生"之中,没有永恒不变的"自性"。对此,《四惑论》所说甚为精当:

> 物无自性,一切为无常法所漂流。
> 言自然规则者,则胶于自性,不知万物皆展转缘生,即此展转缘生之法,亦由心量展转缘生。③

宇宙世界若是有什么"法"、什么"自然规则",那就是万物"展转缘生"的"无常法"。这不禁令人想起福柯的话:

> 效果历史的世界只知道一个王国,在那里,没有天道或终极原因,只有"必须性的铁臂摇动着机遇的骰子盒"。④

人类的"生生之道",为生存竞争所推动,"为无常法所漂流",其进无已,不可遏制,而"进步"又带来欲望的不断滋生、生存斗争的不

断激烈。章太炎说,《周易》最后两卦是"既济"和"未济"而终以"未济",其大义在于:

> 群动而生,旁溢无节,万物不足以粪其宰割,壤地不足容其肤寸,虽成"既济",其终犹"弗济"也。以是思,忧获如疾首,可知已。①

如此说来,演《周易》的文王忧患于商、周兴盛衰亡之际,实在是"细"忧而已,对文明进化之前途的忧虑才是真正的大忧。

既然如此,人类文明进化的"生生之道"不应该也不可能成为人生价值和意义的根据。以《易传》《中庸》为代表的儒学大传统,皆把道德意识、人生意义建立在宇宙运动的总体目的和秩序之上,并用后者论证、支撑前者。与之不无相通的是,"进化进步史观"则将人生的意义规定为促进历史的进化进步。但,章太炎却说:

> 此土之圣,唯作《易》者知有忧患,忧其动而生生无有已时也。若《记》言至诚之效可以赞天地之化育,可以与天地参,是则崇奉根本无明,而所谓与天地参者,适成摩醯首罗梵天王耳。……是故《易》者内道也,《中庸》者外道也。②

如此说来,把人生意义和道德责任认作"赞天地之化育"——转化为现代观念则是人类文明的进化事业,实在是"根本无明",是"我

---

① 章太炎《检论》卷二《易论》,《章太炎全集》(三),第383页。
② 章太炎《莙汉微言》,《章氏丛书》上册,台北:世界书局,1982年,第946页。

痴"。作《易》者早就"秘密地"告诉我们：人类文明进化不已的"生生之道"不过是令人忧心不已的现实！

> 呜呼！昔之愚者，责人以不安命；今之妄者，责人以不求进化。二者行藏虽异，乃其根据则同。以命为当安者，谓命为自然规则，背之则非义故；以进化为当求者，亦谓进化为自然规则，背之则非义故。自我观之，承志顺则，自比于斯养之贱者，其始本以对越上神，神教衰而归敬于宿命，宿命衰而归敬于天钧，俞穴相通，源流不二。世有大雄无畏者，必不与竖子聚谈微贱之事！①

历史的"进化""进步"而不再是"神""上帝""天理"变成了道德、价值乃至人生意义的最高依据，或者说，以历史进化进步之趋势论证现代社会种种价值规范与秩序的合理性，这确实是进入"现代"之后的独特思想现象，福柯称之为"现代性的态度"。②而"大雄无畏"者如章太炎，已经洞彻了号称"自然规则"的种种现代教义作为"有待"的历史存在物的"虚妄"，他要一空依傍、自立法则！

在章太炎看来，《易》也讲"适者生存"的道理，教人要认识时势，顺应并把握时势，但《易》以为，时势之变是"不得不然"，道义则是"应然"，是否顺应时势而或"胜"或"败"，绝不能说明其是"优"还是"劣"：

> 《易略例》曰："犯时之忌，罪不在大；失其所适，过不在深。

---

① 章太炎《四惑论》，《章太炎全集》（四），第457页。
② 福柯《什么是启蒙？》（1984年），汪晖译，收入汪晖、陈燕谷主编《文化与公共性》，北京：生活·读书·新知三联书店，1998年，第429页。

动天下,灭君主,而不可危也;侮妻子,用颜色,而不可易也。"
由是观之,胜不必优,败不必劣,各当其时。①

将历史潮流所向当作价值评判之根本标准的"进化进步史观",在
当时的现实中往往成为帝国主义进行侵略殖民的护身符,作为一
个"落后"的中国人,章太炎对于"进化进步史观"的霸权性格十分
敏感。他的对策是指出,"优劣"与"胜败"根本是不同的价值序列,
顺应历史潮流、合于进化之道不过是"适时"而已。

最后,章太炎借《易》表达了一种深沉的历史悲观主义。人类
的生存竞争不可能"辨证"出历史向善演进的合理性,进化进步的
历史并不能代替上帝做出正义的最后裁判,恰恰相反,《易》要告
诉人们的是,历史上当道的总是生存竞争的强者,强者在以暴力
进行征服、剥夺和颠覆之后,又重新制定规则而使现实秩序合法
化,用道德观念驯化人民,使社会归于稳定有序,这就是历史的
"规律":

> "强者,事之始也,分之理也,物之纪也。所求于强,无不
> 有也。"此为人以争竞,而得存活,《易》道故然。
> "兵革为起,小国见亡,大国危殆,杀人父兄,虏人妻子,残
> 国灭庙。""取以暴强,而治以文理,无逆四时,必亲贤士。""诸
> 侯宾服,民众殷喜,邦家安宁,与世更始。汤、武行之,乃取天
> 子;《春秋》著之,以为经纪。"综观凶人享国长世之事,是岂
> 《易》所能讳隐邪?②

---

① 章太炎《检论》卷二《易论》,《章太炎全集》(三),第383页。
② 章太炎《检论》卷二《易论》,《章太炎全集》(三),第384页。

章太炎以得自切身的历史经验论证着这一历史"规律":经辛亥革命汉族最终光复,但当初犯下"扬州十日""嘉定三屠"之罪行的满洲统治者已掌权三百多年,其官僚军阀集团在革命之后仍然是实际的统治者,虽有"光复"之名却不能去腐生新,反更甚从前。《易》的本意是"为善人贤士谋",教导他们在衰乱之世能为历史的转变积蓄潜能,发挥默运乾坤之力,但是,历史的演进之理绝不服从"正义",而是强暴者"擅无穷之福利",怀抱道德理想的"善士"只能补救历史的创伤疮痍而已。《易》要告诉我们的"历史真相"实在是令人忧心不已:

> 夫成败之数,奸暴干纪者常荼,而贞端扶义者常踬。作《易》者虽聪敏,欲为贞端谋主,徒如补其创痍耳。由是言之,"既济"则暂,"未济"其恒矣!是亦圣哲所以忧患。[1]

但,章太炎绝不是一个历史虚无主义者,恰恰相反,正是从"齐物"的世界观出发,他才能洞识每一个文化、历史世界都是"缘起"的、"有待"的、具体的、特殊的,如果某一种文明将自身的历史及其在历史中生成积累的文化特性加以抽象化、本质化,名之为"普遍规律""普世价值",那只能是一种虚假的"普遍性",反映的是一种霸权意识。

章太炎作为清代"汉学"传人,但始终对汉《易》不满,以为不达《周易》真义,直到"齐物"思想形成,他发现,王弼对《周易》的阐说深谙"齐物"要旨,而这正是《周易》的精意所在:

---

[1] 章太炎《检论》卷二《易论》,《章太炎全集》(三),第 385 页。

余少读惠定宇、张皋文诸家《易》义,虽以为汉说固然,而心不能惬也。亦谓《易》道冥昧,可以存而不论。在东,因究老、庄,兼寻辅嗣旧说,观其《明爻》《明象》,乃叹其超绝汉儒也。近遭忧患,益复会心。①

王弼在《易略例》中以《明象篇》和《明爻变通篇》作为《易》之纲领要旨,章太炎说,《明象篇》是"明一以《象》",《明爻变通篇》是"明歧以《爻》",讲的正是"齐物""缘起"的世界观历史观,这是一种反本质主义、反普遍主义、反目的论、反决定论的本体学:

庄周明老聃意,而和之以齐物。**推万类之异情,以为无正味正色,以其相伐,使并行而不害**……其后独王弼能推庄生意,为《易略例》。

明一以《象》曰:"自**统**而寻之,物虽众,则知可以执一御也。由**本**以观之,义虽博,则知可以一名举也。处**旋玑**以观大运,则天地之动未足怪也;据**会要**以观方来,则六合辐辏未足多也。故举卦之名,义有主矣;观其《象辞》,则思过半矣!夫古今虽殊,军国异容,**中之为用**,故未可远也。品制万变,**宗主存焉**。"

明歧以爻曰:"情伪之动,非数之所求也。故合散屈伸,与体相乖。形躁好静,质柔爱刚,体与情反,质与愿违。**巧历不能定其算数,圣明不能为之典要。法制所不能齐,度量所不能均也**。""召云者龙,命吕者律。二女相违,而刚柔合体。隆坻永叹,远壑必盈。投戈散地,则六亲不能相保;同舟共济,则

---

① 章太炎《自述学术次第》,《中国现代学术经典·章太炎卷》,第644页。

胡越何患乎异心。**故苟识其情，不忧乖违；苟明其趣，不烦强武。**"推而极之，大象准诸此，宁独人事之云云哉！**道若无歧，宇宙至今如持炭，大地至今如孰乳已。**①

    "明歧以爻"说的是"缘起"的道理。如上文已经论说，一切事物都是在多种因素和条件的相互作用下产生并变化，有很大的偶然性和随意性，绝不存在单一的普遍性原理，没有确定不变的规则，世界是"无常"的。每一个文化、历史世界其实都是这样一种"无常"的历史性存在，都是具体的、特殊的并不断经历不可预测的变化，皆无"真谛"意义上的实在性。如果把某一种"文明"的特性及其生成历史抽象化、本质化而命名为"普遍性"，其实将导致严重的偏见和不平等，使现实中"先进"的"文明"国家能够有冠冕堂皇的借口去侵略、干涉那些"落后"的"野蛮"国家，"进化进步史观"就存在这样的问题。

    但是，与一般意义上的多元论、相对主义不同，章太炎强调每一种"缘起"的、特殊的事物之间并没有绝对的差别，都是可以根据其产生发展的限定性条件加以理解的，都是有其存在的理由和价值的，且总是可以和其他的事物相互沟通、转化的，它们构成了一个因差别而互相需要的整体，但其中并没有固定的、确定的"普遍性"。那么，每一个特殊的文化历史世界作为"齐物"世界中的不可或缺的"道""理"，皆有其相对的、具体的实在性。所以，《周易》虽"明歧以爻"而终归于"明一以《象》"。

---

①   章太炎撰，庞俊、郭诚永疏证《国故论衡》下卷《原道下》，第517—521页。

三 《春秋》大义：历史对于人生的意义

1910 年，《齐物论释》与《文始》《新方言》《国故论衡》同时面世，这对于我们理解章太炎的思想来说是很有意义的。章太炎在写于 1908 年的《印度人之论国粹》中说：

> 释迦氏论民族独立，先以研求国粹为主，**国粹以历史为主。自余学术，皆普通之技，惟国粹则为特别**。①

同年，他与吴稚晖及其主办的《新世纪》就是否废除汉语汉字而改行世界语进行论战，说道：

> 文字者，语言之符；语言者，心思之帜。虽天然语言，亦非**宇宙间素有此物**，其发端尚在人为，故大体以人事为准。**人事有不齐，故言语文字亦不可齐**。②

他又在写于 1913 年的《自述学术次第》中说：

> 凡在心在物之学，体自周圆，无间方国。**独于言文历史，其体则方，自以己国为典型，而不能取之域外**。③

① 章太炎《印度人之论国粹》，《章太炎全集》(四)，第 366 页。
② 章太炎《规新世纪》，《民报》第二十四号。转引自姚奠中、董国炎编《章太炎学术年谱》，太原：山西古籍出版社，1996 年，第 123 页。
③ 章太炎《自述学术次第》，《中国现代学术经典·章太炎卷》，第 647 页。

历史与语言文字是"国粹"最重要的两端,非"天然""普通"之存在,而是"人为"之物,其体为方,自为典型,"不齐"亦"不可齐"。一旦一个"言文历史"世界在各种"因缘凑合"下产生并获得连续性的发展,获得了特殊的规定性,建构了自身的"传统",并由此获得认同意识,它就成为"有""存在",它不是"真谛"意义上的实在,但也不是一场春秋大梦。由"因缘际会""展转缘生"的不断积累而生成的"言文历史"世界及其"自性",用章太炎的佛学术语说是"依他起自性",是"无常"的历史性存在,然而,正是一个具体的"言文历史"世界及其累积形成的相对稳定的价值体系、道德观念、生活方式——用章太炎的话说是"世法",为偶在的个体人生提供了生存的最实在的基础和理据,若不能"随顺"之,也就真的沦于虚无了:

> 此身为"正报",此土为"依报",即白衣所谓"命"也,已堕"正报""依报"之中,"法"尔,受其限制,以义务责人死节,以义务而自死节,无可奈何,即白衣所谓"知命",所谓"正命"也。庄生不欲以仁义撄人心,此纯为"出世法"之言也。又云:"子之爱亲,命也,不可解于心;臣之事君,义也,无所逃于天地之间。为人臣子者,固有所不得已行事之情而忘其身,何暇至于说生而恶死?"此不坏"世法"之言也。①

一切"有"皆是幻成,种种世间之"法"无非人心的虚构和假设,其存在皆是有时空条件的。但是,人之生存,就是堕入"此身""此土"之中,从来都是具体的文化世界中的人,并且是一种情感的伦理的存在,活在历史遗传的有规范的日常生活之中,受到限制也得到规

---

① 章太炎《菿汉微言》,《章氏丛书》下册,第 931—932 页。

定。如上文所述,从"齐物"的境界来看,每一个特定生活世界的规范、特性,虽不具有"真谛"意义上的实在性,但却有着"俗谛"意义上的具体的、相对的实在性——这正是"齐物"论内蕴的"真俗平等"义。①

章太炎一生重视《春秋》学,《春秋》学是他的"古文经学"的核心。章太炎所见"《春秋》大义"告诉我们,不具有"真谛"意义的、具体的、特殊的民族文化及其历史所具有的实在性是什么,即历史对于人生的意义究竟何在。

章太炎对"《春秋》大义"的认识和解说一直在发生变化,直到20世纪30年代才形成定论。②《国故论衡·原经》(1910年)、《检论·春秋故言》(1914年)代表其《春秋》学的第三阶段,即经过"回真向俗"之变后的《春秋》学新意,这时,他完全摆脱了今文经学的影响,认为孔子修《春秋》,左丘明为之《传》,不是为了"制法",甚至"论政"也非其所长,其大用乃在于开创中国史学的伟大传统,以绵延不断的历史记忆唤起和保持民族文化的认同意识:

> 夫发金匮之藏,被之萌庶,令人人不忘前王,自仲尼、左丘明始。……令迁、固得持续其迹,讫于今兹。则耳孙小子,耿耿不能忘先代,然后民无携志,国有与立,实仲尼、邱明之赐。……借令生印度、波斯之原,自知建国长久,文教浸淫,而故记不传,无以褒大前哲,然后发愤于宝书,哀思于国命矣。③

---

① 参见张志强《"操齐物以解纷,明天倪以为量"——论章太炎"齐物"哲学的形成及其意趣》,《中国哲学史》2012年第3期。

② 详见拙文《章太炎〈春秋〉学三变为中心》,《史学史研究》2012年第1期。

③ 章太炎撰,庞俊、郭诚永疏证《国故论衡疏证》卷中《原经》,第303—304页。

但是,章太炎从来没有把"民族""历史""传统"这些概念本质化和实体化,由"因缘际会""展转缘生"而成的历史文化传统,用章太炎的术语说是"依他起自性",是相对于他者而产生的自我意识和自我界定,是人心之所建构,是"无常"的历史性存在。章太炎在写于 1907 年的《国家论》中说:

> 夫过去者已灭,未来者未生,此即虚空无有之境。然于现在正有之境,而爱之甚微,于过去未来无有之境,而爱之弥甚者,此何因缘? 则以人心本念念生灭,如长渠水,相续流注,能忆念其已谢灭,而渴望其未萌芽者,以心为量,令百事皆入矩矱之中,故所爱者亦非现在之正有,而在过去、未来之无有。夫爱国者之爱此历史,亦犹是也。①

这一段话清楚地说明,过去—现在—未来的"历史连续性"或者说"传统",在章太炎看来,乃是"以心为量,令百事皆入矩矱之中",是一种有其现实必要性的观念建构即"名言"而非实存。然而,又如上文论述,人存在的基本境况和条件,人理解自身生存的唯一根据,就是分殊的、无常断灭的、"依他起自性"的、作为"俗谛"的文化、历史世界,而别无其他。

于是,在他看来,只有历史传承形成的"约定俗成"而不是什么"普世价值"或"普遍规律"才是至高之"理",只能以之为根据来判断一国政法制度的好坏并进行新的创造,在章太炎的思想世界中,存古而明变的史学,有着比兴起民族主义更为根本、重要的功能:

---

① 章太炎《国家论》,《章太炎全集》(四),第 463 页。

> 典常法度本无固宜,约定俗成则谓之宜矣。生斯世为斯
> 民,欲不随其宜而不可。①

在《国故论衡·原道》篇中,他说,老子是一位明察历史之变的"征
藏史",老子所主张的治理之道,就是撇开一切"前识""私智","不
慕往古","不师异域",唯根据历史积累传承而来的具体现实及其
动向,"清问下民以制其中",而受业于老子的孔子自然继承了老子
的这一思想。②当然,正如章太炎以杂糅佛学、老庄之学、德国哲学
的"齐物"论对《易》进行阐释一样,他对《春秋》大义、孔子史识的理
解也并非孔子本意,而是深深浸透了"齐物"思想。

　　1929 年,章太炎写成他关于《春秋》学的最后定论《春秋左氏
疑义答问》,他将作为孔子史识的《春秋》大义归结为两个要点,其
一是"欲存国性,独赖史书";其二则是师承于老子的"历史主义"及
其政治理论:

> 王纲绝纽,乱政亟行,必绳以宗周之法,则比屋可诛;欲还
> 就时俗之论,则彝伦攸斁。其唯禀时王之新命,采桓文之伯
> 制,同列国之贯利,见行事之善败,明祸福之征兆,然后可施于
> 乱世,关及盛衰。③

在"礼崩乐坏"的春秋时代,孔子不是以王道绳乱世的理论家、理想
主义者,而是一个历史家和现实主义的政治家,他善于对时势做出
准确判断,把握一定时势下的人心向背,明察可能的历史走向,然

---

① 章太炎《代议然否论》(1908 年),《章太炎全集》(四),第 300 页。
② 章太炎撰,庞俊、郭诚永疏证《国故论衡疏证》下卷《原道上》,第 496—503 页。
③ 章太炎《春秋左氏疑义答问》卷一,《章氏丛书》下册,第 1019 页。

后因势利导,依据现实提供的条件求得治理的方略。

民国建立之后,章太炎往往根据其所见"大道之原",反对尽变旧法而照搬欧美制度,强调要根据本国政法传统、风俗民情来创制中华民国的政法制度,1912 年 1 月,他为《大共和日报》所撰《发刊词》,典型地表述了他那以"历史主义"为理据的政治"保守主义":

> 政治法律,皆依习惯而成,是以圣人辅万物之自然而不敢为,其要在去甚、去泰、去奢。若横取他国已行之法,强施此土,斯非大愚不灵者弗为。君主立宪,本起于英,其后他国效之,形式虽同,中坚自异;民主立宪,起于法,昌于美,中国当继起为第三种。宁能一意刻划,施不可行之术于域中耶?①

又说:

> 国体虽更为民主,而不欲改易社会习惯,亦不欲尽变旧时法制,此亦依于历史,无骤变之理。②

以"齐物"论为依据,章太炎肯定分殊、无常的文化、历史世界及其"情理""意见"的实在性,将之作为中华民国创制立法的唯一理据。不是将自身的文化传统实体化、本质化、固化,固守那个特殊的历史文化世界及其道德限度,而是要在历史的机遇中,在不断变化、难以预料的具体处境下,自觉地创造"传统"以维系之,让自己的生活世界及其历史成为"齐物"世界中应有的"道"。

---

① 章太炎《大共和日报发刊辞》,汤志钧编《章太炎政论选集》下册,北京:中华书局,1977 年,第 537 页。
② 章太炎《自述学术次第》,《中国现代学术经典·章太炎卷》,第 649 页。

洛维特(1897—1973)在《世界历史与救赎历史》(1949 年)中检讨了进步史观与虚无主义的思想关系,他这样论述布克哈特的历史思想:

> 历史的连续性高于一种单纯的延续,低于一种进步的发展……自觉的历史连续性创造着传统,并同时从传统中解脱出来。只有原始的和文明化了的野蛮人,才放弃这种历史自觉的优越性。历史的连续性是"我们人的此在的一种本质性利益,因为惟有它才能证明人的此在存续的意义"。因此,我们必须迫切地期望,对这种连续性的自觉始终活跃在我们里面。①

章太炎的《春秋》大义亦应作是解。

四　其实地上本没有路……

鲁迅说:

> 希望本是无所谓有,无所谓无的。这正如地上的路;其实地上本没有路,走的人多了,也便成了路。②

又说:

---

① 洛维特《世界历史与救赎历史》,李秋零、田薇译,香港:汉语基督教文化研究所,1997 年,第 30 页。
② 鲁迅《呐喊·故乡》,《鲁迅全集》第一卷,北京:人民文学出版社,2005 年,第510 页。

　　绝望之为虚妄,正与希望相同!①

　　作为弟子,他的这两句话生动而准确地诠释了章太炎的历史观。

　　章太炎生活的时代,是古老中国经历"数千年未有之大变局"的 19 世纪末 20 世纪初,以进化论的传播为标志,中国开始进行一场巨大、激烈的变革。在这样一个"天崩地解"的"拆散时代",章太炎的思想从"传统"中解放出来的同时,也从"现代"中解放出来,他的历史观,打破了"普遍/特殊""现代/传统""文明/野蛮""进步/落后"等等最基本的现代世界的等级秩序,代表着一个伟大的"能自恢璜"的文明传统,以现代浪潮的冲击为契机所获得的自我觉识以及对历史道路的自主追寻。

　　我们必须在这个意义上来理解章太炎肯定特殊的、具体的历史连续性并重新予之以意义。人之生存,用他的话说就是堕入"此身""此土",从来都是某一特定的历史文化世界中的人,活在历史遗传的有规范的日常生活之中,惟有自觉地维系和创造具体的"历史连续性",才能体现人生存于此世的实在性和意义。这样的历史观积极鼓励每一种文化追求价值自足和自立,从而成为一种新生力量的来源,以否定、转化那以"普遍性"为名的固化的现实秩序。不是从任何一元论的普遍主义的抽象宣称出发,也不是从任何多元主义、相对主义的态度出发,只有从个体乃至文明价值的具体的自主性出发,启蒙的价值才是可欲的。

　　麦金泰尔(1929—　　)曾论述"普遍性"与"特殊性"、"传统"与"理性"的关系:

————————————

① 鲁迅《野草·希望》,《鲁迅全集》第二卷,第 182 页。

　　　　自我不得不在社会共同体中和通过它的成员资格发现它的道德身份,如家庭、邻居、城邦、部族等共同体,但并不意味着,自我必须接受这些形式的共同体的特殊性的道德限度。但没有这些道德特殊性作为开端,就决不可能从任何地方开始;而对善和普遍性的寻求就出自于这种特殊性的向前的运动。但是,特殊性决不可能被简单地滞留在后面或被遗忘。摆脱特殊性进入完全普遍性的准则的领域,并认为这种普遍准则是人本身所有的观念,不论在 18 世纪的康德哲学的形式中,或在某些现代分析道德哲学的描述中,都是一种错觉,并且是一种有着痛苦后果的错觉。①

当今之世,资本主义的发展进入了"全球化"的新阶段,对现代资本主义的反思和批判也深入于启蒙时代产生的标榜"普遍性"和"理性"的现代社会之观念基础;与此同时,不同的族群和文化进行着争取"承认"的文化斗争,为反对"全球化"导致的文化同质化而提倡多元文化的存续,在这样的语境下,上述这一番对"普遍性"和"理性"的反省,正好从另外一个角度说明了一个世纪前章太炎的历史哲思在当今世界具有怎样的意义。

　　　　　　　　　本文原载《史学理论研究》2016 年第 4 期。

---

① 麦金太尔《德性、个人生活的整体和传统的概念》(1984 年),龚群、戴扬毅译,收入江怡主编《理性与启蒙——后现代经典文选》,北京:东方出版社,2004 年,第 472—473 页。

"明真"与"通俗"

——章太炎《齐物论释》与其"回真向俗"之思想转胜

李智福*

引言:问题缘起与研究回顾

据《章太炎先生自定年谱》,中华民国三年(1914)初开始,章太炎因反袁而被囚禁于北京钱粮胡同约两年之久。在此期间,侍奉榻前的弟子吴承仕与之往还问难,先生口授,弟子笔录,最终编成《菿汉微言》一书。此书于中华民国五年(1916)完成,中华民国六年(1917)出版,书末有章太炎题签:"身在幽囚,不可直遂,以为览者自能知之也。民国六年章炳麟识。"①这部作于"幽囚"之中的簿册的确不是《訄书》《建立宗教论》《齐物论释》《检论》那样的鸿篇巨制,不过却是作者寄沉痛于闲适、寄深思于漫谈的学术史平章之作,举重若轻,纵论古今,梁启超称此书"深造语极多"②,洵非过誉也。此书最后一则语录是章太炎自述其心志历程,其云:"自揣平生学术,始则转俗成真,终乃回真向俗,世固有见谛转胜者邪!"③此年章太炎四十七岁,迫近知天命之年。故可以说,"始则转俗成

* 作者单位:西北政法大学哲学与社会发展学院。
① 章太炎《菿汉微言》,《章太炎全集》(七),上海:上海人民出版社,2018年,第71页。
② 梁启超《清代学术概论》,上海:上海古籍出版社,1998年,第95页。
③ 章太炎《菿汉微言》,《章太炎全集》(七),第70—71页。

真,终乃回真向俗"既是他对自己前半生学术历程之总结,也是对其未来学术志向之自我期许。

不过,"始则转俗成真,终乃回真向俗"一语微言深趣,令后世学者难穷其隐旨,故歧解丛生,迄无定谳。章门弟子李源澄指出:"先生晚年一切放下,其执著而不舍者,厥惟三事。一曰,关系民族之存亡者。二曰,关系世道之隆污者。三曰,关系世道之浇醇者。此三者其固执异于恒人,除此三事,直与物宛转,而无所用心。所谓回真向俗者也。"①此论高屋建瓴,洵属不误,但犹是一种抽象之评骘,而不是具体入微之考察。李泽厚则根据《菿汉微言》《自定年谱》等文献指出:"['回真向俗'即]回到孔丘的传统怀抱,从'由俗成真'的佛学又到'回真向俗'的孔丘。"②这里实质是将章太炎"回真向俗"化约为"回佛向儒",这种观点或值得商榷,后文将详细论及。陈平原教授所列出的学界观点有:"随顺众生为俗,破除迷妄为真;具体事物为俗,抽象哲理为真;史学为俗,哲理为真;学以致用为俗,实事求是为真;儒学是俗,佛学是真;经验现象是俗,心灵本体为真;民族主义是俗,无生主义是真等等。"③这些大而化之的论点至少有三种不足:其一,"转俗成真"与"回真向俗"在形式上构成"俗—真—俗"之回还关系,但事实上,两个"俗"的内涵并不一致,这里却一概视之;其二,"俗—真—俗"之关系被看成后者对前者之否定关系,而没有注意到后者对前者之摄纳与汲取;其三,这些观点过于堂而皇之,缺少对章太炎相关思想细致入微的检讨研

---

① 李源澄《章太炎先生学术述要》,林庆彰、蒋秋华主编《李源澄著作集》(三),台北:"中央研究院"中国文哲研究所,2008年,第1460页。
② 李泽厚《中国近代思想史论》,北京:人民出版社,1979年,第392页。
③ 陈平原等编《追忆章太炎》,北京:生活·读书·新知三联书店,2009年,第464页。

究,缺乏文本根据,或有一隅之见但却不是周延的考量。意识到这
些不足,陈平原教授以章太炎"三年系狱"(即因"苏报案"下狱,
1904—1906)与"三年幽禁"(即因反袁被软禁,1914—1916)为时间
节点来考察章太炎这种转变,"三年系狱"读佛书而"转俗成真",
"三年幽禁"读儒书而"回真向俗",①此种判断虽然有文献和历史
根据,但抑或未必恰当,因为仅凭《菿汉微言》和《自述学术次第》显
然不能把握章太炎这种"转胜"哲学的幽微之处,《齐物论释》等重
要文献没有进入其视野。同时,章太炎在"龙泉之厄"中所言"始玩
爻象,重籀《论语》"②究竟何意,此语是否如学界所普遍认可的那
样意味着章太炎在一般意义上归宗儒学(李泽厚,前揭),可能需要
商榷。汪荣祖结合章太炎的学术历程,认为佛学与庄学的真谛是
"真",把"齐物眇义运用到实际问题上去"是"回真向俗",并指出:
"'转俗成真'是'求是'的过程;'回真向俗'是'致用'的过程。'真'
指思想体系,俗指实际问题。他从实际问题探索思想,再由思想解
决实际问题。"③此论殊为有见,但将章太炎的庄学仅仅视为"真
谛"或有不足,因为章太炎庄学本身即含摄着真俗二谛,下文将详
细论之。况且,将"真"与"俗"理解为"思想体系"与"实际问题"虽
然没有错,但一方面失之抽象,另一方面则或不剀切,因为"求真"
阶段的"思想体系"也解决"实际问题",比如培养革命道德等,"向
俗"阶段承认解决"实际问题",但未尝没有"思想体系"。谢樱宁指
出:"真界是他的理想国,他所认为的宇宙的究竟,人事的本然,以
说'无我'、断妄执的无生主义为最高的境界;俗界则是他所处的现
象世界与历史片段,以说有我(以众生为我)、求独立的民族主义为

① 陈平原等编《追忆章太炎》,第 464—465 页。
② 章太炎《菿汉微言》,《章太炎全集》(七),第 70 页。
③ 汪荣祖《康章合论》,北京:中华书局,2008 年,第 92 页。

当下的必要。……真界里以哲学为主（专求理相，包括先秦诸子之学，印度佛学，西方思想以及种种形而上学的兴趣）；俗界里则以历史为主（照顾事相，包括他的经学，语言文字之学，以及种种社会学的观点）。"①谢先生此观点，将宇宙究竟、无生主义视为"真界"，将众生有我、民族独立视为"俗界"，同时，将哲学视为"真界"，将史学、语言文字之学等视为"俗界"，其中固然有合理的成分，但也有错位，而且忽略了章太炎的庄学思想在其真俗回转中的重要作用。

张志强教授则运用日本学者竹内好研究鲁迅思想的经验，提出思想者通过自我思想否定或循环往复而最终形成"哲学的突破和人格的回心"，这种思想与人格之"回心"正如章太炎自况的"转胜"之回还。在这个意义上，张志强教授指出："第一时期是'囚系上海'之前的阶段，也可以称之为《訄书》的时代，是在其经学、小学、史学研究的基础之上，通过探究'社会政法盛衰蕃变之所原'的社会理论，来重建民族文化的阶段，也可以称之为关心社会政俗的求'俗'阶段。第二时期即是经过囚系狱中读佛典的'回心'契机，'真'的追寻之发端和开展的阶段，表现在思想论述上是他针对'反满'革命的形势，回应包括保皇改良、无政府主义等思想论调，而展开的激烈批判时期，也就是一般所说的主笔《民报》时期。……第三时期则是以《齐物论释》的完成为标志，这一方面是他求'真'原理的最终完成，而同时也是他具体运用此原理，从而实现所谓'回真向俗'的阶段。"②章太炎思想不断"转胜"的最高造境即《齐物论释》一书，此书是其"转俗成真"与"回真向俗"的转折点，"《齐物论

① 谢樱宁《章太炎与王阳明：兼论章太炎思想的两个世界》,《章太炎年谱摭遗》,北京：中国社会科学出版社,1987 年, 第 189—190 页。
② 张志强《操齐物以解纷,明天倪以为量：论章太炎"齐物"哲学的形成及其意趣》,《中国哲学史》2012 年第 3 期。

释》的完成，一方面意味着章太炎对'真'的追求达到了其最高理解，而另一方面正是这种关于'真'的最高理解自身所包含的题中应有之义，要求它必须容纳自身的对立面即俗，需要为'俗'提供一个与'真'等量齐观的位置，而这才是真正意义上的'真'。这表明，《齐物论释》是'转俗成真'的至高点，同时也是'回真向俗'的原理起点。"①张志强教授把章太炎之"回真向俗"聚焦于《齐物论释》之庄学而不是如陈平原教授那样诉诸龙泉之厄中"始玩爻象，重籀《论语》"之儒学。另外，孟琢教授新著《齐物论释疏证》也紧紧围绕"真俗体用"这一核心契入对《齐物论释》的疏证之中，如该书指出："《齐物论释》第一、二章言本体，第三章言致用，第五、六章言本体，第七章言致用，即此真俗体用之框架。"②此书类似以"真俗体用"之框架来疏证章太炎哲学之处甚多，这实则也承认《齐物论释》所构造的是章太炎回真向俗、真俗并建之哲学体系。在笔者看来，张志强教授和孟琢教授之论似更符合章太炎这种思想转变之事实，章太炎"始则转俗成真，终乃回真向俗"之"见谛转胜"最后结穴于《齐物论释》一书中。依章太炎之见，庄子哲学不仅能摄纳佛学之"真"，而且能补足佛学所不足之"俗"，换言之，佛学所有者庄学有之，佛学所无者庄学亦有之，庄学上能补佛学仅仅求真之不足，下能观照谛视诸派学说所蕴含之俗。因此，在某种意义上说，章太炎"终乃回真向俗"实则是以"庄学之俗"补救"佛学之真"，最终让佛学这种出世间法变成世间法；同时，以庄学之俗观照一切世间法并承认一切世间法存在之意义和价值。

值得注意的是，章太炎《齐物论释》强调庄子"上悟唯识，广利

① 张志强《操齐物以解纷，明天倪以为量：论章太炎"齐物"哲学的形成及其意趣》。
② 孟琢《齐物论释疏证》，上海：上海人民出版社，2019年，第29页。

有情"，"内存寂照，外利有情"。①可见，其"回真向俗"所转胜之"俗谛"不是对佛学"真谛"之扬弃，而是摄纳吸收"真谛"而再以"真谛"观照有情的"俗谛"，一方面，"俗谛"含摄着"真谛"，如果"俗谛"不以"真谛"为前提，那么这种"俗谛"就毫无意义可言；另一方面，"真谛"如果不能开出"俗谛"，意味着这种"真谛"是一种有限性的存在，只有含摄"俗谛"的"真谛"才是更高层次的"真谛"，也才是更周延的"真谛"。

一 "始则转俗成真"：从"经史之俗"到"佛学之真"

章太炎在《菿汉微言》中回顾平生所学云："余自志学迄今，更事既多，观其会通，时有新意。思想迁变之迹，约略可言。少时治经，谨守朴学，所疏通证明者，在文字器数之间。虽尝博观诸子，略识微言，亦随顺旧义耳。遭世衰微，不忘经国，寻求政术，历览前史，独于荀卿、韩非所说，谓不可易。自余闳妙之旨，未暇深察。"②类似的说法亦见于成文于 1913 年的《自述学术次第》："余少年独治经史、《通典》诸书，旁及当代政书而已，不好宋学，尤无意于释氏。"③第一转即"转俗成真"之"俗"是指阅读佛书之前所涉猎的中华本土经史诸子等"俗学"，此阶段他"尤无意于释氏"，或者即使涉猎一些佛书，然"卒未窥其究竟"④。相反，"独于荀卿、韩非所说，谓不可易"。章太炎"转俗成真"之"俗"是指中国传统的经子之学，特别是古文经学和荀韩思想，此殆学界无异议。而"转俗成真"之

① 章太炎《齐物论释定本》，《章太炎全集》（六），第 76、118 页。
② 章太炎《菿汉微言》，《章太炎全集》（七），第 69 页。
③ 章太炎《自述学术次第》，《章太炎全集》（十），第 494—495 页。
④ 章太炎《自述学术次第》，《章太炎全集》（十），第 495 页。

"真"即如前文引陈平原、张志强等教授所指出,此"转"是从中国传统的经史诸子等转变为印度佛学特别是慈氏、世亲、无著一系之法相学。

章太炎学佛之机缘与"苏报案"下狱有关,他在《菿汉微言》中指出:"及因系上海,三岁不觌,专修慈氏、世亲之书。此一术也,以分析名相始,以排遣名相终,从入之途,与平生朴学相似,易于契机。解此以还,乃达大乘深趣。"①类似的说法亦见于《自述学术次第》:"遭祸系狱,始专读《瑜伽师地论》及《因明论》《唯识论》,乃知《瑜伽》为不可加。既东游日本,提倡改革,人事繁多,而暇辄读藏经。又取魏译《楞伽》及《密严》诵之,参以近代康德、萧宾诃尔之书,益信玄理无过《楞伽》《瑜伽》者。"②章太炎于狱中及其出狱流亡日本期间饱读佛书,他对慈氏、世亲一系之法相学深所服膺,以为"释迦玄言,出过晚周诸子不可计数","益信玄理无过《楞伽》《瑜伽》者",此即他所谓"转俗成真"之"真"。我们不得不思考,为何法相一系之佛学成为他心目中之"真谛",以及这种"真谛"的思想内涵和现实关怀是什么,笔者以为至少有三种因素。

(一) 真如实相(阿赖耶识)为究竟实相

法相学认为真如实相是究竟实相,即阿赖耶识变现为天地万物,天地万物为自心之映现,这种法相学的存有论为章太炎所认可和接受,这种"真"即"实相"。章太炎关于"真"之哲学诠释集中于《建立宗教论》一文中,此文有破有立,可谓一篇判教檄文,他"持三性以衡宗教",其所立的是唯识学"三性"这种"如实了知";其所破

---

① 章太炎《菿汉微言》,《章太炎全集》(七),第69页。
② 章太炎《自述学术次第》,《章太炎全集》(十),第495页。

的有唯心主义、唯物主义、实在论、唯理论、经验论等哲学流派,以及有神论、泛神论和佛教净土宗之神我论等宗教派别。唯识学"三性说"犹如日光普照大地,无幽不烛,"白日循虚,光相暖相,遍一切地……三性亦然"①。"三性"指"遍计所执自性""依他起自性""圆成实自性",此三自性可涵盖一切诸法,其中,"第一自性,惟有意识周遍计度刻画而成",由意识执持而成"实有我、实有法"之妄执性;"第二自性,由第八阿赖耶识、第七末那识,与眼、耳、鼻、舌、身等五识虚妄分别而成",心缘境起,境依心生,其境虽无,其相幻有,执相见二分为实有;"第三自性"为究竟实相,"第三自性,由实相、真如、法尔(犹云自然)而成,亦由阿赖耶识还灭而成。在遍计所执之名言中,即无自性;离遍计所执之名言外,实有自性。是为圆成实自性。夫此圆成实自性云者,或称真如,或称法界,或称涅槃"②此三性中,前两性是俗谛,后一性是真谛,一切哲学之本体论、认识论,以及一切宗教之有神论、泛神论等,要么是"遍计所执自性",要么是"依他起自性",哲学流派之唯心论、唯物论、有神论是"三大倒见",此皆非究竟实相而或为增益执或为减损执,这一切都是误将"遍计所执自性为圆成实性"。只有法相学"三性"之说遍满万法,是为了义言教。章太炎破建并存,通过判教的方式借唯识学构建起他自己的存有论,这个本体即阿赖耶识,亦称种子识或藏识,以含藏种子而变现天地万物,此识可泛称为心识,"心精圆遍,含裹十方",宇宙存在即心之妄现,"宇宙本非实有,要待意想安立为有。若众生意想尽归灭绝,谁知有宇宙者? 于不知中证其为有,则证据必不极成";"此心为必有,而宇宙为非有。所谓宇宙,即是心之碍

---

① 章太炎《建立宗教论》,《章太炎全集》(八),第 423 页。
② 章太炎《建立宗教论》,《章太炎全集》(八),第 423—424 页。

相。即以此心,还见此心";①不光宇宙存在等五尘非实有,一切抽象概念范畴等法尘亦由此阿赖耶识原型观念而生,"冒万有者,惟是概念。知为概念,即属依他;执为实神,即属遍计"。②

在一般意义上而言,衡量一位学人是学问家还是哲学家可以考察他对宇宙本体是否有最直接的观照,正如章太炎所说:"乃至言哲学创宗教者,无不建立一物以为本体。其所有之实相虽异,其所举之形式是同。是圆成实自性之当立,固有智者所认可也。"③之所以说章太炎是哲学家而不仅仅是学问家,就在于他能对宇宙存在之第一性有其考量,他虽然倚重法相宗而构建其哲学本体,但这种截断众流、涵盖乾坤、直契真原的判教意识,这种以阿赖耶识为万法根源之信念,使得他成为真正的哲人。"阿赖耶识"作为万法之源并非一般理解的主观意识,而是一种永恒存在的存有,是唯一之真。《人无我论》强调阿赖耶识与灵魂绝不一样,"阿赖耶识为情界、器界之本,非局限于一人。后由末那执著,乃成我相。而灵魂乃个人所独有,此其分齐绝殊,不得无辨"④,阿赖耶识作为一切有情无情之所本,并非像灵魂一样局促在人之体内,而是一种兼客观主观之实在,人的存在不过是末那识执阿赖耶识而成之"我相"。

(二) 语必征实,说必尽理:作为一种科学理论

法相学之真如实相之所以为究竟实相,不是玄想和悬揣,乃在于这派学说对实相之追问能经得起科学和逻辑之论证,即法相学之认识论是一种科学的认识论,能经得起理性的"祛魅"和科学的

---

① 章太炎《建立宗教论》,《章太炎全集》(八),第 434、436 页。

② 章太炎《建立宗教论》,《章太炎全集》(八),第 431 页。

③ 章太炎《建立宗教论》,《章太炎全集》(八),第 424 页。

④ 章太炎《建立宗教论》,《章太炎全集》(八),第 450 页。

"证实"。正因为达致真如实相的论证方法是科学方法,故真如实相才是究竟真实,即唯识学的论证过程与论证结果都是真谛。章太炎早年师事俞曲园受严格之朴学训练,而清儒朴学正是肇始于顾亭林的一种科学的方法,①他的语言文字之学重视"以声音求训诂,以声音证形体者"②,正是从语言发生学的意义上承认自发性的声音先于创造性的文字的这种科学。由于朴学这种科学作为"前理解",使得他对充满理性精神、经得起科学论证的法相学一见如故,"[法相学]此一术也,以分析名相始,以排遣名相终,从入之途,与平生朴学相似"③,朴学与法相学皆是科学,"佛法五明"之"声明"即"彼土文字训诂之学"④。章太炎在《自述学术次第》中云:"余治法相,以为理极不可改更,而应机说法,于今尤适。桂伯华初好华严,不喜法相,末乃谓余曰:'今世科学论理日益昌明,华严、天台,将恐听者藐藐,非法相不能引导矣。释迦之后,弥勒当生,今其弥勒主运之时乎!'又云:'近世三百年来,学风与宋明绝异。汉学考证,则科学之先驱;科学又法相之先驱也。盖其语必征实,说必尽理,性质相同尔。'"⑤他服膺桂伯华所说,将汉学、法相学以及近代勃兴的"科学论理"等而视之,"弥勒"即慈氏论师,慈氏著《瑜伽师地论》是唯识学最重要之早期经典,此派的认识论基础是因明学,重视严格的名相分析,因此桂伯华指出"释迦之后,弥勒当生,今其弥勒主运之时乎"(前揭)。在晚近这个科学论理日益昌明之世,只有经得起科学的认识论检讨的哲学或学说才能被接受,

---

① 参见梁启超《中国近三百年学术史》,北京:东方出版社,1996 年,第 86 页。
② 章太炎《论语言文字之学》,《章太炎全集》(十四),第 30 页。
③ 章太炎《菿汉微言》,《章太炎全集》(七),第 69 页。
④ 章太炎《菿汉微言》,《章太炎全集》(七),第 44 页。
⑤ 章太炎《自述学术次第》,《章太炎全集》(十),第 495 页。

"盖近代学术,渐趋实事求是之途。……是故法相之学,于明代则不宜,于近代则甚适,由学术所趋然也"①。正是由于此,章太炎于佛教诸派中最终选择法相学,"在真谛一边,到如来藏缘起宗,阿赖耶缘起宗,已占哲学上最高的地位。"②,这种"真谛"之所以为"真",就在于这一派有因明学(逻辑学)的自觉,并将因明学用于哲学论证之中,这种论证"语必征实,说必尽理",既符合形式逻辑的推演,也与康德以来的哲学认识论相一致,而且能经得起近代自然科学的验证。

我们看到,此期间,章太炎一系列著作中不仅在本体论上接受法相学的真如实相,而且在论证过程中都能以严格的形式论证、名相分析并结合近代西方哲学把这个究竟实相逼显出来。他把近代以来的自然科学包括原子论、微生物学、进化论、化学、物理学、天文学、语言学等知识引入他的论证中,这就使得真如实相还经得起科学之验证。总之,真如实相之所以是唯一的真实,乃在于这一系的论证过程符一般的逻辑学和科学论证,一切形而上学、有神论、泛神论、唯物论等哲学(宗教)流派被解构或颠覆,"追寻原始,唯一真心"③。

(三) 法相学真谛蕴含着"事实"与"价值"之统一

法相学之真谛蕴含着事实与价值之统一,以章太炎之见,"下验动物、植物,上至求证真如,皆求是耳"④,法相学是与动物学、植物学一样的求是之学,同时,这种求是之学本身也蕴含着至高无上的价值。对这种真如实相之认可和接受的机缘与学界所经常论及

---

① 章太炎《答铁铮》,《章太炎全集》(八),第 387 页。
② 章太炎《佛学演讲》,《章太炎全集》(十四),第 150 页。
③ 章太炎《佛学演讲》,《章太炎全集》(十四),第 153 页。
④ 章太炎《菿汉微言》,《章太炎全集》(七),第 43 页。

的他所提倡的社会道德或革命道德有关，即所谓"用宗教发起信心，增进国民的道德"①。关于社会道德，是指普通的公民道德，章太炎指出："以勇猛无畏治怯懦心，以头陀净行治浮华心，以唯我独尊治猥贱心，以力戒诳语治诈伪心。"②"非说无生，则不能去畏死心；非破我所，则不能去拜金心；非谈平等，则不能去奴隶心；非示众生皆佛，则不能去退屈心；非举三轮清净，则不能去德色心。"③章太炎希望"释迦正教，普及平民"，以成就无畏、独立、自主、自尊的现代社会公民人格（自由人格）。关于"革命道德"，主要是希望借助佛学"同发大愿，勇猛无畏"的精神尽瘁光复事业，"我们今日要用华严、法相二宗改良旧法。这华严宗所说，要在普度众生，头目脑髓，都可施舍与人，在道德上最为有益。这法相宗所说，就是万法惟心，一切有形的色相，无形的法尘，总是幻见幻想，并非实在真有"④。按照休谟的划分，社会道德或革命道德属于价值领域，而法相学之真如实相属于事实领域（章太炎认为如此），章太炎经过重重论证而证立法相学之真如实相恰恰是为他的社会道德或革命道德这种价值服务，换言之，章太炎提倡法相学背后有将"事实与价值"相统一的思想诉求。

同时，以法相真谛为标准，他对中国传统哲学的俗谛展开批判。他批判儒学："孔教最大的污点，是使人不脱富贵利禄的思想。"⑤又云："夫以洛、闽儒言，至为浅薄，而营生厚养之士，昌言理学，犹且为人鄙笑。"⑥这里显然是以"上契无生，下教十善"⑦的法

---

① 章太炎《在东京留学生欢迎会上之演讲》，《章太炎全集》（十四），第4页。
② 章太炎《与梦庵》一，《章太炎全集》（十二），第321页。
③ 章太炎《建立宗教论》，《章太炎全集》（八），第440页。
④ 章太炎《在东京留学生欢迎会上之演讲》，《章太炎全集》（十四），第6页。
⑤ 章太炎《在东京留学生欢迎会上之演讲》，《章太炎全集》（十四），第5页。
⑥⑦ 章太炎《建立宗教论》，《章太炎全集》（八），第440页。

相真谛批判儒学以干禄为目的的俗谛。应该说,这种批判并不符合孔孟儒家的理想,却可能是现实生活中某些儒学的真实面目。另外,墨子的有神论、孟子的神我论也在被批判之列。特别值得一提的是,此时期章太炎更以法相这种真谛批判庄学之俗谛,他在《明见》中指出庄子哲学不是究竟了义,庄子不悟"三世非实有",立足于世间而"爱人也终无已",虽然类似于佛教的"摄化众生""尽于未来",但毕竟庄子救人只是承认世间法的"乐不胜计",而没有佛教那样摄化众生、涅槃成佛的无上正觉,"此亦庄周之所短也"①。此实则是以佛学之真批判庄学之俗。

　　章太炎在"转俗成真"之后,以阿赖耶识为宇宙本体,按照法相学"三界唯心所现"这一"真谛",构建成一个初步的哲学体系,在人生哲学上形成"空无依傍""自尊其心""人无我相"的勇猛人格、平等人格、独立人格、自由人格;在政治哲学上形成"五无论"的哲学乌托邦;在进化论上形成善恶并进、苦乐相随的"俱分进化论";在国家伦理上形成"个体为真,团体为幻"的启蒙民权学说等。同时,他以此真谛为标准对进化论、公理论、唯物论、自然论等"西方四惑"展开批判。不过,随着章太炎哲学思考历程的"转胜"或"回心",法相宗这种真谛之不足也日益凸显出来,在完成一系列以唯识学之真谛为核心的系列哲学著作之后,俗谛逐渐在他的哲学思考中提上日程,这就是后来他自况的"终乃回真向俗"。

二　"终乃回真向俗":从"佛学之真"到"庄学之俗"

　　毋庸讳言,法相学作为一种宗教理论,"俗昧远理,僧滞近

---

① 章太炎《国故论衡先校本》,《章太炎全集》(五),第137页。

教"①,法相宗驰骛于对"真"之追求而对"俗"和"妄"的观照是不够的。经过否定之否定的回还往复之后,章太炎不得不面对以"众同分心"为普遍诉求的世间法世界。这个世间法在法相宗看来是一个幻境、假有、妄执、相分,但对于包括章太炎在内的大多数人来说,这个世间却是一个如此真实的存在,正是生老病死、贪嗔痴慢疑、民族国家天下等存在证明着世间的存在。如何更好地观照这个世间而不是驰骛于出世间,如何更好地观照这个妄境而不是一味地否定这个妄境,成为自况平生"得于忧患者多"(《章太炎先生自定年谱》1910 年条)的章太炎不得不面对的问题。

(一) 佛学"真谛"之不足

随着阅历之加深和世道之变幻,章太炎逐渐意识到佛学的不足,开始批判佛学,由出世间法之真谛逐渐转向世间法之俗谛,此即所谓"回真向俗"。章太炎批评佛学之相关文献有:

> (1) 余既解《齐物》,于老氏亦能推明。佛法虽高,不应用于政治社会,此则惟待老庄也。儒家比之,邈焉不相逮矣。②
> (2) 佛法中原有真谛、俗谛二门……只在俗谛一边,却有许多不满。那不满在何处呢? 佛法只许动物为有情,不许植物为有情,至于矿物,更不消说了。兄弟平日好读《瑜伽师地论》,却也见他许多未满。③
> (3) 若专用佛法去应世物,规画总有不周。……唯有把

---

① 章太炎《与太虚》一,《章太炎全集》(十二),第 1090 页。
② 章太炎《自述学术次第》,《章太炎全集》(十),第 495 页。
③ 章太炎《佛学演讲》,《章太炎全集》(十四),第 150 页。

佛与老庄和合,这才是"善权大士",救世应物的第一良法。①

　　(4)〔佛学〕苟专以灭度众生为念,而忘中涂恫怨之情,何翅河清之难俟,陵谷变迁之不可豫期,虽抱大悲,犹未适于民意。②

　　(5)虽然,遍从佛法之说者,于正趣真如即有用,于经纬人事又往往失之疏略矣。③

　　通过以上文献可以看出,章太炎对佛学之不满是显而易见的。文献(1)(3)(5)指出佛法作为出世间法并没有对世间法作出具体观照,对政治社会没有具体规划,对救世应物没有具体措施,对经纬人事失之疏略,一言以蔽之,佛学真谛有余而俗谛不足;相反,老庄特别是庄子的齐物哲学对这方面有很好的观照,"打破文明野蛮的见……这是老庄的第一高见。就使维摩诘生在今日,必定也主张这种议论,发起这种志愿,断不是只说几句慈善事业的话,就以为够用了"④,庄子哲学能以俗谛补足佛学真谛之不足,故言"经国莫如《齐物论》",佛学潜在的思想要通过庄学才能变为显在。文献(2)则指出他对佛学之"俗谛一边,却有许多不满",佛学观照有情众生之情界,而没有观照到无情众生之器界,造成情界与器界之不平等,这是法相学阿赖耶识不究竟之处。面对这种不足,庄子哲学则有补救之功,如章太炎指出:"近人所谓平等,是指人和人的平等,那人和禽兽草木之间还是不平等的。佛法中所谓平等,已把人

---

① 章太炎《佛学演讲》,《章太炎全集》(十四),第 159 页。
② 章太炎《齐物论释定本》,《章太炎全集》(六),第 141 页。
③ 章太炎《与车铭深》,《章太炎全集》(十三),第 1256 页。
④ 章太炎《佛学演讲》,《章太炎全集》(十四),第 159 页。

和禽兽平等。庄子却更进一步，与物都平等了。"①在这个意义上说，与佛学仅仅言"众生平等"不同，庄子哲学是"究竟平等"论者，庄子这种"究竟平等"的哲学最终为他的"万化无极，乐不甚计"的生死学张本。不难发现，这里也是以庄学之俗谛补救佛学之真谛。文献(4)指出，佛学发大愿度众生，然众生无尽愿无尽，其愿诚然令人感佩，但度一切众生成佛就如河清难俟、谷岸变迁一样"不可豫期"，佛学"虽抱大悲，犹未适于民意"，只有庄学这种"随顺生死，不住涅槃"之生死学才更适合民意，《齐物论释》两次提到庄子是"以百姓心为心"，此实则也是以庄学之俗谛补救佛学之真谛。

总之，佛学之不足主要有：(1)潜在思想没有化成显在思想，故没有对世间的具体观照；(2)其平等性不是究竟平等；(3)度一切众生成佛之理想并不能实现，理想虽高，难契民意。于这些不足，庄子哲学可以一一补救之。故可以说，章太炎"终乃回真向俗"实则是以庄学之"俗"救佛学之"真"。在《齐物论释》和《菿汉微言》以及相关论著中，我们可以看到章太炎对庄子给予最高的定位，佛学所有者庄生有之，佛学所无者庄生亦有之，庄学是兼世间法出世间法、穷尽内圣外王之道、以百姓心为心的最上乘法。

(二)"明真"与"通俗"：庄学含摄真俗二谛

首先需要强调的是，章太炎所谓"终乃回真向俗"不是因"俗谛"而扬弃"真谛"，而是在其"俗谛"中接受并含摄"真谛"。也就是说，其"回真向俗"之"俗"是蕴"真谛"于其中之"俗谛"，这个"俗谛"不是佛学所谓的外道戏论之俗谛，而是在继承佛学之真谛的基础上将其所可能蕴含的潜在思想显白出来，或对之进行创造性的转

① 章太炎《国学十讲》,《章太炎全集》(十四),第336页。

化以期返本开新,以让佛法变成利用厚生、经国济民、衣养万物的世间法。《齐物论释》有言,"转此成心则成智,顺此成心则解纷",转此成心即成真谛,顺此成心即成俗谛,这正好代表着章太炎哲学轴心突破时期前后两个阶段,前者是他转俗成真的阶段,也是他的思想形成中着眼于"破执求真"的批判性时期;后者则是他"回真向俗"的阶段,也是他的思想形成中趋向于"以真立俗"的建设性时期。①以"逍遥""齐物""天倪""随顺""两行"等哲学为代表的庄子哲学正是含摄着真谛之俗谛,亦即是说,庄学含摄着真俗二谛。

　　章太炎比较庄子《齐物论》最后两则寓言"罔两问影"和"庄周梦蝶"时指出:"前章说无待所以明真,此章说物化所以通俗。"②"明真"与"通俗"成为《齐物论释》的两大主题,故笔者非常赞同张志强教授、孟琢教授等将《齐物论释》定位为章太炎"转俗成真"与"回真向俗"之转捩点。《齐物论释》有四大主要内容。其一,在求真的意义上会通庄学与佛学,将庄子之《齐物论》与法相学(包括华严学)一一格义,"齐物本以观察名相,会之一心"③,他以佛学之阿赖耶识格义庄子之"灵府",以阿陀那识格义"灵台",以阿赖耶识含藏种子格义庄子之"成心",以庵摩罗识格义庄子之"常心",即通过唯识学而重建庄学存有论。其二,以庄子的"道—言悖论""齐—言悖论"格义法相学的"真如—名言悖论","离言说相,离名字相,离心缘相,毕竟平等,乃合《齐物》之义","以论摄论,即论非齐。所以者何,能总摄故。方谓之齐,已与齐反,所以者何,遣不齐故"④,在

────────────

①　参见张志强《操齐物以解纷,明天倪以为量:论章太炎"齐物"哲学的形成及其意趣》。

②　章太炎《齐物论释定本》,《章太炎全集》(六),第 139 页。

③　章太炎《齐物论释定本》,《章太炎全集》(六),第 78 页。

④　章太炎《齐物论释定本》,《章太炎全集》(六),第 73、75 页。

哲学叙事方式上论证庄学与法相学的一致性。其三,通过诠释《齐物论》"尧伐三子"章,提出"世情不齐,文野异尚"的哲学观点,以回应当时"以文明之名行侵略之实"的帝国沙文主义,"尧伐三子"这则寓言"精入单微,还以致用","单微"即"明真","致用"即"通俗",以真为体而以俗为用。其四,通过诠释"庄周梦蝶"这则寓言来论证庄子以一阐提证法身,摄化众生,不住涅槃,白衣示相,让百姓随顺生死比一味驰骛涅槃更契合民意。前两者是发明庄子之"真谛",后两者是发明庄子之"俗谛",庄学就是既能"明真"又能"通俗"的真俗两全之学。

在《齐物论释》中,我们多次看到章太炎对庄学的这种定位,比如:"能上悟唯识,广利有情,域中故籍,莫善于《齐物论》。"又如:"原夫《齐物》之用,将以内存寂照,外利有情。"此两处对庄子之定位中,"上悟唯识""内存寂照"是说庄子能"明真","广利有情""外利有情"是说庄子能"通俗"。另外,还比如云:"圣人内了无言,而外还顺世。顺世故和之以是非,无言故休乎天钧。"①"内了无言"是说庄子能"明真";"外还顺世"是说庄子能"通俗",结合《天下》篇论庄子"独与天地精神往来,而不敖倪万物;不谴是非以与世俗处",章太炎把庄子理解为地上菩萨,看来并非完全虚说。当然,章太炎认为庄子以"明真"而"通俗",最突出的就是他对"罔两问影"和"庄周梦蝶"的诠释,前者"说无因者,亦佛法最后了义","无待"隐喻"缘会众多,无有主因可得",唯其无因,故不得不说"造色者心也,证见心造,其物自空",此即所谓"明真"②;与此不同,"庄周梦蝶"所显发的是"通俗",此则寓言隐喻的是轮回,佛学以轮回为苦,

① 章太炎《齐物论释定本》,《章太炎全集》(六),第98页。
② 章太炎《齐物论释定本》,《章太炎全集》(六),第137页。

庄生却以轮回为乐,并不是说庄子不懂佛法不能"明真",恰恰相反,庄子是在"明真"的基础上"通俗","佛法以轮回为烦恼,庄生乃以轮回遣忧",理由是:"'菩萨一阐提,知一切法,本未涅槃,毕竟不入。'此盖庄生所诣之地。"①庄子已"明真"故能"证无生灭";庄子还要"通俗"故"示有生灭","证无生灭,示有生灭,是谓两行"亦即"明真"与"通俗"之两行。因此,庄周梦蝶是庄生示现白衣,他现身说法而告诫众生,生死不过是轮回,轮回中的一切众生都能"自喻适志",万化无极,乐不胜计,有情无情,各得其所,因为万物都是平等的,也都是自在的。不难发现,章太炎暗中将庄子"天倪"这种"俗谛"取代佛学"寂灭"这种真谛②,"忘年为体,穷年为用,比其应化,则死生修短惟所卷舒,故能止于常转,不受漂荡,寄于三世,不住寂光"。③"忘年为体"即承认时间不过是阿赖耶识之"体"所变现,故为假有,是为"真谛","穷年为用"强调随顺年寿长短而不起分别心之"用",是为"俗谛","寄于三世"是顺应庄学之"天倪"不以轮回为苦,"不住寂光"是不执著佛学之"真谛"故不驰骛于涅槃。庄子就是"本来涅槃,应化不尽,即毕竟不入涅槃"的大悲阐提,庄学是既"明真"又"通俗"之圆教。

章太炎《齐物论释》特别强调庄子之"天倪"义,在某种意义上说,他"回真向俗"即回佛学之"真如"而向庄子之"天倪","天倪所证,宁独生空,固有法空,即彼我执法执,亦不离真妄一原,假实相荡,又非徒以自悟,乃更为悟他之齐斧也"④,"天倪"是后退一步是

---

① 章太炎《齐物论释定本》,《章太炎全集》(六),第126页。

② 关于佛学以"法性"对道家"自然"之否定,章太炎认为佛教之"法尔"即道家之"自然",并对佛教这种观点展开批判。章太炎《佛学演讲》,《章太炎全集》(十四),第156页。

③ 章太炎《齐物论释定本》,《章太炎全集》(六),第139—140页。

④ 章太炎《齐物论释定本》,《章太炎全集》(六),第128页。

"法我二空",向前一步则是"真妄一原",假实相荡,真俗互摄,"自悟"即悟法我二空,"悟他"即随顺有边,虽行三界不坏法性心。章太炎"俗谛"不碍"真谛"的"天倪"思想实则也受到华严学之影响,他在《齐物论释定本》中指出:"一种子与多种子相摄,此种子与彼种子相倾,相摄非具即此见具,相倾故碍转得无碍,故诸局于俗谛者,观其会通,随亦呈露真谛。……此说同异之辩,不能相正,独有和以天倪。第一章说和以是非,休乎天钧,此谓两行,已示其崇萌矣。康德之批判哲学,《华严》之事理无碍,事事无碍,乃庄生所笼罩。"①换言之,华严学之"事理无碍"即唯识学之"真妄一原",亦即庄学之"天钧与是非"之"两行""和以之天倪"。

(三)"《齐物论》者,内外之鸿宝也"

在《菿汉微言》中,我们也看到,章太炎将庄学定位为"内圣与外王两全之道""兼世间法与出世间法之两法""驰骋空有之域"等,这些定位都突出庄子之俗谛或世谛的一面。《菿汉微言》至少有以下文献突出庄学之世间性:

> (1)世法可不坏出世法邪? 不能也。……庄生不欲以仁义撄人心,此纯出世法之言也。又云:子之爱亲,命也,不可解于心;臣之事君,义也……此不坏世法之言也。
> (2)《庄子》书中杂有世间出世间法。……大士说法,唯在应机。然应机之云,非局于当人问答之间,亦当观彼一期政俗风会变迁之迹。……[庄生]轮回之义既明,则世人系恋驰求之心可以少杀。……且此土政治生计,较为切要,孔氏且不

---

① 章太炎《齐物论释定本》,《章太炎全集》(六),第127—128页。

置论,即老庄本多持世善俗之谈。

(3)［庄生］则曲明性相之故,驰骋空有之域,委悉详尽,无隐乎尔。……则大乘菩萨以悲悯利生之故,虽三恶道亦见身而为说法。……圣者有梦,唯佛无梦,而孔子梦见周公,庄生梦为胡蝶,知其未证佛果,然以言说事状相征,自非地上菩萨必不得尔。

(4)［印度］其务减生,其国易为,则政治非所亟,加以气候温燠,谷食易熟,裘絮可捐,则生业非所亟。释迦应之,故出世之法多,而详于内圣。支那广土众民,竞于衣食,情实相反,故学者以君相之业自效,以经国治民利用厚生为职志。孔老应之,则世间之法多,而详于外王。兼是二者,厥为庄生。即《齐物》一篇,内以疏观万物,持阅众甫,破名相之封执,等酸咸于一味;外以治国保民,不立中德,论有正负,无异门之衅,人无愚智,尽一曲之用,所谓衣养万物而不为主者也。……故《齐物论》者,内外之鸿宝也。①

以上四则文献中,我们看到,(1)(2)两则文献指出庄子哲学是"世法不坏出世法"或"杂世法出世法"的两全之道,出世法是指"真谛",世法是指"俗谛",世法与出世法两不相坏,即是说"真谛"与"俗谛"之圆满。文献(3)强调庄子"曲明性相之故,驰骋空有之域","性"与"空"为"真谛","相"与"有"为"俗谛",庄学性相双彰,空有兼具,"真谛"与"俗谛"不落一偏。文献(4)则在文化人类学的意义上指出中印两种文化之不同,印度诸国小国寡民,容易管理,故政治学不发达,同时气候温热,谷食丰饶,故不务营生,这种文化

① 章太炎《菿汉微言》,《章太炎全集》(七),第15、26—27、37、26页。

孕育出释迦牟尼那种出世间法，是一种内圣之法；中土则广土众民，衣食短少，故学者好治"君相之业"，追求经国治民、利用厚生这种世间法，也即外王之法，此即孔老之学之特征。佛法详于"内圣"而"外王"不足，孔老则"外王"有余而"内圣"不足，前者有"真谛"而无"俗谛"，后者多"俗谛"而少"真谛"，只有庄子能穷尽"内圣"与"外王"之两全，能兼出世间法与世间法二法。其中，"内以疏观万物，持阅众甫"是"真谛"，"外以治国保民，不立中德"是"俗谛"；"衣养万物而不为主"是以"真谛"（"不为主"）摄"俗谛"（"衣养万物"）；"撄宁而相成，云行雨施而天下平"，"撄宁而相成"是"真谛"，"云行雨施而天下平"是"俗谛"，真俗不二，内外相摄，故云"《齐物论》者，内外之鸿宝也"。与此类似，章太炎晚年给弟子车铭深的信中承认周孔之道是"未尝执着生机以为不可舍置，亦未尝不随顺法行而为众人谋其正德利用厚生者"，而"能见斯旨，孔、颜而后，唯有庄生"。[①]

可见，在章太炎笔下，庄学乃是内圣外王两全之道，实则亦即是"真谛""俗谛"两全圆满之道。不过，与佛学驰骛于真谛相比，"老庄盛言缘起、内证，少言涅槃"[②]，章太炎更突出庄学俗谛之一面，此实则是以庄学之俗补救佛学之真。同时，除了对庄学之俗谛重视之外，章太炎在"回真向俗"之后，也开始显发佛学本身所具有的"俗谛"，无论在《齐物论释》中还是在《菿汉微言》中，我们都看到章太炎对佛学俗谛之揭橥，比如《齐物论释》强调"究竟觉地，而亦无涅槃事""摄化众生，不住涅槃""内证圣智与随世示现"等大乘佛学的世间性。在《菿汉微言》中，章太炎强调"佛法所谓发菩提心发大悲心"，也包含世间法，他以《中庸》之"诚"解释佛学之"菩提心"，

---

① 章太炎《与车铭深》，《章太炎全集》（十三），第 1256 页。
② 章太炎《菿汉微言》，《章太炎全集》（七），第 15、26—27、37、26 页。

佛学"依无明堕入法尔,还依无明超出",这种"超出"的过程即"赞天地之化育""可以与天地参"之积极入世过程,这种参赞天地之过程也可以证大自在天①之佛果。章太炎"回真向俗"之后尤其强调佛学之俗谛,以佛法观照世间,以至于后来他对太虚"不离人乘"的人间佛教表示服膺与赞誉。

三 "操齐物以解纷,明天倪以为量"

章太炎以"庄子之俗"救"佛学之真",不止是在思想内涵上接受庄之"俗谛",更在治学态度上接受庄子"齐物""天倪""天均"等"俗谛"以作为他平章古今学术之态度。我们会看到,仅仅依据《菿汉微言》所言"始玩爻象,重籀《论语》"就认定这是章太炎"回真向俗"之标志,不仅在时间上成问题,而且在内容上若把"回真向俗"视之为"回佛向儒"亦有化约之嫌。事实上,章太炎在"转俗成真"之时,强调法相为唯一之真,如前文所引,包括佛学其他别派、儒家、道家等各派宗教以及西方哲学等在内都被他一一破之否之。当他"回真向俗"之时,他开始以"齐物""天倪""天均"等庄学原则观照古今中西一切学术(俗谛),由于庄学"不立一我之量"(王夫之《庄子解》),因此能以一种公允、平等的眼光去臧否古今,曾经被他否定的诸派学术被他一一重新评估并发现其价值,此即所谓"操齐物以解纷,明天倪以为量"。

(一)"转此成心则成智,顺此成心则解纷"

章太炎"回真向俗"就不再是执著于某家某派,而是平章古今

---

① 章太炎《菿汉微言》,《章太炎全集》(七),第43页。

中西之学,权衡诸家利弊,此即他"回真向俗"的另一种俗谛。不可否认的是,他平议并接受诸家俗谛依旧以庄子"天倪"这种俗谛为前提,庄子的齐物哲学"不立中德,论有正负,无异门之畔"(《菿汉微言》前揭),庄子的"天倪""齐物"原则恰恰就是不立"中德"这个标准,诸家学说可以自由争鸣而不能有帷墙之见和门户之争,正是庄子这种俗谛给予他平视天下学术之眼光。"凡诸儒林白衣,大匠袄师,所论纵无全是,必不全非边见,但得中见一部,不能悉与中见反也"①,诸家所见纵然非全面之见,但亦未必毫无所见,一切学说皆有所见有所蔽。可见儒家之《论语》《周易》乃是作为俗谛之一端被章太炎接受,而不是儒家学说成为他心目中唯一之俗谛,因此不能说他"回真向俗"就是回归儒家,毋宁说即使在学术评价上他所"回真向俗"之"俗"依旧以庄学为最后原则,此即所谓"操齐物以解纷,明天倪以为量",而庄学之"俗"依旧以摄纳佛学之"真"为前提。关于"解纷",《齐物论释》云:"成心即是种子,种子者,心之碍相,一切障碍即究竟觉,故转此成心则成智,顺此成心则解纷。"②世间万法皆阿赖耶识种子所变现,唯遮境有,识简心空,转识成智则得解脱,依境随俗则得自然,"操齐物以解纷"即以一种平常心对外境、对万法、对各种学术流派做出公允之论,不齐而齐,解其纷乱。关于"天倪",《齐物论释》云:"[真人]真自证者,初依天倪为量,终后乃至离念境界所证得者,即亦最胜天倪也。"③"天倪"即离念自证所得之境,初依"天倪"为自证之法,最终亦以"最胜天倪"为自证之境。"天倪"即世间万法、古今学术的自然分际,"惟和之自然之分,

---

① 章太炎《齐物论释定本》,《章太炎全集》(六),第 127 页。
② 章太炎《齐物论释定本》,《章太炎全集》(六),第 88 页。
③ 章太炎《齐物论释定本》,《章太炎全集》(六),第 126 页。

任其无极之化,则是非之境自泯,而性命之致自穷也"①,因此,"操齐物以解纷,明天倪以为量"即以含摄法相真谛的庄学俗谛去平议权衡古今学术。

(二) 文王孔子之忧患:"生道济生,而生终不可济"

现在我们看《菿汉微言》所言"始玩爻象,重籀《论语》"是何义:

> 癸甲之际,厄于龙泉,始玩爻象,重籀《论语》,明作《易》之忧患,在于生生,生道济生,而生终不可济,饮食兴讼,旋复无穷。故唯文王为知忧患,唯孔子为知文王,《论语》所说,理关盛衰,赵普称半部治天下,非尽唐大无验之谈。又以庄证孔,而耳顺、绝四之指,居然可明,知其阶位卓绝,诚非功济生民而已。②

此段文献向来被学界视为章太炎"回真向俗"之标志,即承认章太炎从此归命孔子。事实上,章太炎在龙泉之厄中,重新检讨《论》《易》等儒家经典,但他并没有在一般意义上肯定儒学之价值,他所肯定的儒学,依旧是佛学化的儒学。此处所言"明作《易》之忧患,在于生生,生道济生,而生终不可济,饮食兴讼,旋复无穷","生道济生,而生终不可济"是说仅仅以俗谛济生有所不足,没有经过真谛洗礼过的俗谛终究不可济生,即没有经过真谛洗礼过的人生终究会陷于"饮食兴讼,旋复无穷"的苦海之中,因此说"唯文王为知忧患,唯孔子为知文王"。《菿汉微言》第 36 条专门检讨《易传》之

---

① 章太炎《齐物论释定本》,《章太炎全集》(六),第 126 页。
② 章太炎《菿汉微言》,《章太炎全集》(七),第 70 页。

"生生问题",此处尤证章太炎"回真向俗"不是回归儒家之俗。依章太炎之见,《易传》"生生之道"相当于佛学"五戒"之"不杀生","五戒既具,非入无余涅槃而灭度之",但仅有"五戒"还不足以涅槃成佛,"生生不已,终于竞争",故章太炎认为"生生"只是"既济"之道,而涅槃才是"未济"之道,众生执著于生生而不知涅槃,文王、孔子皆为众生不了究竟实相这种"未济"而"忧患"。换言之,文王、孔子之所忧者正如佛陀所忧一样,"虽度而未得度也,此文王、孔子之所同忧"。①如前文所引,章太炎笔下的文王、孔子皆是"以悲悯利生之故,虽三恶道亦见身"的大乘菩萨,因此,他们所忧患的正是仅仅"以生道济生"这种俗谛的不足。其实,章太炎预设《周易》《论语》等都是涵摄"真俗二谛"之经典(《周易》既有"生生"之俗谛,亦有"乾元"之真谛,乾元即藏识。据《菿汉微言》第 38 条),既然如此,赵普声称半部《论语》治天下就非唐大之言,此处之《周易》《论语》皆已佛学化、庄学化,所谓"以庄证孔,而耳顺、绝四之指居然可明"。"以庄证孔"的前提是"以佛证庄",故实则亦即"以佛证孔"。《齐物论释》把孔子之"耳顺"称为"天耳他心二通"②,"天耳通""他心通"是正觉者之六种自由无碍之神通,"天耳通"能闻六道众生苦乐忧喜之语言及世间种种之音声,"他心通"能知六道众生心中所思之事,此实则即孔子之"恕道"。孔子"绝四"即"人无我相",孔子已证法我二空,了悟依他起自性,得圆成实性。孔子"耳顺""绝四"之境以及颜回"心斋"都是以佛学之真谛观照万法之俗谛,孔颜庄师弟赓续授受不爽。③故这也是庄学自悟悟他之本。

---

① 章太炎《菿汉微言》,《章太炎全集》(七),第 70 页。
② 章太炎《齐物论释定本》,《章太炎全集》(六),第 129 页。
③ 关于章太炎论庄子与孔子之关系,可参考杨海文《"庄生传颜氏之儒":章太炎与"庄子即儒家"议题》,《文史哲》2017 年第 2 期。

　　这里不得不提章太炎"以庄证孔"的另一大理论发明,即以庄子齐物。如前文所指出,哲学解释孔子的忠恕之道。《检论》云:"体忠恕者,独有庄周《齐物》之篇,恢恑谲怪,道通为一。"《菿汉微言》云:"仲尼以一贯为道为学,贯之者何? 只忠恕耳。……尽忠恕者,是唯庄生能之,所云齐物即忠恕两举者也。"①以章太炎之见,"心能推度曰恕,周以察物曰忠",恕道是由此及彼、由己及人之推度;忠道是周全的体贴他者,适人之适,从人之好,尊重异己,不可以己方物。只有经过佛学"人无我相"与庄学"吾丧我"之后才能做到"忠恕两举",可见,忠恕这种俗谛必须以佛学之真谛为前提,章太炎将佛学、庄学、孔学合而论之,实则是将佛学之"真如—万法平等"、庄学之"丧我—齐物"、孔学之"绝四—忠恕"进行一种内在的会通。②

　　如此,经过佛学和庄学洗礼后的儒家忠恕之道也就成为他评判古今学术的方法,在《菿汉微言》中,他明确提出应以"忠恕之道"③衡论古今学术。把宋明以后的学术分为五科,臧否各派长短,各家皆有所取有所不取。应该说,以忠恕论学实则即以庄学的齐物论学,即以公允之心审视一切俗谛之价值,当然,这种俗谛依旧以"泯绝人法,兼空见相"这种真谛为前提,遣执荡相之后才能随顺有边而不生门户之见。

　　(三)"割制大理,莫不孙顺":以齐物哲学观照古今俗谛

　　经过重重哲学论证和对诸派思想内在会通,章太炎形成了自

---

① 章太炎《菿汉微言》,《章太炎全集》(七),第 31 页。
② 参见李智福《齐物与忠恕:章太炎"以庄证孔"思想发微》,《齐鲁学刊》2019 年第 1 期;人大复印报刊资料《中国哲学》2019 年第 8 期。
③ 章太炎《菿汉微言》,《章太炎全集》(七),第 45—46 页。

己的"真如—齐物—天倪—忠恕"的评骘学术之法,不难发现,其核心依旧是庄学,即以庄学这种含摄真谛之俗谛去观照诸派学说之俗谛,这是他"回真向俗"之"俗"的另一义所在。他在《菿汉微言》中指出:

> 顷来重绎庄书,眇览《齐物》,芒刃不顿,而节族有间。凡古近政俗之消息,社会都野之情状,华梵圣哲之义谛,东西学人之所说,拘者执著而鲜通,短者执中而居间,卒之鲁莽灭裂,而调和之效,终未可睹。譬彼侏儒,解遘于两大之间,无术甚矣。余则操齐物以解纷,明天倪以为量,割制大理,莫不孙顺。①

章太炎"回真向俗"之后,以庄学之"齐物"和"天倪"对各种俗谛进行观照,古今中西、政俗都野、华梵中西、汉学宋学、今文古文、程朱陆王等一切学术都被安排在庄学"齐"这一总冒之下获得平等性之观照,而各家各派学术存在的独特意义和思想界限也在"天倪"这一"自然分际"之原则下得到合理性的解释,获得在思想史上存在的意义,"此类是非,各当观其深旨,非可随文生执"②。其中,即使他曾经否定过、被他视为非究竟教的耶和华教,也在"格以天倪"中有了存在的合理性。一切执著,不离天倪,一切执著,都在"齐物""天倪"中得到尊重和理解,妄自破而纷亦解。这些"无物不然,无物不可"的俗谛不是圆滑,而是在"天倪"这种居高临下中平等地观照一切。《菿汉微言》可以说是章太炎以"操齐物以解纷,明天倪以为量"这种方法对古今各派学术评骘和反思之实践,这些学说大

---

① 章太炎《菿汉微言》,《章太炎全集》(七),第 70 页。
② 章太炎《菿汉微言》,《章太炎全集》(七),第 43 页。

部分都属于俗谛。如,在论及"孔子拒绝樊迟学稼"时指出:"吏、农、陶、冶,展转相资。必欲一人万能,势所不可。自政俗观之,九两六职,平等平等。自学术观之,诸科博士,平等平等。"①章太炎按照"齐物"与"天倪"的原则对吏农陶冶、九两六职(详《周礼》)等各种职业给予平等的观照。"齐物云者,谓一切知见,若浅若深,若真若俗,若正若倒,和以天倪,靡不会归真谛,亦非是无高下差别也"②,如前文所论及,章太炎在"转俗成真"阶段,他一系列论著都表现为以真识斥妄识、以真谛斥俗谛、以正见斥倒见等以真如实相破一切外道哲学之立场,此处则相反,他以"格以齐物""和以天倪"的方式对这一切学说进行重新评骘并给予公允之论。李泽厚因《蓟汉微言》最后一则提到《周易》《论语》、文王、孔子、程朱陆王以及汉宋之争等而得出章太炎"回真向俗"是回归儒学之"俗",事实上,章太炎指出程朱陆王等儒家乃与王弼、蔡谟、孙绰、李充等魏晋玄学家相伯仲,而且也对耶和华教表现出部分认可,故不能因章太炎提到儒家而遽定他归宗儒家,儒家只是"华梵圣哲之义谛,东西学人之所说"之一派。

总之,庄学是"高言平等,还顺俗情"(《齐物论释定本》)之学,庄子之于章太炎"回真向俗"的意义既在于以庄学这种世间法之"俗谛"补救佛学出世间法之"真谛",还在于,以庄子的"齐物""天倪"哲学进一步观照各种"俗谛",庄学为其提供方法论基础和治学论学原则。可见,章太炎"回真向俗"之"俗",既包括庄学作为世间法之俗,还包括在庄学之"齐物""天倪"观照下的古今中西各派学术之俗,此两种俗谛之核心都是庄学。当然,这种庄学之"俗"以法

① 章太炎《蓟汉微言》,《章太炎全集》(七),第44页。
② 章太炎《蓟汉微言》,《章太炎全集》(七),第42页。

相之"真"为前提,庄学之"俗"含摄法相之"真"。正是庄学之"俗"为法相之"真"打开一个全新的思想世界,一方面,使"真"成为"广利有情"的世间法;另一方面,使得各种世间法、世谛获得平等观照,这两者都是章太炎"见谛转胜"的意义所在。

结　束　语

　　章太炎"终则回真向俗"实质是以庄学之"俗谛"补救法相学之"真谛",就如西方中世纪哲学家承认无与伦比的上帝只有存在于现实世界才是真正的无与伦比地存在(安瑟伦)一样,与此类似,"有情际即实际者,圆成实自性也,以方便善巧故,安立有情于实际中者,随顺依他起自性。"①,一个周延圆满的"真"一定是包含着"俗"的"真",否则此"真"就不是一个圆满的"真",在《齐物论释》中,"真与俗"保持着"等量齐观"②的地位。职是之故,"明真"与"通俗"成为章太炎撰写《齐物论释》的两大交汇互摄之主题,《齐物论释》是章太炎"转俗成真"的最高点,是"回真向俗"之转捩点,事实上也应该是最高点,他之后的俗谛著作之理论深度再也没有超过《齐物论释》。《齐物论释》撰写于光绪三十四年(1908)前后,因此,章太炎"回真向俗"时间点应该是从此年开始,而不应该断为"龙泉之厄"第一年的中华民国三年(1914)。虽然章太炎自道"癸甲之际,厄于龙泉,始玩爻象"("癸甲之际"指癸丑年[1914年]末到甲寅年[1915年]初之际),并于中华民国五年(1916)写下"自揣平生学术,始则转俗成真,终乃回真向俗"之语,但不能因此断定他

---

① 章太炎《建立宗教论》,《章太炎全集》(八),第438页。
② 张志强《操齐物以解纷,明天倪以为量:论章太炎"齐物"哲学的形成及其意趣》。

"转俗成真"的转捩点就在此年。此语是章太炎对其前半生学术历程之总结,并不意味着他第二次回转在说此语时才开始。佛学之"真"这种彻底的"遣执荡相"之学为其庄学之俗张本,而庄学之俗这种"随顺有边"之学使得佛学能真正落实为世间法而成为利用厚生之道。没有佛学之"真",庄学之"俗"便为无本之木;没有庄学之"俗",佛学之"真"就如空中楼阁而不能对世间法有如实观照。章太炎之真俗并建、俗真圆满之学集中于《齐物论释》一书中,其以"千六百年未有等匹"自诩此书,亦非虚言。至于章太炎后来扬弃庄佛而粹然成为儒宗、提倡尊孔,参与投壶祭孔、重构儒家"新四书"(《孝经》《大学》《儒行》《丧服》)、论述"读经有利而无弊"等,已经是 20 世纪 30 年代之事了。

本文原为拙著《章太炎庄学思想研究》
(北京:中国社会科学出版社,2022 年)第八章。

章太炎的学术史著述[*]

——兼论与章学诚的关联

林少阳[**]

一 绪 论

(一)《国故论衡》的地位

章炳麟(号太炎,1869—1936)著作甚丰,仅就其学术史研究之代表作而言,可举《訄书》之大部分[①]及《国故论衡》。此外,尚有收录东京同盟会机关报《民报》时期文章为主的《太炎文录初编》涉及学术史的部分,以及其他涉及学术史演讲稿和讲义记录的《章太炎演讲集》。[②]其中《国故论衡》尤应视为章太炎最系统和纯粹的学术

* 本文受惠于张志强教授 2009 年 3 月于东京大学共同举办的章学诚读书会,及其于东京以文会的相关发表。初稿亦曾于 2012 年 8 月复旦大学与台湾大学联合举办的研讨会上发表。感谢王德威教授和高嘉谦教授的邀请,以及黄锦树教授的讲评。友人饶佳荣也给予宝贵意见。感谢两位匿名评审专家及《中国历史研究院集刊》编辑部的宝贵意见。本文受香港城市大学科研项目(9380129)及澳门大学科研项目(SRG2022-0031-FAH,PG2022-0003-FAH)资助。
** 作者单位:澳门大学人文学院历史系。
① 《訄书》初刻本,1900 年定稿;《訄书》重订本,1903 年定稿;最终本《检论》,1915年定稿。此据朱维铮《本卷前言》,《章太炎全集》(三),上海:上海人民出版社,2018 年,第 1—24 页。

② 章念驰编订《章太炎演讲集》,上海:上海人民出版社,2011 年。

史著述。

《国故论衡》共分小学、文学、诸子学三卷。上卷主论音学角度之小学理论,可与《新方言》《文始》并视为乾隆、嘉庆以来小学音学理论集大成之作。其中《理惑论》篇论及古文字,因囿于时代,章太炎力论甲骨文之不可凭(晚年自纠其误)。《正言论》则从小学家与学术史家角度批判白话文运动(文言合一或言文一致运动),力言以语代文猝行之谬,由此亦可窥该书与语言现代性之关系。《国故论衡》以小学为首卷,显见章太炎学术史以小学为基础,强调语言学视角,上承乾嘉学风。其学术史可谓始于语言文字,终于语言视角,立论征而有信,同时不乏理论建树,了无蹈空骛虚之论。

中卷之"文学"概念,并非现代 literature 译词之"文学",亦非仅指纯美学意义之"文"(章太炎以"彣"或"彣彰"与"文"刻意区分)。①中卷旨在备论文史,而旁及校雠;②或可谓辨章学术、考镜源流,以论述"文""史"概念。其所论者乃广义的"文""史"概念,实则与今日学术制度中的"文学""史学"迥异。首先,中卷表现出晚清今古文派的政治、学术对立意识;其次,该卷所收七篇论文承接乾嘉学术余绪,尤其执着于《四库全书》(以下简称《四库》)之四部分类问题,因此与清儒章学诚对话频频。在这些论文中,章太炎从文章流变之学术史角度定位其广义的"文学"概念,更借此承接前汉刘向及刘歆父子,并回应清中期章学诚之辨章学术、考镜源流意识。最后,与《小学》部分言文一致批判相呼应,章太炎此处暗含响

---

① 《章太炎全集》(五),第 219 页。本文引用《国故论衡》,以此校定本为主,并在标点、注释等方面参照章太炎撰,庞俊、郭诚永疏证《国故论衡疏证》,北京:中华书局,2008 年。

② "备论文史,旁及校雠"本为汪辟疆评论章学诚的表述,笔者以同样适用于描述章太炎,故借用之。参见汪辟疆著,傅杰校著《目录学研究》,上海:华东师范大学出版社,2000 年,第 7 页。

应西来之"文学"概念的用意。总之,章太炎将其叙述置于刘向、刘歆以来至章学诚之辨章学术、考镜源流谱系之余响,并以此直面西学骎骎东渐的现实。

下卷之"诸子学"或可名之为"哲学"。除《原学》兼论中西学术比较外,《原儒》《原道》《原名》《明见》《辨性》皆以诸子学为主,其中《明见》《辨性》(上下)乃将佛学与诸子相提并论。之所以可用翻译词"哲学"指代"诸子学",是因为章太炎1920年在《研究中国文学的途径》演讲中说:"原来我国底诸子学,就是西洋底所谓哲学。"①如上所言,章太炎学术史著述,有高度的与西学对话意识,甚至一定程度融合西学。②在此意义上说,章太炎的学术史著述,正是现代性的一个表现。

综观《国故论衡》全书,上卷论及上古音韵小学,凸显该书以小学为始基的立场;中卷以学术流变为主线,论及其狭广两义之"文"或"史"概念;下卷融合诸子学、佛学及西学而阐发义理,亦是于新的语境上溯诸子之学术渊源,并在与新学的对话中重构。该书之纷繁、复杂、系统、艰涩,由此亦可窥见。实际上,自付梓以降,《国故论衡》除上卷为治小学音学者论及外,其他两卷至今虽言及频频,却是研究寥寥。推测其故,其一,白话文运动产物之白话文学术兴起,文言文学术传统黯然式微;其二,现代人文学科之文史哲语言学四分(中国文学更是古代、近代、现代、当代四分,语言学亦

---

① 《章太炎全集》(十四),第287页。

② 小林武的研究在究明章太炎透过明治日本吸收西学方面最有说服力。小林武《章太炎与明治思潮》,白雨田译,上海:上海人民出版社,2018年。另可参考慕唯仁《章太炎的政治哲学:意识之抵抗》,张春田等译,上海:华东师范大学,2018年。彭春凌亦探讨了章太炎与西学的关系,如《章太炎对姊崎正治宗教学思想的扬弃》,《历史研究》2012年第4期;《章太炎译〈斯宾塞尔文集〉研究、重译及校注》,上海:上海人民出版社,2021年。

是文字、音韵、语法三分），此支离之体制，不仅只能"盲人摸象"，亦不易宏观中国学术史；其三，章太炎行文古奥，且汇数千年传统于一身，熔先秦诸子学及汉传印度佛学于一炉，旁及晚清汉译西学，特别是日本近代学术，故不易通读。

章太炎晚年门人庞俊与郭诚永合著《国故论衡疏证》，令对《国故论衡》望而生畏者稍可接近，令锲而不舍者更进一步，其功实大。《国故论衡》系统意义上的研究，此书当为嚆矢。在此之前，《国故论衡》有限的研究者之一，也许可举胡适。胡适《中国哲学史》上卷（1919）等颇受《国故论衡》影响。胡适等"五四"新一代学者倡导于现代语境中"整理国故"，其"国故"说法便来自《国故论衡》，由此亦可窥见该书的影响。胡适最为推重《国故论衡》，他于 1922 年强调："章炳麟是清代学术史的押阵大将，但又是一个文学家。他的《国故论衡》《检论》，都是古文学的上等作品。这五十年中著书的人没有一个像他那样精心结构的；不但这五十年，其实我们可以说这两千年中只有七八部精心结构，可以称做'著作'的书——如《文心雕龙》《史通》《文史通义》等——其余的只是结集，只是语录，只是稿本，但不是著作。章炳麟的《国故论衡》要算是这七八部之中的一部了。"①胡适之称誉当否另当别论，然足可证该书于胡适之重大意义。

（二）相关研究史及本文的问题意识

章太炎与章学诚之关联常被言及，但系统探讨者寥寥。仅就笔者目之所及，较为深入者，如张荣华阐明不同思想家之同一"六

---

① 胡适《五十年来中国之文学》，季羡林主编《胡适全集》第 2 卷，合肥：安徽教育出版社，2003 年，第 297 页。

经皆史",却因时代、语境迥异,而同名异实。张文质疑清末谭献过
誉章学诚,以对照章太炎对章学诚的臧否,并阐明二章之区别在
于,章学诚强调经为史,为官学,而摒弃私作,章太炎则追求摆脱官
学藩篱。①江湄试图以章太炎的《春秋》学为中心,考察章太炎"六
经皆史"说的本意。②章学诚时,清代经今古文之争尚未真正出现,
江湄研究涉及道光、咸丰尤其晚清经今古文论争问题。张勇认为,
言戊戌变法期间的章太炎为古文经学派不确,因其亦尊孔子为素
王,赞成孔子改制说,一若今文经学主张;同时章太炎虽然不认同
孔子是六经作者,一如古文经学立场,但认为孔子远非述而不
作。③章太炎《訄书》初刻本中《独圣》确实言及:"六经皆繇孔子笔
削,不止删定而已。"④张勇指出章太炎思想为经今古文两派糅合。
王汎森很早便留意到,章太炎在数十年与今文家的对垒中,其所宣
传的古文经内容,亦相对被改变。⑤张、王两氏之见,不无道理。章
太炎本非囿于门户者,由始至终对西学亦持吸收态度。而且汉学
古文一派尤为推崇的郑玄本来便吸收了今古文经学精华,《后汉
书》谓:"玄本习《小戴礼》,后以古经校之,取其义长者,故为郑氏
学。"⑥此外,江湄指出,章太炎于《訄书》重订本时期,仍与今文经

———————

① 张荣华《章太炎与章学诚》,《复旦学报》2005 年第 3 期。零星的英文研究中,
倪德卫(David Nivison)曾提及章太炎利用章学诚观点辩驳改良派康有为,并认为章太炎
此举对章学诚在晚清被关注起了作用,参见《章学诚的生平及其思想》,杨立华译,南京:江
苏人民出版社,2007 年。关于经学地位与章学诚"六经皆史"说在清末的此消彼长,参见
刘巍《经典的没落与章学诚"六经皆史"说的上升》,《近代史研究》2008 年第 2 期。

② 江湄《创造"传统"——晚清民初中国学术思想典范的确立》,台北:人间出版
社,2014 年,第 171—198 页。

③ 张勇《戊戌时期章太炎与康有为经学思想的歧异》,《历史研究》1994 年第 3 期。

④ 《章太炎全集》(三),第 106 页。

⑤ 王汎森《章太炎的思想:兼论其对儒学传统的冲击》,上海:上海人民出版社,
2018 年,第 45—64 页。

⑥ 《后汉书》卷七九《儒林列传》,北京:中华书局,2011 年,第 2577 页。

学者同样相信孔子《春秋》有"通三统"之义,并认同孔子《春秋》参酌夏商周三代而制礼的观点;但是,自 1910 年刊行《国故论衡》之后,章太炎摆脱了廖平"以礼制平分今古"的经学框架,不复攀附《公羊》学,而阐发《左传》"以史传经"的性质。也就是说,江湄并非仅以古文经学框架阐释 1910 年以后章太炎的相关著述,而强调其以"六经"为"良史"的立场。①这一立场,与上述研究者不无相通之处。上述研究的共同特点,皆在于不以经今古文之简单对立把握章太炎。

尽管章学诚与章太炎的关系学界论及有限,章学诚研究则成果累累,本文也受惠于这一研究谱系。余英时《论戴震与章学诚》跳开汉宋二元对立框架,从与宋学的复杂关系观察乾隆、嘉庆年间考据学代表学者的戴震,并由此解读章学诚。②明末清初学风一变,开一代风气者,首推黄宗羲与顾炎武(尤其顾炎武)。此一学风至乾嘉而臻至高峰。以上乃学界共识。在承接学界相关成果基础上,余英时尝试用新的框架描述晚明至清代的学术风气转变,亦即聚焦于宋学、阳明学与标榜反宋学反阳明学的戴震和章学诚学术之间的复杂关联,去详细分析这一问题。以朱子、阳明的连续与断裂为视角纵观清学,亦是章学诚著述本身的角度。此正如钱穆所言:章学诚"谓浙西崇亭林,渊源自朱子;浙东崇黄梨洲,渊源自阳明。窃谓清初学风,乃自性理转向经史。顾黄两家,为其代表,皆经史兼擅,而亭林造诣尤卓。盖由朱子转经史,其道顺;由阳明转

① 江湄《创造"传统"——晚清民初中国学术思想典范的确立》,第 182—183、194—196 页。

② 余英时《论戴震与章学诚:清代中期学术思想史研究》,北京:生活·读书·新知三联书店,2000 年,第 160—180 页。

经史,其道逆。"①承接这一视角,余英时认为有"两个戴震":一是领导考据学学风的戴震,另一是偏爱义理的思想家戴震,后者建立在经典考证之上,有别于宋儒的形而上架构。但是,两者又都在朱子的延长线上。因此,考据学界未必接受后者的他。余英时视戴震为程朱理学"道问学"传统在清代的最高峰,章学诚亦为此一学风代表之一。②余英时将此新一代学风概括为由尊德性往道问学的转变,并将"道问学"冠以"儒家智识主义"这一新的概念。因此,该书以朱子学与清学学术关系为框架,或者说是以朱子学为视角观察戴震、章学诚学术,展示了朱子学与清代朱子学术群体的复杂关系。

另一方面,亦因余氏该书以朱子学为视角,书中始终聚焦朱子学、阳明学与清代反宋明理学的戴震与章学诚的复杂关系和曲折余绪,也难免忽略了其他重要视角。比如,尽管余英时视章学诚之校雠为戴震考据之对应,③书中却缺乏目录学角度的具体叙述,遑论将目录学作为解读章学诚之方法论视角。此外,该书也因聚焦于戴章关系、戴章互读的同时,更多从章学诚对戴震的心理解读章

---

① 钱穆《顾亭林学述》,《中国学术思想史论丛》(八),北京:生活·读书·新知三联书店,2009年,第60页。张志强认为,与排佛的朱子学不同,以佛教心学为动力的阳明学实现了华严宗的"理事无碍""事事无碍",理与事的界限因此被取消。性理学向经史学的转换动力在心学内部,从而导致了"理"转向"事",乃至从"事"中产生新的"理"的趋向。通过心学的自我否定而产生的经史学,也必须面对其与心学方式的关系安排问题。这是张志强对钱穆"由阳明转经史,其道逆"的阐释。此外,张志强认为浙东之学与朱子学的关系,是在心学的性理学发生了自我变异之后被发现的,顾炎武所代表的浙西之学是通过"古之所谓理学,经学也"而与朱子学建立起关联(《朱陆·孔佛·现代思想——佛学与晚明以来中国思想的现代转换》,北京:中国社会科学出版社,2012年,第20页)。张志强对钱穆的解读,有其个人的学术关心,体现其问题意识,亦即佛学在晚明以来思想史中,尤其阳明学等儒学思想史中的位置问题。

② 余英时《论戴震与章学诚:清代中期学术思想史研究》,第62、91—103页。

③ 余英时《论戴震与章学诚:清代中期学术思想史研究》,第18—48页。

学诚,以至于予人一个印象:章学诚的目录学只是应对戴震考据学的挑战之产物而已。①这与目录学视野在该书中的单薄甚至缺席不无关系,而且,"儒家智识主义"未必是描述清学这一变化的有效概念。比如,董仲舒也综合了法家、道家、阴阳家、墨家之说,东汉博士家之谶纬著作亦有将孔子神秘化、帝王化的倾向。因此,与董仲舒等相比,也可从刘向、刘歆、郑玄处看到这一"儒家智识主义"转向。但是若据此说董仲舒等及晚清康有为对汉代公羊学的再发挥为反智识主义,似乎又不妥当。

　　承接上述成果,本文旨在从中国目录学(校雠学)史,②尤其清代学术史脉络中定位章太炎的学术史著述,进而探讨章太炎与清代诸子学热的关联及其意义,解读晚清语境中章太炎就"文""史"所作的相关论述。在内容上,本文聚焦于与目录学关系密切的章太炎《国故论衡》中卷"文学七篇"。在方法论上,与注重章太炎、章学诚关系的著述相比,本文是首篇较为系统探讨二章关系之研究。同时,本文试图通过二章关系的讨论,揭示章太炎与乾嘉学术的复

---

　　①　以戴震为中心的章学诚解读也见于余英时《论戴震与章学诚:清代中期学术思想史研究》,第160—182页。对余著中国哲学角度较为深入、详细的批判,见冯耀明所撰长文《经典研究的两个神话:从戴震到章学诚》,《兴大中文学报》总第42期,2017年。此点承潘光哲教授提示。

　　②　古勝隆一指出,学术史上或用"目录学",或用"校雠学",名称不同,所指无异,惟使用者偏重略微有别,因故各有所好而已。古勝也指出,强而别之的话,如宋代郑樵《通志》设"校雠略",可称为"校雠派";章学诚《校雠通义》亦对"目录学"一称敬而远之。而清儒王鸣盛则谓"目录之学,学中第一要紧事"(《十七史商榷》,陈文和等校点,南京:凤凰出版社,2008年,第1页),此即"目录派"。近人余嘉锡、姚名达亦然。参见古勝隆一《目録学の誕生:劉向が生んだ書物文化》,京都:臨川書店,2019年,第19—22、28页。另外,清儒江藩定义"目录之学"曰:"盖目录者,本以定其书之优劣,开后学之先路,使人人知某书当读,某书不当读,则为学易,而成功且倍矣。吾故尝语人曰:目录之学,读书入门之学也。"(《经解入门》,周春健校注,上海:华东师范大学出版社,2010年,第110页)本文对"目录学""校雠学"二语不作区分。

杂关系。尤其试图通过两者目录学的关联,揭示章太炎《国故论衡》中卷以及其他相关论述何以频频论及章学诚。显而易见的是,章学诚至少是章太炎学术史写作中高度关注的对象。甚至可以说,不理解清楚从刘歆至章学诚目录学角度的学术史谱系,未必可以理解《国故论衡》中卷。本文将指出,《汉书·艺文志》(以下简称《汉志》)如何成为清中期、清末不同语境中共通的学术源流,并试图揭示,"刘向、刘歆—《汉书·艺文志》"这一两汉学术传统及其后世影响如何成为二章共同的思想史学术史资源,以及章学诚如何成为章太炎批判性对话的对象,这一源流如何被章太炎有选择地用于其与晚清今文学派的论辩、对西学的迎拒、于晚清语境中就"文"和"史"概念所进行的争论等。最后,本文也试图彰显明清思想转型中义理重构问题发展至章太炎的大致脉络,以探讨章太炎学术史著述的思想史意义。因此,本文也会扼要探讨清代乾嘉时期章学诚等的义理重构问题,至晚清章太炎哲学重构之间的发展脉络及关联。《国故论衡》中卷重点不在义理重构,义理问题是该书下卷诸子学及章太炎其他论著的主要内容。义理重构的问题或者章太炎的"哲学"建构,尤其政治哲学建构,是章太炎思想中至为重要的部分。就《国故论衡》而言,小学与文学可以说是第三部分诸子的必要准备,而第三部分也涉及哲学建构问题。章太炎近现代"哲学"建构,出现时间早,对晚清政治影响深,体系独特,架构广阔。笔者以为,章太炎无疑是中国近现代哲学的先行者。

章太炎于西学骤然东来之际,系统叙述两千多年之中国学术史。若用现代学术用语言之,章太炎乃是以语言音韵文字学为始基,从文、史、哲角度论述中国学术史。《国故论衡》固然是仿照王充《论衡》所作,但其中卷显然是以刘歆《七略》为基本结构,论辨文章流别,考镜学术源流。而章学诚的《文史通义》及《校雠通义》亦旨在"辨章学术、考镜源流"。完全可以说,章学诚的《校雠通义》《文史通义》与章太炎的《訄书》《国故论衡》(尤其后者),莫不可列于清代以来最重要的中国学术史著作。另一方面,章太炎的学术产生于晚清特殊的政治与学术语境,关乎章太炎针对今文派经学之古文派立场、帝国主义之民族主义意识、改良派之革命主张。此自然又与章学诚有着重大区别。章太炎的这一态度,最见于其《国故论衡·原经》"发愤于宝书,哀思于国命矣"①。此外,章太炎的义理重构与佛学唯识论以及庄子哲学的糅合、重构,又是密切相关的。而其间,西学对他的启示同样不可忽视,这自然是乾嘉儒者章学诚不可能有的。

但是,章太炎与章学诚的关联又是显而易见的。首先,章太炎在《訄书》《国故论衡》中频繁从目录学等角度论及学术史。在此过程中,章太炎多次论及章学诚。其次,晚清诸子学热固然有受西学刺激的一面,但就其"内在理路"而言,更为直接的背景是,章学诚于乾隆、嘉庆年间从汉代目录学角度对《四库》经史子集四部分类的抵触和批判。而章太炎正是在晚清新的政治、学术与文化语境中此一主题的承接和变奏者。晚清诸子学热,亦是此一重评汉代刘向、刘歆父子目录学成果之归结。再次,提及章太炎的佛学并非无关宏旨,因为这也是考察章学诚、章太炎义理重构问题的一个角度。顾炎武视同时代理学为"不取五经而资之语录"的"禅学",并提出"古之

① 《章太炎全集》(五),第 234 页。原话是感叹印度史学传统不盛而影响其反殖民运动。章太炎与印度独立运动的关系,参见林少阳《鼎革以文:清季革命与章太炎"复古"的新文化运动》,上海:上海人民出版社,2018 年,第 186—224 页;Tansen Sen and Brian Tsui, "Introduction," and Viren Murthy, "Rethinking Pan-Asianism through Zhang Taiyan: India as Method," in Tansen Sen and Brian Tsui, eds., *Beyond Pan-Asianism: Connecting China and India, 1840s—1960s*, New Deli: Oxford University Press, 2021, pp.1—25, 94—128.

所谓理学,经学也"的命题。①张志强指出,自顾炎武起,理学不再是一套本体论和修养实践学,而是一套经典解释学。心性之学被化约为"行己有耻"而已。在此脉络中,张志强提及,戴震晚年著作《孟子字义疏证》乃是通天下之欲而成就万物一体之仁,是人欲之大公,其"理"则是"社会相关之理"。②但是,章学诚在《书〈朱陆篇〉后》表面为戴震辩护,实际却是委婉诋戴,借时人之口,言戴震"心术未淳,颇为近日学者之患"③。彭绍升亦批判清朝学问不再是成德之学,质疑义理学已经失去独立性,认为戴震的理欲重构缺乏此认识,因而主张宋儒模式已不足以重构义理,必须借助佛学资源。④张志强谈及此一学案,旨在以明末以来的长时段视角,回答晚清佛学复兴(士人佛学)运动何以出现,并观察清末民初近现代佛学唯识学出现的思想史背景和意义,溯源晚明清初学术思想史之嬗变。⑤张

---

① 顾炎武《与施愚山书》,《顾炎武全集》第二十一册《亭林诗文集》,刘永翔校点,上海:上海古籍出版社,2011年,第109页。

② 张志强《朱陆·孔佛·现代思想——佛学与晚明以来中国思想的现代转换》,第24、28页。"社会相关之理"是张志强借用沟口雄三用语,参见沟口雄三《中国前近代思想的演变》,龚颖译,北京:中华书局,2011年。

③ 章学诚著,仓修良编注《文史通义新编新注》,杭州:浙江古籍出版社,2005年,第132页。为方便起见,本文所据,除《章学诚遗书》(北京:文物出版社,1985年)外,主要有如下注本:叶长青《文史通义注》(张京华点校,上海:华东师范大学出版社,2012年),多以"叶本"称之;仓修良编注《文史通义新编新注》,以下简称"仓本"(仓本以博收章学诚书信见长);章学诚著,叶瑛校注《文史通义校注》(北京:中华书局,1985年),以下简称"叶瑛本";章学诚著,王重民通解《校雠通义通解》(上海:上海古籍出版社,1987年)。张京华质疑叶瑛多袭引叶长青《文史通义注》而成书,所言似乎有据(见张京华为叶长青《文史通义注》所作"整理弁言"),但叶瑛注本亦有可取之处。本文以仓本、叶本为主,兼采叶瑛本。

④ 彭绍升《与戴东原书》,张岱年主编《戴震全书》(七),合肥:黄山书社,1997年,第135页。有关彭绍升的讨论,参见张志强《朱陆·孔佛·现代思想——佛学与晚明以来中国思想的现代转换》,第28—31页。

⑤ 张志强《朱陆·孔佛·现代思想——佛学与晚明以来中国思想的现代转换》,第2—4页。

著提及义理重构过程中佛教唯识学的位置,对理解章太炎思想内部的清代学术(尤其"戴震"①和"章学诚")、章太炎著述中的庄子哲学和佛教唯识学,②尤其借助佛学重构革命道德等问题,不无启发。同时,为观察黄宗羲、章学诚等言性命不离文史、言理不离人事的义理重构,提供一个同中有异的章太炎的义理重构,并间接讨论戴震、章学诚、彭绍升等人之义理重构与章太炎哲学思想之间的复杂关系。

因此,刘向、刘歆至章学诚再至章太炎的学术史著述谱系,吾人不可不论。附带提及,今日论及此一题目,与笔者试图厘清现代意义上的"史学""文学"概念,并质疑现代学术制度中中文、历史、哲学、语言学学科窄化、画地为牢的问题意识,亦不无关系。

---

① 章太炎与戴震关联的系统研究,参见石井剛《戴震と中国近代哲学:漢学から哲学へ》,東京:知泉書館,2014 年,第 72—116、285—392 頁。该书较为系统地展示了刘师培和章太炎的戴震解读,从戴震角度解读章、刘,或相反(第 64—66、237—284 頁)。该书也涉及梁启超的戴震解读(第 19—38、118—130、152—162 頁)、王国维的戴震解读(第 39—62 頁)以及胡适的戴震解读(第 131—162、152—162 頁)。

② 较为系统叙述章太炎政治哲学与唯识论和庄子哲学的关联,参见高田淳《辛亥革命と章炳麟の斉物哲学》,東京:研文出版,1984 年;坂元弘子《中国近代思想的"连锁"——以章太炎为中心》,郭驰洋译,上海:上海人民出版社,2019 年;Viren Murthy, *The Political Philosophy of Zhang Taiyan：The Resistance of Consciousness*, Leiden：Brill, 2011, pp.89—134, 156—158(中文参见慕唯仁《章太炎的政治哲学:意识之抵抗》);"Equality as Reification：Zhang Taiyan's Yogācāra Reading of *Zhuangzi* in the Context of Global modernity", in John Makeham ed., *Transforming Consciousness：Yogācāra Thought in Modern China*, Oxford and New York：Oxford University Press, 2014, pp.123—148. 就章太炎与明治日本佛学的关联,参见陳繼東《清末仏教の研究——楊文会を中心として》,東京:山喜房佛書林,2003 年等;龚隽、陈继东《作为"知识"的近代中国佛教史论——在东亚视域内的知识史论述》,北京:商务印书馆,2019 年;John Jorgensen, "Indra's Network：Zhang Taiyan's Sino-Japanese Personal Networks and the Rise of Yogācāra in Modern China", in John Makeham ed., *Transforming Consciousness：Yogācāra Thoughtin Modern China*, pp.64—102.

二 章学诚"辨章学术、考镜源流" 及其对章太炎的影响

(一) 章学诚与刘向、刘歆父子

章学诚于乾隆三十七年(1772 年)开始写《文史通义》,①同年致信钱大昕:"故比者校雠其书,申明微旨,又取古今载籍,自六艺以降迄于近代作者之林,为之商榷利病,讨论得失,拟为《文史通义》一书。"②他在《和州志》中编写《艺文书》,按辨章学术、考镜源流意图,分为八大类、三十五部(类目),分录州人著作,仿刘向、刘歆《七略》的六部法,撰写《序例》《辑略》。③1779 年章学诚在《和州志艺文书序例》基础上,仿郑樵《通志·校雠略》,完成目录学专著《校雠通义》初稿,并于 1788 年定稿。④《校雠通义》是《文史通义》之深化和补充,章学诚为备论文史,而进一步诉诸校雠。章学诚二著皆本《七略》,故不可分而论之。《文史通义》《校雠通义》刊行于章学诚辞世三十二年后的道光十二年(1832)十月。

班固曰:"《七略》剖判艺文,总百家之绪。"⑤又曰:

汉兴,改秦之败,大收篇籍,广开献书之路。迄孝武世,书

① 胡适《章实斋先生年谱》,欧阳哲生编《胡适文集》(7),北京:北京大学出版社,1998 年,第 45 页。
② 章学诚著,仓修良编注《文史通义新编新注》,第 648 页。
③ 后改题为《和州志艺文书序例》,收入《文史通义外篇》。
④ 以上章学诚著述据王重民说,参见章学诚著,王重民通解《校雠通义通解》,"序言",第 2—3 页。
⑤ 《汉书》卷三十六《楚元王传》,北京:中华书局,1962 年,第 1972—1973 页。

缺简脱，礼崩乐坏，圣上喟然而称曰："朕甚闵焉！"于是建藏书之策，置写书之官，下及诸子传说，皆充秘府。至成帝时……诏光禄大夫刘向校经传诸子诗赋，步兵校尉任宏校兵书，太史令尹咸校术数，侍医李柱国校方技。每一书已，向辄条其篇目，撮其指意，录而奏之。会向卒，哀帝复使向子侍中奉车都尉歆卒父业。歆于是总群书而奏其《七略》，故有《辑略》，有《六艺略》，有《诸子略》，有《诗赋略》，有《兵书略》，有《术数略》，有《方技略》。今删其要，以备篇籍。①

刘向《别录》为其所校订的书籍之解题集，刘歆根据《别录》整理出《七略》。《七略》实际为"六略"，亦即六部分类法，因为开篇是相当于总序的"辑略"而已。章太炎曰："略者，封畛之正名。《传》曰：天子经略。"②"略"即"疆界"之比喻性用法。③前半部分为《六艺略》《诸子略》《诗赋略》，后半部分为《兵书略》《术数略》《方技略》。六部略中，《六艺略》之六经，依次为《易》《书》《诗》《礼》《乐》《春秋》。《六艺略》也包含了孔子的今古文《论语》《孝经》和小学十家45篇。尤要注意的是，《春秋》除了收录古今文《春秋》，《国语》《战国策》《太史公书》(《史记》)等史籍亦一概归入。由是观之，《六艺略》断非仅指狭义的六部经书，而是一分类。六略中的兵书、术数、方技三略，本为专门之学，非专家校理，不能具论源流，故独立成略。术数一略，分统六条，则天文、历谱、五行、蓍龟、杂占、形法；方技略含

---

① 《汉书》卷三十《艺文志》，第1701页。
② 《章太炎全集》(三)，第325页。
③ 徐复注引《左传》昭公七年"天子经略"杜预注："经营天下，略有四海。"清吴凌云《经说》："直行曰经，方折曰略。"章炳麟著，徐复注《訄书详注》，上海：上海古籍出版社，2000年，第818页。

医经、经方、房中、神仙。两者涉及天文、历法、数学等早期科学。①
章学诚曰:"《汉志》最重学术源流,似有得于太史《叙传》及庄周《天
下》篇、荀卿《非十[二]子》之意。"②

章学诚评论刘向、刘歆曰:

> 校雠之义,盖自刘向父子部次条别,将以辨章学术,考镜源
> 流,非深明于道术精微,群言得失之故者,不足与此。后世部次
> 甲乙,纪录经史者,代有其人,而求能推阐大义,条别学术异同,
> 使人由委溯源,以想见于坟籍之初者,千百之中不十一焉。③

章学诚认为,校雠学的部次条别只是手段,辨章学术、考镜源流方为
目的,而要达致此目的,必须有深邃的学术见地和敏锐的洞察力,非
博览群书、慧眼洞察其得失者,实难为之。故有能力治目录学者,代
不数人。由是观之,校雠是通向广义的"义理",正如章学诚《文史通
义》强调的一样,刻意别于朱子理学之"义理"。同时,也批判了考据
学止于繁琐、不求义理的"工匠"倾向,此亦见其对狭义校雠学之不
满。狭广两义之校雠学,为姚名达所分:"学诚之意,直不承认有所
谓目录学,而欲以校雠学包举之。实则学诚之所谓校雠学,正吾人
亟应提倡之真正目录学,而其所鄙薄之目录学,却又相当于狭义之
校雠学——校勘学也。"④余嘉锡解读"目录学"之"目录"曰:"何谓
目录? 目则篇目,录则合篇目及叙言之也。"⑤录("叙录"),即对一

---

① 李零《兰台万卷:读〈汉书·艺文志〉》,北京:生活·读书·新知三联书店,2011
年,第 173 页。
② 章学诚著,王重民通解《校雠通义通解》,第 46 页。
③ 章学诚著,王重民通解《校雠通义通解》,"章学诚《校雠通义》自序",第 1 页。
④ 姚名达《中国目录学史》,上海:上海古籍出版社,2005 年,第 6 页。
⑤ 余嘉锡《目录学发微》,《目录学发微 外一种:古书通例》,长沙:岳麓书社,
2010 年,第 18 页。

篇书或一部书的内容所作的提要。余嘉锡进一步解说：

> 由此言之，则目录者学术史也。综其体制，大要有三：一曰篇目，所以考一书之源流；一曰叙录，所以考一人之源流；三曰小序，所以考一家之源流。三者亦相为出入，要之皆辨章学术也。三者不备，则其功用不全。①

余嘉锡此言，充分说明其目录学之理论特点：吸收自刘向、刘歆以来的目录学精髓，博采众长。②虽然余氏不乏对章学诚在细部考证上的批判③，认为"章氏不长于考证"④，其"六经皆史"之论，"自以为创获，然《隋志》言'史官既立，经籍于是兴焉'，已开章氏之先声矣"⑤。他甚至认为"章实斋《文史通义》深思卓识，固有过人之处，所惜读书未博，故立言不能无失"，"征文考献，辄多谬误"。⑥但是，在强调辨章学术上，余氏与章学诚的问题意识显然相类，都在于由篇目而一书之源流—由叙录而一人之源流—由小序而一家之源流，以此三者辨章学术。当然，余嘉锡亦意在提醒，将图书馆编目等同于传统校雠学，实属误解。对此，他明确说："盖吾国从来之目录学，其意义皆在'辨章学术，考镜源流'，所由与藏书之簿籍、自名鉴赏、图书馆之编目仅便检查者异也。"余氏强调的目录学"体制"

---

① 余嘉锡《目录学发微》，《目录学发微 外一种：古书通例》，第28页。
② 周祖谟、余叔宜《余嘉锡先生传略》，余嘉锡《余嘉锡论学杂著》下册，北京：中华书局，2007年，第719页。
③ 余嘉锡《书章实斋遗书后》，《余嘉锡论学杂著》下册，第615—624页。
④ 余嘉锡《目录学发微》，《目录学发微 外一种：古书通例》，第10页。
⑤ 余嘉锡《目录学发微》，《目录学发微 外一种：古书通例》，第66页。
⑥ 余嘉锡《书章实斋遗属后》，《余嘉锡论学杂著》下册，北京：中华书局，2007年，第615、616页。

四要素,即"篇目""叙录""小序""版本序跋",尤其前三者最能区别于现代图书馆编目学。"篇目"者,考一书之源流也。关于"叙录","叙录之体,源于书叙,刘向所作书录,体制略如列传,与司马迁、扬雄自叙大抵相同",此包括论考作者之行事、时代、学术。①"小序",《隋书·经籍志》(以下简称《隋志》)名之为"条例",②郑樵称为"类例",赋予其在目录学中至为重要的意义。郑樵曰:"学之不专者,为书之不明也。书之不明者,为类例不分也……书籍之亡者,由类例之法不分也。类例分则百家九流各有条理,虽亡而不能亡也。"③余嘉锡释曰:"小序之体,所以辨章学术之得失也。"复以《汉志》为例:"至于诸子、术数、方技诸略之序,皆先言其学之所自出,次明其所长,而终言其弊。"更以《四库提要》为例:"既有总叙,又有小序,复有案语。虽其间论辨考证皆不能无误,然不可谓非体大思精之作也。"④余氏本人为目录学家,著有《四库提要辨证》二十四卷,系统考证《四库全书总目提要》,专纠其乖错违失。井上进指出,从目录学着手"辨章学术,考镜源流",是中国独特的学问。⑤章学诚的目录学或校雠学,具有思想、理论和批评意识,担负着学术史梳理的使命,与图书馆编目迥异。章学诚的《校雠通义》卷首即为《原道》,初稿原题则为《著录先明大道论》。⑥为校雠之学赋予

① 余嘉锡《目录学发微》,《目录学发微 外一种:古书通例》,第13、28、36页。
② 《隋书》卷三十二《经籍一》:"元徽元年,秘书丞王俭又造《目录》……然亦不述作者之意,但于书名之下,每立一传,而又作九篇条例。"北京:中华书局,1973年,第906—907页。
③ 郑樵《校雠略·编次必谨类例论六篇》,《通志二十略》,王树民点校,北京:中华书局,2012年,第1804页。
④ 余嘉锡《目录学发微》,《目录学发微 外一种:古书通例》,第56、64、61页。
⑤ 井上進《中国出版文化史——書物世界と知の風景》,名古屋:名古屋大学出版会,2002年,第22页。
⑥ 章学诚著,王重民通解《校雠通义通解》,第1页。

"道"的意义,与现代图书编目学之旨趣截然不同。

(二) 由校雠求义理

在章学诚看来,"部次甲乙,纪录经史"的目录学,关键在于"推阐大义,条别学术异同,使人由委溯源"。章学诚高度评价向、歆"非深明于道术精微,群言得失之故者,不足与此"①,并将郑樵视为刘向、刘歆的另一位知音,引之为同道。他说:

> 校雠之学,自刘氏父子,渊源流别,最为推见古人大体。而校订字句,则其小焉者也。绝学不传,千载而后,郑樵始有窥见。特著校雠之略,而未尽其奥,人亦无由知之。世之校雠者,惟争辨于行墨字句之间,不复知有渊源流别矣。近人不得其说,而于古书有篇卷参差,叙例同异,当考辨者,乃谓古人别有目录之学,真属诧闻。且摇曳作态以出之,言或人不解,问伊书止求其义理足矣,目录无关文义,何必讲求?②

章学诚认为,刘歆之后千载不过有郑樵,目录学之小者,止于"校订字句","惟争辨于行墨字句之间"。而目录学之大者,亦即他所追求的校雠学,是辨章学术之"渊源流别",且后世之学人求义理,不可"无关文义"。王叔岷则从狭义校雠的重要性角度修正曰:"夫囿于行墨字句之间,往往不知渊源流别,此诚有见。惟渊源流别,究非校雠之事。……盖'校订字句',其事虽小,究未可略而不论也。"章氏发扬郑氏之旨,校雠之学,重在渊源流别,而轻视校订字句,或

---

① 章学诚著,王重民通解《校雠通义通解》,"章学诚《校雠通义》自序",第1页。
② 章学诚《章氏遗书外编卷第一·信摭》,《章学诚遗书》,第367页。标点有改动。

可称之为广义校雠学,然终非切实之见也。"①在此王叔岷指出了
囿于烦琐考证而不知学术渊源之弊端,与校雠不可轻视考证的关
系。在章学诚看来,校雠学既是学术史研究之重要手段,更是求义
理之必要手段。如本文后叙,后者是对直达义理的朱子学的批判,
亦是对不求义理的校勘学和考据学的批判。张之洞尝言:"由小学
入经学者,其经学可信。由经学入史学者,其史学可信。由经学、
史学入理学者,其理学可信。"②显见校订字句与渊源流别,应非二
事,不可偏执。张之洞此处所说,也是以汉学立场讽刺宋学。无论
如何,章学诚以校雠、文史通义理,可窥见其问题意识:朱子学蹈空
骛虚求义理,而考据学、传统目录学停留于烦琐考证而不问义理。
在他看来,源自刘歆的校雠学正是对解决这些问题有所贡献的学
问。因此章学诚曰:"盖部次流别,申明大道,叙列九流百氏之学,
使之绳贯珠联,无少缺逸,欲人即类求书,因书究学。"③

　　由上可看出章学诚对目录学现状之不满。汪辟疆以《七略》为
源,总结古今目录四说:其一为目录家之目录,该目录纲纪群籍、簿
属甲乙,以便寻检,此群书之目录,刘歆《七略》是已。其二为史家之
目录,该目录为辨章学术考镜源流之学,必周知一代之学术,与夫一
家一书之宗旨,而后乃可以部次类居,而无凌乱失纪而寡要之弊;后
人览其目录,可知其学之属于何家,书之属于何派,即古今学术之隆
泰,作者之得失,亦不难考索而得。其三为藏书家之目录,专注广征
众本、鉴别旧椠、雠校异同之学。其四为读书家之目录,旨在指示佚
书亡籍,存书而识其旨归,辨其轻重缓急,提要钩玄、治学涉径。④汪

---

　　①　王叔岷《校雠学(补订本)　校雠别录》,北京:中华书局,2007 年,第 2 页。
　　②　赵德馨主编《张之洞全集》第 12 册,吴剑杰等点校,武汉:武汉出版社,2008
年,第 298 页。
　　③　章学诚著,王重民通解《校雠通义通解》,第 15 页。
　　④　汪辟疆著,傅杰校著《目录学研究》,第 1—5 页。

辟疆所谓藏书家目录与读书家目录之说,应本于张之洞。张之洞
为诸生读书之用而编《书目答问》(1875),声明"非若藏书家编次目
录"①。汪辟疆目录学四说展示了目录学家与史学家对"目录"的
不同定义,认为前者以书为对象,后者以学为对象。此一划分略显
图式化,而且,本前述余嘉锡所说之目录学"三体制"(即"篇目""叙
录"与"小序"),汪氏所说的第三类、第四类实在不能称为"目录
学"。但是,汪氏本意应在解说第一类及第四类。此姑且不论,汪
辟疆视郑樵、章学诚为史学家之目录之代表:"清章实斋……远承
向、歆之绪,近绍渔仲之旨……彼郑、章二氏大声疾呼,以辨别学术
源流,认为目录之本旨者,盖以目录之学,虽为纲纪群籍,实则明道
之要、学术之宗,专乃以史相纬,其体最尊,其任至重。"②按汪氏划
分,本文所论的章太炎算是广义的目录学视角学术史家。

　　章学诚强调校雠学与义理、儒家之道的关联,见于《校雠通
义·原道》及《文史通义·原道》章。《校雠通义·原道》有言:"著
录部次,辨章流别,将以折衷六艺,宣明大道。"③类似说法在其书
中一再被强调,如:

　　　　古人著录,不徒为甲乙部次计。如徒为甲乙部次计,则一
　　掌故令史足矣,何用父子世业,阅年二纪,仅乃卒业乎? 盖部
　　次流别,申明大道,叙列九流百氏之学,使之绳贯珠联,无少缺
　　逸,欲人即类求书,因书究学。……古人最重家学。叙列一家
　　之书,凡有涉此一家之学者,无不穷源至委,竟其流别,所谓著

①　赵德馨主编《张之洞全集》第 12 册,第 223 页。
②　汪辟疆著,傅杰校著《目录学研究》,第 7 页。
③　章学诚著,王重民通解《校雠通义通解》,第 4 页。

作之标准,群言之折衷也。①

章学诚亦承认自己不谙考据。如于《家书二》(乾隆五十五年)中说:"盖时人以补苴襞绩见长,考订名物为务,小学音画为名。吾于数者皆非所长。"同年又曰:"吾读古人文字,高明有余,沉潜不足,故于故训考质,多所忽略,而神解精识,乃能窥及前人所未到处。"②但此一表白,恰可窥见章学诚的自我期许:校雠学必须以类似于考据学实事求是之方法论而为之。③故章学诚声明其校雠学的原则,乃是梳理古人家学及九流十家,"穷源至委,竟其流别",从而明白官守其书,师传其学,弟子习其业之学术流传、流变过程。此正是史家之精神。同时,章学诚特别强调由"部次流别"而"申明大道",则不失义理阐发之追求,而义理阐发通常又被认为是朱子学的强项,只是朱子学末流的义理容易流于空疏而已。由此可窥见其说与朱子学的复杂关系,亦可见章学诚之学旨在以卓识而综合众学。乾隆、嘉庆年间非只拘泥于烦琐考证的考据学,与同时代章学诚的校雠学,虽方法论偏重颇有不同,但是在一定程度上,两者在辨章学术、考镜源流上可谓殊途同归。在此意义上说,清代学术的实事求是精神,不独见诸考据学之考证,亦在于校雠学之部次条别。

(三) 章学诚与章太炎的四部分类法批判

1. 章学诚基于六略分类立场对四部分类法的批判

继《七略》之后,西晋时期,秘书监荀勖承魏秘书郎郑默《中

---

① 章学诚著,王重民通解《校雠通义通解》,第15页。
② 章学诚著,仓修良编注《文史通义新编新注》,第817、819页。
③ 余英时强调,应视章学诚之校雠为戴震之考据之对应,参见《论戴震与章学诚:清代中期学术思想史研究》,第18—48页。

经》，编纂国家藏书目录《中经新簿》，将图书分为甲乙丙丁四部。
就此，《隋志》描述说：

> 魏秘书郎郑默，始制《中经》，秘书监荀勖，又因《中经》，更
> 著《新簿》，分为四部，总括群书。一曰甲部，记六艺及小学等
> 书；二曰乙部，有古诸子家、近世子家、兵书、兵家、术数；三曰
> 丙部，有史记、旧事、皇览簿、杂事；四曰丁部，有诗赋、图赞、
> 《汲冢书》，大凡四部合二万九千九百四十五卷。……至于作
> 者之意，无所论辩。①

至此六略变为四部，中间虽稍有变化（如南朝梁阮孝绪之私人目录
《七录》等），但至隋文帝时，官修目录发达，②如《开皇四年四部目
录》的编纂，再至《隋志》，甲乙丙丁之四部为经史子集四部所替代。
始于魏晋的四部，史部不仅别立，且以"史"之名称成一部类。至章
学诚的时代，经史子集的四部法因官修藏书目录《四库全书总目》
得到空前强化。

在上述引文中，"至于作者之意，无所论辩"一句，显见《隋志》
作者意识到《七略》之重要特点，一如《汉志》所言："每一书已，向辄
条其篇目，撮其指意。"③"校雠"与"申明微旨""商榷利病，讨论得
失"相关，只停留于部次甲乙的狭义目录学以及专注于细部的文字
训诂与考订的考据学皆不关乎此一主旨。乾隆三十七年旨开四库
馆，以四部为官方政策。乾隆帝谓："从来四库书目，以经、史、子、

---

① 《隋书》卷三十二《经籍一》，第 906 页。
② 来新夏《古典目录浅说》，北京：中华书局，2003 年，第 116 页。
③ 《汉书》卷三十《艺文志》，第 1701 页。

集为纲领,裒辑分储,实古今不易之法。"①乾隆三十八年《四库》开始编纂,历时九年。整套书收录了从先秦到乾隆时期大部分重要古籍,涵盖了古代中国几乎所有学术领域,同时也出于清朝统治者的利益,篡改、禁毁了大量图书。②无论如何,这一中国历史上最大的丛书编纂工程,也是一次全面的学术史梳理工程。姚名达指出,乾隆时四库馆初开、总目未成之际,犹有江南藏书世家周厚堉及章学诚两家反对《隋志》四部之法;书成之后,更有孙星衍撰《孙氏祠堂书目》,创新法而不尊《四库总目》。章学诚则隐曲于心,蓄而未发。③《校雠通义》中的《宗刘第二》详列《七略》不得不变为四部的缘由。④因为《宗刘》中这些表述的存在,我们不便断言章学诚反对四部。但是,章学诚与四部有着复杂的紧张关系,当是无疑的。因为"宗"刘之《七略》,与肯定四部之间之不可调和,乃不言而自明。换言之,宗刘而推崇四部,严格说乃是自相矛盾。⑤而且,章学诚事实上也被排斥于《四库》修书之外。章学诚对戴震的微词,亦关乎

① 《钦定四库全书》卷首《圣谕》,台北:台湾商务印书馆,1984 年影印本,第 4 页。
② 鲁迅之言,亦可见《四库》毁灭古籍于后世士人之痛:"现在不说别的,单看雍正乾隆两朝的对于中国人著作的手段,就足够令人惊心动魄。全毁,抽毁,剜去之类也且不说,最阴险的是删改了古书的内容。乾隆朝的纂修《四库全书》,是许多人颂为一代之盛业的,但他们却不但捣乱了古书的格式,还修改了古人的文章;不但藏之内廷,还颁之文风较盛之处,使天下士子阅读,永不会觉得我们中国的作者里面,也曾经有过很有些骨气的人。"(《病后杂谈之余》,《鲁迅全集》第 6 卷,北京:人民文学出版社,2005 年,第 188 页)
③ 姚名达《中国目录学史》,第 88 页。
④ 章学诚著,王重民通解《校雠通义通解》,第 6—7 页。
⑤ 《宗刘》篇前王重民按语指出,1773 年《和州志·艺文书》按《七略》分类,但从此之后,章学诚所编地方艺文志和《史籍考》皆推翻前说,并推测现存支持四部分类的《校雠通义·宗刘》在 1788 年有过大规模修订。王重民此推测建立在章学诚转而推崇四部的解读之上,因而相当大胆,其推测不仅未提供文献支持,在解释上也使向歆父子之《七略》与章学诚《校雠通义》的关系变得对立,非但不宗刘,反而是反刘。章学诚著,王重民通解《校雠通义通解》,第 6 页。

此目录学立场及被排斥者心情。嘉庆三年(1798)章学诚致钱大昕的《上辛楣宫詹书》中提及："学诚从事于文史校雠,盖将有所发明。然辨论之间,颇乖时人好恶,故不欲多为人知。"①其隐曲之心,有违"时人好恶"之寂寞,多少可由此窥见。

《四库》开始编纂的1773年,章学诚仍以隐曲的方式与四部分类法对抗,如其1773年所编《和州志·艺文书》,将韩愈归入儒家、柳宗元归入名家、苏轼归入纵横家、王安石归入礼家。②但在《校雠通义》中他却对此有所修正:

> 其体既谓之集,自不得强列以诸子部次矣。因集部之目录而推论其要旨,以见古人所谓"言有物而行有恒"者,编于叙录之下,则一切无实之华言,牵率之文集,亦可因是而治之,庶几辨章学术之一端矣。③

也就是说,不硬将文集中的书籍归入诸子类(如将苏洵归入兵家、苏轼归入纵横家等),而是发挥目录学的批评作用,将不成"家"(不入《汉志》九流十家)的文集区别开来。④四部中的集部书籍,如能经过如此筛选、批评,也就不会芜杂而与学术源流无涉了。

章学诚《与孙渊如观察论学十规》(1796)将孙星衍引为同道:"鄙人所业,文史校雠,文史之争义例,校雠之辨源流,与执事所为考核疏证之文,途辙虽异,作用颇同,皆不能不驳正古人。"⑤此处"文史"意在"争义例",而"校雠"则在"辨源流",将自己的目录学方

① 章学诚著,仓修良编注《文史通义新编新注》,第657页。
② 叶长青《文史通义注》,第705页。
③④ 章学诚著,王重民通解《校雠通义通解》,第10页。
⑤ 章学诚著,仓修良编注《文史通义新编新注》,第398页。

法论与考据学等量齐观。在《四库》书成未久的嘉庆五年,孙星衍仍然坚持分部为"十二部",而非《四库》之四部,①之后则有龚自珍之十部分类,②这些都与《四库》的影响直接相关。余嘉锡指出,章学诚曰"辨章学术,考镜源流","由此言之,则目录者学术之史也"。③这一学术史整理传统,在章学诚处可谓卷土重来,可视之为对《隋志》以来四部分类的一次大反动。

2. 章太炎基于六略分类立场对四部分类法的批判

章太炎对四部的批判,频频见于《国故论衡·明解故》:

> 自隋以降,书府失其守,校雠之事,职诸世儒。其间若颜师古定五经,宋祁、曾巩理书籍,足以审定疑文,令民不惑,斯所谓上选者。然于目录徒能部次甲乙,略记梗概,其去二刘之风远矣。近世集《四库》,虽对治文字犹弗能。定文之材,过而在野。一以故书正新书,依准宋刊,不敢轶其上;其一时据旧籍以正唐宋木石之书,相提而论,据旧籍者宜为甲。及其末流淫滥,喜依《治要》《书钞》《御览》诸书以定异字,《治要》以下,其书亦在木,非为讹乱,据以为质,此一蔽也。④

在此,章太炎批判了与刘歆迥异的"徒能部次甲乙,略记梗概"者。

---

① 姚名达《中国目录学史》,第89页。
② 张寿安曾探讨龚自珍论乾嘉学术十大门类的意义,认为龚自珍实在是少数有志探讨千古学术流变的学者之一,也是少数能梳理出千年经学演变之历史发展的学术史家,并探讨了戴震以降的"说经"传统与专门之学分立之间的关系。张文更透过龚自珍批判了江藩所建构的汉宋对立的清学二元对立模式。参见《龚自珍论乾嘉学术:"专门之学"的兴起——钩沉传统学术分化的一条线索》,刘笑敢主编《中国哲学与文化》第10辑,桂林:漓江出版社,2012年,第231—258页。
③ 余嘉锡《目录学发微》,《目录学发微 外一种:古书通例》,第28页。
④ 《章太炎全集》(五),第241页。

虽然乾隆、嘉庆时期上古音韵小学研究成绩斐然,且有一代小学音韵学大师戴震被召为《四库》纂修官,但长于定文之才却多在野而不在朝。同时,章太炎也批判了《四库》拘泥于宋刊本。

章太炎认为四部"荒唐之处"至少有三。一是将道教与庄子老子并列。比如葛洪痛骂老庄,道教求长生不老,而老子则曰:"吾所以有大患,以吾有身也。若吾无身,吾有何患?"东汉末年相传为苍梧太守的牟子曾援引老子此语,说明佛理与中国原有思想的融通性。①道教守身惜生以求长生,对中国传统医学贡献颇多。此又与老子所言大相径庭。如牟子所言,老子此言几通佛理。章太炎援引庄子曰:"莫寿于殇子,而彭祖为夭。"(《庄子·齐物论》)②诚如章太炎指出的,对待"死"或与之相关的"寿",道教与道家南辕北辙。比如庄生妻死,惠子吊之,庄生却鼓盆而歌,③因死为生之部分,死本属自然,道教求长生不老,而炼丹则为不自然。至于老庄之别,章太炎言:"庄子自言与老聃之道术不同,'死与生与?天地并与?神明往与?'此老子所不谈,而庄子闻其风而悦之。盖庄子有近乎佛家轮回之说,而老子无之。"④章太炎的《齐物论释》糅庄子哲学与佛教唯识论哲学于一,乃是贯通两者之作。⑤章太炎又

① 牟子《牟子理惑论》,《弘明集》,刘立夫、魏建中、胡勇译注,北京:中华书局,2013年,第30页。
② 章太炎《论诸子的大概》(1907年至1910年讲于日本),章念驰编订《章太炎演讲集》,第89页。
③ 郭庆藩《庄子集释》卷六《至乐第十八》,王孝鱼校点,北京:中华书局,2004年,第614页。
④ 章太炎《诸子略说(下)》(1935年),章念驰编订《章太炎演讲集》,第586页。
⑤ 该书晦涩,日本学者高田淳进行过较为系统的解读(《辛亥革命と章炳麟の齐物哲学》,東京:研文社,1984年)。晚近更有兼治小学佛学的中国年轻学者孟琢系统注释,令章太炎此书稍可近之(孟琢《齐物论释疏证》,上海:上海人民出版社,2019年)。其他尚有小林武、坂元弘子、石井刚、慕唯仁、韩子奇、严寿澂、高瑞泉、张志强等相关研究,此处不赘。

言："神仙家、道家,《隋志》犹不相混。清修《四库》,始混而为一。其实炼丹一派,于古只称神仙家,于道家豪(毫)无关系。"①前面提及目录学并非简单的图书馆编目之学,而是具有中国特点的学术史研究,编纂者需要广览群书且见地独到,此处亦可窥见其特点。将神仙家与道家归为一类,是因为对二者理解不足,后果是对二者解释的同时偏离。

二是原本附录于《诸子略》九流十家中的小说家,"大概平等的教训,简要的方志,常行的议注,荟萃的札记,奇巧的工艺,都该在小说家著录。现在把这几种除了,小说家里面,只剩了许多闲谈奇事,试想这几种小说,配得上九流的资格么"?②

三是《隋志》子部诸子书籍过少,归类混乱。这一点与章太炎成为晚清诸子热旗手不无关系,此一问题以及九流十家之小说家问题本文将后述。与章太炎相类,郑樵对四部子部分类亦尤多微词:"旧类有道家,有道书,道家则《老》《庄》是也。有法家,有刑法,法家则《申》《韩》是也。以道家为先,法家次之,至于道书,别出条例。刑法则律令也,道书则法术也,岂可以法术与《老》《庄》同条,律令与《申》《韩》共贯乎? 不得不分也。《唐志》则并道家、道书、释氏为一类,命以'道家',可乎? ……《汉志》于医术有经方,有医经,于道术类中有房中,有神仙,亦自微有分别。奈何后人更不本此,同为医方,同为道家者乎? 足见后人之苟且也。"③这里呈现的是四部中子部趋于芜杂、混乱,甚至不专业的问题。类似对四部子部分类的批判,亦见于余嘉锡:"最误者莫如合名墨纵横于杂家,使

---

① 章太炎《诸子略说(下)》(1935 年),章念驰编订《章太炎演讲集》,第 586 页。
② 章太炎《论诸子的大概》(1907 至 1910 年讲于日本),章念驰编订《章太炎演讲集》,第 89 页。
③ 郑樵《校雠略·编次不明论七篇》,《通志二十略》,第 1823 页。

《汉志》诸子十家顿亡其三,不独不能辨章学术,且举古人家法而淆之矣。"①

此外,《七略》有《术数略》与《方技略》。术数与方技独立成略,客观上显示出汉代科学类书籍的重要地位,这一点在四部分类法中明显被弱化,二者不再独立成略。虽不可据此断言四部分类为导致中国科技落后的原因之一,但是,科技书籍在四部中的存在感远不如《七略》,却是不争的事实。而且,完全可以想象目录学的这一变化,会影响到科技成果的传承和发展,以及科技类书籍在官修目录中地位下降的问题,这也许是观察中国科技史的一个角度。

就郑樵、二章对四部分类的批判,余嘉锡的《四库》评价可资参照。余氏对《四库》虽然多有批判,亦在其《四库提要辨证》中系统纠正其错,许多批判与二章、尤其与章太炎不无相通之处,但总的来说对《四库》还是予以理解和肯定的。余氏曰:"道、咸以来,信之者奉为三尺法,毁之者又颇过当。愚则以为《提要》诚不能无误,然就其大体言之,可谓自刘向《别录》以来,才有此书也。"又曰:"今《四库提要》叙作者之爵里,详典籍之源流,别白是非,旁通曲证,使瑕瑜不掩,淄渑以别,持以向、歆,殆无多让;至于剖析条流,斟酌今古,辨章学术,高挹群言,尤非王尧臣、晁公武等所能望其项背。"②余氏是在恪守目录学传统意义的基础上评《四库全书总目》,将此视为刘向、刘歆以来的一大成果。就《七略》、四部之争执,"夫四部可变而……为九(王俭),为十(孙星衍),为十二(郑樵)。今何尝不可为数十,以至于百乎? ……因以辨章学术,考镜源流矣。既非如文渊阁之按橱编号,何必限其部数为七为四哉!"③余氏之态度不

① 余嘉锡《目录学发微》,《目录学发微 外一种:古书通例》,第68页。
② 余嘉锡《四库提要辨证》,北京:中华书局,2007年,第48—49页。
③ 余嘉锡《目录学发微》,《目录学发微 外一种:古书通例》,第150页。

可谓不开放。但是,就笔者的理解,余氏不主张四部分类,而是主张愈细愈佳:"欲论次群书,兼备各门,则宜仿郑樵、孙星衍之例,破四部之藩篱,别为门类,分之愈细乃愈佳,亦樵所谓'类例不患其多'也。"①余氏此言,显然顾及唐宋之后学术、出版发展而书目日繁问题,甚至可能还顾及中国学术经历新文化运动之西化问题。若是如此,可谓与时并进了。

三 章太炎与章学诚的共同学术资源

(一) 章太炎对今文派的批判

徐复指出,章太炎早年专慕刘歆,刻印自言私淑,其小书《驳箴膏肓评》手稿封面盖有"刘子骏私淑弟子"篆文印章。②该书稿后改为《七略别录佚文征》,为章太炎纯粹目录学论文,收入《訄书》重订本时,改名为《征七略》,1915 年定稿的《检论》则删去此文,原因不明。据汤志钧,《七略别录佚文征》为光绪二十二年(1896)所撰,意在驳斥清代今文派刘逢禄,后者著《针膏肓评》(《皇清经解》卷一百六十三)推何休今文说,何休则意在针对郑玄的《针膏肓》等,因此章太炎是驳难刘逢禄而申郑玄学说。③

章太炎在光绪二十四年正月《上李鸿章书》中自我介绍说:"幼诵六经,训诂通而已。然于举业,则固绝意不为。年十七,浏览周、秦、汉氏之书,于深山乔木间,冥志覃思,然后学有途径,一以荀子、

① 余嘉锡《目录学发微》,《目录学发微 外一种:古书通例》,第 151—152 页。
② 章炳麟著,徐复注《訄书详注》,第 824 页。
③ 汤志钧编《章太炎年谱长编》,北京:中华书局,1979 年,第 33 页。

太史公、刘子政为权度。"①章太炎时年 31 岁,虽然"反满",但尚主张"革政",对改良派有所寄托,对李鸿章亦有所望,由此可知章太炎自少时便景仰刘向。章太炎在《征七略》中赞扬刘向父子:"刘氏比辑百家,方物斯志,其善制割、綦文理之史也。"②

《国故论衡·明解故上》开篇即论"校""故""传""解"四个概念。庞俊释之曰:"校"狭义为"比对文字",广义为"辨章学术、考镜源流";"故"为故事与故训;"传"为"转释经义";"解"为"顺说前人之书"。③此处也可窥见章太炎与章学诚关心的问题有所相通。在该文中,章太炎曰:"刘向父子总治《七略》,入者出之,出者入之,穷其原始,极其短长,此即与正考父、孔子何异? 辨治众本,定异书,理讹乱,至于杀青可写,复与子夏同流。故校雠之业广矣。"④正考父为周末宋国大夫,《国语·鲁语下》记载其校勘之事,整理文献有功,被认为是史载之始。⑤《史记·孔子世家》亦提及,正考父也是孔子先祖。⑥章太炎将刘向父子与正考父、孔子并列,显见其推崇。

同时,章太炎亦从目录学角度谈论学术史:

> 经与史自为部,始晋荀勖为《中经簿》,以甲乙丙丁差次,非旧法。《七略》,《太史公书》在《春秋》家。其后东观、仁寿阁诸校书者,若班固、傅毅之伦,未有变革,讫汉世依以第录。虽今

---

① 汤志钧编《章太炎政论选集》,北京:中华书局,1977 年,第 53 页。
② 《章太炎全集》(三),第 326 页。徐复引颜师古注"比辑"曰:"比,次也;辑,合也。"又引颜师古解释"方物斯志"注引如淳曰:"比,谓比方也。"又引王先谦补注曰:"物,类也。志,意也。"章炳麟著,徐复注《訄书详注》,第 824 页。
③ 章太炎撰,庞俊、郭诚永疏证《国故论衡疏证》,第 322 页。
④ 《章太炎全集》(五),第 241 页。
⑤ 来新夏《古典目录学浅说》,第 239 页。
⑥ 《史记》卷四十七《孔子世家》,北京:中华书局,2010 年,第 1908 页。

> 文诸大师,未有经史异部之录也。今以《春秋经》不为史,自俗
> 儒言之即可。刘逢禄、王闿运、皮锡瑞之徒,方将规摹皇汉,高
> 世比德于十四博士,而局促于荀勖之见。荀勖分四部,本已凌
> 杂,丙部录《史记》,又以《皇览》与之同次,无友纪,不足以法。①

此处章太炎将刘逢禄、王闿运、皮锡瑞、康有为等今文派学者之经、
史分别论全然等量齐观,这是否公允,暂且存而不论。《太史公书》
(即《史记》)在四部中被归入史部,《国语》等史籍亦然。然而,在
《七略》中,《史记》《国语》等史籍却一起被归入《六艺略》的《春秋》
类。傅毅为东汉辞赋家,"肃宗博召文学之士,以毅为兰台令史,与
班固、贾逵共典校书"②。而东观乃东汉宫廷贮藏档案、典籍和从
事校书、著述之所。在此,章太炎不仅批判四部,也批判今文经学。
两个批判不可二分,亦见于上文章太炎驳斥刘逢禄、王闿运、皮锡
瑞等今文学派"局促于荀勖之见"。章太炎尤其强调,连汉代的今
文派经师皆经史不二分,清代的今文派何又强分? 章太炎此处意
在力诋清代今文派。③清代今文派视六经非史,经史相对,并且视
孔子为六经作者,自然排斥《七略》。因《七略》以历史为中心框架,
与今文派之微言大义、视《春秋》为后世制法之类的观点格格不入。
如章太炎指出,刘逢禄及王闿运、皮锡瑞、康有为等今文学家遵循

---

① 《章太炎全集》(五),第 233 页。
② 《后汉书》卷八十《文苑列传》,第 2613 页。
③ 李庭绵的研究显示,康有为虽然以儒家今文学派出现,内里与其说是儒学,
莫若说是墨学;李氏并指出康氏的追随者如谭嗣同、梁启超,更是墨学的崇拜者,康有
为同时代的叶德辉等亦不目康有为为儒。此说至少相对化了过于"儒学"的康有为解
释,值得关注。参见 Ting-mien Lee, "The Role of Mohism in Kang Youwei's Argu-
ments for His New Text Theory of Confucianism", *Dao: A Journal of Comparative
Philosophy*, Vol.19, No.3, 2020, pp.461—477.

荀勖的经史子集四部分类,则经、史异部。因此,至少在晚清的今古文论争中,章太炎所代表的古文派本《七略》之说,四部在经史异部上却偏于晚清今文派之见。

章太炎并非认为《七略》无可挑剔,比如他说:"独萧何之《九章》、叔孙通之礼器制度,王官所守,布在九区,及秦氏图籍,高祖以知地形阨塞,户口多少强弱者,皆阙不著。"①章太炎以《七略》图谱始终未能独立专部为憾。章太炎对图谱的重视,显然受南朝目录学家王俭九部分类的影响,亦拜郑樵《通志·校雠略》对王俭的再阐发所赐。郑樵继承王俭目录学成果,强调图谱独立成略的重要性。就王俭的分类,胡应麟曰:"王俭《七志》……前六志咸本刘氏六略,但易其名而益其图谱及佛、道两家……名虽曰七,实九志也。"②章太炎对王俭亦赞赏有加:"后生如王俭,犹规其过(荀勖四部之过——引者注)。"章太炎此言自注中亦曰:"据《隋书·经籍志》,王俭撰《七志》:一曰《经典志》……七曰《图谱志》,纪地域及图书。其道佛附见,合九条。则《七志》本同《七略》,但增《图谱》、道、佛耳。其以六艺、小学、史记、杂传同名为《经典志》,而出图纬使入《阴阳》,卓哉!二刘以后,一人而已。"③章太炎视王俭为二刘之后目录学成果之最卓著者,是因为郑樵重视图谱,也是受王俭影响。郑樵虽是《汉志》之发扬光大者,却也不满《七略》图谱方面之不足:

> 《七略》惟兵家一略由任宏所校,分权谋、形势、阴阳、技巧四种书,又有图四十三卷,与书参焉。观其类例,亦可知兵,况

① 《章太炎全集》(三)《征七略》,第325—326页。"九区"意为"区分为九州",章炳麟著,徐复注《訄书详注》,第820页。
② 胡应麟等《经籍会通》,王岚、陈晓兰点校,北京:燕山出版社,2008年,第20页。
③ 《章太炎全集》(五),第233页。

见其书乎。其次则尹成校术数,李柱国校方技,亦有条理。惟刘向父子所校经传、诸子、诗赋,冗杂不明,尽采语言,不存图谱,缘刘氏章句之儒,胸中元无伦类。……兵家一略极明,若他略皆如此,何忧乎斯文之丧也。①

虽然不似郑樵发言竣急,章太炎亦对《七略》未能足够重视图谱引以为憾。由此可以想象,在四部分类下,图谱有更为严重的问题,因为兵书、术数、方技无法独立成略,意味着此等专门之学在四部分类中的目录学质量下降,势必加剧子部的芜杂程度。无论如何,章太炎并非目录学家,而只是目录学角度的学术史家和思想家,其勾勒的"刘歆—王俭—郑樵—章学诚"这一《汉志》目录学谱系,有强烈的晚清学术、政治论争语境。就此章太炎之盛赞,余嘉锡指出:"近人章太炎以其(王俭——引者注)合史于经,合于古文家之说,从而称之,所谓不虞之誉也……章氏此篇(《国故论衡》中《原经》)意在驳今文家《春秋经》不为史之说,言各有当,本不为目录而发。"②在此意义上,章太炎阐发刘歆与章学诚,不仅为学术史所发,亦为政治现实所发,以此章太炎强化了其与改良派康有为论辩的学术依据,此与章学诚大相径庭。章太炎对《七略》的评价,不似郑樵挑剔,或许与其和康有为的论争相关亦未可知。因为对于章太炎来说,刘向、刘歆是他至为重要的史学角度的论争资源。

(二) 章太炎对晚清学术的批判

罗振玉曾指出清朝学术有三失:一是详训诂而略义理;二是舍

---

① 郑樵《校雠略·编书不明分类论三篇》,《通志二十略》,第 1821 页。
② 余嘉锡《目录学发微》,《目录学发微 外一种:古书通例》,第 145 页。

训诂而讲微言大义,主要指今文学派;三是清末之疑古信今(西学)。①此三者,皆是章太炎予以力诋者。章太炎曰:"六经皆史之方,治之则明其行事,识其时制,通其故言,是以贵古文。"章太炎强调章学诚"六经皆史"论断,根本上与古文派有相通之处,因为这自然导向六经之"故言",可窥见章太炎与康有为对立中频引章学诚之缘故。但章太炎又评价章学诚曰:"章学诚感慨,欲法刘歆,弗能卒业。后生利其疏通,以多识目录为贤。"②虽是酷评其宗刘未能卒业,却也肯定其目录学持见之贡献。

康有为推崇儒教,欲以儒教为国教,视孔子为教主,并将今文经学的解释用于其变法改良运动,与章太炎论辩多年。比如,章太炎云:"今以仲尼受天命为素王,变易旧常,虚设事状,以为后世制法,且言左氏与迁、固皆史传,而《春秋》为经,经与史异。"③在《七略》中,《国语》《战国策》《史记》等归于《六艺略》之《春秋》类,为六艺(六经)之流裔,而今文派却是经史异部,故章太炎有此不满。他在《答铁铮》中如是说:

孔氏之教,本以历史为宗,宗孔氏者,当沙汰其干禄致用之术,惟取前王成迹可以感怀者,流连弗替。《春秋》而上,则有六经,固孔氏历史之学也。《春秋》而下,则有《史记》《汉书》以至历代书志、纪传,亦孔氏历史之学也。若局于《公羊》取义之说,徒以三世、三统大言相扇,而视一切历史为刍狗,则违于

① 罗振玉《本朝学术源流概略》《清代学术源流考》,南京:江苏文艺出版社,2011年,第135—136页。
② 《章太炎全集》(五),第241、248页。
③ 《章太炎全集》(五),第232页。

孔氏远矣！①

　　康有为公羊学"张三世"之说，源自何休《春秋公羊解诂》的"衰乱"（所传闻之世）、"升平"（所闻之世）、"太平"（所见之世）三世。②道光年间魏源将《礼记·礼运》的"小康""大同"分别对应何休的"升平""太平"。何休、魏源的这种史观，被视为康有为三世说的先驱。③康有为尚有"通三统"的说法，亦见于何休。④三统者，亦称三正，夏朝以寅为始，服色尚黑，为黑统；商朝以丑为始，服色尚白，为白统；周朝以子为始，服色尚赤，为赤统。⑤钱穆解释，汉代公羊学认为，三统即为夏、商、周三朝政权之三传统；每一新朝兴起，需保留以前两王朝之后裔，为之封土建国，令其依然遵照前王朝之旧传统与旧制度，与此新王朝共存，而周代的杞国与宋国，即夏、商之后。康有为认为，每朝必有其新制，只有变革，方能一新。晚清今文学派以经学趋势求变之意，此处最是可见。钱穆指出，周道衰微，周天子失去褒贬资格，孔子《春秋》之褒贬，非当时周天子之褒贬，孔子"以《春秋》作新王"，寄托其治世理想，故《春秋》被认为是为新王制法。⑥

---

　　① 《章太炎全集》（八），第388—389页。
　　② 何休注，徐彦疏《春秋公羊传注疏》，阮元校刻《十三经注疏》，北京：中华书局，1980年，第2200页；刘逢禄《春秋公羊经何氏释例　春秋公羊释例后录》，曾亦点校，上海：上海古籍出版社，2013年，第6页。
　　③ 佐藤一郎《中国文学の伝統と再生：清朝初期から文学革命まで》，東京：研文出版，2003年，第99—100页。
　　④ 何休注，徐彦疏《春秋公羊传注疏》，阮元校刻《十三经注疏》，第2203页；刘逢禄《春秋公羊经何氏释例　春秋公羊释例后录》，第10页。
　　⑤ 康有为《大同书》，陈得媛、李传印评注，北京：华夏出版社，2002年，第15页。
　　⑥ 钱穆《孔子与春秋》，《两汉经学今古文平议》，北京：商务印书馆，2015年，第271—272页。

    章太炎视孔子为良史,视《春秋》以外五经为孔子所编辑之史,亦即孔子历史学之载体。此类观点与今文派背道而驰,而与章学诚"六经皆史"说相通。诘难康有为,显然也是章太炎褒扬章学诚的重要语境。康有为在《孔子改制考》中力诋章学诚曰:"章实斋谓:集大成者,周公也,非孔子也。其说可谓背谬极矣!"①章学诚在《文史通义·原道》中言:"周公集羲、轩、尧、舜以来之大成,周公固学于历圣而集之,无历圣之道法则固无以成其周公也。孔子集伯夷、尹(伊尹——引者注)、惠(柳下惠——引者注)之大成,孔子固未尝学于伯夷、尹、惠,且无伯夷、尹、惠之行事,岂将无以成其孔子乎?"②康有为明言:"歆欲夺孔子之圣而改其圣法,故以周公易孔子也,汉以前无是说也。汉以前孔子为改制教主,知孔子为神明圣王……六经皆孔子所作也,汉以前之说莫不然也。"③六经之一的《春秋》为孔子所作,这一点今古文两派皆无异议,分歧在于孔子是其余五经编者还是作者。即使就古文派意见而言,视孔子为五经之编者、《春秋》之作者,足可以高誉孔子为集大成者。章学诚何以如此卑视孔子? 章学诚《文史通义》之一大贡献,乃在于据《七略》而阐明古代学术王官学与百家言之区别。④但章学诚执官私学术之二分过甚,几乎将之视为放之后世皆准之尺度,难免自我矛盾,诚又为其说之一大缺陷。此一问题亦于其"集大成"说中表露无遗。章学诚言:"孔子有德无位,即无从得制作之权,不得列于一

---

　　① 康有为《孔子改制考》,康有为撰,姜义华、张荣华编校《康有为全集》第 3 集,北京:中国人民大学出版社,2007 年,第 127 页。
　　② 叶长青《文史通义注》,第 130 页。
　　③ 康有为《孔子改制考》,康有为撰,姜义华、张荣华编校《康有为全集》第 3 集,第 128 页。
　　④ 钱穆《孔子与春秋》,《两汉经学今古文平议》,第 299 页。

成,安有大成可集乎?"①简言之,有德有位,方可谓集大成者也。此正是他轻孔子重周公之重要缘由。章学诚言孔子非集大成者,且周孔二者择一、非此即彼,诚为言过。然康有为视孔子为六经作者则又是一谬。

此外,康有为《新学伪经考》直言"始作伪乱圣者自刘歆",②言古文经为伪经,东汉以来经学为刘歆"作伪",矛头直指章学诚与古文派所推崇的刘歆。显然二章之说相近,而与康有为水火难容。钱穆曰"莽、歆为人贱厌,谓歆伪诸经以媚莽助篡,人易信取,不复察也。南海康氏《新学伪经考》最备,余详按之皆虚";并列举康著立论不成立者28条,逐一驳斥,条条言之有据、持之有故。他又说:"余读康氏书,深疾其牴牾,欲为疏通证明,因先编《刘向歆父子年谱》。"③该长篇年谱亦见其史家考证功夫。钱穆晚年撰文高评章太炎,④此书从侧面回答了其评价的背景之一。该书并非无端介入晚清今古文之争,而是认为:"盖今文古文之分,本出晚清今文学者门户之偏见。"收入上述长篇年谱在内的《两汉经学今古文平议》,为钱氏成名之作,读书宗旨"则端在撤藩篱而破壁垒,凡诸门户,通为一家。经学上之问题,即为史学上之问题……通经终不能不通史"⑤。此一以史治经的学术态度,正是章太炎的态度,也是钱穆批判晚清今文经学的重要理由。

---

① 叶长青《文史通义注》,第129页。

② 康有为《新学伪经考》,康有为撰、姜义华、张荣华编校《康有为全集》第1集,第155页。孔教问题,参见干春松《制度化儒家及其解体》,北京:中国人民大学出版社,2003年;《保教立国:康有为的现代方略》,北京:生活·读书·新知三联书店,2015年。康章对立,可参见汪荣祖《康章合论》,北京:中华书局,2008年。

③ 钱穆《刘向歆父子年谱》,《两汉经学今古文平议》,北京:商务印书馆,2005年,第1、7页。

④ 钱穆《太炎论学述》,《中国学术思想史论丛》(八),第392—410页。

⑤ 钱穆《两汉经学今古文平议》"自序",第6页。

多年后,章太炎在《致柳翼谋书》中直接针对晚清今文派目之
为祖的董仲舒,言道:

> 以罢黜百家归咎仲舒,本不为过。唯梁启超以仲舒为
> 儒家,因以是儒家之过,则鄙意甚有异同。仲舒乃今文公羊
> 之师,于儒林列传则是矣,于九流之儒则非也,其言凌集巫
> 史,实兼习阴阳家说。……鄙人少年本治朴学,亦唯专信古文
> 经典,与长素辈为道背驰,其后深恶长素孔教之说,遂至激而
> 诋孔。①

章太炎借助汉代目录学诘难董仲舒,并坦承是朴学家之见。在他
看来,董仲舒不应归于九流之首之儒家,而应归入儒林列传;驱董
于六艺流裔、儒家之外,是因为其兼采阴阳。表面上看,这是章太
炎立足于古文家立场的嫌恶之见,其实未必。董仲舒"推明孔氏,
抑黜百家,立学校之官,州郡举茂才孝廉,皆自仲舒发之",故后人
易因此视董子纯然为儒,实则远为复杂。比如董仲舒与阴阳家的
关系,一如《汉书》所谓:"仲舒治国,以《春秋》灾异之变推阴阳所以
错行,故求雨,闭诸阳,纵诸阴,其止雨反是。"②钱穆之两汉学术研
究,似乎有助说明章太炎何以如此持论。钱氏多纠世人对前汉尊
儒之常识,并对经今古文对立颇有见地,其中与章太炎观点不无相
通之处:

> 称《诗》《书》,道尧舜,法先王,此战国初期学派儒、墨皆

---

① 汤志钧编《章太炎政论选集》,第 764 页。
② 《汉书》卷五十六《董仲舒传》,第 2525 页。

然,不专于儒也。文帝时有《孟子》博士,至武帝时亦废。若谓尊儒,何以独复《孟子》? 其后刘向父子编造《七略》,六艺与儒家分流。儒为诸子之一,不得上侪于六艺。然则武帝立五经博士,若就当时语说之,谓其尊六艺则然,谓其尊儒则未尽然也……则仲舒之尊孔子,亦为其传六艺,不为其开儒术。①

钱穆并言"汉儒尊孔子为素王,亦以自附于六艺,而独出于百家"②。钱穆视两汉学术以六艺为中心,而非以儒家为中心,此实本于《汉志》,与章学诚、章太炎见解有相通之处,而并非出于门户之见。在章学诚看来,孔子原非儒家,之所以成为儒家宗师,乃是儒家尊孔所致:"儒家者流,尊奉孔子,若将私为儒者之宗师,则亦不知孔子矣。孔子立人道之极,岂有意立儒道之极耶?"③"五四"之非儒实可溯源于此,此又是胡适等未留意者。《汉书》为董仲舒盖棺论定时亦言其继承六艺之功,而未言及后世所认为的推动独尊儒术:"仲舒遭汉承秦灭学之后,六经离析,下帷发愤,潜心大业,令后学有所统壹,为群儒首。"④此"群儒"之"儒"不可解为儒家。章太炎明批董仲舒,而暗批康有为,意在鼓吹晚清革命。康有为认为:"惟《公羊》详素王改制之义,故《春秋》之传在《公羊》也","及读《繁露》,则孔子改制变周"。推崇《春秋繁露》为得素王改制真传之"微言奥义"。⑤

章太炎亦从目录学角度批判董仲舒(实为批判康有为):"今文

① 钱穆《两汉博士家法考》,《两汉经学今古文平议》,第 200 页。
② 钱穆《两汉博士家法考》,《两汉经学今古文平议》,第 202 页。
③ 叶长青《文史通义注》,第 136—137 页。
④ 《汉书》卷五十六《董仲舒传》,第 2526 页。
⑤ 康有为《春秋董氏学》,康有为撰、姜义华、张荣华编校《康有为全集》第 2 集,第 307 页。

家所贵者，家法也。博士故不知有经史之分，则分经史者，与家法不相应。夫《春秋》之为志也，董仲舒说之，以为上明三王之道，下辨人事之纪，万物之散聚，皆在《春秋》。"①章太炎驳斥董仲舒视《春秋》为制法，而非史。钱穆指出，东汉经学仍无今古文之分，治经唯一争端，前汉在于《公羊传》《穀梁传》，后汉则为《左传》《公羊》，并不及诸经，今古文之二分乃后世之论。②余嘉锡亦曰："汉儒治经，兼通数家之学者甚众，且有古今文并治者，前、后《汉书》中不乏其例。"③尽管此时尚无经今古文之大别，钱穆却指出有"今学""古学"之辨。今学者，指治章句之学，博士立官各家师说之学。此一派因光武帝好图谶，词章加图谶，构成此一派"家学"的特点，而异之者则为"古义"，亦名"古学"。所谓今文派"家法"，即"今学"之"章句家法"，"则为师者易以教，为弟子者亦易于学而已"；而"古学必尚兼通"，"今学务趋时，古学贵守真"。④由是观之，虽然经今古文之别始于后世，似乎并非不可溯源于此。"趋时"亦未必全是坏事，也是学以致用精神之表现。董仲舒言灾异，甚至言天谴，亦可作如是观，故董仲舒告诫汉武帝："《春秋》之所讥，灾害之所加也；《春秋》之所恶，怪异之所施也。书邦家之过，兼灾异之变，以此见人之所为，其美恶之极，乃与天地流通而往来相应，此亦言天之一端也。"⑤"趋时"乃是必要，然而趋时如董子者应如何令守真者觉得征而有信，或者说趋时与守真应如何平衡，则是另外的问题。钱穆所描述东汉"今学""古学"之别，多少又可见于晚清。显然晚清

① 《章太炎全集》（五），第233页。
② 钱穆《两汉博士家法考》，《两汉经学今古文平议》，第233—235页。
③ 余嘉锡《四库提要辨证》卷十，第557页。
④ 钱穆《两汉博士家法考》，《两汉经学今古文平议》，第236、238、247页。
⑤ 《汉书》卷五十六《董仲舒传》，第2515页。

经今古文之对立,似为空穴来风,姑妄夸张地说,此一对立两汉之时早已埋下伏笔。"今学"此一特点为康有为等主张,并以董仲舒为其祖而述之。康有为遂认为《春秋》为"改制之义","《春秋》专为改制而作",而这一点"幸有董子之说,发明此义","《春秋》所重在义,不在文与事也",①因而为后世制法。

对董仲舒的批判,亦涉及被斥为"暴秦"之祸首的法家及秦制的评价问题。章太炎《国故论衡·原经》云:

> 汉世五经家既不逆睹,欲以经术干禄,故言为汉制法。卒其官号、郡县、刑辟之制,本之秦氏。为汉制法者,李斯也,非孔子甚明。近世缀学之士,又推孔子制法讫于百世。法度者,与民变革,古今异宜,虽圣人安得豫制之?……《春秋》言治乱虽繁,识治之原,上不如老聃、韩非,下犹不逮仲长统。故曰:"《春秋》经世,先王之志,圣人议而不辩"。……明其臧往,不亟为后王仪法,《左氏》有议,②至于《公羊》而辩。持《繁露》之法以谒韩非、仲长统,必为二子笑矣。③

在章太炎看来,就政治学"识治之原"方面,《春秋》不及法家。章太炎的立场,也是以诸子学为中心的学术史立场,反对独尊儒家,又为法家鸣不平。汉承秦制也见于萧何《九章律》,《汉书·刑法志》:"相国萧何攈摭秦法,取其宜于时者,作律九章。"汉代博士经学家标榜《春秋》为经,《春秋》乃为后世制法。章太炎在此斥之,谓晚清

---

① 康有为《春秋董氏学》,康有为撰、姜义华、张荣华编校《康有为全集》第 2 集,第 365、309 页。

② 《国故论衡疏证》注曰:"议谓平订是非。"第 305 页。

③ 《章太炎全集》(五),第 234—235 页。

今文学家所追随的经学家所处之汉代，事实上却是继承秦制。秦制即法家之制。按章太炎之说，汉武帝之前，融黄老之术与法家于一体，之后儒法交融。《汉书·礼乐志》言："至武帝即位……董仲舒对策曰：王者欲有所为，宜求其端于天。天道大者，在于阴阳。阳为德，阴为刑。"①这是中国历史上儒法交融大原则确立之始。瞿同祖认为董仲舒主张德刑不偏废，《春秋》决狱，以儒为体，以法为用，乃是以儒家经义用于法律的第一人，为融儒法两家思想者。②章太炎称"为汉制法者，李斯也"，同时强调法度是审时度势，与时并进，不可能预先由圣人制定。章太炎指出道家老子、法家韩非子、东汉尚书郎仲长统在制法方面远高于《春秋》，以论驳推崇董仲舒以《春秋》决狱的晚清今文学家。如庞俊所言，《春秋》"往事即先王之志（史志之志——引者注），明非为后世制法也"③。《后汉书·仲长统传》篇幅尤长，多节引仲长统《昌言》之有益政事者，并誉仲长统之才足继董仲舒、贾谊、刘向、扬雄。其中《损益篇》曰："作有利于时，制有便于物者，可为也。事有乖于数，法有玩于时者，可改也。故行于古有其迹，用于今无其功者，不可不变。变而不如前者，易而多所败者，亦不可不复也。"④仲长统此文原为东汉制法而发。但是，康有为言孔子为后世制法，即可理解为一成不变之法。此与康有为本人变革意识之凿枘，亦可由仲长统此言得以一窥。

《商鞅》一文收录于《訄书》初刻本、重订本与《检论》。该文为商鞅鸣不平："商鞅之中于谗诽也二千年，而今世尤甚。其说为自

① 《汉书》卷二十二《礼乐志》、卷二十三《刑法志》，第1096、1031页。

② 瞿同祖《中国法律与中国社会》，北京：商务印书馆，2010年，第360页。

③ 章太炎撰，庞俊、郭诚永疏证《国故论衡疏证》，第304页。

④ 《后汉书》卷四十九《仲长统传》，第1643—1663、1650页。

汉以降,抑夺民权,使人君纵恣者,皆商鞅法家之说为之倡。呜呼!
是惑于淫说也甚矣。法者,制度之大名,周之六官,官别其守,而陈
其典,以扰乂天下,是之谓法。故法家者流,则犹西方之政治家也,
非胶于刑律而已。"①章太炎认为汉朝恰恰败在未依仗法家。如
是,章太炎的晚清今文派批判,又与其诸子学复兴,尤其法家重评,
联系在一起。

如上所述,章太炎的晚清今文派批判,其方法之一是透过辨章
学术、考镜源流进行。因此,章太炎批判四部分类法,是批判今文
学派的必要手段。后者自然排斥《七略》,因《七略》彻底的历史框
架本身,与今文派之微言大义多有不合。而且,按章太炎《原经》所
说,《七略》之《六艺略》不仅含六经,尚有《论语》《孝经》和小学十家
以及《国语》《战国策》《史记》等历史书籍,此等史籍概入六经之《春
秋》。然而依经史子集四部分类,则经、史必为异部。一如井上进
所指出,章太炎对董仲舒以及"崇董"的晚清公羊学著作如此攻讦,
是因其作为《春秋左氏传》学者的门户立场,更出于其作为清末革
命派的政治立场:章太炎认为作为汉代官方儒学中心的公羊学,
"是为专制主义服务的"。②此与章太炎之革命精神息息相关。

四 "二章"与以诸子学为中心的
学术史重构运动

章学诚"学"或"效法"的实践性问题,与他强调周、孔二分有
关,也关乎其"六经皆史"主张。就后者而言,主张经史之不可二

---

① 《章太炎全集》(三),第262—263页。
② 井上進《中国出版文化史——書物世界と知の風景》,第24—25頁。

分,必然强调六经为周朝旧典,则必然彰显有德有位的周公,而非有德无位的孔子。就周、孔二分问题,前面已经论及。章学诚除了在《文史通义·原道》中较为集中论及此问题外,也在《与陈鉴亭论学》(1789)言"集大成者实周公而非孔子":

> 孔子不得位而行道,述六经以垂教于万世,孔子之不得已也。后儒非处衰周不可为之世,辄谓师法孔子必当著述以垂后,岂有不得已者乎?何其蔑视同时之人而惓惓于后世邪!故学孔子者,当学孔子之所学,不当学孔子之不得已……故知道器合一,方可言学;道器合一之故,必求端于周、孔之分,此实古今学术之要旨。①

一如前述,他认为周公之时学在官守,道器不分,至孔子出而官学二分,而孔子则有德有学而无其位。撰写《春秋》、编辑五经,通常被认为是孔子对中国学术的伟大贡献。但是,在章学诚看来,就孔子的政治思想而言,无位则无法实践;不能实践,只是不得已,但今人却不知道习古只为今而已。章学诚主张与实践相结合的道器合一观,显而易见是对顾炎武经世致用思想有所发挥,因此对学术迂腐倾向痛诋有加。但是,此处更强调其官师合一的基本观点。

另一方面,章学诚的道器观与其校雠心法息息相关,并且其观点与清代中期开始出现的"诸子热"遥相呼应。他在《校雠通义》中用"道"代表诸子等理论书籍,用"器"代表具体的"法术名数"书籍。如,"就诸子中掇取申韩议法家言,部于首条,所谓道也;其承用律令格式之属,附条别次,所谓器也……诸家之言,部于首条,所谓道

---

① 章学诚著,仓修良编注《文史通义新编新注》,第717—718页。

也;其相沿典章故事之属,附条别次,所谓器也",①显见其对诸子的重视。在此意义上可以说,诸子学复兴不仅早为王念孙、汪中、钱大昕等考据学家所准备,章学诚也多有贡献。

胡适指出,重视诸子学,至晚清民初始现。②假如以长时段观之,实是晚明以来学术史暗流涌动的结果。一如井上进所指出,甚至自16世纪后半期以来,儒教独大局面面临诸子学挑战,明嘉靖以后出现重评诸子的倾向。《汉志》亦常常被用于肯定诸子,③之后的章学诚即其代表。此外,以荀学为例,荀子自汉代起便受官方冷遇,迟至清代汪中撰《荀卿子通论》,考据学界出现了一股"荀学热",代表人物有谢墉、卢文弨、刘台拱、王念孙、江有诰、洪颐煊、郝懿行、俞樾、王先谦等。"荀学热"延至晚清民初章太炎,而且与日本儒学界不约而同。自唐代杨倞注《荀子》之后,汉字圈第二个系统注《荀子》者,④便是江户日本硕儒荻生徂徕(《读荀子》)。在方以智等明代考据学成果的影响下,荻生徂徕的《荀子》注虽然不似乾嘉考据学系统而有质量,但也有贡献,暗合后来乾嘉学者之处甚多,也带动了江户日本的"荀学热",与乾嘉学者东西辉映。江户日本"荀学热"因此早于汪中等清朝考据学之

① 章学诚著,王重民通解《校雠通义通解》,第52—53页。
② 胡适《中国哲学史大纲(卷上)》,姜义华主编《胡适学术文集·中国哲学史》,北京:中华书局,1998年,第13页。
③ 井上進《中国出版文化史——書物世界と知の風景》,第301、308—309页。井上此说亦合于陈致论文之见。陈文指出,明代隆庆、万历年间本以四书五经为考试内容的科举制义,却出现了多用释老之言的倾向,并认为王学乃是其因。陈也例举反对王学与诸子之学入试者如王世贞等。参见陈致《晚明子学与制义考》,《诗书礼乐中的传统——陈致自选集》,上海:上海人民出版社,2012年,第354—389页。
④ 荻生徂徕之前,明代孙鑛与钟惺合著有《荀子评点》,但还是比较零星的注释。参见严灵峰编辑《六子全书》,《无求备斋诸子书目·荀子集成》,台北:成文出版有限公司,1977年影印本。

"荀学热"数十年出现。①乾嘉时代重评诸子的倾向以荀学为先锋，清代考据学以更为系统的考据学成果注荀。迨至清末，诸子学蔚然成风。清中期章学诚、清末章太炎等所代表的重评《汉志》，客观上也与其时出现的"诸子热"相呼应，因为《汉志》为晚清甚至民初"诸子热"提供了重要学术依据。《七略》之《诸子略》，乃诸子独立成略；四部之子部却是合《七略》之《诸子略》《兵书略》《术数略》《方技略》芜杂成之。此外，荀勖甲、乙、丙、丁四部之乙部即为隋唐后之子部，②则其顺序为经、子、史、集，与《隋志》之后的经、史、子、集四部顺序相比，子部此时已以芜杂之身屈居史部之后。晚清民国的"诸子热"，尤其有着西学刺激、与西学嫁接等语境。此一胡适所代表之"国故"运动，可视为新学透过古典中国学术接轨西学之重要途径。

章太炎从目录学角度论及学术史的另一个演讲，谈及《七略》之六部分类法与"诸子热"兴盛之间的关系："《汉书·艺文志》，从刘歆《七略》出来，把一切书分做六部。其中诸子、兵书、术数、方技四部，现在统统叫做子书。六部中间，子书倒占了四部，可见当时学问的发达了。"③在此，章太炎认为六部分类法反映了诸子学发达的事实，而诸子学的发达正代表了学术本身的发达。四部中的"子"较狭义的诸子学（九流）更为繁杂，包含了兵书、术数、方技等军事、医学、自然科学内容，实则淡化了原本诸子学在《七略》中的存在感。按《七略》或《汉志》的六部法，诸子是自成一家的。如前

---

① 林少阳《"文"与日本思想学术史：汉字圈·1770—1990》，北京：中央编译出版社，2012年，第46—89页。

② 《隋书》卷三十二《经籍志一》，第906页。

③ 章太炎《论诸子的大概》（1907年至1910年讲于日本），章念驰编订《章太炎演讲集》，第87页。

所述,表面上看《七略》之《诸子略》在《隋志》之后的四部中保持不变,仍为子部,实则有异。《诸子略》之"子"为六经之支流,而四部之"子"含兵书、术数、方技三略,然《七略》中此三略则别立,《孙子兵法》入《兵书略》而不入《诸子略》。至四部法,子部只是经、史的附庸,而诸子又只能屈居儒家之后,显然四部是诸子学被矮化的直接表现。从这一意义上说,诸子学的兴起,也是古文派在今文派刺激下,借诸子一反汉代以后的儒学中心传统,卷土重来的必然结果。晚清诸子学复兴之重镇在《国粹学报》并非偶然。[①]《国粹学报》偏向古文派经学,主要作者有章太炎、刘师培等古文派代表人物。因为在古文派的解释中,诸子地位相对上升,与此相关,古文派认为六经出于史官,变"经"为"史",令六经的地位相对降低。

四部轻视诸子的问题,其实早见于钱大昕的议论。就荀勖、李充促成四部分类法的作用,钱大昕云:"四部之分,实始于此(荀勖——引者注);而乙部为子,丙部为史,则子犹先于史也。及李充为著作郎……五经为甲部,史部为乙部,诸子为丙部,诗赋为丁部,而经史子集之次始定。"并云:"隋唐后,叙书目者。大率循经史集之次,而子家寥寥,常并释、道、方技而一之。自道学兴于宋儒,人人各有语录,而儒家之目亦滋多矣。"[②]四部成立后儒家以外的诸子被轻视,钱大昕对此不满,实与乾隆、嘉庆以来考据学家复兴诸子的取向有关。同时,他对诸子被矮化、宋儒语录被高扬、儒家书目过多也多存不满。章太炎与钱大昕观点可谓相去不远。

---

① 以《国粹学报》为主要阵地的晚清学人与诸子学复兴的关联,参见宋洪兵编《国学与近代诸子学的兴起》,桂林:广西师范大学出版社,2010 年。章太炎与《国粹学报》的密切关系,也是广为人知的事实。
② 钱大昕《潜研堂文集》卷十三《答问十》,《潜研堂集》,吕友仁校点,上海:上海古籍出版社,2009 年,第 197、198 页。

　　章学诚"复活"《汉志》之所以与诸子学复兴相关联,除了上述《七略》中《诸子略》在四部中地位、内涵的变化外,尚与其学术史的基本立场相关。《文史通义·书教》《诗教》诸篇的基本主题是:"周衰文弊,六艺道息,而诸子争鸣。盖至战国而文章之变尽,至战国而著述之事专,至战国而后世之文体备。"章学诚认为诸子的源流在于六经,诸家执六经之"道体之一端,而后乃能恣肆其说,以成一家之言"①。必须注意的是,这一说法与后世将六经归于儒家经典的说法大相径庭。章学诚的观点,正是本《七略·诸子略》之诸子出于王官说,如"儒家者流,盖出于司徒之官","道家者流,盖出于史官","阴阳家者流,盖出于羲和之官","法家者流,盖出于理官","名家者流,盖出于礼官","墨家者流,盖出于清庙之守","纵横家者流,盖出于行人之官","杂家者流,盖出于议官","农家者流,盖出于农稷之官","小说家者流,盖出于稗官"。②钱穆言:"大抵先秦学官有二:一曰史官,一曰博士官。史官自商、周以来已有之……博士官则自战国始有,盖相当于平民社会学术自由之兴起。诸子百家既盛,乃始有博士官之创建。"③可见官守与私学并非泾渭分明。如章学诚言,《春秋》出于《尚书》因为"《周官》法废,而《书》亡见《春秋》之体也","《书》亡而入于《春秋》"。④《春秋》虽为孔子私作,却多依官史而成。同样,钱穆指出《诗》《书》虽出官学,却早流于民间。⑤尤其《诗》之广传,遂有《论语·季氏》之说:"不学《诗》,无以言。"无论如何,章学诚言诸子学为"六典之遗",正合刘歆言诸子为"六经之支

　　①　叶长青《文史通义注》,第64、65页。
　　②　《汉书》卷三十《艺文志》,第1728、1732、1734、1736、1737、1738、1740、1742、1743、1745页。
　　③　钱穆《两汉博士家法考》,《两汉经学今古文平议》,第186—187页。
　　④　叶长青《文史通义注》,第36—37页。
　　⑤　钱穆《两汉博士家法考》,《两汉经学今古文平议》,第187、270页。

与流裔"。①章学诚进一步将诸子源流对应六经,"老子说本阴阳,庄、列寓言假像,《易》教也","邹衍侈言天地,关尹推衍五行,《书》教也","管、商法制,义存政典,《礼》教也","申、韩刑名,旨归赏罚,《春秋》教也","其他杨、墨、尹文之言,苏、张、孙、吴之术(纵横家——引者注),辨其源委,挹其旨趣,九流之所部分……而不自知为六典之遗也"。②尽管如此,章学诚仍将诸子视为"先王之典章法度也"。流为某家之学",为"官守失传"的结果。③如上所述,二章共同推崇的《汉志》,可视为发端于明末、兴盛于乾嘉、臻至清末而蔚为大观的"诸子热"之学术史依据,尤为章太炎掀起"诸子热"时所重。章学诚亦不期然为清末"诸子热"留下一伏笔。"伏笔"之说,并非指章学诚直接参与推动了"诸子热",而指其理论蕴含"诸子热"之必然契机。④此亦是回归《汉志》,辨章学术、考镜源流所决定的。

胡适推崇《国故论衡》的原因之一,应该也是诸子学的问题。胡适主要关注《国故论衡》下卷,尤其《原名》篇。⑤胡适在《中国哲学史大纲》再版自序中说:"我做这部书,对于过去的学者我最感谢的是:王怀祖(王念孙——引者注)、王伯申(王引之——引者注)、俞荫甫(俞樾——引者注)、孙仲容(孙诒让——引者注)四个人。对于近人,我最感谢章太炎先生。"⑥这指的应是章太炎诸子学方

---

① 叶长青《文史通义注》,第 68 页;《汉书》卷三十《艺文志》,第 1746 页。

② 叶长青《文史通义注》,第 65—68 页。

③ 叶长青《文史通义注》,第 157 页。

④ 这一点也为井上进所指出,见《六経皆史説の系譜》,小野和子编《明末清初の社会と文化》,京都:京都大学人文科学研究所,1996 年,第 541 页。

⑤ 胡适《中国哲学史大纲(卷上)》之第三"论辩"即参考了章太炎《国故论衡·原名》,并对章太炎的解读提出了自己的看法,该书中还提及《国故论衡·明见》。姜义华主编《胡适学术文集·中国哲学史》,第 145—146、168、220 页。

⑥ 《中国哲学史大纲》由商务印书馆初版,1931 年改题为《中国古代哲学史》。参见胡适《中国哲学史大纲(卷上)》,姜义华主编《胡适学术文集·中国哲学史》,第 3 页。

面的论述。在该书导言中,胡适说:"清初的诸子学,不过是经学的一种附属品,一种参考书。不料后来的学者,越研究子书,越觉得子书有价值。故孙星衍、王念孙、王引之、顾广圻、俞樾诸人,对于经书与子书,简直没有轻重和正道异端的分别了。到了最近世,如孙诒让、章炳麟诸君,竟都用全副精力发明诸子学。"①胡适力推诸子,除乾嘉学风的影响外,或因诸子学较易接轨西学,亦关乎"打倒孔家店"的时代氛围。胡适在民国初年曾经有相当长一段时间以承接晚清诸子学热为己任,并力图从此意图出发去理解《国故论衡》诸子部分。然而胡适的《诸子不出于王官论》,不仅与《汉志》相悖,更与二章南辕北辙。

在清末以"诸子热"为特征之一的学术史重构运动中,《国粹学报》不仅刊登了章太炎论文,亦频频刊发刘师培等人的学术史论文,以呼应刘向、刘歆、王俭、郑樵、章学诚以来反四部分类的学术史谱系。②刘师培对二章学说之呼应,见于《国粹学报》第 1 期《论古学出于史官》(1905 年),第 14、15 期《古学出于官守论》(1906 年)等,③莫不表明其古文学派的立场。由是观之,清中期之辨章学术、考镜源流,与诸子学两大潮流相互呼应,或章学诚以目录学重振之,或孙星衍、王念孙、王引之等乾嘉考据学者以诸子学张大之,④中间

---

① 胡适《中国哲学史大纲(卷上)》,姜义华主编《胡适学术文集·中国哲学史》下卷,第 13 页。

② 章太炎并非《国粹学报》创办者。《国粹学报》问题,参见郑师渠《晚清国粹派》,北京:北京师范大学出版社,1993 年;桑兵《晚清民国的国学研究》,上海:上海古籍出版社,2001 年;罗志田《国家与学术:清季民初关于"国学"的思想论争》,北京:生活·读书·新知三联书店,2003 年;Tze-ki Hon, *Revolution as Restoration*: *Guocui Xuebao and China's Path to Modernity*, 1905—1911, Leiden: Brill, 2013;等等。

③ 黄节、邓实主编《国粹学报》卷四至五,扬州:广陵书社,2006 年影印本。

④ 张寿安曾论及龚自珍在学术史上的重要地位,甚至认为龚氏当与章学诚齐名。参见《龚自珍论"六经"与"六艺"——传统学术知识分化的第一步》,《清史研究》2009 年第 3 期。

经过龚自珍、孙诒让、章太炎等继承并光大之。《国粹学报》蔚为辨章学术、考镜源流运动之中心。当然这一说法是在暂时不论这些论述者互相之间重大区别前提之下的。

章太炎的复古，首先见于古文派之"古"；其次见于其继承音学研究上古音训的清朝考据学方法论，以小学为基，注重故训；再次见于其学术史梳理中复先秦诸子学之古；更见于其辨章学术、考镜源流上复归《七略》，而不取经史子集之四部分类法。必须指出的是，章太炎的"复古"是批判性的复古，即批判性地梳理中国学术传统，并与西学对话，在新的时代重建中国文化、学术传统。在此意义上，章太炎是"复古"的新文化运动者，①而有别于后来某些西化论者。

总之，诸子学自晚明尤其清中期以来的复兴，反映了不同时期学问家、思想家不同的关心，更反映了中国思想史学术史内部不同立场之间的紧张关系，尤其与朱子学的紧张关系。迄至"五四"新文化运动时期，如前所述，胡适所标榜的"文艺复兴"（Renaissance），在其进行过程中借力诸子学之处甚多。这无非也是晚清以《国粹学报》为据点、以章太炎为代表的"文学复古""古学复兴"（Renaissance）运动之延续和不同的发挥而已。②除了上述的不同外，胡适的"文艺

---

① 笔者曾以"'复古'的新文化运动"为方法论视点，尤其是"以'文'为手段的革命"为方法论视点，重构章太炎的思想，甚至借此重审晚清的文化、思想、政治，对传统的辛亥革命研究提出质疑。参见林少阳《鼎革以文：清季革命与章太炎"复古"的新文化运动》。

② 郑师渠指出，一八七九年出版的沈毓桂和《西史汇函续编·欧洲史略》中便是以"古学复兴"翻译"文艺复兴"（the Renaissance），并在很长的时间延续了这一翻译（郑师渠《晚清国粹派文化思想研究》，北京：北京师范大学出版社，1997年，第122页）。罗志田也指出，"文学复古""文学复兴""古典兴复""古学复兴"等皆是今日所谓之"文艺复兴"之不同译法（罗志田《国家与学术：清末民初关于"国学"的思想论争》，北京：生活·读书·新知三联书店，2003年，第92页）。文学复古与文学革命的不可二分的关联，日本的木山英雄教授述之甚详（木山英雄著，赵京华编译《文学复古与文学革命》，北京：北京大学出版社，2004年，第209—238页）。

复兴"固然出于变革中国的愿望,却是在基本否定文言文书写体系、建构"排他性白话文"文化(学术、文学等)体系的前提下进行的。①此与章太炎的"文学复古"(在现实的文化、政治的脉络中对传统文化、传统学术的批判性系统性的重构),却又是大相径庭。

五 章太炎对章学诚"六经皆史"论的评价

(一)章学诚的文史通义论

宋代以后,在义理、考据、辞章三分的局面中,义理雄踞中心地位,被称为新儒学的儒学高峰,影响中国甚至整个汉字圈至深至远。朱子学性理学引发以顾炎武、戴震为代表的考据学派及章学诚等不同角度的批判。段玉裁述戴震思想曰:"先生合义理、考核、文章为一事。"②章学诚则说,"义理不可空言也,博学以实之,文章以达之,三者合于一",③在《文史通义》中力阐"合一"的必要。显然戴震和章学诚在"合"上相通。

戴震《孟子字义疏证》《原善》是循考据而求义理的典范,同时在理念层面上批判空求义理,影响深远。章太炎于《征信论上》誉之曰:"戴氏作《原善》及《孟子字义疏证》,遂人情而不制以理。两本孟子、孙卿。"④除上述二书,戴震在义理、考据、文章三者中主要以考据为中心,亦致力于义理。就戴震与宋学的关系而言,章太炎

---

① "排他性白话文"为笔者杜撰的说法,见序章脚注。语出拙著《〈修辞〉という思想:章炳麟と漢字圈の言語論的批評理論》,東京:白澤社,2019年,第15—16页。

② 段玉裁撰,杨应芹订补《东原年谱订补》,张岱年主编《戴震全书》(六),第709页。

③ 章学诚著,仓修良编注《文史通义新编校注》,第105页。

④ 《章太炎全集》(八),第47页。

认为汉学一系在江永、戴震时代乃汉宋兼采："江本兼谈宋学,戴氏《孟子字义疏证》力与宋学相攻,而说经实兼采宋学。惟小学、历算、地理,不涉宋学耳。至高邮(指王念孙——引者注)、曲阜(指孔广森——引者注)始醇粹无杂耳。"①在演讲中又曰:"(戴震——引者注)做几卷《孟子字义疏证》,自己以为比宋儒高,其实戴家的话,只好用在政事一边,别的道理也没有看见。宋儒在《孟子》里头翻来翻去,戴家也在《孟子》里头翻来翻去。"②意思是戴震的《孟子字义疏证》有其批判政权的意图,但是,在拘泥于《孟子》方面则与宋儒相去不远。章太炎言戴学与宋学的关联,乃是指其扬宋学阐发义理之长,去其空疏之短,而以小学、历算、地理之实事求是为基。就后者而言,章太炎亦暗示自己作为王念孙谱系后人亦属"醇粹无杂",与宋学了无渊源。

另一方面,章学诚亦频频批判朱子学、陆王之学,这一点可见于他的道在事中、不器外求道等一系列命题。而其"六经皆史"说也可作如是观。比如《家书五》便可见其力诋宋儒之处:

> 宋儒之学,自是三代以后讲求诚正治平正路,第其流弊,则于学问、文章、经济、事功之外,别见有所谓"道"耳。以"道"名学,而外轻经济事功,内轻学问文章,则守陋自是,枵腹空谈性天,无怪通儒耻言宋学矣。③

---

① 章太炎《章太炎先生论订书》,支伟成《清代朴学大师列传》,台北:明文书局,1985年,第5页。
② 章太炎《论教育的根本要从自国自心发出来》(1907年至1910年讲于日本),章念驰编订《章太炎演讲集》,第78页。
③ 章学诚著,仓修良注编《文史通义新编新注》,第822页。

按章学诚的意思,必于学问、文章、经济、事功之内求道。学问文章乃公器,与效法圣人前贤相连,文章则涉语言传递、意义衍生等"文"的问题。在他看来,宋学在这方面是有缺陷的,乃至清中期士林"耻言宋学"。"文"的问题不被宋学末流及阳明学徒重视。朱子本人虽为文学大家,但不重视文辞,此见于语录体之盛行。朱熹"文以载道""道者文之根本,文者道之枝叶"之类观点,①亦广为人知。正如周予同指出:"朱熹之于文学,盖其素嗜,后以专究心性,因而菲薄辞章;然于穷理治经之余,仍撰著《楚辞集注》《韩文考异》《欧曾文粹》诸书,则其爱好文艺之情固终未能自掩也。"②在不立文字的禅宗影响下,阳明心学专事讲学,不重著述,更不重视语言问题。

总之,章学诚强调"合"的理论。"合"者,可理解为综合、汇通、贯通、理论实践合一等。其理论置"史"(尤其学术流变史、方志等)于核心,并提出文史不可二分,透过"文"此一"史"之语言媒介,章学诚的"史"试图整合义理、考据、文章。章学诚意在采取"校雠心法",在"文"之语言层面和"史"之"义例"方面,③调和义理、考据、文辞三分的现状。

章学诚"六经皆史"正是出现在这样的思想史语境中。除了批判朱子学外,他也有意批评不思义理、汲汲于繁琐考证的考据学。章学诚在《与陈鉴亭论学》中(1789)表明了《文史通义》与汉宋两派的区别:

① 朱熹《朱子语类》卷一百三十九《论文上》,朱杰人等主编《朱子全书》第18册,上海:上海古籍出版社;合肥:安徽教育出版社,2002年,第4314页。
② 周予同《朱熹》,朱维铮编校《周予同经学史论》,上海:上海人民出版社,2010年,第113页。
③ 王重民解"义例"为"从图书数据中抽离出来的规律",此说明显带有"五四"新学的意味。见章学诚著,王重民通解《校雠通义通解》"序言",第5页。

　　《文史通义》，专为著作之林校雠得失；著作本乎学问，而
近人所谓学问，则以《尔雅》名物，六书训故，谓足尽经世之大
业，虽以周、程义理，韩、欧文辞，不难一映置之。其稍通方者，
则分考订、义理、文辞为三家，而谓各有其所长。不知此皆道
中之一事耳，著述纷纷，出奴入主，正坐此也。鄙著《原道》之
作，盖为三家之分畛域设也。①

　　"专为著作之林校雠得失"，正是"校雠"汉宋两派著作的得失，②但
章学诚所要纠正的还有为"文辞"者，既有桐城文人之类的文人之
文，又有失却"文辞"意识的清儒考据学者与宋儒语录。文、史及义
理之重构不可分论，一如章学诚于《与林秀才》中所言，"宋人讥韩
子为因文见道，然如宋人语录，又岂可为文乎？因文见道，又复何
害！孔孟言道，亦未尝离于文也"！③此可从《文史通义》的题目窥
见。"分考订、义理、文辞为三家，不知此皆道中之一事"者，正是章
学诚批判的对象。此通于戴震"义理即考核，合文章为一事"之说，
亦合乎肇端于明末清初，兴盛于乾隆、嘉庆的反对理学的学风。④
郭绍虞指出，考据、义理、辞章三位一体的观点，为清代文人学者的
共同主张，但其意实发自明末清初顾炎武、黄宗羲，实际又是主张

---

　　① 章学诚著，仓修良编注《文史通义新编新注》，第 717 页。
　　② 周予同《章学诚"六经皆史说"初探》，朱维铮编校《周予同经学史论》，第
501 页。
　　③ 章学诚著，仓修良编注《文史通义新编新注》，第 741 页。
　　④ 参见余英时《论戴震与章学诚：清代中期学术思想史研究》；《方以智晚节考（增
订版）》，北京：生活·读书·新知三联书店，2004 年；张寿安《以礼代理：凌廷堪与清中
叶儒学思想之转变》，台北："中研院"近代史研究所，1994 年。这一反理学的倾向，也被
同时代儒学共同体所共享。如江户日本儒学，亦不约而同呈现出这一倾向。就清儒与
江户日儒这一共同的反理学倾向，笔者曾从清朝考据学角度作过考察。参见林少阳
《"文"与日本思想学术史：汉字圈·1770—1990》，第 43—100 页。

文与学、文与道、道与学合一而反对空文空道。①章学诚所说的"以《尔雅》名物,六书训故,谓足尽经世大业",显然是批判不问义理、拘于烦琐考证的考据学,以申明自己的方法论。其中"韩欧文辞"是指标榜义理、文追唐宋古文的桐城文人。因此,章学诚一再强调:"义理不可空言也,博学以实之,文章以达之,三者合于一,庶几哉!周、孔之道虽远,不啻累译而通矣。"②

章学诚在嘉庆五年的《浙东学术》中说:

> 天人性命之学,不可以空言讲也。故司马迁本董氏天人性命之说,而为经世之书。儒者欲尊德性,而空言义理以为功,此宋学之所以见讥于大雅也。夫子曰:我欲托之空言,不如见诸行事之深切著明也。……三代学术,知有史而不知有经,详人事也。后人贵经术,以其即三代之史耳。近儒谈经,似于人事之外别有所谓义理矣。浙东之学,言性命者必究于史,此其所以卓也。③

章学诚的思想,是借司马迁所引孔子名言而发。④类似的说法亦见于《汉志》:"丘明恐弟子各安其意,以失其真,故论本事而作传,明夫子不以空言说经也。"⑤章学诚视司马迁为以史事阐发义理之楷

---

① 郭绍虞《中国文学批评史》,天津:百花文艺出版社,1999年,第470—473页。
② 叶长青《文史通义注》,第150页。
③ 叶长青《文史通义注》,第576—577页。点校者张京华指出,粤雅堂、浙江书局本及嘉业堂本"详人事"皆作"切人事"。
④ 《史记》卷一百三十《太史公自序》,第3297页。岩本宪司认为司马迁假借孔子之口宣传《左传》的优越性,并认为"空言"非指经之表达方法,而是说经方法,亦即"传"的表达方法。参见岩本宪司《『義』から『事』へ——春秋學小史》,東京:汲古書院,2017年,第84页。
⑤ 《汉书》卷三十《艺文志》,第1715页。

模,一目了然,亦是崇尚刘向、刘歆的体现。

另一方面,章学诚批判宋学"尊德性,而空言义理以为功",并不等于否定宋学的"尊德性",而是"尊德性而道问学"。①其"学",立于校雠学之史学,亦即循史而求义理。仓修良指出,章学诚该文被认为是最早将"浙东学术"作为分析对象的文章。②被认为以顾炎武为代表的"浙西学术",应该也是章学诚该文的副产品了。但章学诚所说的"浙东之学,言性命必究于史",其实亦见于非"浙东学术"之顾炎武等,尽管顾炎武在方法论上更强调训诂,以"古之所谓理学,经学也",③建立起基于小学训诂的经学研究与朱子学的关联。因此,"浙东学术"名称多少有自我特权化之虞。"浙东学术"之后江藩有"吴派学术""皖派学术"之说。漆永祥指出,"如果把(江藩《汉学师承记》——引者注)卷一、卷八所记清初诸人除外,则卷二—卷七适为后来章炳麟划分吴、皖两派的直接依据。章氏之后,梁启超更是直接论'吴、皖派之说,出自江氏《汉学师承记》'。……但自章炳麟本江藩之书而划分吴、皖两派并得到梁启超等人的应和之后,学术界遂将乾嘉考据学分为吴、皖两派或吴、皖、扬州三派,几成定论"④。江藩之说与章学诚"浙东学术"有无关系,不得而知。江藩该书被认为是汉宋二元对立框架的推动者。但是,该书基本上是将考据学作为分析单位,然后设立一个宋学的对立面,再在考据学内部进行划分。而章学诚则将"浙江"这一地

---

① 余英时认为清代考证学的出现意味着儒家智识主义的出现,由"尊德性"而转入"道问学",并目戴震、章学诚为其代表。《论戴震与章学诚:清代中期学术思想史研究》,第 20—30 页。

② 章学诚著,仓修良编注《文史通义新编新注》,第 122 页。

③ 顾炎武《与施愚山书》,《顾炎武全集》卷二十一《顾亭林诗文集》,第 109 页。

④ 漆永祥《前言》,江藩纂,漆永祥笺释《汉学师承记笺释》,上海:上海古籍出版社,2006 年,第 36—37 页。

理单位作为整体单位,再设东西之对照,多少令人费解。章学诚之"浙东学术"云云,不无借陆、王及黄宗羲、万斯大、万斯同等而夫子自道的色彩。余英时指出,此举以浙西顾炎武对浙东黄宗羲,有匹敌乾嘉考据学在清学中的强势存在的色彩,更具体即为衬托戴震与章学诚之对峙。①此说不无道理。

无论如何,就学术史研究而言,浙东史学群体固然有其重要的研究意义,由此观察"浙东""浙西"提出者章学诚之内心也非常重要。但是,此一类集体性分析单位,往往容易以二元对立框架简化历史。②比如原籍浙东、学无常师、长于会通的章太炎,断不会分浙西浙东学术,无论吴学皖学,他似乎都有很深的关系,应该如何归类,令人困扰。

此外,章太炎在继承孔子"欲载之空言,不如见之于行事之深切著明"之旨的基础上,借助唯识论与庄子学说,融合德意志观念论等西学。这是他义理建构的一个特点。就后者,佛学如唯识论集中于"识",认为阿赖耶识为不灭之真如与生灭之妄想的结合。同时,阿赖耶识也是一切认知、知识所依赖的源头和基盘(《摄大乘论》所说的"所知依"③)。尽管朱子将佛学融入其新儒学体系,但

① 类似的说法,参见余英时《论戴震与章学诚:清代中期学术思想史研究》,第71页。
② 何炳松之《浙东学派溯源》(1932)曾将"浙东学派"追溯至程颐,无论就"浙东学术"还是宋学(尤其后者),多发前人未发之见。如质疑"程朱理学"之称谓,指出程、朱之不同,即为一例。但是,何著意在建立"浙东学术"这一集体性概念,其实蒙文通便强调南宋浙东史学与清代浙东史学的差别(参见张凯《浙东史学与民国经史转型——以刘咸炘、蒙文通为中心》,《浙江大学学报》2011年第6期)。此外,何著的基本前提,是以朱熹为"'儒化'的道家领袖"、陆九渊为"'儒化'的佛家领袖"、程颐为"儒家的正宗领袖"(《浙东学派溯源》,桂林:广西师范大学出版社,2004年,第11、115、113页等)。此一"正宗"与"不正宗"之别,将儒道释三家截然三分,即属二元对立的简单框架。二元对立本质上是一种还原主义(reductionism)的同一性思维。要而言之,集体性分析单位虽便于宏观概括,但不宜推至极致。
③ 智敏集注《摄大乘论世亲释集注》卷一,上海:上海古籍出版社,2004年,第3页b。

是,似乎不太见朱子学谈佛教唯识论之"识"(佛教深层心理学)。与此相对照,章太炎倚重唯识论,并在此基础上糅合庄子哲学。章太炎视唯识论为实事求是的解释体系,与其考据学实事求是的态度更是某种互相强化和丰富。加之章太炎学术思想中"文""史"位置,此一阐发义理方式,与朱子庞大而严密的形而上学体系相比,实在迥然有异。朱子无疑是中国思想史乃至东亚越南、高丽末年至李氏朝鲜、江户日本思想史上的巨人。而从中国近现代思想史上看,章太炎理论阐发之独特,是颇值得关注的。

(二) 章太炎对章学诚"六经皆史"等观点的臧否

章太炎在 1909 年 1 月 20 日《与钟正楙》中云:"若欲穷治史法,旁及九流,因以抗心皇古,则迁、固二家之书当与六艺并立。唐刘知幾之《史通》、近代章学诚之《文史通义》亦并可泛览者也。"①此信写于《国故论衡》出版前一年,可以想象此一时期章太炎思想上频频与章学诚"对话"。在此,章太炎将《文史通义》与《史记》《汉书》《史通》相提并论,其对章学诚的评价可见一斑。

章太炎《訄书·清儒》云:"六艺,史也……人言六经皆史,未知古史皆经也。"②"六艺,史也"显然是对章学诚"六经皆史"的引用。在同一《訄书》之《订孔》中,虽未直接提及章学诚,但其儒家古文经学立场,无疑与章学诚的"六经皆史"说呼应:"孔氏,古良史也。辅以丘明而次《春秋》,料比百家,若旋机玉斗矣。谈、迁嗣之,后有《七略》。孔子死,名实足以伉者,汉之刘歆。"③章太炎此话,不知是

---

① 马勇编《章太炎书信集》,石家庄:河北人民出版社,2003 年,第 250—251 页。
② 《章太炎全集》(三),第 152—153 页。
③ 《章太炎全集》(三),第 133 页。"旋机玉斗",徐复注引《史记·天官书》"北斗七星,所谓旋玑玉衡,以齐七政,"认为此处泛指北斗星。参见章炳麟著,徐复注《訄书详注》,第 52 页。

贬孔抑或扬孔，但高扬刘歆却是事实。章太炎的孔子"良史"之论，显然是针对康有为为代表的今文学派视孔子为六经作者的观点。

就章学诚"六经皆史"说，章太炎尝言，"百年前有个章学诚，说'六经皆史'，意见就说六经都是历史，这句话，真是拨云雾见青天"，①并在《清儒》中溢美章学诚曰："会稽章学诚为《文史》《校雠》诸通义，以复歆、固之学，其卓约过《史通》。"②在此，章太炎质疑经史二元对立框架，主张古史即经、经即古史，消解二者对立关系。侯外庐指出："在'六经皆史'的命题下，实际潜藏着'史即是经'的推论，尽管章学诚并没有直接作出这样的表述。近代学者章太炎继承并发挥了这一观点。"③

就经史二分的问题，章太炎晚年犹言：

> 向、歆校书之时，史部书少，故可归入《春秋》。其后史部渐多，非别立一类不可。亦犹《汉志》别立"诗赋"一类，不归入《诗经》类耳。后人侈言复古，如章实斋《校雠通义》，独断断于此，亦徒为高论而已。顾源流不得不明，纬与经本应分类，史与经本不应分，此乃治经之枢纽，不可不知者也。④

章太炎视章学诚为主张回归《七略》的同道。六经本应是史，四部另立史部，与魏晋南北朝时期私家修史之风盛、史书数量剧增有关。⑤

---

① 章太炎《经的大意》（1907年至1910年讲于日本），章念驰编订《章太炎演讲集》，第71页。

② 《章太炎全集》（三），第155—156页。

③ 侯外庐主编《中国思想史纲》，上海：上海书店出版社，2008年，第435页。

④ 章太炎《经学略说（上）》（1935年），章念驰编订《章太炎演讲集》，第488页。

⑤ 孙钦善指出魏晋南北朝私家修史之风盛，见《中国古文献学史》（修订本），北京：中华书局，2015年，第186页。

但此举忽视了《七略》辨章学术、考镜源流的动机。经史二分甚至对立，便由此起。忠实于学术源流，势必涉及如何评价经籍的问题。在同一篇演讲中，章太炎指出："史部本与六经同类。《艺文志》春秋家列《战国策》《太史公书》。太史公亦自言继续《春秋》。"①这是章太炎对四部中史部独立成部的批判，也是他认同刘歆、章学诚之处。

另一方面，章太炎对章学诚也有批判。比如《国故论衡·原经》说："凡说古艺文者不观会通，不参始末，专以私意揣量，随情取舍，上者为章学诚，下者为姚际恒，疑误后生多矣。"②章太炎对章学诚较为具体的批判如：

> 实斋虽少谬语，然其用只在方志，内篇《易教》以佛书本于羲、文，诞妄实甚！至谓象通六艺，取证尤肤，无异决科之策，且于文人作传，则斥辨职之言。准是为例，范晔作《后汉书》、习凿齿作《汉晋春秋》，亦非身居左史，奉敕编定者也。史可私作。……实斋之论，徒教人以谄耳。其余陋者，自撰《文德》，以为新奇，不悟《论衡》已有斯语。③

此处章太炎批判章学诚解释佛典本于伏羲、周文王，认为章学诚不谙佛理，恣意妄解。同时就"象通六艺"之说，力诋章学诚本宋儒象数之学解《易》，再推诸其他五经抨击章学诚因反对私人作史而反对文人作传的立场。章太炎亦对章学诚攻讦戴震不以为然。然章太炎驳章学诚最力之一点，则在"史不可私作"。就上面言及的东

---

① 章太炎《经学略说（上）》（1935年），章念驰编订《章太炎演讲集》，第487页。
② 《章太炎全集》（五），第230页。
③ 《章太炎全集》（八），第370页。

晋史家习凿齿、刘宋范晔,章太炎《国故论衡·原经》亦曰:

> 学诚以为六经皆史,史者固不可私作。然陈寿、习凿齿、臧荣绪、范晔诸家,名不在史官,或已去职,皆为前修作年历纪传。……太史公虽废为扫除隶,《史记》未就,不以去官辍其述作。班固初草创《汉书》,未为兰台令史也。人告固私改国史,有诏收固,弟超驰诣阙上书,乃召诣校书部,终成前所著书。……虽私作,何所訾也?①

史可私作之例,颇有说服力。陈寿作《三国志》,习凿齿作《汉晋春秋》,臧荣绪据王隐、刘宋何法盛等《晋书》另撰晋史,范晔作《后汉书》,此一等史家,莫不私作;甚至司马迁与班固作《史记》《汉书》之时,亦非全然官守。章太炎指出,孔子作《春秋》时亦然:"准其条法,仲尼则国老耳,已去司寇,出奔被征,非有一命之位、儋石之禄,其作《春秋》,亦僭也。"②进而批判章学诚曰:

> 老聃、仲尼而上,学皆在官;老聃、仲尼而下,学皆在家人。正今之世,封建已绝矣,周秦之法已朽蠹矣,(章学诚——引者注)犹欲拘牵格令,以吏为师,以宜于大夫为学,一日欲修方志以接衣食,则言家传可作,援其律于《东方》《管辂》诸传,其书乃远在扬雄后。旧目《七略》,今目四部,自为《校雠通义》,又与四库官书龃龉。既薄宋儒,又言诵六艺为遵王制。时制《五经》在学官者,《易》《诗》《书》皆取宋儒传注,则宋儒亦不可非。

---

① 《章太炎全集》(五),第227—228页。
② 《章太炎全集》(五),第229页。标点略有调整。

诸此条例,所谓作法自弊者也。①

章太炎指出了章学诚的矛盾之处。一是章学诚内心反对四部分类法,却因四部是朝廷方针而违心不敢坚持反对。"与四库官书龃龉"可能是指章学诚与四部分类法的分歧,也可能是指章学诚好攻讦时任四库编纂官戴震。二是章学诚一方面强调学在官守,借此保证专门之学,故认为史不可私作,但是在强调方志之重要时却又不得不强调家史之重要,因家史大体不可能官修(就家谱而言,在转往私谱之前固然有如魏晋南北朝之官修"公谱"的时代。然家谱亦非唯一家史),两者之间相互矛盾。章学诚于《州县请立志科议》尝言:"且有天下之史,有一国之史,有一家之史,有一人之史。传状志述,一人之史也;家乘谱牒,一家之史也;部府县志,一国之史也;综纪一朝,天下之史也。"②但是,假如史不可私作,则"传状志述""家乘谱牒"皆不可私作。三是章学诚批判宋儒末流蹈空骛虚、空言义理,却在《易》《诗》《书》上囿于宋儒传注。

  附带指出,章学诚与章太炎都肯定法家,但章学诚的出发点非为法家本身,而是因为秦朝是"官守学业合一"的典范,亦即恪守官守修史立场。其"治教不二、官师合一"的立场,应从此角度理解。章学诚《文史通义·原道中》曰:"秦人禁偶语《诗》《书》,而云'欲学法令,以吏为师'……至云学法令者以吏为师,则亦道器合一,而官师治教未尝分歧为二之至理也。"③《校雠通义·原道第一》亦云:

---

① 《章太炎全集》(五),第231页。《东方》《管辂》原无书名号,引用时矫此瑕疵。《东方》为《东方朔传》(《汉书》卷六十五《东方朔传》,第2841—2876页),《管辂》见于陈寿《三国志》卷二十九《方技传》(北京:中华书局,2011年,第811—830页)。

② 章学诚著,仓修良编注《文史通义新编新注》,第836页。

③ 叶长青《文史通义注》,第139—140页。

"秦人禁偶语《诗》《书》,而云'欲学法令者,以吏为师。'其弃《诗》
《书》非也;其曰'以吏为师'之言,则犹官守学业合一之谓也。"①
"欲学法令者,以吏为师"(《史记·秦始皇本纪》)为李斯语。②可以
看出,章学诚对法家的态度,无非取其官师合一而已。

在此意义上,虽然二章皆为目录学之"复古者",两者实迥异。
其一,章学诚官师合一、治道合一、史不可私作的立场与章太炎迥
异。其二,二章皆是史家立场,然而章太炎出于学术上批判晚清今
文派、政治上扬革命而驳改良的立场,对刘歆、章学诚多有利用。
但是,章太炎无疑认同章学诚"六经皆史"、经史不可二分的大原
则,因为这关乎两者共享的目录学辨章学术、考镜源流意识。二者
皆对"六经皆史"如此介怀,也许正是因为经学已经成为压抑历史
性的"装置"。

章学诚"六经皆史"的解释,就笔者愚见,可概括为如下三点。
首先,钱穆谓章学诚"六经皆史"之"史",非历史之谓,而是史官之
谓,因为周代的历史掌于史官。③钱氏所言,乃本章学诚官师合一
的立场和史学考原的解释,言之有征。但是,"六经皆史官",意思
不通。惟因此,或可释之为史官所掌典籍。其次,"六经皆史"之
"史",又是指商周之古代有史而无经之谓。如章学诚《文史通义·
解经上》:"六经不言经。"叶长青注曰:"孔子之前未有经名。"章学
诚又曰:"至于官师既分,处士横议,诸子纷纷,著书立说,而文字始
有私家之言,不尽出于典章政教也。儒家者流,乃尊六艺而奉以为
'经'……六经之名起于孔门弟子亦明矣。"④则此一"六经皆史"之

① 章学诚著,王重民通解《校雠通义通解》,第2页。
② 叶长青《文史通义注》,第139页。
③ 钱穆《孔子与春秋》,《两汉经学今古文平议》,第278页。
④ 叶长青《文史通义注》,第96、98—99页。

"史",与"经"相对,为章学诚考镜源流的说法。最后,"六经皆史"之"史",涉及章学诚之"空言"定义。章学诚之"空言"除了批判宋儒之"空言德性"外,亦包含其回归孔子"我欲载之空言,不如见之于行事之深切著明也"之意。①问题是此一场合的"空言"何谓? 不仅仅指的是"历史"之反义,即"言性命者必究于史"之意,②更是指有德有位方可有"事"之意。就后者,一如章学诚所言:"若夫六经,皆先王得位行道,经纬世宙之迹,而非托于空言。"③亦曰:"《尚书》无一空言,有言必措诸事也。"④这一问题涉及章学诚对周公、孔子关系的看法。章学诚言若以一言"尽孔子之大","学周公而已矣";并曰"周公集治统之成,而孔子明立教之极"。继而又言:"非夫子推尊先王、意存谦牧而不自作也,夫子本无可作也。'有德无位',即无制作之权。空言不可以教人,所谓'无征不信'也。……治教无二,官师合一,岂有空言以存私说哉? ……不得位而大行,于是'守先王之道待后之学者',出于势之无可如何尔。"⑤

在章学诚看来,《春秋》到底是有德无位的孔子所作,而孔子是学《尚书》和先王之道者,未能完全做到治道合一、官师合一。但是,毫无疑问《春秋》是周公旧典。若谓"周礼在鲁"⑥,《春秋》也并非"空言"。耐人寻味的是,在孔子是否为《春秋》作者问题上,章学诚一直闪烁其词,不欲明言。要而言之,从章学诚官守私作二分、官师合一、治道合一的基本观点,去理解其"六经皆史"命题,亦算是征而有信。后人借题发挥阐发己意,则另当别论。

———————————

① 《史记》卷一百三十《太史公自序》,第 3297 页。
② 叶长青《文史通义注》,第 577 页。
③ 叶长青《文史通义注》,第 10 页。
④ 叶长青《文史通义注》,第 50 页。
⑤ 叶长青《文史通义注》,第 130、132、135—137 页。
⑥ 叶长青《文史通义注》,第 6 页。

六 "二章"的集部批判与文学观

(一) 章学诚的"后世之文备于战国"说

"文"的问题在二章处皆占有重要位置。就章学诚而言,后世之文皆备于战国,战国之文源出六经,更多出于《诗》。①"六经皆史"以《易》为"史"之首,但《文史通义》之"文"更多却是以《诗》为"文"之源。置《易经》于六艺之首,《七略》以及《隋志》皆然。因此,在文章源流意义上,似可说《诗》方是一统全书之"文"。章学诚说:"或问:若是乎,三代之后,六艺惟《诗》教为至广也。敢问文章之用,莫盛于《诗》乎? 曰:岂特三代以后为然哉! 三代以前,《诗》教未尝不广也。"②可以看出,章学诚强调《诗经》(以下简称《诗》)影响之广,力说《诗》为战国文章之主要源流,既涉及狭义的《诗》的文本影响流变层面,亦涉及更广义的诗性语言与语言信息传递关联的理论层面。

对战国之文何以多出于《诗》的论点,章学诚解释说是因为战国是"纵横之世":

> 纵横之学本于古者行人之官。观《春秋》之辞命,列国大夫聘问诸侯,出使专对,盖欲文其言以达旨而已。至战国而抵掌揣摩,腾说以取富贵,其辞敷张而扬厉,变其本而加恢奇焉,不可谓非行人辞命之极也。孔子曰:"诵《诗》三百,授之以政,

---

① 叶长青《文史通义注》,第68页。

② 叶长青《文史通义注》,第81页。

不达;使于四方,不能专对,虽多,亦奚以为?"是则比兴之旨,讽谕之义,固行人之所肄也。纵横者流推而衍之,是以能委折而入情,微婉而善讽也。①

行人,《周礼》载其"时聘以结诸侯之好。殷覜以除邦国之慝"②,《七略》将纵横家起源归于行人之官。《七略》云:"纵横家者流,盖出于行人之官……言其当权事制宜,受命而不受辞,此其所长也。"③焦循《正义》:"辞,谓解说也。命,教令也。"④揣摩裴骃《史记集解》:"《鬼谷子》有《揣摩篇》。"司马贞《史记索隐》引王劭云:"《揣情》《摩意》,是《鬼谷子》之二章名。"⑤《隋志》亦曰:"纵横者,所以明辩说,善辞令,以通上下之志者也。"⑥章学诚应本于刘歆议论。程千帆按曰:"夫其扬厉敷张,恢廓声势,必以比譬之方、偶俪之体出之,乃能动听。今传《国策》,则其佳例。是古人口说之辞,反多偶俪,非必如或说之以文始若此也。"⑦春秋时代的行人之官苦思如何"文其言以达旨",理论上也是"文"与"达"的关系问题,即如何为文,以文晓之以情,动之以理,影响并说服对方的问题。因此,必须处理好"言—文—旨"三者关系,这在春秋时期甚具现实意味。迨至七雄争霸,行人的辞命更是登峰造极。章学诚引《论语·子路》,则在于强调《诗》与"政"、"比兴"与"讽谕"的关系,揭示"达"或"对",亦即语言信息传递与理解的关系。因此,《诗》的比兴之旨尤

---

① 叶长青《文史通义注》,第68—69页。
② 《周礼注疏》卷三十七《大行人》,阮元校刻《十三经注疏》,第890页。
③ 《汉书》卷三十《艺文志》,第1740页。
④ 章学诚著,叶瑛校注《文史通义校注》,第68页。
⑤ 叶长青《文史通义注》,第68页。
⑥ 《隋书》卷三十四《经籍三》,第1005页。
⑦ 程千帆《文论十笺》,武汉:武汉大学出版社,2008年,第26—27页。

为纵横家所推衍,因而达致"委折而入情,微婉而善讽"的效果。章学诚所言之"委折"与"入情"、"微婉"与"善讽"的关系,可以看成文质不可二分或"修辞"与"立诚"不可二分的另一种表达。

章学诚从文学史学术史角度重新定义"诗":"学者惟拘声韵为之诗,而不知言情达志,敷陈讽喻,抑扬涵泳之文,皆本于《诗》教。是以后世文集繁,而纷纭承用之文相与沿其体,而莫由知其统要也。"①他认为《诗》有"言情达志,敷陈讽喻,抑扬涵泳"三个特点,并将其推而广之,由《诗》而诗,再由诗而文,认为后世涉及此三种特点之文,皆可溯源于《诗》。因为理论上说,任何语言表现都涉及比喻性本身的运动,而如何设比赋喻,如何经营声响格式,无不涉及语言接受者之理解、意义衍生等问题,都是广义的诗学问题。若后世拘于声韵判断是否为"文",也可理解为只以声韵之文为"文",此乃得《诗》之貌,而失《诗》之神。因此,可以理解为章学诚是在考镜学术源流的更广义层面上看待《诗》的影响。

首先,章学诚溯文章之源为《诗》,而广传《诗》教者又推纵横之士,以及纵横之士所由出之行人之官,与其以《七略·诸子略》批判四部之子部亦不无关系。章学诚引用《论语·子路》"诵《诗》三百,授之以政,不达;使于四方,不能专对,虽多,亦奚以为",并指出:

> 九流之学承官曲于六典,虽或原于《书》《易》《春秋》,其质多本于礼教,为其体之有所该也。及其出而用世,必兼纵横,所以文其质也。古之文质合于一,至战国而各具之质。当其用也,必兼纵横之辞以文之,周衰文弊之效也。②

---

① 叶长青《文史通义注》,第83—84页。
② 叶长青《文史通义注》,第69页。

在此,章学诚认为诸子学为官师合一的六经之流变,官师、治道合一时文质亦合一,而六经正是文质相得益彰的典范。诸子之学虽然各备其质,然而在"文"的均衡上皆必须借助纵横家。也就是说,纵横家在令六艺之流裔"流传"(传递)上功不可没。战国之世,纵横家异常活跃,极倚文辞之力。因此,章学诚认为"战国者,纵横之世也"。章学诚视中国学术史为官守的专门之学走向民间、趋于衰败的历史,尤其着眼于这一过程中《诗经》在文章流变上的独特作用。在他看来,因为《诗》的特殊性质,三代之前《诗》教已经广布民间,①迨至战国之世,此一现象更因专门之学逐渐衰败而趋明显。②在此,章学诚强调了诸子学在后世的变化,尤其与《诗》的关系,借此强调《诸子略》之源流,以暗别于四部子部之芜杂。如前所述,《七略》中诸子(九流十家)、兵书、术数、方技就占四略,而在四部中此四略却概被归入子部。③此一归类法没有充分考虑诸子之文与六艺、官守之学的流裔关系。

其次,章学诚从学术史角度强调后世之文皆源于六经,尤源于《诗》,备于战国,更与其批判四部之集部有关。"是以后世文集繁,而纷纭承用之文相与沿其体,而莫知其统要也"之类说法,即是批判四部分类法之集部杂乱而缺乏梳理学术源流的考虑。《七略》诗赋略一扩为《隋志》之四部分类法之集部,集部亦附带道经、佛经,其中分总集、别集,总集含《文章流别》《碑集》等。《隋志》曰:"总集者,以建安之后,辞赋转繁,众家之集,日以滋广,晋代挚虞,苦览者

---

① 叶长青《文史通义注》,第 69、81 页。
② "独谓《诗》教广于战国者,专门之业少,而纵横腾说之言多。"叶长青《文史通义注》,第 83 页。
③ 章太炎《论诸子的大概》(1907 年至 1910 年讲于日本),章念驰编订《章太炎演讲集》,第 87 页。

之劳倦,于是采摘孔翠,芟翦繁芜,自诗赋下,各为条贯,合而编之,谓为《流别》。"①《四库》的集部则有楚辞类、别集类、总集类、诗文评类、词曲类。

至于四部分类法之集部的确立与"专家之学"衰败之间的关系,章学诚如是说:

> 后世之文,其体皆备于战国,何谓也?曰:子史衰而文集之体盛,著作衰而辞章之学兴。文集者,辞章不专家,而萃聚文墨以为蛟龙之菹也。后贤承而不废者,江河导而其势不容复遏也。经学不专家,而文集有经义;史学不专家,而文集有传记;立言不专家,而文集有论辨。后世之文集,舍经义与传记、论辨之三体,其余莫非辞章之属也。而辞章实备于战国,承其流而代变其体制焉。学者不知,而溯挚虞所衷之《流别》,甚且以萧梁《文选》举为辞章之祖也,其亦不知古今流别之义矣。②

在章学诚看来,四部分类事实上贬低了《七略》中诸子与史学的位置,此亦为集部兴盛的要因,所谓此消彼长,导致了后世以萧统《昭明文选》(以下简称《文选》)"序"所代表的"文学"标准,亦即与"史"绝然不"通义"之"文"。萧统明言选文标准为"综缉辞采","错比文华","事出于沉思,义归乎翰藻",而不收"以立意为宗,不以能文为本"者,意即以有韵者为"文",无韵者为"笔",并推崇前者。这一看法在清中期被阮元所光大。阮元认为"必沉思翰藻,始名为文",

---

① 《隋书》卷三十五《经籍四》,第 1089 页。
② 叶长青《文史通义注》,第 69—70 页。

"昭明所选,名之曰'文'。盖必文而后选也,非文则不选也。经也,子也,史也,皆不可专名之为文也"。所谓"文",必是"务协音以成韵"。①这一类观点亦为章太炎所力诋,此乃后话。在章学诚看来,"校雠心法"②实蕴含评论、选别、取舍之意,是立足于专门之学的重要方法。也就是说,集部过于杂乱,有损于他心目中梳理"专家之学"的学术史流变思想。

西晋挚虞《文章流别集》承曹丕、陆机,一方面撰集古今文章,类聚区分以定体制;另一方面兼论得失。③同时,如上所述,章学诚视文集之体、辞章之学兴盛,与专门之学衰落,为此消彼长之因果关系,四部分类之集部之兴之广,为学术不振之结果。章学诚视经义、传记、论辨三者分别为经学、史学、诸子学不专家而演变的结果。大而言之,集部的出现,是专家之文走向非专家之文的结果。自然,代表所谓"专家之文"者,其至高者为六经,次之者为六经流裔之诸子之文。这一看法基于官守之学的流变观点,以史学标准为根本归依。

在此,章学诚批判集部将"文学"从历史(更具体说学术史)割裂开来考察、编目的倾向。这一割裂导致的结果是,视"流"之失者为"源"、目唯美者为"文"之主体。"流"之失者,指的是挚虞之《文章流别集》,甚至是萧统之《文选》。章学诚此处梳理文章源流,客观上也有不以清代桐城古文派及骈文派为文之正统之意。在章太炎看来,清代古文派目韩柳为祖,但在文字狱盛行的时代不可能有

① 阮元《书梁昭明太子文选序后》《文言说》,《揅经室集》,邓经元点校,北京:中华书局,2006 年,第 608、605 页。
② 章学诚著,仓修良编注《文史通义新编新注》,第 817 页。
③ 郭绍虞《中国文学批评史》,第 64 页。

韩柳的现实性和批判性;骈文至上派目《文选》为祖,易求其文而失其质。①这也是针砭后世之文,言其失学术性、批判力、现实性而趋于美学主义。虽然章学诚的政治性在文字狱盛行的清朝无法窥见,因此与章太炎没有可比性,但至少在文与学相辅相成、文与质应相得益彰、文应致用等问题上,两者相类。

(二) 章太炎的集部批判及其"文"论

章太炎《国故论衡》也从探讨文章流变的目的出发,批判性探讨四部中"集部"与"文"的关系。《国故论衡·文学总略》云:

> 《文选》之兴,盖依乎挚虞《文章流别》,谓之总集。……《七略》惟有诗赋,及东汉铭诔、论辩始繁,荀勖以四部变古,李充、谢灵运继之,则集部自此著。总集者,本括囊别集为书,故不取六艺、史传、诸子。非曰别集为文,其他非文也。②

文与非文的问题,亦涉及文笔二分的问题,章太炎是在考察学术源流的语境中提出的。章太炎在 1913 年的演讲中,亦曰:

> 自魏、晋以来,始有集名……至梁太子统,又择其精者,别为一集,于是而有总集之目。总集者,所以去别集之繁冗,而便学者之诵习也。③

---

① 清代考据学内部的文选派有清儒阮元等,清末民初则有古文派的刘师培等。
② 《章太炎全集》(五),第 226 页,标点略有调整。
③ 章太炎《在被袁世凯幽禁期间的国学演说》(1913 年 4 月 17 日),章念驰编订《章太炎演讲集》,第 132 页。

李充、谢灵运在目录学史上的位置,见于《隋志》:"东晋之初,渐更鸠聚。著作郎李充,以勘旧簿校之,其见存者,但有三千一十四卷。充遂总没众篇之名,但以甲乙为次。自尔因循,无所变革。其后中朝遗书,稍流江左。宋元嘉八年,秘书监谢灵运造《四部目录》。"①章太炎关注的是如下三者之间的关系,"自魏晋以来始有集名","自晋以降,初有文笔二分"与自晋以降"集部自此著"。章太炎描述了"总集(《文章流别集》《文选》——引者注)而至四部之集部"的形成过程。除这一目的外,尚涉及何以为"文"问题。

首先,章太炎对集部及有韵方为"文"的批判,与章学诚有一定相通之处。其次,《七略》之《诗赋略》并非等于集部,后者更广更杂。最后,亦是重要的一点,章太炎批判了只把文辞、韵文视为"文"的韵文、骈文至上观点。如前述,章太炎所言之"文"与"非文",源自萧统以来文笔二分公案。阮元也认为,有韵为"文",无韵为"笔","必沉思藻翰,始名之为文","经也,子也,史也,皆不可专名之为文也"。②清末民初,刘师培承接阮元,重申有韵方为文之说,章太炎《文学总略》等文章频论"文"之标准,明批阮元,暗批刘师培。③章太炎力批唯《文选序》为尊的观点,《国故论衡·论式》云:"余以为持诵《文选》,不如取《三国志》《晋书》《宋书》《弘明集》《通典》观之,纵不能上窥九流,犹胜于滑泽者。"④所谓"滑泽",即指文辞之华丽,在此指并非文质相得益彰之"文"。章太炎高度肯定文与学不分的史籍之文,认为学术之文乃文质相得益彰。因此,

———————————

① 《隋书》卷三十二《经籍一》,第 906 页。
② 阮元《书梁昭明太子文选序后》,《揅经室集》,第 608 页。
③ 关于章太炎与刘师培之间围绕文笔二分的争论,可参见周勋初《论黄侃〈文心雕龙札记〉的学术渊源》,《文学遗产》1987 年第 1 期。
④ 《章太炎全集》(五),第 84 页。

在章太炎看来，与《文选》相比，《三国志》《晋书》《宋书》等更是文质彬彬。就学术史角度看，章太炎觉得上述史籍更具备"文"的价值，而这些史籍被视为逊于《文选》之"文"，其原因正是集部被视为"文"的象征。因此，章太炎此说貌似对萧统不公，实为解构长久以来的"文"之排他性"标准"。显然，经史子集的四部分类法与文学史叙述、文学批评史叙述之间有着相当的关联。

顺便补充，《七略》之诗赋略与四部之集部之间尚有两点不同：一是两者目的不同，集部无章学诚所说的"论次专家之学"之考虑。二是《七略》中诗赋独立成"略"，至四部而并入集部，实际上也矮化了"诗赋"，使诗赋不纯，此与文集随时间消长而内容渐丰不无关系。与章学诚不同的是，章太炎批判集部繁杂并非如章学诚出于集部不专家的理由，而是何以为"文"的问题，这一问题有晚清的语境，包含西学东渐的现实。

四部分类对于学术史叙述，影响甚巨。首先，四部客观上确立了以经学为首的分类法，这带来了经学中心的学术史、思想史叙述，但同时也容易令经学脱离其先王制度典章之本来面目，减弱其历史性，而成为超越性的"经"。晚清经今文派借助汉代公羊学言"经"为后世制法，正是此一超越性之表现。其次，四部分类法的特点之一是史学的独立，表面上是史学获得更为独立位置，实则刘向、刘歆作为涵盖性范畴、涵盖性框架之"史"，在四部中黯然失色，经史两大部类遂成无涉。再次是"集"亦蕴含"文""史"分离，"经""文"分离的前提。也就是说，经史子集四部之分，予人的印象是集部总括"文"，而其他三部非"文"，因此客观上抹除了经、史、子三部共同的"文"的性质。最后，经史子集四分，强化了萧统以来有韵为文无韵为笔的二分法。不仅是基本以诗赋为中心的集部，整个四部都涉及何为"文"的文学史标准与中国学术史的总体评价。

(三) 二章文论之异同

章太炎云:"我们普通讲文,大概指集部而言,那经、史、子,文非不佳,而不以文称。"①这一引用必须在章太炎批判四部以及关于何以为"文"讨论的语境中来理解。章太炎从辨章学术、考镜源流的角度欲证明:四部之书,悉数皆文,而不独集部;非但如此,经、子之文,乃千古高文。

章太炎《国故论衡·文学总略》主要探讨中国传统"文学"概念,一是为厘清与西方 literature 之同异;二是为力诋萧统、阮元之"文辞""学说"并立,骈文至上观点。因而章太炎提出广义的"文"及"文学"的概念:"文学者,以有文字著于竹帛,故谓之文;论其法式,谓之文学。"②此一定义拆解"文"之畛域,自刘勰《文心雕龙》"文"之定义后可谓至为彻底者。在《国故论衡·文学总略》和演讲《论文学》中,③他提出了一个"文学"概念,以囊括整个学术史、史学叙述与文学史(严格意义上说,其"文学""史学"与"学术"不可三分)。并在此基础上,又提出有两种文:无句读文与有句读文。前者为图画、表谱、簿录、算草;后者又分为无韵文与有韵文。其中无韵文包含学说、历史、公牍、典章、杂文、小说。郭绍虞指出,周秦的"文学"概念兼有文章博学二义,文即是学,学不离文。④准此,章太炎之"文学"乃是复古而求新的概念。如上所述,章太炎《文学总略》旨在批判萧统、阮元、刘师培以骈文、韵文为文,责其徒立"文辞

---

① 章太炎《国学十讲》(1922 年 4 月 1 日至 6 月 7 日在上海江苏教育会演讲),章念驰编订《章太炎演讲集》,第 255 页。
② 《章太炎全集》(五),第 218 页。
③ 章太炎《论文学》(1906 年 9 月讲于日本),章念驰编订《章太炎演讲集》,第23—35 页。
④ 郭绍虞《中国文学批评史》,第 5 页。

之文"与"学术"之二元对立。章太炎的"文学"概念本身,亦与其辨章学术渊源、考镜文章流变的问题意识不可分割。其校雠学的讨论本身并非纯然为目录学而发,同时既是为了批判今文学派,也是为了厘清中国学术传统与西方之同异,亦为了批驳阮元等考据学内部就文学、文的问题之观点。更与此相关,明治日本汉字翻译词的"文学"流入汉字圈,①也是章太炎论辨"文学"概念的语境。

《国故论衡》中章太炎所论之"文"有如下特征。一是以学术史视点追踪文章流变,置"文"于中国学术史语境中。二是强调"流变",亦是"史"之文、"文"之史,循文入史,史必由文。三是论争语境中之"文"。具体有三个语境:其一,六经是否为"史"之争论;其二,有韵之文与无韵之文、文辞之文与学术之文之二元对立的争论;其三,西学之"文学"概念骎骎东来,晚清改良派人士裘廷梁等参照日本经验、首倡文言合一(白话文运动),亡命巴黎的革命者吴稚晖等力主去除汉字、概用"世界语"。面对此局面,章太炎警惕削足适履的西化,强调中国传统文史之独特,旨在建构与变革中国有关联的学术传统。

二章的文学观表现出如下同异。就两者相通之处而言,第一,章太炎置《文学总略》于《汉志》以来的学术史语境中,表明章太炎之"文学"乃周秦之广义的"文学",②因此,这一"文学"的探讨必然与学术流变密切相关、不可分割。姚明辉言刘《略》班《志》时称誉

---

① 鲁迅 1934 年 8 月在《门外文谈》说:"用那么艰难的文字写出来的古语摘要,我们先前也叫'文',现在新派一点的叫'文学',这不是从'文学子游子夏'上割下来的,是从日本输入,他们的对于英文 Literature 的译名。"《鲁迅全集》第 6 卷,第 95—96 页。近代中国的"文学"概念解释、变迁,可参见余来明《"文学"概念史》,北京:人民文学出版社,2016 年。

② 庞俊注曰:"律令、军法、章程、礼仪,皆为文学,盖即周秦文学之义。"章太炎著,庞俊、郭诚永疏证《国故论衡疏证》,第 260 页。

曰:"至东汉时,班固校书东观及仁寿阁,乃本《七略》作此志。夫为学首宜明源流本末,言中国文学源流者,《艺文志》为最古。""无此志,是中国无学术史矣!"①值得注意的是,姚明辉在此将"中国文学"与"中国学术"等量齐观,几视为同义词。"文"与"学"不可分之"文学",正是广义的、史家的校雠学自然而然的归结。因此,章学诚、章太炎的"文学"之间有着相通之处。章学诚《和州志前志列传叙列·中》曰:

> 夫迁、固之书,不立《文苑》,非无文也。老庄、申韩、管晏、孟荀、相如、扬雄、枚乘、邹阳所为列传,皆于著述之业未尝不三致意焉。不标《文苑》,所以论次专家之学也。②

也就是说,专门之学也是"文",反对文笔二分。非但如此,在章学诚看来,上述先秦诸子、司马迁、班固之文,乃是千古高文。章学诚所言,可理解为其对文史二立思维的批判,与章太炎对有韵方为文的美学主义标准的批判有相通之处。章学诚对文史二立思维的批判,又常常被他表述为对文与学二立思维的批判,二者说的是类似的问题。这里同样可以看出二章之间的相通之处。

此"文学",亦可见于章学诚《〈文学〉叙例》(1782):

> 文之与学,非二事也……而保氏申之以六艺,由是学立而文以生焉。专门守器,物曲人官,苟有所业,必有所长,得心应手,不能已于辞说,而况先王之道之大,天地民物之备,礼乐典

---

① 姚明辉《汉书艺文志注解》,马庆洲整理,王承略、刘心明主编《二十五史艺文经籍志考补萃编》第4卷,北京:清华大学出版社,2011年,第195、198页。
② 叶长青《文史通义注》,第735页。

章之著,性情心术之微,名物象数之博,君子学焉而无文以著之,则师无以教,而弟子亦无以传习,以衍其学于无穷,是文者因学而不得已焉者也。①

在此,章学诚强调了"学"、制度典章不可或缺的语言属性,以及"文"在交互、传递(communication)上不可替代的作用。同时,他也反对"撷华弃实,使之即文为学"。但章学诚并不是反对文辞之美,而是认为"志举业者,得其润色,已足异于众矣"②,警惕丧失伦理、政治关怀,耽于美学主义之文。这又与义理重构的问题相关。

第二,在文章源流上,二章皆本《汉志》,因而观点相类。章太炎《国故论衡·辨诗》云:"古者诵《诗》三百,足以专对",然七国之际,纵横家之说趋于恢张;"武帝以后,宗室削弱,藩臣无邦交之礼,纵横既黜,然后退为赋家,时有解散"。故云:"纵横者,赋之本。"赋家稍颓则有诗盛,文辞之类亦是"赋之末流",故诗本纵横。章太炎《国故论衡·论式》亦云:"凡立论欲其本名家,不欲其本纵横。""大抵近论者,取于名,近诗者,取于纵横。"③如前所述,类似说法频见于章学诚。如章学诚云:"后世之文,其体皆备于战国,人不知也;其源多出于《诗》教,人愈不知也。"④又曰,"古之赋家者流,原本《诗》《骚》,出入战国诸子","赋者,古诗之流"。⑤显见二章之间,观点相去不远。

第三,章学诚强调纵横家源流,客观上有相对化骈文至上派以

① 章学诚著,仓修良编注《文史通义新编新注》,第 528 页。
② 章学诚著,仓修良编注《文史通义新编新注》,第 529 页。
③ 《章太炎全集》(五),第 267、260、261 页。
④ 叶长青《文史通义注》,第 64—65 页。
⑤ 章学诚著,王重民通解《校雠通义通解》,第 117—118 页。

《文选》为祖的意义。在这一点上,二章也是一致的。章学诚曰:
"辞章实备于战国,承其流而代变其体制焉。学者不知,而溯挚虞
所裒之《流别》,甚且以萧梁《文选》举为辞章之祖也,其亦不知古今
流别之义矣。"①章学诚对《文选》的相对化,虽与章太炎之见内容、
语境迥异,观点却相类。此一观点,客观上批判了阮元韵文骈文至
上的观点。

　　章学诚对"诗"不作狭义理解,而是定义为"言情达志,敷陈讽
谕,抑扬涵泳"三要素,与其中任何一个要素有关的"文",都可视为
具有"诗"的特点,从而从文章源流角度有迹可循。这一观点同样
可以视为对文笔二分、骈散对立观点的批判。章学诚的类似观点,
在章太炎的文学观中不难觅见。比如章太炎在《国故论衡·文学
总略》中,从文章源流角度批判文笔二分的观点:"战国纵横之士,
抵掌摇唇,亦多积句。是则耦丽之体,适可称职。乃如史官方策,
有《春秋》《史记》《汉书》之属,适当称为文耳。由是言之,文辞之
分,反复自陷,可谓大惑不解者矣。"②

　　但是,另一方面,章学诚、章太炎在文学问题上也存在不同之
处。首先,在对魏晋之文的评价上,二人迥然有异。章学诚曰:"魏
晋之间,专门之学渐亡,文章之士以著作为荣华……文章无本,斯
求助于词采。纂组经传,摘抉子史。"③显然他是出于专门之学的
角度,对魏晋之文整体作出较为负面的评价。章太炎推崇秦汉之
文,但更为推崇三国魏晋之文:"初为文辞,刻意追蹑秦汉……知东
京之文不可薄,然崔寔、仲长统尤善。既复综核名理,乃悟三国两

---

①　叶长青《文史通义注》,第70页。
②　《章太炎全集》(五),第222页。
③　叶长青《文史通义注》,第701—702页。

晋间文诚有秦汉所未逮者。"①《国故论衡·论式》云："魏晋之文，大体皆埤于汉，独持论仿佛晚周，气体虽异，要其守己有度，伐人有序，和理在中，孚尹旁达，可以为百世师矣。"又曰，"近世或欲上法六代，然上不窥六代学术之本，惟欲厉其末流"，"或言今世慕古人文辞者，多论其世，唐宋不如六代，六代不如秦汉"。②在魏晋秦汉之文评价上，二章差别不难窥见。

其次，与章太炎不同的是，章学诚在"文"的论争中，不知不觉确立了"文人之文"与"著述之文"的二元对立。《答问》篇云：

> 文人之文与著述之文，不可同日语也。著述必有立于文辞之先者，假文辞以达之而已。譬如庙堂行礼，必用锦绅玉佩，彼行礼者不问绅佩之所成，著述之文是也。锦工玉工未尝习礼，惟借制锦攻玉以称功，而冒他工所成为己制，则人皆以为窃矣，文人之文是也。故以文人之见解而议著述之文辞，如以锦工玉工议庙堂之礼典也。③

哲学上说，任何二元对立，必然包含如下前提：以切割方式区分（简化）二元，令二元之间截然对立，最终中心化其中一元。章学诚的二元对立框架亦不例外，其中心便是"著述之文"，贬低"文人之文"。类似说法，比如"文非学不立，学非文不行"④，理论上说，"文"未必"非学不立"，但是"学"却是"非文不行"。这一"文"当然不必如阮元透过萧统所推崇的"沉思藻翰"方为"文"、有韵方为文

---

① 章太炎《太炎先生自定年谱》，香港：龙门书店，1965 年，第 9 页。
② 《章太炎全集》（五），第 258—260 页。
③ 叶长青《文史通义注》，第 540 页。
④ 章学诚著，仓修良编注《文史通义新编新注》，第 714 页。

之"文",相反,应是如章太炎所说的"有文字著于竹帛,故谓之文"①。章太炎说:"或言学说、文辞所以异者,学说在开人之思想,文辞在动人之感情。虽亦互有出入,而大致不能逾此。此亦一偏之见也。"②应该说,章太炎在"文"论上远比章学诚严密、高明,因为他避免了二元对立、"一偏之见"的理论预设。

最后,正如反复强调的,在章太炎主张革命之"文"上,章学诚之"文"又非可同论。章太炎"文"之主张,乃是其与国内层面之专制、国际层面之帝国主义殖民主义凛然对峙的产物。本文待后论及的"小说",也是二章之"文"的另一区别。

七 章太炎的小说家论与章学诚的方志论

(一) 章太炎之"小说"与章学诚之"方志"

就十家九流之一的小说流变问题,章太炎《原经》云:

> 言六经皆史者,贤于《春秋》制作之论,巧历所不能计也。虽然,史之所记,大者为《春秋》,细者为小说,故《青史子》五十七篇,本古史官记事。……是礼之别记也,而录在小说家,《周考》《周纪》《周说》亦次焉。《周说》者,武帝时方士虞初以侍郎为黄车使者,采闾里得之。今之方志,其族也。《周官》:"诵训,掌道方志以诏观事,道方慝以诏辟忌,以知地俗。""训方氏,掌道四方之政事,与其上下之志,诵四方之传道而观新

---

① 《章太炎全集》(五),第218页。
② 章太炎《论文学》(1906年9月讲于日本),章念驰编订《章太炎演讲集》,第25页。

物。"唐世次《隋·经籍志》者，以是为小说根本。区以为事，《南州异物》《南方草木》，则辨其产；《荆楚岁时》《洛阳伽蓝》，则道其俗；《陈留耆旧》《汝南先贤》，则表其人。合以为志，《周纪》之属以方名，故诸杂传、地理之记，宜在小说。仪注者，又《青史氏》之流，今世所录史部，宜出傅小说者众矣。《周纪》诸书，据偏国行事，不与《国语》同录于"春秋家"者，其事丛碎，非朝廷之务也。①

章太炎演讲中谈论过"小说"问题，可用作上述之解说："考《汉书·艺文志》已列小说于各家之一，但那只是县志之类，如所谓《周考》《周记》者。最早是见于《庄子》，有'饰小说以干县令'一语。这所谓小说，却又指那时的小政客不能游说六国侯王，只能在地方官前说几句本地方的话。这都和后世小说不同。"②这里的"小说"，一是指庄子"饰小说以干县令"的"小说"，是以琐屑浅薄的言论（"小说"）以追求"县令"；③二是指《周考》《周记》等的"县志"之类。

　　章太炎对小说的定位，首先，倘若《春秋》乃"史"之"大者"，"小说"则可谓"史"之"细者"。何谓"细"？章太炎未有明言，暂可理解为地方性、具体性之类。但小说最初也作为古史，被视为礼之别记，有教化四方之民之用。其次，《周纪》乃是"今之方志之族"，"非朝廷之务"，显然不无批判章学诚"史不可私作"之意。再次，章太炎此处论及小说，也旨在回应章学诚的方志观。章学诚反对将方

　　① 《章太炎全集》（五），第238—239页。"今世所录史部，宜出傅小说者众矣"，《国故论衡疏证》注"傅"为"驸"（第315页）。《青史氏》即先秦小说集《青史子》，作者青史子，今佚，原文无书名号。
　　② 章太炎《国学十讲》（1922年4月1日至6月7日在上海江苏教育会讲演），章念驰编订《章太炎演讲集》，第219页。
　　③ 县，古悬字，高也；县令，美誉之谓。

志归入地理类："方志如古国史,本非地理专门。"①他批评戴震将方志归入地理,而认为方志是古国史之重要构成:"郡县异于封建,方志不复视古国史,而入于地理家言,则其事已偏而不全。且其书无官守制度,而听人之自为,故其例亦参差而不可为典要,势使然也。"叶瑛指出,自《隋志》以下,方志之书,均著录于史部地理类。②方志未被视为古国史,所以才列入地理家。重申方志的地位被认为是章学诚校雠学的贡献。正如刘咸炘所言:"前人皆以方志入于地理,不知其兼存文献,乃古国史、土训之遗,非地理书也。其义例自章实斋始明。"③章学诚认为方志应该是国史的凭据,"今之所谓方志,非方志也","盖方志亡而国史之受病也久矣。方志既不为国史所凭,则虚设而不得其用,所谓'觚不觚'也,方志乎哉"!④章学诚认为没有方志支撑的国史容易变成"虚设",不为国史所用,则不成方志。

　　章太炎并不同意章学诚关于方志的观点,认为《周考》《周纪》《周说》应归于小说家,亦相当于方志。虽然《周纪》也是采风的结果,但是"其事丛碎,非朝廷之务也"。假若按章学诚的说法,这些都是方志,而方志为古国史之重要部分,应该与《国语》等国别史一样同列于春秋家。这显然与认为方志应该列于小说家的章太炎差别较大。

　　章太炎的观点,是以《七略》九流十家中的小说家囊括方志。或许可以理解为,章太炎的"小说家"更为广义,甚至完全可以包括"方志",⑤章太炎关注的是小说在四部分类之后被矮化的问题。

① 叶长青《文史通义注》,第 933 页。
② 章学诚著,叶瑛校注《文史通义校注》,第 587、593 页。
③ 刘咸炘《学略》,上海:华东师范大学出版社,2009 年,第 48 页。
④ 叶长青《文史通义注》,第 627、628 页。
⑤ 章太炎《论诸子的大概》(1910 年 3 月 29 日刊),章念驰编订《章太炎演讲集》,第 89 页。

此外,他认为《七略》中可归入《诸子略》之小说家者,有杂传地理之属(载记、职官、政书中琐琐故实《仪注》之类)。①

章太炎对章学诚过于高扬方志不以为然,因为这涉及春秋国别史之《国语》在目录学中的地位问题。《国故论衡·原经》云:

> 故国别以为史,异于猥蕞小侯。……其他方志、小说之伦,不得以《国语》比。宋世范成大志吴郡,犹知流别。逮世章学诚、洪亮吉之徒,欲以迁、固之书相拟,既为表、志、列传,又且作纪,以录王者诏书,盖不知类。②

章太炎认为"猥蕞小侯"之方志与小说两者地位,与《国语》地位不可相提并论,因此在校雠目录上不可如《史记》《国语》般列于《七略》之《春秋》流别。这亦是章太炎不同意章学诚方志看法的重要背景。

总之,章学诚高扬方志,认为方志应该列在《六艺略》的《春秋》类,而章太炎则不认同,认为方志应该包括在"小说"中,因为两者的内容和性质相似。念及《七略》之《诸子略》为六经流裔,其地位之高已是一目了然。

(二) 章太炎的"小说"定义与评价

小说家为九流十家之一,但《汉志》对小说家描述甚为简单:

> 小说家者流,盖出于稗官。街谈巷语,道听涂说之所造

---

① 章太炎撰,庞俊、郭诚永疏证《国故论衡疏证》,第315页。
② 《章太炎全集》(五),第239页。

也。孔子曰："虽小道,必有可观者焉,致远恐泥,是以君子弗为也。"然亦弗灭也。闾里小知者之所及,亦使缀而不忘,如或一言可采,此亦刍荛狂夫之议也。①

按《汉志》主张,诸子九流十家皆各出自一官,但小说家所自出之"稗官"何指,有不同理解。三国如淳注《汉志》谓:"《九章》'细米为稗'。街谈巷说,其细碎之言也。王者欲知闾巷风俗,故立稗官使称说之。"②《汉志》所载先秦小说有《周考》《青史子》《宋子》,除刘勰《文心雕龙》之时犹存一卷,其他皆不存。余嘉锡指出,诸子十家,九流自儒家以下,所出之官,皆有所考,独小说家出于稗官,其名不见于先秦古书。③因此,"稗官"何指,先秦"小说"何谓,遂成难题。与如淳上述解释不同,章太炎则曰:"稗官为小官近民者。"④一反如淳注"稗"为"细碎之言"。章太炎的训诂,应本颜师古。余嘉锡亦言:"师古以稗官为小官,深合训诂。"⑤

小说家虽然屈居九流十家之第十家,但与其他九家一样,"今异家者各推所长。穷知究虑,以明其指,虽有蔽短,合其要归,亦六经之支与流裔"⑥。正如余嘉锡所指出,小说家"欲因小喻大,以明人事之纪,与后世之搜神志怪,徒资谈助者殊科,此所以得与九流同列诸子也"。同时,余嘉锡指出,后世小说地位被矮化,与如淳的误读不无关系:"自如淳误解稗官为细碎之言,而《汉志》著录之书又尽亡,后人目不睹古小说之体例,于是凡一切细碎之书,虽杂史

---

① ② 《汉书》卷三十《艺文志》,第 1745 页。
③ 余嘉锡《小说家出于稗官说》,《余嘉锡论学杂著》,第 265、272 页。
④ 章太炎《国学略说》,台北:河洛图书出版社,1974 年,第 136 页。
⑤ 余嘉锡《小说家出于稗官说》,《余嘉锡论学杂著》,第 268 页。
⑥ 《汉书》卷三十《艺文志》,第 1746 页。

笔记,皆目之曰稗官野史,或曰稗官小说,曰稗官家。不知小说自成流别,不可与他家相杂厕。"①总之,《汉志》小说家列于诸子九流十家之一并非偶然。在考镜学术源流中强调小说家应有的定位上,余嘉锡同于章太炎而异于章学诚。

章太炎强调九流中"小说"与唐以后传奇乃至清代小说的概念区别,对唐代以后的"小说",章氏评价不高。其原因在于章太炎论"小说",以《汉志》之"小说家"为标准,两种"小说"在章太炎看来乃是同名异实:

> 又小说者,列在九流十家,不可妄作。上者宋钘著书,上说下教,其意犹与黄、老相似,晚世已失其守。其次曲道人物、风俗、学术、方技,史官所不能志,诸子所不能录者,比于拾遗,故可尚也。其下或及神怪,时有目睹,不乃得之风听,而不刻意构画其事。其辞坦迤,淡乎若无味,恬然若无事者,《搜神记》《幽明录》之伦,亦以可贵。唐人始造意为巫蛊媒孽之言,晚世宗之,亦自以小说名,固非其实。②

章太炎因为强调九流十家之一的小说地位,出于目录学角度的学术史立场,自然认为后世小说"妄作"。此说当否,应在章太炎目录学角度的学术史脉络中看待。章太炎尤其强调小说在风俗、教化方面的意义。就章太炎目为小说家典范的宋钘而言,《汉志》有《宋子》18篇,班固注云:"孙卿道宋子,其言黄老意。"③循班固注查《荀

① 余嘉锡《小说家出于稗官说》,《余嘉锡论学杂著》,第278页。
② 《章太炎全集》(八),第172页。
③ 《汉书》卷三十《艺文志》,第1744页。

子·非十二子》,明宋钘与墨家代表墨翟同列。①可见,小说家成为九流十家之一家,绝非偶然,也与后世小说予人的印象,大相径庭。

必须指出的是,章学诚本不重视小说家,《文史通义》论及小说仅寥寥三四处,评价亦不高。如章学诚曰:"小说出于稗官委巷,传闻琐屑,虽古人亦所不废。然俚野多不足凭,大约事杂鬼神,报兼恩怨……盖自稗官见于《汉志》,历三变而尽失古人之源流矣。"对小说的理解显然不本于如淳的解读。叶瑛注曰:"三变"者,小说根据史事,杂采稗野,以敷演成文者曰演义;自小说而传奇而演义词曲,三变而失其原指。②章太炎则频论小说,并旁及修正章学诚之方志定位。但是,章太炎并非贬低方志,而是反对章学诚归方志于《国语》之伦。同时,章太炎之"小说",是否刻意区别于对应"the novel"之翻译概念的"小说",尚未有证据,却是可以顺理推测的。《国故论衡》初刊于 1910 年。章太炎数次旅居日本,最长的一次,是"苏报案"刑满出狱后,于 1906 年 6 月出发与东京革命党人会合,直至 1911 年 11 月止。③彼邦自坪内逍遥 1885—1886 年发表批评文集《小说神髓》,否定传统小说,主张源自西方的写实主义小说后,小说勃兴,至章太炎旅日之时已蔚为大观。翻译概念之"文学"以小说为中心,亦已盛

---

① 再循班固注查考《荀子》,宋钘亦见于唐代杨倞注。杨言宋钘为宋国人,与孟子同时,并言:"宋子以人之情为欲寡,而皆以己之情为欲多。"(王先谦《荀子集解》卷十一《天论》,北京:中华书局,2010 年,第 93、319 页)考《荀子·正论篇》,其中曰:"子宋子曰:明见侮之不辱,使人不斗。人皆以见侮为辱,故斗也;知见侮而不辱,则不斗矣。"(王先谦《荀子集解》卷十二《正论》,第 340 页)《庄子·天下》解释宋子为齐宣王时代人(前319—前 301),与尹文同为稷下道家学派。余嘉锡考证,《庄子》:"(宋子——引者注)见侮不辱,救民之斗,禁攻寝兵,救世之战。以此周行天下。"(郭庆藩《庄子集释》卷十《天下》,第 1082 页)认为《宋子》作者宋钘即《孟子》书之宋牼(《小说家出于稗官说》,《余嘉锡论学杂著》,第 274—275 页)。

② 章学诚著,叶瑛校注《文史通义校注》,第 560—561、566 页。

③ 汤志钧《章太炎年谱长编》,第 210、361 页。

行天下久矣。这一影响延至中国。《国故论衡》即写于汲汲于西化的明治日本,太炎不能不有所感。章太炎认为小说为史,方志也与小说有关,主张广义的原有"小说"概念,毕竟方志尽录古今之事。章太炎对方志的认可,也许与章学诚的影响相关,但却是以小说纳方志。此亦与章太炎的孔子评价有相通之处。章太炎对孔子赞誉之一便是学在民间,反对官方控制学术。既然修史者不必名在史官,而小说又属史,则民史成为可能。章太炎固然认同刘歆、章学诚所主张的六经、诸子在源流上出于官守(诸子出于王官说),却反对章学诚所论史不可私作,力诋历史记载官守化。从这个意义上说,章太炎对先秦小说的推崇固然旨在辨章学术、考镜源流,亦与其推崇"民"的政治思想不无关系。就后世"小说"与"史"的关系,乾嘉考据学家王鸣盛评宋代欧阳修史学曰:"何义门谓欧公《五代史》亦多取小说。何说确甚……大约实录与小说,互有短长,去取之际,贵考核斟酌,不可偏执……然则采小说未必皆非,依实录未必皆是。"[1]章太炎因目录学中"小说"为九流十家之一,为六经流裔,固对后世小说刻意贬低,纯粹是以示两者"小说"不同而已。毫无疑问,按照章太炎的标准,史莫由文,文莫非史,则后世"小说"亦不可小觑。

八　章太炎目录学思想的影响与意义

(一) 对清末民初学术史的影响

章太炎高评《七略》的学术史著述影响延及清末民初学术。王

---

[1]　王鸣盛《十七史商榷》,第 677 页。但王鸣盛主张先攻正史为好:"读史宜专心正史,世之学者于正史尚未究心,辄泛涉稗官杂说,徒见其愚妄。且稗史最难看,必学精识卓,方能裁择参订,否则淆讹泪乱,虽多亦奚以为。"(第 211 页)

重民指出："章学诚'六经皆史'的学说,过去有不少的经学家、史学家都做过一些解释,但没有人从他的目录学思想方面着想过。"①王氏此言甚是,但是显然忽略了章太炎。念及目录学及刘向、刘歆在章太炎著述中的重要位置,亦念及章太炎对"五四"一代的巨大影响,王氏的忽略多少令人费解。王氏与胡适相交甚笃,晚近更有《胡适王重民先生往来书信集》为证。②胡适对《国故论衡》赞誉有加,与之相交甚笃、专治目录学的王重民却不提及,委实耐人寻味。

与王重民有别,与章太炎关系密切的《国粹学报》于光绪三十一年《发刊辞》曰:"自汉氏后二千余年,儒林文苑相望而起,纵其间递兴递衰,莫不有一时好尚,以成其所学之盛。然学术流别,茫乎未闻。惟近儒章氏、龚氏崛起浙西,由《汉志》之微言,上窥官守师儒之成法。较之郑、焦,盖有进矣。"③强调承接刘歆、郑樵、焦竑、章学诚、龚自珍以来辨章学术、考镜源流谱系。应该注意的是,《国粹学报》同人无疑是 20 世纪中国最大的辨章学术、考镜源流运动群体,也是近代中国最重要的学术史中心之一。这一中心与运动的形成,多拜章太炎、刘师培等所赐。其影响自清末延及"五四"时代,诚不可忽视。就章学诚著作于民国的影响而言,王汎森认为,傅斯年早年疑古,后来由疑古转向重建,④在此过程中章学诚的影响甚为重要;不仅如此,刘咸炘《推十书》、罗根泽《战国前无私家著作说》、孙德谦《古书读法略例》、余嘉锡《古书通例》,莫不与章学诚的影响有关。⑤

---

① 章学诚著,王重民通解《校雠通义通解》,"序言",第 3 页。

② 北京大学信息管理系、台北胡适纪念馆编《胡适王重民先生往来书信集》,北京:国家图书馆出版社,合肥:安徽教育出版社,2009 年。

③ 黄节、邓实主编《国粹学报》第 3 卷,第 1 页。

④ Wang Fan-sen, *Fu Ssu-nien: A Life in Chinese History and Politics*, Cambridge: Cambridge University Press, 2000, pp.116—117.

⑤ 王汎森《对〈文史通义・言公〉的一个新认识》,《权力的毛细管作用:清代的思想、学术与心态》,台北:联经出版有限公司,2013 年,第 528—530 页。

井上进梳理章学诚"六经皆史"说在道光中期至咸丰初年的影响谱系为：焦循—龚自珍—蒋湘南—张宗泰—沈复粲—谭献—朱一新。他注意到《文史通义》《校雠通义》刊行后，"六经皆史"说信奉者多为今文学派学者（如龚自珍、谭献等），因而强调章学诚学说对今文派的意味，亦即《文史通义》展示了以不同方式求义理的可能，以及试图超越汉代以来学术传统的尝试。①就此，钱穆甚至说，"定庵为文，固时袭实斋之绪余者"②。井上进整理的"六经皆史"接受谱系，一定程度上令人对清代道光后今文派的一般印象有所调整。比如龚自珍通常被认为是今文派，但是，其"六经皆史"看法显然与经古文派"六经皆史"不无相通之处。以"派"为分析单位固然便利，却常常无法说明细部。章太炎亦曰："龚自珍不可纯称'今文'，以其附经于史，与章学诚相类，亦由其外祖段氏'二十一经'之说，尊史为经，相与推移。"③但是，正如张荣华所指出的，谈论这一谱系不可不注意如下事实：不同时间中不同处境的学者对"六经皆史"说的议论见解存在歧异，包括"经""史"的内涵和外延变动不居，不可轻易等同视之。④

此处想阐明的是，民国这一谱系与清末学术史的连续和断裂。民国伊始，张尔田《史微》颇受《文史通义》影响。张尔田书中曰："试以六艺征之，《周易》为伏牺至文王之史，《尚书》为尧舜至秦穆之史，《诗》为汤武至陈灵之史，《春秋》为东周至鲁哀之史，《礼》

---

① 井上進《六経皆史説の系譜》，小野和子編《明末清初の社會と文化》，第536—557頁。

② 钱穆《中国近三百年学术史》，北京：商务印书馆，1997年，第433页。

③ 参见章太炎《章太炎先生论订书》（支伟成《清代朴学大师列传》，第5页）。井上进亦提及这一点（《六経皆史説の系譜》，小野和子編《明末清初の社會と文化》，第546頁）。

④ 张荣华《章太炎与章学诚》，《复旦学报》2005年第3期。

《乐》为统贯二帝三王之史。"①梁启超甚至誉章学诚《文史通义》
"实为乾嘉后思想解放之源泉"②。"六经皆史"说所带来的经学袪
魅化,与梁启超的"思想解放"容易接合,也与科学、知识谱系的问
题、西学的对话问题等中国现代性问题,有着某种亲和关系。对梁
氏而言,最具有直接意义的,是其"新史学"与经学权威崩溃之间的
关联。曾任《国粹学报》编辑的胡朴安说:"六经皆史,章实斋尚是
一句空言,必如是实实在在证佐出来。"③显见"六经皆史"讨论的
持续。

　　进入 20 世纪,中国目录学传统所承载的文言文学术渐不敌学
术西化,尤其步武西方的白话文学术的确立,令中国学术巨变。此
时,章太炎与章学诚的《汉志》或《七略》复古主张,亦愈发不可能。
经学至现代一变为史学。周予同认为,接受今文经学启示而建构
现代史学的,有梁启超、夏曾佑、崔适;而接受古文经学启示、建构
现代史学的是胡适,但胡适先宗古文派,后转而取资汉学今文
派。④一变经学为史学,固然符合发端于章学诚、阐发于章太炎的
"六经皆史"观点,但是这一史学既非章学诚之"史学",亦未必是章
太炎心目中的"史学"。因为严格讲,史学至现代更趋于史料学。
尤其地下考古史料之踵现,一如王国维所强调的"二重证据法",既
符合传统史学征而有信的原则,又切合章太炎所提倡的实事求是
学风。但是,傅斯年"史学便是史料学"、蔡元培亦有"史学本是史

---

　　① 张尔田《史微》,上海:上海书店出版社,2006 年,第 5 页。
　　② 梁启超《清代学术概论》,朱维铮校订,北京:中华书局,2016 年,第 104 页。
　　③ 胡朴安著,吕绍刚导读《周易古史观》,上海:上海古籍出版社,2005 年,"自序
二",第 12 页。
　　④ 周予同《五十年来中国之新史学》,朱维铮编校《周予同经学史论》,第 364、
368—381 页。

料学"等说法,①实离二章之"史"愈来愈远。王汎森则对这一说法予以理解之同情,他指出,理解新史料必须理解旧史料是什么;明儒在心学影响下认为"心"方为知识最终的源泉与根据,清儒则认为经书上的知识方为知识的根据,除此之外的文献及实物,包括子书、佛藏、道藏等,莫不是经书之附庸。②也就是说,胡适、傅斯年、蔡元培等史学乃史料学的论断,是拆解清代经学的归结。若是如此,不得不说是矫枉过正了。无论如何,二章却为经学的史学转变甚至史料学转变,不期然做了理论准备。井上进指出章太炎、刘师培等以《国粹学报》为中心形成的章学诚"六经皆史"说阐释的影响,并称章太炎为经学变史学的准备者、经学的终结者。③因为共同的学术资源刘歆,章太炎对章学诚的关注变得必然。

　　史学至近现代变为以史料学为主流,④与胡适不无关系。胡适论及章学诚"六经皆史"时说:"《周易》一书更不容易看作'史',故先生的《易教》篇很露出勉强拉拢的痕迹。其实先生的本意只是说'一切著作,都是史料'。"⑤若此,则"六经皆史料"了。按章学诚的解释,《易》不仅是周公旧典之一,也是言通论变的理论著作,又岂只是史料?但胡适这一解读富于象征意义。虽然中国"史"学传统源远流长,但近代以来已被纳入西方影响之下的史料学之中。同时,胡适得章太炎之诸子学等"国故"研究的启示,试图确立其

　　① 傅斯年《史学方法导论:傅斯年史学文辑》,雷颐点校,北京:中国人民大学出版社,2004年,第2页;蔡元培《序》,国立中央研究院历史语言研究所编《明清史料·甲编》,上海:商务印书馆,1936年,第2页。
　　② 王汎森《近代中国的史家与史学》,香港:三联书店,2008年,第159—160页。
　　③ 井上进《六経皆史説の系譜》,小野和子编《明末清初の社會と文化》,第567页。
　　④ 据周予同说法,清末至民初的新史学一变为二,一派偏重史观及史法,一派偏重史料。参见《五十年来中国之新史学》,朱维铮编校《周予同经学史论集》,第360页。
　　⑤ 胡适《章实斋先生年谱》,欧阳哲生编《胡适文集》(7),第114页。

"中国哲学"叙述。但是,文史哲语言学四分、互为藩篱的现代人文学术制度就此确立,而"史"与"哲"本应共有的"文"的语言性质,亦不复见。章学诚、章太炎的讨论,对今日学术,当有不期然而切中之效。

另一方面,章学诚广受关注,与章太炎、胡适等的推广有一定关系。胡适的章学诚年谱,则与内藤湖南有关。①内藤湖南是日本学界清学尤其章学诚研究的有力推动者。胡适的"章学诚",实际上不无胡适的"章太炎"影子。章太炎是乾嘉朴学的最后传人,而内藤、胡适都与乾嘉学风有关。②但是,胡适与章太炎的章学诚解释显然南辕北辙,他有与章太炎迥异的思想史、学术史使命。比如,前面提及的胡适《章实斋先生年谱》所解释的"六经皆史料"说,

---

① 胡适在《〈章实斋年谱〉自序》(1922)中说:"做《章实斋年谱》的动机,起于民国九年冬天读日本内藤虎次郎编的《章实斋先生年谱》。"(季羡林主编《胡适全集》第 2 卷,第 181 页)倪德卫指出,章学诚真正被关注,是 20 世纪 20 年代以后拜内藤湖南(就日本汉学而言)以及新学旗手胡适所赐。此处聊备一说。参见 David S. Nivison, *The Life and Thought of Chang Hsüeh-ch'eng* (1738—1801), Stanford: Stanford University Press, 1966, p.284. 有关内藤湖南就章学诚研究,而与胡适、张尔田、姚名达的交往和影响,参见陶德民《もう一つの内藤湖南像:関西大学内藤文庫探索二十年》,大阪:関西大学出版部,2021 年,第 15—32 页。

② 内藤湖南在 1910 年 9 月 4 日《汉字杂话》中期待日本的小学发展,尤言"高邮王氏以清朝小学为家学。然其学以声韵训诂为主"。尽管他们的"乾嘉情结"与小学音韵学关系不大,却是发自内心向往这一学风的。参见《漢字雑話》,内藤虎次郎《内藤湖南全集》第 6 卷,東京:筑摩書房,1997 年,第 272 页。此文也显露出内藤湖南一方面服膺以顾炎武为源头的清朝考据学,另一方面也深明明治日本汉学小学音学方面的短板。此外,内藤巧妙地利用章太炎《与罗振玉书》中对日本汉学的批判,表达了自己对日本汉学的不满,并承认日本汉学严重落后于清朝学术,也批判了排斥汉学的保守日本文化民族主义的"国学"传统,参见《讀書に關する弊習附漢學の門徑》,内藤虎次郎《内藤湖南全集》第 2 卷,第 166—168 页;《章太炎全集》第 8 册,第 174—175 页。所谓日本"国学",以江户日本学者本居宣长为代表,试图建构某种与汉学、佛学关系不大的"纯粹"的日本传统学术和"纯粹"的日本文化。此一"国学"在明治日本的民族主义风潮中被再发现。日本的国学意识形态,参见子安宣邦《江户思想史讲义》,丁国旗译,北京:生活·读书·新知三联书店,2017 年,第 216—219 页。

可谓"史学即史料学"的典型观点。张京华论及胡适与何炳松借章学诚等阐发"史学即史料学"的观点,认为胡、何假国故之名行新学之实,此处不赘。①总而言之,史学一变为史料学,应是章太炎不虞之变。

至于胡适的章太炎理解究竟如何,则又是另一问题。正如朱维铮指出,尽管胡适私淑汉学,对清学史尤其晚清学术史未必了解很深。朱维铮的理由是胡适封吴虞为"只手打孔家店的老英雄",却不知章太炎发表《订孔》,且引起"群言相率诋孔子"的轰动效应。②稍作补充,胡适过于强调吴虞在"打倒孔家店"中的作用,表明他未必充分意识到乾嘉以后的清代学术史是一个慢慢解构孔子中心地位的过程。不仅章太炎,其论战对手康有为在解体孔子至尊地位方面的作用亦不容忽视。一如梁启超所言:"有为、启超皆抱启蒙期'致用'的观念,借经术以文饰其政论,颇失'为经学而治经学'之本意,故其业不昌,而转成为欧西思想输入之导引。"③此外,如果胡适对清学史了然在心、对章学诚的理解更准确的话,就不会反对章学诚的"诸子出于王官"说了。毕竟,"诸子出于王官"说乃《汉志》观点,为章太炎等拳拳服膺。由此似乎亦可窥见胡适的章太炎理解。

(二)"广义之史"与"广义之文"

钱穆尝言:"今论太炎学之精神,其在史学乎!"④与章太炎相

---

① 张京华《整理弁言》,叶长青《文史通义注》,第1—59页。
② 朱维铮《〈清代学术概论〉导读》,梁启超《清代学术概论》,第40页。
③ 梁启超《清代学术概论》,第8页。
④ 钱穆《余杭章氏学别记》,《中国学术思想史论丛》(八),北京:生活·读书·新知三联书店,2009年,第386页。

类的是,钱穆为学精神也正在史学,无蹈空骛虚之观念论色彩,故有此惺惺相惜之言。而追求历史的可能,以史为法,可谓是钱穆与章学诚、章太炎相通之处。钱穆对学术最大的贡献,笔者以为正是学术史,此又通于章太炎。钱穆颇受章学诚影响,亦见于其1977年为《记〈钞本章氏遗书〉》所作"附记"。①

章太炎1902年8月8日《致吴君遂书》言及章学诚与戴震的关系:

> 麟家实斋,与东原最相恶,然实斋实未作史,徒为郡邑志乘,固无待高引古义。试作通史,然后知戴氏之学,弥仑万有,即小学一端,其用亦不专在六书七音……惟文字语言间留其痕迹,此与地中僵石为无形之两种大史。

这里耐人寻味的,是章太炎对小学的定位,以及与此相关的"史"的定义。章太炎在信中接着说:

> 下走之于实斋,亦犹康成之于仲师,同宗大儒,明理典籍,宗仰子骏,如晦见明,私心倾向久矣。独于是论,非所循逐,亦自谓推见至隐之道,较诸吾宗差长一日也。②

此处表明章太炎对章学诚的关注。但是,章太炎无法认同章学诚对戴震的频繁诘难。③章学诚《记与戴东原论修志》曰:"戴君经术

① 钱穆《中国学术思想史论丛》(八),第316—317页。
② 汤志钧编《章太炎政论选集》,第172、173页。
③ 章学诚诋戴之文,如收于《文史通义》之《书〈朱陆篇〉》后《记与戴东原论修志》《答朱少白书》《又答朱少白书》《答沈枫墀论学》等。

淹贯,名久著于公卿间,而不解史学。"①就戴震与狭义之"史"的关系,亦不可谓章学诚说法毫无是处。章太炎驳论章学诚攻讦戴震不谙"史",遂有"文字语言"与"地中僵石"实为"无形之两种大史"的宏论。"文字语言"为其中一种"大史",实是以小学为始基的考据学立场的史家宏论,准此章太炎之标准,戴震当为最大史家之一。而小学训诂,恰是章学诚的弱点。"推见至隐之道,较诸吾宗差长一日"显示出章太炎的自负:虽同宗刘歆,但在小学源流、哲学义理上,自己却并未超过章学诚。

然而,章学诚未尝没有类似章太炎广义之"史"的认识。章学诚致孙星衍《报孙渊如书》(1788)云:

> 愚之所见,以为盈天地间,凡涉著作之林,皆是史学,六经特圣人取此六种之史以垂训者耳。子集诸家,其源皆出于史,末流忘所自出,自生分别,故于天地之间,别为一种不可收拾、不可部次之物,不得不分四种门户矣。此种议论,知骇俗下耳目,故不敢多言。②

此自然是在重申"六经皆史"之论。《四库》的四部法不仅是四库馆开馆的方针,也是钦定分类,上承荀勖以来的分类主流。章学诚学术上无屈从"四种门户"之意,更彻底提出:"凡涉著作之林,皆是史学。"其广义的"史"亦炳炳可见。四部中专立一"史部",则其余三者非史。同理,以"集部"收文集,亦予人其余三部非文的印象。二章遵从《七略》不专门列"史",正是天下之书,莫不是史,又莫不是

---

① 叶长青《文史通义注》,第 932 页。
② 章学诚著,仓修良编注《文史通义新编新注》,第 721 页。

文。也因为天下文章皆"文",集部的设立,也就变成多余的"杂部"了,因为集部予人相当于今日"文学"概念所含内容的印象。因此,章学诚"盈天地间,凡涉著作之林皆是史学"的说法,与章太炎所谓"著于竹帛者皆为文"不谋而合。两者合而观之,则"文"即"史"、"史"亦"文",两者所说似异而实同。

不难看出,章学诚的"史"有广义与狭义两种。就其狭义者说,首先,"史"并非私作的周公旧典,或官师合一的三代之史。其次,是相对于"文"的"史",即战国及以后私作与官守兼备之"史"。"史"又含史料之义。就此,章学诚扩大史料来源,①除承接郑樵强调州郡方志与金石图谱的重要性外,亦强调诗文歌谣作为史料来源的重要性,这一点在考察章学诚"文"与"史"相叠合上亦值得注意。就广义的"史"而言,此一"史",乃是作为方法的"史",正是章学诚所说的"史学"。

章学诚《亳州志掌故例议下》又云:"今之方志猥琐庸陋,求于史家义例,似志非志,似掌故又非掌故……夫治国史者,因推国史以及掌故,盖史法未亡,而掌故之义不明,故病史也……夫志者,志也。其事其文之外,盖有义焉。"②需注意章学诚对史学的定义,"夫志者,志也。其事其文之外,盖有义焉。"第一个"志"为史志之意,第二个"志"与为史者的主体性有关,亦即与"义"相关的问题。周予同指出,章学诚的史学正在于"义",此一"义"是《春秋》"笔削"之意,而章学诚"史学"的"义"或称"史意",就是章学诚的"道"。③

① 张舜徽尤其强调章学诚扩大了史料来源,参见氏著《中国古代史籍举要》,《中国古代史籍举要 中国古代史籍校读法》,武汉:华中师范大学出版社,2004 年,第 165—166 页。
② 叶长青《文史通义注》,第 868 页。
③ 周予同《章学诚"六经皆史说"初探》,朱维铮编校《周予同经学史论》,第 495 页。

倪德卫曾指出,在将历史视为道之显现上,章学诚乍一看令人联想起黑格尔及其绝对精神,但是章学诚更像欧洲人文主义传统中的维科(Giambattista Vico)。①维科于西方传统有如下论断:人创造历史,上帝创造自然,所以人了解历史甚于了解自然。维科此言在西方思想史中影响深远,常为思想史家所乐道。②假如我们姑妄视朱子为中国的黑格尔(即形而上学的高峰)的话,那么将章学诚与维科相提并论,亦算是域外治中国史者不虞之誉了。

九 章太炎学术史著述的学术和思想意义

周作人随笔曾作如是言:

> 按道理说,桐城派是应归属于文学中之古文方面的,而他们自己却不以为如此……他们不自认为是文学家,而是集义理、考据、词章三方面之大成的。本来自唐宋八大家主张"文以载道"而后,古文和义理便渐渐离不开,而汉学在清代特占势力,所以他们也自以懂得汉学相标榜。实际上方姚对于考据学却是所知有限得很。③

周作人所言表明,清代学人多赞同义理、考据、词章三者不可分割,否则就不会有桐城派这一附会了。梁启超言及桐城派方东树诋戴

---

① David S. Nivison, *The Life and Thought of Chang Hsüeh-ch'eng* (1738—1801), p.291.

② Martin Jay, *The Dialectical Imagination: A History of the Frankfurt School and the Institute of Social Research*, 1923—1950, London: Heinemann Educational Books Ltd., 1973, p.49.

③ 周作人《中国新文学的源流》,《儿童文学小论 中国新文学的源流》,止庵校订,石家庄:河北教育出版社,2002年,第61页。

震甚力时曰:"其时与惠、戴树敌者曰桐城派。方东树著《汉学商兑》,抨击不遗余力……汉学固可议,顾桐城一派非能议汉学之人。"①其意与周作人相去不远。梁启超认为:"'清代思潮'果何物耶? 简言之,则对于宋明理学之一大反动,而以'复古'为其职志也。"②本文以义理、考据、词章三者关系以及清代学术与宋学的关系,总结章太炎学术史研究的思想史及学术史意义,这一点也是为了避免汉宋二元对立或汉学内部今古文经学二元对立的叙述框架。

清儒对宋学的批判,与其说是在否定义理,莫若说是否定宋儒的方法论。《文史通义》书名既可理解为"文"与"史"之"通义",又可理解为以"文史"来"通义",亦即建构义理。宋代张载"横渠四句教","为天地立心,为生民立命,为往圣继绝学,为万世开太平"(《宋元学案·横渠学案上》),深入后世士人内心。宋学反映了有着道统意识的宋代知识阶级的意气风发和自信。但是,在政治上较之宋代远为专制的清代,朱子学哲学、思想体系过于空疏,无法如宋代士人般介入现实,只能作为了无建树的官方哲学而存在。此外,朱子学以及陆王心学(尤其后者)明显忽视了"文"之语言问题。正如顾炎武所慨叹:"今之言学者必求诸语录,语录之书始于二程,前此未有也。今之语录几于充栋矣。"③须知,宋学先驱之一的胡瑗尚认为圣道有三方面:体、用、文。"体""用"概念源自佛学,④显示了宋

① 梁启超《论中国学术思想变迁之大势》(1902年3月10日至1904年12月7日),汤志钧、汤仁泽编《梁启超全集》第3集,北京:中国人民大学出版社,2018年,第97页。
② 梁启超《清代学术概论》,第5页。
③ 顾炎武《顾亭林诗文集》,华忱之点校,北京:中华书局,1959年,第131页。
④ 有关体与用的关系,岛田虔次引用《大乘起信论》解释:"如大海水,因风波动,水相风相不相舍离。而水非动性,若风止灭,动相则灭,湿性不坏故。"(真谛译,高振农校释《大乘起信论校释》,北京:中华书局,1992年,第36页)岛田解释说,风与波为因果关系,水与波则为体用关系。(岛田虔次《朱子学と陽明学》,東京:岩波書店,2000年,第3页)湿性与波,似也应视为体用关系。

学与佛学的复杂关系,而"文"则表明了韩愈以来在文道关系上问题意识的延续。但宋代以后"文"的意识愈来愈弱,尤其在不立文字的禅学影响下,迎来语录体大行其道的时代。在此意义上,方苞、姚鼐等所代表的桐城派延续朱子学影响,以明道为己任,多少也算是解决了"文"的问题。另一方面,考据学、目录学实事求是的方法论对宋学的挑战愈演愈烈。同时,汲汲于烦琐考据而无义理建树的考据学又成为新问题。

宋学建构义理的使命,为明代心学所承担,而心学又是儒学为佛学(禅学)进一步刺激的产物。晚清章太炎的义理建构以小学为始基,融佛教唯识学、史学、诸子学为一体,并且将之发展为自成一体的独特思想体系,以此建立革命道德学说。另一方面,正如皮锡瑞所言:"宋儒之经说虽不合于古义,而宋儒之学行实不愧于古人。且其析理之精,多有独得之处。"①偏于清学中汉学古文学派的章太炎,还是以崭新的方式延续了朱子学成德之学的使命。宋代所谓"新儒家"崭新之处,亦在于综合佛教、道家哲学入儒学。虽然时代不同、框架亦迥异,此又是考据学传人章太炎与宋儒不虞之共通处。章太炎之复杂亦由此可窥。

梁启超曾言:"有清二百余年之学术,实取前此两千余年之学术,倒卷而缫演之,如剥春笋,愈剥而愈近里。"②中国两千多年学术传统,正是"倒卷而缫演之"的传统,亦即一由复杂解释谱系所构成的层累解释传统。《七略》的目录学学术史传统在清中期被章学诚等重新光大,又在清末被章太炎继承,即属一例。辨章学术、考镜源流的学术史分析显示,不仅"儒学"需要通过"倒卷"来重新定

---

① 皮锡瑞《经学历史》,周予同注释,北京:中华书局,2004年,第228页。
② 梁启超《清代学术概论》"自序",第2页。

义,儒道释三分也颇可商榷,至于强分畛域的现代学术制度,更难以全面把握这一学术史源流和学术谱系。目录学辨章学术、考镜源流的传统至今业已弱化。若言今日学术为无源之水,当有失公允,因为犹可取径旧学,间法西学。但是,今日学人两头不到岸,尤其缺乏自有根基去取法西学,亦是不争的事实。中村正直1875年尝曰:"余近聚徒教授,而深悟于洋学者之不可不修汉学也。无汉学而从事洋学者,勤苦五六年,尚不能敌修汉学者之一二年。洋学进步之迟疾,视汉学得力之浅深。盖汉学之有益于人如此。"①传统学养根基乃是消化、吸收西学的必要条件,而这正是今日学人相对于清末民初学人较为缺乏的。重审章太炎以目录学为视角的学术史著述,也许正可于此提供历史借鉴。

　　本文原载《中国历史研究院集刊》2022年第1辑(2022年12月)。编辑过程中责任编辑周政博士、成棣博士(章太炎研究者)对拙稿多有指正之处。

　　刊发后余一泓博士等读者亦寄来读后感想。

　　谨此致谢。

---

① 参见中村正直《编年日本外史序》,赖山阳著,重野安绎等编《编年日本外史》,大阪:光启社,1896年,第3页a。

"传之口耳"与"著于竹帛"*

——晚清文学论述中的口传性与书写性问题

陆　胤**

围绕《荷马史诗》等古典作品的性质和形成过程,"口传性"(orality)与"书写性"(literacy)的升降,一直是西方古典研究者关注的议题,引起旷日持久的争论。①而在晚清时代的中国,一些知识结构处在中西之间的学者亦已开始考虑类似问题:经书、传记、诸子等上古文献"口耳相传"的作用为何?书写行为与书写质料带来了怎样的知识变革?"文学"的本质究竟是"传之口耳"的声韵还是"著于竹帛"的文字?就思想、知识、情感的传承而言,"口授心传"与"记载明文"何者更为有效?百余年来这些问题一再引发关切,近来更成为海内外学界研讨的热点。但与晚近日趋专业化的学术研究不同,晚清学人对于上古文献流播方式的"考古",并不单纯出于学术考量,还关乎政治现实笼罩下的学术立场和文体选择,预示着近代文化模式的分化和转型。

本论文尝试在清代学术传统与外来新知交互的网络中,追索

　　*　本文为作者主持的国家社科基金资助项目"诵读式微与近代中国读书法的变迁研究"(批准号:17CZW044)的阶段性成果。

　　**　作者单位:北京大学中文系。

　　①　相关论争的概述及其学术史脉络,参见 Eric Havelock, "The Oral-literate Equation: A Formula for the Modern Mind", in *Literacy and Orality*, ed. David R. Olson and Nancy Torrance, Cambridge: Cambridge University Press, 1991, pp.11—27.

这一议题形成的脉络。需要注意的是,晚清时期"文"的概念尚处在一个比较模糊的阶段,学者围绕"文学"议题的讨论,往往与音韵、文字、训诂等"小学"问题纠缠,牵涉到经、子、史等类别的上古文献。①在西方社会学和文学史著述启发下,章太炎较早揭示了中国文学(文献)缘起过程中"言"与"文"、"口说"与"文辞"的分化,建立起以书写性为中心的文章史观,并按照这一观念进退古今文章体式,评较当下文学实践。但较少为学界注意的是,章氏这一后起的理论建构,深受乾嘉学人论述的影响,更与近代今古文经学的争执不无关联。本论文将由此上溯乾嘉朴学语境,揭示考据圈学者对于上古知识流播过程中"声音"作用的关注。其中,章学诚和阮元二人先后指出从"口耳"向"竹帛"迁变的文化史意义,构成后世学者讨论相关问题的知识背景。晚清今文经学大兴,廖平、康有为等强调口传与书写之别,主张"口说"胜于"明文"。他们结合经学史上的"师法"观念,将口传过程神秘化。章太炎依托于书写质料的文学缘起论,在回应阮元以来"文言说"的同时,亦受到康有为等公羊家经说的刺激。

本论文借用 20 世纪西方学术语境中逐渐成熟的"口传—书写"结构,来统摄清代中期以降学人关于"口耳"与"竹帛"升降的论述。有必要预先检视概念之间的对应性。尤其是汉字自有其独特的造字、书写、训诂原理,与基于字母表的西方"书写性"特征有所差别。但也应看到,普遍意义上的"口传性"和"书写性"概念本身

① 关于清代中期以降"文"和"文学"理念的变化,较早的总括性研究,参见 Theodore Huters, "From Writing to Literature: The Development of Late Qing Theories of Prose", *Harvard Journal of Asiatic Studies*, Vol. 47, No. 1(Jun., 1987), pp.51—96。另参见马睿《近代"文学"的多元定位》,氏著《从经学到美学:中国近代文论知识话语的嬗变》,成都:四川民族出版社,2002 年,第 380—401 页。

就包含了丰富的层理。研究者将口传文化分为"原发"（primary orality，即文字出现以前的口传）与"继发"（secondary orality，即在文字影响下甚至借助现代传播技术的口传）两种①；"口传性"概念被用于"描述不使用书写而纯粹依赖口头传播的社会集合"，或者"识别应用于口头传播的特定语言类型"，甚至可以"确认口头文化创造或经由口头表达的既定意识类型"。②这一概念泛化的过程，与晚清时期康有为、章太炎、刘师培等所论"口说"一词的多义性颇可对照。与"书本""传记""文辞"相对，"口说"既指文献著于竹帛之前的传播形态，又涵盖由此衍生并延续甚久的经学或思想模式，有时还用来称呼体现口头风格的文章体式。晚清学人与"口传性"相关的讨论，可以进而归纳为两个层面：（一）是在知识、思想乃至经典传播的过程中，与文字媒介及书写质料对立，利用声音口耳相传的方式；（二）是在书写文本或文章体式内部，由上述口传方式带来的口头因素（如口语风格、声韵形式等）。从（一）到（二）是连续的影响过程，所以本论文仍将这些不同层次的"口说"纳入同一框架中讨论。

一 "口说"与"文辞"：以书写性为中心的文学缘起论

晚清时代有关"口传性"与"书写性"的讨论，萌发自章太炎、刘师培等学者考察"文学缘起"的论述。"文学"从何处缘起？近代中

---

① 详见 Walter J. Ong, *Orality and Literacy*：*The Technologizing of the Word*, London and New York：Routledge, 1982, pp.5, 11—12。

② 前揭 Eric Havelock, "The Oral-literate Equation：A Formula for the Modern Mind", p.11。

国读书人关注这一问题，离不开同时代西方社会学著作的启悟。此类书籍追溯人类社会起源，往往以书写文字或文学的出现作为文明标识物。1898 年，章太炎与曾广铨合译英国社会学者斯宾塞（Herbert Spencer，1820—1903）的论集，开篇即论及"语言""文字"的缘起：

> 有语言，然后有文字。文字与绘画，故非有二也，皆昉乎营造宫室，而有斯制。营造之始，则昉乎神治。……其于图也，既史视之，且会典视之……顷之，以画图过繁，稍稍减省……于是有埃及之象形字。①

斯宾塞此段论说的本旨，在于证明事物进化无不遵循由"同质"向"异质"转变的规律。语言、绘画、雕塑、乐舞、歌诗都起于"神治"（theocratic），后来才逐渐分化为不同的文化门类。语言发生以后，有从"口头语言"（spoken language）到"书写语言"（written language）的跨越，即章太炎笔述译文中"语言"与"文字"之别。这正是早期文明传播过程中"口传性"和"书写性"分歧的开始。背后隐藏的问题是，书写文字究竟是起于记录或模写口头语言，还是另有渊源？斯宾塞主张书写文字内生于绘画与雕塑，三者均为神庙建筑的副产品，先民视之为"史"和"会典"；书写文字的发生独立于口头语言，而与其他视觉艺术有共同源头。这些观点，均可在章太炎与曾广铨合作的《斯宾塞尔文集》译文中找到。

斯宾塞所论"文"与"言"的分化，是章氏文论形成的一个起点。在章太炎的时代，面临外来"言文一致论"的压力，知识传播模式的

---

① 曾广铨采译，章炳麟笔述《论进境之理》，《斯宾塞尔文集》卷之一，《昌言报》第2 册，光绪二十四年(1898)七月十一日。

问题实亦关乎现实中文体、语体的抉择。如果文字乃至文学都源自记录语言的需要,书写文字自有理由模仿口说风格甚至采用口语体。但若如斯宾塞所论,文字在口头语言之外另有其源头,则可推出"文"有"言"之外的表达功能和传播优势,二者未必要"一致"。正是这种强烈的现实针对性,使得《斯宾塞尔文集》中的这一文段随即出现在章太炎自著的《订文》篇中。章氏由此推论:"文因于言,其末则言挚迫而因于文。何者?文之琐细,所以为简也;词之苛碎,所以为朴也。"①以清儒"文字起于声音"说为接引,章太炎亦承认语言先于文字;②但他并没有直接从此导出"言文一致"的论断,而是强调"文字"对"语言"有反作用:同一义类的细微差别,如黑马之黑(骊)与黑丝之黑(缁)、怨偶之偶(仇)与合偶之偶(逑),都可以通过文字孳乳来区分。"语言文字之变愈繁,其教化亦愈文明",文字的繁碎,反而成就了表达的简约。章太炎把书写文字看作是自然语言之上的符号系统,其与外物特征的吻合是第一位的。"文"的作用发生在言语被书写下来的那一刻,从此以后,书写文字就获得了独立的表达机制。

发表于 1902 年《文学说例》,是章太炎早期文论的另一篇代表作,同样涉及"言"与"文"的关系,论旨却要复杂得多。③在该文开头,章氏主张"尔雅以观于古,无取小辩〔辨〕,谓之文学"④,以"文

① 章太炎《訄书初刻本·订文》,朱维铮点校《章太炎全集》(三),上海:上海人民出版社,1984 年,第 46 页。
② 详见王东杰《"文字起于声音"——近代中国拼音化思想对一个传统训诂理论的继承式颠覆》,《近代史研究》2013 年第 4 期。但本论文对章译《斯宾塞尔文集》及《订文》中"有语言然后有文字"一句的理解,与王文有所不同,敬请注意。
③ 章氏学(太炎)《文学说例》,《新民丛报》第 5、9、15 号,1902 年 4 月 8 日、6 月 6 日、9 月 2 日。
④ 《文学说例》(一),《新民丛报》第 5 号,第 75 页。

字"为"文学"的基础。借鉴日本学者姊崎正治(1873—1949)所转述的宗教病理学说,章太炎指出语言发生过程中有"表象之病"①,以此来说明汉字假借、引申的原理:如"来"字"象芒朿之形",本义为麦,却因《周颂》"贻我来牟"之瑞从天降来,引申为"行来"的"来";"孔"字"从乙从子",亦缘玄鸟(乙)至而得子,遂有"嘉美"之义。而要祛除此类字义表象,就必须回归"本字""本义",使每一外物之"实"都有特定的"名"与之对应。②行文至此,章太炎仍是在延续《订文》篇训诂正名的理念。但紧接着,他却话锋陡变,转而揭示"表象"其实无法避免:"言语不能无病,然则文辞愈工者,病亦愈剧。是其分际,则在文言、质言而已。文辞虽以存质为本干,然业曰'文'矣,其不能一从质言,可知也。"③换言之,譬喻、拟人、借代、象征、夸饰等"表象"虽起于口头语言阶段,却会在"文字"到"文辞"的书面化过程中加剧。书写带来的表达效果是双刃剑:既促进了表达的区分度和精确度,也有可能造成进一步的模糊。所以必须不断回到"质言",以郑玄、贾公彦、范宁、王弼诸家经疏的"故训求是之文"为典范。

这里提到"文言"和"质言"的对立,"文言"主要指修饰润色的作用,应是借自阮元的《文言说》(1813)。"文言"与"质言"相对,似乎是来自中国古典文质论的经典命题,但在《文学说例》中,二者都属于"文"的范围。取此与西洋文学史框架相对照,使得章氏的文学缘起论有可能从其早期专注的训诂、词汇等语文学("小学")问题,转向文体分类、形式、风格等与晚近文学观念接近的层面。同

---

① 姊崎正治的"表象主义"说对章太炎的影响,详见小林武著,白雨田译《章太炎与明治思潮》,上海:上海人民出版社,2018年,第61—63页。

② 《文学说例》(一),《新民丛报》第5号,第76—77页。

③ 《文学说例》(一),《新民丛报》第5号,第77—78页。

一时期,章太炎还曾翻译(或至少润色)日本著作家涩江保(1857—1930)的《希腊罗马文学史》一书,借此接触到文学史体例和西洋古今各种"文学"定义。①《文学说例》所称"文学",也渐由"尔雅以观于古"的"文字"之义向"文辞"之义扩展。

在《文学说例》后半篇,章太炎复述了《希腊罗马文学史》关于希腊文学"自然发达"的叙述:(一)有韵文(verse)而后有散文(prose);(二)韵文按照史诗(epic)、乐诗(lyric)、戏曲诗(dramatic poetry)的顺序次第发生;(三)史诗可分为大史诗(grand epic)、稗诗(romance)、物语(tales)、歌曲(ballad)、正史诗(historical poem)等小类;(四)散文依次出现历史、哲学、演说三种文(historical, philosophical, oratorical prose)。②章太炎认为上述古希腊文类展开的过程,"征之禹域,秩序亦同",由此推测:

(一)仓颉造字以前有口传史诗,至《尧典》时代写定;

(二)史诗"体废于史官,而业存于矇瞽",演变为《诗》之二《雅》;

(三)《书》分为两个体系:誓、诰直录当时口语,为"口说"之祖;帝典则为"有韵之史",类比于古希腊的"正史诗"。

(四)《春秋》以后,史书皆不用韵,相当于古希腊散文的"历史文";九流继起,管子记数,老、庄协韵,尚存旧章,孔、墨二家始为散文的"哲学文";至战国,纵横家起于行人口说,名家确立"演说元则",是为"演说文"。③为了比附希腊文学发端的类别,章太炎把经书(史诗及乐诗)、传记(历史文)、子书(哲学文、演说文)都纳入了"文学史"的范围。

章太炎还注意到"韵文"与"散文"相继发生的历程背后,有"口

---

① 参见潘承弼等辑《太炎先生著述目录后编》,《制言》第 34 期,1937 年。
② 涩江保《希腊罗马文学史》,东京:博文馆,1891 年,第 19—23、25—26、31 页。
③ 《文学说例》(三),《新民丛报》第 15 号,第 49—50 页。

耳"与"文字"媒介的交替:"古者文字未兴,口耳之传,久则忘失,缀以韵文,则便于吟咏,而记臆〔忆〕为易。"①按,此即为阮元《文言说》的基本论点。阮氏追溯上古文献口头传播的方式,旨在论证韵文、骈文等声音之文的正统(详下节);但章太炎的引用却更侧重文学发生史意义上文体的分化。于是,在阮氏韵、散对立的框架之外,又出现一条"口说"与"文辞"代兴的线索,体裁形式的分类标准正是源自传播方式的差异:史诗原为矇瞽口传,写定为二《雅》,即成为文辞;《书》中直录王言的誓、诰为口说,多含韵文的帝典为文辞。与阮氏说不同的是,章太炎将《春秋》、孔墨诸家散文和后世笔语也视为文辞;战国纵横家、名家则为口说。"口说""文辞"二者的区分,并不完全以韵、散为界,而是系于在流传、记载的过程中是否经过书面化的加工:

> 等是人言,出诸唇吻,而据实而书,不更润色者,则曰口说;镕裁删刊,缘质构成者,则曰文辞。②

魏晋以后,文士又有文、笔之分,章太炎认定"文既异笔,而口说复与文、笔大殊","文"与"笔"都在"文辞"范围内;与之相对,战国纵横家言、宋儒语录,以及晚清流行的演说、策论等,则都属于"务动听闻"的"口说",而与"务合体要"的"文辞"不同科。

章太炎提出"口说""文辞"两条对立的谱系,除了文学史新知的启发,实离不开阮元立足于文选学立场的"文言说"。不同于此后章氏文论针对选学的严苛态度,《文学说例》对选学和骈体都相

---

① 《文学说例》(三),《新民丛报》第 15 号,第 49 页。
② 《文学说例》(三),《新民丛报》第 15 号,第 50 页。

当宽假,在六朝人所称"文""笔"之间也尚无轩轾。章太炎称道《文选》不录口说,此后人所宜法"①,对应于古希腊"演说文",他在中国文学(文献)发生史上找到的"口说"原型,正是昭明太子《文选序》所谓"传之简牍而事异篇章"的策士辩说。根据从涩江保书中所得"希腊文辞,务在对称"②的新知,章太炎断言爱好骈偶是"人情所必至,初无间于东西",又指出骈文佳者"体若骈枝,语反简核",若能以"文言"之体行"质言"之实,则远胜苏轼、陈亮辈策论的辞费。他甚至称颂阮元推崇骈俪,"上溯《文言》,信哉其见之卓也",完全折服于"文言说"。③

由此返观《文学说例》整篇中的"文辞",实兼有训诂意义上的"文字"和文体意义上的"文言"两重涵义。二者之间不无冲突,显现了章太炎早期文论的复杂性。首先,文辞"缘质构成",必须根据"质言",祛除"表象";其优劣在于"通小学"与否,因此正名分的《春秋》以及后世经师"故训求是之文"才是"文辞"典范。但在文学史论述和阮元文言说影响下,章太炎所举的"文辞"特质中又有"镕裁删刊"等修饰之功,所列"文辞"谱系中韵文亦占大宗。而从《文学说例》前半篇"文字"的立场来看,协韵正是"表象"的源头之一:"有韵之文,或以数字成句度,不可增损;或取协音律,不能曲随己意。强相支配,疣赘实多,故又有训故常法所不能限者。"④"文辞"并不总能贯彻"文字",这时"文辞"便又近于"文言"之"文"的取义。

以《希腊罗马文学史》为媒介,章太炎在《文学说例》中将中国"文学"缘起类比于希腊古典文类的发生,提出"口说"与"文辞"两条

---

① 《文学说例》(三),《新民丛报》第 15 号,第 51 页。
② 涩江保《希腊罗马文学史》,第 26—27 页。
③ 《文学说例》(三),《新民丛报》第 15 号,第 56 页。
④ 《文学说例》(二),《新民丛报》第 9 号,第 67 页。

线索,已触及中西古代文明流播过程中"口传性"与"书写性"的并列。但他所谓"文辞"兼有"文字"和"文言"两重含义;与此对应,其"口说"概念虽然远溯上古文学发生过程中的口头表达形式,却更明确地指向战国纵横家策论以降直录或模拟口头风格的文体传统(类比于古希腊"演说文"以下的口头辩论传统)。在传播方式和文体谱系之间,章太炎尝试建构了一条发生学理路,但其中又确有若干未能厘清的纠葛。比如,章太炎援引昭明太子《文选序》作为其贬低"口说"一系文体的依据;但《文选序》排斥策士辩说"事异篇章",未必是像章太炎那样出于对口说"表象"的不信任,而是另有其选"文"的标准。站在阮元的立场,早期文献口耳相传生成的声韵属性是"文"的源头;章太炎这一时期的"文辞"概念纳入了经过阮元重新定义的"文"和"笔",但其中狭义的"有韵为文",却无法贯彻书写性意义上"文"的理路。

从《文学说例》涵纳阮元"文言说"这点来看,这一时期章太炎的文论似乎还没有充分意识到"文言之文"背后隐含的口传性前提,及其与"文字之文"所带书写性不可调和的冲突。受制于"文""言"对立的格局,章太炎把"文言"与"质言"同归入经过书面加工的"文辞"谱系,形成与"口说"对峙的局面。然而,战国纵横家"口说"在阮元"文言说"的相关论证中,本来并不是一个特别凸显的环节。章太炎对其格外重视,很可能受到乾嘉时期另一学术大家章学诚的启示;与此同时,亦是激于当时"策士文学"的流行。据民初罗家伦追记,晚清"策士文学……早开于魏默深(源)、龚定庵(自珍)之流,其后康有为等'公车上书'……**大有战国时候苏、张的态度**……而这类纵横捭阖的腔调,在梁任公(启超)先生所办的《时务报》《新民丛报》里,更可谓集其大成。"①总之,章太炎早期文论虽

---

① 罗家伦《近代中国文学思想的变迁》,《新潮》第 2 卷第 5 期,1920 年。

从小学训诂的角度确立了以书写性为中心的立场,但其中所见的"口传—书写"议题,颇受外在因素触发或干扰,在"文字"和"文言",传播方式和文体谱系之间,似乎还没有形成自洽的理路。

二 "口耳"与"竹帛":乾嘉学者对"声音"的关注

《文学说略》仅是章太炎早期文论的一个小结。1905年,刘师培在《国粹学报》上刊布《文章源始》《论文杂记》及《文说》诸篇。次年,章太炎发表《国学讲习会略说·论文学》斥及其说,后又改写为《国故论衡》中的《文学总略》篇,成为近代文论史上的经典。

章太炎、刘师培二人经学同治《左传》,史学同受西方社会学影响,享有许多共同的学术关切。其文论亦呈现出交互刺激的局面。作为论争发端,1905年刘师培论"文"诸篇,仍多带有章太炎早年论述的痕迹:如《文章源始》援用涩江保《希腊罗马文学史》书中"文学之兴也,韵文完备,乃有散文,史诗既工,乃生戏曲"等语,来证明"骈文一体,实为文体之正宗",显然从《文学说例》转手;①《文说》中《析字》《记事》二篇,亦自章太炎《文学说例》推崇故训、祛除"表象"之说脱化。更重要的是,刘师培的《文章源始》同样是一篇"文学缘起论",内中蕴含的西方社会学视野,以及按照"文""语"两条线索叙述古代文献发生的思路,实可看作章太炎《文学说例》区分"文辞""口说"的回响。

然而,以"析字""记事"等朴学家共识为先导,刘师培却引出了"声音为文"的论断。他认定"文"的作用在声韵而非书写,声韵的

---

① 刘光汉(师培)《文章源始》,《国粹学报》第1期,1905年2月23日。按:在刘师培文中,涩江保所论"希腊文学"被误记为"罗马文学",其书则被误为《罗马文学史》。

来源则为上古文献的口传性。这便与章太炎相关论述中侧重书写文字的面相起了冲突。特别是章太炎素来看重的《春秋》《国语》以及三《礼》等记事、论难、议礼之文,竟都在刘师培所持"文"的标准外。①追本溯源,刘师培亦引阮元的《文言说》为据:

> 古人无笔砚纸墨之便,往往铸金刻石,始传久远。其著之简策者,亦有漆书刀削之劳。非如今人下笔千言,言事甚易也。……古人以简策传事者少,以口舌传事者多;以目治事者少,以口耳治事者多。故同为一言,转相告语,必有愆误。是必寡其词,协其音,以文其言,使人易于记诵,无能增改,且无方言俗语杂于其间,始能达意,始能行远。②

阮氏此说,针对唐宋以来"古文"之名,考证孔子于"十翼"中著《文言》,"不但多用韵,抑且多用偶",是要借经典权威树立骈文正统。但在晚清骈散之争(以及背后的汉宋之争)消歇后,上述文段所论"目治""耳治"的升降,关乎文学起源,变得更为显眼。按照阮元描述,上古书写材料难得,著于竹帛不易,文献多以口耳相传,为了便于记忆,并避免口传误差,才有了"寡其词,协其音……且无方言俗语杂于其间"等"文其言"的加工修饰。章太炎眼中不免"表象"之病的叶韵对偶,在阮元、刘师培的论述中,正是保证经典意蕴得以准确传播的手段,且是口传时代自然形成的属性。③正如日后黄侃

---

① 刘光汉《论文杂记》二,《国粹学报》第1期,1905年2月23日。
② 阮元《文言说》,《揅经室三集》卷二,《揅经室集》,邓经元点校,北京:中华书局,1993年,第605页。
③ 阮元更提示,在口传时代,"有韵有文之言"以外,如一言、三省、三友、三乐、三戒、三畏、三愆、三疾……等"以数记言",亦是使经典易于记诵的手段。见阮元《数说》,《揅经室集》,第606—607页。

所阐发："言语有修饰，文章亦有修饰，而皆称之文。言曰文，其修饰者，虽言亦文；其不修饰者，虽名曰文，而实非文也。"①——"文"的本质是协韵对偶等声音修饰，协韵对偶著于口传，缘起于书写之前，与书写环节并没有必然联系。这是阮、刘文言说跟章太炎文学缘起论最根本的区别。

当初，阮元"综合蔚宗、二萧（昭明、元帝）之论，以立文笔之分，因谓无情辞藻韵者不得称文"②，基于扬州选学传统和清代骈文家的尊体意识，对六朝时期"文笔论"不无曲解。③同时，也要看到"文笔论"的脉络之外，清代古韵学发达对阮氏"声音即文"观点形成的作用。阮元《文言说》撰于1813年④，至1825年阮氏又补撰《文韵说》，意在牵合"用韵"与"用偶"，扩大"有韵为文"的范围。除了罗列《文言》《系辞》及"子夏诗序"用韵兼用偶的实例，阮元更在注间援引王念孙"三百篇用韵，有字字相对极密"之论，举《诗》中《匏有苦叶》《卷阿》各章，作为句中用韵、宫商相应的左证。⑤其实，早在1805年阮元就曾向其门人臧庸面述王念孙所说《卷阿》"凤凰鸣矣"章"字字有韵"的观点，臧庸且因此而"疑《仪礼》冠昏辞命亦字字有韵"。⑥后来臧庸致信阮元，言及王念孙关于《汉广》字字皆韵

① 黄侃《文心雕龙札记》，北京：中华书局，2006年，第8—9页。
② 黄侃《文心雕龙札记》，第256页。
③ 这方面近年的研究，参见曹虹《学术与文学的共生——论仪征派"文言说"的推阐与实践》，《文史哲》2012年第2期；冯乾《清代文学骈、散之争与阮元"文言"说》，《古典文献研究》第11辑，2008年，第278—294页；周兴陆《"文笔论"之重释与近现代纯杂文学论》，《文学评论》2015年第5期。
④ 阮元《文言说》未署撰年，其撰写时间的考证，详见王章涛《阮元年谱》，合肥：黄山书社，2003年，第576、580页。
⑤ 阮元《文韵说》，《揅经室续三集》卷三，《揅经室集》，第1065—1066页。
⑥ 转引自王章涛编《王念孙王引之年谱》，扬州：广陵书社，2006年，第148—149页。

的分析,指出"诗人之例,句末之韵,必用其本类;韵上之字,乃用其通协",并据此补充《诗》《书》《左传》等经传"句中用韵"的例证,还提到钱大昕早就有"铭辞八言,字字皆韵"之说。①可知阮元从六朝向三代追溯"文韵"统系的努力,实与钱大昕、王念孙、臧庸等考证古书"字字皆韵"的工作桴鼓相应。对于文章、文体口传声音层面的重视,其背景是清儒对经传等早期文献生成机制的再认识。借着古韵学的实质进展,当时考据学圈确有将"韵文"推向群经乃至整个"三代之书"的趋势。

　　清代古韵学与文字学的互动,也使学者对语言文字来源有了新认知。"清儒之治《说文》,本由古韵学一转手而来"②,多注重声音与文字孳乳的关系。清初潘耒已提出:"声音者,先文字而有……字造乎人,而音出乎天者也。"③此类论调逐渐演为乾嘉训诂学"因声求义"的实践,"专由声音以言训诂,为戴氏独得之学。后此王氏父子即应用此法,卓著成绩"④。而关于文字起源,当时学者亦更强调"卦画"之前的"声音",段玉裁为王念孙《广雅疏证》作序,即主张"圣人之制字,有义而后有音,有音而后有形"⑤;阮元则谓"古未有字,先有言有意,言与意立于诸字未造前"⑥。可知"声音"或"语言"在文字之前,已成考据圈的普遍认知。至清末刘师培秉承其乡先贤黄承吉的"右文说",揭示"上古之时,有语言而无文

　　① 见臧庸《与阮芸台侍讲论古韵书》,《拜经堂文集》卷第三,《续修四库全书》影印本第 1491 册,上海:上海古籍出版社,2002 年,第 558 页。
　　② 梁启超《中国近三百年学术史》(新校本),北京:商务印书馆,2011 年,第 255 页。
　　③ 潘耒《声音元本论》上,《遂初堂集·文集》卷之三,《续修四库全书》影印本第 1417 册,第 417 页。
　　④ 梁启超《中国近三百年学术史》(新校本),第 266 页。
　　⑤ 段玉裁《王怀祖广雅注序》,《经韵楼集》卷八,钟敬华校点,上海:上海古籍出版社,2008 年,第 187 页。
　　⑥ 阮元《焦氏雕菰楼易学序》,《揅经室一集》卷五,《揅经室集》,第 123 页。

字,凡字义皆起于右旁之声,任举一字,闻其声即知其义",从而论证"文字"与"文章"均以声音为本,实可视作这一潮流的尾声。[1]

不过,戴震、王念孙、段玉裁等训诂学者关于"声音文字之本"的论述,距离阮元《文言说》所阐"耳治""目治"交替的文化史图景,尚有一间未达。因为文字的发明与文字的应用并非一事,口耳相传不仅发生在造字以前;在有文字之后,书写仍然面临多重困难。故口传时代绵延甚久,得以影响书写体式。考据家多注重具体的音韵文字问题,对"三代"的文化史背景则殊少著墨。[2]而在稍早触及相关问题并进行体系化论述的,反而是身为考据学风批评者的章学诚。

在阮元发布"文言说"的整三十年前,章学诚借《文史通义·诗教上》篇阐释了战国为古今政教文章一大转折的看法。他指出战国之文源于六艺、纵横之学出自诗教,不仅后世文体备于战国,著述之事亦至战国而始专。而在这些变化背后,则有从"口耳"到"竹帛"的变迁:"三代盛时,各守人官物曲之世氏,是以相传以口耳,而孔孟以前,未尝得见其书也。至战国而官守师传之道废,通其学者,述旧闻而**著于竹帛**焉。"[3]就在同一年(1783),章学诚还撰有《言公》三篇,指出"古人之言,所以为公也,未尝矜于文辞,而私据为己有也"[4],实与《诗教上》篇中的三代口传说互为表里。在章学诚的理论体系中,上古"治教无二,官师合一"为理想状态[5],其时

---

① 刘光汉《文章源始》,《国粹学报》第 1 期,1905 年 2 月 23 日。

② 在阮元之前,惠栋曾提示汉人训诂之学由"口授"向"竹帛"的转变。详见惠栋《九经古义述首》,《松崖文钞》卷一,《续修四库全书》影印本第 1427 册,第 269 页。

③ 章学诚《诗教上》,《章学诚遗书》,北京:文物出版社,1983 年,第 6 页。

④ 章学诚《言公上》,《章学诚遗书》,第 29 页。

⑤ 章学诚《原道中》,《章学诚遗书》,第 11 页。

"文字之用,为治为察"①,除了"六经"作为先王政典掌故而有书写下来的必要,"专门之学"依托世家官守,代代口耳相传,本不必著于文字。"以文字为著述,起于官师之分职,治教之分途"②,是周室东迁王官放失以后之事;至战国而"官守师传"全废,才有文字著述的独立和作者意识的萌发。

在训诂家的"声音""文字"起源论之外,章学诚从知识传播与古书类例的角度,提供了另外一种考察"文学缘起"的视野。这些论述中尤可与阮元《文言说》相对照的,是他在《诗教下》篇接着铺陈三代以前口传状况,特别强调"声诗"的作用:

> 三代以前,诗教未尝不广也。夫子曰:"不学《诗》,无以言。"古无私门之著述,未尝无达衷之言语也;惟托于声音而不著于文字。故秦人禁《诗》《书》,《书》阙有间,而《诗》篇无有散失也。后世竹帛之功胜于口耳,而古人声音之传胜于文字,则古今时异,而理势亦殊也。③

其中"后世竹帛之功胜于口耳,而古人声音之传胜于文字"一句,与阮元"古人以简策传事者少,以口舌传事者多;以目治事者少,以口耳治事者多"之论如出一口。章学诚也注意到先秦文献中韵文的广泛存在:"演畴皇极(指《尚书·洪范》),训诂之韵者也,所以便讽诵,志不忘也;六象赞言(指《易·象辞》),爻系之韵者也,所以通卜筮,阐幽元〔玄〕也……传记如《左》《国》,著说如《老》《庄》,文逐声而遂谐,语应节而遵协";他更指出口承传统在书籍流传以后的延

---

①② 章学诚《原道下》,《章学诚遗书》,第 12 页。

③ 章学诚《诗教下》,《章学诚遗书》,第 6 页。

续，从焦贡《易林》、史游《急就篇》等经部书，到《黄庭经》《参同契》等道教经典，直至医卜百工五七言"歌诀"，无不采取韵文，"取便记诵"。①章学诚曾自诩与阮元"素称知契"②，二人往还大概在 1795 年阮氏移任浙江学政以后。章学诚念念不忘阮元早先与人作书，曾称道"会稽有章实斋，所学与吾辈绝异，而自有一种不可埋没气象"③。当然这些都出自实斋的一面之辞，阮元方面文献甚少提及章学诚。故二者论述之间是否存在影响关系，尚不能论定。

况且，若细考《诗教下》篇的立言旨趣，实与阮氏宗旨大异。章学诚虽承认三代声教之盛，注意到"声韵"传播文献的作用，却并不认同"声韵"为诗教本质："学者惟拘声韵之为诗，而不知言情达志，敷陈讽喻，抑扬涵泳之文，皆本于诗教。"他罗列经、史、子乃至歌诀用韵的事实，并非要像阮元那样抬升韵文地位，而恰欲凭此证明"谐音协律不得专为诗教"，"善论文者，贵求作者之意指，而不可拘于形貌"，并由此痛陈《文选》分体之陋。④凡此诸点，均与注重声律形貌、以昭明太子《文选序》为立论基础的"文言说"判然有别。

不应忽视章学诚学术史论说中"声音"作用的凸显。但谐音协律等形成于先代口传或后世吟咏的"形貌"，仍有赖于文字记载；章学诚看重的"意指"，则完全超乎文字之外。其说较阮元等考据家，更彻底地强调口传优势："专门家学，书不尽言，言不尽意，必须口耳转授，非笔墨所能罄"⑤，"竹帛之外，别有心传，口耳转授，必明所自，不啻宗支谱系不可乱也。此则必从其人而后受，苟非其人，

---

① 章学诚《诗教下》，《章学诚遗书》，第 6 页。
② 章学诚《与胡雒君论校胡稚威集二简》(1796)，《章学诚遗书》，第 118 页。
③ 章学诚《与朱少白书》，收入《章氏遗书佚篇》，《章学诚遗书》，第 693 页。
④ 章学诚《诗教下》，《章学诚遗书》，第 6—7 页。
⑤ 章学诚《史考释例》，见《章氏遗书补遗》，《章学诚遗书》，第 616 页。

即已无所受也,是不可易之师也。"①口授心传的意义并不在文学形式的生成,而是这种秘传默证的方式有可能传递文字之外的意蕴,保证专门之学"成一家之言"。六经、诸子以降,汉初经师的"师法""家学",在章学诚看来正是口授心传的典范:"《公》《穀》之于《春秋》,后人以谓假设问答以阐其旨尔,不知古人先有口耳之授,而后著之竹帛焉。非如后人作经义,苟欲名家,必以著述为功也……古人不著书,其言未尝不传也……门人弟子,援引称述,杂见传纪章表者,不尽出于所传之书也,而宗旨卒亦不背乎师说。则诸儒著述成书之外,别有微言绪论,口授其徒,而学者神明其意,推衍变化,著于文辞。"②章学诚此处所举《公羊》《穀梁》二传口说授受的例子,正是清代今文经学的常谈;其对"微言绪论"的夸张,更与晚清公羊家的"口说微言"之论若合符契。

乾嘉之际,章学诚、阮元先后注意到上古文献的口传性,但二者的发言动机和论述方向却大有出入。阮元提示"耳治"与"目治"的区别,有挑战古文家"文统"、确立衡文新标准的用意。因此势必要在书写成文的领域继续与"古文"竞争。"文"的声音性不仅没有随着目治时代的来临而消弭,反而敷衍出一条从孔子《文言》出发,经过六朝骈俪、唐宋四六乃至明清制艺而直达当代骈文的文章正统。其所承认的口传特性并不是唐宋语录、话本那样直录或模写口语甚至方言的形式。就此而言,阮氏文言说确与章太炎早年文论有沟通之处,二者均认同"文"要对"言"进行加工,"文字"之文和"文言"之文都离不开文章的形式,分歧只是这种加工作用应该体现为文字训诂的区分度,还是吟咏声韵的修饰性。而在章学诚的

---

① 章学诚《师说》,《章学诚遗书》,第51—52页。
② 章学诚《言公上》,《章学诚遗书》,第30页。

政学理念中,从"口耳"到"竹帛"的迁变关乎政教理想的存废,文字能力被看作政教共同体的威胁,纯粹的"口授心传"才是官师合一、师法有序的体现和保证。随着战国时代口说著于竹帛,知识的边界渐被打破,带来学术统系的混乱;书写文辞的流行与著作意识、知识私有观念的发生同步,人们因"私据已有"之心而"矜于文辞",又反过来使文字流于"形貌"而失去"意指"。在章学诚这里,被否定的是整个书写传统,无怪乎到了晚清民初,其富于权威倾向的政教学说竟能一变而为反传统的思想资源。

百年以降,学者但知章学诚说"六经皆史"或"校雠类例",于其注重口传的意向殊少关注。相比之下,阮元"文言""文韵""文笔"诸说再传而为刘师培、李详等扬州选学派的文论,在清末国粹运动中一度颇具声势。①特别是刘师培在阮氏旧说基础上,综合黄承吉的"右文说"与章学诚所分学术源流,同时借鉴西洋文学史韵、散二分框架,重新安排经、子、史等上古文献归属(按:此实与阮元立足《文选序》排斥经、子、史的方式已有所不同),意在铺陈另一部"耳治"的文学发生史,却招致章太炎的反驳。

早在诂经精舍时代,章太炎就对阮元、臧庸等任意夸大经书中"声韵"作用的倾向有所批评,指出《春秋》《仪礼》为"叙事之文,实事求是,适同韵者不改,不同韵者亦不改",与"协韵"等"文章润色之法"实不相容。②但1902年发表的《文学说例》却涵纳了阮氏文言说,以叶韵修饰为"文辞"特性之一,盖因"文言"与"不更润色"的"口说"相比,仍稍接近太炎以"文字为文"的理想。1905年,刘师

① 参见张明强《〈国粹学报〉与晚清骈文学建构》,《古典文献研究》第16辑,2013年,第335—344页。
② 参见章太炎《膏兰室札记》卷一,《章太炎全集》(一),上海:上海人民出版社,1982年,第130页。

培在《论文杂记》中借用佛教"经、律、论"之别，贬低《春秋》、三礼以下记事论难、会典律例之文为"论""律"，而独尊藻绘之文（即阮氏所谓"文言"）为"经"。①刘氏此论，表面上针对单行散体的"古文"，却极易误伤日益推重"持理议礼之文"的章太炎，更有可能使章太炎意识到《文学说例》等篇牵扯"文言说"实在是自乱阵脚，有必要重新界定"文"的范围。

1906 年 9 月，章太炎在东京出版《国学讲习会略说》，其中《论文学》篇首言"以有文字著于竹帛，故谓之文"②。章学诚、阮元所重"著于竹帛"以前"口耳相传"的内容，都不在章太炎"文"的范围内。与此前《订文》《文学说例》等篇"文字为文"的理念相比，"著于竹帛"四字进一步凸显了书写质料的重要性，亦即在文字的发明、孳乳、假借之后，还要有书写工具与书册制度，才能使文字区分于口头语言、反作用于语言，使之精密化为有法式可循的"文"。换言之，不同于《文学说例》中从文体意义上兼容"文言之文"的"文辞"概念，《论文学》及其后《文学论略》《文学总略》诸篇中的"文"，完全是以书写文字和书写质料来定义，几乎等同于传播媒介意义上的"书写性"。正是在这一极端强调书写的标准下，图画、表谱、簿录、算草等"无句读文"也得以纳入"文"的范围，且因其完全脱落了口头语言的声音性，更被章太炎推举为"文"的极致（"纯得文称"）。③除了"文章""文笔"等名义的具体辨析，针对刘师培以"文饰"与否区分"文""辞"的论调④，章太炎指出：

① 刘光汉《论文杂记》二，《国粹学报》第 1 期，1905 年 2 月 23 日。
② 章炳麟《论文学》，《国学讲习会略说》，东京：秀光社，1906 年，第 33 页。
③ 《国学讲习会略说》，第 53 页。
④ 刘光汉《文章源始》，《国粹学报》第 1 期，1905 年 2 月 23 日。

　　且文辞之称，若从其本以为分析，则辞为口说，文为文字。古者简帛重烦，多取记臆〔忆〕，故或用韵文，或用骈语，为其音节谐熟，易于口记，不烦纪载也。战国纵横之士，抵掌摇唇，亦多叠句，是则骈偶之体，适可称职。而史官方策，如《春秋》《史记》《汉书》之属，乃当称为文耳。由是言之，文、辞之分，矛盾自陷，可谓大惑不解者矣。①

这段话不啻重新定义了章太炎早年文论中的"文辞""口说"等概念。首先，"文辞"被析解为"文"与"辞"两个方面："文"完全以文字为准，"辞"则是"口说"。"文辞"不再是《文学说例》中与"口说"对立的文体统系，而是包括"口说"在内。接下来暗引阮元《文言说》关于韵文骈语起源于口传的论点。更重要的是，在阮氏所揭孔子《文言》和后世文体之间，章太炎加入了战国纵横家的策论，指出"骈偶之体"正是"口说"的流衍。这里的"口说"也已不再仅指直录语言的体裁，更涉及文体包含的声音性，而与《春秋》《史记》《汉书》代表的历史书写传统相对。通过与刘师培所主"文章当作彣彰"之说的论争，章太炎意识到"文言说"背后有源自口传经验的声音作为前提。虽然就"文"的范围而言，还包括赋颂、哀诔、箴铭、占繇、古今体诗、词曲等"有韵文"；但从"文"的本质来看，"文言"的作用反而属于战国纵横家以降的"口说"传统，一切带有语言修饰性的"有句读文"都是"文而兼得辞称"。②祛除"文言之文"的作用以后，故训文字的书写性终于和"文"的本质属性相吻合，故曰："研论文学，以文字为主，不当以彣彰为主。"③

---

① 《国学讲习会略说》，第37—38页。
② 《国学讲习会略说》，第53页。
③ 《国学讲习会略说》，第33页。

清末章太炎与刘师培之间的"文学""文章"定义之争,历来受到研究者关注,具体论争过程本文不再重复。①惟欲指出双方论争的实质,乃在"文"和"文学"定义中口传因素(声音)和书写因素(书面文字与书写质料)谁更具有决定性。章学诚、阮元先后指出的"口耳""竹帛"之分,无疑是章太炎相关论述展开的知识背景。乾嘉以来学者对于上古知识传播"声音"因素的发掘,更提示了书写质料在从"耳治"向"目治"转型过程中的支配作用。故1906年以后章太炎的文论,已从早年侧重"言"与"文"对立架构下的文体史梳理("口说—文辞"),推进至记载与传播媒介意义上"文"的再定义。而还原到早期文献的媒介性问题本身,章太炎的"书写性"论述中还隐含着另一个潜在论敌,涉及与此几乎同时展开的晚清今古文经学之争。

三 "口说"与"传记":经学之争与文学缘起

从1902年的《文学说例》到1906年的《国学讲习会略说·论文学》,章太炎对阮元"文言说"的态度发生了转折,从兼容"文言"的"文辞"回到了完全以书写(著于竹帛)定义的"文"。这一变化,是否只有文章学理路的解释?流亡日本时期,章太炎有意在讲学基础上构建学科体系,1910年《国故论衡》成书,即按照"语言文字之学""文学""诸子学"的顺序分为三卷,意在标举治学次第。其中"经学"的缺席,实出于章太炎有意的搁置。②但在该书"中卷文学"

---

① 关于这一问题的代表性论著,参见王枫《刘师培文学观的学术资源与论争背景》,《学人》第13辑,南京:江苏文艺出版社,1998年,第265—294页。

② 1906年的《国学讲习会略说》就已由"诸子学""文学""小学"三篇组成,应是早有此设计。1909年章太炎致信《国粹学报》,明言"经学……暂置弗讲",有意识地把经学排斥在讲学之外。见《国粹学报》第59期,"通讯",1909年11月2日。

的八篇中,却有《原经》及《明解故》上下共三篇涉及经书名义或经注体例的文字,提示了章太炎文论的经学指涉。

《国故论衡》中卷《原经》一篇,衡论章学诚、康有为二家经说,可视为章太炎古文经学立场完成的标志。[①]在同卷《明解故下》篇,章太炎指出"古文经"之可贵在于"依准明文,不依准家法",今文家重视"家法"而古文家依据"明文",体现在知识传承方式,即"口说"与"传记"的区分:

> 若乃行事之详,不以传闻变;故训之异,不以一师成。忽其事状,是口说而非传记,则虽鼓箧之儒,载笔之史,犹冥冥也。[②]

"是〔信〕口说而非〔背〕传记",语出刘歆《移让太常博士书》。一经之说,口耳相传为"口说",著于竹帛为"传记"。此处"口说"意涵,自与章氏《文学说例》等早期文论中直录口语的文体概念不同。但文学与经学两种"口说"都以口头传播方式界定,可以说是"口传性"在不同学术领域及著作形态中的体现。章氏文论中用来充实"文学"定义的"著于竹帛"四字,本身就带有强烈的经学色彩。[③]而在1906年的《论文学》篇中,章太炎又将经书传记散入学说、历史、公牍、典章、占繇等"有句读文"诸科。以文体史和知识传播史的

---

① 不同于其中年以后建立的"古文经学家"形象,章太炎早年的经说曾依违于章学诚"六经皆史"与今文经学"微言大义"之间。详见刘巍《从援今文义说古文经到铸古文经学为史学——对章太炎早期经学思想发展轨迹的探讨》,《近代史研究》2004年第3期。

② 章太炎《明解故下》,见《章太炎全集·国故论衡先校本、校定本》,上海:上海人民出版社,2017年,第82页。

③ 徐彦《公羊注疏》引戴宏序:"子夏传与公羊高,高传与其子平……至汉景帝时,寿乃共弟子齐人胡毋子都著于竹帛。"见阮元校刻《十三经注疏》,台北:艺文印书馆影印本,2001年,第7册,第3页。

"口说"概念沟通经说著作的"口说"体裁,更是顺理成章。

　　章太炎早岁研治《春秋左氏传》,刻印"刘子骏私淑弟子",经学立场深受刘歆影响。①自西汉末刘歆争立古文经,围绕《左氏》是否传《春秋》,以及经说中"口说"与"传记"优劣等问题,经学史上讼争千载。《史记·十二诸侯年表》记孔子"次《春秋》……七十子之徒口受其传指,为有所刺讥褒讳挹损之文辞,不可以书见也。鲁君子左丘明惧弟子人人异端,各安其意,失其真,故因孔子史记具论其语,成《左氏春秋》"②;《汉书·艺文志》则以《春秋》《尚书》皆"史官"之业,孔子与左丘明同观史记,丘明"论本事而作传,明夫子不以空言说经也……及末世口说流行,故有公羊、穀梁、邹、夹之传"③。但《公》《穀》二传由口传而写定后,较早立于官学。西汉经师推重"口说",后世今文家更深斥《左氏春秋》,以为与晏子、铎氏、虞氏、吕氏诸"春秋"同流,不为传体。清代嘉、道之际,刘逢禄撰《左氏春秋考证》,即发挥斯旨,认定微言大义传于口受而"不可以书见"。④

　　晚清今文经学大盛,牵扯到今古文经说的界限,"口说"与"传记"之争再掀波澜。光绪间,廖平以《今古学考》(1886)平分今古,谓"今古诸经,汉初皆有传本传授……诸说后来或分口说、载籍,或以为有师、无师,皆谬也"。⑤但数年后,廖氏即在其"经学二变"的代表作《古学考》(原题《辟刘篇》)中尽翻前说,指出"今古学之分,

　　① 见沈延国《膏兰室札记校点后记》,《章太炎全集》(一),第 302 页。
　　② 司马迁《史记》卷十四,北京:中华书局,2016 年,第 647—648 页。
　　③ 班固《汉书》卷三十,北京:中华书局,1962 年,第 1715 页。
　　④ 刘逢禄《左氏春秋考证》,《皇清经解》卷一千二百九十五,《续修四库全书》第 125 册影印学海堂庚申补刊本,上海:上海古籍出版社,2002 年,第 250 页。
　　⑤ 廖平《今古学考》卷下,舒大刚、杨世文编《廖平全集》第 1 册,上海:上海古籍出版社,2015 年,第 86 页。

师说、训诂亦其大端",今学师说有授受,口传多得本源,古学训诂则"望文生训,铢称寸量,多乖实义"①。廖平又以汉代以前经义为口传,文字多变,犹如"翻译":"语有今古之分,意无彼此之别";汉以后尊经,不敢改字,而别为笺注,导致经术日微。按照廖平此篇的经学史描述,从"今学"到"古学"的倒退,实伴随着从"口说至上"向"经文至上"的转向。②

　　真正把"口说"推向经学思想史中心的还是康有为。其震骇一时的名著《新学伪经考》(1891)即分六经之传为"书本"与"口说"二支,以为"古人字仅三千,理难足用,必资通假,**重义理而不重文字,多假同音为之,与今泰西文字相近。譬犹翻绎〔译〕,但取得音,不能定字……汉儒之尊**,以其有专辄之权,得擅翻经之事。《诗》不过三百五篇,《书》不过二十八篇,为文甚简,人人熟诵,诚不赖书本也",显然与廖平同调。③在日常讲学中,康有为更屡次提到纬书"皆孔门口说,中多非常异义"④;孔子谓"书不尽言,言不尽意",康氏以为"书者,六经也;言者,口说也"⑤,今文师说各异,源于口说相传,各有不同,甚至《公羊》《穀梁》大义,亦有其书本无,而何休《注》、董仲舒《繁露》反有者。⑥于是有《春秋董氏学》(1896)之作,辑录《公》《穀》所无,而仅存于《繁露》的"口说",并专辟有《春秋口说》一篇伸张此旨。

---

① 廖平《古学考》,《廖平全集》第 1 册,第 132 页。
② 廖平《经话甲编》卷一,《廖平全集》第 1 册,第 182—183 页。
③ 康有为《新学伪经考·史记经说足证伪经考》,北京:中华书局,1956 年,第 29 页。
④ 康有为《桂学答问》《万木草堂口说·学术源流二、孔子改制一》,楼宇烈整理《长兴学记　桂学答问　万木草堂口说》,北京:中华书局,1988 年,第 34、71、103 页。
⑤ 康有为《万木草堂口说·学术源流二》,同前注,第 71 页。
⑥ 康有为《万木草堂口说·春秋繁露》,同前注,第 197 页。

康有为之所以特重"口说",除了今文经学的传统,更在于"口说"的神秘性、不确定性为他挣脱经传文本束缚,任意发挥"非常异义可怪"的政治想象力提供了极大空间。《孟子》称《春秋》"其事则齐桓、晋文,其文则史,孔子曰其义则丘窃取之矣"。康氏据此断定孟子说《春秋》"重义不重经文",并指出"凡传记称引《诗》《书》,皆引经文,独至《春秋》,则汉人所称,皆引《春秋》之义,不引经文。此是古今学者一非常怪事,而二千年来乃未尝留意"。①他意在克服"经文"障碍,建构其一家之"经义";经义在"口说"不在文字,故戴震等乾嘉考据家识字以通经的路线是大谬。②康有为所陈说,正是章学诚、龚自珍以来主张超越训诂,以六经为史、为器、为掌故政典之论的近代形态;而其推崇甚至神化"口说"、贬低训诂文本路径的倾向,尤近于章学诚所阐"口授心传""微言绪论"足以默证师传的观点。③

同样曾经服膺章学诚的章太炎,在晚清经学史上处在与廖平、康有为针锋相对的古文经立场上。其对于今文经学所张扬"口说""师法"的态度,自然可想而知。当然,章太炎"古文经"观点的独立有一个逐渐明晰化的过程。1893 年 7 月前,章太炎就已将少作《春秋左传读》付石印,卷首《叙录》专驳刘逢禄《左氏春秋考证》。④据其自定年谱,"二十四岁(1891)始分别古今文师说"⑤;但按诸

---

① 康有为《春秋董氏学·春秋口说第四》,楼宇烈整理《春秋董氏学》,北京:中华书局,1990 年,第 95 页。
② 康有为《万木草堂口说·孔子改制二》,《长兴学记 桂学答问 万木草堂口说》,第 109 页。
③ 值得注意的是,西方哲学传统中也有一套贬低书写文字而强调口传作用的"未成文学说"论,其典型例证便是柏拉图《斐德罗》篇和书信中对书写的批判。详见先刚《书写与口传的张力——柏拉图哲学的独特表达方式》,《学术月刊》2010 年第 7 期。
④ 参见俞国林、朱兆虎《章太炎上曲园老人手札考释》,《文献》2016 年第 1 期。
⑤ 《章太炎先生自定年谱》,上海:上海书店,1986 年,第 4 页。

《叙录》，章太炎最初仍欲沟通三《传》义例，重建《左氏》师承，不脱今文家微言大义及口说神秘性观念的笼罩。[①]至丁酉、戊戌年间与康党交恶，1899 年作《今古文辨义》斥廖平，继而三渡日本，受西方社会学说和实证史学触发，其古文经学面目才日渐明朗。

收入《訄书重订本》的《清儒》，是 1902 年章太炎构想"中国通史"中"学术志"的一篇。该文虽以叙述清代学术史为主体，冒头却有一段引论，借宗教学新说重释"六经皆史"。章太炎指出六艺近于神话，而东汉古文经师与清儒皆能"使六艺复返于史，神话之病，不渍于今"。[②]章太炎还在篇末论及"十三经"经目，主张《论语》《孝经》当与六艺分别，不宜同列于"经"，从而提出"口说"与"官书"之别：

> 六艺者，官书，异于口说。礼堂六经之策，皆长二尺四寸。（原注：《盐铁论·诏圣篇》：二尺四寸之律，古今一也。《后汉书·曹褒传》：新礼写以二尺四寸简。是官书之长，周、汉不异。）《孝经》谦，半之；《论语》八寸策者，三分居一，又谦焉。（原注：本《钩命决》及郑《论语序》。）以是知二书故不为"经"。[③]

与"官书"并立的"口说"，应与章太炎同样撰于 1902 年的《文学说例》篇中所指接近，即直录口语的早期文献。而还原到语境中，《清儒》篇此处在经学史脉络下论述"经目"问题，故又加入了从物质文化（简牍长短）的新视角。章学诚《校雠通义》有云："官司典常为

---

① 《春秋左传读·叙录》（初版石印本），田访、吴冰妮、沙志利点校《儒藏》（精华编）八三，北京：北京大学出版社，2014 年，第 9—10 页。

② 章太炎《訄书重订本·清儒》，《章太炎全集》（三），第 154—155 页。

③ 章太炎《訄书重订本·清儒》，《章太炎全集》（三），第 160—161 页。

经,而师儒讲习为传。"①章太炎祖述其说,引汉儒所称简牍形制为证:经书与律书、礼制同属"官书",写以二尺四寸简;《论语》《孝经》"口说"相传,属"儒家言"或通论,写定于八寸或一尺二寸简。②二者沟分界画,不容混淆。章太炎以为,包括六经在内,"官书"的权威性体现于书简的长度,经、律、礼都属于广义上的写定历史,以事实为主,而与包括儒家在内主于义理的"百家言"不同。这自然就和廖平、康有为等今文家严分经、史,重经义而忽经文,从而张扬口说、师法的论调有所区别。

  1906 年流亡日本后,几乎与其文论的转型同时,章太炎也开始重理左氏学旧业,修订《春秋左传读叙录》并将之连载于《国粹学报》。③与旧作相较,改订后的《叙录》更坚实了古文经立场,在维护《春秋》与《左传》经传关系的基础上,进一步明确《春秋》为史学,孔子为史家。如章太炎驳刘逢禄"《左传》非传体"之说,旧本《叙录》仅发挥陈澧《东塾读书记》,指出"传"有传记、传注,《左氏》记事亦属传体。④《国粹学报》本则新添一段,继《清儒》篇后再次援引简牍形制为证:

  有传记,有传注,其字皆当作"专"……《说文》:"专,六寸簿也。"郑君《论语序》云:《春秋》二尺四寸书之,《孝经》一尺二

---

①　章学诚《校雠通义·汉志六艺第十三》,《章学诚遗书》,第 102 页。

②　按:章太炎对简牍形制的推则,"周、汉不异"的推断基于传世文献,未必符合事实。晚近研究认为此种形制区别大概确立于汉文帝至武帝时期。详见王国维《简牍检署考》,《王国维遗书》第 9 册,上海:上海书店,1986 年,第 1 页 b—第 4 页 a;富谷至著,刘恒武、孔李波译《文书行政的汉帝国》,南京:江苏人民出版社,2013 年,第 38—42 页。

③　修订本《春秋左传读叙录》,连载于《国粹学报》第 26—36 期,1907 年 3 月 4 日至 12 月 24 日。

④　陈澧《东塾读书记》卷十,北京:生活·读书·新知三联书店,1998 年,第 188 页;章太炎《春秋左传读·叙录》(初版石印本),前揭《儒藏》精华编八三,第 17—18 页。

寸书之,《论语》八寸。案:《春秋》二尺四寸,六经同之。《孝
经》《论语》,愈谦愈短。……原夫古者名书,非有他义,**就质言
之而已**。"经""纬"皆以绳编竹简得名,"专"以六寸簿得名。随
文生义,则以"经""纬"为经天纬地,而以"专"为传述经义。①

随着章太炎逐渐走出章学诚影响,此处"就质言之"的论证动机,已
与《清儒》篇分化"官书""口说"有别。章太炎欲突破今文家对传体
的狭隘理解,策略是将一切经、传打回到书写质料。重要的不再是
简策长短的区别,而是经、传名义都来自简策,故"以经为常,以传
为转"为后起义,经名的神圣性连带解消。正如下文所论:"假令事
非诚谛,虽游、夏盈千言之,亦安足信。孔子于夏殷诸礼亦有耳闻,
而文献无征,则不敢纂次其事,此所以为史学之宗。"②章太炎标举
孔子为"史学之宗",左丘明为史官,史官受学的依据是书写文献,
并不需要口耳相传的"师保"。这与《国故论衡》中《明解故》等篇主
张古文"依准明文,不依准家法"的观点正相表里。

　　康有为、章太炎早年都曾受到章学诚学说的笼罩,但在康氏发
挥口说师法神秘性的同时,章太炎却得由"六经皆史"之说上追刘
歆强调"传记""明文"的古文经观念。况且,章太炎认同戴震从文
本训诂入手的朴学路线,自书写文献的角度理解经与史,其出发点
已不同于章学诚。在中年成书的《国故论衡》中,章太炎已不再能
认同《文史通义》将官书、典章、专家等制度性建构与"经"名捆绑的
观点(《原经》),转而从文章体式的角度理解经传训诂(《明解故
上》),并斥今文师传口说之不可依凭(《明解故下》)。居于《国故论

---

　　① 《国粹学报》第 28 期,1907 年 5 月 2 日。原文夹注略。
　　② 《国粹学报》第 29 期,1907 年 5 月 31 日。

衡》文学卷首的《文学总略》一篇,除了与刘师培等争论"文学"定义,更承担着确定"经""文"名义,使经书历史化亦即书写文献化的使命。

如前所述,在《訄书重订本·清儒》和修订本的《春秋左传读叙录》中,章太炎两度提及简牍形制,凭此确立经书传注"异于口说""就质言之"的书写文本特质,亦即视经书为书面历史记载的观点。而类似的文段,在 1906 年的《国学讲习会略说·论文学》以及 1910 年的《国故论衡·文学总略》中再度出现。这一回,简牍形制不仅被用来证明"书籍得名由其所用之竹木而起",更要从此推出"语言、文学(字)功用各殊"的结论:

> 经者,编丝缀属之谓也,是故六经而外,复有纬书,义亦同此……
>
> 传者,"专"之假借也……书籍名簿,亦名为专。**专之得名,以其体短,有异于经。** 郑康成《论语序》云:《春秋》二尺四寸,《孝经》一尺二寸,《论语》八寸。则知"专"之简策,当更短于《论语》,所谓六寸者也。
>
> 论者,古只作"仑",比竹成册,各就次第,是之谓"仑"……①

尽管是讨论"文学",但章太炎所举的例子却是"经""传""论",尚未脱却论述经学问题的痕迹。当然,将"经""传""论"纳入文章,特别是在《清儒》篇论述基础上增加"论"的例子,也可能是为了回应刘师培《论文杂记》中比附释典"经""律""论"的文章分类;而"文学"植根于书写质料的论点,更可回溯章太炎早年所译涩江保《希腊罗

---

① 章炳麟《论文学》,《国学讲习会略说》,第 43—44 页。

马文学史》中有关西洋书籍名义取自书写材料的论述。①但至少可就此推定，章太炎有关简牍形制的材料和相关论述，并非专为"论文学"而发，而更关乎他与今文"口说"十多年缠斗的历程。对应于康有为以"口说"为中心的经说和刘师培以"声韵"为作用的文论，章太炎终于得以证明：无论是在"经"还是"文"的缘起过程中，书写质料都发挥着核心作用，并由此定义了"经"和"文"共通的"书写性"。

要之，章太炎正是以"六经皆史"确立其古文经学的涯岸，从而与廖、康以来注重口说的今文师说相揖别。但其所主"六经皆史"的"史"，重点已不在章学诚所珍视的王官掌故，而在于历史文献的书写性，即著于竹帛、主于事实的"明文"，且需要戴震那样的文字训诂工夫才能深入。②一旦还原到"传之口耳"还是"著于竹帛"的问题，"文学"与"经学"的界线也就不那么重要了。章太炎古文经学立场的确立，与他祛除"文言说"影响、最终完成其以书写性为中心的文学论基本同步。在《论文学》《文学总略》等篇中，章太炎用同样的论据指出正是书写质料决定了"文"的本质。故其对"六经皆史"的重释，实可理解为"六经皆文"。惟其所谓"文"非"文言"修饰之文，而是依托于书写质料和文字训诂的书面记载。正是在这一"经""文"同质的立场上，章太炎将经书散入"有句读文"的文体各科，继而又把经、传的疏证确立为"有句读文"的典范。③

---

① 涩江保《希腊罗马文学史》绪论引 Collier《英国文学史》所举例：拉丁文 liber（书）取义于树之内皮，英文 book 为 beech（山毛榉）音转，leaf 既指树叶又有书籍缀页之义。见《希腊罗马文学史》，第 10—11 页；原文见 William Francis Collier, *A History of English Literature: In a Series of Biographical Sketches*, London: T. Nelson, 1865, pp.9—10。

② 王汎森曾概括章太炎的观点为"六经历史文献化"，参见氏著《章太炎的思想——兼论其对儒学传统的冲击》，台北：时报文化，1992 年，第 189—199 页。

③ 章炳麟《论文学》，《国学讲习会略说》，第 50—51、53 页。

无论在今古文争执或"文学""文章"定义之争中,"著于竹帛"这一同时表征着书写时刻和书写质料的命题,都被章太炎赋予了核心地位。只有文字被书写下来,每一个意义(本义)才有可能被赋予与之对应的语言形式(本字),从而避免口传和书写过程中同音假借或夸张文饰等"表象"的混淆。书面文字和书写质料的普及,更消除了经典在口耳传承中形成的师说壁垒,使之从秘不示人的"心传"降为人人可读的历史文献。"小学"或"语言文字之学"的任务就在于还原汉字书写系统固有的表达精密性,故"非专为通经之学,而为一切学问之单位之学"①。这种基于故训系统的精密书写程式,又反过来定义了"论其法式"的"文学"属性。而在"著于竹帛"的大命题下,无论是经书传记、经史子集的书册制度等级,还是"有句读文""无句读文"、"有韵文""无韵文"的形式差异,都被抹平为书写质料上记载的信息,书写行为的理想状态是使文字成为学术或思想的透明介质。

余论:文化模式的转型

在近代西方学术史上,关于"口传""书写"的分化以及与此相关的媒介性问题,尼采(F. W. Nietzsche, 1844—1900)可以说是孤明先发。学者指出,正是尼采反转了近代欧洲学者注重书面文学的传统,将口传优先性"与希腊文明经典性联系在一起",进而质疑古典作品的"著作家"观念。②这些论点,与乾嘉间章学诚提出的"诗教""言公"等说,不无可资比较之处。更重要的是,尼采的观察

---

① 章炳麟《论语言文字之学》,《国学讲习会略说》,第 4 页。
② 程炜《尼采的柏拉图——以巴塞尔"柏拉图讲义"为中心》,《中国学术》总第 34 辑,北京:商务印书馆,2015 年,第 64—68、84—85 页;此处第 65 页。

还包含着对近代西方文化模式的反思。与"口传性"的古希腊相对,尼采认为"书写性"是古埃及等东方文明的遗存,预示了科学理性的起源:"人们越对逻辑和科学感兴趣,书写作为工具就越得到尊重"①;在文化生活中,则体现为古典"朗读"到现代"默读"的转型。②尼采对于西方古典学术史的追索,带有强烈的文化立场,不仅是研究过去的历史事实,更关乎未来的文化抉择。本文以章太炎的文论经论为中心,钩沉晚清学术论争中关于"口传"与"书写"升降的思考及其学术资源,亦欲试探这些论述所折射的文化转型,以及在中西文明交汇之际,近代学人对于文化模式的期许或想象。

晚近文化研究者多数认同,历史现实中"口传文化"与"书写文化"之分往往是相对的,二者交错纠缠、相互促进,在同一文化单元中难以割裂。③比如中国古典诗文的传播与接受,既受制于书写质料(从简帛到纸张)、钞录技术(从手钞到印刷)、传播载体(从篇章到文集)等书面文化的更迭,亦离不开传诸口耳的记诵吟咏。当代学者对早期文本或口承或传钞容有不同看法④;中古以下诗文则绝少此类争议,因其多为耳治与目治的综合体。然而,晚清学人立论未必全从学术理路出发,出于各自的文化模式想象,他们往往像尼采那样,选择口传与书写二者之一站边,或将"文学"缘起的过程描述为非此即彼的两条线索。此种对立的"发现",既受西学著作片段的引导,又多援用乾嘉以来清学发展内部的资源,有较宽的思

① 引自前揭程炜文,第 85 页。
② 黄晶《古代的朗读与默读》,《书城》2012 年 11 月。
③ 参见 Rosalind Thomas,*Literacy and Orality in Ancient Greece*,Cambridge,UK:Cambridge University Press,1999,pp.44—45。
④ 如近年海外学者柯马丁(Martin Kern)和夏含夷(Edward L. Shaughnessy)围绕《诗经》口头或书写传播的争论,参见张万民《〈诗经〉早期书写与口头传播——近期欧美汉学界的论争及其背景》,《北京大学学报》2017 年第 6 期。

想光谱。其中至少有两个趋势值得注意：一是口头声音日益受到重视，与此同时，依附于古典文本的传统吟咏声音却迅速衰落；二是在科学和史学实证主义的诉求下，产生了对载录精密性、客观性更高的要求。

清末康有为等张扬今文经学"口说"传统的同时，在近世讲学风气、白话宣讲活动及西洋演说形式的鼓荡下，出现了一股口头文化的高潮。①康有为的学术著作就多采取"口说""问答""讲义"等体裁；其徒梁启超视"演说"为"传播文明三利器"之一，此外又提倡小说。②这些趋势未必就是康、梁师弟子有意识贯彻其今文经说的结果，但公羊学注重"口说微言"的论证，有可能为"口头表达"的涌现提供了舆论氛围。对于声音媒介和口头传播的推崇，渐从经术、文字而浸入教育乃至日常生活，对传统文章体式也形成了压力。章太炎的文学缘起论，针对着经说和文体两个层面上的"口说"，亦激于当时演说、策论、小说等文体的兴盛。1902 年章氏发表《文学说例》，痛心于"策士群起，以衰宋论锋为师法"的局面，以为"策士飞箝之辩，宜与宋儒语录，近人演说，同编一秩，见其与文学殊途，而工拙异趣也"。③至 1906 年后与刘师培论争"文学"定义，仍未放松对"口说"一系的贬低。《国学讲习会略说·论文学》谓"不解文者，以小说之法，施之杂文，复以施之历史、公牍，此所以骸骸不安也"，将晚近文风萎靡归咎于小说。④1910 年致信钱玄同，章太炎更

① 王东杰较早注意到口头表达在清末民初社会转型中的独特地位，参见氏撰《口头表达与现代政治——清季民初社会变革中的"言语文化"》，《学术月刊》2009 年第 12 期。
② 任公(梁启超)《饮冰室自由书(凡九则)》，《清议报》第 26 册，1899 年 9 月 5 日。
③ 章氏学(太炎)《文学说例》，《新民丛报》第 5、15 号，1902 年 4 月 8 日、9 月 2 日。
④ 见《国学讲习会略说》，第 57、59—60 页。

诟病"小说多于事外刻画,报章憙为意外盈辞,此最于文体有害",直接批评林纾、梁启超。[①]在阮元、刘师培的"文言说"之外,与公羊经说同时崛起的这股口头文化潮流,实为章太炎文论的长期论敌,亦是章氏严立"语言""文字"界限更为内在的动因。

晚清时代,康有为所张扬的"口说"与刘师培重新发掘的"文言",分别依据经学想象与文学现实中两种不同形态的"声音"。这股抬升"声音"传统的趋势,可以追溯到乾嘉之际章学诚、阮元等关于"口耳""竹帛"代兴的讨论;清代古韵学、文字学的进展,使这些文化史问题的提出成为可能。然而,这两种"声音"在近代中国的命运却是升沉迥异:从汉儒传经到宋明语录,康有为式的口说典范接近直录口语的风格,又与外来的语文观念、演讲风气相接,挟启蒙立场与教育变革之力席卷一世。[②]即便在理念上抵拒口说的章太炎亦辗转其中,其学术生命正是由东京、北京、上海、苏州数次讲学贯穿。章太炎把讲学视为对抗官学体制的"退路"[③],同时又对讲学局限甚是清醒。东京讲学伊始,他就慨叹"此间耳食者多,微言大义则易受,发疑解滞则难知,亦无术以更之也";[④]在日本讲学期间不涉及"经学",更是因为"经学繁博,非闭门十年,难与斠理",可讲的只是门径,"而致力存乎其人,非口说之所能就"。[⑤]

相比之下,阮元、刘师培的"文言说"固有清代古韵学成就的支

① 章太炎《与钱玄同》二十六,《章太炎全集·书信集》(上),上海:上海人民出版社,2017 年,第 186—187 页。

② 晚清乃至民国时期"演说"兴起的情形,详见李孝悌《清末的下层社会启蒙运动,1901—1911》,石家庄:河北教育出版社,2001 年,第 93—149 页;陈平原《有声的中国——演说与近现代中国文章变革》,《文学评论》2007 年第 3 期。

③ 章太炎《与钱玄同》三十二:"作教员亦与官无异,欲遂本怀,惟退而讲学耳。"见《章太炎全集·书信集》(上),第 207 页。

④ 章太炎《与钱玄同》一,《章太炎全集·书信集》(上),第 165 页。

⑤ 见《国粹学报》第 59 期,"通讯"栏,1909 年 11 月 2 日。

撑,却更依托于古典记诵文化对于文字音韵的体会与涵泳。但与上古三代情形不同的是,在知识大量"著于竹帛"乃至"付诸枣梨"以后,诵读吟咏已沦为一项基于文字的口耳传习,实有别于原发的口头或拟口头传播。清末刘师培缕叙"近世文学"变迁,同时排斥"可宣于口而不可笔之于书"的"语录之文"和"可笔于书而不可宣之于口"的"注疏之文",认为"综此二派,咸不可目之为文",①亦可见以"文言说"为基础的文论,其实是处在口传性与书写性之间。这种书面化的"耳治"工夫,作为清代古文家和选学家共享的文学体验,却与近代社会对记载精密性的要求格格不入;科举废绝以后,更难容于新式课堂的教学。惟于教育体制外的"私塾"教学或个人文学修养中,尚有一定程度的流行。②而在清末民初新学制、新课堂上用以取代"记诵"旧法的,正是取则于西洋、日本,以口头演讲为主要特征的各种"讲授法"。③

　　时值中西文教接轨之际,刘师培重启"文言说",并将之与近代"文学""美术"观念对接④,背后则是正在逝去的古典"声教"⑤;而康有为在其经说中张扬"口说",却折射出新型口头传播取而代之的现实。与二者立足于已成文化模式的状况相对,章太炎以"著于

① 刘光汉(师培)《论近世文学之变迁》,《国粹学报》第26期,1907年3月4日。
② 不管文章论或教育论的立场如何,在实际教学中,"诵读"仍被许多近代学者奉为作文奥窍。章太炎亦在1910年4月18日致钱玄同信中指出:"文笔枯涩不足忧,非枯涩不得入格,但取《韩非》及四史中长篇**诵**之,略求平易,《晋》《宋》二书亦可,自馀不足劳心也。**文辞与学术异者**,在得其节奏高下,故非循诵无效,然亦常须拟作。"可知章太炎内心仍是将"学术"与"文辞"两视,指出文章法门在于"循诵",与其对外发表的文论意见不尽相同。见《与钱玄同》二十三,《章太炎全集·书信集》(上),第178页。
③ 详见陆胤《从"记诵"到"讲授"?——清末文教转型中的"读书革命"》,《清史研究》2018年第4期。
④ 刘师培《论美术与征实之学不同》,《国粹学报》第33期,1907年9月27日。
⑤ 刘光汉(师培)《论文杂记》五:"盖古代之时,教曰声教,故记诵之学大行,而中国词章之体,亦从此而生。"《国粹学报》第2期,1905年3月25日。

竹帛"为核心命题的"文学"论述更带有实验性,指向一种尚未成型的文化模式。通常认为,从《论文学》到《文学总略》,章氏都在讨论"文"的定义和范围,提出广义的"文学"概念。但若细按阮元、刘师培的文论,"文"的广义何尝不包括"礼乐法制,威仪文辞"?①关键在于,"文学"缘起过程中,其区分于其他传播方式的本质为何,亦即章太炎称为"不共性"的问题。修饰之文、情感之文都在章太炎"文"的范围内,但其发生机制却与口传形式相混,不能体现"有文字著于竹帛"的优势。章太炎举几何上的线、面、体为喻:言语如线、文字成面、仪象立体。文字书写区别于其他传播方式的特长,要从同样在平面书写质料上展开的图画、表谱、簿录中寻找。这些媒介"排比铺张,不可口说",主要诉诸视觉,却能突破"言语之用,仅可成线"的限制,表达"万类坌集,棼不可理"的情状。②正如晚近文化史家所揭示:"口头表达的一系列事件总是按时序发生,不可能'回头检查',因为它们只是听到的话语,无法在视觉上呈现。"③视觉文化模式相对于听觉文化的一大优势,即在于能够"返回扫描"(backward scanning)——不断反思、修改、别择所用语词或要素,从中产生分析思维和精密表达。④

这就回到了斯宾塞所述书写文字与图画、雕塑等视觉艺术同源的观点。受其影响,章太炎文论在发端之初就隐含着一个预设:随着客观世界复杂异质化的展开,将日益要求描写的稳定性、精准性和区分度。考据家训诂正名的意义于兹复活。在近代"言文一

---

① 刘光汉《论文杂记》十一,《国粹学报》第 4 期,1905 年 5 月 23 日。

② 章炳麟《论文学》,《国学讲习会略说》,第 45—46 页。

③ 前揭 Walter J. Ong, *Orality and Literacy*,p.99。

④ Walter J. Ong, *Orality and Literacy*,p.104。Ong 在此处引用了杰克·古迪(Jack Goody)关于书写"返回扫描"特性的研究。

致"运动的背景下,章太炎以书写特性抵抗"声音中心主义"的努力,容易被看作"反背时势"的复古举措。①然而,本论文梳理章太炎文学缘起论和古文经说贯通的理路,却意在表明,在"口传"模式从记诵到口说的交替之外,汉字、汉文独有的"书写性"同样可以成为一种近代诉求的接引(receptor)。章太炎以书写质料为依据拓展"文学"范围,未必全出于复古意识或国族本位;他更以西洋社会学和文学史著述为中介,将乾嘉朴学传统嵌入近代以来世界范围内的文化转型:以书写、图绘、印刷为手段的平面视觉文化,被认为要优于以口传、记诵、吟咏为媒介的线性听觉文化;而古典听觉文化在传递信息、辅助记忆之外促成美感、权威感、神秘感的功能,以及声气相感、师法心传等超越于文字之外的要素,则将日益淡出人们的视野。

本文原载《中国社会科学》2019 年第 5 期。

---

① 胡适《五十年来中国之文学》,见欧阳哲生编《胡适文集》第 3 册,北京:北京大学出版社,1998 年,第 231、233 页。

章太炎之《尚书》学

　　章太炎是乾嘉汉学殿军,是传统学术向现代转型的一个重要节点。章太炎对儒家传世经典都有精深研究和独到心得,然而对今古文之争中最为关键的《尚书》,章太炎却只是到了晚年方才有系统的研究。这是历史的机缘巧合,也是 20 世纪新史料不断发现留给章太炎的一个重要学术机会。

"预流"与学术突破

　　《尚书》是传世儒家重要经典,汇集上古时期大量档案文献史料,但由于历史传承原因,由于秦火,由于地下发掘,《尚书》在历史上不仅形成诸多版本,而且因文字差异、理解不同,成为儒学史上今古文之争的焦点。汉代以来学者为此作了大量文章,《尚书》学为经学史上显学之一。

　　由于特殊的历史机遇,章太炎青少年时代得以饱览诗书,《尚书》及历代关于《尚书》的研究著作,章太炎都曾寓目,有些内容也曾下过一番功夫。从章太炎留存至今的青少年时代读书笔记《膏兰室札记》《诂经精舍札记》,以及那部规模宏大的《春秋左传读》

中,都可以辑出章太炎关于《尚书》的阅读心得,得以窥见青年章太炎"精研故训,博考事实"的情形,但他并没有拿出更大精力去研究这部经典:"六经之道同归,独《尚书》最残缺难理。旧传古文读应尔雅,解者牵于一端,其说犹踬。后之说者,独高邮王氏以由裕为道。瑞安孙仲容以枲諶枲彞为匪字。持之有故,言之足以成理,其余皆皮傅耳。余始以为《尚书》必不可通,未甚研精也。"①

章太炎觉得在没有新资料出现的前提下,依据千百年来大家讨论很充分的旧史料继续讨论,固然可就《尚书》许多问题得出新解,但毕竟无法获得根本性突破,因而他不愿意在这样的题目上耗费精力。1924 年,章太炎致信吴承仕:"两接手书,云将唐本《尧典》释文补正吴阙。此事仆先亦有志为之,以伪古文不足邵,故未著笔。吴之疏漏,如亾字明见贾昌朝《群经音辨》而不知引,此类甚多。补苴成就,非难事也。以《三体石经》相校,伪古文相类者多。盖其书本出于郑冲,冲于文帝初已仕,则石经之立,其所亲见,因是作伪亦多取于石经。是以东晋献书时,人不疑其妄。段若膺未见《三体石经》,乃谓当时马郑古文尚在,安能故作奇诡,以启人疑。由今观之,马郑皆称古文而文字多异,盖皆其训读之字。若原本,则尽依壁经,断无奇异之理。恐当时说经,与宋人钟鼎款识相近。首列摹本,次则真书,后则释文,行款虽不必同,而三者必皆完备。摹本者,即移写壁经也;真书者,即以己意训读之本也;释文者,即己所作传注也。是故马郑见于《经典释文》者,皆其训读之本,而非其移写壁经之本也。东晋之时,马郑所移写者已亡,然尚知训读之本非真壁经。而梅氏所献,多与石经相会,是以信之不疑尔。"章太炎原本有意对《尚书》进行系统的整理,希望做出一个可以传世的

---

① 《古文尚书拾遗后序》,《章氏丛书续编》,北平 1933 年刻本。

善本，无奈历来传本疑点太多，"以伪古文不足邵，故未著笔"。①

陈寅恪在为陈垣《敦煌劫余录》作序时指出，"一时代之学术，必有其新材料与新问题。取用此材料，以研求问题，则为此时代学术之新潮流。治学之士，得预于此潮流者，谓之预流（借用佛教初果之名）。其未得预者，谓之未入流。此古今学术史之通义，非彼闭门造车之徒，所能同喻者也。"②

新材料是学术进步的关键，而 20 世纪初期由于特殊机遇，中国古史在新材料发现上享有空前绝后的收获，殷墟卜辞、敦煌文书，久已为学界所熟知，其实在这两大发现外，还有一个发现在学术史同样具有重要意义，即历代石经出土。

1895 年，洛阳白马寺村南龙虎滩发现《尚书·君奭》篇残石一百余字。1922 年底，洛阳城东南约三十里处朱圪塔村又发现《尚书·君奭》《无逸》篇残石。这些残石以古文、篆、隶三体书写，一部分属于《尚书》，一部分属于《春秋》。而属于《尚书》的那些，又恰好与二十多年前南龙虎滩发现的那一百多字相关联，属于一个系列。

洛阳三体石经的发现，具有重要学术意义，迅速唤醒了章太炎的历史记忆、学术兴致。据章太炎致潘景郑信："北京大学受东人胁迫，令姊丈顾君想已南来。汇刻《古文尚书》之举，究竟有端绪否？仆自得三体残石及《释文》残卷后，亦颇欲穷问斯事。《古文尚书》见引于颜氏《匡谬正俗》，其事不诬。至宋次道所得者，晁公武以之刻石，薛士龙以之作训，虽未必枚氏原本，然《经典释文》至开

---

① 《与吴承仕》四十七，《章太炎全集》（十二），上海：上海人民出版社，2018 年，第 442 页。

② 陈寅恪《陈垣敦煌劫余录序》，《金明馆丛稿二编》，北京：生活·读书·新知三联书店，2001 年，第 266 页。

宝始易新本,其未经改窜者,北宋人当见之,如贾昌朝即其一也。宋次道等盖采摭《释文》原本而为此,虽非枚氏原本,而字体固无异也。如汉简所录,则在《释文》未改之先,尤可信任。东方所谓足刊本者,盖亦采摭《释文》原本所成,非必真自唐时携至也。今以莫高窟《释文》残卷与薛氏古文本校,颇有《释文》所引《说文》异字而薛本即据以为真者。若足刊本果自唐时携至,当一一同于《释文》(残卷)大字,不以所引《说文》乱之,若犹取《说文》异字,则与宋次道本异苔同岑耳。此中源流之辨,一勘即可知也。枚氏书本宋石经古文,故当时为人所信,然亦有异同可见也。如《尧典》昧谷,据虞仲翔驳郑四事,谓本作夘谷,郑始读昧。"①

潘景郑原名承弼,江苏吴县学术大家后人,自幼受过良好教育,最富藏书,家学渊源深厚。1930 年代初,经李根源介绍入章太炎门下专攻训诂之学。章太炎函中所说的"令姊丈顾君",指顾廷龙。潘景郑是顾廷龙的"妇弟"。②机缘巧合,顾廷龙得见《古文尚书》,因而毕生致力于《古文尚书》的研究,费时最长,著述甚多。据与顾廷龙有极深关系的胡道静说,"学长(顾廷龙)晚年,由公子诵芬迎奉在北京憩养,仍不废学术研究,著力于《古文尚书》之探索,著《尚书文字合编》,为唯一之《古文尚书》研究力作。学长为唯一曾见到《古文尚书》者,抗战以前,持志大学教授姚明晖先生之尊人志梁观察于清末任驻日中国公使馆参赞时得之于东京携归,收藏于南翔寓庐。学长赴翔访师明晖先生时得见。日寇'一·二八'侵沪战争时,并姚公所藏得自日本之元刊本《分门琐碎录》而毁之,故顾学长为见到《古文尚书》之最后一人。学长晚年专力于《古文尚

---

① 《与潘景郑》一,《章太炎全集》(十三),第 1187 页。
② 《章太炎先生篆书墨迹序》,《顾廷龙文集》,上海:上海科学技术文献出版社,2002 年,第 227 页。

书》，其不无憧憬于此乎！"①

胡道静的说法还可以稍作补充。据顾廷龙回忆，顾颉刚1931年任燕京大学历史系教授时，讲授《尚书学》。顾颉刚于《尚书》之学深有研究，因有编纂《尚书》学之计划：一、《尚书》文字；二、《尚书》文字考；三、《尚书》学书录；四、《尚书讲义》；五、《尚书通检》等，将为《尚书》学开辟新路径。乃蒙洪煨莲（洪业）先生大力支持，为向哈佛燕京学社申请资助，《尚书讲义》及《尚书通检》均已先后完成。

顾颉刚是顾廷龙的本家，因而以《尚书文字合编》属顾廷龙相助，顾廷龙"欣然应命，旋伯希和君来访，顾先生即以敦煌本《尚书》摄景事面托之。未几，向达、王重民两君有分赴英法搜集敦煌写本之命，先生又请两君将《尚书》部分代为摄还。不久，即荷两君先后寄回"②。这才是顾廷龙从事《尚书》文字整理的起因，也是章太炎致潘景郑信中所说顾廷龙《古文尚书》文字汇刻的大背景。

或许是因为这种特殊的机遇，章太炎对年轻的顾廷龙给予极高期待，他盼望顾廷龙南来，希望顾廷龙集中力量致力于汇刻《古文尚书》。章太炎认为，石经《尚书》的出现，将之与《古文尚书》可信传本汇刻汇校，一定可以解决经学史上持久无解的《古文尚书》问题，"此事核实，断非难行，但恐今人粗心者多，不能比勘耳。顾君如已南来，即欲与之一叙，望足下为之介绍也"③。

是年（1932）暑假，顾廷龙南归，因潘景郑介绍，晋谒章太炎于苏州锦帆路寓邸，"娓娓讲述，半日而不倦"④。因顾廷龙正在研究

① 《胡道静序》，《顾廷龙文集》卷首，第4页。
② 《尚书文字合编后记》，《顾廷龙文集》，第14页。
③ 《与潘景郑》一，《章太炎全集》（十三），第1187页。
④ 《章太炎先生篆书墨迹序》，《顾廷龙文集》，第228页。

"隶古定《尚书》之学,章氏为言薛季宣隶古定《尚书》大致与《经典释文》旧本相应,盖开宝后儒者辑录《释文》未改本为之,亦有采《说文》诸书者,不尽依东晋本也。此说后著于《古文尚书拾遗定本》中"①。

此后几年,顾廷龙与章太炎开始交往②,这当然有潘景郑、李根源诸多因素,主要也通过潘景郑进行。但毫无疑问,顾廷龙关于《古文尚书》的研究,肯定是个重要因素。

文字之异同

历经千年得见古本石经真面目,不仅为学术发展提供了一种可能,而且对于学人来说,也属于一大幸事。章太炎在《新出三体石经考》开篇即说:"宋皇祐时,苏望所摹三体石经,名为《春秋左氏传》者。至南渡,洪氏录入《隶续》,古文篆隶八百有余字。洪氏考《水经注》,乃知正始所刻与熹平蔡邕所书者异事。(前此范氏《后汉书》、陆氏《经典释文》、司马氏《资治通鉴》皆误以三体书为熹平所立,赵明诚先辨之。)清臧琳、孙星衍辨其文句,始识为《尚书》《春秋》二经。《尚书》则《大诰》《吕刑》《文侯之命》,《春秋》则桓公经传、庄公经、宣公经、襄公经也。自洪氏以下,未有亲见石本者矣。"③这对于 20 世纪的章太炎来说,自然是一件大事。

殷墟卜辞、敦煌文书的发现都带有很强的偶然性、戏剧性,章太炎能够见到洛阳石经并以之从事学术研究,也带有极大偶然性、

① 沈津《顾廷龙年谱》,上海:上海古籍出版社,2004 年,第 26 页。
② 稍后,顾廷龙曾请章太炎为其"先人遗墨题端",章太炎欣然命笔,"为作四篆"。《与潘景郑》十一,《章太炎全集》(十三),第 1194 页。
③ 《新出三体石经考》,《章太炎全集》(四),第 536 页。

戏剧性。据其自述,"民国十年(1921),友人腾冲李根源以长安肆
中所得石本《君奭》古文篆隶一百有十字赠余,独出《隶续》外。余
甚奇之,恨已剪戳成册,无由识碑石形状。久之,知其石出洛阳龙
虎滩民家,尝以系牛。印师刘克明始识之。卒归黄县丁氏。后得
摄影本,于是识其行列部伍也。十二年(1923),新安张钫又属三原
于右任以石经拓本六纸未装者赠余。读其文,则《尚书·多士》《无
逸》《君奭》,《春秋》僖公经、文公经,悉苏望所未见者。以书问所从
来。钫答曰,民国十一年十二月二日,洛阳东南碑楼庄下朱圪塔村
民斸药得石经于土中,为巨石一,其文表里刻之。以其重,斸为二,
他碎石亦一散于公私。手摹者,钫也。余视诸石上下不完,此表刻
《无逸》《君奭》者为上段,丁氏所得《君奭》石乃其下段不全者。其
里则《春秋》僖、文经也。"①

与张钫通信,时在民国十二年(1923)十二月四日,章太炎的
《新出三体石经考》已大致写定,"宏先来,得手书并莽布六品、秦汉
印十六事、汉瓦当四事、石经拓本五道。天球大训,陈于蓬荜之门,
照耀几案,光景为新。感谢感谢。石经之出,不知者以为碑版常
玩;吾辈读之,觉其裨益经义,在西汉传注以上。盖传注传本,已将
文字辗转变异,石经则真本也。"②正是基于这样一种认识,章太炎
获得这些石经残片之后迅速研读,并在不太长的时间里完成《新出
三体石经考》。③这是章太炎在儒家经典研读方面的一部重要
著述。

洛阳石经的发现与复原,激活了章太炎的学术兴致,他一方面

<hr>

① 《新出三体石经考》,《章太炎全集》(四),第538页。
② 《与张钫》一,《章太炎全集》(十三),第1044页。
③ 章太炎对《新出三体石经考》相当自负,"年来著述颇稀,唯《三体石经考》《清建
国别记》自觉精当,各不过万余言耳。"见《章太炎全集》(十二),第428页。

写作《新出三体石经考》，探究这批石经的内容，以及学术意义；另一方面章太炎根据石经《尚书》文字，勾稽太史公《尚书》遗说，以石经复原《古文尚书》，试图解决经学史上一直争论不休的今古文问题。

1924 年初，章太炎致信弟子吴承仕，谈及根据石经重新讨论《尚书》的意义："接手札及《尚书集释自序》，烽火之中尚能弦歌不缀，真不愧鲁诸生矣。《尚书》今古文，除《说文》所引、《正始石经》所书者，难信为古文真本。即今文亦唯《熹平石经》稍有证据，其余则或在纬书耳。今文虽立学官，公私称引，不必尽取于是。犹当时《春秋》立学，只有《公羊》，而称述《左氏》者，亦正不少，何独于《尚书》必有科禁也。然如太史所述《尧典》《洪范》，恐文字与训说皆合古文。如嵎夷之为郁夷，较之《说文》、纬书及伪孔本，皆无一相应者，则知纬书所述为今文，《说文》所引为汉师训读古文之本，真本则自作郁夷也。"①

通过对出土石经的初步研读，章太炎自信经学史上原先说不清道不明的许多问题都会因此而获得相当程度的解决。"今者石经踊出，疑事大明，《古文尚书撰异》，虽难改作，而大体远视前贤为明白。足下为学子说，即须发凡起例耳。太史公《儒林传》称孔子有《古文尚书》而安国以今文读之，因以起其家，盖《尚书》滋多于是矣。王伯申以今文为伏生《尚书》，段若膺则谓汉时无称伏生为今文者。今文即今之文字，即隶书也。审思孔书四十六卷，计伏生所无者二十四篇，安能悉以伏书对校？则今文自谓今之文字，不应从伯申说也。"②

---

①　《与吴承仕》三十一，《章太炎全集》(十二)，第 422 页。

②　《章太炎全集》(十二)，第 423 页。

章太炎相信，三体石经的发现，是学术史上一件大事，妥善使用，一定能够解决过去一直争论的今古文问题。"自三体石经发出后，古文之疑当可尽释；后来作者，必又有以过段、孙诸儒矣。"①

历代石经的出现，当然有助于解决儒家经典的文本歧异，让许多争论得以歇息。而石经的出现，往往又是接二连三，目不暇接。1924 年 9 月 29 日，吴承仕致信章太炎，禀报一些新发现，并提出一些疑惑："徐君曾赴洛阳，得《熹平石经》《正始石经》残片，所摹《熹平》残片，其迹近真。《正始》残片不知何似？"②

章太炎迅即复函提出自己的看法："前岁之冬，石经既出，遂有伪作残片者自洛阳来。仆因与原石相比，则往往取三四字摹刻之者，以是不信。随有伪作三体以品字式作之者，其篆体肥俗，或疑宋时《嘉祐石经》，然此不应出于洛阳，且行列亦不合，决知其伪。乃罗叔蕴、王国维等尚信之，岂真不辨篆法工拙邪？盖习于好奇，虽伪者必仞之也。仆意除丁氏所得一石，及朱圪塔村所得二石外，如有残余，必其篆法瘦逸，而又非在曾得之石中者，且其文义可读者，然后始信为真。不知徐君所得亦有合于斯例乎？暇问之，则可知也。"③

章太炎的这个讨论非常重要，因为自殷墟卜辞出土以来，造假风气愈演愈烈。章太炎对甲骨文研究抱有极大警惕，甚至从根本上怀疑甲骨文的价值。他在晚年致金祖同的信中说："足下愤学校之误人，从学他师，所见甚是。文字源流，除《说文》外，不可妄求。甲骨文真伪且勿论(甲骨始发于刘铁云，乃自京师西河沿得之。据药肆言，出自河南，亦不言定在卫辉、彰德也。其后罗振玉附会殷

---

① 《章太炎全集》(十二)，第 428 页。

② 《章太炎全集》(十二)，第 440 页。

③ 《与吴承仕》四十五，《章太炎全集》(十二)，第 441 页。

墟,而卫辉、彰德间作伪者纷纷矣),但问其文字之不可识者,谁实识之? 非罗振玉乎? 其字既于《说文》、碑版、经史、字书无征,振玉何以能独识之乎? 非特甲骨文为然,钟鼎彝器真者固什有六七,但其文字之不可识者,又谁能识之? 非托始于欧阳公、吕与叔等乎? 字既无征,欧、吕诸公何以能独识之? 夫文字者,十口相传,始无疑义。例如小儿初识方块,亦必其师与父兄授之也。师与父兄则又有所受之也。其字之不常用者,则征之字书,音义俱在,故可知也。未有千百年未见之字,而能猝然识之者。"①不论后来的甲骨文研究获得怎样大的成绩,仅从学术方法而言,章太炎的谨慎还是值得注意的。出于必要的学术警惕,章太炎不仅深究出土石经来历,而且仔细研究各时代各地出土石经的不同形制。

比勘研究

通过对石经来源、形制等方面的考订,章太炎进而依据石经对传世《尚书》文本进行比勘研究,并据此重新讨论经今古文区分问题。章太炎指出,"《说文序》称壁中书及张仓献《春秋左氏传》,而谓郡国所得鼎彝,其铭即前代之古文,皆自相似。则知壁书仓传,许氏曾见其摹写之本,故得与鼎彝相似也。是故追论原始,则古今文皆是古文。据汉世所传授者,则古文家皆摹写原文,而今文家直移书今文,实有不得强同者矣。至同一古文经典,而诸家文字或异,此乃其训读之殊,非其原文之异。《经典释文》所云某家作某者是也。然自马氏以上,本经与传注分行,故经文与训读之文有别。逮于郑氏,直以己意改定经文(《周礼》所云故书作某者。故书,乃

_____

① 《与金祖同》一,《章太炎全集》(十三),第 1238 页。

经文旧本。而今之著于经者,则郑所改定之字)。由是观之,古文传至郑氏,则亦等于今文而已矣。直汉之衰,诸儒各为苟简,习郑学者,徒传其改定之本,而于其摹写原本者置之。自是以后,学说有今古,而文字无今古。斯邯郸所传古文,所以不得不刻诸碑石,以诏方来也。"按照章太炎这段解释,先前学者所谓今古文势若水火的判断,一方面说明学者的分歧委实严重,另一方面所谓今古文之争,除了利禄,就其学术本身而言,则是"学说有古今,而文字无古今"。①

今古文之争,在章太炎看来远不像过去学者所估计的那样严重,他的主要依据就是通过三体石经比对传世文献,发现所谓今古文差异主要在于文字不同,而不是思想、学术根本路径上分途。1925 年春,章太炎致信吴承仕,接续前面的讨论:"前因问古今文《尚书》事,略以意对,犹未尽。伏、孔《尚书》,其始皆古文,后以隶书著录,皆今文,诚如足下言。然古文家所以异于博士者,其故书在也。《说文》录古经文字至众,郑仲师、康成,亦时有所援引。若不移写古文,巡检形状,何以能委悉如此?且邯郸淳受《古文尚书》于度尚,其后卒能成石经,则知尚之所以传淳者,非徒隶书训说,其真本自在也(前疑古文家于经犹今人集钟鼎款识。款识者,本经也,为一例。以隶写款识者,犹以隶写壁中书也,为一例。最后释文,犹传注也,为一例。独集款识者,合三者为一书,古文家分为三书耳)。本经故书,诸家皆同,而隶写者时有异,今时集款识者尚如此也。以马、郑相校,则马氏少异,而郑氏多异。观郑注《周礼》,以今书为本,故书反附见于注,则知郑氏改字多矣。若一字古今异体

① 《与吴承仕》五十,《章太炎全集》(十二),第 447 页。

者,虽马氏隶写之本亦多从今。"①章太炎强调,细绎三体石经,并与传世经典对勘,可以发现伏生、孔安国所传写的《古文尚书》并没有完全遗失,于是,他第一步尝试着从太史公书中辑录这些"古文尚书",这一点有点类似于顾颉刚-顾廷龙的工作②;第二步试图复原《古文尚书》;于是前有《太史公古文尚书说》,后有《古文尚书拾遗》。

关于前者,章太炎在《太史公古文尚书说》写道:"今欲见《古文尚书》真本,非三体石经尽出无由。若其间存古字未及改窜者,虽卫、包以来俗本尚然。如《多士》'大淫泆有辞',泆字马本作屑,后改作泆,而古文亡矣。然《多方》'大淫图天之命曷有辞',反以文字倒乱而不改。《吕刑》'上刑适轻下服,下刑适重上服'。据《春秋传》备物典册,以备物为服物,则此下服上服,古文亦作备也,自改为服而古文亡矣。然次言其刑上备,有并两刑,反以伪孔说为备,具而不改。若是者,盖亦不止一端。《经典释文》及诸书所引马、郑《尚书》,间存古文真迹者,亦有直以为马、郑所读为正文者。同一古文而为马、郑异字,即其征也。虽《说文》所引《尚书》,亦有杜林、卫宏以来师读之文矣。如圛下引'《书》曰圛',据郑氏《齐风》笺云,《古文尚书》以弟为圛。然则真本自作弟,而作圛者,乃后师所读也。大抵杜氏挈精小学,发疑正读,上捪临淮、贾、马诸君,依以训说者众,亦或考订稍疏,所改乃不如其旧。今临淮之书不传,惟太史公尝问故,以其书考之,犹略得二十许事。虽遗文残缺,如窥

---

① 《与吴承仕》五十一,《章太炎全集》(十二),第448页。

② 顾廷龙《尚书文字合编版刻样本跋》:"1932年秋,顾颉刚教授在燕京大学授《尚书》学,感于《尚书》一经文字之纠纷最多,欲剖析是非,必先取各种古本,加以比勘始可。于是收集不同载体、不同字体之本若干种,将以汇编付印,以备研究。"见《顾廷龙文集》,第17页。

豹得一班，犹可喜也。"①章太炎相信，只有临淮孔安国传授给太史公司马迁的那些古文经说没有受到后世学人有意或无意的窜改，之所以如此，完全得益于那部历史巨著《太史公书》。

关于后者《古文尚书拾遗》，章太炎不止一次这样说，他青年时代不愿在《尚书》上下功夫，主要是因为没有新资料，旧的讨论已很难深入，直至洛阳三体石经出，"弟子歙吴承仕独好古文，先以敦煌所得《尧典》释文推定枚氏隶古，又参东方足利诸本增损文字，以为壁中书虽亡，其当与此不远。尝以质余，余甚是之。其后自洛阳得三体石经残碑，发见古文真迹，以校枚氏《尧典》，多相应。知其所以取信士大夫者，非妄而获是，恨清时段、孙诸师未见也。然于通训故撰大义，吾犹未暇。民国二十一年夏，返自宛平，盛暑少事，念棘下生孔安国之绪言，独存于太史公书，往返抽读，略得统纪，因成《太史公古文尚书说》一卷。次以己意比考，通其故言，以旧书雅记征其事状，复成《古文尚书拾遗》二卷。虽发露头角，于所不知，盖阙如也。以诒承仕，其将有以恢弘之。昔郑君著左氏未成，悉以与服子慎。余何敢望郑君？而承仕敦古次于子慎，其以是为执鞭前趋欤？"②

章太炎对《太史公古文尚书说》《古文尚书拾遗》相当自负，在这两部作品收入《章氏丛书续编》后依然不断考究《古文尚书》未定之处，据晚年亲近弟子诸祖耿说："太炎先生耽玩《尚书》，老而弥笃。自言已通百之八九十，胜于清儒。著《太史公古文尚书说》《古文尚书拾遗定本》。又于《文录》《检论》《文始》《新方言》《小学答问》中，胪陈字义，详其类别，几于纤屑靡遗。晚以全书亲授及门诸

① 《太史公古文尚书说》，《章太炎全集》(七)，第 245 页。
② 《古文尚书拾遗后序》，《章氏丛书续编》本。

子。语参末座,备闻其详,有闻必录,积累成册。季刚先生曾请先生手注全经,先生笑而未遑。"①

石经《尚书》的发现使章太炎的学术找到了新的动力,其生命最后十几年确实为此花费了巨大精力,他似乎也想像顾颉刚后来的工作那样,通过对《尚书》各本文字的比勘研究,弄清古史起源时期诸多历史谜团。他在苏州国学讲习会的连续演讲由其弟子记录整理了,从现在的规模看,根本没有办法与其《说文解字》的演讲记录整理本相比。黄侃请求章太炎手批《尚书》,将自己的心得体会写下来,然而章太炎依然没有这样做,而是集中精力完成了《古文尚书拾遗定本》。这部著作被其弟子推崇为"太炎先生最后著作"②。

《古文尚书拾遗定本》在太炎学术中占有重要地位,当时出版的《图书季刊》以比较浅显的文字介绍了这部作品的主旨、意义:"章氏治经,专尚古文,非独不主齐鲁,虽景伯、康成亦不能阿好,以为经即古史,孔子即史学家宗主,今行之《古文尚书》,虽微言易诂,而阙疑浑灏,难获通释,遂博考经籍,采摭群言,考释补订,而成此编,研精覃思,精审谨严,不惟恢弘至道,且为治经者之佐助也。此系章氏生平至最后遗作,寝疾之日,始为增损删削,写为定本云。"③由此可见,《古文尚书拾遗定本》在中国学术史、章氏学术中具有不可或缺的地位。

本文原载《杭州师范大学学报(社会科学版)》2019 年第 1 期。

① 诸祖耿《〈太炎先生尚书说〉前言》,北京:中华书局,2013 年,第 1 页。
② 《古文尚书拾遗定本》,《制言》第二十五期,1936 年 9 月 16 日。
③ 《古文尚书拾遗定本》,《图书季刊》1940 年新第二卷第一期。

| 蓟汉丛书 |

章太炎研究中心 主编

章太炎研究中心——编

章太炎研究的新展开 下

上海人民出版社

厄 言 之 道[*]

——论章太炎的语言哲学

孟 琢^{**}

阿佩尔曾将西方哲学的发展总结为三个阶段,即由古代的本体论哲学到近代的认识论哲学,再到 20 世纪的语言哲学。与"语言论转向"带来的西方语言哲学的蓬勃发展相比,中国哲学中的相关思考可谓寥若晨星。清代乾嘉之学虽然提出了"小学通义理"的理念,但主要集中在古典文献的考证疏解,属于"小学"、经学而非语言哲学。到了近代,章太炎先生一方面将乾嘉之学改造为现代意义上的中国语言文字之学,一方面在《齐物论释》《国故论衡》等著作中建构起具有东方特色的语言哲学。可以说,语言哲学是太炎哲学体系的基础构成,也是中国近现代哲学中空谷足音的重要尝试。

太炎的语言哲学关涉甚广,它与齐物哲学的思想体系环环相扣,亦与中国语言文字之学的历史传统融贯互通,同时寄寓着对中国历史命运的深切关怀。这三个层面的思想关涉,让它具有了较大的研究难度,学界的相关探讨颇为不足。①针对这一难题,本文

---

　*　本文蒙匿名审稿人及雷思温兄、董京尘兄、谢琰兄、成玮兄提出修改建议,特此感谢。

　**　作者单位:北京师范大学文学院。

　①　在语言文字学领域,学界对章太炎的"小学"渊源及其在中国语言文字学史上的地位与影响,对章太炎语言文字学的术语内涵、古音系统、词源研究等重要专题和《小学答问》《新方言》《文始》等重要专书皆有深入探讨。与之形成鲜明对比的是,语言哲学领域的相关研究明显不足。

意在深入探研太炎的语言哲学,这体现为三个层次的思考:首先,如何在齐物哲学的视域中,勾勒太炎语言哲学的整体结构? 其次,如何理解语言哲学与传统"小学"的关联,把握太炎学术世界的内在统一? 最后,如何沟通语言哲学与太炎的思想革命和语文建设之间的关联,展现出真俗之际的思想张力? 这三个问题的思考,有助于把握太炎语言哲学的体系与特点,为探索中国语言哲学的自主道路提供启示。

一 卮言与还灭:唯识学视域中的语言本质

语言的本质是什么? 这是语言哲学的基本问题。太炎基于唯识学传统,在"识生万法"的精神规律中界定了语言的性质:

> 言者是为有相分别,依想取境,如其分齐,以成音均讪曲,自表所想,故谓之言。①

这一界定蕴含着四个层次的思想内涵:1.名相相依。唯识学将认识分为"有相分别"与"无相分别"两类,前者依语言而生,后者无需语言。"相"是由心识分别所导致的相状差异,"名"与"相"相依而生,语言既是"相"的诠显方式,也与"相"逐流裹挟而不断生起新的妄想分别,这也是"名相"一词的理据所在。2.相依想成。唯识学中,"相"统摄了外在之境相与内在之心相。一方面,所谓"心生则种种法生,心灭则种种法灭",根据识生万法、唯识无境之理,一切

---

① 章太炎原著,孟琢疏证《齐物论释疏证》,上海:上海人民出版社,2019 年,第121 页。

境相皆为心造。一方面,在作意、触、受、想、思等"五遍行心所"中①,作为语言内容的心相是"想"心所的产物。《成唯识论》:"想谓于境取像为性,施设种种名言为业,谓要安立境分齐相,方能随起种种名言。"②这是太炎界定语言性质的重要来源。"想"对境取相,执取事物之间的分别差异(分齐,即分剂,谓差异之相),语言则通过不同的语音形式(音均诎曲,均即韵),表现"想"的不同内容。

3.触受顺违影响命名特点。"触"谓接触,"受"谓感受,它们是"想"心所的来源。人类的感受特点深刻影响了事物的命名方式,"触受之噩异者,动荡视听,眩惑荧魄,则必与之特异之名。其无所噩异者,不与特名,以发声之语命之。……以此见言语之分,由触受顺违而起也。"③感受特异则赋以特殊之名,感受普通则以发语词名之,以"牛马犬羊"与"兄哥尔我"为例,前者与人形迥异,命名亦各有特点;后者为人伦称谓,其名则取自发声之语词。"兄为发声词,哥亦发声词也。至亲无文,则称之曰尔,曰乃,曰若,此皆发声词也。……我转为义、为仪、为羲,亦皆发声词也。"④4.意根为语言之根本依据。意根(第七意识)恒审思量,执持第八意识之见分以为"我"。作为意识分别的精神形态,语言名相是法我二执的产物,也就必将归根于自我意识的根源——意根。"由法执而计之,则乾坤不毁,由我执而计之,故品物流形,此皆意根遍计之妄也。"⑤"故无意根,必无训释。"⑥太炎排遣名家之执、辨析语言解释的实质,都追溯到"自心还取自心"的意根作用,体现出语言反思的彻底性。

① 此处根据《成唯识论》及《齐物论释》中的次第。
② 韩廷杰《成唯识论校释》,北京:中华书局,1998 年,第 157 页。
③ 章太炎撰,庞俊、郭诚永疏证《国故论衡疏证》,北京:中华书局,2018 年,第 141 页。
④ 《国故论衡疏证》,第 191 页。
⑤ 《齐物论释疏证》,第 141 页。
⑥ 《齐物论释疏证》,第 149 页。

太炎立足唯识学视域,在由意根到法我二执、再到五遍行心所的生起规律中界定语言性质,这种源自佛学的语言观深刻影响了其语言哲学的旨趣与理路。首先,太炎的语言哲学具有彻底的唯心性,语言不是对客观事物的反映,而是"识生万法"的重要环节。其次,由于语言在本质上虚妄不实,太炎的语言哲学的重要旨趣在于"涤除名相"的否定性。最后,在佛学"以指见月"和庄学"得鱼忘筌"的语言观的影响下,太炎的语言哲学呈现出"分析名相"与"排遣名相"的内在统一。这三方面特点凝聚在太炎对语言本质的界定之中——"言说有还灭性"。

什么是"还灭性"? 佛学中的还灭与流转相对而言,指究竟涅槃之境界。在太炎的语言哲学中,作为语言本质的还灭性具有双重内涵:首先,"还"读为"旋","灭"为生灭之义。还灭性意味着语言虚妄不实,属于无自性的生灭法。名相依于意根、由想而生,这种唯识学的界定决定了语言的生灭本质。此外,言语旋生旋灭,在时间迁流中呈现出消逝相。"言语仅成线耳,喻若空中鸟迹,甫见而形已逝。"①物理性的声音消逝,也为理解语言无自性提供了直观方式。其次,"还"读如字,"灭"为寂灭之义。《建立宗教论》"第三自性,由实相、真如、法尔而成,亦由阿赖耶识还灭而成"②,即取此义。它意味着语言可以借假证真,还归寂灭。无论"以指见月"还是"因言寄实",都通过因言遣言的理路证成毕竟平等。第一重内涵是否定性的,第二重内涵是肯定性的,"还"意味着二者之间回还往复的思想结构。这一圆道结构正是本文标题中"卮言"的意蕴所在——在庄学传统中,"卮言"或被阐释为"无心之言""支离之

---

① 《国故论衡疏证》,第 302 页。
② 《章太炎全集》(八),上海:上海人民出版社,2018 年,第 424 页。

言""变化之言",太炎则释为"圆遍之言"。《齐物论释》:"《释文》引
《字略》云:'卮,圆酒器也。'是取圆义,犹言圆言尔,圆遍一切者
矣。"①这一阐释与《庄子》中"天均"的圆转意象契合无间,充分体
现出太炎语言哲学的整体格局。"圆遍"与"还灭"义旨相通,它意
味着调和一切矛盾的真理性与普遍性。太炎语言哲学的基本框架
就在否定与肯定、排遣与秩序、真谛与俗谛的"圆道"中不断展开,
既充分吸收了佛学、庄学的义理,更有独创性的哲学突破。

二 理绝名言:语言实在性的真谛排遣

"体非形器,故自在而无对;理绝名言,故平等而咸适。"②齐物
哲学以真谛的"自在平等"为第一要义,障蔽平等的根本原因在于
名相分别。"名映一切,执取转深",意识依名而起,由语言文字而
生起种种妄想分别。因此,证成真如与排遣名相成为了齐物哲学
中不可分割的整体,体现出形而上学与语言哲学的统一。具体而
言,太炎将《大乘起信论》中离言说相、名字相以证真如的理路与传
统"小学"相结合,层层深入地论证了"名言无自性"之理。

在真谛层面,"名言无自性"指语言能指、所指之间不存在必
然、绝对、唯一、不变的联系,这是一种究竟意义上的语言观。这一
语言观的形成,吸收了《荀子》与《摄大乘论》中的思想资源。一方
面,"言与义不相类,《荀子·正名》云'名无固宜'是也"③。在荀子
看来,"名无固宜,约之以命,约定俗成谓之宜,异于约则谓之不
宜","约定俗成"是对语言音义结合任意性的表述。在齐物哲学

---

① 《齐物论释疏证》,第 171 页。
② 《齐物论释疏证》,第 8 页。
③ 《齐物论释疏证》,第 191 页。

中，这一命题被赋予了彻底的语言排遣性，否认了能指、所指的必然联系。一方面，"《摄大乘论》世亲释曰：'若言要待能诠之名，于所诠义有觉知起，为遮此故，复说是言，非诠不同，以能诠名与所诠义互不相称，各异相故。'此即明言与义不类也"①。《摄大乘论》对真谛层面能诠、所诠不相应的论述，成为太炎语言哲学的重要依据。在哲学论证的基础上，太炎充分吸收传统"小学"的相关成果，对"名言无自性"进行了具体的证实；这一工作既是语言哲学的充分"下沉"，也奠定了现代意义上的中国语言文字之学的理论基础。②在《齐物论释》中，太炎基于语言文字学对词汇类型的穷尽分析，展开了整体性的语言反思。具体而言，汉语词汇分为本名、引申名与究竟名三类。首先，"本名"指汉语中基础的原生词。"云何本名？如水说为水，火说为火，寻其立名，本无所依。"③水火之名约定俗成，并无内在的必然之理。其次，"引申名"包括两种类型，就单音词而言，指由本名所孳乳的孳生词，"若夫由水言准，由火言毁，皆由本名孳乳"。就双音词而言，指依本名所造的双音合成词。在语言学中，词义孳生的理据属于语义理据（semantic motivation），合成造词的理据属于构词理据（word-formation motivation）。太炎敏锐意识到理据意义与词汇意义的性质不同，并借鉴《摄大乘论释》中"显目""密诠"之名，辨析了二者的差异。就单音词而言，异国语言的词义可以互译，其语义理据则截然有别。以"字"为例，梵语中为"奢婆达"（śabda），源于动词词根√śap，有发誓、诅咒之义，其语义理据来自"声音"；汉语中则与"子、孳、滋"等字同源，其语义理据

---

① 《齐物论释疏证》，第 191 页。
② 本文主要探讨前一角度，关于后一角度，参见拙文《〈齐物论释〉与中国语言文字之学的建立》，载《杭州师范大学学报》2020 年第 2 期。
③ 《齐物论释疏证》，第 193 页。

为"孳乳"。就双音词而言,构词理据与词义亦有所不同。"若夫累名相沓,取其引申,异国亦多此类,故有显目、密诠之殊。如《摄大乘论》世亲释曰:'殟波陀者,显目生起,密诠拔足。波陀名足,殟名为拔。'……寻其意趣,本以累名成语,然其所诠与彼二名有异,虽意相引申,而现相有别。"[①]梵语中的"殟波陀"(utpāda)有"生起"之义,其构词理据为拔除悭吝而行布施,体现出"显目"与"密诠"的差别。无论单音词还是双音词,引申名的词汇意义和理据意义都有所不同,这正是"言与义不相类"的表现方式。最后,"究竟名"指哲学范畴及顶层概念。"云何究竟名? 寻求一实,词不能副,如言道,言太极,言实在,言实际,言本体等。道本是路,今究竟名中道字,于所诠中遍一切地,云何可说为道? 太极本是大栋,栋有中义,今究竟名中太极字,于所诠中非支筳器,无内无外,云何可说为太极?"[②]哲学范畴的命名多具有隐喻性,太炎则采取了严格的判断标准,否定了隐喻与抽象思维之间的关联,强调究竟名的能指与所指不相契合。

在俗谛的日常语言中,能指与所指的关系是复杂多样的;在真谛的理想语言中,能指与所指之间则具有绝对的同一性。[③]在这一意义上,太炎的语言哲学体现出"科学主义"式的严格立场:只要语言中存在一词多义或一义多词的现象,语言的能指与所指之间具

---

① 《齐物论释疏证》,第 197 页。

② 《齐物论释疏证》,第 202 页。

③ 太炎的"真谛—俗谛"思想具有很大的思想张力,其早期真俗观念源自清代朴学"实事求是""明真通俗"的传统,1906 年东渡日本之后,更深受佛学中真谛、俗谛观念的影响。因此,在超越性的真谛与现实性的俗谛中,又可再分真俗。例如,齐物哲学建立真如一元论体系,属于哲学之真谛。其中对方法唯心的论述则偏于"真",对无尽缘起的论述则偏于"俗"。语言世界属于现实之俗谛,其中严辨名实的理想语言偏于"真",约定俗成的日常语言偏于"俗"。这里的"真谛"与"俗谛",实际上是基于俗谛语言世界的再判析。

有矛盾性与差异性,它就一定是无自性的。"夫能取意念、所取事相,广博无边,而名言自有分齐,未足相称,自其势也。"①"古今异语,方土殊音,其义则一,其言乃以十数。是知言本无恒,非有定性。"②在太炎看来,无论是语言和思维之间的差异性,还是异时异域带来的音义多样性,都体现出"名言无自性"的自然之理。

语言文字寄于第六意识,通过对名相的真谛排遣,通过理性探求存在本质的哲学路径也得到了彻底批判。"迷不自迷,则必托其本质;若无本质,迷无自起"③,太炎有一种"反本质主义"的思想倾向,这充分地体现在他的语言哲学中。"执一切皆有自性,名必求实,故有训释之词。"④"求实"指执取恒常不变的自性,"训释"是传统"小学"中解释词义的训诂之法,更是探求事物本质的语言哲学方法。具体而言,太炎将训释分为三种类型:1."说义界"。这是一种定义式的解释方式,其结构近于逻辑定义中的"属+种差"。如《说文》:"趯,雀行也。"行是跳的类属,雀是跳的特点。义界通过逻辑定义把握事物本质,这是亚里士多德逻辑学中的理路。2."责因缘"。这是一种溯本式的解释方式,依据三段论不断追问,从而探究万物的终极根源。"前世亚黎史陀德言论理学,谓前提未了者,转当立量,成此前提,如是展转相推,分析愈众。"⑤大前提未能证明,乃立其他前提以明之,辗转相推,最终建立无需证明之"真因",这是亚里士多德从逻辑学出发建立形而上学的理路。3."寻实质"。这是一种分析式的解释方式,通过剖析事物的最小元素来把

① 《齐物论释疏证》,第202页。
② 《齐物论释疏证》,第122页。
③ 《章太炎全集》(八),第431页。
④ 《齐物论释疏证》,第147页。
⑤ 《齐物论释疏证》,第154页。

握万物原质。"诸寻实质,若立四大种子、阿耨、钵罗摩怒、电子、原子是也"①,这是古希腊德谟克利特和古印度顺世学派中原子论的理路。三种训释代表了依语言以建立根本依据的思维路径,特别是"责其因缘"的溯本式思维,这是建立上帝、主宰、第一因的基本思路。由于语言本无自性,这一哲学方式得到了彻底解构。"一说义界,二责因缘,三寻实质,皆依分析之言,成立自义。然当其成立时,亦即其毁破时。"②语言依于我法二执,旋生旋灭,由此而立的形而上学也就具有了"成毁同时"的特点。当形而上学所建立的终极依据成为了生灭之法,它也就被彻底解构,再也无法成为万古不破的必然之理。

太炎从语言和理性两个层面论证了"名言无自性"之理,对语言实在性进行根本排遣,进而解构了依语言而立的形而上学传统,通过语言哲学的否定性指向了齐物哲学对真谛自由平等的建立。这种真谛层面的排遣理路,与德里达以"逻各斯中心主义"统摄"语言中心主义"和"理性中心主义",一箭双雕地解构形而上学体系及其叙述语言的思路,形成了跨越时空的思想共鸣。值得注意的是,这种否定性的语言哲学不仅吸收了荀学、佛学的思想传统,更充分利用了中国语言文字之学的相关学理,无论是对词义类型还是训释类型的穷尽分析,都让语言反思获得了周遍性与现实性——当语言排遣在具体的词汇与释义中得以实现,也就由此超越了单纯的思想保证。太炎总结唯识与"小学"之共性,"以分析名相始,以排遣名相终,从入之涂,与平生朴学相似"③。传统"小学"与语言哲学的相契之处,正在于"分析名相"对于"排遣名相"的学理支持。

---

① 《齐物论释疏证》,第 155 页。
② 《齐物论释疏证》,第 164 页。
③ 《章太炎全集》(七),第 69 页。

三 名映一切:语言秩序的俗谛建立

真谛意义上的语言排遣是彻底的,这一彻底的否定性带来了相应的质疑:首先,对语言的排遣以及由此而来的哲学批判,是否会导致虚无的语言观? 其次,真谛的语言排遣与俗谛的语言秩序之间,是否发生了根本性的撕裂? 最后,太炎的"小学"与语言哲学如何得以统一? 前者除了为语言排遣提供工具之外,与后者是否具有更深层次的契合? 如前所论,"厄言"意味着调和矛盾、敉平破裂的圆道,在太炎的语言哲学中,这一思想线索又是如何展开的呢?

语言哲学的圆道之理蕴含在齐物哲学内在的体系中。在《齐物论释》第一章的前五节,太炎立足真如心体证成真谛自由,通过"名言无自性"来解构基于理性的思想形态,将其判定为遍计所执性。但如果过于强调真如的绝对性与意识的虚妄性,则有陷入"唯我"与"虚无"的可能。换言之,如何协调个体与群体、排遣与秩序之间的关系,成为了齐物哲学必须解决的问题。在《齐物论释》第一章第六节,太炎的思想线索由唯识学向华严学转进,通过吸收无尽缘起的义理完善齐物哲学的思想框架。据华严之义,一切法皆非孤立而起,而是在无尽因缘重叠交互的网络关联中得以生成;由于一切法具足真如法性,无尽缘起的实质是无量真如圆融相摄的究竟法界,亦即"真如缘起"。所谓性空不碍缘起,在无尽真如的交相统摄中,"独"与"群"的矛盾得到了真谛意义上的调和。与此同时,太炎重新阐释了心不相应行法中的"众同分",将某一历史阶段中群体的精神共相称为"众同分心"。"夫齐物者,以百姓心为心",众同分心是百姓心的实质所在,它是真如缘起在俗谛中的展现方式,也是齐物哲学建立现实秩序的根本依据。通过这一概念的建立,真谛自由平等与俗谛现实秩序的矛盾也得到了充分调和。

通过唯识与华严的结合,太炎构建起齐物哲学的完整结构。与之相应的是,语言哲学的"圆道"也与华严学的介入密不可分,二者的关系微妙地体现在"名映一切,执取转深"一语之中。根据佛学视域的不同,它体现出双重的阐释向度:在唯识学视域中,名相带来分别执着,需要进行彻底排遣;在华严学视域中,尽管名相本无自性,但它却映射着法界中的"一切":

> 详《华严经》云:"一切即一,一即一切。"法藏说为诸缘互应。《寓言》篇云:"万物皆种也,以不同形相禅。"义谓万物无不相互为种。……法藏立无尽缘起之义,与《寓言》篇意趣正同。①

"一切"不仅指全体事物,更意味着无尽缘起的圆满法界。"种"指唯识种子,一切心物存在具足真如本性,是为真心种子;它们交相摄持而成此法界,这正是真如缘起的要义所在。语言名相映射出真如缘起的整体规律,这是"厄言"之道的肯定性内涵在华严义理中的根本建立,也意味着语言的俗谛秩序在于其内在的系统性。

太炎对语言系统性的认识,首先表现在对语言的界定中。"夫语言者,唯是博棋、五木、旌旗之类,名实本不相依。"②博棋即六博棋与围棋,五木类似骰子,它们和标识队列、指挥行伍的旌旗一样,都象征着某种人文符号系统。语言和意义之间没有必然的先验联

---

① 《齐物论释疏证》,第 228 页。
② 《齐物论释疏证》,第 215 页。

系,但在语言系统中有着约定性的历史联系,由此贯摄了真谛的理想语言观与俗谛的日常语言观。具体而言,语言的系统性体现为两个方面:首先,语言解释在本质上是循环相证的,体现出共时性的系统关联。以义界为例,"诸说义界,似尽边际,然皆以义解义,以字解字,展转推求,其义其字,唯是更互相训。……不能舍字解字,舍义解义,故字数有尽,不得不互相解故。"①太炎以数字的解释为例,"一"是"二之半","二"是"一之倍","半"是"一分为二",三者循环相训;至于一般词汇的解释,由于训释字数量有限,也必将呈现出循环相证的解释规律。语言解释的系统性为理解华严义理提供了重要启示:"《华严》唯说菩萨心欲于一字中,一切法句言音差别皆悉具足。《大般若经》唯说善学一切语言,皆入一字,善学于一字中摄一切字,一切字中摄于一字,而不推明其故。若知字义唯是更互相训,故一名字中具有一切名字,彼亦辅万物之自然,非有琦秘,亦自非强为也。"②为何一字能摄一切字?佛典多从密咒、神力角度进行宗教化阐释,太炎则认为这是语言的自然之理:语言解释的系统性映射出无尽缘起的究竟规律,正因如此,每"一"语言的背后都统摄着"一切"语言的整体。其次,语言演变反映为文字的孳乳、词义的引申、语音的变化,体现出历时性的源流脉络。"研究小学,目的在于明声音训诂之沿革以通古今言语之转变也。"③在《文始》《小学答问》《新方言》等著作中,太炎将探求语言的历史脉络作为中国语言文字学的核心旨趣,在词源、文字、方言的不同层面探求本始、辨析源流,展示出汉语统系秩然的历史脉络。正如王宁先生所论:"太炎先生已经认识到'语言有所起''义率有缘'而

① 《齐物论释疏证》,第150页。
② 《齐物论释疏证》,第172页。
③ 《章太炎全集》(十四),第426页。

'统系秩然',就必然要去进一步追究这个有秩序的统系究竟是怎样的状态。……他旨在将《说文》平面的形义系统重组为历史的音义系统的理念,实在是难得的创新。"①这一工作集中体现在体大思精的《文始》中,太炎以初文为起点,以孳乳和变易为线索,通过词源系联展现出意义关系的层次脉络,全面证实了汉语的系统性。我们看到,无论共时、历时层面的语言统系,都与"名映一切"的语言哲学内在相通,由此建立起俗谛意义上的语言秩序,体现出内在的肯定性——太炎自诩"《齐物论释》《文始》诸书,可谓一字千金矣",这两部不同领域的重要著作之所以得到同时的高度推重,其理庶几在此!

在齐物哲学中,语言秩序的俗谛建立与众同分心亦密不可分。众同分心是时间相与普遍共相的基础,"时非实有,宛尔可知,但以众同分心,悉有此相,世遂执箸为实"②。"物所同是,谓众同分所发触受想思。"③时间是历史的前提,触、受、想心所是语言的来源,因此,众同分心也就成为了历史与语言的精神基础,使其在真如缘起的俗谛形式中获得了秩序性与稳定性。具体而言,一方面,众同分心是语言共性的精神来源。《国故论衡·辨性》"以实、德、业为众同分"④,实、德、业源自古印度六派之说,即名词、形容词、动词的普遍划分,体现出人类共性的认知方式。一方面,众同分心又是语言民族性的精神基础。在太炎看来,语言与历史皆为"国粹"所系,"凡在心在物之学,体自周圆,无间方国;独于言文历史,其体则

①　王宁《〈章太炎说文解字授课笔记〉前言》,北京:中华书局,2010 年,第 7 页。
②　《齐物论释疏证》,第 67 页。
③　《齐物论释疏证》,第 308 页。
④　《国故论衡疏证》,第 686 页。

方,自以己国为典型,而不能取之域外"①。中华民族的语言系统在特定历史过程中凝聚而成,因而具有不可替代的特殊性。在众同分心的摄持下,语言秩序的普遍性与特殊性皆得以建立,体现出真如缘起在语言中独具特色的映射方式。值得注意的是,语言秩序的建立亦体现在对荀学与佛学的阐释中,与上文所论的语言排遣形成了"圆道"关联。自荀学而言,"约定俗成,故不可陵乱"②,"其语言各含国性以成名,故约定俗成则不易"③,当语言的"约定俗成"表现为具体历史过程时,它便在真谛的排遣性中同时呈露出俗谛的秩序性。"及在名言,白表白相,黑表黑相,菽表菽事,麦表麦事,俗诠有定,则亦随顺故言……是以有德司契,本之约定俗成也。"④"故言"即语文传统,对语言文字历史约定性的随顺与尊重,成为太炎基础性的语言态度。自佛学而言,"《摄大乘论》世亲释曰:'非离彼能诠,智于所诠转。由若不了能诠之名于所诠义,觉知不起。'此即明言与义相类也。由是计之,言之与义,一方相类,一方不相类,二方和合辐凑,寄于意识"⑤。能诠、所诠在现实层面随俗相应,故可依名言而起觉知,体现出语言的建立与排遣之间的辩证统一。

通过唯识学与华严学的统合,太炎的语言哲学完成了还灭性的"圆道",实现了真谛与俗谛、否定性与肯定性的圆融统一。齐物哲学超越了佛学"指月"式的语言观,不仅把语言作为追求真谛的假立工具,更深刻沟通了语言与实相之间的结构性关联,让"小学"

---

① 《章太炎全集》(十一),第 499 页。
② 《国故论衡疏证》,第 686 页。
③ 《章太炎全集》(十),第 332 页。
④ 《齐物论释疏证》,第 134 页。
⑤ 《齐物论释疏证》,第 192 页。

与佛学两大传统在语言哲学中深度契合,展现出完整的思想世界。勾勒了太炎语言哲学的整体脉络后,我们看到,"厄言"的圆遍之理在不同层次上统摄了太炎的语言哲学。首先,"厄言"体现为语言哲学的圆道框架,在"理绝名言"与"名映一切"的真俗融贯中证成还灭性,深刻把握了语言的究竟本质;这一框架与齐物哲学对真谛自由平等与俗谛现实秩序的统合亦密不可分。其次,"厄言"体现在对思想传统的不同阐释向度中,无论是"名映一切""约定俗成"还是能诠、所诠的"相类"与"不相类",都兼具肯定性与否定性的双重内涵,体现出意味深长的思想蕴藉。再次,"厄言"体现在中国语言文字之学与语言哲学的关联中,前者既为语言排遣提供了学理支持,又成为了建立语言秩序的现实基础;"小学"与义理之间的融通与张力,正是太炎学术中极具魅力的所在。最后,"厄言"体现在语言哲学的体用关系中,圆遍性统摄了矛盾性与差异性,蕴含着富于张力的现实向度,由此开启了太炎俗谛实践中的"两行之道"。

四　两行之道:思想革命与语文建设

在太炎的真谛、俗谛之间具有复杂多样的思想线索,就语言哲学而言,"厄言"赅括了否定性与肯定性的双重内涵,也就从整体上统摄了太炎的思想革命与语文建设。

就否定性而言,语言的真谛排遣为思想革命提供了思想武器。在中国近代思想史上,太炎的批判精神是首屈一指的,甚或被称为"否定的思想家"。他以齐物哲学中的自由平等为价值基础,对一切压迫性的文化形态进行批判。一方面,他投身推翻帝制的"排满"革命,对封建主义的等级制度、民族压迫深恶痛绝;一方面,他对帝国主义的文化侵略高度警觉,严厉批评了西方"文明论"的话语体系,捍卫中国文化与汉语汉字的独立自主。可以说,太炎的思想革命具有"反封反帝"的二重性,也由此导致了他对"现代性"的双重态度——既立足现代性以突破封建意识形态,又深入反思"国家""进化""文明""人种""普遍""公理"等与帝国主义、殖民主义内在相关的现代性话语。在这种"腹背受敌"的思想境域中,太炎具有了一种超越中西、独立不倚的批判立场。正如林少阳先生所言,"章太炎不仅以'文'化解专制的统治阶级以及帝国主义殖民主义文化的意识形态,也以'文'的实践去建构、提升、强化革命道德"①。在这种双重的"文"的革命中,否定性的语言排遣为太炎赋予了磅礴的思想力量,无论上帝、主宰、君权、文明,一切障蔽自由平等的意识形态都因其依于语言而得到根本消解。换言之,语言哲学为太炎"八面出锋"的思想革命提供了彻底的理论方式,也就成为了捍卫汉语言文字独立平等的精神武器。

就肯定性而言,语言秩序的俗谛建立为民族性的语文建设提供了哲学依据。语文建设指太炎对中国语言文字的学术研究、现实关切与策略设计,包含了思想与实践的不同层面。在近代"文明论"思潮下,欧洲中心主义、文化殖民主义和中国思想界的自我贬损交相呼应,由此引发了对汉语汉字的激烈否定,动摇了中华文明的根基。"文明论"的背后是对民族语言、历史、风俗的独立平等的侵犯,正因如此,守护汉语言文字的独立性、延续汉语言文字历史脉络的保守主义立场,与太炎追求自由平等的革命精神也就得到了历史性的统合。具体而言,太炎建立中国语言文字之学,把汉语汉字的源流统系作为"小学"研究的核心方向,奠定了章黄学派"系

---

① 林少阳《鼎革以文——清季革命与章太炎"复古"的新文化运动》,上海:上海人民出版社,2018年,第36页。

统条理之学"的历史传统。面对古今之变中"名不敷用"的语言困境，以及中国学术名实脱节、缺乏理喻的内在危机，他在源流考察中把握语言文字之真，将溯本求实的"小学"作为正名的起点，通过原名、制名、订名的多重实践回应中国现代的语文危机。他提倡"文学复古"，旨在建立名实密合、准确典雅的语体和文体，在语言文学的历史中激发"爱国保种"的民族情感。面对《新世纪》杂志鼓吹以"万国新语"取代汉语的观点，更与之展开激烈论战，"清末妄人，欲以罗马字易汉字，谓为易从，不知文字亡而种性失，暴者乘之，举族胥为奴虏而不复也。夫国于天地，必有与立，所不与他国同者，历史也，语言文字也。二者国之特性，不可失坠者也。"①在学术和实践的不同层面，太炎的语文建设始终以汉语汉字的独立性为第一要义，这是对中国文明的自由平等的捍卫，也是太炎坚守国故、尊重传统的文化立场的基点。可以说，民族性和历史性是太炎语文建设的核心理念，这种保守主义的语文建设方向，与齐物哲学自由平等的价值基础和语言哲学的秩序建立之间，具有内在的统一性。

太炎的文化实践呈现出激进与保守的双重面向，这是否意味着其文化立场的自相矛盾或前后游移？这是理解太炎思想的重要问题。就语言哲学而言，卮言的"圆道"统摄了思想的否定性与肯定性，也就成为了革命与保守的共通性的思想基础。这与齐物哲学中的真俗关系是一致的：真谛平等统摄了太炎激进的革命态度与历史主义的文化保守，从而建立起富于张力的俗谛平等。当然，哲学的统一不等于现实的统一，太炎贯通激进与保守的语言态度，在章黄后学那里迅速分裂——钱玄同选择了废除汉字的激进，黄

① 《章太炎全集》（十五），第505页。

侃选择了偏于复古的保守,他们在汉语汉字问题上的激烈冲突,正是这一历史矛盾的鲜明写照。那么,如何理解这种整全而精妙的哲学体系在历史激湍中的悲剧命运,更是一个值得深思的问题。

五 中国语言哲学的自立吾理

在语言哲学的世界里,太炎的哲学思考具有高度的特殊性,这源自他独特的思想资源和历史境遇。就前者而言,太炎的语言哲学具有鲜明的东方本位:它既源自唯识学、华严学与庄子的哲学传统,也源自文字、声韵、训诂的"小学"传统,更根植于汉语汉字的自身特点。就后者而言,太炎的哲学思考与中华民族风雨飘摇的近代命运息息相关,具有强烈的忧患意识与反抗精神。文化传统与历史境遇的特殊性,奠定了太炎语言哲学与众不同的思想旨趣——在中国走向现代的艰难挑战与古今中西的文化碰撞中,立足东方哲学的整体视域,为汉语言文字的独立平等建立根本性的哲学依据;这与齐物哲学在中国哲学视域中建立自由平等的主旨密不可分,可谓太炎语言哲学的"一大事因缘"。与此同时,太炎思考的又是语言的本质、语言是否具有实在性、语言与形而上学的关系、语言的秩序与系统、语言的历史性与民族性等一系列普遍性问题。对这些问题的回答,决定着语言在哲学世界中扮演的角色——语言是肯定性的,还是否定性的,抑或是更为复杂的兼容性角色,这本身就是判摄语言哲学的重要视角。[1]这种特殊与普遍的交织,让太炎的语言哲学在与西方语言哲学传统的对比中,呈现出

---

[1] 王一川《语言乌托邦——20世纪西方语言论美学探究》,昆明:云南人民出版社,1994年,第355页。

异同交错的复杂面貌。

首先,太炎的语言哲学具有反主体性形而上学的内在立场,这与海德格尔对主体性形而上学的解构和分析哲学的形而上学批判既有相通之处,又有本质不同。一方面,海德格尔对自亚里士多德以来立足于主谓结构而奠定的形而上学基本结构进行拆解,将哲学重心由"存在者"转向"存在"问题,通过对"存在的遗忘"现象的揭示,借助对形而上学传统的整体解构而批判主体性哲学及其对世界的图像化摆置;其晚期哲学很大程度上基于"语言是存在之家"的理念,通过显现语言的限度及其与存在的视域性关系,来揭示作为此在的人与存在之间的关联,由此进一步解构主体性形而上学并探索新的思想可能性。太炎则彻底排遣了语言的视域性与基础性,体现出更为激进的真谛语言观。一方面,分析哲学基于命题分析,认为形而上学的语句是无法证实真伪的"虚语句",从而将其从哲学中清除出去,实现了传统形而上学的"语言学转向"。相较而言,尽管太炎的语言否定更为彻底,但也并未放弃建立根本依据的哲学框架。他将超越语言的"真如"作为齐物哲学的基底,这一思想方向又与海德格尔发生了差异化的共鸣,体现出鲜明的古典气质。

其次,太炎的语言哲学高度重视语言的系统性,这与索绪尔以来的结构主义语言观颇为相似。太炎以围棋譬喻语言,无独有偶,索绪尔也以下棋喻指语言的符号系统性。"最能说明问题的莫过于把语言的运行比之下棋。两者都使我们面临价值的系统,亲自看到它们的变化。语言以自然的形式呈于我们眼前的情况,下棋仿佛用人工把它们体现出来。"①《普通语言学教程》的出版约与

---

① [瑞士]索绪尔《普通语言学教程》,高名凯译,北京:商务印书馆,1980 年,第128 页。

《齐物论释》同时,真可谓遥相默契。不同的是,索绪尔对语言系统的分析严格区分共时和历时,这一思路或将衍生出"反历史主义"的倾向,导致了"语言学"对"语文学"的取代。①太炎则强调语言系统的历史性与泛时性,体现出"小学"传统与历史比较语言学的综合影响,更与他的国学观与经学观密不可分。此外,结构主义对语言形式的高度推重,衍生出"语言乌托邦"与"符号乌托邦"的哲学方向,太炎则通过对语言的根本排遣,积极地回避了这一可能。

最后,在太炎对语言实在性的排遣中,对语言的名实相符提出了"科学主义"式的严格界定,这与前期维特根斯坦以逻辑建立"理想语言"的思路相似。在太炎对语言秩序的建立中,则又回到了约定俗成的社会语言,与后期维特根斯坦强调的由语法规则、具体语境所确定的"日常语言"相契。这种双重的语言观也体现在太炎的正名思想中,"其在学说,称名有界,先后同条。虽言两,而间以言二,不可也。其在常文,趋于达意,无问周、鲁,虽言光明,而增言绲熙,可也。"②学术文体应当严格定名,甚至连"两"与"二"都不容混淆;日常文体则以达意为本,尊重语言的语用习惯与修辞需求。不同的是,维特根斯坦经由了由逻辑本位到语用本位的"语用学转型",太炎的语言哲学则通过真俗之辨统摄了理想语言与日常语用的不同层面,体现出更为圆融的思想结构。

这三个角度的比较,不过是太炎与西方语言哲学的表层对比,尚未进入不同哲学体系的深处。尽管如此,也已展现出中西哲学对话的丰富空间,体现出太炎语言哲学的世界性品质。这一品质与语言哲学的民族性相辅相成:一方面,太炎立足中国问题与东方

---

① 陈嘉映《语言哲学》,北京:北京大学出版社,2003 年,第 75 页。
② 章炳麟著,徐复注《訄书详注》,上海:上海古籍出版社,2000 年,第 448 页。

传统"自立吾理",探索语言哲学的根本依据,体现出鲜明的民族特点;另一方面,现代意义上的中国问题本身也是世界问题,太炎语言反思的宏阔视野与现实关切,让他从未在"小学"传统中闭门造车,而是在普遍性的哲学视域中走向了义理深处。可以说,太炎的语言哲学代表了"小学通义理"最深刻的理论形态。在中国语言哲学的历程中,太炎的身影是寂寞的,但重新审视他的思想遗产,又为我们立足汉语特点和中国语言文字学的历史传统,在与西方语言哲学的对话中探究中国语言哲学的独立道路,提供了弥足珍贵的启示。

本文原载《哲学研究》2021 年第 9 期。

从岸本能武太到章太炎

——自由与秩序之思的跨洋交流

彭春凌 *

引　言

19 世纪中叶,工业化和城市化的迅速发展,使得欧美社会发生深刻变化。因此,"什么才是能够使自由最大化的最佳秩序",成为 19 世纪孔德、斯宾塞奠基的近代社会学关心的基本问题。[①]英国哲学家斯宾塞的社会学思想,在充分吸纳当时天文学、地质学、生物学、考古学、人类学等成果基础上,以社会进化观念,讲述人类社会从诞生到法律、宗教、风俗等各项文明逐步演进的普遍历史,分析社会的结构和功能,可谓"用科学之律令,察民群之变端,以明既往,测方来也"[②]。因其宏大的文明视野和理论构架,斯宾塞社会学在 19 世纪七八十年代的美国、日本引起强烈反响。[③]斯宾塞

---

① 参见彼特・沃森《思想史:从火到弗洛伊德》,胡翠娥译,南京:译林出版社,2018 年,第 920 页;T.M.波特、D.罗斯主编《剑桥科学史》第 7 卷,王维等译,郑州:大象出版社,2008 年,第 285—309 页。

② 严复《译〈群学肄言〉序》,《严复全集》卷 3,福州:福建教育出版社,2014 年,第 7 页。

③ 社会学(sociology)进入日本之初,被译为世态学、交际学,1882 年乘竹孝太郎翻译斯宾塞的《社会学之原理》后,"社会学"这一译名才被固定。

运用生物进化论夯筑新的"人的哲学",结合社会有机体说,宣传偏向个人主义的自由理念。伴随着社会学的流行,这些理念也参与到世界各国的政治、社会变革之中。

在西学东渐大潮推动下,通过英语直译和经日本编译本之转译等多种渠道,斯宾塞社会学于 19 世纪末 20 世纪初传入中国。①中国知识界一方面震惊于社会学"上下千古,旁罗万象"、"合各种无形有形之学于一炉而冶之"的特点;②另一方面试图通过引介这一学科来更新国人思想。1902 年,章太炎翻译的日本学者岸本能武太著《社会学》由广智书局刊行。这是中国翻译出版的"第一本完整的社会学著作"③。章太炎指出,其看重岸本《社会学》"以社会拟有机,而曰非一切如有机,知人类乐群,亦言有非社会性,相与偕动"这一基本观点。④在古代中国,通常是把"人"置于君臣、父子、兄弟(长幼)、夫妇、朋友——五伦的秩序关系中来定义

---

① 参见韩承桦《斯宾塞到中国——一个翻译史的讨论》,《编译论丛》第 3 卷第 2 期,2010 年;阎明《中国社会学史:一门学科与一个时代》,北京:清华大学出版社,2010 年。

② 《〈群学〉原名〈社会学〉》(广告页),《新民丛报》第 14 号,1902 年 8 月 18 日,北京:中华书局,2008 年影印本,第 1751 页。1895 年严复《原强》将斯宾塞社会学译为"群学",认为其学术内涵是"宗其理而大阐人伦之事"。(严复《原强》,《严复全集》卷 7,第 16 页)《新民丛报》广告推荐章译《社会学》时颇违其间,称《群学》原名《社会学》。章太炎的翻译风格是直接引入日语汉字词组,并且他认为社会学不能仅阐发人伦,还必须推动社会进步。岸本对社会学的定义是,"社会(学)者,先研究现在过去之社会,而发见其要素、性质、起原、发达与其目的;次论组织社会之个人,将来以何方法促进社会之进化,贯彻人类生存之目的"。(章太炎《章太炎全集·译文集》,上海:上海人民出版社,2015 年,第 62—63 页)这些促使章太炎坚定采用了"社会学"的译名。关于"群学"和"社会学"的名称在中国的演变,另可参见张超《从"群学"到"社会学":近代中国社会学学科的形成与演变》,《中山大学研究生学刊》2012 年第 1 期。

③ 参见《孙本文文集》第 9 卷,北京:社会科学文献出版社,2012 年,第 263 页;姚纯安《社会学在近代中国的进程(1895—1919)》,北京:生活·读书·新知三联书店,2006 年,第 53—58 页。

④ 章太炎《章太炎全集·译文集》,第 45 页。

和把握的。①章太炎的上述观点表明,在向现代文明转轨的过程中,儒家的个人自由与秩序的思想也在发生某种因应和调整。

岸本能武太《社会学》标志着日本以解析有机体与强调心理主义为特征的社会学第二阶段的开端。它是在借鉴英美社会学的基础上创作而成,充当了英美社会思想进入中国的重要媒介。因此,要准确理解岸本《社会学》中社会有机体说、人的"非社会性"属性以及相关理论话语对章太炎的影响,就必须将太炎与该书的关系,置入更宽阔的视域中考察。这一关系其实是"自由与秩序之思"经历跨大西洋(由英至美)的共享知识话语,到跨太平洋(从美到日再到中)的思想流通,在时代的演进中,逐次变形调整的一环。具体说,岸本编撰《社会学》的初衷是向东京专门学校的学生讲授这门新兴学问。他除借鉴斯宾塞社会学说外,还取用了美国第一部社会学专著——莱斯特·沃德的《动态社会学》。沃德反思斯宾塞自由放任理念,以便重新建构美国内战之后的自由主义。而在日本,现代学术界和思想界"成为关心的中核者,实乃社会学"②。岸本分析"社会有机体"说及人的"非社会性"要素,一方面有对斯宾塞理念的继承与调整,另一方面也寄予了改良日本社会的期望。在中国,章太炎翻译该书的目的在于向中国知识界介绍有"有掩袭百流一炉同冶之势"的新兴"社会学"。③因此,太炎在完整呈现原作章节的基础上,以大体贴近原作的方式完成了翻译工作。当然,翻译活动一方面是将译作置入新的文化语境;另一方面,由于译者理解的偏差或主观上的"创见",也令译作局部有增删改写或意义转换的现象。通过对岸本著作的介绍和微调,太炎也投射了清末政

① 建部遯吾《社会学》,東京:早稲田大学出版部,1901年,第65—66頁。
② 下出隼吉《明治社会思想研究》,東京:淺野書店,1932年,"序",第1頁。
③ 《新民丛报》第22号,1902年12月14日,第3037頁。

治社会革命的愿景,并扩充了自己思索现代社会秩序的理论武库。

在各自社会饱含冲突和危机的时刻,上述英美日中各国具有一定开创意义和连锁反应的"社会学",都反映了著/译者通过解析"人"来再造秩序的憧憬。然而,即便是日本研究界,也缺乏对岸本《社会学》文献来源、思想取向的辨析。岸本《社会学》实为章太炎接受明治思潮的重要一脉。而无论在中国还是在日本,严肃深入讨论岸本《社会学》与章太炎思想的专著迄今阙如。①故此,笔者拟从思想跨洋传播的视角,对以上问题试作探讨。

一 岸本能武太对英美社会学思想的承袭和调整

岸本能武太《社会学》的诞生有着深刻的学术和政治背景。从学术传播层面来看:南北战争结束后,斯宾塞社会学在美国迅猛传播;哈佛大学毕业生芬诺洛萨 1878 年受聘东京大学,成为该校最早的哲学教授之一,随后与外山正一共同鼓吹斯宾塞社会学。1883 年,美国社会学家莱斯特·F.沃德出版《动态社会学》,并于 20 世纪之交风靡一时。1888 年,《动态社会学》被译介到日本。这些主张各异的社会学思想汇聚一时,共同构成了岸本社会学思想的理论资源。从政治层面来看:明治十四年(1881)政变后,大隈重信被迫下野,其开设国会的激进主张遭遇挫败。他于 1882 年成立

---

① 韩承桦《从翻译到编写教科书——近代中国心理倾向社会学知识的引介与生产(1902—1935)》一文讨论了章太炎译本所据原作底本的相关问题,尚未谈及太炎译作对原作的变形、修改以及岸本著作与太炎思想的关系。张仲民、章可编《近代中国的知识生产与文化政治——以教科书为中心》,上海:复旦大学出版社,2014 年,第 126—152 页。

了立宪改进党,倡导"以改良内治为主,兼及国权扩张";同年,他帮助小野梓成立了东京专门学校(1902 年改名早稻田大学)。由于大隈、小野都推崇英国立宪政治,所以该校的学术风气也倾向于英国流的政治学,岸本能武太以及曾留学美国的浮田和民、安部矶雄相继进入该校任教。他们都是具有自由主义倾向的社会思想家。面对城市化急剧发展和贫富两极分化带来的社会问题,他们认为社会进步不能任由自然进化,必须通过改革和学术的方法来促成社会进步。①

岸本能武太于 1880 年进入同志社英学校普通科学习。1890年至 1894 年在美国哈佛大学神学院学习比较宗教学,并皈依上帝一位论派,回国后进入东京专门学校任教。章太炎翻译的《社会学》是岸本 1896 年在该校的讲义,②体现了岸本的社会改良立场。该作立足于社会有机体说进行了颇有组织的论述,表明日本社会学走出草创期,进入了体系化著述的阶段。③

总体来看,岸本能武太《社会学》企图调和"静止的社会学"与"转动的社会学"两大社会学流派。前者侧重于描述社会进化之历史事实,故称"静止的社会学",以斯宾塞为代表;后者重视研究社会进化之原因、找到推动社会进步之方法,故称"转动的社会学",以沃德为代表。章太炎译文曰:"利他哀夫欧尔德之社会学重在转

---

① 参见《早稻田百年と社会学》编集委员会《早稻田百年と社会学》,東京:早稻田大学出版部,1983 年,第 11—14 頁。

② 章太炎翻译的版本是岸本能武太讲述《社会学》,日本国立国会图书馆藏,刊年不明。该书封面标"東京專門學校文學科三年級講義録"字样。该书还有另一版本:岸本能武太《社会学》,東京:大日本图書株式会社,1900 年。根据该版《绪言》,"讲义录"版《社会学》是作者 1896 年在东京专门学校任教时的讲义。为便于区分,以下分别称"1896 年讲义版"与"1900 年版"。

③ 松本潤一郎《日本社会学》,東京:時潮社,1937 年,第 7—8 頁。

动","有意于助长社会者矣"。①"利他哀夫欧尔德"即莱斯特·
F.沃德,岸本译为"レスター·エフ·ウォールド"。②沃德继承斯
宾塞的观念,将社会视为自然发生、与自然秩序相持续,并服从于
进化的宇宙法则的统一整体。③岸本亦贯彻斯宾塞、沃德之宗旨,
从日球系统、地球、生物之进化,论及人类以及真善美道德之发达,
以宇宙自然演进的立场来理解社会进化。并且,岸本《社会学》中
涉及人的进化和社会起源中"静态"的部分,比如原人的身体特征、
情感心理状态,社会进化中供给、分配诸系统的分化和发达等,取
自斯宾塞的《社会学原理》。而涉及社会目的,即认为"社会究极之
目的,在为个人幸福谋其圆满具足者",以及主张以教育为核心手
段促进社会的进步等,属于社会"动力"学的部分,借鉴了沃德《动
态社会学》。这部分内容,恰恰是沃德面对内战创伤和镀金时代史
无前例的工业发展带来的种种问题,针对斯宾塞学说的反思性成
果。沃德希望为美国公众建立一种新的政治,即通过理性和计划,
遏制资本主义造成的急剧的贫富和阶级分化。此外,岸本还参考
了英国哲学家约翰·麦肯齐的《社会哲学绪论》。④从思想跨洋传
播的历史脉络来看,岸本《社会学》其实位于英、美、日之间密切而
即时的知识传播链条之中。岸本赞同沃德的政治改革立场,主张
社会学要有利于改革事业。

---

① 参见章太炎《章太炎全集·译文集》,第 60 页;岸本能武太讲述《社会学》(1896
年讲义版),第 26—27 页。

② 章太炎虽然音译出了沃德的名字,但对沃德《动态社会学》及岸本受该书影响
的情况,并不十分清楚。他在《〈社会学〉序言》中还误认为岸本受弗兰克林·吉丁斯
(Franklin H. Giddings,太炎译作"葛通哥斯")的影响。

③ Daniel Breslau, "The American Spencerians: Theorizing a New Science, " in
Craig Calhoun, ed., Sociology in America: A History, Chicago and London: The University of Chicago Press, 2007, pp.40, 49—50.

④ 岸本能武太讲述《社会学》(1896 年讲义版),第 282 页。

　　章太炎夸赞岸本《社会学》"以社会拟有机,而曰非一切如有机,知人类乐群,亦言有非社会性,相与偕动"。①无论"非社会性",还是"以社会拟有机,而曰非一切如有机",均包含着岸本能武太对斯宾塞社会学理念的承袭和调整。

　　岸本《社会学》根据社会进化学说来演绎人类文明之进程。社会的出现是原人进化至较高阶段的产物,因此,社会的兴起不仅"不与生民同时",并且必定晚于生民的出现。而尚未形成社会时,人类"皆独立生存"。换言之,好离散的独居之性亦即"非社会性",先在于"恶独居而好群居"的"社会性"。社会形成之后,人的"非社会性"并未消失,而是一直与"社会性"共存。在岸本看来,"非社会性"的根本性,不仅关涉社会进化论的存亡,而且确保了个人先于社会的优先性。②

　　岸本的分析,可从沃德《动态社会学》中找到来源。沃德认为,在社会发展的最初阶段,人类很大程度上是独居或小团体生存。③他拒绝接受人为"天然的群居动物"这一从亚里士多德开始并被孔德《实证哲学讲义》强烈捍卫的理念。在他看来,达尔文《人类的由来》以人为"天然之社会人"也缺乏客观性。文明人身上的社会人品格,乃是漫长的制度塑造的结果。沃德指出,"在自然状态下,人类全然并非社会性存在物"。而斯宾塞《第一原理》《心理学原理》以及赖尔《地质学原理》早就认识到人的各种"反社会趋向"(anti-social tendencies)。④

---

　　① 章太炎《章太炎全集·译文集》,第 45 页。

　　② 章太炎《章太炎全集·译文集》,第 79、112 页。原文见岸本能武太讲述《社会学》(1896 年讲义版),第 82、188 页。

　　③ Lester F. Ward, *Dynamic Sociology*, Vol. I, New York: D. Appleton and Company, 1883, p.464.

　　④ Lester F. Ward, *Dynamic Sociology*, Vol. II, New York: D. Appleton and Company, 1888, pp.221—222.

斯宾塞《第一原理》强调"政府行为"与"人民欲求"之间的动态平衡。因为人的攻击性冲动继承自前社会状态，"这类寻求自我满足而不顾及伤害他者的趋向，是捕食者的生活所必须的；它们构成了反社会性的力量，永远趋向于引起冲突，并导致公民间的分离"。另外，人还具有"其目的的实现必须依赖于联合体的欲求，通过与同胞交流才能满足的情感，以及那些产生我们称为忠诚的东西"；此类社会性品格推动社会的凝聚与团结。每个社会都在人的攻击性冲动引发的"斥力"和人的社会性品格带来的"引力"这两种力量的动态平衡中前行。[1]无论是斯宾塞还是沃德，人的"反社会性"都是他们偏向个人主义的自由主义理念的基础。

值得玩味的是，岸本能武太偷换了关键译词。在斯宾塞、沃德的著作中，与"社会性"构成正反关系的是"反社会性"（anti-social）。岸本很清楚这一点。岸本《社会学》反驳社会性乃社会起源的肇因，提到"纵令原人有社会性，同时亦有非社会性"[2]。这里的"非社会性"，岸本日文原著写作"非社会的性情"，并在这一词组旁以片假名词组"アンチ、ソーシヤル、フィーリングズ"标注对应的英文词组"anti-social feelings"。[3]据井上哲次郎1883年增订版《英华字典》，"anti"作为前缀词，意为"against"，可译为"敌、反、背、违"。但岸本译为"非"。"非社会性"对应的英文原词是unsocial。Unsocial意为"不与人交通、不喜交接"[4]。换言之，岸本用表示以消极不合作方式达成"反社会性"的"非社会性"一词，替代

① Herbert Spencer, *First Principles*, London: Williams and Norgate, 1867, p.511.
② 章太炎《章太炎全集·译文集》，第112页。
③ 岸本能武太讲述《社会学》（1896年讲义版），第192页。
④ 羅布存德著，井上哲次郎订增《订增英華字典》，東京：藤本氏，1883年，第42、1139頁。

了意指积极主动、争取个人利益和权利的"反社会性"。而这个译词又直接进入章太炎的中文译本。岸本能武太认为,"我国原非个人主义之国家也","(日本国民——引者)为子者,为亲而生;为妻者,为夫而生;为臣者,为君而生",①对个人幸福有所觉悟者极少。用"非社会性"替代"反社会性",虽一字之差,却更有利于让个人主义传统不发达、重视集体秩序的日本社会接纳斯宾塞的思想。

岸本以麦肯齐《社会哲学绪论》为依据,归纳既有的五种社会性质学说。他首先批判了社会多元说、一元说、器械说以及化学说,②赞同将社会类比为生物的"社会有机体"(social organism)说——在西方,把社会比作有机体很有历史渊源。③章太炎赞赏岸本一方面"以社会拟有机",即承认社会与有机体之间的诸般相似性;另一方面又倡言"非一切如有机",即强调社会与有机体的根本区别。岸本虽略有发挥,但几乎原封不动地继承了斯宾塞的观点。

岸本《社会学》所论社会与有机体的几个相似点,绝大部分脱胎于斯宾塞《社会有机体》与《社会学原理》的结论。④第一,岸本所论两者皆"自同化而成长,自分化而发达"⑤,愈发达愈复杂,其实概括了斯宾塞所言社会与有机体若干相似点:(1)都表现出明显的质量增加即成长的过程;(2)与规模增长相伴的是结构的发展,表现在各自组成部分的增加和分化;(3)结构的进步分化又伴随着功

---

① 岸本能武太《倫理宗教時論》,東京:警醒社,1900 年,第 14 頁。

② 岸本能武太講述《社会学》(1896 年讲义版),第 282、303 頁。

③ 参见 Lester F. Ward, *Outlines of Sociology*, New York: The Macmillan Company, 1898, p.49.

④ 参见 Herbert Spencer, "The Social Organism, " *Essays: Scientific, Political, & Speculative*, Vol. I, London: Williams and Norgate, 1868; Michael W. Taylor, *The Philosophy of Herbert Spencer*, London: Continuum International Publishing Group, 2007, pp.96—97.

⑤ 章太炎《章太炎全集·译文集》,第 141 頁。

能的进步分化,以及不同器官拥有不同职能的多元化取向。①

第二,岸本所论"全体之生命作用,为部分所不与知",以及"一部分之变化,其影响及他部分,遂致全体之变化"②,是对斯宾塞所说的有机体各器官的差异性功能、社会的劳动分工维系了整体的运作,而各部分彼此联系、相互依赖这一观点的具体化。在斯宾塞看来,这是有机体与社会相似点的"基本特征"。而岸本指出,如同躯体的头疼、肺炎导致全体为病体,商业崛起有利于全社会;"社会的诸部分如同有机体的诸部分,随着分化程度的增进,相互依赖的程度也随着增加"。这些事例和总结,均能在斯宾塞《社会学原理》中找到相应出处。③

第三,岸本所论"部分之寿在一时,全体之寿在永久",承袭了斯宾塞所论集合体生命要远远超过组成它的个体;个人有生长、繁殖与死亡,社会则长存。但是,岸本所论"存在目的在本体之内部",认为有机体的目的在维系自身的生长与种族的保存,与此相类,社会之目的"专为本体之内部,而非为社会以外"。④这一项却不见于斯宾塞的论述,而是岸本为分析社会与有机体的差异时挟带些许"私货"所作的铺垫。

岸本《社会学》指出,社会与有机体有两个差异。首先,"组成社会之众人乃各自主自由而有意识、有理性之动物,于此,社会与有机体不相同也"⑤。此项较准确归纳了斯宾塞的观点。斯宾塞

① Michael W. Taylor, *The Philosophy of Herbert Spencer*, pp.96—97.

② 章太炎《章太炎全集·译文集》,第 140 页。

③ 参见岸本能武太讲述《社会学》(1896 年讲义版),第 306 页;Herbert Spencer, *The Principles of Sociology*, Vol. I, New York: D. Appleton and Company, 1898, p.452.

④ 章太炎《章太炎全集·译文集》,第 141 页。

⑤ 岸本能武太讲述《社会学》(1896 年讲义版),第 311—312 页。

认为,生物有机体的意识集中在集合体的一小部分,而社会集合体是分散的,它的所有个体都有意识,都"拥有欢乐和悲伤的能力"。高等动物有感觉中枢,社会却"没有社会感觉中枢"(no social sensorium);"社会为了成员的利益而存在,并非成员为了社会的利益而存在"。①斯宾塞从社会有机体并无感觉中枢出发,否定将个人福祉从属于集体利益的观念,从而"保持了他的对个人主义与放任主义"在方法上和政治上的承诺。②"sensorium"乃斯宾塞的重要理论话语,乘竹孝太郎译为"感受官"。③岸本能武太并没有直接翻译"no social sensorium",而是从侧面论述生物有机体(主要指人的身体)拥有感觉中枢(脑髓脊髓),来反比社会的情况。即与人体不同,社会没有感觉中枢,"社会之部分,非如身体之部分,固著不动且无意识也;今夫百体之感觉,皆自神经脊髓发之,非能自有所觉,手足之动,非其自动,离于全体,则与瓦石等耳"。④易言之,与身体各官能受中枢神经系统控制不同,组成社会的每个个体,各自具有生命、意识、理性与自由。

岸本所论第二个差异不是来自斯宾塞,而是他自己的阐发。如前所述,岸本罗列社会与有机体相似点,还在于两者的存在目的皆在本体之内部。他埋下这一伏笔,是要在相异点中点明,社会"无本体以外之存在目的",但人体除了维系躯体存在的目的外,还有"自己以外"的存在目的。他指出,身体是"灵魂的住所"(靈魂の

① Herbert Spencer, *The Principles of Sociology*, Vol. I, pp.461—462.

② T.M.波特、D.罗斯主编《剑桥科学史》第 7 卷,第 288 页。

③ スペンセル《社会学之原理》第 6 册,乘竹孝太郎訳,東京:経済雑誌社,1884年,第 35 页。

④ 章太炎《章太炎全集·译文集》,第 142 页。原文参见岸本能武太讲述《社会学》(1896 年讲义版),第 313 页。

住處)①,身体在满足自身的物质需求外,还需要满足精神需求。斯宾塞仅从生理学层面考虑有机体,岸本却把问题延伸到人对精神生活的追求。

事实上,19世纪末,无论在英美还是日本,斯宾塞植根于个人主义、推崇自由放任、对政府的调节作用持消极立场的社会有机体学说,已受到广泛批判和质疑。赫胥黎1871年发表的《行政的虚无主义》认为,斯宾塞以有机体来比拟社会,不仅不能支持他的自由放任理念,还适得其反,"彻底反对了关于国家功能的负面观点",陷入自相矛盾。因为对身体而言,神经系统才是控制中枢,若没有神经系统的干涉,肌肉自由收缩、腺体自由分泌造成的生理伤害将不可想象。若以生物体与政治体类比,与有机体的神经系统对应的只能是社会集合体中的政府。社会有机体意味着应有"比现存的更大规模的政府干涉"。②斯宾塞随即发表《专门化的行政》予以回应,指出内脏各功能通过神经节彼此联系、合作,从而保证它们相对独立的运作,即便损害或缺失了高等神经中枢,机体的消化和循环系统也可正常运作。③有研究者指出,斯宾塞与赫胥黎在社会有机体认知上的差别,源自不同的生物学视野和政治目标。简言之,受颅相学、环节动物、海洋无脊椎动物等知识的启发,斯宾塞用以比拟社会的有机体,是诸如蜈蚣、蚂蟥、水螅、管水母等低等动物,各个分段的神经节具有相对独立性,以复合个体形式存在。而赫胥黎反对"复合个体性"的说法,他认为"一个有性生殖的受精

① 岸本能武太講述《社会学》(1896年讲义版),第314頁。

② Thomas Huxley," Administrative Nihilism," *Fortnightly Review*, New Series, Vol.X, November 1, 1871, pp.534—535.

③ Herbert Spencer, "Specialized Administration,"*Fortnightly Review*, New Series, Vol.X, December 1, 1871, p.640.

卵的完整产品"才能称为个体,即他用以比拟社会的有机体是高等
脊椎动物。[1]

就英国的文化氛围而言,大约在 1875 年之后,英国科学界的
话语朝向民族主义、军事战备、爱国主义、政治精英主义等集体主
义价值转移。[2]赫胥黎式的关于社会有机体的认知愈益盛行,费边
主义者和新自由主义者甚至将该概念作为扩大政府职能的依
据。[3]而在美国,沃德所在的华盛顿知识圈普遍意识到,为适应高
速工业化及无组织社会的现状,需要建立一种扩大政府功能、不同
于自由放任假设的新的社会治理哲学。"在华盛顿猛击斯宾塞"
(Spencer-Smashing at Washington)成为 19 世纪末的风尚。[4]在对
社会有机体的认知上,沃德坚定站在赫胥黎一边,认为神经系统才
是社会与有机体相比较时"第一且唯一合适的"项目。如缺乏神经
系统的控制,有机体将整体停摆。沃德呼吁,当前的社会应努力达
到哪怕如低等动物所表现出的低阶段的整合能力。[5]

就岸本所处时代的英美社会思潮发展趋势而言,岸本能武太
举起斯宾塞社会有机体学说的大旗,为个人主义辩护,不免有反潮
流之势,置于日本当时的社会环境观察,更显得不合时宜。

1882 年,加藤弘之发表《人权新说》,批评天赋人权论,倡导实力

---

① 详细讨论参见 James Elwick, "Herbert Spencer and the Disunity of the Social Organism," *History of Science*, Vol.41, No.1(March 2003), pp.35—72.

② Frank M. Turner, *Contesting Cultural Authority: Essays in Victorian Intellectual Life*, Cambridge: Cambridge University Press, 1993, p.205.

③ Michael W. Taylor, *The Philosophy of Herbert Spencer*, p.98.

④ "Spencer-Smashing at Washington," *The Popular Science Monthly*, April 1894, pp.856—857.另可参见 Edward C. Rafferty, *Apostle of Human Progress: Lester Frank Ward and American Political Thought, 1841—1913*, Lanham: Rowman & Littlefield Publishers Inc., 2003, p.203.

⑤ Lester F. Ward, *Outlines of Sociology*, pp.60—62.

权利论和国家有机体学说,继而引发"明治思想史上最重要最激烈的一场论战"①。1890 年,《教育敕语》颁布,标志天皇制绝对主义在制度和思想上获得了压倒性胜利。在当时的日本,"个人主义的自由民权思想被国权主义的社会有机体学说所克服"。②斯宾塞向个人主义敞开的社会有机体学说之本旨渐趋淹没。东京大学教授外山正一曾留学英美,一度号称"斯宾塞轮流朗读会的看门人"。1896 年,外山已改弦更张。他发表《关于人生目的的我信界》的讲演,主张"个人存在的目的,并非在个人自身,而是在个人所附属的团体"③。

岸本《社会学》将社会究极之目的定义为"为个人幸福谋其圆满具足者",将人生究极之目的定义为"任受完具之幸福",明显是与外山正一的观点分庭抗礼。1900 年,岸本撰述《伦理宗教时论》,仍将外山《关于人生目的的我信界》作为批判的靶子,谓"博士议论的短处和缺点,实此埋没个人的倾向"。岸本所倡导的个人主义,乃是"与社会生活没有直接关系的"、属于"个人生活范围"的所谓"人生的个人余裕"(人生の個人的余裕),指向灵魂得以圆满的宗教生活。④"人生的个人余裕"一直都是岸本个人主义论说的关键用语。《社会学》批驳以全体为目的、忽视个体的社会一元说(Monism),也同样使用这个用语。太炎译为"个人各有其余裕"。⑤作为基督徒,岸本在日本社会生活中总是体验着难言的、被排斥的压力。他以反抗的姿态,批评排他主义、孤立主义、锁国攘

---

① 近代日本思想史研究会《近代日本思想史》第 1 卷,马采译,北京:商务印书馆,1983 年,第 109 页。

② 清水幾太郎《日本文化形態論》,東京:サイレン社,1936 年,第 96 页。

③ 外山正一《﹅山存稿》,東京:丸善株式会社,1909 年,第 33、617 页。

④ 岸本能武太《倫理宗教時論》,第 28 页。

⑤ 岸本能武太講述《社会学》(1896 年讲义版),第 289 页;章太炎《章太炎全集·译文集》,第 136 页。

夷思想。然而,岸本执着于与社会生活的公共领域相割裂的私人的宗教体验,还必须在明治国体的框架中展开论述,称"离开了健全的个人主义就没有安定的国家主义"。①这些都与他将"反社会性"译为"非社会性"一样,表明其消极抵抗的特征。

章太炎翻译《社会学》时所能接触的日本人自著"社会学"作品,以个人主义为诉求者,可谓凤毛麟角。如浮田和民《社会学讲义》(1901 年)对斯宾塞社会有机体学说的本旨体察深刻,谓"斯宾塞的社会学以个人主义为目的"。然而他指出,今日的社会学,在脱生物学的同时,又在脱个人主义,社会学宜取沃德的立场,"立脚点应该在社会"。②外山正一的两名学生——远藤隆吉与建部遯吾,是当时重要的社会学家。远藤隆吉认同赫胥黎对社会有机体的判断,即"个人是社会的一个机关,是全体的机关的一部分。如无全体,则个人不能存立,纵然存立,亦大异其趣","社会是个人的目的"。③建部遯吾 1901 年从欧洲留学归来,作为外山接班人,担任东京大学社会学教授,开启了"建部社会学的统治时代"。④建部遯吾 1901 年出版讲义录《社会学》,明确站在国家社会一方,将个人主义视为草昧时代的形态,批评将个人主义作为理想"乃颠倒事理"。⑤章太炎自称"日读各种社会学书",阅读过浮田和民《史学原论》、远藤隆吉《支那哲学史》及其所译吉丁斯《社会学》。⑥建部《社

① 岸本能武太《倫理宗教時論》,第 18 頁。
② 浮田和民《社会学講義》,東京:開発社,1901 年,第 69—70 頁。
③ 遠藤隆吉《現今之社会学》,東京:金昌堂,1901 年,第 59—60 頁。
④ 松本潤一郎《日本社会学》,第 8 頁。
⑤ 建部遯吾《社会学》,第 338—339 頁。
⑥ 参见《章太炎来简》,《新民丛报》第 13 号,1902 年 8 月 4 日,第 1677—1678 页;章太炎《序种姓上》《订孔》,《章太炎全集·訄书重订本》,上海:上海人民出版社,2014 年,第 170、132 页。

会学》与岸本《社会学》同为东京专门学校的讲义,其百科全书式的
知识容量更足以使读者侧目。太炎几乎不可能没有涉猎浮田、远
藤、建部各自撰述的"社会学"。那么章太炎格外钟情并翻译这本
"另类"《社会学》的契机或原因是什么?

二 章太炎翻译《社会学》之前的思想动向

章太炎表彰岸本《社会学》,谓"知人类乐群,亦言有非社会性,
相与偕动"。从字面上看,这当然是强调乐群的社会性与喜独的非
社会性均为人性之一端。如果将这一观点置于太炎自身思想演变
的历程中来观察就会发现,"乐群""合群明分"作为荀子学的中心
思想,是包括《訄书》初刻本(1900 年)在内的太炎早年著述的核心
要义。序言这句话恰恰彰明"非社会性"在太炎思想中的地位获得
了上升,甚至达到可与人之"乐群"属性分庭抗礼的程度。理解太
炎思想的这一新趋向,需作一番回顾。即在接触岸本《社会学》之
前,太炎解析群独关系,从 1894 年的《独居记》,到以该篇为原型、
收入《訄书》初刻本的《明独》(1900 年),要点均在"大独必群,不群
非独"。[1]所谓"独"并非人的"非社会性",因为它内在于"群"以及
"乐群",太炎讨论的乃是交织于社会性关系中的个体该如何发挥
积极作用。《訄书》初刻本并置《明群》和《明独》,也并不隐含"群"
与"独"的对峙。

《明群》认为,"一人不兼官,而离居不相待则穷",即个人难以
兼任不同的生产劳作而获得足够丰富的生活资料,因此才产生了

---

① 章太炎《独居记》,《章太炎全集·太炎文录补编》(上),上海:上海人民出版社,
2017 年,第 1 页;章太炎《明独》,《章太炎全集·訄书初刻本》,上海:上海人民出版社,
2014 年,第 53 页。

社会(群)。君者"群也","立君"是为了解决"人相争"的问题。《荀子·富国》云:"人之生,不能无群,群而无分则争,争则乱,乱则穷矣。故无分者,人之大害也;有分者,天下之本(大)利也;而人君者,所以管分之枢要也。"①太炎认为,开设议院,或将面临政出多头、各种利益团体干扰执政等问题,因此并非变法之急务。变法初期君主应依靠谋士来推行集权。该篇末尾暗讽慈禧幽禁光绪帝,造成国家实际君主与形式君主双君(两群)并存的困局,谓"一国有两群,则不可以出政令"。②《明群》体现了太炎戊戌(1898 年)、己亥(1899 年)之间"与尊清者游"的变法思想。③随着日后其政治立场转向革命,1904 年出版的《訄书》重订本便删掉了《明群》篇。

原型为《独居记》的《明独》篇,重点却并非表彰脱离于社会之外的个体。《明独》首先批评鸷夫、啬夫、旷夫三种"不群"之"独"。如果说好勇斗狠的"鸷夫"之"独",乃是"反社会性"人格的呈现,那么拔一毛利天下而不为的"啬夫"之"独",与幽居山林、旷达闲适的"旷夫"之"独",则更多地呈现了消极的"非社会性"人格。在太炎看来,无论"反社会性"还是"非社会性"之"独",由于不具备"乐群"的社会性特点,是不能荣享"独"之名的。这意味着必须基于"群"言"独"。太炎欣赏两种所谓的"独",即"独而为群王"的英雄领袖人物,和"其性廉制,与流俗不合"但一心为公、替寡弱者主持正义的狷介之士。这两种所谓"独",都代表人类推动群体良性发展的社会性品格。④

一般来讲,儒家将社会属性作为包裹着人的前提性存在。不

---

① 王先谦《荀子集解》,沈啸寰、王星贤点校,北京:中华书局,2013 年,第 212 页。

② 章太炎《明群》,《章太炎全集·訄书初刻本》,第 51—52 页。

③ 章太炎《客帝匡谬》,《章太炎全集·訄书重订本》,第 120 页。

④ 章太炎《明独》,《章太炎全集·訄书初刻本》,第 53—54 页。

同儒者或许在体悟和实现自身社会属性的方式上有所差异,但都不背离于在五伦关系中定义人的宗旨。①正是基于这一立场,太炎不满"啬夫""旷夫"的"非社会性",不认同他们以自我为本位而不关注群体的思想及行为。

1898 年,章太炎和曾广铨合译了《斯宾塞尔文集》。其中《论礼仪》一篇的原作《礼仪与风尚》,集中展现了斯宾塞以个体为本位的自由主义思想。从太炎译文对相关段落的处理,也能够窥见他彼时的思想取向。一方面,译文有几处比较准确地呈现了原作对自由的诠释,表明至少从字面上,太炎对斯氏学说的相关意涵有所了解。比如斯宾塞指出,人有热爱自由、挣脱限制的天性,太炎译相关语句为"人情好自由,不甘钳制,故有畔犯之举,而败已行之风"。②斯宾塞处理社会关系的"第一原理",是"每个人都有做一切他愿做的事的自由,只要他不侵犯任何他人的同等自由"。③《礼仪与风尚》也有类似论述,太炎的译文是,"凡事必协于理,而平其等。必使人各自由,各自求其所好,各不侵占权利,彼此无犯"。④

另一方面,斯宾塞鼓励人打破既有的社会秩序,太炎对此心存疑虑。斯宾塞认为,法律、宗教和礼仪,作为治理社会的人为设施,

---

① 参见沟口雄三《中国前近代思想的屈折与展开》,龚颖译,北京:生活·读书·新知三联书店,2011 年,第 173—174 页。

② 曾广铨采译,章炳麟笔述《斯宾塞尔文集·论礼仪》,《昌言报》第 8 册,《近代中国史料丛刊三编》329,台北:文海出版社,1987 年,第 450 页。斯氏原文参见 HerbertSpencer, "Manners and Fashion," *Essays: Scientific, Political, & Speculative*, Vol. I, p.93.

③ 赫伯特·斯宾塞《社会静力学》(节略修订本),张雄武译,北京:商务印书馆,1996 年,第 52 页。

④ 曾广铨采译,章炳麟笔述《斯宾塞尔文集·论礼仪》,《昌言报》第 8 册,《近代中国史料丛刊三编》329,第 451 页。原文参见 Herbert Spencer, "Manners and Fashion," p.93.

有着共同的历史起源。法律和宗教从根本上、礼仪从细节上管理人的行为,它们都是对人的自由的限制。人类摆脱奴役状态、走向现代文明的过程,意味着抵抗专制权力,开创民众政治,否定教会权威,建立个人判断的正当性。斯宾塞表示:"所有类型的治理都是为不适应社会生活的原始人而设置的,而治理的强制性是与他们的不适应性的减少而成比例地减少;当人类对新的条件获得完全的适应性时,它们一定全都会走向终结。"①斯宾塞以个人自由为本位,将所有社会规则相对化和外在化。

在太炎看来,朝廷之制、庙堂之典、会同之仪只有在不符合正义和道德规范的情况下,才是"龌龊苛礼"。用"义无所取"②的规则进行治理,才算"限制人人自主之权"。这与斯宾塞将所有正式的或事实上的规则都视为对人自由的限制是不同的。导致其间差异的根本原因在于,太炎所继承的荀学原本立足于群体的和谐来理解个体价值,即所谓"合群明分",个体是作为群体之一分子的个体。而人性之恶需要外在的礼法来进行矫治。因为人性本恶的普遍事实永难改变,礼仪规范永远具有存在的理由,其宗旨在于生命个体之化性起伪、实现道德善。这又与斯氏认定经过漫长的进化人性终极能够达于至善相左。

易言之,无论是章太炎的个人作品《明群》《明独》,还是其译著《论礼仪》,"乐群"的社会性是早年太炎思考人的出发点。尽管如此,通过这次翻译,他对斯宾塞的学说已有所了解。在另一位译者曾广铨的帮助下,他将 freedom、liberty 灵活地对应于"自

---

① Herbert Spencer, "Manners and Fashion," p.92.

② 曾广铨采译,章炳麟笔述《斯宾塞尔文集·论礼仪》,《昌言报》第5册,《近代中国史料丛刊三编》329,第 266 页。"义无所取"为译文添加,斯宾塞原文无。HerbertSpencer," Manners and Fashion," p.64.

由"或"自主",①且把"自主"和"自由"当作褒义性的同义词。

虽然来华新教传教士早就在中国境内将英语的 liberty 译作"自由"或"自主",②但从中国知识界来看,章太炎几乎与严复、何启、胡礼垣等较早接触英语圈文化的启蒙先驱同时甚或略早地在肯定意义上实现了 liberty、freedom 与"自由"和"自主"的对译。这些都为他在翻译《社会学》时理解岸本能武太社会学思想,作了理论上的铺垫和准备。据朱维铮考证,1900 年 2 月中下旬《訄书》初刻本付梓,1900 年夏秋之间《訄书》初刻本推出了再版本亦即补佚本。补佚本多出了《辨氏》与《学隐》两篇,一瞥内容,便可发现"不再是'与尊清者游'的口吻","作者对清朝的态度已有变化"。③

道咸以降,经世思想渐成主潮,学界持续反思以惠栋、戴震、段玉裁、王念孙等为代表的乾嘉之学的流弊。如魏源、康有为都将"无用"视为乾嘉汉学的最大耻辱。④《学隐》开篇以魏源《李申耆传》的论述作靶,其实则是要与彼时士林的类似认知开战。太炎提示,要依据政治历史环境亦即"世"之是否"有望""可为",来判断"用"的真伪。在具有道德正义性的"用"没有施展空间的时代,施于训诂、穷老笺注的"无用"就是合理选择。⑤《学隐》为戴震所代表的汉学诸公辩白:"知中夏甈黮不可为,为之无鱼子虮虱之势足以

① 参见曾广铨采译,章炳麟笔述《斯宾塞尔文集·论礼仪》,《昌言报》第 8 册,《近代中国史料丛刊三编》329,第 451 页。
② 参见冯天瑜《新语探源——中西日文化互动与近代汉字术语生成》,北京:中华书局,2004 年,第 555 页。
③ 章太炎《章太炎全集·訄书初刻本》,《本卷前言》,第 10 页。
④ 魏源《武进李申耆先生传》,《魏源全集》,长沙:岳麓书社,2004 年,第 12 册,第 283 页;康有为《长兴学记》,《康有为全集》第 1 集,北京:中国人民大学出版社,2007 年,第 349 页。
⑤ 《訄书》初刻本(补佚本)、《訄书》重订本、《检论》均有该篇。参见《章太炎全集·訄书初刻本、訄书重订本、检论》第 111、161、490 页。

藉手；士皆思偷朁禄仕久矣，则惧夫谐媚为疏附，窃仁义于侯之门者。故教之汉学，绝其恢谲异谋。"太炎还在儒学思想内部，为戴震的行为寻找经典依据——"废则中权，出则朝隐"。①

"废则中权"典出《论语·微子》："虞仲、夷逸，隐居放言，身中清，废中权。"马融释"废中权"为"遭世乱，自废弃以免患，合于权也"。②谢良佐谓"虞仲、夷逸隐居放言，则言不合先王之法者多矣；然清而不污也，权而适宜也，与方外之士害义伤教而乱大伦者殊科"③。在乱世之中为免患而隐居避世，符合儒家的经权之道。"隐"虽与儒家的伦理观并不完全契合，却也是儒家认可的行为方式。"朝隐"语出扬雄《法言·渊骞》，中有东方朔之问"柳下惠非朝隐者与"，这也是对《论语·微子》篇的演绎。扬雄承认"隐道多端"，"圣言圣行，不逢其时，圣人隐也。贤言贤行，不逢其时，贤者隐也。谈言谈行，而不逢其时，谈者隐也"。④太炎"学隐"之概括，或受扬雄"圣人隐""贤者隐""谈者隐"的启发。

《学隐》的撰写表明，在接触岸本《社会学》以前，太炎已不再固守"乐群"的一元价值追求，尝试从儒家内部寻找支持远离政治的理论依据。这是他关注进而翻译岸本《社会学》的重要契机。

三　章太炎对个人自由观念的发展

1902年，通过翻译《社会学》，章太炎收获了诸如"非社会性"

---

①　章太炎《学隐》，《訄书》初刻本（补佚本）、《訄书》重订本、《检论》均有该段。《检论·学隐》中"汉学"改为"古学"。参见《章太炎全集·訄书初刻本、訄书重订本、检论》第112、161、490页。

②　参见程树德《论语集释》，程俊英、蒋见元点校，北京：中华书局，1990年，第1284页。

③　参见朱熹《四书章句集注》，北京：中华书局，1983年，第186页。

④　汪荣宝《法言义疏》，陈仲夫点校，北京：中华书局，1987年，第483页。

"消极"等带有个人主义理论色彩的新词汇。通过援引斯宾塞社会有机体学说,正统儒学观念中并不光彩的"废""隐"之"逃群"(离于社会)进一步获得了正当性。然而,革命活动要求人的积极行动,而且太炎此前已了解并认同斯宾塞的自由理念,在《社会学》译本中,太炎表达了对岸本略微压抑自由之积极面向的不满。此外,岸本详细介绍但持反对立场的以独在之个体为本位的社会"单子说"(Monadism,岸本和太炎都译为"多元说"),与此后太炎"个体为真,团体为幻"的表述极为相似。①可见翻译《社会学》后,该论述即在太炎思想中潜伏下来。

1898 年章太炎与曾广铨合译《斯宾塞尔文集》时,对"社会有机体"(socialorganism)概念并无自觉意识,以至于原作共四次提到这一概念,但译作《论进境之理》和《论礼仪》均未出现。②借助于岸本《社会学》,章太炎曲折获悉斯氏"社会有机体"说的本旨。诸如"社会"与"有机体"有不相似之处,"非一切如有机",组成社会的个体拥有独立的意志和自由等说法,令他印象深刻。因为在太炎当时所接触的中文舆论中,无论将"群"还是将"国家"比作"有机体",大都把"有机体"指向高等脊椎动物亦即人,并且强调群或国家与有机体的相似之处——都具备控制功能的"感觉中枢"。比如严复用"官品"来翻译 organism。③他在《原强》修订稿中说,"盖群者人之积也,而人者官品之魁也";"夫一国犹之一身也,脉络贯通,

① 太炎《国家论》,《民报》第 17 号,1907 年 10 月 25 日,北京:科学出版社,1957年合订影印本,第 3 册,第 2 页。

② 参见 Herbert Spencer, "Progress: Its Law and Cause, " *Essays: Scientific, Political, & Speculative*, Vol. I, pp.2,16,55; Herbert Spencer, "Manners and Fashion," p.84.

③ 在严复早年的《保种馀议》《天演论》等作中都能看到"官品"。他曾自述用"官品"译 organism 的缘由,可参见严复《政治讲义》(1906),《严复全集》卷 6,第 19 页。

官体相救,故击其头则四肢皆应,刺其腹则举体知亡"。①

得到斯宾塞式社会有机体学说的框架为支持,人在"乐群"取向之外,拥有承袭自原人阶段更本初的"非社会性"的天性,就变得顺理成章。章太炎意识到,岸本《社会学》为《学隐》所陈士人"废"(自我废弃)、"隐"等行止赋予了共有的政治属性的名称——"非社会性"或曰"逃群",而最能反映"非社会性"政治姿态的是"消极"。

"消极""积极"乃日本兰学创造的和制汉语,原本指电气的阴阳两极。明治初期,在强调悲观、厌世的西洋哲学影响下,"积极"逐渐开始指涉肯定的、正面的心理状态以及进取的行为方向;而"消极"则倾向于指涉否定、负面的心理状态及退守的行为方向。②从19世纪末开始,"积极""消极"作为新语汇传入中国。特别是癸卯甲辰之际,"海上译籍初行,社会口语骤变,报纸鼓吹文明,法学哲理名辞稠叠盈幅;然行之内地,则'积极''消极''内籀''外籀',皆不知为何语。由是缙绅先生摒绝勿观,率以新学相诟病"。③太炎1902年翻译岸本《社会学》,事实上参与了"积极""消极"这一波新词汇的引介和推广。除《社会学》外,在太炎同时期译介的姊崎正治《宗教学概论》及其与友人吴君遂的书信中,也都可见"消极"一词。④太炎译《社会学》勾连"消极"与个人主义指向的"逃群"(离于社会)、"非社会性",赋予了该词"以不行动为行动"的政治内涵。

岸本指出,厌世论者"对于社会,怀消极绝望之念",其人生观、

① 严复《原强(修订稿)》,《严复全集》卷7,第25、26页。
② 参见王丽娟《專門語から一般語へと——積極・消極を中心に》,《或問》,No.32,2017,pp.35—43.
③ 《辞源》,北京:商务印书馆,1999年影印1915年第1版,"编纂此书之缘起",第4页。
④ 参见章太炎《原教上》,《章太炎全集・訄书重订本》,第287页;章太炎《与吴君遂书》,《章太炎全集・书信集》(上),上海:上海人民出版社,2017年,第121页。

社会观是"生存者,楚痛之连锁;社会者,烦恼之渊薮;必灭性逃群,然后可以幸免"。①太炎此处译文照搬了日文原文的"消極"和"絶望",并将原文的"人生を絶つ"(弃绝人生)译为"灭性",将"社會を離るヽ"(离于社会)译为"逃群"。②此外岸本认为,社会改革者的愤世嫉俗,事实上是将希望寄托在将来理想社会的乐天主义。太炎把岸本的解释意译为"彼虽谓黄金时代不可再见于今,其心犹有所豫期焉。豫期者,固非消极绝望,则凡所以灭性逃群者,特对于客观之今日,而非发于主观之吾心,其心固犹是乐天也"。③值得注意的是,此处的"消极""灭性逃群"都非原文所有,而是太炎以儒学话语连类格义岸本社会学概念的结果。

1902 年夏,章太炎从日本回国,之后开始增改《訄书》,于 1904 年出版《訄书》重订本。转向革命的章太炎必须面对国内的新政局。《辛丑条约》签订后,列强借"保全主义"之名,行攘夺利权之实。1901 年清政府启动新政改革,意图之一为对抗革命。《訄书》重订本新创作了《消极》篇,将《学隐》中学者的"隐""废"举动所指向的政治"消极"行为推而广之。太炎寄望社会各界通过"退而守旧",令政"日损",达成"不足以立事而事立"的政治目标。④《消极》中"清作伪政""新军陵轹主人""今警察又建矣"等语,矛头所指皆为新政。太炎指出,在外国殖民者控制中国政治经济命脉、官商勾

① 章太炎《章太炎全集·译文集》,第 145 页。
② 岸本能武太讲述《社会学》(1896 年讲义版),第 327—328 页。
③ 章太炎《章太炎全集·译文集》,第 146 页。原文参见岸本能武太讲述《社会学》(1896 年讲义版),第 334—335 页。
④ 章太炎《消极》,《章太炎全集·訄书重订本》,第 314 页。为抹除日文汉字词的痕迹,国家图书馆所藏修订的《訄书》重订本将《消极》篇更名为《消道》(第 316 页)。《检论》(1915)最终将之更名为《无言》。正文中的"消极"则改为"消道"。(《章太炎全集·检论》,第 590 页)

结的情况下,愈外交、愈通商,所失权益就愈多。①太炎这些说法呼应了彼时的舆论。比如论者或谓列强变"明瓜分"为"暗瓜分","视中国为彼私家之物,中国政府为彼掌产业之家奴",②通过保全、操控清政府来盗取中国利益等。太炎认为清政府"伪作新法"的目的仅是维持其腐朽统治,所以助力新政不啻为虎作伥。由此,他倡导广大民众进行"不作为"的消极抵抗,外交"不如绝交",通商"不如闭关",军事"不如偃兵";在清政府倒台后,"积极之政,于是俶载,以辅后王"。③

岸本能武太创造性地将斯宾塞、沃德作品中原人的"反社会性"(anti-social),翻译为指向离群索居的"非社会性"。针对明治三十年代以降的厌世思潮,他认为不少逃离社会的消极绝望者,其实憧憬黄金时代于未来,在宗教生活中维系个人空间。其《社会学》为正在发掘"废""隐"价值的章太炎提供了社会与有机体不相似,"非社会性""消极"等一套理论话语。在清末新政的变局中,太炎进一步将"废""隐"扩充为"以不作为为作为"的"消极"抵抗政治,从而发展了个人自由的消极面向。个人主义在跨洋传播过程中,与不同社会、政治环境产生了各种殊色的化学反应。

岸本能武太审慎使用"自由"一词,并批评社会"单子说"(Monadism)。章太炎对这两项内容的特殊处理则意味着,被岸本译文遮挡的斯宾塞、沃德原作中积极主动的个人自由倾向,又被太炎稍显恣意的翻译实践掀了出来。换言之,正在进行革命的章太炎,比岸本的自由主张更加积极。

在岸本眼中,"自由独立"乃智慧的文明人积极主动创造新生

---

① 章太炎《消极》,《章太炎全集·訄书重订本》,第 314、315 页。
② 《论外国待中国之现情》,《新民丛报》第 20 号,1902 年 11 月 14 日,第 2773 页。
③ 章太炎《消极》,《章太炎全集·訄书重订本》,第 314—316 页。

活、新风尚的优秀品格，因循姑息、为所欲为、处于进化初级阶段的原人并不具备这项品格。他以在马来半岛、巴西、印度等地所做的人类学调查，来说明放纵致使原人彼此之间分离散处。①原文有一段未出现"自由"，太炎译文却两次使用了"自由"。

原文：

第一元來彼等は我儘勝手を好みて束縛に堪へざる（こと）。彼等は情慾の動物にして兎も角も速に己れの情慾を滿足せしめんと欲せしが故に、彼等は他人の利害を顧るの遑なく。却って他人と相爭ひ相鬩ぐ（こと）のみなりしならん。斯かれば彼等は自ら相分裂せざるを得ず、孤獨の生涯を送らざるを得ず。②（参考译文：第一，他们本来就不堪被束缚而喜欢任意的为所欲为。由于他们作为情欲的动物只想尽快地满足情欲，不遑顾及他人的利害。反过来，他们不只和他人相争相斗，如此一来还不得不将自己与他人相分裂，不得不度过孤独的生涯。）

太炎译文：

一以为我能自由而不受他人之约束者也。盖其人既为肉欲之动物，务于得欲，则不暇念他人，而争阋常因以起。争阋者，未必其果胜，不果胜则或为他人所判，而无以成自由独立之荣名，故非散处则必有自疚者矣。③

太炎译文第一次使用的"自由"，对应原文的"我儘勝手"（为所欲为）。日文"我儘"（读作わがまま）意为"任性、肆意"，"勝手"意为"任意、为所欲为"，二词都有以自我为中心的意思。第二次出现"自由"的句子——"争阋者，未必其果胜，不果胜则或为他人所

---

① 原文见岸本能武太讲述《社会学》（1896 年讲义版），第 123、116 頁。

② 岸本能武太讲述《社会学》（1896 年讲义版），第 116 頁。

③ 章太炎《章太炎全集·译文集》，第 89 页。

判,而无以成自由独立之荣名,故非散处则必有自疚者矣",在原作中并无对应语句。这其实是太炎对他认为原文扞格难通之处——为什么说相争相斗的结果是将自己与他人分裂,而"度过孤独的生涯"的一种解释。由此可见,岸本眼中不能称为"自由"的为所欲为,在太炎看来,同样是值得肯定的"自由独立"。太炎的自信,建立在他之前通过翻译《斯宾塞尔文集》,习得了较宽泛的、往往为褒义的"自由"概念。另外,太炎的表现也印证了严复的判断。严复指出,中文里当时流行的"自繇",常含"放诞、恣睢、无忌惮诸劣义",这实为"后起附属之诂",理解"自繇"本意,应该回到"不为外物拘牵"这一最初的含义上来。①章太炎正是以"不为外物拘牵"这一最初含义来理解"自由"。同时期太炎译《社会学》、严复译《群己权界论》、梁启超撰《新民说·论自由》,都在某种程度上试图淡化中文舆论界"自由"所含"放手放脚、掉臂游行、无拘无管、任情肆意、不怕天不怕地"②之负面色彩。

　　岸本能武太根据《社会哲学绪论》来分类诸社会性质说。他首先批判了极端个人主义的"社会多元说"(the monadistic explanation of society)。Monadism 本于 Monad,即单子。单子是一种反映世界秩序的独特元素符号,在西方有漫长的知识史。1714 年,莱布尼茨《单子论》的出版普及了这一概念。Monadism 一词今天通常译为"单子论"或"单元论"。约翰·麦肯齐指出,"单子论是一种认为集合是由相互独立的部分所组成的世界观,组成集合的每一部分都有它独自的本性"。③岸本能武太用汉字"多元说"来翻译"Monad-

---

　　① 严复《群己权界论·译凡例》,《严复全集》卷 3,第 254 页。
　　② 康有为《物质救国论》,《康有为全集》第 8 集,第 68 页。
　　③ John S. MacKenzie, *An Introduction to Social Philosophy*, New York: Macmillan and Co., 1890, p.128.

ism",将由它导引的社会性质学说翻译为"社会多元说",意即社会由众多各自独立的元子构成。①对同一个对象的不同称名凸显了不同的侧重点：称之为"多元说"乃立足于由单子构成的集合体；称之为"单子论"则是立足于构成集合体的独立元子。而章太炎将"多元说"及"社会多元说"这些岸本的日译汉字词直接引入中文。另外，1902 年广智书局出版太炎译《社会学》，还将岸本原文的英文说明词"Monadism"，错排为"Monadin"。②这些都阻碍了中文世界对"社会单子说"这一概念的理解。③

　　岸本不赞同单子论学说导出的极端个人主义主张，认为"是说于社会性质，其不合无待深论"，④然而他对"Monadism"的详尽描摹，对于章太炎未尝没有产生"劝百讽一"的效果。将岸本《社会学》对该学说的描述，与太炎《四惑论》《国家论》等文的表述作比较，就可以窥见一斑。

　　岸本《社会学》称，"Monadism"主张"社会非有全体在，特有无数个人在耳。而个人亦各独立，无所依赖，本无相助，亦无求于相助……人类以社会而被钳束，致毁损自然之权利者多矣。故个人宜脱社会之裁判，以复归其自由"。此中逻辑可见于太炎《四惑论》，所谓人"非为世界而生，非为社会而生，非为国家而生，非互为他人而生。故人之对于世界、社会、国家，与其对于他人，本

---

① 岸本能武太讲述《社会学》(1896 年讲义版)，第 283、284 页。岸本能武太用"多元说"来翻译"Monadism"，其考虑应该主要是与极端相反的、只认社会为实在而不认个体为实在的"Monism"(岸本翻译为"一元说")，在名称上产生对照关系。

② 岸本能武太《社会学》(下)，章炳麟译，上海：广智书局，1902 年，第 20 页。

③ 上海人民出版社 2015 年排印出版的《章太炎全集·译文集》将广智书局版有讹误的"Monadin"改为"Pluralism"，称"多元说即 Pluralism"(《章太炎全集·译文集》，第 134 页)。经笔者提醒，该社 2018 年出版的《章太炎全集》(十九)改为 Monadism (第 134 页)。

④ 章太炎《章太炎全集·译文集》，第 135 页。

无责任"。①岸本又说,"Monadism"还主张"独存为自然。团结为偶然,部分为实事,全体为妄言"。②

太炎《国家论》的"个体为真,团体为幻",俨然同此声口。③可见以英国哲学家约翰·麦肯齐著述的日语译本为中介,莱布尼茨以降西方的"单子论"学说已潜伏在章太炎思想中。

太炎1908年发表《无政府主义序》,从中仍能看到岸本《社会学》从人类和社会进化角度来解析人的属性,以及"乐群"与"非社会性"相偕动的命题。一方面,太炎对人的个体性——非社会性的"独居深念""介特寡交"④已有根本的承认,即他认同人有自主决定自己生命及生存方式的权力,对他者并没有天然的道德义务。彼时知识界有舆论斥言革命者不与社会相扶助、隐遁、自裁,违背了公理。太炎则抨击这种舆论乃束缚他人自主权的私见。⑤如前所述,在《明独》篇中,太炎曾对啬夫、旷夫颇多微辞,而至此时,太炎认为只要不干涉他人,就"无宜强相陵逼"。太炎思想的进境植根于清末革命的历史,这一现实促使他从秩序边缘者、抵抗者的角度来感受并重新思考人间的制度和秩序。而从斯宾塞到岸本能武太,不同时期层累叠加的个人主义理念,则使太炎的感性冲动不断得到理性上的清晰化确认,激发他赋予该理念以再理论化的表达。因此,人与秩序之思的跨洋交流,是他思想进境重要推手。

另一方面,太炎深知一旦人"乐群就众"生成"屯聚",就必须建

---

①　太炎《四惑论》,《民报》第22号,1908年7月10日,北京:科学出版社,1957年合订影印本,第4册,第2页。

②　章太炎《章太炎全集·译文集》,第135页。

③　太炎《国家论》,《民报》第17号,1907年10月25日,第3册,第2页。

④　太炎《无政府主义序》,《民报》第20号,1908年4月25日,第3册,第129页。

⑤　太炎《四惑论》,《民报》第22号,1908年7月10日,第4册,第2—9页。

立"友纪条贯"的秩序规则。①换句话说,社会化的过程意味着人要适度收敛天性,以适应群体的目标。沃德认为"所有的文明都是人为"。而荀学的核心是"其善者伪也"。太炎指出,"人类所公认者,不可以个人故,陵轹社会;不可以社会故,陵轹个人"。他并不倡导离群索居,但却认为应给予这种思想、言行与众不同者以生存的空间,原则是"人伦相处,以无害为其限界"。②这就又回到了斯宾塞处理社会关系的"第一原理"。其实,岸本曾批评过无政府主义学说,认为"无论如何发达,人作为有限之物(的特点)无疑会持续下去",而群居生活中,人与人会产生繁多的关系,"势必有设立某种政府的必要"。③"政府安能遽废",正是受儒教文明熏染的中日两国知识人的思想默契。④太炎始终拒绝将无政府作为政治革命的目标,早在翻译《社会学》时就现出了芽蘗。

四 自由与秩序之思的跨洋流变及其影响

19世纪的生物和社会进化学说,伴随形成连锁反应的"社会学"载体,在英、美、日、中等国递进传播。不同国家的知识分子各有侧重地再生产"社会学"所关涉的自由与秩序之思,其结构颇可与古史辨派"层累说"相比拟,⑤思想学说的滋生由此呈现为一个基于内在关联不断叠加增殖的系谱。岸本能武太较准确地把握了斯宾塞社会有机体学说的本旨,其逆潮流而动的个人主义魅力吸

① 太炎《无政府主义序》,《民报》第20号,1908年4月25日,第3册,第129页。
② 太炎《四惑论》,《民报》第22号,1908年7月10日,第4册,第8、2页。
③ 岸本能武太讲述《社会学》(1896年讲义版),第376—377頁。
④ 章太炎《章太炎全集·译文集》,第155页。
⑤ 顾颉刚《古史辨》,上海:上海古籍出版社,1981年,第1册,"自序",第52页。

引了章太炎。对斯宾塞、沃德来说,人类承袭自原人阶段、寻求扩张个人行动范围的"反社会"(antisocial)的趋向,支持了他们的自由理念。岸本能武太巧妙地用汉字"非社会性"对译反社会性(anti-social),通过强调不喜交流、离群索居的取向,来松弛个人主义带给日本社会的紧张感。而章太炎领悟到,岸本提供的"非社会性"、"消极"等论说,进一步使儒学观念中不甚光彩的"废"、"隐"等逃群举动,获得了正当价值,太炎更从中升华出以"不作为为作为"的抵抗政治,向社会大众进行呼吁。然而,投身清末的革命实践,使他对岸本略微压抑"自由"的倾向却颇不以为然。

值得注意的是,共时层面上空间边界的不稳定性和相互之间的可流动性,使历史观念横向层累的前缘构成往往较为繁复。在印刷工业兴起、跨国思想流动和交汇极为频密的情况下,更难以存在个体与个体间思想单向度的封闭传递。比如,岸本接受或反驳斯宾塞学说的知识渠道,既包括"间接阅读"沃德作品,又包括直接浏览斯宾塞原著。同时,他还接触了英语圈各种关于斯宾塞的论说,接触了日语世界有贺长雄、乘竹孝太郎等译介的斯氏作品,以及外山正一涉及斯宾塞的言论。而章太炎在翻译《社会学》之前,已译介过《斯宾塞尔文集》,了解严复所译《斯宾塞尔劝学篇》及其《天演论》中关于斯氏的评论。太炎还有意无意间涉猎了以有贺长雄为代表的日本诸多学者有关斯氏学理的著述。[1]在斯宾塞—沃德—岸本—章太炎的思想连锁"事变"(event)中——包括上文提及的周边所有"事变",又从不同程度上影响到此一"事变"中的各个环节,

---

[1] 太炎《訄书》重订本的《序种姓上》《族制》《原教下》有涉及有贺长雄《宗教进化论》和《族制进化论》的内容。而这两本书和《社会进化论》皆由有贺长雄根据斯宾塞《社会学原理》和《社会学材料集》编著,于1883—1884年出版。

"正如把几块石子一齐投到水里去,波纹互相涵融渗透"。①尽管如此,不同国别的知识人,其各自的核心关切还是相对明晰的。社会学家沃德思索的是通过人为的干预亦即扩大政府职能,来纠正美国自由放任资本主义的弊端。岸本能武太倡导社会改良,并以个人主义来抵制日本国内膨胀的绝对主义对精神生活的干涉。革命者章太炎则倾心于为反清革命行动寻求理论依据。他们将随波振荡、涵融渗透的社会学思想,特别是生物、社会进化学说所支持的人的本初属性,作为权威的科学原理,有序地整合进自身对秩序的诉求之中。而这种诉求又反映出当时各国的社会政治征候。

章太炎译岸本《社会学》对近代中国学术和社会思潮产生了深刻影响。一方面是启发学术思想。章译《社会学》是我国翻译出版的第一本完整的社会学著作,向国人呈现了最为系统、清晰的社会学定义。因此时人推举"章氏炳麟之群学为巨擘"。②章译《社会学》出版次年(1903),严复译自斯宾塞《社会学研究》的《群学肄言》出版。严复坚持以"群学"对译 sociology,认为"群"与"社会"内涵不同,"群有数等,社会者,有法之群也"。③然而,在日译新词铺天盖地进入中国的大势之下,最终章太炎使用的"社会学"一语,在竞争中获胜,成为固定译名。继章太炎之后,经由日本引介的社会学思想不断输入中国,在近代中国思想面貌的形塑过程中发挥了重要作用。④

---

① 参见贺麟《现代西方哲学讲演集》,上海:上海人民出版社,2012 年,第 127 页。怀特海用相关性的原理来认知"事变"(event),参见 A. N. Whitehead, *The Principle of Relativity with Applications to Physical Science*, Cambridge: Cambridge University Press, 1922, p.21.

② 《浙江潮》第 7 期,1903 年 9 月 11 日,第 176 页。

③ 严复《〈群学肄言〉译余赘语》,《严复全集》卷 3,第 9 页。

④ 参见实藤惠秀《中国人留学日本史》,谭汝谦、林启彦译,北京:北京大学出版社,2012 年,第 205、275 页。

　　另一方面是激荡个性解放思潮。甲午战争后,中国的民族危机日益深重。诸多仁人志士挺身而出,拯救危亡。岸本能武太承续沃德以人力来推动社会变革的理想,称"向也以个人浮于社会之潮流而随之进退,今也以个人波引社会之潮流而使其驶行"。①个人倾力推动社会进步的思想,与革命者章太炎产生强烈精神共鸣。岸本协调人类非社会性与乐群的两种属性,使得个人自由具备消极和积极两个阐发面向,这一点尤得章太炎倾心。岸本解析人的"非社会性",意味着确认个人优先于社会而存在。此理论有利于人们摆脱僵硬纲常伦理的拘囿,构成近代个性解放思潮的重要元素。章太炎比岸本更充分肯定积极的个人自由,不怕牺牲,矢志革命,恰恰体现了"大独"合群的精神。鲁迅评价章太炎的业绩"留在革命史上的,实在比在学术史上还要大","七被追捕,三入牢狱,而革命之志,终不屈挠者,并世亦无第二人:这才是先哲的精神,后生的楷范"。②这种勇于担当的精神,对当时青年投身民族革命与社会改造运动起到了巨大的鼓舞作用。

　　　　　　　　　　　　本文原载《历史研究》2020 年第 3 期。

　　① 章太炎《章太炎全集·译文集》,第 59 页。原文参见岸本能武太講述《社会学》(1896 年讲义版),第 25 页。
　　② 鲁迅《关于太炎先生二三事》,《鲁迅全集》第 6 卷,北京:人民文学出版社,2005年,第 565、567 页。

从"六经皆史"到"古史皆经" *

——章太炎经史互释的思想史内涵

陕　庆 **

　　传统经学的瓦解与现代史学的建立是中国近代转型的一个既成事实，这个过程既是势之使然，也有人为因素。具有悠久历史的经史同源、经史互释现象，经由清代中期章学诚的"六经皆史"一说，至晚清章太炎等重提"六经皆史"，常被看作人为地在命名、概念的层面瓦解经学，给危机中的传统以致命一击。这种批评首先是以事后眼光将经与史对立，用价值与事实二分的逻辑区分经与史，其次是忽视了章太炎所欲建立"史"之内涵，最后，也是最根本的是未对时势与人为之间的互动关系予以关注，而是以静态的方式讨论这一历史进程。

　　针对这种批评，有必要重识漫长的经学史内部的经史同源、经史互释传统，辨明章学诚与章太炎提出"六经皆史"的不同历史语境，以及章太炎所论"史"的内涵。章太炎讨论经史关系，不仅重提了"六经皆史"这一表述，而且在讨论古史的时候说到"古史皆经"，又在论述新建的史学时说"史即新经"，这些说法前后联系，呈现了

---

　　*　本文是国家社科基金后期资助项目"章太炎国学论"阶段性成果，项目编号19FZWB077；浙江省省属高校基本科研业务费专项资金资助项目"史学范式的转变与中国现代文学的观念构造"阶段性成果，项目编号SJWY202006。
　　**　作者单位：宁波大学人文与传媒学院。

一个完整的逻辑链条。张昭军在其论文《论章太炎的经史观》中对章学诚至章太炎的"六经皆史"给予了公允的评价,但他认为章太炎创造性的"经者古史,史即新经"说法"提高了史学的地位,有利于对经学的神圣地位发起冲击"。[①]本文认为有必要对此展开论述。江湄通过细致辨析章太炎对五经的论述,详细展开了章太炎"六经皆史"说的本旨、意涵及变化的梳理和阐发,呈现了章太炎经史思想的前后变化,尤其指出了章太炎1930年代检讨"六经皆史"的表述,"微有语病"。[②]

　　本文认为有必要从思想史的角度深入分析这一现象。前提是将章太炎民国前经史互释的行动与学科分化语境下的1930年代重提经学相区分。同时需要强调:在经史互释的论述中,经与史并非相互对立的凝固的范畴,而是在不断互释中获得新的生机;"六经皆史"并非"否认了经的价值部分而只撷取了其中的事实部分"[③],而是重建与经史相关的价值问题;另外,可以追问的是,何谓经学的价值,经学的价值如何延续,经学的价值是否必须以"经"之名得以存续?

一　经学之名与清代以来的经学问题

　　近代转型中,传统经学研究为经学史研究所代替。皮锡瑞的《经学历史》,刘师培《经学教科书》第一册,以及本田成之《支那经

---

① 张昭军《论章太炎的经史观》,《史学史研究》2004年第2期。
② 江湄《创造"传统"——梁启超、章太炎、胡适与中国学术思想史典范的确立》,北京:社会科学文献出版社,2013年,第139—203页。
③ 陈壁生《经学的瓦解:从"以经为纲"到"以史为本"》,上海:华东师范大学出版社,2014年。

学史论》是这一时期代表性的研究。经学史研究中,经、经学之名本身成为被考察的对象,经与经学的得名也被历史化地呈现,而在作为信仰和政教伦理根基的传统经学看来,历史化一定程度上也就是将经与经学相对化了。周予同在 20 世纪 60 年代区分了"经""经学""经学史",而"经"与"经学"区分的意义在于,将确立"经"的时代(汉武帝罢黜百家、独尊儒术以后)与对"经"进行解释的时代区分开来。因此,在"经"确立之后的漫长历史中,都属于"经学"的时代。

值得一提的是,漫长的"经学"时代并非一直以"经学"之名行之于世,恰恰相反,"经学"的延续贯穿着对"经学"的不断重新命名。就清代而言,顾炎武的"理学即经学"和章学诚的"六经皆史"便是鲜明的例证。①顾炎武、章学诚虽然面临着不同的时代状况,其核心问题却不离道器、理事之间的关系,这些传统范畴近似于当代倡导重建经学或新经学时被凸显的事实与价值之间的关系问题。甚至在重建经学者看来,早在西汉围绕经传的解释已经暗含着事实和价值分离的苗头。

虽然道/器、理/事的分离是中国思想史中一个悠久的问题,但将事实、价值与古文经学、今文经学各自绑定,却是自廖平始。面对晚清势同冰炭的今古文经学之争,钱穆考察两汉经学,认为今古文问题仅起于晚清道、咸以下,论争激烈,各持门户,两汉时期并没

---

① "六经皆史"是一个源远流长的传统,并非章学诚独创,其中影响较大的有王阳明,而他的"事、道合一"的说法直接启发了章学诚的"道器合一""不离事谈理"。据田河、赵彦昌考证,提过"六经皆史"的思想家先后有钱大昕、顾炎武、袁枚、全祖望、胡应麟、王世贞、王阳明、宋濂、郝经、刘知幾、王通、裴松之以及《论语》《史记》《汉书》,最终得出结论,"六经皆史"其最早应渊源于刘向、刘歆父子之《七略》《别录》,见田河、赵彦昌《"六经皆史"源流考论》,《社会科学战线》2004 年第 3 期。

有晚清意义上的今古文之别。①廖平今文经学重要的一点是将经的特征与纪事性区分开。在《何氏公羊春秋十论》中,他认为孔子改制是"因行事,加王心,加损变化,以见制度,不可以时事求之者也"。《春秋》有"曲存"时事处,所言一切时事,都是一种假借、依托。②在《古学考》中,他说,过去认为史书是古学的说法是错误的,史书不属于今古文经学。廖平严格区分经史是为了论述经的稳固不变的价值意义,以及孔经中包含了解决古今、中西矛盾的方案。黄开国将廖平的经史之分说列为以下几点:第一点即上文所引,《春秋》非史书,而是孔子的理想寄托;二是,经是垂法万事的法则,史则有从简陋到文明的沿革变化;三是,经在形式上愈古愈文明,历史则愈古愈简朴;四是,经史形式相反,实质相同,史的发展受经决定。③廖平将史(即史实的因素)排除出经,是出于这样的理论考虑:首先,史的具体性、有限性有损于经的抽象性、普遍性;其次,古史的暗昧与古代圣人创制的高明是矛盾的,只有将二者分开,各行其道才能无损于经的高明。在廖平的经史关系论述中,经是第一性的,而史则次之。章太炎的经史论述截然相反,章太炎认为,史是第一性的、原发的,经则是后来的追溯和附加涵义,但是史并不等同于史实,而是包含了创制的机制。

　　章太炎重提"六经皆史"主要针对廖平的今文经学,也因此,在与对立面的争执中,也被对立面所限定。如同廖平将史实部分驱逐出经,章太炎以"六经皆史"的古文经学则把原本今古文经学共享的经学作为政教生活直接指导法则部分荡涤出去。

　　① 钱穆《两汉经学今古文平议》自序,北京:九州出版社,2011年,第1页。
　　② 廖平《何氏公羊春秋十论》,《廖平全集》第9卷,上海:上海古籍出版社,2015年,第2149页。
　　③ 黄开国《廖平评传》,南昌:百花洲文艺出版社,2010年,第145页。

在晚清今文经学看来,经学确立之初,便已暗含了以事实瓦解大义的危机,以传证经的过程实际演变成以事实瓦解微言大义的过程,也可以说,为背离经学留下了缝隙。廖平的经史分说,是对章学诚"六经皆史"说的否定,认为"夷经为史"是一种否认经学地位的行为。章太炎作为古文经学最重要的人物,也在这个层面上遭到了批评。古文经学并非如晚清今文经学所认为的是经学的一个异变和低潮,而是经学的一种,经(学)与史(学)一开始便相互交织,以史来界定经只不过是经学内部的一种调整,经史互释内在于漫长的经学史之中。

无论章学诚还是章太炎所主张的"六经皆史"都是清代以来经史问题的一部分。经学、史学、理学等范畴之间的互释,是对被解释的范畴的批评、否定,同时又是以另一个范畴所包含的内涵对之进行补足和纠偏,在这种重新界定和互释过程中,这些范畴都超出了狭义的范围,呈现了它们之间的同源性、整体性。

章学诚"六经皆史"用史学为经学纠偏,所强调的史学的内涵,第一是"事"在史之中的核心意义。章学诚"六经皆史"的表述在理论的意义上,是针对理、事,道、器的分离。主张"即器存道,因事言理"。由于史是对事的记载,"六经皆史"首先强调的是事先于言、文。"古之所谓经,乃三代盛时,典章法度,见于政教行事之实,而非圣人有意作为文字以传后世也。"①其次,由于"事有实据,而理无定型","以意尊之,则可以意僭之。"②事与理(义)的关系是,理(义)必须有事作为依托,理(义)才能够以恰当的方式存在。"六经皆史"之"史"并非是经的对立面,只有事实的部分,而是兼具"藏

---

① 章学诚著,叶瑛校注《文史通义校注·经解上》,北京:中华书局,2004年,第94页。

② 《文史通义校注·经解上》,第102页。

往"与"知来"的功能，"事溯已往，理阐方来"，"述事而理以昭焉，言理而事以范焉"①。史是事、义、文的统一体，不同于掌故。"史之义出于天，而史之文，不能不借人力以成之。"②"作史贵知其意，非同于掌故，仅求事文之末也。"③

第二，"六经皆史"所主张的推崇实事、杜绝空言，所指向的是不盲目泥古、重视当代制度的经世精神。④因此，章学诚所论"六经皆史"之"史"与其说是相对于价值的事实，不如说是属于时间因素的历史性。"经"的古史特征在于曾经真正施行并有效，而"经"的古史特征又提醒并要求当代制度的应有地位和价值。

经学史作为政教系统一个重要的部分，经学、史学等不同范畴本身是时代演变、认知分化的结果，而不同的时代问题也会带来不同的学术问题，这便产生了批评、救正的行动，又从分化中寻求同源性，呈现政教系统本身的整体性。

从顾炎武的"经学即理学"到章学诚的"六经皆史"，是清代政治与学术演变的一个外在呈现。朱维铮描述了清代经学持续已久的汉宋分裂的状况。这种学术上的分裂带来了清朝的统治学说呈现出"术"与"学"分流的趋势，而这必然会引发政治危机。因此，章学诚以"六经皆史"为出发点的学术建设正是出于对这种危机的敏感和救正——经学必须统一，并且认为应该将经学统一于史学。而这个危机随着洋务时代的开始越来越深重，学与术的分离以新的更为复杂的形式出现。

至晚清章太炎重提"六经皆史"被认为是经学瓦解与史学建立

---

① 《文史通义校注·原道下》，第 139 页。
② 《文史通义校注·史德》，第 230 页。
③ 《文史通义校注·言公下》，第 172 页。
④ 《文史通义校注·史释》，第 231 页。

的一个重要环节,从历史的轨迹来说,这并没有错。但如果仅从经史异途、经史位于不同价值序列的角度来理解章太炎"夷经为史"的作为,便不能揭示章太炎对章学诚"六经皆史"继承与批判的思想史意义,以及在现代转型时期,章太炎所要建立的史学的内涵。

二 六经皆史:对章学诚的批评与推进

章学诚的"六经皆史"在晚清以来被广泛提起,然而旨趣却迥异,一种是国粹派旨在恢复经学的信史地位,一种是"科学史学"派意在将经降低为史料。章太炎在《訄书》重订本时期(1902—1903年)对"六经皆史"的理解跟"国粹派"存在着差别。章太炎首次提出"六经皆史"正是在《訄书》重订本《清儒》篇中,初刻本并无此篇。此时章太炎受日本学者姊崎正治《宗教学概论》的影响,将六经看作上古神话。由于章太炎此时仍没跳出进化论的思维,用上古神话说来解释六艺是一种将六经回归历史化实物的一种方式,与今文经学的理念化相对。刘巍在《从援今文义说古文经到铸古文经学为史学》一文中对此作了简要论述,认为这是章太炎史学观念的萌芽,但他引用王汎森的说法,认为章太炎的六经皆史具有将"六经历史文献化"的倾向。①姜义华虽然忽略了早期章太炎将六经归于上古神话的说法,侧重分析之后章太炎的一系列国学研究中体现的精神,但他得出的结论仍然是:"章太炎的努力,正是要使整个经学研究建立在近代科学的基础上,以更为有效、更为切实地摧毁封建经学的殿堂。"②

① 刘巍《从援今文义说古文经到铸古文经学为史学》,收入彭林编《清代经学与文化》,北京:北京大学出版社,2005年。

② 姜义华《章太炎思想研究》,北京:中国人民大学出版社,2009年,第322页。

《訄书重订本·清儒》云：

> 六艺，史也。上古以史为天官，其记录有近于神话，……
> 是在僧侣，则为历算之根本教权，因掌历数，于是掌纪年、历史
> 记录之属，……且僧侣兼司教育，故学术多出其口，或称神造，
> 则以研究天然为天然科学所自始；或因神祇以立传记，或说宇
> 宙始终以定教旨。斯其流浸繁矣。案：此则古史多出神官，中
> 外一也。人言六经皆史，未知古史皆经也。学说则驳。①

章太炎在此处将六艺与别的文明中的神话相提并论，主要是
强调"神官"，即特定职位的人记载历史。下文将六经分别对应于
古印度、古希腊的经典，并将各文明的神话还原为历史记录，因此，
"古史皆经"的意思是指古史皆是"信史"。

《检论·清儒》开头部分进行了改写，行文更加简洁。自"荀子
隆礼义"以下，两篇内容意思相同，意在回顾六经的确立，东汉古文
经学对西汉今文经学的纠偏，以及后世宋学的弊端，认为古文经学
是"六经返史"的道路，使得"秘祝之病不渍于今"（《訄书》重订本为
"神话之病不渍于今"）。

晚清国粹派首先用训诂学的方式将"经"还原为最初作为具体
事物的语义。章太炎认为"经"的本义是用丝绳编贯竹简成书的动
态过程，刘师培认为"经"是对治丝的借喻，用来比喻文字的连缀成
篇。释"经"为"常""径"都是后人的引申。在语义训诂的基础上，
章太炎进一步推进了章学诚"六经皆史"的理论内涵，对经史之间

---

① 《章太炎全集·訄书初刻本、訄书重订本、检论》，上海：上海人民出版社，2014
年，第 153—154 页。

关系的阐释又展开了很多新的面向,这主要体现在《国故论衡·原经》中。

首先,章太炎认为章学诚对于"经"的界定严格区分官书与私作,是一种只见"源"、不见"流",自相矛盾的说法。章学诚所说的"经"仅限于"六经",即"先王之政典",由此从著述性质的角度区分了"官书"和"私作",又从传承的角度则区分了"述"和"作"。对章学诚来说,这本是题中应有之义,而章太炎则进一步质疑章学诚对于官、私的区分实际是在理论上否定了六经以外的史著。"六经皆史"并不等于只有六经才能算得上是"史"。表面看来这是对章学诚的苛责,实际上正是章太炎沟通经、史的一个至关重要的理论环节。同是从"六经皆史"这一表述出发,章学诚意在澄清六经作为先王政典的本来面貌,章太炎则更关心从六经到历代史著的源流。针对官、私的区分,章太炎认为实际上自孔子作《春秋》,司马迁作《史记》,以及班氏父子、陈寿、习凿齿之辈都不符合或不完全符合"官作",后世这种情况更是不胜枚举。章太炎认为是否私作不是问题,重要的是这些史著都是"与六艺同流","规摹士礼",因此"不为僭拟"。[1]章学诚强调六经"官作"的性质,并认为写作的私人化是一种迫于情势的不得已,而章太炎则积极面对这种情势,认为在写作私人化的情况下只要写作本身源于六经,这种写作就是有效的。参照章学诚所说的:"盈天地间,凡涉著作之林,皆是史学。"这种写作的有效性便是以属于"史"的意义呈现出来。因此,写作如何才能有效,成了一个决定性的因素,与写作者的身份关系不大。

章太炎《原经》一文一开始便特别关注官书与私作的区分,从

---

① 《国故论衡·原经》,《章太炎全集·国故论衡先校本、校定本》,上海:上海人民出版社,2017年,第228页。

542 | 章太炎研究的新展开

学术传统上来说，古文经学兴起之时相对于今文经学的官方地位是处于民间的；而从章氏的政治立场来说，其民主革命的思想与他论述文明史时强调集体的、匿名的创造主体亦相契合。

其次，章太炎对于经史为何分化进行了反思。章学诚将"史"作为经典著作的原初性的性质，章太炎在此基础上分析了经史分化的原因及其流弊。

章学诚明确了"经"是后人的尊称，"传"是因经而生，经、传的名称都是为了表明区分的一种命名，并不表明本质："六经不言经，传不言传，犹人各有我而不容我其我也。依经而有传，对人而有我，是经传人我之名，起于势不得已，而非质本尔也。"①章学诚将经—传、人—我的区分归于"势"，章太炎在讨论经史分化的时候，则进一步对这一分化之"势"进行了分析，并展开了应对"势"的不同方法和路径——"势"固然不可抵挡，人的行动则有高下对错之分。指出这种经史分化在今文经学那里成了一种理论建构，而正是这种建构使得经史产生了真正意义上的分化和割裂，这等于是人为阻断了"由经返史"的道路。

章太炎主要通过《春秋》论述经、史就旨趣来说并无二致。他将《春秋》还原为流传至今的第一部史著，并在这个意义上论述《春秋》独一无二的价值。首先，《春秋》是对荒昧古史的整理，后人对古史的了解首先来自《春秋》的记载。其次，《春秋》开创了著史传统，作为史著的开端的意义，是以且仅以著史本身垂范后世，而非为万世立法。古代圣王政教在延续性上蒙泽后世，但并不意味着有意规范后世。"法度者，与民变革，古今异宜，虽圣人安得预制之？《春秋》言治乱虽繁，识治之原，上不如老聃、韩非，下犹不逮仲

---

① 《文史通义校注·经解上》，第93页。

长统。明其藏往,不哑为后王仪法。"①因此,《春秋》只在著史的意
义上是制作,政教意义上的创制者为古代圣王,或者说是"先民",
而非作《春秋》者。章太炎感叹:"世欲奇伟尊严孔子,顾不知所以
奇伟尊严之者。"②

章学诚六经皆史的思想最重要的一点是,认为六经是先王政
典,圣人制作的意义在于把建立合理的人间秩序作为目的,在制度
上垂示后世,而不是像后来的文士那样把著述本身当作目的,有意
著述以传后世。章太炎延续了章学诚严格区分周公与孔子一为作、
一为述这一基本判断,《訄书·订孔》中,他将孔子认定为"古之良
史"。1907年的文章《答铁铮》中说,"孔氏之教,本以历史为宗"。

而章太炎认为《春秋》与《左传》的经传区分,在今文经学那里
则是因为今文学将孔子视作素王,孔子改革旧制,用虚构事实来为
后世立法。

> 惑者不睹论纂之科,不铨主客。文辞义理,此也;典章行
> 事,彼也;一得造,一不得造。今以仲尼受天命为素王,变易旧
> 常,虚设事状,以为后世致法。且言左氏与迁、固皆史传,而《春
> 秋》为经,经与史异。(刘逢禄、王闿运、皮锡瑞皆同此说。)③

今文学对为后世"立法"与"义"的强调并不兼有"事"为依托,
而是排除了"事"的具体性,左氏与迁、固的史传正是由于"事"才不
能被称作"经"。而古文学立场的"六经皆史"正是强调"经"具备
"事"的依托。

---

①② 《国故论衡·原经》,《章太炎全集·国故论衡先校本、校定本》,第235页。
③ 《国故论衡·原经》,《章太炎全集·国故论衡先校本、校定本》,第232页。

章学诚、章太炎所面临的时代问题有所不同,章太炎通过激烈批评章学诚,防止时人利用章学诚的学说,否认诸子学以及后世史学的价值,就理论本身来说无疑是补上了章学诚未曾意识到的漏洞。章太炎对"六经皆史"的另一个现实关切在于,如果以六经为载体的文教是孔子所创,就等于承认孔子以前朴陋无文教,这对中国悠久的文明史无疑是一种切割。相比于今文学强调的微言大义,章太炎从古文学的传统出发,对于中国危机的判断和出路是以"事"为依托的历史,而非排除了"事"的圣人之法。因此,国史是存国性的唯一途径,历史在这个意义上兼具"藏往"与"知来"的功能。

三 从"六经皆史"到"古史皆经"

经学、理学以及史学之间的互释是经学内部危机和调整的一种外在反映,其中,事与义(理、道)的关系问题是牵涉到经、史界定的核心问题。历来论及经史,对道与事的性质及其关系的认识不尽相同。

一、事只是迹,道不可以事得传。《庄子·天运》篇记老子曰:"夫六经,先王之陈迹也,岂其所以迹哉。"《三国志·荀彧传》注引何劭《荀粲传》记粲谓"孔子言性与天道,不可得闻,六籍虽存,固圣人之糠粃"云云,钱钟书认为"六经皆史之旨,实肇端于此"①。

二、"存迹示法,法非即迹,记事着道,事非即道。"这是程朱理学的观点。《程氏遗书》卷二上云:"《诗》《书》载道之文,《春秋》圣人之用。五经之有《春秋》,犹法律之有断例。《诗》《书》如药方,《春秋》如用药治疾。"《朱子语类》卷一百二十一云:"或问《左传》疑

---

① 钱钟书《谈艺录》,北京:中华书局,1984年,第265页。

义。曰:公不求之于六经、《语》《孟》之中,而用功於《左传》;且《左传》有甚么道理? ……《语》《孟》、六经许多道理不说,恰限说这个;纵那上有些零碎道理,济得甚事?"承认迹可以呈现法,但法并不是迹,事可以体现道,但道并不是事。

三、道事一体,经史同源。王阳明在回答徐爱的问题"先儒论六经,以《春秋》为史。史专记事,恐与五经事体终或稍异"时,这样回答:"以事言谓之史,以道言谓之经。事即道,道即事。《春秋》亦经,五经亦史。《易》是包犠氏之史,《书》是尧、舜以下史,《礼》《乐》是三代史。其事同,其道同,安有所谓异?"①

同样是主张道事一体,经史同源,王阳明此处所作的经史互释与章学诚的"六经皆史"强调史先于经,尚有差别。

"人言六经皆史,未知古史皆经也。"②章太炎在"六经皆史"之下加了一句"古史皆经",虽然之后他并没有对这个表述作专门的论述,但可以从他对历史,尤其是古史的论述中找到答案。

首先,"古史皆经"这个表述中,章太炎已经悄悄改变了"经"在今文学那里的含义,"经"并不是圣人为后世立法的微言大义,而是古史的记载方式有案可查,所记载的内容可以取信,换句话说,此处的"经"的内涵中最重要的部分是"信史"。这一点不但与晚清、西汉之今文学家有本质区别,而且与一切传统经学都有本质区别。只有当古史是信史时,中国上古文教制度的完备性和典范性才能被确定。与传统经学不同的是,在传统经学那里,六经所载述之历史乃是不可超越只可效法之典范。章太炎对于"信史"的关心,由于几种渊源的疑古思潮的出现,并专门写作《信史》《征信论》等文

---

① 王阳明《传习录》,《王阳明全集》,上海:上海古籍出版社,2011年,第11页。
② 《章太炎全集·訄书初刻本、訄书重订本、检论》,第153—154页。

章来讨论在晚清今文经学、西方实证史学以及新的出土材料等新的思想、知识状况中如何求得"信史"。"古史皆经"的表述并没有改变史先于经(被奉为的经)这一基本观念,而是强调史在发生学意义上的真实性。因此,章太炎在信史的意义上重述(塑)经学,并非在信仰的层面瓦解价值,而是重新调整价值的来源。而且,由经返史,将经统一于史的优势在于,史可以统合古今之变,百家之学、后王之法都属于广义的史的范畴,体现了时势的真实性和客观性,这便使得章太炎革命的思想渊源内在于传统之中。

其次,章太炎以国史保存国性的表达,从"排满"革命时期延续终生。1935 年在给李源澄的信中直接提到经与史相比,到底哪个更重要。"旷观海外通达之国,国无经而兴者有矣;国无史,未有不沦胥以尽者也。夫中国之娄绝复续者,亦国史持之耳。经云史云,果孰轻孰重耶?"①此处经、史的差别,并非文本上的差别,而是阐释系统的差别。章太炎在历史如何保存国性的表述中,诸如激起"愤心",引起"复仇"的决心等等,实际上回答了民族自我意识和主体性形成的机制是怎样的。换句话说,相比于今文学确立一个圣人的信仰和权威,这种对于每个个体在精神、意识上的触发更为真实有效。在这个意义上,今文学必然依赖政治的权威,而古文学则诉诸民众的觉醒,这竟然与今古文学初始时的地位十分相似。

最后,"古史皆经"还意味着,将六经表述为历史并非否认其经的地位,古文学也并非不是经学。在晚清今古文争论中,今文家对古文家的贬斥是认为他们不懂经学,古文家对今文家的批评是他们不够"事实求是",多妄说。古文家受到的偏见也是自汉代就有

---

① 章太炎《与李源澄》(1935 年),马勇编《章太炎书信集》,石家庄:河北人民出版社,2003 年,第 951 页。

了,只不过晚清时期重提"六经皆史"又强化了古文家的缺陷,再加以后来史学的变化,更加重了其"历史罪过"。

章太炎另有"经即古史,史即新经"①的表述,无疑完善了从"六经皆史"到"古史皆经"再到"史即新经"这一连续的逻辑链条。

这里简要从两个方面概述章太炎所欲建立的史学的方法论特征。

其一是对于信史的推校。首先,章太炎对于史学领域有明确的限定:"期验之域,而名理却焉。"史学必须始终被限制在经验范围之内,抽象的名理不能直接参与进来。其次,展开了史学记载过程中几点需注意的事项:时间远近与记载详略;事情大小与记载的巨细;同一件事情不同的记载;事情的因果和得以发生的中间环节"缘";人对于评议和纪事的不同态度。在这些具体的分析中,章太炎呈现了史学领域中事与理的紧张关系和交织状态,由此,他重新定义的"事实"并为史学澄清了"征信"的途径。②

其二是对历史发生的描述。对于章太炎来说历史的发生就是圣人创制的开端,"教"从"惑"的非理性时代的"神教",到理性时代的"风教",其间"圣人"一直在场,并且圣人的作用和能动性都是在特定的时代历史条件下,因时因地而制宜。③章太炎所描述的政教历史,是一个渐趋完备的过程,但并不关注前文明时代的"自然史",或者说"自然史"并不是章太炎讨论历史的起点。将圣人创制作为历史的起点,这与传统经学与今文经学是相通的,也是在创制

① 章太炎《论读史之利益》,《国学讲演录》,北京:中华书局,2013 年,第 96 页。
② 主要见于《信史》上、下,《征信论》上、下,《章太炎全集·太炎文录初编》,上海:上海人民出版社,2014 年。
③ 《訄书·原教下》,徐复注《訄书详注》,上海:上海古籍出版社,2000 年,第 678 页。

的意义上,古史不仅是信史而且是经。而"史即新经",则借助史的不断发生的时间性开放了经的不断生成和确立。章太炎多重的经史互释不仅为了确立六经(古史)的信史地位,也旨在将创造性和典范性开放给六经之后的时代,更是为了沟通当时激烈变革与传统之间的关系,这是章太炎关于革命问题的一个回答。

在西方现代进程中,自然史是启蒙主义理论构造中的一个重要起点,而反启蒙主义则坚持基督教历史哲学,否认自然史。章太炎所思考的中国现代道路则是一种非西方后发现代国家的反启蒙主义的启蒙的道路,将自身的历史传统论证为一种理性的可信的历史,并论述这种历史发生具有不断展开的创造性,而所动用的则是传统的经史同源与经史互释的思想方法。

结　　语

在一个新旧转换的中间环节,章太炎的努力很容易被简化。作为整体的政治体的危机,经学的史学化并不是经学瓦解的罪魁祸首,而是经学的危机表现成了史学的危机,亦即文化自信的危机。在一个以民众崛起、现代科学为标志的现代转型期,论证史学的可信性几乎是唯一的重塑文化自信、民族自信的途径。因此,"六经皆史"非但不是经学瓦解的罪魁,反而是对经学进行转化的有效途径。章太炎之后的其他各种史学思潮确实具有瓦解经学的效力,同时也从章太炎那里吸取了很多有价值的问题和方法。从时势的客观性的角度,"经学瓦解"这一判断也毋宁是一种对名相的执着。

本文原载《中国哲学史》2022 年第 5 期。

从"尔雅之故言"到"著于竹帛"

——"社会学转向"与章太炎的"文学"界定

史　伟 *

　　晚清、民国西学东渐的过程中,对"文学"的界定也出现了多歧的现象,一种仍坚持传统观念,以传统的"文章博学"界定文学,另一种则接受了西方的文学观念。但即使同样接受西方文学观念,情况也不完全一致,有从语言和语言学的角度界定文学者;①有从文体学的角度界定文学者。

　　相较而言,章太炎的文学界定方式最为独特,②因其所涉学科、学理的复杂性和研究目的的复杂性,也最不易为人理解。有的认为章太炎所持者仍是"文章博学"的观念,是退回到传统的大文

　　*　作者单位:上海外国语大学。

　　①　参看史伟《西学东渐中的观念、方法与民国时期中国文学学术史——以胡适基于语言学的文学研究为例》,《学术界》2016 年第 11 期。

　　②　不同语境下,章太炎所使用的"文学"也会有所不同,有时也有学术或一般意义上的"文学"意义,前者如《研究中国文学的途径》,其中"文学"包括学术、小学、诸子学,是一个学术的概念(《章太炎全集·太炎文录初编》,上海:上海人民出版社,2014 年,第574 页);后者如《自述学术次第》所云'今世文学已衰,妄者皆务为骪骳,亦何暇訾议桐城义法乎'之"文学"(《章太炎全集·太炎文录补编》,上海:上海人民出版社,2017 年,第 501 页)。《国故论衡·原儒下》云:"儒家称师,艺人称儒,其余各名其家,泛言曰学者,旁及诗赋而泛言曰文学"。原注云:"文学名见《韩子》,盖亦七国时泛称也。"(庞俊、郭诚永疏证《国故论衡疏证》,北京:中华书局,2011 年,第 680 页)则章氏于古今"文学"之义皆有斟酌,才确定了《国故论衡·文学略说》中的"文学"界定,即本文的考察对象。

学或杂文学的观念;有的认为章氏文学观是出于小学家或经师的偏见;①另有一些学者认识到章太炎所谓"文学"与古今文学界定均有不同,但不同之处在何处,何以导致此种不同,则尚待发覆。②

在众多论述中,邢公畹的一个观点少为人知,然颇值得重视。邢先生在《论语言和文学的关系——纪念罗莘田先生 90 寿辰》一文中指出文学定义的另一面向,即"近于文化人类学对文学所给的定义",邢先生所说的"文化人类学对文学所给的定义",是指美国语言学研究与文化人类学相结合所产生的成果,具体说来,就是美国语言学家 C.F.霍凯特《现代语言学教程》中关于"文学言辞"的描述:"历史学或人类学所了解的一切社会……都有一些长短不等的言辞(discourse)得到社会成员的一致好评,并且要求基本上照原样常常加以复述。这些言辞就构成那个社会的文学。"邢先生认为:"'书于竹帛'的'文',实质上就是一些'要求照原样常加复述'的言辞。"章太炎从文字的角度对这个文学定义做了移置,就是在这点上,"章太炎的文学定义不能说是错的"。③

总体来讲,邢公畹是从批评的角度谈章太炎的文学界定的,即使是肯定的部分,也因其学术背景、视角及对章氏涵摄极广的论题设定之认识存在不全面、不正确的一面,不无误读或误解之处。但邢先生师承李方桂,以研究少数民族语言尤其是侗台语名家,关注语言比较的问题,同时也具备人类学的素养,不论是师承上还是个

---

① 陈雪虎《"文"的再认识——章太炎文论初探》就学界对章太炎"文学"观的研究有过梳理(北京:北京大学出版社,2008 年,第 39—40 页),可以参看。

② 如庞俊认为:"今之所论,则为一切文辞之法式。……此所云文学与周秦亦别也。"《国故论衡疏证》,第 340 页。类似的看法见于程千帆《文论十笺》,谓章太炎文学界定"其封域弇于先秦,而侈于近世抒情美文乃为文学之说"(哈尔滨:黑龙江人民出版社,1983 年,第 4 页),但何以"弇于先秦"则未予申说。

③ 《邢公畹语言学论文集》,北京:商务印书馆,2000 年,第 575 页。

人研究方式上,邢先生都综合运用了语言学和人类学的知识,而这种学科素养及研究理路,与章太炎有着内在的一致性,因此,其论章太炎的文学观念,颇能明其渊源,作探本之论,也确能为我们考察章太炎的文学观提供一个重要的视角和新的方向。①不过,邢公畹所说的文化人类学,置于章太炎的学术语境下,更确切地应该说是社会学,虽然章太炎很早就接触了人类学,但其学术研究的学理基础实为社会学。当然,由于章太炎特重语源学研究,且用方言与古语参照,这也就涉及人类学的方法,因此,邢氏所言并未离开事实太远。但我们在具体论述时,仍遵循章太炎学术的实际情况,称为社会学,这是需要特别指出的。

一 "尔雅之故言":《文学说例》所见之"文学"观

在1902年的《文学说例》一文中,章太炎最早对"文学"作系统论述。《文学说例》篇首即云:"尔雅以观于古,无取小辩,谓之文学。"定义典出《大戴礼记·小辩》:"公曰:'不辩则何以为政?'子曰:辩而不小。夫小辩破言,小言破义,小义破道,道小不通,通道必简。是故,循弦以观于乐,足以辩风矣;尔雅以观于古,足以辩言矣。'"②《文学说例》的文学定义就是檃栝此段文字而成。陆胤将之解释为"把依据故训以正名作为其所谓'文学'的本旨"③,这个

---

① 陈雪虎《章太炎文论初探》一书中曾引及费孝通《乡土中国》《生育制度》《中国绅士》有关"文是眼睛看得到的文字",尤其是"文意味着'古典文学'"诸论(第38页)。费孝通是社会学家,师承英国社会学家马林诺夫斯基,其于"文"的理解和界定有着社会学的背景,可与邢公畹所论相参照。

② (清)孔广森撰《大戴礼记补注》,王丰先点校,北京:中华书局,2013年,第206页。

③ 陆胤《耳目之争:重访章太炎的文学起源论及其经学语境》,《第四届中国古代文章学学术研讨会论文集》,第537页。

解释是合理的。

《文学说例》将文学起源归于语言,谓:"文学之始,盖权舆于言语。自书契既作,递有接构,而二者殊流,尚矣。"①然而,在语言、书契殊流二分之后,章氏所重实在于书契,换言之,章太炎是立足于文字而非语言界定"文学",因此《文学说例》的主旨就在于"率取文学与雅故神恉相关者,观其会通,都为一牒"②。故《文学说例》之论文学,实有两条线索,一是小学、文字,所谓"雅故";二是文学,即以文字之引申假借(章太炎认为"假借即引申")解释文学之踵事增华而愈失其真。

至于文字之引申假借何以会导致文学之愈失其真,在这个问题的阐释上,章太炎借用了新的"学理"。他说:"夫号物之数曰万,动植金石械器之属,已不能尽为其名。至于人事之端,心理之微,本无体象,则不得不假用他名以表之。若动静形容之字,在有形者,已不能物为其号,而多以一言隐括;在无形者,则更不得不假借以为表象。"③"表象"一词指"人类用直观、感性的形式,来表示抽象的概念,表达内心的欲求"④,来自于日人姊崎正治《宗教病理学》:

> 凡有生活以上,其所以生活之机能,即病态之所由起,故

① 章太炎《文学说例》,原载《新民丛报》第五、九、十五号,今据简夷之、陈迩冬、周绍良、王晓传编选《中国近代文论选》(下),北京:人民文学出版社,1962 年,第 403 页。

② 章太炎《文学说例》,简夷之、陈迩冬、周绍良、王晓传编选《中国近代文论选》(下),第 403 页。

③ 章太炎《文学说例》,简夷之、陈迩冬、周绍良、王晓传编选《中国近代文论选》(下),第 404 页。

④ 彭春凌著《儒学转型与文化新命——以康有为、章太炎为中心(1898—1927)》,北京:北京大学出版社,2014 年,第 183 页。

凡表象主义之病质,不独宗教为然,即人间之精神现象、其生命必与病质俱存。马科期牟拉以神话为语言之疾病肿物。虽然,言语本不能与外物以吻合,则必不得不有所表象。故如言"雨降",(案:降,下也。十本谓人自阜陵而下),言"风吹"(案:吹,嘘也。本谓人口出气急),皆略以人格之迹表象风雨,且进而为抽象思想之言语,则其特征愈益显著。……要之,人间之思想,必不能腾跃于表象主义之外。有表象主义,即有病质。①

这段章太炎特为摘引且添加案语的文字,清晰地揭示了章氏"文字—文学"观的学理逻辑,所以我们也需要在这个逻辑基础上理解章氏的这种"文字—文学"观。

姊崎的逻辑关系相当清晰,首先,姊崎的主旨在于以"表象之病质"来沟通宗教与神话,就是说,从"表象主义之病质"的角度出发,宗教和神话具有同质性,都是"人间之精神现象、其生命必与病质俱存"。其次,为了支持"表象主义之病质"这个论证的基点,他又引马克斯牟拉(今译麦克斯·缪勒)"神话为语言之疾病肿物"之说,以语言之讹误为证,而归于"有表象主义,即有病质"。

章太炎移用了这套逻辑,他用"表象"来连接文字或"符号"与文学,更重要的是,用表象拟文字之引申假借。一者,他很清楚"表象"是不得已而为之的一种表达方式,如前所引及,举凡"号物之数","人事之端,心理之微","动静形容之字","本无体象","则不得不假用他名以表之",这也就是姊崎所说的"人间之思想,必不能

① 简夷之、陈迩冬、周绍良、王晓传编选《中国历代文论选》(下),第404页。关于章太炎与姊崎正治宗教学理论的关系,参看[日]小林武著,白雨田译《章太炎与明治维新》,上海:上海人民出版社,2018年,第53—71页。

腾跃于表象主义之外",而皆不离"病质";二者,在姊崎以"语言之疾病肿物"来解释"表象主义之病质"这一点上,章太炎认为"其推假借引申之起源精矣"①。章氏对缪勒的理论并不陌生,他的历史比较语言学知识就得自于缪勒,②成为他以后"寻其语根"的语源学研究的重要工具。

但在借用和移植的过程中,章太炎有意无意曲解了姊崎及缪勒的学说,姊崎的论旨在于揭示宗教、神话的一致性;而缪勒的神话为语言之讹误说,是指向神话起源的,并无价值判断的倾向。换言之,章太炎是用一个宗教学、神话学的命题,来证明一个文学的命题。姊崎既以"表象主义之病质"归于"人间之精神现象",则"表象"更近于叔本华的"表象",是一个有着很深的心理学色彩的概念,缪勒神话为语言之讹误说其实也有着很深的心理学背景,但在章太炎的语境中,表象被理解或改造成一个语言学和修辞学意义上的概念。

应该说,《文学说例》以"雅故"界定文学,虽与彼时文学界定有差异,但毕竟所讨论的尚在我们理解的一般意义上的"文学"范围之内,而且在梳理和论证文学问题时也涉及就那个时代而言很有意义、价值的问题,虽则这些问题不完全是文学问题,也包括语言文字和修辞学的问题,这也是《文学说例》大部分被调整而进入《訄书重订本·订文》的原因。其所涉之西方学理,固然有神话学、宗

---

① 《文学说例》,简夷之、陈迩冬、周绍良、王晓传编选《中国历代文论选》(下),第405页。

② 俞敏《论古韵合帖屑没曷五部之通转》已经指出章太炎语源学方法"夷考其渊源所自,实出于德人牟拉(Max Müller)《言语学纲要》(Lectures on the Science of Language, 1861)"(《燕京学报》第34期),周法高在《论中国语言学的过去、现在和未来》一文中有更详细的论述,收入氏著《论中国语言学》,香港:香港中文大学出版社,1980年,第5页。

教学等,但就其阐释文学及相关问题的适用性而言,当仍以历史比较语言学为最重要。

然而,章太炎后来没有沿着这个思路走下去,《文学说例》的主体之后成为《訄书重订本·订文(附:正名杂议)》的一部分,又为《检论》所本,但这两部书中都删除了篇首关于文学定义的部分。这意味着,前面梳理的一系列论证,已不再支持或指向文学。1906年,章太炎发表《论文学》,以"有文字著于竹帛"重新界定了文学,①《论文学》经过若干调整而成为《国故论衡·文学论略·文学总略》,"文学"在另外一套逻辑系统中展开并建立起来,章太炎文学观的总体学理基础改变了。

二 1902:章太炎的"社会学转向"

之所以出现此种转变,最重要的原因就是章太炎对社会学的接受。在接受了社会学之后,社会学就成为章太炎文学界定的学理基础。

对于章太炎而言,1902 年是重要的一年,在这一年,章太炎学术研究出现了社会学或社会史的"转向"。早于严复翻译《天演论》,1902 年 8 月 23 日,章太炎译日人岸本能武太《社会学》(该书原著于 1900 年出版)在广智书局发行,"中国之有成本社会学书籍,当以此书始"②。虽译述之地在上海,但其于岸本氏社会学,却是"浮海再东,初得其籍,独居深念"所得。事实上,早在求学诂经精舍期间章太炎已经"开始注意阅读此前江南制造局、同文馆和广

---

① 原载《国学讲习会略说》,1906 年 9 月日本秀光社印行,今据章念驰编《章太炎全集·演讲集》(上),上海:上海人民出版社,2015 年,第 32 页。
② 孙本文《当代中国社会学》,北京商务印书馆,2011 年,第 13 页。

学会所译述的一些西学书籍"①。1898 年,由曾广铨译、章太炎笔述的《斯宾塞尔文集》载于《昌言报》第一册,②此后他又接触了诸如英国人类学家泰勒等人类学、社会学著作。③然其达到学理上的会通,要等到四年后流亡日本期间对社会学的研习。

章太炎在《社会学自序》中叙述其经由斯宾塞社会学进阶而前的经历十分亲切,他说:"社会学始萌芽,皆以物理证明,而排拒超自然说。斯宾塞尔始杂心理,援引浩穰,于玄秘淖微之地,未暇寻也。又其论议,多踪迹成事,顾鲜为后世计。盖藏往则优,而匮于知来者。"章太炎所译只是斯宾塞早期文集的一部分,但他对斯氏学说如"始杂心理"的特点的把握是准确的。章太炎不满于斯氏者在于两方面,一是学理的薄弱,"于玄秘淖微之地,未暇寻也",更重要的则在于"其论议,多踪迹成事,顾鲜为后世计"。于是章氏乃留意于吉丁斯:"美人葛通哥斯(后译季亭史,今译吉丁斯)之言曰:社会所始,在同类意识,俶扰于差别觉,制胜于模仿性,属诸心理,不当以生理术语乱之。故葛氏自定其学,宗主执意,而宾旅夫物化,其于斯氏优矣。"④"同类意识"今译群体意识或"群体心灵"(group—mind),属社会心理学范畴,是涂尔干社会学的重要观念,在 19 世纪末和 20 世纪初的美国很流行,尤其体现在吉丁斯的著作中。⑤吉丁斯以"同类意识"解释"社会所始",是其学理优长之处,其"宗

---

① 姜义华《章太炎思想研究》,北京:中国人民大学出版社,2009 年,第 25 页。

② 汤志钧《章太炎年谱长编》,北京:中华书局,第 45 页。关于章太炎译介斯宾塞的情况参看彭春凌《章太炎译〈斯宾塞尔文集〉原作底本问题研究》,《安徽大学学报》2017 年第 3 期)。

③ 姜义华《章太炎评传》,南昌:百花洲文艺出版社,2015 年,第 31—33 页。

④ 马勇编订《章太炎全集·译文集》,上海:上海人民出版社,2015 年,第 45 页。

⑤ [美]乔治·瑞泽尔著,王建民译《古典社会学理论》,北京:世界图书出版公司,2014 年,第 185 页。

主执意,而宾旅夫物化",为其"知来"之处,但吉丁斯以"同类意识"贯穿解释整个社会变迁,则仍不无片面。①两者各有所长也有所偏,章太炎所取于岸本氏《社会学》者,在于其折中调和的一面,他说:"日本言斯学者,始有贺长雄,亦主斯氏,其后有岸本氏,卓而能约,实兼取斯、葛二家。其说以社会拟有机,而曰非一切如有机,知人类乐群,亦言有非社会性,相与偕动,卒其祈向,以庶事进化,人得分职为候度,可谓发挥通情知微知章者矣。"而"调和"实为章氏治学重要祈向。②《社会学》称:"斯宾塞尔之社会学重在静止,故密于分析历史之研究,而疏于社会结局之研究。如利他哀夫欧尔德之社会学重在转动,故始终所向,皆在哲学结局之研究,而切论促进程度贯彻目的之道。"③"切论促进程度贯彻目的之道"的旨趣对于热心改造社会,为中国社会谋出路的章太炎而言,正相契合。④

　　章太炎极重学理,他在 1906 年 7 月 15 日《在东京留学生欢迎会上之演讲》中称自己"读郑所南、王船山两先生的书……民族思想渐渐发达,但两先生的话,却没有甚么学理。自从甲午以后,略看东西各国的书籍,才有学理收拾进来"⑤。1902—1906 年间,社会学成为章太炎学术最重要、处核心之"学理"。

---

　　①　季亭史于中国社会史影响颇大,但章太炎对季亭史社会学存在误解,这种误解在社会学界相当普遍,参见吴文藻《季亭史的社会学学说》,原载《社会学刊》1933 年第 4 卷第 1 期"季亭史专号",收入氏著《论社会学中国化》,北京:商务印书馆,2010 年。
　　②　在《菿汉微言》中,章太炎论"拘者""短者"治学之弊,就在于"调和之效,终末可睹"。虞云国整理《章太炎全集·菿汉微言》,上海:上海人民出版社,2015 年,第 70 页。
　　③　《章太炎全集·译文集》,第 45 页。
　　④　不过,本文论题主要涉及章太炎所谓"藏往"的一面,因之所涉主要限于斯宾塞,这是需要特别强调的。
　　⑤　《章太炎全集·演讲集》(上),第 1 页。

三　社会学与语言文字之学

在新学理的视阈之下,章氏得以全面审视此前学术训练,其中重要的一方面为小学或语言文字之学与社会学的融通,这一点下节论及。章太炎在 1902 年 8 月 18 日给吴君遂的一封信中说:

> 史事前已略陈,近方草创学术志,觉定宇、东原,真我师表,彼所得亦不出天然材料,而支那文明进化之迹,借以发现。……试作通史,然后知戴氏之弥仑万有,即小学一端,其用亦不专在六音七书。顷斯宾萨为社会学,往往探考异言,寻其语根,造端至小,而所证明者至大。何者? 上世草昧,中古帝王之行事,存于传记者已寡,惟文字语言间留其痕迹,此与地中僵石为无形之二种大史。中国寻审语根,诚不能繁博如欧洲,然即以禹域一隅言,所得故已多矣。①

据此,章太炎是在通史写作中,首先着手学术志,借惠栋尤其是戴震小学,发现"支那文明进化之迹"。章氏所言"探考异言,寻其语根"的研究方式其实是历史比较语言学中语源学或词源学研究的方式,"词源研究不仅是语言学中的一个重要部门(历史比较词汇学的一部分),它对于许多社会科学和思维科学都具有重大的意义"②。章太炎的《文始》及《新方言》等,都可以说是以"探考异言,寻其语根"的词源学方式,为社会学研究奠定基础。

---

① 《与吴君遂》,马勇编《章太炎书信集》,石家庄:河北人民出版社,2003 年,第 64 页。
② 岑祥麒《历史比较语言学讲话》,武汉:湖北人民出版社,1981 年,第 91 页。

章太炎亦重考古,考古即前引所谓"地中僵石",《訄书重订本·哀清史》附《中国通史略例》也称:"今日治史,不专赖域中典籍。凡皇古异文,种界实迹,见于洪积石层,足以补旧史所不逮者。"①只是由于他对新出土文献在认识和利用上的保守性,故常为其语言文字之学所掩。

四　通史、国粹、国故与社会学、社会史

传统的典章制度之学与社会学、社会史的会通,早于小学与社会学之会通,是章太炎"旧学附以新理"所达成的另一项"会通"。在新学理的视阈之下,章氏得以全面审视此前学术训练,他说:

> 余浮海再东,初得其籍,独居深念,因思刘子骏有言,道家者流,出于史官,故知考迹皇古,以此先心,退藏于密,乃能斡人事而进退之。岸本氏之为书,综合故言,尚乎中行,虽异于作者,然其不凝滞于物质,穷极往逝,而将有见于方来,诚学理交胜者哉。②

章太炎早年服膺西汉刘向、刘歆之学,曾刻有"刘子政私淑弟子"印章,自称"刘子骏之绍述者"。③由刘歆学术出发,就汉代学术而言,章太炎旁及同属新兴文人群体,学术上深有渊源的桓谭特别

---

① 朱维铮点校《章太炎全集·訄书初刻本、訄书重订本、检论》,上海:上海人民出版社,2014 年,第 210 页。

② 《章太炎全集·译文集》,第 45 页。

③ 汤志钧《〈七略别录佚文征〉校点后记》,《章太炎全集·膏兰室札记、诂经札记、七略别录佚文征》,上海:上海人民出版社,2014 年,第 344 页。

是王充、仲长统所谓"通人"之学；①《汉书·艺文志》承刘歆《别录》云："道家者流，盖出于史官。"而法家亦道家之流亚，②故他又借刘歆上溯至先秦管子、庄子、韩非之学；③向下则延伸至他久已谙熟的杜佑《通典》等典志之学。同在 1902 年，他多次致书友人，表达他有关通史写作的旨趣，而他的通史就是社会史。如他在 7 月 29 日《致吴君遂书》中言其"修通史"事时说："前史既难当意，读刘子骏语，乃知今世求史，固当于道家求之。管、庄、韩三子，皆深识进化之理，是乃所谓良史者也。因是求之，则达于廓氏、斯氏、葛氏之说，庶几不远矣。"④廓氏即廓模德，今译孔德。章太炎经由刘歆梳理源出于道家的史学传统，当他接受了社会学，认识到两者在所谓"进化之理"的契合之处，道家史学就成为章太炎从进化论社会学的角度理解中国史学的起点。这是社会学影响于章太炎的一个重要方面。另一个方面则是小学或语言文字之学与社会学的融通，这一点下节再论及。前者是章太炎拟定的通史写作的重要内容，这两者结合起来则成为后来章氏"国粹"研究的主要方面。⑤所以，章太炎在基本的学科和理论方法层面于日本学术有所了解后，以

---

① 参《检论·订孔上》，《章太炎全集·訄书初刻本、訄书重订本、检论》，第 432 页；任鸿隽《记南京临时政府及其他》，引自汤志钧《章太炎年谱长编》，第 170 页。

② 《检论·道本》云："道家贵自然，其流为法，慎到、申不害、韩非主之。"《章太炎全集·訄书初刻本、訄书重订本、检论》，第 438 页。

③ 故其《上李鸿章书》云："后学有途径，一以荀子、太史公、刘子政为权度。"汤志钧《章太炎年谱长编》，第 5 页。

④ 马勇编《章太炎书信集》，第 63 页。

⑤ 章太炎《莉汉微言》自陈"余自志学迄今，更事既多，观其会通，时有新意。思想变迁之迹，约略可言"，其中两次"思想变迁"，一则为"遭世衰变，不忘经国，寻求政术，历览前史，独于荀卿、韩非诸说，谓不可易"，二则为"时诸生时时谒请讲许书，余于段、桂、严、王未能满志，因翻阅大徐本数十过，一旦解悟，的然见语言文字本原，于是初为《文始》"。虞云国整理《章太炎全集·莉汉微言》，第 69 页。参《自述学术次第》，《章太炎全集·太炎文录补编》，第 499—599 页。所言正是社会学影响下的两次变迁。

其精深的旧学素养,对日本汉学研究对中国"任意武断""乱说乱道"之褊狭和讹误,就洞若观火了。①

(一) 通史

前引章太炎致吴君遂信中已经把通史写作的目标设定为孔德、斯宾塞、吉丁斯的社会学。同期,章太炎在给梁启超的信中称:"酷暑无事,日读各种社会学书,平日有修《中国通史》之志,至此新旧材料融合无间,兴会勃发。"他详述了撰写通史的构想:

> 窃以今日作史,若专为一代,非独难发新理,而事实亦无由详细调查。惟通史上下千古,不必以褒贬人物、胪叙事状为贵。所重专在典志,则心理、社会、宗教诸学,一切可以熔铸入之。典志有新理新说,自与通考、会要等书徒为八面锋策论者异趣,亦不至如渔仲《通志》蹈专己武断之弊。然所贵乎通史者,固有二方面:一方以发明社会政治进化衰微之原理为主,则于典志见之;一方以鼓舞民气、启导方将来为主,则亦必于纪传见之。②

这段文字后来改定成为《訄书重订本·哀清史》附《中国通史略例》和《中国通史目录》的内容。

据此,可知章氏"通史"的特点,一是社会科学如"心理、社会、宗教诸学"的"熔铸",这就是"新理新说"。二是以发明"社会政治

---

① 见章太炎《论教育的根本要从自国自心发出来》,原载《教育今语杂志》第三册,署名独角,今据《章太炎全集·演讲集》(上),第 114 页。所论不无偏激的成分,但总体反映了章太炎的态度。

② 《与梁启超》,马勇编《章太炎书信集》,第 41—42 页。

进化之衰微”即进化论和“鼓舞民气、启导将来”为通史写作之宗旨，此两点正是以孔德、斯宾塞为代表的早期社会学的基本特点。①三是通史的内容和体例主于典志和人物纪传两方面，如其在信中所言：“全书拟为百卷，志居其半，志记纪传亦居其半。盖欲分析事类，各详原理，则不能仅分时代，函胡综叙，而志为要矣。”②在《中国通史略例》中，章氏在信中将典志和人物纪传研究分别拟于社会学“社会静力学”“社会动力学”研究：“西方言社会学者，有静社会学、动社会学二种。静以藏往，动以知来。通史亦然，有典则人文略备，推迹古近，足以藏往矣；若其振厉士气，令人观感，不能无待纪传。”③这就可以理解，章太炎以及同时代史家如梁启超等对杜佑《通典》等典制体通史或郑樵《通志》等纪传体通史类著作的重视，固然是由于章氏史学进阶即为《通典》，更重要的还由于此类著作最接近于社会学、社会史的观念和体例。因此，某种意义上，是章、梁在接受了社会学、社会史观念后，再向传统史学寻求资源，从而重新发现也重新定义了《通典》《通志》类著作的价值。

（二）国粹、国学

“通史”的社会史性质业经确定，其他概念的分析就有了一个基础的和可靠的参照，先论“国粹”。章太炎倡言国粹始于1906年流亡日本期间，他在《拟设国粹学堂启》中说：“凡国学微言奥义，均

① 美国学者梯利曾谈到19世纪社会学的产生，把当时社会学、社会史的特点概括为多种社会科学学科的支持和进化论的观念。[美]梯利著，伍德增补《西方哲学史》，葛力译，北京：商务印书馆，2015年，第556页。

② 《与梁启超》，马勇编《章太炎书信集》，第42页。

③ 《章太炎全集·訄书初刻本、訄书重订本、检论》，第334页。

可借晳种之学,参考互验,以观其会通,则施教易而收效远。"①国粹与国学并提,国粹就是国学。②

章氏《在东京留学生欢迎会上之演讲》于其学术有着提纲挈领的意义,《演讲》涉及两方面内容,一是用宗教发起信心,增进国民的道德;二是用国粹激动种姓,增进爱国的热肠。他称"国粹"为"我中国特别的长处",谓:

> 为甚提倡国粹? 不是要人尊信孔教,只是要人爱惜我们汉种的历史。这个历史,是广义说的,其中可分为三项:一是语言文字,二是典章制度,二是人物事迹。③

典章制度、人物事迹与他拟定的"通史"完全一样。至于语言文字一项,如前所述,1902 年 7 月,立足于社会学,章太炎在惠栋、戴震的小学或语言文字之学与斯宾塞"寻其语根"的语源学研究达成融会;恐怕就是从此时起,章太炎通史或国粹的研究加入了语言文字之学。总之,"国粹"就是"史""汉种的历史",更确切地说就是社会学或社会史研究。

(三)《訄书》《检论》

《訄书》《检论》都是研究章太炎思想的重要文献,历来为学者所重,但是对它们的性质,仍缺乏明确的的认识。

---

① 《国粹学报》第 3 年第 1 期,今据张枬、王忍之编《辛亥革命前十年间时论选集》,北京:生活·读书·新知三联书店,1963 年,第 631 页。
② 相关论述可参郑师渠《晚清国粹派文化思想研究》,北京:北京师范大学出版社,2014 年,第 102 页。
③ 《章太炎全集·演讲集》(上),第 8 页。

要说明这个问题,需要对《訄书》《检论》的内容体例与章太炎所拟之通史作一比较。章太炎并没有继续他的通史写作,但写作通史的观念贯穿于他的学术研究。事实上,从体例、条目上,章氏著述屡有与《通史》重合处,我们由此可大致推断章氏通史之旨趣。这种重合性和研究旨趣特别体现在其《訄书》《检论》中。《訄书》有初刻本、重订本,从《訄书》初刻本到重订本再到《检论》的成书情况,汤志钧、朱维铮已有详尽的研究。①这里仅集中于《訄书重订本》,因为它在从《訄书初刻本》到《检论》的演变中,处于承接的地位。

陈元晖其实已经做过类似工作,他将《訄书》分为四类,明确指出:"从《訄书》这一著作的内容来看,是他的一本历史学著作,他作为一位卓越的历史学家是有著作可以为证的。"②陈先生的这个分类采自于汤志钧《章太炎年谱长编》,③《訄书重订本》总 63 篇,加上前面的两篇,凡 65 篇。就 63 篇正文而言,这个分类稍显简略,我们在此基础上再做细分以与《訄书重订本》附《中国通史目录》比较:

《原人》第十六到《民数》第二十一是种族史的内容,对应《目录》中之"种族典";《封禅》第二十二和《河图》等二十三是地理的内容,对应《目录》之"浚筑典"和"方舆表";《通法》第三十一到《议学》第四十六是典章制度的内容,涵盖"章服典""法令典""武备典"及"表"之"职官表";《原教》第四十七到《忧教》第五十是宗教的内容,对应"宗教典";《订礼俗》第五十一到《消极》第五十五是风俗的内容,对应"礼俗典";《杂志》第六十到《别录》第六十三是人物纪传,

---

① 参朱维铮撰《章太炎全集·訄书初刻本、訄书重订本、检论》"本卷前言",第 2—22 页;汤志钧《从〈訄书〉的修订看章太炎的思想演变》,《经与史:康有为与章太炎》(上),北京中华书局,2018 年,第 242—260 页。

② 陈元晖《论王国维》,长春:东北师范大学出版社,1990 年,第 214 页。

③ 《章太炎年谱长编(增订本)》,北京:中华书局,2013 年,第 86 页。

对应"别录"。至于《方言》第二十四、《订文》第二十五(附《正名杂义》)、《述图》第二十六主要是语言文字和历史文献的内容,①虽不见于《略例》,但如前所论,乃章氏修学术典时,受惠栋、戴震启发新增加的内容。从这个角度来讲,与"学术典"关系密切,正是"国史"或后来的"国粹"研究的主体。

通过比较可以看到,《訄书重订本》除部分"典"外,缺少大部分的表、记和考纪部分,然综括而言,《訄书重订本》包括了典志、人物和语言文字三项,其中尤以典志为最重要,而拟定中的通史本以"志居其半",故《訄书重订本》确已涵括了《通史》中的大部的重要内容,并且完全符合《与梁启超》书或《中国通史略例》所制订的通史写作宗旨。《訄书重订本》《尊史》第五十六到《哀清史》第五十九上征向、歆《七略别录》,下哀清史,所申述的正是章氏一再提及的刘歆典志之学与社会学会通的观念。所以《訄书》也好,《检论》也好,都是沿着他的通史的写作思路而来,甚至可以说就是通史的一部分,其社会学、社会史的性质是无疑的。

(四) 国故和《国故论衡》

国故也具社会学或社会史性质。章太炎在《致吴承仕函》中说:"仆辈生于今日,独欲任持国学……今之诡言致用者……其贪鄙无耻,大言鲜验,且欲摧残国故。"②"国故"与"国学"并置,国粹就是国故。③胡适在《研究国故的方法》一文称国故"其意义,即中

①　此三者分别可与《国故论衡》小学论略和文学论略相对应,详后。
②　马勇编《章太炎书信集》,第 294 页。
③　关于"国故"的沿革,参看卢毅《整理国故运动与中国现代学术转型》,北京:中共中央党校出版社,2008 年,第 13—22 页。关于章太炎何以不称国粹而称国故,有各种解释,朱维铮的解释较合事实,参看朱维铮《〈国故论衡〉校本引言》,收入《求索真文明》,上海:上海古籍出版社,1996 年,第 292—293 页。

国过去的历史、文化史"①。他在历史之后又加上文化史,解释较近于情实。有论者认为晚清"国学""国粹"虽在所指上有所偏重,但"在他们(晚清'国粹派')的眼里,二者并无严格的界限"②,此论也适用于"国故"。

基于此,可以进一步推论《国故论衡》是一部何种性质的书。这同样可以从《国故论衡》和《訄书》《检论》及其他相关著述的比较中见出。③

《国故论衡》上卷小学的部分,综合了《文始》《新方言》《小学答问》。前已言之,《訄书重订本》《方言》《订文》(附《正名杂义》)《述图》与《国故论衡》小学实关系密切,《方言》涉及语言;《订文》主要涉及文字,部分地涉及语言;《述图》包括图画、器物、薄录,有一定程度的文献的意义,在顺序和结构上与《国故论衡·文学总略》中"语言—文字—仪象"之说是完全一致的,因此《国故论衡》论小学部分包含了《方言》《订文》《述图》的内容。然而,这并不是简单的内容上的汇总或杂糅,章太炎在《小学略说》中说:

> 余以寡昧,属兹衰乱,悼古义之沦丧,愍民言之未理,故作《文始》以明语源,次《小学答问》以见本字,述《新方言》以一萌俗。简要之义,著在兹编。旧有论纂,亦或入录。

庞俊疏证"简要之义"云:"欲窥章氏语文学说之全,此卷其纲领

---

① 独春和等编《胡适演讲录》,石家庄:河北人民出版社,1999年,第98页。
② 郑师渠《晚清国粹派思想文化研究》,第101页。
③ 章太炎著述成书的情况颇为复杂,这里比较的只是内容、体例,与其时间先后及成书情况无关。

也。"①此论甚确。《国故论衡》小学卷为章氏整个语言文字之学的"简要之义","纲领"之论。这也可以拿来评价《国故论衡》的其他部分。

《訄书·征七略》云:"略者,封畛之正名。《传》曰:'天子经略。'所以标别群书之际,其名实尽然。"②庞俊引述此段后云:"此篇传论文学之界义,故曰《文学总略》。"③此论可赅其余。因此,《国故论衡》其书宗旨即在于界定"小学""文学"之畛域。一定意义上可以说是章太炎拟想中的通史或总的社会学、社会史研究的概论或导论的部分,具有方法论意义的部分。

五 《国故论衡》中的"文学"界定

章太炎小学语言文字之学与"文学"关系密切,但是小学并不能直接地通向"文学",而是要落实到文字的物质载体上才能通向文学。这就是章氏所谓:"文学者,以有文字著于竹帛,故谓之文;论其法式,谓之文学。"④

以"有文字著于竹帛"界定"文"和"文学",本自于许慎《说文解字叙》。1906年也是章太炎学术重要的转折之年,在这一年,一方面他自认为探得语言文字之"本原",另一方面则将佛教法相唯识之学融入其学术研究。前者与本文有直接关联。章氏自言1906年"诸生时时适请讲许书,余于段、桂、严、王未能满志,因翻阅大徐本数十过,一旦解悟,的然见语言文字本原"⑤,章氏在"文学"界定

① 《国故论衡疏证》,第37—38页。
② 《章太炎全集·訄书初刻本、訄书重订本、检论》,第325页。
③④ 《国故论衡疏证》,第340页。
⑤ 《章太炎全集·菿汉微言》,第69页;参《自述学术次第》,《章太炎全集·文录补编》(下),第499—599页。

上受到许慎的影响是不奇怪的。这可以看作是章氏1902年会通戴震小学与社会学的延伸和转进。故《国故论衡·小学略说》云："《地官·保氏》：教国子以六艺,曰礼、乐、射、御、书、数。《七略》列书名之守于小学。"①庞俊疏证"书"云："书名者,许慎《说文序》云：'著于竹帛谓之书。'段玉裁注云：'谓如其事物之状也。'"是为知言。

而这样的一再推原至其物质载体以明"文学"之义的方式是通向史的,《小学略说》明确说："刘歆言小学,独举书数。若夫理财正辞,百官以治,万民以察,莫大乎文字。"②侯外庐在引了这段文字后指出"他关于文字研究的价值,亦不局限于东原的范围,乃与历史名学接合"③,又说："他(章太炎)把文字学一方面建立在名学上,又一方面建立在史学上,这和他的经史之学相似其研究方面。"④真是卓见。我们一再强调国故和《国故论衡》的社会学或社会史性质,其既具社会学或社会史的性质,则此前所讨论的社会学与语言文字之学的一切逻辑,也都适合《国故论衡》,小学或语言文字之学与"文学"关系密切,《国故论衡·文学论略》与社会学或社会史的关系是明确无疑的。

下面即据以上逻辑关联析为几点分别论之：

第一,章氏从本义上立义释"文"。其一,释"文"为"凡文理、文字、文辞皆言文"。其二,释"文章"为礼乐制度："文章者,礼乐之殊

---

① 《国故论衡疏证》,第2页。
② 《国故论衡疏证》,第6页。
③ 侯外庐著,黄宣民校订《中国近代启蒙思想史》,北京:人民出版社,1993年,第173页。
④ 侯外庐著,黄宣民校订《中国近代启蒙思想史》,第169页。

称矣。其后转移施于篇章。"①其三,即就篇章而言,如王充《论衡》所言,也涵括了"奏记"及"经传、解故、诸子",②仍是一个很大的概念。为涵盖此广大之"文",就只能在"文字"上立意。故章太炎云:"是故推论文学,以文字为准,不以彣彰为准。"③

第二,章氏不惟在"文字"上立义,他以"寻其语根"的方式解释何以要立义于文字时,每归至"文"之诸种形态的物质载体,他说:

> 凡云文者,包络一切著于竹帛者而言,故有成句读文,有不成句读文。兼此二事,通谓之文。局就有句读者,谓之文辞。诸不成句读者……④

章太炎所提出的"成句读文""不成句读文",都是基于"以有文字著于竹帛"这个命题,值得注意的是章太炎《中国通史目录》也有"表"的内容。《訄书重订本·述图》所论地图薄录也属"不成句读文"的范畴。

为了说明"成句读文""不成句读文"的分野,其实也是为了说明以"著于竹帛"界定"文"的合理性,章太炎提出"语言—文字—仪象"模式,他说:

> 文字初兴,本以代声气,乃其功用有胜于言者。故一事一义得相联贯者,言语司之。及夫万类坌集,棼不可理,言语之

① 《国故论衡疏证》,第341页。
② 《国故论衡疏证》,第346—347页。
③ 《国故论衡疏证》,第344页。程千帆认为此论用以"驳段(玉裁)氏说"(《文论十笺》第8页)。
④ 《国故论衡疏证》,第361页。

用,有所不周,于是委之文字。文字之用,足以成面,故表谱图画之术兴焉。凡排比铺张,不可口说者,文字司之。及夫立体建形,向背同现,文字之用,又有不周,于是委之仪象。仪象之用,足以成体,故铸铜雕木之术兴焉,凡望高测深不可图表者,仪象司之。①

这个模式来自斯宾塞②,其文字则直接采自《斯宾塞尔文集》第一章"论进境之理"③。此三者尤其是文字正是支持社会学或社会史研究的重要方面。

在这个模式中,章氏据"言语、文字、仪器三者功能之不同"(庞俊疏证语)将文字析为两类:与语言关联的记录语言"本以代声气"之文字和与语言无关的"表谱图画"之文字,后者在"功能"上只属于文字而与语言无涉,故章氏言:"文字本以代言,其用则有独至,凡无句读文,皆文字所专属也。"④之所以强调"不成句读文",是因惟其如此才能全面、完整地覆盖或反映"著于竹帛者"之文献。朱希祖在《章太炎先生之史学》一文中总结乃师学术"虽极广博,然史学实占其大部分,不特史之本身,即经学、文学,亦包括史学之内,所撰文章,多以史为根底也"⑤,文中引章太炎语云:"说文之事,稽古者不可不讲,时至今日,尤须拓其境宇,举中国语言文字之全,无一不应究心。"此可与前引《说文解字》诸说相参照。因此,章太炎

---

① 《国故论衡疏证》,第 370 页。
② 《訄书重订本·订文》,《章太炎全集·訄书初刻本、訄书重订本、检论》,第 208 页。
③ 《章太炎全集·译文集》,第 10—11 页。
④ 《国故论衡疏证》,第 371 页。
⑤ 原载《问世杂志》第 5 卷第 11、12 期合刊,1945 年;朱希祖著,周文玖选编《朱希祖文存》,上海:上海古籍出版社,2006 年,第 347 页。

在"包络一切著于竹帛者"立义以界定"文",正是为了求得史料"规模之宏大"与"中国语言文字之全"。

立足于文献层面,则所有"文学"界定都显范围狭窄。他总结说:

> 以上诸说,前之昭明,后之阮氏,持论偏颇,诚不足辩。最后一说,以学说文辞对立,其规摹虽少广,然其失也,只以芟彰为文,遂忘文字,故学说不芟者,乃悍然摈诸文辞以外。惟《论衡》所说略成条贯,《文心雕龙》张之,其容至博,顾犹不知无句读文,此亦未明文学之本柢也。①

总体而言,章氏不满于诸说者,均在其所涵范围不广、不周延。因此,他不喜"文气"论,而倡"文德"说,同样也是基于强调"不成句读文",强调全面、真实的文献覆盖和呈现,章氏言:"知文辞始于表谱薄录,则修辞立诚其首也。"②文德就是修辞立其诚,章氏也在社会史史观的框架下重新定义了"修辞立其诚"。

第三,章氏之"文"的定义近于文献学或史料学的概念,但史料也有一个体制形式和呈现、表达方式的问题,这就涉及所谓"法式"。而其论"法式"也是以"寻其语源"的方式,从"文"的物质载体立义,不同的是,这是经由"文"所涵盖的个别的门类获得,章太炎说:"余以书籍得名,实凭傅竹木而起,以此见语言文字功能不齐。"故其释经为"编丝缀属之称"③,释论为"古但作仑。比竹成册,各

① 《国故论衡疏证》,第365—366页。
② 《国故论衡疏证》,第372页。
③ 《国故论衡疏证》,第366页。

就次第,是之谓仓"①。这正是章氏"文者物象之本"或段《注》"如其事物之状也"的求义方式。而且,以"六寸簿"训"专",引郑玄《论语序》所云"《春秋》二尺四寸,《孝经》一尺二寸,《论语》八寸"等与"专"比较。②这就有类于王国维《简牍检署考》之论简牍体制,所异者,章太炎将之总揽入于一个大的"文学"概念,而服务于一个更大的国故或社会史的研究主题。

但是,"著于竹帛"适用于文学之始,以后的文学发展必定会离开这个阶段,而渐及于文体的发展演进,这就和我们一般意义上的"文学"衔接起来。而所谓"法式"也就近于文体论研究。《论式》部分就是这种情况,《文学总略》部分已经涉及"法式",因为不涉及"法式"就无以足成"文学",因此《论式》也以《仓》开篇,但很快就进入以梳理历代文体尤其是应用文书之体式的文体论,因其尊魏晋文,故止于魏晋。这部分内容既以文体辨析为主,后来学者多将之作为文学史或文学批评史叙述,并进而认为章氏"文学"即一般意义上之文学的误解,大半由此而起。关于这个问题,我们可以从两个方面来理解,一方面《论式》仍然立义于"著于竹帛"即文献的层面上,《论式》中叙及裴秀"地域之图",并将"其辞往往陵轹二汉"归因于"由其法守""工信度",③也就是前面提到的"知文辞始于表谱薄录,则修辞立诚其首也"之意,说明章太炎仍存在"不成句读文"的观念。另一方面,章氏"文学"也确实容含了一部分文学史和批评史的内容,这可以归因于章太炎欲以"质言"转变文风的现实关怀。《国故论衡》论文学部分从《论式》到《辨诗》而止于《正赏送》,

---

① 《国故论衡疏证》,第 368 页。
② 《国故论衡疏证》,第 366—367 页。
③ 《国故论衡疏证》,第 542—543 页。

正是"以末世文弊,淫滥滋多,悉当加以制裁,返诸朴质"①。此与其《文学说例》论旨颇为相近。这样,他的文学观就涵盖了文献史料、文献的形式体制及其表达、呈现诸多层面的内容,虽立足于一个统一的学理框架,但却不能不呈现出复杂的面向,而因为所涉问题过于宏大和复杂,故分论"文"与"法式",合此二者为"文学"。文学而落实在这个层面上,也就无怪其汗漫无边际了。

章太炎晚年自评其学术谓:"自揣平生学术,始则转俗成真,终乃回真向俗,世固有见谛转胜者邪!"②若将上述"文学"观念之转变置诸章太炎学术发展脉络的整体过程中,则章氏每一次学理上的转变,某种意义上,都是他在寻找新的、更高或更适合的方法、工具,解析中国社会历史文化的过程,求"真理"的过程,而其"社会史转向"之"以新理言旧学"③恰在其"转俗成真"这一过程的顶点上。在此后不久,章太炎因"苏报案""遭祸系狱,始专读《瑜伽师地论》及《因明论》《唯识论》","治法相宗",并将佛教名相与《庄子》"齐物"思想融通。《国故论衡》实正处于其学术转变的转捩点上,其论诸子如《明见》《辨性》已广泛涉及佛教唯识、法相之学。④当他再以这"齐物"的眼光看待以前的学术经历,如《菿汉微言》所言:"凡古近政俗之消息,社会都野之情状,华梵圣哲之义谛,东西学人之所说","余则操齐物以解纷,明天倪以为量,割治大理,莫不驯顺"。⑤于是,乃舍筏登岸,此前嵌入之学理逐次磨洗剥落,见于《自述学术次第》(1914)、《菿汉微言》(1917)及《自订年谱》(1928),几乎已经

① 《国故论衡疏证》,庞俊疏证语,第542—543页。
② 《章太炎全集·菿汉微言》,第70—71页。
③ 孙宝瑄《忘山庐日记》,上海:上海古籍出版社,1983年,第566页。
④ 参《国故论衡疏证》,第747、748、752页及793—795页。
⑤ 《章太炎全集·菿汉微言》,第70页。

看不到章太炎早年学理探求和转化的痕迹。然而在"转俗成真"与"回真向俗"之间,章太炎斟酌权度于新旧学理的复杂而富于创造的探求,则不惟为认识章太炎本身学术变迁本身,也为认识晚清、民国之际中国整个学术变迁提供了一个重要视角。

本文原载《文学评论》2019 年第 4 期。

章太炎《膏兰室札记》重考

——根据新发现《膏兰室札记》佚文

斯彦莉*

《膏兰室札记》为章太炎先生国学上的开山之作。《膏兰室札记》原为四卷,遗憾的是抗战时期佚失了一卷,这成为70年来章学研究界最大的痛点。

《章太炎全集》第一卷编者说明中介绍了《膏兰室札记》的基本情况:"系光绪十七至十九年间(1891至1893年),章太炎在杭州诂经精舍肄业时的读书札记,主要是对儒家经籍、周秦诸子以至汉代著作和一些史书的字义考释"。现存3册,共有474条,因其中释诸子著作的有350余条,有些研究书籍甚至直接称其为诸子学研究著作。

关于丢失一卷的情况,沈延国《膏兰室札记校点后记》说,这四卷札记,抗日战争初期散失一卷。现第一卷由同门潘景郑收藏,第二、三卷藏于章氏故居。"今兹校点,第一卷据潘君所藏稿本整理。第一卷首有'札记'题端,右有辛卯仲春梅叔署于膏兰室"一行(据1980年4月潘景郑来书)①。

汤志钧先生也在《章太炎年谱长编》"光绪十八年壬辰(1892年)条"记载:据潘景郑先生面告:抗战爆发,苏州沦陷,遗稿藏于苏州穹

* 作者单位:杭州西湖博物馆总馆。

① 《章太炎全集》(一),上海:上海人民出版社,2018年,第265页。

窨山宁邦寺,旋被盗,《札记》等散在沪市,潘购得《札记》一卷,并抄录一份见赠。余二册,藏章氏长子章导处①。这里提及的《膏兰室札记》"余二册",原藏于苏州锦帆路章太炎晚年故居,章太炎长子章导于1986年捐赠给杭州章太炎纪念馆。梳理沈延国、汤志钧先生说法,当时两卷在章导处,一卷在潘景郑处。三卷文字内容均已收录于《章太炎全集》。剩余一卷在抗战时佚失,文字亦未录出。据笔者向章太炎长孙章念驰先生进一步了解佚失卷情况得知:抗战时期,章太炎先生手稿集中存于一个挑担,由家中李姓老仆负责保管运输,后老仆与外人勾结,致使一批章太炎先生手稿散失。章念驰先生也曾询问潘景郑,是否获得了佚失的《膏兰室札记》一卷。潘景郑坚称未获得。

由此,《膏兰室札记》佚失卷成为悬案。抗战距今80余年,《章太炎全集》仍留有空白。峰回路转,2020年初,笔者在章太炎纪念馆整理旧档时,偶然发现两封1993年潘景郑给原任馆长张振常先生的信函:其中一封为上海寄出,有潘景郑手书;另一封为吉林寄出,由杨文献转交而来。

书信内容如下:

 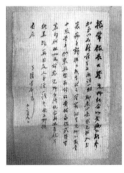 

图1 1993年潘景郑致章太炎纪念馆原馆长张振常先生的信函

---

① 汤志钧《章太炎年谱长编(增订本)》,北京:中华书局,2013年,第570页。

振常馆长大鉴：

　　先师纪念，以老病不能参加，至以为歉。兹呈上拙词一稿，聊表心意，伏乞收入。至衰病手颤，拙不成字，伏乞鉴宥。附呈先师小篆书十张，昔年拟装册保存，望付贵馆永保式符，寸衷即祈收入。又前惠先师台湾纪念册，如有余本，能再赐一册，因友人亟须一读也。匆上，即候起居。

　　　　　　　　　　　　弟潘景郑　拜十二月九日

附信封一：

　　敬烦杨文献兄送杭州市南山路苏堤

　　章太炎纪念馆张振常馆长收

　　潘景郑拜托

　　（邮戳时间：1993 年 7 月 26 日）

信封二：

　　310007 杭州南山路苏堤口对面

　　章太炎纪念馆　张振常馆长　台收

　　200040 上海西康路一八一弄一号潘景郑寄

　　（邮戳时间：1993 年 12 月 10 日）

　　两封信函内容混放，初看夹杂有 11 页散乱书稿复印件。较为易辨认的是，其中包含《膏兰室札记》手稿封面 1 页及散乱文稿 5 页，另有一叠 6 页，标明为"先师太炎先生学佛札记未刻稿"。信函中并未提及这些复印件情况。据张振常馆长回忆，1993 年时潘景郑寄送数页手稿复印件给章太炎纪念馆，告知手中有《膏兰室札记》一卷，欲作价 6 万出售。由于经费问题，章太炎纪念馆没能得到手稿整卷,此事作罢,遗憾之极。

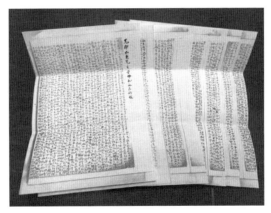

图 2　1993 年潘景郑信函中夹杂的章太炎手稿复印件

　　笔者在整理这些复印件时,将写有"时矛子仲夏梅叔署于膏兰室"的《膏兰室札记》封面进行初比对后,震惊地发现封面并非存世三卷之封面,居然为《膏兰室札记》佚失卷之封面。由于散乱页内容中有"与大兄书"一条目,为书信抄件,最初认为可能是夹杂了数种不知名未刊书稿散页。但经仔细考订,笔者发现其首尾互相连接,且散乱稿件的长宽尺寸、稿纸边缘磨损处、复印时互相叠加的字影,均为同一卷的封面及书稿页,故可正式确认其为《膏兰室札记》佚失卷前 7 页内容。只可惜书稿不全,仅封面 1 页及前 7 页内容。而潘景郑标明为"先师章太炎先生学佛札记未刊稿"6 页复印件,经章太炎纪念馆张敏女士比对后发现,乃是佛学典籍《顺正理论》部分抄稿,并非未刊札记。汤志钧先生曾回忆,早年见章太炎先生手稿中有一堆佛学札记,20 世纪 80 年代想整理时不知去向,或许就是此件。

目前可见的这些《膏兰室札记》佚失卷复印件,蕴藏着非常重要的学术信息,甚至可以颠覆多个对于章学的常规认知。因涉及考订之处较多,为了慎重起见,本文曾请复旦大学姜义华教授进行审阅,在此特为致谢。考订如下:

一　佚失卷为章太炎真正的开山之作

《膏兰室札记》丢失一卷封面卷首有"札记己说附记"题端,有"时矛子仲夏梅叔署于膏兰室"一行字,《章太炎说文解字笔记》中"戊字"条目指出:"戊,古音从矛。"①此处"矛"字即为"戊"字,意为"戊子年",即 1888 年。这一年份信息是极具颠覆性的。

现在通常认为章太炎 23 岁(1890 年)进入诂经精舍师从俞樾。《膏兰室札记》存世三卷为 1891 年至 1893 年撰写,即章太炎 24 岁至 26 岁。《章太炎全集》推定存世的是前三卷,而抗战中丢失那卷是最后一卷,即第四卷。

而这份新发现《膏兰室札记》丢失卷封面上的时间信息为 1888 年,时章太炎 21 岁。佚失卷撰写年份比存世卷还早 3 年,可知佚失的不是第四卷,而是第一卷。存世三卷,应顺次推定为第二、三、四卷。佚失卷为章太炎先生真正的开山之作,为首卷,珍贵异常。

---

① 《章太炎全集》(十六),上海:上海人民出版社,2018 年,第 607 页。

《章太炎先生自定年谱》"光绪十四年戊子(1888 年)"条云："是时细读经训,旁理诸子史传,始有著述之志。"①原不明白章太炎先生是否有具体指向,现可知"始有著述之志"一句应作为章太炎 1888 年开始撰写《膏兰室札记》之补注。

二 佚失卷内容的概括和解读

佚失卷前 7 页书稿皆蝇头细楷,约 6 500 字,共 7 条目。目录次序为《礼乐论》《弓甫字说》《吴彝释文》《濒字说》《殷麃说》《劳卦说》《与大兄书》。其中《礼乐论》《劳卦说》《殷麃说》3 条目为儒家经典之讨论。《弓甫字说》《吴彝释文》《濒字说》《与大兄书》4 条目为文字考释。各篇内容概括、解读如下:

(一)首篇《礼乐论》,篇幅较长占两页,为儒学古文经学缘起之讨论。开篇引用郑玄之言,从《周礼》"幽厉衰微,礼乐之书,稍稍废弃"开写,叙述古文经学产生的过程。而后儒学经书散失,儒生据回忆"录其故书,以校诸众本",最后又从宅壁中发现古文经籍。章太炎总结,古文经籍"草于周公,讨于孔子,阙于六国,暨于汉"。文中引用了《左传》《论语》《国语》等文献。

章太炎对于古文经籍"草于周公,讨于孔子,阙于六国,暨于汉"的总结,立场鲜明,以古文经学为儒学立论之本。古文经学崇奉周公,视孔子为"述而不作,信而好古"的先师,视孔子为史学家。与之相对的今文经学则惯常认为,六经皆孔子所作,视孔子为托古改制的"素王"。《膏兰室札记》开篇就确立古文经学的地位,也凸显出古文经学与今文经学的最大分歧,即对孔子定位不同。章太

---

① 章太炎《章太炎先生自定年谱》,上海:上海书店,1986 年。

炎这种治学路数，与其师俞樾的乾嘉学派一脉相承。

（二）《丂甬字说》考释"丂""甬"字义，认为"甬"本从"丂"，考证"丂""甬"为同声同字。文中引用了《说文解字》《尔雅》《礼记》《易林》《仪礼》《汉书》《续汉书志》《广雅》《左传》《史记》《国语》《周礼》及蔡邕的《独断》等文献。

（三）《吴彝释文》释读传世吴方彝盖铭文，并考释古文字。文中引用了《说文解字》《诗经》《易》《尔雅》《左传》《史记》等文献。

（四）《瀻字说》考释"瀻"字又作"釁"字。引用了《说文解字》《易》《庄子》《礼记》《尔雅》《周礼》《诗经》《乐记》《广雅》和楚曾侯钟铭文等文献。

（五）《殷厱说》考释"厱"字在很多古籍误为"薦"字。文中引用了《周礼》《易》《尔雅》《左传》《神农本草》《周礼》《仪礼》《孝经》《白虎通义》等文献。

（六）《劳卦说》考释儒家经典《易》之劳卦。文中引用了三《易》之一的《归藏》。

（七）最后一篇《与大兄书》，篇幅较长占两页，未完，后文不可见。应是章太炎与长兄章炳森①书信，文首寒暄后，与长兄讨论文字，考释颂敦铭文中"佩""酉""煤""绳""餕""渻""艾""威""惠"等字，指出《说文解字》中一处有误。文中引用了《说文解字》《诗经》《左传》《礼记》《国语》《吕览》《尔雅》《汉书》《史记》《易》《汉律》及《张平子赋》、虎彝铭文、石鼓文等文献。

这可能是章太炎与长兄通信讨论文字考释心得，寄出信函前将其抄录下来，后作为《膏兰室札记》一个正式条目，或系章太炎先

---

① 章炳森（1853—1928），字寿人，号椿伯，后改名章篯。章太炎长兄。清光绪十四年戊子年（1888 年）乡试举人，府学训导。

生可见最早的书信了,尚未收入《章太炎全集·书信集》。

三 由佚失卷重论《膏兰室札记》的学术定位

图 3 《膏兰室札记》佚失卷首页《礼乐论》

《膏兰室札记》传统上倾向定义其为诸子学研究之作。此前学者见《膏兰室札记》开篇从《列子》《管子》讲起,又根据《札记》存世三卷以诸子学为多数,加之误判佚失的是末卷,于是顺理成章推定:佚失卷大致紧接着上卷,内容应多为诸子学研究。如沈延国先生猜测:遗失一卷原稿中应有相当条目系考释《荀子》①。

————————

① 姜义华《章炳麟评传》,南京:南京大学出版社,2002 年,第 305 页。

现在发现佚失的不是末卷，而是首卷。首卷以讨论儒学古文经缘起开篇，那么此前推定的逻辑就完全不存在了，故其作为"诸子学研究"的推定，也应重新考量。更严谨的表述为，《膏兰室札记》是以讨论儒学经典开篇，后理诸子学之作。

当然，这样的顺序，也符合旧式文人一般都会"先读经，后读诸子"的传统。根据《章太炎先生自定年谱》"光绪十七年辛卯（1891年）"条记载，"余始治经，独求通训故，知典礼而已；及从俞先生游，转益精审，然终未窥大体"，可知在章太炎进入诂经精舍师从俞樾前，主要治理经学。再结合前文提及章太炎"是时细读经训，旁理诸子史传"一语，表明章太炎治学顺序为"先治经，后理诸子史传"。《膏兰室札记》以儒学治经开篇，先治经，后理诸子史传，也更为合理。

四　《膏兰室札记》不完全是诂经精舍时期撰写

《膏兰室札记》撰写年份传统认为是 1891 至 1893 年。按照姚奠中、董国炎《章太炎学术年谱》"光绪十七年辛卯（1891）年"条，"自本年起，章太炎开始撰写《膏兰室札记》"①。关于始撰年份，《章太炎学术年谱》的判断依据具体来自潘承弼、沈延国、朱学浩、徐复四位先生。据《制言》第 25 期《太炎先生著述目录初稿卷下》（署潘承弼、沈延国、朱学浩、徐复）未刊之部有《膏兰室札记》四卷。小注云："谨按此稿系辛卯壬辰（光绪十七、十八年）左右所著。于《荀子》《管子》《韩非》《吕览》《淮南》等书，逐条考证。"②四位先生基于猜测丢失卷为末卷（潘承弼，即潘景郑，也未在此时发声正误),于是将第二卷撰写时间误为首卷。这个误会,逐渐成为传统章学对《膏兰室札记》的一般性认知;而新发现的《膏兰室札记》佚失卷撰写于1888年,推翻了1891年始撰年份的判断。

《膏兰室札记》佚失卷撰写于1888年,也早于章太炎1890年进入诂经精舍的时间。也就是说,章太炎进入诂经精舍前两年,就已经开始撰写《膏兰室札记》。因此现有章学论述今后都需要改动,不能再直接表述《膏兰室札记》为章太炎诂经精舍时期撰写的读书笔记。

图 4 《膏兰室札记》末卷封面
"刘子骏私淑弟子"朱印

《膏兰室札记》撰写年份的下限,也可作重新考订。传统判断是根据第三卷(现在的第四卷,末卷)中"五藏所属异同"条目下自注:"以下癸巳十月下旬记"①,判断为癸巳年(1893年)前后为止。这个判断,可能因为此前学者并没有注意到末卷封面有一枚"刘子骏私淑弟子"朱印。这是一个被忽略的考订细节。

《章太炎先生自定年谱》"光绪二十二年丙申(1896年)"条中提及,章太炎这一年"专慕刘子骏,刻印自言私淑"②。这枚"刘子骏私淑弟子"印刻于1896年。那么,《膏兰室札记》完结时间下限或可根据印章篆刻时间后移至1896年。(目前所见的书稿中仅《膏兰室札记》末卷钤"刘子骏私淑弟子"朱印,其他可见的

---

① 章太炎《章太炎全集》第1册,第149页。
② 章太炎《章太炎先生自定年谱》,上海:上海书店,1986年。

手稿上均未发现钤此印。)1896 年,章太炎尚在诂经精舍求学。

总之更为准确的表述为,章太炎在杭州余杭仓前故居时期就开始撰写《膏兰室札记》,至诂经精舍求学时期完成,撰述大致时间为 1888 年至 1896 年。

五 章太炎书房"膏兰室"不在诂经精舍

"膏兰",出处为潘尼《赠侍御史王元贶》诗中:"膏兰孰为销? 济治由贤能"一句,吕向注:"膏兰为物,以明烛暗,以香变臭,自致销烁,不辞其劳。贤能济理,亦犹是也。"①"膏兰"是用来比喻消损自身而造福他人者。姜义华先生《章太炎思想研究》一书曾讨论过"膏兰室"名字之由来:"膏兰室,是章太炎为自己在诂经精舍中读书著述的一方斗室起的名字。"②后来论者多从多从此说,以此定论。

这份新发现的《膏兰室札记》佚失卷封面时间明确为 1888 年,早于章太炎进入诂经精时期。这至少说明先有"膏兰室"书房,而后章太炎才进入诂经精舍求学。那么"膏兰室"的地点也有了新的可能,应为章太炎更年少时的学习地点,即章太炎在杭州余杭仓前故居的书房名。至于为什么章太炎之后身处诂经精舍时撰写的札记,依然自称署于膏兰室,笔者猜测章太炎先生将其心中的书房斗室都叫做"膏兰室"。

六 潘景郑得《膏兰室札记》前两卷

《膏兰室札记》佚失卷封面右下钤"丁丑以后景郑所得"的朱

---

① 萧统编选、李善等注《六臣注文选》,杭州:浙江古籍出版社,1999 年,第 442 页。
② 姜义华《章太炎思想研究》,上海:上海人民出版社,1985 年,第 16 页。

图5 "丁丑以后景郑所得"朱印

印,丁丑年为 1937 年。1937 年为抗战全面爆发之年,也是苏州沦陷时。1937 年潘景郑得到佚失卷,这与《膏兰室札记校点后记》说书稿抗战时期散失,时间相互印证。佚失卷封面又钤潘景郑收藏印两枚:"宝山楼"朱印、"承弼宝藏"朱印。三枚钤印,是书稿流落去向的实证。再根据潘景郑信函邮戳为 1993 年,可知 1993 年时《膏兰室札记》佚失卷仍在潘景郑处,此后再无音讯。故《膏兰室札记校对后记》称"潘景郑见师遗泽,得一卷,又一卷未获"一语,应改为"潘景郑得两卷,为前两卷"。

七 《春秋左传读》始撰时间可能提前

此外,章太炎早年重要著作《春秋左传读》撰述时间也有了疑问。《章太炎先生自定年谱》系《春秋左传读》于光绪二十二年(1896 年),是指成书时间。传统认为《春秋左传读》撰述开始于1891 年,是根据《膏兰室札记》存世卷中两次引述《春秋左传读》[1],由此来判断《春秋左传读》早于《膏兰室札记》,认为其最早撰于1891 年,便推定《春秋左传读》始撰于 1891 年。

现在《膏兰室札记》始撰年份提前了 3 年。如果继续按照之前考订的逻辑,那么《春秋左传读》的始撰年份可能也要推向更早的1888 年。(当然如果有佚失卷全本对照则更加切实。)一旦《春秋左传读》《膏兰室札记》始撰年份推翻重写,则整个章太炎学术年谱

---

① 姚奠中、董国炎《章太炎学术年谱》,第 32 页。

的时间节点都提前了，章太炎早年学术的表述也要做相应更改。

八　《膏兰室札记》情况及各卷去向

《膏兰室札记》为章太炎早年在余杭仓前故居和诂经精舍时写成的读书笔记，撰述时间约为 1888 年至 1896 年间，为章太炎先生开山之作。全书以儒学治经开篇，后理诸子史传。典籍涉及《周礼》《易》《尔雅》《说文解字》《广韵》《训纂》《易辨终备》《论语》《管子》《墨子》《荀子》《庄子》《晏子春秋》《列子》《商君书》《吕氏春秋》《淮南子》《扬子法言》《盐铁论》《白虎通义》《论衡》《尚书》《仪礼》《礼记》《国语》《公羊记》《穀梁传》《山海经》《穆天子传》《吴越春秋》《说苑》《史记》《汉书》《后汉书》《晋书》《隋书》《宋书》《史通》《楚辞》《文心雕龙》等书，皆逐条考释文句，旁征博引。《膏兰室札记》书中部分条目，曾润色扩充，收入《管子余义》《庄子解故》《广论语骈枝》等著作，实为章太炎先生学术之发端。《膏兰室札记》继承了清代乾嘉学派的治学方法，以文字学为基点，从校订经书扩大到史籍和诸子，从解释经义扩大到考究历史、地理、天文历法、音律、典章制度，并涉及西学理论，是研究章太炎先生思想演变之要籍。

全书共 4 卷，皆以蝇头小楷记录。第一卷仅存封面及前 7 页，存世 7 条，其余缺；第二卷，著有 231 条；第三卷，有 155 条；第四卷有 88 条。合计 481 条。

第一卷于抗战时期佚失。卷首有"札记　己说附记"题端，有"时矛(戊)子仲夏梅叔署于膏兰室"一行字。右下钤"丁丑以后景郑所得"的朱印。书稿首页钤潘景郑的"宝山楼"朱印、"承弼宝藏"朱印。手稿 1993 年仍藏潘景郑处。内容现可知前 7 页，全卷内容未收入《章太炎全集》，去向不明。

　　第二卷首,有"札记"题端,有"时辛卯仲春梅叔署于膏兰室"一行字。根据沈延国《膏兰室札记校点后记》:"今兹校点,该卷由同门潘景郑所藏稿本整理"①,卷首信息均据 1980 年 4 月潘景郑来书知道。又说:"卷一(按:现在的卷二)手稿亡佚,靡得而窥"②。汤志钧先生只说"曾见两册"③。可知沈延国、汤志钧先生都未必见过该卷原件,信息均转自潘景郑赠送汤志钧先生的抄录稿。潘景郑先生曾捐上海图书馆一批章太炎手稿,上海图书馆 1975 年专门编印《章太炎著作目录》,辑录馆藏章太炎手稿手札目录。笔者查询目录,未发现包含该卷。只能说该卷内容已收录《章太炎全集》,手稿原件最后藏潘景郑处,现去向不明。

　　第三卷首有"札记"题端,又有"时壬辰夏至梅叔署于膏兰室"一行字,并有"静涵书屋"的长方朱印。其中"五藏所属异同"目下自注:"以下癸巳十月下旬记"。该卷内容已收录《章太炎全集》,现藏杭州章太炎纪念馆,为国家一级文物。

　　第四卷未署年月,有"札记"题端和"刘子骏私淑弟子"朱印一方。"刘子骏私淑弟子"朱印为 1896 年刻。该卷内容已收录《章太炎全集》,现藏杭州章太炎纪念馆,为国家一级文物。

　　《膏兰室札记》佚失卷应尚在人间,如能面世,不仅能补全《膏兰室札记》之缺,助力学者把章太炎先生早年的思想整理得更清楚,也能补《章太炎全集》之缺,弥补 70 年来数辈章太炎研究者的遗憾。望收藏《膏兰室札记》佚失卷之藏家能让这份封尘已久的书卷得见天日。

　　本文原载《杭州师范大学学报(社会科学版)》2021 年第 2 期。

---

① 《章太炎全集》(一),第 265 页。
② 《章太炎全集》(一),第 267 页。
③ 汤志钧《章太炎年谱长编(增订本)》,第 9 页。

章太炎语言文字论说体系中的历史民族

一

光绪三十二年(1906)丙午五月初八日(6月29日),在因"苏报案"系狱三年后,章太炎出囹圄的当晚即登上赴日本的轮船。孙中山专门派人至沪,迎为《民报》主笔。五月二十四日(7月15日),东京留学生开会"欢迎章炳麟枚叔先生","至者二千人"。[①]太炎登台演说,"只就兄弟平生的历史,与近日办事的方法,略讲给诸君听听"。这场演讲标志着他进入革命派的核心阶层,同时也意味着经过多年变化淘洗,在思想与主张上形成了自己的定见。

在"平生的历史"部分,章太炎自承"疯癫""神经病",而追根溯源,则在于少年时代的阅读:

> 兄弟少小的时候,因读蒋氏《东华录》,其中有戴名世、曾静、查嗣庭诸人的案件,便就胸中发愤,觉得异种乱华,是我们心里第一恨事。后来读郑所南、王船山两先生的书,全是那些保卫汉种的话,民族思想,渐渐发达。但两先生的话,却没有

① 民意《纪七月十五日欢迎章炳麟枚叔先生事》,《民报》第6号,1906年7月25日。

甚么学理。①

民元以前章太炎的工作,一言以蔽之就是为"民族思想"注入"学理"。而蒋良骐《东华录》,更是终其一生反复道及的一部书,被太炎描述成自己的"元阅读"。1903 年《狱中答新闻报》:"自十六七岁时读蒋氏《东华录》《明季稗史》,见夫扬州、嘉定、戴名世、曾静之事,仇满之念固已勃然在胸。"②同年《致陶亚魂柳亚庐书》:"鄙人自十四、五时,览蒋氏《东华录》,已有逐满之志。"③其于公开私下场合均不讳言。民国成立后,他仍然不断回顾,1918 年《光复军序》云:"余年十三四,始读蒋氏《东华录》,见吕留良、曾静事,怅然不怡,辄言有清代明,宁与张、李也。"④而到晚年,则有更详细的回忆:

> 余十一、二岁时,外祖朱左卿名有虔,海盐人。授余读经。偶读蒋氏《东华录》曾静案,外祖谓:"夷夏之防,同于君臣之义。"余问:"前人有谈此语否。"外祖曰:"王船山、顾亭林已言之,尤以王氏之言为甚。谓历代亡国,无足轻重,惟南宋之亡,则衣冠文物,亦与之俱亡。"余曰:"明亡于清,反不如亡于李闯。"外祖曰:"今不必作此论,若果李闯得明天下,闯虽不善,其子孙未必皆不善,惟今不必作此论耳。"余之革命思想伏根于此。依外祖之言观之,可见种族革命思想原在汉人心中,惟

---

① 太炎《演说录》,《民报》第 6 号。
② 《狱中答新闻报》,《苏报》,光绪二十九年闰五月十二日(1903 年 7 月 6 日)。转引自汤志钧《章太炎政论选集》上册,北京:中华书局,1977 年。
③ 西狩《致□□二子书(癸卯四月)》,《复报》第 5 期,1906 年 10 月 12 日。
④ 龚翼星《光复军志》,1918 年 8 月天津华新印刷局。转引自汤志钧《章太炎年谱长编》上册,北京:中华书局,1979 年,第 6 页。

隐而不显耳。①

随着时间的推移,其叙述中阅读蒋氏《东华录》的年龄也从十六七岁逐步降至十一二岁。或许这是忆往的常态,不足为异。②不过,"历代亡国,无足轻重,惟南宋之亡,则衣冠文物,亦与之俱亡",则道出章太炎参与革命的基础立场。所谓"王船山、顾亭林已言之"者,王夫之《周易外传·离》:"夏商之授于圣人,贤于周之强国;周之授于强国,贤于汉之奸臣;汉之授于奸臣,贤于唐之盗贼;唐之授于盗贼,贤于宋之夷狄。"又《宋论》"恭宗、端宗、祥兴帝"第二条:"汉、唐之亡,皆自亡也。宋亡,则举黄帝、尧、舜以来道法相传之天下而亡之也。"③至于顾炎武,则《日知录》卷十三"正始"条云:"有亡国,有亡天下,亡国与亡天下奚辨?曰:易姓改号,谓之亡国。仁义充塞,而至于率兽食人,人将相食,谓之亡天下。"④

　　无论是兴中会入会誓词"驱除鞑虏,恢复中华,创立合众政府",还是同盟会纲领"驱除鞑虏,恢复中华,创立民国,平均地权",孙中山均改写自朱元璋所发布《谕中原檄》中的"驱除胡虏,恢复中华,立纲陈纪,救济斯民"。其前半部分,所诉诸的都是种族复仇,似乎与章太炎所谓"种族革命思想"并无二致。但孙中山早期文

---

　　①　朱希祖《本师章太炎先生口授少年事迹笔记》,讲录时间为 1936 年 4 月 28 日。《制言》第 25 期"太炎先生纪念专号",1936 年 9 月 16 日。

　　②　何冠彪注意到这个现象,参见氏作《章炳麟与蒋良骐〈东华录〉——历史名人喜好夸大少年事迹一例》,氏著《明清人物与著述》,香港:香港教育图书公司,1996 年,第183—188 页。其事固然,惟忆往每为自证当下,添加枝叶而不自觉,人之常态,与故意伪造取利,判然有别。后人可道出,而不必苛论。

　　③　王夫之《周易外传》卷二,《船山全书》第 1 册;《宋论》卷十五,《船山全书》第 11册。长沙:岳麓书社,1988 年。

　　④　顾炎武著,黄汝成集释《日知录集释》中册,栾保群、吕宗力校点,上海:上海古籍出版社,2006 年。

献,如《民报·发刊词》首次提出民族、民权、民生三大主义。①在东京《民报》创刊周年庆祝大会的演说,亦即后来所谓《三民主义与中国前途》中,首次用到汉语词"中华民国",②其论述重点都在"民国"二字,于世界历史大势的格局中,从义理上予以论证。至于"中华",在孙那儿是不证自明的,并未述及。而一年半后《民报》刊发太炎《中华民国解》,洋洋洒洒:"是故华云、夏云、汉云,随举一名,互摄三义。建汉名以为族,而邦国之义斯在。建华名以为国,而种族之义亦在。此中华民国之所以谥。"③其所论者,全在"中华"二字,由古而今,遍及四裔,于"民国"之"民"究所云何几不着一字。

此可见于"邦国",于"种族",章太炎与孙中山及绝大多数革命党人的理解,有着很大的不同和侧重:

> 故今世种同者,古或异。种异者,古或同。要以有史为限断,则谓之历史民族,非其本始然也。④

太炎所关心的,简而言之就在所谓"衣冠文物",因而本民族历史与文化的依据是其根本,亦即其所云"历史民族"者。

普通述及章太炎,总会谈到他从维新到革命的变化,约略以1900年《解辫发》《客帝匡谬》为分界。想必在当年就是这样的评价,因而1903年狱中答记者,他对此作了明确的否定:

<hr/>

① 孙文《发刊词》,《民报》第1号,1905年11月26日。
② 民意《纪十二月二日本报纪元节庆祝大会事及演说辞》,《民报》第10号,1906年12月20日。
③ 太炎《中华民国解》,《民报》第15号,1907年7月5日。
④ 《訄书重订本·序种姓上》,《章太炎全集》(三),上海:上海人民出版社,1984年。

> 中岁主《时务报》，与康、梁诸子委蛇，亦尝言及变法。当
> 是时，固以为民气获伸，则满洲五百万人必不能自立于汉土，
> 其言虽与今异，其旨则与今同。昔为间接之革命，今为直接之
> 革命，何有所谓始欲维新，终创革命者哉。

联系同文中小时读蒋氏《东华录》种种，构成一个具有逻辑脉络
的完整叙事。而接下来的论述，则直接陵轹"维新""革命"二语，
以为"惟以维新革命，锱铢相较，大勇小怯，秒忽相衡"，因而需要
"正名"：

> 夫民族主义，炽盛于二十世纪，逆胡膻虏，非我族类。不
> 能变法当革，能变法亦当革。不能救民当革，能救民亦当革。
> 吾之序《革命军》，以为革命、光复，名实大异。从俗言之，则曰
> 革命。从吾辈之主义言之，则曰光复。会朝清明，异于汤武，
> 攘除贵族，异于山岳党。其为希腊、意大利之中兴则是矣，其
> 为英、法之革命则犹有小差也。①

王夫之《黄书·原极第一》云："故圣人先号万姓而示之以独贵。保
其所贵，匡其终乱，施于孙子，须于后圣。可禅，可继，可革，而不可
使夷类间之。"②"革"是汉种自己的事情，对于"夷类"，那就不是
"革命"而是"光复"了。亦即《革命军序》所谓："同族相代，谓之革
命；异族攘窃，谓之灭亡。改制同族，谓之革命；驱逐异族，谓之光
复。今中国既灭亡于逆胡，所当谋者，光复也，非革命云尔。"③所

---

① 《狱中答新闻报》，汤志钧编《章太炎政论选集》上册。
② 王夫之《黄书·原极》，《船山全书》第12册。
③ 《革命军序》，舒芜等编《中国近代文论选》下，上海：人民文学出版社，1981年。

以"变法""救民",这些维新或革命的口号皆非根本。所谓"能变法亦当革",所谓"能救民亦当革",章太炎语气决绝,他的目标,在于"祀夏配天,光复旧物"①。

晚清革命党人大体由三支组成,主要人物籍属广东的兴中会,籍属湖南的华兴会,以及籍属浙江的光复会。光复会成立于1904年,会名或许就来自章太炎。其后他在不同场合不断将当时已经通行的"革命"正名为"光复",会中同仁想必皆佩服其学问,但似乎也没人孜孜于其间的分别。

章太炎实践的是一条独特的道路,《东京留学生欢迎会演说词》"近日办事的方法"部分,他首先言及:"一切政治、法律、战术等项,这都是诸君已经研究的,不必提起。"显然此类形而下的事情,不能入他的法眼。"依兄弟看,第一要在感情",至于如何成就"感情",则"全在宗教、国粹两项"。

宗教问题,章太炎选择的是佛教,以为可以"勇猛无畏,众志成城,方才干得事来"。至于国粹,是"要人爱惜我们汉种的历史",这其中"一是语言文字,二是典章制度,三是人物事迹"。②

这场演说后五十日,章接任主编的《民报》第七号出版,刊有《国学讲习会序》,谓"天特留此一席以待先生",宣布太炎讲学:

> 先生已允为宣讲者:一,中国语言文字制作之源;一,典章制度所以设施之旨趣;一,古来人物事迹之可为法式者……且先生治佛学尤精,谓将由佛学易天下。临讲之目,此亦要点。③

---

① 《狱中答新闻报》,汤志钧编《章太炎政论选集》上册。
② 太炎《演说录》,《民报》第6号。
③ 国学讲习会发起人《国学讲习会序》,《民报》第7号,1906年9月5日。

可见演说中"近日办事的方法",马上要一一实行。而据宋教仁日记,国学讲习会规模甚广,科目繁多,计划中也非一人施讲。①但《国学讲习会序》中所标榜者仅是章太炎,可见自家阵营中已经以他为旗帜。当时的讲学情况已不可知,今所留存者仅是当月出版署名章炳麟的《国学讲习会略说》,则确可知太炎是开讲了的。《国学讲习会略说》收《论语言文字之学》《论文学》《论诸子学》,三文很快也在上海《国粹学报》连载,《论文学》改题《文学论略》,《论诸子学》改题《诸子学略说》。《国学讲习会略说》中还保留着讲学的口气,《论语言文字之学》开头"今日诸君欲知国学",《国粹学报》本作"今欲知国学"。《论诸子学》起首"上来既讲文学,今就学说中诸子一类,为诸君言其概略",《诸子学略说》中删去。因可知本都是口说的文字本,其后也只有一半文字入集《国故论衡》,即《论语言文字之学》抽取部分改题《语言缘起说》,《文学论略》删削为《文学总略》。②

《国学讲习会序》作者应为章士钊,中谓:

> 夫国学者,国家所以成立之源泉也。吾闻处竞争之世,徒恃国学固不足以立国矣。而吾未闻国学不兴而国能自立者也。吾闻有国亡而国学不亡者矣,而吾未闻国学先亡而国仍立者也。故今日国学之无人兴起,即将影响于国家之存灭。③

① 参见汤志钧《章太炎年谱长编》上册,第214—215页。
② 章炳麟《国学讲习会略说》,秀光社1906年9月版。章绛《诸子学略说》,《国粹学报》第20、21期,1906年9月8日、10月7日;章绛《文学论略》,《国粹学报》第21、22、23期,1906年10月7日、11月6日、12月5日;章绛《论语言文字之学》,《国粹学报》第24、25期,1907年1月4日、2月2日。
③ 国学讲习会发起人《国学讲习会序》,《民报》第7号。按章士钊《疏〈黄帝魂〉》云:"犹忆太炎出狱莅东,同人以讲学相要,为设国学讲习会,而责序于余。"《辛亥革命回忆录》第一集,北京:文史资料出版社,1961年,第289页。

这段文字的风格颇有梁启超的气息,但意思应该来自太炎,也是当年国粹派同志的根本立场。所谓"国学",本就不仅仅是"学",其上还有个"国","学"是"国""成立之源泉"。也就是说,光有"学"未必能有其"国",而无"学"必不能立其"国"。章太炎反复认真分辨他所从事的是"光复"而不是"革命",缘由正在于此:

> 余学虽有师友讲习,然得于忧患者多。自三十九岁亡命日本,提奖光复,未尝废学。①

"光复"与"学",是不可分割的一体两面。只有在这个意义上,才能理解章太炎学术工作的动机,以及他"讲学"的目的。1906 年下半年的讲学似乎没有维持多长时间,其后章太炎陷入《民报》以及大量的政治事务中,大概未能"讲学"。1908 年 10 月《民报》遭禁,按他自己的说法,又开始讲学。《自定年谱》"宣统元年"条:

> 《民报》既被禁,余闲处与诸子讲学……焕卿自南洋归,余方讲学,焕卿亦言:"逸仙难与图事,吾辈主张光复,本在江上,事亦在同盟会先,曷分设光复会。"余诺之,同盟会人亦有附者。然讲学如故。②

太炎不愧文章圣手,此节记同盟会涣散,陶成章拟重建光复会,翌年正月成立时且以章为会长。但此处追述,仅"余诺之"三字表明态度。在叙述这些政治大事时插入数语,"余闲处与诸子讲学""余

---

① 《自定年谱》"清稿"本,"宣统二年四十三岁"条,《章太炎先生自定年谱》,上海:上海书店,1986 年。
② 《自定年谱》"清稿"本,"宣统元年四十二岁"条,《章太炎先生自定年谱》。

方讲学""然讲学如故",从文章角度似是以闲笔调理辞气,变换节奏,实则"讲学"乃是叙述主脉,"闲处""方""然"等,其意态正在这不言而言中。

作为大弟子,黄侃是可以洞澈乃师肺腑的,多年后,其追叙如此:

> 先生与日本政府讼,数月,卒不得胜,遂退居,教授诸游学者以国学……思适印度为浮屠,资斧困绝,不能行。寓庐至数月不举火,日以百钱市麦饼以自度,衣被三年不浣,困厄如此,而德操弥厉。其授人以国学也,以谓国不幸衰亡,学术不绝,民犹有所观感,庶几收硕果之效,有复阳之望。故勤勤恳恳,不惮其劳,弟子至数百人。可谓独立不惧,闇然日章,自顾君以来,鲜有伦类者矣。①

其谓"退居"讲学,与章太炎所述一致。不过据朱希祖日记,早在《民报》被禁前半年,神田大成中学的《说文》课已开班。章、黄所记并不准确,但也许不是记忆问题,而是强调与《民报》被禁的因果关系。甚至朱日记中,神田开课前半个多月,还有太炎在他处演讲的记载,②可知"讲学"也许是章在日期间的常态。脱却《民报》社务,则更可以"谢公社事,专务历学。徙居小日向台町二丁目二十六番,署门曰'国学讲习会'。杂宾不至,从游者皆素心人"③。黄侃

---

① 黄季刚《太炎先生行事记》,《神州丛报》第 1 卷第 1 册,1913 年 8 月 1 日。

② 参见汤志钧《章太炎年谱长编》上册,第 291—294 页。

③ 章炳麟《与钟君论学书》,1909 年 1 月 20 日,"钟君"即钟正楙。"谢公社事"语气节奏不洽,疑为"谢公杜事",移写整理时形近而讹。《文史》第 2 辑,北京:中华书局,1963 年。

将太炎拟之为"顾君",实则顾亭林曾改名"绛",又改名"炎武",而章炳麟亦曾改名"绛",而号"太炎"。此与康有为自比孔子之"素王",而号"长素"。一诚笃,一虚骄,其间不可以道里计也。

太炎奋力讲学,"以谓国不幸衰亡,学术不绝,民犹有所观感,庶几收硕果之效,有复阳之望"。当时他自然不可能预知清廷何时覆灭,所可以努力的是维系"学术不绝",才能有所依俟,以期于"复阳之望"。荧光爝火,守先待后,是为太炎学术的真精神。

正因为以顾炎武为况,自以为文化命脉所系,当生命受到威胁时,章太炎总有无限焦虑。1903 年上海狱中,有《癸卯□中漫笔》:

> 上天以国粹付余,自炳麟之初生,迄于今兹,三十有六岁。凤鸟不至,河不出图,惟余亦不任宅其位,縶素王素臣之迹是践,岂直保守残阙而已。又将官其财物,恢明而光大之。怀未得遂,累于□国,惟□翼□欤,则犹有继述者。至于支那闳硕壮美之学,而遽斩其统绪,国故民纪,绝于余手,是则余之罪也。①

语气似乎夸慢,而拳拳之心,读之令人动容。1908 年因刘师培与之反目事,他移书孙诒让,请前辈为之调停,自言"非为一身毁誉之故,独念先汉故言不绝如缕,非有同好,谁与共济",所希望于刘师培者,乃是"与麟勠力支持残局"。诒让尚未接到函件便已离世。②

---

① 《章太炎癸卯□中漫笔》,《国粹学报》第 8 期,1905 年 9 月 18 日。"□中"即"狱中"。收于《太炎文录初编·文录卷一》,题《癸卯狱中自记》,其中"累于□国,惟□翼□欤"作"累于仇国,惟金火相革欤",参见《章太炎全集》(四),上海:上海人民出版社,1985 年。

② 《与孙诒让》,末署"上五月初三"即 6 月 1 日,本月二十二日(即 6 月 20 日),孙诒让卒。《制言》第 30 期,1936 年 12 月 1 日。据孙延钊《余杭先生与先征君》,孙诒让未及收到来信,参见汤志钧《章太炎年谱长编》上册,第 262 页。

翌年章太炎直接致函刘师培，极言"与君学术素同，盖乃千载一遇。中以小衅，薾为仇雠……思君之勤，使人白"①，痛心疾首，溢于言表，所为者尽在"国粹日微，赖子提倡"②。

辛亥"秋八月，武昌兵起，余时方与诸生讲学"，很快"湖南、江西相继反正"，大局已变，章太炎"始辍讲业"。③

二

1906 年 7 月章太炎第三度赴日，至 1911 年 11 月返国。此数年间，概而言之即其自言之"提奖光复，不废讲学"。其间所出版之著作，最早系 1906 年 9 月《国学讲习会略说》，收《论语言文字之学》《论文学》《论诸子学》三文。最晚系 1910 年 6 月《国故论衡》，"分小学、文学、诸子学三类"，《教育今语杂志》上的广告，称"本在学会口说，次为文辞"。④正可见其一以贯之的"讲学"，在结构上，基本都是这三支。

因太炎有"语言文字之学"一语，遂被后来的学者赋予现代学术转型的意义，即与传统"小学"划然有别。此说甚是浑沦，实则二语在太炎处通常混用，等而为一，用"小学"者更为常见，"语言文字"一般在论述二者关系时使用。《论语言文字之学》只在开头部分言"语言文字之学"，此后俱称"小学"。不过，不管"语言文字之

---

① 《再与刘光汉书》，《太炎文录初编·文录卷二》，《章太炎全集》（四）。钱玄同《章太炎黄季刚二君关于刘申叔之文十首》系于己酉（1909），收入刘师培著、钱玄同主编《刘申叔遗书》（上），南京：江苏古籍出版社，1997 年。

② 《某君与某书》之二，《国粹学报》第 24 期，1907 年 1 月 4 日。

③ 《自定年谱》"清稿"本，"宣统三年四十四岁"条，《章太炎先生自定年谱》。

④ 《国故论衡广告》，见 1910 年《教育今语杂志》各期，转引自汤志钧《章太炎年谱长编》上册，第 344 页。

学"还是"小学",他确实有不同前人与时人的界定。①《论语言文字之学》云：

> 此语言文字之学,古称小学……今日言小学者,皆似以此为经学之附属品。实则小学之用,非专以通经而已。周秦诸子,《史记》《汉书》之属,皆多古言古字,非知小学者必不能读。若欲专求文学,更非小学不可……如上所说,则小学者,非为通经之学,而为一切学问之单位之学。

有清一代,朴学大师辈出,其中"小学"一门,早已由附庸蔚为大国。但在一般观念上,"小学"确为通经之用。而在章太炎那儿,正如孔子并不居于特殊的"教主"之席,《语》《孟》应回归诸子之部列一样,经部诚如章学诚所谓"六经皆史",也不具有特出的典籍地位。"小学"是一切学术的基础,因而"今日诸君欲知国学,则不得不先知语言文字"。

"所谓小学,其义云何,曰字之形体、音声、训诂而已。"太炎如此界说,实在平平无奇。不过对于诸多清儒名著,他认为仅可称"《说文》之学""《尔雅》《方言》之学""古韵唐韵之学",而"不得称为小学",只有像戴东原以下如段、王、郝,能够"兼此三者,得其条贯",才当得起其心目中的"语言文字之学"。②

章太炎所谓"语言文字之学"或"小学",有远超乎前贤的关怀。《国故论衡》开卷首篇之《小学略说》,是章的纲领性文件,其言曰：

---

① 有关这一问题,较恰切的论述,可参见黄锦树《章太炎语言文字之学的知识(精神)系谱》,新北：花木兰文化出版社,2012年,第4—7页。

② 《论语言文字之学》,《国学讲习会略说》。

　　……凡治小学者，非专辨章形体，要于推寻故言，得其经脉……盖小学者，国故之本，王教之端，上以推校先典，下以宜民便俗，岂专引笔划篆，缴绕文字而已……①

太炎之前，"小学"本是"通经"的工具。太炎之后，一般人的观念，诚如吴稚晖所言，"语言文字之为用，无他，供人与人相互者也"②。但对于章太炎来说，"国故之本，王教之端，上以推校先典，下以宜民便俗"，从国故到民俗，负载着古今上下的文化。而且，"上世草昧，中古帝王之行事，存于传记者已寡，惟文字、语言间留其痕迹，此与地中僵石为无形之二种大史"③。这岂是"器具"而止，简直就是中华文明的本体。

　　太炎所处之世，李鸿章所谓"三千余年一大变局"，危机遍及所有方面。精英阶层的应对方案，也是言人人殊。具体到语言文字层面，则有拼音化、白话文的改革思路，此有增广民智、普及教育等思考背景。而现实的局面，由于西方文明大量涌入，已有语言文字不敷使用，造新字、用新词已到疲于奔命的局面。20世纪伊始，以梁启超为代表，大量移用"和制汉语"，文章也染上日本风，影响所及，已成风气。太炎自幼"泛览典文"，及壮以光复为使命。在他眼里，文化命脉所系，首要在于语言文字，而这也是危机根本所在。时下局面，诸多改革方案，无论拼音化还是日语词等等，皆无异饮鸩止渴。

　　早在初刻本《訄书·订文》，章太炎就阐述了他的判断。从史籀到许慎，文字"九千名"，而"自《玉篇》以逮《集韵》，不损二万字"。

①　《小学略说》，《国故论衡》上卷，上海：大共和日报馆，1912年。
②　燃料《书驳中国用万国新语说后》，《新世纪》第57号，1908年7月25日。
③　《致吴君遂书》(1902年8月8日)，汤志钧编《章太炎政论选集》上册。

但北宋以降,各项所用,"千名"至"四千名"而足,"其它则视以为腐木败革也已矣"。相对的,"今英语最数,无虑六万言。言各成义,不相陵越。东西之有书契,莫繁是者,故足以表西海"。①

当然,此说有个问题,汉字的"名"即"字",与英语的"言"即"word",并不是可以直接比较的概念。太炎也不是不懂这一点,《订文》附录《正名略例》中就专有一条论及此:

> 西方以数声成言,乃为一字,震旦则否。然释故、释言而外,复有释训。非联绵两字,即以双声迭韵成语,此异于单举者。又若事物名号,合用数言……是皆两义和合,并为一称。苟自西方言之,亦何异一字邪。今通俗所用,虽麇跂二千,其不至甚忧困匮者,固赖此转移尔。由是言之,施于檄移,亦逾万字。然于理财正辞,其忧不逮甚矣。若有创作,用缵旧文,故一字训数字两端,皆称一字。是则书童竹笘,数必盈亿矣。②

此处"字"的界说,扩张成相当于如今的"词"。但即便如此,他认为也只是满足"通俗所用",至于"理财正辞",则远远不够。而现实状况中"以二千名与夫六万言者相角",简直是最大的民族危机,"乌乎,此夫中国之所以日削也"。因为"于文字之盈欠,则卜其世之盛衰矣",再也没有比这更形象地反映出当下国家的衰败。作为应对之策,《订文》云:

> 先师荀子曰,后王起,必将有循于旧名,有作于新名……

① 《訄书(初刻本)·订文》,《章太炎全集》(三)。
② 《訄书(初刻本)·订文(附正名略例)》,《章太炎全集》(三)。

孟晋之后王,必修述文字。其形色志念,故有其名,今不能举者,循而摭之。故无其名,今匮于用者,则自我作之。①

此即"创作"与"用缵旧文"的两项方针。待到《訄书》重订本,《订文》所附,则杂入 1902 年《文学说例》内容,改名《正名杂义》。其最后部分提及:"武岛又次郎作《修辞学》曰:'言语三种,适于文辞,曰见在语、国民语、箸名语,是为善用法。反之亦有三种,曰废弃语、千百年以上所必用,而今亡佚者,曰废弃语。外来语、新造语,施于文辞,是为不善用法。'"对三种"不善用法",武岛认为外来语、新造语有时非用不可,但须节制。而废弃语,"世人或取丘墓死语,强令苏生,语既久废,人所不晓,辄令神味减失"。对此,太炎同意"官号地望""械器舆服"必用今名,即"有作于新名"者。至于废弃语,他则以为"顷岁或需新造,寻检《仓》《雅》,则废语多有可用为新语者"。此其所谓"有循于旧名",同样是应对当下词语需求的策略,而更为章太炎所关注,也是他独有的思考和主张:

> ……若其雅俗称名,新故杂用,是宁有厉禁邪。至云人所不晓,致减神味,说尤鄙倓。夫废弃之语,固有施于文辞,则为间见,行于繇谚,反为达称者矣……此并旷绝千年,或数百稔,不见于文辞久矣。然耕夫贩妇,尚人人能言之……故文辞则千年旷绝,繇谚则百姓与能……然则不晓者仅一部之文人,而晓者乃散在全部之国民,何为其惝愢减味也。繇是以言,废弃语之待用,亦与外来、新造无殊……②

---

① 《訄书(初刻本)·订文》,《章太炎全集》(三)。
② 《訄书(重订本)·订文(附正名杂义)》,《章太炎全集》(三)。

也就是说,"废弃语"只是不存于文人笔札,却为民间所惯用,文人笔下的死文字,在国民口中是活语言。因而"雅俗""新故"可以并存,千年之久,万里之广,俱可统为一体,这是他解决文之"日以啙媮"的方案。①

时隔数年,太炎东渡日本后,开始有机会将这一观念转化为学术工作。1906 年在致刘师培函中,他谈到这个想法:

> 鄙意今日所急,在比辑里语,作今方言……仆所志独在中国本部,乡土异语,足以见古字古言者不少……比类知原,其事非一,若能精如杨子,辑为一书,上通故训,下谐时俗,亦可以发思古之幽情矣……吾侪于此,犹能致力,亦有意乎。②

汉语方言,尤其南方方言中,遗存上古、中古汉语的音义,这是人所皆知的事实。不过,当初扬雄《方言》全名《輶轩使者绝代语释别国方言》,其志诚如许慎《说文解字·丌部》"古之遒人以木铎记诗言",目的在于"采览异言,以为奏籍"。③后世所作,大体也是"采风"的余脉。而章太炎所设想,"上通故训,下谐时俗",则是真正的"礼失求诸野"了。

一年后,《民报》刊出《博征海内方言告白》,曰:"果欲文言合一,当先博考方言,寻其语根,得其本字,然后编为典语,旁行通国,

---

① 参见彭春凌《以"一返方言"抵抗"汉字统一"与"万国新语"——章太炎关于语言文字问题的论争(1906—1911)》,《近代史研究》2008 年第 2 期。
② 《丙午与刘光汉书》,《太炎文录初编·文录卷二》,《章太炎全集》(四)。
③ 刘光汉《新方言·后序一》,《章太炎全集》(七),上海:上海人民出版社,1999年。语出郭璞《方言序》:"盖闻方言之作,出乎輶轩之使,所以巡游万国,采览异言,车轨之所交,人迹之所蹈,靡不毕载,以为奏籍。"

斯为得之。"①这里所揭橥的目标是当时盛行的"文言合一",章太炎为此提供一个他自己的方案。

晚清所谓言文合一,白话文与拼音化主张者,都以此作为理论支撑。白话文相对文言文更接近现代口语,有着言文一致的基础,不过,其对接的传统是以白话小说为主的传统书写语言。真正接近当下口语的是白话报,但显然因过于简单,很难支持新书写语言的建设,况且还有方言的歧异。拼音化则是以取消汉字为目标,直接拼写口语,虽然可以言文一致,但由于各地方言差异,直接导致汉语书写的分裂。至20世纪初,又有统一语言的口号,不过如此先需推行通用语,那么以拼音化实现言文一致的便捷性也就谈不上了。②

《博征海内方言告白》是为章太炎撰辑《新方言》征集资料,《新方言》成书,书末有刘师培和黄侃的"后序",季刚言:"俾令殊语皆明,声气无阂。乡曲相鄙之见,由之以息。文言一致之真,庶几可睹。芳泽所披,于是远矣。"③申叔言:"夫言以足志,音以审言,音明则言通,言通则志达。异日统一民言,以县群众,其将有取于斯。"④一个说"文言一致",一个说"统一民言",似乎商量好了替太炎道出心志。普通凭印象认为章太炎"复古""保守""反对白话"等等,其实都是皮毛之见。恰恰相反,他的学术工作,正是为了解决"文言一致"与"统一民言"之类当下的文化问题。"今夫种族之分

---

① 《博征海内方言告白》,自《民报》第17号(1907年10月25日)起,基本每期都有刊载。

② 参见王风《晚清拼音化与白话文催发的国语思潮》,收入夏晓虹、王风编《文学语言与文章体式》,合肥:安徽教育出版社,2005年,第20—45页。

③ 黄侃《新方言·后序二》,《章太炎全集》(七)。

④ 刘光汉《新方言·后序一》,《章太炎全集》(七)。

合,必以其言辞异同为大齐"①。只不过太炎的"路线图"与众不同,其所谋者大,计划也浩繁得无边无际。

《新方言》1907年10月起在《国粹学报》连载,1909年8月成书出版。从书名看,是继武子云的方言学之作;不过从方法上看,以古语证今语,以今语通古语,可看作语源学著作。"世人学欧罗巴语,多寻其语根,溯之希腊、罗甸;今于国语,顾不欲推见本始。此尚不足齿于冠带之伦,何有于问学乎。"在他看来,"盖有诵读占毕之声既用唐韵,俗语犹不违古音者;有通语既用今音,一乡一州犹不违唐韵者;有数字同从一声,唐韵以来一字转变,余字犹在本部,而俗语或从之俱变者。""古音"早于"唐韵","唐韵"早于"今音",因而所谓"俗语",相对于"通语"和"诵读占毕之声",更可以说是"雅言"。于此动人的存在,章太炎几于情不能自已:

> ……后生不可待也,及吾未入丘墓之时,为之理解,犹愈于放失已……读吾书者,虽身在陇亩,与夫市井贩夫,当知今之殊言,不违姬汉。既陟升於皇之赫戏,案以临瞻故国,其恻怆可知也。②

其对"身在陇亩,与夫市井贩夫"满怀深情,而"临瞻故国"的"恻怆",刘师培则为之疏解:

> 抑自东晋以还,胡羯氐羌,入宅中夏,河淮南北,间杂夷音。重以蒙古、建州之乱,风俗颓替,虏语横行。而委巷之谈,

---

① 《訄书(重订本)·方言》,《章太炎全集》(三)。
② 《新方言(重订本)·新方言序》,《章太炎全集》(七)。

妪孺之语，转能保故言而不失，此则夏声之仅存者。昔欧洲希意诸国，受制非种，故老遗民，保持旧语，而思古之念，沛然以生，光复之勋，荟蔫于此。今诸华夷祸与希意同，欲革夷言而从夏声，又必以此书为嚆矢。此则太炎之志也。①

"思古"乃为了"光复"，这始终是章太炎学术的最原始动力。因而"国故"固然是学术，但更重要的是其指引向"故国"，维系人民的记忆，使其保持原有的根本，不被同化，亦即所谓"国性"：

> 小学故训萌芽财二百年……其以披析坟典，若导大窾。次即董理方言，令民葆爱旧贯，无忘故常，国虽苓落，必有与立。盖闻意大利之兴也，在习罗马古文，七八百岁而后建国。然则光复旧物，岂旦莫事哉。在使国性不醨，后人收其效耳。②

"小学故训"的重要，以及"董理方言"的现实关怀，可谓寄意遥深。"光复旧物"并非"旦莫事"，太炎当年是以为自己看不到的。因而对于学术工作，他期以长远，努力维持"旧贯""故常"，只要"国性不醨"，则总会有一天"后人收其效耳"。

1907年，日本有"汉字统一会"之设，并将端方、张之洞两位极具势力，并且有相当文化影响的封疆大吏拉进去挂名。这个组织"反对罗甸字母，且欲联合亚东三国"，亦即中日韩，共同维护汉字地位。这大概即今时髦所称"汉字文化圈"第一次共同的文化行

---

① 刘光汉《新方言·后序一》，《章太炎全集》（七）。
② 章炳麟《与锺君论学书》，《文史》第2辑。

动,但其策略之一是"选择常用之字以为程限"。①这个思路其实并不奇怪,而且延续至今。"汉字统一会"未必是始作俑者,但也是最早试图使其成为多国共同政策的。对于章太炎来说,这显然是个问题严重的方案,他素所忧心"暖暖以二千名与夫六万言者相角",并全力为此工作以求解决办法,《新方言》的一个重大目的即在于此。"夫语言文字之繁简,从于社会质文",②而"汉字统一会"却"以限制文字为汉字统一之途",完全南辕北辙,国内居然有势力者支持。于是,在上海的《国粹学报》开始连载《新方言》的同时,东京《民报》上刊登章的《汉字统一会之荒陋》。

在这篇文章中,太炎谈到汉字对于日本和对于中国完全不同,在中国"声音训诂,古今相禅",而日本汉字之外有假名,汉字只是"补阙之具"。因此限制字量在日本或可,在中国岂止不可,反而应该反其道而行。由此介绍到《新方言》,"得三百七十事",均是为方言寻本字:

> 若综其实,则今之里语,合于《说文》《三仓》《尔雅》《方言》者正多。双声相转而字异共〔其〕音,邻部相移而字异其韵,审知条贯,则根柢豁然可求……若遍讨九州异语,以稽周秦汉魏间小学家书,其文字往往而在,视今所习用者,或增千许……

这些一般人眼中的"废弃语",存于"今世方言",在太炎看来,"上合周汉者众,其宝贵过于天球九鼎,皇忍拨弃之为"。③因而,"略纽殊

---

① 太炎《汉字统一会之荒陋》,《民报》第 17 号,1907 年 10 月 25 日。
② 《訄书(重订本)・订文(附正名杂义)》,《章太炎全集》(三)。
③ 太炎《汉字统一会之荒陋》,《民报》第 17 号。

语，征之古音"，①则可以使得"已陈之语，绝而复苏，难谕之词，视而可识"②。

"笔札常文"中的"死文字"，在"今世方言"中是"活语言"。章太炎《新方言》所致力的方向，就是要从方言中复活已废弃文字，在这样的"文言一致"基础上"统一民言"：

> 俗士有恒言，以言文一致为准，所定文法，率近小说、演义之流。其或纯为白话，而以蕴藉温厚之词间之，所用成语，徒唐宋文人所造。何若一返方言，本无言文歧义之征，而又深契古义，视唐宋儒言为典则耶。昔陆法言作《切韵》，盖集合州郡异音，不悉以隋京为准。今者音韵虽宜一致，如所谓官音者。然顺天音过促急，平入不分，难为准则。而殊言别语，终合葆存。③

当时所谓"言文一致"，主体思路是以文就言。而北方方言地域最广，使用人口最多，其中北京方言因政治、文化上的原因颇具优势。至于书写语言，则发端于唐宋的白话文，与所谓"官话"语法系统一致，即太炎所谓"小说、演义之流"。不过他反对"纯为白话"，就因为只是源出唐宋，远不如方言"本无言文歧义之征，而又深契古义"。"一返方言"，既解决言文一致的现实问题，又与语言文字的历史建立高度统一性。地域之别、古今之异，在他的方案中遍包众有，融为一体，得到彻底的安置，"合天下之异言以成新语"。④不得

① 《新方言·新方言序》，《章太炎全集》（七）。
② 黄侃《新方言·后序二》，《章太炎全集》（七）。
③ 太炎《汉字统一会之荒陋》，《民报》第17号。
④ 《与钱玄同》（1907年8月18日）。马勇编《章太炎书信集》，石家庄：河北人民出版社，2003年，第101页。

不说,这确实是完美得让人晕眩的秩序。

不过,所谓"一返方言",方言本身就意味着差异的存在,共同语可以是统一体,方言总要有所取舍。事实上,早在《訄书》,就有《方言》一章讨论了这个问题,曰不当取宛平(北京)而当取夏口(汉口)。这在太炎那儿自有充分的语言史根据,"是故言必上楚,反朔方之声于二南,而隆周召"①。

任何方言都不可能十全十美,而章太炎的性格是必求其极致。陆法言因此成为榜样,《切韵》系隋初八人论列天下音韵,"因论南北是非,古今通塞。欲更捃选精切,除削疏缓,萧颜多所决定"的产物,虽以洛阳音为主,但实是折衷南北,"皆采合州国殊言,从其至当,不一以隋京为准,故县诸日月而不刊"②。《切韵序》"我辈数人,定则定矣",这种只问是非并且毅然承担的风度显然于太炎很是投缘,他的方略,"循法言《切韵》之例,一字数音,区其正变,则虽谓周汉旧言,犹存今世可也":

> 今之声韵,或正或讹,南北皆有偏至。北方分组,善府于神珙,而韵略有函胡。广东辨韵,眇合于法言,而组复多穀混。南北相校,惟江汉处其中流,江陵、武昌,韵组皆正,然犹须旁采州国,以成夏声……既以江汉间为正音,复取四方典则之声,用相和会,则声韵其无谬矣……若知斯类,北人不当以南纪之言为磔格,南人不当以中州之语为冤句,有能调均殊语,以为一家,则名言其有则矣。③

---

① 《訄书(重订本)·方言》,《章太炎全集》(三)。
② 太炎《规新世纪》,《民报》第 24 号,1908 年 10 月 10 日。
③ 太炎《驳中国用万国新语说》,《民报》第 21 号,1908 年 6 月 10 日。

简言之，即"不从乡曲，不从首都"。此在章太炎有他的理由，"盖汉字以形为主，于形中著定谐声之法，虽象形、指事、会意诸文，亦皆有正音在。非如欧洲文字，以音从语不以语从音，故可强取首都为定也"。就他的判断，"今宛平语，不如江宁审正多矣，而江宁复不逮武昌审正，然武昌亦一二华离。故余谓当旁采州国以补武昌之阙"，非但如此，"名词雅俗亦当杂采殊方，夫政令不可以王者专制，言语独可以首都专制耶"。①章太炎《新方言》的工作，其根本的目标，就是"旁采州国""杂采殊方"，为中国共同语建设打下基础，这是一个径行独往的方略：

> 文言合一，盖时彦所哗言也。此事固未可猝行，藉令行之，不得其道，徒令文学日窳。方国殊言，间存古训，亦即随之消亡。以此阎圊烝黎，翻其反矣。余以为文字训故，必当普教国人。九服异言，咸宜撢其本始。乃至出辞之法，正名之方，各得准绳，悉能解谕。当尔之时，诸方别语，庶将斠如画一……②

理想可谓无比高蹈，但这是个只在理论上圆洽的设计。"文字训故"需要"普教国人"，另外还须"寻其语根，得其本字，然后编为典语"。③对于这一计划的前景，章太炎有他的想象：

> 可知中夏言文，肇端皇古，虽展转迁变，而语不离其宗。凡南北省界偏党之见，自此可断，并音简字愚诬之说，自此可消。以此读周秦两汉之书，向所视为诘诎者，乃如造膝密谈，

---

① 太炎《规新世纪》，《民报》第 24 号。
② 《正言论》，《国故论衡》上卷。
③ 《博征海内方言告白》，《民报》第 17 号以后各期。

亲相酬对……①

简而言之，即是以历史统一当下，以时间统一空间，"简稽古语，以审今言，如执左券，以合右方之契，虽更千载，而豪忽未尝相左"②。"寻其语根，得其本字"所造成的"言"，与"周秦两汉之书"的"文"，完全融洽，"古今语言，虽递相嬗代，未有不归其宗，故今语犹古语也"。③这种共时性与历时性的浑然一体，一方面可以消除地域的差异，另一方面，追寻"语不离其宗"的"宗"，与"皇古"牢固连结，将人民的口头用语与历史典籍熔为一炉，此即太炎的"文言合一"。

对章太炎而言，这个独得的"文言一致"并"统一民言"的方案，于内有"辑和民族，齐一语言，调度风俗，究宣情志"④，建立民族共同体的目的。同时，于外则有使"国性不醨"，文化不被同化的作用。

《新方言》作为一项学术工作，目标并不在于方言的调查和研究，而是为中国共同语设计完美的方案。方言众多，太炎局促海外，不可能遍访九州，撷拾遗言。依赖周围朋友提供口语材料，难以避免有所差错，大概他心里也清楚。因而一直希望同好参与，后学继承。1914年被袁世凯软禁北京，5月决意绝食，自分必死，乃驰书其婿龚宝铨，托求墓地，交代后事。斯所慨然，"夫成功者去，事所当然，今亦瞑目，无所吝恨。但以怀抱学术，教思无穷，其志不尽……所欲著之竹帛者，盖尚有三四种，是不可得，则遗恨于千年矣"⑤。稍早前，作《题所撰初印本〈新方言〉予黄侃》，自以为"终已

① 《新方言定本》，《国粹学报》第56期，1909年8月5日。
② 太炎《汉字统一会之荒陋》，《民报》第17号。
③ 《自述学术次第》，虞云国校点《菿汉三言》附录，上海：上海书店出版社，2011年。
④ 《代议然否论》，《太炎文录初编·别录卷一》，《章太炎全集》(四)。
⑤ 《与龚未生书》(1914年5月23日)，汤志钧编《章太炎政论选集》下册。

不得反乡里,上先人冢墓",遂以"《新方言》三百七十事赠黄季刚",此可看作太炎的学术遗嘱:

> 季刚年方盛壮,学术能为愚心稠适,又寂泊愿握苦节。此八百事,赖季刚桄大之。余自分问学不逮子云隃远,身为皇汉之逸民,差无符命投阁之耻。念欲自拟幼安嗣宗,又劣弱不胜也。保氏旧文,危若引发。绝续之际,愿季刚亹亹而已。①

三

章太炎的语言文字观,要言之,首先认为文起于言,文字"权舆于语言",这自然并无特别。他立论的重点在于二者的"殊流",即"语言文学〔字〕功用各殊"。②文字有言语不能取代的作用,"文字本以代言,而其用则有独至"。③《订文》中关键一个论断就是:

> 文因于言,其末则言挚迫而因于文。

在言语力所不能及的边界,文字开始承担起使命。文字所表达的较言语更加复杂,"名实惑眩,将为之别异",并不是言语的替代或附庸。职是之故,"文之琐细,所以为简也。词之苛碎,所以为朴也"。言或同音,不可分辨,字则异形,各司其义。因而文字的"琐碎",正意味着意义分辨的细微准确,"言各成义,不相陵越",所以

---

① 《题所撰初印本〈新方言〉予黄侃》,《雅言》第 6 期"章太炎文录(续)",1914 年 3 月 10 日。

② 《文学说例》,舒芜等编《中国近代文论选》下。

③ 《论文学》,《国学讲习会略说》。

反而越是"简朴"。①

　　章太炎的学术工作并非仅仅为了发思古之幽情,而是要处理现实关怀的,"名守既慢,大共以小学之用趣于道古而止,微软"②。所谓"道古",远不能概其志趣。在他看来,语言文字的局面,内则北宋以降,文字大坏,"唇吻所恃,千名而足。橄移所恃,二千名而足。细荷之所承,金匮之所藏,箸于文史者,三千名而足。清庙之所奏,同律之所被,箸于赋颂者,四千名而足"。外则西方文化大举进入,"今自与异域互市,械器日更,志念之新者日薬,犹暖暖以二千名与夫六万言者相角。其窴便既相万,及缘傅以译,而其道大穷"。③

　　关于文字,随着时代的发展,尤其面临当下新知识爆炸性的增长,自然需要新造。但这方面章太炎是有节制的,认为已有的基本够用,首先要从"废弃语"中起死复生,不得已者才须新造:

> 　　古者制字,非有一成之律,如君臣父子夫妇俪友,皆有正字。兄弟独无,其后特制羃字,字既从弟,而弟复无正文。是皆待后人之补苴增广也。然自《说文》以至《集韵》,递增之字,以足偫用。今之有物无名,有意无词者,寻检故籍,储材不少,举而用之,亦犹修废官也。必古无是物,古无是义者,然后创造,则其功亦非难举矣。④

不管是"举而用之"还是"创造",都是为了汉字能够承担复杂的社会需要,文字本是随着社会的变化而不断增加,"自大上以至今日,

解垢益盛，则文以益繁"，此即所谓"孳乳"。①

文字需要意义明确，系统严密，不可串乱而导致"名实圂殽，易致眩惑"，才能担负从政教到学术到文辞到日常交流各方面的作用。对此章太炎有着强烈的"洁癖"，比如要求"故有之字，今强借以名他物者，宜削去更定。如鎕锑，本火齐珠也，今以锑为金类原质之名。汽，本水涸也，今以汽为蒸气之名"。其中如"锑"，是近代以来最大一批新造字中的一员，其在于化学元素周期表的输入，当时的五六十种元素，已有文字中只有金银铜铁锡及铅汞等少量可用，于是以形声法大量创造，其偏旁如"气"如"金"如"石"。"锑"即其一，造者初未料汉字原有，意义绝异，因而太炎认为"必当更定"。②

相对而言，新造字数量并不多，而已有文字的使用状况，才是章太炎关注的重点。尤其"六书"中的"假借"一例，《文学说例》云：

> 六书初创，形声事意，皆以组成本义。而言语笔札之用，则假借为多。自徐楚金系《说文》，始有引申一例。然许君以"令""长"为假借。"令"者发号，"长"者久远，而以为司号令，位夐高之称，是则假借即引申。与夫意义绝异而徒以同声通用者，其趣殊矣。

《说文解字叙》："假借者，本无其字，依声托事，令长是也。"太炎引徐锴之说，以为假借就是引申。而"意义绝异而徒以同声通用者"，③即后来章太炎所说的"通借"，④在他的系统中是排除在"六

① 《訄书（初刻本）・订文》，《章太炎全集》（三）。
② 《訄书（初刻本）・订文（附正名略例）》，《章太炎全集》（三）。
③ 《文学说例》，舒芜等编《中国近代文论选》下。
④ 独角《论文字的通借》，《教育今语杂志》第 4 册，1910 年 6 月 6 日。

书"之外的。不断道及，很大程度上乃是与刘师培的争论相关。①
"假借"本为"六书"之一，但与"形声事意"不同，并不"组成本义"。
太炎借用姊崎正治的观点，"言语本不能与外物吻合，则必不得不
有所表象"，以为"假借"即所谓"表象主义之病质"。惟其既不可
免，而期其少，且文字的增加本就有此救治的功能：

> 惟夫庶事繁兴，文字亦日孳乳，则渐离表象之义，而为正
> 文。如"能"如"豪"，以猛兽为表象。如"朋"如"羣"，以禽兽为
> 表象……久之"能"则有"態"，"豪"则有"勢"，"朋"则有"倗"，
> "羣"则有"窘"，皆特制正文矣。而施于文辞者，犹惯用古文，
> 而怠更新体。由是表象主义，日益浸淫。

章太炎文字古色生香，惟其好用本字古义。但后人对他多所误会，
其所谓"本字古义"，并非一般理解的越古老越好。其所云者"正
文"，既包括初文，也包括"孳乳"的后出文字，"本由一语，甲毛而为
数文者"，文字之精密端由于此。因而"新体"既出，就不应再用"古
文"代表。如此整个文字系统才能够各司其职，周密运转，不断发
展，应付时代的变化，满足社会的需求。

不过，有关"文字"，此时章太炎并未找到满意的理论体系。这
其中关键的问题就是，不可能所有的"庶事繁兴"都能"特制正文"，
大量的还需"假借""转注"。《文学说例》借用姊崎正治的理论，谈
到"假借"：

夫号物之数日万，动植金石械器之属，已不能尽为其名。
至于人事之端，心理之微，本无体象，则不得不假用他名以表
之。若动静形容之字，在有形者，已不能物为其号，而多以一
言概括。在无形者，则更不得不假借以为表象。

而"表象主义"乃是"病质"，太炎语中尽显无奈，"虽然，人未有生而
无病者，而病必期其少"。但"六书"之中，"假借为多"，①显然这样
无序的状态不能让人满意，他一时也找不到完满的解释。数年后
的《论语言文字之学》，投入大量篇幅重新阐释这个问题，文中先是
"引申假借"不断连用，接着讨论"转注"和"假借"：

然则转注之义，许实误解。实则所谓转注者，即是引申之
义。如发号为令，引申则为县令。久远为长，引申则为长者。
许氏以此为假借，不知此乃转注也……如水流注，辗转不绝，
故得转注之名。若夫假借之例，则所谓依声托事是已。然有
本无其字依声托事者，亦有本有其字依声托事者。本无其字
者，略有二种，一与转注相近，一与转注相远……本有其字者，
如近世仍用之字，多借同音同部同组者以代正文……亦有后
人为之则称别字，古人为之则称假借者……此二者皆是本有
其字者也……

早年他引徐锴的说法，以为"假借即引申"，此时改称"所谓转注者，
即是引申之义"，故而"引申"代替"转注"与"假借"连用。关于"转
注"，在"六书"中最为难解，因而历史上争议也最大，但都为探究许

---

① 《文学说例》，舒芜等编《中国近代文论选》下。

慎原意。章太炎直谓"许实误解",说明其目的完全不同,在于如何为我所用,解决自己的理论问题。

至于"假借"则解释得非常复杂,尤其"后人为之则称别字,古人为之则称假借者",虽然太炎说"实乃沿袭误用,但其由来已久,故亦无所訾议"。但就其求完美的风格而言,这样的认可简直就是个意外。此于《国故论衡》可以见之,《论文学》即《国粹学报》上的《文学论略》,删削后以《文学总略》为名整体收入。而《论语言文字之学》则腰斩之,此段所在前半部分废弃,说明他并不满意。而后半部分以《语言缘起说》为名改写后编录,其中从另一个角度又谈及"转注"和"假借"。《论语言文字之学》较《语言缘起说》所改写者,所述更为详细易解:

> 其释转注,亦未尝不可云"建类一首,同意相受",而义则与许君有异。许所谓"首",以形为之首也;吾所谓"首",以声为之首也。许所谓"同意相受",两字之意不异毫厘,得相为互训也;吾所谓"同意相受",数字之义成于递演,无碍于归根也。虽然,此转注也,而亦未尝不为假借。就最初言,只造声首之字,而一切递演之字,皆未造成,则声首之字,兼该递演之义,是所谓转注也。就今日言,已有递演之字,还观古人之专用声首,以兼该诸义者,则谓之"本无其字,依声托事"。是即所谓假借之近于转注者也。①

如此,在文字历史的维度上,"转注"和"假借"获得新的视角。太炎之所以如此极力推究,所关心者其实正在"递演"二字。《国故论

---

① 《论语言文字之学》,《国学讲习会略说》。

衡》中,《语言缘起说》之后紧接《转注假借说》,则横扫一切,别立机杼:

> 余以转注、假借,悉为造字之则。泛称同训者,后人亦得名转注,非六书之转注也。同声通用者,后人虽通号假借,非六书之假借也。盖字者,孳乳而寖多。字之未造,语言先之矣。以文字代语言,各循其声。方语有殊,名义一也,其音或双声相转,迭韵相迤,则为更制一字,此所谓转注也。孳乳日繁,即又为之节制,故有意相引申,音相切合者,义虽少变,则不为更制一字,此所谓假借也。①

以"转注""假借"为"造字之则",可谓一反成说。这既包括前人,也包括他自己。分"六书"为"造字""用字"两类,是清儒如戴、段等的说法,戴震所谓"四体二用",②又如段玉裁《说文解字注》云:"盖有指事、象形,而后有会意、形声,有是四者为体,而后有转注、假借二者为用。"③早前章太炎《正名略例》言:"其在六书,本有叚借一例,然为用字法,非为造字法。"④在《论语言文字之学》中,也是以"转注""假借"为"用字之法"。并称"转注、假借二者,实轶出形体之外,因循旧论,始以形体概之。此后专明引申、假借之事则属训诂者"⑤。而到《国故论衡》,他却以为"二君立例过嬗,于造字之则既

---

① 《转注假借说》,《国故论衡》上卷。
② 《答江慎修先生论小学书》,《戴震集》文集三,汤志钧校点,上海:上海古籍出版社,1980年。
③ 段玉裁《说文解字叙注》,《说文解字注》卷十五上,嘉庆二十年(1815)经韵楼刻本。
④ 《訄书(初刻本)·订文(附正名略例)》,《章太炎全集》(三)。
⑤ 《论语言文字之学》,《国学讲习会略说》。

无与"。"转注"并非戴、段所谓"同训",而是因为"方语"的不同"为更制一字"。"假借"也并非阮、刘认为的"同声通用",而是由于"引申"乃"不为更制一字",此为不造之造。

太炎最早以"引申"解释"假借",后来改为解释"转注",此时又回过头来,"引申之义,正许君所谓假借"。如此反复,其实都为了寻找完美的理论阐述。现实中文字的滥用和败坏在他那儿是锥心之痛,"表象主义"原也是他无可奈何不得不和解的理论敌人。此时也许终于可以找到最终的理论解脱了:

> 转注者,繁而不杀,恣文字之孳乳者也。假借者,志而如晦,节文字之孳乳者也。二者消息相殊,正负相待,造字者以为繁省大例。①

如此具有对称美的表述,确有涣然冰释之感。在章太炎那儿,十年的努力之后,也许是如释重负。文字如何"孳乳"是他要解决的问题,如今终于有了井然的秩序。当然,这是否就是许慎所谓"转注""假借",早已不是他关心的问题。因为,即使"六书"最初出处的《周礼·地官》,他也以为"或言六书始于《保氏》,殊无征验"。他所要溯源的是"仓颉"的本心,"仓颉初载,规摹宏远,转注假借具于泰初"。②因而黄侃赞美道:"其《转注假借说》一篇,订正群言,奂然而解,不仅为叔重之功臣,盖上与仓圣合符,下与虎门诸儒接席矣。"③

---

① 《转注假借说》,《国故论衡》上卷。
② 《文始叙例》,《文始》,《章太炎全集》(七)。
③ 《声韵通例·附与人论治小学书》,《黄侃论学杂著》,上海:中华书局上海编辑所,1964年。

"转注""假借"之所以让章太炎投入如此巨大的精力，在于他想为庞大的汉字系统寻找一个完善的理论。"古字至少，而后代孳乳为九千，唐宋以来，字至二三万矣，自非域外之语，字虽转繁，其语必有所根本，盖义相引申者，由其近似之声，转成一语，转造一字，此语言文字自然之则也。"因而作《文始》，指向文字之源，梳理"孳乳浸多之理"，①希图为所有汉字建立联系：

> ……独欲浚抒流别，相其阴阳。于是刺取《说文》独体，命以初文。其诸省变，及合体象形、指事，与声具而形残，若同体复重者，谓之准初文。都五百十字，集为四百五十七条。讨其类物，比其声均。音义相雠，谓之变易。义自音衍，谓之孳乳。坒而次之，得五六千名。②

《说文解字叙》言："仓颉之初作书也，盖依类象形，故谓之文。其后形声相益，即谓之字。文者，物象之本。字者，言孳乳而寖多也。""转注""假借"是所谓"字"的问题，而《文始》则直指"文"，再言其"变易"和"孳乳"。其最终目标，依黄侃的说法，"令诸夏之文，少则九千，多或数万，皆可绳穿条贯，得其统纪"③。

"少则九千，多或数万"，就来自于章太炎，《訄书·订文》云：

> 章炳麟曰：乌乎，此夫中国之所以日削也。自史籀之作书，凡九千名，非苟为之也，有其文者必有其谚言。秦篆杀之，《凡将》诸篇继作，及许氏时，亦九千名。衍乎许氏者，自《玉

① 《自述学术次第》，《菿汉三言》附录。
② 《文始叙例》，《文始》，《章太炎全集》（七）。
③ 黄侃《声韵略说·论斯学大略》，《黄侃论学杂著》。

> 篇》以逮《集韵》,不损三万字,非苟为之也,有其文者必有其
> 谚言。

其时章太炎忧心如焚于中国之"日削",在于"英语最数,无虑六万言",而中国"其所以治百官,察万民者,则蔑乎橄移之二千而止"。①民国后《訄书》增删并更名为《检论》,《订文》一篇也经改写,相关文字则易为:

> 章炳麟曰:中国之字,非少也。今小篆九千文,以为语柢,其数过于欧洲。絫而成名,则百万以往。②

从"日削也"到"非少也",从"二千名"与"六万言"的不能"相角",到"其数过于欧洲",可见原先的焦虑已转为现下的信心。心情之所以有此转换,在于手边的《文始》已经写定,可以流布。

就章太炎自己的评价,这是他终极性的学术工作之一,实系发千古之覆,"斯盖先哲之所未谕,守文者之所疴劳"③。《新方言》"文理密察,知言之选,自谓悬诸日月不刊之书矣"④。而《文始》则更与《齐物论释》同样,"持之有故,言之成理,不好与儒先立异,亦不欲为苟同……可谓一字千金矣"⑤,斯"总集字学、音学之大成,譬之梵教,所谓最后了义"⑥。民初被袁世凯拘禁,弟子钱玄同为钞《文始》副本未竟,移书催促,自谓"死丧无日,无几相见矣。原书

---

① 《訄书(重订本)·订文》,《章太炎全集》(三)。
② 《检论·订文》,《章太炎全集》(三)。
③ 《文始叙例》,《文始》,《章太炎全集》(七)。
④ 太炎《汉字统一会之荒陋》,《民报》第17号。
⑤ 《自述学术次第》,《菿汉三言》附录。
⑥ 《声韵通例·附与人论治小学书》,《黄侃论学杂著》。

返我，或可望《尧典》同棺耳"①。

不过后之论者可未必以为然，最严厉也最有名的评价来自傅斯年，《历史语言研究所工作之旨趣》曰：

> ……又坐看章炳麟君一流人尸学问上的大权威。章氏在文字学以外是个文人，在文字学以内做了一部《文始》，一步倒退过孙诒让，再步倒退过吴大澂，三步倒退过阮元，不特自己不能用新材料，即是别人已经开头用了的新材料，他还抹杀着。至于那部《新方言》，东西南北的猜去，何尝寻杨雄就一字因地变异作观察？这么竟倒退过二千多年了。②

此"二千多年"正与太炎之"千六百年"相映成趣。史语所可谓傅斯年一手而立，领导二十多年。此公有能力，也有毅力，有定见，也有成见。本来，史语所作为中央研究院的一个机构，海纳百川，不应有特定立场，傅则建设得像个学派。即便章氏一路此时并不在他眼中，但也不适合在纲领性文件中表达立场。固然其批判并非毫无道理，后来的语言学家虽肯定太炎贡献，也多指出《新方言》《文始》说错的，并不是一个小比例。这有学术方面的原因，比如章立"成均图"，对转、旁转，乃至交纽转、隔越转，结果几乎无所不转。③但造成这样的问题，恰恰是由于章太炎并不像傅斯年或绝大部分现代学者所认为的，历史学、语言学等等仅仅是一门科学。所谓

① 《与钱玄同》(1913 年 2 月 5 日)，马勇编《章太炎书信集》。
② 傅斯年《中央研究院历史语言研究所工作之旨趣》，《中央研究院历史语言研究所集刊》创刊号，1928 年 10 月。
③ 《成均图》，《国故论衡》上卷。

"学术本以救偏,而迹之所寄,偏亦由生"①,他发动"学术"所要"救"的,是如此广大的"偏",诚如木山英雄所言,"当传统已经不能成为自明的前提时,便出现了根本性的危机,这种对于危机的自觉决定了章炳麟国学追本溯源的性格"②。探讨语言文字,实关系着民族有以立所以存的根基。悬此为的,自然一往而深,不能自已。

因而,《新方言》固然"犹未周备"③,《文始》固然"未达神恉,多所缺遗"④,仍无废于"县诸日月""一字千金"。因为他觉得自己的理论已经给出这样的判断:"今语虽多异古,求之《尔雅》《方言》《说文》,必有其字,故汉语最纯洁不杂。其有杂者……待正则之语言统一,则鄙言自废矣。"⑤得出"汉语最纯洁不杂"的结论,这在太炎自是心愿完足,因为大局已定,拾遗补缺,待之来者可也。

四

章太炎所谓"文学",也需在他的"语言文字之学"的基础上才能理解,所谓"文辞之本,在乎文字"⑥。《文学说例》定义"文学":"尔雅以观于古,无取小辩,谓之文学。"其所云者,在如何运字成文,姑可称为"书契之学",与现如今所谓"文学"风马牛不相及。在他"正文"的观念下,其于"质言""文言"之间的价值取向就不难理解了,所谓"文辞愈工者,病亦愈剧",因而"斲雕为朴,亦尚故训求

① 《通讯》,《国粹学报》第 59 期,1909 年 11 月 2 日。
② 木山英雄《文学复古与文学革命》,氏著《文学复古与文学革命——木山英雄中国现代文学思想论集》,北京:北京大学出版社,2004 年,第 216 页。
③ 太炎《汉字统一会之荒陋》,《民报》第 17 号。
④ 《文始叙例》,《文始》,《章太炎全集》(七)。
⑤ 太炎《规新世纪》,《民报》第 24 号。
⑥ 《论语言文字之学》,《国学讲习会略说》。

是之文而已",至以注疏一体为"文辞之极致也"。

按章太炎的看法,"文学陵迟"起于"衰宋",在于"仓雅之学"的没落,"讦诞自壮者,反以破碎讥往儒,六百年中,人尽盲瞽"。至"戴先生"与"王、段二师","综会雅言,皆众理解",可谓拨乱反正。不过"不及百年,策士群起,以衰宋论锋为师法,而诸师复受破碎之诮",这也就是太炎所要对抗的当下文化之"病"。讥诮"破碎",炫耀辞彩,正无异于"中夏言词"的堕落,①更严重的是,其所带来的是整个社会的退化。

数年后,收入《国学讲习会略说》中的《论文学》,议论方向已不相同,其定义曰:"何以谓之文学,以有文字著于竹帛,故谓之文。论其法式,谓之文学。"②此所谓"文学",则是"文体之学",举凡一切入于"竹帛"者,鲁迅所谓"自文字至文章"③,皆在论列范畴,亦远非今之"文学"所可牢笼。不过论说的出发点,仍在"尔雅以观于古":

> 凡文理文字文辞皆谓之文,而言其采色之焕发则谓之彣。《说文》云,文错画也,象交文。彣,𬙊也,𬙊有彣彰也。或谓文章当作彣彰,此说未是。要之,命其形质则谓之文,状其华美则谓之彣。凡彣者必皆成文,而成文者不必皆彣。是故研论文学,当以文字为主,不当以彣彰为主。④

---

① 《文学说例》,舒芜等编《中国近代文论选》下。
② 《论文学》,《国学讲习会略说》。
③ 此系借鲁迅《汉文学史纲要》"第一篇"篇题为说,参见《鲁迅全集》卷9,北京:人民文学出版社,1981年。又,黄锦树云,"一如他把'语言文字之学'理解为'一切学术之单位之学',他也把'文学'理解为一切文字表达的单位表达〔之学〕",此说甚佳,参见氏著《章太炎语言文字之学的知识(精神)系谱》,第159页。
④ 《论文学》,《国学讲习会略说》。

论述重点的转移是为了回应当时各式各样的"文学"观,既有西方过来的"literature",也有来自阮元而为刘师培继承的"文言"说。章太炎将"文学"坐实在"文"亦即文字上,认为"文辞"之中,"以典章为最善,而学说科之疏证类亦往往附居其列,文皆质实而远浮华,辞尚直截而无蕴藉"。也就是说,其最远离于"彣彰",也就最显露文字的"形质",因而"最善"。①

当然,《论文学》立论的重点还在文体,章太炎举用"雅俗""工拙"两组概念进行安排。简言之,"文章"是"雅俗"的问题,"彣彰"是"工拙"的问题,而"工拙者系乎才调,雅俗者存乎轨则"。一方面,"一切文辞,体裁各异,故其工拙亦因之而异",比如"除小说外,凡叙事者,尚其直叙不尚其比况"。而"韵文以声调节奏为本,故形容不患其多"。另一方面,"所谓雅者,谓其文能合格",因而"韵文贵在形容"即是"雅"。太炎另举例云:"公牍既以便俗,则上准格令,下适时语,无屈奇之称号,无表象之言词,斯为雅矣……古之公牍以用古语为雅,今之公牍以用今语为雅。"甚至"近世小说,其为街谈巷语,若《水浒传》《儒林外史》。其为神怪幽秘,若阅微草堂五种,此皆无害为雅者"。②

如此回头看《革命军序》,章太炎提及邹容担心他"恶其不文",而太炎则认为"借非不文,何以致是"。此类文字正不能"务为蕴藉",应"以跳踉搏跃言之"。在他眼里,《革命军》的"叫咷恣言"③,恰恰无废其"雅",而并非仅仅是他权宜的认可。

至少从理论上说,章太炎这套"文学"论述圆满自洽,美轮美

---

① 参见王风《刘师培文学观的学术资源与论争背景》,夏晓虹、王风编《文学语言与文章体式》,第230—265页。

② 《论文学》,《国学讲习会略说》。

③ 《革命军序》,舒芜等编《中国近代文论选》下。

奂。观其层次,则在文质、雅俗、文野。文质是语体层面上的,质言为上,计其工拙的文言为下。雅俗则是文体层面上的,文体各有"法式",工拙也各有要求,合其"法式"为雅,反之则俗。和合二者,则所谓"先求训诂,句分字析,而后敢造词也。先辨体裁,引绳切墨,而后敢放言也"。只要能"合格",①则一切文体,借令如《革命军》,不分文野,一切平等,也就是其"不齐而齐"的文化理想和审美趋向了。总此一切,章太炎之"文学",一言以蔽之,就是如何使用文字之学。

所谓"不齐而齐",是章太炎一直以来的文化主张,而专门阐发,则集中于《齐物论释》。其与《文始》等匹,在太炎心目中是首重之作。宣统元年讲学东京,《致国粹学报社书》云:"弟近所与学子讨论者,以音韵训诂为基,以周秦诸子为极,外亦兼讲释典。盖学问以语言为本质,故音韵训诂,其管龠也,以真理为归宿,故周秦诸子,其堂奥也。"②可见其学术多门,核心还在小学和诸子学。民国二年被袁世凯幽禁北京,对内交待家人,"所著数种,独《齐物论释》《文始》,千六百年未有等匹。《国故论衡》《新方言》《小学答问》三种,先正复生,非不能为也"③。对外布告世间,"自知命不长久,深思所窥,大畜犹众。既以中身而陨,不获于礼堂写定,传之其人。故略述学术次第,以告学者",这份《自述学术次第》,涉及十个方面,而首先谈到的,就是《齐物论释》:

　　……余既解《齐物》,于老氏亦能推明。佛法虽高,不应用于政治社会,此则惟待老庄也。儒家比之,邈焉不相逮矣。然

---

① 《论文学》,《国学讲习会略说》。
② 《通讯》,《国粹学报》第 59 期。
③ 《与龚未生书》,汤志钧编《章太炎政论选集》下册。

自此亦兼许宋儒……①

章太炎因"苏报案""囚系上海,三岁不觐,专修慈氏、世亲之书",自以为是其学术最重要的收获。于佛法深有会通,衷心服膺,"私谓释迦玄言,出过晚周诸子不可计数"。东渡后"端居深观,而释《齐物》,乃与《瑜伽》《华严》相会……千载之秘,睹于一曙"。②之所以要"释齐物",乃在于"佛法虽高,不应用于政治社会,此则惟待老庄也",或用他的白话文,"论到哲理,自然高出老庄。却是治世的方法,倒要老庄补他的空儿"③。以佛解庄,一旦豁然开朗,太炎颇得庖丁解牛之趣:

> 顷来重绎庄书,眇览《齐物》,芒刃不顿,而节族有间。凡古近正俗之消息,社会都野之情状,华梵圣哲之义谛,东西学人之所说,拘者执箸而鲜通,短者执中而居间,卒之鲁莽灭裂,而调和之效,终未可睹……余则操齐物以解纷,明天倪以为量,割制大理,莫不孙顺。

虽然佛法高于老庄,但那是出世间的,因而世事还需"操齐物以解纷",这也可说是太炎行的"世间法"。所谓"自揣平生学术,始则转俗成真,终乃回真向俗"④,后人聚讼纷纭,无乃以此求消息焉。

《齐物论释》按《国故论衡》"小学""文学""诸子学"的分类体制,分科在诸子之学。《国故论衡·原学》一首,论及诸子学,曰:

---

① 《自述学术次第》,《菿汉三言》附录。
②④ 《菿汉微言》末节,《菿汉三言》。
③ 独角《社说》,《教育今语杂志》第1册,1910年3月10日。

> 诸子之书，不陈器数，非校官之业有司之守，不可按条牒
> 而知，徒思犹无补益。要以身所涉历中失利害之端，回顾则是
> 矣……夫言兵莫如《孙子》，经国莫如《齐物论》，皆五六千言
> 耳。事未至，固无以为候。虽至，非素练其情，涉历要害者，其
> 效犹未易知也。

所谓"身所涉历中失利害之端""涉历要害"，在太炎看来是诸子之
学的关键。此段其下有双行夹注："《庄子·齐物论》，则未有知为
人事之枢者……余向者诵其文辞，理其训诂，求其义旨，亦且二十
余岁矣。卒如浮海不得祈向，涉历世变，乃始譀然理解，知其剀切
物情……"①也是"浮海"之后，"涉历世变"，乃"知为人事之枢者"。
《齐物论释》开首云：

> 齐物者，一往平等之谈……齐其不齐，下士之鄙执，不齐
> 而齐，上哲之玄谈。②

用乌目山僧《后序》的说法，即"名相双遣，则分别自除，净染都忘，
故一真不立。任其不齐，齐之至也"③。章太炎所谓"齐物"之
"齐"，是在于承认并尊重"物"之"不齐"，这才是真正的"齐"，"不齐
而齐"说白了就是差异的平等。在他那儿，"平等"不只是现代观念
中的人人平等，也包括佛家所谓众生平等，庄子的物我平等。更重
要的是泯绝是非，去除"是非之心"，也就是他自言"以分析名相始，

① 《原学》，《国故论衡》下卷。
② 《齐物论释·释篇题》，《章太炎全集》(六)，上海：上海人民出版社，1986年。
③ 宗仰《齐物论释·后序》，《章太炎全集》(六)。

以排遣名相终"的"排遣名相",①黄宗仰所云"名相双遣,则分别自除",除"分别"才能有真正的"平等"。

《齐物论释·释篇题》中有下面一段话:

> ……世法差违,俗有都野。野者自安其陋,都者得意于娴,两不相伤,乃为平等。小智自私横欲,以己之娴,夺人之陋,杀人劫贿,行若封豨,而反崇饰徽音,辞有枝叶。斯所以设尧伐三子之问。下观晚世,如应斯言,使夫饕餮得以逞志者,非圣智尚文之辩,孰为之哉。②

所谓"野者""都者",应该"两不相伤"。现实的情况当然完全相反,"杀人劫贿","而反崇饰徽音"。"圣智尚文之辩",恰恰是那些"饕餮得以逞志者"的口实。这里提到的"尧伐三子之问",本文云:"故昔者尧问于舜曰:'我欲伐宗、脍、胥敖,南面而不释然,其故何也?'舜曰:'夫三子者,犹存乎蓬艾之间,若不释然,何哉? 昔者十日并出,万物皆照,而况德之进乎日者乎!'"对此章太炎"释"曰:

> 原夫《齐物》之用,将以内存寂照,外利有情。世情不齐,文野异尚,亦各安其贯利,无所慕往。飨海鸟以大牢,乐斥鷃以钟鼓,适令颠连取毙,斯亦众情之所恒知。然志存兼并者,外辞蚕食之名,而方寄言高义,若云使彼野人,获与文化,斯则文野不齐之见,为桀跖之嚆矢明矣。

"志存兼并者"总是"寄言高义",早在《四惑论》中斥"公理"等,可为此论先声。因为那都是悬设恒定的标准,而不管差异如何,"文野不齐",一律作为统一的目标,让他者去"进化"。更甚者,可以以此为名义,强加于弱者,包装其兼并蚕食之实。对于提供其合法性的社会达尔文主义,也包括斯宾塞的信仰者严复,章太炎可谓痛心疾首,恨不能起秦始皇于当世:"若斯论箸之材,投畀有北,固将弗受,世无秦政,不能燔灭其书,斯仁者所以潜然流涕也。"

从学理上说,《齐物论释》表达的理论思维非常彻底。所谓"一切平等",涉及从至巨到至微的一切关系,诚太炎自诩之"一字千金"。不过,"诸子之学"在他那儿,以为均从"涉历"中来,而他亲身经历的"世变",亦即华夏"历史民族"的危机,才是这一学术工作的根本出发点:

> 或言《齐物》之用,廓然多涂,今独以蓬艾为言,何邪?答曰:文野之见,尤不易除。夫灭国者,假是为名,此是梼杌、穷奇之志尔。

所谓"灭国者,假是为名",是章太炎力破"文野之见"的动力。随后则涉及他的另一个批判对象,亦即以《新世纪》聚集的无政府主义者的"至平等",在太炎看来,这些中国人也是要"齐其不齐",而无异于文化自杀:

> 如观近世有言无政府者,自谓至平等也。国邑州闾,泯然无间,贞廉诈佞,一切都捐,而犹横箸文野之见。必令械器日工,餐服愈美;劳形苦身,以就是业,而谓民职宜然,何其妄欤。故应务之论,以齐文野为究极。①

---

① 《齐物论释·释第三章》,《章太炎全集》(六)。

巴黎世界社成立于 1907 年,主要成员有张静江、李石曾等,但主《新世纪》笔政的是吴稚晖。章太炎一生论敌众多,他放笔痛诋,每每由文及人,不避意气用事之态。但大体还视对方为对手,惟于吴稚晖,自 1903 年在爱国学社同事,即互为寇仇,至于文笔缠讼终身。吴于《新世纪》时受克鲁泡特金互助论影响,大肆宣扬"大同世界",其与康有为《大同书》一样,都有儒家大同思想的痕迹。同样与康有为一样,都以为世界语言终将大同。①

章太炎在《自述学术次第》里,就学术不同范畴的不同性质,阐明他的一个看法:

> 在心在物之学,体自周圆,无间方国。独于言文历史,其体则方,自以己国为典型,而不能取之域外。斯理易明,今人犹多惑乱,斯可怪矣。②

"在物"之学,所指当如械器动植。"在心"之学,他所服膺的"唯识",包括他自己的《齐物论释》,应皆在其列。是所谓"无间方国",天地间皆通用者。而"言文历史"则异于是,"以己国为典型",乃"国"之所系属。或者借用太炎自己的说法,应该"不齐而齐"。吴稚晖的"大同",却正是"齐其不齐",而且延伸至语言文字领域,这无疑挑动了章太炎最敏感的一根神经:

> 夫科学固不能齐万有而创造,文字复与科学异撰。万物之受人宰制者,纵为科学所能齐。至于文字者,语言之符。语

---

① 参见曹世铉《清末民初无政府派的文化思想》,北京:社会科学文献出版社,2003 年,第 120—171 页。

② 《自述学术次第》,《菿汉三言》附录。

言者，心思之帜。虽天然语言，亦非宇宙间素有此物，其发端尚在人为，故大体以人事为准。人事有不齐，故言语文字亦不可齐。①

吴稚晖等人在《新世纪》上的主张，正是以"齐""言语文字"为旗帜，希望用"万国新语"取代汉语言文字。所谓"万国新语"，亦即当时出现不久的"世界语"。他们基本的逻辑，认为象形文字是原始野蛮的，字母文字是进化文明的，而欧洲诸种语言还各有问题，"万国新语"消灭了这些缺点，因而最为完美，是语言进化到"大同"的终极，也是汉语言文字改革的最终目标。开始时，他们还设计逐步向目标前进的步骤，后来干脆认为，直接取用"万国新语"，消灭汉语言文字，则最为斩截，甚至可以较东西洋诸国更快地一步迈进大同世界。②

　　"万国新语"是晚清拼音化运动中特殊的一支，拼音化运动方案众多，不过归根结底逻辑都是一致的，即文字的进化规律是从象形到字母，汉字是象形，需要演化到字母。而中国教育不能普及，以及种种落后，汉字的象形是其祸根。《新世纪》所言也不过如此，"其所执守，以象形字为未开化人所用，合音字为既开化人所用。且谓汉文纷杂，非有准则，不能视形而知其字，故当以万国新语代之"③。所不同者，也只是其主张相较而言最为激进而已。

　　此前一年的 1907 年，章太炎为文批判"汉字统一会"，言下尚有恕词，尤其对于张之洞，这或与其早年曾与张有所交往不无关系。但更因此会目标在于"反对罗甸字母……遵循旧文，勿令坠

---

① 太炎《规新世纪》，《民报》第 24 号。
② 参见罗志田《清季围绕万国新语的思想论争》，《近代史研究》2001 年第 4 期。
③ 太炎《驳中国用万国新语说》，《民报》第 21 号。

地"，而"微显阐幽之义"。①至于"万国新语"，却是以"罗甸字母"来消灭汉字，对此动摇文化根本的主张，太炎自然不可能假以辞色：

> 巴黎留学生相集作《新世纪》，谓中国当废汉文，而用万国新语。盖季世学者，好尚奇觚，震慑于白人侈大之言，外务名誉，不暇问其中失所在，非独万国新语一端而已。

直斥之曰"季世学者"，《中庸》所谓"国家将亡，必有妖孽"，大约可作太炎此时心情写照，"彼欲以万国新语剿绝国文者犹是"②。《新世纪》的目标是准备让中国融入大同的美好未来，正是要"齐其不齐"的。而章太炎所关心者，"夫国无论文野，要能守其国性，则可以不殆"③，其全部心血投在语言文字，正是因为"若夫民族区分，舍语言则无以自见，一昔弃捐其固有，而执鸰鹆狉狉之业，无往不可"。执此而观，吴稚晖等所主张，简直丧心病狂，斯"则欲绝其文字，杜其语言，令历史不燔烧而自断灭，斯民无感怀邦族之心"。如是则"国性"尽失，"光复"云云也就永不可期了：

> 且品物者天下所公，社会者自人而作，以自人而作，故其语言各含国性以成名，故约定俗成则不易……语言文字亡，而性情节族灭，九服崩离，长为臧获，何远之有。吾且谓自改旧文者，其祸犹厉于强迫，强迫者有面从而无诚服，家人父子莫夜造膝之间，犹私习故言，以抒愤懑。故露人侦伺虽严，而波

---

① 太炎《汉字统一会之荒陋》，《民报》第17号。
② 太炎《规新世纪》，《民报》第24号。
③ 《救学弊论》，《太炎文录续编》卷一，《章太炎全集》（五），上海：上海人民出版社，1984年。

兰语犹至今在,其民亦忼慨有独立心,后之光复,尚可□也。至于自改旧文者,不终于涂炭不止。①

《驳中国用万国新语说》《规新世纪》引录《新世纪》观点,逐条批驳,不厌其细,以求从学理上全面推倒。对于汉字有碍教育的观点,他认为"国人能遍知文字以否,在强迫教育之有无,不在象形合音之分也"。时至今日,事实证明这个看法是正确的。而汉字之不能拼音化,在他自然更是论述的重中之重,所谓"象形"问题:

> 且汉字所以独用象形,不用合音者,虑亦有故。原其名言符号,皆以一音成立,故音同意殊者众,若用合音之字,将茫昧不足以为别。况以地域广袤,而令方土异音,合音为文,逾千里则弗能相喻,故非独佗方字母不可用于域中,虽自取其纽韵之文,省减点画,以相拼切,其道犹困而难施。自颉籀斯邈以来,文字皆独标部首,据形系联者,其势固不得已也。②

汉文中有不可计数的同音异义词,是靠字形分别的,改用拼音,将混淆无以辨别。这是技术上的不能成立。中国土地广阔,语音不同,如果改行拼音,则互相间不能交流。这是现实上的不可行。章太炎没有进一步推论的是,设若如此,则不知将有多少种语言存在,而不是只有一种"汉语"了。不久后,在《国故论衡·小学略说》中,他揭橥了中国之为中国正植根于汉字:

---

① 太炎《规新世纪》,《民报》第 24 号。
② 太炎《驳中国用万国新语说》,《民报》第 21 号。

若其常行之字，中土不可一用并音，亦诚有以。盖自轩辕以来，经略万里，其音不得不有楚夏，并音之用，只局一方。若令地望相越，音读虽明，语则难晓。今以六书为贯，字各归部，虽北极渔阳，南暨儋耳，吐言难谕，而按字可知，此其所以便也。海西诸国，土本狭小，寻响相投，喻用并音，宜无蹇碍。至于印度，地大物博，略与诸夏等夷，言语分为七十余种，而文字犹守并音之律，出疆数武，则笔札不通。梵文废阁，未逾千祀，随俗学人，多莫能晓，所以古史荒昧，都邑殊风。此则并音宜于小国，非大邦便俗之器明矣。①

所比较者"中土""海西""印度"。章太炎曾在《原学》中有这样的判断："世之言学，有仪刑他国者，有因仍旧贯得之者……通达之国，中国、印度、希腊，皆能自恢弘者。其余因旧（贯）而益短拙，故走他国以求仪刑。""海西诸国"源于希腊，固不待言。至于印度，佛法之所由出，太炎致以文化上的高度尊敬。对其现实处境，他则深感同情，《太炎文录初编》"别录卷二"有多篇文章涉及。在他眼里，"西洋"与"西土"，所谓"二西"，那才有资格与华夏并峙，"能自恢弘者"，远非日本之"转贩"可比。②

就这"中土""海西""印度"三者，具体到语言文字，又有不同，欧洲和印度的多数语言，同属"印欧语系"，亦即所谓"并音"。按太炎的说法，"海西诸国"因为国土较小，用"并音"并无问题。而印度地域辽阔，也用"并音"，结果书写分裂，"出疆数武，则笔札不通"。独有中国所用"象形"，秦汉以来，几千年高度稳定，历史上无论如

---

① 《小学略说》，《国故论衡》上卷。
② 《原学》，《国故论衡》下卷。

何分合,言语如何变化,但书写高度统一。就各地语音差异,中国并不比欧洲、印度小,但"吐言难谕,而按字可知",文字不随语音变化而变化,如此在广阔地域构筑出与久远历史相联结的共同体。设若没有这样稳定的文字桥梁,则"言语道窒",因而"并音宜于小国,非大邦便俗之器"。

章太炎所论,实涉及语言文字的性质与民族自我认同的关系问题。所谓"汉族",严格地说是建立在"汉字"的认同,而不是"汉语"的认同上。如果仅仅只从语音着眼,汉语内部差异之大,即使不能说是一个语系,至少也是一个语族,何尝是一种语言。中国地域约略等于欧洲,汉族聚居之地也与印度等大,但人民之间并不互视为异族,各地语言从古至今均自认为是方言。其根本原因在于有汉字的控制,无论语音如何变化,文字并不跟着变化。一个汉字,上下几千年,纵横数万里,发生在它上面的读音可能以千百计,但无论是何读音,都是这个字形。如果是字母文字,其拼写恐早也已化身千百。而所谓"华夏",设若如此,以章太炎所论列,或如欧洲,或如印度,即便历史上存在如拉丁文和梵文这样的统一书写,一旦崩溃,则"越乡如异国矣"①。这层意思,太炎后来用白话说得更加清晰。此即1910年他主编《教育今语杂志》,创刊号上开篇的《社说》,收入《章太炎的白话文》时,改题《中国文化的根源和近代学术的发达》:

> 中国不用拼音字,所以北到辽东,南到广东,声气虽然各样,写一张字,就彼此都懂得。若换了拼音字,莫说辽东人不懂广东字,广东人不懂辽东字,出了一省,恐怕也就不能通行

---

① 《小学略说》,《国故论衡》上卷。

得去，岂不是令中国分为几十国么。

由汉字这一体系所形成的书写文本，自然不像字母文字的文本一样，需要历代的翻译。因而中国的典籍，也就如汉字一般稳定，由此提供了文本阅读古今一致的经验：

> 且看英国人读他本国三百年前的文章，就说是古文，难得了解。中国就不然，若看文章，八百年前宋朝欧阳修、王安石的文章，仍是和现在一样。懂得现在的文章，也就懂得宋朝的文章。若看白话，四百年前明朝人做的《水浒传》，现在也都懂得。就是八百年前宋朝人的语录，也没有什么难解。若用了拼音字，连《水浒传》也看不成，何况别的文章。所以为久远计，拼音字也是不可用的。①

正是汉字独有的特点，才能在广袤的土地上，用共同的阅读，将人民如此牢固地联结为一体。在他的观念中，由此结晶的中土文明，或者可以说是以文字构筑的历史共同体，此即章太炎所谓"历史民族"：

> 国之有史久远，则亡灭之难。自秦氏以讫今兹，四夷交侵，王道中绝者数矣。然撮者不敢毁弃旧章，反正又易，藉不获济，而愤心时时见于行事，足以待后，故令国性不堕……②

---

① 独角《社说》，《教育今语杂志》第1册。
② 《原经》，《国故论衡》中卷。

所谓"国性"，正植基于文字书写的历史，以此给予人民以记忆。即便作为国家的实体灭亡，语言文字和历史记载仍然维系着民族的文化存在，总有恢复的一天。"故仆以为民族主义，如稼穑然，要以史籍所载人物、制度、地理、风俗之类，为之灌溉，则蔚然以兴矣。不然，徒知主义之可贵，而不知民族之可爱，吾恐其渐就萎黄也。"[①]"史籍所载"，端赖文字的历史统一，对此太炎每每情不能自已，《规新世纪》厉声痛驳之间，突然兀自唱叹起来：

> 章炳麟曰，洋洋美德乎，颉籀斯邈之文，踦形孑义，秒忽判殊，属辞比类，子母钩带，散而为尘不患多，集而成器不患乏，错综九千字，至于百十万名，魏然弗可尚已。[②]

在《原学》中，章太炎阐明了自己的文化立场："今中国之不可委心远西，犹远西之不可委心中国也……夫赡于己者，无轻效人。若有文木，不以青赤雕镂，惟散木为施镂。以是知仪刑者散，因任者文也。然世人大共儽弃，以不类远西为耻。余以不类方更为荣，非耻之分也。"[③]此所谓"依自不依他"，正如《答铁铮》所云："排除生死，旁若无人，布衣芒鞋，径行独往。上无政党猥贱之操，下作惴夫奋矜之气。以此揭橥，庶于中国前途有益。"[④]其艰苦卓绝者，是他个人的自我写照，或也可看作对于中国的期待。而将生命与学术如此动人地联结在一起，更是可风的永在。所谓"细征乎一人，其巨

① 《答铁铮》（1906 年 11 月 15 日），《太炎文录初编·别录卷二》，《章太炎全集》（四）。

② 太炎《规新世纪》，《民报》第 24 号。

③ 《原学》，《国故论衡》下卷。

④ 《答铁铮》，《太炎文录初编·别录卷二》，《章太炎全集》（四）。

征乎邦域"①,于己是为,于国犹然。

　　不过总体而言,历史的选择与章太炎所希望的正相反,他那高远幽眇的理想,当然毫无窒碍不通之处,不过确确实实是窒碍难行。尽管有各种各样的立场和声音,中国还是得"委心远西",此不得不然之局。他所关心的,言文一致问题,选择了白话文;语言统一问题,选择了北京音。都跟他的理想方案有不远的距离,但揆诸实际,也是非如此不可。更为根本的汉字,作为文化渊薮,数千年未曾改变,本也无改变的可能。但汉字常用字的设定也与太炎的希望相反,正是"汉字统一会"的主张。至于 20 世纪 50 年代大陆的汉字简化,是为拼音化作准备,其逻辑恰与《新世纪》一致。而直接造成与时间和空间,亦即与历史和国土的书写分裂,垂今已一甲子……不过,此亦一是非,彼亦一是非,这些选择都木已成舟。但任何选择迟早都会面临问题,此时回头去寻找曾经的异见,思考其逻辑,也许能成为当下的资源。这正如草木可以燃烧,埋藏着的煤和石油同样也可以燃烧。

本文原载《观念史集刊》第 3 辑,2012 年 12 月。

原题《章太炎国故论说中的历史民族》。

---

　　① 《原学》,《国故论衡》下卷。

章太炎与曾国藩形象在近代的翻转

——兼谈范文澜的曾国藩论

王　锐*

自定鼎中原以来,清廷奉程朱理学为官学,大力提拔理学之士,康熙朝更是理学名臣辈出。虽然清中叶以降,汉学兴起,于理学多有抨击,主持《四库全书》的纪昀也从中推波助澜,但程朱理学的官学地位却未受到动摇,反而随着《圣谕广训》的推广与地方士绅阶层的反复宣讲,成为民间社会奉行的伦理准则①。道光朝以降,伴随政治与社会危机日趋明显,宗尚考据、不务致用的汉学末流开始受到较为广泛的质疑,"汉宋兼采"之说日趋流行。与此同时,唐鉴、倭仁等理学之士于朝堂上主持清议,俨然成为一股不容忽视的学术势力。在此背景下,当太平天国运动声势渐广之时,与倭仁、唐鉴往来密切的曾国藩以士人身份创办团练,和太平军交战数载,最终取得胜利。这让曾国藩成为当时难得一见的挽救清王朝危局的身兼理学与事功之名臣。加之他重视修身,忠心事主,广揽人才,勤于著述,随着出自其幕府中的人物逐渐成为晚清政学两界之要角,曾国藩的形象越来越正面而完美,成为不少士人修身与

*　作者单位:华东师范大学历史系。

①　周振鹤撰集《圣谕广训:集解与研究》,上海:上海书店出版社,2006年。

经世的榜样①。虽然不时有人对湘军之滥杀与曾国藩之好名颇有微词,但仍难以动摇曾国藩在时人眼中的重要地位。在某种程度上,清廷在文化领域的合法性需要曾国藩的形象来维系。

正当曾国藩的形象在晚清士阶层中间越来越正面之时,中国大地上发生了一系列政治变局。甲午战争之后,孙中山等人开始在南方鼓吹革命。不过,当革命势力初生之际,在不少士人眼中,孙中山与游民、会党者流没什么区别。毕竟,甲午战争后的第一代革命党人,既无科举功名,又非名宦出身,不属于当时社会结构里的精英阶层。这种情况基本上直至1900年章太炎在上海公开主张革命方有改变。章太炎从小受到较为完整的传统学术训练,后肄业于晚清大儒俞樾主持的诂经精舍之中,复受聘至在士人圈中引起广泛关注的时务报馆担任主笔。章太炎的经学与小学研究得到俞樾、谭献等人的赏识,俞樾甚至颇为积极地推荐他到晚清重臣瞿鸿禨处供职②。之后章太炎在时务报馆中与康有为门生因经学主张歧异而发生冲突,在陈衍的推荐下,另一位晚清重臣张之洞邀请章太炎赴武汉入其幕府。可以说,章太炎很早就得到了晚清士林诸多名流的认可,被视为继承江浙朴学传统、具有维新思想的青年才俊。像他这样身份的人毅然投身革命运动,对改变革命党在士人阶层眼中的形象起到极大作用,并且使革命党中多了一位具有扎实学术功底的理论家与宣传家。

章太炎自言:"自从甲午以后,略看东西各国的书籍,才有学理收拾进来。"③1900年前后,他的政治思想主要受到由明治时代日

---

① 关于曾国藩幕府的概况及其影响,参见尚小明《学人游幕与清代学术》,北京大学历史系博士学位论文,1997年,第142—154页。

② 俞樾《致瞿鸿禨》,载张燕婴整理《俞樾函札辑证》上册,南京:凤凰出版社,2014年,第291、293页。

③ 章太炎《在东京留学生欢迎会上之演讲》,载章念驰编《章太炎演讲集》,上海:上海人民出版社,2011年,第1页。

本学者译介的近代西方社会科学理论与世界近代史著作之影响,通过明晰世界大势,进而分析中国政局。庚子事变之后,他目睹八国联军侵华、慈禧等人仓皇出逃,感到清政府不足以让中国抵御列强的侵略,没能力解决中国社会的各种矛盾,于是对之彻底绝望,立志于推翻清政府,让中国摆脱第一次鸦片战争以来的民族危机①。但是在宣传层面,章太炎深谙当时士阶层的心理,需要运用传统的语言与价值观念来向彼辈陈说清廷如何恶劣。因此,章太炎一方面极力表彰晚明遗老的学说与行事,强调他们的反清之志历数百年而犹存,借用明清之际的史事来激发人们的反清之念,并指出清代汉学之所以崇尚考据,原因之一便是继承顾炎武等人的遗愿,不愿出仕"伪廷",甘以"学隐"自居;另一方面,章太炎揭露清廷的政治与经济政策以控制、剥削广大民众为目的,所谓惠民之政多有名无实。与此同时,他极力批判那些与清廷合作的理学名臣,认为彼辈学术上无足观,立身行事多污迹。在这其中,曾国藩自然是他特别关注的对象。而在这背后,还牵涉到章太炎如何理解程朱理学,以及反清革命的性质与意义。而这样的政治叙事与历史叙事,以一种颇为隐晦的方式影响着另一场革命运动的重要理论家同时也是章太炎再传弟子的范文澜,从中可窥见 20 世纪中国政治与学术流变过程中一些不容忽视的面向。

一　革命论视域下的曾国藩

收录于重订本《訄书》的《清儒》是章太炎分析清代学术流变的

---

① 　关于这个问题,笔者曾在不少研究章太炎的论著里从各个角度予以分析,为避免重复陈言,于此处不再展开详论。

代表作。他在其中极力表彰清代汉学的重要意义,特别是清代汉学家的治学之道,"夷六艺于古史",使人们可借助其成果来研究"上世社会污隆之迹",既能"明进化",又能"审因革"①。而对于清代理学,章太炎则认为"竭而无余华",即缺少创获②。在收于该书的《别录乙》中,章太炎剖析魏裔介、汤斌、李光地等宗尚理学之士在清廷的沉浮,着重刻画他们早已忘却儒家的夷夏之辨,千方百计取媚清朝皇帝,其行为常流于虚伪。清朝皇帝虽然对此心知肚明,但却经常利用他们来标榜自己尊崇孔孟之道。所以康熙尝言:"知光地(李光地)者莫若朕,知朕者亦莫光地"。对此,章太炎评价,同样是道学家,但"宋明诸儒多迂介,而清儒多权谲"③。

对于曾国藩,章太炎亦从这个角度来进行评价。在《杂志》中,他指出:

> 曾国藩者,誉之则为"圣相",谳之则为"元凶"。要其天资,亟功名善变人也。始在翰林,艳举声律书法,以歆诸弟。稍游诸公名卿间,而慕声誉,沾沾以文辞蔽道真。金陵之举,功成于历试,亦有群率张其羽翮,非深根宁极,举而措之为事业也。所志不过封彻侯,图紫光。既振旅,未尝建言持国家安危,诚笃于清室之宗稷者邪?方诸唐世王铎、郑畋之伦……死三十年,其孙广钧曰:"吾祖民贼。"悲夫!虽孝子慈孙,百世不能改也。④

---

① 章太炎《訄书(重订本)·清儒》,载《章太炎全集》(三),上海:上海人民出版社,2018年,第158页。

② 章太炎《訄书(重订本)·清儒》,载《章太炎全集》(三),第154页。

③ 章太炎《訄书(重订本)·别录乙》,载《章太炎全集》(三),第349页。

④ 章太炎《訄书(重订本)·杂志》,载《章太炎全集》(三),第339页。

在这里,章太炎认为曾国藩有以下几个特点:首先,学无定向,投机取巧,渴望声誉,根据不同的需求来改变自己的学术倾向;其次,他的所谓不世之功,很大程度上是靠湘军诸将领长期征伐来实现的,本人并无多大贡献,所谓一将功成万骨枯是也;最后,他醉心功名,十分希望得到清廷的认可,因此热衷于借军功来换取高官厚禄,对于国家安危却无所建树,章太炎将其比作唐末镇压黄巢起义的高官王铎与郑畋,其意便是强调曾国藩虽然颇为积极地支持清政府镇压太平天国起义,但依然不能挽救清朝的衰亡,就像王铎与郑畋二人不能阻止唐王朝的覆亡一样。在戊戌变法期间,章太炎曾与曾国藩的孙子曾广铨合作翻译了英国社会学家斯宾塞的文集,二人关系颇为紧密。所以在这里,章太炎或许是为了增加其立论依据,遂借用曾国藩的另一位孙子曾广钧"大义灭亲"式的评价,指出曾国藩实为"民贼"。①当然,章太炎认为曾国藩醉心功名、渴望声誉,这其实也与他当时对儒家弊病的批判息息相关。他说:"孔教最大的污点,是使人不脱富贵利禄的思想。自汉武帝专尊孔教以后,这热中于富贵利禄的人,总是日多一日。"②"用儒家之道德,故艰苦卓厉者绝无,而冒没奔竞者皆是"。③曾国藩既然被世人称颂为今之大儒,那么他也难逃儒家所固有的这些毛病。

在贬低曾国藩的同时,章太炎高度评价太平天国起义。1906

① 章太炎这样的处理方式,引起曾家后人很大的反感。据李肖聃记述,曾广钧对章太炎在重订本《訄书》里的这番话十分不满,为此曾严厉斥责章氏。为此,在《检论》中,章太炎用指向模糊的"家人"替代了曾广钧。李肖聃也认为,章太炎此举,"不直辱其先祖,亦且诋其子孙矣",颇不足取。参见李肖聃《星庐笔记》,载喻岳衡点校《李肖聃集》,长沙:岳麓书社,2008年,第503页。
② 章太炎《东京留学生欢迎会演说辞》,载汤志钧编《章太炎政论选集》上册,北京:中华书局,1977年,第272—273页。
③ 章太炎《诸子学略说》,载汤志钧编《章太炎政论选集》上册,第291页。

年,他为黄世仲编写的《洪秀全演义》作序,认为"微洪王,则三才毁而九法斁"。在章太炎看来,"洪王起于三七之际,建旗金田,入定南都,握图籍十二年,旗旄所至,执讯获丑,十有六省,功虽不就,亦雁行于明祖。其时朝政虽粗略未具,而人物方略,多可观者"①。在革命党中,平民出身的孙中山曾回忆从小在家乡听闻过不少太平军的事迹,因此在他的革命话语里,太平天国有着颇为重要的地位,被视为推翻清廷统治的先驱。可是章太炎的情况却不一样。他出身江浙士绅家庭,虽然其祖父章鉴曾担任过太平天国基层政权的乡官,但毕竟整个江浙士绅阶层大体上很少正面评价太平天国,特别是曾国藩还是章太炎之师俞樾的座师,因此章太炎这样评价洪秀全,在当时的士绅阶层里堪称异类,也凸显他的革命立场何其坚定。而依据章太炎对洪秀全的评价,亦可理解他为何如此贬低曾国藩。

在革命阵营里,章太炎认为刘师培是自己难得的学术知己。和章太炎一样,出身于经学世家的刘师培也比较重视通过评价清代学术与政治来唤起人们的革命之志。因此,从刘师培的相关言说里,可以进一步凸显章太炎观点的意义。在发表于 1906 年的《清儒得失论》中,刘师培从立身行事与政治立场的角度分析清代学术流变,表彰那些不与清廷合作的笃行之士,批判那些借学术以干禄的热衷之辈。关于曾国藩,刘师培指出:"曾国藩从倭仁游,与吴、潘、邵、朱友善。又虑祁门诸客,学出己上,乃杂治汉学,嗣为清廷建伟勋。"②在他的笔下,曾国藩亦为善于投机之徒。因此,其学术旨趣无非投清廷所好而已。刘师培认为,在清代,"校勘、金石,

---

① 章太炎《〈洪秀全演义〉序》,载《章太炎全集》(十),第 262 页。

② 刘师培《清儒得失论》,载《仪征刘申叔先生遗书》第 11 册,扬州:广陵书社,2014 年,第 4649 页。

足以备公卿之役,而不足以博公卿之欢;词章、书翰,足以博公卿之欢,而不足以耸公卿之听;经世之学,可以耸公卿之听,而不足以得帝王之尊。欲得帝王之尊,必先伪托宋学以自固"。所以,"治宋学者,上之可以备公卿,下之可以得崇衔"①。通过对以曾国藩为代表的清代宗尚程朱之士的指摘,刘师培从学术上否定了清朝的文化正统性。毕竟,彼时真正学有心得、行有所止之"君子儒",多自晦行迹,不与清廷合作。他们的苦心孤诣,唯有今之革命党方能光大并实践②。总之,在章太炎与刘师培那里,革命党不再是绿林草莽形象,而成为清代"君子儒"在政治上的继承者。清代汉学除了其学术上不可磨灭的地位,更有传承源自明清之际诸大儒的革命思想之功绩。

进一步而言,为了更好地明晰章太炎的这些思想特点,或许可以拿他在清末的主要论战对手梁启超来做比较。章太炎的重订本《訄书》初版于 1904 年。当其时,梁启超也在《新民丛报》上陆续发表名震一时的《新民说》。1903 年梁启超赴美游历参观,这给了他一个近距离观察资本主义政治与经济体制的机会。在美国,他看到了作为垄断资本主义产物的托拉斯如何想方设法剥削工人、挤压中小企业,也看到了美国政党政治中贿赂公行、劣币淘汰良币的弊病,这让他开始反思近代资本主义是否真如想象中那般美好。更为重要的是,梁启超在美国的唐人街看到当地华侨极度缺乏组织能力,如散沙一般,彼此间很难团结在一起,显得政治能力十分低下③。这

---

① 刘师培《清儒得失论》,载《仪征刘申叔先生遗书》第 11 册,第 4651 页。

② 章太炎《訄书(重订本)·学隐》,载《章太炎全集》(三),第 160—161 页;刘师培《清儒得失论》,载《仪征刘申叔先生遗书》第 11 册,第 4653 页。

③ 梁启超《新大陆游记节录》,载吴松等点校《饮冰室文集点校》第 3 册,昆明:云南教育出版社,2001 年,第 1843—1856、1900—1911 页。

些观察让梁启超颇为困惑,进一步反思是否应该在中国宣传资本主义民主,自此他转而宣扬"开明专制",认为在中国民众政治素质得到提高之前,需借此法维持局面①。与之相关的,就是梁启超放弃了先前一度颇为同情革命的态度,认为革命党的宣传是有破坏而无建设,会助长那些无道德之人趁乱生事。

因此,从美国回到日本后,梁启超发表了《论私德》,强调私德对于从事政治活动的重要性,并抨击那些大谈破坏之人缺少私德。而在他看来,要想培养良好的私德,需从儒家传统里汲取资源。其中,曾国藩十分适合作为进德修身的榜样:

> 无道德观念以相处,则两人且不能为群,而更何事之可图也……彼其事业之成,有所以自养者在也。彼其能率厉群贤以共图事业之成,有所以孚于人且善导人者在也。吾党不欲澄清天下则已,苟有此志,则吾谓曾文正集,不可不日三复也。②

正是基于这样的考虑,1905 年梁启超编纂《德育鉴》。在该书末尾,梁启超以曾国藩为例,申说秉持道德以立身行事的重要性:

> 曾文正生雍、乾后,举国风习之坏几达极点,而与罗罗山诸子独能讲举世不讲之学,以道自任,卒乃排万难、冒万险以成功名,而其泽且至今未斩。今日数蹐踔敦笃之士,必首屈指三湘,则曾、罗诸先辈之感化力,安可诬也? 由是言之,则曾文

① 梁启超《开明专制论》,载吴松等点校《饮冰室文集点校》第 3 册,第 1408—1420 页。
② 梁启超《新民说·论私德》,台北:文景书局,2011 年,第 178—179 页。

> 正所谓转移习俗而陶铸一世之人者,必非不可至之业,虽当举
> 世混浊之极点,而其效未始不可睹。①

由于梁启超的文章在当时具有广泛的影响力,因此,他对于曾国藩的评价在很长一段时间里影响着那些读着《新民丛报》成长的政学精英。而梁启超的这番评价也基本延续着曾国藩去世后士绅阶层关于他的主流看法。在这个意义上,如何评价曾国藩,也成为革命与立宪之争的组成部分。从政治文化的角度看,梁启超的主张无疑更贴近由曾国藩等人所倡导的儒学形态,他的"开明专制"思想,从逻辑上看也颇与曾国藩那篇著名的《原才》之基本观点相似,即在中国,改造社会、扭转危局,不能指望让普通民众参与其中的民主政治,而是依靠处于精英地位的"一二人之心之所向而已"②。也正是在这个意义上,曾国藩与近代中国以各种形式表现出来的作之君、作之师的精英政治颇有亲缘关系。这样的思想脉络,也与章太炎在清末主张的"平民革命""恢廓民权""豪民庶几日微,而编户齐人得以平等"截然相反③。

二 近代国家建设视域下的曾国藩

章太炎也并非在所有论著中都对曾国藩持批评态度。1913年,他因不满袁世凯日渐专权,被后者软禁于北京。他痛定思痛,

---

① 梁启超《德育鉴》,载彭树欣整理《梁启超修身三书》,上海:上海古籍出版社,2016年,第109页。

② 曾国藩《原才》,载唐浩明编《曾国藩诗文集》,长沙:岳麓书社,2015年,第137页。

③ 章太炎《代议然否论》,载《章太炎全集》(八),第318页;《五无论》,载《章太炎全集》(八),第454页。

回顾辛亥革命以来的政局,思考为何革命之后的中国迟迟不能建立起良好的政治秩序。这些思考所得收录于《訄书》的第三次改订本《检论》之中。在《近思》中,章太炎认为虽然世人常称袁世凯有专制之心,但其实按照中国传统政治准则来看,袁世凯根本称不上有能力之人。他既不能行仁政以换取民心,也不能明刑法以整肃朝局,属于典型的德不配位。

为了证明这一点,章太炎就以曾国藩、左宗棠为例,分析他们二人如何崛起。他指出:

> 曾、左知失民不可与共患难,又自以拔起田舍,始出治戎,即数为长吏牵掣,是以所至延进耆秀,与共地治,而杀官司之威。民之得伸,自曾、左始也。平生陿迫,喜修小怨。既得志,始慕修名;渐忍性为大度,赏劳举功,未尝先姻私。位至将相,功名已盛,而国藩家人络纬堂居,不改先畴题署;宗棠身死无美财,终身衣不过大绅,食不过一肉,时时与人围棋宴游,或具酒肴,杂以茶荈,言谈时及载籍文辞,恢咷闲之,其山泽之仪不替也。故其下吏化之,不至于奸。初政十年,吏道为清矣。①

在章太炎看来,曾国藩与左宗棠之所以能名震一时,关键在于他们生长于中国农村社会,比较了解民间疾苦,掌权之后主动采取一些有助于伸张民气、疏解民怨的举措。此外,他们在政治生涯里一直保持乡里本色,在当时的官场中显得朴实无华,乃至影响身边的人,使其在官场上有所收束。当然,从后见之明来看,章太炎所谓的"民之得伸,自曾、左始"之论,置诸历史情境,略有夸张之嫌。不

---

① 章太炎《检论·近思》,载《章太炎全集》(三),第 643—644 页。

过值得注意的是,章太炎虽对曾国藩等人有所肯定,但其标准与晚清士绅阶层的普遍看法并不一致,即不从曾国藩如何恪守儒家君臣之道、学术上如何兼采汉宋等角度立论,而是认为他之所以能够身居高位,恰恰由于他保留了乡土本色,这与晚清铺张奢侈、政以贿成的风气形成鲜明对比,更是袁世凯等人所不能及的。辛亥革命前夕,章太炎发表《诛政党》一文,剖析清季各派政治势力,认为:"天下之至猥贱,莫如政客。挽近中夏民德污下,甚于皙人,故政之猥贱尤甚。"①在此背景下,曾国藩等人稍显朴实无华,已属难能可贵。

虽然章太炎面对具体政治环境常有不同的意见和主张,但在基本政治立场上,他自始至终最为明显的一点就是反对帝国主义在政治、经济、文化领域侵略中国,维护中国的领土完整与主权独立。他一度与孙中山等人关系不洽,除了光复会与同盟会之间的纠纷,就是因为他认为孙中山不断尝试借助帝国主义列强的力量来实现政治主张。时至20世纪20年代,他之所以主张联省自治,主要也是担心由北洋集团控制的中央政府会利用其职权干卖国勾当。甚至在公开发表的论著中,除了戊戌年间因不明世界大势而误作孟浪之论,认为联日有助于挽救时局之外,他一贯秉持批判帝国主义的立场,不像梁启超那样虽然反对帝国主义侵略,但却时常对白种人的殖民世界持仰慕态度。这一点是章太炎和其他同时代大多数知识分子最为不同之处。

正是在这个意义上,章太炎不会给予曾国藩过高的评价。1925年1月,章太炎在《华国月刊》撰文,借分析秦蕙田的《五礼通考》来评价曾国藩。他认为,曾国藩曾被鸦片战争期间的主和派穆

---

① 汤志钧《章太炎年谱长编(增订本)》上册,北京:中华书局,2013年,第204页。

章阿提拔,所以"和戎之议,牢持于其心"。在镇压太平天国运动时,"国藩张大秦氏,卒藉戈登兵以拔苏、松,其辱国有甚于和亲者。其后郭嵩焘之徒,乃诚以桧(秦桧)为明哲,此亦未足异也"。就此而言,曾国藩实有"招戎以轶中国"之罪。总之,曾国藩虽喜读《五礼通考》,但却忘记了儒家的夷夏之辨,在西方列强面前"始终屈节"①。为了剿灭太平军,他甚至支持英国殖民者戈登组织洋枪队,借助列强兵力来镇压农民起义。在章太炎眼里,曾国藩在西方列强面前如此软弱,而且挟洋自重,屠杀本国民众,根本不能算合格的儒者。

回到历史现场,曾国藩办团练之初即撰《讨粤匪檄》表明心志。他以儒家纲常伦理为号召,宣称太平天国提倡拜上帝教是对孔孟之道的亵渎②。但在章太炎看来,太平天国的性质并非如曾国藩所言那样,它体现了对满洲统治集团的冲击,是中国民众爱国思想的表现,堪称清末革命党之先驱。而曾国藩为了对抗太平军,让西方殖民者组成军队参与作战,从近代民族主义的立场来看,这属于引狼入室之举,并且开启后来各地军阀常常借助列强势力来进行国内战争之先河。很明显,章太炎对儒家的诠释是在近代国家建设的维度下来进行的,儒家学说不应成为那些有悖于近代国家建设行为的护符,不能自外于近代救亡图存的大潮。儒学伦理准则的发扬光大是建立在作为儒家创生之地的中国于列强环伺局面下得以生存之前提上的③。

---

① 章太炎《书秦蕙田〈五礼通考〉后》,载《章太炎全集》(十一),第668、669页。
② 曾国藩《讨粤匪檄》,载唐浩明编《曾国藩诗文集》,第139—141页。
③ 这里牵涉到如何理解章太炎对于民族主义的理解。关于这个问题,笔者在别的文章里进行了详细分析。参见王锐《历史叙事与政治文化认同——章太炎的"历史民族"论再检视》,《人文杂志》2020年第5期。

　　说起儒学,曾国藩堪称晚清理学名臣之翘楚,章太炎却对清代理学评价不高。因此,是否可以认为章太炎出于"反理学"的角度而批评曾国藩?这涉及章太炎如何理解程朱理学。他认为明清两代统治者将程朱理学奉为官学,皇帝斥责大臣时不再常拿朝廷律令来说事,而多以理学思想为利器,动辄斥责大臣不遵守天理,使自己成为道德判官,将后者置于道德审判台前。由于理学话语具有高度主观性,这就让皇帝能够随时凭自己好恶来控制大臣,使后者处于战战兢兢、动辄得咎的状态。流风所及,清朝雍正皇帝很少以法律条文责人,而喜用理学话语呵斥臣民,将被呵斥者贬为违背圣人之道的败类,使之备受精神压力①。章太炎对作为官学的理学常持批判态度,此乃根本原因。

　　不过,在社会伦常层面,章太炎却对程朱理学有另一番评价。在发表于1910年的《思乡原》中,章太炎认为相比于刻意装扮成狂狷之态以欺世盗名者,恪守儒家伦理,秉持庸言庸行,处世不悖常道的理学之士更有助于促进良好的社会道德风尚。具体言之:

> 乡原者,多持常训之士,高者即师洛、闽。洛、闽之学,明以来稍𢽾囊,及清,为佞人假借,世益视之轻。然习苞、应扬谦、张履祥辈,修之田舍,其德无点。至今草野有习是者,虽陋,犹少虑诈。大抵成气类则伪,独行则贞,此凛凛庶几践迹君子矣!虽有矫情,未如饰狂狷者甚也。属之以事体,而无食言,寄之以财贿,幸而无失,期会无妄出入,虽碌碌无奇节,亦以周用。②

---

①　章太炎《释戴》,载《章太炎全集》(八),第121—122页。

②　章太炎《思乡原上》,载《章太炎全集》(八),第130—131页。

在这里,章太炎把乡愿与理学结合在一起,认为后者所主张的日常伦理规范很大程度上形塑着前者的行事风格。理学作为官学自然有不少弊端,并且易于被伪儒所假借,但理学的洒扫应对之道却并非一无是处。相较狂狷的夸饰,体现程朱理学色彩的乡愿反而能够慎独其身,不越绳尺,践行社会基本道德,维持日常秩序。而这一点,某种程度上也正是处于时代思潮激荡、社会戾气横行的中国所最为需要的。因此他声称:"是故辅存程朱者,将以孳乳乡原,上希庸德,令邑有敦诲之贤,野有不二之老,则人道不夷于鹑鹊,利泽及乎百世,非欲苟得狂狷,为史书增华也。"①

因此,章太炎并非因反对理学而批评曾国藩,说到底,是由于他具有坚定的革命立场与反帝思想,认为曾国藩在政治上是清政府的同路人,是与西方列强互相勾结的祸首,其秉持的理学,是作为官学来为清政府服务的学说,是投清朝统治阶级所好的工具,相比清代汉学,本无多少学术创建可言。就此而言,离开对章太炎政治思想的分析,将很难理解他对曾国藩如此这般评价的意义何在。

三 继承与转化:范文澜的曾国藩论

章太炎对曾国藩的评价,至少具有以下几种颠覆性影响:首先,开启晚清以降批评曾国藩之先河,使曾国藩的形象从士林领袖变为深具负面形象的人物,联系到曾国藩与近代中国各种类型的精英政治之间的密切关联,章太炎的这番评价无疑也提供了人们质疑精英政治,质疑政治与社会结构中士绅支配格局的视角,这是在中国实现名副其实的大众民主的重要环节。其次,从叙述中国

---

① 章太炎《思乡原下》,载《章太炎全集》(八),第 136 页。

近代历史的角度而言,如何评价曾国藩,涉及如何评价近代历史过程中的晚清时期,毕竟从太平天国到洋务运动,曾国藩一直是中国政坛上的重要人物。在这个意义上,章太炎如此评价曾国藩,也就开启了从革命的角度评价晚清历史流变的先河,曾国藩的历史功过被放置在革命的天平上来衡量。最后,曾国藩作为晚清儒者的代表,如何对其做出评价也涉及如何评价儒学。在多数晚清士人眼中,曾国藩之所以能被称为儒者代表,离不开他的恪守修身之道,尊奉君臣纲常。而在章太炎的视域中,儒学(主要是理学)维系社会道德之功与长期被奉为官学的历史事实应区别对待。批评曾国藩,主要是因为他借学术以谋利禄,这与儒学的道德意义与社会功效并无关系。因此,要想在推翻帝制的背景下重塑儒学活力,需将曾国藩与儒学切割,并尝试阐释一种平民化、大众化,且能激发人们爱国之念的儒学①。

在 20 世纪上半叶批评曾国藩潮流中,除了章太炎,马克思主义史家范文澜堪称代表人物。他在《中国近代史》里就对曾国藩展开抨击,后又专门撰写了《汉奸刽子手曾国藩的一生》,对新中国成立之后的中国近代史叙事影响极大。在成为马克思主义者之前,从师承关系上看,范文澜民初在北京大学读书时深受章太炎高足黄侃的影响。在研究《文心雕龙》的著述中经常能看到范文澜援引黄侃的观点作为参考②。清末章太炎在日本宣传革命时,黄侃常在《民报》上发表文章抨击清政府,号召人们推翻其统治。1907

---

① 章太炎在不同历史时期对儒学的阐释,基本是朝这几个方向进行的。参见王锐《探索"良政":章太炎思想论集》,上海:上海人民出版社,2020 年,第 127—173 页;《自国自心:章太炎与中国传统思想的更生》,上海:商务印书馆,2019 年,第 252—286 页。

② 陈其泰《范文澜的学术交往》,《淮阴师范学院学报》2001 年第 1 期。

年,他在《民报》上发表《哀太平天国》一文,虽然对太平天国的内政、外交与宗教形式多有批评,但却强调:"我太平天国天王洪秀全,提絜英豪,乘时而起,威灵所被,罔不归心",同时用"为满作贼"来评价曾国藩①。很明显,这与章太炎对此问题的看法高度一致。

范文澜身为黄侃的学生,自然不会对章太炎、黄侃二人的政治与学术主张陌生。这既是他成为马克思主义者之前的思想底色,又具体而微地影响着他如何运用马克思主义研究中国近代史。一个很明显的例子,1935 年一二·九运动爆发不久,早就多次参加中国共产党领导的革命活动的范文澜出版一本名曰《大丈夫》的小册子,意在通过叙述一些历史上著名人物的事迹,表彰其精神,揭示其当代意义。在编写这本书之前,范文澜已较为广泛地阅读过马克思主义著作,对中国共产党的革命纲领也甚为熟悉,不过这本书与其说是在宣传党的政策,不如说体现了章太炎式的革命主张。在"范例"中,范文澜强调:"本书志在叙述古人,发扬汉族声威,抗拒夷狄侵陵的事迹。"又言:"中国人在外族入主的朝代里,也有不少所谓忠义之士。他们只知道给异类效劳,却忘了种族间的大义,按照孔子修《春秋》,严辨夷夏的教训,这些人概所不取。"②如果不提作者,人们很可能以为此乃清末革命党宣传反清革命的著作。

基于这样的思想脉络,就不难理解范文澜对曾国藩的评价了。南京国民政府统治时期,国民党的意识形态话语明显向中国传统靠拢,孙中山的三民主义被戴季陶诠释为是继承孔孟道统的产物,国民革命被解释为具有"先知先觉"的党人基于道德感自上而下的

---

① 黄侃《哀太平天国》,载《黄季刚诗文集》下册,北京:中华书局,2016 年,第 674、675 页。

② 范文澜《大丈夫》,载《范文澜全集》第 6 卷,石家庄:河北教育出版社,2002 年,第 168 页。

来救民于水火,唤醒民众、践行民主的因素被极力淡化①。蒋介石则宣扬王阳明与曾国藩的思想,使之成为其意识形态话语的重要组成部分。特别是对曾国藩,蒋介石认为"其文章真千古不朽"②。他不但多次在各种场合要求国民党军政要员效仿曾国藩的言行,提倡他们阅读曾国藩的著作,强调"要救国复兴就不可不效法曾、胡",而且还颇费周章地将自己装扮成继承曾国藩修身之道的表率,借此来彰显自己如何具有领袖气质③。为了对抗中国工农红军,蒋介石更是大量印行《曾胡治兵语录》给他的部下。在中国近代史叙事方面,在旨在凸显国民政府统治合法性的《中国近代史》中,蒋廷黻宣称:"曾国藩是我国旧文化的代表人物,甚至于理想人物。""曾国藩的事业,如同他的学问,也是从艰难困苦中奋斗出来的。"④虽然蒋廷黻不得不承认曾国藩等人领导的洋务运动最终以失败告终,但在探究原因时,他却认为"民众的迷信是我民族近代接受西洋文化大阻碍之一"⑤。而对于曾国藩等人,他虽然小有批评,却强调:"我们近六十年来的新政都是自上而下,并非由下而上。一切新的事业都是由少数先知先觉者提倡,费尽苦心,慢慢地奋斗出来的。"⑥在这样的视野下,一部中国近代史就是像曾国藩这样地位的人你方唱罢我登场的历史,而广大民众特别是占中国人口绝大多数的农民,则沦为历史进程中的"失语者",甚至是现代化事业的阻碍者了。

与之相反,中国马克思主义史学的近代史叙事,总体上看,强

---

① 戴季陶《孙文主义之哲学的基础》,载《戴季陶主义资料选编》,北京:中国人民大学中共党史系 1982 年(校内用书),第 33—34 页。

② 《蒋中正日记》1925 年 1 月 9 日,美国斯坦福大学胡佛档案馆馆藏。

③ 朱东安《曾国藩传》,成都:四川人民出版社,1985 年,第 355 页。

④ 蒋廷黻《中国近代史》,上海:上海古籍出版社,1999 年,第 34、37 页。

⑤⑥ 蒋廷黻《中国近代史》,第 51 页。

调的是农民运动与工人运动对推动历史发展的重要作用,剖析从晚清到北洋时期统治阶级内部的矛盾与冲突,以及与列强勾结的方式,着重分析具体时期的生产力与生产关系,以及表现出来的阶级斗争形式。但具体到每个史家身上,则各有其论史考史的特色。今人已经揭示,在范文澜的中国近代史叙事中,除了包含马克思主义史学那些基本要素外,体现出比较明显的继承晚清革命党政治思想之特征,将传统的夷夏之辨转化为具有近代意义的反帝反封建思想,并十分重视剖析清廷内部的满汉冲突与派系争斗,较之那些与苏联史学关系紧密的学者,范文澜的论著更能体现本国特色①。在这一点上,他对曾国藩的批评尤具代表性。从政治论战的角度而言,范文澜在《中国近代史》中论曾国藩部分以及《汉奸刽子手曾国藩的一生》一文,固然是与蒋介石、蒋廷黻对曾国藩的评价针锋相对,但从思想传承上看,范文澜的曾国藩论明显与章太炎的曾国藩论有一脉相承之处。比如他认为曾国藩"精通极端专制主义也是极端奴隶主义的哲学——程朱道学,运用在言论上,就是满口'诚''礼''仁义''道德'等字样;运用在行动上,就是极度的残忍,屠杀数千万中国人民,认为'痛快'"②。又比如他这样评价曾国藩在晚清政坛上的表现:"曾国藩及其领导的一群人,丝毫没有民族思想。他甘心作满洲皇族的忠实奴隶,屠杀汉人。对新的外国侵略者,又甘心当忠实代理人,认反革命的洋人不灭清廷、直接参加反革命的内战为'有德于我',不必再计较'关税之多寡'及洋

---

① 李怀印《重构近代中国:中国历史写作中的想象与真实》,岁有生、王传奇译,北京:中华书局,2013年,第96—98页。

② 范文澜《汉奸刽子手曾国藩的一生》,载《范文澜集》,北京:中国社会科学出版社,2001年,第177页。

奴、教民欺压人民一类'小处'"①。这些观点,不难让人想起章太炎在清末对于曾国藩的那些评价。

相似的,章太炎虽对曾国藩持批评态度,但却认为程朱理学还是有正面意义的。范文澜亦然。在中国马克思主义史学与马克思主义哲学中,程朱理学常被视为负面的东西,特别是抗战期间贺麟、冯友兰与钱穆等与国民党政权走得比较近的学者极力宣传理学的价值,中国的左派知识分子经常针锋相对,从回应这几位学者的论著,延展至对理学展开批评②。而范文澜则主张应区分作为官学的理学与作为一种社会规范的理学。比如在著名的《中国通史简编》中,范文澜认为:"宋儒讲修身养性功夫,尤其是朱熹,讲得更周到切实。他们在这一方面确有甚大的成就,是应该珍视并采择的。可是修身养性以外,却很少有所发挥。"③新中国成立后,在1963 年的《经学演讲录》中,范文澜又言:"宋学的兴起,是由于安史及五代的大乱,伦常败坏。宋学的目的是整顿伦常道德。宋学固然毛病很多,但在重整伦常方面收效不少。宋学重个人气节,因此,宋以后,国家危亡时,民族气节提高了。这样看起来,宋学也有其积极方面,不是完全消极的。"④可见,范文澜虽然是马克思主义史学的代表人物,但却并不否认理学在修身与培养气节上的意义。联系到他那本《大丈夫》,可以推断,范文澜之所以走上革命之路,固然是相信马克思主义对于剖析近代中国政治与社会矛盾极有助益,但更为深入地看,离不开儒家,特别是理学传统中正心诚意、经

① 范文澜《汉奸刽子手曾国藩的一生》,载《范文澜集》,第 177—178 页。

② 侯外庐《韧的追求》,载张岂之主编《侯外庐著作与思想研究》第 1 卷,长春:长春出版社,2016 年,第 97 页。

③ 中国历史研究会、范文澜主编《中国通史简编》下册,北京:生活·读书·新知三联书店,2014 年,第 1154 页。

④ 范文澜《经学史演讲录》,载《范文澜集》,第 324 页。

世济民、严夷夏之防对他的巨大影响。这些体现出强烈道德意识与忧患意识的因素,推动他从传统经生转变为马克思主义者。而从章太炎到范文澜,亦可窥见 20 世纪中国革命过程中某种精神层面的连续性。

本文原载《天津社会科学》2022 年第 6 期。

无尽缘起:万物与我为一[*]

——论章太炎万物一体观的诠释特色

王晓洁[**]

"万物与我为一"出自《庄子·齐物论》,一般被理解为庄子建立在气基础之上的人与宇宙万物平等的观点。学界一般认为经历代思想家的不断发挥,这一命题到宋明时期被理学家们赋予了仁的精神内涵,程颢明确提出"仁者,浑然与物同体","仁者,以天地万物为一体"[①]的"万物一体"观,赋予其以仁学的解释维度与思想视角。之后的王阳明、王心斋等人对其的诠释亦建构起了各具特色的"万物一体"观。对此,日本学者岛田虔次则持有不同的看法,他认为庄子之后最早提出"万物一体"说的是僧肇,只不过僧肇的观点与庄子的"万物与我为一"是同一类型,而宋明时期存在着相当多的不同类型的"万物一体"思想,与僧肇和庄子的"万物一体"思想是有区别的。[②]岛田虔次认为,"无论在庄子处还是在僧肇处,所谓万物一体,被建立在取消大小、寿夭(时间的大小)、有无的基础上,是知性的、理论性的命题",而"明道的万物一体,是万物一体

    * 基金项目:国家社科基金项目"章太炎《齐物论释》哲学思想及济世思想研究"(13XZX014)。

    ** 作者单位:陕西省社会科学院。

    ① 程颢、程颐《二程集》,北京:中华书局,1981年,第15—17页。

    ② 参见[日]岛田虔次著,蒋国保译《朱子学与阳明学》,西安:陕西师范大学出版社,1986年,第30页。

之'仁'。庄子、僧肇的万物一体，与其说把人驱使向责任和行动，不如说使倒退到冥想和死心，这不是儒家的态度"①。岛田虔次的这段话充分地说明了庄子、僧肇与程颢等宋明理学家的万物一体观在本质上存在着差别，其差别即在于，宋明的"万物一体"是建立在仁学基础之上的，除了境界上的指向性之外，还有着具体的伦理情感性。②而庄子的"万物一体"则建立在"气"的基础之上，是泯除了天地万物乃至意识心中所有差别性的"一体"，更侧重于一种境界。近代以来，在西方各种势力强势入侵的背景下，儒家的制度化逐渐解体③，不少有识之士运用佛教作为思想资源建构自己的学术思想体系以回应和对抗西方文化，章太炎就是其中的代表人物之一。在《齐物论释》中，章太炎主要运用了华严宗的"无尽缘起"理论，并辅之以西方的自然科学理念对庄子的"万物与我为一"思想进行了解读和思考。尽管中国传统学术思想史上对于"万物与我为一"有着比较充分的思想诠释和义理发挥，但将佛教的"无尽缘起"作为主要诠释资源，并将西方理论作为辅助资源来诠释、论证"万物与我为一"则是章太炎主要的诠释特色。他这一做法的目的在于，建构可与西方文化相抗衡的具有形而上学基础的平等观，从而挽救身陷危机的中华文化。

　　章太炎说："《华严》之事理无碍，事事无碍，乃庄生所笼罩，自非天下至精，其孰能与于此尔。"④由此可见，他在唯识宗理论之外，对于华严宗与庄子思想的契合程度也是比较认可的。同时，章

---

① 参见［日］岛田虔次著，蒋国保译《朱子学与阳明学》，第30页。
② 参见陈来《仁学视野中的"万物一体"论》(上)，《河北学刊》2016年第3期。
③ 参见干春松《制度化儒家及其解体》，北京：中国人民大学出版社，2003年。
④ 章太炎《章太炎全集·齐物论释定本》，上海：上海人民出版社，2014年，第128页。

太炎还认为，"《华严经》云：一切即一，一即一切"，正符合庄子"万物与我为一"的思想。①因此，在本文，我们首先需要对华严宗之无尽缘起思想进行必要的说明，并对庄子"万物与我为一"的历代注解进行考察，意在凸显章太炎以华严释庄子思想的独到之处。

一

无尽缘起亦名法界缘起，是华严宗的核心议题，是指宇宙万有皆由诸法之体性而生成，这一体性亦被称作"一真法界"。这种缘起理论首次出现在唐朝智俨法师《华严一乘十玄门》中的一段话："华严一部经宗，通明法界缘起。"之后，华严三祖法藏更在《华严经探玄记》说《华严经》以"因果缘起理实法界"为宗，进而在《华严一乘教义分齐章》中阐扬法界缘起的义理，他说："此教为显，一乘圆教，法界缘起，无尽圆融，自在相即，无碍容融，乃至因陀罗无穷理事等。此义现前一切惑障，一断一切断，得九世十世惑灭；行德即一成一切成，理性即一显一切显，并普别具足始终皆齐，初发心时便成正觉。良由如是法界缘起六相容融，因果同时相即自在具足顺逆。因即普贤解行，及以证入果即十佛境界所显无穷。"②

华严几代祖师均认为无尽缘起是华严思想的灵魂，其价值与地位由此可见一斑。由于将缘起建立在诸法实性之一真法界之上，因而万事万物均为一真法界的显现。所以，从本质上来说，事物之间是相即相入、圆融无碍的，一即一切，一切即一。

华严宗认为本宗所讲的缘起理论是最为完美圆融的，其原因

①　参见《章太炎全集·齐物论释定本》，第 107 页。
②　《华严一乘教义分齐章》第 4 卷，《大正新修大藏经》第 45 卷，第 507 页下。

在于,以往部派佛教所讲的业感缘起和瑜伽行派所说的阿赖耶识缘起都对外在有所依赖,而无尽缘起则继承了真如缘起理论,认为宇宙万有都是一真法界所现,为一真法界之"起用"所成,因而是无待的,相比其他的缘起理论更为圆融无碍。

基于无尽缘起,并由此而生发出了其他的教理,比如四法界、六相、十玄门等方面。可以说,四法界、六相、十玄门等教义既是无尽缘起之具体表现,亦是其具体义涵的呈现。同时,华严宗的判教理论(五教十宗)也是建立在无尽缘起之上的。基于无尽缘起的理论,华严宗亦主张三重观法,依事事无碍法界而立,观察以同一真如理为本性的一一事,遍摄无碍和两门修行阶位。

需要说明的是,无尽缘起与《大乘起信论》之间亦有着非常密切的关系。于此,法藏继承了《大乘起信论》中一心分二门的思想,从而认为:"谓一心法界具含二门。一心真如门,二心生灭门。虽此二门,皆各总摄一切诸法,然其二位恒不相杂。其犹摄水之波非静,摄波之水非动。"①这里的"一心",其实指的是众生染净相杂的妄心,而非清净无染的真如本心。法藏与《大乘起信论》一样,认为这一染净相杂之心是宇宙万物的根本,是众生和佛所普遍具有的。"一心"之真如门亦是前文所说的"一真法界",在众生心中则表现为清净无染无碍之心,是指"一心"的本来清净无染、不生不灭、不垢不净;"一心"之生灭门,则是指因无明现起之后使得真如被遮蔽而成为生灭无常的染污心。其实这二门都为一心之用,而一心为体。由此可见,一心为宇宙万法的根本。可见,法藏深受《大乘起信论》的影响。不仅法藏,其弟子澄观亦深受《大乘起信论》的影响,同时,其思想亦掺杂有禅宗、天台及《起信论》的成分,亦注重对

① 《华严经探玄记》第18卷,《大正新修大藏经》第35卷,第440页下。

于一心法界的论述。他认为"总该万有，即是一心；心融万有，便成四种法界"。正如方立天先生所言："华严宗的圆融性思维方式更为突出。此宗就是依据《华严经》并融合了天台宗、法相唯识宗等思想而创立的。"①由此可见，"无尽缘起"说并非单一的华严宗理论，亦包含有其他宗派的成分或者思想。

实际上，这种思维模式亦影响到了后来的章太炎。当章太炎对"万物与我为一"进行论证诠释时，其所用的理论资源和思维方式亦同时具备了好几个宗派的教理，这正符合他对于学说之间倡导融通的立场。同时，从另一个层面来说，既然无尽缘起理论的提出离不开各个宗派义理的影响，那么其本身必然就渗透了各个宗派的思想在其中，而章太炎在利用这一学说的时候，就必然会连带对其他宗派义理进行必要论证，这是不可避免的。

二

庄子在《齐物论》中对"万物与我为一"有过阐述："天下莫大于秋毫之末，而大山为小，莫寿于殇子，而彭祖为夭，天地与我并生，而万物与我为一。"自此以后，思想家们对这一命题或多或少均有所关注。

当然，从哲学史、思想史的角度来看，"万物与我为一"并非历代注家重点诠释之对象，可能是因为它只是对于各种是非言论、标准进行消解论证的一个总结而已，或者说是在消解了是非、对立、标准等世间存在之后的一种与天地万物融为一体、无人我是非之别的境界。对此，历代注家的解释如下。

---

① 方立天《中国佛教哲学思维方式的类型和特点》，《方立天文集》，北京：中国人民大学出版社，2006年，第399页。

郭象认为:"苟足于天然而安其性命,故虽天地未足为寿而与我并生,万物未足为异而与我同得。则天地之生又何不并,万物之得又何不一哉!"①方东美认为向秀、郭象"在这一点上,倒是能够了解'庄子'。庄子的精神表现在哪儿呢? 在'天地与我并生,万物与我为一'。所谓'天地与我并生',是说一个人同广大宇宙的'敌意'划除掉了"②。郭象认为宇宙万物以及我都有属于自己的位置和特质,在尊重这种天然具有差异性之"性"的基础上,从而达到了一种天地万物与我同体的态势。所以笔者认为,郭象这种解释的前提是一种逻辑假设,即认为天地万物各有自己的特色属性,而方东美则是从一种去除了"敌意"之后的精神境界的层面来看的。

王叔岷的注解是:"忘生而无时而非生,故天地与无并生。忘我则无往而非我,故万物与我为一。"③显然,王叔岷是从"忘"的角度来论证天地万物与我为一的,"忘我"便没有时空的限制,从而在超越时空的境界中达到了与天地万物合一的境界。故而由此可见,他还是从一种天地境界中来解读的,这就与郭象的逻辑论证有了不同之处。

钟泰则认为其为庄子消解是非人我的根本之所在,亦是整个《齐物论》的核心之所在。④他将其作为一种消解纷争的方式来看待。在"天地万物与我为一"的境界之下,宇宙万物、人我是非都获得了一种本质上的同一性,因而毫无差别可言,这是一种非常独到的解释。

陈鼓应的解释是:"万物和我合为一体。"⑤对此,我们认为,陈先生是站在传统的理解之上,将其看作一种浑然忘我的境界。

---

① 郭庆藩《庄子集释》,北京:中华书局,1961年,第81页。
② 方东美《原始儒家道家哲学》,《方东美全集》,台北:黎明文化事业股份有限公司,2005年,第318页。
③ 王叔岷《庄子校诠》,"中研院"历史语言研究所专刊之八十八,第72页。
④ 参见钟泰《庄子发微》,上海:上海古籍出版社,1988年,第47页。
⑤ 陈鼓应注译《庄子今注今译》,北京:中华书局,1983年,第74页。

通过以上梳理,我们可知注家对"万物与我为一"的解释是不尽相同的。但仔细分析可以发现,注家的解释不外乎三类,一类是从境界的角度来讲的,认为它是一种忘我之境,是浑然与天地万物一体的境界。如王叔岷、陈鼓应二位学者,认为是从合的角度来呈现出的一种境界。第二类是从逻辑论证的角度来讲的,如郭象,他设定一个逻辑前提进行推理,在尊重差异性的基础之上实现各适其性,内心了无分别,以达到天地万物一体之境界。第三类则是以钟泰为代表,他认为这一命题是泯除分别的方式。相比较而言,笔者更认同最后一种看法。但不管是哪种解读,都是解读者与文本融通的结果,既然如此就不能够刻意追求庄子本人之原意,而是通过对这些解读的分析来最大限度地了解庄子。当然,本文之意并非要从解释学的角度来进行一番分析,而只是将其作为分析章太炎解读这一命题的理论背景和铺垫而已。

三

朱义禄认为:"华严宗的'事事无碍''事理无碍'的思想,同庄子'天地之为稊米,毫末之为丘山'的'万物一齐'的相对主义,在精神上是完全相通的。"①事实的确如此,在《齐物论释》中,章太炎充分利用了无尽缘起之说对"万物与我为一"进行解读。但是,他并没有完全遵守华严宗的教义,以及其本身所蕴含的其他宗派的教理,而是将西方自然科学中的物质能量守恒等理论以及外道认为物质有生命的思想运用在了他的解读视域之中,从而凸显了那个

---

① 朱义禄《章太炎和他的〈齐物论释〉》,胡道静编《十家论庄》,上海:上海人民出版社,2004 年,第 490 页。

时代的思想特色和他本人的学术理念。

那么,章太炎是如何理解"万物与我为一"的? 他所理解的"万物与我为一"的具体内涵是什么?

在《齐物论释》中,章太炎有这样一段话:

> 末俗横计处识世识为实,谓天长地久者先我而生,形隔器殊者与我异分。今应问彼,即我形内为复有水火金铁不? 若云无者,我身则无;若云有者,此非与天地并起邪? 纵令形散寿断,是等还喻天地并尽,势不先亡,故非独与天地并生,乃亦与天地并灭也。若计真心,即无天地,亦无人我,是天地与我俱不生尔。故《知北游》篇说:"冉求问于仲尼曰:'未有天地可知邪?'仲尼曰:'可。古犹今也。'"①

从此处我们可以得知,章太炎对于"万物与我为一"的理解是"若计真心,即无天地,亦无人我,是天地与我俱不生尔"②,即万物与我为一的前提是真心做主宰,此处之"真心",为如来藏之清净无染之心。若由真心作主,那么,天地万物是虚妄之存在,我亦是虚妄之存在,本来无生无灭、不垢不净,而世人意识中有天地长久于我,并且与我相隔的观念,是因为他们的阿赖耶识中存有处识和世识③,

---

①② 《章太炎全集·齐物论释定本》,第 107 页。

③ 受康德"先验统觉"思想的影响,章太炎把阿赖耶识解释为"原型观念",同时还指出,原型观念即阿赖耶识中最基本的种子,共有七类,分别是:世识、处识、相识、数识、作用识、因果识、我识。他认为,所谓的世识,就是现在、过去、未来等时间观念;处识,即点、线、面等空间观念;相识,则指色、声、香、味、触等表象观念;数识,即数量观念;作用识,即目的、行为造作的"有为"的观念;因果识,即"彼由于此,此由于彼"的因果观念;我识,即人我执、法我执等观念。除此之外,有无、是非、合散、成坏等相同于此七类种子皆刹那生灭,先于意识存在。这些种子与康德的"十二范畴"也极其相近。可见,章太炎深受康德认识论的影响,并将其与唯识宗的理论相关联。

即先天有生起时空观的种子存在，因而若遇外缘，此种子便生起现行，形成众生对于天地万物、宇宙万有具有时间和空间的观念，从而执为实有。

章太炎通过两种方式论证了自己这一解读的合理性。

第一种论证方式：从万物与我所组成的材料来看，都是物质元素所致，因而从这个意义上来讲，天地万物与我本来就是一体的，是同质的。对此他说："《大毗婆沙论》一百三十六云：'极微是最细色'，'此七极微成一微尘，七微尘成一铜尘，七铜尘成一水尘。'铜尘、水尘今所谓分子也；微尘，今所谓小分子微分子，极微，乃今所谓原子。"①可见，章太炎将佛教里面的"极微"等同于西方的"原子"，作为宇宙万有构成的基本要素，章太炎的这一论证方式显然受到了西方唯物论的影响。其实，西方的这一观念亦备受争议，如近人方东美先生在《华严宗哲学》中就曾提及西方人面对精神世界的态度：

> 譬如面对精神世界，他会说精神世界不是真象，要化成生理的与生命的条件。而生命条件本身由于没有内在的意义，只能把它化作物理的或化学的作用。这样以来，近代的宗教自然就衰微，文学艺术也因而堕落，就是因为它们用（拉平往下）来讲平等。换句话说，在思想上它们采取（科学的化除主义或科学的约简主义）。把精神作用的部分化成生命作用。再把生命作用化作一物质条件，其结果便丧失了生命的意义，精神失掉它存在的理由。②

① 《章太炎全集·齐物论释定本》，第109—110页。
② 方东美《华严宗哲学》上册，台北：黎明文化事业股份有限公司，1981年，第36—37页。

方东美先生的这段论述非常得当地揭示出西方人这一观念所导致的后果,那就是精神世界的全面堕落和生命意义的不断丧失。章太炎的这一做法亦可说是将原本虚灵飘逸的天地之境的"万物与我为一"转为了物质世界的一种逻辑结论,这是西方思想赋予其解读传统文化的思想烙印。但是,这样做的结果,就使得人生没有了终极的归宿和境界,而堕入了物质的浅陋之中。对此,陈少明就认为章太炎的这一做法,"把庄子原作'可爱'的一面也丢掉了"①。原因是,"用人身体上包含的各种原素与自然事物有一致之处,来论证'天地与我并生,万物与我一体'的世界观,会令人感到煞风景"②。陈先生所言有一定的道理,章太炎确实歪曲了"无尽缘起"本身的理论前提,这一西化的论证前提是他自己赋予的。但在笔者看来,章太炎这种论证方式也是受了他所处时代背景的限制。

第二种论证方式:章太炎在第一种论证的基础上,进而用无尽缘起和唯识理论来论证,认为动物、植物、矿物皆为有情,批判了佛教中将动物判为有情,将山河大地及草木认为是没有情识活动的矿植物,从而判为无情或器世间的说法。最终章太炎认为,由于草木瓦石、山河大地与动物一样均有生命和情识,他们之间本无隔阂,因而从这个意义上说,万物与我为一。

《瑜伽师地论》中将植物有生命的说法斥为"离系外道"之谬说,章太炎对此则反驳道:"佛法只许动物为有情,不许植物为有情,至于矿物,更不消说了","植物也有呼吸,不能说无寿;也有温度,不能说无暖;也有牝牡交合的情欲,卷虫食蝇的作用,不能说无识。依这三件,植物决定有命。"③可见,在章太炎的眼中,植物也

---

①② 陈少明《〈齐物论〉及其影响》,北京:北京大学出版社,2004 年,第 172 页。
③ 章太炎《章太炎全集·演讲集》(上),上海:上海人民出版社,2015 年,第 150 页。

是有生命的有情存在①，其原因在于，植物也有呼吸、温度等有情所具有的生命之特质。进而他还认为矿物亦有命，其原因是：

> 现在依《起信论》说，更有证成"矿物有知"的道理。原来阿赖耶识，含有三个：一是业识，二是转识，三是现识。业就是作用的别名，又有动的意思。矿物都有作用，风水等物，更能流动，可见矿物必有业识。转识就是能见的意思，质言就是能感触的作用，矿物既然能触，便是能感，可见矿物必有转识。现识就是境界现前的意思，矿物和异性矿物，既能亲和，也能抵抗，分明是有境界现前，可见矿物也有现识。若依《成唯识论》分配，业识便是作意，转识便是触，现识便是受，并与阿赖耶识相应，但没有想思二位。所以比较动植物的知识，就退在下劣的地位。……矿物不但有阿赖耶识，兼有意根。何以见得呢？既有保存自体的作用，一定是有"我执"，若没有我执，断无保存自体的理。②

在这段材料中，章太炎用《大乘起信论》中的五识理论③对自

---

① 命即寿也，然据小乘有部之义，则别有非色非心之体，由过去之业而生，因而一期之间维持暖与识，名之为命，命能持暖与识，故名为根。据大乘唯识之义，则第八识之种子有住识之功能，因而一期之间使色心相续，是假名为命根，非别有命之实体也。俱舍颂疏曰："论云：命体即寿。既将寿释命，故命即寿。此复末了何法为寿？谓有别法持暖与识，说名为寿。"唯识述记二本曰："命谓色心不断，是命之根也。"参见丁福保《佛学大辞典》，上海：上海书店出版社，2000 年。
② 《章太炎全集·演讲集》（上），第151页。
③ 《大乘起信论》中对于五识的界定是："一者名为业识，谓无明力不觉心动故。二者名为转识，依于动心能见相故。三者名为现识，所谓能现一切境界。犹如明镜现于色像，现识亦尔。随其五尘对至即现无有前后，以一切时任运而起常在前故。四者名为智识，谓分别染净法故。五者名为相续识，以念相应不断故。"参见《大正新修大藏经》第32卷，第577页中。

己的天地万物皆有命的思想进行了论证。在《大乘起信论》中,有情识的众生才具有五识,但在章太炎这里,他却用它来作为论证佛教中"无情"亦有生命的根据。章太炎认为,矿物有流动的功能,因而有业识;矿物能触,故而可被人感知,从而成为能见之相,因而有转识;矿物和异性矿物既能亲和,也能抵抗,便说明矿物有现识。在这一点上,章太炎有些牵强附会,亦无有详细的论述,而只是含糊其辞。实际上,这一点在《起信论》里讲的是非常复杂的。但据我们的分析还是可以得出:章太炎可能是因为矿物和异性矿物既能亲和又能抵抗,从而认为两者之间都有对对方的表象呈现,这符合《起信论》中对于现识的界定:"能现一切境界,犹如明镜现于色像。"①因而,这当是矿物对于异性矿物之直观的表象呈现。但章太炎在此用众生之心识功能来附会矿物,似乎有些不妥。因为,他的这一论证只是从逻辑出发,而非合情合理。同时,他还认为,矿物不如植物的级别高,其原因在于它没有想与思之心识功能,但矿物亦有"我执",有保护自体之本能。综上所述可见,章太炎反佛义而行,其论证尽管有西方逻辑之特色,但亦有失偏颇,不具说服力,这当然不能仅仅从是否符合佛法之真义来评判,只能说,他之所以这样做还是为其目的和用心服务的,这正是我们所要关注的重点。

在论证了植物和矿物皆为有情之后,章太炎又以此为基础,进一步论证了万物与我为一的命题。

他说:"一有情者,必摄无量小有情者。是故金分虽无穷尽,亦得随其现有,说为自体。此但依唯识俗谛为言,若依真谛,即是唯识。"②"有情摄无量小有情"的论断,正是法藏"一切即一,一即一

---

① 《大乘起信论》,《大正新修大藏经》第32卷,第577页中。
② 《章太炎全集·齐物论释》,上海:上海人民出版社,2014年,第40页。

切”，万物之间相即相入之“无尽缘起”理论的翻版。即每一个有情内都摄无量小有情，如人体内摄无量细胞有情一样。但这也只是从俗谛的层面来讲的，若从真谛的层面来讲，一切都无有自性，皆唯心所变现。正如章太炎自己所言：“动物植物也有知，矿物也有知，种种不过阿赖耶识所现的波浪。追寻原始，惟一真心。”“这植物有命，矿物有知的俗谛，佛法中不能说得圆满。我辈虽然浅陋，还可以补正得一点儿。”①这就从真谛和俗谛两个层面彻底消解了天地之间森罗万象事物的差异性，从而为“万物与我为一”提供了更为超拔和彻底的论证。

为了强调论证中要将真俗二谛相结合之重要性，章太炎批评了法藏“无尽缘起”说的不足之处，他说：“凡此万物与我为一之说，万物皆种以不同形相禅之说，无尽缘起之说，三者无分。虽尔，此无尽缘起说，惟依如来藏缘起说作第二位，若执是实，展转分析，势无尽量，有无穷过，是故要依藏识，说此微分，惟是幻有。”②可见，他认为法藏对于“无尽缘起说”的论证是一种不断追逐最终自性的过程。这种追逐的结果可能是无穷无尽的。他认为，法藏之所以犯了这样一个论证过失，其原因在于：“盖法藏未得名言善巧，故说多有过。如彼钱喻，易一钱为一铢铜十铢铜，义犹可救，由舍是异分和合之名，既名舍已，乃名舍中支构木梃，故曰法藏未得名言善巧，有类诡辩者也。如是，彼立二喻，既不得成，若专以数为量，义故不破。”③可见，章太炎认为法藏只知道从诸法体性的角度去论证（如来藏缘起），而没有遵从世俗之名言善巧的角度去论证，因而就会给人一种类似诡辩者的印象。因而，当将真俗二谛相结合时

① 《章太炎全集·演讲集》（上），第153、152页。
② 《章太炎全集·齐物论释》，第42页。
③ 《章太炎全集·齐物论释定本》，第109页。

才能达到合理论证的效果。对于这种看法,章太炎在后来的演说中有进一步的论证:"佛法中原有真谛、俗谛二门。本来不能离开俗谛去讲真谛。大乘发挥的道理,不过'万法唯心'四个字。因为心是人人所能自证,所以说来没有破绽。若俗谛中不可说法,也就不能成立这个真谛。但在真谛一边,到如来藏缘起宗、阿赖耶缘起宗,已占哲学上最高的地位"①可见,章太炎认为如果没有俗谛,那么真谛也就无法成立。他进而非常自信地说:"今依《寓言》以解《齐物》,更立新量,证成斯旨。"②认为正是因为自己懂得用俗谛之学说《寓言》篇来解读《齐物》中的这一命题,才弥补了法藏论证的缺失,从而将"万物与我为一"之意旨揭示了出来。

在章太炎之前,张载在《西铭》中"万物一体""民胞物与""生顺殁宁"的思想,同庄子《齐物论》中"天地万物与我一体,万物与我并生"的观点,以及《知北游》中"人之生,气之聚也,聚则为生,散则为死。若死生为徒,吾又何患? 故万物一也"的思想非常接近。③因此,他和宋明时期其他思想家的"万物一体"观就存在着较大的差异。此正如陈来所说,"横渠未将'一体'与'仁'联系起来,也未将'视天下无一物非我'与'仁'联系起来"④。在章太炎之后,熊十力主张众生实际上是体用一源的,并通过反求诸心,才能感受到这种一源境界。可见,张载的万物一体思想可能深受庄子的影响,从天地一气的角度进行论证,并最终成为其道德的形而上之基础;而熊十力则直接从即体即用的思想基础出发来发挥天地万物一体的思想。较之张载和熊十力,章太炎对于庄子"万物一体"的解读,则是

① 《章太炎全集·演讲集》(上),第 150 页。
② 《章太炎全集·齐物论释定本》,第 109 页。
③ 参见陈少明《〈齐物论〉及其影响》,第 127 页。
④ 陈来《仁学视野中的"万物一体"论》(上)。

从佛教和西方科学出发进行论证的，独具特色。

四

与以往注家侧重境界层面的解释相比，章太炎的"万物与我为一"是其逻辑论证之后所得出的结论；不仅如此，他的解读亦有了以往注家都没有涉及的经世之用心隐藏其中，而且，他所运用的思想资源并非如以往注家那样单一①，而是呈现出丰富充实的一面。对于这一特色的原因及表现，我们作出如下分析。

首先，其解读所涉及的理论较为复杂。尽管从总体上看是运用"无尽缘起"说，但在具体的论证中却既有佛学的唯识、华严、般若等理论，还有西方唯物理论。从中可见，章太炎势必无法完全脱离时代的大环境来进行纯粹的佛学式的解读；更为特别的是，他亦以庄子来解庄子，用《寓言》来解《齐物》。对于这种"以庄解庄"的做法，是源于他对庄子思想的高度认可。由此可见，章太炎融会佛教、西学、庄子三家思想的做法是他倡导各家学术融通，尊重各家学说价值和个性开放性观念的折射。

其次，通过分析章太炎对于法藏的批判可见，他的佛学理念与纯正的佛学相比还是有着一定的距离和出入的。这种现象的出现不应该是由于章太炎本人不了解佛学所致，从其对于佛学掌握的熟练程度来看，他并非无意曲解，反而是有其用心之所在。他的用心就是用此种方式来方便自己对于庄子的解读，从而为实现自己经世致用的目的作思想理论的论证。因而，他并不是一个严格意

---

① 由于时代的原因，在以往注家中，即使是以佛解庄者，亦只是以佛学来解读庄子，如释德清等人。

义上的佛教学者,而是运用佛学者。这与其身份和人生宗旨密切相关。

这样的现象必然有其深层的原因。本文认为,由于章太炎身处当时的时代背景下,就必然有其时代的局限性。同时,由于他早年曾经探究过西学,东渡日本后又对德国古典哲学有所研究。这一学术经历可能影响了他的思维方式,使其尽管用佛学来解读庄子,但还是避免不了对西学的依赖。

当然,章太炎并不满足于仅仅停留在对"万物一体"观的建构之上。作为一名有责任有担当的近代知识分子,他的最终目的还是要回到现实的层面,以救国救民为指归,这体现出了他的济世情怀。可以说,"万物一体"观是他通过以佛解庄的方式建构"不齐而齐"的平等观从而指导现实实践的一个重要环节。对此,王中江认为:"我们要求过各种各样的平等,有政治上的,也有经济上的。儒家主张人性平等和人格平等,道家要求的平等,在方东美看来,主要是精神上的:'庄子在《齐物论》里,要把真正的自由精神,变做广大的平等,普遍的精神平等。'①章太炎援引佛教注释庄子的'齐物',也是这样的'平等'。"②可见,章太炎的平等也是在精神上和内心世界里破除了各种差别的平等,是精神层面的平等,这与西方世界所讲的平等是有所不同的。据此,章太炎说:"凡古今政俗之消息,社会都野之情状,华梵圣哲之义谛,东西学人之所说,拘者执著而鲜通,短者执中而居间,卒之鲁莽灭裂,而调和之效终未可睹,譬彼侏儒,解逅于两大之间,无术甚矣。余则操齐物以解纷,明天

① 方东美《原始儒家道家哲学》,第 321 页。
② 王中江《现代中国哲学家的情怀与庄子》,陈鼓应主编《道家文化研究》第二十五辑,北京:生活·读书·新知三联书店,2010 年,第 281—282 页。

倪以为量,割制大理,莫不孙顺。"①回到现实来看,经国济世才是他最终的理想。在此理论基础之上,他破除了在文化方面的文明与野蛮之分,认为文化具有多元性,并不存在什么文明与野蛮,先进与落后,从而为当时被践踏的中华文化争取到了应有的尊严。进一步来说,他不仅为中华民族的文化争取到了尊严,也为每一个个人争取独立的尊严,认为"人无智愚,尽一曲之用"②,每个人都是独立而自由的,进而提出了"大独"说。所谓的大独,就是人可以独立思考,不随波逐流,敢于为理想而奋斗,但这种精神并非自私自利,而是"大独必群""群于国",是在"群"的前提下所具有的"独"。不仅如此,章太炎还破除了生死的差别,从而鼓励革命者要有舍生忘死、勇往直前、为挽救民族危亡无所畏惧的革命道德。由此可见,章太炎从理论出发的现实设计虽然在乱世中所起的作用是有限的,但这不能抹杀它的理论意义和永恒价值。

本文原载《中国哲学史》2018 年第 2 期。

---

① 《章太炎全集·菿汉微言》,上海:上海人民出版社,2015 年,第 70 页。
② 《章太炎全集·菿汉微言》,第 26 页。

论章太炎的文体学[*]

谢　琰^{**}

文体,指"文本的话语系统和结构体式"①。但凡书写就会涉及话语和结构问题,因此经、史、子、集四部文本,都具备"文体"维度。章太炎是近代罕有的体系性思想家,同时也是集大成的古典学术宗师。他对诸多古典文体的理解与评述,一方面构成其庞大思想、学术体系的一部分,一方面又成为该体系的其他部分乃至整个体系的一个立足点或刺激源。他始终坚持从语言文字出发继承与弘扬古典文化,既决定了其对语言文字应用的必经阶段即文体的重视,同时也决定了其文体学必然具有不同于一般文学批评家所理解的文体学的独特学理依据、分类标准、评价体系。目前学界对章太炎文体学有一些具体探讨②,但缺乏自觉的整体观照。本文拟全面论述章太炎的文体学,揭示其系统性、深刻性,也不讳言

---

　　* 本文为国家社会科学基金后期资助项目"中国古典诗歌话语体系研究"(项目编号 21FZWB063)阶段性成果。

　　** 作者单位:北京师范大学文学院。

　　① 郭英德《中国古代文体学论稿》,北京:北京大学出版社,2005 年,"前言"第 2 页。

　　② 参见陈雪虎《〈国故论衡〉中卷文学七篇"以文字为准"辨》,《文艺理论研究》2020 年第 5 期;唐定坤《章太炎文学界定的文体学内涵》,《贵州师范学院学报》2012 年第 4 期;许结《章太炎文学批评观述略》,《浙江学刊》2007 年第 6 期;罗昌繁《〈国故论衡·正赍送〉考述——兼论章太炎的丧葬观及哀祭文体思想》,《黄山学院学报》2011 年第 2 期。

其武断性、片面性,进而尝试理解章氏文学思想的独特理路与历史价值。

一 正名:章太炎文体学的思想基础

传统正名思想包含三个层面:一是语言文字层面,即建立语言文字规范;二是哲学层面,即建立思想表达的逻辑基础;三是政治层面,即建立合理的统治原则及相关话术。上述正名思想,来源于经学、小学、子学等学术传统,它们都对章太炎产生了影响。作为清代朴学的殿军,章太炎的正名思想以"对汉语言文字的名实关系、名实源流、名实规范的深入思考"为中心。[1]文体是语言文字应用的必经阶段,所以章太炎高度重视从语言文字规范角度理解和诠释文体;具体而言,体现在正字例和正文例两个方面。

首先,正字例即建立基础性、普遍性的语言文字规范,所谓"同一文字,比合形名,勿使僭差。其道则犹齐度量、一衡矩也"[2]。章太炎痛批明代七子"不解文义,而以吞剥为能",主张"先求训诂,句分字析,而后敢造词也;先辨体裁,引绳切墨,而后敢放言也"[3],这意味着他始终将"造词"之规范放在"放言"之规范的前面,也就是"训诂"先于"体裁"。比如他说:"文辞的本根,全在文字,唐代以前,文人都通小学,所以文章优美,能动感情。两宋以后,小学渐

---

① 孟琢、陈子昊《论章太炎的正名思想——从语文规范到语言哲学》,《杭州师范大学学报》2018年第5期。
② 章太炎《正名杂义》,《章太炎全集·訄书重订本》,上海:上海人民出版社,2014年,第233页。
③ 章太炎《论文学》,《章太炎全集·演讲集》,上海:上海人民出版社,2015年,第45页。此篇讲演录篇名,《章太炎全集·演讲集》误录为《讲文学》,本文引用皆更正为《论文学》。

衰,一切名词术语,都是乱搅乱用,也没有丝毫可以动人之处。"①
这宣告了正字例对于各体文学创作的根本决定作用。更重要的
是,在他看来,古文、骈文、韵文这些最基本的文体现象,都根基于
特定的语言文字规范。比如论古文:"凡曰古文者,非直以其散行
而已。词气必合于秦、汉以上,训诂必合于秦、汉以上,然后可也。
不然则近世公牍私札,无非散行,皆可云古文矣。"②他认为单行散
体不足以界定古文,古文必须在"词气""训诂"上符合先秦两汉文
献所确立的语言文字规范。也就是说,古文是一套内在的应用程
序,而不只是外在的形式特征。同样道理,骈文也不是只在形式上
寻求偶对的文体现象,它的产生原因是汉语词义"多支别而乏中
央"的特点,具体而言就是"一训数文"。比如《老子》云"为天下谿,
为天下谷",《周易》云"危者使平,易者使倾",其中"谿"与"谷"、
"危"与"倾"、"平"与"易",皆为同训,于是产生了最原始的"俪体"。
进一步,为了"意有殊条,辞须翕辟"的表达需要,"俪体"又"不以同
训为尚",而是以更为规整的"辞例"为框架,在其中安排更复杂的
词义关系。比如《周易》"上下无常,进退无恒"中的"常"和"恒",是
词性同、词义也同;《左传》"处而不底,行而不流"中的"底"和"流",
是词性同而词义相反;《雪赋》"皓鹤夺鲜,白鹇失素"中的"鲜"和
"素",则是词性不同、词义亦不同。由此可见,骈文的本质是对汉
语复杂字例的一种密集性的强化安排,以弥补散体之古文在表达
上的单调缺陷,正所谓"孑句无施,势不可已"。如果说典范的古文
和典范的骈文是对字例的严格执行,那么"异于他文"的韵文中则
有可能出现"训故常法所不能限"的字例,比如汉魏诗中常见的"乐

① 章太炎《在东京留学生欢迎会上之演讲》,《章太炎全集·演讲集》,第9页。
② 章太炎《论近世古文家不识字》,《章太炎全集·膏兰室札记》,上海:上海人民出版社,2014年,第178页。

相乐"。综合以上诸点,章太炎在《正名杂义》篇末指出:"乃夫一字所函,周包曲折,晚世废绝,辞不慊志,必当采用故言,然后义无遗缺。野者不闻正名之恉,一切訾以藻缋,非其例矣。"①可见,正字例是章太炎文体学的基础之义。

其次,章太炎又立正文例之说,进一步诠释具体文体的语言文字规范。如果说《正名杂义》一文主要沿袭颜师古《匡谬正俗》之传统而申明字例的基础性、普遍性作用,那么《文例杂论》一文则是仿效顾炎武《救文格论》而对文例进行集中阐发,这便从"求训诂"工作而踏入"辨体裁"阶段。就《文例杂论》所述而言,正文例包括正习俗之名与正文体之名两个方面。每种文体都包含关键性的习俗用语,其名实关系需要厘清源流、折衷古今。《文例杂论》对时名、地名、官名、人名(称谓)作了多条辨正②,这些习俗之名的应用规范,与历史、公牍、典章、杂文等各种文体的写作都有密切关系。文体写作需要考虑习俗之正变,同样道理,文体命名也与习俗息息相关。比如《曲礼》云:"知生者吊,知死者伤。"《正义》曰:"吊辞,乃使口致命;若伤辞,当书之于板,使者读之而奠致殡前也。"据此可知:"今祭文若称伤辞,则无吉凶不别之讥矣。"③这是对"伤辞"的正名,也是对今人"祭文"之名的驳正。从习俗出发考察文体命名,并且厚古薄今,主张以古正今,这是章太炎的文体命名学的核心特点。

在《国故论衡》中卷"文学"七篇中,正习俗之名与正文体之名

① 章太炎《正名杂义》,《章太炎全集·訄书重订本》上海:上海人民出版社,2014年,第220—233页。
② 章太炎《文例杂论》,《章太炎全集·太炎文录初编》,上海:上海人民出版社,2014年,第39—46页。
③ 章太炎《文例杂论》,《章太炎全集·太炎文录初编》,第40页。

这两方面工作都得到更全面、更深刻、更系统的推进；有些论点和看法，会比早期的《文例杂论》所论更为激进，同时也更能展现其"正文例"思想的归宿及特质。比如《原经》论方志之书地名，"今为府县志者，不旁溢则宜予今名，旁溢则宜予旧名"①，《明解故下》辨明六宗之说、禘祫之说、庙主之说、嫔御之数、君臣之等②，都是正习俗之名。《国故论衡》还对文体命名学发表了体系性看法，最关键也是最偏激的两段是："余以书籍得名，实凭傅竹木而起，以此见言语文字，功能不齐。世人以经为常，以传为转，以论为伦，此皆后儒训说，非必睹其本真。""是故绳线联贯谓之经，簿书记事谓之专，比竹成册谓之仑，各从其质以为之名。"③他将经、传、论这三种最重要文体的命名归因于物质材料，也就是社会习俗中最为质朴和基础的部分，而不取"后儒"的那些具有抽象意义的训说。循此思路观察《国故论衡》中卷诸篇，会发现章太炎试图将一切文体的命名缘由限定为社会习俗的具体需要。如谓"古之为政者必本于天，殽以降命。命降于社之谓殽地，降于祖庙之谓仁义，降于山川之谓兴作，降于五祀之谓制度，故诸教令符号谓之经"④，这是从"教令"角度进一步界定"经"，由此可知，经就是形于"绳线联贯"的那些"教令符号"。又谓"不歌而诵，故谓之赋；叶于箫管，故谓之诗"⑤，这是以歌唱与否区分诗与赋。又谓"铭者自名，器有题署，若士卒扬徽，死者题旌，下及楬木以记化居，落马以示毛物，悉铭之属"⑥，

---

① 章太炎撰，庞俊、郭诚永疏证《国故论衡疏证》，北京：中华书局，2018 年，第 359 页。
② 章太炎撰，庞俊、郭诚永疏证《国故论衡疏证》，第 405—435 页。
③ 章太炎撰，庞俊、郭诚永疏证《国故论衡疏证》，第 298、301 页。
④ 章太炎撰，庞俊、郭诚永疏证《国故论衡疏证》，第 309 页。
⑤ 章太炎撰，庞俊、郭诚永疏证《国故论衡疏证》，第 467 页。
⑥ 章太炎撰，庞俊、郭诚永疏证《国故论衡疏证》，第 469 页。

这是以物质载体来讲广义的铭文。又谓"古者吊有伤辞,谥有诔,祭有颂","诔者,诔其行迹而为之谥"①,这是从丧仪出发来解释"衰送"之文的命名。又如"自颂出者,后有画象赞,所谓形容者也。……然则赞者,佐助其文,非褒美之谓也。……赞之用不专于画象,在画象者乃适与颂同职,其同异之故宜定"②,这是从场合与功能出发来解释赞与颂的区别及联系。凡此种种,都是依据古代习俗而正文体之名,可谓正本清源。于是,经、史皆统一于"经",校、故、传、解皆统一于"解故",诸子、论、奏、疏、议、驳、诏、册、表、檄、弹文皆统一于"论",诗、赋、箴、铭皆统一于"乐语"("诗"),哀吊、行状、象赞、碑铭皆统一于"衰送",由此形成了纲举目张的文体分类体系。无论是五类大纲还是诸种细目,其命名都与社会习俗密切相关。因此,只有从习俗也就是从"事"着眼,才能看清楚文体命名的来龙去脉,"庶几人识原流,名无棼乱者也"③。

综上所述,章太炎的正名思想以建立语言文字规范为中心,由此奠定了其文体学的思想基础,使其获得独特的学理依据:他既强调建立基础性、普遍性的语言文字规范即正字例,也重视在具体文体内部规范核心用语和文体命名,并将此正文例工作建立在明晓社会习俗的基础之上。如果说正字例代表了对于语言文字规范性的严格追求,那么正文例则代表了调和规范性与约定性的努力。由于章太炎素来主张"夫语言文字之繁简,从于社会质文"④,也就是认为语言文字规范是社会现实的反映并为后者所推动和决定,这与习俗的衍变具有相似的发展规律,因此不妨说,章太炎

---

① 章太炎撰,庞俊、郭诚永疏证《国故论衡疏证》,第505—506页。
② 章太炎撰,庞俊、郭诚永疏证《国故论衡疏证》,第514—515页。
③ 章太炎撰,庞俊、郭诚永疏证《国故论衡疏证》,第471页。
④ 章太炎《正名杂义》,《章太炎全集·訄书重订本》,第214页。

的文体学始终具有坚定的历史主义倾向。这导致他一方面强调文体的规范性,主张以源正流,另一方面又拒绝承认抽象的、机械的规范性,而总是从具象中提炼规范性。此种历史主义倾向,与其穷极高明的一元论哲学之间,形成了巨大的思想张力。章太炎的文体分类学、文体流变论乃至全部文学思想,就在此张力之网中展开。

二 二分与一元:章太炎的文体分类学

章太炎在 1906 年的讲演录《论文学》中提供了一份详尽的"文学各科"分类表①,并作出了周严的解释,从而建立了涵盖一切载籍文献的文体分类体系。值得注意的是,此文的前半部分是驳斥传统及流行的诸种"二分法"。他所不赞成的种种试图以"二分法"来缩小"文"之范围的学说,恰恰刺激了他同样采用"二分法"来扩大"文"之范围,即区分"无句读文"与"有句读文",从而将一切文字记录都视作"文"。不仅如此,细绎《正名杂义》《论文学》《国故论衡》《论诸子学》《国学十讲》等不同时期著述②,会发现"二分法"事实上成为章太炎进行文体分类的一贯性、枢纽性原则。

一是文辞、口说之二分。③口说是虚空中的文辞,早已消失在时间之流中,理论上是无法进行研究的,只能通过既有的文字记载

① 章太炎《论文学》,《章太炎全集·演讲集》,第 40 页。
② 章太炎《文心雕龙札记》也涉及不少文体学内容,但其主要观点上承《论文学》而下启《国故论衡》,不具备独特价值,故本文不作引证。参见董婧宸《章太炎〈文心雕龙札记〉史料补正》,王晓平主编《国际中国文学研究丛刊(第七集)》,上海:上海古籍出版社,2019 年,第 165 页。
③ 关于章太炎此说的复杂内涵与中西学术背景,参见陆胤《晚清文学论述中的口传性与书写性问题》,《中国社会科学》2019 年第 5 期。

去揣测当时实况。《正名杂义》认为①，《尚书》中"商周誓诰,语多磻格",就是因为"直录其语",而"帝典荡荡,乃反易知",则因为"此乃裁成有韵之史者也"。这个分判已经显示出崇文辞而去口说的倾向。降及战国,"纵横出自行人,短长诸策实多口语",而"名家出自礼官,墨师史角,固清庙之守也"。尽管两家都留下文辞,但纵横之言近于口说,名家之言则"与演说有殊"。二者在表意说理上的差异在于:"纵横近于雄辩,虽言或偭规,而口给可用。名家契于论理,苟语差以米,则条贯已歧。一为无法,一为有法。"可见,文辞有稳定的规范性(有法),而口说只有当下的实效性(无法)。在章太炎看来,尽管口说本身没有成为历史性的存在,但口说的影响却在文辞中常常浮现。此种影响主要是负面的,需要警惕乃至祛除,故曰"效战国口说以为文辞者,语必伧俗,且私徇笔端,苟炫文采,浮言妨要,其伤实多"。他将文字记录所带来的规范性抬到一个极端重要的位置,所以崇文辞而去口说。

二是无句读文、有句读文之二分。《论文学》云:"无句读者,纯得文称,文字之不共性也。有句读者,文而兼得辞,称文字、语言之共性也。论文学者,虽多就共性言,而必以不共性为其素质。故凡有句读文,以典章为最善,而学说科之疏证类,亦往往附居其列。文皆质实,而远浮华,辞尚直截,而无蕴藉。此于无句读文最为邻近。……是故,作史不能成书志,属文不能兼疏证,则文字之不共性,自是亡矣。"②他认为,无句读文如图画、表谱、簿录、算草之类,只是用文字符号记录信息,无法被言说,故代表的是文字的特性,而有句读文既是记录,也可被言说,故代表文字与语言的

① 章太炎《正名杂义》,《章太炎全集·訄书重订本》,第228—229页。
② 章太炎《论文学》,《章太炎全集·演讲集》,第42—43页。

共性。他用这样的对比表明立场:"文"的根本特质是准确记录,越是接近无句读文就越容易做到准确记录,所以典章、疏证等文体最为优越。换句话说,他希望在观念层面用无句读文的特质来规范有句读文。

三是名家之文、纵横之文之二分,实是从文辞、口说之二分引申而来,但又具有新的内涵。《国故论衡·论式》云:"凡立论欲其本名家,不欲其本纵横。""文章之部行于当官者,其原各有所受:奏、疏、议、驳近论,诏、册、表、檄、弹文近诗。近论故无取纷纶之辞,近诗故好为扬厉之语。""大氐近论者取于名,近诗者取于纵横。"①但是,章太炎又明确反对学说、文辞之二分,反对"学说以启人思,文辞以增人感"这样的拘泥刻板之说②,因此他没有将论与诗、名家与纵横的区分简单定义为理智与情感的区分,而是着眼于是否"纷纶"、是否"扬厉",也就是说,他不以表现对象或表达效果的差异来区隔文体,而是以表达方式的优劣来分割文体;在他看来,名家之文所采用的是更优等的表达方式。《论式》又云:"夫持论之难,不在出入风议,臧否人群,独持理议礼为剧。出入风议,臧否人群,文士所优为也。持理议礼,非擅其学莫能至。""夫忽略名实,则不足以说典礼;浮辞未翦,则不足以穷远致。"③可见,所谓名家之文的表达方式,就是建立在充分的小学功底和博洽学问基础上的质朴谨严的名实之论。将名与实准确对应,本来是语言文字的最基本功能,但在章太炎看来,此项工作乃是最不易企及的最高境界。从核准名实出发,既可考清事实,也可说清道理。相形之下,"诗""纵横""文士"皆为"浮辞"所困。

———————

① 章太炎撰,庞俊、郭诚永疏证《国故论衡疏证》,第 455、457、462 页。

② 章太炎撰,庞俊、郭诚永疏证《国故论衡疏证》,第 294 页。

③ 章太炎撰,庞俊、郭诚永疏证《国故论衡疏证》,第 445、450 页。

　　四是客观之文、主观之文之二分。《国故论衡·原经》云："惑者不睹论纂之科，不铨主客。文辞义理，此也；典章行事，彼也。一得造，一不得造。"①他反对今文经学的一大理由是，此种说经方式混淆了客观之文与主观之文的界线，用主观性的"文辞义理"去比附客观性的"典章行事"。在《明解故》上下篇中，他动用了极大的气力去疏通一些重要经学问题中的客观事实或语言规律，可以说是积极贯彻了"六经皆史之方"的观念，故曰"治之则明其行事，识其时制，通其故言，是以贵古文"②。在他看来，今古文之分既是"学"之分，也是"文"之分。在《国故论衡》"文学"七篇中，他将诸子之文归入《论式》，而将经、史之文归入《原经》、将解故之文归入《明解故》，同样包含"铨主客"的意识。在《论诸子学》中，他将此种二分法更明确地表述出来："今之经典，古之官书，其用在考迹异同，而不在寻求义理。……其书既为记事之书，其学惟为客观之学……若诸子则不然。彼所学者，主观之学，要在寻求义理，不在考迹异同。既立一宗，则必自坚其说。一切载籍，可以供我之用，非束书不观也。虽异己者，亦必睹其籍。知其义趣，惟往复辩论，不稍假借而已。"③可见，记事之书遵循客观之学，故可称客观之文；诸子之书遵循主观之学，故可称主观之文。在晚年的《国学十讲》中，他将"集内文"分为"记事文"和"论议文"两大类④，亦可见客观、主观之二分法。虽然章太炎未明言客观之文与主观之文的优劣高下，但由于他主张"持理议礼，非擅其学莫能至"，又讥讽"言

　　①　章太炎撰，庞俊、郭诚永疏证《国故论衡疏证》，第 331 页。
　　②　章太炎撰，庞俊、郭诚永疏证《国故论衡疏证》，第 401—402 页。
　　③　章太炎《论诸子学》，《章太炎全集·演讲集》，上海：上海人民出版社，2015 年，第 49 页。
　　④　章太炎《国学十讲》，《章太炎全集·演讲集》，第 352 页。

能经国,诎于笾豆有司之守;德音孔胶,不达形骸智虑之表。故篇章无计薄之用,文辩非穷理之器"①,可知他认为主观之文并不能依仗个体的主观性,而必须依赖群体的知识基础,所谓"虽异己者,亦必睹其籍";如果徒逞"文辩",如欧阳修、苏轼之文,那么就近于纵横,丧失了客观性的指导与制约,就会成为"持论最短者""佞人之戈戈者"②。章太炎极重高明之学,但又始终不离朴学本色,试图建立主观性思考的客观性基础,故其所谓"铨主客",不是就文本的表现对象(质料)而言,而是就事实与思想的表达方式而言,故其不论言"学"还是言"文",都具有文体学向度。

综上所述,在章太炎的文体分类学中,虽然文体细目驳杂且多变,比如《论文学》《国故论衡》《国学十讲》所呈现的细目都有较大差异,但是二分法思维却贯穿始终;虽然文辞与口说、无句读文与有句读文、名家之文与纵横之文、客观之文与主观之文这四种二分法,分别出现在不同时期的论著中,也各有其分割依据和适用范围,但相互之间仍存在明显的呼应关系和共同的取舍倾向,反映出章太炎文体分类学的内在思维结构,即:将二分法作为权宜之计,以便归类丛杂的文体现象;将一元论作为根本原则,用来建立文体的正确规范。他始终强调以文辞为本,以无句读文为本,以名家之文为本,以客观之文为本,而力图克服口说、有句读文、纵横之文、主观之文的种种丧本失源、多歧多变的弊端,这就用一元论模式统摄了二分法思维。归根结底,他希望用文体的最原始、最客观的特质来规范一切文体,故最终坚定地将"有文字著于竹帛"作为"文"的定义③。换句话说,

① 章太炎撰,庞俊、郭诚永疏证《国故论衡疏证》,第445、450页。
② 章太炎撰,庞俊、郭诚永疏证《国故论衡疏证》,第455页。
③ 章太炎对"文学"的界定经历了变化过程,如《文学说例》界定为"尔雅以观于古",《论文学》《国故论衡》则界定为"有文字著于竹帛",此转变背后存在复杂的学理背景,参见史伟《"社会学转向"与章太炎的"文学"界定》,《文学评论》2019年第4期。

"记录"这种社会行为,在他的阐释下具有了形而上学内涵:记录,就是将意义彻底客观化的一种人类理性能力;文体,就是客观规范本身。

三 名实、质文、气势:章太炎的文体流变论

章太炎的文体学整体上围绕建立语言文字规范而展开,其文体分类学又以强调规范的绝对客观性为根本依据,因此,其文体流变论本质上是基于客观规范而对一系列失范事实进行严厉批判的产物。具体而言,失范事实包括三个方面:一是文例失范,主要体现在文体之名与文体之实的不相符;二是字例失范,即文体书写由质而趋文;三是作者失范,即时代风气催生了不合格的作者,从而造成文体势衰。

如前所述,章太炎从习俗出发考察文体命名,主张厘清古今源流,所以他对文例失范现象的批判,包括古今增减、古今缩放、古今淆乱等多方面。文体之名,从古至今有增有减:"文章流别,今世或繁于古,亦有古所恒睹今隐没其名者。……夫随事为名,则巧历或不能数;会其有极,则百名而一致者多矣。"①这段虽是专讲增减问题,但其实道尽了文体名实流变的基本规律:无论增减、缩放、淆乱,都是因为"事"的变化,也就是习俗衍变。章太炎论文体缩放,以韵文为例:"盖有韵之文多矣。有古为小名而今为大,古为大名而今为小者。"②他举例说明:箴原为诗之一种,后来居然与诗并列,故曰"以小为大";铭原为各类铭文之统称,后缩小为金石韵文之专称,故曰

---

① 章太炎撰,庞俊、郭诚永疏证《国故论衡疏证》,第 470—471 页。
② 章太炎撰,庞俊、郭诚永疏证《国故论衡疏证》,第 468—470 页。

"以大为小"。以上种种文体增减、文体缩放现象,如能以古正今,当然最好;如能明其源流,也不妨随波从俗;如果不识源流,妄加规定,甚至以今律古,则会造成文体淆乱现象。《文学略说》云:"韩昌黎作《南海神庙碑》,纯依汉碑之体,作《曹成王碑》,用字瑰奇,以此作碑则可,作传即不可。桐城诸贤不知此,以昌黎之碑为独创,不知本袭旧例也。宋人作碑,一如家传,惟首尾异耳。此实非碑之正体。"①他讽刺宋人和清代桐城派对碑这种文体的名实源流认识不清,或以彼乱此,或认旧为新,皆造成淆乱现象。在《国故论衡·正赍送》中,他对诸种"送死之文"在后世流变中的名实淆乱现象条分缕析,提出"刊剟殊名,言从其本""慎终追远,贵其朴质"的总原则②,也提出了一系列具体的变通之法。

如果说章太炎对待文例失范现象尚容许变通之术,那么他对待字例失范现象则极为严苛。在《正名杂义》中③,他转引日人姊崎正治之说,认为"生人思想,必不能腾跃于表象主义之外。有表象主义,即有病质凭之"。他用"表象主义"概念分析中国文化,认为汉字假借、《易》学、文章修辞是"表象主义"的三大表征。文章写作中的"表象主义"则主要有两种:一是文人不明文字孳乳之源流,"习用旧文而怠更新体"。比如"朋"字是假借群鸟从凤之象来表达朋党、朋比之义,而"倗"字则是朋党之"朋"的正字,文人不识孳乳源流,仍用"朋"而不用"倗",这就造成文字表意的不精确也就是字例的失范。二是文人滥用比喻、借代、用典等修辞手法。比如"案一事也,不云'纤悉毕呈'而云'水落石出';排一难也,不云'祸胎可

---

① 章太炎《文学略说》,《章太炎全集·演讲集》,上海:上海人民出版社,2015年,第1050页。

② 章太炎撰,庞俊、郭诚永疏证《国故论衡疏证》,第509、530页。

③ 章太炎《正名杂义》,《章太炎全集·訄书重订本》,第215—216页。

绝'而云'釜底抽薪'。表象既多,鄙倍斯甚",如此发展下去,"遂于文格,最为佣下"。究其病根,正在"文益离质";"质",就是字例。以上两种字例失范现象,在诗赋箴铭等韵文中表现尤其突出。《国故论衡·辨诗》云:"唐人多憙造辞,近人或以为戒。余以为造辞非始唐人,自屈原以逮南朝,谁则不造辞者? 古者多见子夏、李斯之篇,故其文章都雅,造之自我,皆合典言。后世字书既已乖离,而好破碎妄作,其名不经,雅俗之士所由以造辞为戒也。若其明达雅故,善赴曲期,虽造辞则何害? 不然,因缘绪言,巧作刻削。呼仲尼以龙蹲,斥高祖以隆准;指兄弟以孔怀,称在位以曾是。此虽原本经纬,非言而有物者也。"①在章太炎看来,只有建立在正字例基础上的造辞才是合理的,这叫"言而有物";违反字例而胡乱造语,这叫"破碎妄作,其名不经";而绕过语言文字的直接表意功能,用修辞之效果取代用字之精确,即便"原本经纬"、无一字无来处,也不合理。此种奇特的反修辞倾向,"其实是严格至极的修辞学要求"②,也就是强调基础性、普遍性的语言文字规范。

章太炎的文体流变论的第三个方面,是对作者失范的批判。章太炎并不对作者进行独立且平允的研究,而是常在文体流变史中刻画作者的面目并评估其价值。《国故论衡·辨诗》云:"论辩之辞综持名理,久而愈出,不专以情文贵,后生或有陵轹古人者矣。韵语代益陵迟,今遂涂地,由其发扬意气,故感概之士擅焉。聪明思慧,去之则弥远。"③可见,理智可以进步,故论辩之文可以后出转精;情感则今不如古,故诗赋韵语一代不如一代。他在《辨诗》中

---

① 章太炎撰,庞俊、郭诚永疏证《国故论衡疏证》,第501—502页。

② 木山英雄《"文学复古"与"文学革命"》,赵京华编译《文学复古与文学革命——木山英雄中国现代文学思想论集》,北京:北京大学出版社,2004年,第221页。

③ 章太炎撰,庞俊、郭诚永疏证《国故论衡疏证》,第471页。

每好言"势尽""泯绝",其笔下之诗赋史就是一部退化史。那么,作者情感为何退化? 他提供了特别简捷的解释:"由商周以讫六代,其民自贵,感物以形于声,余怒未渫,虽文儒弱妇,皆能自致;至于哀窈窕,思贤材,言辞温厚,而蹈厉之气存焉。及武节既衰,驰骋者至于绝膑,犹弗能企。故中国废兴之际,枢于中唐,诗赋亦由是不竞。"①可见,他以武力、兵气解释韵文作者的情感盛衰。《莉汉微言》把上述历史观讲述得更细致:"西京强盛,其文应之,故雄丽而刚劲。东京国力少衰,而文辞亦视昔为弱,然朴茂之气尚存,所谓壮美也。三国既分,国力乍挫,讫江左而益弱,其文安雅清妍,所谓优美也。"②在《文学略说》中,他甚至将"词气"、情感与"体气"也就是身体强健程度直接挂钩,认为"体气强,则情重,德行则厚;体气弱,情亦薄,德行亦衰③。令人深思的是,章太炎虽然感慨后世作者的体气之衰、性情之衰,但却并不主张在情感层面重建民族心理或民族文学,而是寄希望于理智层面的激发与重构。所以,他对论体文每每指明出路、宣示方法,如谓"持论以魏晋为法""凡立论欲其本名家,不欲其本纵横""效魏晋之持论者,上不徒守义,下不可御人以口,必先豫之以学"④。由此可知,理智完善是遏制作者失范的关键。理智不仅能直接为论辩之文保驾护航,而且能为一切发诸情感之文提供法度,正所谓"我们学文学诗,初步当然要从法上走,然后从情创出"⑤。

---

① 章太炎撰,庞俊、郭诚永疏证《国故论衡疏证》,第 472—473 页。
② 章太炎《莉汉微言》,《章太炎全集·莉汉微言》,上海:上海人民出版社,2015年,第 54 页。
③ 章太炎《文学略说》,《章太炎全集·演讲集》,上海:上海人民出版社,2015 年,第 1042—1043 页。
④ 章太炎《国故论衡疏证》,庞俊、郭诚永疏证,第 451、455、457 页。
⑤ 章太炎《国学十讲》,《章太炎全集·演讲集》,第 373 页。

综上所述，章太炎的文体流变论着眼于文例、字例、作者，描述了文体发展史中名实不符、由质趋文、气势渐衰的失范现象。整体来看，其文体流变论是其正名思想和文体分类学的附庸，是以否定性的方式强调并验证了"规范"的绝对客观性。他不赞成文体之名实关系的无序化流变，他激烈反对"表象主义"对语言文字的侵蚀，他希望遏制国势之衰、人气之弱对于文学创作的消极影响。他急于将自己对于语言文字规范和文字记录方式的一整套理解，以极其坚决的态度笼罩于极为复杂的文体流变现象之上，从而提出诸多苛刻乃至偏激之见，以至于容易让读者产生一种揣想：章太炎站在"反文学"立场上来谈论文学问题；他将一般文学批评家所津津乐道的高贵、优美、情感丰沛、技艺精致、高度个性化、充满不定项的那样一些文学特质，统统予以唾弃。因此，他的文学论述中几乎看不到系统的作家论和作品论，而是处处以文体学为视角、为框架，显示出高度客观化的学术取径。他的既武断又高明的种种论点，及其背后质朴而幽邃的学理基础，也都应该从文体学角度予以理解和阐发。

四　存真的焦虑：从文体学理解
章太炎的文学思想

郭英德认为："文体的基本结构应由体制、语体、体式、体性四个层次构成。"①具体而言，体制包含三个方面，即字句和篇幅的长短，音律的规范与变异，句子和篇章的构架；语体意味着"不同的文本语境要求选择和运用不同的语词、语法、语调，形成自身适用的

---

① 郭英德《中国古代文体学论稿》，北京：北京大学出版社，2005年，"前言"第2页。

语言系统、语言修辞和语言风格";体式,包括赋、比、兴等手法,也可分为抒情、叙事、议论等类型;体性,揭示了特定文体与特定表现对象、审美精神之间的关系。①

　　章太炎的文体学,主要落脚于语体和体式,而相对忽视体制和体性。比如他划分文辞与口说、无句读文与有句读文、名家之文与纵横之文、客观之文与主观之文,都是从语体或体式出发;在此基础上形成的文体分类细目,如《论文学》所列学说、历史、公牍、典章、杂文等项,以及诸子、疏证、平议、纪传、款识、书志等子项,事实上是综合考量语体、体式和文体表现对象而产生的判断,完全打破了文本外在体制的束缚。②在文体四层次中,体制是已然固化的外在形貌,体性中则包含抽象化、主观化的内在精神,只有不内不外、既偏于客观同时又没有固化的两个层次即语体和体式,可以高度契合章太炎的语言文字规范思想,故成为其文体学体系的枢纽;与此同时,他又将体性中有关表现对象的部分,降低至习俗乃至物质层面,作为其文体学的根本出发点,从而建构起一套拥有充分客观基础、以建立语言文字规范为中心的文体学体系。章太炎对于自己文体学的独特取径有鲜明的自觉,他以"形式""轨则"自居,而与畅谈"精神""才调"的文学批评划清了界线。

　　在写给曹聚仁的书信中,章太炎主张"夫文辞之体甚多,而形式各异。非求之形式,则彼此无以为辨;形式已定,乃问其精神耳,非能脱然于形式外也",由此认为《百家姓》等书"以工拙论,诗人或不为;以体裁论,亦不得谓非诗之流也"。③他反对从"精神"和"工

---

　　①　郭英德《中国古代文体学论稿》,第6—21页。

　　②　章太炎《论文学》,《章太炎全集·演讲集》,第40—42页。

　　③　章太炎《与曹聚仁》,《章太炎全集·书信集》,上海:上海人民出版社,2017年,第1046页。

拙"来判定"诗",坚持只能从客观性的"形式"着眼。在《论文学》中,他有更详细的阐释:"工拙者,系乎才调,雅俗者,存乎轨则。轨则之不知,虽有才调而无足贵。是故俗而工者,无宁雅而拙也。"他讥讽"日本之论文者,多以兴会神味为主,曾不论其雅俗",又进一步指其根源:"或其取法泰西,上追希腊,以'美'之一字,横梗结噎于胸中,故其说若是耶? 彼论欧洲之文,则自可尔,而复持此以论汉文,吾汉人之不知文者,又取其言以相矜式,则未知汉文之所以为汉文也。"他将近代以美学为学理依据的文学观,如何从西方传至日本又如何经日本影响中国的过程,勾勒得一清二楚,也由此将自己摆放在"知汉文之所以为汉文"的位置上,坚持民族主义立场。接着,他以公牍、小说两种文体为例,说明了"所谓雅者,谓其文能合格"的观点,并明确将"合格"落实在语言文字规范层面,即"上准格令,下适时语,无屈奇之称号,无表象之言词",认为这才是"汉文"的本质特征。最后他总结说:"若不知世有无句读文,则必不知文之贵者在乎书志、疏证。若不知书志、疏证之法,可施于一切文辞,则必以因物骋辞,情灵无拥,为文辞之根极。宕而失原,惟知工拙,不知雅俗,此文辞所以日弊也。"①可见,他倡导以"形式""轨则""雅俗"为本,而反对以"精神""才调""工拙""兴会神味"为本,终究是为了确立"无句读文"在其文体学体系中的基原地位,如《国故论衡·文学总略》所云:"文字本以代言,其用则有独至,凡无句读,皆文字所专属也,以是为主。故论文学者,不得以兴会神旨为上。……知文辞始于表谱簿录,则修辞立诚其首也。气乎德乎,亦末务而已矣。"②在这里,章太炎将"修辞立诚"这一古训上升到

---

① 章太炎《论文学》,《章太炎全集·演讲集》,第 45—47 页。
② 章太炎撰,庞俊、郭诚永疏证《国故论衡疏证》,第 302—304 页。

"第一文学原理"的高度,意味着他极力维护"记录"作为一种理性能力的崇高价值,由此也凸显了他对于"记录"能否实现绝对客观化目的的深刻焦虑,不妨称之为"存真的焦虑"。

章太炎之所以抱有"存真的焦虑",至少有三个方面的缘由:第一,他一向认为历史是民族之根,所以准确记录历史事实就是民族存亡之命脉,意义极为重大。《印度人之论国粹》云:"人类所以殊于鸟兽者,惟其能识往事,有过去之念耳。国粹尽亡,不知百年以前事,人与犬马当何异哉? 人无自觉,即为他人陵轹,无以自生;民族无自觉,即为他民族陵轹,无以自存。"①然而,文人笔下的文学往往"不再以文字和词语探索世界之'真',不再记载史实和表达情意,而开始走向故事化的寓言和说教、书本化的呻吟和卖弄、情调化的枯淡和雄放"②,这就会对"识往事"产生严重动摇,所以章太炎向来不赞同周氏兄弟式的文艺救国。第二,他将"小学"和"名学"视作结构相似的精神过程,力求捍卫主观表达的客观基础。《菿汉微言》自叙云:"少时治经,谨守朴学,所疏通证明者,在文字器数之间。虽尝博观诸子,略识微言,亦随顺旧义耳。……及囚系上海,三岁不觌,专修慈氏、世亲之书。此一术也,以分析名相始,以排遣名相终,从入之涂,与平生朴学相似,易于契机。"③又《中国文化的根源和近代学问的发达》论哲学云:"最要紧的是名家,没有名家,一切哲理都难得发挥尽致。"④由此可知,逻辑的失范与语言

① 章太炎《印度人之论国粹》,《章太炎全集·太炎文录初编》,上海:上海人民出版社,2014年,第383—384页。
② 陈雪虎《"文"的再认:章太炎文论初探》,北京:北京大学出版社,2008年,第144页。
③ 章太炎《菿汉微言》,《章太炎全集·菿汉微言》,第69页。
④ 章太炎《中国文化的根源和近代学问的发达》,《章太炎全集·演讲集》,第86页。

的失范是一体之两面，都需要高度警惕。而思想的准确阐释，与历史的真实还原具有同等重要的意义。第三，他认为古典文学传统中长期存在虚假的"规范"，会反噬真正的"规范"。《论文学》云："图画有图画之体制，非善准望、审明暗者勿能为。表谱有表谱之体制，非知统系、明纲目者勿能为。簿录有簿录之体制，非识品性、审去取者勿能为。算草有算草之体制，非知记号、通章数者勿能为。此皆各有其学，故亦各有其体。乃至单篇札记，无不皆然。其意既尽，而文独不尽，则当刊落盈辞，无取虚存间架。若夫前有虚冒，后有结尾，起伏照应，惟恐不周，此自苏轼、吕祖谦辈教人策锋之法，以此谓之体制，吾未见其为体制也。……不知文有有句读、无句读之分，就有句读文中，亦尚有近于无句读文者，而必执一体制以概凡百之体制，悲夫！"①在他看来，宋代以降"文章学"所讲之"体制"，实际上是以偏概全的主观之论，继则由主观化而趋于机械化，生出种种间架结构、起伏照应之说，但此种"体制"不是规范，真正的规范乃是依据不同习俗、不同文体特点而自然产生的"学"；既然名之曰"学"，意味着写作者必须"善准望、审明暗""知统系、明纲目""识品性、审去取""知记号、通章数"，也就是必须具备系统化、习俗化、客观化的知识与能力。同样道理，写作其他各体文章也都"必先豫之以学"。"学"的存续与否，在章太炎看来是"记录"能否实现绝对客观化的最关键因素。在这个意义上，"学""文体""文学"这三个概念是同义词，它们的内涵都可以被概括为：记录的规范。所以《国故论衡·文学总略》开篇即云："文学者，以有文字著于竹帛，故谓之文；论其法式，谓之文学。"②从"法式"也就是规范

---

① 章太炎《论文学》，《章太炎全集·演讲集》，第 47 页。
② 章太炎撰，庞俊、郭诚永疏证《国故论衡疏证》，第 277 页。

出发来理解一切文体现象并由此解释一切文学现象,这就是章太炎文体学的基本思路,同时也是其文学思想的内在理路。需要特别注意的是,章太炎所理解的"规范",是具象的而非抽象的,是客观的而非主观的,是群体的而非个体的,是变化的而非固化的,是民族的而非人类的,总之是经验的历史集成,而非理念的逻辑演绎或偶然示现。孟琢认为:"中华民族的语言文字系统在特定之历史过程中凝聚而成,具有不可替代的特殊性。在众同分心的摄持下,语言秩序的普遍性与特殊性皆得以建立,体现出真如缘起在语言中独具特色的映射方式。"①这段话事实上揭示了章太炎文学思想的形而上学依据:由"众同分心"而产生的语言文字规范,决定了汉语文学的本质属性。

综上所述,章太炎的文体学以正名为思想基础,以建立语言文字规范为核心诉求,包含独具特色的文体分类学与文体流变论,对纷繁复杂的文体现象提出了独断而统一的规范性意见,显示出高度客观化、理性化的学术进路。作为一个坚守一元论思维的思想家,章太炎思考任何一个领域的问题都试图建立单一的出发点并由此产生系统性的意见。在文学领域,他以"记录的客观性"为出发点,将原本充满主观化个体体验的文学文本理解为客观化、群体性经验的具体表现,并将后者视作前者的规范。正是因为他极重规范,所以其文学思想的本质是文体学,而不是作家论、作品论、风格论;不是文学批评家所理解的那种研究文体的外在形貌和内在审美精神的文体学,而是语言哲学家所理解的那种重视语言文字规范和社会习俗作用的文体学。因此,与同时期古典文体学专著(比如王兆芳《文章释》、来裕恂《汉文典·文章典》)相比,章太炎的

① 孟琢《厄言之道:论章太炎的语言哲学》,《哲学研究》2021 年第 9 期。

文体学体系具有强调原理而不拘细目、独重字词而忽略作法的特色。他用刻意的片面态度来强调语言文字的主导性,以求建立文体运行的内在规范性。王一川论"语言学革命"云:"洪堡关于语言不是一种'产物'而是一种'活动'的论述,都曾给予 20 世纪重要人物如卡西尔和加达默尔以强烈启迪。……当以全新的眼光去凝视语言,其中蕴藏的为人忽视的规则系统的力量得以展露出来。"①章太炎正是在中国文明遭受西方文明强烈冲撞的时代大背景下,慧眼独具地揭示出汉语自身所包含的"规则系统的力量",由此推动古典文学传统之再认。

本文原载《文学评论》2022 年第 4 期。

---

① 王一川《语言乌托邦——20 世纪西方语言论美学探究》,昆明:云南人民出版社,1994 年,第 40 页。

1921—1922年章太炎、吕澂、黎锦熙论学书简考释

姚彬彬[*]

  约在2010年前后,笔者读《章太炎书信集》(马勇编)见收有章氏致李石岑之书信三通[①],该书于书信的末尾均注明其来源出处,前二通原发表于1921年间的《时事新报》之副刊《学灯》,第三通则刊于1921年的《民铎》杂志。函中所论,涉及唯识学及中西比较、儒佛异同等诸多重要哲学问题。章氏于函中提及一位"吕君",谓"吕君除研法相,兼涉禅宗,诚求之不得者"云云,并对这位"吕君"的种种议论有所商榷。对此,当时即觉得这位"吕君"很有可能便是被后人誉为"最有资格睥睨于当代国际佛学界的我国学人"(蓝吉富教授语)的支那内学院学者吕澂(1896—1989)。为此2012年初笔者查阅了1921—1922年间的《民铎》杂志,印证了这位"吕君"确为吕澂,另外,黎锦熙(1890—1978)亦一度参与论辩。关于此一论学公案,就当时所见,学界尚无论及者[②],更谈不上整理出来。

---

  * 作者单位:武汉大学中国传统文化研究中心。

  ① 马勇编《章太炎书信集》,石家庄:河北人民出版社,2001年,第724—727页。——该书所收书信均未附对方来函,后经笔者查阅,该三通信在原刊发表时均附有李石岑之按语,编者亦皆未录。

  ② 后来在本文撰写期间,于2013年8月收到刚刚出版的《汉语佛学评论》第三辑(上海:上海古籍出版社,2013年),见该刊的一篇"编者按"(未署名)中亦提到此章、吕论学之公案,其关注视角可谓与笔者不谋而合。该文中言其查找文献未果,并(转下页)

单从章太炎、吕澂各自的学术史地位来看，二人的思想碰撞，其重要性自然是毋须多言的。

《民铎》杂志虽较为常见，但民国早期的《时事新报》存世似已极少了。笔者经过一段时间的检索调查，确认了北京国家图书馆藏有此报的全部缩微胶片，故于2013年5月、9月二次赴京查阅钞录，终于将资料搜集完整。其中吕澂所撰各书信，尚未被收进任何一本已出版的吕氏文集中，不得不说是颇为可惜的遗漏。笔者在此将全部有关书信勘校整理，并酌加新式标点①，公诸学林，希望对此一几乎被淡忘的论学公案的考掘和钩沉，能对相关学术领域的研究有所裨益。

另需指出的是，1921年《民铎》杂志的"柏格森专号"中所刊发的吕澂的《柏格森哲学与唯识》、梁漱溟（口说）的《唯识家与柏格森》（罗常培笔记）、黎锦熙的《维摩诘经纪闻跋》诸文中的一些内容，亦或多或少与此论学公案有所联系。因《民铎》杂志易得，这里仅作存目。

国图所藏《时事新报》，盖因时间久远，字迹时有漫漶，笔者虽尽力辨识勘校，并作注释，且试图对此一论学的部分要领略作诠解，恐亦难免有误，这方面的问题自然应由笔者负责。

（接上页）曾托人去查阅四川省图书馆所藏《学灯》缩微胶片，亦未查到。——巧合的是，笔者于2012年途经成都时曾亲自去查阅过此一材料。这套《学灯》的胶片始于1922年，而章太炎、吕澂的书信发表于1921年，均未收录。究其缘故，应是因《时事新报》的《学灯》副刊于1922年开始每月发行一册当月的合订本，川图所藏胶片当是据这些合订本制作，故自1918年发刊至1921年的《学灯》均未收录在内。

　　① 《近代史学刊》的审稿专家在审理过程中又更正标点数处，与原刊误字一处，谨此致谢！

一　论学书简①

（一）实验与理想②
章太炎

日来与太炎先生颇有学问商量之事，兹函系最近寄余者。余以函中所论，足以箴方今好谈哲理者匪浅，且由兹函可以觇太炎先生对于新哲学之态度，故表而出兹于此，想太炎先生不以为忤也。（石岑）

（前略）③凡学皆贵实验，理想特其补助，现量即实验，比量即理想也。外境有显色、形色、表色可验，自心非耳目所能现，亦非意识所能入，是以实验为难。谈哲理者多云若者可知，若者不可知。不可知者，特感觉思想所不能到耳。未知感觉思想以外，尚有直觉可以自知也。是故伏断意识，则藏识自现，而向之所谓不可知者，乃轩豁呈露于前，不烦卜度，无须推论，与夫高言"实在"，冥想"真理"者，真有美玉与烧料之别矣。柏格森氏颇能窥见藏识，但未知其由现量得之耶？将由比量得之耶？鄙人窃谓勃率理窟，非学之真。此土理学诸师，所以不重晦庵者，正以其好腾口说，于自心初无实验也。窃观姚江门下，有罗达夫、王塘南、万思默三贤，虽未能舍去藏识，而于

---

① 以下书简之题目，均为原刊时编者李石岑所加。
② 汤志钧《章太炎年谱长编》（北京：中华书局，1979年，第623页）中此文存目，不过将发表时间误作1921年10月5日。
③ 各函中多次出现的"前略""中略""后略"系原文如此，为《学灯》主编李石岑所加。

藏识颇能验到,亦须费数十年功力。若但刮摩论理,综合事状,总之不为真知。庄子曰:"以不徵徵,其徵也不徵。"(后略)

(据《时事新报·学灯》1921 年 1 月 5 日)

(二) 关于佛理之辩解

章太炎

日内接吕澂先生一书,对于太炎先生前函论佛理之处有所遮拨,余即取书中要义钞示太炎先生,冀其答辩,兹即其覆函也。今先将吕先生原函摘抄如左。

(前略)内典之言现量,意云能缘如实以缘所缘,更不杂入名言诠别,如杂诠别,即落比量。非今人所谓实验、理想。岂即以诠别有无为判耶? 太炎先生又谓自心非意识所能入,是以实验为难,意识讵非自心一分,五①、七、八识讵非意识所能遍缘? 内二分之互缘,与夫定中意识之缘一切,孰非亲证? 窃窥其意,盖执定"伏断意识,则藏识自现"一语。不知意识之用,不能断灭,世间之身,除熟睡闷死外,固无间息,即入道以还,亦但简别相应,转成无漏。学者着力,正惟此是赖。(我国佛学自禅宗盛行后,谬说流传,以为宜从断除意识用功,误人无限,不可不辩。)藏识之不现,我见胶执实致之,不必意识之为蔽也。至通常所说伏断意识,正就其二障功能边为言,此则见道以去,分别既断,俱生者亦渐次伏除,至于金刚加行而后全尽。藏识之名,八地已亡,云何伏断意识而后自现耶? 若柏格森之窥见藏识,不过悬想之辞,柏氏之说,自有其固有价值,不能以附会而始贵。(中略)有情世间为正报,器世间为依报。

---

① 此"五"谓眼、耳、鼻、舌、身五识,唯识学以意识为第六识。

依视正为转移,不能独变。内典经论,具明此义,即如《维摩诘经》所说净土各节,阐发更无余蕴,故于浊世不起厌念则已。如其厌之,则当先厌恶此有情世间也。(后略)

石 岑 1 月 19 日

石岑兄鉴:

两接手书。前所谓美术当以身作则者,谓如画有虎头,诗有李杜,或虽次之,而各自有特胜,以己所有,为人模范,斯可也。若徒为评论,而拙于自用,何能提倡?(收藏家能评古书画,究竟不能自为,此无可重。)况评论且不出于心裁,而徒剿袭他人耶?柏格森氏反对主知说,而以生理冲动为言,生理冲动,即是藏识。庄生云:"达生之情者傀(大义),达于知者肖(即小字)",即同此旨。校从前康德辈甚有进步。或者此公亦曾证到藏识,然不敢断其然也。

吕君所驳三条,今答如左。

一、现量即亲证之谓,所谓实验也。各种实验,未必不带名想分别,而必以触受为本,佛法所谓现量者,不带名想分别,但至受位而止。故实验非专指现量,而现量必为实验之最真者。

二、前书本云自心非意想所能到,误书作意识,致启争端。所谓自心指心体言之,即藏识也。触、作意、受、想、思五位,六七八识俱有之。欲证心体,不恃意中想位,而恃意中受位,(实则证外境亦然。证境出感觉,证心由直觉,感觉直觉皆受也。)若徒恃想,则有汉武见李夫人之诮。至于思则去之益远矣。(凡诸辩论,皆自证以后,以语晓人耳。若无自证,而但有辩论,譬瞽师论文采,聋丞论宫商,言之虽成理,终为无当。)

三、佛法果位不厌器世间,知本无器世间也。不悲愍有情世间,知本无有情世间也。(此中慈悲喜舍,皆由本愿流出,非当时有此心。)若在因地则不然,四谛以苦为首,由苦入道,所谓苦者,即厌此三界也。自既厌此三界,而更悲愍众生,欲与共脱此系,是未尝厌有情世间也。若不厌三界,是即人天乘,若并厌众生,是即小乘。(小乘利己)夫岂正报依报之说所能把持哉?(吕君所疑,盖谓鄙意以佛法为爱恋人趣,人趣不能出此器界,故以正报依报不能相离为说,此乃以辞害意。)至于果位,加①梦渡河,则前者皆如幻影矣。

章炳麟白　十七日

(据《时事新报·学灯》1921 年 1 月 19 日)

(三) 作用即是性②

黎锦熙

项得吾友劭西一函,对于前次章太炎先生来函论佛教之处,有所发挥,颇□③新解。劭西年来于国语研究之外,复出其余力,究心佛教哲□④,由兹函所论,即可窥其最近之心得。惟同时复接得吕澂先生一函,则对于太炎先生前函之答辩,更加以猛烈的攻击,将于明日于本栏布之。真理愈讨论而愈明,原无所用其讳饰,余虽以劭西私函出之于众,想亦劭西所乐许也。(石岑)

(前略)项见《学灯·评坛》⑤,知兄与太炎先生月来有学

---

① 原刊如此,"加"似应为"如"字之误。
② 此文于黎泽渝编《黎锦熙著述目录》(北京:书目文献出版社,1996 年)中存目,见该书第 16 页。
③ 此字原刊不清晰,似"饶"字。
④ 此字难以辨认,疑应为"学"字。
⑤ "评坛"系《学灯》副刊栏目之一,主要刊登评论与争鸣性质的文章。此一论学过程中刊于《学灯》上的往来各信函均发表于该栏目。

问商量之事,章氏所论实验、理想与现量、比量之关系,与姚江门下以数十年功力伏断意识而现藏识,皆精到之谭。弟所欲撰之教育哲学之批评一文,用意大体,亦是如此。惟妄欲更有所进,盖从禅宗"作用是性"之一点,实可将意识与藏识打成一片。不但意识也,即山河大地,一切现实的世界,无非藏识所显。又不但山河大地也,过去未来无量劫之时间,亦无非藏识所流。故意识、空、时等一切相,皆以此藏识为本体。离本体即无作用,离作用亦无从见本体。故曰"作用是性"。——离藏识固无处觅性,即离意识、空、时等等亦复无处觅藏识也。对性而言,藏识与意识、空、时等等同是作用,即同是相。若绝对的说来,作用之外,有何本体!相之外更有何性,故曰作用即是性也。此非袭明末唯识诸家性相通①之谭,盖彻底的研究相宗者,势必通于禅宗也。王门诸贤,与其谓得力于唯识,毋宁谓其得力于禅。果验到藏识矣,一转即成性耳。弟于近世教育学说中,独有契于最近之 Rco□□□②,亦谓其不离诸相,而识得"恒转如暴流"者之识体,只要不执着,即是证得性体矣。所谓"识得洒扫应对,便是精义入神",即此义耳。(后略)

(据《时事新报·学灯》1921 年 1 月 24 日)

质太炎先生

吕　澂

某前寄书辨太炎先生立说之非,今于报端见其解答,置"伏断意识则藏识自现"一义不论,胪列其余为三端,见解俱不

---

① "性相通"原文如此,疑当作"性相相通"。
② 此处应为一西文人名,原刊难以辨识,待考。

免于错误,请得更分论之。

其一:现量、比量与实验、理想,义涵自别,原不相当。太炎先生必强同之,曰现量即实验,比量即理想,继知其难可通,又易辞言之曰:"实验非专指现量",佛学家□心□量境①,不过现、比。实验既非专指现量,必更有指比量者,比量所谓即是理想,安得更通于实验? 似此似是而非之论,又安足为学之所贵?

其二:触、作意、受、想、思五者为遍行心数,一切时、一切心中,无不相俱而起,现量时固悉有之,比时量②亦莫不俱之,安得强为分别,以必本触受一义,判实验与理想? 又安得强为次第,(《百法》光疏③谓,作意已,心触前境,名之为触。似有先后,此实错解,不可为据。)而谓现量则及受而止,亲证则恃受位耶? 在太炎先生之意想,谓于境取像为性,施设种种名言为业,曰现量亲证,则不带名想分别,故不可以有想。庸知想有施设名言之用,原非一时而有,(《三十述记》④谓,要安立境分齐相,方能随起种种名言,□⑤言方言,皆明其非是一时。)且名言尤有相之一义,(名言种子,别为二类,亦属此意。)故五识起时,与想相应,正无害其为现量,同时意识起时,初与想、数相应,亦得成其现量。乃至亲证自心,亦必与想相应,而犹

---

① "□心□量境",第一字难以辨识,第三字漫漶,痕迹略似"之"字,根据后文章太炎的《与吕黎两君论学书》中所引,此句为"言心之量境"。

② 原文如此,当作"比量时"。

③ "《百法》光疏"指唐代僧人普光为《百法明门论》所作之疏解。普光为玄奘弟子,《宋高僧传》卷四说他"请事三藏奘师,勤恪之心,同列靡及"。——各信之原文均无书名号,本文出现之书名号皆笔者所加。

④ 《三十述记》,即(唐)窥基之《成唯识论述记》。因《成唯识论》是玄奘对古印度世亲《唯识三十颂》的解说,故这里简称为"三十述记"。

⑤ 此字不清,似"随"字。

属于现量。太炎先生谓本欲言"自心非意想所能到,误作意识,致启争端"。窃谓如于原文改易二字,尤不可通。即以文句言,既曰"自心非意想所能到,是以实验为难",逆其辞意,不将谓意想所能到者,乃易实验耶?此但自相矛盾耳,安足深辩?至于受之一心数,意谓领纳顺达,俱非境相,其实有苦、乐、不苦、不乐之分,此正与今日心理学上之感情相当。谓为感觉、直觉,已属大非,更谓欲证心体必恃此位,尤为无据。心体之言,当目真如,藏识不过从相用立名,故依摄论家言,可以无漏种子,对治净尽,既有消长,明知非体,(自来研求佛学者,于此辨别不清,混言体用,遂多隔膜,此在西方先哲,亦所不免,有如马鸣者之著《起信》,初以体目真如,后复有真如、无明互相熏习之说,实为语病。)要言其实,流转还灭,都属用边,藏识无它,无关本体。唯识家究用至于其极立种子义,亦但谓生自果之功能,其义仍就用立,此实其最精之处也。故言心体,只有真如。亲证真如,唯根本智,此亦必与五遍行心数相应。特以分别二执既亡,故得冥证。非独恃受位而可至也。太炎先生谓凡诸辩论,必先之以自证,窃谓亦不尽尔。自证之先,必有正解,乃为切实,(即如辩论佛理,既未入道,一切境界何从亲证?此但有依据佛说而已。)否则即谓由自证来,亦但成其外道邪见耳。

其三:四谛之苦,并指有情世间及器世间而言。《杂集论》文,可为明证。某前书谓当厌有情世间,亦但言观此众生身为不净、为无常、为众苦所集,不起欣求而已,非谓直厌弃一切众生不顾也。(原书末,曾附注数语,即明此意。)

佛教各宗,唯识法相,义理最晦奥难言,自宋以来,解者中绝,几及千载,晚近识者渐众,然其大较尤未全明,翘论细末。

故立说者不可更以依稀仿佛之谈,转相混惑,某于太炎先生之说,不厌反复辨析者,亦惟此旨。(后略)

(据《时事新报·学灯》1921 年 1 月 25 日)

(四) 与吕黎两君论学书

章太炎

石岑我兄鉴:

来书具悉。吕君除研法相,兼涉禅宗,诚求之不得者。(此公与黎劭西何处人? 暇望示其行迹,并愿介绍得交。) 与仆相持,正资切磋之益;而仆扰于人事,学殖荒略,往往不暇问难。就所指驳,还答如左;本非求胜,亦取各言尔志之义。

吕君云:"佛家言心之量境,不过现比与非①。实验既非专指现量,必有更指比、非者。比量即是理想,安得更通实验?"按佛家本有胜义谛、世俗谛之分;近代所谓实验,多依世俗谛言。如视觉有光,触觉有热,此现量也。名之为火,此非现量也;更起火必有光有热之说,此尤非现量也。而世俗谛中,无妨并后二者说为实验,是以实验不必悉是现量。然此实验终以视觉有光,触觉有热为依据。故与未视未触而专以理想构成者,有不同矣。(如前所云,心体非意想所能到,是以实验为难,亦谓世俗谛中所称实验耳。)

吕君云:"五遍行心数,一切时、一切心中,无不相俱而起,亲证时亦莫不具之。"按唯识宗诸论理,五遍行境与六、七、八三识相应,同时俱转,非谓此五心数俱时而起。大抵苦受乐

---

① 按:"非"谓佛教知识论中的"非量",意为"错误知识"。不过章氏此处所引用的,与吕澂原文有异,吕氏未言及非量。

受,往往依次流入想位;若舍受则不必然。如人一生,呼吸各半;吸时常领纳空气,岂常起空气想?又如白昼,无时不领纳光明,岂常起光明想耶?由是以观,至受位而不至想位者多矣,况于思也。若谓亲证时具五心数,夫以加①趺宴坐,妨其运动,而寻求造作之念不绝,病且随之矣,况能入道耶?

黎君所引作用是性,禅家偶一及之,原非彼宗通论。格以唯识宗义,此性指何性耶?盖依他起自性云尔。上非圆成实自性,下非遍计所执自性。

复次,黎君云:"王门诸贤,与其谓之得力于唯识,无宁谓得力于禅",语自无过,诸贤盖尝览《传灯录》,未尝用心于瑜伽诸论也。然唯藏识为人所同具,故所证不能离此。亦唯诸贤未用心于瑜伽诸论,故虽见藏识,而不能为之名。今仆从后质定,则谓之见藏识耳。其所称"几""生机""生生不息"等语,皆即此恒转如暴流者也。以其不晓转依,故执此而不舍。至于宴坐止观,此本诸宗与外道所同有。王门得力于禅,非定是禅宗也。以此发明八识,颇亦相合。黎君又言"心体之言,当目真如,藏识不过从相用言",斯语亦近之。然真如心体,本在藏识之中。《密严》所云:"佛说如来藏,以为阿赖耶;如金与指环,展转无差别"是也。藏识相用,与真如不同,而心体未尝有异。若谓藏识只是相用,斯僻矣。至谓作用之外,有何本体?然则佛舍藏识,竟是舍其本体,成为断空矣。(此种辩论,为般若、法相奋死相争之事。)

吕君云:"离意识、空、时等,亦无处觅藏识"。然则熟睡无梦,意识与对境之空时,皆已中断;彼时藏识亦断否?藏识果

---

① "加",疑当作"跏"。

断，非死即入涅槃矣。吕君之为此论，盖犹未脱康德之藩篱。

吕君云："某前书谓厌有情世间，亦但言观此众生身为不净，为无常为众苦所集，不起欣求而已。非谓直厌众生不顾也"。此则文句虽与仆殊，义解还与仆合。夫亦相视而笑，莫逆于心矣。

章炳麟白

吕秋逸、黎劭西两兄致不佞书，皆系与太炎先生讨论佛理之文字，早经揭之《学灯》；兹函寄到时，余已离时事新报馆，故于本誌发表。

石岑附白

（据《民铎》杂志第 3 卷第 1 号，1921 年 12 月）

（五）答章太炎先生论佛理

吕　澂

石岑吾兄：

得《民铎》杂志悉太炎先生于弟前函复有答辩，所言遍行五数、体用等义，皆与经论不符，因就原书更一辨之。

原书云："按唯识宗诸论理，五遍行境与六、七、八三识相应，同时俱转，非谓此五心数俱时而起。"此与《大论》①不符，《大论》第三，以四一切辨五位（心所）差别，谓一切处、一切地、一切时、一切耶，遍行皆具。《三十唯识》第五引其文，以一切耶为一切俱。窥师②《述记》解，俱者谓定俱生故。又窥师于《杂集述记》第八亦谓，心所有五法起，一必五俱，谓遍行五。可知遍行起必俱起，并无次第之义。

---

①　唯识学者多称《瑜伽师地论》为《大论》。
②　"窥师"即玄奘弟子窥基。

　　原书云:"若谓亲证时具五心数,夫以加趺宴坐,妨其运动,而寻求造作之念不绝,病且随之矣,况能入道耶?"此谓亲证真如时不具五数,与《摄论》《对法》俱不符。世亲《摄论》第八,无分别智离五种相以为自性,第三离想受灭寂静故。释云:"灭定等位无有心故,智应不成。"《对法》第九亦云:"见道谓世第一法无间无所得三摩地,钵罗若及彼相应等法为体相"。慧沼《义林补阙》第八释此文,谓以二十二法心及心所以为体性。可见亲证真如时心无不成,无五遍行数亦不成,岂如原书所辨,必宴坐不观,无异守尸,乃能入道也?

　　原书云:"然真如心体,本在藏识之中。《密严》所云:'佛说如来藏,以为阿赖耶;如金与指环,展转无差别'是也。藏识相用,与真如不同,而心体未尝有异。"(此段所对"心体之言,当目真如,藏识不过从相用言"数语,原见兄弟函,章先生乃误以为黎君之说;又以"离意识空时等,亦无处觅藏识"一语误归诸弟,实弟与黎君所见悬绝,安得无别?)此与《唯识》不符,又失《密严》本意。《三十唯识》第八、第十皆谓真如是识实性。窥师《述记》亦谓识虽不变,离识外无,故真如性得名唯识。可见如之于识,但属不离,非谓识能藏如,又非识别有体与如无异,更非真如别有相用不同于识。(唯识经论中同言一性,有谓自相,有谓实体,故三自性依他则自相,圆成则实体;不可例圆成于依他,而说别有实体。同言一相,有谓相状,有谓体相,故三自相依他则相状,圆成则体相;不可例依他于圆成,而说别有相状。此等处皆须细心分别乃能应理耳。)《密严》云:"如来清净藏,亦名无垢智",此谓如来藏即净第八。又云:"如来清净藏,世间阿赖耶,如金与指环,展转无差别",此谓净识染识,非有异体,但有别用。可见《密严》原颂亦止谈识,亦止说用,讵可以如来藏误作真如耶?

又《楞伽》五法,于分别、正智而外,更说如如;体用分明,本不相滥。然自宋以来,儱侗立说,讲求伪学,为害无穷,淆用于体,因体灭用,今人遂有佛法反对人生,甘趋寂灭,而大倡异说者,此诚不知佛旨之所在也。真如凝然,一切法体;无不相离,有为乃相离耶?亘古此体,亘古此用;三途有佛性,大觉乃无生灭耶?此即时人锢弊之一端,而吾辈论学不可不加郑重者,因连类及之。又今时人以其偏私之见,解说儒书,欧师近有小文一篇,录呈一阅,亦可知其有慨乎言之也。能载诸《民铎》以饷国人,而示之的,亦佳。余不白。

一月十五日　弟吕澂拜上

《尊闻居士集》叙①

"西江学"向上一着,马祖、曹山、洞山、石窣,授记应化,甚盛哉,得未曾有! 儒而释者,王半山、陆象山、阳明讲学于赣,及门罗念庵者,皆是。然偏得玄理,不敢昌言佛。昌言佛者,最近世有瑞金罗台山,吾友九江桂伯华。台山精训诂,娴音韵,能文章;伯华治经专今文,而工诗。台山信因果,信净土,究其所亟在向上一着;伯华于因果慕信,而由华严以直探秘密。台山不遇,发愤求友,穷走于四方,家庭衰落,不幸而蚤世;伯华不遇,发愤求友,穷走海内外,家庭衰落,而终身不娶,死于日本。台山友彭二林,伯华得事深柳大师,早闻净学,都不自足,穷其所向,垂乎成,乃不获昌其道于天下,赍志以没

---

① 此文为吕澂所附,欧阳竟无所撰。

世,悲哉! 然其干云直上之思,不顾一世之概①,艰苦卓绝之行,奋乎百世上下,闻者已莫不奋起也。夫道,一而已矣,异儒异释者,非是。夫用,各当其时而已矣,同儒同释者,非是。夫行,亦得其至而已矣,迹儒迹释者,非是。状寂静如如曰不生不灭是体,状宛然相幻曰生灭是用;然不可外生灭而不生灭,不可外不生灭而生灭,体不离用,用不离体,而又非实有其体,实有其用;苟不固聪明睿智达天德者,其谁能知之? 一为无量,无量为一;以指锥瀛,倾海颠动,都无分具,但一真是常。是故不观六合之外,不足以知一室之内也。不穷无声臭之天,何所依而须臾不离也? 不察乎天地,何所事而好察迩言也? 不能尽其性,尽人性,尽物性,赞天地之化育,又乌足以至诚而时措之宜也? 非无所不用其极,又乌能思不出其位也? 执两端而后中可用也,举一隅而必以三隅反也,一阴一阳之谓道也。"颜渊问仁,子曰:克己复礼为仁,一日克己复礼而天下归仁。"不克己,不能复礼;然不知礼,又乌能知己? 非天下归仁,又乌足克己? 有生知、学知、困知,有安行、利行、勉行,有知命、耳顺、从心。盖孔子之道,精微而广大也,中庸而高明也,而数千年来不一相似者,何也? 此亦讲学者之过也,原始返终,故知生死之说;精气为物,游魂为变,故知鬼神之情状。然而闻三世因果轮回之说而骇然者,何也? 人固有超脱之思,荒远之志,而必拘九州之方域,数十周之寒暑,数千年之史事,以为如此则儒,不如此则不儒也。率天下之人,幽锢户牖,终古无见天日之期者,不仁哉,讲学家也! 生也,而不知不生;乐也,而终不免有着;一贯也,而终不知两端;中庸也,而不知高

---

① 原文为"概",疑当作"慨"。

明;仁者人也,而不能知天;道其所道,非孔子之道也。吾不敢
谤孔,称心而谈:《周易》《中庸》语焉不详;三藏十二部,曲畅其
致;研藏以闻道,闻道以知孔,断断然也。周邦道以《尊闻居士
集》请叙,夫居士昌言佛,则至诚不渝之言也;天下罗有高者,
豪杰之士也;叙之以告儒者。

（据《民铎》杂志第 3 卷第 2 号,1922 年 2 月）

二　思想析略

章太炎与吕澂等各家在此论学中,始终围绕着对唯识学诸多
名相的不同诠解而展开,并在此一过程中涉及了唯识学与柏格森、
王阳明等中西各家哲学的关系问题。

(一) 关于唯识学与柏格森哲学

在李石岑揭载的章太炎的第一信《实验与理想》中,章氏试图
以佛家知识论中的现量与比量来对应西方哲学中的"实验"与"理
想"之二范畴。这里需要注意的是,章太炎所谓之"理想",以之可
相通"比量"(推理知识),揆诸文意,应非指今所谓"理想主义"之
"理想"。考其含义,胡适在《欧游道中寄书》(1926 年)一文中曾有
类似的用法,文谓:"试验必须有一个假定的计画(理想)作方针,还
要想出种种方法来使这个计画可以见于实施。"[①]可见此"理想"意
谓实验进行前通过思考和分析,所作的预期计画。吕澂对章氏的
批驳亦肇始于此,在吕氏所撰信函中,尤对现量相通于实验这一点
颇表异议。

----

① 胡适《欧游道中寄书》,见《胡适文存三集》(一),北京:外文出版社,2013 年,第
76 页。

　　章氏进一步提出,在认识论范畴中,"直觉"更需重视,谓"感觉思想以外,尚有直觉可以自知也",对于"直觉"而言,章氏则认为与唯识学所说的藏识(阿赖耶识)有关,谓"是故伏断意识,则藏识自现,而向之所谓不可知者,乃轩豁呈露于前"。此谓人在阻断了日常意识的活动后,藏识可以自然呈现。此后话锋一转,又谓"柏格森氏颇能窥见藏识"。于此推测,此函之撰可能是缘起于李石岑就当时传入不久的柏格森哲学向章氏咨询意见。李石岑本人十分推崇柏格森学说,后来他就任《民铎》主编后专门编辑了一期"柏格森专号"(第三卷第一号,1921年12月),本文所录章太炎《与吕黎两君论学书》便刊于这一期上。对于当时学界流传的柏格森的"直觉"说与佛法相通这一说法,李石岑在"柏格森专号"的梁漱溟文章之末以编辑附言的形式解释说:

　　　　柏格森讲他的直觉哲学和佛法有多少关系,这句话是由张东荪先生向我传说梁任公先生在法国时,亲自听柏格森说出来的。后来漱冥先生由山东给我一信,说是会着由法国回来的林宰平先生,并没听见柏格森和佛法有甚么关系的话。这样看来,因柏格森讲直觉有点和佛法相似的地方,便乱说柏格森的学问有得于佛法,未免神经过敏了。但这种地方有说明的必要,他们说柏格森哲学和佛法有多少关系,是说他的直觉说,大抵受过佛法的影响的,并不是说完全得力于佛法。什么叫做受佛法的影响?譬如佛法讲直觉,柏格森看了觉得很有启发的地方,但不满意他那种排除智识的态度,于是用生物学的方法,来规定直觉,那末,便成了他的直觉说。看君劢①

_____

　　① 笔者按:此谓张君劢。

先生那篇《法国哲学家柏格森谈话记》，柏氏自述他的哲学和佛教不同的地方，便可知道。若是说柏格森哲学和佛法全不相关，恐怕未必。我看凡是一种显著的学说，总不免了和相同的或是相反的显著学说，生多少关系，这只要细按便知。至于说到柏氏哲学完全得力于佛法，那恐怕是以辞害意了。①

　　吕澂在《民铎》"柏格森专号"上的刊文《柏格森哲学与唯识》则总结说："今人谈柏格森哲学，每以能通于唯识为言，盖谓举其大端，万有绵延不绝转化，与藏识恒转如流境界正无所异也"。②不过，吕氏对这种看法是完全否定的，在这篇文章中，他系统地以三方面来论证唯识学与柏格森的直觉说之不同：首先，吕澂认为唯识学的藏识种子"刹那起尽，各住本位，未尝相知，未尝相到。过去自灭，既无所来；现在不停，亦无所去。是以幻相迁流，自性湛寂。此与柏氏之说万有绵延悉皆过去扩张，一体流贯，别无更迭，俱相乖反。故谓两说实不可通"。其次，吕澂指出唯识学认为"草木非情，等同土石，俱是藏识变现色尘相分"，"此与柏氏之说动植以原始冲动倾向分歧、与说自然绵延前后无因果之义，俱相乖反"。复次，吕澂又指出从唯识学角度看，"世俗所谓一心，其实中经多数刹那，诸识更迭，已非一相"，"是则念念当前，别无过去得以保存，或与现念混合为一，此与柏氏之说，记忆可以保持过去，及诸心象能互渗合，俱相乖反"。综上所论，吕澂总结说："柏氏所谓绵延转化，全非藏识流转境界"。③

　　吕澂在《柏格森哲学与唯识》文中所论，显然解释了他在与章

------

①②③　见《民铎》第三卷第一号，1921 年 12 月。

太炎论学中所谓的"若柏格森之窥见藏识,不过悬想之辞,柏氏之说,自有其固有价值,不能以附会而始贵"之说,而章太炎对此始终持保留态度,坚持认为"柏格森氏反对主知说,而以生理冲动为言,生理冲动,即是藏识"。而涉入此论战中的黎锦熙,亦赞成章太炎说,后来他在《维摩诘经纪闻跋》一文中又论及"柏格森氏之哲学,实足证明第八识之体相,更进一步即可转成不可思议之真如法性"①云云。

(二) 关于唯识义理的诠释

吕澂对于章太炎有关唯识学的论述,集中批评其"伏断意识,则藏识自现"一语,吕氏认为在唯识学的修行体系中,意识自始至终不能断灭,反而是学者在修行途中所必须者。盖因唯识家强调由"正闻熏习"入道,这期间始终需要意识的简别功能,纵然修行入道后,也是将意识转变为无漏智,仍非断除意识。吕澂认为,章氏的这种看法可导源于禅宗本身的错误,所以他进一步指出:"我国佛学自禅宗盛行后,谬说流传,以为宜从断除意识用功,误人无限,不可不辩。"

这里需要指出的是,吕澂在此对于禅宗的批判态度与乃师欧阳竟无有所不同,欧阳在 1922 年所作之《唯识抉择谈》中说:"自禅宗入中国后,盲修之徒以为佛法本属直指本心,不立文字,见性即可成佛,何必拘拘名言? 殊不知禅家绝高境界系在利根上智道理凑泊之时。其于无量劫前,文字般若熏种极久;即见道以后亦不废诸佛语言,见诸载籍,非可臆说。而盲者不知,徒拾禅家一二公案

---

① 此语为李石岑在编辑附言中对黎文要领之总结,见《民铎》第三卷第一号,1921年 12 月。

为口头禅,作野狐参,漫谓佛性不在文字之中;于是前圣典籍、先德至言,废而不用,而佛法真义浸以微矣。"①欧阳竟无仅批评禅宗的末流现象而未非议其义理本身。欧阳竟无逝世后,吕澂更于1943年发表了《禅学述原》一文,对禅宗思想进行了彻底的否定。

与吕澂的见解截然相反的是,黎锦熙正是从禅宗常言的"作用即是性"一语,认定"意识与藏识"可"打成一片",因为"意识也即山河大地,一切现实的世界,无非藏识所显"。

吕氏尚指出,"藏识之名,八地已亡",意思是说,唯识学所说的藏识,本身属于妄识,最终是要否定掉的,所以修行到八地菩萨的境界时,藏识已经全部转化为清净的无漏种子。而且,"心体之言,当目真如,藏识不过从相用立名,故依摄论家言,可以无漏种子,对治净尽,既有消长,明知非体",吕澂认为藏识本身既然是妄识,故证得藏识与否,并不究竟,因为这本身就不是佛法的"体",修行唯识学的成就,当最终在于藏识完全转为无漏后的"真如"之呈现。②达到"真如"境界,只是修行者成就后的可能性,并非藏识本身。

此一见解,章太炎自是不接受的,他引证经文论证:"真如心体,本在藏识之中。《密严》所云:'佛说如来藏,以为阿赖耶;如金与指环,展转无差别'是也。藏识相用,与真如不同,而心体未尝有异。若谓藏识只是相用,斯僻矣。"太炎认为作为清净法的"如来藏"与藏识本来无异,并统摄于"心体"之中,由此分析,章氏的唯识见解,应来源于《大乘起信论》中认为真妄皆统摄于一心中的"一心

---

① 欧阳竟无《唯识抉择谈》,见《欧阳竟无佛学文选》,武汉:武汉大学出版社,2009年,第36页。

② 吕澂的这种看法显然应源于乃师欧阳竟无的佛法"四重体用"观(参见氏著《唯识抉择谈》),不过,后来吕澂似又根本否定了可以用体用观来理解佛学,如他在1944年为汤用彤《汉魏两晋南北朝佛教史》所撰的审查书中说:"实则佛教从无本体之说,法性法相所谓真如实相者,不过为其'转依'工夫之所依据"云云。

开二门"的"真如缘起"之说。

不过,吕澂在《质太炎先生》那封信中已然批评了《大乘起信论》,他指出"自来研求佛学者,于此辨别不清,混言体用,遂多隔膜,此在西方先哲,亦所不免,有如马鸣者之著《起信》,初以体目真如,后复有真如、无明互相熏习之说,实为语病"。对《大乘起信论》的看法,吕澂此时与乃师欧阳竟无一样,断定其为一部"非了义"也就是不究竟的佛籍①。到了1922年后,梁启超撰《大乘起信论考证》,将日本学者考证《起信论》为中国人伪造的看法介绍至中国,内学院此后亦一律认定《起信论》为华人伪造,大加批判。后来吕澂又发表《起信与楞伽》《起信与禅——对于〈大乘起信论〉来历的探讨》等文,进一步考证其非印度原典。

而对于章太炎而言,他在梁启超发表《大乘起信论考证》之前已经注意到了日本学者的辨伪,曾撰有《大乘起信论辩》,维护此论为印度马鸣所撰的说法,并断定是龙树以前所出。章氏青年时本由阅读《起信论》而入佛学之门,谓"一见心悟,常讽诵之"(《太炎先生自定年谱》),其平生佛学思想,受《起信论》的影响极大,如其在自诩"一字千金"的《齐物论释》中,对于唯识学的理解亦带有《起信论》的真如缘起模式的痕迹。显然,章太炎以阿赖耶识(藏识)近于"真心",吕澂则以阿赖耶识为"妄心",对于唯识学体系的理解模式不同,应是他们佛学分歧的根本所在。

考章太炎之佛学见解,确实向以禅宗、唯识二学相通,这在其1907年所撰《答铁铮》一文中曾有明确表达,文中开篇即谓:

　　明之末世,与满洲相抗,百折不回者,非耽悦禅观之士,即

---

① 参见欧阳竟无《唯识抉择谈》,见《欧阳竟无佛学文选》,第50—54页。

姚江学派之徒。日本维新,亦由王学为其先导。王学岂有他
长? 亦曰"自尊无畏"而已。其义理高远者,大抵本之佛乘,而
普教国人,则不过斩截数语,此即禅宗之长技也。仆于佛学,
岂无简择? 盖以支那德教,虽各殊途,而根原所在,悉归于一,
曰"依自不依他"耳。上自孔子,至于孟、荀,性善、性恶,互相
阋讼。讫宋世,则有程、朱;与程、朱立异者,复有陆、王;与陆、
王立异者,复有颜、李。虽虚实不同,拘通异状,而自贵其心,
不以鬼神为奥主,一也。佛教行于中国,宗派十数,独禅宗为
盛者,即以自贵其心,不援鬼神,与中国心理相合。①

明确道出禅宗"自贵其心,不援鬼神"的精神境界,与孔子以降
中国传统文化精神契合。后文又将禅宗与唯识学并论,认为二者
本殊途同归,"虽然,禅宗诚斩截矣,而末流沿袭,徒事机锋,其高者
止于坚定无所依傍,顾于惟心胜义,或不了解,得其事而遗其理,是
不能无缺憾者。是故推见本原,则以法相为其根核","法相、禅宗,
本非异趣。……法相或多迂缓,禅宗则自简易。至于自贵其心,不
依他力,其术可用于艰难危急之时,则一也"②。且又多言"法相"
之学于晚近更易契机,"以为相宗、禅宗,其为惟心一也"。可见黎
锦熙来函中谓"盖彻底的研究相宗者,势必通于禅宗也"云云,与太
炎意见基本一致。

尚有值得一提者,今人多谓内学院一系之学为绍述玄奘未竟
之业,话虽不错,不过内学院之学说亦自成体系,并非与玄奘旧说
毫无区别,诸如吕澂在《质太炎先生》信中对于玄奘弟子普光对《百

---

① 章太炎《答铁铮》,见《章太炎全集》(四),上海:上海人民出版社,2014 年,第
386 页。
② 章太炎《答铁铮》,见《章太炎全集》(四),第 387 页。

法明门论》的疏解亦提出异议。在吕澂晚年的 1962 年,他与巨赞法师的论学书信中竟谓玄奘亦有颇多误译,认为"玄奘诸译并非百分之百的正确,其中有意的改动,无意的错落,甚至由于不得其解而流于含浑,实例甚多"。①故吕澂在此谓普光的注疏是"不可为据"的错解,也就可以理解了。

(三) 有关儒佛会通问题

章太炎在第一信《实验与理想》中论及"窃观姚江门下,有罗达夫、王塘南、万思默三贤,虽未能舍去藏识,而于藏识颇能验到",他认为王阳明(姚江)之学胜于朱熹(晦庵)者,正是与佛家一样,敢于在自心上做工夫,而阳明后学中,亦有能自行证得藏识者。对这一看法,吕澂在其前两封信中并未谈到,而黎锦熙则认为"王门诸贤,与其谓得力于唯识,毋宁谓其得力于禅",显然,黎氏的看法应更近于史实。不过,章太炎对于藏识的理解,并非局限地认为只是佛家的特有概念,而是认为这是佛家所发现的一个人类心灵中普遍存在的领域(这就有点类似于今人常以阿赖耶识对应西方心理分析学者提出的"无意识"概念了)。所以章氏谓"唯藏识为人所同具,故所证不能离此。亦唯诸贤未用心于瑜伽诸论,故虽见藏识,而不能为之名"。显然,章氏此说着眼于东西哲人"闭门造车,出而合辙"的普遍现象,体现的是异文化间可资比较的开放性视野;而吕澂的佛学观念一向异于此,他曾在 1943 年与熊十力论战中明确表态,认为印度佛学(尤其是唯识学)本身为无上之真理,高踞其他学问(如西方哲学和中国的儒、道思想)的地位之上,故称佛学之外的

---

① 见《探讨中国佛学有关心性问题的书札》,黄夏年编《巨赞集》,北京:中国社会科学出版社 1995 年,第 303 页。

一切学问都是"俗见"①。这表现了内学院佛学宗旨的某些"基要主义"倾向,有一定封闭性和狭隘性。

此次与章太炎的论战中,吕澂在其1922年的最后一封信末尾,亦明确表明自己对这类"比较哲学"观念方法的否定,尖刻地提出"今时人以其偏私之见,解说儒书"。并附乃师欧阳竟无的《〈尊闻居士集〉叙》,其文中要点盖在"夫道,一而已矣,异儒异释者,非是。夫用,各当其时而已矣,同儒同释者,非是。夫行,亦得其至而已矣,迹儒迹释者,非是"之一语,并言"盖孔子之道,精微而广大也,中庸而高明也,而数千年来不一相似者,何也? 此亦讲学者之过也……",吕澂在此无外是断定,既然孔子以后数千年无得孔学之真义者,王阳明门下之学,自然也就无足道哉了。

梁漱溟在《唯识家与柏格森》一文之末留有附记,谓"余说此既竟,罗君以旧日《时事新报·学灯》李君②与章太炎先生、黎锦熙、吕澂诸君关于此题之讨论见示。余初不知有此,可谓疏忽。余于诸先生所论,不欲更有申论;但简单表示,吕君之言,于佛家一面确是内行而已。"纵观此一论学始末,梁漱溟谓吕澂于佛家"确是内行",这一点显然是毋庸置疑的。不过,吕澂的前后观点,总是不加掩饰地欲表现唯识学的绝对独立性乃至于凌驾古今中外一切学说之上的优越性,也几乎全盘否定了唯识学与西学、儒学等学说间进行比较的可能性,这种过分拘泥于"佛教本位"的基要主义立场,恐亦未必可取。

本文原载《近代史学刊》2014年总12期,收入本书时有订补。

---

① 熊十力《熊十力论学书札》,上海:上海书店出版社,2009年,第24页。
② 谓李石岑。

章太炎《检论》手稿的文献学考察

虞万里 *

由朱希祖女婿罗香林后裔散出的章太炎《检论》手稿四册,不仅是研究从《訄书》到《检论》成书环节的第一手资料,也是研究章太炎思想发展过程重要而珍贵的文献。

一 《訄书》《检论》与手稿本《检论补编》简述

《訄书》初刻于 1900 年,汇集作者文章五十篇,《訄书》重订本刊于 1904 年,增至六十三篇。1914 年至 1915 年间,太炎将《訄书》删改、增补、调整,编为《检论》九卷,计有文六十三篇、附录七篇,1917 年收入《章氏丛书》。从初刻到重订,姜义华先生最先揭出章氏 1902 年自日本回国,购回一批日译西学名著,写成一批文章,因"里居多暇,复为删革传于世",于是修订《訄书》,时在 1903 年结识邹容之后①。从《訄书》重订本到《检论》成书,朱维铮先生以 1915 年 5 月《时报》刊出的《章氏丛书》广告为下限,谓其定稿时间"必定不会晚于 1915 年 3 月"。②而据太炎《自定年谱》,在 1914

---

 * 作者单位:浙江大学马一浮书院。

① 姜义华《章太炎评传》,南京:南京大学出版社,2002 年,第 348、375 页。

② 朱维铮《章太炎全集》(三)"前言",上海:上海人民出版社,2018 年,第 18 页。

年已"复取《訄书》增删,更名《检论》"①。《年谱》系后撰,其"检论"之名何时而定? 有待探究。考 1914 年 8 月至 10 月太炎致龚宝铨家书,连续四次请龚取留存上海之《訄书》改削稿带至北京,谓"拟大加修正"(8 月 1 日)②,"拟再施笔"(9 月 3 日)③,"拟再有增修也"(10 月 15 日)④。从书信用语可以看出太炎此时亟想增订修改重订本《訄书》之心情。至 1915 年 11 月致龚函,谓"《检论》等原书仍须取还,如有删改,原书俱在,可以自印也,千万勿疏为要"⑤。1915 年 12 月再致龚函云"但《检论》既可木刻,原稿须速取回。仆处虽有校本,而彼此邮寄,殊属不便。今以原稿存杭,初校、再校即据之互对,终校则取刻本寄京,而仆以自所校本覆对,如此邮寄,不须在杭初校,再校亦有所据,此为至便矣"⑥。就此两函已称"检论"而不称"訄书",可推知增订修饰易名《检论》当在 1914 年 10 月以后至1915 年 11 月以前。而据太炎 1915 年 4 月 24 日与朱希祖函,谓"《检论》亦在改订,正可递抄"云云⑦,则此年 4 月仍在修订,并已改称"检论"。就其叮嘱之细致并亲自覆校,可见太炎对此书极为重视珍爱。

龚宝铨为太炎所取寄京的《訄书》改削稿,最后流落何所,殊少记载。1974 年底,姜义华先生在北京图书馆(今国家图书馆)发现《訄书》东京重印手改本一册(下简称"北图本"),增删改动极大。姜先生用一个月时间全部校勘、过录、抄写,为研究《訄书》到《检论》立下第一功。之后将过录校勘本借予汤志钧先生,俾其撰作

① 章太炎《太炎先生自定年谱》"中华民国三年四十七岁"下,《北京图书馆藏珍本年谱丛刊》第 192 册,北京:北京图书馆出版社,1998 年,第 378 页。

② 章太炎《书信集》(下),《章太炎全集》(十三),第 750 页。

③ 章太炎《书信集》(下),《章太炎全集》(十三),第 751 页。

④⑤ 章太炎《书信集》(下),《章太炎全集》(十三),第 753 页。

⑥ 章太炎《书信集》(下),《章太炎全集》(十三),第 755 页。

⑦ 章太炎《书信集》(上),《章太炎全集》(十二),第 393 页。

《年谱长编》;也提供给朱维铮先生,俾其整理《章太炎全集》第三卷。朱先生撮其要,写成"编校附记",附于《訄书》重订本各篇之后。姜先生则将其研究心得融入《章太炎评传》中相关章节,详尽分析从《訄书》到《检论》的演变,小到字句更动、篇章分合,大到太炎思想转变,国内形势发展,是迄今为止研究《訄书》《检论》最细致、最深入、最全面的文字。

在展开本文的讨论之前,先将所涉《訄书》《检论》各本及其简称开列于下,以便理解:

原　　名	简　称	文本所在
《訄书》初刻本	初刻本	《章太炎全集》第三卷第一种
《訄书》重订本	重订本	《章太炎全集》第三卷第二种
《訄书》北图本	北图本	《章太炎全集》第三卷第二种附目录
《检论》手稿本	手稿本	朱希祖罗香林藏本(拍品)
《检论》	《检论》	《章太炎全集》第三卷第三种(《章氏丛书》同)

罗家散出的四册手稿本共有三十二篇(报导传称"三十篇"),辨析字迹,确系太炎手稿无疑。手稿本各册封面由罗香林题签,作"章太炎先生检论补编手稿"。

图1　《章太炎先生检论补编手稿》书影

第一册是《易论》《尚书故言》《六诗说》《关雎故言》《诗终始论》

《礼隆杀论》《春秋故言》等七篇,各篇题下都有"六艺论"三字。最后有"《尊史》,六艺论,见《訄书》;《征七略》,见《訄书》"二篇篇目。

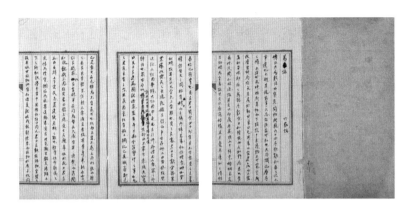

图 2 《检论手稿》第一册

　　第二册是《订孔上》《订孔下》《道微》《原墨》《原法》《儒侠》《本兵》《学变》(附录:《黄巾道士缘起说》)、《案唐》《通程》《议王》十一篇。不计《原墨》(仅列篇目,并注"见《訄书》")则为十篇,另附录一篇。在《议王》下写有二页半的"检论"拟目。

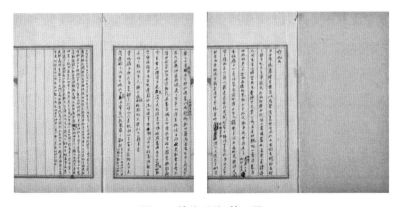

图 3 《检论手稿》第二册

第三册是《正议》（原作"说禅让"，后涂改作"正议"）、《思葛》《伸桓》《非所宜言》（附录：《近史商略》 附《哀清史》篇后）《原教》《争教》，六篇正文，一篇附录。

第四册是《官统上》《对二宋》《惩假币》（"惩"字后补）、《小过》《大过》《近思》六篇。

另有附页二张，一张是与《检论》目录一致的九卷篇目，一张是附于《原法》后的《汉律考》。

将此三十二篇文字（含正文二十九篇，附录三篇）与1917年至1919年刊成的《章氏丛书》本对勘，已大致接近刊本，若与《訄书》北图本校核，则差异非常之大。

手稿本与北图本文字异同以及与《检论》篇目之差异，可以探寻太炎先生当年增删修改《訄书》以成《检论》的心理变化和文本形成过程。但也由此生发种种疑问，如《检论手稿》是初稿还是定稿？撰写时间在何时？与《检论》什么关系？何以封面题作"章太炎先生检论补编手稿"？"补编"含义是什么？以下就这些问题略述初读浅见。但所作之研讨，一以文字与文本异同分析为主，非不得已，尽量不揽入后人研究界定太炎的思想变化。因为一旦考虑学界意见并不一致的太炎思想发展研究，或恐影响对文本延展细节的分析。相反，探明文本客观形成路向，可以更好地把握作者思想发展。

二 《检论》手稿本形态分析

《检论》手稿本三十二篇（如上所述，实得正文二十九篇，附录三篇），如果将之指为《检论》（《章氏丛书》本），则相差三十四篇正文和四篇附录；若非《检论》而仍属《訄书》补编，其封面又题为"检论补编"。这一情况该作何理解？

诠解此中疑问之关键,即在第二册《议王》篇后之目录(见图4)。现将目录迻录于后,并与年代最近的《訄书》重订本(今收入《章太炎全集》第三卷)各篇序次相对照:

目录篇名	出　处	《訄书》重订本篇次
正　颜	见《訄书》	重订本颜学第十一
许二魏汤李别录	见《訄书》	重订本别录乙第六十二
清　儒	见《訄书》	重订本第十二
学　隐	见《訄书》	重订本第十三
方　言	见《訄书》	重订本第二十四
订　文	见《訄书》	重订本第二十五
述　图	见《訄书》	重订本第二十六
议封禅	见《訄书》	重订本《封禅》第二十二
河　图	见《訄书》	重订本第二十三
通谶上	见《訄书》	重订本第十五
通谶下	见《訄书》	重订本第十四
正　议	别出	
商平等		重订本第二十八
商　鞅	见《訄书》	重订本第三十五
思　葛	别出	
伸　桓	别出	
通　法	见《訄书》	重订本第三十一
原教上	见《訄书》	重订本第四十七
原教下	见《訄书》	重订本第四十八
争　教	见《訄书》	重订本第四十九
忧　教	见《訄书》	重订本第五十

之所以认为此一拟目是解开手稿本性质之关键,首先,手稿本虽只二十九篇加二篇附录(《汉律考》为另纸系后加),而连同拟目

计有五十二篇和二篇附录,与《检论》已经相去不远。其次,手稿本从第一册写六艺的《易论》《尚书故言》等七篇顺次而下,中间包括目录篇名,下至第四册《近思》,整体构架已完具。与《检论》相较,《检论》多出的十多篇仅是在手稿本和目录上增补充实——即修改北图本编入《检论》,调整拼合前后篇章,几乎没有新写。所以,这个拟目应该是太炎要改编《訄书》、撰著《检论》的最初构想布局,先写第一第二两册近二十篇,随即将此时构想中的《检论》拟目录出,俾依次修改撰作。该拟目可从以下几点进行分析:

(一)从涂改中窥测作者意图。拟目文字多有涂改修正。《正颜》,原作"颜学",后圈去"学"字,前加"正"字。《许二魏汤李别录》,原行格正中写"清儒,见《訄书》",后圈去"清儒",旁写小字"许二魏汤李别录",而后行仍写"清儒"二字。推想此处修改应是刚写第二篇"清儒",随即修改为"许二魏"篇,如系事后所加,就只需插入此条而不必涂抹去"清儒"二字。"述图,见《訄书》"五字,墨色浓于左右两行之"订文"和"议封禅",则此篇名应是后加,后加时间无法推测。"通谶下"后涂改颇多,字迹难辨。可辨者,"正议"左边是"□禅让"三字(参照第三册正文所改,□应是"说"字)。"商平等"

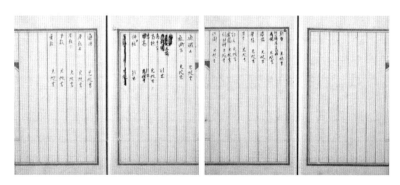

图 4 《检论手稿》第二册目录

是后加篇名。"思葛"原作"评葛,见《訄书》",后圈去"评"字改为"思"字,圈去"见訄书"改为"别出"。《伸桓》左边涂乙文字似是"冥契"。

从拟目现存之形态看,应是原有设想,在写成"议王"篇后,将其思想中形成《检论》初步格局笔录于后,但又并非一次性顺次写出全部篇名,而是随写随改,写成后又经修改。从作者涂乙、增益篇名之时间而言,有当下增改,也有后补后改,可见此21篇次序是经过斟酌。

(二)"见《訄书》"诸篇之考察。拟目有十六篇篇目下注"见《訄书》",其在《訄书》重订本之次第见上文标注。《正颜》一篇,朱维铮先生编校附记云"北图本存此篇,更题《正颜》,文字有增删,修订后全文录入《检论》卷四,未再作改动"①。北图本既亦涂改"颜学"为"正颜",则可推测拟目在先,然后才有北图本上的修改。因为假如北图本已先改为"正颜",拟目便不可能先写作"颜学",再改作"正颜"。"许二魏汤李",重订本原题"别录乙第六十二",北图本则作"许二魏汤李别录",与拟目同,则改题与增删文字殆亦同时。北图本《清儒》有增删,修订后与《检论》同。北图本《学隐》增夹注二段及"章炳麟曰"后261字,成为《检论》卷四《学隐》篇。《方言》一篇,北图本上文字有增益修改,而后编入《检论》。然《检论·方言》末有"右《方言篇》,亡清庚子、辛丑间为之。时念清亡在迩。其后十年,义师亦竟起于武昌。然正音之功,卒未显箸"一段110字为北图本所无,显然是《检论》抄成后作者在抄稿上所加。《订文》连同附录《正名杂义》篇幅最大,北图本均有增删,编入《检论》时删

---

① 朱维铮《訄书重订本》"编校附记",《章太炎全集》(三),第152页。按,笔者未见北图原稿,以下对照文字均从编校附记分析而得,为省文字不再重提。朱维铮所云"检论"皆指本文所谓《检论》定本。

去数字。北图本《述图》文字有增删,与《检论》已基本一致。《通讖》上下两篇和《原教》上下两篇,与重订本《订实知第十四》《通讖第十五》《原教上第四十七》《原教下第四十八》几篇互相纠葛,编入《检论》卷六《原教》时又有变动,文字变化亦较多,情况很复杂。北图本将重订本《订实知第十四》篇目改为"通讖下",又在"通"字右旁注一"非"字,似拟更题为"非讖下"。其文字修改后编入《检论·原教》中第 19、20、21、22 自然段。① 北图本将重订本《通讖第十五》题目改为"非讖上",其中有一段文字修订后编入《检论》作为《原教》中第 14 至 17 自然段。北图本删除重订本《原教上第十四七》,同时修改《原教第四十八》,编入《检论·原教》之第 1 至第 7 自然段。体味作者以上之改动,可推知其思维有三个时间层次:先是手稿本拟目立《通讖》上下、《原教》上下,随即修改重订本《订实知第十四》为《通讖下》,此时是否欲将《通讖第十五》作为《通讖上》呢?从手稿本有"通讖下",后北图本改《通讖第十五》为"非讖上"来看,应该有此想法,但其又未将"第十五"改为"上",正反映手稿本拟目和北图本修改在同时进行的犹豫和迟疑。其次是将"通讖下"改为"非讖下"(北图本)、《通讖第十五》改为"非讖上"(北图本)。最后废除了手稿本《通讖》上下、《原教》上下之立目,将重订本四篇修改合并为《检论》之《原教》。以上思维的三个时间层次,足以表明手稿本之拟目在先,至少在修改重订本时已产生,但在修改过程中曾反复斟酌,最后没按拟目撰写成《通讖》上下和《原教》上下,而是形成《检论》卷六的《原教》,因而手稿本绝非《检论》定本。《商鞅》《通法》原在重订本《商鞅第三十五》《通法第三十一》,北图本文字经修改后编入《检论》,比对《检论》与北图本,个别文字

① 案:为表述清晰,此依上海人民出版社 2018 年版分段落。

仍有小异。《争教》原在重订本《争教第四十九》，北图本增删颇多，但编入《检论》，只有前五个自然段。《忧教》原在重订本《忧教第五十》，改动亦颇大，并编入《争教》之第 6 至第 11 自然段，亦即将重订本《争教第四十九》《忧教第五十》两篇修改后并为《检论》的《争教》。此亦可见手稿本不是最后的《检论》。

（三）"别出"诸篇之考察。手稿本拟目有《正议》《思葛》《伸桓》三篇标注"别出"。三篇文字均见手稿本第三册，前后挨次。《正议》原题为"□禅让"，涂乙后改为"正议"，此篇不见于初刻本、重订《訄书》。《伸桓》亦不见于初刻本、重订本《訄书》。唯《思葛》部分文字见于重订本《正葛》。北图本先改篇题为"议葛"，在"议"旁又注一"评"字，而后再次涂抹。结合手稿本拟目先作"评葛"后改为"思葛"的情况看，可知拟目之作"评葛"时，必在北图本改"议"为"评"同时或之后，此时有下注"见《訄书》"三字，则太炎尚未准备对此篇作大改。及至在拟目中改"评"为"思"，并标注为"别出"时，表明要重新改写此篇，而后有手稿第三册中的重写。此篇经过"正葛"→"议葛"→"评葛"→"思葛"四个阶段。就内容而言，

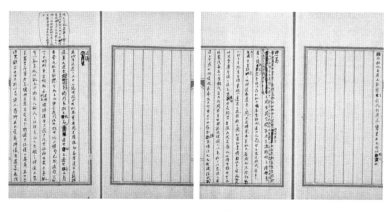

图5 《检论手稿》第三册

重订本《正葛》文字仅《检论》中《思葛》之后半段，且主旨两者相反。手稿本《思葛》正是《检论·思葛》之前半段。从"正""议""评""思"四字可以窥测作者的心路历程，亦即一般所说思想发展。由此，所谓"别出"篇目，是重订本没有必须补作或虽有而须大改重写的篇章。《正议》《思葛》《伸桓》这三篇"别出"的篇章，位于第三册开首，即直接在第二册拟目后，显示出作者撰作这部手稿时，急速要将重订本没有的先行写出的思想。

（四）未标所出一篇之考察。《商平等》后未标"见《訄书》"，然其实乃重订本"平等难第二十八"。北图本改题为"商平"，与《检论》同。朱维铮先生从修改文字上推测，"此篇修改在作者被袁世凯囚禁时，并证明北图本非全为一九一〇年改本"。[①]其实从手稿本拟目"商平等"三字是插入，就可以证明手稿本拟目在前，北图本改重订本"平等难"为"商平"在后，所以当然是在1910年后的囚禁时所改。如果北图本改"商平"在前，手稿本拟目就不可能再写"商平等"。

（五）拟目中有而《检论》最终未收二篇考察。《议封禅》，重订本原作《封禅》，北图本篇题更改为"议封禅"，而其第一、三、四、七、八、九段落皆有修改。推想手稿本拟目和北图本修订基本同时，而《检论》最后未收录，当是后来思想变化，决定删除。《河图》文字较少，北图本亦有改易，然在最后夹注"《潮汐致日渐长论》云云"后有一"删"字。此篇部分文字经修改后收入《检论》之《原教》。

以上通过对手稿拟目五种形态之考察，已展现出著者撰写手稿本时思想中最初的《检论》形态。第一册《易论》《尚书故言》《六诗说》《关雎故言》《诗终始论》《礼隆杀论》《春秋故言》等七篇是新

---

① 朱维铮《訄书·平等难第二十八（重订本）》"编校附记"，《章太炎全集》（三），第240页。

增，故依次写下。后《尊史》《征七略》二篇仅书篇目，下注"见《訄书》"，两篇在重订本第五十六、五十七。北图本稍有改动，编入《检论》基本保持原貌。此册前七篇都标有"六艺论"字样，可知作者有意以经典六艺为《检论》之首。继之以《尊史》（题下亦标有"六艺论"字样），是仿刘向《七略》史部《战国策》《太史公书》附于六艺之例，故最后殿之以《征七略》篇。唯手稿本撰作时未包容《辨乐》一篇。

第二册《订孔上》《订孔下》《道微》《原墨》（仅篇名）、《原法》《儒侠》《本兵》《学变》（附录：《黄巾道士缘起说》）、《案唐》《通程》《议王》等十篇（如计《原墨》和附录则为十二篇），依次为《检论》第二卷及第三卷前三篇，顺序亦相吻合。其中《原墨》即重订本《儒墨》，北图本修订后编入《检论》，文字未再改动。此下紧接二十一篇拟目（分析见前）。对照《检论》卷三下半，《许二魏汤李》《正颜》正接《议王》后，应该是太炎当时顺接《议王》后的篇目安排。第三册前三篇是《正议》《思葛》《伸桓》三篇，正是撰写拟目中的"别出"三篇。后面《非所宜言》（附录：《近史商略》附《哀清史》篇后）、《原教》《争教》三篇及附录一篇，前两篇应该是后面想到所新写文字，后两篇是边改边编时的改写或补写。第四册《官统上》《对二宋》《惩假币》《小过》《大过》《近思》六篇，拟目所无，亦当是边改边编时的增补。

手稿本是太炎修改重订本《訄书》并同时撰作《检论》的最初文本形态。从以上分析中，可窥见其修改过程中章节移易变换和文字增删涂改，最真切地反映出太炎身居囹圄时之思想变化。

三 《检论补编》手稿本与《检论》之差异

如上所析，太炎修改增订《訄书》以作《检论》的最初格局，是以《易论》《尚书故言》等九篇为第一卷，似有仿经典以"六艺"为首之意。顺接而下的是论儒、道、墨、法、儒侠、兵，再接隋唐文中子、王勃、宋二程、明王阳明等诸子百家及历代学术特征。《议王》之后是他对整部《检论》的大致安排。所以，手稿本的《检论》应是第一册九篇，第二册十二篇（含一篇篇目，一篇附录），拟目二十一篇，第三册《正议》《思葛》《伸桓》三篇（已见于拟目），其他《非所宜言》等四篇（含一篇附录），第四册《官统上》等六篇，共五十二篇（含附录二篇）。

此时五十二篇《检论》的格局安排，在太炎心中并非清晰固定，而是大致的框架。说其并不清晰固定，是因为手稿本第四册所写"附录:《近史商略》"，自注"附《哀清史》后"。《哀清史》在重订本第五十九，后附《中国通史略例》《中国通史目录》二篇，北图本对重订本增补修改，并删去附录《略例》和《目录》。一边删去《略例》《目录》，一边却写出附于《哀清史》的《近史商略》，应是心路改变导致结构的调整。而增删《哀清史》附录，却忘了将《哀清史》篇目插入拟目，此其思想格局还不稳定之一征。

以手稿本篇目与《检论》定本相较，可以从篇目增删、篇次调整、篇章分合和文字修饰四个方面考察。

（一）篇目增删

从手稿本五十二篇（含二篇附录，后又增《汉律考》附录一篇）到《检论》六十三篇七篇附录，并非增益十余篇，而是有增有删，当然主要是增。

《检论》卷一《原人》《序种姓》上下、《原变》四篇，手稿本无。四篇言人类起源与人种，若欲安插，自当在论六艺九篇之前。《六艺论》是我国文化经典，中华民族精神所寄。文化或精神必须落实到人，有人才能有文化与精神，所以加入此四篇，编为卷一，理在情中,此是从《检论》全书体系完整性考虑,显示太炎在手稿本之后思想的发展。

手稿本第一册九篇论六艺,遍及《易》《书》《诗》《礼》《春秋》五经而无"乐",因乐经本缺可以不论。但《检论》最后还是取重订本《辨乐第五十二》一篇编入。或许太炎觉得既论"六艺",且"乐"已有成篇,于是取来补之以符"六艺"之数。今《检论》中《辨乐》,(参考北图本)系删去重订本《辨乐》引言,修改正文,增加末段文字而成。太炎此举是在手稿本之后即要增补时所为,着眼于重订本已有《辨乐》,而手稿本无此目,也反映出其思想上对此篇取舍之波动。

《检论》卷三《道本》论道家,手稿本无。道家是先秦诸子重要一家,不得不加。重订本有《儒道》,北图本删全篇而存篇目,今《道本》与《儒道》文字不同,宗旨相反,殆后来重写。同卷《原墨》,手稿本无(仅有目录)。先秦墨家亦不可不讲,故补。重订本有《儒墨第三》篇,北图本改题"原墨",首尾略有增删,入《检论》则文字无有移易。

《检论》卷四《哀焚书》,手稿本无,系从重订本第五十八增入,字句略有增减。

《检论》卷五《民数》,手稿本无,系从重订本第二十一增入。北图本增补夹注一段,编入《检论》时无改动。

《检论》卷六《订礼俗》,手稿本无,系从重订本五十一增入。北图本对此篇删改少而增补多。

《检论》卷七之《通法》系取自重订本《通法第三十一》,《官统下》系取自重订本《官统中第三十三》,《五术》系取自重订本《官统下第三十四》,《遣虚惠》系取自重订本《不加赋难第三十九》,四篇在北图本上已修改,然手稿本拟目皆未列。《无言》取自重订本《消极第五十五》,北图本先改"消极"为"消道",又改为"无言",《检论》作《无言》,盖依北图本修改之目。朱维铮谓《五术》《无言》修改于辛亥之后。观以上诸篇与《刑官》《相宅》《地治》《明农》《定版籍》等皆手稿本拟目所无,殆在写定手稿本拟目以后始决定编入《检论》,故不能排斥其文字修改亦在手稿本之后。

《检论》卷八之《杨颜钱别录》系取自重订本《别录甲第六十一杨颜钱》,《杂志》取自重订本《杂志第六十》,《哀清史》取自重订本《哀清史第五十九》,三篇亦手稿本拟目所无,北图本上皆有修改。值得揭示者,手稿本第三册有"附录:《近史商略》附《哀清史》篇后",此为太炎拟目时所想,只是忘将《哀清史》写入拟目。

《检论》卷九之《商鞅》取自重订本第第三十五,太炎已揭在拟目中,北图本有修改,当是其欲收入,对此进行修订。其他《伸桓》《思葛》《非所宜言》和《小过》《大过》《近思》六篇都是新写手稿。

以上凡拟目之后所增篇章,应是太炎在手稿本写到第三、第四册之际陆续形成的思想,其修改有可能同时进行,也有可能在手稿本交付抄写者之后进行。另,拟目有"议封禅,见《訄书》",此篇在重订本第二十二《封禅》,北图本改题为"议封禅",与拟目相应,底本全文也经修订,最后未收入《检论》。《河图》一篇也已修订,最后也被删去。拟目有而《检论》无,就太炎而言是前后思想的变化,然落实到具体抄写过程,假若抄写者先据拟目誊抄修改过的北图本,则必抄完后为太炎删去。

(二) 篇次调整

拟目为太炎构思《检论》时最初之格局。其至最后刊入《丛书》之定本,篇次多有移易。举例而言,拟目为《正颜》《许二魏汤李》,《检论》互换其位,中间又插入《哀焚书》。《商鞅》《思葛》《伸桓》原在《通法》《原教》之前,《检论》编入最后一卷,而《通法》亦移至《原教》后。

(三) 篇章分合

拟目《通谶》上下、《原教》上下四篇,最后并为《原教》一篇。拟目《争教》《忧教》二篇,最后并为《争教》一篇。手稿本《官统上》一篇,至《检论》扩展为上下两篇。以《检论》成书篇章返观拟目,知拟目虽经涂乙,仍与《检论》定本篇目有一定距离。手稿本是送人抄清的底本,若抄者依手稿誊写,必是《通谶》上下和《原教》上下,以及《争教》《忧教》二篇,若然则抄清后太炎又经过大的改动和合并。此亦可证明手稿非最后定本。

(四) 文字修饰

一篇文章个别文字修改,一般读一遍就可能修改数字,所以修改是常。比勘北图本修改重订本,再到《检论》,个别移易最为常见,大段增删亦不时而有,但北图本删改重订本后不再改动,六十余篇中亦不乏仅见。前述各篇增补删除各种情况时亦有附说,不赘。

综上,凡北图本有而手稿本拟目中没有、但最后还是收入《检论》的篇目,其北图本上的改动虽不排除辛亥前手笔,但不少修改应该在手稿拟目之后。凡手稿本拟目次序与《检论》不同的篇章,则多半是拟目之后章太炎的思想又有变化。至《通谶》上下、《原教》上下等篇章分合,那一定是在手稿本拟目甚至抄写者完成抄写之后所改。凡此,一则证明手稿本并非最后定稿,同时也反映出从北图本修改到《检论》定本这段时间,太炎思想的波动、反复非常之大。

四　章太炎撰作《检论》的时间与过程推测

《訄书》是文章汇编,《检论》则俨然是一本有体系的专著。太炎在 1910 年曾删削增补重订本《訄书》,尚无改写成《检论》专著之设想;1914 年囚禁北京时又有大幅度修改。先后二次修订,姜义华、汤志钧、朱维铮三位先生都根据姜先生校勘资料从不同角度予以揭示。但北图本承受和凝聚的太炎多次修改的笔迹,原无法区别。及至手稿本出现,思考北图本与手稿本是怎样的关系,北图本中修改文字的时间层次逐渐分明,手稿本撰写年月的问题也水落石出。

经上述对手稿本各方面考察,可以发现手稿本与北图本撰作修改之先后。如:《訄书·颜学》,手稿拟目先写"颜学",后改"正颜",而北图本亦涂改"颜学"为"正学",证明北图本修改在北京囚居时,且很可能手稿本拟目与其修改在先。因为假如北图本已先期改为"正颜",手稿木不可能先写"颜学"再改"正颜"。由此推知北图本和手稿本涂改在同一时间段。又《訄书·平等难》,手稿拟目作"商平等",北图本改题"商平",《检论》同。从词汇运用思考,似是循"平等难"→"商平等"→"商平"思路,如果北图本已先改为"商平",手稿拟目就不会写"商平等",可见拟目改题在前,北图本改题在后,最后《检论》按照北图本改本抄录。更可注意的是,拟目中"商平等"是后来插入的,此时手稿本已经写到第二册或以后,故可推论北图本改题也应在太炎撰写到第二册或之后。如北图本先于插入拟目而改,拟目一定会写"商平"。后来手稿本拟目没有遵北图本改为"商平",是否说明在修改北图本题目"商平"及正文文字时,手稿本已经交付朱希祖而不及追改,此虽属可能之一途,但至少可以料定两者修改于同一时段。《正葛》一篇更特殊,北图本先改《正葛》为"议葛",后改"评葛",最后皆涂抹,推知"议葛""评葛"或是 1911 年前所改,或是 1914 年年底前所改,至少是手稿本拟目前已改,所以拟目直接遵北图本写"评葛,见《訄书》"。后在手稿本拟目上改"评"为"思",复注"别出"。第三册"思葛"篇正文则直接写"思葛"。推原作者思维,当其在手稿上涂抹"评"字时,已经想好要改成"思",文章结构也须推倒重写,所以不必再在北图本"评"字旁改"思",只需直接在拟目上注"别出",并在手稿第三册重写。

当拟目安排"议封禅,见《訄书》"时,可知北图本已将重订本《封禅第二十二》改题为"议封禅",正文文字可能也已部分或全部修改,时间在 1914 年年底前,也可能早至辛亥前,当然从太炎原想把它作为《检论》一篇而言,似应在囚居时所改。而最终并入《原教》第八至第十二自然段,应是手稿本交付朱希祖以后的事。

手稿本拟目(同时也是第三册)中的《正议》《思葛》《伸桓》三篇"别出"文字,当是拟目之后即写,故它们成为接续第二册之后的第三册起首几篇的文字。而《非所宜言》至《近思》诸篇,因接以上诸篇之后,亦当同时,其下限皆在交付朱希祖之前。

之所以将各篇修改撰作与朱希祖联系,是因为手稿本最终从朱希祖家族流出,则手稿本曾经朱希祖之手无疑。1915 年 4 月 24 日,太炎致朱希祖函云:"逖先足下:心孚处信想已寄去,彼处仍无复信,抄写无人,断难于六月出版。刻《国故论衡》,改订已了,正可抄写;《检论》亦在改订,正可递抄。"①此函主要谈两书抄写事宜。

---

① 章太炎《书信集》(上),《章太炎全集》(十二),第 393 页。

《国故论衡》改订已了,《检论》正在改订,情况不同,所以《论衡》是"正可抄写",《检论》只能"递抄"。所谓"递抄",似是已写者先抄清,后写者再递给清抄,如再有修改,再请清抄。这是清代学者的著书传统,可为"递抄"作注脚。太炎致函说心孚无复信,"抄写无人",而《检论》"正可递抄",此时致函朱希祖,显然有请朱希祖抄或请朱觅人代抄之意。太炎此函后有"足下能来商榷更好"一语。太炎囚居北京,朱希祖已在北大任教。据马叙伦回忆,当时看管虽严,"唯朱逖先可以出入无阻"①。且太炎 1914 年冬绝食前,呼朱至榻前,"授以生平著述草稿"②。可以想见两人关系之密切与往来之频繁。当太炎移居钱粮胡同后,朱住朝阳门内大街吉兆胡同,距东城区钱粮胡同一箭之遥,步行可达。估计 4 月 24 日后不多久,朱曾前往太炎囚居处,手稿已转到朱手中。无论如何,手稿本最终在朱希祖处,这样推测合情入理。

由于四册手稿是太炎新撰,有涂改,故此稿最后肯定录副抄出,否则无法付梓。上文所引同年 12 月太炎致龚函说"但《检论》既可木刻,原稿须速取回",此所谓《检论》原稿必是清抄稿,则手稿本存朱处抄写,在夏秋之间当已完成,留下时间供刊工镌刻。清稿已付梓,手稿留于学生处,情理所常。又因《检论》系从《訄书》中文章选编并加新撰而成,手稿本都是重订本、北图本《訄书》所无的新增文章,所以罗香林将新撰文章手稿本题为《章太炎先生检论补编手稿》,亦名实相符。

还有一个可以区隔《检论》篇章和修改文字的凭证就是《检论手稿》附页目录(见图 6)。

① 朱元曙、朱乐川《朱希祖先生年谱长编》,北京:中华书局,2013 年,第 75 页。
② 朱元曙、朱乐川《朱希祖先生年谱长编》,第 77 页。

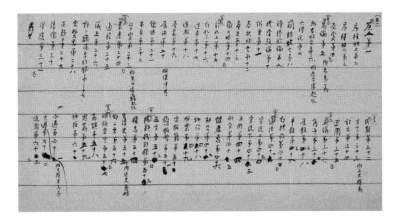

图6 《检论手稿》附页目录①

与手稿本同一批有两张散页，一张是《汉律考》，欲附手稿第二册《原法》后；一张是标有定本《检论》卷次的六十三篇篇目。先考察这页目录付朱希祖的时间是与四册手稿本同时还是在其后？据太炎与朱书函说《检论》"正可递抄"一语考虑，应是稍后付朱。理由是：一、若与手稿本同时给予，只需按此目录顺次抄下，无须言"递抄"；既然需要递相传抄，证明太炎觉得当时有些篇章尚未修订完毕，篇次亦未最后定。二、如果一同付予，那么抄者是根据手稿

———————————

① 今检核手稿目录与《章氏丛书》中《检论》，有两点差异：（一）手稿目录六十三篇篇目后各系以序数，《丛书》本《检论目录》已删去序数，仅列以卷次，可以推知手稿本目录就是让誊抄者依目录整饬全书。（二）手稿本《附正名杂义》在《方言》下，《丛书》本《检论目录》亦附于《方言》篇后。但卷五正文则将《正名杂义》附置于《订文》后。考《訄书》《正名略例》附于《订文》后，重订本、北图本《正名杂义》亦附于《订文二十五》后，是《丛书》本《检论》正文仍依据北图本。《方言》与《订文》皆论中国文字语言，《正名杂义》本可两承。然从手稿目录可以推知，太炎曾一度欲置《正名杂义》于《方言》下，且此手稿目录（或誊写本）也曾交付到刊工手中，所以《丛书》本《检论目录》会置《正名杂义》于《方言》后。而当刊工刊刻到第五卷时，誊抄清稿《正名杂义》仍在《订文》后，是否知会过太炎，得首肯仍置于《订文》后，抑是已刻成，太炎觉得无关紧要，也不再改刊《检论目录》。已皆不可得知矣。

拟目取北图本抄《通谶》上下、《原教》上下好，抑是根据附页目录抄《原教》好？是依据拟目抄《争教》《忧教》二篇，抑是依据附页目录抄《争教》一篇？因为《检论·原教》《争教》分合改动很大，与原稿完全不同，且未见太炎在拟目上修改。所以，附页目录必是手稿本付朱以后，经过继续修改、合并，待《检论》最后格局确定之后再写付朱氏。而且必须付朱，因为前所递抄之《原教》《争教》必须修改，付其定本目录，俾朱或抄写者对照抽换，重抄整饬。退一步想，即使4月底付朱第一轮递抄仅是四册手稿本，其他北图本修订校改稿是第二轮递抄，此目录也必须与北图本修订稿一起付朱。

手稿本第二册后之拟目只是"改订"过程中的一个截面，逮及全书篇目结构调整完善后，交付朱希祖的手稿篇目亦须相应调整，所以手写此页目录，俾其对照抽换，重抄整饬。至于散页付朱之时间，史阙失载，更当有新材料来证实，但若与北图本修订稿一起交付，因需要抄写时间，至晚不会过秋季。这种时间节点，透露出《检论》最后定稿，似应在1915年夏秋之际，即使有拖沓，也不会很晚。

框定四册手稿本在1915年4月以后离开作者之手，就可以推论今《检论》中卷一《原人》等四篇，卷二《辨乐》、卷三《原墨》、卷五《民数》、卷六《订礼俗》、卷七《通法》等九篇，卷八的二篇（《哀清史》除外），都是手稿本之后，作者思想布局有扩展改变而补入。与此相关的是，凡后加篇章的北图本修改文字，尽管有辛亥前后所改者，更可能是1915年4月后欲增补编辑《检论》时所改动。这与太炎与朱函中《检论》亦在改订"的进行式相吻合。既然"改订"的进行式在本年秋季前后已完成，则以上篇章的甄选和修改亦当在五六月间。

现在可以简单回溯章太炎将《訄书》改写成《检论》之过程。《检论》由两部分组成，一部分是缘最新思想引发而写的新篇，一部分是修改《訄书》篇章融入新书。修改《訄书》又分为两种情况，一是篇名和正文文字或多或少的修改，二是将旧文拆分合并以成新稿。太炎留存上海的《訄书》重订本，在1910年前后已有修改，此有太炎《自定年谱》"《訄书》亦多所修治矣"①为证，应无疑义。太炎被袁世凯囚居北京，沉思形势，思想变化很大，自谓"迩来万念俱灰，而学问转有进步，盖非得力于看书，乃得力于思想耳"②。此时《检论》格局正在逐渐形成，1914年8月前后数次向龚宝铨索取留存上海的重订本《訄书》，正是要急切撰写此书，时或已开始撰写一些新的篇章——如有写的话，很可能是手稿本第一册六艺部分。及龚宝铨在1914年10月15日以后将留存上海之重订本《訄书》手批本交与太炎，太炎即就变化的思想和逐渐形成的《检论》框架修改其所需要的相关篇章，同时继续撰写新篇。逮及写到第二册《议王》时，《检论》格局朦胧形成，于是写出拟目，此为《检论》初步形成之第一阶段，时间约在1914年年底至1915年初。此后继续撰写新篇，修改旧章。约在1915年4月24日前，手稿四册完成，一起交付朱希祖倩人陆续抄写，此为第二阶段。5月初继续甄选《訄书》有用篇章，删改合并，修饰文字，应在夏季或夏秋之际，《检论》整体思想即其所构建的"中华文化总检核"③的目标基本完成，于是写成一份定稿目录，连同修改完善后的最后一部分稿件交付朱希祖，再请递抄完成，此为第三阶段。最后在交付刊刻、校对阶段，太炎还有零星文字改动，此为第四阶段。最后阶段具体时间应

① 章太炎《太炎先生自定年谱》"宣统二年"下，《北京图书馆藏珍本年谱丛刊》第192册，第354页。

② 章太炎《书信集》（下），《章太炎全集》（十三），第693页。

③ "中华文化总检核"是姜义华先生《章太炎评传》对《检论》的定义，见《章太炎评传》，第510页。

与《章氏丛书》刊刻相始终。《检论》之成书，大致经过这样四个阶段。

北图本《訄书》即重订本《訄书》之修改本，其上所修改的文字，固有其辛亥前所修订者。但将之与手稿本和《检论》校核后，可以作一种大体的推想：凡与《检论》无关即没有被收入《检论》篇章的修改文字，大部分都应该是在上海期间所改，因为囚居期间急切要完成《检论》，与之无关者一般不会再去理会——先欲收入后又删汰如《议封禅》《河图》等篇除外。凡被收入《检论》篇章上的文字修改，段落调整，篇章合并，则大多是囚居期间所为，盖其收入时必须修改成与新思想相吻合的文字——即使其中有在上海修订者，一般也是文字校订，字句修饰，而不太可能有大幅度删削增补。

总之，章太炎四册《检论补编》手稿并非是《检论》的定稿本，而是相伴着北图本《訄书》转化成《检论》修改过程中的一个初显格局的文本，执笔时间在 1914 年 10 月下旬至 1915 年 4 月下旬。该手稿本的出现，更加厘清《訄书》被改写成《检论》的过程，也使北图本上太炎多次修改的时间层次得以分明。

二〇一九年十一月二日至五日于榆枋斋
二〇一九年十一月二十二日修订二稿
二〇二〇年二月二十九日修订三稿

本文原载《文献》2021 年第 3 期。

文 史 分 合

——章氏国学讲习会与近代国学走向

张　凯*

1923 年,胡朴安总结近十年国学研究趋向,认为罗振玉、张尔田等老辈学人"仅足结清室之终,未足开民国之始,其著作之精粹,可供吾人之诵读,其治学之方法,不能为吾人之楷式"[1]。整理国故运动志在输入学理,除旧布新,建立科学学术体系,实现民族复兴。然而,在"九一八"事变周年之际,胡适沉重反省近代中国沉沦,民族自救运动屡屡失败的原因在于社会没有重心,晚清以来寻求一个社会重心而终不可得。胡适、傅斯年谋求重建学人社会,以"无中生有"的事业再造文明。国难日亟,金天翮、陈衍等老辈学人及其门生成立国学团体,倡导儒学挽救人心、鼓舞民气,重塑国民的精神信仰与社会凝聚力。章太炎北游南返后,讲学苏州,参加国学会,后创办章氏国学讲习会,以期端正学风,为后进示以治学轨辙,培育新人。[2]若以章氏国学讲习会的成立因缘为线索,考察章

---

　*　作者单位:浙江大学马一浮书院。

　①　胡朴安《民国十二年国学之趋势》,上海《民国日报》,"国学周刊",1923 年 10 月 10 日,第 1 版。

　②　参见桑兵《章太炎晚年北游讲学的文化象征》,《历史研究》2002 年第 4 期;江湄《走出"拆散时代":论章太炎辛亥后儒学观念的转变》,《清华中文学报》(台湾)第 9 期,2013 年 6 月号。田彤《复返先秦:章氏国学讲习会》,《广东社会科学》2007 年第 2 期,第 143—151 页。

太炎、金天翮等老辈学术旨趣的分合及其各界反应,当可揭示近代学术风气转移和派分纠葛,进而思索晚清民国学术的多元走向。

一　国学讲习

一·二八淞沪抗战爆发后,章太炎北上讲学。在章氏门生的运作之下,先后讲学燕京大学、北平师范大学和北京大学各校,讲题有《代议制改良之说》《论今日切要之学》《治国学之根本知识》《清代学术之系统》《今学者之弊》《广论语骈枝》《揭示学界救国之术》等。在京讲学,颇有声势,章门弟子执礼谨然,邀宴讲学,各派学人纷纷前来求学问道。章太炎多番批评今日学人之弊,"一、好尚新奇;二、专恃智慧;三、依赖他人;四、偏听偏信"①。亲眼目睹北方时事与学风后,章太炎感慨"知当世无可为",南返时,章太炎在青岛大学演讲"行己有耻,博学于文",认为"救世之道,首须尚全节","人能知耻,方能立国,遇难而不思抵抗,即为无耻,因知耻近乎勇,既不知耻,即无勇可言"。②唯有挽救学风,惇诲学人,延续国学一线之传。恰逢此时,金天翮、张一麐、李根源在苏州发起讲学,邀请章太炎赴苏。苏州各界给予极高关注,"章先生栖栖皇皇,志在以道济天下,我苏又为文化荟萃之区,自明迄今,儒林文苑,史不绝书,发扬国粹,为国家多留几个读书种子,亦当今亟务",章先生即将来苏讲学,"有志国学者,幸勿失良机,以饱领章君宏论"。③章太炎在苏州讲学三周,阐发经学精义与文字音韵之学。李希泌追

①　黄侃《黄侃日记》,北京:中华书局,2007年,第792页。

②　《章太炎在青岛大学讲"行己有耻,博学于文"》,章念驰编订《章太炎演讲集》,上海:上海人民出版社,2011年,第625页。

③　汤志钧编《章太炎年谱长编(增订本)》,北京:中华书局,2013年,第839页。

忆章太炎共作二十余次讲演,每次讲演的题目虽不相同,但其主旨不离"振民志"与"励躬行"。①

此时,金天翮、陈衍等学人发起成立国学会,集结诗人词客,文士名流,研究诗文、天文、历算、甲骨、经史、小学,成为一时学术渊薮。章太炎欣然参与,并为国学会会刊撰写发刊词:

> 苏州有请讲学者,其地盖范文正、顾宁人之所生产也,今虽学不如古,士大夫犹循礼教,愈于他俗。及夫博学厀守之士,亦往往而见。忾然叹曰:仁贤之化,何其远哉!顾念文学微眇,或不足以振民志,宜更求其远者。昔范公始以名节厉俗,顾先生亦举"行己有耻"为士行准。此举国所宜取法,微独苏州!顾沐浴膏泽者,莫苏州先也。于是范以四经而表以二贤。四经者,谓《孝经》《大学》《儒行》《丧服》;二贤者,则范、顾二公。其他文献虽无所不说,要以是为其蘽。视夫壹意章句、忽于躬行者,盖有间矣。②

此发刊词可谓国学会的集体宣言,"扶微业、辅绝学"、"振民志"与"励躬行"成为国学会成员的共识,经史、文学、艺术均国学会研究范围之列。章太炎在苏州、无锡讲学,重点在"国学之统宗"与"历史之重要"。《孝经》《大学》《儒行》《丧服》为国学正宗,"《孝经》以培养天性;《大学》以综括学术;《儒行》以鼓励志行;《丧服》以辅成礼教","昔之讲阴阳五行,今乃有空谈之哲学,疑古之史学,皆魔道

---

① 李希泌《先生之风 山高水长:忆章太炎先生》,《健行斋文录》,北京:书目文献出版社,1996 年,第 22 页。
② 章太炎《国学会会刊宣言》,《国学商兑》第 1 卷第 1 号,1933 年 6 月。

也,必须扫除此种魔道,而后可与言学"。①金天翮与之呼应:"今功利之习倡于在上,江河之下,滔滔未已,而欲挽回世运,其责不复在于卿相,而当移而执于匹夫之手,计莫如大倡儒学,人人以天下兴亡为责,阐发义利之辨,表章气节之儒,诛凶奸于既死,发潜德之幽光,传播种子,而使圣人所谓金城者及我身而复固,民德归厚,国性不漓,一阳来复,群阴渐消,此亦韦布之士之所有事也。"②章太炎成为该会学术旗帜,截至1934年下半年,国学会总共举行讲演48次,其中章太炎讲学30次。金元宪总结章太炎起先在上海、北平讲学,"意不合,去而来吴"。章太炎"无意当世务,颇欲修明经术,用存绝学、正人心",金天翮、陈衍与章太炎习敦气类,意趣相投。国学会成立后,"石遗、腾冲门生遍天下,一鼓召而著籍为会员者且千人,周十八行省,风气蔚然"。起初,章太炎与金天翮主讲论学,互相推许,"太炎盛称先生诗文,而先生亦命高弟子王謇等诣太炎,北面执贽受经"③。短短两年后,章太炎执意脱离国学会,开设章氏国学讲习会,与金天翮学术的文史之别成为其中关键。

二　宗旨异趣

章太炎将苏州视作晚年端正学风,启发后学的理想场所。1933年底,章太炎致函潘景郑时,颇有期许:"仆岂敢妄希惠、戴,然所望于足下辈者,必不后于若膺等三子也。前此从吾游者,季刚緄斋,学已成就。緄斋尚存名山著述之想,季刚则不著一字,失在

---

① 章太炎《历史之重要》,章念驰编订《章太炎演讲集》,第349—353页。
② 金天翮《论气节不讲足以亡中国(下)》,《天放楼诗文集》,上海:上海古籍出版社,2007年,第991页。
③ 金元宪《伯兄贞献先生行状》,《天放楼诗文集》,第1400—1401页。

太秘。世衰道微,有志者当以积厚流广。振起末俗,岂可独善而已。明年定当南徙吴中,与诸子日相磨礲,若天假吾年,见弟辈大成而死,庶几于心无欲,于前修无负。"①1934年,章太炎举家迁至苏州,潜心国学,教诸门墙,与诸弟子研究国学,撰文作诗,勤于撰述。1935年初,章太炎拟组织国学讲习会,并发表公启,以示有别于中国国学会:

> 余自二十一年秋赴苏讲演,同人为集国学会。至二十四年,以讲学旨趣不同,始特立章氏国学讲习会,就苏州锦帆路五十号自宅后方开置讲堂,常年讲演。发有《简章》及《演讲录》,并《制言》半月刊,以饷海内同志。其旧设之国学会,脱离已过一年。恐远道尚未分辨,致有误会,特此登报声明。②

章门弟子汪东、黄侃对此皆持有异议。黄侃在日记写道:"旭初来,与谈蓟汉讲学诸生等广告之失辞","蓟汉门人在苏州者,为之组织一国学讲习会,作一公启寄来,令签名为发起人。予视其公启有极不安处,未敢遽签名也。"③此启示一经发布,自然导致金天翮与章太炎的关系由"淡"而"不欢"。④中国国学会立即回应道"国学会的组织甚是健全,并不因章氏的分离而停顿","国学会与章氏国学讲习会并行不背,各有千秋","同为国学张目,何必分道扬镳呢?"章氏的声明是文人结习,标榜门户的老调,"全是章氏门徒和

① 章太炎《与潘景郑书》,马勇编《章太炎书信集》,石家庄:河北人民出版社,2003年,第916页。
② 《章太炎启事》,《东南日报》,1936年3月18日,第2版。
③ 黄侃《黄侃日记》,第1067、1074页。
④ 沈延国《记章太炎先生·在苏州》,陈平原、杜玲玲编《追忆章太炎》(增订本),北京:生活·读书·新知三联书店,2009年,第328页。

国学会的干部意见不洽,才怂恿老师出来说话"。①何以章太炎会另起炉灶,成立章氏国学讲习会,江浙学人的记载透露出其中的意气之争:

> (苏州国学会)多镂布述作,传诵中外,顾镂书工资巨,会员常年有内,费既狷,众不以时内,岁会出入不相偿,以责腾冲,腾冲窘,卒无以应。太炎闻而笑曰:"吾来此,乐与诸君子问字载酒游,松岑无端作打门催科吏,恼乃公兴!"初亦无忤意,积久而谗毁至,交搆其间,二人隙乃成。腾冲、石遗常弥缝之。太炎卒注退会员籍,聚徒讲学,称"章氏国学讲习会"以自异。②

> (松岑)谈国学会刊,谓会员已逾三百人。会刊印资则仝恃特捐。谓某翁近颇宽裕,为杜月笙撰杜氏祠堂记,得润笔五千金,其余数千一千不等,为段祺瑞寿序,比之郭汾阳,似亦得三千金。其近所为文,甚不经意,一如笔记,与旧作大异……陈石遗以七十八九老人,犹仆仆赴无锡国专讲课,所获亦甚菲,与太炎菀枯大异。③

> 谭秋谓松岑、太炎二老近有违言。④

> 赴浣花国学会之召,因是日余且演讲也。松岑已先在……始演讲,无甚意义。而松岑报告太炎出国学会事,由于诸祖耿之舞美,亦可笑矣。⑤

---

① 进履《国学会的前进》,《立报》,1936年2月28日,第3版。
② 金元宪《伯兄贞献先生行状》,《天放楼诗文集》,第1401页。
③ 夏承焘《天风阁学词日记》,《夏承焘集》第5册,杭州:浙江古籍出版社、浙江教育出版社,1998年,第340页。
④ 夏承焘《天风阁学词日记》,《夏承焘集》第5册,第366页。
⑤ 吴梅《吴梅全集·吴梅日记》,王卫民编校,石家庄:河北教育出版社,2002年,第708页。

　　有学人认为章太炎脱离国学会缘自与陈衍有隙,综合上述江南学人言语中不乏戏谑之词的记载,金天翮与章太炎二人性情以及由此导致国学会运作过程中的人事纠葛当是直接原因。章氏门生则一直强调讲学旨趣不同,考察章太炎与金天翮的学术旨趣,在国难时期,何谓国学正宗及其如何落实,双方取径的确有别。

　　金天翮是清末江苏诗界革命的中坚力量,以古典诗歌的基本形式创造新的意象、思想和语汇,享誉文坛。金天翮贯通中西,除旧布新,改造国学,"化分吾旧质而更铸吾新质",提倡"献身破产,铲平阶级,以为国民倡"①,其极具时代特征的民族主义话语饱含强烈的忧患意识,并以游侠主义界定国民新灵魂,章太炎誉之为"豪杰之文"。金氏本肄业于南菁书院,民元鼎革之后,自称"锄游侠之气,思为五经学究以自慰",师事曹元弼,钻研《易》《三礼》学,兼习佛老,赅内圣外王之用。苏州国学会成立之初,金天翮批评考证学业已盛极而衰,中国学术今后的趋向有研究历史与复兴理学两条路径。研究历史分为知人与论事两层,从"修养和建立的方法"与"改革和救济的方案"着手。复兴理学要破除门户之见,贯彻涵养用敬与进学致知。简而言之,今后为学的途径,"一方要求智识,一方要能涵养"②。阐发与落实中国义理之学成为金天翮晚年学术重心。金天翮曾比较钱穆与李绩川所著《国学概论》与《国学旨归》,认可钱基博所言钱穆"躯干不修,读书有精识",其著述"非云完粹,要其勇决,自谓贲育无以过"。李绩川"笃志信古,黜陟百家,衷之儒术,修涂坦荡,矩步矱趋,以为学统相传,无异一王之正朔,谨守遗教,庶无蹉跌"。二人旨趣不同,"余既赏宾四之才,又乐

---

① 金天翮《国民新灵魂》,《天放楼诗文集》,第 1319—1326 页。
② 金天翮《中国学术之升降及今后之趋向(一名天人损益说)》,国学会 1933 年编印。

观续川之正襟危论,以为庶几先正之遗风"。清代学术,"惟史部为最醇",然"沉浸于末流违失之中,秉佻巧之志,以述二千数百年之国学,是犹置土圭于悬鼓之上,摇杆而求其影之直也,亦不可几矣。是故非有宾四之才勇,不能综核群籍,而为惊人之论;非有续川之禀受,亦不能贯串六艺,而为述古之书。锡名曰'指归',归于六艺之统者也,群言淆乱折诸圣,曰吾师法如是,不以举世之狂醒而夺其操者哉?"①

金天翮认为文明与种族的荣辱兴衰为国家存亡之所系,德性与教化是孕育文明的根本。倡导国学,当立足孝弟,谨守爱敬,由仁义礼乐以致中和的境界:"修齐治平,终始一贯,天人物我,上下通达,造端夫妇,而察乎天地,文化之纲,备于斯矣","民新而后国可新,至治可期也,其道则正心、诚意、修身、慎独、集义、养气,其或书不尽言,言不尽意,则老庄二子之学可稽也。"②金天翮以儒学义理为宗,融汇百家,撰述《匡荀》《广戴》《广戴释问》等文,阐发儒家心性之学。时人曾责难他好引老、庄以翼孔氏,金天翮不以博杂比附为病,认定惟庄周能道神圣之妙,好学深思,澄观达识方能究其意,庄周赞扬孔氏,实与《中庸》相通,诚所谓"传记之言不必是,老庄之说未必非"③。金天翮讲学以孝悌仁义为本,胪列史事成败,类比经义,不专为章句训诂,而是"推本器识,极于开物成务而寓诸庸。文也者,身之章;道也者,治之体。治无文不具,身非道不立"。金天翮以诗、古文著称,宗主"文以载道"之说④,晚年诗歌感怀世

① 金天翮《国学指归序》,《天放楼诗文集》,第840—841页。
② 金天翮《重印国学丛选序》,《天放楼诗文集》,第584—589页。
③ 金天翮《广戴释问》,《天放楼诗文集》,第981—983页。
④ 范烟桥《林译小说之价值》,《鸥夷室文钞》,北京:海豚出版社,2013年,第24页。

运隆替与生民多艰,既可视作史诗,又是载道之文。古文根柢子史,融汇汉魏、唐宋文法,不拘囿一代家法。议论近于《庄子》《吕氏春秋》,叙事效法班固、范晔。

金天翮晚年意欲以儒家义理为价值导向,读史书通观世变,文学宏其用,以诗文感世传心史,重内质而轻外美,"以史为文"①。杨友仁认为金天翮逐步由西方激进无政府主义者递变为东方儒者,与章太炎同其归趣。②不过,章太炎谨守朴学立场,将义理学的道德关怀落实于政治社会实践,由此展开一套经世致用的文史系统,这与顾炎武所谓"经学即理学"的思路一脉相承。在清末民初国粹与欧化论争中,章太炎批评今文经学以学术附会政治,提倡国学应在朴说而不为华辞,经术专主古文,发挥六经皆史学说。章氏自称"所治独在《春秋》《说文》",即缘自"所以为国性者,独有语言史志之殊","凡许书所载及后世新添之字足表语言者皆小学,尊信国史,保全中国语言文字,此余之志也。"③相较于金天翮"文以载道"的理念,章太炎侧重"文即是道",以"文"树立"国性":语言文字的源起、流变与经典的生成本身即是国族与文明孕育、演化的结果,更是时下恢复国族精神的依据,章太炎的小学与文史研究以此展开,以民族主义为根基,依据国情民性,考察历代礼俗政教。章太炎自道对中古儒学与宋明理学家言造诣颇深,但此时高论无益,"今日不患不能著书,而患不能力行,但求力行以成人,不在空言于作圣"④。国学不尚空言,要在坐而言,起而可行,改良社会不应单

① 《国华中学敦请金松岑先生国学演讲》,《申报》,1937年7月25日,第2张第6版。

② 杨友仁《吴江金松岑先生学行纪略》,《文献》第20辑,1984年,第165—171页。

③ 诸祖耿《记本师章公自述治学之功夫及志向》,《制言》第25期,1936年9月。

④ 章太炎《答欧阳竟无书》,《制言》第9期,1936年1月。

讲理学,心性之学可暂且放下。国学会讲学当以小学、经史为急务,研究经学必以家法为门径,读史切忌借题发挥,逞臆为断。

学术立场异趣使得章太炎与金天翮在讲学主旨与国学会运作方面难免发生分歧。章太炎及其门生学术多有与廖平争胜的意味,金天翮赞誉廖平为继绝开新的典范,"尊孔揽群贤,巨细包六经。绝学树坚垒,高座阐大乘。四变达位育,泛滥穷沧溟。巴蜀挺此豪,十载想仪型。"①戴震为清代汉学系谱中的核心人物,章太炎早年著《释戴》《清儒》等文,视戴震为清学史中独一无二之人,晚年仍调停戴震、程朱,为《孟子字义疏证》辩护,戴震"咎在过疑王学,推而极之,与考亭亦不能护,如其言理在事物不在心,正与告子外义同见,盖诋诃心学,其势自不得不尔也。至言以理杀人,甚于以法杀人,此则目击雍正、乾隆时事,有为言之"。②金天翮批评戴震一生学问,功过参半,以才性研究经子,人格远不如颜习斋,"不能自存养,心有所蔽于欲,欲自立一子以盖前贤,而不悟前贤之所述学道而有实证者也。寻文考义,欲以升降二氏,不悟二氏之与孔、孟廓然视听天地,如鹪明翔于寥廓之宇,而罗者犹视夫薮泽,悲夫!"③至于国学会会刊,章太炎认为《国学商兑》名称不当,方东树《汉学商兑》意在排摈汉学,"今云《国学商兑》,于意云何?"论文的编次,亦未精密。例如论甲骨文,"直以《周易》出孔、墨后,谓为庄周所作。此等凭虚不根之论,虽旧时今文学家亦不肯道,涂汗楮墨甚矣!"章氏要求潘景郑此后关于经学小学的论文,可与戴镜澂商讨,"如有此等议论,必与芟薙","言有秕稗,非徒损害学会之名,亦且贻误阅者。今日所患,在人人畔经蔑古,苟无以匡救其失,虽一

① 金天翮《寄怀廖季平先生成都》,《天放楼诗文集》,第97页。
② 章太炎《与李源澄论戴东原书》,《制言》第5期,1935年11月。
③ 金天翮《广戴(上)》,《天放楼诗文集》,第976页。

人独醒,阿胶不能解黄河之浊也。"①《国学商兑》后更名《国学论
衡》,然办刊倾向与取材与章太炎理想的"国学"颇有距离。沈延国
认为金天翮以诗人的风格,内容多方采纳,章太炎从朴学眼光来批
判,发觉诸多缺点,"由于宗旨不同,而因此使他们交谊渐渐淡薄,
未免可惜"②。不仅如此,学界、社会的反应,与章太炎著述、讲学
的预期落差极大。张尔田致信夏承焘,品评金天翮与陈衍、章太炎
合办的国学杂志,视为"考据之末流,辞章之颓响。三百年汉宋宗
传之绪斩矣。游魂为变,曾何足当腐鼠之一赫。使人见此,良用增
叹"③。中国国学会的演讲向民众开放,普及国学,受众国学功底
与兴致参差不齐,"听讲者,振笔疾书自作记录的颇不乏人。但
有听不懂所讲内容的,散出会场时说不及《三国志》《岳传》好听
的人也不少。"④章太炎自立门户,与中国国学会划清界限势在
必然。

三 "章氏之国学"

章太炎筹备章氏国学讲习会时,先后举行章氏星期讲习会与
章氏暑期讲习会。1935年9月,章氏国学讲习会正式开讲,刊行
《制言》杂志,以研究固有文化,造就国学人才为宗旨。章太炎标举
儒行,以范后生,忧世卫教,不附和时流。金天翮的高足范烟桥认
为"他的'章氏国学会'旨在传授他的学术,和金氏发起的国学会有

---

①　章太炎《与潘景郑书》,马勇编《章太炎书信集》,第915页。

②　沈延国《记章太炎先生·在苏州》,陈平原、杜玲玲编《追忆章太炎》(增订本),
第328页。

③　夏承焘《天风阁学词日记》,《夏承焘集》第5册,第317—319页。

④　汤国梨《太炎先生轶事简述》,陈平原、杜玲玲编《追忆章太炎》(增订本),
第86页。

所不同"。①钱基博在章氏国学讲习会演讲时,指出讲习会冠以章氏之名,"已明揭所讲习者为章氏之国学,欲以轶清迈宋,驾唐追汉,观其会通以成一家之言,而直接孔氏之心传,更何清学休宁戴氏、高邮王氏之足",章太炎学术内圣而外王,"辞工析理,志在经国,文质相扶,本末条贯,以孔子六经为根底,以宋儒浙东经制为血脉"。②钱氏敏锐地察觉到章太炎创办章氏国学讲习会旨在成一家之言,超迈清代汉学,宣扬"章氏之国学"。以《制言》创刊号为线索,即可窥探章氏国学的立意。章太炎在发刊词中,开宗明义:

> 今国学所以不振者三:一曰,毗陵之学反对古文传记也;二曰,南海康氏之徒以史书为帐簿也;三曰,新学之徒以一切旧籍为不足观也。有是三者,祸几于秦皇焚书矣。其间颇有说老庄、理墨辩者,大抵口耳剽窃,不得其本。盖昔人之治诸子,皆先明群经史传而后为之,今即异是。皮之不存,毛将焉附耶?③

此宣言一看即是针对康有为、梁启超、胡适等新学人士及其追随者。国难时期,政学两界纷纷讨论经学的时代价值,胡适、傅斯年进一步否认经学义理与读经之必要。章太炎视此为奇异怪诞之说。在星期讲演会中,章太炎强调保持国性经学最重要,以经学为准则,"可以处社会,可以理国家,民族于以立,风气于以正,一切顽固之弊,不革而自祛"④。疑古之论,"本不足辨,无如其说遍于国

① 范烟桥《鸥夷室文钞》,第 157 页。
② 钱基博《太炎讲学记》,陈平原、杜玲玲编《追忆章太炎》(增订本),第 381 页。
③ 章太炎《制言发刊宣言》,《制言》第 1 卷第 1 期,1935 年 9 月。
④ 章太炎《论读经有利而无弊》,杨佩昌整理《在苏州国学讲习会的讲稿》,北京:中国画报出版社,2010 年,第 18—23 页。

中,深恐淆惑听闻,抹杀历史,故不惮辞费而辟之,使人不为所愚",因此特意开讲"斥恃器证史之谬"。①

近代经今古文之争本是清代汉学的子题,今文学兴起为疑古思潮重要的思想来源。如何突破清代汉学藩篱、超越今古之争进而纠正近百年今文学运动,成为章太炎晚年最关切的学术议题。章太炎认为清代汉学明故训,甄制度,辨秩三礼,群经大义基本可解基本,清学末流以汉学自弊,主要是公羊学与"彝器款识"研究。民国学界公羊学风气渐衰,余毒仍在,"人人以旧史为不足信,而国之本实蹷"。"文有古今,而学无汉、晋",清儒之所失"在牵于汉学名义,而忘魏晋干蛊之功",魏晋"有不学者,未有学焉而岐于今文者,以是校汉世之学,则魏晋有卓然者矣","汉人牵于学官今文,魏晋人乃无所牵也"。②吴梅对此颇感困惑,认为所论仍不脱党人习气,"如云汉人牵于学官今文,魏晋人乃无所牵也。论学而兼及政别,斯何苦耶?"③然而,当代学人朱维铮认为:"(章太炎)注意学说如何受政治干预的影响,他注意学派如何因自身的内在矛盾而走向否定,他注意经学如何与佛学道教互相渗透,他尤注意学者如何能够自由发挥思想而开一代风气,这对研究学术史思想史都有启迪。"④章氏发扬魏晋注疏与提倡魏晋文学、中古哲学相配合,颇有调和汉宋、今古、骈散之争,整合中国传统学术的意味。章太炎北上讲学时,适逢平津学人新一轮的今文学讨论。南返不久,在与吴承仕的书信中,章太炎坦言"《春秋答问》为三十年精力所聚之书",

① 章太炎《论经史实录不应无故怀疑》,杨佩昌整理《在苏州国学讲习会的讲稿》,第30—31页。
② 章太炎《汉学论》,《制言》第1卷第1期,1935年9月。
③ 吴梅《吴梅全集·吴梅日记》,王卫民编校,第612页。
④ 朱维铮《走出中世纪》,上海:上海人民出版社,1987年,第300页。

前人解说《春秋》"非过尊孔子以为圣不可知,即牵拘一字异同,以为必有精义,支离破碎,卒令人堕入云雾"。近代公羊学支离傅会,孔子不过整齐旧史,学说本是平常,公羊家反视之为非常可怪之论。章太炎对康、梁、胡适学术功力颇有微词,反而"独畏"廖平,廖平、康有为之后,"未尝以经今文家许人。"①《制言》创刊号特意重刊章太炎为廖平所作墓志铭,表彰廖平学有根柢,"于古近经说无不窥,非若康氏之剽窃者","智虑过锐,流于谲奇,以是与朴学异趣"。墓志铭对廖氏态度持平,不以"怪迂"视之,将廖平与康有为划清界限,认定康有为为"末流败俗"。②

　　章太炎认为清人标举汉学,然汉学有今古文之别,辨明今古文为讲经学的前提。清儒因掺杂今古,遂功力深厚,仍未达治经正轨,"信今文则非,守古文即是"。经今古文之别在于文字、典章制度与事实,均应以古文为判断标准。章太炎此时批评廖平晚年经学多误想,不明事实而妄断《周官》《王制》的差别。③廖平嫡传弟子蒙文通、李源澄与章太炎、黄侃在汉宋、今古、经史等问题上,围绕"儒家哲学"及其源流、《春秋》三《传》等议题,往复论辩。④廖平门生阐明今文学的革命理想与制度精义,统摄内圣外王之学。章氏国学讲习会以民族主义为宗旨,文字语言与历史为主归。厉鼎煃观察到章太炎北游之后学术的进一步转变,"岁壬申先生南返以后,其造诣尤精深,视乾嘉诸老,不仅有讨论修饰之功,盖所谓熟于

---

　　① 一士《章太炎弟子论述师说》,陈平原、杜玲玲编《追忆章太炎》(增订本),第334页。

　　② 章太炎《清故龙安府学教授廖君墓志铭》,《制言》第1卷第1期,1935年9月。

　　③ 唐大圆《记与章太炎先生谈话》,《制言》第8期,1936年1月1日,第4页。

　　④ 参见张凯《经今古文之争与国难之际儒学走向》,《浙江大学学报(人文社科版)》2013年第3期,第103—115页。

汉学之门径,而不囿于汉学之藩篱者。"①这既说明章太炎学术造诣精进,更体现章太炎晚年"讲学"重点的转移。章太炎最早在日本开设国学讲习会,主讲"中国语言文字制作之原"、"典章制度所以设施之旨趣"、"古来人物事迹之可为法式者"。1922 年,讲学上海时提出国学之进步在于"经学以比类知原求进步","哲学以直观自得求进步","文学以发情止义求进步"。此时,史仍多附于经、文。②经史融汇,经是古史、史学的源头,"究史学而不明经学,不能知其情理之所在;但究经学而不明史学,亦太流于空论,不能明其源流也"。③章太炎曾以六经皆史说为新古文经学奠基,晚年微调"六经皆史"说,以经学统摄史学的治人与儒学的修己功能。"经之所至至广,举凡修己治人,无所不具",修己之道衍为儒家之学,治人之道则史家意有独至。今人读经,应于史传与儒家学说,"无不当悉心研究,儒之与史,源一流分"。国学的进步在于"经学以明条例求进步,史学以知比类求进步,哲学以直观自得求进步,文学以发情止义求进步"④。经学知原,侧重明理与修己;史学知比类,以此保持国性。经者古史,史即新经。古史不尽适用于当下,史愈近愈切实用,以通史致用而言,史就是经。史学致用之道,一为洞察社会变迁,探求原理;一为牢记事实,知晓源流。中国之所以为中国的渊源与原理由此而来。哲学、政治、科学"无不可与人相通",唯独"中国历史(除魏、周、辽、金、元五史)断然为我华夏民族之历史,无可以与人相通之理"。民族意识的培育与

———————

① 厉鼎煃《章太炎先生访问记》,《国风》第 8 卷第 4 期,1936 年 4 月。

② 参见卞孝萱《章太炎各次国学演讲之比较研究》,《传统文化与现代化》1998 年第 6 期,第 44—49 页。

③ 《章太炎十次讲学记》,《申报》1922 年 6 月 18 日,第 13 版。

④ 章太炎《论以后国学进步》,《制言》第 48 期,1939 年 1 月,封里照片。

激发,端在经史,无历史则不见民族意识所在。读经通史旨在求修己之道,严夷夏之辨。①《春秋》"终是史书",《左传》以史传经,《春秋》大义是孔子良史之识,《公羊传》内诸夏、外夷狄与张三世之说,非仅是为汉一代制法,以经史保存国性,维持国族精神,实乃万世制法。

章太炎认为外患日深,富强非一日之功,疑古学说惑失本原,推翻维系民族的国史全部,若国亡而后,人人忘其本来,国家永无复兴之望。他晚年创办国学讲习会,以民族文化与国族精神整合今古与经史之学,确立华夏文明的实体性与主体性,坚守民族主义,严夷夏之防,目的是存国性以待将来,华夏终有复兴之日。

四　求真与致用

章太炎创办章氏国学讲习会与《制言》,使东南的学术空气别开朴厚一面,"颇有先儒讲学的热忱",在战前动荡激邅的时代中,"身衣学术的华衮,粹然成为儒宗","保其卓然的晚节,要亦不失儒家的本色"。②章太炎病逝后,金毓黻在日记中感叹:"章氏实结清代汉学家之局,而其治史颇能排弃旧说,自树新义","近岁讲学苏州,徒众颇盛,正如康成之居高密,于群言淆乱中独树一帜,如再能聪明老寿,如伏生之教于齐鲁,则其津逮后学更非今日之比。"③然而,章太炎去世不久,章门弟子的分歧愈发显现。章太炎夫人曾与夏承焘坦言太炎门生本已派别众多,汪东等人本身不愿组织同门会,苏州人士与章太炎颇有隔膜,晚年门生太滥。④门生弟子内部

①　章太炎《论经史儒之分合》,杨佩昌整理《在苏州国学讲习会的讲稿》,第 47 页。
②　文载道《谈荔汉阁》,陈平原、杜玲玲编《追忆章太炎》(增订本),第 413 页。
③　金毓黻《静晤室日记》,沈阳:辽沈书社,1993 年,第 3855 页。
④　夏承焘《天风阁学词日记》,《夏承焘集》第 5 册,第 477 页。

治学取径不一,章太炎多有包容。他晚年担忧旧学不传,章氏国学讲习会列籍弟子"所进者杂,规之未能止",国学讲习会与太炎文学院人事愈加纷扰,马叙伦亦慨叹"学术林中亦复戈矛森立"。①

　　与此同时,章氏国学讲习会与《制言》浓厚的复古色彩也常被时人诟病。早在 1932 年,夏鼐听章太炎在燕京大学讲演《今日最切要之学术》时,对比胡适演讲时的盛况,感慨章氏的时代已然过去,章氏"意旨仍不脱民族主义的色彩,以为历史最切要,因为可以使人知先民之辛劳,而动忧国之念"②。《制言》创刊之初,苏州有舆论指出,"复古的声浪,一天高涨一天,太炎先生主编的《制言》,也在我们眼前眩耀着",复古的用意,一是学问上的考究,能保存固有国粹;一是思想上的鼓励,能以古圣贤的哲学思想来启迪当下。前者是国学专门学说,并非人人需要。国难之际,青年研习国学,"以古人之言来鼓励自己则可,若是孜孜于考古,而欲以此大众所不解的符号,来显扬出你自己高贵的身份,那是徒然于实际,只是吃力弗讨好","《制言》半月刊当然是复古的结晶品,但是它是一阶级所私有的学说,不是大众所须要的学说;是贵族化的学说,不是平民化的学说;是迂夫子的学说,不是为人类求生存的学说"。③相形之下,中国国学会逐步在广东、云南、上海等地成立分会,全国各地会员五百余人,俨然成为国内国学研究的重镇。中国国学会与时俱进,创办《卫星》杂志,适应学术平民化的潮流。金天翮在发刊词中强调《卫星》与《国学论衡》相辅相成,《国学论衡》为国学会的喉舌,《卫星》是《论衡》的韬铎,一同促进国学研究的提高与普及。

_____

① 马叙伦《章太炎》,陈平原、杜玲玲编《追忆章太炎》(增订本),第 21—22 页。
② 夏鼐《夏鼐日记》(第一卷),上海:华东师范大学出版社,2011 年,第 102—103 页。
③ 路旭《读〈制言〉之言》,《吴县日报·吴语》,1935 年 9 月 22 日,第 10 版。

《卫星》杂志"以学术为中心,时代为对象,不尚浮烟浪墨,深浅合度"。该社自称:"正如初写黄庭恰到好处,本期所载有目共赏。"①时人赞扬金天翮与章太炎齐名,主持中国国学会的《国学论衡》《卫星》始终与文化事业相依倚。②

学问考究与思想激励的分歧牵涉到学术求真与致用的平衡,如何认定太炎晚年学术求真与致用旨趣的分野引发太炎门生的激烈争议。姜亮夫师从廖平、梁启超、王国维、章太炎,有意调和各派学术:近世治学趋向,在于求真,太炎治学在于求用救民,"求真者在无我而依他起信;求用者在为我而求其益损"。章太炎晚年不忘宗邦之危,学术趣向"一欲救世以刚中之气,一欲教人以实用之学","刚中则夸诬奇觚皆在当砭之列,实用则怪诞诡谲皆在宜排之数。变更旧常,不轨于典籍"。不明此意,"论先生者必不免于诬妄,而拥护之者,亦未必得其本真"。孙至诚认为章太炎学术自始至终以求是为旗帜,不废致用,"未闻先生晚年定论有违前说",且一再申明章太炎以经学为主,说经以古文为主,"此乃其大本营所在,而非游击队,傥为之拔赵帜立汉帜,将无以自植坫坛"。③姜亮夫、孙至诚往复函件数通,双方各持理据,固守己见。有学人调停太炎学术求真与致用两面,"实事求是才是其论学宗旨,经世致用则是'应机说法'"④。若以语言文字与历史确立华夏的实体性与主体性而言,章氏国学系统中求真与致用互为体用。语言文字为确立国性的基础,自古迄今,史学均十分切要,"系于一国之兴亡"。

① 《编辑余言(下期预告)》,《卫星》第 1 期,1937 年 1 月。
② 烟桥《天放楼主人》,《东南日报》,1937 年 3 月 18 日,第 9 版。
③ 一士《章太炎弟子论述师说》,陈平原、杜玲玲编《追忆章太炎》(增订本),第 335—349 页。
④ 陈平原《中国现代学术之建立:以章太炎、胡适之为中心》,北京:北京大学出版社,2010 年,第 54 页。

求是与致用是落实文史学的两条道路："合致用与求是二者冶于一炉，才是今日切要之学"。①无文史学之求真，即无文史学之致用，求真是致用的必要条件，致用是求真的自然归宿。

抗战时期，贺麟提出中国百年来的危机，根本上是文化的危机，如果中华民族不能以儒家思想或民族精神为主体融合西洋文化，中国将失掉文化自主权，陷入文化殖民地。②现代学术体制以方法与材料划分中西新旧，分科之学无形割裂传统学术与现代学科、价值与知识之间的关联。回到历史现场呈现各派学人转化国学的切实语境与旨趣，既可丰富理解中国历史文化本意的路径，又为当下反思以西律中的分科之学提供思想资源。在国难情势的激迫下，如何重建民族文化认同，各派因人事纠葛与学术派分，各有侧重，然而殊途同归，各家皆注重汇通四部之学应对世变。章门师徒贯彻文即是道，汇通经史之学，维持民族种姓，守先待后。金天翮践行文以载道，振作人心，复兴民族精神，进而呼吁"熔经铸史，悬标准以待继往开来之新学术家"，"体仁蕴智，悬标准以待旋乾转坤之新道德家"，"函文孕武，悬标准以待经邦定国之新政治家"。③汪辟疆调和各派，融汇文史哲，提出"义理学植其基"，"读史书通其识"，"文学宏其用"。④在期待文明复兴的当下，从容地吸纳与融汇各家之长，建立方法与宗旨、考据与义理、文史哲相贯通的整体学术体系，或是建立中国学术本位之正道。

本文原载《浙江社会科学》2016 年第 10 期。

---

① 章太炎《论今日切要之学》，章念驰编订《章太炎演讲集》，第 300—303 页。

② 贺麟《儒家思想的新开展》，《文化与人生》，北京：商务印书馆，2005 年，第 6 页。

③ 金天翮《复兴文化之责任与期望》，《天放楼诗文集》，第 986 页。

④ 汪辟疆《精神动员与学术之新动向》，《兼明》第 2 期，1939 年 7 月。

武昌首义后章太炎在日革命活动补证

——并介绍几篇重要佚文

张昭军 *

关于武昌首义后章太炎的在日活动,长期以来,学界叙之不详①。笔者在查阅日本外务省外交档案过程中,发现了多篇秘密报告和佚文。这些资料较清楚地记录了章太炎从 1911 年 10 月 10 日武昌起义爆发到 11 月 15 日返回上海这段时间的一些活动细节,有助于改善此前的认识,纠正一些不准确的说法。

《太炎先生自订年谱》:"秋八月,武昌兵起。余时方与诸生讲学。晨起,阅日报得之,不遽信。及莫,阅报,所传皆同。一二日知鄂军都督为黎元洪,用事者则谭人凤、孙武。孙武者,字尧卿,武昌人也。尝抵东京,与同盟会,后兼隶共进会。余故识之。不意其能成此大事。嗣闻湖南、江西相继反正,始辍讲业。以上海未拔,不得遽返。九月,东南粗定,独江宁未下,于是附轮归国。"武昌起义的消息传来时,章太炎在东京给刘文典等学子讲《说文》《庄子》和佛学。刘文典回忆,"记得有一天下午,章先生正在拿佛学印证《庄子》,忽然听见巷子里卖号外,有一位同学买来一看,正是武昌起义

———————

　＊　　作者单位:北京师范大学历史学院。

　①　　汤志钧编《章太炎年谱长编》(增订本,北京:中华书局,2013 年)上册,对章太炎这段时间的活动基本上没有涉及;下册《补编》有两处使用了日文资料,但存在一定出入。

的消息,大家喜欢得直跳起来。从那天起,先生、学生天天聚会,但是不再谈《说文》《庄子》,只谈怎样革命了。"①关于回国前有何具体活动,师生二人并无进一步说明。

武昌起义爆发后,革命成燎原之势。10月22日,湖南、陕西宣告独立。23日,江西独立。稍后,山西、云南等地相继独立。11月4日,上海独立。与此同步,清政府在紧锣密鼓地采取对策,海内外立宪派也加紧活动。可以说,从武昌首义到章太炎回国这一个多月,中国的政治局势发生着戏剧性变化,各方势力的博弈和争斗异常激烈。章太炎审视国内和日本的形势,积极应对,自觉担当起革命宣传重任,先后至少印发了三份传单,参加了两次大型会议,接受了日本人士的两次访谈。

1. 10月17日,印刷传单《中国革命宣言书》

据日本外务省档案,10月17日下午四时左右,清国革命党员章炳麟与高等师范学校学生商泰一起,从住所小石川区小日向台町一丁目四十七番地,赴三丁目四十二番地日本人宫井钟次郎经营的印刷所,委托专纸印刷一千枚。"印刷物由章炳麟起草,预料将被分发给他的同志"。②档案所附印刷品原件系一长条宣传单,标题为《中国革命宣言书》,重点内容用大字排印。10月28日的《民立报》刊有宣言全文,落款同为"中国革命本部",日档为我们确认作者提供了证据。③

---

① 刘文典《回忆章太炎先生》,陈平原、杜玲玲编《追忆章太炎》,北京:中国广播电视出版社,1997年,第63—64页。

② 日本外交史料馆藏《乙秘第1714号清国革命党员ニ関スルノ件》,《各国内政関係雑纂》(支那ノ部)第五卷,REEL No.1-0566-0407。

③ 马勇整理《章太炎全集·太炎文录补编》(上海:上海人民出版社,2017年,第370页)已收有该宣言,出处标注为《辛亥革命丛书》第五辑,似误;所据疑为汤志钧《章太炎年谱长编补(1911—1912年)》(收入《辛亥革命丛刊》第五辑,北京:中华书局,1983年)。《章太炎年谱长编补》一文及《章太炎年谱长编》(增订本,北京:中华书局,2013年)所记日本人名有误,所引宣言书在个别文字上与日档亦有出入。

宣言书控诉清廷屠杀汉人的凶虐暴行,揭露假托立宪之名涂民耳目,论说两湖起事乃拯黎元于水火之义举;劝说国人不要再犹豫,应群起响应革命。宣言书呼吁:"农商抗税,行伍倒戈,学士驰骤以求同德,议员传檄而晓四方",北方陆师、南方海军不要与义师相抗,而要顺天应人,共同举事,推翻满人政府,建立共和国家。最后,宣言书敦劝东西各国,严守中立:"义师既起,无犯秋豪,曩日载书,未尝渝悔。楚蜀之保护商场者,不在满洲政府,而在革命军人。严守中立,责任有在。"①

2. 10 月 23 日上午,取传单《告满洲留学生》

武昌起义爆发后满汉矛盾激化,在日的满族留学生加入到维护清政权的行列。他们组织八旗会,成立暗杀团,甚至秘密联系日本政府,请求日方出兵协助镇压中国南方的革命军。针对满族留学生的恐慌心理,特别是他们的联日举动,章太炎起草了公开信《告满洲留学生》。日本外交档案记载:10 月 23 日,"清国革命党员章炳麟、高等师范学校学生商泰,于午前 10 时取走印刷品一千枚,发给留学生",印刷品由章炳麟起草。②档案中附有印刷品《告满洲留学生》原件。原件为竖排铅字印刷,纸型为类于 A4 宽度的长条。

公开信开门见山,正告满族学生:"武昌义旗既起,人心动摇,贵政府岌岌不皇自保,君等滞在海东,岂无眷念,援借外兵之志,自在意中,此大误也。"为打消他们的疑虑,章太炎专门解释了"民族革命"并非是种族屠杀。他说:"所谓民族革命者,本欲复我主权,勿令他人攘夺耳;非欲屠夷满族,使无孑遗,效昔日扬州十日之为

---

① 日本外交史料馆藏《乙秘第 1714 号清国革命党员ニ関スルノ件》,《各国内政関係雑纂》(支那ノ部)第五卷,REEL No.1-0566-0408。

② 日本外交史料馆藏《乙秘第 1725 号清国革命党ニ関スル件》,《清国革命动乱ノ際在本邦同国留学生ノ動静取調一件》(陆海外ノ部),REEL No.3-2544-0212。

也；亦非欲奴视满人，不与齐民齿叙也。曩日大军未起，人心郁勃，虽发言任情，亦无尽诛满族之意。今江南风靡，大势将成，眷定以还，岂复重修旧怨。"革命成功后，满人与汉人享有同等权利，同是共和国民，决不会受人欺侮。"若大军北定宛平，贵政府一时倾覆，君等满族，亦是中国人民，农商之业，任所欲为，选举之权，一切平等，优游共和政体之中，其乐何似？我汉人天性和平，主持人道，既无屠人种族之心，又无横分阶级之制，域中尚有蒙古、回部、西藏诸人，既皆等视，何独薄遇满人哉？"相反，日本人对中国怀有狼子野心，意在吞并中国土地，他日一旦得逞，满人必将与高丽人一样，沦为亡国之奴。"今观彼国之待高丽，他日之于满洲可知也。贵政府一时惶恐，亦或堕其术中，君辈满洲平民，于此真无利益。抚心自问，满洲人之智力，能过于高丽人乎？若在彼国铃制之下，监察森严，一举手一动足而不可得，君辈虽智识短浅，何遽不念是哉？"①《告满洲留学生》力陈光复后满汉"一切平等"，固在消除满族留学生恐慌心理，但更重要的目的是在打消他们"援借外兵之志"，防止清廷向日本借兵。

值得注意的是，目前坊间流行版本与日本外务省档案有一定出入。坊间流行的版本，如《章太炎全集》《章太炎政论选集》等，均摘自冯自由《清肃王与革命党之关系》一文。②两者的不同表现在：其一，日档本是一封公开信，冯文析为了两通书信。日档本公开信大标题为"告满洲留学生"，信中录有与肃亲王书，用"四年前与肃亲王给与阅看"作小标题，紧跟在正文之后。冯自由则将公开信分

① 日本外交史料馆藏《乙秘第 1725 号清国革命党ニ関スル件》，《清国革命動乱ノ際在本邦同国留学生ノ動静取調一件》(陆海外ノ部)，REEL No.3-2544-0213～0214。

② 详见冯自由《革命逸史》第 5 集，北京：中华书局，1981 年，第 228—232 页。

作两通独立的书信,分别题为《致留日满洲学生书》《致清肃亲王书》,并以时间为序,附于《清肃王与革命党之关系》一文之末,故从形式上已很难看出两封书信间的逻辑联系,更不可能识得《致清肃亲王书》原系公开信的一部分。其二,日档本公开信最后有一段按语:"此信去后,肃遣其幕客致意云,'不愿入盟,愿相扶助。'其后数月,日本人加藤饫夫为革命党致书于肃,要求西藏,肃即与诸王公开议,事虽未就,足以知其从善服义之心。然二书本为彼此利益,非以权谲诱人,若满政府早从此策,亦自居于最安之地矣。附志于此。"这段话原是用以解释与肃亲王书,冯自由则将其变成自己的语言,放入了《清肃王与革命党之关系》的正文:"己酉间,太炎特致书善耆,劝其加入同盟会,合谋革命。函由日本同志携往北京递进,书投后,善耆密语程家柽,谓不愿入会,愿相扶助,嘱代转达。其后数月,有日本人加藤饫夫为少数革命党人某等致书善耆,要求拨出西藏为民主政治实验国,善耆乃与诸王公讨论此事,卒为多数亲贵反对而止。事虽未就,亦足以知其服善好义之心,为满洲亲贵中绝无仅有者也。"其三,关于《告满洲留学生》的写作时间,冯文明确标为"阳历十月十日",汤志钧所编《章太炎政论选集》《章太炎年谱长编》等也袭用这一时间;日档本则写为"阳历十月　日"。此外,依据日档本,还可确定《与肃亲王书》的写作时间,即写于《告满洲留学生》四年之前的 1907 年。

3. 10 月 23 日下午,接受日本报纸访谈

武昌首义后,在日中国留学生群情激昂,章太炎则表现得较为冷静和理性。他借助日本媒体从正面向社会各界分析革命形势,宣传革命思想。10 月 23 日,在位于台町的《学林》杂志社附近的讲学处,章太炎接受了《东京朝日新闻》记者的采访。该报所载太炎的谈话,分为三部分。其中,第一部分"革命军深得民心"是重点

所在。摘译如下：

> 关于这次事变，虽然不能确知从北京南下的官军的作战计划，但观察当下革命军的策略，似乎是打算据湖北天险死守，待从各方面看清民心向背，然后渐次发动攻势。目前南下途中的官军，汉人占多数，其中不少人对满人内阁的专横极为愤慨，军队所经道路两旁的百姓也对满人政府心怀怨恨。只要革命时机一到，他们揭竿而起的决心是不可掩盖的。不过，这要看南北两军第一次大决战的结果如何。如对革命军有利，显而易见，大部分官军会立即倒戈，处于犹豫中的沿途各地的百姓，也会扔下锄头，响应南军。而且，一败涂地的官军因军纪涣散，不得民心，不久就会陷入粮食短缺，其无能为力可想而知。这样，他们必然会转而同情革命，不会再战。反过来，即便革命军在湖北失败了，因他们在四川深得民心，故可暂据巴蜀天险以等待时机。况且，革命党中的无名英雄已潜伏各地，足以争取人心。在这次革命的军事首领中，就拿黎元洪、汤化龙二人来说，表面上看汤化龙似乎更深孚民望，但处于今日之位置的黎元洪，因持革命立场，更深得民心。

第二部分"袁世凯前途未卜"，认为袁世凯目前仍存在较大变数，清廷一些官员会对他加以掣肘。章太炎判断，袁世凯东山再起完全是基于个人利益，革命成功、共和政治建立后，"他肯定会利用民望，觊觎担任第二、第三任大总统"。第三部分"首倡革命的三杰"，则介绍了唐才常、徐锡麟、熊成基的英雄壮举。最后，章太炎断言："这次革命军与起义军里应外合，深得民心，占据天时、地利、人和，绝无失败的可能。"①

4. 11 月 1 日,在东京留日学生大会发表演讲

11 月 1 日,章太炎参加了武昌首义后留日学生召开的第一次大会,并在会上发表了演讲。

这次会议的召开是针对近一段时间清廷的举措而做出的反应。10 月下旬,清廷为镇压革命,一方面着手向法国、比利时借巨款,一方面起用袁世凯赴南方督战。29 日,"滦州兵谏",驻滦州新军第二十镇统制张绍曾和混成协协统蓝天蔚等通电清廷,提出本年召开国会、组织责任内阁、制订宪法、特赦国事犯等 12 项要求。30 日,清廷被迫下罪己诏,宣布解散皇族内阁,解除党禁,命资政院起草宪法。这些消息通过专电等方式很快传到了日本。有报纸载:"驻日清国留学生约三千名,自张绍曾同资政院议员先后提出要求政府条件,并北京政府任命袁世凯为内阁总理,解决时局之消息。该留学生等大为不满。"②在此背景下,留东学生决定召开大会,抨击清廷的伪立宪,声援南方革命。

集会地点设在牛込区袋町高等演艺馆,出席者约 600 人。③会议由中国赤十字会后援会干事任寿祺致开幕辞,继由千叶医专留学生总代表陈任樑发言,最后是章太炎等七位革命党人发表演讲。④

章太炎在演讲中表示:"北京政府在事变发生后,与法、白(比利时)二国缔结一亿五千万元借款合约,实恬不知耻。昔资政院议员等,以铁道借款之罪罢免盛宣怀,甚至要求予以处决。此次反让

---

① 《革命戦楽観——章炳麟と語る》,《東京朝日新聞》1911 年 10 月 24 日。
② 《章炳麟之一场痛论》,《台湾日日新报》汉文版,1911 年 11 月 16 日。
③ 日本外交档案记为 600 人,《东京日日新闻》和《台湾日日新报》记为 800 人。
④ 日本外交史料館蔵《乙秘第 1755 号清国留学総会ノ件》,《清国革命動乱ノ際在本邦同国留学生ノ動静取調一件》(陸海外ノ部),REEL No.3-2544-0280。

袁世凯、陈夔龙二人秉政,虽出于缓和政治局势之考虑,但二人既为庆邸私党,终不能维持满汉之和谐,明如观火。且此前借款,归罪盛宣怀,今庆邸是一亿五千万元借款的谋划者,为何却不予以斩首耶。"针对资政院和"滦州兵谏",他发表评论:"现在的资政院议员实乃政府走狗,我等不能误认他们是国民代表。""张绍曾在军队提出十二条件,第一条为大清皇帝万世一系,其实我等一天也不想奉戴皇帝。当此之际,清帝应逊位,退回满洲,把北京城交给军政府。如其不然,资政院立即设法撤回全部讨伐军,组织共和政体,并确定年限,推现皇帝暂任大总统。经过一定年限后,再举贤才,任大总统之缺。"①

章太炎的演讲站在革命立场,鼓动推翻清廷统治,赢得了在场学生的欢呼。其中,他对于共和政体的提法,寥寥数语,却为我们理解"虚君共和"问题提供了一份重要史料。1911年底,梁启超发表《新中国建设问题》,主张以"虚君共和"代民主共和,并派盛先觉回国与章太炎等人联络,冀有所成。盛先觉致梁的书信中曾道及:"闻章曾有共和政府成立之后,首立清帝为大总领,后再黜而竟废之之议,以询章。章曰:'昔亦诚有是,然今大势已粗定,清廷万无能为力,且革命党势甚嚣嚣,再作此言必大受辱。吾今亦不敢妄言矣。'"②身为革命党人的章太炎,何时提出采用"虚君"的共和制?上述资料提供了答案。

5. 11月2日,取传单《答清帝罪己上谕》

据日本外交档案,11月2日,也就是大会的第二天,章太炎与

① 《章炳麟ノ痛論》,《東京朝日新聞》1911年11月3日。又见《章炳麟之一场痛论》,《台湾日日新报》汉文版,1911年11月16日。
② 丁文江、赵丰田编《梁启超年谱长编》,上海:上海人民出版社,1983年,第571页。

商泰一起,从宫井的印刷厂取走了印刷品一千枚,散发给留学生。①该印刷品题名《答清帝罪己上谕》,单页传单,纸型同《中国革命宣言书》。②全文如下:

> 本日见清帝罪己上谕,辞虽恳恻,中无实诚,我中华人民不能信此甘言也。既知多用旗人之非,铁道借款之悖,而荫昌犹任陆军,载洵犹任海军,载涛犹据军咨府。是政权虽略予汉人,兵权犹在满人,明予汉人以刀笔文墨之事,而阴予满人以杀人行劫之权。嗟尔豺狼之心,何能自掩。铁道借款,至今未尝废约,徒去一盛宣怀为掩饰之空文。请问条约成立之时,奕助为总理,载泽掌度支部,岂得自谓不预? 于此二人绝无谴责,而独罪一阘茸之盛宣怀,是非宽贷满人而严治汉人耶? 盛宣怀虽去,借款条约终不为废,是徒以虚言饵人而实事终无可见也。湖北陆军既变,湖南、山西起而应之,本以大义兴师,非专为铁道一事。今既下罪己之诏,而复外援法、比,乞贷军需,此诚为罪己耶,抑罪民耶? 盛宣怀之借款,犹云铁道国有使人民弛其负担,今之乞贷军需,所以为辞者安在? 是今日政府之得罪于民,又甚于盛宣怀数倍。徒藉华言涂民耳目,当知中华汉族尚多明智之人,岂专为狐媚之言所惑。尤可怪者,宪法未定而已自言"万世一系之皇基",试问清帝之在中国,能如日本天皇之在日本乎? 日本自神武开国以来,未有异姓干其统祚,

---

① 日本外交史料館藏《乙秘第 1758 号清国留学生印刷物注文ニ関スルノ件》,《清国革命動乱ノ際在本邦同国留学生ノ動静取調一件》(陸海外ノ部),REEL No.3-2544-0276。

② 日本警视厅报告未明确交待印刷品的作者,考虑到其观点与太炎的演讲一致等因素,笔者判断该文很可能出自太炎之手。

声言万世一系,名实相符。今清帝发祥肃慎,天命天聪诸主,
起于晚明,只是中华藩属,而敢云万世一系,岂自忘其历史,抑
谓民皆聋瞽耶? 敬告冲人,欲自言万世一系,当取国史《玉牒》
《东华录》《满洲源流考》等一切焚之,而自附于汉祖唐宗之裔,
然后可耳。若本无其实,徒借此为后嗣子孙垄断帝位之基,当
知中夏帝王本无常王,虽天水凤阳之后失德于民,亦不容其永
尸神器,况此小丑,其敢以中国为一家之产业哉。敬告冲人,
应民以实不以空文,徒陈哀恻之言,实行惨酷之政,此但可以
欺信仰形式宪政之人,而不可以欺全国士民也。此复。①

《清帝罪己上谕》即 10 月 30 日(九月初九)摄政王载沣代宣统
小皇帝所下罪己诏。该上谕前半部分"罪己",为造成川、鄂等省革
命而自责,后半部分表示要实行宪政。②很明显,罪己诏是清廷在
革命形势逼迫下的无奈之举,目的在拉拢立宪派,消弭革命,瓦
解反清力量,保住皇位。其中有关实行宪政,罢除不合于宪法之
旧法旧制,破除满汉畛域,宽赦"翻然归正"之革命军民等说法,
对立宪派和民众有一定吸引力。31 日,资政院召开第五次会议,
并致电各省咨议局,表示拟采用英国君主立宪主义,和平解决
争端。

　　罪己上谕意在阻止革命,分化革命队伍,延续清廷统治。《答
清帝罪己上谕》针锋相对,据理反驳,提出四条论据:第一,"政权虽

_____

　　①　日本外交史料馆藏《乙秘第 1758 号清国留学生印刷物注文ニ関スルノ件》,
《清国革命動乱ノ際在本邦同国留学生ノ動静取調一件》(陆海外ノ部),REEL No.3-
2544-0277。
　　②　故又名《实行宪政论》,详参故宫博物院明清档案部编《清末筹备立宪档案史
料》上册,北京:中华书局,1979 年,第 96—97 页。

略予汉人,兵权犹在满人,明予汉人以刀笔文墨之事,而阴予满人以杀人行劫之权"。并举荫昌犹任陆军大臣,载洵任海军大臣,载涛任军咨大臣为证。第二,"铁道借款,至今未尝废约,徒去一盛宣怀为掩饰之空文"。针对 26 日清廷颁布上谕将盛宣怀革职一事,该文指出,不谴责总理大臣奕劻、度支部大臣载泽,而独罪一阘茸之盛宣怀,乃宽贷满人而严治汉人。第三,"湖北陆军既变,湖南、山西起而应之,本以大义兴师,非专为铁道一事。今既下罪己之诏,而复外援法、比,乞贷军需",此诚为罪民,而非罪己。第四,"宪法未定而已自言'万世一系之皇基'",此名实不符,违背历史。简言之,《答清帝罪己上谕》主旨在于揭露清廷的伪立宪,坚定革命者意志,防止革命队伍分化。

6. 11 月 5 日,在横滨中华会馆华人集会发表演讲

11 月 5 日,章太炎参加了留学生和华侨在横滨山下町中华会馆举行的集会。据报道,侨寓横滨之清国革命党,日夜频行集议,颇为秘密。4 日晚上,南京街等处,遍贴用红纸印制的传单、公启,上书"满朝苛政,神人所共愤,湖北义师一举,到处箪食瓢浆,以迎王师","今身虽在海外,不得不与同胞筹补助之策,聊表我区区祷祝之苦心"等语。5 日当天,到会者有留学生和华侨数百人。[1]

日本外交档案记载,章太炎、早稻田大学学生朱隐青、明治大学学生李谟、横滨商会书记翟美徒依次发表演说,由早稻田大学学生夏重民译为广东语。章太炎的演说从革命党的建立说起,大意是痛诋满清政府的专制,批评康有为等的改良主张,号召大家坚决支持革命,尊崇共和政体。这次会议还确立了革命军旗采用青天

---

① 《驻日革命党大集会》,《台湾日日新报》汉文版,1911 年 11 月 17 日。

白日满地红三色旗。①报纸形容，演说者"慷慨淋漓，悽怆悲愤，滔滔数万言。演毕，拍手喝采之声，声震堂庑，以革命旗数百支分配来会者，众举旗招展，闪动会馆"。②

7. 11 月 11 日，回国途中与日本人会谈

11 月 4 日，上海独立。消息传到日本后，章太炎在商泰等陪同下，启程回国。日本外交档案对章太炎一行有较详细记载：他们于 8 日 9 时 50 分在东京新桥乘坐汽车，先至横滨宿夜，次日乘开往上海的"春日丸"号轮船回国。③同乘该船者还有东京陆军士官学校等校的留学生约 80 人。有记者描述说，他们离开日本时大义凛然，有壮士一去不复返的气概。④11 月 11 日，轮船驶离神户港时，所载中国留学生等已达 400 余人。⑤

回国途中，黑龙会成员、曾参与同盟会总部事务的清藤幸七郎与章太炎同船，11 日午饭后，两人进行了约一个小时的会谈。这次会谈记录，有两种文本。一是清藤会谈后写给黑龙会领导人内田良平的报告《在渡清船中所闻章炳麟革命意见的报告：清藤幸七郎致内田良平书》（收入《北一辉著作集》第 3 卷）。⑥二是日本"记

① 日本外交史料馆藏《高秘 2709 号清国留学生谈话会ノ件》，《清国革命动乱ノ际在本邦同国留学生ノ动静取调一件》（陆海外ノ部），REEL No.3-2544-0312。

② 《驻日革命党大集会》，《台湾日日新报》汉文版，1911 年 11 月 17 日。

③ 日本外交史料馆藏《乙秘第 1785 号清国革命党员ニ关スル件》，《清国革命动乱ノ际在本邦同国留学生ノ动静取调一件》（陆海外ノ部），REEL No.3-2544-0321。目前坊间的年谱、传记均以章太炎离开日本的出发地是神户，据此可纠正。

④ 《横浜埠头の留学生》，《东京朝日新闻》1911 年 11 月 10 日。

⑤ 《留学生陆续归国》，《东京朝日新闻》1911 年 11 月 13 日。据长崎县知事安藤谦介的报告，该船到长崎时有 140 余人，参日本外交史料馆藏《高秘 7246 号清国留学生等ノ帰国ニ关スル件》，《清国革命动乱ノ际在本邦同国留学生ノ动静取调一件》（陆海外ノ部），REEL No.3-2544-0382。

⑥ 《渡清の船中章炳麟の革命意见を闻きたるを报ずるの书》，《北一辉著作集》第 3 卷，东京：みすず书房，1972 年。

者"(驻长崎特派员锦溪生)旁听二人谈话后所写《太炎先生的气焰》(发表于《报知新闻》)①。此前有学者以为二者内容相同,其实,后文内容比较详实。这次谈话对理解章太炎辛亥革命时期的政治主张及归国后的革命实践较有帮助。兹赘译如下:

在东京的清国革命党领袖章炳麟氏,今日率八十余位同志,由神户乘"春日号"轮船回国。巧合的是,记者同行一日,在船中吸烟室中听到章炳麟氏与一我邦人之谈话。

章炳麟说:"今日中国并无万方瞩目之人物。虽然,时势造英雄,伴随局势发展,或当有大人物出现。此人若如华盛顿,甘于为和平而献身,则我国家之幸。若不幸竟如拿破仑一类野心家,则我国家恐无宁日矣。然今日最为中国忧者,尚不在野心家之出现,而在外国之干涉。所幸今日列强牵于他故,尚无暇顾及中国。若一朝中国出现拿破仑式野心家,则必然会给列强入侵提供可乘之机。"

章氏继续说:"今日亟当研究者,满洲政府既覆,新政府该采取何种政体。今后若有威信超群的大英杰出现则已,苟若不然,惟有采共和政治,以取代满洲政府欲行之君主立宪。然共和政治,种类不一。即以法兰西为例,其疆土不广,人种单一,其历史、风俗、语言无差异,故于中央集权下可实行统一之共和政治。中国则不然,各省互不相同,各有其历史,语言、风俗、习惯各省难以统一,柄国者诚不可效仿法兰西。最适于中

① 《太炎先生の気焔》,《報知新聞》1911 年 11 月 17 日。又见《内外時事月函》明治 44 年 12 月号,第 433—434 页,收入《黑龍会関係資料集》3,《日本国家主義運動資料集成》第 1 期,東京:柏書房,1992 年。谢樱宁《章太炎年谱摭遗》(北京:中国社会科学出版社,1987 年)第 64 页,认为该文系日本记者对太炎的采访,该说法或有误。

国者,莫过于联邦政治。然而吾党同志大多憧憬于共和政体,对于联邦政治意见分歧,则中国恐又将陷入乱局矣,思之诚令人叹惋不已。"

又说:"同志中颇有洋洋自得者,以为今日天下尽在吾党掌控之中,实则大谬也。今日吾党人惟有惕励加勉,不可再存侥幸投机之心。宜众志成城,全力以赴国事。如其不然,恐万劫不复。今日者,正是吾人发愤之秋也。"(长崎特派员锦溪生)

章太炎向清藤谈了他对时局的看法,深以缺乏甘于为国家献身的领导人为忧,并重点分析了清廷覆灭后中国宜采取何种政体的问题。在他看来,革命形势发展迅速,并不意味着革命党人已掌控全局;最适宜中国的政体莫过于联邦制,然根据目前大多数革命党人的意见,必然会采取共和政治,令人忧心的是,共和政治有陷中国于乱局之可能。20世纪20年代,章太炎奔走南方各省,呼吁实行联省自治,建议各省人民自制省宪,虚置中央政府,军政大权归各省督军。①其联省自治的主张广受关注。究其始,在此已见端倪。

武昌首义后约一个月时间里,身在异邦的章太炎沉着应对国内外形势变化,积极为革命作宣传,为即将成立的新政府作擘划,显示了"有学问的革命家"的本色和智慧。上述日本档案和

----

① 1920年11月4日,章太炎在长沙《大公报》发表《联省自治虚置政府议》,认为"近世所以致乱者,皆由中央政府权藉过高,致总统、总理二职为夸者所必争,而得此者,又率归于军阀",故主张虚置中央政府,实行联省自治。他对此主张颇为自得,声称"此种联省制度为各国所未有,要之中国所宜,无过于此。若但如德、美联邦之制,则中央尚有大权,行之中土,祸乱正未有艾也。"该文被京、津等地报刊转载,传播较广。

日文报刊提供了宝贵史料,深化了我们对他革命活动和政治主张的认识。

1911 年 11 月 15 日,章太炎抵达上海,回到了祖国。

本文原载《史林》2019 年第 6 期。

"不齐而齐"与"真俗平等"

——章太炎的齐物哲学

张志强 *

第一节　理解章太炎的方法：
哲学的突破与人格的回心

竹内好在他的名著《鲁迅》里提出一种理解鲁迅的方法——实质上也是一种诠释思想人物的基本方法——亦即不是后设性地通过鲁迅有形的思想表达来追溯解释他的思想形成，而是能够深入于鲁迅将形未形的思想展开过程，去探究那种促使鲁迅成为鲁迅的思想原理的形成过程。这是一种从"有迹可寻"的思想言说，深入到其"所以迹"的原理内部的诠释方法，其所诠释的对象，实质上已经从作为思想者的鲁迅，上升为作为生命原理的鲁迅，或者说，是作为思想的原理与生命的原理合一的鲁迅。这样一种思想的原理，是一种还原到思想动态性的运作机理，它是促使生命成为一种有机统一体的原理，同样的，这样一种生命的原理也是一种凝聚生命成为一种有机的思想运动的原理。这样一种原理，竹内好称之为"回心"，是那种生命和思想的原理通过自我否定的方式往复循环所形成的轴心。这一"回心"之轴的形成时期，往往在其思想的

---

* 作者单位：中国社会科学院哲学研究所。

显性表达之前、之下,是一种潜隐性的"沉默"或"黑暗"时期。就鲁迅而言,竹内好认为,这个时期正是他发表《狂人日记》之前在北京"抄古碑"的时期,那是一个"没有任何动作显露于外"的时期,"呐喊"尚未爆发为"呐喊"的时期,"只让人感受到正在酝酿着呐喊的凝重的沉默":

> 我想象,鲁迅是否在这沉默中抓到了对他的一生来说都具有决定意义,可以叫做"回心"的那种东西。我想象不出鲁迅思想的"骨骼"会在别的时期里形成。他此后的思想趋向,都是有迹可寻的,但成为其根干的鲁迅本身,一种生命的、原理的鲁迅,却只能认为是形成在这个时期的黑暗里。所谓黑暗,意思是我解释不了。这个时期不像其他时期那么了然。任何人在他的一生当中,都会以某种方式遇到某个决定性时机,这个时机形成在他终生都绕不出去的一根回归轴上,各种要素不再以作为要素的形式发挥机能,而且一般来说,也总有对别人讲不清的地方。……读他的文章,肯定会碰到影子般的东西。这影子总在同一个地方。虽然影子本身并不存在,但光在那里产生,也消失在那里,因此也就有那么一点黑暗通过这产生于消失暗示着他的存在。①

不过,问题在于以何种方式来厘定生命中的某个时期为"回心期"。在竹内好看来,这是一个人在他一生当中都会以某种方式遇到的某个决定性的时机,正是这样一个时机决定了他生命和思想

---

① 竹内好《思想的形成》,《鲁迅》,氏著《近代的超克》,李冬木译,北京:生活·读书·新知三联书店,2005 年,第 45—46 页。

的轴心和运作的方向。这样一种决定性的时机,就是一个人自我形成的契机,它可能是一场有形的事件,也可能是一场发生于无形的灵魂震动,也可能是一种刺激后的沉潜与发酵。对这样一种时机的发现,固然需要经过传记资料的梳理,需要通过其自觉的思想表达来分析,但更重要的是,需要能够既通过这些有形资料,又能够穿透这些思想资料,从其一次元的思想表达,进入其二次元的思想形成的契机当中。①当我们进入思想的二次元的时候,其思想的变化,就不是外缘刺激下的不自觉调整,而应该说是经由一定的外缘条件,对其思想原理的不断运用、发挥和充实。因此,思想的变化恰恰变现了"通过表象的二次元转换而得以显露给我们的本质层面的回心"②。只有如此,我们才算是把握住了诠释和理解思想人物之所以成为其自身的所以然的核心。

竹内好研究鲁迅的方法,作为一种诠释思想人物的基本方法,实际上也可以施之于对其老师章太炎的解读。

1903 年 7 月至 1906 年 6 月底,章太炎因"苏报案"被囚系的三年,是他前一时期昂扬的政治和思想实践被迫中断的三年,除了零星流散出的"狱中谈话"与《读佛典杂记》之外,这三年也是章太炎一生当中唯一的思想言论空白期,应该说这三年是章太炎的被迫沉默期。与此同时,这三年也是章太炎主动研读佛典,特别是以法相唯识系佛典为主的时期。很多学者都曾注意到这一时期对于章太炎之后思想转折的重要意义,都曾论及"狱中读佛典,使他的学

---

① 关于思想史研究中一次元与二次元的关系问题,请参见孙歌《竹内好的悖论》,北京:北京大学出版社,2004 年,第 36—37 页。

② 竹内好《政治与文学》,《鲁迅》,《近代的超克》,第 110 页。译文参考孙歌的译文。

术思想和他撰著《訄书》时相比,有了重大转变"①,都认为系狱期间是"章太炎学术思想特别是哲学思想转变的关键时期",而促使这一转变的关键是"读佛典"。②不过,对于发生在这一时期的从关心经、史、政俗问题、"以孙卿为宗",渐而经由读佛典而转向"玄门",这些观察都将其仅仅理解为思想兴趣、思想内容以及思想形态的变化,而未能充分探究何以研读佛典这一外缘竟然可以促使章太炎的思想世界发生如此激烈的转折,于是也便未能准确评估发生于此一时期之思想变化对于章太炎自身思想形成的深刻意义。或许,我们只有利用竹内好提供的分析鲁迅的方法,从章太炎一次元的思想表达之转变深入于其二次元的思想原理之形成,才能充分揭示这一时期对于章太炎的完整意义。

实际上,章太炎在自己之后人生的不同阶段,特别是1910年之后,在其学术思想的"中年论定"阶段之后,曾多次回溯此一时期对于他的重要意义。他在撰于1913年的《自述学术次第》中说:

> 余少年独治经史、《通典》诸书,旁及当代政书而已。不好宋学,尤无意于释氏。三十岁顷,与宋平子交,平子劝读佛书。始观《涅槃》《维摩诘经》《起信论》《华严》《法华》诸书,渐进玄门,而未有所专精也。遭祸系狱,始专读《瑜伽师地论》及《因明论》《唯识论》,乃知《瑜伽》为不可加。既东游日本,提倡改革,人事繁多,而暇辄读藏经。又取魏译《楞伽》及《密严》诵之,参以近代康德、萧宾诃尔之书,益信玄理无过《楞伽》《瑜伽》者。少虽好周秦诸子,于老庄未得统要,最后终日读《齐物

---

① 姜义华《章太炎思想研究》,北京:中国人民大学出版社,2009年,第152页。
② 姚奠中、董国炎《章太炎学术年谱》,太原:山西古籍出版社,1996年,第88页。

论》,知与法相相涉,而郭象、成玄英诸家悉含胡虚冗之言也。既为《齐物论释》,使庄生五千言,字字可解,日本诸沙门亦多慕之。①

实际上,章太炎对康德、叔本华著作的研读并非始自出狱东游日本之后,而在狱中研读佛典之际即已开始"参以近代康德、萧宾诃尔之书"。以西方哲学与佛典相互参究、会通说明,实质上表明了章太炎佛典研读的特质,其实并非是究心佛说、趋向解脱,而毋宁说是以对佛典中纯粹"玄理"的哲学性探讨为旨趣。而这一探讨的结果便是被他自诩为"一字千金"的《齐物论释》这一成熟的哲学论述的完成。因此,我们可以说这一时期的转折意义在于它开启了 1906 年出狱之后的成熟的哲学论述阶段。而在 1915—1916 年间完成的《菿汉微言》中,对这一思想转折作了更为细致的说明:

> 余自志学迄今,更事既多,观其会通,时有新意。思想迁变之迹,约略可言。少时治经,谨守朴学,所疏通证明者,在文字器数之间,虽尝观诸子,略识微言,亦随顺旧义耳。遭世衰微,不忘经国,寻求政术,历览前史,独于荀卿、韩非所说,谓不可易,自余阔眇之旨,未暇深察。继阅佛藏,涉猎《华严》《法华》《涅槃》诸经,义解渐深,卒未窥其究竟。及囚系上海,三岁不觌,专修慈氏、世亲之书。此一术也,以分析名相始,以排遣名相终,从入之途,与平生朴学相似,易于契机。解此以还,乃达大乘深趣。私谓释迦玄言,出过晚周诸子不可计数,程朱以

① 章太炎《自述学术次第》,陈平原编《中国现代学术经典·章太炎卷》,石家庄:河北人民出版社,1996 年,第 642—643 页。

下,尤不足论。既出狱,东走日本,尽瘁光复之业,鞅掌余闲,旁览彼土所译希腊、德意志哲人之书。时有概述邬波尼沙陀及吠檀多哲学者,言不能详,因从印度学士谘问,梵土大乘已亡,胜论、数论传习亦少,唯吠檀多哲学,今所盛行,其所称述,多在常闻之外。以是数者,格以大乘,霍然察其利病,识其流变。而时诸生适请讲说许书,余以段、桂、严、王未能满志,因翻阅大徐本十数过,一旦解悟,的然见语言文字本原,于是初为《文始》。而经典专崇古文,记传删定,大义往往可知,由是所见,与笺疏琐碎者殊矣。却后为诸生说《庄子》,间以郭义敷释,多不惬心,旦夕比度,遂有所得,端居深观,而释《齐物》,乃与《瑜伽》《华严》相会,所谓摩尼见光,随见异色,因陀帝网,摄入无碍,独有庄生明之,而今始探其妙。千载之秘,睹于一曙。次及荀卿、墨翟,莫不抽其微言,以为仲尼之功,贤于尧舜,其玄远终不敢望老庄矣。"①

在这段自述学术次第当中,章太炎更为自觉地"观其会通",将自己"思想迁变之迹"约略以"囚系上海,三岁不觌"为轴心期划分为前后两个阶段。前一个阶段的主题是朴学治经、寻求治术、历览前史,诸子之微言仅"略识而已",只是随顺旧义,且因寻求治术的关系,而以荀子与韩非的学说作为衡评诸家的不易之准则。虽亦涉猎佛藏,义解渐深,但尚未"窥其究竟"。而在上海狱中的三年则因索读到适合于以朴学之方法研治的佛典,而最终对大乘甚深义趣有所解悟,且同时把"释迦玄言"作为衡评晚周诸子的标准。在东渡日本后的阶段,则继续把"大乘"佛理作为理论标准,将希腊、

---

① 章太炎《菿汉微言》,《章氏丛书》下册,世界书局影印本,第960页。

德意志哲学以及印度吠檀多、胜论、数论哲学"格以大乘",考较其得失之故,察其流变之原。在对这一阶段的自述中,章太炎特别提到了他在朴学治经阶段所从事之学问上的长进,一是于语言文字的然见其本原;二是于经典专崇古文,一改过去琐碎笺疏的作风,而能够从纪传删定中见其大义。这一阶段最为重要的创获则为以《瑜伽》《华严》会通《齐物》,完成《齐物论释》,将千载之秘,霍然解明,认为东夏独有庄生能明此"摄入无碍""随见异色"的平等佛理。正是在此最高玄理之解明完成之后,他则能够进一步"操齐物以解纷",重新会通荀、墨、孔诸家而一改过去之成见。

值得我们注意的是,不同于《自述学术次第》中仅从哲学论述之成熟展开着眼论及三年囚系读佛典的意义,在这里章太炎将此经由读佛典所获得的哲学上的解悟,扩大到了其小学发明与经学创获上。这似乎说明,三年囚系时期佛典研读的意义更具有思想原理突破的意味。在《菿汉微言》中紧接上文,章太炎则对《菿汉微言》之成文缘由以及它在自己思想迁变当中的位置做了进一步的说明:

> 癸甲之际,厄于龙泉,始玩爻象,重籀《论语》,明作《易》之忧患,在于生生,生道济生,而生不可济。饮食兴讼,旋复无穷。故唯文王为知忧患,唯孔子为知文王。《论语》所说,理关盛衰,赵普称半部治天下,非尽唐大无验之谈。又以庄证孔,而耳顺绝四之指,居然可明。知其阶位卓绝,诚非功济生民而已。至于程朱陆王诸儒,终未足以厌望。顷来重绎庄书,眇览《齐物》,芒刃不顿,而节族有间。凡古近政俗之消息、社会都野之情状、华梵圣哲之义谛、东西学人之所说,拘者执着而鲜通,短者执中而居间,卒之鲁莽灭裂,而调和之效,终未可睹。譬彼侏

儒，解遗于两大之间，无术甚矣。**余则操齐物以解纷，明天倪以为量。** 割制大理，莫不孙顺。程朱陆王之俦，盖与王弼、蔡谟、孙绰、李充伯仲。今若窥其内心，通其名相（宋儒言天理性命，诚有未谛，寻诸名言，要以表其所见，未可执着。且此土玄谈，多用假名，立破所持，或非一实，即《老》《易》诸书，尚当以此会之，所谓非常名也），虽不见全象，而谓其所见之非象，则过矣。世故有疏通知远、好为玄谈者，亦有文理密察、实事求是者。及夫主静主敬，皆足澄心，欲当为理，宜于宰世。苟外能利物，内以遣忧，亦各从其志尔。汉宋争执，焉用调人，喻以四民，各勤其业，瑕衅何为而不息乎？下至天教，执邪和华为造物主，可谓迷妄。然格以天倪，所误特在体相，其由果寻因之念，固未误也。诸如此类，不可尽说。执着之见，不离天倪，和以天倪，则妄自破而纷亦解，所谓无物不然，无物不可，岂专为圆滑无所裁量者乎？"①

从这段自述我们可以知道，《齐物论释》完成之后的学术思想趋向，应该说是对"齐物"哲学的原理加以多方面运用的结果。《菿汉微言》即是围绕"齐物"哲学原理在多方面深入运用而得诸多创获的结集。在这个阶段，对《周易》《论语》《老子》的研究更进一步，认为"文孔老庄是为域中四圣，冥会华梵，皆大乘菩萨也"。将通过佛典会通庄生而得之齐物哲学原理，推广而通之于文孔老，终于实现文孔老庄与佛的终极会通。根据这种会通的结果，章太炎认为自己已经能够将"齐物""天倪"的原理广泛运用到打通一切对于"古近政俗之消息、社会都野之情状、华梵圣哲之义谛、东西学人之

---

① 章太炎《菿汉微言》，《章氏丛书》，第 961 页。

所说"的拘泥执着,而在超越居间调停之论的基础之上,真正做到
"无物不然,无物不可"的"各从其志"的齐物平等境界。

于是,章太炎总结平生学术曰:

> 自揣平生学术,**始则转俗成真,终乃回真向俗**,世固有见
> 谛转胜者邪!后生可畏,安敢质言?秦汉以来,依违于彼是之
> 间,局促于一曲之内,盖未尝睹是也。①

如果说《齐物论释》的完成,一方面意味着章太炎对"真"的追
求达到了其最高理解,而另一方面正是这种关于"真"的最高理解
自身所包含的题中应有之义,要求它必须容纳自身的对立面即俗,
需要为"俗"提供一个与"真"等量齐观的位置,而这才是真正意义
上的"真"。这表明,《齐物论释》是"转俗成真"的至高点,同时也是
"回真向俗"的原理起点。于是,在这里,我们似乎终于发现了那个
真正决定思想形成与转化的轴心,亦即章太炎对"真"的独特追寻。
而这个轴心的发端,恰如上文所述,应该在"囚系上海,三年不觌"
的"读佛典"时期。围绕"真"的轴心之发端与"真"的原理之成熟,
我们可以将章太炎的思想迁变之迹再次划分为这样三个时期,**第
一时期**是"囚系上海"之前的阶段,也可以称之为《訄书》的时代,是
在其经学、小学、史学研究的基础之上,通过探究"社会政法盛衰蕃
变之所原"②的社会理论,来重建民族文化的阶段,也可以称之为
关心社会政俗的求"俗"阶段。**第二时期**即是经过囚系狱中读佛典
的"回心"契机,"真"的追寻之发端和开展的阶段,表现在思想论述

---

① 《章氏丛书》,第 961 页。
② 章太炎《中国通史叙例》,《訄书》重订本《哀清史》第六十,《章太炎全集》(三),
上海:上海人民出版社,1985 年,第 325 页。

上是他针对"反满"革命的形势,回应包括保皇改良、无政府主义等思想论调,而展开的激烈批判时期,也就是一般所说的主笔《民报》时期。在上文所引章太炎的自述文字中我们并没有见到他对自己这些政论文字的说明,但恰恰是这些政论文字中蕴含着他的最初的求"真"的哲学思考,成为他所建设的"真"的原理的初步展开。实际上,在章太炎自己的思考当中,我们可以看到的一种持续的努力,亦即不断地将外缘性的思想回应,逐渐上升为更具普遍意涵的理想型,从而在他的理论思考当中获得原理性的安排。因此,对于这些政论性文字,从其语境外缘的角度,从论战的对话关系出发来理解其思想内涵,固然是极其重要的思想史功夫,但如何从这种论战性的一次元的思想反应进入其思想形成的轴心原理,却应该是我们解读这些文字时同时需要深入关注之处。这个时期实质上即是所谓"转俗成真"的时期。**第三时期**则是以《齐物论释》的完成为标志,这一方面是他求"真"原理的最终完成,而同时也是他具体运用此原理,从而实现所谓"回真向俗"的阶段。

这三个时期的划分,恰如章太炎自己所说,是以他的所谓"见谛转胜"为依据的,而他所谓"见谛",实质上正是对所谓"真"的"见谛"。用"见谛转胜"来刻画自己思想的形成过程及其阶段性,实际上正是对思想形成的阶段性关系的恰当说明。所谓"转胜"意味着阶段之间是一种自我的否定,而这恰与竹内好所谓"回心"(converse)的意义相当,因此,所谓"转胜"是一个通过自我否定不断实现自己思想的自觉发展的过程。而对这样一种通过自我否定以获得自我发展的最为恰当的表述,应该说正是佛教唯识学理论当中的"转依"。它是一种通过某种觉悟性的契机实现的生命方向的转化,这样一种转化是一种通过对导引生命的轴心的转换来实现的,生命在轴心的转换中赢得了新的导引力量。章太炎思想形成和迁变的过程应该说正是这样一种"转依"的过程。

第二节 "见谛"的内涵：何谓真？何谓俗？

如果章太炎思想迁变之迹依据的是以"真"为轴心对真俗关系的不同安排作为"见谛转胜"的内在原理的话，那么构成其"见谛"内涵的"真"究竟何所指呢？相应的，"俗"又何所谓呢？或者说，作为"真"的原理是由何种基本主题构成的呢？在经过了"三年不觌"的沉默之后，章太炎东渡日本之后最初发表的两篇文字——《东京留学生欢迎演说录》与《俱分进化论》——似乎颇能呈现其思想突破之后的"见谛"之内涵。

1906 年 6 月 29 日章太炎出狱后随即前往东京，7 月 15 日即在东京留学生的欢迎会上发表演讲，提出了"用宗教发起信心，增进国民的道德""用国粹激动种姓，增进爱国的热肠"①的著名口号。在这篇文字中，之后《民报》时期出现的基本主题差不多都有所流露。首先在关于宗教的看法中，他尝试"用华严、法相二宗改良旧法"，将佛教改造为一种"万法唯心"的无神论，成为一种合乎哲学的宗教，并以此来构建一种勇猛无畏的革命道德，这样一种经由佛教来建立宗教、通过宗教来增进道德的思考，分别成为此后《无神论》《革命之道德》与《建立宗教论》诸论的主题。他对于革命者"自尊无畏"道德情操的强调，实际上就已经是其在《建立宗教论》中试图建立的"自识为宗"的"唯心胜义"之教的滥觞。而这样一种唯心胜义之教的基本内涵则是对一种"依自不依他"的义务论

① 章太炎《东京留学生欢迎会演说录》，汤志钧编《章太炎政论选集》，北京：中华书局，1977 年，第 269—280 页。

道德所表达的价值内在自足性的肯认。与此同时,他对佛教的提倡更是着眼于"佛教最重平等"的性格,在他看来,佛教的平等性实质上即表现为对"妨碍平等的东西"的批判和祛除。这表明,对"平等"和"价值内在自足性"的关心,已经构成为其出狱后首篇文字的基本主题。其次,尽管作为演讲主题的"宗教"和"国粹"是为革命动员的目的而提出的,但在"国粹"名义下所涵括的内容则是章太炎《訄书》阶段前后的以经、史、小学为主的学术领域,也正是所谓"俗"的领域。关于这一领域的价值判断,一方面受制于革命动员的需要,而另一方面也随着他对"真"的见谛转胜而产生不同的判断。因此,在一定意义上,"宗教"与"国粹"的并列,实际上就已经开启了日后关于"真""俗"关系辩证的模式。

同样的主题其实也呈现于时隔近两月在 1906 年 9 月 5 日的第七号《民报》上发表的《俱分进化论》[①]中。在该文中,章太炎已经尝试从"种子识"与"种子"关系的角度,来阐明"善恶并进"之"俱分进化"的道理。所谓"俱分进化"即在阐明善恶种子平等缘起的道理,而其目的则在于取消"进化论"以及作为其反面规定物的"厌世论"所设定的一元终极的价值观。他在批评本着赫尔特曼(哈特曼)调和进化与厌世的观点而产生的两种态度之后,提出了一种庶几接近所谓"无漏善"亦即绝对善的可能:

> 纵令入世,以行善为途径,必不应如功利论者,沾沾于公德、私德之分。康德所云"道德有对内之价值,非有对外之价值"者,庶几近于"无漏善"哉! 何以故? 尽欲度脱等众生界,

---

① 章太炎《俱分进化论》,《太炎文录初编》别录卷二,《章太炎全集》(四),第 386—395 页。

而亦不取众生相,以一切众生,及与己身,真如平等无别异故。既无别异,则惟有对内在之价值,而何公德、私德之分乎? 其次,无勇猛大心者,则惟随顺进化,渐令厌弃。……然随顺进化者,必不可以为鬼为魅、为期望于进化诸事类中,亦惟选择其最合者行之,此则社会主义,其法近于平等,亦不得已而思其次也。①

所谓"无漏善",即是康德所谓"道德有对内之价值,非有对外之价值"所强调的依从绝对命令而实现的道德的无条件性。这说明道德自身即具有自足内在的价值,而并非取决其他任何功利目的。在章太炎看来,这种具有内在自足价值的道德,即庶几接近于佛教所谓的"无漏善"。恰如康德仍然需要一种无目的的目的论作为这种道德的自足内在价值的论证一样,章太炎对这样一种具有内在自足价值的道德的论证则是从"真如平等无别异"出发的。所谓"真如平等无别异",即是在内在价值之肯认意义上的平等义。可见,相较于《东京留学生欢迎会演说录》,《俱分进化论》中已经非常自觉地建构起了"内在之价值"与"真如平等无别异"之间的原理性关联。并且,值得注意的是,在这里章太炎已经将"社会主义"的平等观作为"真如平等无别异""退而求其次"的追求来看待。

通过对这两篇出狱后最初发表文字的分析,我们似乎可以找到章太炎因系三年"读佛典"而获之回心突破的基本内涵,也是其"见谛"的基本原则,那就是对"内在之价值"和"真如平等无别异"的追求。实质上,他之后的思想形成和发展便是对平等与内在价值之间相互揭示和相互充实之关系的追寻过程。而他所谓"真"的

---

① 章太炎《俱分进化论》,《章太炎全集》(四),第 395 页。

见谛,即发端于此,并成为他今后思想发展的核心。《齐物论释》之最终完成,即是对此一核心原理的最高整合。因此,对《齐物论释》中平等理论的分析可以更为完整地呈现章太炎"真"之见谛的全部内涵。下面就让我们来深入《齐物论释》的文本,通过章太炎最为成熟的哲学表达,来充分探究其思想原理的究竟内涵。

第三节 《齐物论释》的结构: 齐物哲学的三个层次

《齐物论释》一书是章太炎非常珍视的著作。他在《自述学术次第》中道及《齐物论释》等书之撰述时,颇为自得:

> 中年以后,著纂渐成,虽兼综故籍,得诸精思者多。精要之言,不过四十万字,而皆持之有故,言之成理,不好与儒先立异,亦不欲为苟同,若《齐物论释》《文始》诸书,可谓一字千金。[①]

《齐物论释》的写作体例是据《齐物论》七章,先本文,后释文,逐章加以疏释。加上《释篇题》和《序》共有九个部分。1911 年归国后修改此书而成之《齐物论释定本》一卷,在文句诠释上引申更为丰富,但主题没有变动和增加。《齐物论释》的诠释原则正如他在序言中所说是"儒墨诸流,既有商榷,大小二乘,犹多取携,义有相征,非傅会而然也"。也就是说,以佛理诠释《齐物论》并非傅会,而是因为"一致百虑,则胡越同情,得意忘言,而符契自合",是由于

① 章太炎《自述学术次第》,《中国现代学术经典·章太炎卷》,第 642 页。

根本上两家"义有相征"。那么,之所以仍然需要以佛理诠释《齐物论》,那是因为"《齐物》文旨,华妙难知",而魏晋以下,解者虽众,但都"既少综核之用,乃多似象之辞"。更为重要的是,以往旧释的《齐物论》解释,都不能彻底解明齐物平等的确切内涵,而以所谓"世俗所云自在平等"为"齐物"。因此,有必要利用已经得到充分阐释的《瑜伽》平等义,来贯通解释并进而重构《齐物论》难知之理。作为《瑜伽》与《齐物论》相征之义的"平等义"的内涵,章太炎曾有如下的概括:

> 体非形器,故自在而无对;理绝名言,故平等而咸适。①

所谓自在无对,即是就自体真我的内在价值自足而言;所谓平等咸适,即是根据此内在价值自足而成就之"物各付物"的真正"平等"。这样一种平等观念的内涵,首先需要与另外两种典型的平等观加以区别,必须经过与这两种平等观的论辩才能最终得以确立。这样两种平等观,一种即是所谓"博爱大同"之平等见,是所谓博爱大同的普遍主义平等观;另一种则是所谓"自在平等"的平等观,这是以往对"齐物平等"的主导性理解,其根据则是郭象的"适性平等"观。

乌目山僧黄宗仰在为《齐物论释》所作后序中指出:

> 以为《齐物》者,一往平等之谈,然非博爱大同所能比傅,名相双遣,则分别自除,净染都忘,故一真不立。任其不齐,齐之至也。……今太炎之书见世,将为二千年来儒墨九流破封

---

① 章太炎《齐物论释序》,《章太炎全集》(六),第 3 页。

执之扃，引未来之的，新震旦众生知见，必有一变以至道者。①

章太炎所发明的"一往平等"齐物平等观，必须与那种"等视有情、无所优劣"的"一往平等"之论相区别。"博爱大同"的"平等"即是旧的"一往平等"之论的典型。这种平等观是章太炎所极力避免和批判的，在章太炎看来，"博爱大同"的平等是一种"齐其不齐"的平等，是以一种普遍的平等观念"齐不齐以为齐"的平等，背后总是预设了一种一元论的价值，因此基于一元价值而来的平等在实质上一定是一种彻底的不平等见。而且这种平等往往是所谓"志存兼并者，外辞蚕食之名，而方寄高义"的借口；即使如主张"非功"的墨子，他的"兼爱"也是要假"天志"而对"违之者分当夷灭不辞"，与景教、天方等一神教的平等主义同类。同时，章太炎的"任其不齐""不齐而齐"的平等观也不是"自在平等"可以涵括的，如果说"自在平等"是一种具有虚无主义倾向的相对主义和多元主义的话，那么章太炎所发明的"不齐而齐"的平等，则可能从根本上克服这种相对主义和多元主义的平等。章太炎所主张的所谓"毕竟平等"，其关键在于"离言说相，离名字相、离心缘相"，是"名相双遣""分别自除"的"任其不齐而齐之至也"的平等。**这是一种通过否定旧的有分别的价值秩序而在"自证"中"直观自得"的平等。因此，是否经过了"破执""丧我"的思想和实践的步骤，是章太炎的"不齐而齐"的"毕竟平等"观区别于"博爱平等观"和"自在平等观"的关键。**章太炎在"理想型"上所建构的所谓"不齐而齐"的平等与上述"自在平等"和"博爱大同"的平等之间的关系，在中国学术史上对应着以墨家为代表的"泛爱兼利"的平等与以郭象为典型的"适性"平等，

① 宗仰《齐物论释》后序，《章太炎全集》(六)，第58页。

而在章太炎当时的语境中,则对应着一元论的无政府主义、进化论(章太炎也称之为进化教)和一神教,以及革命者中的道德上的犬儒主义;而在当代的语境下,则显然具有与一元论的普遍主义和多元论的特殊主义之间的论辩意义。因此,在当前的背景下,如何澄清章太炎的毕竟平等观与郭象的具有相对主义性格的适性平等观之间的微妙不同,相对于对"博爱大同"的一元论平等观的批判,便特别具有更进一步的现实和理论意义。本文对章太炎《齐物论释》中平等观的疏释将重点辨析其与郭象的平等观的不同。

章太炎的《齐物论释》尽管是依文释义,但其解释却具有一定程度的结构层次上的系统性。下面我们即依据文本尝试将章太炎齐物平等的理论加以系统的构拟,[1]藉此来深入阐明他的平等观的内涵。

在《释篇题》中,章太炎在辨明《齐物论》题目究竟是否应该如王安石、吕惠卿他们那样将"齐物"属读时指出,"齐物"属读的错误在于"不悟是篇先说丧我,终明物化,泯绝彼此,排遣是非,非专为统一异论而作也"[2],可见,章太炎将《齐物论》根据其主题分成前后两个部分,"先说丧我,终明物化",而其主旨则在于"泯绝彼此,排遣是非"。这说明章太炎是以"丧我"与"物化"为核心来诠释《齐物论》的,二者之间不仅具有结构上的先后关系,更具有逻辑上的系统关联。因此,我们可以根据章太炎的提示来构拟其《齐物论释》的理论逻辑和思想义趣,将其分成逻辑上层层递进的三个主题:**"丧我""无我证真""物化"或"和以天倪"**。

首先,关于"丧我"的内涵,章太炎说:

---

① 这一理论构拟主要依据的是《齐物论释定本》。
② 章太炎《齐物论释定本・释篇题》,《章太炎全集》(六),第 61 页。

> 《齐物》本以观察名相,会之一心。名相所依,则人我法我
> 为其大地,是故先说丧我,尔后名相可空。①

可见,"丧我"即是空其名相,即是破除以人法、彼此、是非、见
相为对待的名相分别。

> 既破名家之执,而即泯绝人法,兼空见相,如是乃得荡然
> 无阂。若其情存彼此,智有是非,虽复泛爱兼利,人我毕足,封
> 畛已分,乃奚齐之有哉。②

这也就是说,经由"丧我"而实现的破封执、去分别的状态,是
齐物平等的前提。因此,所谓"丧我"即是破除"我见",同时也是将
附着在"我见"之上的固有的价值秩序加以否定,摆脱固有价值秩
序所树立的"情存彼此,智有是非"的价值观念的束缚和左右。他
说:"大概世间法中,不过平等二字。庄子就唤作'齐物'。并不是
说人类平等、众生平等,要把善恶是非的见解一切打破,才是平
等。"③那种"泛爱兼利"的平等由于仍然有彼此之别、是非之念,因
而其平等必然是"强不齐以为齐",并不能从根本上消除人我之间
的"封畛",即使达到了"人我毕足"的状态,也并非真正的"平等"。
而那种所谓"自在平等"的观念,实际上也是一种"含胡虚冗"的平
等,也是因为它并未能从根本上破封执、去分别。

对于"自在平等"的批判是理解章太炎"不齐而齐"平等观的关

---

① 章太炎《齐物论释定本》,《章太炎全集》(六),第 70 页。
② 章太炎《齐物论释定本·释篇题》,《章太炎全集》(六),第 61 页。
③ 章太炎《论佛法与宗教、哲学以及现实之关系》,载《中国哲学》第六辑,北京:生
活·读书·新知三联书店,1981 年,第 308 页。

键,而章太炎辨析"自在平等"与"不齐而齐"的平等之间微妙不同的关键,即在于"平等"是否是在"丧我""破执"之后,所以,"破执""丧我"是"平等"能否真正建立的根本前提。

关于"自在平等"意涵的经典表达,是郭象在《逍遥游》里所主张的"物各有性,性各有极"的"自得"意义上的"适性平等":

> 夫小大虽殊,而放于自得之场,则物任其性,事称其能,各当其分,逍遥一也,岂容胜负于其间哉?①

所谓"平等"是在"物任其性,事称其能,各当其分"意义上的"自得",这种"自得"是"小大虽殊"前提下的"自得",也就是说大小之间虽然有别,但仍然可以在小安于小、大安于大的意义上实现"物任其性""各当其分"的"自得"意义上的"平等"。这种"自得"的目的在于取消"以小羡大"和"以大临小"的压迫性格局,但这种自得却仍然保留了"小大"之间的秩序,承认了"小大"之间在"小大"意义上的差别,这就是所谓"大小之辩"的真实意味。郭象还说道:

> 夫时之所贤者为君,才不应世者为臣,若夫天之自高,地之自卑,首自在上,足自居下,岂有递哉? 虽无错于当而必自当也。②

天地、首足、君臣之间的秩序是不能改变的,要改变的是错于所当的状况,而"自得"即是使天地、君臣、首足之间"必自当"而已。

---

① 郭象《逍遥游注》,《庄子》,台北:台湾艺文印书馆,1972年,第9页。
② 郭象《齐物论注》,《庄子》,第38页。

因此，

> 臣妾之才而不安臣妾之任，则失矣，故知君臣上下手足外
> 内，乃天理自然，岂直人之所为哉！①

所安所足之性即是天理自然，因此只要能够自安其性、自足其性，即是对天理自然的实现。不过，这种所安所足之性是块然自生、不得不然的自然。因此，"丧我"便是忘却"人为"意义上的"忘我"：

> 吾丧我，我自忘矣，我自忘矣，天下有何物足识哉！故都
> 忘外内，然后超然俱得。②

郭象的"丧我"是"忘我"之义，而所谓"忘"则是"玄同"的另一种说法：

> 夫忘年，故玄同死生，忘义，故弥贯是非，是非死生，荡而
> 为一，斯至理也，至理畅于无极，故寄之者不得有穷也。③

"玄同"即是"弥贯"是非、彼此、死生之间的差别，"荡而为一"的状态。在"玄同"的状态下：

> 夫莛横而楹纵，厉丑而西施好，所谓齐者，岂必齐形状同
> 规矩哉！故举纵横、好丑、恢诡、谲怪，各然其所然，各可其所

---

① 郭象《齐物论注》，《庄子》，第 38 页。
② 郭象《齐物论注》，《庄子》，第 31 页。
③ 郭象《齐物论注》，《庄子》，第 67 页。

可,则形虽万殊而性同得,故曰道通为一也。①

"道通为一"的"一",或者说"荡而为一"的"一",并非"齐同为一"的"一",亦即并非"齐形状同规矩"意义上"齐不齐以为齐"的"一",而是"各然其所然,各可其所可"意义上彼我都能够"自得其性"的"一",是所谓"彼我均"意义上的"一"。于是,"道通为一"的"玄同"观照之下的"大小之辩",便具有了如此的内涵:

> 各以得性为至,自尽为极也,向言二虫殊翼,故所至不同,或翱翔天池,或毕志榆枋,直各称体而足,不知所以然也。今言大小之辩,各有自然之素,既非,亦各安其天性,不悲所以异,故再出之。②

无论"翱翔天地"还是"毕志榆枋",只要能够"各称体而足""各安其天性",不"跂慕之所不及""不悲所以异",那么"大小之别"便不构成对我们的束缚和困扰。于是,蟪蛄不羡于大椿之长生,斥鹦不贵大鹏之能高,太山不大于秋毫,"苟足于天然而安其性命",也就实现了"无大无小""无寿无夭"的"道通为一"的"玄同"境界。可见,"无大无小"并非取消了大小之间的区别,而只是"玄同"了大小的区别,"忽忘"于大小的区别。严格说来,这正是"相对主义"的典型态度。钱穆先生曾一针见血地指出郭象此说的实质:

> 如《庄子逍遥游》,明明分别鲲鹏学鸠大小境界不同,但郭

---

① 郭象《齐物论注》,《庄子》,第45页。
② 郭象《逍遥游注》,《庄子》,第16页。

象偏要说鹏鸠大小虽异,自得则一。①

　　显然,郭象这种所谓适性自得的境界,是一种在大小秩序既定前提下的,安于固有大小秩序的自得,也是对既定大小之性的适应。作为这样一种适应的理论表现即是"相对主义",以及在"相对主义"基础上的"多元主义"。无论是相对主义还是多元主义对既定秩序的批判,其实都不会破坏或否定既定秩序的前提,它不仅不是对普遍主义一元论的真正克服与超越,而且是在承认既定秩序下对支撑既定秩序的一元主义或普遍主义的补充或补强。因此,"相对主义"和"多元主义"不仅无助于从根本上改善世界的价值秩序,甚至有可能逃避了促进新的价值秩序形成的责任。这样一种态度在现实人生的表现上则是一种消极的玩世不恭,一种无可无不可的两可状态,甚至有可能演变为一种身心相离的苟且态度,成为一种"无性情的放荡"(钱穆语)②。

　　以往关于章太炎的齐物平等思想的主流诠释当中,实际上占据主导地位的观点仍然是将其混同于郭象,含胡笼统地将其看作是一种"相对主义"的平等观。例如最具代表性的观点是认为"在《齐物论》下,只有同而没有异",根据这种观点,"一往平等的极端推论又把他带到了'真妄一原'的路上","这种认识论的特点,就在于'泯绝彼此、排遣是非','破名相之封执、等酸咸于一味'。在这里,一切的事物,便如'暗夜里的牡牛',尽归齐同而无所差异。"③显然,这种观点将"泯绝彼此、排遣是非"的去封执、破名相的"丧我"诠释为了郭象式的"忘我"意义上的"齐同"差别而实现的"无所

　　①② 钱穆《魏晋玄学与南渡清谈》,《中国学术思想史论丛(三)》,合肥:安徽教育出版社,2004年,第69页。
　　③ 侯外庐《中国启蒙思想史》,北京:人民出版社,1993年,第269—270页。

差异"的状态。齐同差异意味着取消了事物之间的"质"的差异。**与"齐不齐以为齐"的"齐同"是将"差别"转化为"同一"有所不同,这种"齐同"则是不以"差异"为"差异"意义上的"齐同"。**尽管存在着关于"齐同"理解上的不同,但二者都诉诸"齐同"差异,则是一致的。这种将章太炎的平等混同郭象式平等观点,根本上误解或者说没有能够抉发出章太炎毕竟平等观的更为隐微而深刻的内涵。他们没有看到,章太炎的"不齐而齐"的平等实质上是对"差异"的彻底维护。章太炎的毕竟平等观,是在维护"差异"绝对性的前提下实现的"差异"间的平等,是差异者彼此都在"是其所是"的意义上实现的平等。之所以会发生这样的误解,关键即在于这种观点未能深刻把握章太炎《齐物论》诠释中的第一个环节"丧我"的全部内涵。

同样是"泯绝彼此、排遣是非"意义上的"丧我",何以郭象式的"丧我"带来的是"不以差异为差异"的"平等",而章太炎式的"丧我"则是在尊重"差异"意义上的"平等"呢?同样的"丧我"何以会带来不同的平等状态?问题的关键在于郭象式的"丧我"仅仅是"忘我"意义上的在不改变规定"差异"的秩序的前提下,主观地取消了"差异","不以差异为差异";而章太炎的"丧我"则是在破除由"差异"的秩序所规定的"差异"的观念的前提下,改变规定"差异"的秩序,从差异自身出发来获取规定差异自身的权力。因此,章太炎的"丧我""破执"同时即是一种通过改造观念中的既定价值秩序来实现的改造世界的批判性实践。真正的平等是在对固有价值秩序的改造中实现对差异之所以为差异的解放,是在差异是其所是的意义上实现的平等。同样是"丧我",经由对"我"的否定而带来的结果是不同,这种不同不仅取决于所丧之"我"的内涵,更取决于"丧我"之后所证境界的实质。也就是说,"丧我"之后是什么而"丧我者其谁"的问题,是理解二者不同的机窍。

于是,我们可以进入章太炎平等观的第二个层次,亦即"无我显真":

> 我苟素有,虽欲无之,固不可得。我若定无,证无我已,将如槁木枯腊邪?为是征求我相名色,六处我不可得,无我所显,真如可指,言我乃与人我法我异矣。其辩曰:绝待无对,则不得自知有我,故曰非彼无我。若彼无我,虽有彼相,谁为能取,既无能取,即无所取。由斯以谈,彼我二觉,互为因果,曾无先后,足知彼我皆空,知空则近于智矣。假令纯空彼我,妄觉复依何处何者而生,故曰不知其所为使。由是推寻,必有心休,为众生依止,故曰若有真宰。①

如果"我"本来即存在,那么即使想否定它也是不可能的;如果"我"本来便不存在,那么对"我"的否定的结果难道不就是槁木枯腊一般的断灭境界?当然不是。这是因为"无我所显,真如可指",对"我"的否定实际上是为呈现"真如",此"真如"即是与被否定的人我法我相异的"真我"。所谓"真我"是绝待无对的,而人我法我则是彼此相待。因此,只有彼我皆空,绝对无待之"我"才会呈现。反面论之,正是由于存在着这样一种绝对无待的真我,妄觉下产生的彼我分别才可能有所依止,否则便"不知其所为使"。因此,所谓绝对无待的"真我",其实正是众生依止的"心体"。

在这里,由无我所显之"真如",被直接等同于"真我"。在后来的唯识学正统看来,这是典型的"真如""正智"不别的毛病。不过,在章太炎这里却自有其道理。章太炎后来在《菿汉微言》中对于无

---

① 章太炎《齐物论释定本》,《章太炎全集》(六),第 70 页。

我、真我、幻我的关系曾有更精确的说明,他说:

> 佛法虽称无我,只就藏识生灭说耳。其如来藏自性不变,
> 即是佛性,即是真我,是实,是遍,是常。而众人未能自证,徒
> 以生灭者为我,我岂可得邪?⋯⋯今应说言:依真我(如来藏,
> 是实、遍、常),起幻我(阿赖耶,非实、遍、常);依幻我,说无我;
> 依无我,说真我。①

"无我"者是无生灭之我,生灭之我即是"幻我",因为有幻我,
所以要否定之,故是"依幻我说无我";幻我可无,即能自证真我,故
是"依无我说真我";同时,若无"真我","幻我"亦不可能,"真我"是
"幻我"成立的前提,故是"依真我说幻我"。在他看来,"真我"与
"彼我""妄觉"的关系,虽不是正向的能生所生关系,却似乎是一种
突然自生的依止因。显然,在这里章太炎借取《大乘起信论》里的
真如不变随缘说来解释真我与妄觉现起的关系。在此基础之上,
章太炎进一步展开了关于"真我"与"幻我"各自内涵及其关系的深
入阐明。他运用唯识学的八识理论,将此"真我"证成为"阿罗邪
识"(阿赖耶识)或"菴摩罗识":

> 真宰即佛法中阿罗邪识,惟有意根恒审思量执阿罗邪识
> 以为自我,而意识分别所不能见也。⋯⋯以是五义,辗转推
> 度,则谓有真我在。盖灵台者,任持根觉,梵名阿陀那,亦以含
> 藏种子,名曰灵府,梵名阿罗邪。其体不生灭而随缘生灭者,
> 佛典称如来藏,正言不生灭体,亦云菴摩罗识。⋯⋯由是寂静

---

① 章太炎《菿汉微言》,《章氏丛书》下册,第 926 页。

观察,灵台即现,执此恒转如瀑流者,以为自我,犹是幻妄。唯证得菴摩罗识,斯为真君,斯无我而显我耳。是故幻我本无而可丧,真我常遍而自存,而此菴摩罗识本来自尔,非可修相,非可作相,毕竟无得,故曰求得其情与不得,无益损乎其真。①

在他看来,庄子所谓"灵台"则为任持根觉的"阿陀那识",而含藏种子的"阿罗邪识",则是庄子所谓"灵府",都是对心体的不同状态的说明:就其不生灭的心体而言,此识可称之为"菴摩罗识",亦称"如来藏";就其任持根觉而言,此识即"阿陀那识";就其含藏种子而言,此识即"阿罗邪识"。对此"菴摩罗识"的证得,是通过"无我而显"的,是对意根执持阿罗邪识而成之所谓自我亦即"幻我"的否定而所显现的"真我"。"幻我"就其是幻而言,其实本无可丧者,认识到其为虚幻即是对"真我"的证得。"真我"是"常遍而自存"的,是真正的"真君""真宰","本来自尔",是绝对无待而无所依傍的,这就是"菴摩罗识"。证得"菴摩罗识"的过程,实际上即是一个否定和批判现实世界的过程,是一个超越小我的过程,在此意义上证得的"真我",自然具备一种绝对无待意义上的价值自足性,其"无待"并非是郭象式的主观状态中泯绝彼此的"自得自足",而是一种无所依傍的"价值自立"。因此,在"无我显真"的过程,即是一种"自尊无畏"的道德实践的过程:"无畏"是一种批判现实的勇气,而"自尊"则是这种勇气的动力来源,那是对"真我"的价值内在自足自立性的肯认。章太炎《民报》阶段所试图通过建立"自识为宗"的"唯心胜义"之宗教而建设的革命者的道德,其背后的原理即在于此。如果将这样一种"无我显真"的批判性极端发挥的话,便产

———————————

① 章太炎《齐物论释定本》,《章太炎全集》(六),第71页。

生了被学界一般认为具有虚无主义倾向的《五无论》。不过,在我看来,《五无论》中所谓无政府、无聚落、无人类、无众生、无世界之"五无",实际上是以一种极端的否定态度来表达一种彻底的批判精神,而其目的或旨趣仍然在借此批判和否定,来建设一个由价值上自立自足的真我构成的世界。

不过,问题在于如何在证真之后重新安立俗的世界,如何重新确立真我与俗我的必要关联。章太炎关于"真我"与"幻我"关系的说明并未就此打住,他开始从"无我显真"进入到齐物平等论证的第三个层次,亦即唯心与缘起的关系问题,在这个层次上他提出了著名的"和之以天倪"的原理。这个问题的实质即是在"显真"之后如何重新面对"俗"的世界。章太炎对《齐物论》中"随其成心而师之,谁独且无师乎?"的解释就是在解明"种子"与"种子识"的关系。他说:

> 此论藏识中种子,即原型观念也。色法无为法外,大小乘皆立二十四种不相应行,近世康德立十二范畴,此皆繁碎。今举三法大较应说第八藏识,本有世识、处识、相识、数识、作用识、因果识,第七根本有我识(人我执、法我执),其他有无是非,自共合散成坏等相,悉由此七种子支分观待而生。成心即是种子,种子者,心之碍相,一切障碍即究竟觉,故转此成心则成智,顺此成心则解纷。成心之谓物也,眼耳鼻舌身意六识未动,潜处藏识意根之中,六识既动,应时显现,不待告教,所谓随其成心而师之也。……人情封略,亦观世者所宜知也。次举意根我识种子所支分者,为是非见。若无是非之种,是非现识亦无。其在现识,若不忍许,何者为是,何者为非,事之是非,亦无明证。是非所印,宙合不同,悉由人心顺违以成串习,虽一人亦犹尔也。然则系乎他者,曲直与庸众共之,存乎己

者,正谬以当情为主,近人所云主观客观矣。……是云非云,
不由天降,非自他作,此皆生于人心。心未生时,而云是非素
定,斯岂非以无有为有邪!夫人虽有恔心,不怨飘瓦,以瓦
为无是非心,不可就此成心论彼未成心也。然则史书往事,
昔人所印是非,亦与今人殊致,而多辩论枉直,校计功罪,犹
以汉律论殷民,唐格选秦吏,何其不知类哉?《老子》云:"道
可道,非常道。"董仲舒云:"天不变,道亦不变。"智愚相悬,
乃至于此。①

章太炎对"种子"的理解显然有悖于唯识学理论的说法。他把
种子理解为柏拉图意义上的原型观念或"相",而"成心"就是"种
子"。作为"种子"的"成心",即是眼耳鼻舌身意未动时潜藏于"藏
识意根之中",而在六识已动时,应时显现的观念。因此,若无"是
非"之"种子",或者说若无"是非"的观念,便不会有在现识当中所
呈现的"是非"判断,亦即"是非现识亦无"。"是非"分别的出现,都
是对现识中所应现的"是非"种子或"是非"观念的认许,若不将其
作为"是非"来认许,那么事实上的"是非"便无根据和明证。这就
是所谓"随其成心而师之"。而"是非"观念或种子作为"成心"的产
生,都是"由人心顺违以成串习",是从人心顺违的感受中熏习而成
的。这些人心顺违的熏习包括有主客观两方面。主观方面是所谓
"存乎己者"的"当情为主"的习惯性判断带来的影响,客观方面则
是所谓"系于他者"的与庸众"曲直所共"所带来的后果;"存乎己
者"与"系于他者"的主客两方面的"串习"便成为"成心"或"种子"
的来源。由于"串习"的形成依赖于不同时空条件,因而在不同条

① 章太炎《齐物论释定本》,《章太炎全集》(六),第73页。

件下"串习"有不同,因而"是非"的"成心"便有所不同。因此,"是云非云"都"不由天降,非自他作",而是都产生于"人心",来自于"成心",其实也就意味着来源不同的时空条件下的"串习"。这说明"是非"并非素定,而不能"以无有为有",将此并非素定的"是非",作为不变之天道,那样便会犯"以汉律论殷民,唐格选秦吏"的不知类的毛病。章太炎的此番论证旨在说明,"是非"等价值判断或分别其实都是缘起的产物,是成心与串习相互作用的结果。这也就是说,价值判断或价值分别并非得自"素定"的普遍的标准,自然不能放之四海皆准。与此同时,既然价值判断或价值分别都出自"成心",那么所有的价值判断或分别其实都是可以从其所产生的条件出发相互加以理解的。这是以"种子"("成心"或"原型观念")来解明缘起的道理,并以缘起道理来安立俗界的意义所在。

正是在此意义上,章太炎提出了他的"凡万物与我一体之说,万物皆种以不同形相禅之说,无尽缘起之说,三者无分"的说法。所谓"三者无分",即是将"万物与我一体说"和"万物皆种以不同形相禅说",在"种子说"的基础上解释为"无尽缘起说"。所谓"无尽缘起"即是对"此有故彼有"的缘起道理在相互观待依持,彼此相摄相入的"事事无碍""理事无碍"意义上的进一步发挥,就其实质而言是对唯识学四缘中"增上缘"的极端发展。诚如吕澂先生所云,华严的"无尽缘起"说是把佛家所讲的缘起归结于佛境。[1]因此,"无尽缘起"说根本上是一种从佛境出发看待世界的方式,或者说是从佛境出发来说明世界的缘起。但章太炎却将此"无尽缘起"说理解为种子或观念之间的相摄相入,他认为,法藏立"无尽缘起"说的用意,与《庄子·寓言》篇中"万物皆种也,以不同形相禅"的意趣

---

① 吕澂《中国佛学源流略讲》,北京:中华书局,1991年,第199页。

相同,是所谓"万物无不相互为种"之义,"一种一切种",即是"一即一切,一切即一"。而这正是"天地与我并生,万物与我一体"的原理。这三者之间的一致,即是在从原理上说明"万物与我一体"的意义,而"万物与我一体"所要表达的正是万物与我之间的彻底平等义。由于种子之间相摄相入的"相互为种"之义,使得万物之间的分别不再具有实在性,从而也使得打破万物之间的分别、使得万物之间的相互沟通成为可能。正是在此基础之上,缘起的道理被发挥为俗界层次上万物平等的原理。

如果以"相互为种"之义为内涵的"无尽缘起"说更为充分地说明了世界的缘起性质,那么对世界的缘起性质的认识与"真心"或"真我"有何关系呢? 或者说缘起的道理作为说明俗界的原理与"真界"的发明之间存在着怎样的关联呢? "真心"或"真我"对于"缘起"的意义何在呢? 在他看来,"真心"或"真我"的存在首先是为了解决缘起的动因问题。由于"无尽缘起"中相互增上的关系无法解决最终决定的究竟第一因,因此犯有"无穷过",于是,理解缘起的关键在于要认识到"因缘及果,此二名者,随俗说有,依唯心现,即是心上种子,不可执着说有,是故缘生亦是假说",也就是说,缘起其实仅是心上种子变现,"随俗说有"而不可执着为有,是"依唯心现"。缘起的动因需要从心体中寻找。他说:

> 今说生之所因,还待前生,展转相推,第一生因,唯心不觉,不觉故动,动则有生,而彼心体非从因缘和合而生,所以尔者,世识三时,即心种子,因果之识,亦心种子,不以前后因果而有心,唯依心而成前后因果。如是说无因论,乃成无过。①

---

① 章太炎《齐物论释定本》,《章太炎全集》(六),第113页。

作为心体的藏识是超越因果的,由于因果、三时都首先是作为心种子而存在于心体之中,所以心体应该不在缘起当中,非从"因缘和合"而生,反而前后因果却"依心而成",心体是缘起所依。心体对缘起的依持作用,是所谓"唯心不觉,不觉故动,动则有生",这种作用具有"第一生因"的意义,但又不是在因果关系意义上的生因,而是一种"万物之生,皆其自化,则无作者"意义上的作者生因,因此也可以看作是"无因论"。于是,我们发现在章太炎这里,心体与缘起的关系,由于未能完整地理解唯识学中四缘说的内涵,不能明确区分所缘缘义与因缘义、增上缘义的关系,"生因"与"无因"的关系没有得到彻底的清理,从而将阿赖耶识缘起依稀仿佛地替换成了真如缘起的不变随缘与随缘不变。

不过,问题在于章太炎对真如缘起说进行了自己的创造性发挥,从而创造性地安顿了真心与缘起或者说真与俗的关系。这就是他的"和之以天倪"的原理。

所谓"天倪",即是所谓"自然之分",而"自然之分"即"种子",他说:

> 言天倪者,直训其义,即是自然之分。……即种子识。然则自然之分,即种种界法尔而有者也,彼种子义说,为相名分别习气,而与色根器界有殊。令若废诠谈旨,色根器界还即相分,自亦摄在种子之中。《寓言》篇云:"万物皆种也,以不同形相禅,始卒若环,莫得其伦,是谓天均。天均者,天倪也。"是则所谓无尽缘起。色根器界,相名分别,悉号为种,即天倪义。若就相名分别习气计之,此即成心,此即原型观念,一切情想思慧,腾掉无方,而绳御所限,不可窜轶,平议百家,莫不持此。所以者何? 诸有知见,若浅若深,悉依此种子而现世识、处识、

相识、数识、作用识、因果识，乃至我识，此七事者，情想之虎落，智术之垣苑。是故有果无因，有相无体，现色不住于空间，未来乃先于现在，为人所不能念，自不故为矫乱及 语病狂者，凡诸儒林白衣，大匠袄师，所论纵无全是，必不全非边见，但得中见一部，不能悉与中见反也。倒见但误以倒为正，不能竟与正见离也。故离天磨珍说，随其高下，蚌瑕 见，而亦终与三等俗谛相会，转益增胜，还与自然种子角议。所以者何？一种子与多种子相摄，此种子与彼种子相倾，相摄非具即此见具，相倾故碍转得无碍，故诸局于俗谛者，观其会通，随亦呈露真谛。然彼数辈，自未发蒙，必相与争明，则迫光成暗，苟纳约自 ，而精象回旋，以此晓了，受者当无膏肓之疾，此说同异之辩，不能相正，独有和以天倪。第一章说和以是非，休乎天钧，此谓两行，已示其 萌矣。康德批判哲学，《华严》之事理无碍，事事无碍，乃庄生所笼罩，自非天下至精，其孰能与于此尔。则天倪所证，宁独生空，固有法空，即彼我执法执，亦不离是真妄一原，假实相荡，又非徒以自悟，乃更为悟他之齐斧也。①

所谓天倪即是种子识，"自然之分"即是种子识中所藏之种子，即"种种界法尔而有者"。这些种子不仅包含相名分别习气，更将色根器界收摄于内。"色根器界，相名分别，悉号为种，即天倪义"，这也就是说，"天倪"即是种子，亦即原型观念。所谓无尽缘起，即是在"万物皆种"意义上的相摄相入，实质上是万物在"原型观念"层次上的彼此之间相摄无碍，而所谓"万物一体"也正是在"原型观

---

① 章太炎《齐物论释定本》，《章太炎全集》（六），第108页。

念"层次上的一切种子之间的相摄相入意义上的"一体"。于是我们可以建立起一种从"一体"出发观照万物差别的基本视角,认识到差别其实是可以在其原型观念或种子的意义上相摄相入的,因此,差别并不绝对;但同时,"一体"也并不能取代差别,因为"种子"应时而现演为"差别"是必要的,否则将没有所谓的"万物"。将这样一种"世界观"用之于衡量思想议论,我们便发现,"百家议论"在实质上即是"一切情想思慧",虽"腾掉无方",但它却仍然受"原型观念"之绳御限制,出于原型观念。因此,持此原型观念即可以"平议百家议论",因为,"诸有知见",不论其"若浅若深",就其实质而言,"悉依此种子而现世识、处识、相识、数识、作用识、因果识,乃至我识",这七个方面,所有"情想"与"智术"都不出此范围。在此意义上,不论是"诸儒林白衣"还是"大匠袄师",其所论即使并非"全是",但必定不会全无所见。恰如"边见"与"中见"、"倒见"与"正见"的关系,总是相互依赖。其根据即是种子之间的本来相互依赖、相摄相入,"一种子与多种子相摄,此种子与彼种子相倾,相摄非具即此见具,相倾故碍转得无碍"。于是,对于差别可以在种子之间的相互依赖相摄相入的意义上寻其会通的可能。因此,即使是局于俗谛者,只要观其会通,也总会呈露真谛。因此对待百家议论的态度,不应该是"相与争明,迫光成暗",绝对化差别和对立,而是能够从事事无碍、理事无碍的无尽缘起之理出发,观其相摄相入之会通,"和以是非"。在"会通"的基础之上,实际上差别也具有了如其实际的根据,亦即根据万物"自然之分",来重新安顿万物和世界,此即"和以天倪"。"天倪"所证的世界,是"真妄一原,假实相荡"的世界。

　　章太炎在《国故论衡》中的《原道》篇里通过韩非"道"与"理"的关系来说明"真如"的不同层次:

韩非曰:"道者,万物之所然,万理之所稽也。理者,成物
之文;道者,万物之所以成。物有理不可以相薄,而道尽稽万
物之理,故不得不化。不得不化,故无常操;无常操,是以死生
气禀焉,万智斟酌焉,万事废兴焉。天得之以高,地得之以
藏……道与尧舜俱智,与接舆俱狂,与桀纣俱灭,与汤武俱昌。
譬诸饮水,溺者多饮之即死,渴者适饮之即生。……"此其言
道,犹浮屠之言如耶(译皆作"真如",然本但一"如"字)。有差
别,此谓理;无差别,此谓道。死生成败皆道也。①

道是万理之所稽,理与理之间在道的层次上是"不可以相薄"
的,若从道的层次上来看万物之理,都是不得不然的自然自化之
理,因此,万物之理各有不同;然而万物之理在都是不得不然、不得
不化而成的意义上,则同归于道。如果说"道"是真如的话,那么真
如便是总稽差别之理者,为差别之理所共具;同样的理便是真如在
万物中所展现的明其差别的理。道是共相之道,理是自相之理;前
者是作为共相的真如;后者是作为自相的真如。无论自相还是共
相,无论无差别的道还是有差别的理,都是真如的展现形式。真如
在道的意义上是共相,真如在理的意义上是自相。这也就是说,差
别之理亦是真如的形式之一。正是在此意义上,章太炎又进一步
发挥"和之以天倪"的道理,最终建立起了真俗两界关系的最高原
理,即真俗平等的原理。

"和之以天倪"是在破封执、去分别、证真我的前提下,以种子
或原型观念为根据会通万物差别,并在会通之后重新安立"俗界"
的原理,是说明"俗"之所以为"俗"的原理。从种子或原型观念出

① 章太炎《原道下》,《国故论衡》卷下,北京:中华书局,2008 年,第 515 页。

发,"俗界"的学说或事物,一方面可以打破其差别的绝对性,另一方面则可获得从其自身限定性条件出发的理解和安排,从而获致其各自存在的理由。在此基础之上,我们便可以引申出"和之以天倪"的第三层含义,亦即在真俗各有自足自立道理的意义上重新安排真俗之间的关系,使得"俗界"也由此获得其相对"真界"的自足自立的价值。若根据唯识学中的三性说来说明,"和之以天倪"首先在破除遍计所执,其次在破执的前提下显现圆成实性的真实,同时,在此破执显真当中,安立起世界的依他起的缘起性来。如果说遍计所执性须彻底破除的话,那么依他起性则具有自身的自立性,尽管并非圆成实性意义上的绝对真实,但却是具有真实性和清净性的存在,尽管其存在是有条件的,但也因而其存在是可以从条件出发加以说明其具体道理的。于是,通过"天倪"的三层内涵,章太炎最终圆满表达了"毕竟平等"的原理。首先,通过破执显真,在破除固有价值秩序的前提下,确立起每一个体自足自立、绝对无待的价值,从而确立起无所依傍的自尊无畏的道德,这即是"不齐而齐";其次,则能够从每一个体所依赖的具体限定性条件出发,来理解其所以如此的缘由,从而在相互依赖、相摄相入的无尽缘起意义上确立起一个并不相互冲突而是能够相互会通的俗界,这即是"物各付物";第三,则经过再次辩证,在真与俗之间确立起更高一重的综合"物各付物"与"不齐而齐"的平等关系:俗与真一样,都是可以自足自立的领域,因此,俗与真之间也是平等的。在这里,章太炎并未特别在圆成实性和依他起性之间明确一种真实性的层级关系,而是彻底贯彻平等的精神,确立起了最高意义上的"真俗平等"观。如果套用唯识学中根本智与后得智的关系来说明的话,所谓"真俗平等"即是后得智的境界。经过后得智所看到的世界,是一个"真妄一原""事事无碍"的佛境世界。世界仍然是这个世界,但却具有了不同的意义,成为展现真实的世界,成为真实世界的一种"具体"形式。在克服了将"俗"执着为"俗"的遍计所执之后,"俗"便具有了在一定条件下展现"真"的意味。因此,"俗"虽然并非就是"真",但却具有了"真"性,是"真"的一种"具体"形式。同时"真"也只有在"俗"当中才能够克服其"真际"的抽象性,具有其"实际"而具体的意义。这正是佛教当中从共相智向自相智的跃升。因此,"真俗平等"便成为齐物平等的终极意义,它意味着平等必须是"具体"而"实际"的平等。平等不是抽象的平等,不是停留于"真际"理想中的平等,而是能够穿透事物之间的隔别,在具体事物之间发生的实际而具体的平等。严格说来,这种具体的平等只发生在物物或人人相对的具体情境当中,是"物各付物"之后的价值对等性。这才是"不齐而齐"。

真正的平等不仅不是抽象的"一往平等"意义上的普遍平等主义,而且也并非抽象的"自在平等"意义上的多元平等主义,而是发生在个别与个别、具体与具体之间的"不齐而齐"的价值对等性,那是一种因为差异所以平等的平等性。这种意义上的平等是一种"尽性"意义上的平等,而非"适性"意义上的平等。"各尽其性"与"各适其性"的区别,在于是否能够给予个体一种充量发展且自作主宰的条件,在于是否接受和承认外在秩序所规定的"性"的内涵;只有这种意义上的平等性才真正建立起了个体之特别性的价值。①这三层平等中的每一层都具有了齐物平等的意涵,而只有彻底实现了三层次的平等才是齐物理想的最终实现。**只有在"不齐为齐"的平等观之下,个体乃至文明的价值自主性才能够真正建立**

---

① 也有学者将这种平等性称为"个别性"(individuality)。参见美国学者慕惟仁(Viren Muthy)的研究,*The Philosophy of Zhang Taiyan*:*The Resistance of Consciousness*,Leiden:Brill,2011。

起来。而这种平等性不是对启蒙价值的一次元的简单回应,而是在二次元的层次上对启蒙价值的重塑:只有从个体乃至文明价值的具体的自主性出发,而不是从任何一元论的普遍主义的抽象宣称出发,也不是从任何多元主义的相对主义态度出发,启蒙的价值才是可欲的。

实际上在这三个层次的平等之间是存在着运用方向的不同的。恰如章太炎所说,"转此成心则成智,顺此成心则解纷",第一层次的平等,即是"转此成心则成智"意义上的平等,它是通过一种否定性的、批判性的方式确立起的个体自足自立的价值,并进而带来所谓"不齐而齐"之平等结果。而第二第三两个层次的平等则可以说是"顺此成心以解纷",是以一种建设性的方式理解和安排世界。这样两种方式其实也正相应着章太炎思想形成的不同阶段:前者是他转俗成真的阶段,也是他的思想形成中着眼于"破执求真"的批判性时期;后者则是他"回真向俗"的阶段,也是他的思想形成中趋向于"以真立俗"的建设性时期。可见,《齐物论释》中论证平等的三个层次其实呼应着他一生学思、实践的两个阶段,是对他一生学思、实践的理论升华。齐物哲学本身即是对支配他一生学思、实践的生命和思想轴心的理论自觉,也正如侯外庐所言,他的哲学的创辟,是他的"人格性的创造"。①

本文原题为《"操齐物以解纷,明天倪以为量"
——论章太炎"齐物"哲学的形成及其意趣》,
原载《中国哲学史》2012 年第 3 期,此次刊布略有改动。

---

① 侯外庐《中国近代启蒙思想史》,第 218 页。

私谊、舆论和政治

——刘师培与章太炎关系再研究*

张仲民**

  说到近代中国学者的善变,少年成名、著作宏富的刘师培肯定要算一个。作为一个饱学之士,刘师培之善变,引发的争议可谓不断。其中,刘师培同另外一位学术大家章太炎的私人恩怨一直贯穿其中,两人关系演变情况牵涉面广,与政局变动关系密切,且深受舆论干扰,不但引发时人的高度关注,还吸引了后世不少研究者的兴趣。

  因此,有关清末刘师培与章太炎失和暨刘师培背叛革命这个公案,学界已有诸多高质量的研究成果①。这些研究中主要是从革命

  * 本文曾蒙万仕国先生、中国社科院中国历史研究院历史理论研究所张建斌博士和华东师范大学李文杰教授、中山大学历史学系吉辰博士、复旦大学历史系博士生石希峤等指点帮助,并得到《近代史研究》编辑部和匿名评审专家的批评提醒,特此致谢。这里发表的是全文,《近代史研究》2023 年第 3 期发表的是删节版。

  ** 作者单位:复旦大学历史学系。

  ① 有关的情况,可参看万仕国《刘师培年谱》,扬州:广陵书社,2003 年,第 150—157 页;汤志钧《章太炎年谱长编(增订本)》,北京:中华书局,2013 年,上册,第 151—152 页。相关研究成果可参看:杨天石、王学庄《章太炎与端方关系考析》,《南开学报》1978 年第 6 期,转见郭汉民主编《中国近代史实正误》,长沙:湖南人民出版社,1989 年,第 430—445 页;郑师渠《章太炎刘师培交谊论》,《近代史研究》1993 年第 6 期,第 1—19 页;杨天石《何震揭发章太炎》,《近代史研究》1994 年第 2 期,第 264—268 页;李红岩《刘师培何以要背叛革命》,中国社会科学院近代史研究所编《中国社会科学院近代史研究所青年学术论坛·2000 年卷》,北京:社会科学文献出版社,2001 年,第 409—(转下页)

党的角度对章太炎同刘师培、端方的关系以及刘师培何以背叛革命的角度进行了解读(杨天石、曾业英、李红岩、李帆、沈寂等先生文),大家利用了一些新发现的报刊报道,就刘师培夫妇背叛革命的经过和原因、他们同章太炎的矛盾情况以及端方在其中所扮演的角色进行了概括性的复原和解释,连带也涉及章太炎与端方、吴稚晖、张之洞关系问题,章太炎的革命意志及书生气问题,刘师培与黄侃关系问题(汤志钧先生文),刘师培与章太炎长期关系的演变情况(郑师渠先生文)。还有个别学者(日本富田昇先生文)不同意刘师培曾经背叛革命一说,认为刘师培不过是假意投降端方,甚至认为刘师培1908年给端方的万言书为伪造。既有关注点之外,有关刘章两人关系中的一些具体史实细节、两人交谊的后续演变情况,以及对其周边资料(包括端方档案、周边人记载、当事人言说、报刊时论、后续追忆等)的进一步开拓利用方面,依然有不少可以继续拓展的空间。

最近,刘师培致章太炎的一封道歉信被公布。此信较长,披露信息颇多,因系当事人的现身说法,尽管有公开表演成分,但其史料价值重大,为进一步讨论刘章关系提供了很好的第一手材料。有学者根据刘师培此信中的自白,为刘师培投靠端方一事进行了更有深度的解释与辩护。①但刘师培这里的自我表白和标榜不尽可靠,仍有诸多有待发覆之处,笔者亦拟以此为基础,结合既有学者的研究,对刘师培的说辞进行考辨,再利用新出版、新发现的其

(接上页)432页;李帆《歧路彷徨——也谈刘师培的政治选择》,《文史知识》2002年第6期,第59—66页;汤志钧《读〈量守遗文合钞〉——黄侃与章太炎、刘师培》,《南京师范大学文学院学报》2003年第4期,第175—180页;富田昇《刘师培变节问题的再探讨》,邹皓丹译,收入复旦大学历史系编《江南与中外交流》,上海:复旦大学出版社,2009年,第328—346页;沈寂《章太炎与端方关系案》,《安徽史学》2012年第3期,第5—12页;等等。

① 参看万仕国《刘师培佚文两篇》,《扬州文化研究论丛》第25辑,扬州:广陵书社,2020年,第44—49页;杨婷婷《刘师培变节自述及诗旨发覆:以新发现〈与章太炎书〉为中心》,《中华文史论丛》2021年第1期,第369—397页。

他若干资料,重新梳理和考察清末民初刘师培与章太炎的交谊,以及双方利用报刊媒介进行的自我展示与互动的后续情况。

一　刘章交恶

1903 年,刘师培与章太炎在蔡元培主持下的上海爱国学社订交,"二君之学术途径及革命宗旨皆相符合"①。旋即章太炎因为"苏报案"入狱三年,1906 年被释放后远赴日本加入同盟会,主持《民报》,大力宣传"排满"革命。1907 年初,在安徽芜湖皖江中学堂任教的刘师培接受章太炎邀请,携妻子何震一起赴日,也加入了同盟会,为章太炎主持下的《民报》撰稿,鼓吹"排满"革命,并与章太炎一起参加了其他激进政治活动。②但这段时间,同盟会内部矛盾爆发,且因为《民报》经费问题,倍感失望的章太炎对孙中山尤为不满。恰巧暗中本是革命党人的程家柽受清廷肃亲王善耆、陆军部尚书铁良委派,赴东京分化收买革命党人,阻止其模仿徐锡麟从事暗杀清廷大员活动。程联络同盟会员刘揆一后示意革命党人可以假受招安,"不妨受金,而不为所用。革命党得此巨资,大有利于军事进行"。章太炎认为作为权宜之计此事可行。③可能正是从此角度考虑,章太炎此后才委托何震向清廷地方督抚寻求资助。④

---

① 钱玄同《章太炎、黄季刚二君关于刘申叔君文十首》,见南桂馨等编《刘申叔遗书》,南京:江苏古籍出版社,1997 年影印本,上册,第 19 页。

② 参看郑师渠《章太炎刘师培交谊论》,《近代史研究》1993 年第 6 期。

③ 参看沈寂《章太炎与端方关系案》,《安徽史学》2012 年第 3 期,第 6 页。

④ 而根据周作人的回忆,当时湖北留日学生打算翻译东亚同文会 1906 年出版的《支那经济全书》,因该套书调查中国社会经济情形非常详细,情报价值极大。此事获得湖广总督张之洞的支持,特意拨款赞助。其中部分款项为许寿裳负责管理,曾被用来替章太炎主持的《民报》社垫付罚款,"救了太炎的急难"。不知道章太炎向张之洞求助跟此事有无关系。周作人《知堂回想录》,香港:三育图书有限公司,1980 年,第 227 页。

　　1907 年底,被迫辞掉《民报》主笔的章太炎有了告别政治赴印度为僧的想法,只是此行需钱颇多,他本人无力负担,"睹国事愈坏,党人无远略,则大愤,思适印度为浮屠,资斧困绝,不能行"①。为此,他与同住好友刘师培夫妇应有过不少交流,并请即将归国的何震同其亲戚——时任中国驻长崎领事、张之洞女婿卞綍昌联系,②让卞向张之洞说项以换取资助,"所托诸事,务望尽力"③。但张之洞此时已转到北京担任兼管学部的军机大臣,恰好身在南京的卞綍昌得知这一消息后,就近告诉了因为徐锡麟事件极为警惕留日学生革命问题的两江总督端方,让何震到南京同端方接洽。1907 年 11 月 25 日,章太炎得知何震赴南京交涉的消息。④12 月 29 日,章太炎从何震复信中得知刘师培由东京返回上海的旅行"甚苦",刘已经不再计划赴南京而是打算就地在上海代章太炎同端方交涉,章太炎遂建议何震、刘师培可以托人在南京的旧友杨文会帮忙,"密致杨仁山书,令其转圜"⑤。而稍早回国的何震已在南京与端方联系完毕并返回上海迎接刘师培回国。

---

　　① 黄侃《太炎先生行事记》,原见 1913 年 8 月《神州丛报》第 1 卷第 1 册,转见湖北省人民政府文史研究馆校订《黄季刚诗文钞》,武汉:湖北人民出版社,1985 年,第 30 页。
　　② 据何震自谓,何震之兄何誉生与时任清廷驻长崎领事卞綍昌"亲善",故章太炎才托何震帮忙。参看万仕国编著《刘师培年谱》,第 125 页。何震或许并不知晓黄侃与卞氏即张之洞关系。卞綍昌为著名学者卞孝萱族叔,官宦家庭出身,与刘师培同属仪征人,曾长期担任清廷驻日公使随员,卞家与黄侃一家有姻亲关系,卞綍昌之弟绶昌为黄侃姐夫。而黄侃为湖北官宦子弟,其父为理学名家,与张之洞有旧交,黄侃曾去拜访过张之洞,并得其欣赏资助赴日留学。有关卞本人及其家族情况,以及黄侃经历和交游情况,可参看卞孝萱《冬青老人口述》,赵益整理,南京:凤凰出版社,2019 年,第 96—110 页;汪辟疆《悼黄季刚先生》,《制言半月刊》第 4 期(1935 年 11 月 1 日),第 1—7 页。
　　③ 章太炎《与何震、刘师培》,马勇整理《章太炎全集·书信集》,上海:上海人民出版社,2017 年,上册,第 142 页。
　　④⑤ 章太炎《与何震、刘师培》,马勇整理《章太炎全集·书信集》,上册,第 143 页。

在上海停留期间,刘师培夫妇与旧友柳亚子、邓实、黄节等人曾两次雅集,互相唱和,并一起参与了南社创立的活动。①暗中,刘师培夫妇也在为章太炎、苏曼殊赴印度为僧请端方资助事进行奔波。②当然,刘师培夫妇这样做也有为自身考虑的因素——有老母随行的刘师培在东京经济窘迫,计划未来由日本返回上海居住,这均需要金钱支持。③

而何震之前到南京同端方接洽获得积极回应,端方答应资助刘师培夫妇可以继续返回日本活动。作为回报和答谢,刘师培遂在上海致函端方,就如何镇压、收买革命党一事为之出谋划策,且主动输诚表示自己愿意放弃反满立场,充当朝廷暗探,侦查破坏革命党的活动。④不过这封信的最后部分,刘师培也在端方面前力保章太炎,高度评价章太炎学问之余,还为其何以从事"反满"革命行为进行辩护,"特以未冠以前,嗜阅野史,遂倡民族主义",并揭出章

<hr>

① 参看万仕国编著《刘师培年谱》,第126—128页。

② 苏曼殊丁未十月二十三日致刘三(季平)信中曾说:"前太炎有信来,命曼随行,南入印度。现路费未足,未能豫定行期。"苏曼殊《与刘三书》,柳亚子编《苏曼殊全集》,北京:当代中国出版社,1995年,第1卷,第123页。

③ 据此时同为刘师培夫妇、章太炎好友的苏曼殊丁未十月二十九日在上海致密友刘三信中所语可知:"申公(即刘师培,引者注)有意明春返居沪渎,以留东费用繁浩,且其老太太远适异国,诸凡不便故也。"苏曼殊《与刘三书》,柳亚子编《苏曼殊全集》,第1卷,第123页。对刘师培经济窘迫情况的分析,可参看万仕国编著《刘师培年谱》,第147页。

④ 参看刘师培《1908年上端方书》,此万言书原被洪业公布于《大公报·史地周刊》(1934年11月2日,第11版),收入万仕国辑校《刘申叔遗书补遗》,扬州:广陵书社,2008年,下册,第943—948页。关于刘师培此信的真假一直存有争议,有关的分析和考订,可参看高良佐《论刘师培与端方书》,《建国月刊》第12卷第4期(1935年4月),第1—11页。后续的补充纠正,可参看富田昇《刘师培变节问题的再探讨》。而据当时同刘师培有密切关系的钱玄同所言,钱本人曾于周作人处亲自看到过这封刘师培致端方信原件,认为笔迹的确出自刘师培之手,"阅此始知其讲社会主义时已做侦探也。"钱玄同1932年8月21日日记,杨天石主编《钱玄同日记》,北京:北京大学出版社,2014年,中册,第876页。

太炎主持《民报》事及其与革命党的矛盾情况,指出章太炎主张"反满"革命并非内心所愿,同样"系党人迫彼使为",眼下章太炎打算"往印度为僧","惟经费拮据,未克骤行",刘师培希望端方赦免章太炎的罪行,"助以薄款,按月支给",好让章太炎改过自新,"则国学得一保存之人,而革命党中亦失一绩学工文之士"。且刘师培请求端方为此事保密。①但刘师培这里获得端方按月支给章太炎出家费用的许诺却未被章太炎接受。章太炎在 1908 年 1 月 30 日致刘师培、何震的复信中表示:"领事按月支款之说,万难允从。"他希望刘师培能为之转圜,"先付三分之二,不则二分之一",否则即拒绝。②这样的要求被端方拒绝,这意味着刘师培夫妇为章太炎奔走获取端方资助的努力宣告失败。

1908 年 2 月中旬返回东京之后,刘师培夫妇继续从事无政府主义宣传与提倡世界语活动之余,开始离间章太炎和革命党的关系,希望迫使章太炎早日脱离革命党。凑巧的是,这时何震与其表弟汪公权的奸情为章太炎识破,章太炎遂将此事告诉刘师培,但由此却让好名惧内多疑的刘师培愈加不信任此时正极力反对世界语的章太炎,两人之间的裂痕进一步扩大。③

4 月中旬,汪公权与刘师培、何震夫妇放出章太炎将要放弃《民报》笔政、出家为僧的消息,并致信《二六新闻》《申报》等媒体让其刊发。敏感的《申报》驻东京记者立即在《申报》上发布了有关内容:

① 参看刘师培《1908 年上端方书》,收入万仕国辑校《刘申叔遗书补遗》,下册,第948 页。
② 章太炎《与何震、刘师培》,马勇整理《章太炎全集·书信集》,上册,第144 页。
③ 参看张仲民《种瓜得豆:清末民初的阅读文化与接受政治》,北京:社会科学文献出版社,2021 年,第 311—353 页。

> 主持《民报》社之章炳麟现已经请南京某僧来东受戒,决意出家,《民报》事从此绝不顾问。自谓被捕七次,坐狱三年,身世茫茫,正不知如何结果,大有废然自返之意,党中人颇愤恨之。①

稍后,《时报》亦发表了类似报道:"据确实友人信,言《民报》社主笔章太炎已延南京某僧来东受戒,决计出家,从此不问世事云。"②

《申报》《时报》等报的报道马上为章太炎得知,他立即致信《申报》等媒体发布反驳声明,除揭发刘、何、汪三人构陷自己,还批评何震女权思想激烈,并直斥何震表弟汪公权为刘章矛盾的症结所在,反驳之中也为刘师培留了转圜余地:

> 近日党派纷争,宪党已微,女子复仇党又思乘机而起,彼辈宗旨虽与吾党无大差池,而志在揽权,其心极隐。《二六新闻》前登程家柽事,本属虚诬,其意并不在程家柽,欲因此以倾覆《民报》。故中有《天义报》《民报》优劣一段事。《二六新闻》明著送稿者为刘光汉,使吾辈知其语所由来。刘君本非险诈之徒,惟帐下养卒陈(原文如此,当为"汪",引者注)公权者,本一势幻小人,以借贷诈谝为务。刘君素无主张,一时听其谗言,遂至两家构衅,诚可浩叹! 闻彼辈亦曾送稿贵同人,言鄙人种种灰心事。其意祇欲取而代之耳。鄙人近仍在《民报》办事,拟重新整顿一番。至于削发为僧,本与此事绝无关系,月照尚可作尊王攘夷事,况我辈耶? 若谓从此入山,摈弃世事,则今日并无山可入也。一切谗言,愿勿听纳。此问近安。章炳麟白。③

---

① 《东京通信·章太炎出家》,《申报》1908 年 4 月 14 日,第 2 张第 4 版。
② 《东京通信·章太炎受戒作僧》,《时报》1908 年 4 月 17 日,第 3 页。
③ 《东京通信·章炳麟仍办〈民报〉》,《申报》1908 年 4 月 21 日,第 2 张第 2 版。

面对章太炎的辩驳,刘师培夫妇却不愿就此罢手,为此不惜自
揭曾充当章太炎和端方之间联络人的秘密。何震专门致密函于章
之论敌吴稚晖,向其提供章太炎通过刘师培夫妇与端方联络的五
封信,借以揭发章太炎与清廷大员已经暗通款曲,以及章太炎抨击
《新世纪》主张无政府主义的事实。①何震在信中还火上浇油,特别
提到"东方无知之革命派受其(指章太炎)影响,亦排斥无政府主义
及世界语"②,以此加深主张世界语和无政府主义的吴稚晖对章太
炎之敌意。此外,刘师培夫妇还迁怒于寄居其家的苏曼殊,迫使苏
曼殊搬出。如苏曼殊自陈:"太少两公又有龃龉之事,而少公举家
迁怒于余。余现已迁出,漂泊无以为计。"③随后刘师培夫妇伪造
《炳麟启事》在《神州日报》上发表:

世风卑靡,营利竞巧。立宪革命,两难成就。遗弃世事,
不撄尘网,固夙志所存也。近有假鄙名登报或结会者,均是子
虚。嗣后闭门却扫,研精释典,不日即延高僧剃度,超出凡尘。
无论新故诸友,如以此事见问者,概行谢绝。特此昭告,并希
谅察。章炳麟白。④

从启事内容看,与之前所引《申报》上发布的内容相接续,刘师培夫

① 参看杨天石《何震揭发章太炎》,《近代史研究》1994 年第 2 期,第 264—268
页;又可参看《章炳麟与刘光汉及何震书五封》,转见吴稚晖《吴稚晖全集》,北京:九州出
版社,2013 年,卷八,第 313—316 页。
② 《何震与吴稚晖书》(1908 年 4 月 21 日),万仕国辑《刘申叔遗书补遗》,下册,
第 1019 页。
③ 苏曼殊《与刘三书(戊申四月八日)》,柳亚子编《苏曼殊全集》,第 1 卷,第 128
页。
④ 《炳麟启事》,《神州日报》1908 年 5 月 24 日,第 2 页;又见汤志钧《章太炎年谱
长编(增订本)》,上册,第 152 页。

妇直接模仿章太炎口气表达悲观心情,示意章氏对革命事业已经灰心丧气,将要出家归隐。刘师培夫妇希望通过这样的手段造出既成事实,逼迫章太炎脱离《民报》社,以实现昔日对端方的许诺。刘师培与何震二人这种借用舆论造势、伪造后者发声的策略,不但让章太炎受到革命党阵营中吴稚晖等论敌的诋毁,还连带落下"背叛革命党"、充当"满洲鹰犬"的恶名,①其影响一直延续到民初(详后)。

刘师培夫妇如此操作,让此时对章太炎非常不满的蔡元培都感觉"太不留余地","枚叔末路如此,可叹可怜!"②但章太炎同样借助舆论力量在《申报》上的声辩,蔡元培认为章太炎本已在《神州日报》的广告中(即前引刘师培夫妇伪造之《炳麟启事》,在发表时间上,《申报》其实在前,《神州日报》启事在后——引者注)声明对外来质疑不再答辩,却食言于《申报》中为自己再次声辩,"其言尤为无聊",并对吴稚晖来函表示不再针对章太炎此函"作答"的说法表示赞同。③不过,吴稚晖在收到何震揭发章太炎与清廷联络的五封书信后,忍不住又针对章太炎此声辩进行批评,认为这是章太炎为自己投靠清廷一事故意狡辩,"证据俨然在五书之中,始知无可抵赖,乃作书于申报馆,以'日僧月照亦谈革命'等,支吾其词"④。

在制造革命党内讧并与章太炎发生矛盾的这段时间,刘师培通过清廷驻日留学生监督田吴焀与端方保持电报联络,并由此渠道获得端方资助。如通晓内情的时人之言:"田伏侯时为留学生监

---

① 参看杨天石《何震揭发章太炎》,《近代史研究》1994 年第 2 期,第 268 页。
②③ 蔡元培《复吴敬恒函(1908 年 6 月下旬)》,收入中国蔡元培研究会编《蔡元培全集》,第十卷,杭州:浙江教育出版社,1998 年,第 67 页。
④ 参看《章炳麟与刘光汉及何震书五封》,转见吴稚晖《吴稚晖全集》,卷八,第 314 页。

督","据云申叔与午桥往来文件,皆由彼作介。"①而一档馆留存的端方档案,内中即有田吴炤就刘师培计划归国事与端方来往的电报。电报中表明刘师培通过何震(即电报中所言的何桢)的中介让田吴炤在光绪三十四年九月十八日(1908 年 10 月 12 日)致电端方,表达其希望归国之意,并请代为询问归国费用问题:"南京制台:柱,何桢来言,申叔定计归国,曾经切禀,稍有累,求助成行,盼复至切。嘱电陈,求速复。"②四天后(光绪三十四年九月二十二日),端方回电田吴炤,称刘师培所需费用已于八天前汇出,请其转告刘:"东京使署田监督:柱,申叔八数日前已由叶志道函汇,祈转告。"③

　　1908 年 10 月中下旬,刘师培由日本东京回到上海活动,开始帮助端方搜集革命党人的情报,"始真为侦探矣"④。但随着其出卖革命党一事被舆论曝光,自保为上的刘师培不得不于 1909 年 4 月赴南京公开投奔江督端方,⑤之后追随转任直隶总督的端方北上天津。刘师培背叛革命、公开入端方幕府一事颇为时论关注,纷纷对此加以关注报道。⑥倾向革命的上海《神州日报》则专门刊出讽刺小说《书生侦探》,讥笑刘师培"是国粹党而新充南洋侦探者"⑦。激进的《民呼日报》直接模仿刘师培口气和文风发表《拟刘

　　① 参看《卢慎之致梅鹤孙书札 1 通》,参看杨丽娟整理《学海遗珍:仪征刘氏家藏书札笺注》,扬州:广陵书社,2014 年,第 210 页。

　　② 田吴炤《为何桢来言申叔定计归国事自东京致端方电报》,一档馆藏端方档案,27-01-002-000183-0109。

　　③ 端方《为申叔八数日前已由叶志道函汇事致东京留学生监督田照电报》,一档馆藏端方档案,27-01-001-000137-0221。

　　④ 参看陶成章《浙案纪略》,收入汤志钧编《陶成章集》,北京:中华书局,1986 年,第 364 页。

　　⑤ 参看万仕国《刘师培年谱》,第 172 页。

　　⑥ 参看《五光十色之刘师培》,《时报》1911 年 5 月 25 日,第 3 页;《端督随员》,《大公报》1909 年 7 月 31 日,第 2 版。

　　⑦ 参看《滑稽小说·书生侦探》,《神州日报》1909 年 2 月 9 日,第 1 页。

光汉新擢直督随带赴禀》，挖苦羞辱刘师培甘作"南洋秘密侦探"和端方"沐恩门生"，"烈性消磨于五百薪金，汉玉秦铜主义变半生铁血，只图温饱，久甘为社会狐狸。"①连比较亲政府的《大公报》也对刘师培脱离革命党入端方幕府事进行讥评：

> 徐锡麟，安庆之候补道也，而竟革恩铭之命。刘光汉，著名之革命党也，而竟入某督之幕。乃最相反之事而竟以一身兼之，论者鲜不以为怪而不知非也。今之志在入幕者，无不以革命为终南之捷径，即今之热心革命者，无不以入幕为最后之目的。放眼前途，革命乎？入幕乎？直一而二，二而一也。②

稍后激烈的戴季陶更是挖苦刘师培为"水性杨花之志士"，为了功名利禄而投靠清廷："非向主张革命提倡社会主义者乎？而今则仅不过因一四品京堂数百月薪，遂全变其旧日之气概，忘其旧日主义焉。"③徐兆玮后来在看了《民立报》等报刊上登载的幸德秋水被杀害的报道后，将之与刘师培变节一事进行对比道："日本社会党幸德秋水之死，中西各报皆详纪其事，幸德不幸而传矣。刘申叔在日本亦极力提倡，而利禄熏心，中途改节，能无愧杀？"④

---

① 《拟刘光汉新擢直督随带赴禀》，《民呼日报》1909 年 6 月 12 日，第 2 页。

② 《革命党入幕》，《大公报》1909 年 7 月 29 日，第 2 张。

③ 参看戴季陶（天仇）《水性杨花之志士》（原刊上海《天铎报》1910 年 12 月 12 日），收入桑兵等编《戴季陶辛亥文集》，香港：中文大学出版社，1991 年，上册，第 358 页。

④ 参看徐兆玮 1911 年 2 月 4 日日记，《徐兆玮日记》，李向东等标点，合肥：黄山书社，2014 年，第 2 册，第 1147 页。

二 章太炎的努力

刘章交恶之后,章太炎曾请汪东、刘揆一等人帮助说和,但未成功。[①]此后,章太炎仍试图挽回与刘师培的友谊,还致信前辈学者孙诒让请其调解:

> 仪征刘生(旧名师培,新名光汉,字申叔,即恭甫先生从子),江淮之令,素治古文《春秋》,与麟同术,情好无闲,独苦少年气盛,惠受浸润之谮。自今岁三月后,馋人交构,莫能自主,时吐谣诼,弃好崇仇,一二交游,为之讲解,终勿能济(以学术素不逮刘生故)。先生于彼则父执也,幸被一函,劝其弗争意气,勉治经学,以启后生,与麟勠力支持残局,度刘生必能从命。偻偻陈述,非为一身毁誉之故,独念先汉故言,不绝如缕,非有同好,谁与共济? 故敢尽其鄙陋以浼先生,惟先生稍留意焉。[②]

可惜孙诒让未收到信前即已去世,刘章交谊终至决裂。其实按照当时刘师培在端方幕府的得意情形看(详后),即便孙诒让致信刘师培劝解,也难有效果。

难得的是,刘师培入端方幕府之后,为学术也为私谊考虑,章太炎仍希望刘能迷途知返,特意致信刘师培,信中回顾两人交谊和学术志趣,"与君学术素同,盖乃千载一遇",希望两人不要因为薄物细故好和外人挑唆而致决裂,"中以小衅,翦为仇雠,岂君本怀?

---

① 参看杨天石主编《钱玄同日记》,上册,第 129 页。
② 章太炎《与孙仲容书》,见南桂馨等编《刘申叔遗书》,南京:江苏古籍出版社,1997 年影印本,上册,第 23 页。

虑亦为人诖误"。章太炎提醒刘师培不要相信端方的示好之举,端氏为人实多疑,"外示宽弘,内怀猜贼",只是将其投闲置散,任意驱使,如此太浪费才华,将来还会有灾祸潜伏,"猜防积中,萢蘖在后"。章太炎认为自己与刘师培惺惺相惜,"艺术素同,气臭相及",建议刘能考虑到现实和家庭情况,听信自己劝告,"挈身远引",甚至可以"佯狂伏梁",避开"凶人牵引",专心学术,如此"先迷后复,无减令名"。①对于章太炎的良言相劝,刘师培并未理会。②反倒是章太炎又为此背上恶名,一些革命党的舆论传言他同刘师培"和好如初,且受端方委任,担任解散革命党,及充常驻东京之侦探员"③。

与章太炎对刘师培看法类似的还有刘师培另一好友蔡元培。当蔡元培收到吴稚晖揭发刘师培背叛革命的来信及所附证据后,就在回信中表示刘师培虽然"确是老实,确是书呆",但有"好胜""多疑""好用权术"三个毛病。接下来蔡元培分析,刘师培由于性格上的这些弱点导致与章太炎失和,只是不曾想到他居然会公开投靠端方,甘作密探出卖革命党:

> 在申叔,未免好用其所短。然此等性质,充类至尽,亦不过于自党中生冲突而止。万不料其反面而受满人端方之指挥,且为之侦探同党也。弟初见"书生侦探"之说,即疑之。然彼报未几即自取消。弟尚以为在疑似之间。一月前,得钟君宪鬯来函,有云:近来风云大变,素日同志,改节易操者,盖多有之,如刘申叔辈,其尤甚也,云云。钟君素不妄语,弟于是始知申叔之

---

① 参看章太炎《与刘光汉书七》,收入南桂馨等编《刘申叔遗书》,上册,第23页;马勇整理《章太炎全集·书信集》,上册,第140—141页。
② 参看万仕国《刘师培年谱》,第177—178页。
③ 参看《章炳麟与刘光汉及何震书五封》,转见吴稚晖《吴稚晖全集》,卷八,第317页。

果变节。及后见《民呼日报》，两载端方携其亲信之书记陶保濂主政、刘师培孝廉赴北洋云云，则彼又公然入端方之幕矣。

对刘师培寄予极高期望的蔡氏不理解"何以变而一至于此"，但心存忠厚的他仍为刘师培行为进行辩护，认为刘师培假戏真做，或能成为打入朝廷内部的"徐锡麟第二"，借以为自己洗刷耻辱。蔡元培希望吴稚晖乐观看待此事，不必过早下定论。"此亦先生所谓与进与洁之意也"：

> 最后之希冀，或者彼将为徐锡麟第二乎？徐君当将到安徽之时，其刎颈交攻之颇剧烈，后来之事，大出意外。然则论定一人，非到盖棺时竟有未可质言者。①

字里行间，不难发现蔡元培对刘师培的爱惜之情和回护之意。②只是昔日被友朋称为"支那少年""东方卢梭"的刘师培此时已面目大变，③前者对之"徐锡麟第二"的期待，不过是一厢

---

① 蔡元培《复吴稚晖函（1909 年 8 月 21 日）》，中国蔡元培研究会编《蔡元培全集》，第十卷，第 72—73 页。

② 钱玄同后来曾致信郑裕孚说："自癸卯至己未十七年间，对申叔终无恶意及非议者，惟蔡公而已。"之后，又致信蔡元培说："先生对于申叔之交始终不渝，不以其晚节不终而有所歧视。"参看《钱玄同致郑裕孚（1934 年 3 月 30 日）》（二）、《钱玄同致蔡元培（1936 年 7 月 5 日）》，刘思源等编《钱玄同文集》，北京：中国人民大学出版社，1999 年，第 6 卷，第 187、277 页。

③ 因为刘师培 1903 年曾出版过《中国民约精义》一书，以卢梭的民约论（即社会契约论）主张来重新梳理若干中国传统经典与思想家，试图借此诠释和建构出中国本土的民权传统，所以当时一帮友朋称赞他为"东方卢梭"。如曾与章太炎、刘师培、梁启超等人均为好友的吴君遂即写诗形容刘师培："人言病夫老大，我见支那少年。东方卢梭有几，申叔夫子最贤。"见吴保初《怀人诗》，收入吴著《北山楼集》，孙文光点校，合肥：黄山书社，1990 年，第 75 页。该诗也被收入梁启超《饮冰室诗话》，北京：人民文学出版社，1982 年，第 84 页。

情愿。

这时原来将刘师培、何震引为同道,"热诚与之交通"的吴稚晖虽然对于刘师培出卖革命党公开投入端方幕府一事深恶痛绝,但认为系何震幕后教唆刘师培,"惟刘本痴人,无所作为,况现已明作幕僚,肆恶为难"①。

1911、1912 年之交,四川兵变情况及端方被杀的消息不断见之于报端,而追随端方入川的刘师培也生死不明,②于是章太炎不念旧恶、不顾非议,于 1911 年 12 月 1 日的《民国报》上公开发表《章太炎宣言》赞扬刘师培学问,借机为其声辩,求取革命党宽恕:

> 今者文化陵迟,宿学凋丧,一二通博之材,如刘光汉辈,虽负小疵,不应深论。若拘执党见,思复前仇,杀一人无益于中国,而文学自此扫地,使禹域沦为夷裔者,谁之责耶?③

继而,担心刘师培人身安全的章太炎又联合蔡元培在 1912 年初的《大共和日报》上,连续发布《求刘申叔通信》的共同署名广告,希望能依靠舆论的力量联络到刘师培,确保其安全无忧:

> 刘申叔学问渊深,通知今古,前为宵人所误,陷入藩笼。今者,民国维新,所望国学深湛之士,提倡素风,任持绝学。而申叔消息杳然,死生难测。如身在他方,尚望先一通信于《国

---

① 参看吴稚晖《鳞鳞爪爪(十六)》,收入《吴稚晖全集》,卷八,第 85—86 页。
② 稍后还有媒体传出刘师培同端方在资州已经一起被杀的消息。参看《刘光汉随端方入川,闻在资州已同端一起被杀》,《时报》1912 年 1 月 23 日,第 1 页。
③ 转见汤志钧《章太炎年谱长编(增订本)》,上册,第 220 页。

粹学报》馆,以慰同人眷念。章炳麟、蔡元培同白。①

另外一位旧友张恭虽曾因刘师培出卖被捕入狱,②但他同样很佩服刘师培的学问,不计前嫌在杭州专门致电上海《神州日报》《新闻报》《时报》等报馆,效法章太炎等人刊布声明求知情者帮忙与刘师培联络:

> 《神州报》转各大报馆鉴:故人刘申叔学问渊深,性情和厚。自戊申冬间一别,闻其转徙津鄂,信息杳然。前者为金壬朦蔽,致犯嫌疑。现在民国维新,凡我同人,正宜消除意见。所有知其寓址者,代为劝驾,惠然来归。或先通信于杭州祠堂巷庄君新如处,以慰渴念。金华张恭叩。③

稍后,在安庆安徽都督府任职的刘师培旧友邓绳侯(艺孙)、李光炯(德膏)、陈独秀(陈仲)等人也响应章太炎、蔡元培请四川当局释放刘师培的呼吁,以安徽都督府秘书科名义集体致电临时大总统孙中山,恳请其"宽宥"刘师培当年变节之过:

> 大总统钧鉴:仪征刘光汉累世传经,髫年岐嶷,热血喷溢,

---

① 章太炎、蔡元培《求刘申叔通信》,《大共和日报》1912年1月16日,第1页论前广告。该通信也被收入中国蔡元培研究会编《蔡元培全集》,第二卷,杭州:浙江教育出版社,1997年,第5页。该通信又见汤志钧《章太炎年谱长编(增订本)》,上册,第220页。

② 参看经盛鸿《刘师培出卖张恭时间小考》,《文教资料》1997年第5期,第79—80页。

③ 《共和民国之紧要电报》,《神州日报》1912年1月18日,第1页,此材料蒙万仕国先生惠示;《公电》,《新闻报》1912年1月18日,第1张第2版;《杭州电》,《时报》1912年1月18日,第2页。

鼓吹文明。早从事于爱国学校、《警钟报》《民报》等处。青年学子读其所著书报，多为感动。今之共和事业得以不日观成者，光汉未始无尺寸功。特惜神经过敏、毅力不坚，被诱金壬，隳节末路。今闻留系资州，行将议罚。论其终始，实乖大法；衡其功罪，或可相偿。可否恳请赐予矜全，曲为宽宥。当玄黄再造之日，延读书种子之传，俾光汉得以余生，著书赎罪，某等不啻身受大法矣。谨此布闻，伏待后命。皖都督府秘书科邓艺孙、洪海阐、汪津本、李德膏、陈仲、卢光诰、冯汝简、吕嘉德、李中一、龙炳等谨叩（安庆来电）。①

受到各方援助刘师培呼吁的影响，教育部和总统府也分别致电四川都督府和资州军政署方面，督促四川军政当局释放刘师培，护送其到南京。②事实上，此前刘师培在成都已被释放，各方对其的营救举措只是更加有利于他此后的安全而已。刘师培旋即被四川都督尹昌衡聘为新成立的四川国学院"院副"，开始在成都一年半的任教生活。③

此时的章太炎不但公开通过报纸发声拯救刘师培，在政坛上的表现也非常活跃，被身边人视为"奇货可居"。④这时他高票当选新成立的政团中华民国联合会会长，还充任该会新创办的机关报《大共

---

① 原电见《临时政府公报》第 2 号（1912 年 1 月 30 日），"电报"，第 14 页。该电又见桑兵主编、赵立彬编《各方致孙中山函电汇编（1895—1912.2）》，第 1 卷，北京：社会科学文献出版社，2012 年，第 304 页。

② 《又电云》《又致成都电云》，《时报》1912 年 2 月 1 日，第 2 页。两电又见万仕国《刘师培年谱》，第 208 页。

③ 参看万仕国《刘师培年谱》，第 211 页。

④ 丁文江、赵丰田编《梁启超年谱长编》，上海：上海人民出版社，2009 年，第 373 页。

和日报》社长,积极参与各种政治活动,就各种现实问题不断公开表达政见。他对孙中山和同盟会推行的一系列政策与作为尤其不满,有诸多批评指责。如章太炎认为从政体角度看不应将总统实权虚化,又批评孙中山和同盟会太过在乎一党私利,不惜制造同光复会旧人的党争,乃至企图保留黄兴为南京留守,以南京为基地对抗中央,还批评南京民国临时政府率尔采用阳历的做法。另一方面,章太炎赞成促成清廷退位的袁世凯组织"临时全权政府",主张建都北京而非定都南京,支持袁世凯的中央集权行为,甚至主张同盟会"销去党名",以配合袁世凯的集权举措。其中章太炎针对据传打算派人暗杀自己的黄兴的批评尤为激烈,是打仗屡战屡败的"败保"(类比于清廷派去镇压太平军、屡战屡败的清军将领胜保),材具"中庸",徒有虚名,且其担任南京留守期间犯下滔天罪恶,可谓之为"民贼"。①

章太炎这些率性言行大多有利于袁世凯而不利于革命党一方,且公开彰显了革命党内部的严重分歧,自然招致孙中山、黄兴及诸多同盟会会员的极大不满。②他们亦通过报刊舆论围击章太

① 有关民初章太炎这些言行的大概情况,可参看汤志钧《章太炎年谱长编(增订本)》,上册,第215—233页。对于章太炎这些言行立论的根据,时为章氏爱徒的钱玄同非常了解内情,并于钱玄同十年后曾有分析:"看《太炎最近文录》,此均民国元年时代,章师对于政治的意见,其中多悖于进化潮流之论,在不知当时情形者观之,必大不满意,或且诋师为媚袁亦未可知。然师在当时忽发此等议论,实有下列四等之原因:一、师熟于中国历史,而于历朝之典章制度尤所究心,故其政论不免有笃旧之倾向。二、师为倡单调的种族革命论者,对于共和政体本非所满意。三、辛亥以前革命党中,光复、同盟两会早已互相仇视,师与光复党接近,对于孙黄诸人感情素恶。四、陈英士暗杀陶焕卿之事,师所最切齿痛恨者。以是种种原因,于是发为文章反对阳历,反对建都于南京,反对学法政之新进,甚至于反对约法……若习闻师平日之见解言论,又深知当时党中情形,则对于此等偏激之谈,必能曲谅。"钱玄同1922年1月2日日记,杨天石主编《钱玄同日记》,北京:北京大学出版社,2014年,上册,第384页。

② 章太炎激烈的言论让清遗老郑孝胥都觉得出格:"均是盗也,章子可谓盗之狂者也。"郑孝胥1912年9月20日日记,见劳祖德整理《郑孝胥日记》,北京:中华书局,2005年,第3册,第1434页。

炎，试图制造其早已声名狼藉、言行无足轻重的形象。针对章太炎"主都北京反对南京"的主张，《天铎报》专门刊发评论，旧事重提，挖苦章太炎当年为贪图钱财投靠端方，充当清廷侦探，如今并无资格对民国政事说三道四：

> 奈之何倡都北京、斥都南京者，乃一平日有学无行以十万金充端方侦探之某社长乎？呜呼！以端方侦探而竟学人谈国事！鹰武〔鹦鹉〕能言，不离飞鸟；猩猩能言，不离禽兽。记者多见其不自量也。①

另一份同盟会系的报纸《中华民报》1912 年 3 月 5 日号则发表有《民国之文妖》一文，同样攻击章太炎当年在日本时通过刘师培等人同张之洞、端方联络旧事，暗示其已降清："假手卞绶昌、刘光汉辈，以通款曲于张之洞、端方，同受虏廷之饶遗。"②戴季陶更是牢牢抓住章太炎这个辫子不放，不但在《民权报》重新发表当年何震揭发章太炎的五封通信，还加有按语强化何震揭发信之内容确凿，并以此作为证据证明章太炎收受端方资助、同刘师培沆瀣一气、背叛革命之事，同时大力批判为章太炎辩护的黄侃及其主持的《民声报》。③在抨击时，戴季陶挖苦章太炎为"狗彘不食"，直斥其为袁世凯"走狗"、"国民公敌"，"竟不惜假政府之力，以摧残民党"，与刘师培同样堕落。④之后，

---

① 重公《咄咄侦探，亦有谭国事之资格耶？》，《天铎报》1912 年 2 月 29 日，第 2 版。此处引文又见万仕国编《刘师培年谱》，第 213 页，字句略有出入。
② 此处引文转见万仕国编《刘师培年谱》，第 213 页。
③ 参看戴季陶（天仇）《非民声之〈民声报〉》《章炳麟之丑史》，（原刊《民权报》），收入桑兵、黄毅、唐文权编《戴季陶辛亥文集》，下册，第 833、842—844 页。
④ 参看戴季陶（天仇）《哀章炳麟》（原刊《民权报》1912 年 5 月 2 日），收入桑兵等编《戴季陶辛亥文集》，下册，第 828、829 页。

同为同盟会报纸的《民主报》更是接连发表三篇评论——"讨民贼章太炎"。第一篇是针对章太炎对黄兴的批评所作的辩护和反驳。第二篇是针对章太炎主张的废除总理职位、解散革命党等主张的反驳。①第三篇则是从历史角度列举身为"民国之贼"的章太炎出狱到日本以后的八大罪状，其中第三条即是"充端方侦探，至卖友邀功"。②而《民立报》社论认为早应把章太炎"置之疯人院中"，此议后又得到接近同盟立场的《太平洋报》支持。③

　　受到章太炎言论的拖累与同盟会围剿章太炎舆论的影响，甚至其爱徒黄侃也想与章太炎决裂。如同盟会员、《太平洋报》总编辑叶楚伧质问黄侃是否在故意挑拨章太炎与同盟会关系时，黄侃回信自辩说，他同样认为章太炎出言随意，让人无法忍受，所以一度打算公开撰文批评章太炎，却被同为章门弟子的汪东阻止。叶楚伧随机将此信公开刊发于自己主持的《太平洋报》，以此显示章太炎为师不尊，连爱徒黄侃都已经与之决裂的现实：

　　　　前日侃往见章君，值其寝疾，略与辩论，不暇详谈。然此公性本绝人，而又惑于肤受，故不留余地如此。昨拟一稿，欲付报刊。旭初过此，谓侃曾执梃门下，一旦（原文为且，当误，引者注）相攻，殊伤雅道。要之章君乖僻处，已为世所共知，无俟鄙人更为表暴。至鄙人初意，本欲以危语劝其稍敛锋芒，不图适增忿激。不善言之，咎则有之矣。果为挑拨与否，当听社

---

　　①　快《讨民贼章太炎一》；花铃《讨民贼章太炎二》，《民主报》1912 年 9 月 19 日，第 10 页。

　　②　快《讨民贼章太炎三》，《民主报》1912 年 9 月 20 日，第 2 页。

　　③　转见留民《斥章太炎》，《太平洋报》1912 年 9 月 20 日，第 2 页。

会之公评与日后之定论。此时宜无汲汲自白也。①

这时媒体又传出袁世凯有意让章太炎担任即将成立的国史馆馆长(时人误会为国史院院长)的消息。自我感觉良好的章太炎自觉能担任此职,所以私下写信请弟子钱玄同帮忙推荐浙江"史才":

> 项城有意修清史,属为物色史才(大抵项城平日政尚武断,名士不附,今亦借此以收物望耳)。史才难得,即寻常文笔雅健综覈者亦能("能"该为"难"才更符合原意,引者注)胜任。至于作志,则经师转为近之。浙材尚有何人? 望一一称举为要。②

为阻止此任命,同盟会广东支部在报刊上公开发通电揭发章太炎旧日历史,抨击其并无资格担任所谓的"国史院长":

> 章炳麟乞前充满奴端方侦探,泄漏民党秘密,笔据确凿,尚存本处。忽闻拟委国史院长,如此重大事件,委诸金壬之手,势必颠倒是非,摇惑万世。同人誓不承认。③

《太平洋报》则以《章痴子放枪》为题攻击章太炎为"神经病",认为

---

① 《黄季刚覆叶楚伧书》,《太平洋报》1912 年 4 月 18 日,第 9 页。
② 《章太炎与钱玄同函(1912 年 5 月 1 日)》,马勇整理《章太炎全集·书信集》,上册,第 217 页。
③ 《不让章炳麟为国史院院长》,《民立报》1912 年 5 月 12 日,第 3 页。该电被收入汤志钧编《章太炎年谱长编(增订本)》,上册,第 233 页。另,杨天石、王学庄两先生的《章太炎与端方关系考析》文所引用该文出处为《民权报》1912 年 5 月 11 日,该报为笔者所未见。

其不能有选举权,也不应该担任临时大总统的高等顾问。①非惟面临这类苛刻言论的围剿,章太炎一度还遭到暗杀警告,亲同盟会的《民立报》对章太炎甚至做了"并无正当政见,惟以詈骂同盟会、毁诬同盟会为最得意之事"的定性。②

面对这些报刊的批评攻击,之前曾因"苏报案"成大名,又因主持《民报》而与民党争议频出的章太炎,此时无疑已经成为报刊舆论的消费品和牺牲品。众口铄金,民国初年章太炎在政治上比较有争议的言行,包括他昔日与端方联络、所谓枪逼国务总理唐绍仪、要枪击张謇和熊希龄等人、刊布征婚广告等事,均导致他成为媒体舆论消费炒作的对象。后来京沪媒体间还制造出关于章太炎的诸多八卦议题,说其打算离婚、纳妾、已经自杀等。这段时间章太炎的舆论形象非常不佳,他最终也未能出任国史馆馆长一职。

如此情势之下,导致章太炎对媒体言论非常警惕。5月底,他曾特意致信报刊同业组织"报界俱进会"进行自辩和提醒:

> 京城报馆三十余家,大抵个人私立,取快爱憎,以嫉妒之心,奋污汗之笔。其间虽有一二善者,而白黑混淆,难为辨别。都城斗大,闻见易周,然其信口造谣,甚于齐谐志怪……此种报章,南方各报,亦多见及。望弗以亡是乌有之谈,传为实录,则幸甚。③

不但如此,章太炎后来屡屡告诫其夫人汤国梨警惕报馆和报人,甚

---

① 素《章痴子放枪》,《太平洋报》1912年5月21日,第7页。

② 《唐蔚芝与章太炎》,《民立报》1912年5月19日,转见汤志钧《章太炎年谱长编(增订本)》,上册,第232页。

③ 《章太炎致报界俱进会书》,《太平洋报》1912年5月27日,第7页。该函又载于《大共和日报》等处,被收入马勇整理《章太炎全集·书信集》,上册,第596页。

至宣称:"报章喧传离婚之言,乃进步党人有意离间,此辈无赖成性。吾近亦不看报,苦劝同人亦不看报,盖报纸无一实情也。(必不得已,北京有《顺天时报》略可看。)"又断言:"今报馆谣言,市人妄语,一概当置之勿听。"①

话虽如此,章太炎本人还是非常善于借助媒体舆论发声,正像此前他针对刘师培、何震所造谣言进行辟谣的做法一样,其政见和学术观点也主要通过报刊媒体发表。曾担任过《民报》主笔的章太炎自己也办报纸(如《大共和日报》)、办杂志或指导学生办报,凡此均可见他对于媒体舆论重要性的认识。

同样有过丰富媒体从业经历的刘师培(曾出任《警钟日报》主笔、《申报》主笔、《国粹学报》作者、《天义报》创办人兼主笔、《衡报》创办人兼主笔、《河南》杂志总编等),对于报刊功用的认识亦相当清楚,故此他也非常善于借助舆论发声,其绝大多数学术文章和政见均是借助报刊发表公布。有时为了扩大其论述的影响力,刘师培不惜一稿多发,②甚至不惜借助媒体放风以达目的。民初刘师培即便流落到成都,也曾不断利用当地报刊《公论日报》发表同新结交的当地闻人吴虞进行唱和的五言诗三首与论学文字。③而当他得知吴虞因为与《公论日报》社意见不合,且"无暇求学",打算辞

---

① 两则引文分别见《章太炎与汤国梨函(1913 年 10 月 17 日、1915 年 4 月 8 日)》,马勇整理《章太炎全集·书信集》,下册,第 679、710 页。

② 如其《劝告中国人士宜速习世界新语》一文,该文作者署为"仪征刘氏",曾刊《时报》1908 年 11 月 26 日、27 日、28 日,均在第 1 页;又刊于《中外日报》1908 年 11 月 27 日、28 日、29 日,均在第 2 张第 1 版;该文还刊于《神州日报》1908 年 11 月 26 日、27 日,均在第 4 页。该文稍后又被刘师培寄到烟台《渤海日报》(1909 年 2 月 17 日,第 1 张第 2、3 版)发表,署名是"申公来稿"。此文亦被收入万仕国编《刘申叔遗书补遗》,下册,第 1237—1243 页。

③ 参看吴虞日记 1912 年 3 月 11 日、13 日条,见中国革命博物馆整理《吴虞日记》,成都:四川人民出版社,1984 年,上册,第 34 页。

去该报主笔专心读书之时，①刘师培劝吴虞"勿辞《公论报》社事"。吴虞答以"川人知识芒昧，于近处法学尚不能研究，真难与言"，刘师培则劝吴虞不要灰心，因为十年前"南人程度"亦如此，"今日则固不怪矣"，"川人到南人程度尚待十年后"。②不过吴虞仍然辞去了主笔一职。稍后刘师培在和吴虞交谈时，又提醒其"标知雄守雌主义"，吴虞"深然之"。③诸如此类，均可见刘师培对报刊作用的重视情况，以及他隐忍待发的心态。

当然，由上情况也可管窥媒体在近代中国所具有的重要地位和所扮演的复杂角色。舆论的发达，一方面让读书人有了更多的发表、展示空间和获得信息的渠道，一方面不可避免地让他们成为被窥伺、被展示、被批评、被征引、被消费的对象，章太炎、刘师培都难免陷入此窠臼。饶是如此，他们还是不断同报刊发生关系，甚至将之作为自己表演的舞台和发声的通道，借此影响或改变时人观感。

三　刘师培的道歉信

当刘师培看到章太炎、蔡元培联名刊布要求他联络的广告后，对于章太炎这样不计前嫌主动营救自己的义举，刘师培非常感动。自然，刘师培也能从报刊的报道中知晓章太炎的言行动态，以及同盟会系的报刊对章太炎的讨伐情况。作为当事人，他自然明白时

---

① 参看吴虞 1912 年 4 月 29 日、5 月 3、21 日、6 月 10、11 日等日日记，见中国革命博物馆整理《吴虞日记》，第 39、40、43、47 页。
② 参看吴虞 1912 年 6 月 19 日日记，见中国革命博物馆整理《吴虞日记》，第 48—49 页。
③ 参看吴虞 1912 年 6 月 22 日日记，见中国革命博物馆整理《吴虞日记》，第 49 页。

论所指责的章太炎为端方间谍事之真相为何。或许是希望化解与章太炎的矛盾,或许是因为良心上的不安与感激,或许是因为双方有着类似的文化立场,①或者因其所坚持的"知雄守雌主义",或者兼而有之,不管如何,好名的刘师培终于放下身段,于1912年4月17日(即三月朔日)主动致信章太炎,借以回应章太炎广告寻人之举,同时报平安、表谢意。信中刘师培对以往两人的矛盾进行了解释,并自述昔日惨状,表示自己受人诱导和胁迫才投靠端方,情非得已,希望章太炎能够明察体谅,重归于好。原信颇长,但内容重要,以下原文照录:

> 太炎先生执事:往昔愚民溢尤,谄佞善言,梼(原文作"捣")昧弗察,凶怒愤兴。上乖君子惩(原文作"澄")忿之贞,下违晋阳佩玮之训。远复祗悔,匪一日矣。惟是兆云询多,以变节易度相诬。至以燕人刘景宣(原文作"宜")昆季事,迳被藐躬。长此弗昭,乾坤几息。夫八年亡命,丧乱末资,公所知也;家室勃豀,交相谪诮,公所睹也。顾乃任重力少,希张言微,赀(原文作"訾")业有限,诱窃官金,始衿齐给,终罹胁持,其罪一也。《衡报》既封,孑身如沪,希情作述,不能引决自裁,至为赵椿林、洪述轩甘言所盅,困株入幽,三岁不觌,其罪二也。惟抵沪而后,思误浃旬,秋枚、千里,金可咨询。逮及北征,履弗逾阃,无结引旁驰之务。俭德避难,好爵不縻,政党时论,曾无一字。清吏积疑,伺察日加。虽葱灵挈轴,楼台荐棘,弗是过也。少侯、蛰仙,颇悉厥况;津署幕僚,见闻尤审。若夫

---

① 刘师培也同章太炎一样反对民国政府废除旧历、改用公历,为此甚至于民国元年一月撰写长文表示自己意见。参看万仕国《刘师培年谱》,第208—211页。

证段昭以无罪,促吴昆使速飑,厥谳尤昭,遑云俶德。

近岁室如悬罄,靡弅旅东。故友李光炯去夏招游滇南,中途殄资,复为端方迫致,牵率西行。然繇鄂抵渝,闲约日严,闭置幽室,坚禁独行,巴渝人士,类能言之。迹其百忧之罹,仰展史册,殆寡拟方。昔公旦礼葬,天动风雷;启縢省书,流言终白。夫公旦才美,自逊弗伴。至于艰贞晦明,内难正志。旦身邁悯,万弗逮一。乃周郊偃禾,未闻表异。天道偏颇,固如是乎?自婴诽谦,久拟自明。顾清廷咫尺,言出祸随。又左右前后,冈弗为端方作耳目。中怀郁勃,潜托咏歌,去岁所槧《左盦诗》,可覆按也。今者诸夏光复,不失旧物。本拟迅赴秣陵,躬诣众议院法庭,申述枉抑。积疑既白,退从彭居。惟蜀都东南,夺攘儳仍。彼都学人,因以讲学属文相稽。近则陈兵清途,行旅无阒。东征有期,弗逾二旬,晤言匪遥,祈公释怀。

至于覃精著书,三载若一。《左氏》经例,谿然通贯。赓续旧疏,业逾十卷。又《尚书》古文、《周官》旧谊,近儒诠释,往往纰谬,诤补所及,亦有成书。子史之属,日事勘雠;剖泮泯棼,书达百种。亦欲萃集大成,希垂善本。顾以录副鲜暇,稿存武昌,烽燧之余,存亡弗审。夫新故更贷,群雄攘意。愚款乔僬之夫,袞尫侵蜂之辈,往昔缘循偃仰,柔若蒲苇,蹳运而兴,金膺胡福。弟则捐弃井乡,振发蒙瞆,百苦毁家,隘穷弗悯,卒之谤毁丛积,文字佚湮,天命所定,奚假怨怼?惟邦无惇史,直道无存,斯岂国家之福哉?

又往者敬午诸君,系身沪狱,同人审伏,鲜复介怀。弟独奔走忘寝,丐贷讼金,律师既延,遂免缧绁。今则持彼浮言,严词相苴。渠淳散朴,一至于斯,当亦公之所深慨也。余俟面馨,书不宣心,并询子民先生近祉。光汉顿首。三月朔日。①

　　有意思的是,刘师培把这封私信公开发表在风评尚可的《北京亚细亚日报》上,②而非影响更大且更商业化的上海报纸上,这显然是此时尚身陷逆境中的刘师培有意操作,其意图不仅在于为昔日投靠端方、出卖章太炎一事向章太炎道歉,更主要是借舆论影响力向处于政治中心的北京各界进行解释与辩白,展示自己昔日投奔端方的不得已之处。

　　从该信的具体内容看,刘师培之言狡辩成分颇重,态度有欠真诚。信中他不但未坦诚认错,还刻意自我表彰革命业绩,即所谓的"八年亡命",将降清一事委过于他人诱惑与环境逼迫(家庭矛盾与经济窘迫),认为自己"变节"系被"诬",这显然是刘师培在开脱罪责,完全不顾他投靠端方时曾秘密贡献"弭乱之策十条"的事实。③因为刘师培明白章太炎等人并不知道他当日曾向端方上万言书献媚的事实(刘师培此信被公布是在 1934 年),④所以才敢公然隐瞒。

　　① 刘信见《刘申叔与章太炎书》,连载于《亚细亚日报》1912 年 6 月 4、5、6 日,均在第 7 版。本处的引用文字辨正,参考了杨婷婷、万仕国的研究。参看杨婷婷《刘师培变节自述及诗旨发覆:以新发现〈与章太炎书〉为中心》,《中华文史论丛》2021 年第 1 期,第 371—373 页;万仕国《刘师培佚文两篇》,《扬州文化研究论丛》第 25 辑,第 44—48 页。
　　② 该报初创时比较稳健,立场偏于维护政府,不过到袁世凯筹划称帝时,该报成为其御用机关报,臭名昭著,不得不于袁世凯去世后主张。但袁世凯复辟帝制前,严复曾对熊纯如说及北京各报皆无可观,唯该报稍佳:"复向于报章,舍英文报外,不甚寓目,北京诸报,实无一佳,必不得已,《亚细亚报》或稍胜耳。"严复《与熊纯如书(二四)(1915 年 6 月 19 日)》,王栻主编《严复集》,北京:中华书局,1986 年,第 3 册,第 624 页。
　　③ 参看刘师培《1908 年上端方书》,已经被收入万仕国辑校《刘申叔遗书补遗》,下册,第 946 页。
　　④ 何海鸣(求幸福斋主)当时在《大公报》上读到刘师培此信后评论刘师培昔日向端方所贡献的"十条"弭乱之策道,"则真荒谬绝伦,丑态百出。今日阅之,尤甚为申叔浑身大起肉疙瘩也"。参看求幸福斋《阅刘师培与端方书所感》,《东南日报》1934 年 12 月 15 日,第 4 张第 13 版。

　　进而,刘师培在致章太炎信中又大言不惭说自己追随端方入北洋之后,并未真心为其卖命,只是沉潜学术,"政党时论,曾无一字",因此引发端方怀疑,暗派密谈侦查自己行迹。有关情况,孙毓筠(少侯)、汤寿潜(蛰仙)以及端方直隶总督幕府中同僚等亲历者均可作证。此后自己生活窘困,一如昔日旅居东京之时。刘师培这样的说法,其实是为了回应此前章太炎致刘师培信中对端方多疑性格的认知。刘师培这里显然故意隐瞒和遗忘了昔日他同端方之间的密电往来与酬唱应和,以及他曾向端方献计献策仿照湖北、苏州先例在南京创办存古学堂以抗衡新学的事。①同时,刘师培也刻意淡忘了端方即便在直隶总督任上被免职后,仍然十分看重刘师培的事实,其证据之一即是端方在同权贵名流宴饮交游时,刘也经常为座上宾。②

　　接着刘师培自陈为了脱离端方掌控而努力的旧事。1911年夏,昔日在安徽皖江中学堂任教时的旧友李光炯此时正任职于云贵总督李经羲幕府,约刘共游滇南。刘师培由于缺乏旅费,自己中途又被端方所迫,不得不经由湖北进入四川。途中被端方管束甚严,"闭置幽室,坚禁独行",自己虽然不满,但无可奈何,只能"潜托咏歌"。上述遭遇,时人皆可作证,刚出版之《左盦诗》中也有类似心迹自陈。刘师培自我表白说,当年初中华民国成立时,自己也支持革命,"至于艰贞晦明,内难正志","诸夏光复"后,本打算到南京众议院法庭为自己辩护,澄清此前有关投靠清廷传言,然后隐居专

---

　　① 刘师培《刘师培致端方诗稿》,一档馆藏端方档案,27-02-000-000046-0001;刘师培《为振兴国学庶尊孔爱国之词克以实践即正人心息邪说之功事致端方信函》,一档馆藏端方档案,27-02-000-000046-0002。后一封信即刘师培《上端方书》,已被收入南桂馨等编《刘申叔遗书》,下册,第1729—1730页。

　　② 郑孝胥1911年4月25日日记,劳祖德整理《郑孝胥日记》,北京:中华书局,1993年,第3册,第1318页。

事著述，"本拟迅赴秣陵，躬诣众议院法庭，申述枉抑。积疑既白，退从彭居"。但鉴于四川位置偏僻，距离南京（秣陵）路途遥远，战火纷飞，旅行不便，未能及早成行，不得不滞留成都讲学为生，近期治安状况好转，自己打算离川东归，同章太炎当面相见有日，"祈公释怀"。

此信结尾部分，刘师培向章太炎讲述了自己近三年勤于著述及其因武昌起义导致被毁的情形，"覃精著书，三载若一"，"剖泮泯棼，书达百种"。"顾以录副鲜暇，稿存武昌，烽燧之余，存亡弗审"。①由此引发出他对个人身世命运不幸和史道不存的感慨，"卒之谤毁丛积，文字佚湮，天命所定，奚假怨讟？惟邦无惇史，直道无存，斯岂国家之福哉？"

同时刘师培也对正受章太炎抨击的黄兴（字克强）表示不满，认为黄兴当年（1904 年底）因牵涉万福华行刺王之春案被捕入狱，无人为之善后，是自己东奔西走（实际是刘师培、林獬即林万里筹集重金，聘请律师高易为之辩护），花费金钱才将其救出，黄兴却听信流言，骂自己背叛革命。对此情况，想必有过类似遭遇的章太炎会有同感。最后，刘师培请章太炎代为向共同登报营救自己的蔡元培致谢。信末刘师培重新使用旧日"反满"革命时的"光汉"署名，更是别有深意。刘师培想借此表明自己一贯反清的立场，以及希望唤醒章太炎昔日同自己一起倡导"反满"革命记忆。②

若结合其他有关材料，可以明显发现刘师培此信中的自道虽

---

① 刘师培不但著述亡佚，其藏书也被毁。如钱玄同记载，当他通过邓实（秋枚）知道湖州学者戴望藏书后辗转归刘师培所有，但因刘师培跟随端方入蜀，"置书于鄂渚，及武汉事起，全毁灭矣。惨矣！"参看钱玄同 1912 年 12 月 3 日日记，杨天石主编《钱玄同日记》，上册，第 244 页。

② 关于刘师培使用"光汉"一名的意义，可参看钱玄同《刘申叔先生遗书总目》，收入南桂馨等编《刘申叔遗书》，上册，第 5 页。

不乏歉疚、反悔成分，但夸张隐瞒之处同样不少，真正意图在于为自己当年降清及寄生于端方幕府事进行辩解。故为表白心迹，刘师培于辩护中屡屡对端方和清廷加以讨伐，这恰从反面彰显了刘师培自辩时的急切心情，乃至为此不惜歪曲、抹杀事实的做法。事实上，刘师培暗中投奔端方后，即以"叔"为笔名，为其时正被端方手下上海道蔡乃煌控制的《申报》撰写了数篇时事评论，①为清廷统治政策进行鼓吹和辩护。②出卖革命党事发后，刘师培不得不公开进入端方幕府避祸，随即受到端方高度礼遇，"同学少年均艳羡之"，纷纷走刘师培门路，希望其能将之绍介或引荐于端方。③

1911 年初，已被端方保举为学部咨议官的刘师培按照惯例请都察院代奏，④希望清廷参照之前顾炎武等三大儒入祀孔庙的先例，⑤将东汉大儒贾逵也入祀孔庙。⑥此事旋即引起舆论和时人关注。《新闻报》曾有针对刘师培此奏的评论，历数刘师培昔日激烈

① 参看《达赖喇嘛与西藏》，《申报》1908 年 11 月 4 日，第 1 张第 2 版。《闻太皇太后升遐惊悼谨书》，《申报》1908 年 11 月 17 日，第 1 张第 4 版。《论谣言之害》，《申报》1908 年 11 月 25 日，第 1 张第 3 版。《论本埠商界举行国哀》，《申报》1908 年 11 月 26 日，第 1 张第 3 版。《论日美协约后东方之时局》，《申报》1908 年 12 月 17 日，第 1 张第 2 版。这些文章后皆被收入万仕国所编《刘申叔遗书补遗》中。

② 《为拟接〈申报〉尊处出款四万便可办成望速定议事致盛京将军赵尔巽电报（光绪三十三年）》，中国第一历史档案馆藏，端方档案，27-01-001-000166-0053。

③ 《刘申叔孝廉之知遇》，《时报》1909 年 7 月 11 日，第 3 页。参看梅鹤孙《青溪旧屋仪征刘氏五世小记》，上海：上海古籍出版社，2004 年，第 50 页。

④ 清末立宪时期，都察院自谓自身功能可比之于西方之"上议院"，向清廷要求："如有士民上书者即由都事厅呈递，酌量代奏，以通上下隔阂之情，而收集思广益之效"，清政府"颇以为然，已允筹商办理"。《都察院议准士民上书》，《盛京时报》光绪三十三年二月十六日，第 2 页。

⑤ 参看《773》，中国第一历史档案馆编《光绪朝上谕档》，广西师范大学出版社，2008 年，第 34 册，第 191 页。

⑥ 《交旨》，《大公报》1911 年 5 月 19 日，第 1 张；《谕旨》，《申报》1911 年 5 月 24 日，第 2 版。

多变的历史,连带披露其妻何震同汪公权的私情以及刘师培个人的性格弱点,揭发刘师培投靠端方充当清廷侦探侦查革命党诸事,最后直斥刘师培此奏是"异想天开","竟欲表彰贾逵从祀文庙,贾逵有知,能无痛哭于地下耶?"①《天铎报》则发表评论揭露刘师培旧日立场多变的"恶历史",认为"自知得罪于全社会"的刘师培在投靠清廷"敛迹"两三年后,"忽然抛头露面",呈请表彰汉儒贾逵,其原因在于刘师培希望借表彰贾逵一事"标榜声誉",洗刷昔日恶名,"思乘间运动保举""硕学通儒"上位,因此视其为"革党之败类,贾逵之罪人"。②

尽管遭到舆论的指责,刘师培希望清廷表彰贾逵的提议却得到章太炎认可。章太炎在写给钱玄同的信中直接表达了他对刘师培意见的支持,并对报刊舆论的围剿表示不满:

> 申叔请贾侍中从祀,虽近顽固,实无罪于天下,而报章极口骂之。则不知前日请三遗民从祀者,何以独蒙赦宥也。爱憎之见,一往溢言,等之儿童戏语而已。③

在章太炎看来,之前顾炎武、黄宗羲、王夫之三大儒已经成功入祀孔庙,④不见时论责难,现在却针对刘师培关于贾逵入祀孔庙的提案进行批评,明显是标准不一,厚此薄彼。章太炎这里打抱不平,

---

① 《表彰贾逵之刘师培》,《新闻报》1911 年 5 月 18 日,第 1 张第 3 页。该语后又见之于《五光十色之刘师培》一文结语,该文刊载于《时报》1911 年 5 月 25 日,第 3 页。

② 《刘师培恶历史》,《天铎报》1911 年 5 月 25 日,第 3 版。

③ 《章太炎与钱玄同函(1911 年 8 月 30 日)》,马勇整理《章太炎全集·书信集》,上册,第 209 页。

④ 关于清末三大儒入祀孔庙的情况,可参看段志强《孔庙与宪政:政治视野中的顾炎武、黄宗羲、王夫之从祀孔庙事件》,《近代史研究》2011 年第 3 期,第 120—133 页。

除了显示他同刘师培的若干文化立场与学术立场依然取径相近之外，还表明章氏看人取其长、忽略其短的认知。正如章太炎在致张謇信中引用《老子》"是以圣人常善救人，故无弃人。常善救物，故无弃物"，并以此自喻："每以老子'常善救人'为念，苟有寸长，以为不应记其瑕适。昔于仪征刘申叔尝申此旨矣。"①

可以说，较之章太炎的宽厚大度，刘师培此道歉信中的表述则显得不够光明正大，其中的自我辩护与他当年写给端方的投诚密信格调类似，同样是将自己行为归为外来影响，归咎于环境的逼迫和他人的诱导。如在1908年初的《上端方书》中，为了获得端方宽恕和信任，刘师培如此陈述自己受到革命党影响及其思想转变历程：

> 适时值艰虞，革命之说播于申江，揭民族主义为标，托言光复旧物。师培年未逾冠，不察其诬，窃以中外华夷之辨，默合于麟经。又嗜读明季佚史，以国朝入关之初，行军或流于惨酷，辄废书兴叹，私蓄排满之心。此虽由于《苏报》之刺激，然亦以家庭多难，泯其乐生之念，欲借此以祈遄死也。至沪以后，革命党人以师培稍娴文墨，每有撰述，恒令属草。然仅言论狂悖，未尝见之行事也。嗣蔡元培诸人设暗杀会于上海，迫师培入会……及前岁之冬，孙文居东京，创立同盟会……时师培居芜湖，以事莅沪，蔡元培、黄兴又以入会相诱胁，并以皖省革命事相嘱。然师培居芜湖岁余，实未敢公为叛逆之举，惟党人密谋知之较审耳……东渡以后，察其隐情，遂大悟往日革命之非。②

---

① 《章太炎与张謇函》，该信原见《大共和日报》1912年1月20日，转见马勇整理《章太炎全集·书信集》，上册，第547页。

② 参看刘师培《1908年上端方书》，收入万仕国辑校《刘申叔遗书补遗》，下册，第943—944页。

从上述表达中明显可以看出刘师培诿过于人的表达特色,将自己举动皆归因于自己年少无知与家庭悲剧,加上友朋误导。由该自述,我们亦不难发现刘师培急于表现和善变、趋炎附势的行事风格,或者这即其所谓的"知雄守雌主义"真义所在。

饶是如此,刘师培此信仍有珍贵的史料价值,它不但填补了刘章交往过程中的一个重要空白,即刘师培自己如何看待和记述刘章关系及其背叛革命一事,还为我们了解刘师培投奔端方之后情况提供了第一手的材料。经由其现身说法,我们可以更方便地管窥刘师培的心路历程变化和人生遭际情况,非常有利于把握他的为人处世方式与性格特征。

从后续情况看,刘师培的道歉信应该获得了此时正在极力反击同盟会报刊指责的章太炎的谅解和认可,这从章太炎 1912 年 6 月 6 日公开发表的致浙江统一党支部的电报可知。在电文中,章太炎针对此前同盟会各报攻击他充当端方间谍一事反驳道:

> 同盟南北诸报皆举端方事件,以为攻仆之词,其实不值一哂,请为诸君道其原委。仆自抵东办报,亲戚故旧,音问俱绝,后见同盟会渐趋腐败,愤欲为僧,以求梵文于印度。又与安南、朝鲜诸学生立亚洲和亲会,闻印度革命党才高志坚,欲裹粮以从之,得所观法。于是假贷俱绝,惟南皮张孝达有一二日之旧游,后在东京关于文学教育诸事,亦尝遗书献替。张于革命党素无恶感,不得已告贷焉。其书嘱长崎领事卞某(即前引卞綍昌——引者注)带归,卞即张之婿也。卞回国后,不敢请通,私以语端方,遂居为奇货,反嘱卞来告,其言十万金、五万金者,皆凭虚饵人之语。仆亦欲达初志耳,何论出资者为端为张!而端遂欲致之鼓山(福建岛)、普陀等处,仆遂决意不受。

对敌之言，自有开合张弛，同盟会人遂云仆作侦探，然则黄兴
出洋留学，亦端方特与官费，其侦探耶？非耶？……①

从此回复可以看出，章太炎将批评矛头指向同盟会，只提及另一中
介人卞綖昌，全然不提当初身为自己与端方联络人的刘师培夫
妇。②如今面对同盟会中人重提旧事，章太炎大可借此良机将自己
昔日遭刘师培夫妇陷害的情形公开披露。但在这个关键时刻，章
太炎仍刻意选择回护刘师培的态度，在电报中顾左右而言他，避免
使人联想及刘师培背叛革命的旧事，并明言求助于端方或张之洞
不过是一种策略问题，同盟会中人不必深文周纳，否则黄兴等类似
受过端方等达官资助的革命党人将面临同样处境。③章太炎此处
别具深意的表达，或可被视为他对此前刘师培这封致歉信的公开

---

① 该电原见《越铎日报》1912 年 6 月 6 日，原文未见，转引自曾业英《章太炎与端方关系补正》，《近代史研究》1979 年第 1 期，第 320—321 页。引文标点略有更易。该电又见汤志钧编《章太炎年谱长编（增订本）》，下册，第 721—722 页。唯文电内容稍有出入。

② 参看杨天石、王学庄《章太炎与端方关系考析》，转见郭汉民主编《中国近代史实正误》，第 430—445 页。

③ 章太炎此处的表达获得了《神州日报》的认可，该报也发表评论进行呼应，认为这样揭人隐私、肆意谩骂的行为，"实不免有伤忠厚"，"此端一开，将恐牵涉革命巨子不少矣！何则？昔之主张革命者，惟一之目的只在革命，小德出入，尽人难免，此无可讳者。章因党见不同，在东京出同盟会致生冲突，彼此互相攻击，此留学界中所共知者。某报所揭之事，即当年人之窃以攻章者。然章之攻人，亦自有其理由事例在。使章之党亦如某报之攻章者以攻之，是因某报之攻章以开启端，而将害及其他之革命伟人矣。某报为自护其党计，固亦不宜出此。故吾劝某报以政见争，决不可涉及私事……"参看黄花《正告同业》，《神州日报》1912 年 5 月 6 日，第 1 页。《神州日报》对章太炎的维护遭到戴季陶的反击，参看戴季陶《正告〈神州报〉》《告〈民声〉〈神州〉两报之最后语》，（原文分别刊于《民权报》1912 年 5 月 7、9 日），收入桑兵等编《戴季陶辛亥文集》，下册，第 847、848—849 页。另：此处《神州日报》评论为杨天石、王学庄两先生文最早注意。参看杨天石、王学庄《章太炎与端方关系考析》，转见郭汉民主编《中国近代史实正误》，第 438 页。

回应,恰如曾业英先生之论:"骨子里隐藏着他包庇刘师培的动机。"①因此,面对刘师培这封公开信,章太炎应会感到安慰,可能也曾复信刘师培私下表示接受其解释与道歉,但我们已不得而知。

1912 年 10 月,章太炎、梁启超、马相伯、严复曾打算模仿法兰西学院的模式发起函夏考文苑,拟定的入选名单应该体现了章太炎的影响,其所推重的刘师培、孙毓筠等人,以及得意门生黄侃、钱夏(玄同)等均在列,其中刘师培的特长标记为"群经",这反映了章太炎对刘师培学术特色的推崇。②函夏考文苑之议最终虽未落实,③但刘师培能备列入选学者名单,无疑显示出章刘交谊的好转,难怪时人会有两人"言归于好"的回忆。④

不仅章、刘由此言归于好,连章太炎弟子钱玄同也受到影响,开始重新客观评价刘师培起来。如钱玄同自谓,当年因刘师培出卖章太炎,让钱玄同对其一直耿耿于怀,不但于学术上恶评刘师培,甚至"当时恨不手刃其人",但到了民国初年,形势大变,钱玄同不仅开始重新肯定刘师培学术贡献,还认为清朝灭亡、汉族光复的目的已经达到,刘师培昔年背叛之举应该被谅解,"今日则时势大

---

① 曾业英《章太炎与端方关系补正》,《近代史研究》1979 年第 1 期,第 322 页。

② 有关情况可参看方豪《马相伯先生筹设函夏考文苑始末》,收入《方豪六十自定稿》,台北:学生书局,1969 年,下册,第 1993—2012 页,尤其是第 2002 页。还可参看汤志钧编《章太炎年谱长编(增订本)》,上册,第 242 页。

③ 后来章太炎在北京被袁世凯软禁之时,又策略性地向袁世凯提出开设考文苑旧议:"私心所祈向者,独考文苑一事……"袁世凯也答应了此事,并打算给予经费资助,但章太炎不过借此刁难袁世凯,"今则但以索赔为言,不言考文苑矣。盖破面之后,意态自殊也。"其中章太炎所拟的办事人才,其爱徒黄侃"赫然首选"。参看《章太炎与袁世凯(1913 年 11 月 22 日)》,马勇整理《章太炎全集·书信集》,上册,第 579 页;《章太炎与汤国梨(1914 年 2 月 21 日)》,马勇整理《章太炎全集·书信集》,下册,第 691 页;刘成禺、张伯驹《洪宪纪事诗三种》,上海:上海古籍出版社,1983 年,第 175—176 页。

④ 参看曼华《同盟会时代〈民报〉始末记》,收入中国史学会主编《中国近代史资料丛刊·辛亥革命》,上海:上海人民出版社,1981 年,第 2 册,第 447 页。

变,虽满洲大酋,犹且优以致礼,元恶大憝,如铁良、善耆之类,且邀赦免。如申叔之学术深湛者,不当宥之十世乎?"[①]

有意思的是,进入端方幕府后,敏感的刘师培的确在《左盦诗》中表达了不少愧疚和郁郁寡欢的情绪。有学者认为这是刘师培在借诗明志,在为自己投靠端方之举辩护,借以强调自己仅是伪装降清,并未得到端方信任,形同被监视居住的囚犯,复遭友朋误解与鄙视。如此,刘师培《左盦诗》中内容就同这封写给章太炎的道歉信可以相互参证。[②]这种见解颇有启发性,为我们理解刘师培当时之诗文提供了很好的线索,只是刘师培这样公开在诗中为自己所作的辩解仍有可以深入讨论之处,一如他在这封公开信中所言。实际上,借由这样的"诗言志"方式,刘师培为自己不顾章太炎劝阻投奔端方的情况进行了新的包装与解释,借以回应昔日报刊舆论对其的批评指责。因为"诗可以怨","穷苦之言易好",古代诗文里这种故意伤春悲秋、"不病而呻"为文造情的"表演"是一种普遍存在的现象,由此作者不但可以获得读者的共鸣共情,还可以麻醉安慰自己,甚至自高声价。如钱钟书先生所言:"在诗词里,这种无中生有(fabulation)的功能往往偏向一方面。它经常报忧不报喜,多数表现为'愁思之声'而非'和平之音'……"[③]进一步,我们或可继续借用一下钱钟书的论述。钱在《管锥编》中曾引用 18 世纪一法国妇人言:"吾行为所损负于道德者,吾以言论补偿之。"如果移用来检视刘师培《左盦诗》中的悔意,或可说,正是由于刘师培非常清

---

① 钱玄同 1912 年 11 月 5 日日记,杨天石主编《钱玄同日记》,第 234—235 页。

② 参看杨婷婷《刘师培变节自述及诗旨发覆:以新发现〈与章太炎书〉为中心》,《中华文史论丛》2021 年第 1 期,第 384—396 页。

③ 参看钱钟书《诗可以怨》,收入钱著《七缀集》,北京:生活·读书·新知三联书店,2016 年,第 138 页。对于此类的文人书写现象,钱钟书此文有精彩的揭示与分析。

楚自己的过错,所以才会隐瞒事实真相而频频借诗说愁,以为自己开脱罪责,所谓"神奸元恶,文过饰非,以言弥缝其行","观文章固未能灼见作者平生为人行事之'真',却颇足征其可为、愿为何如人,与夫其自负为及欲人视己为何如人。"①刘师培在诗中的自我辩护同样不能脱离此窠臼,若是贸然信其为真,进而认为其公开信中所述同样可靠,以诗证史,以刘证刘,那无疑就入其彀中,尤需结合他之后投靠袁世凯时的作为与处事风格来看。

刘师培这封信中的自白与这一时期他急于自我辩护的心态也应为当年在东京交往过的黄侃所知,因黄侃晚年为刘师培投靠端方一事辩护时的理据就如前引刘师培致章太炎这封道歉信及《左盦诗》中所示。1934 年 11 月 2 日,顾颉刚主持的《大公报·史地周刊》第 7 期发表了洪业《清末革命史料之新发现——刘师培与端方书》一文,在文前按语中,洪业认为"此文可视为中国革命重要史料,所道及人物,今尚有健在者,当能证其虚实也。"此封书信公布后,坊间颇有对刘师培当年出卖革命党降清一事进行责难的声音,②这引起也以刘师培弟子自居的黄侃不满。

1935 年 9 月 13 日,赴金陵大学授课的黄侃专程借阅了洪业(煨莲)发表在《大公报》上这篇文章,护师心切的黄侃认为此文根据伪造史料故意污蔑刘师培,"乃有伪造申叔师文诬之于地下者,甚可氛恨也"③。三天后,意气难平的黄侃专程撰写了《书申叔与

---

① 有关的讨论可参看钱钟书《管锥编》,北京:中华书局,1994 年,第 4 册,第 1388—1390 页。

② 参看宋吉人《读刘师培与端方书:革命的前一幕》,《清华周刊》第 42 卷第 6 期(1934 年 11 月 26 日),第 95—96 页;高良佐《论刘师培与端方书》,《建国月刊》第 12 卷第 4 期(1935 年 4 月),第 1—11 页。

③ 黄侃乙亥八月十六日(1935 年 9 月 13 日)日记,收入黄延祖重辑《黄侃日记》,北京:中华书局,2007 年,下册,第 1104 页。

端方书后》(此文后来出版时名为《申叔师与端方书题记》)一文,①
为"申叔师"辩污,同时对洪业的按语进行了回应。黄侃回应中认
为当年刘师培是受到汪公权唆使假意投靠端方,"伪为自首于端
方,可以给取巨资",结果堕入端方计谋,被扣留于两江总督衙门三
个月,不得已,刘师培乃撰此自白书,为"脱身之计,兼遂给资之
谋","以迂阔之书生,值狡黠之戎虏,宁有幸乎? 书稿流传,贻人笑
柄,至可痛惜!"进而黄侃批评洪业以此书信作为刘师培叛变革命
的"史料"根据不足,现存的当事人如张继、谷斯盛、刘揆一等人均
可作证,刘师培并非"反覆无恒,卖友卖党",只是他"不谙世务,好
交佞人","发言不慎",不但导致章太炎"无故受诬,至今犹在梦
中",也牵连及刘师培自身,"忧思伤其天年,流谤及于身后"。②在
这篇辩护词最后,黄侃又追悔自己当年未能尽力劝阻刘师培降清,
"尝尽言而不听,有失匡教之义,侃亦何能无愧乎?"我们如结合前
述刘师培1907年底至1908年初行迹情况,即可知黄侃这里所言
刘师培被端方"见幽"三个月一事为不实,而刘师培这封自首信更
非伪造,其投靠端方之举并非逢场作戏。黄侃的辩护实在有为师
尊讳和强词夺理之嫌,不过这也体现出长期以来黄侃在学术上对
刘师培由衷的尊敬与佩服之情。难怪心高气傲的他当年在北大任
教时不惜主动敛衽拜刘师培为师,"敬佩之深,改从北面"。黄侃还
自谓自己原本仅喜欢文学、不懂经学,追随刘师培后才通经学门
径,"夙好文字,经术诚疏。自值夫子,始辨津涂"。后来从北大辞
职回武昌的黄侃听闻刘师培去世,悲伤异常,"为位而哭,表哀以

---

① 黄侃乙亥八月十九日(1935年9月16日)日记,收入黄延祖重辑《黄侃日记》,
下册,第1106页。

② 以上引文均见王元化主编《学术集林》,卷1,上海:上海远东出版社,1994年,
第13—14页;又见汤志钧《章太炎年谱长编(增订本)》,下册,第684—685页。

诗",哀诗中黄侃表示自己之所以留在北大任教,乃是因刘师培之故,"幽都难久居,数年为君留"。诗后奠文中黄侃又以弟子身份感叹:"至夫子既亡,斯文谁系?"①

四　刘章再次绝交

遗憾的是,刘师培在道歉信中述及的不久当东归与章太炎见面的设想并未成为现实。直到一年多以后的 1913 年 8 月底,刘师培才从成都东返,坐船经由上海到扬州,在扬州停留一段时间后,刘师培夫妇取道上海北上太原投奔阎锡山亲信南桂馨。②不巧的是,在刘师培这两次途经上海之时,章太炎已经北上进京,两人正好错过会面时机。③

刘师培到太原阎锡山幕府一年后,被阎氏推荐到北京为袁世凯效力。此后,逐渐取得袁世凯信任的刘师培又全然忘记了当年投靠端方时的教训,不再顾及当年他与章太炎的惺惺相惜之情、章太炎与蔡元培昔日联合发电营救他的铁肩道义,以及他之前致章太炎信中表达的歉意,非但不去看望业已被袁世凯囚禁悲愤欲绝的章太炎,反为袁世凯大肆歌功颂德、出谋划策,毫不忌讳时人和舆论对他的批评。④

相比之下,袁世凯曾迫使软禁中的章太炎撰文称颂帝制,"以

---

① 　参看黄侃《始闻刘先生凶信,为位而哭,表哀以诗》,收入南桂馨等编《刘申叔遗书》,上册,第 23—24 页。

② 　刘师培《左盦诗录·卷三》,收入南桂馨等编《刘申叔遗书》,下册,第 1929 页。

③ 　参看汤志钧《章太炎年谱长编(增订本)》,上册,第 258—260 页。

④ 　可参看张仲民《"以学殉时":洪宪帝制期间的刘师培》,收入拙著《叶落知秋:清末民初的史事和人物》,上海:上海人民出版社,2020 年,第 100—114 页。

其能文之故而迫之使美新",据说"美新之文朝上,太炎可夕释,否则幽囚无期。"①但章太炎不为所动,宁愿绝食而死也不愿意与袁氏合作,"太炎宁自殉而不以文阿世,此乃太炎之所以为太炎欤!"这同刘师培的作为不啻有天壤之别,无怪乎章太炎对投靠袁世凯后的刘师培失望至极,"乃至不往来。"②

章太炎被袁世凯长期软禁北京后,极度苦闷,曾有不少忧时感愤之作。他在为苏曼殊(元瑛)撰写的短文中曾借题发挥,称颂苏曼殊人品之外,旧事重提,故意讽刺刘师培当年留日时的"阴谋"及其背叛革命党事暴露后对苏曼殊的污蔑:"光汉为中诇事发,遂以诬元瑛。顾谈者不自量高下耳,斠德程技,不中为元瑛执鞭。元瑛可诬,乾坤或几乎息矣!"③章太炎此处如此贬低刘师培之作为,与1912年6月初他反驳同盟会指控电文中对刘师培的回护可谓大相径庭。而在1915年9月1日致夫人汤国梨的信中,章太炎不点名批评道:"京师议论日纷,彼冒昧主张者,徒造成亡国之基础,虽暂得富贵,其覆可待。"④此处章太炎针对的显然是筹安会及其发起的规复帝制讨论,而刘师培则为筹安会六人中"笔墨最勤者"。⑤

作为一代大师,章太炎被袁世凯囚禁一事引发了很大反响,"新旧学界中无论识与不识,皆有志为伊申理,非重其行,实重其学也"⑥。较之刘师培的漠然不顾,很多人都在努力营救章太炎。两

① 白虚《章太炎》,《中华新报》1915年11月20日,第2张第3版。

② 《致郑裕孚(1935年3月9日)》(一八),刘思源等编《钱玄同文集》,第6卷,第218页。

③ 章太炎《书苏元瑛事》,《章太炎全集·太炎文录初编》,上海:上海人民出版社,2014年,第228—229页。

④ 《章太炎与汤国梨函(1915年9月1日)》,马勇整理《章太炎全集·书信集》,下册,第715—716页。

⑤ 参看笑《筹安会之文坛》,《时报》1915年9月16日,第1张第2页。

⑥ 《黄节与政治会议议长李仲轩书》,《盛京时报》1914年2月6日,第1版。

人《国粹学报》时期的旧友黄节(晦闻)就对章太炎被囚禁事非常关注,"首发不平",①试图通过时任政治会议议长李经羲(仲轩、仲仙)进行营救。②章太炎弟子朱希祖、黄侃等人也曾联合致信时任教育总长的汤化龙,请其出面营救。③温州也有刘冠三等人联合上书,"乞政府释章太炎之禁"④。一位仰慕章太炎的苏州青年公羊寿则公开致信章氏好友李燮和(柱中),希望他能凭借自己的资历和地位施加援手,同之前搭救尹昌衡、商启予等人一样,解救国学"巨擘"章太炎于危难之中:

> 公与章先生素有旧谊于先,见其如此,能不戚戚?诚能言之袁、黎两总统,谋之京官之有力者,出章先生于九死一生,则天下之士,皆将托命于公,而读书种子庶乎不绝矣。且章先生与公不薄,曾见其致某书,盛推公攻拔上海之力,则公之功绩得表于世者,先生实有力焉……⑤

---

① 《章太炎与汤国梨函(1915年4月9日)》,马勇整理《章太炎全集·书信集》,下册,第711页。
② 关于当时黄节致信李经羲拯救章太炎一事,媒体曾多有关注。参看《黄节与章太炎》,《神州日报》1914年2月4日,第4页;《黄节与政治会议议长李仲轩书》,《盛京时报》1914年2月6日,第1版;《黄节为章太炎致李仲仙议长书》,《新闻报》1914年7月12日,第4张第1版。
③ 参看汤志钧《章太炎年谱长编(增订本)》,下册,第759—760页。
④ 参看张㭎1915年9月19日(旧历八月十一)日记,张钧孙校点《张㭎日记》,北京:中华书局,2019年,第4册,第1625页。
⑤ 公羊寿《致某公书》,该函原载《东社》第3卷(1916年),转见张家港沙上文化研究会编《公羊寿文集》,南京:凤凰出版社,2016年,第88页。公羊寿该信原未提及收信人名字,但据信中信息推考,可知收信人当为李燮和,因章太炎此前致孙中山的公开信中曾有"李燮和攻拔上海"之言,后也曾屡次在著述中表彰李氏此功。参看汤志钧《章太炎年谱长编(增订本)》,上册,第221页。

但公羊寿太过高估李燮和的实力了。事实上,李燮和并没有能力让袁世凯释放章太炎,不过这没有阻止他去探视和屡屡资助章太炎。①故章太炎认为李后来是被袁世凯胁迫才加入筹安会,随后李"颇自愧,不继见矣"②。黄节、朱希祖与黄侃、刘冠三、公羊寿、李燮和,包括黎元洪、钱念劬等人拯救章太炎的努力最后虽然失败,③但与刘师培刻薄寡恩的做派相比,高下自现。

凡此皆可见前引蔡元培批评刘师培"好用权术"、自作聪明的性格,也可见功名心切的刘师培势利善变、见风转舵的行事方式,在形势不利于己时随时准备站在强者一边,甚至不惜否定自我、委过于人。故他可以迅速投奔端方,形势改变后向章太炎公开致歉,滞留四川后又积极向时任四川督军尹昌衡及当局其他官员献策,④到北京后转而投靠更强者袁世凯。

尽管刘师培大节有亏、趋时善变,频频让友朋失望乃至寒心,但作为学者的刘师培依然受到学界的尊重,并得到蔡元培、陈独秀这样旧友的呵护。1917 年底,在旧友陈独秀、黄侃和蔡元培等人的努力下,走投无路的刘师培被聘请到北京大学任教,主

---

① 1914 年 6 月 26 日,章太炎曾在致夫人汤国梨的信中曾说:"友人相助,以李柱中、钱念劬为最力,二君皆劝接眷以坚当事之心。"马勇整理《章太炎全集·书信集》,下册,第 695 页。章太炎在致女婿龚宝铨的信中也屡屡言及李燮和的援手。

② 参看章太炎《太炎先生自定年谱》,上海:上海书店出版社,1986 年,第 27 页。

③ 1914 年 7 月 15 日,章太炎曾在致夫人汤国梨的信中说:"半年以来,钱念劬、李柱中数为辗转关说,副总统亦为陈情,而终未有其效。"稍后(约 1914 年 7 月)章太炎在致汤国梨的信中又说:"李柱中助资,钱念劬助力,而其力不能直接进言于当事(黄晦闻移书可,威力则更薄)……黎公素有感情,援助之心甚切。"马勇整理《章太炎全集·书信集》,下册,第 698、700 页。而据马叙伦自称,他与黄节均曾写信求助于李经羲,请其向袁世凯说项释放章太炎。参看马叙伦《我在六十岁以前》,北京:生活·读书·新知三联书店,1983 年,第 51 页。

④ 参看万仕国编《刘师培年谱》,第 214—215 页。

讲中国文学。①如顾颉刚当时致叶圣陶信中之言:"闻校中尚欲延刘申叔主中国文学……未识是否?"②

　　这时同在北大任教的故人黄节见此情况,如同 1915 年 8 月两次致信刘师培批评其在筹安会中的作为一样,于 1917 年 10 月 22 日专门致信蔡元培重提刘师培当年附清、附袁旧事,对其收留后者在北大任教表示不满:

> 　　申叔为人,反复无耻,其文章学问纵有可观,当候其自行刊集,留示后人,不当引为师儒,贻学校羞。盖科学事小,学风事大……申叔之无耻,甚于蔡邕之事董卓。

黄节此信中除严厉指责刘师培反复多变、大节有亏、影响恶劣外,还特别指出其忘恩负义于章太炎的往事:

> 　　民国初年,申叔以委身端方,流亡蜀中。是时死生失耗。公与太炎尝试登报访问,恕其既往,谓其才尚可用,卒使川吏保护南归。公等故人待之,不为不厚矣!及其来京入觐,太炎方被梏察,乃始终未一省视,何论援手?③

---

　　① 关于刘师培到北大任教之建议人,有陈独秀、黄侃等多种说法,个人以为陈独秀、黄侃说较合理。参看台静农《〈早期三十年的教学生活〉读后》,收入中国现代文学馆编、计蕾编《台静农代表作》,北京:华夏出版社,1998 年,第 255—256 页;司马朝军、王文晖合辑《黄侃年谱》,武汉:湖北人民出版社,2005 年,第 118 页。

　　② 顾颉刚《致叶圣陶·一九(1917 年 10 月 21 日)》,收入顾颉刚《顾颉刚书信集》,北京:中华书局,2011 年,卷一,第 23 页。

　　③ 黄节信见李韶清《黄晦闻之生平及其政治学术思想举例》,《广州文史资料》第 10 辑,1963 年,第 218—219 页。黄节该信也被收入万仕国《刘师培年谱》,第 263—264 页。引文标点有所更动。

从事后的情况来看,黄节此信中的抗议并无效果,刘师培在北大任教直至去世。事实上,发出抗议信的黄节这时在文化立场上与刘师培及同在北大任教的黄侃(季刚)、陈汉章、马叙伦、吴梅、顾实等恰巧是同路人,均主张保存国粹,此后还与刘师培、黄侃共同支持北大学生创办《国故月刊》杂志,且列名为"特别编辑"。①不仅如此,黄节对北大校内蔡元培支持胡适、陈独秀等新派提倡白话文运动与新思潮也非常不满,"论议与元培不相中,其后睹学制日颓,与人言辄愤吒久之"②,故一度与持相似立场的其他北大教员如张尔田、吴梅等人联合自保,"古调独弹,当坚固团体,以求自保地位"③。

到北大任教后,旧学邃密的刘师培认真上课,颇受同学欢迎。如郝立权(昺蘅,1895—1978)四年后的回忆:"然其执诲殷拳,博文善诱。上下古今,如具匈臆。口陈指剖,不事研讨。匪徒学至,盖亦有天授也。"④另外据上过刘师培课的杨亮功回忆,这时的刘师培主张新旧调和:"他在课堂上绝少批评新文学,他主张不妨用旧

① 参看司马朝军、王文晖合辑《黄侃年谱》,第132页。据顾颉刚言《国故月刊》系傅斯年的同班同学所组织,同班除了傅之外,都加入了该杂志。顾颉刚《致叶圣陶(1919年6月17日)》,北京:中华书局,2011年,第1卷,第65页。

② 参看章太炎《黄晦闻墓志铭》,《制言半月刊》第2期(1935年10月1日),第2页。

③ 据吴虞记载,此语系张尔田面对北大同人日渐趋新后在写给黄节的信中所言。转见吴虞1921年8月14日日记,中国革命博物馆整理《吴虞日记》,上册,第625页。

④ 郝昺蘅《吊刘申叔先生文并序》,《进德月刊》第2卷第4期(1936年12月1日),第101页。该文原名为《吊刘先生文并序》,发表于《华国》月刊第1卷第12期(1924年8月15日),"文苑",第6—7页。作者自谓其文发表时被章太炎做了小改动,所以原文重发于十二年后的《进德月刊》。实际上,章太炎删改后的郝文在《华国》刊出后,郝立权稍后又将此文原版连同他自己的另外两篇文章一并在《云南教育会月刊》第2卷第2号上刊出,刊出的文章标题同于《华国》,杂志内容则同于《进德月刊》本。参看郝立权《吊刘先生文并序》,《云南教育会月刊》第2卷第2号(1925年3月),第51—52页。

有的文章体裁来表达新思想,这是用旧瓶装新酒的办法。"①此时的刘师培与1914年秋到北大任教且同样提倡旧学的旧识章太炎弟子黄侃一起隐有被学生尊为宗主之势,②短短几年,他们在北大培养了诸多后来在中国文史研究领域的名家,如陈钟凡、刘文典、郝立权,甚至可以包括傅斯年、杨亮功、杨振声等人。至于刘师培任职北大之前入学的一些老北大生如金毓黻、范文澜、孙世扬、冯友兰、俞平伯、罗常培等——皆曾深受黄侃影响。

至于刘师培在洪宪帝制时期主持的《中国学报》(系民初《中国学报》的复刊),这时在社会上仍颇有影响力。为此北大新派学生罗家伦后来曾针对刘师培昔年主持的该杂志内容进行了刻薄的批评和嘲笑:

> 若说到守旧式的杂志所谈的学理,也有许多可笑的地方。这类的杂志从前最出名的就是《国粹学报》,其中虽有不纯粹的地方,但是有极少的几篇也还能整理出旧学的头绪来,等到后来什么《中国学报》——《洪宪学报》,那就糟了,其中材料既不能持旧学作有统系的研究,又不能在旧学内有所发明,古人的年谱同遗著占了极多的篇幅。我以为前人若是有价值的东西,仅可印单行本,何必在杂志上替死人刻文集呢? ……这种塚中枯骨的已往印刷品,我本来不愿批评。但是我前月还看见北京书坊里有卖他的,社会上还有许多也学他的,所以我不得不乘便说几句,以备一格。③

---

① 杨亮功《早期三十年的教学生活》,合肥:黄山书社,2008年,第19页。
② 关于黄侃到北大任教时间,参看司马朝军、王文晖合辑《黄侃年谱》,第90页。
③ 参看罗家伦《今日中国之杂志界》,《新潮》第1卷第4号(1919年4月1日),第627页。

罗家伦的指责某种程度上表明当时文化古城北京与北大的文化气氛依然是以保存国粹风气为主，刘师培的影响仍不容小觑，新思潮的流行和具有"权势"尚有待五四运动这个大刺激。①

或许是早已意识到北大内外对于旧学有兴趣的人颇多，不甘寂寞的刘师培与黄侃又有了联合校内的旧派师生复刊《国粹学报》和《国粹丛编》之意。消息传开后，刘师培即被鲁迅痛骂。鲁迅结合刘师培旧事挖苦其为"侦心探龙""老小昏虫"，视其打算主编《国粹丛编》对抗新文化派之举为"放屁"：

> 中国国粹，虽然等于放屁，而一群坏种，要刊《丛编》，却也毫不足怪。该坏种等，不过还想吃人，而竟奉卖过人肉的侦心探龙做祭酒，大有自觉之意。即此一层，已足令敝人刮目相看。而狩狁羞哉，尚在其次也。敝人当袁朝时，曾戴了冕帽（出无名氏语录），献爵于至圣先师的老太爷之前，阅历已久，无论如何复古，如何国粹，都已不怕。但该坏种等之创刊屁志，系专对《新青年》而发，则略以为异，初不料《新青年》之于他们，竟如此其难过也。然既将刊之，则听其刊之，且看其刊之，看其如何国法，如何粹法，如何发昏，如何放屁，如何做梦，如何探龙，亦一大快事也。《国粹丛编》万岁！老小昏虫万岁！②

最后，《国粹丛编》和《国粹学报》未能成功复刊。但在北大旧派师生的努力下，加上校长蔡元培的支持，1919 年 3 月 20 日，以保存

---

① 参看张仲民《新文化偶像的塑造：胡适及其受众》，《学术月刊》2020 年第 12 期，第 159—161 页。

② 参看鲁迅《致钱玄同（1918 年 7 月 5 日）》，人民文学出版社编《鲁迅书信集》，北京：人民文学出版社，1976 年，上册，第 17 页。

国粹为宗旨《国故》杂志创刊号出版,刘师培与黄侃出任总编辑。《公言报》等媒体将此杂志视为北大校内旧派的旗帜,刘师培、黄侃则被视为旧派领袖。看到此报道后,深知舆论威力也正为肺病所困的刘师培马上致函《公言报》(且将此函同时送登《北京大学日刊》)辩白,并让《国故》社也同时致函《公言报》进行解释,表示自己和国故月刊社无意与新派争衡,①只打算以保存国粹为宗旨。②

不管刘师培如何因应,正如鲁迅的批评所显示的,《国故》客观上已经被视为"旧文学一派"的阵地,③这正好彰显了北大校长蔡元培"兼容并包"的治校方针。该杂志第一期出版后,黄侃即将包含其《题辞》和章太炎另一高徒吴承仕《王学杂论》一文的该期杂志转寄章太炎,章太炎阅读该期后曾致信吴承仕表达对其文章的意见,另外章太炎又寄信黄侃对该杂志中的某个说法加以反驳。④章太炎的积极回应,某种程度上或表明他对刘师培的不满已经有所缓解。投桃报李,《国故》也当即将章太炎两封信件刊布于杂志中,并加有按语感谢章太炎的支持:

---

① 陈平原教授认为刘师培此举是不愿与陈独秀为敌,也有不想让蔡元培为难的意味。参看陈平原《新文化运动中"偏师"的作用及价值——以林琴南、刘师培、张竞生为例》,《北京大学学报》第 56 卷第 3 期(2019 年 5 月),第 19 页。陈说有一定合理性,刘师培之所以能任职北大,跟陈独秀、蔡元培两人有密切关系,后来陈独秀被捕,刘师培也曾具名与校内同人和北京学界联合保释陈独秀。参看《北京学界保释陈独秀呈文》,万仕国辑《刘申叔遗书补遗》,下册,第 1453 页。

② 参看万仕国《刘师培年谱》,第 270—271 页;司马朝军、王文晖合辑《黄侃年谱》,第 144—145 页。

③ 此时表面趋新实则钟情旧学的吴虞即认为《国故月刊》第 1、2 号中,"佳者颇少",他的朋友"陈惺农"则讥笑:"国粹学者已多半形在神离,不足虑。"吴虞 1919 年 8 月 1 日日记,中国革命博物馆整理《吴虞日记》,上册,第 477 页。但反对新文化运动的徐兆玮读了两册《国故》月刊后则认为:"中多精粹,惜校勘疏略,误字盈纸,亦一病耳。"徐兆玮 1919 年 6 月 1 日日记,李向东等标点《徐兆玮日记》,第 3 册,第 1989 页。

④ 参看汤志钧《章太炎年谱长编(增订本)》,上册,第 344 页。

> 太炎先生学问文章,本社同人素所景慕。此次锡之教言,匡其不逮,极为感谢。谨将原书载入"通讯栏",并拜嘉惠。同人以课余之暇,率而成文,自知必多谬误,尚望硕学如先生者,时锡教言,匡其不逮。①

此按语很大可能出自黄侃之手,但显然也应得到总主编刘师培的首肯。这样一个对章太炎来函的回应,尽管比较间接与含蓄,或仍可被看作是刘师培变相再次向章太炎示好? 只是限于前车之鉴与"好胜心",刘师培已经无颜如 1912 年时那样亲自致信向章太炎表示歉意了!

时移世易,当刘师培在北大任教并同黄侃合作支持《国故》保存国粹时,可能会让章太炎复有些许国学人才难得的感慨,所以他才会比较热心地回应《国故》上发表的文章,或可将之视为章太炎对刘师培的一种变相肯定和支持。

1919 年 7 月,因看不惯蔡元培、陈独秀、胡适等人倡导文学革命和新思潮,黄侃(季刚)离开北大别走,"始而与争,继乃愤而去职"②。刘师培病情也日渐加重,被新势力视为对手的《国故》于 1919 年 9 月 20 日出版第 4 期后不得不停刊,"北大文科旧势力大减。"③如 1920 年 4 月赴北大接替刘师培之职位任教的张尔田稍后所说:"北校自申叔殂谢,新体竞妍,至有加选学以'妖孽'之目者。"④

---

① 参看汤志钧《章太炎年谱长编(增订本)》,上册,第 344 页。
② 汪辟疆《悼黄季刚先生》,《制言半月刊》1935 年第 4 期,第 2 页。
③ 杨亮功《早期三十年的教学生活》,第 23 页。
④ 张尔田《与李审言(二)》,收入梁颖等整理《张尔田书札》,上海:上海人民出版社,2021 年,第 54 页。此处的"选学"即钱玄同所谓的"选学妖孽"——主要指以《昭明文选》为代表的魏晋六朝文章风格,该风格为章太炎、刘师培、黄侃乃至鲁迅、周作人所推崇效法。有关的情况可参看陈平原《中国现代学术之建立》,北京:北京大学出版社,1998 年,第 375—384 页;郭宝军《"选学妖孽"口号的生成及文化史意义》,《河南大学学报》第 58 卷第 5 期(2018 年 9 月),第 113—119 页。

饶是如此,人走茶未凉,刘、黄两人在之后的北大学生中依然有一定影响力。如据尚在成都即将赴北大任教的吴虞从北京到访的友人处得知的观感:"观北大学生中主选派及申叔、季刚一派者居多数,其主桐城派者亦有,然不盛也。"①

五　难以达成的和解

1919 年 11 月 19 日夜间,刘师培病逝于北京寓所。②远在上海的章太炎很快得知此消息。11 月 27 日,他告知从粤来沪就医的旧友陈去病此事,"即闻太炎云申叔死矣"。③通过陈去病的简述,仍不难发现章太炎对刘师培病故一事的关注。

1923 年 9 月 15 日,章太炎弟子汪东联合章太炎、黄侃、吴承仕、孙尚杨、但焘等章门师弟创办了《华国》月刊,"志在甄明学术,发扬国光",由章太炎担任社长,"总持其事"。④从该刊办刊宗旨、体例和实际内容来看,它与四年前的《国故》月刊可谓一脉相承,志同道合。不仅如此,该刊在启事与略例中都特别声明可以发表"前人遗著","如未经刊行,或虽有刻本而流布未广,坊肆所无者,本刊间为登载,各以类从,凡此皆于著者姓名之下登明遗稿,但诗文词类偶录一篇,不复加注"。⑤正是有此意识,《华国》月刊杂志先后发表了刘师培遗

① 吴虞 1921 年 3 月 2 日日记,中国革命博物馆整理《吴虞日记》,上册,第585 页。
② 《刘师培教授在京病故》,《北京大学日刊》1919 年 11 月 21 日,第 2 版。
③ 《陈佩忍君致校长函》,《北京大学日刊》1919 年 12 月 5 日,第 3 版。据笔者眼见所及,此材料最早为郑师渠教授引用。
④ 章太炎《发刊辞》,《华国》月刊第 1 卷第 1 期(1923 年 9 月 15 日),第 3 页。
⑤ 《本刊启事三》《略例》,《华国》月刊第 1 卷第 1 期,分别见插页、第 3 页。

著六篇:《文说五则》①、《废旧历论》②、《中古文考》③、《屈君别碑》④、《隐士秦君墓志铭》⑤、《孝子卫洪基碑》⑥。特别值得一提的是,时为北大黄节学生的郝立权撰写了一篇追忆和悼念刘师培的文章——《吊刘申叔先生文并序》投稿给《华国》⑦,但发表时序言为章太炎"稍加删节",郝氏自谓为此才在十二年后重新发表该文。⑧可以想象,假如没有主持者章太炎首肯,《华国》是不会发表刘师培这些遗文,更不可能会发表一个年轻学生悼念刘师培的文章。需要刨根问底的是,章太炎为何要修改郝立权的这篇悼文序言?他都修改了哪些内容呢?这需要对比一下郝立权文章先后两个版本的差异。

在完整版的悼文序言里,郝立权本有批评刘师培为袁世凯效力类似于刘歆做新莽国师的表述,认为这系刘师培人生污点,尽管其来有自:"顾以操之诡越,履途多险。刘歆依违于莽朝,陆机点污于贾谧。旷世所欷,可谓一轨。即其遭命所至,实亦有由。"这段批评性兼具为刘师培辩解的话完全被章太炎删除,或显示出章太炎不同意郝文认为刘师培罪同于刘歆、陆机的认知。接下来郝文中

---

① 刘师培申叔遗著《文说五则》,《华国》月刊第1卷第7期(1924年3月15日),"文苑",第1—3页。

② 刘师培申叔遗著《废旧历论》,《华国》月刊第1卷第8期(1924年4月15日),"学术",第1—4页。

③ 刘师培申叔遗著《中古文考》,《华国》月刊第1卷第12期(1924年8月15日),"学术",第1—4页。

④ 刘师培《屈君别碑》,《华国》月刊第2卷第7期(1925年5月),"文苑",第3—4页。

⑤ 刘师培《屈君别碑》,《华国》月刊第2卷第7期(1925年5月),"文苑",第4—5页。

⑥ 刘师培《孝子卫洪基碑》,《华国》月刊第2卷第11期(1926年1月),"文苑",第3页。

⑦ 郝立权《吊刘先生文并序》,《华国》月刊第1卷第12期,"文苑",第6—7页。

⑧ 郝昺蘅(立权)《吊刘申叔先生文并序》,《进德月刊》第2卷第4期(1936年12月1日),第102页。

描述刘师培家庭经济状况及其与何震关系的"瘠渴积年,勃溪累日"表达,在发表稿中也被删除。但章太炎保留了郝文对刘师培的高度评价——"磨而不磷,古有几人",同时却删除了"此则世所悯谅者也",这或显示出深切了解当时刘师培家庭情况的章太炎仍未完全谅解刘师培,不再同意是因为经济问题与何震的影响才导致刘师培背叛革命的说法,而这样的表达恰是1912年刘师培公开致歉信中自谓,也被彼时的章太炎所接受。接下来郝文中的"洎夫望实交赘,形神已仳"句,被章太炎修改为"及情势娄迁,形神亦瘁",这或体现章太炎不赞同郝立权认为刘师培声望坠落——"望实交赘"的观点,而是含蓄认为刘师培因遭遇周边"情势"影响,才连带影响到其人身体健康,但声名反而无碍。对于郝文最后的悼文,内中也有对刘师培的同情和高度评价,章太炎则完全没有更动。由以上对比,不难发现章太炎对刘师培身后评价的在意,他既不希望人们苛责刘师培,又不愿意世人完全原谅刘师培,这种对刘师培既爱惜又心怀芥蒂的矛盾心态大概延续到章太炎晚年。

除此之外,章太炎之后于著述中也偶有牵涉刘师培之处。如在晚年为爱徒黄侃撰写的墓志铭中,章太炎又提及当年黄侃拒绝刘师培"以筹安会招学者称说帝制"一事,并表彰黄侃"为学一依师法,不敢失尺寸。见人持论不合古今,即眙视不与言,又绝类法度。自师培附帝制,遂与绝,然重其说经有法。师培疾亟,又往执挚称弟子"[1]。明显可以看出章太炎这里借黄刘交谊来表彰黄侃之学行、德行,但叙述中太炎并未刻意贬损作为潜在比较对象的刘师

① 章太炎《黄季刚墓志铭》,《章太炎全集·太炎文录续编》,上海:上海人民出版社,2014年,第293页。

培,只是平心静气地追述了当年刘师培所为,且不乏肯定其学问之处。如果再结合 1933 年 4 月 8 日章太炎在致张继信中的"夫子自道"——"吾之于人,不念旧恶,但论今日之是,不言往日之非"①,或可大胆推断,晚年章太炎应该已经原谅了昔日刘师培对自己的不义之举。而此时章太炎所主持的《制言》半月刊不时刊出刘师培佚文也可为一间接旁证。

1934 年初,章太炎的另一爱徒钱玄同开始受雇于刘师培旧友南桂馨为刘师培编纂文集,经过钱玄同等人的努力,花费三年多时间,《刘申叔先生遗书》始告编成。②在编辑过程中,钱玄同一直想邀请刘师培"学问上最重要之友"章太炎为之作序,③预测两人尽管早已断交,"但刘君下世已十有五年,章君年垂七十,过去恩怨或可淡然若忘",④钱玄同这里打算"姑且冒险进言,且看结果如何",不过因为担心会为章太炎拒绝,钱玄同最终一直未敢开口请求,其内心却一直认为,只有蔡元培和章太炎才是最了解刘师培学术与为人的旧日友人,也是最适合为之写序的人。如其在致蔡元培信中之言:"玄同本拟请两先生各撰一文,而因先师与申叔凶终隙末,恐其或有谴呵之语,反失表彰之义,故屡欲去书请求,而迟回审顾,卒未果行。"⑤章太炎的忽然去世,让即将出版之《刘申叔先生遗书》缺少章序一事成为永远的遗憾。为弥补此"缺憾",钱玄同遂将当年

① 《章太炎与张继函》,马勇整理《章太炎全集·书信集》,上册,第 587 页。
② 有关情况可参看张仲民《南桂馨和刘师培》,收入拙著《叶落知秋:清末民初的史事和人物》,第 199—231 页。
③ 《钱玄同致郑裕孚(1936 年 11 月 28 日)》(五九),刘思源等编《钱玄同文集》,第 6 卷,第 283 页。
④ 《钱玄同致郑裕孚(1935 年 3 月 9 日)》(一八),刘思源等编《钱玄同文集》,第 6 卷,第 218 页。
⑤ 钱玄同《致蔡元培信(1936 年 7 月 5 日)》,刘思源等编《钱玄同文集》,第 6 卷,第 277 页。

章太炎与刘师培的通信及有关文字八篇作为代序置于书中。①可以说,借助这种形式的共存,钱玄同让业已身故的章太炎、刘师培两人再度重归于好,为两人的恩怨画上一个不算圆满的句号。

结　　语

通观刘师培和章太炎的关系及其在清末民初舆论场域中的互动情形,明显可以发现两人皆喜欢利用报刊舆论来表达和展示自我,会根据现实的政治形势来调整对对方的看法。但不管如何,双方在学术上的惺惺相惜之情一直存在。然而随着刘师培周边环境的影响和个人所在处境的改变,两人开始产生隔阂与矛盾,特别是刘师培势利善变、好名、急于表现的性格,加之其妻子何震对他的影响,最终导致刘师培暗中投靠端方,并通过媒体舆论对章太炎加以构陷。一心致力于国粹事业的章太炎则鉴于刘师培人才难得,对其所为不计前嫌,哪怕是刘师培公开加入端方幕府后,以学术为先的章太炎依旧在努力挽回与刘师培的友谊,希望刘氏能够以学术为重,悬崖勒马,可惜并未成功。民国肇建以后,爱才心切的章太炎依旧对旧交刘师培念念不忘,担心追随端方入蜀的刘师培人身安全问题,遂连续刊登报刊广告希望能够通过舆论之力保护和联络到刘师培,并期待刘师培能回头改过,恢复两人旧谊,共同勠力于国学研究。所以即便章太炎当时面对诸多革命派媒体指责自己昔日曾投靠端方、背叛革命,压力之下的章太炎仍不愿将此中内情披露,以免始作俑者刘师培夫妇遭到舆论围剿而处于不利局面。

---

① 参看《章太炎、黄季刚二君关于刘申叔君之文十首》,收入南桂馨等编《刘申叔遗书》,上册,第19—23页。

章氏的频频示好也让刘师培颇为感动,他也主动通过报刊公开致信章太炎进行解释道歉,同时希望借助舆论之力让他的自我辩护得到更多读者的阅读和谅解,然而刘师培这里隐瞒了关键真相,认错态度却有欠诚恳,他竟然认为自己是为环境所迫、被人胁迫欺骗才无奈投靠端方,以致落下"变节"恶名,内心其实一直未能忘情革命和国学研究事业,一直在希望尽早摆脱端方控制。刘师培的致歉信显然获得了章太炎的谅解,但此时两人的和解在当时诡谲的政治形势下已经没有激起太多的反应。其后不久,章太炎、刘师培的人生选择又发生较大变化,均再次被深深卷入严酷的现实政治斗争中。为此桀骜不驯的章太炎在北京被袁世凯软禁近三年之久,而汲汲于用世的刘师培则经由阎锡山推荐为袁世凯服务后,故态复萌,频频为袁世凯大唱赞歌,完全不顾章太炎的困境和感受。尤其是当他加入筹安会后,为袁世凯的复辟帝制大业卖力鼓吹,借史论作政论,不断献言献策,造成的争议和影响极大,刘章关系于是再度彻底破裂。洪宪帝制失败后,身败名裂的刘师培到北大任教,并联合黄侃等人勉力提倡国故,与章太炎再次成为提倡国学的同道,两人关系才稍加改善,但再难恢复旧观。刘师培去世后,致力于捍卫中国文化的章太炎对刘师培既痛惜又心怀芥蒂,这种矛盾心态一直延续。

　　鉴于刘师培、章太炎在中国近代思想史和学术史上乃至政治史的重要地位与巨大影响,两人行迹与相互关系演变自然值得格外注意。而两人在清末民初或公开或暗中借助报刊舆论展开的互动情况,为两人关系提供了另类的细节材料,弥足珍贵。因之,本文希望回到当时的政治语境中,从传播学的视角努力钩沉刘师培、章太炎两人基于学术立场相似而形成的私谊之演变情形,借此展现两人的性格差异同其本人政治抉择的关系,以及媒体舆论在其中扮演的角色和发挥的作用,进而再现清季民初学术、私谊和政治的复杂关系及其经由媒体等管道所呈现出的互动情形。拾遗补阙之外,希望能于刘师培研究、章太炎研究乃至刘章关系的研究有所裨益和推进。

抑有进者,刘章两人私谊的变化实际也折射出在"吾国社会之无良"、不断发生剧烈的政治变动的情况下书生论政的局限和学者坚守学术立场之困难。饶是如此,尽管无法避开政治的压力和舆论的干扰,学人自身的坚持、坚守和信仰依旧有其重要意义,尤其是在如何经世致用、如何于非常时刻独善其身、如何处理学术与政治关系等重大议题时,刘师培与章太炎的交谊情形为我们提供了很好的鉴戒和范例,足供我们反躬自省和三思后行。

本文原载《近代史研究》2023 年第 3 期,此次收入有增补。

事的哲学:章太炎思想的基调

——以《国故论衡》诸子学九篇为中心

对《国故论衡》下卷诸子学九篇的研究,可以从多个角度展开:比如直接就诸子学九篇进行集中解读,尽量如实呈现章太炎对诸子的学术见解;比如进一步从诸子学复兴的角度,综合考察章太炎的诸子学论述在清代以来诸子学复兴潮流中的位置;比如在经学、史学、子学等起伏沉降这一更大的动力架构中,把握章太炎子学论述的特点;比如着眼于单篇的《原儒》或者《原道》等等,以小见大阐发章太炎的儒家论或者道家论;再比如将其置于从《訄书》到《检论》乃至晚年讲学的脉络中,考察其诸子学认识之变迁。本文则尝试在学术辨析的基础上,将眼光更向下沉,重点考察章太炎在对诸子所展开的具体分析背后所采取的思想方法,即章太炎是如何把握了诸子、采取了怎样的进路、运用了怎样的方法、这种方法又如何渗透进他对诸子的具体评价之中。诚然,诸子学九篇是以章太炎的具体学术见解为主要内容的,思想方法问题也无法脱离其学术见解,但就如何将诸子学九篇乃至整本《国故论衡》读作有内在系统性的著作这一点而言,不能脱离对其贯通的思想方法及理路的探讨。更明确地说,诸子学九篇不是单纯对"诸子哲学"的讲述,而是章太炎通过对"诸子哲学"的剖析而呈现其自身的哲学思想。由此,本文首先将《国故论衡》视为一种思想文本,而非单纯的学术文本。本文认为,隐含在诸子学九篇乃至整本《国故论衡》中的思想方法,或可概括为"事的哲学"。这是一种以"事"为中心的哲学,即不是将"事"视为"理"或者"义"的质料,不是将"事"视为可以由"理"或者"义"来归纳或者扬弃的对象,甚至也不是说"事"里面包含着"理"或者"义",而是"事"本身就是一种"理"或者"义"的思路。这种"事的哲学"构成章太炎思想的基调。

第一节　章太炎的诸子学研究:
《国故论衡》之前的脉络

在《国故论衡》之前,章太炎较为系统论及诸子之学的著作和文章主要有三种,分别是《訄书》初刻本、《訄书》重订本中的《儒墨》《儒法》诸篇和1906年发表在《国粹学报》上的《诸子学略说》。①从名目上看,这四种著作可以置于一个连续性的脉络中借以讨论章太炎的诸子学这一课题,并延及后来的《检论》以及晚年讲学组成一个更长的系列。但本文倾向于认为,《国故论衡》中的诸子学论述与前面三种相比,不仅对于诸子思想内容的认识有变化,更重要的是着眼点也存在差异。如果仅仅是把诸子思想把握为一个学术课题,则围绕诸子思想内容的认识变迁只是说明了作为学者的章太炎见识的增进,而着眼点层面的差异则显示了作为思想家的章太炎自身思想跋涉的历程。具有冷静学术外观的《国故论衡》的成

---

① 早年的《膏兰室札记》也有以诸子所著各书为研究对象的内容,但主要是对概念、短句之逐条考释,间有对考据文句含义极有节制的阐发(如卷一"乐而不淫哀而不伤"条、卷二"解论语宰予昼寝事"条等),但并未对诸子之思想作整体性讨论。

书正是章太炎思想形成过程中的一个关键环节。为了更清楚显示这一点,下面先简要概述此前三种著作中章太炎的诸子学认识。

《訄书》初刻本和重订本均将对先秦诸子的论述置于前列,显示了章太炎在经、史、子关系中对于子学的重视。相比于初刻本,重订本删掉了《尊荀》而代之以《订孔》,其他几篇也作了文字上不同程度的修改,但从评价的角度和倾向上看,二者变动不大,或者说,重订本把初刻本中的倾向更加明朗化了,因此二者可以放在一起来讨论。这种愈益明朗化的倾向,概括来说,就是贬抑儒家而高扬先秦其他诸家。这从各篇文章的标题即可看出,儒墨、儒道、儒法、儒侠、儒兵云云,即是要将儒家和其他诸家齐观平视,并且以其他诸家之所长而见出儒家之所短。其论"儒墨",为墨家"兼爱""无父"等说加以辩护,认为墨家"兼爱"之旨也包含理一分殊的逻辑,墨家宗祀严父,以孝视天下,也并非"无父"。墨家在"短丧""非乐"等问题上诚然有过,但这些问题儒家也存在,所谓"以短丧言,则禹与大公皆有咎,奚独墨翟"①,而根据《论语谶》,六国儒者对墨家非乐之说也有接受。重订本则进一步说:"至于古乐,亦多怪迂,诚有宜简汰者。"②其论"儒道",一则将儒家归于仁义,将道家归于阴骘,承认儒道之辨;一则又认为在政治的危急时刻,在实际政治的展开中,道家有超过儒家的效用,正所谓"自伊尹、大公,有拨乱之才,未尝不以道家言为急","儒家之术,盗之不过为新莽,而盗道家之术者,则不失为田常、汉高祖"。③其论"儒法",以子产和诸葛亮的政治实践为例,认为"儒者之道,其不能摈法家,亦明已"。不

① 章太炎《訄书初刻本·儒墨》,朱维铮点校《章太炎全集》(三),上海:上海人民出版社,1984年,第9页。以下凡引自该书的注解,只注页码。
② 章太炎《訄书重订本·儒墨》,《章太炎全集》(三),第137页。
③ 章太炎《訄书初刻本·儒道》,《章太炎全集》(三),第9—10页。

仅如此,在法律的制定上,法家虽然有严酷的一面,但法家之律疏而不密,易于遵守,客观上能达到刑措之治。相对而言,儒家虽然出于谨慎用刑的考量,将法律制定得很细致,但会导致执法者投鼠忌器,客观上造成"上密于律,下遁于情"的状况,因此"德意虽深,奸宄愈因以暴恣"。①到了重订本中,法家之律的疏而不密进一步被提炼为壹而不歧,则儒法之优劣更形明晰。其论"儒侠",认为"天下有亟事,非侠士无足属",侠士实际代表了儒家之义的顶点,因此真正的大儒自应具备侠士的精神,"世有大儒,固举侠士而并包之。而特其感慨奋厉,矜一节而自雄者,其称名有异于儒焉耳"。②在重订本中,章太炎甚至鼓励侠客的刺杀行为,认为"有为鸥枭丁百姓者,则利剑刺之,可以得志,当世之平,刺客其可绝乎"?③这一点也联系着此后他所倡导的"复仇"论。以此而衡之儒家,章太炎认为只有《礼记·儒行》中列举的"十五儒"为可取,因为"独《儒行》记十五儒,皆刚毅特立者",相比之下,一般所论儒家,多近于仁柔,且"孔书泛博,难得要领"。④其论"儒兵",讽刺儒家"不擒二毛,不鼓不成列"的大言,认为儒家之孟子、荀子与兵法家司马穰苴一样,都注重养气、治气,而"治兵之道,莫径养气"⑤,在这个意义上,儒家并不比兵家高明。

总之,《訄书》两种版本对于诸子的论述一则重在贬儒,一则着重在政治效应上指示各家之思想要义。到了1906年的《诸子学略说》中,贬儒之意更加明显,而且不仅贬儒,也连带贬抑其他诸家。

---

① 章太炎《訄书初刻本·儒法》,《章太炎全集》(三),第11页。
② 章太炎《訄书初刻本·儒侠》,《章太炎全集》(三),第12页。
③ 章太炎《訄书重订本·儒侠》,《章太炎全集》(三),第140页。
④ 章太炎《訄书重订本·儒侠》,《章太炎全集》(三),第141页。
⑤ 章太炎《訄书初刻本·儒兵》,《章太炎全集》(三),第13页。

《诸子学略说》于九流之说均有论述，论儒、墨、道、法诸家用力较多，其他多点到为止。其论儒家，虽也附带指出孔子"变機祥神怪之说而务人事，变畴人世官之学而及平民，此其功亦复绝千古"，但是，更重要的则是批评儒家在道德上之残破与卑下，认为"儒家之病，在以富贵利禄为心"，认为孔子之教，惟在趋奉时风，没有贞定的人格，也没有坚决的主张，儒家所推重的中庸，实际是比"乡愿"更其不堪的"国愿"，此国愿的内核，是湛心利禄。论道德，则"艰苦卓厉者绝无，而冒没奔竞者皆是"，论理想，则"宗旨多在可否之间，论议止于函胡之地"。①其论道家，一改在《訄书》中的辩护之意，对老子之权术揭发甚力。认为老子的无为权首，以卑弱自持，"实以表其胆怯之征"。②也正因为胆怯，所以老子善于权术，所谓"天下惟胆怯者权术亦多"。不敢为权首，为天下先，即非特不敢为帝王，也不敢为教主，所以其权术只能表现为"去力任智，以诈取人，使彼乐于从我，故曰：善为道者，非以明民，将以愚之"，章太炎断言，这即是老子学术之根本内容。③章太炎向来持孔子从学于老子之说，在《诸子学略说》中，他进一步将此"从学"贬低为"诈取"，并将《道德经》证实为老子为避开孔门加害而西出函谷之作，由此可见"师徒之际，忌刻如此，则其心术可知，其流毒之中人，亦可知已"，④孔子、老子素来之光彩全然不见。道家中庄子虽然区别于老子，但他之被论及，也是从道德角度着眼，所谓"其气独高"，后来被反复阐发的庄子的齐物、逍遥之论，在这时没有一言及之。其论墨家，着眼于墨家的

---

① 章太炎《诸子学略说》，汤志钧编《章太炎政论选集》（上），北京：中华书局，1977年，第 291 页。

② 章太炎《诸子学略说》，《章太炎政论选集》（上），第 291 页。

③ 章太炎《诸子学略说》，《章太炎政论选集》（上），第 292 页。

④ 章太炎《诸子学略说》，《章太炎政论选集》（上），第 293 页。

宗教性,由此宗教性而有"天志"之说,也由此宗教性而有"非命"之说。但章太炎又认为,墨家的非命说在理论上并非自洽,所谓"非命者不必求其原理,特谓于事有害而已"。"非命"说不彻底,墨家的另一个学说"非乐"说也有违于建立宗教所需要的以音乐来引发庄严之感的需要,因此墨家至秦汉便绝迹了。在这些分析中,透露着和《訄书》相反的对于墨家的不满。唯有一点,就是道德颇值得肯定:"墨子之学,诚有不逮孔、老者,其道德则非孔、老所敢窥视也。"①其论法家,一改在《訄书》中抑儒扬法之举,从道德角度将法家儒家置于一处,认为"儒家、法家、纵横家,皆以仕宦荣利为心"②。

由上可知,与《訄书》主要立足政治实效来评价诸子不同,《诸子学略说》尤其注重道德评价的视角。这种潜在的差异需要从章太炎在不同时代的关切来认识。从初刻本到重订本诚然有从"尊清"到"反清"、从鼓吹"分镇"到期待革命"新圣"等等转变,但是从整体而言,初刻本和重订本都显示了章太炎从甲午战争尤其是戊戌变法之后将眼光投向现实社会,试图提出政治和思想改革举措的倾向。用他自己的话说,即是"遭世衰微,不忘经国,寻求政术,历览前史,独于荀卿、韩非所说,谓不可易"。③而1906年发表的《诸子学略说》则是他在经历了牢狱之灾、加深了对革命挫折的体验之后的结果。在这一时刻,他所做的是从"寻求政术"这里向后退一步,以沉淀的姿态总结此前革命经历失败的缘由。这一总结集中体现在同年完成的《革命之道德》一文中。该文首先总结了满洲一统而中国沦亡的经验,认为这不是由于地方自治力量衰弱,也不是宋以后只讲三纲而忘记春秋夷夏之防,更不是由于学者争讲

---

① 章太炎《诸子学略说》,《章太炎政论选集》(上),第295页。
② 章太炎《诸子学略说》,《章太炎政论选集》(上),第300页。
③ 章太炎著,虞云国整理《菿汉三言》,沈阳:辽宁教育出版社,2000年,第60页。

汉学而忽于武事,而是道德问题,"道德衰亡诚亡国灭种之根极"①!继而又总结了戊戌变法和庚子保皇之役的失败经验,认为戊戌变法的失败,是戊戌党人不道德所致,而庚子之变,是庚子党人不道德所致。今日要谈革命,必须有道德贞信之人来担纲,因为"人人皆不道德,则惟有道德者可以获胜,此无论政府之已立未立,法律之已成未成,而必以是为臬矣"②。就此,《革命之道德》可以说是《诸子学略说》的一个潜文本。

概括而言,在《訄书》时期,对诸子学论述的架构是"儒家与其他诸家之辨",其时章太炎所关心的是如何从前史中寻求有效的治国理政之策,以图救济,到后面更缠绕其对今文经学的反思,诸子学在此被把握的问题点在于"政术";在《诸子学略说》时期,论述的架构是"道德与不道德之辨",其时章太炎所关心的如何锻造革命者贞定卓厉、自贵其心、径行独往的人格力量,这背后酝酿的是他对既往革命失败经验的总结,诸子学在此被把握的问题点是"道德"。而到了《国故论衡》时期,因为环境的变化,新的抵抗对象出现了,这就是"远西",新的关切也出现了,这就是"文野之辨",而要对抗"远西"对于"文明"的垄断性阐释与张扬,就需要对中国自身的"种性"或者"国性"之特质从原理上进行重新整理,《国故论衡》即是这一努力的结晶。

第二节　抵抗"远西"与保存"种性": 《国故论衡》的写作动因

对于《国故论衡》,钱穆先生曾这样说:"'论衡'者,乃慕效王充

---

① ②　章太炎《革命之道德》,《民报》第 8 号,1906 年。

之书。太炎对中国已往二千年学术思想文化传统,一以批评为务。所谓'国故论衡',犹云批评这些老东西而已。故太炎此书,实即是一种新文化运动。"①对照《国故论衡》,不能不说这种说法实属过甚其辞。《国故论衡》诚然有以佛学为标准指摘诸子学说之短的内容,但就全书之基本精神而言,则不仅不是"批评这些老东西",而恰恰相反,是对中国固有之小学、文学、诸子学的珍惜与爱重,他的引入佛学,意在对诸子哲理的激活。而这种珍惜和爱重又特别出于对"远西"之学即西方文教政制的自觉抵抗。这在《国故论衡》当中有清晰的呈现。

《国故论衡》置"小学"于首,是因为"盖小学者,国故之本,王教之端,上以推校先典,下以宜民便俗"②。在对小学的分析中,章太炎特别以同时代流行的"文言合一"为其批驳之对象,而"文言合一"之说追溯起来则正源于"远西",具体说就是欧洲经验。他从三个方面来加以批驳:其一是就疆域、风土而论,"疆域异形,大小相绝",欧洲国家地形狭小,风俗相近,而中国则幅员辽阔,风土互殊;其二是就语言之多样性而言,欧洲国家之语言"多原罗马",而中国语言则"殊方俚语,各有本株";其三是就语言发展水平而言,欧洲语言"虽有增华,离质非远",以实用为满足,程度较浅,而"我则口耳竹帛,文质素殊",文与言各有其积累与统绪,"若以语代文,便将废绝诵读;若以文代语,又令丧失故言"。以上批驳,均着眼于中西之异,而章太炎尤其注重因风土之差异而产生的"殊方俚语",也因

---

① 钱穆《太炎论学述》,《中国学术思想史论丛》(八),合肥:安徽教育出版社,2004年,第341—342页。

② 章太炎《小学略说》,王培军整理《章太炎全集·国故论衡先校本》(下简称《国故论衡》),上海:上海人民出版社,2017年,第8页。以下凡出自该书的注解,均依此版本,只注篇目与页码。

此会有《新方言》之作。正是在俚语方言之中，隐藏着中国之为中国的理由，所谓"考合旧文，索寻古语，庶使夏声不坠"①。

对小学的论述有此抵抗的脉络，对诸子学的论述也不例外。诸子学九篇以《原学》为首，与《訄书》重订本首篇同题，且有部分内容重叠。但不能据此将《国故论衡》与《訄书》重订本置于同一连续的脉络之中。《訄书》重订本的《原学》分析了中西印学术因"地齐、政俗、材性"而呈现出的不同特点，并着重指出"地齐"与"材性"在当今之世已不足以成为决定学术风貌的关键因素，要探求学术之原，更需要把握的是"政俗"，所谓"古者有三因，而今之为术者，多观省社会、因其政俗、而明一指"②。在这种分析中，中西印之学术别无轩轾。《国故论衡》中《原学》一开始也论及"地齐、政俗、材性"对于学术风貌的影响，但这仅仅为了引出"因仍旧贯得之者"这种学术类型，与之相对的，则是"仪刑他国者"这样的学术类型。换言之，在《訄书》时期，章太炎之"原学"是以"地齐、政俗、材性"为基本分类标准的，而到了《国故论衡》时期，学术则由"因仍旧贯"和"仪刑他国"而判然分别。所谓"仪刑他国"，具体说，也就是仪刑、模仿"远西"。然而这绝非学术之正道，"今中国之不可委心远西，犹远西不可委心于中国也"③。学术的发展只能是基于自身的地齐、政俗等"旧贯"而不断发抒本有之"材性"的结果，而先秦诸子之学即是这样成就卓著的自得之学，"言兵莫如《孙子》，经国莫如《齐物论》"，可惜的是，"事未至，固无以为候，虽至，非素练其情，涉历要害者，其效犹未易知也"④。从这个角度说，诸子学九篇正是章太

---

① 章太炎《正言论》，《国故论衡》，第 45 页。
② 章太炎《原学》，《章太炎全集》（三），第 134 页。
③ 章太炎《原学》，《国故论衡》，第 107 页。
④ 章太炎《原学》，《国故论衡》，第 107 页。标点有改动。

炎在深历世变、饱经患难之后对自家宝藏的检视,以使后学者不必"旁求显学,期于四裔"①。

不仅如此,和西方学术相较,中国政教学术更有远超西方的诸多面向:"天籁之论,远西执理之学弗能为也。遗世之行,远西务外之德弗能为也。"尤其特出的是,中国之政教典章"不定一尊,故笑上帝;不迩封建,故轻贵族;不奖兼并,故弃代议;不诬烝民,故重灭国;不恣兽性,故别男女。政教之言,愈于彼又远"②。也因此,在举世滔滔"以不类远西为耻"的声浪中,章太炎明确宣布"余以不类方更为荣,非耻之分也"③。

如果我们进一步论及与《国故论衡》写作同步的章太炎的其他论述,则抵抗"远西"保存"国性"这一支配性的动因可以看得更清楚。《国故论衡》于 1910 年在日本秀光社初版,其所收录文章如《原学》《原儒》《原道》《原见》《原经》等曾刊于 1907 年至 1910 年间的《国粹学报》。如所周知,自 1906 年出狱赴日至 1911 年返国的这段时间,是章太炎以革命之姿在《民报》上发表诸多政论文章而声名卓著的时期,他在《民报》诸文中所呈现的思想关切亦必然同步反映在《国故论衡》之中。就此说,于 1910 年结集的《国故论衡》正可视为章太炎对此前在《民报》和《国粹学报》两方面工作总结的结果。因此,《国故论衡》虽出之于"学术"的面貌,但其内里则仍是《民报》那种鲁迅所说"令人神旺"的战斗精神。这里不去详细铺陈其战斗精神的全部经纬,如对代议制、神我宪政说、进化论、国家论、公理说等的批判,而仅就章太炎在此一时期对巴黎《新世纪》群体之无政府主义思想的批驳作出分析,这一点也与《国故论衡》关系最深。

---

① 章太炎《原学》,《国故论衡》,第 107 页。这是章太炎当时的主要关注点。
② 章太炎《原学》,《国故论衡》,第 107 页。
③ 章太炎《原学》,《国故论衡》,第 108 页。

《新世纪》周刊于 1907 年由李石曾、褚民谊、吴稚晖等在巴黎创刊,是晚清时期重要的无政府主义杂志,其大旨为:"众生一切平等,自由而不放任,无法律以束缚箝制之,而所行所为,皆不悖乎至理,为善纯乎自然,而非出于强迫也。唯然,故无所谓武备,更无所谓政府,无所谓种界,更无所谓国界,其卒也,并无所谓人我界。"①同在 1907 年,章太炎有《五无论》之作,提出"无政府、无聚落、无人类、无众生、无世界",其中批评无政府主义"中道自画,而不精勤以求其破碎净尽者,此亦乏远见者也"②,想来正是针对《新世纪》而发。因为《新世纪》之"无政府""无种界"云云均是建立在进化论的基础上,其无政府主义之归宿为一理想化的大同世界,而"五无论"则依据唯识三性说从根本上驳斥了进化论,所谓"夫耽于进化者,犹见沐浴为清凉,而欲沉于溟海"③,其归宿乃在无生主义。

这里的争论尚是预演,章太炎对《新世纪》之具体的批驳是在约九个月之后围绕"万国新语"问题而展开的,其间又缠绕着章太炎对于吴稚晖在"苏报案"中"献策"行为的凌厉指斥,而所有这些问题,背后的核心是"文野之辨",即对当时盛行的"文明论"之批判。以欧美为文明而以中国为野蛮,这在《新世纪》群体是普遍的认识,支撑此认识框架的则是《新世纪》上俯拾皆是的"公理""进化""科学"等等断言。④具体到语言文字上也不例外:"于进化淘汰

① 佚名《与友人书论新世纪》,《新世纪》第 3 期,1907 年 7 月 6 日。
②③ 章太炎《五无论》,《民报》第 16 号,1907 年 9 月 25 日。
④ 这也正是章太炎写作《四惑论》的直接触媒。在晚清的思想图景中,对"公理、进化、唯物、自然"等话语推崇备至的典型可以说就是《新世纪》,它也构成章太炎在 1907 年以后诸多文章的主要批驳对象。仅在"立宪"和"革命"的框架中,不足以把握《民报》的思想位置。以《国粹学报》和《民报》为主要根据地的章太炎可以说是处在两面作战的位置上,即既要表达"革命"又要将此"革命"与"国粹"贯通起来。换言之,此时的章太炎既要立足"革命"以回击"立宪",又要立足"国粹"以回击各种数典忘祖的"假革命"。这也是他更愿意用"光复"而非"革命"来标示其立意的根本原因。关于太炎的"光复论",详后。

之理言之,惟良者存。由此可断言曰:象形表意之字,必代之以合声之字。此之谓文字革命。"①此处之"合声之字"即"万国新语":"既废现有文字,则必用最佳最易之万国新语,亦有识者所具有同情矣。"②而正如章太炎所指出的,这种对文明、公理的迷恋实质上只是"震慑于白人侈大之言"的表现而已,所谓"万国新语"也只是"以欧洲为准"的地方性语言,不了解这一点,则"趋时之士,冥行盲步,以逐文明,乃往往得其最野者"③。《新世纪》群体对所谓"欧美文明"的拜物教态度又不仅是出自知识上的匮乏,更源于人格上之萎缩,因为他们竟然"自嘲邦族而呼之为'贵国'",这是"阳托名无政府而阴羡西方琛丽,一睹其士女车马宫室衣裳之豪,魂精横泄,惧不得当,欲为顺民,复惧人之我诮,乃时吐谲觚之语以震荡人"④。章太炎的批评也遭到《新世纪》的反驳,但就如吴稚晖声称"语言文字应当统一之声,不惟震慑于白人侈大之言者言之,即作者横好古之成见者亦复言之"及将中国文字概括为"缺失甚多之死文、野蛮无统之古音"等所显示的,⑤其反驳毋宁说是再次坐实章太炎的批评。也因此,章太炎继而在《规〈新世纪〉》中更尖锐地指出,《新世纪》对万国新语的鼓吹,其实质是"恨轩辕、历山为黄人,令己一朝堕藩溷,不得蜕化为大秦皙白文明之徒"⑥。《规〈新世纪〉》另有一副标题为"哲学及语言文字二事",其中除了反驳"万国新语"说背后的文野逻辑而外,还针对《新世纪》纯依"适用"为标准将"周秦诸子、佛经、西儒"统统归为"浮泛、迷谬、悬想"的论述,提

---

① 真《进化与革命》,《新世纪》第 20 期,1907 年 11 月 2 日。
② 前行《编造中国新语凡例》,《新世纪》第 40 期,1908 年 3 月 28 日。
③ 章太炎《驳中国用万国新语说》,《民报》第 21 号,1908 年 6 月 10 日。
④ 章太炎《台湾人与〈新世纪〉记者》,《民报》第 22 号,1908 年 7 月 10 日。
⑤ 吴稚晖《书〈驳中国用万国新语说〉后》,《新世纪》第 57 期,1908 年 7 月 25 日。
⑥ 章太炎《规〈新世纪〉》,《民报》第 24 号,1908 年 10 月 10 日。

出"哲学之深密者，虽宝非用，顾未尝以其无用贱之"，对"哲学"做出辩护。就此说，《规〈新世纪〉》一文正可视为《国故论衡》全书之"序言"。

抵抗"远西"，颠覆以欧美为基准的"文野之辨"，目的在于保存"种性"，这也是章太炎在主持《民报》的同时又持续在《国粹学报》发表文章的根本原因，正所谓"以国粹激动种性"。这里的"种性"也就是章太炎后来更常说的"国性"。而无论是"种性"还是"国性"，对于章太炎来说，都不是一种抽象之物，而是对于"中国事状"的忠实呈现。1907 年他批评严复套用甄克思的宗法社会"条例"来解释中国，认为"就《社会通诠》与中国事状计之，则甄氏固有未尽者"①是如此；1908 年指斥吴稚晖之论"不中事情，于中国今日社会情形，如隔十重云雾"②是如此；《国故论衡》中以"原"为题，对儒家、道家、名家等均进行历史复原的工作，也是如此。不过这里对于"事状""事情"的重视，在其整个思路中，尚属初步。因为这里的"事"还处于一种客体对象的位置。而在《国故论衡》对于诸子之学的具体展开中，则"事"就获得了一个透视法的位置，成了把握诸子的一种思想方法。对于"事"的观察，成了"以事观之"，成为一种"事的哲学"。

第三节　"事的哲学"与诸子之"原"

如上所说，自 1907 年以后经过和《新世纪》群体的论战，以及同始于 1907 年与印度志士钵逻罕和保什结识而加深对殖民主义

---

① 章太炎《社会通诠商兑》，《民报》第 12 号，1907 年。
② 章太炎《复吴敬恒书》，《民报》第 19 号，1908 年 2 月 25 日。

和帝国主义的认识,并在此延长线上提出"亚洲和亲会"的主张这一系列体验之后,一种在文野之辨框架中对于欧美所谓文明国家的自觉抵抗,成为章太炎思想中新的要素。1907 年可以说是章太炎思想形成过程中的一个重要节点。"文野之辨"刺激章太炎要整体性并且是更具原理性地来把握诸子,即哲学化的诸子:"中国科学不兴,惟有哲学,就不能甘居人下。但是程朱陆王的哲学,却也无甚关系。最有学问的人,就是周秦诸子。"①诚然,在《国故论衡》中,尤其是《原名》《明见》《辨性》等篇将诸子哲学与西方哲学、佛学进行对勘以见出诸子哲学的特点。但是,这里有一个重要的差异,即章太炎对诸子哲学的论述不是平面化的复述的形式,不只是将"国故"、对"诸子哲学"如原样地呈现出来,而是对"诸子哲学"本身采取了一种"蹑寻元始"的哲学化的方式。并且,这种哲学化的方式最终统摄了作为一个学术课题的"诸子哲学",从而使诸子学九篇成为章太炎自身哲学的表达。这种章氏自身哲学的落脚点是"事"。这其中,《原儒》和《原道》三篇有较为清晰的呈现,而《原道》三篇尤其吃紧,这不仅是因为其篇幅较大,更是因为在章太炎看来,道家实际居于先秦诸子之源头的位置,所谓"儒、法者流,削小老氏以为省,终之其殊在量,非在质也"②。

从章太炎运思的方式上着眼,《原儒》立体地包括两个层次,其一为对"儒"之三科的历史性考察,其二为以"五经家"与"儒"对勘。儒之三科即从历史上观察到的"儒"之命名的三个层次,分别是达名、类名、私名。达名之儒,就是术士,即掌握特定技能的人都可以算做儒,包括道家方士也不例外,正所谓"古之儒知天文占候,谓其

---

① 章太炎《演说录》,《民报》第 6 号,1907 年 1 月 10 日。
② 章太炎《原道上》,《国故论衡》,第 112 页。

多技,故号遍施于九能,诸有术者悉晐之矣"①。类名之儒,就是六艺之士,即懂得礼乐射御书数这六艺的人,相对于术士,范围变窄。这种儒,需要从周代官职的设定上来把握,即在诸侯以下有教学之官名为师氏,其特点是"躬备德行",师氏以下,设置保氏之官,其特点是"效其才艺"。这里的才艺,即六艺。私名之儒,是在晚周时期即"周之衰,保氏失其守"这一历史脉动中出现的一个群体,这个群体对于六艺也不再掌握,而只是"粗明德行政教之趣而已"②,这也就是后世所熟悉的那个"游文于六经之中,留意于仁义之际,祖述尧舜,宪章文武,宗师仲尼,以重其言,于道为最高"的那个儒家。对儒家三科的考察,实际上是将"私名之儒"逐步还原到一个更加原初的历史语境之中,呈现一个更开放更广阔的儒家面目。因此,所谓"原儒",就不是说去复原儒家本有的哲学。将"于道为最高"的那个"儒"回复到"诸有术者悉晐之"的"儒",毋宁说是对哲学化的儒的稀释甚至否定。但这仍然不是究竟。章太炎继而提出"是三科者,皆不见五经家"③,这样,就在儒之外,又提出了经的范畴,其区别在于"儒者游文,而五经家专致,五经家骨鲠守节过儒者,其辩智弗如"④。所谓"专致",即是不骛游说谋取功名,而专门于经书以实事求是。这一点在东汉更加明显:"晚有古文家出,实事求是,征于文不征于献,诸在口说,虽游、夏黜之,斯盖史官之流,与儒家益绝矣。"⑤如果是口说之言谈记录,所谓"献",则即便是出自圣人之徒,也不能采信。在这里,五经家又进一步推延到"史"的层次上。

综合以上分析可以看出,虽然章太炎是在与西方哲学对立的

---

① 章太炎《原儒》,《国故论衡》,第109页。
②③④ 章太炎《原儒》,《国故论衡》,第110页。
⑤ 章太炎《原儒》,《国故论衡》,第111页。

意义上来谈论诸子,谈论作为诸子之一的儒家,但他对儒家的探源,不是要在同一个理念化的层面上来把握儒家,即不是对于一个既有的哲学形态的儒家的转述,而是把那个哲学形态的、观念形态的"儒"之边界打开,把儒家推至技艺、进而推至以实事求是为宗旨的"史官之流"的层次上,这样,"儒"就和"事""史"发生了关联,后者构成了"儒"的原初境域。

类似的把握问题的方式更体现在其对道家的分析中,或者说《原道》三篇深化了《原儒》的逻辑。在章太炎看来,孔子原本就是受业于老子。区别于后世熟悉的作为玄妙之学阐发者的老子形象,章太炎首先将老聃定位为史官,他接续庄子以老聃为"周征藏史"的提法展开论述,认为老聃"多识故事,约金版六弢之旨,箸五千言以极其情,则伊、吕亡所用"[1]。可见,老聃著五千言并不是出于玄妙幽远之思,而是因为工作的便利,"多识故事",对古代的各种典籍记录非常熟悉而致。不仅如此,他的五千言还具有将藏之金匮石室的太公兵法公之于世的效果,或者说是将太公兵法的神秘莫测解剖揭破,即所谓"极其情"。因此,就如有论者认为马基雅维利的《君主论》不是阴谋之书,而是将隐秘的政治行为准则公之于众,从而马基雅维利不属于"马基雅维利主义"[2]类似,章太炎认为《老子》也不是阴谋之书,老子本人也不是《诸子学略说》中的"惟胆怯者权术亦多"的形象,而是将权术教之于民,即"撢前王之隐慝,取之玉版,布之短书,使人人户知其术则术败"。由玉版而短书,由隐慝而至隐慝之披露于众,这正是老子著书所经历的历史过

---

① 章太炎《原道上》,《国故论衡》,第112页。
② 参葛兰西《现代君主论》,陈越译,上海:上海人民出版社,2006年,第14页。葛兰西在书中提及了这样的看法,但《现代君主论》的重心在于进一步论述《君主论》作为"实践的哲学"的特点。

程,也是老子著书的动机。这个过程,再进一步解释,也就是一个
将被少数人所垄断的"权术""智巧"普及于众人的过程,是一个普
遍启蒙的过程。也因此,老子所讲的"以智治国国之贼,不以智治
国国之福"诚然是批评所谓"智",但并不是由此而导向"不智"或者
"愚",而是说"智"不应只是为少数人所拥有的"私智",而是把"智"
普及于众人,"不以智治国"不是"愚之",而是将"私智"扩大为一种
公共产品,所谓"去民之诈,在使民户知诈"①。"智"尚且不许,何
况"不智"? 在这一点上,章太炎的解释在整个老学阐释史上都是
极为独特的。②他进而引用《考工记》中的话来解释老子的"稽式":
"何为稽式? 谓人有发奸擿伏之具矣。粤无铸,燕无函,秦无庐,胡
无弓车,夫人而能之,则工巧废矣。"③王弼解释"稽式",为"今古之
所同则"④,即把"以智""不以智"作为一个规范确定下来,这是对
于治国者而言;而章太炎所言乃要人人皆能掌握"稽式"以揭发
隐秘,从而如《考工记》所论,粤地无铸,是因为人人皆能制铸,燕地
无函,是因为人人皆能制函,秦地无庐,是因为人人皆能制庐,胡地
无专门制作弓车的匠人,是因为人人皆能制作弓车。人人都掌握
了知识,知识就不再只是作为一种专门的智巧而存在。从这个思
路来理解老子说的"常知稽式,是谓玄德;玄德深远,而与物反",就
不是要把"玄德"置于"玄之又玄,众妙之门"那种玄奥的脉络上来

---

①　章太炎《原道上》,《国故论衡》,第 113 页。
②　作为对照,可参明代释德清以"民可使由之,不可使知之"解释老子的"愚",以
"圣人在上,善能以斯道觉斯民"解释老子的"明"(释德清《老子道德经解》,北京:中华书
局,2019 年,第 133 页)。清代黄元吉同样以"智"与"愚"相对为基本框架,认为老子的
"以智治国"云云乃是"盖使民有知有识,已破其浑沌之真;若能不识不知,乃完其无名之
福。"黄元吉《道德经注释》,北京:中华书局,2013 年,第 282 页。
③　章太炎《原道上》,《国故论衡》,第 113 页。
④　王弼注,楼宇烈校释《老子道德经注校释》,北京:中华书局,2008 年,第
168 页。

把握,并且"玄德"与"物"就不是对立的关系,"与物反"不是与"物"的背反,而是返回于物的本来状态,是玄德与物同体,是原本私密的"智"向着"物"的开放,是"智"的普及。此物,即世间万相,即"事",玄德与物同体即与事同体。如果说老子有所谓哲学,那这种哲学乃是返回到"事"的"始基"之上所产生的,是"事的哲学"。

在章太炎看来,这种"事的哲学"与一切玄虚之论相反,甚至与"哲学"一词素有的求智、爱智之论相反,它所通向的是可以耳闻目睹、众人所参与也为众人所共知的"事"。这种"事的哲学"也构成老子之政治见解的基础。他这样说:"夫不事前识,则卜筮废,图谶断,建除、堪舆、相人之道黜矣。巫守既绝,智术穿凿亦因以废,其事尽于征表,此为道艺之根、政令之原。"①章太炎接续韩非对"前识"的解释,即"先物行先理动之谓前识",这就把"前识"作为一种虚妄的推度来加以拒斥,老子的学说从而就远离了卜筮谶纬等玄学,而以"尽于征表"即可以验证的"事"为基础,成为政令之原。也因此,通常所说老子"无为"不是放任,不是旷务,不是玄家所说的"无所事法",恰好相反,这里显示了老子对于"事"、对于既有现实极为谨慎的考量:"明官府征令不可亟易,非废法也。综合是数者,其要在废私智绝县媒。不身质疑事而因众以参伍,非出史官周于国闻者,谁与领此?"②拒绝虚妄揣度,也拒绝以个人之所见所正见,更不是一般无政府主义所谓的废法废政回归自然,而是"因众"即循着众人的意愿与行动在参伍错综的动态现实中来斟酌损益,也就是因循变动的事势来做决定,并没有在事势之外预先存在的"前识"或者"不思而得""不学而能"。"无为""清净"只是其表,在

---

① 章太炎《原道上》,《国故论衡》,第 113 页。
② 章太炎《原道上》,《国故论衡》,第 115 页。

底下涌动的是立足于事势之中的体察与决断。

侯外庐先生曾高度赞扬章太炎对于"前识"的拒斥，他把这一点与"经验主义"及"无神论"等关联在一起，认为"此所谓前识，即是先验观念。章氏以此为神的思想的认识论方面的起源，并力求废前识以贯彻经验主义而支持其无神论，实属卓见"①。章太炎反对前识，确有对于现实经验的重视，其反对卜筮图谶等，也自然包含无神论。但是，章太炎在此处的思想恐怕不能被回收于"经验主义"或者"无神论"这些既定概念之中，不仅如此，就这种事势的时刻变动而言，就对这种时刻变动的事势如影随形的执着而言，"事的哲学"可以说强烈区别于所谓"经验主义"，乃至区别于所有"主义"。就此而言，则即便"事的哲学"这一提法也是暂时的，这里的重心在对于"事"的持续关注。无论我们如何定义经验主义，经验主义都包含着这样一个意思，即从"经验"中总结出抽象出某些"道理"或者"原则"或者"主义"，然后以之来判断其他的现实、其他的"经验"。也就是说，尽管经验主义是高度重视"经验"的，但在"经验"和"主义"之间存在一个距离，总是要求着从"经验"到"主义"的跃升，其最终还是落脚在观念性的"主义"。而在"事的哲学"中，则从根本上，没有这样的距离，从而也没有对于"主义"的执念，没有任何"前识"即前于事物之"识"，它是强烈的非观念性的，是始终紧紧贴在"事"上，随着"事"的变动而变动。在这里，一方面仿佛根本没有"思想"的容身之地似的，因为总要贴着"事"，即时刻保持一种把"思想"投身到"事"之中，否定到"事"之中的势头，"思想"不能有半点自我完成的意识，不能自我划定边界，一旦让"思想"产生边界了，就是意味着"思想"脱离了"事"，意味着形成了"前识"。就"思

---

① 侯外庐《近代中国思想学说史》（下册），上海：生活书店，1947年，第935页。

想"总是以自我否定的姿态贴在变动的"事"之上而言,则"思想"同时就也是"行动";另一方面这又是要求一个极高强度的思想能力,一种极其紧张的"思想"和"事"之间的张力。必须"思想",否则"事"就滑过去了,就不成其为"事"。而"思想"又必须及物,否则"思想"就成为自说自话,就会扑空。同时因为"事"是处于时刻变动当中的,不可能以某种固定的思想、固定的"主义"一劳永逸地把握这个"事"。即"事"的变动同步地要求着"思想"的变动,"思想"必须时时"随物赋形"。这意味着"思想"要时刻保持一种饱满的状态,要能够抓得住"事",也从而就是有能力介入到"事"的内部,改变其原有序列,即"思想"是写在"事"之中,写在"事势"之中,写在"形势"之中。

上文已经提及"事的哲学"构成老子政治思想的基础,并指出老子政治思想并非放任旷务、返朴归真、小国寡民之类,而是在"因众以参伍"的方向上对于"事"的审慎考量。在《原道中》和《原道下》中,这种政治思想得到了更为具体的铺展。在《原道上》中,章太炎曾立足于"事"和"物",以反对"前识"、反对"小慧隐度",来解释"绝圣弃智"的命题,即"故曰绝圣弃智者,事有未来,物有未睹,不以小慧隐度",并由此引出老子"不尚贤"的政治主张。从这一思路可知,老子的"不尚贤"不是后退式的尚无为、重自然,而是要求进一步将"贤"建立在"事"和"物"的基础上,因此说:"不上贤使民不争者,以事观功,将率必出于介胄,宰相必起于州部;不贵豪杰,不以流誉用人也。"[1]"不尚贤"的政治主张联系着同时期章太炎对于"远西立宪之政"的批评,这在《民报》上的《代议然否论》《驳神我宪政说》等文章中有更系统的展开,在《原道》的中下篇,"不尚贤"

---

[1] 章太炎《原道上》,《国故论衡》,第 114 页。

更具体化为对"君"的解构以及将"众人""群众""民"等奠立为政治之基础的主张。甚至可以说,"事的哲学"在政治上导向一种独特的"民众的政治"。

为此,章太炎首先把老子的"不尚贤"与墨子的"尚贤"视同一路,认为这二者是"循名异,审分同",因为它们都是从材力、技能、功伐这些实际的内容、这些具体的"事"而非"淫名""令名"即名目上着眼的,都是倾向于"问其师学,试之以其事,事就则有劳,不就则无劳,举措之分以此"①的。这里之所以肯定性提及墨子的"尚贤",关键就在于由此点出老子的"不尚贤"并非放任无为,而是尚其实质,所以章太炎又说:"尚贤者,非舍功实而用人;不尚贤者,非投钩以用人"。投钩,即抓阄,这里的意思是说"不尚贤"并非放弃对事情的审慎态度,不能对现状采取听之任之的方式,这其实是另一种"尚贤",即尚"功实"之贤。正是基于此,太炎批评慎到和汉代汲黯对于选拔用人的态度:"慎子蔽于势,故曰块不失遗,无用贤圣;汲黯蔽于世卿,故愤用人如积薪,使后来者居上。"②蔽于势即是蔽于放任之势,亦即对于现状采取听任的态度,即庄子批评慎到的"不免于魭断"(《庄子·天下》)③;蔽于世卿即不能摆脱自己作为世卿这种精英人物的立场,对于普通民众之擢升采取反对的态度。综合来说,太炎依据老子所要把握的"尚贤"或者说人才的选拔既不是保守现状无所事事,也不是固守精英的立场,而是将眼光向下延伸到民众的层次上,他明确说:"诚若二子言,则是名宗大族

---

① 章太炎《原道中》,《国故论衡》,第 118 页。
② 章太炎《国故论衡》,第 112 页。标点有改动。
③ 此处所解与庞俊先生注释有异。参庞俊、郭诚永疏证《国故论衡疏证》,北京:中华书局,2008 年,第 511 页。

世为政也。"①"名宗大族"的总代表就是"君",所以对"名宗大族世为政"这一状况的反拨也就必然导向对"君"之地位的瓦解。对"君"的瓦解同样不是理念化的,而是从"事"的角度,或者说从解决现实难题之能力的角度展开的:"君之不能,势所跛矣。何者? 辩自己成、艺自己出、器自己造之谓能,待群而成者,非能。"②上古之君如庖牺神农等等,尚有结绳尝药之能,而后世之君,则"君之能,尽乎南面之术矣",即只是做君这一件事,而做君这件事"其道简易,不明一器,下不比于瓦缶,上又不足当玉卮"③。"君"之所以能有有君主的位置,乃是凭靠各有其能的"畴人百工"等而获得的,"其成事皆待众人。故虽斥地万里,破敌巨亿,分之即一人斩一级矣;大施钩梯,凿山通道,分之即一人治一坡。"④从这一角度来看,则"君"之为物,实乃欺世盗名之徒,因此章太炎说:"故夫处大官载神器者,佻人之功,则剽劫之类也;己无半技,则奄尹之伦也。"⑤

"君"是"皆待众人"、是"佻人之功"即假借贪冒民众的力量以成就自身的,君之臣僚也同样如此。为了烘托其论点,章太炎举了汉代的例子以为对照,"汉尝黜九流,独任吏,次即贤良、文学。贤良、文学既褊陋,而吏识王度、通故事,又有八体之技,能窥古始,自优于贤良、文学也。"⑥可见,汉代的"吏"之所以优于贤良和文学这些群体,是由于他们熟悉先王的法度和既有的治国理政经验。等到了后世,则所谓官员,都离开了具体的事务,变成了只是熟悉政令的狭隘之士,"凡学术分科至博,而治官者多出于习政令"。置身

① 章太炎《原道中》,《国故论衡》,第118页。
② 章太炎《原道中》,《国故论衡》,第118页。标点有改动。
③ 章太炎《原道中》,《国故论衡》,第113页。
④⑤ 章太炎《原道中》,《国故论衡》,第119页。标点有改动。
⑥ 章太炎《原道中》,《国故论衡》,第113页。标点有改动。

现实难题之中、围绕着"事"展开实践是困难的,搬运名词概念、玩弄政策法令则是容易的,但正是这些毫无实践能力的人却高居于民众之上作威作福,即"习易者擅其威,习难者承流以仰咳唾"①,则"治官者"群体之不合理性就一望可知。正是在对"君"以及"治官者"的剖析解构之中,匍匐在下的"众人""民"等获得了复苏和提升的可能。但这里的"民众"不是本质化的,对"民众"的肯定也不是道德化的,就如对"君"和"治官者"的颠覆是基于"事"而展开的一样,对"民众"的肯定也是围绕着"事"、围绕着作为具体难题之"事"的"能"而展开的。此所谓"能"就是"辩自己成、艺自己出、器自己造",是一种在"成""出""造"这一动态过程中所展示出来的实践能力、劳动能力、发明创造能力。

也正是因为将视角从"君"和"治国者"下移到"民""俗"的层面,下移到一个及物的、活泛的、有生命力因此也是多样化的动态过程的层面,所以章太炎会转而批评韩非"虽解老,然它篇娓娓以临政为齐,反于政必黜,故有《六反》之训、《五蠹》之诟"②。只着眼于"政"、以"政"为统一标准的结果就是"有见于国,无见于人;有见于群,无见于孑。政之弊,以众暴寡,诛岩穴之士;法之弊,以愚隔智"③。这是一种规范、齐一而无生命力的境况。需要特别指出的是,章太炎虽然在这里提及了"国"与"人"、"群"与"孑",但其意并非构建"国家"与"个人"、"群体"与"个体"之间的对立,不是要立足个人、个体对国家、群体进行解构,这种现代政治哲学中关于"个体""群体"的辨析可以说都是理念化的,是极为抽象的。而理念化恰是章太炎要根本破除的对象。对于章太炎来说,"政"就是齐一

---

① 章太炎《原道中》,《国故论衡》,第119页。
② 章太炎《原道下》,《国故论衡》,第120页。
③ 章太炎《原道下》,《国故论衡》,第121页。

化、理念化的代名词,是不及物的、浮在"事"之上的虚辞,而非实体
性的集权之类。与"政"相对的是"俗","政之所行与俗之所贵,道
固相乏,所赏者在彼,所贵者在此",而"俗"也就是"政"所欲"正"、
所欲治理的对象,也就是"民",但不是理念化的、本质化的民,而是
动态的民的生活世界,是民的生产生活及持续的生产生活所累积
的经验和惯例。上文的"人"和"子"需要在"俗"和"民"的脉络中来
把握,也就是在"民"所展开的生活世界中来把握,也就是在以"民"
为担纲者的"事"中来把握。在章太炎看来,诸子当中真正能够循
着"事的哲学"把握住老子思想要义的是庄子,这就体现在庄子的
"齐物论"之中,"庄周明老聃意,而和之以齐物"①。如所周知,稍
后出版的《齐物论释》有对庄子"齐物论"更系统的解说,相对于《齐
物论释》中以唯识和华严解庄所呈现的理论化脉络,在《国故论衡》
中,对庄子"齐物论"的解释有更具体的依托,其主要是在与"政"相
对的"俗"的角度上展开的:"其道在分异政俗,无令干位。"②不过,
"俗"与"政"的相对,不是在一个平面上的相对,而是一种立体性的
相对,对"俗"的尊重,意味着向下穿过"政"的表象,去触及那活生
生的现实世界本身,在这种现实世界中,是"各适其欲""各修其行"
"各致其心",是"地有九州,赋不齐上下,音不齐清浊,用不齐器械、
居不齐宫室"。概括来说,这是存在一个对于具体问题加以具体分
析的思路,一种强劲的穿透各种概念去把握实质的倾向,一种对于
那仿佛是世界本源之"事"的执着。

　　"事的哲学"内在地拒斥理念化而执着于"事",但如上所说,这
不是经验主义,也不是对于现状放任地承受,而是专注于"事",并
且是以最高的强度专注于"事"。所谓"事"当然首先是"人事","道

---

　　①② 章太炎《原道下》,《国故论衡》,第121页。

者,内以尊生,外以极人事",但就其拒斥或者说穿透各种理念化的齐一之论,持续下沉去逼近"事"之本源形态的强度而言,就"极"之一字所传递的寻根究底之义而言,"事的哲学"又不期然而然通向一个更大的理念,但这一理念是无可言说的、无法被对象化的,它就是世界本身,就是统摄了世界整体的"大象":"推而及之,大象准诸此,宁独人事之云云哉? 道若无歧,宇宙至今如抟炭,大地至今如孰乳已。"①这也就是庄子在《齐物论》中构想的"道通为一"、在《天下》篇中提出的道术未曾"为天下裂"之前那种可以见"天地之纯、古人之大体"的状况。准此,可以说作为"强名"的"事的哲学"正是对古之道术的一个现代回应。

第四节 触受、现量、质验:"事的哲学"之周边

"事的哲学"主要是通过对"事"的专注和锤炼来完成的,它将作为观念形态的哲学还原到一个动态的、绵延的、参差的"事的世界"当中。在政治上所连带着的,是将"君"还原到"民",将"政"还原到"俗"。除了直接以"事"的视角来把握诸子而外,在《国故论衡》中章太炎还特别援引佛学尤其是唯识学的思路对诸子加以研判和说明,由此所提出的现量、触受、自证等概念,连同其在反今文经学脉络中所提出的期验、质验等概念,彼此交织,也在不同程度上指向对"事"的解说,或者说它们共同构成了"事的哲学"之周边。从文本依据上看,这主要体现在《原名》《明见》和《辨性》等篇章当中。

《原名》是对先秦名学的解析,但不同于一般将名学归于"名

---

① 章太炎《原道下》,《国故论衡》,第122页。

家"的思路,章太炎认为"自惠施、公孙龙,名家之杰,务在求胜,其言不能无放纷,尹文尤短",这是批评先秦名家放任纷乱以诡辩为胜,徒逞口舌,而真正的名家应是墨子、荀子:"墨有《经》上下,儒有孙卿《正名》,皆不为造次论辩,务穷其柢。"①与名家人物在"白马非马""离坚白""合同异"等命题上的往复辩论不同,或者说与这些命题之主要在语言逻辑层面展开聚焦名言性状这一特点根本相反,章太炎"务穷其柢"的视角正显示了其由"名"而"实"、将名言问题溯源至名言之所从来的"根柢"这一层面的努力。这是一种将水平面的名学问题改造为立体性的名实问题的思路。这里的"柢"或者"实"就是荀子在《正名》中所说的"诸夏之成俗曲期",也在这个意义上,章太炎在与"爵名""刑名"对立的关系中提出"散名"的重要性,前者"皆名之一隅,不为纲纪",后者则"可以期命万物者"②。而"诸夏之成俗曲期"即中国各地既有的风俗、公认的习惯等等正对应着上文所指出的"事"的范畴。就此说,将"散名"区别于"爵名""刑名",以及依据荀子正名的思路将"名"溯源至"成俗曲期""约定俗成"乃至"天下之污隆",也同样是体现了和在《原道》中相近的"事的哲学"的进路。

但这还仅仅是起笔,"事的哲学"更体现在章太炎接下来对"散名"的正面解析中。这是从"名之所以成,与其所以存、长者,与所以为辩者"③四个层面展开的,尤其是"民之所以成"和"名之所以为辩"两个层面特别集中地体现了和"事的哲学"相近的运思方式。关于"名之所以成",章太炎引用《成唯识论》来加以说明。他这样说:"名之成,始于受,中于想,终于思。领纳之谓受,受非爱憎不

---

① 章太炎《原名》,《国故论衡》,第124页。
② 章太炎《原名》,《国故论衡》,第124页。
③ 章太炎《原名》,《国故论衡》,第124页。标点有改动。

著;取像之谓想,想非呼召不征;造作之谓思,思非动变不形。名言者,自取像生。"①这里涉及的是唯识宗的"五遍行心所"的问题。所谓"五遍行心所"是指在唯识宗看来,从无始以来相应于一切心,在一切时、一切处所生起的心所,心所即是心的功能,总数是五个,这五个心所是遍及无始以来一切时、三界九地一切地、善恶无计一切性、相互俱生一切俱的,所以称为遍行。这五个心所包括触、作意、受、想、思。②通俗来说,这是把人在电光石火之间的起心动念作极其精微的剖析,以解释人的思虑活动。分别来看,"触谓三和分别变异,令心、心所所触境为性,受、想、思等所依为业",即是说触就是根、境、识三法和合变异,使心法和心所法与外界接触,并可以引生受、想、思等;"作意谓能警心为性,于所缘境引心为业",即是说作意就是以能警觉的心为基本属性,能使心警觉而趋于所缘之境;"受谓领纳顺、违、俱非境相为性,起爱为业,能起合、离非二欲故",即是说受以领纳顺境、违境、非顺非违境为基本属性,能引起人的爱欲,对于乐受,想得到,得到了就不愿离开,对于苦受,没有得到,就想永远不要得到,如果得到了,就想着分离;"想谓于境取像为性,施设种种名言为业",即是说想以对外境取像为基本属性,对所取的境施设种种名言;"思谓令心造作为性,于善品等役心为业",即是说思能引起心的造作为基本属性,能使心生起善、恶、无记等行相。③对照《成唯识论》,可以看出章太炎的解释颇有不同。在《成唯识论》中,触能使心法与外界接触,并且引生受,而受

---

① 章太炎《原名》,《国故论衡》,第 124 页。

② 这是章太炎所引《成唯识论》中的排序,但这不是唯一的排序,比如在《百法明门论》中,顺序是作意、触、受、想、思。触与作意之先后问题说到底须在观行中体会。这里依据《成唯识论》。

③ 以上引文均据玄奘译,韩廷杰校释《成唯识论校释》,北京:中华书局,1998 年,第 150—158 页。

则进一步表现为在触的基础上领纳，并且有所区别，章太炎并未提及"触"，而是直接以"受"为起始，所谓"始于受"。在章太炎的这个改造中，隐含一种把"受"把握为对外界的感受的思路，即仿佛"受"是在主客架构之间发生的行为。这在他接下来对荀子的援引中可以看得更清楚。他接着说："故孙卿曰：'缘天官。凡同类同情者，其天官之意物也同；故比方之疑似而通。是所以共其约名以相期也。'"他对荀子这句话的解释是："此谓想随于受，名役于想矣"，并且还直接说"接于五官曰受，受者谓之当薄"。①这是把"受"等同于天官即五官对于外间世界的接受。而在《成唯识论》中，受是在触的基础上，对触的领纳和区分，并不是以五官对客观外界的接纳。不仅如此，即便是触，也不是一般所说对外界的接触，而是根、境、识三者的结合，而说到底根、境、识都是一个心，都是存在于一心之内的。根不是肉质的五官，不是扶尘根，而是作为机能的胜义根即净色根，而境也只是心识所变现的相分而已，根境同体，此体即是识。所以，虽然称之为触、受，但无论触还是受，都是在心识中发生的，都是心所法，这才成就万法唯识的道理。但在此处章太炎的解释中，所谓受变成了五官对于外界的执取，唯识的意思被改造了，突出的是"受"这个概念所传递的经验的直接性，这是一种没有被观念中介过的直接经验。"名之成，始于受"也就等于是"名之成，始于直接经验"。

章太炎的这一思路也见之于他对语言的具体研究。同在《国故论衡》中的《语言缘起说》一章开篇就说："语言者，不冯虚起。呼马而马，呼牛而牛，此比非恣意妄称也，诸言语皆有根。"那么，所谓"根"是什么呢？章太炎说："先征之有形之物，则可睹矣。""根"即

---

① 章太炎《原名》，《国故论衡》，第 124 页。

"有形之物",这是以感官所直接把握的东西。他引用印度胜论中"实、德、业"的说法,认为"一实之名,必与其德若,与其业相丽,故物名必有由起。虽然,太古草昧之世,其言语惟以表实,而德业之名为后起。"①胜论为古印度哲学流派之一,此派立"六句义"即实、德、业、大有、同异、和合来解释世界万相之构成,其中"实"指的是"实体",其中包括地、水、火、风、空、时、方、我、意等九种。很显然,这里的"实"并非都是可以由感官所把握的有形之物,而且在佛教看来,胜论乃是外道,《成唯识论》开篇就对之加以批驳,认为"彼实等非缘离识实有自体现量所得,许所知故,如龟毛等。……故胜论者实等句义亦是随情妄所施设"②,即胜论所确立之"实"也同样为心识所变现,而并非现量所得。由此可以说,章太炎在这里不仅离开了唯识学的思路而倾向于胜论,并且对胜论的"实"也作了窄化的理解。但是,也正是在这种执实的处理方式中,可以看出章太炎本身的思路,即对感官经验的重视,他甚至直接说:"物之得名,大都由于触受。"③

论"名之所以成"是循着重视感官经验的脉络,论"名之所以为辩"同样如此。所谓"辩",是指"名"或者说"知识"的不同类型。章太炎依据墨家经、说中关于知识的分类来立论:"《墨经》曰:'知:闻、说、亲。名、实、合、为。'《说》曰:'知,传受之,闻也;方不㢓,说也;身观也,亲也。所以谓,名也;所谓,实也;名实偶,合也;志行,为也。'"④这是将知识分为闻、说、亲三类。章太炎并且把这三类知识比附于佛教因明学的现量、比量、声量:"亲者,因明以为现量;

---

① 章太炎《语言缘起说》,《国故论衡》,第 30 页。
② 玄奘译,韩廷杰校释《成唯识论校释》,第 27 页。
③ 章太炎《语言缘起说》,《国故论衡》,第 31 页。
④ 章太炎《原名》,《国故论衡》,第 126 页。标点有改动。

说者,因明以为比量;闻者,因明以为声量。"①根据陈那门下商羯罗主所造的《因明入正理论》,所谓"现量",是"谓无分别,若有正智于色等义,离名种等所有分别,现现别转,故名现量",这里的关键是"无分别",是对于对象的离开"名种"即远离名言范畴的直观,用吕澂的话说,现量即是纯粹感觉②;所谓"比量",是"谓藉众相而观于义。相有三种,如前已说。由彼为因于此比义,有正智生。了知有火,或无常等。是名比量",这里的关键是"藉众相",是借由众相而对于对象的一种认识,这即是由彼到此观察、比度的过程。同作为对知识来源的解释,现量和比量的关键区别在于现量是对于自相境的认识,而比量是对于共相境的认识。现量诚然是"无分别"为其特色,并由此"无分别"而似乎更接近佛教"离言说相、离名字相、离心缘相"那种破执显真的境地,但比量同样是一种"正智","现量所余,非颠倒智,悉入比量"③。现量与比量都是在佛教论辩中发展起来的,其差异在于所量之不同。但是,在章太炎的解释中,现量却取得了一个相较比量更加基础性的位置。他将色、形、声、香、味、触等都归于现量之所得,认为"遇而可知,历而可识,虽圣狂弗能易也,以为名种,以身观为极。""身观"即亲观,即现量,以"身观为极"即是以"现量为极"。而所谓比量,乃是在"阻于方域,蔽于昏冥,邑于今昔,非可以究省也"的情况下,"以其所省者,善隐度其未所省者"。就是说,比量是对于现量的补充,因此,"官薄之而不谛审,则检之以率"、"官薄之而不遍,则齐之以例"、"官薄之而

---

① 章太炎《原名》,《国故论衡》,第 126 页。标点有改动。
② 吕澂《因明入正理论讲解》,《吕澂佛学论著选集》(卷三),济南:齐鲁书社,1991 年,第 1577 页。
③ 吕澂《因明纲要》,北京:中华书局,2006 年,第 80 页;虞愚《因明学》,北京:中华书局,2006 年,第 224 页。后书参考了前书。另,在因明学历史上,古因明中立量颇多,而陈那之后,唯立现、比二量,声量也可以归于比量之中。

不具,则仪之以物"。①"官"是感官,"薄"是当薄,是感触,"官薄"即是感官之触受。在感官触受不足的地方,则补充以"率""例""物",以推度、归纳、比照的方式来完成认识。

对现量的重视,或者说对于由现量而来的非名言性、非观念性的感官触受之量果的重视,还体现在章太炎对于中、西、印辩说之道的取舍中。他以印度所传因明学的"宗、因、喻"为阐释原点来对应中西各自的逻辑准则,认为"印度之辩,初宗,次因,次喻;大秦之辩,初喻体,次因,次宗,其为三支比量一矣;《墨经》以因为故,其立量次第:初因,次喻体,次宗,悉异印度、大秦。"②在这当中,章太炎是将因明学作为典范来把握的,因为这符合他的"辩说之道":"辩说之道,先是其旨,次明其柢,取譬相成,物故可成。因明所谓宗、因、喻也。"③对于章太炎的这一论断,可以在"逻辑学"这个范畴下展开,将宗、因、喻等置换为大前提、小前提、全称判断、单称判断等等,以讨论其对作为学科的逻辑学之贡献与其短处,④但我们这里更关切的是章太炎何以要将因明学把握为逻辑学的典范,何以认为"辩说之道"的次第是宗、因、喻。概括而言,这里的关键在于"喻"。"喻"即比喻,强调的是取譬设喻的这个过程,这也是一个类比推理的过程,用无著的话说,"立喻者,谓以所见边与未所见边,和合正说"⑤。在古因明,喻这一支并没有喻体和喻依的区别,陈

---

① 章太炎《原名》,《国故论衡》,第 126—127 页。
② 章太炎《原名》,《国故论衡》,第 127 页。标点有改动。
③ 章太炎《原名》,《国故论衡》,第 127 页。
④ 章氏本人对于其《原名》篇在逻辑学上的贡献就作过总结,他曾自信地说:"盖信新译者不览周、秦诸子,读因明者亦以文义艰深置之,而《墨经》艰深,又与因明相若,因无有参会者。仆于此事,差有一长,不以深言比傅,惟取真相契当之文为之证解,其异者亦明著之。"《致国粹学报社书》,《国粹学报》1909 年第 11 号,1909 年 11 月 7 日。
⑤ 熊十力《因明大疏删注》,上海:上海古籍出版社,2019 年,第 217 页。

那(约 440—约 520 年)之后,喻支分成喻体和喻依两部,"喻体所以明宗因之关系,喻依乃举若干有此关系之事实"①。如因明中常见"声是无常,所作性故,凡所作者,皆是无常,喻如瓶"这一式子当中,"声是无常"为宗,"所作性故"为因,"凡所作者,皆是无常"为喻体,"喻如瓶"为喻依。章太炎所突出强调的,就是这个"喻依",他把"喻依"的有无视为因明与中西辩说之道相区别的关键:"大秦与墨子者,其量皆先喻体后宗。先喻体者无所容喻依,斯其短于因明。"②就是说按照古罗马和先秦墨家将喻支置于宗支或者因支之前的话,那就没法展开对"喻依"的说明。那为什么"喻依"的有无如此关键呢? 章太炎说:"喻依者,以检喻体而制其款言。因足以摄喻依,谓之同品定有性;负其喻依者,必无以因为也,谓之异品遍无性。"③款言,即游辞空话。可见,在章太炎看来,如果仅有喻体,则只是一番空洞的道理而已,有了喻依,才能使其充实。不仅如此,喻依的有无还决定因支的性质。因有三相,即遍是宗法性、同品定有性、异品遍无性。在因明学通常的解释中,因之三相是主要就因支和宗支的关系而展开的,如同品定有性是指宗的同品即同类中必定有因的性质、异品遍无性是指宗的异品即异类中必无因的性质。但在章太炎这里,因的相更主要是围绕因支和喻支的关系展开的,因支涵摄了喻依,就是同品定有性,没有涵摄喻依,就是异品遍无性。章太炎关于因明三支的论述是否成立可以另外探讨,但他对喻依的突出强调则是明确且前后一贯的。如果把章太炎的因明论述与同时代吕澂、熊十力等人的论述进行对比,可以看得更清楚,在后者,关于喻依的论述都是一笔带过的。喻依即例证即具体的事物,对喻依

---

① 虞愚《因明学》,第 126 页。
②③ 章太炎《原名》,《国故论衡》,第 128 页。

的强调即是对具体的事物的强调，而且这种对具体事物的强调是在和抽象空洞之理论即"款言"相对立的架构中提出的，这种强调和上文所论及的"触受""现量"等所提示的思路是一致的。

依据"五遍行心所"对"受"的独特解释、在佛教和外道胜论之间的取舍、对胜论之"实"的独特解释、在现量和比量之间的取舍、对因明三支尤其是喻支中的喻依的强调，等等，都体现了章太炎基于佛学而来的对于非观念性的直接经验的重视，这种直接经验是由对于具体事物的触受而获得的，它们直观地联系着"事"的范畴。对于这一看似平淡的视角本身所包含的理论意义，后文会再作分析，这里要指出的是，正是这种对于直接经验、具体事物的执着同时解释了《国故论衡》在表面上所存在的一个矛盾，即一方面"国故论衡"是要论述中国固有学术之独特性，另一方面又声称要"以浮屠为天枢"。上文的分析显示出，章太炎诚然不断援引佛学以为判准，但在他的手里，佛学并不是一套封闭的观念，并不是以鲜明的边界性和诸子学对立，相反，就如《原儒》《原道》等努力将观念性的儒家和道家等回溯复原到"史"和"事"中类似，佛学在此也同样表现出对于各种名言概念的破除，表现出"离言说相、离名字相、离心缘相"的特点，表现出作为佛学本义的"破执显真"，只是这里的破执显真之"真"并非以"空"或者"无"为归结，而是停留在感官经验这一层次上，或者说停留在他所定义的"现量"这一层次上。章太炎此时并非不了解作为佛教根本义理的"空"或者"无"。在《明见》中，他就立足"无生"对荀子、庄周、惠施等提出了批评，认为先秦诸子"不能企无生而依违不定之聚者，为其多爱，不忍天地之美。虽自任犀利，桀然见道真，踌躇满志则未也"[1]。"不定之聚"即佛教

---

[1]　章太炎《明见》，《国故论衡》，第 139 页。

所言之众生,这类众生在成佛问题上乃在可与不可之间,这也正是现实中众生的基本状况。但是,这一批评本身还是显示了章太炎所把握的先秦诸子那种执着现实不曾想望出世的基本特点,或者说,这仍然显示了他从众生、现实、事的角度对于先秦诸子的理解。更何况,即便佛学的"无生"这一特点在章太炎这里也并不是被孤立把握的。他引用《大乘起信论》中"若知一切法虽说无有能说可说,虽念亦无能念可念,是名随顺"①的说法,以"随顺"②为抓手,提出"觉者之言与不觉者之言,非有异也"的观点,并与《大般若经》中"此法平等,无高无下无入无出,无一文字从外而入,无一文字从内而出,无一文字驻此法中,亦无文字共相见者"相呼应,显示了他的佛法理解也最终没有离弃众生、现实、事的世界。这一点,在后来的《齐物论释》中更以自我批判的方式而得到强化。③

《国故论衡》成书的 1910 年前后,章太炎还在《国粹学报》《教育今语杂志》《学林》等刊物上连续发表《致国粹学报社书》《与王鹤鸣书》《驳皮锡瑞三书》《中国文化的根源与近代学术的发达》《论诸了的大概》《征信论》《信史》等文章,讨论中国古代学术的特点,其中对诸子之哲理的推崇、对"自国自心"的看重、对"辨名实,知情伪"的实事求是学风的提倡、对谶纬的批评、对诸子之内在关系的揭示、对古代学术由经而史的追溯,等等,多有可以与《国故论衡》相互发明的地方。特别是当中对于"期验""质验""效验"等的反复

---

① 这是《大乘起信论》指示得入真如的法门,参真谛译,高振农校释《大乘起信论》,北京:中华书局,1992 年,第 20 页。

② 亦有学者专就"随顺"作过分析,参石井刚《"随顺"的主体实践:〈大乘起信论〉与章太炎的"齐物哲学"》,收入《汉语佛学评论》(第六辑),上海:上海古籍出版社,2018 年,第 49—64 页。

③ "余囊日作《明见篇》,犹以任运流转、不求无上正觉为庄生所短,由今视之,是诚斥鴳之笑大鹏矣。"《章太炎全集》(六),上海:上海人民出版社,1986 年,第 120 页。

阐发所传递的求实、求诸具体事物、求诸现实的倾向与"事的哲学"颇有相通之处。其对"质验"等的重视可以从两个层面来把握。

其一为主要在反今文经学的脉络上对于文献的重视,质验在此即意味着立论有文献可考而不尚空言。1909 年致《国粹学报》社的信里这样说:"近世言汉学,以其文可质验,故謷言无由妄起,……汉学中复出今文一派,以文掩实,其失则巫。"①对今文经学中康有为、翁同龢、潘祖荫等的批评也扩展至对同时代的疑古派以及依赖古器物研史的罗振玉等人的批评,正所谓"信神教之款言,疑五史之实录,贵不定之琦辞,贱可征之文献,闻一远人之言,则顿颡敛衽以受大命,后生不悟,从以驰骤,废阁旧籍,罂为败纸"②。由此可见,在对可质验之文献的重视背后,是章太炎对"远人之言"笼罩同时代中国学术之状况的强烈不满,这里的"远人之言"既出自"意以旧器求古文字"的"远西学者",也包括"东鄙拟似之言"。③其二则是超越文献的层次而诉诸现实,质验在此意味着所思所论是及物的,是及于现实而且可以在现实之事物中得到证验。在章太炎看来,今文经学"以文掩实"的表现之一即是以唐大之"名理"弥缝"期验",以固定之"类例"穿凿"成事",以单一之"因果"来抹杀"众缘",以"三统""三世"之说来统摄历史,然而,"三统迭起,不能如循环;三世渐进,不能如推毂;心颂变异,诚有定型无有哉?世人欲以成型定之,此则古今之事,得以布算而知,虽燔炊史志犹可"④。历史不可臆断布算,对于历史的忠实即是对"记事"

① 章太炎《致国粹学报社书》,《国粹学报》1909 年第 10 号,1909 年 11 月 2 日。引自汤志钧编《章太炎政论选集》(上),第 498 页。
② 章太炎《信史上》,徐复点校《章太炎全集·太炎文录初编》,上海:上海人民出版社,2014 年,第 57 页。
③ 章太炎《与罗振玉书》,《章太炎全集·太炎文录初编》,第 175 页。
④ 章太炎《征信论下》,《章太炎全集·太炎文录初编》,第 51 页。

的忠实。"事"是章太炎论史的文眼,也是章太炎论"哲理"的文眼。老子是"中国头一个发明哲理的",然而老子的"哲理"只有在"事"的脉络中才能得到理解:"以前论理说事,都不大质验,老子是史官出身,所以专事质验。"①"事"即历史,"事"即哲理,"事"也导引中国历史上的政治有趋于"大清明"②的可能,因为"以前看古来的帝王,都是圣人,老子看得穿他有私心。以前看万物都有个统系,老子看得万物没有统系。及到庄子《齐物论》出来,真是件件看成平等,照这个法子做去,就世界万物各得自在"③。可见,对于"质验"的强调,正是要将"帝王"回溯到"众人"、将"统系"消弭于"万物",这在逻辑上和将"义"复原到"事"的世界中是一致的。这里论及庄子"齐物论"的"平等",也当然不是指权利或者财产层面的平等,而且根本就不是任何对待意义上的表现某种关系的概念。"齐物"不是在讨论此物和彼物之间的关系,而是讨论"物"和"统系"之间的关系,"齐物"首先是瓦解"统系",不管它是以"公理"还是以"文明"的名目出现,而瓦解"统系",即是瓦解"名理""类例""因果""义",从而让"事"彻底绽出。

第五节 从"文野之辨"到"光复论":"事的哲学"之旨归

对于"事"的执着、将"事"作为一种根本性的视角来还原向来

---

① 章太炎《中国文化的根源和近代学术的发达》,《教育今语杂志》第 1 册,1910 年 3 月 10 日。
② 章太炎《原道下》,《国故论衡》,第 122 页。
③ 章太炎《中国文化的根源和近代学术的发达》,《教育今语杂志》第 1 册,1910 年 3 月 10 日。

被认为是中国思想滥觞的诸子,甚至还由此出发批评宋儒,认为宋儒"言不能舍理气,适得土苴焉"①,这究竟意味着什么呢?"事""现量""触受""质验"等等难道不是过于平淡的东西吗,它们不是应该成为更高深更玄妙哲理加工的质料吗? 对这些平淡的对象的执着,难道应该是通常被看成思想家的章太炎的所为吗? 对此,一方面要看到,就如上文的分析所显示的,章太炎对于"事"的阐发是在细致甚至有些琐碎的史料和概念辨析当中展开的,就是说,"事"本身具有非观念乃至去观念的性质,但对于"事"的执着却是理论自觉的结果。对于章太炎来说,"事"是在反思的视野中被把握的,对于"事"的高度忠诚促使这种忠诚本身具备了一种非哲学外观的哲学性,使对"事"的直观变成"事的哲学"。另一方面,也是更重要的,章太炎对于"事"的执着与忠诚,又是在对于同时代历史境况的高度自觉中呈现出来的,"事的哲学"不是单纯的哲学营造,而是有其鲜明的现实指向。这首先表现为以抵抗"远西"文明论说为主要内容的"文野之辨"。

如上所述,章太炎在《国故论衡》首篇《原学》中已经明确表达了其对"远西"的抵抗之意,而对由触受、现量、质验等所铺展开的"事的哲学"的阐发,更使这种抵抗获得了一种基础性的理论架构。在《国故论衡》中,这是通过对"见与痴""智与愚""文教之国与蜒生之岛"等对立范畴的辩证分析来完成的。

见与痴、智与愚,这在一般看来是截然相反的范畴,在章太炎这里却是俱生一体的。这种认识源出于其对如来藏的理解。如来藏是一个在佛学研究中有争议的概念,即便只就中国佛学研究的历史脉络看,也牵扯到对经验与超验、性觉与性寂、真心系与妄心

---

① 章太炎《明见》,《国故论衡》,第 141 页。

系、如来藏缘起与阿赖耶识缘起等诸多层面的争论。①对于章太炎来说，他的如来藏理解与《大乘起信论》中的解释颇多相通之处。《大乘起信论》提出了一心二门的命题，一心即如来藏心，它有能摄、所摄、隐覆等多重含义，二门即心真如门和心生灭门。一心二门即生灭与真如同依如来藏心，不一不异。《大乘起信论》有这样的话："心生灭者，依如来藏故有生灭心。所谓不生不灭与生灭和合，非一非异，名为阿梨耶识。此识有二种义，能摄一切法、生一切法。云何为二？一者觉义，二者不觉义。"②生灭与不生灭的和合、觉与不觉的和合，在章太炎这里就是无明与如来藏的和合："以无明不自识如来藏，执阿罗耶以为我，执此谓之见，不识彼谓之痴。二者一根，若修广同体而异其相。"③在一般的解释中，无明是世界与生命最原始的状态，指示的是世界与生命在根柢上的混沌与黑暗的状况，这是不知何时而起的一切烦恼的总根源，所以叫无始无明，为原始佛教十二因缘之首。很显然，在这个解释中，是没有办法直接容纳如来藏的，因为如来藏所指涉的主要是自性清净心。而章太炎这里说"无明不自识如来藏"，明显不同于原始佛教，而是认为如来藏自始即潜藏在无明之中，或者说如来藏与无明是一，但由于意根即末那识恒审思量，执取阿赖耶识之中前灭后生、非断非常的种子为前后一贯的、主宰性的我，这当然也是虚妄的，所以就不能正确了知如来藏。不能了知如来藏即是痴，而这种痴却又是以末那识执取阿赖耶识所产生的我见表现出来的。"见"从字面上

---

① 关于如来藏问题，佛学研究界有深厚的积累。一个较为精要的解释，可参霍韬晦《如来藏与阿赖耶识——从思想史上考察》(上下)，《鹅湖》月刊第44—45期，1979年2月、3月。

② 真谛译，高振农校释《大乘起信论校释》，第25页。

③ 章太炎《辨性下》，《国故论衡》，第150页。

看是对于知识的探求与发现，但这种探求只能是虚妄的，"见"即妄见，所以见痴不二，如长宽同属一体。由此，通常以"见"为"智"、以"痴"为"愚"的看法也自然不能成立，"智与愚者，非昼夜之校，而巨烛、熅火之校。痴与见不相离，故愚与智亦不相离"①。

对见与痴、智与愚对立关系的拆解还是较为抽象的，章太炎要进一步将之推展到具体的人群社会领域，所谓"以都最记之"②，这就引出了对"文教之国"与"蜑生之岛"之关系的阐发，也就是"文野之辨"的具体展开。章太炎从六个方面进行分析。其一是"征神教"，即从宗教的角度来比较"文教之国"与"蜑生之岛"在智愚上的差异。蜑生者是实物崇拜，文教者则崇信上帝，这看上去后者更进步，但实则不然。因为二者对宗教的崇拜根本上都是虚妄的，在这种条件下，蜑生者崇拜的实物尚是可以验证的，而上帝则纯属虚构。对虚构的对象的崇拜和对实存的对象的崇拜相比，"其愚以倍"③。其二是"征学术"，即从学术的角度来比较。蜑生者对事物的认识是有限的，"得其相，无由得其体"，文教者是倾向于从整体的、本质的角度来认识事物的。但就世间万物都是因缘和合而成没有本质这一点来认识，从本质的角度来认识事物，这是"以无体之名为实"，是唯识学所说的"遍计所执性"之体现，相比于蜑生者对有限之相的理解，更是误入歧途。其三是"征法论"。这里的"法"不单指法律，更指的是制度，"法者，制度之大名"④，所谓"征法论"，即从制度上来区分。从制度上着眼，蜑生者以酋长或君为尊，而文教者则以国为尊。然后"君犹实有，而国家非实有"⑤，因

---

①② 章太炎《辨性下》，《国故论衡》，第 150 页。

③ 章太炎《辨性下》，《国故论衡》，第 151 页。

④ 章太炎《检论·商鞅》，《章太炎全集》(三)，第 605 页。

⑤ 章太炎《辨性下》，《国故论衡》，第 152 页。

为"个体为真,团体为幻","国家既为人民所组合,故各各人民,暂得说为实有,而国家则无实有可言"。①由此可见,蝖生者之尊,尚是实有,文教者之尊,乃尊虚名。其四是"征位号",即从名号之有无的角度来区分。蝖生者"无君臣吏民之号,有之亦亡轻重",文教者则"位号滋多",后者看似是文明进步的表现,但实际上"名则尽虚也"。位号愈多,即是愈加陷在一个虚假的结构中,"名实交纽,为戏谑之论矣"。②其五是"征礼俗",即从礼俗的角度来区分。蝖生者"祭祀就墓,无主祐之仪;觐则谒君,无画像之容;战则相识,无徽识之辨,皆就其体",这是围绕"体"即具体可触知的对象展开仪礼活动,而文教者则相反,他们把宗庙中所藏的神主看得比真正的逝者要重,把君主的画像看得比君主要重,打仗的时候把旗帜看得比同伴的性命要重,以至于"同伍死则不相救,军旗失则践积尸冒弹丸以救之,若救其军府"。③这种颠倒主次、混淆名实的做法自然称不上是智慧。其六是"征书契",即根据文字的有无来加以区分。"蝖生者或无文字,有之曰足以记姓名簿籍而已,有文教者,以文字足以识语言,故曰'名者圣人之符'。"然而"文字不以为实"④,执文字以为实也是遍计所执性的表现。

宗教、学术、制度、名号、礼俗、文字等常被视为文明进化的成果,此所谓"文教之国"之"智"。但是在章太炎的分析中,所有这一切均暴露出其无自性的、远于情实的、虚妄的特点。而章太炎据以暴露文明之虚妄性的,是蝖生者对由感官可以触及的、亲历的、可验证的事物的把握。很显然,蝖生者所看重的也就是上文所论由"事"、触受、现量、质验等把握的对象。换言之,蝖生者是以立足

① 章太炎《国家论》,《章太炎全集·太炎文录初编》,第484—485页。
② 章太炎《辨性下》,《国故论衡》,第153页。
③④ 章太炎《辨性下》,《国故论衡》,第154页。

"事的哲学"而瓦解了"文教之国"的"见"与"智"。为了进一步拆解文教者"以无体之名为实"的虚妄性，章太炎还在"唯识论"的脉络上提出了"唯物论"的概念，以与"唯理论"相对。这就是说和"唯识论"强调"只有识"类似，章太炎的"唯物论"即是字面上的"只有物"的意思。这里的"物"不是一般认为的和"心"相对，不是要参与哲学史上常见的"心物之辨"，而是与"理"相对，与"名"相对，与一切"类例"相对，与"因果"相对，它要突出的是从观念性统系那里解脱下来，以物付物，让物重新获得其具体性与可感知性。这在方向上与唯识论所要求的祛除意识的妄执是一致的，因此说："凡非自证及直觉所得者，皆是意识织妄所成。故不能真知唯识者，宁持唯物。唯物亦有高下二种。高者如吼模，但许感觉所得，不许论其因果，此即唯识家之现量也。"①

文野之辨是"事的哲学"题中应有之义，这在稍后一点刊布的《齐物论释》中有更富理论性的阐发。②但仅对"文教"的抵抗尚不是终点。对"文教之国"的拆解与抵抗目的在于导引对"蝂生之岛"的正视与认同。在晚清"文野之辨"的具体历史语境中，此"蝂生之岛"所指涉的不是虚构的化外之地，而就是中国。对蝂生者所据以展开认识与实践的具体经验的维护，即是对于受列强凌辱的中国由"触受""现量""质验"所得经验的维护。这种经验是真切的，是属于自身的，是未经外在观念扭曲的，对这种经验的维护即是对于中国之"事"的维护。而此中国之"事"，就其绵延的脉动而言，即是中国之"史"。基于"事的哲学"而展开的对于中国之史的认识，遵循的是将史的全部真相接受下来、不但不试图去美化它而且不试图对其加以

① 章太炎《辨性下》，《国故论衡》，第151页。吼模即休谟。关于"唯物论"，亦参章太炎《四惑论》，《章太炎全集·太炎文录初编》，第478—481页。
② 尤其参见《齐物论释》中第三、四章的诠释。

总结以获得经验教训那样的方式,或者说,就是将史作为史本身原样地接受下来那样的方式,正所谓"思古人也,而非期于取法,故不欲掩其点污"①。他考订中国古代官制,提出"神权时代天子居山说",开头就批评惠栋作《明堂大道录》"其言大道则夸"。惠栋在《明堂大道录》中认为明堂乃"天子大庙""大教之宫",考其来历,则是"权舆于伏羲之易,创始于神农之制,自黄帝尧舜夏商周皆遵而行之",②可谓堂皇。章太炎却认为:"明堂、清庙、辟雍之制,古今兴废虽不同,然丽王公奠天位者,其实、其名,大抵不出山麓。"而天子之所以住在山上,只是在草昧之世,为了统治的便利,神道设教而已,"天子居山,其意在尊严神秘,而设险守固之义,特其后起者也"③。他还提出"专制时代宰相用奴说",认为包括宰相在内的古代官职多是起源于奴仆的身份,其地位是极为卑下的。他通过对寺、官、臣等字的考证,指出"非有土子民之臣僚,皆等于奴隶陪属",通过对太阿、太保、丞相、仆射等官名来历的剖析,指出"侍帷幄、参密议者,名为帝师,或曰王佐,其实乃佞幸之尤"④。他自己很清楚这样的历史考索的方式是会引人诟病的,"天子居山、宰相用奴诸说,适足酿嘲,而起鄙夷宗国之念"⑤。然而,他同时认为,即便是卑琐而无甚光彩的历史也仍然值得宝重。他以顾炎武为例,说顾炎武在明亡以后,发愤考察历代帝王陵寝,这看上去近于无聊的行为其实大有深意:"彼蒿里中陈死人,岂有豪末足用于当世? 然识其兆域,则使人感怀不忘。"⑥正如有研究者所指出的,对于章太炎来说,

---

①⑥　章太炎《官制索隐》,《章太炎全集·太炎文录初编》,第 81 页。

② 　惠栋《明堂大道录》(卷一),上海:商务印书馆,1947 年,第 1 页。

③ 　章太炎《官制索隐》,《章太炎全集·太炎文录初编》,第 86 页。

④ 　章太炎《官制索隐》,《章太炎全集·太炎文录初编》,第 90 页。

⑤ 　章太炎《官制索隐》,《章太炎全集·太炎文录初编》,第 81 页。标点有改动。

"历史之事实本身就是一种情感性的价值性的意义存在"①，历史的重要不在于其包含了若何规律与教益，不在于它如何可以转化为现今有用的资源，而是历史之事能使人感怀兴慕，能引发人的感情。所以研究历史的第一要义，是忠实呈现历史之事的真相。上文已经多次征引的《官制索隐》一文对此一思路有典范性的呈现，其中章太炎如此袒露其心迹："九服崩离，天地既闭，吾乃感前王之成迹，而为《官制索隐》四篇。盖古今言是者多矣，高者比次典章，然弗能推既见以至微隐。其次期于致用，一切点污之迹，故非所晓，虽晓亦不欲说。吾今为此，独奇觚与众异，其趣在实事求是，非致用之术。"②在这里，体现了章太炎一种独特的把握历史的方式，即将作为实事求是之结果的历史与人的感情直接关联的方式，作为实事之连缀的历史是直接诉诸人的感情而非人的思想。进一步来说，章太炎虽然恒被目为思想家，但实际在他看来，更吃紧也更具根柢性的是未经观念中介的人的感情状态，在他把握问题的路径中，有一种绕开思想观念而直接诉诸人的感情、诉诸人的生命根柢的倾向，所以他会说"道德是从感情发生，不从思想发生"③，所以在《革命道德说》中会推举不学的农人"于道德为最高"④，所以会推重"洁白之心"，认为"人苟纯以复仇为心，其洁白终远胜于谋利"⑤。在这些看似参差的表述中，有一种共通的从观念层面沉降下去，从名言概念的层面沉降下去，直接通向感情、通向生命之根

① 张志强《一种伦理民族主义是否可能——论章太炎的民族主义》，《哲学动态》2015 年第 3 期。
② 章太炎《官制索隐》，《章太炎全集·太炎文录初编》，第 81 页。
③ 章太炎《留学的目的和方法》，《教育今语杂志》第 4 册，1910 年 4 月 29 日。
④ 章太炎《革命道德说》，《章太炎全集·太炎文录初编》，第 289 页。
⑤ 章太炎《革命道德说》，《章太炎全集·太炎文录初编》，第 280 页。章太炎对"农人""洁白之心""复仇"等的论述均深刻影响了鲁迅。

柢的势能。而感情的有无是特别有待于历史之事实的起兴感发。

概而言之，这里存在一个首先立足"事"和"史"，进而激发感情，继而造成有内在道德感的担纲者的逻辑。也正是基于这种逻辑可以理解章太炎何以在 1907 年前后将"革命论"改造为"光复论"，何以要说"吾侪所志，在光复中国而已。光复者，义所任、情所迫也。光复以后，复设共和政府，则不得已而为之也，非义所任、情所迫也"①。相对于除旧布新、以建立共和为旨志的"革命"而言，"光复"毋宁说更意味着"革命"的内在化，甚至可以说是"革命"的折回，即从由未来所召唤的革命那里折回到革命所由发生的"事"和"史"，即折回到中国固有的境况，以中国固有的境况、中国的"事"为始基，重新探讨中国变革的道路。章太炎之所以有如此转折，从历史脉络上看，是对由 1906 年 7 月清廷宣布预备立宪、1906年 9 月美洲保皇会宣布改名国民宪政会、1906 年 11 月东南各省绅商成立预备立宪公会以及康有为、梁启超、杨度、蒋观云、张謇等政商头面人物在此期间鼓吹建立新式政党等等所组成的社会潮流之回击。②正如章太炎在《箴新党论》中所批评的，这一波潮流是"以新为荣名所归"③的。换言之，这一以"立宪"为口实的潮流在当时是以时代的引领者自居的。他们曾经与"革党"（梁启超语）对立，现在则以"新"自居、以进步自居，实际上也就是垄断了但当然也是抽空了"革命"的内容。此后《新世纪》派无政府主义者的出现更是推助了这一潮流，他们不仅抽空了"革命"的内容，而且以"自

① 章太炎《官制索隐》，《章太炎全集·太炎文录初编》，第 82 页。
② 参《梁启超年谱长编》"1906 年"条。收入丁文江、赵丰田编《梁启超年谱长编》，上海：上海人民出版社，2009 年，第 239—247 页。
③ 章太炎《箴新党论》，《章太炎全集·太炎文录初编》，第 297 页。

嘲邦族""归化法兰西国之主义"①的姿态抽空了"种性"，也即抽空了"中国"的内容。当新、公理、进化、进步等名词乃至"中国"已经被"渴慕利禄，务求速化"②之辈所抽空，则曾经提出"公理之未明，即以革命明之；旧俗之俱在，即以革命去之"③的章太炎就必然要改造其"革命"论。对"光复"的提倡、对"国故"的论衡也就是在这样的脉络中出现的。就此说，"事的哲学"之将先秦诸子的深奥思想复原到"事"和"史"的境地中，重视触受、现量、质验，将"唯物"与"唯理"相对，正是为作为"野"的中国、为立足此"野的中国"而谋求"光复"所作的理论奠基。

从章太炎自身的思想脉动而言，稍后一点在《齐物论释》中所完成的"齐物哲学"可以视作"事的哲学"的进一步发展，在"齐物哲学"中，章太炎围绕着"文野"的辩论更富有理论性，佛学尤其是唯识学的脉络更为细密深透。但"齐物哲学"在"泯绝人法、兼空见相"之后仍落脚于知一切法"本来涅槃，毕竟不入"的菩萨一阐提、落脚于"以百姓心为心"、落脚于"俗情""俗谛"，实际上也就是落脚于"事"。④准此，则"齐物哲学"可以说正是以"事的哲学"为基本内容，而"事的哲学"对于"事"的执着与敞开，对于围绕《齐物论释》而产生的诸多过于观念化的解读倾向也不失为一种纠正。

第六节　余　　论

"事"是中国思想史上的一个独特而关键的命题。孔子说："我

---

① 章太炎《台湾人与〈新世纪〉记者》，《民报》第 22 号，1908 年 7 月 10 日。
② 章太炎《箴新党论》，《章太炎全集・太炎文录初编》，第 297 页。
③ 章太炎《驳康有为论革命书》，收入汤志钧编《章太炎政论选集》（上），第 204 页。
④ 参拙文《"以百姓心为心"——章太炎〈齐物论释〉阐微》，《中国哲学史》2021 年第 2 期。

欲载之空言,不如见之行事之深切著明也。"孟子说:"王者之迹熄而《诗》亡,《诗》亡然后《春秋》作。晋之《乘》,楚之《梼杌》,鲁之《春秋》,一也。其事则齐桓、晋文,其文则史。孔子曰:'其义则丘窃取之矣。'"①将"事"与"空言"相对,将"事"与"义"相对,可推为对"事"自觉表达的滥觞,也将"事"确立为中国思想史上的一个基础性概念。②在思想史上,"事"是与"理"或者"义"处在张力结构中的概念,或者说"事"主要是在"事与理"之先后内外关系的辩论中得到呈现的。"事理"问题也与"天道、地道、人道""道与人""形而上与形而下""道与器""理与气""理与物""一与殊""体与用"乃至"经与史""理与势"等等问题有程度不同的重叠。

　　孔孟而后,就将"事"与"理"之关系在哲理上深化的努力而言,或可首推唐代的华严宗。从华严初祖杜顺开始,华严宗将法界细分为事法界、理法界、理事无碍法界、事事无碍法界四个层次,又以事事无碍法界为究竟,以说明参差万状的现实世界。事法界就现象界而言,理法界就现象界实乃缘起性空而言,理事无碍法界就理与事互相统一而言,事事无碍法界就泯去事理之对立、由事观理而言。从事法界到事事无碍法界,存在一个逐步落脚于"事"的逻辑,也是一个从假有到真无到假有真无之无碍再到真空妙有的逻辑,法藏以"从心现境妙有观"③解之,这代表华严宗观法的最终目标。

---

① 杨伯峻译注《孟子译注》,北京:中华书局,1960 年,第 177 页。

② 关于"事"或者孔子的"行事"对于理解中国思想乃至构建更普遍的哲学之重要意义,可参陈少明《经典世界中的人、事、物》(上海:上海三联书店,2008 年,尤其是 26—58 页)、陈赟《"见之于行事"与中华文明的历史意识》(《山西师大学报》第 48 卷第 1 期,2021 年 1 月)、杨国荣《人与世界:以"事"观之》(北京:生活·读书·新知三联书店,2021 年)等。

③ 法藏《修华严奥旨妄尽还原观》,收入石峻等编《中国佛教思想资料选编》第 3 卷,北京:中华书局,2014 年,第 105 页。

所谓"事",本来是相对于"理"而言,指向分殊的事象,但在华严宗的脉络中,毋宁要于此分殊的事象中来体会法界之理,从而更凸显其"一即一切,一切即一"的圆融义。法藏在《华严三昧章》中曾论及"理事圆融义十门",即理事俱融门、理法隐显门、事法存泯门、事事相在门、一事隐现门、多事隐显门、事事相是门、一事存泯门、多事存泯门、圆融具德门,每一门又析为十义。①仅从此十门而论,即可以见出"事"在华严教义中所居之重要地位。②事事无碍法界所成就的大缘起陀罗尼法最终当然并不违背缘起性空之理,但其对事理关系的探讨确有不可忽视的精微之处。这也代表佛学解决空有问题的高度。华严宗对此后理学的发展也有深远的影响,如钱穆在讨论通常被认为是华严五祖的宗密之《原人论》时所说的:"此书通论全部佛说,又兼及中国儒、道两家与佛法之异同,实已远启此下宋代理学诸儒所探讨。"③

对"事"的思考在中国思想史上的大部分时间里,是零星出现的。将对"事"的关注推展为时代性的思考主题,是在清代。唐君毅曾区分中国哲学史中"理"的不同内容,提出文理、名理、空理、性理、事理、物理,而将有清三百年之学术思想归为"事理",④这是切中肯綮的概括。而在这三百年当中,对"事理"阐发最为严密的,或当推王夫之。王夫之是以对此前宋明理学乃至全幅中国思想与历史之反思者的自觉意识来从事创作的,他也把"事与理"的命题推

---

① 法藏《华严三昧章》,收入《中国佛教思想资料选编》第 3 卷,第 240—243 页。

② 参拙文《"齐物哲学"与华严宗之离合:以章太炎在〈齐物论释〉中对法藏的辩难为中心》,《杭州师范大学学报》2021 年第 2 期。

③ 钱穆《读宗密原人论》,收入钱穆《中国学术思想史论丛(四)》,北京:九州出版社,2011 年,第 258 页。

④ 唐君毅《中国哲学原论导论篇》,北京:中国社会科学出版社,2005 年,第 2 页;唐君毅《中国哲学原论原教篇》,北京:中国社会科学出版社,2006 年,第 441 页。

进到了一个崭新的高度。"事与理"构成王夫之运思的关键抓手，在《诗广传》《尚书引义》《读四书大全说》《张子正蒙注》《周易外传》以及《宋论》《读通鉴论》等著作中，都能看到其对这一问题或直接或间接的讨论。他特别突出"事"的基础性，这表现为理不离事且离事无理，因此说"有即事以穷理，无立理以限事"①。朱熹也曾说过"理不外乎事物之间"②的话，但他在根本上认为理先于事，即"未有这事，先有这理"③。在王夫之，并没有先于事的理，而是理事一体，因此说："性命之理显于事，理外无事也。天下之务因乎物，物有其理矣。循理而因应乎事物，则内圣外王之道尽。"④王夫之论"事"又与论"物"、论"器"内在相通，而论"器"，在道器一体的基础上，进一步提出"天下惟器而已"⑤的观点，许可说"道"是"器"之"道"，但不能说"器"是"道"的"器"。这就更明确将器、事等置于道、理之前。他对事、理的探讨又是和"势""时"等结合在一起的，认为"势者事之所因，事者势之所就，故离事无理，离理无势"⑥，又说"顺逆者理也，理所制者道也；可否者事也，势所成者事也"⑦。这就将事与势相关联，赋予事以一种长时段的动能，最终成就其富含历史社会内容的"理势相成"论。⑧王夫之以下，如颜习斋之重视"礼乐射御书数"，戴震以"天下共遂其生"释"仁"、以"生生所有事"

---

① 王夫之《续春秋左传博议》，《船山全书》（第五册），长沙：岳麓书社，2011 年，第586 页。
② 黎靖德编、王星贤点校《朱子语类》，北京：中华书局，1986 年，第 2420 页。
③ 《朱子语类》，第 2436 页。
④ 王夫之撰、王孝鱼点校《尚书引义》，北京：中华书局，1962 年，第 32 页。
⑤ 王夫之《周易外传》，《船山全书》（第一册），岳麓书社，2011 年，第 1027 页。
⑥ 王夫之《尚书引义》，第 86 页。
⑦ 王夫之撰、王孝鱼点校《诗广传》，北京：中华书局，1964 年，第 97 页。
⑧ 王夫之《诗广传》，第 97—98 页。

释"道"，认为"语道于天地，举其实体实事而道自见"，①章学诚依
"古人未尝离事而言理"提出"六经皆史"、"学于众人，斯为圣人"等
命题，凌廷堪以"冠昏饮射，有事可循也，揖让升降，有仪可案也，豆
笾鼎俎，有物可稽"②来解释"圣人之道"，等等，也同样表现出了专
注于"事"乃至以"事"为立论根基的特点。

　　章太炎的"事的哲学"从一方面看，正是对上述学脉的继承。
他总结清世经儒的治学特点为"不以经术明治乱，故短于风议；不
以阴阳断人事，故长于求是。短长虽异，要之皆征其通雅"③，这也
同样就是其本人治学的特点。但另一方面，章太炎的"事的哲学"
也提示了历史的新的转折，甚或就是一种断裂。这是由章太炎本
人吸取的思想资源与时代的刺激两方面促就的。所谓思想资源，
即章太炎所接受的佛学。很显然，章太炎此时的佛学理解与规范
的佛学阐释（如果有的话）存在差异，但佛学赋予他一种近乎全新
的视野。用《国故论衡》里面的话来概括，这就是"无生"，就是不仅
有"生空观"，而且有"法空观"，而且要进至菩萨修行五十二个阶位
中的"远行地"，所谓"大乘有法空观，非至七地，犹未能证无生"。④
而相比之下，先秦诸子中即便是庄子也顶多达到"空无边处"的境
地，而类似"吾丧我"即不起任何作意的"空无边处"也只不过是无
色界四处中的第一处而已。由此，领会了佛学无生之境的章太炎
就获得了思想或者说观法的制高点，这就是一个破除任何既定名
相、从所有名言概念之缠缚中解脱出来的视点。从章太炎所受学

---

　　① 戴震著、何文光整理《孟子字义疏证》，北京：中华书局，1961 年，第 43 页。
　　② 凌廷堪著、王文锦点校《校礼堂文集》，北京：中华书局，1998 年，第 31 页。由
此可知，凌廷堪诚然提出"礼"来与"性""理"相对，但"礼"也不是其最终落脚点，"礼"尚
有其基础，这就是"事""仪""物"等等。
　　③ 章太炎《检论·清儒》，《章太炎全集》（三），第 476 页。
　　④ 章太炎《明见》，《国故论衡》，第 140 页。

术训练的脉络来说,这也就是一个把他从汉宋、朱陆、吴皖、今古文、经史等所有既定学术格套中解脱出来的视点。章太炎是汉学的殿军、是皖派的继承者、是古文经学的集大成者,是的,可以说他承接多个学脉,他自己也说"上天以国粹付余"①,但同时他又不是任何学脉的守成者,任何名目也无法完全定义他,由于佛学资源的汲取,他有能力将所有既定的学脉予以对象化的观照。所谓时代的刺激,即帝国主义对中国的侵略。以前历史上对于"事"的关注,主要是在理论辨析的层面上展开的,或者是释道两家为了因应世俗所致,或者是儒家为对付释道之理论上的挤压所致,比较少包含具体的社会内容。清代的状况略有改变,这和清代社会庶民层地位的上升有直接关系。总体来说,在章太炎之前,"事"与"理"之间的张力,主要是对应着中国社会内部结构的变动而产生的,即庶民阶层力量的扩大促动了对于"事"的发现。而到了章太炎的时代,社会内部结构的变动未尝结束,外来的压力又接踵而至。这种新的压力不仅表现为对领土的占领、对人口的杀戮、对资源的掠夺,还表现为用一套文明言辞来装点那些占领、杀戮与掠夺。而竟然就有自命为新颖、自命为进步乃至自命为"革命"的"通人"②全心接受了这套言辞。从而侵略就不仅表现为物质性的,而且表现为精神性的。这就是章太炎之所以要通过"文野之辨"来抵抗的新的时代状况。这种状况对章太炎来说具有切身性,这具体表现为到《民报》社走访的台湾人以"我日本帝国人"自居,而同时代的《新世纪》记者"以汉人在故土者,比之伏蛰之洞蛮,而自谓己等方行洲海,乃为都会巨人".③《国故论衡》的终篇《辨性下》辨析"文教之

---

① 章太炎《癸卯狱中自纪》,《章太炎全集·太炎文录初编》,第 145 页。

② 章太炎《革命道德说》,《章太炎全集·太炎文录初编》,第 292 页。

③ 章太炎《台湾人与〈新世纪〉记者》,《民报》第 22 号,1908 年 7 月 10 日。

国"与"蝂生之岛"正是对此一创伤经验的回应。

新的思想资源使章太炎获得了荡除所有既定名目的力量,新的时代的刺激又使他在荡除既定名目之后转过来拥抱了作为"事"的中国,这是被"文教之国"的"名"所压抑着的作为"蝂生之岛"的中国。用唯识学三性说来认识,章太炎是以圆成实自性荡除了包括"文教"在内的所有的遍计所执自性,而保留了作为"事"的依他起自性,"知其假设而随顺之,为正见"①。在《国故论衡》的结尾,章太炎引用了老子的"始制有名。名之既有,夫亦将知止"②。"名"将知止,即是"名的世界"的终结,而"名的世界"的终结即是"事的世界"的展开。

"事者,为也"③,"事的世界"要求行动和作为。就此,"事的世界"也即是"实践的世界"。

"事的哲学"通向"实践论"。

本文原载《中国现代文学研究丛刊》2021 年第 12 期。

---

① ② 章太炎《辨性下》,《国故论衡》,第 155 页。
③ 《韩非子·喻老》。引自梁启雄《韩子浅解》(上),北京:中华书局,1960 年,第 177 页。另,梁先生在书中还引用《淮南子·道应》中的"事者,应变而动,变生于时,故知时者无常行"以为解释,也可参考。

章门弟子录[*]

朱乐川[**]

一 有关《章门弟子录》

　　章门一派对中国传统文化的研究可谓面面俱到,涉及史学、经学、文学、文献学、校勘学、佛学、中医等学科,而尤以小学最为世人称道。自章太炎 1908 年在日本讲学开始,直至其 1936 年在苏州逝世,其间拜章为师者"累百盈千"。如此庞大的学术团体研究起来显然困难重重,其中最困难的一个问题就是章门弟子有哪些人?而这个问题又会带来一系列问题,如:其中哪些人已较为人们所熟知? 又有哪些人还未被人们所关注? 哪些人值得深入去研究? 又有哪些人只需蜻蜓点水,知道即可? 所以《章门弟子录》的编写将有助于我们脉络清晰地研究这些问题。关于《章门弟子录》,章太炎晚年曾印行过,现有文献可考的当在 1932 年,因为章太炎在 1933 年致钱玄同的信中曾言:"《弟子录》去岁已刻一纸,今春又增

　　* 本文是国家社科基金重大项目"汉语词源学理论建设研究"(17ZDA298)、国家社科基金后期资助项目"章太炎语源学理论研究"(18FYY002)的阶段性成果,以及南京师范大学社科青年科研人才培育基金项目"'章门弟子录'整理与汇编"的最终成果。
　　** 作者单位:南京师范大学国际文化教育学院。

入数人。"①"去岁"即 1932 年。但这次的编印较为随意,只是"但凭记忆所及耳"②,其中不见许寿裳、朱宗莱、龚宝铨、钱家治、鲁迅等重要弟子。另外《章门弟子录》在 1933 年进行修订时,所录弟子人数亦不过 50 人,所以当然会有很多的遗漏("所录约计五十人左右,然亦恐有脱失也"③)。这些人虽不能包括所有的章门弟子,但我们可以肯定录于其中的当是太炎先生记忆较为深刻之人。可惜的是,《章门弟子录》1932 年的初本和 1933 年的修订本迄今都未曾公布,④所以对《章门弟子录》的整理只能留给后人。章太炎在《通告及门弟子》中说:"余讲学以来几四十年,及门著籍,未易偻指。"⑤朱希祖也说:"章师弟子甚多,几累百盈千。"⑥可见接受过太炎先生教诲人数之巨大,但能入"章门弟子录"的绝没有那么多人,因为一是不可能记全,二是要达到一定的标准。太炎先生自己也

---

① 马勇《章太炎书信集》,石家庄:河北人民出版社,2003 年,第 153 页。
② 陈平原、杜玲玲《追忆章太炎(修订本)》,北京:生活·读书·新知三联书店,2009 年,第 285 页。
③ 马勇《章太炎书信集》,第 153 页。
④ 章太炎哲孙章念驰先生在 2019 年 1 月 2 日《中华读书报》中有文《章太炎和他的弟子们》,其中提到 1932 年初本的《章门弟子录》,其言:"《章氏弟子录》录有黄侃、吴承仕、钱玄同、汪东、朱希祖。这是他的'五大天王',是最得意的,学术成就最大,追随他时间最久远,没有争议的弟子。此外还有马裕藻、沈兼士、马宗芗、马宗霍、陈同煌、钟正懋、黄人望、马根宝、孙至诚。最后几位是潘承弼、徐云弓(恐是徐沄秋)。还有三个是已故人袁丕钧、潘大道、康宝忠。还有二人名字残缺,无法辩明。"笔者注:按照章念驰先生的说法,1932 年的初本《弟子录》至少录有 21 人,但该《弟子录》体例为何,还不得而知。另外,章念驰先生认为徐云弓(一作徐耘弓)可能就是徐沄秋,其实不然,徐沄秋,名徐征,沄秋是他的字。关于徐云弓(徐耘弓)和徐征(沄秋)的人物生平详见下文《章门弟子录》。
⑤ 马勇《章太炎书信集》,第 946 页。
⑥ 朱希祖著,朱元曙、朱乐川整理《朱希祖日记(中)》,北京:中华书局,2012 年,第 908 页。

说："其间有学而不终与绝无成就者,今既不能尽记姓名,不妨阙略。"①另外太炎先生也清楚地意识到其中后期的讲学,所来听课者多有盲目攀附者,而几无根底者又占不少。他说："都下学子习染颇深,恐粪土不可施杅槾耳"②,"徙苏州后,亦尚从事讲学,然今学子根柢浅薄,求如东京之盛,不可得已。"③可见在太炎先生心中能入弟子录的是有自己的标准的,其中当然以东京讲学时的那批弟子作为心目中的不二人选。卢毅在《章门弟子与近代文化》④中罗列的与其课题有关的章门弟子除吴承仕以外,黄侃、汪东、钱玄同、朱希祖、沈兼士、马裕藻、许寿裳、鲁迅、周作人都是太炎先生早期在东京时的弟子(吴承仕属于太炎中期弟子)。当然,以上所举数人显然不能涵盖所有章门弟子中有贡献、有成就、继承章氏学术成果与思想的,但是也可以视作录入《章门弟子录》的一个标准。另外,民国 25 年(1936 年)6 月苏州国学讲习会曾刊印过一份《章氏国学讲习会同人通讯录》,⑤其中所载之人员也可录入《章门弟子录》。

经过一段时间的搜集与整理⑥,我们发现现在被学界经常提及的章门弟子大约有 30 多人,而章太炎纪念馆和章太炎故居的两份名单基本涵盖了这 30 多位弟子,故这两份名单可以作为重要参

① 马勇《章太炎书信集》,第 153 页。
② 马勇《章太炎书信集》,第 148 页。
③ 马勇《章太炎书信集》,第 155 页。
④ 卢毅《章门弟子与近代文化》,桂林:广西师范大学出版社,2009 年。
⑤ 此《章氏国学讲习会同人通讯录》为章门弟子汤炳正哲孙汤序波先生所赠,在此谨对汤序波先生表示感谢。
⑥ 自笔者与家父开始整理《朱希祖日记》(北京:中华书局,2012 年)及《朱希祖先生年谱长编》(北京:中华书局,2013 年)时,我们已经开始着手对章门弟子的搜集与整理,至今已有九年余。

考。1988 年 1 月,章太炎纪念馆在杭州建成,馆内挂有 20 位章门重要弟子的照片及简介,他们是:黄侃、钱玄同、朱希祖、汪东、许寿裳、沈兼士、鲁迅、周作人、刘文典、吴承仕、顾颉刚、傅斯年、姜亮夫、诸祖耿、王仲荦、徐复、曹聚仁、潘重规、汤炳正、姚奠中。2011 年杭州章太炎故居修葺一新,故居内以"国学传承,群星璀璨"为主题介绍了 32 位章门弟子,此 32 人是在章太炎纪念馆的 20 位弟子的基础上增添了以下 12 位,即:沈尹默、马宗芗、马宗霍、钱家治、马裕藻、王謇、潘景郑、王乘六、孙世扬、沈延国、朱季海、李希泌。这 32 位弟子中除了顾颉刚和傅斯年①以外,另外 30 人皆是章门弟子的重要成员,但显然离较为完整的《章门弟子录》还有很大的差距,所以我们还要参考各类相关文献,而其中就包括太炎先生及其弟子们的相关信札、日记、回忆文章、年谱等材料,因为这里面关于章门弟子的信息量是巨大的。信札如:《章太炎书信集》(河北人民出版社,2003 年)、《朱希祖书信集》(中华书局,2012 年)等;日记如:《周作人日记》(大象出版社,1996 年)、《黄侃日记》(中华书局,2007 年)、《朱希祖日记》(中华书局,2012 年)、《钱玄同日记(整理

———————————

① 我们不把顾颉刚和傅斯年视作章门弟子,是因为无论从章太炎的叙述还是从章门弟子的叙述以及章门中的交游情况来看,顾、傅二人与太炎及弟子都没有师生或同门之谊。另外,顾、傅二人的学术思想与理念同章太炎及章门弟子有很大的差别,不能因为只听过章太炎几次课、几次讲演,我们就把他们视作章门弟子。另外,比如顾颉刚在其自传中也谈到了他听章太炎讲学以及受章氏之影响,关于听讲,其言:"'章太炎先生讲学了,你去听吧!'有一天同学毛子水君(准)向我说。……我自从读了《国粹学报》之后,仰慕章先生已历八年,如何肯放过这个机会呢! ……可惜听得正在高兴的时候,章先生突然给袁政府捕了去,从此在龙泉寺里监禁了好几年,我们只面受了三星期的教导。"(顾颉刚《顾颉刚自传》,北京:北京大学出版社,2012 年,第 57—59 页)关于影响,其言:"以上说的四位先生,梁与章给我以批评的精神,胡给我以整理的方法,钱给我以研究的题目。"(顾颉刚《顾颉刚自传》,北京:北京大学出版社,2012 年,第 158 页)

本)》(北京大学出版社,2014 年)等;回忆文章如:《知堂回想录》
(河北教育出版社,2002 年)以及《追忆章太炎(修订本)》(生活·
读书·新知三联书店,2009 年)中各弟子所撰写的回忆文章;年谱
如:《章太炎年谱长编(增订本)》(中华书局,2013 年)、《章太炎学
术年谱》(山西古籍出版社,1996 年)、《钱玄同年谱》(齐鲁书社,
1984 年)、《周作人年谱》(南开大学出版社,1985 年)、《黄侃年谱》
(湖北人民出版社,2005 年)、《刘文典年谱》(安徽大学出版社,
2011 年)、《李源澄先生年谱长编》(中华书局,2012 年)、《朱希祖先
生年谱长编》(中华书局,2013 年)、《汤炳正先生年谱初编》(2014
年)等。另外,最后学术界对章门弟子的交往所作的研究也是值得
我们关注的,如蒋德明《鲁迅与钱玄同》(1979 年)、《鲁迅与沈兼
士》(1984 年),姚奠中《山西的几个章门弟子》(1997 年),散木《鲁
迅与吴承仕及其他》(1999 年),朱元曙《章门"五王"轶事》(2006
年)、《朱希祖与钱玄同》(2006 年)、《朱希祖与马氏兄弟》(2008
年)、《朱希祖与沈氏兄弟》(2009 年)等都是其中具有代表性的研
究成果。另外,章太炎哲孙章念驰先生的《章太炎与他的弟子们》
(《中华读书报》2019 年 1 月 2 日)也给本《章门弟子录》的编订提
供了重要的参考依据。

二　章门弟子录

（以出生早晚为序，共计128人①）

姓名	生卒年月	字	籍贯	开始从师之时间、地点	主要经历	研究方向	著述
缪篆	1877—1939	子才	江苏泰州	1913年，吉林大炎（见章《自定年谱》"1913年"条）	1913年，章太炎于吉林长春筹边三省。缪篆经吉林民政司韩国钧引荐从太炎同学。缪篆著善测绘，曾绘吉林图。太炎甚爱之。其早年留学日本。1926年始任厦门大学哲学系副教授，教授，中山大学哲学系教授。1939年病逝于香港。其为范曾外祖父。	老庄哲学，语言学	《老子古微》《显道》《邻德》《礼人十一书》《齐物论诠注》《国故论衡子部注》《检论注》《周易大象简义注》《马氏文通答问》《英德拉丁法国动字变化表》《缪氏考古录》增补》等

① 虽然本文搜集整理的《章门弟子录》中有128名章门弟子，但肯定还有一些弟子没有收入其中，另外有些弟子现在只知其名，却不知他们的主要经历和著述。以上问题也许是笔者一己之力很难完成的，我们非常期待学界的专家学者以及章门的后人不断地补充这份《章门弟子录》。

续表

姓名	生卒年月	字	籍贯	开始从师之时间、地点	主要经历	研究方向	著述
马裕藻	1878—1945	幼渔	浙江鄞县	1908年,日本东京(见任鸿隽《记章太炎先生》)	1908年,从章太炎研习小学。1912年,任浙江省教育司视学,并任浙江省第一中学校长。1913入北京大学,为预科国文教授。1920年4月,任北大中国文学系主任。1922年,北京大学研究所国学门成立,任国学门委员会委员并兼任导师。1934年,辞去中文系主任之职。1937年,抗战全面爆发,因年长未随校南迁至昆明,闭门谢客,誓不与日人往来。1945年,抗战胜利前夕病逝。	音韵学、文字学	《小学国语教授法商榷》《经史学目录》《中国文字古音学的贡献》《戴东原对于古音学的贡献》(原文题注:民国十六年五月在北京大学研究所国学门讲的稿子》等
朱希祖	1879—1944	逖先	浙江海盐	1908年,日本东京(见《朱希祖日记》《钱玄同日记》)	1908年于东京拜章太炎门下,1909年任浙江两级师范学院,1910年嘉兴一中任教,后任浙江教育司第三科科长。1913年作为浙江代表参加统一会议最终通过了朱希祖提出的"注音字母"方案。本年起,任北京大学预科教授后任北大史学系主任,研究所国学门导师,清华大学高校史学系兼任。1929年发起成立以北京各高校师生为主的中国史学会,当选为主席。1932年任中山大学文史学系主任。1934年,任北京大学文史学系主任,后又任国史馆筹备委员会总干事,考试院参选委员会考选考委员。1943年任中国史学会常务理事。1944年逝世于重庆。	史学、文献学、藏书家	《中国史学通论》《汲冢书考》《明季史料题跋》《史馆论议》《伪史录》《伪史补》等;朱希祖之著述现多收于《朱希祖先生文集》(台湾九思出版有限公司,1979年),《朱希祖文存》(上海古籍出版社,2006年),《南京图书馆藏朱希祖文稿》(凤凰出版集团,2010年)

续表

姓名	生卒年月	字	籍贯	开始从师之时间、地点	主要经历	研究方向	著述
景定成	1879—1961（生卒年有多种说法，本表据姚奠中《山西的几个章门弟子》）	梅九	山西运城	1908年，日本东京（见景定成《追悲忆太炎师，任鸿隽《记章太炎先生》）	17岁中秀才，19岁中举人，24岁赴日留学，1905年入同盟会，被推为山西分会评议长。辛亥后任国会众议员。1908年与章门弟子王用宾、景耀月在太原创办《晋话报》。二次革命参加讨袁运动，失败，被捕至北京。袁死后，历任国会议员，仍回会议员。1961年逝世。（关于其生卒年还有1879—1949，1882—1959，1882—1962等说法，有解放后任陕西政协委员之说。）	革命家	《葵心》《尚书新证》《石头记真谛》《入狱始末记》等
余岩	1879—1954	云岫	浙江镇海	章太炎东京讲学期间，具体时间不详（见《余云岫三周年追忆》）	1901年，就读于浔溪公学。1905年，公费留学日本，在日本体育会肄业，后转学大阪医科大学。1916年毕业回国，任上海医院医务长。1917年在上海自行开业行医。曾任国民政府卫生部中央卫生委员会委员，东南医学院校董会副主席，中国医药研究所所长。教育部医学教育委员会顾问，上海市卫生委员会第一任会长，《中华医学杂志》主编等职。1929年，提出"废止旧医"、"废医存药"，此案于民国第一届中央卫生委员会议上通过，此举引起当时社会哗然大波。	医学	《古代疾病名候疏义》《国产药物的文献研究》《研究国药产物刍议》等

续表

姓名	生卒年月	字	籍贯	开始从师之时间、地点	主要经历	研究方向	著述
周树人（鲁迅）	1881—1936	豫才	浙江绍兴	1908年，日本东京（见许寿裳《亡友鲁迅印象记》）	先后任教或任职于浙江两级师范学堂、教育部佥事兼北京大学、北京师范大学、北京女子师范大学讲师、厦门大学教授，中山大学文学系主任兼教务处主任。新文化运动的重要人物。	文学	代表作有《中国小说史略》《汉文学史纲要》《呐喊》《彷徨》《故事新编》《朝花夕拾》《野草》等；《鲁迅全集》（人民文学社版）
朱宗莱	1881—1919	蓬仙	浙江海宁	1908年，日本东京（见许寿裳《亡友鲁迅印象记》）	1904年，入早稻田大学习文科，旋加入同盟会。1910年自日本回国，任浙江省立第二中学国文教员。其间，海宁图书馆更名海宁县立图书馆，应浙江省民政厅厅长林文庆之招，任秘书后，然仕官未遂。后应张宗祥之邀任其职务。北上于1917年1月30日抵京①，并任职于北大。1919年9月，患伤寒，旋病逝于北京协和医院，年仅39岁。	小学、教育学、图书馆事业	《蠻庼读书记》《逸史篇》《许叔重文叙补注》《说文转注释例》《文字形义重文表》《文字述谊·正名篇》等；校有《盐铁论》《论衡》《意林》（未刊印·手稿藏于家）

① 关于朱宗莱何时到北京、学界一直有争论，有1915年、1916年两说，然皆不确。查钱玄同日记，其在1917年1月29日—31日中对朱宗莱抵京有详细记载。"1月29日 得蓬仙信，知明晚可到京。""1月30日 旬日前致书蓬仙，先下客栈，即以电话告我，当来招呼。今日当到。因在客候其电话，至十一时许尚无消息，大约未来。我亦未就寝。""1月31日 得逸鸿电话，知蓬仙昨晚未到。（晚）十时顷逸鸿来条、知蓬仙已到，寓万鸿处，即命车往。四年不见，一旦聚首，畅谈忘倦，直至午五时许始就寝，即与蓬仙同榻。"（见杨天石主编《钱玄同日记（整理本）》，北京：北京大学出版社，2014年，第306—307页此则材料一出，朱宗莱抵京时间将成定论。

续表

姓 名	生卒年月	字	籍 贯	开始从师之时间、地点	主 要 经 历	研究方向	著 述
范古农	1881—1951	拱薇	浙江嘉兴	1908 年,日本东京《朱希祖日记》附录《朱希祖日记》1918 年 12 月 1 日）	嘉兴府中学监督。1912 年创办嘉兴乙种商业学校,任校长。同年组织嘉兴佛学会,开始赴各地讲经。1925 年随九世班禅朝拜各佛教圣地。1927 年任佛学书局总编辑。	佛学	《释尊传》《大乘空义集要》《幻庵文集》《八识规矩颂贯解》《观所缘论释》《佛教问答》《生日纪念》等
王用宾	1881—1944	太蕡、利臣	山西临猗	章太炎东京国学讲习会期间,日本东京（见姚奠中《山西的几个章门弟子》）	18 岁为廪生,20 岁入山西大学公费留学日本,入大学法律科。23 岁又入大炎国学讲习会讲习。1908 年与章门弟子景定成、景耀月在太原创办《晋话报》。后回山西任政务专门学校、代理校长、任校长。1931 年任河南省府秘书长,考试院考选委员会副委员长,委员长。1934 年调任司法院司法行政部长。	法律、诗词	《中国历代法制史》《辛亥革命前山西起义纪实》《半隐园侨蜀诗草》《半隐园词草》
李镜蓉	1882—1947	亮工、以字行	山西河津	1907 年（与黄侃同拜太炎为师）	1904 年,公费日本留学,于帝国大学北海道农学院攻读农艺学。1905 年入同盟会。其与黄侃同拜太炎先生门下,当时人称"两黄北李"。辛亥革命后回国,任孙中山临时大总统府南洋教育司司长。袁世凯窃取革命果实后,返回山西,在山西大学校长之职。1917 年重任山西大学教授。1937 年卢沟桥事变后,随校迁往山西运城,薛去校长之职,任教于陕西师范西科学校。1947 年又至西安,任教西师范专科学校。1947 年 11 月 22 日逝世。	小学、左传	《音韵学手稿》《说文解字注订》《说文解字手稿》《说文例十六种》《尔雅新义手稿》《章太炎〈文始〉笺记》《春秋左传例记》《吕氏疑义答问笺释》《吕季姜铭壶释释》等

续表

姓名	生卒年月	字	籍贯	开始从师之时间、地点	主要经历	研究方向	著述
钱家治	1882—1969	均夫	浙江杭州	1908年，日本东京（见许寿裳《亡友鲁迅印象记》）	1902年留学日本，主修历史、地理和教育。1908年回国，任教于浙江两级师范学堂。1910年任浙江省立第一中学校长，次年任浙江省教育司秘书。民国成立后赴北京担任北洋政府教育司一职。1914年赴北京担任北京政府教育部第三科科长。1928年任南京国民政府教育部普通教育司一等科员。1929年因改任浙江省教育厅督学，后改任秘书。1934年被聘为中央文史委研究馆馆员。1956年任浙江省文史研究馆研究员。1969年8月25日病逝。钱家治为我国著名科学家钱学森之父。	逻辑学、地理学、佛学	《逻辑学》《地理通论》《外国地志》《西洋历历史》《名学》等
景耀月	1883—1944（生卒年有多种说法，本表据《民国人物大辞典》）	太昭	山西芮城	1908年，日本东京（见任鸿隽《章太炎先生》）	18岁中秀才，20岁中举人。受学于阎敬铭，有较厚实的国学基础。1903年考中举人，1904年起留学于日本早稻田大学，攻读法律。1909年得法学士学位，并参加了同盟会。1908年与李子嘉定交。王用宾任太原府创办《晋话报》。1911年武昌起义后就统就职宣言，并参与制定《中华民国临时约法》。1912年任南京政府法大学校长、代理大总统，进行抗日辅仁大学、北京大学、俄文法政大学校长等。1937年秋民国同年创立大夏学会及明伦大学等活动。1944年4月28日在北京逝世。（其生卒年有1883—1944，1881—1944，1882—1944等说法）	革命家	《清诗存》《教育史》《复古篇》《共和开国卅年史》《述阳庐新诗》《述阳庐问学录》《虚无党奇谈》《小说》《获野录》《笔记》等

续表

姓　名	生卒年月	字	籍　贯	开始从师之时间、地点	主　要　经　历	研究方向	著　述
马宗芗	1883—1959	竞垒	辽宁开元	入章门时间不详	1909年己酉科拔贡,次年考取这官。1917年北京大学法学专业毕业,1919年北京大学国文研究所毕业,并考取高等文官,分配北京大学预科补习班国文教员,1920年任奉天文学门学校教授。1923年任东北大学国文系教授。1935年任章氏国学讲习会讲师。1936年任齐鲁大学国文系教授兼国文讲习会讲师,后任北平师范学院国文系讲师,后任蒙藏学校国文教员兼东北大学教授。1951年任蒙中央文史研究馆馆员,1959年3月3日逝世。马宗芗不仅师从太炎先生,而且还师从刘师培先生。	小学、经学、史学	《尔雅本字考》《释宫室》《训诂略说》《尚书章氏学》《毛诗集释》《音韵学讲义》《说文章氏学》《水经注引用书目考》《大史公疑年考》《汉书地理志今释》等
康宝忠	1884—1919	心孚	陕西城固	1908年,日本东京(见任鸿隽《记章太炎先生》)	1904年赴日留学,1905年为首批同盟会会员,总部评议员,陕西主盟人,于右任即由其介绍结识孙中山并加入同盟会。1906年回国参加人川图谋革命。同年再度赴日,人早稻田大学经济科。1909年回国,任临府大清银行学堂教习,监学。代理国法制史。1919年任北京大学史学系讲师,后任教授,参议院议员,同时兼任法政专门学校教员。五四运动中被推举为北京大学教职员干事会干事。北京教职员联合会总务干事及主席。1919年11月1日,猝死于法政专门学校教员休息室。	法学、社会学、史学革命家	《伦理学》《社会政策》《殖民政策》《社会学讲义》《中国法制史》《蒙居杂记》《蒙居文学》等

续表

姓名	生卒年月	字	籍贯	开始从师之时间、地点	主要经历	研究方向	著述
吴承仕	1884—1939	检斋	安徽歙县	1915年，北京（见朱希祖《天都烈士歌序》）	17岁中秀才，18岁中举人，23岁参加举贡会考，获一等第一名，故点为大理院主事。1912年任司法部佥事。1915年拜太炎先生为师，在太炎先生被袁世凯软禁时，笔录太炎先生绪论，成《菿汉微言》，名动天下。历任北京师范大学中文系主任、中国大学国学系主任，兼北京大学、东北大学和民国大学教授，创办《文史》《盖目》《时代文化》等刊物。1936年春加入中国共产党。1937年抗战全面爆发，吴承仕名谊少白转移至天津。1939年9月21日，于北平协和医院逝世。①	小学、经学	《经字通论》《经典释文序录疏证》《国故概要》《周易提要》《尚书三考》《三礼名物笔记》《三礼名物略例》《三礼名物笔记》《经籍旧音序录》《经籍旧音辨证》《小学要略》《说文讲疏》《六书条例》《说文扬雄传残卷校释》《淮南旧注校理》《论衡校释》等

① 吴承仕病逝，全国误传其为日寇肢解而死。1939年12月21—23日，朱希祖作《天都烈士歌》以悼之。朱希祖于1939年12月26日致罗香林信言："近因同门吴检齐因鼓吹抗敌，寓居天津，始则名辅，继则利诱，皆不为动。近津局既变，吴为故支解以死，余为作《天都烈士歌》七言二十韵并序。"

续表

姓名	生卒年月	字	籍贯	开始从师之时间、地点	主要经历	研究方向	著述
					1905年留学日本，后入同盟会。1907年师从章太炎。回国后养走《大乱者救中国之妙药也"倡革命。辛亥曾集义师支援武昌。1914年后，历任北京大学、武昌高等师范、北京师范大学、山西大学、东北大学、中央大学、金陵大学等学校教授。1935年10月8日在南京逝世，年仅49岁。①黄侃一生精研经学、小学，人称其与章太炎为"乾嘉以来小学的集大成者"传统语言文字学的承闻后人，章黄二人亦常被学界合而称之。		
黄侃	1886—1935	季刚	湖北蕲春	1907年，日本东京（见陈以爱《中国现代学术机构的兴起》）		小学、经学	黄侃生前著书较少，多为手批及短小之文字，幸后世学者为其整理，现已较为可观，如：《黄季刚著中国生笺识四种》《黄侃论学杂著》《说文笺识》《黄侃手批尔雅义疏》《黄侃手批白文十三经》《文字声韵训诂笔记》《黄侃手批说文解字》《黄侃手批札记》另有《黄侃声韵日记》《文心雕龙札记》《量守庐声韵学谱》等。此对研究黄侃之记》行世，此对研究黄侃之生平行状、学术思想皆贡献巨大。

① 1935年4月，黄侃49岁初度，太炎先生赠黄寿联，"韦编三绝今知命，黄绢初成好著书"，是章鼓励黄侃著书立说之言，但却含"黄、绝、命"三字，黄侃观后大为不悦，不料太炎一语成谶。关于黄侃去世之因，可参见司马朝军、王文晖合撰《黄侃年谱》（武汉：湖北人民出版社，2005年，第421—422页）。今引朱希祖日记（中华书局，2012年）以作补充。《朱希祖日记》1935年10月9日记："午后三时接得篮家庄九华村九号讣告，言黄季刚先生逝世，湖北蕲县人，清季与余在日本同受业于章太炎师。季刚深于古音韵学，未知著未拼简文及诗，少常咯血，前日忽又呕血，不幸即于昨日申刻逝世，诚堪悼惜。闻人言因不节于酒，遂致此疾，未知确否。"10月12日记："遇徐子明君，言黄君季刚确于重九日登高赋诗，饮酒食蟹，因而大醉，次日大吐血两盆，邀西医诊视，则云胃已破裂，不可救药，次日即逝 伤哉！"

续表

姓名	生卒年月	字	籍贯	开始从师之时间、地点	主要经历	研究方向	著述
龚宝铨	1886—1922	未生	浙江秀水	1908年，日本东京（见任鸿隽《记章太炎先生》、许寿裳《亡友鲁迅印象记》）	少怀反清大志，1902年东渡日本，投身革命。1904年回国，在上海组织暗杀团，并与蔡元培、陶成章在上海创建光复会。1905年再赴日本，参加同盟会。辛亥前后为调和同盟和同盟、光复两会的矛盾贡献良多。1912年陶成章被刺，龚深受刺激，更决心功成身退，从此淡出政坛。同年开始任浙江省图书馆馆长。1921年春被聘为浙江省自治筹备处评议员，夏又当选为浙江省宪法会议议员。1922年6月25日因肺病逝世。	革命家	《龚味荪自叙革命历史》
陈大齐	1886—1983	百年	浙江海盐	1908年，日本东京（见《朱希祖日记》）	1903年赴日留学，先后入仙台第二高等学校、日本东京帝国大学文科哲学门，专攻心理学，获文学士学位。1912年回国，任浙江高等学校校长兼浙江私立法政专门学校教授。1913年春任北京政法专门学校预科教授。1914年起任北京大学心理学教授。1917年在北京大学创建了我国第一个心理学实验室，对我国早期心理学工作具有开创性的影响。1921年秋起任国立北京大学哲学系主任。1927年任北大代理校长。1929年回北大任哲学系主任。1931年后出任国民政府考试院秘书长，考选委员会委员长。1949年去台后，任台湾政治大学校长。	心理学、哲学	《迷信与心理》《哲学概论》《心理学大纲》《儿童心理学》《现代心理学》《实用理则学八讲》《孔子学说》《平凡的道德观》《大众理则学》《孔子思想研究论集》《陈百年先生文集第一辑·孔孟荀学说》《陈百年先生文集第二辑·论语辑释》等

续表

姓名	生卒年月	字	籍贯	开始从师之时间、地点	主要经历	研究方向	著述
任鸿隽	1886—1961	叔永	重庆垫江	1908年，日本东京（见任鸿隽记章太炎先生）	1886年生于重庆垫江，为晚清末科秀才。后就读于重庆府中学堂，再考入上海中国公学。1908年赴日本留学，在国学讲习会从章太炎学习国学，深受其革命思想影响，并加入同盟会。1911年武昌首义后归国，任孙中山临时总统府秘书。袁世凯称帝，愤而弃官去美求学，连续获得康乃尔大学化学学士和耶伦比亚大学硕士学位。任美期间创办我国最早的科学团体科学社。《科学》为我国最早的科学期刊，中国科学社为四川大学校长。1918年回国，曾任教育部专门教育司司长，中华文化教育基金会干事长，中央研究院总干事等职。新中国成立后为全国政协委员，上海市人民代表大会代表，上海科技图书馆馆长，上海市科技协会副主席等职。	化学	著有《科学概论》，译有《教育论》《最近百年化学的进展》《爱因斯坦宇宙与相对论》等。另撰《记章太炎先生》。
贺孝齐	1886—1945	伯中	重庆永川	1908年，日本东京（见任鸿隽记章太炎先生）	在日留学期间，参加国学讲习会，加入同盟会。曾担任留学监督下管理四川学生的经理员。1911年回国，任职教育部。1913年7月依教育部办公署筹建国立武昌高等师范学校。任校长至1914年11月。1919—1922年任四川高等师范学校校长。1924年7月至1925年2月任四川县中学附设国民师范校长。1929年以彭县县长身份代理彭县教育厅长。后曾任成都高专卖局局长等职。1945年因脑溢血病逝。	教育学	《蜀学创自汉世学京师考，比齐鲁者》

续表

姓名	生卒年月	字	籍贯	开始从师之时间、地点	主要经历	研究方向	著述
钟正楙	1886—1963	雅珺	重庆永川	1908年,日本东京(见任鸿隽《记章太炎先生》)	生平事迹不详,唯知曾任四川省立第四师范学校校长(创校校长),其间曾邀请太炎考察该校,并为该校题写校训,为学校礼堂题写门额"树之表仪"。	小学、教育学	
邓胥功	1886—1976	只淳	重庆	1908年,日本东京(见任鸿隽《记章太炎先生》)	1906年在上海加入同盟会。1907年赴日本入预科学校,同时任同盟会四川支部长,1910年就读日本东京高等师范学校,1915年毕业。同年回国,在成都四川大学高等师范任教。1916—1923年任国立成都高等师范学校教授兼附属小学校长,教务主任。1923年公派美国留学,考察欧美教学发展。1925—1931年任上海国立暨南大学高中师范科主任,1931—1952年任四川大学教授、西南师范学院教育系教授等职。主编《四川教育志》,创办《教育》半月刊。	教育学	《教育学大纲》(上、下卷)、《教育通论》《吕氏春秋》教育思想的研究》

续表

姓名	生卒年月	字	籍贯	开始从师之时间、地点	主要经历	研究方向	著述
柳慰高	1887—1958	人权，稼轩号亚子，以号行	江苏吴江	1903年，上海（见《磨剑室诗词集·平伯先生长环夫人出所藏余杭师咨两先生子高孙仲容札册页上曲园菊笺札题诗敬见示属为题诗赋》及《章太炎年谱长编（增订本）》"1903年"案）	1903年就读于上海爱国学社时拜太炎先生为师。1906年，由高旭、刘师培等人介绍，入同盟会，后由蔡元培介绍，加入光复会。1909年11月13日，和陈去病、高旭、朱少屏、姚石子等创立革命文学团体南社，主持社务多年。1928年逃往日本。"四一二"政变后，被通缉，逃往日本。1928年回国，进行反蒋活动。抗日战争时期，曾任中国国民党革委会主席、三民主义同志联合会中央执行委员、中国民主同盟中央常务委员兼监察委员。1949年，出席中国人民政治协商会议第一届全体会议。新中国成立后，曾历任中央人民政府委员，全国人大常委会委员。	文学、革命家	《磨剑室诗词集》《磨剑室文录》《柳亚子诗词选》等；章太炎逝世后，辑《太炎先生遗札》，刊于《制言》第六十一期

续表

姓名	生卒年月	字	籍贯	开始从师之时间、地点	主要经历	研究方向	著述
钱玄同	1887—1939	德潜	浙江吴兴	1908年，日本东京（见任鸿隽《亡友录》朱希祖印象记《朱希祖日记》《钱玄同日记》）	1906年①留学日本，入早稻田大学师范科，1907年由太炎介绍加入同盟会。1910年5月回国，先后在嘉兴中学、海宁中学，湖州中学任教。曾任北京大学、北京师范大学教授。1913年8月至北京，9月任北京师范学校及附属中学校国文、经学教员，后又兼任北京大学预科文字学教员。1915年任北京高等师范学校国文部教授，兼任北大文字学教授。1916年9月20日起，开始用"玄同"名。1918年轮任《新青年》编辑，大力提倡"新文学"及"新文化运动"，其间与刘半农"上演"了著名的"双簧"，影响甚大。五四时期参加新文化运动，提倡文字改革，曾倡议并参加拟制国语罗马字拼音方案。1923年北京高等师范学校改名国立北京师范大学，仍任教授，并创议成立国语罗马字拼音委员会。1928年任北平师范大学中文系主任。1939年1月17日，因脑溢血逝世于北平。	小学、语言改革	《文字音学篇》《音韵学》《重论今古文学问题》《说文部首今音读》《古音无"邪"纽证》《古韵二十八部音读之假定》《国音沿革讲义》等；钱玄同有关语言文字学著述多收于《钱玄同文集》（上海古籍出版社，2011年）

① 在许多介绍钱玄同的资料中，都说钱氏于1905年冬赴日本，进早稻田大学留学。此说有误。1905年冬，钱玄同长兄钱恂出任湖北留日学生监督，12月9日，钱玄同随兄赴日，但这次钱玄同并不是去留学，而是去观光，或者说是为日后留学做些准备。1906年4月26日，他由日本回国，同年9月7日再次赴日，这次才是去留学。9月25日，在早稻田大学上了第一课。这在《钱玄同日记》中有明确记录。（钱玄同著、杨天石主编《钱玄同日记（整理本）》，北京：北京大学出版社，2014年）

续表

姓名	生卒年月	字	籍贯	开始从师之时间、地点	主要经历	研究方向	著述
沈坚士①	1887—1947	兼士	浙江吴兴	1908年，日本东京（见《记章太炎先生》）	1905年东渡日本求学，入东京物理学校。1908年入国之后，先后任教于北京大学、辅仁大学、厦门大学等多所高校。1922年在北京大学创办"研究所国学门"，任主任。沈兼士也是清末档案整理的开创者之一。扩战期间，参与组织北京大学"孑社"。在训诂、文字、音韵、档案学等领域独有所识，建树颇丰。同时也组织北京大学"文字画""初期意符"等学说，并加入同盟会。归	小学、文献学	《文字形义学》《广韵声系》《段砚斋杂文》《右文说在训诂学上之沿革及其推阐》等。沈兼士有关语言文字及文献学及明清内阁档案整理的著述多收于《沈兼士学术论文集》（中华书局，2004年）
金毓黻	1887—1962	静庵	辽宁灯塔	1914年，北京（见《未来祖日记》）	1907年，毕业于辽阳启化学堂，后入北京高等师范学校学习。1913年入北京大学文科。其间为朱希祖、黄侃弟子。1914年在北京听章太炎讲学，历任奉天省立一中、奉天文学专门学校教员，奉天省议会、东北行政委员会秘书。1930年任奉天东北大学秘书。1931年，任辽宁省政府秘书长、东北大学教授。1936年，借访日之机，化名逃回上海。经蔡元培介绍，任中央大学史学教授。1941年后于四川任东北大学史学教授兼任东北文科研究所所长。1939年任东北大学史学教授。1943年任北京大学教授。1949年后，任北京大学、辅仁大学史学系主任。1952年起，任中科院历史所第三研究所研究员。	史学	《渤海国志长编》《东北通史》《中国史学史》等著作，编有《辽金史》《东北丛书》《奉天通志》《明清内阁大库史料》（第一辑）等

① 笔者在完成博士后报告中沈兼士先生的那一部分时，得到了沈兼士之女儿沈女士的支持，沈女士还热情赠与《"三沈"及建馆专辑》（陕西省汉阴县委员会文史资料文员会编印，2013年）一书，在此对沈女士表示真挚的感谢。

续表

姓名	生卒年月	字	籍贯	开始从师之时间、地点	主要经历	研究方向	著述
陈新尼	1887—1970	嗣堃	重庆	1908年，日本东京（见任章太炎《记章太炎先生》）	早年留学东京，为东京同盟会会员，私立日本大学政治经济科肄业，曾任《民报》社员，东京同盟会书记，四川军政府秘书院科长，大元帅府，四川民政长公署，广东省长公署秘书，大竹，南川，涪陵等县知事，孙中山大本营秘书，上海南洋学院任主任，川教院，女师院，上海国语专修师范学院任汉语言文学系教授，讲授中国语文概论，文字学，历代散文等课程。1956年入重庆市文史馆。	文字学，神话	《说文理董》《中国神话研究》《三十卷》《中国重庆话早期的革命思想与组织》
胡以鲁②	1888?—1916年冬／1917年春①	仰曾	浙江定海②	留学日本之时，具体时间不详，大约在1906—1910年间	1905年3月，与马裕藻一同考取宁波府出洋学习师范生，后又于本年二人一道留学日本。在日期间，先于日本早稻田大学稻田大学师范科，求读经法。后因酷好言学，故又入日本帝国大学专习语言学。获文学士。留日期间，胡拜谷之邀，作为代表参加该语言学专习会拜谷先生门下。1913年受教育部之邀，作为浙江省代表参加读音统一会，并担任记音员。1914年入北京大学讲授语音学课程，一直至其去世。在京期间胡以鲁还担任司法部参事一职。	语言学，翻译理论	《国语学草创》《论译名》《语言学讲义》等

① 关于胡以鲁的生卒年，学术界一直没有给出明确的时间。《中国现代语言学家传略》定为"1888—1917"，王希杰《略说胡以鲁对中国理论语言学的贡献》定为"?—1915"。根据现有的材料，我们很难确定胡先生的生年。而关于其卒年，我们认为不早于1916年11月25日，因为他在足月的10日至25日之间还以司法部参事的身份参加了由张耀曾召集的司法会议。资料详见1916年11月30日《司法公报》第68号。而胡先生至晚不会在1917年初春以后去世，因为1917年2月25日钱玄同曾写信给陈独秀，谈及胡以鲁时已用"亡友"二字，其言："亡友胡仰曾先生谓先生某处见某军人之文，有曰……"结合以上两则材料，我们大致可以判断胡以鲁的去世时间是1916年11月25日至1917年2月25日这3个月间。

② 关于胡以鲁的籍贯，现在一般都说是浙江宁波人。这肯定没错，但是更精确一点当是浙江定海人，因为朱希祖日记中曾经有过记录，"1913年2月17日，下午至读音统一会，发会员为记音，有记录，会议长席次长，由议长推举马体乾（直隶人），汪怡（浙江杭州人），胡以鲁（浙江定海人），蔡璋（福建人）为记音员"。定海，当时隶属于宁波府，现属于浙江省舟山市。此条感谢郁震宏先生指点。

续表

姓名	生卒年月	字	籍贯	开始从师之时间、地点	主要经历	研究方向	著述
王蘧	1888—1968	佩净	江苏吴县	1933年，苏州（见贾捷《朱季海学术年表》，《南京师范大学文学院报》，2010年9月）	年轻时，从沈修为师，后又列章太炎、金天翮、黄摩西、吴梅诸大师门下，学业日进。历任吴县志协纂，江苏省立苏州图书馆校长、副校长，国学会副主任。苏州振华女中教务长。章氏讲习会讲师。历任震旦大学、大同大学、东吴大学教授，于东吴大学任教期间，从章太炎学。新中国成立后任华东师范大学教授。上海文物保管委员会编纂，是我国近代考古学家的著名学者、版本目录学家和考古学家，同时也是藏书家和书法家。	版本目录学、考古学、书法、藏书家	已成稿者（校注本）有《山海经》《韩诗外传》《僂天子传》《说苑》《新序》《焦氏易林》《齐民要术》等20余种
李蔚芬	1889—1957	炳英	四川中江	1908年，日本东京（见屈守元《李炳英先生事》）	曾赴日本留学，并加入中国同盟会。辛亥革命后，回天津任《民意报》主笔。1913年任国立武昌高等师范学校学监主任。1914年任四川省立万县第四师范学校教员。抗战之前，先后执教于成都公学、成都县公学、华西协和大学、成都华实学校等校。新中国成立后，先后担任川北大学、四川师范学院中文系教授和主任。1954年后，先后任四川省文史馆副馆长，民革四川省委委员、省人大代表等职。	诸子学、史学	《孟子文选》《庄子文选》注《史记讲义》《史记正义佚文》《庄子纂录》《庄子概说》（未完成）《诸子文选》（译作）等

续表

姓名	生卒年月	字	籍贯	开始从师之时间、地点	主要经历	研究方向	著述
任鸿年	1889—1913	季彭、百一	重庆垫江	1908年，日本东京（见任鸿隽《记章太炎先生》）	1908年开始积极从事反清宣传工作，各地奔走呼吁，成为清廷列为逮捕对象。后赴日本留学，并加入中国同盟会，并与其见任鸿隽一同入太炎门下。1911年回国参加革命。南京临时政府成立后，任临时大总统秘书，后任国民党评议部部长。曾一度任重庆《新中华报》编辑，1913年春赴天津。"二次革命"爆发后，忧愤中在烟云洞投井自杀。	革命家	《百一斋诗文集》
刘文典	1889—1958	叔雅	安徽合肥	1910年，日本东京（见刘文典《回忆章太炎先生》）	原名文聪，字叔雅，笔名刘天民。1905年2月入芜湖安徽公学，师事刘师培。1906年入同盟会。1908年赴日，后入早稻田大学。其东渡的初衷是追随刘师培，不料刘师培后积极鼓吹极端虚无主义，又变节投靠端方，刘文典对此极为不满，1910年入章太炎门下。1911年回到上海。任《民立报》任翻译。历任北京大学教授，安徽大学校长，清华大学国文系主任。1938年至昆明，先后在西南联大、云南大学任教。终生从事古籍校勘及古代文学研究和教学。1958年7月15日病逝于昆明。	小学、校勘学、诸子学、文史	《淮南鸿烈集解》《庄子补正》《说苑斛补》《三余札记》，及译作《进化与人生》《进化论讲话》等；《刘文典全集》（安徽大学出版社，2013年）

续表

姓名	生卒年月	字	籍贯	开始从师之时间、地点	主要经历	研究方向	著述
刘景新	1889—1945	大昜	山西解县	国学讲习会期间，日本东京（见《山西的几个章门弟子》）	光绪末秀才，参加反清活动，遂避难日本。入同盟会，听太炎讲国学。1913年"二次革命"失败后，再次逃日。任孙中山秘书。因南京政府成立，连任三届立法委员。因批评孙科受排挤，从此闭门读书，不理政治。抗战起，寓居江津，以行医谋生。以著书为事。后将自己所著《造字正源》请人送给同门姚黄，竟不起，世人多以其为自杀。	文字学、中医	《造字正源》《反论》《中国针灸简史》
汪东	1890—1963	旭初	江苏吴县	1908年，日本东京（见《朱希祖日记》）	1908年，师从章太炎习文字学，1910年回国，参与江苏光复活动。1912年，担任《大共和报》撰述，并参加"南社"，对袁北京之洋政府。1923年，与章太炎等人在上海创办了《华国月刊》。1925年，任江苏大学中文系主署秘书。1927年，任中央大学中文系主任。1930年，任文学院院长。曾于1938年改任国民党政府监察院监察委员。1943年任省党部大学中文系教授，汪辟疆、夏敬观等教诲谙，复旦大学中文系教授。1947年与柳治徵、夏敬观、冒鹤亭、汪辟疆、顾颉刚等教授同任国史馆修纂。1950年被选为苏州市人民代表、人民委员会委员。	文学	著有《吴语》；另汪东长于诗词，书画，著有《梦秋词》齐鲁书社1985年影印本收录从1909年到1962年之间的词，计20卷1380余阕；1962至1963年间病中所作，由自贞云白先生抄录，计28首，附词集《有夏敬观序、沈尹默、程千帆章，程千帆通论及《郑校<清真集>词学通论（汪东、黄侃批、程千帆）批语。沈祖棻藏本》。1974年台湾文海出版社出版了沈云龙所编的《汪旭初先生遗集》

续表

姓名	生卒年月	字	籍贯	开始从师之时间、地点	主要经历	研究方向	著述
黄绍兰	1892—1947	梅生，原名"学梅"。	湖北蕲春	20世纪20年代，上海	黄侃妻，章太炎唯一女弟子。1905年随父在汉口教会学校读书，以花木兰自励，更字"绍兰"。1907年考入京师女子师范学堂国文教员。1910年毕业任河南开封女子师范学堂国文教员。武昌首义爆发，离豫赴武昌，受黄侃派遣去上海与陈其美等联系。后在上海都督府支持下，组建上海女子军事团，被推为副支持权后，女子军事团被解散，其随黄侃兴赴南京参加留守府工作。1916年春，得黄炎培等支持，在上海法租界创办博文女子学校，自任校长。后因经费支绌，于1920年秋停办。又经黄炎培介绍，任南通女子师范学校国文教员。次年春，由实业家张謇之兄张资助回沪，重建博文女校，并扩大规模。1933年博文女校停办后，潜心学术，先后任章太炎国学讲师，广州中山大学国文系教授。上海震旦女子文理学院教授兼国文系主任。1947年11月13日在上海去世。	文史、经学	《易经注疏》等
卢闿生	1892—？	闿生	安徽庐江	1935年，苏州（见《章氏国学讲习会同人通讯录》）			

续表

姓名	生卒年月	字	籍贯	开始从师之时间、地点	主要经历	研究方向	著述
贺永春	1893—?	涧鸿	湖南衡阳	1935年,苏州(见《章氏国学讲习会同人通讯录》)			
王承龙	1894—1980	秉六以字行	江苏吴县	1933年,苏州(见诸祖耿《记本师章公自述治学之功夫及志向》)	毕业于江苏两级师范,曾就学于金天翮、陈衍,章太炎诸师,毕生致力于教育和学术研究。1925年起,任斜塘小学,尤长于小学。20世纪30年代中,回到苏州,任桃坞中学教员。后又兼任苏州国学会史学研究干事,章太炎国学讲习会讲师。1957年,由苏州市四中入上海师范学院任教,其间参与《辞海》编纂修订工作。	小学、史学	《晋书校注》《说文部首释义》(未刊)等
孙世扬	1895—1947	鹰若	浙江海宁	1926年,上海(见沈延国《章太炎在苏州》)	1913—1917年就读于北京大学,后于北大肄业,师从黄侃,为黄侃得意弟子之一,学界称其为"黄门侍郎"。南归后,经黄侃引荐,受业于章太炎,并拜章氏二子读书十余年。章太炎主持《制言》,孙氏则负责校印,并曾教授于上海太炎国学院讲师。抗战后,曾一度教授于中央大学。抗战胜利后,任教于安徽大学,后赴重庆,1947年逝世于该校宿舍。孙氏长于中医,且得章太炎亲传。	小学、中医	《金匮要略学诂》《伤寒论发微》《瀹行记》《黄先生蓟游遗稿序》《成均赋》及诗文若干卷、编有《文字学》及《经学通论讲疏》(后因生病,终未能完成)等

续表

姓 名	生卒年月	字	籍 贯	开始从师之时间、地点	主 要 经 历	研究方向	著 述
徐耘弇	1895—1969	耘叟	四川南部	1929年，上海	1927年在成都大学中文系劳听。1929年，到上海从太炎学习国学和书画。1933年在西康省官抚司今编《成声周报》。1939年任22集团军124师师长曾度元秘书，继任41军秘书，转战湖北抗日前线。日本投降后，回南部老家，从事书画创作，后执教南部中学。	书画、篆刻	《战地集》《在外集》（均失传）
	1897—1976	承垄	湖南衡阳	20世纪20年代，上海。具体时间不详。	原名水坤，别署夔岳老人。湖南踣师范学堂毕业。先后执教于暨南大学、金陵女子大学、上海中国公学。在上海期间，师从太炎先生。后为苏州章氏国学讲习会讲师。1936年秋任中央大学等校教授。后又任湖南国立文学院国文系教授、湖南师范学院（今湖南大学文学系）中文系教授、中央大史馆馆员。1960年，马宗霍被聘为中央文史研究馆馆员，并担任文化部委托的中古籍整理小组特约编审、审定标点本二十四史。1976年9月24日，因脑溢血在北京逝世。	小学、经学	《说文解字引经考》《说文解字引群书考》《说文解字引方言考》《说文解字引通人说》《音韵学通论》《文字学发凡》《中国经学史》等
马宗霍							

续表

姓 名	生卒年月	字	籍 贯	开始从师之时间、地点	主 要 经 历	研究方向	著 述
徐震	1898—1967	哲东	江苏常州	19 世纪 20 年代，具体时间、地点不详。	19 岁进东吴大学，后得南京图书馆长柳诒徵和章太炎赏识。太极拳、太极剑，好习武，钻研八极拳、太极拳。1928 年被聘为无锡国学专门学院国技选科教授。正德学社社长兼任总教。1935—1937 年，为武进正德学社社长兼任总教，后又先后任光华大学，中央大学，武汉大学等校国学教授并担任上海常州中学校长。	经学、武术、教育家	《公羊榷论》《太极拳考信录》《太极拳谱理董辨伪合论》《太极拳发微》《武郄系太极拳述论》《太极拳新论》《少林史实考》等
邵祖平	1898—1969	潭秋	江西南昌	具体时间、地点不详	幼时因家境贫寒未入过正式学校，自学成才。喜欢写诗交友，早年肄业于江西省高等学堂。1922 年后历任《学衡》杂志编辑，东南大学、之江大学，浙江大学教授，朝阳法学院，四川大学长曾养甫秘书，章氏国学会讲席，四川大学教女子大学，华西大学，西北大学，西南美术专科学校，重庆大学，四川教育学院教授。新中国成立后，历任四川大学，中国人民大学，青海民族学院教授。	文字学、诗词	著有《观人学》《文字学概论》《国学导读》《词心笺评》《乐府诗选》《七绝诗论七绝诗合编》《培风楼诗续存》《培风楼诗存》《峨眉游草》《关中游草》等，今有重辑本《培风楼诗》

续表

姓名	生卒年月	字	籍贯	开始从师之时间,地点	主要经历	研究方向	著述
诸祖耿	1899—1989	介夫	江苏无锡	1933年,苏州(见诸祖耿《记本师章公自述治学之功夫及志向》)	幼读私塾,早年耕业于江苏省第三师范学校。1933年开始师从章太炎先生,参加"章氏国学讲习会"活动,编印《制言》半月刊,后合作创办"太炎文学院"。先后任教于东吴大学正风文学院、太炎文学院,云南大学、江南大学、南京师范大学等。曾任江苏省教育协会委员,江苏省人大代表,长期从事中国古代文学的教学与研究工作。学术研究涉及领域广泛,有古典诗文、古代汉语、诸子学术、史传散文等。1960年被授予"全国文教系统先进工作者"称号。	古代文学、诸子学、小学	专著:《战国策文》《太炎注汇考》《战国策逸文》《尚书学概论》《初名《尚书章氏学》》《先秦学术概论》《韩柳文衡》《刘长卿诗编年校注》《虚字通考》《无锡方言考》《水明楼诗稿》《雪盒文存》等。《文教资料》1999年第6期有《诸祖耿著作目录》。
曹聚仁	1900—1972	挺岫	浙江兰溪	1922年,上海(见曹聚仁《关于章太炎先生的回忆》)	1915—1921就学于浙江第一师范,师从单不庵等名师。1922年到上海,入章太炎门下,并先后任教于爱国女中、暨南大学、复旦大学等校。曾主编《涛声》《芒种》等杂志。抗日战争爆发后,任战地记者。1950年赴香港,任新加坡《南洋商报》驻港特派记者。50年代后期,创办《新生年代》《热风》《循环日报》等报刊。1972年7月23日,曹聚仁在澳门逝世。	文史、记者、作家	专著:《文史讨论集》《国学概论》《国学大纲》;散文集:《我与我的世界》《今日北京》《万里行记》《文坛五十年》《北行小语》;报告文学集:《采访记》《采访外记》《采访新记》《鲁迅评传》;辑有《现代中国戏曲影艺集成》等编著共近70种,约4 000余万字。

姓　名	生卒年月	字	籍　贯	开始从师之时间、地点	主　要　经　历	研究方向	著　述
任启圣	1900—?	翔举	河北保定	1935年,苏州(见《章氏国学讲习会同人通讯录》)			
黄士本	1900—?	支田	山东滕县	1935年,苏州(见《章氏国学讲习会同人通讯录》)			
李　恭	1901—1970	行之	甘肃甘谷	1935年,苏州(姚奠中、董国炎《章太炎学术年谱》)	早年就读于北京中国大学文科国学系,深谙小学,深得吴承仕、范文澜赏识。1935年9月入苏州章氏国学讲习会,后成为讲习会首届研究生。太炎病故,李恭十分悲痛,殓仪由其一手料理,并撰悼词,章氏门人故旧均深为感动。先后任兰州师范校长、兰州二中副校长兼教导主任。后被政府任命为甘肃省文化教育委员会会员、兰州市教育局副局长。	小学、教育学、史学	《陇右方言发微》《斯文异话》《太平天国在甘肃》。
李谦光	1901—?	哲卿	安徽桐城	1935年,苏州(见《章氏国学讲习会同人通讯录》)			
林　照	1901—?		广东新会	1935年,苏州(见《章氏国学讲习会同人通讯录》)			

续表

姓 名	生卒年月	字	籍 贯	开始从师之时间、地点	主 要 经 历	研究方向	著 述
王焦乾	1902—1974	羲元	安徽怀宁	1935年,苏州(见王焦乾之子王开遂新浪博文)	早年就读北京平民大学新闻学系。1935年入苏州章氏国学讲习会听讲。抗战期间任豫南大学研究员,1940年被聘为豫选委员会编纂及历届高等考试襄试委员。1957年受聘于安徽省科学研究所历史科学研究室。后因中风去世。	文学、史学、方志学	《尚书新诂》《西园文稿》。
姜寅清	1902—1995	亮夫	云南昭通	1929年后,1933年前,上海。(姜亮夫1929年到上海,先后在大夏、暨南、复旦任教,1933年离开上海任河南大学教授。)	1921年考入成都高等师范学校国文部。1926年,考入清华大学国学研究院,师从王国维、梁启超、陈寅恪先生。1928年先执教于南通中学、无锡中学,后任大夏大学、济南大学、复旦大学教授及北新书局编辑,其间师从章太炎先生。1933年任河南大学教授。1935年经吴斯科回国,进修,开始敦煌学研究,1937年经国巴黎先后任职东北大学教授、英士大学教授兼文理学院院长、云南大学教授兼文法学院院长、昆明师范学院教授、云南省教育厅厅长、云南省军政委员会文教处处长。1953年任浙江师范学院,杭州大学中文系教授兼中文系主任、古籍研究所所长,博士研究生导师。曾获国家教委普通高校首届人文社科研究成果一等奖等多种奖励。1995年12月4日病逝。	楚辞学、敦煌学、小学、文献学	《中国声韵学》《敦煌——伟大的文化宝藏》《屈原赋校注》《张华年谱》《历代人物年里碑传综表》《晋陆平原先生年谱》《古文字学》《楚辞今译讲录》《古文学论文集》《楚辞论文集》《敦煌学概论》《黄高畴年表》《楚辞通故》《敦煌学论文集》《敦煌碎金》《楚辞书目五种》《姜亮夫文录》《屈原赋今译》《古史学论文集》《屈原赋校录》《屈原赋今译》《屈原赋概论讲述》等。

续表

姓名	生卒年月	字	籍贯	开始从师之时间、地点	主要经历	研究方向	著述
葛幼圃	1902—?	念先	江苏镇江	1935年，苏州（见《章氏国学讲习会同人通讯录》）			
顾义骏	1903—?	同宾	江苏松江	1935年，苏州（见《章氏国学讲习会同人通讯录》）			
郑云飞	1904—1972		山西万泉	1935年，苏州（见王东满《姚奠中》，又由景梅九介绍，又见姚奠中《山西章门弟子》的几个章门弟子》）	出身燕京大学，留学日本，学经济。后因参与反日游行被逐回国。1935年入苏州国学讲习会。抗战全面爆发，在四川三台北大学任教，后任许昌税务局长、山东税务局长。新中国成立后，先后任教于贵州贵州师范学院、天津师范学院。	经济、文史	
张瑞麟	1904—?	辑五	山东滋阳	1935年，苏州（见《章氏国学讲习会同人通讯录》）			
柏耐冬	1905—?		安徽潜山县	1935年，苏州（见姚奠中、董国炎《章太炎学术年谱》）	早年就读北京警官高等学校。后入苏州国学讲习会学习。1935年入无锡国学专修学校首届研究生。抗战期间，曾担任安徽六区专署秘书。先后任颍上师范教员、南京汤山炮兵学校教官、边疆系主任、贵阳师范学院副教授、山西大学副教授。"反右"期间被捕，后不知所终。	文史	

续表

姓名	生卒年月	字	籍贯	开始从师之时间、地点	主要经历	研究方向	著述
陈实秋	1905—？	实秋	浙江乐清	1935年，苏州（见《章氏国学讲习会同人通讯录》）			
郑伟业	1906—1963	仲琪	江苏苏州	1932年，苏州	师承吴昌硕，精研书法和古文。后又拜李根源、章太炎为师。1932年9月，太炎应李根源等之邀赴苏州讲学约一月，其间郑伟业受李根源之托，连夜为太炎治印，上刻"章炳麟印"，太炎大加赞赏，后郑伟业拜入太炎门下。1935年后，在苏州国学讲习会任职，后又在太炎文学院任职。其间，参与《制言》的编辑及其他事务工作。抗战时期，随李根源前往云南。	篆刻	
熊训初	1906—？	训初	四川南溪	1935年，苏州（见《章氏国学讲习会同人通讯录》）			
金玉璞	1907—？	玉璞	浙江乐清	1935年，苏州（见《章氏国学讲习会同人通讯录》）			
庄钟祥	1907—？	瑞庵	浙江海宁	1935年，苏州（见《章氏国学讲习会同人通讯录》）			

续表

姓名	生卒年月	字	籍贯	开始从师之时间、地点	主要经历	研究方向	著述
陈兆年	1908—?	兆年	河北安新	1935年，苏州（见《章氏国学讲习会同人通讯录》）			
李源澄	1909—1958	浚青 俊卿	四川犍为	1936年，苏州（见王川《李源澄长编》姚奠中《章国璋中大浚卿大夫学年谱》）	先后师从蒙文通、廖平、欧阳渐、章太炎。曾在南京支那内学院、苏州章氏国学讲习会进修经史之学，并受聘教无锡国专。后任四川大学、云南大学、重庆勉仁文学院、四川教育学院任教。新中国成立后在西南师范大学任教。	经学、史学	《诸子概论》《学术论著初稿》《经学通论》《秦汉史》等。详细著述情况可参见"台湾""中央研究院"中国文哲研究所研究员林庆彰《中国文哲研究所藏员林庆彰著《李源澄著作目录》、四川师范大学王川《李源澄先生年谱·李源澄著述目录》
潘重规	1907—2003	石禅	江西婺源	1929年，上海（见潘重规《母师恩》，载《子》《量守卢学记续编》）	本名崇奎，字石禅。18岁入东南大学（即后来的中央大学），从黄侃学。章太炎见之，为其易名重规，黄侃则为其另一重要名著"四字"。潘重规终生从教，曾任东北大学、暨南大学中文系教授、安徽大学中文系教授兼主任、台湾师范大学国文系教授兼主任、新加坡南洋大学中文系兼国文研究所所长、香港中文大学新亚书院中文系主任、文学院院长，台湾东吴大学中文研究所所长、文学院长。曾获法国法兰西学术院汉学儒莲奖，韩国岭南大学颁赠荣誉文学博士。	经学、小学、文字学、敦煌学、黄侃俗学、黄侃术思想	著述《敦煌诗经卷子研究论文集》《文学论著初集》《敦煌俗字谱》《经典释文韵编索引》《玉篇索引》《中国声韵学》等；整理《黄季刚先生《文心雕龙札记》《黄季刚先生《尔雅正名评》《黄季刚诗文遗墨》等；校生《国学略说》，详见郑阿财、朱凤玉编《潘石禅先生论著书目》

续表

姓名	生卒年月	字	籍贯	开始从师之时间、地点	主要经历	研究方向	著述
潘承弼	1907—2004	景郑	江苏吴县	1931年，上海（见《潘承弼〈章公问业记略〉》）	潘景郑十三四岁即学习之学，攻读《说文解字》等书。1931年春，经季根源先生推荐，拜章太炎为师。从此由大炎先生亲自"诏示经史之绪"，学问猛进。在章太炎的指教下，潘景郑整理顾野王《玉篇》，所征引的中，有数十种海外学见之本。大炎先生知道后，写信鼓励。1935年太炎先生在苏州创办章氏国学讲习会，他被聘为讲师，还负责章氏国学《制言》杂志。从创刊到结束共六十三期，都由潘景郑具体负责。章太炎去世以后，潘夫人汤国梨举办文学院在沪办学，中景蓁、顾廷龙等先生创办合众图书馆，潘景郑便在此处任教，后张元济、顾廷龙的政府强行停办诸先生创办的合众图书馆，新中国成立之后在上海图书馆工作。	藏书家、版本鉴定家	《说文古本考再说》《日知录朴校》《词律校导》《词选笺注》《图书金石题跋》《着痕剩稿》；编校辑成《绛云楼云复絭跋》、毛晋《汲古阁跋》、沈复絭《金香仙馆书目》等，与顾廷龙编成《明代版本图录》，辑佚书一百余卷，题为《着观楼佚书》；1957年，景郑在幼子家的帮助下，搜辑丛残，编成《着观楼书跋》书跋四百零三篇，多为庚辰年（1940）之前所所作。
方兆有	1907—？	佛倩	安徽婺源	1935年，苏州（见《章氏国学讲习会同人通讯录》）			
曹依仁	1907—？	静山	河南获嘉	1935年，苏州（见《章氏国学讲习会同人通讯录》）			
夏继学	1907—？	继学	河南阳武	1935年，苏州（见《章氏国学讲习会同人通讯录》）			

续表

姓名	生卒年月	字	籍贯	开始从师之时间、地点	主要经历	研究方向	著述
叶建平	1907—？	建平	江苏吴江	1935年，苏州（见《章氏国学讲习会同人通讯录》）			
黄大本	1907—？	景孟	山东滕县	1935年，苏州（见《章氏国学讲习会同人通讯录》）			
徐 征	1908—1976	沅秋	江苏吴县①	1935年，苏州①（见《朱希祖先生年谱长编》）	20世纪30年代曾任苏州中学美术教员，吴县县立中学国文相美术教员，通文史、善绘事，精鉴定。1935年入太炎先生门下，为苏州章氏国学讲习会发起人之一。新中国成立后任苏州市文管会委员，苏南文管会鉴定委员，位于苏州的江苏省博物馆并入南京博物院后，沅秋至南博专事书画鉴定。1950年代，徐氏走遍江苏各地古书画分布及保存情况，现今著名书画鉴定家萧平即是他那时带出的学生。	书画、文史	《娄东太原王氏画系表》《平旦讲学记》（附娄奇观）《吴门画史》《中国史略》《俞曲园先生年谱》《卓观斋脞录》

① 徐沅秋何时正式入章门为弟子，具体时间不详，但据其《平旦讲学记》一文，可知他初识章太炎在1926年夏。1926年暑假，苏州张一麐、李根源约同基督教青年会总干事会总干事王佩净等人成立"平旦学社"，请章太炎讲学，章太炎约请此时得识太炎先生。徐沅秋即于此时得识章门。据朱希祖1935年7月20日日记，称其为"章师太炎新弟子"，可知徐氏在苏州章氏国学讲习会成立之前就已经入了章门。（苏州章氏国学讲习会于1935年9月16日正式开讲，且徐沅秋为该会发起人之一。）另：河南南阳章焕章（1909—1969），河南南阳人，我国著名考古学家，就曾住在我外公自先生住的小楼，住在家两院后面一排平房中，与徐家后门相连，我母亲少时常见他相貌所斑白，狼藉满脸。有次他指着一堆抄余家的字画对我三舅说："如果喜欢，就随便拿几册去玩玩吧。"然三舅只拿了几册书后便拿去。后徐沅秋回了苏州，1976年遗世。

续表

姓 名	生卒年月	字	籍 贯	开始从师之时间、地点	主 要 经 历	研究方向	著 述
金德建	1909—1996		浙江嘉兴	1935 年，苏州（见王东满《姚奠中》）	20世纪30年代曾教于章氏国学讲习会。20世纪40年代曾在无锡国专任沪校教授国文科。新中国成立后，上海师大古籍国文研究所特约研究员。1990年进入上海社科院历史所古籍研究馆。高中时期受谢云声影响，开始阅读顾颉刚主编的《古史辨》，并由此从幼时的学问研究兴趣转入专业的学问研究。自1931年左右由阅在有介绍开始与顾颉刚通信而主从事古籍，先秦诸子考证。	经学、文字学	专著《两汉尚书源流及其篇目之新估定》《古籍丛考》《司马迁所见书考》《先秦诸子杂考》《金德建古文字论文集》《金德建古文字论文集》；论文《汉代经典今古文研究》等数十篇
徐绪昌	1909—？	缵武	河南南阳	1935 年，苏州（见《章氏国学讲习会同人通讯录》）			
冯 超	1909—？	超人	江苏太仓	1935 年，苏州（见《章氏国学讲习会同人通讯录》）			

续表

姓名	生卒年月	字	籍贯	开始从师之时间、地点	主要经历	研究方向	著述
汤炳正	1910—1998	景麟	山东荣成	1935年，苏州（见汤炳浩《汤炳正先生传》《汤炳正先生编年事辑》）	1919年入私塾，1931年赴北京求学，1933—1935年，就读于私立民国大学新闻专修。1935年，报考苏州章氏国学讲习会，以与汪荣宝《法言》义疏》商榷之文应答，得太炎先生嘉许，旋拜太炎先生门下。入苏州国学讲习会后，因功底扎实，精勤学业，深受太炎先生赏识，太炎先生以戴震高足孔广森比之，誉其为"承继绝学惟一有望之人"。1936年6月，太炎先生逝世，汤作为讲习会弟子中的唯一代表在太炎追悼会上发言。20世纪40年代中后期，先后敬聘为贵州师范学院副教授、国立贵州大学教授。1952年院系调整后，汤一直担任四川师范学院（大学）教授。1980年参加《章太炎全集》整理工作。1998年4月4日，逝世于成都。	小学、楚辞学	《语言之起源》《屈赋新探》《楚辞类稿》《渊研楼屈学存稿》《楚辞今注》（合著）《楚辞欣赏》（主编）《广韵补订》等
叶芳炎	1910—1982	善箴	安徽黟县	1935年，苏州（见《章氏国学讲习会同人通讯录》）			
徐凤陶	1910—?	羲人	辽宁沈阳	1935年，苏州（见《章氏国学讲习会同人通讯录》）			

续表

姓　名	生卒年月	字	籍　贯	开始从师之时间,地点	主要经历	研究方向	著　述
茅荫熙	1910—?	受廷	山东济南	1935年,苏州(见《章氏国学讲习会同人通讯录》)			
赵意诚	1910—?	孚樵	浙江诸暨	1935年,苏州(见《章氏国学讲习会同人通讯录》)			
李蔚东	1911—?	蔚东	湖北蕲春	1935年,苏州(见《章氏国学讲习会同人通讯录》)			
王守直	1911—?	又直	福建龙溪	1935年,苏州(见《章氏国学讲习会同人通讯录》)			

续表

姓名	生卒年月	字	籍贯	开始从师之时间、地点	主要经历	研究方向	著述
徐复	1912—2006	士复	江苏武进	1936年，苏州（见家父朱元曙《徐复先生二三事》）	1919年随父亲来乡下搬入武进，后人其父所办潜化英国算专修学校学习，首尾凡四年。1927年考入江苏省立常州中学。1929年就读于金陵大学，从黄侃改学文字、音韵、训诂。1935年转至太炎门下求学。黄侃逝世后，徐复至朱希祖、沈致祥等同编章太炎先生书札。徐复曾任教于边疆专科学校，金陵大学、南京师范学院（大学）等校，历任副教授、教授，南京师范大学古文献研究所名誉所长。《辞海》编委《辞海》编委副主编之一，《汉语大词典》副主编之一，中国语言学会理事，中国训诂学研究会会长，中国音韵学研究会顾问，江苏省语言学会会长等。2006年7月24日在南京去世。	小学	专著《徐复语言文字学丛稿》《徐复存稿》，另有《广言文字学论稿》（主编）、《江苏旧方志提要》（主编）《馆书雅诂林》订正《说文解字诂林》详注《馆书》《徐复语言文字学晚稿》等。
顾家书	1912—？	家书	江苏吴县	1935年，苏州（见《章氏国学讲习会同人通讯录》）			
孙居基	1912—？	立本	山东黄县	1935年，苏州（见《章氏国学讲习会同人通讯录》）			

续表

姓名	生卒年月	字	籍贯	开始从师之时间,地点	主要经历	研究方向	著述
傅平骧	1912—2000	平骧	四川绵竹	1935 年,苏州(见《章氏国学讲习会同人通讯录》)			
王仲荦	1913—1986		浙江余姚	1933 年,苏州(见诸祖耿《记本师章公自述治学之忧夫及志向》)	出生于上海。1935 年毕业于上海正风文学院。1938 年在上海与汤国梨一同创建太炎文学院。任院长秘书。1940 年任云南监察使秘书。1942 年任重庆国立中央大学师范学院中文系讲师,副教授。1947 年任国立山东大学中文系副教授,教授。1949 年任青岛大学历史系教授。1951 年任山东大学历史系教授。1963 年调中华书局点校二十四史。另外,作为章门弟子,也关怀备至。《章太炎全集》就是在仲荦先生的精心策划、辛苦经营下得以问世的。	史学	《魏晋南北朝史》《隋唐五代史》关于中国奴隶社会的瓦解及封建关系的形成问题《北周六典》等;参与编校《章太炎全集》

续表

姓名	生卒年月	字	籍贯	开始从师之时间、地点	主要经历	研究方向	著述
姚奠中	1913—2013	奠中	山西运城	1935年，苏州（见王东满《姚奠中》）	1935年，先入无锡国学专修学校，后考人苏州章氏国学讲习会，从太炎先生学。抗战后，曾任贵阳师范学院教授兼系主任，贵州大学教授兼校长;1951年8月回太原，执教于山西大学五十余载，先后任中文系主任、古典文学研究所所长，曾任九三学社山西省委主委、山西省政协副主席。曾担任第六、七届全国政协委员，中国诗词学会和中国韵文学会顾问，中国书法家协会理事、山西省书法家协会名誉主席，山西省古典文学学会会长等职务。2013年12月27日凌晨，于山西大学亦曲园家中逝世，享年101岁。①	古代文学、书法	发表有关中国古代文史哲论文130余篇，出版专著（含主编及高校教材）23部;另出版《庄子通义》《姚奠中论文选集》《姚奠中诗文辑存》等
陈炎	1913—？	大言	安徽怀宁	1935年，苏州（见《章氏国学讲习会同人通讯录》）			
唐继鼎	1913—？	观源	安徽庐江	1935年，苏州（见《章氏国学讲习会同人通讯录》）			

① 据笔者所知，姚奠中是章太炎的亲传弟子中最后逝世的一位，如不是，还请各方家指点。

续表

姓名	生年年月	字	籍贯	开始从师之时间,地点	主要经历	研究方向	著述
罗茂金	1913—?	茂金	广东五华	1935年,苏州（见《章氏国学讲习会同人通讯录》）			
杨贞官	1913—?	贞官	山东峄县	1935年,苏州（见《章氏国学讲习会同人通讯录》）			
吴正清	1913—1946	政卿	江苏泰州	1935年,苏州（见《章氏国学讲习会同人通讯录》）			
沈延国	1914—1985		浙江钱塘	20世纪20年代上海,具体时间不详	沈氏遗民子,早年毕业于江苏省立苏州中学,上海光华大学。很早就在上海从章太炎学,得文史研究门径。光华大学专攻中国文学史,曾与杨觉等编著有《吕氏春秋集解》。后亦为章氏国学会讲师兼《制言》编辑。曾与章太炎夫人汤国梨在上海筹建太炎文学院,担任教务长,并主讲中国文学史。抗战时,他与沈民曾同任新四军"长江商行"董事并兼秘书。	文史	《逸周书集释》《邓析子集释》《周易证释》《吕氏春秋集解》《章太炎先生在苏州》等;参与沈编校《章太炎全集》

续表

姓名	生卒年月	字	籍贯	开始从师之时间、地点	主要经历	研究方向	著述
章谦	1914—?	尊光	安徽桐城	1935年，苏州（见《章氏国学讲习会同人通讯录》）			
周韬	1914—?	健民	山东峄县	1935年，苏州（见《章氏国学讲习会同人通讯录》）			
王希革	1914—?	鼎新	浙江淳安	1935年，苏州（见《章氏国学讲习会同人通讯录》）			
楼仁爱	1914—?	德舆	浙江义乌	1935年，苏州（见《章氏国学讲习会同人通讯录》）			
贝琪	1915—1941	仲琪	江苏吴县	20世纪30年代，苏州	1931年左右游学北京，后经金天羽引介入章氏国学讲习会，从太炎同学五载。1935年又经金天羽推荐，至云南大学任教，后返回苏州。抗战期间，贝氏辗转于南昌、汉口、桂林、贵阳、重庆、昆明等地，供职于军事委员会。	经学、史学	《博望楼文钞》《章太炎先生之史学》《老庄哲学》《吴学甄微》《五百唐碑户丛稿目录》《列子·杨朱篇新解》等

续表

姓名	生卒年月	字	籍贯	开始从师之时间、地点	主要经历	研究方向	著述
汪柏年	1915—?	清在	浙江桐乡	20世纪30年代，苏州（见《章氏国学讲习会同人通讯录》朱希祖日记》625页）	上海光华大学毕业，曾师从钱基博，学古文。后又入太炎先生门下，助太炎先生写成《古文尚书拾遗》，其在章氏国学讲习会教授《尚书》与《尔雅》。	经学、小学	《尔雅通释》《尔雅补释》等《论语后案二十卷》等
李朔蓉	1915—?	兆蓉	安徽怀宁	1935年，苏州（见《章氏国学讲习会同人通讯录》）			
丁邦寿	1915—?	宣山	江苏泰兴	1935年，苏州（见《章氏国学讲习会同人通讯录》）			
叶竞耕	1915—?	竞耕	江苏吴县	1935年，苏州（见《章氏国学讲习会同人通讯录》）			
徐荟同	1915—?	舜扬	浙江平湖	1935年，苏州（见《章氏国学讲习会同人通讯录》）			

续表

姓名	生卒年月	字	籍贯	开始从师之时间、地点	主要经历	研究方向	著述
朱学浩	1916—2011	季海、以字行	江苏苏州	1933年，苏州（见《朱季海学术年表》，贾捷，《南京师范大学文学院报》，2010年9月。又见章太炎1933年10月31日致潘承弼信）	年少（17岁）即师从章太炎，章太炎称之为"千里驹"。1936年6月，太炎逝世，朱季海海为治表海之才，以终未相见为憾。一生沉浸于训诂考据之学，然其大学本科所学则为物理。他一生只担任过两年半公职，1946年于民国国史馆任职，不久即辞职；1949年在苏州第三中学教书，不久又辞职。后长期在苏州寓居，同时继续进行《楚辞》与先秦文史的研究，后来。1980年代出任中国训诂学会名誉顾问，并开始研究书画理论。后又在苏州铁道师范学院讲学。2011年12月在苏州逝世，享年96岁。	小学	著有《初照楼文集》《说苑校理》《新序校理》《南齐书校注》之南田画跋》《石涛画谱校理》等，上述著述中华书局以《朱季海著作集》之名出版；另有《楚辞解放》，由上海古籍出版社出版
刘济生	1916—？	济生	河北河间	1935年，苏州（见《章氏国学讲习会同人通讯录》）			
柳景惠	1916—？	入河	江苏吴县	1935年，苏州（见《章氏国学讲习会同人通讯录》）			

续表

姓 名	生卒年月	字	籍 贯	开始从师之时间、地点	主要经历	研究方向	著 述
郑弗言	1916—？	鼎	江苏灌云	1935年，苏州（见《章氏国学讲习会同人通讯录》）			
李恕一	1916—？	梧冈	四川南充	1935年，苏州（见《章氏国学讲习会同人通讯录》）			
文玉笙	1916—？	序	四川巴县	1935年，苏州（见《章氏国学讲习会同人通讯录》）			
皇甫权	1916—？	镜声	浙江桐乡	1935年，苏州（见《章氏国学讲习会同人通讯录》）			
黄德余	1916—？	积之	浙江淳安	1935年，苏州（见《章氏国学讲习会同人通讯录》）			
陈鸿佐	1916—？	松儿	浙江义乌	1935年，苏州（见《章氏国学讲习会同人通讯录》）			

续表

姓 名	生卒年月	字	籍 贯	开始从师之时间,地点	主要经历	研究方向	著 述
何世建	1917—?	世建	广东新会	1935 年,苏州(见《章氏国学讲习会同人通讯录》)			
李朝汉	1917—?	樵广	广东新会	1935 年,苏州(见《章氏国学讲习会同人通讯录》)			《新会名胜诗选注》《崖山诗碑选释》
罗 绮	1917—?	自华	江苏宿迁	1935 年,苏州(见《章氏国学讲习会同人通讯录》)			
顾日辰	1917—?	拱北	江苏镇江	1935 年,苏州(见《章氏国学讲习会同人通讯录》)			
杨贡官	1917—?	贡官	山东峄县	1935 年,苏州(见《章氏国学讲习会同人通讯录》)			
刘一化	1917—?	一化	山西解县	1935 年,苏州(见《章氏国学讲习会同人通讯录》)			

续表

姓名	生卒年月	字	籍贯	开始从师之时间、地点	主要经历	研究方向	著述
章本兴	1917—?	本兴	浙江淳安	1935年,苏州（见《章氏国学讲习会同人通讯录》）			
李希泌	1918—2006	季甽	云南腾冲	李根源第五子,少年在苏州便从章太炎学习,得文史研究门径。	1942年7月毕业于西南联大历史系。1942年9月在昆明创办私立五华中学,并曾当选国民政府立法院委员。曾任昆明五华中学、腾冲商科职业学校校长。昆明五华学院董事。1951年9月到中国国家图书馆工作,历任北京图书馆馆员,编辑,研究馆员。《图书馆工作》《联合目录》编辑,《文献》杂志副主编,《当代中国图书馆事业》副主编。为第六、七、八届全国政协委员,全国政协文史资料委员会委员,中国辛亥革命研究会副理事长等。主要从事中国图书和文献事业发展史、隋唐史、近代史、亚洲史和文献学的研究工作。因病医治无效,于2006年12月11日逝世,享年88岁。	史学、图书馆学、图书文献学	《中国古代藏书及近代图书馆史料》《詹天佑和中国铁路》《唐大诏令集补编》《健行斋文录》《健行斋诗词》《曲石精庐藏唐墓志》《护国运动史纲》《伊朗明史纲》等,点校《续补藏书纪事诗》
周云生	1918—?	元龙	安徽庐江	1935年,苏州（见《章氏国学讲习会同人通讯录》）;			

续表

姓 名	生卒年月	字	籍 贯	开始从师之时间、地点	主要经历	研究方向	著 述
罗崇让	1919—?	崇让	四川中江	1935 年,苏州（见《章氏国学讲习会同人通讯录》）			
赵树安	1920—?	汝悦	山东峄县	1935 年,苏州（见《章氏国学讲习会同人通讯录》）			
张斯翼	1921—1987	小梓	江苏镇江	1935 年,苏州（见《章氏国学讲习会同人通讯录》）			

据《制言》第 1 期中有一份"苏州章氏国学讲习会"名单,共有 45 人,具体如下:吴承仕、汪东、黄侃、曾道、朱希祖、景耀月、钱玄同、马裕藻、周作人、潘承弼、马根质、马宗芗、黄云鹏、沈兼士、缪篆、黄绍兰、孙志诚、马宗霍、徐晸、潘芝宪、王广庆、李崇元、邵祖平、姜黄清、王颂平、许寿裳、郑伟业、金晨、李希纲、朱学浩、王謇、汪柏年、李希泌、徐征、钱绍武、孙世扬、王乘六、葛豫夫、吴契宁、施福绥、沈延国、诸祖耿、龙沐勋。其中多为太炎弟子,亦有与太炎交流频繁者。另据任鸿隽《记章太炎先生》,1908 年日本东京国学讲习会听讲的川人还有童显汉、李雨田等。

三　章门的形成与发展

　　章门并不是由一个个孤立的个体组成的学术团体,而是一个凝聚力强,治学方法与治学目标基本一致,既有分支又有交叉的学术团体。凝聚力强指以太炎先生为核心,形成了一个有深厚的师生情谊、有教学相长的良好互动、有传承与发展、有宽容与理解的特殊学术团体,这也是即使在太炎先生逝世以后,章门亦能健康发展的一个重要原因;治学方法基本一致指以传统语言文字之学为治学之核心,治学目标基本一致指以弘扬中国传统学术(小学、经学、史学等)为目标;既有分支又有交叉指太炎及其弟子有的专治语言学,有的专治经学、史学、校勘学、文献学、文学、佛学、诸子学等,有的兼治几种学问,但他们学术的交叉都在于传统语言文字之学。①

　　据卢毅《章门弟子与近代文化》一书统计,太炎一生有 15 次较大规模的讲习,其中由自己创办的讲习会共有三次,一次为清末的东京国学讲习会,一次为民国初年的北京国学会,一次为太炎晚年的苏州章氏国学讲习会。这三次讲习会较之其他各次的讲学更为系统,这也充分体现了太炎通过自己办私学以达到弘扬国学、传播

---

　　①　作为著名的革命党人、古文经学家与一代国学宗师,太炎一生讲学不辍(尤以传统语言文字之学为主),弟子众多。太炎弟子可分为两类:一类治学,一类从政;治学又可分为两类:一类治人文科学,一类治自然科学;治人文科学的又可分为两类:一类专治语言文字之学,一类治语言文字之学之外的学科,如史学、经学、哲学、文学、校勘学等等。(当然这两类是有交叉的)其中黄侃、钱玄同、沈兼士、朱宗莱、徐复、姜亮夫等为前者,朱希祖、吴承仕、马宗霍、范古农、鲁迅、周作人、刘文典、汤炳正等为后者。前者自不必多说,他们是太炎先生传统语言文字学成果和思想的直接继承者,而后者在治学中也始终秉持着太炎先生的小学思想和精神。

国粹目的的重视。而在这三次讲习尤以前后两次的时间更长（北京国学讲习会因袁世凯之阻挠，故不到一个月旋即停止），东京国学讲习会和苏州国学讲习会多有传统私塾的性质，在长达数年的时间中，太炎可以更系统地把自己的治学成就传授给学生，更关键的是章的治学精神与治学方法也会潜移默化地影响着与他朝夕相处的学生。在这两次讲习会中，太炎与学生有更多的交流和互动，正如许寿裳所言之"在一间陋室之内，师生席地而坐，环一小几"①，气氛也更为融洽自由，亦如许寿裳所言之"有时随便谈天，亦复诙谐间作，妙语解颐"②，"谈天时以玄同说话为最多，而且在席上爬来爬去"③。正由于以上的诸多优势条件，再加上这两次讲学所面对的学生都是经过选拔的，素质较其他各次讲习要高出许多，故这两次讲学的收效也最为明显，而被人们所熟知的章门弟子也多出于东京和苏州的讲习会。可以说，章门一派的主体形成于东京国学讲习会，而苏州章氏国学讲习会中所吸纳的弟子是对章门的有力补充。两者意义同样重大，前者是开始，没有这次的私塾性质的讲习，没有那批高质量学子的听讲，那么章门一派的出现时间要大大往后推迟，随之而来的是不会在那个特殊的时代造就出那么一批对近代中国学术有重要影响力的学者；后者是承上启下，它可以看作是第一代章门最后定型的标志，也可以看作是第二代章门开始形成的重要标志（当然在苏州讲习会之前，太炎早中期弟子已经培养了新的学者，他们中也有属于第二代章门的）。下面便简单介绍这两次国学讲习会的情况。

---

①② 陈平原、杜玲玲编《追忆章太炎（修订本）》，北京：生活·读书·新知三联书店，2009年，第47页。

③ 许寿裳著《亡友鲁迅印象记·许寿裳回忆鲁迅全篇》，上海：上海文化出版社，2006年，第29页。

东京国学讲习会

1903 年,太炎先生因为发表了一系列的反满言论而被捕,清外务部会同各国公使判太炎先生监禁三年。1906 年,太炎先生出狱,孙中山派人来迎,遂东渡日本,主《民报》笔政。同年八月上旬(阴历),国学讲习会成立,但讲习尚未形成定例,只是太炎偶尔会有讲演。直到 1908 年 3 月 22 日,钱玄同与龚宝铨同至章太炎处,想请章太炎来讲国学,并请先讲小学,得到太炎先生首肯。因同时一批四川留学生也请章太炎讲学,于是章命钱去接洽。到 3 月 29 日,钱玄同再至章太炎处,商定好时间、地点、人员及授课内容:时间为每星期三、六下午二时至四时;地点在帝国教育会;听讲人员除其他人员外,浙江人有五个,分别是朱希祖、钱玄同、龚宝铨、朱宗莱、沈钧业;授课内容为先小学,后文学。后于 4 月 4 日正式开课,地点位于清风亭,后又辗转于帝国教育会、大成中学。是年夏天,鲁迅兄弟以及许寿裳、钱家治等四人也想听章太炎授课,但嫌大成中学听课人太杂,又因时间冲突,于是通过龚宝铨与章太炎商议,是否可另开一班。同时,钱玄同、朱希祖在大成中学听讲三个月,听得有点糊涂,也想趁章太炎为鲁迅等人讲课时再去听一遍,于是就有了章太炎在民报社为朱希祖、钱玄同、龚宝铨、朱宗莱、鲁迅、周作人、许寿裳、钱家治八人开班讲学的事,此班开始于 7 月 11 日。①据朱希祖和钱玄同日记,至 1909 年春,章太炎先后向他们讲了《说文解字注》《庄子》《楚辞》《尔雅义疏》《广雅疏证》《汉书》

---

① 朱希祖 1908 年 7 月 11 日日记:"八时起,至太炎先生处听讲音韵之学,同学者七人。先讲三十六字母及二十二部古音大略。"(朱希祖著,朱元曙、朱乐川整理,《朱希祖日记》,北京:中华书局,2012 年,第 77 页)朱希祖日记说的是七个人,许寿裳回忆是八个人,其实,至少在 7 月 11 日这一天,是七个人,朱宗莱没在其中。因为钱玄同 7 月 2 日日记说:"余与龚、递二人拟再去听。"这儿没有朱宗莱。钱玄同、龚宝铨、朱希祖三人,加鲁迅那边过来的四人,共七人。朱宗莱加入这个特别班,当是在 7 月 11 日之后。

《诗经》《文心雕龙》。后来,这批学生先后归国(如朱希祖于 1909 年 7 月归国、钱玄同于 1910 年 5 月归国),而又有新的学生加入讲习班的行列(如刘文典于 1910 年入国学讲习会)。此次东京国学讲习会直到 1911 年 10 月太炎回国才宣告结束。

在此次东京国学讲习会期间成为后来章门重要成员有(按年龄顺序):马裕藻、朱希祖、景定成、鲁迅、朱宗莱、范古农、景耀月、钱家治、康宝忠、许寿裳、周作人、龚宝铨、陈大奇、任鸿隽、贺孝齐、钱玄同、沈兼士、胡以鲁、刘文典。另外,章门一派最重要的成员黄侃是 1907 年拜太炎先生为师的,虽其亦在日本拜师,但似乎并没有参加过国学讲习会,所以我们不把他列为东京国学讲习会的成员。这样的章门弟子还有汪东、李亮工等。

苏州章氏国学讲习会

1934 年秋,太炎举家从上海迁至苏州,意在苏终老。是年冬,太炎以"与国学会旨趣不合",故自开一学,名为"苏州章氏国学讲习会",以此作为传递薪火之阵地。1935 年 9 月,校舍落成,地址位于锦凡路 50 号。9 月 16 日,讲习会正式开讲,发起人凡 45 人(其中多为章门弟子),即:吴承仕、汪东、黄侃、曾道、朱希祖、景耀月、钱玄同、马裕藻、周作人、潘承弼、马根质、马宗芗、黄云鹏、沈兼士、缪篆、黄绍兰、孙志诚、马宗霍、徐震、潘芝龛、王广庆、李崇元、邵祖平、姜寅清、王颂平、许寿裳、戴增元、郑伟业、金震、李希纲、朱学浩、王謇、汪柏年、李希泌、徐征、钱绍武、孙世扬、王乘六、葛豫夫、严庆祥、吴契宁、施福绥、沈延国、诸祖耿、龙沐勋。同时讲习会创办《制言》杂志,讲习会师生之优秀文章皆可发于此。太炎先生担任讲习会主讲,并请王小徐、蒋竹庄、沈瓞民等任特别讲师。其他担任讲师者,则有朱希祖、汪东、潘承弼、马宗芗、马宗霍、沈延国、金毓黻、潘重规、王仲荦、汪柏年、黄焯、孙世扬、诸祖耿、金德建、汤炳正、王謇等。讲习会期限两年,共分四期,其中通论性质的讲习有:小学略说、经学略说、史学略说、诸子略说、文学略说;专书的讲习有:《说文》《音学五书》《诗经》《书经》《易经》《春秋》《尔雅》《荀子》《韩非子》《墨子》《老子》《庄子》《史记》《通鉴纪事本末》《文选》《经传释词》等。1936 年 6 月 14 日,太炎逝世,然章氏国学讲习会仍拟保留一年。后为避战乱,苏州国学讲习会迁至上海,亦改名为太炎文学院,但最终因为时局原因,太炎文学院很快解散。

在此次苏州章氏国学讲习会期间成为章门重要成员的有:汤炳正、徐复、金德建、姚奠中、郑云飞、李恭、孙立本、柏耐冬等。另外太炎后期还有几位重要的成员亦在苏州拜入章门,他们入章门时间较之讲习会开办要早,他们分别为:王謇、王乘六、朱季海、诸祖耿、王仲荦等。

东京、苏州这两次讲习会中出现的弟子与其他时期的重要弟子(如黄侃、李亮工、吴承仕、马宗芗、金毓黻、黄绍兰、马宗霍、曹聚仁、王基乾、姜亮夫、潘重规、潘承弼、沈延国等)一道,秉持着太炎先生"国学乃国性之所系"的治学根本精神,在人文科学的各个领域作出了重要的贡献。他们同太炎一同组成了近现代中国学术史上最具影响力的一个学术团体——章门,而且在老一辈学者的感召下,已经形成了第二代、三代甚至四代的章门子弟,他们将继续为中国的人文科学作出贡献。

后　　记

我和父亲朱元曙在整理《朱希祖日记》和《朱希祖先生年谱长编》的过程中,接触到很多太炎及其弟子的材料。而正是从先曾祖父朱希祖的日记入手,我获得了走近他们的机会,并让我知道他们不仅仅是存在于学术著作中的符号,更是一个个鲜活的生命,他们有自己的喜怒哀乐,有自己的悲欢离合,他们可能因为学术观点不一而破口大骂,也可能因为政治主张不同而分道扬镳,但他们因为"章门"而始终有着千丝万缕的联系,即使如钱玄同与黄侃闹得那么不可开交,在钱晚年的时候仍发出"平心而论,余杭门下……季刚与逖先,实为最表表者"的感叹。可见章门内部虽有矛盾,但都是"家务事",归根结底章门还是一个非常团结的团体,互相照应,互相举荐。记得 2005 年在整理《朱希祖先生年谱长编》的时候,我父亲曾去过徐复先生家,请教一些人物事迹。徐老看着我父亲说:"你怎么不早来找我?早来的话,朱先生的年谱早就编完了。"当父亲把朱希祖 1938 年 12 月 22 日日记"三时至至圣宫访徐士复、沈志祥,言第一次交去先师书札已抄校完毕,拟将第二次交去"及 1939 年 2 月 1 日日记"上午写广益中学郭即述及杨芳龄信,推荐徐士复为国文教员"给徐复先生看的时候,徐老说:"要不是朱先生的日记,还有谁会知道我曾被推荐去过广益中学,又有谁会知道我曾在重庆住过至圣宫"。徐老接着说:"要不我给朱先生年谱写个序吧,不要不好意思开口,都是自己人嘛。"父亲说:"等我和儿子编完以后再请先生写序吧。"没想到徐老在一年后悄然离逝,而《朱希祖先生年谱长编》到现在也只有"前言"而无"序"。

徐老说:"都是自己人。""自己人",就是章门同人之间的最好心理注脚。正因为如此,我觉得章门中每一个人都是可爱的,也都是亲切的,因为他们"都是自己人"。

本文原载《历史文献研究》2018 年第 2 辑(总第 47 辑)。

图书在版编目(CIP)数据

章太炎研究的新展开/章太炎研究中心编. —上海：
上海人民出版社,2023
（莼汉丛书）
ISBN 978 - 7 - 208 - 18567 - 8

Ⅰ.①章… Ⅱ.①章… Ⅲ.①章太炎(1869 - 1936)
-人物研究-文集 Ⅳ.①B259.25 - 53

中国国家版本馆 CIP 数据核字(2023)第 185182 号

责任编辑 张钰翰　高笑红
封面设计 陈绿竞　等

莼汉丛书
章太炎研究中心主编

章太炎研究的新展开
章太炎研究中心 编

出　　版	**上海人民出版社**
	（201101　上海市闵行区号景路 159 弄 C 座）
发　　行	上海人民出版社发行中心
印　　刷	苏州工业园区美柯乐制版印务有限责任公司
开　　本	890×1240　1/32
印　　张	31
插　　页	10
字　　数	716,000
版　　次	2023 年 11 月第 1 版
印　　次	2023 年 11 月第 1 次印刷

ISBN 978 - 7 - 208 - 18567 - 8/K·3330

定　　价　198.00 元(全二册)